복 있는 사람

오직 하나님 말씀에 사로잡혀 밤낮 성경말씀 곱씹는 그대!
에덴에 다시 심긴 나무, 달마다 신선한 과실 맺고 잎사귀 하나 지는 일 없이,
늘 꽃 만발한 나무라네.(시편 1:2-3, 메시지)

나는 저자에게 직접 『메시지』의 저술 동기를 물은 적이 있습니다. 유진은 순전히 '목회적 동기'였다고 대답했습니다. 교인들이 성경 읽기를 너무 어려워하고, 말은 안 하지만 성경 읽기의 당위성을 알면서도 그렇게 못하고 있는 죄책감에서 교인들을 해방시키고 즐겁게 성경을 읽을 수 있도록 도울 길은 없을까를 고민했다고 합니다. 그 결과가 이 책 『메시지』입니다. 나는 지난 수년 동안 영어 성경을 이 『메시지』로 읽어 왔습니다. 얼마나 쉽고 흥미까지 있는지요! 그러면서도 이 책은 성경 원문의 표현을 벗어나지 않는 학문적 엄밀성까지 지키고 있습니다. 나는 성경에 흥미를 느끼며 성경을 독파할 다시없는 우리 시대의 대안으로, 단연 유진 피터슨의 『메시지』를 추천하고 싶습니다.

이동원 목사 지구촌교회

성경은 자구(字句)를 따져 가며 세심히 읽어야 하는 진리의 말씀입니다. 그뿐만 아니라, 성경은 하나님께서 우리를 인격적 존재로 대하시며 건네시는 생생한 일상의 말씀이기도 합니다. 그 살아 있는 말씀으로 하나님의 마음을 느끼며 신앙의 내용도 바로 이해하게 될 때, 우리는 더욱 성숙한 믿음으로 나아가게 될 것입니다. 그 길로 나아가는 데 이 책 『메시지』는 크나큰 유익을 줄 것이라 기대합니다.

박영선 목사 남포교회

유진 피터슨의 『메시지』 완간을 우리 모두가 오랫동안 기다려 왔습니다. 그의 탁월한 글솜씨와 함께 현대적 감각의 생생한 언어로 성경을 흥미롭게 풀어 우리 곁에 다가온 『메시지』는 성도들의 영적 삶에 큰 변화를 가져올 기회가 되리라 확신합니다. 어렵게 여기던 성경과의 거리감을 없애고 친밀하게 다가갈 수 있게 함으로 그야말로 '열린 성경'이 되어 더 많은 독자들을 만날 수 있게 되었습니다. 말씀이 거침없이 읽힐 때 어떤 일이 일어날지 참으로 기대와 함께 흥분이 됩니다.

이규현 목사 수영로교회

문자로 기록된 성경은 하나님의 말씀이다. 거기에는 하나님의 깊은 뜻이 담겨 있다. 성경에 담겨 있는 깊은 뜻은 어느 시대 어떤 번역자에 의해서도 완전하게 드러낼 수 없다. 시대의 상황에서 최선을 다한 번역일 뿐이다. 유진 피터슨의 『메시지』는 우리 시대에 살고 있는 사람들에게 하나님의 깊은 뜻을 가장 적절하게 잘 드러낸 최선의 번역이라는 찬사를 아끼지 않는다. 이름 그대로 독자들에게 살아 있는 메시지로 들려질 수 있는 번역이다. 어느 때보다 하나님의 말씀에 목말라하는 이때에, 이 『메시지』가 많은 독자들에게 영의 양식이 될 줄 확신하는 바이다.

임영수 목사 모새골 공동체

저는 『메시지』 성경을 읽으면서, 성경 읽기를 무척이나 어려워하는 우리 성도들이 떠올랐습니다. 묵상은 커녕 성경을 하루 한 장 읽기에도 바쁜 오늘날, 『메시지』는 한국교회에 참 귀한 선물입니다. 저는 성도를 말씀으로 깨워 각자의 삶 속에서 예수님 닮은 모습으로 서도록 도와주는 일이 목회자의 본질적인 사명이라 확신하며 사역해 왔습니다. 그러한 목회자의 마음이 담긴 『메시지』는, 어렵게만 느껴지던 성경을 우리 일상의 언어로 풀어 주어 성도 스스로 삶 속에서 말씀으로 하나님과 관계 맺도록 도와줍니다. 진정한 그리스도인의 영성은 구체적이고 실천적인 '일상의 영성', '삶의 영성' 입니다. 『메시지』를 통해 한국교회의 성도들이 말씀의 깊은 세계로 뛰어들어 그 말씀대로 살기 위해 씨름하는, 주님의 참된 제자로 세워지기를 소망합니다.

이찬수 목사 분당우리교회

성에 낀 창가, 흐린 불빛 아래 앉아 시린 손을 호호 불며 시를 쓰던 지바고를 생각한다. 그리고 말씀의 지층을 탐사하면서, 곱씹은 말씀 한 자 한 자를 명징한 언어로 옮기느라 골똘했을 한 사람을 생각한다. 『메시지』의 행간에는 각고의 세월 동안 그가 흘렸을 눈물과 탄식, 기쁨과 감동이 배어 있다. 그 행간까지도 읽으려 한 번역자들과 편집자들의 노고도 눈물겹다. 아브라함 요수아 헤셸은 현대인을 가리켜 '메시지를 잃어버린 메신저' 라 했다. 그런 현대인들에게 이 한 권의 책은 우리가 잃어버린 혹은 잊고 있는 본래적 삶을 되찾도록 도와줄 것이다. 성경의 세계와 깊이 만날 수 있는 또 하나의 창을 얻은 기분이다.

김기석 목사 청파교회

우리 교회는 성경을 읽을 때 두 가지 번역본을 사용하려고 합니다. 하나는 개역개정 성경이고, 하나는 『메시지』라는 의역 성경입니다. 특히, 『메시지』란 성경을 적극적으로 활용해 주시기를 바랍니다. 이미 성경을 여러 번 읽으셨던 분들은 새로운 번역본으로 읽으면서 성경의 새로운 의미를 깨달을 수 있을 것입니다. 그리고 처음 성경을 읽는 분들은 현대어로 번역된 이 성경을 통해 성경의 의미를 쉽게 파악할 수 있을 것입니다. 말씀을 통해 우리의 심령에 주실 하나님의 은혜의 단비를 사모합니다.

정현구 목사 서울영동교회

유진 피터슨의 『메시지』는 묵상 성경이다. 유진 피터슨은 문학적 상상력과 신학적 치밀성이 통합된 아주 놀라운 성경 해석가요 설교자다. 그의 풍요로운 문학적 상상력이 신학적 경직을 훌쩍 건너뛰어, 그의 모든 글들을 풍요롭고 자유롭고 아름답게 해준다. 딱딱한 성경의 이야기(narrative)를 흥미롭고 풍요로운 시적 언어로 다시 풀어내어 신선한 통찰력이 넘치는 새로운 이야기로 전하는 '스토리텔링 바이블' 이 바로 『메시지』이다.

이문식 목사 광교산울교회

저는 『메시지』의 출판을 정말 오랫동안 기다려 왔습니다. 1996년도 안식년에 저는 리젠트 칼리지에 머물면서 저자도 만나고 그의 저서들도 접하게 되었습니다. 그때 『메시지』를 소개받고 읽으며 얼마나 좋아했는지 모릅니다. 그리고 그때부터 저는 한국어판의 간행을 기다려 왔습니다. 벌써 15년이나 되었네요. 이 책의 출간을 진심으로 기뻐하며 추천합니다. 여러분 모두 성경처럼 옆에 두고 읽어 보십시오. 은혜가 되고 영감이 떠오를 것입니다.

정주채 목사 향상교회

성경은 하나님에 대하여 어디서도 얻을 수 없는 살아 있는 정보를 가득 담고 있는 세상에서 가장 소중한 책이지만, 성경 원어가 모국어가 아닌 모든 사람에게 늘 쉽지 않은 책이기도 하다. 유진 피터슨은 문화와 시간의 벽을 뛰어넘어 그 소중한 의미를 밝혀 주는 번역과 의역 작업을 통해 우리를 성경 말씀에 더 가까이 나아가게 만든다. 한국인에 의한 한국판 『메시지』가 나올 때까지, 이 책은 우리 모두에게 축복의 보고가 될 것이다.

김형국 목사 나들목교회

『메시지』는 변함없는 진리의 말씀을, 지금 이 시대의 평범하고 일상적인 단어들에 담아 생동감 있게 전해 줍니다. 성경의 원문에 충실한 바른 번역이 살아 있는 언어로 더욱 빛을 발하는 『메시지』는, 성경을 처음 읽는 사람이든 오랫동안 상고해 온 사람이든, 누구에게나 깊이 파고드는 생명력 있는 진리의 귀한 통로가 될 것입니다. 이 시대의 젊은이와 미래를 이끌어 갈 다음 세대에게 생명을 살리는 도구로 크게 쓰일 것입니다.

오정현 목사 사랑의교회

유진 피터슨의 『메시지』는 이미 영어권 독자에게는 '뉴욕타임스'처럼 매일 읽을 수 있는 책으로 자리 잡았다. 그러나 『메시지』는 단순히 사건에 대한 기사를 읽고 아는 것에 그치지 않고 '거룩한 독서', '영적 독서' 렉티오 디비나(lectio divina) 전통이 해온 것처럼 읽고, 묵상하고, 기도하고, 일상의 구체적 삶에서 말씀을 삶으로 살아 내도록 배려한다. 따라서 오늘도 여전히 살아 계셔서 말씀하시는 하나님이 성경을 통해서 말씀하시고 계신 것을 『메시지』를 통해서 체험하게 될 것이고 읽는 이들이 성경을 더욱더 사랑하게 될 것이라 믿고 진심으로 추천한다.

강영안 미국 칼빈신학대학원 철학신학 교수. 서강대학교 철학과 명예교수

나는 『메시지』 출간으로, 한반도에 사는 남과 북의 사람들이 성경이 읽고 이해할 수 있는 책이라는 것을 알게 되리라고 확신한다. 유진 피터슨은 보통 사람들의 일상 언어로 성경을 번역했지만 학문적인 엄밀성도 갖춰, 젊은 사람이나 나이 든 사람, 성경을 공부해 온 사람이나 성경을 한 번도 읽은 적 없는 사람 모두에게, 하나님의 말씀이 "살아 있는" 말씀이 되게 했다. 하나님께서 『메시지』를 사용하셔서, 이 땅 한반도가 그분의 살아 있는 말씀으로 가득 채워지기를 기도한다.

오대원 예수전도단 설립자

포스트모던 시대에 교회가 유념해야 하는 사실은 매체가 메시지가 된다는 점입니다. 교회가 간직해 온 가장 소중하고 핵심적인 매체는 하나님의 말씀인 성경인데, 그간 다양한 번역이 나오기는 했지만 아직도 개역이나 개역개정에 대해 많은 사람들이 어렵다는 반응을 보이고 있습니다. 이처럼 한국교회의 매체는 여전히 어렵고 접근하기 불편한 것이 사실입니다. 성경이라는 매체가 '교회는 어려운 곳'이라는 메시지를 전한다면 안타까운 일입니다. 유진 피터슨의 『메시지』는 이미 영어권에서는 폭발적인 반응을 일으킨 바 있습니다. 이 『메시지』가 우리나라의 독자들에게도 전해지게 되어 기쁘게 생각합니다. 바라기는 『메시지』가 우리와 함께하시는 임마누엘의 하나님을 대면하는 새로운 매체가 되어, 교회의 문호가 모든 사람에게 활짝 열려 있다는 메시지도 함께 전달되기를 기대합니다.

김중안 전 한국기독학생회 IVF 대표

"말씀이 육신이 되어……." 육신이 된 말씀은 역사의 분기점마다 새 세상을 창조하는 영감과 통찰, 그리고 힘의 원천이었다. 위대한 개혁의 시대에는 일상의 언어, 보통 사람의 말로 생생하게 살아 펄떡이는 말씀이 있었다. 위클리프의 성경이, 루터의 성경이, 암울했던 일제 강점기에는 개역성경이, 그리고 이제 우리에게는 『메시지』가 주어졌다. 주님께서는 우리 시대 또 어떤 역사를 시작하실 것인가?

이윤복 전 죠이선교회 대표

원어의 운율과 숙어적인 의미를 살리면서도 편안하게 빠져서 읽을 수 있는 『메시지』를 우리말로 읽을 수 있게 됨을 환영한다. 우리말로 옮기면서 운율과 어감이 다소 달라졌지만, 성경을 살아 있는 메시지로 듣고자 하는 이들의 보조성경으로 흔쾌히 권하련다.

권영석 전 학원복음화협의회 상임대표

기독교는 창조주 하나님께서 친히 속내를 드러내신 계시의 종교다. 성경은 영원한 하나님의 진리를 제한된 사람의 언어로 담아낸 책으로, 평범한 사람이 이해하도록 배려하신 하나님의 커뮤니케이션이다. 그러나 역사상 수많은 번역이 난삽하거나 고전적 표현을 고집함으로써 성경의 메시지로부터 일반인을 격리시키는 오류를 범하곤 했다. 개역성경도 긴 시간이 흐르면서 현대인이 쉽게 읽기 어려운 책이 되고 말았다. 유진 피터슨의 『메시지』가 우리말로 번역된 것을 보니 오랜 가뭄에 단비같이 반가운 소식이다. 이 탁월한 '성경 옆의 성경'을 통해, 하나님의 말씀이 독자의 삶에 친숙하고 풍성하게 되살아나는 축복이 있기를 바란다.

정민영 전 국제 위클리프 성경번역선교회 부대표

개역성경, 솔직히 좀 어려운 게 사실이지만 다들 쓰니까 어쩔 수 없이 들고 다녀야 했다. 다른 현대어 성경, 좀 밋밋하고 아쉬운 구석이 많아 영어 성경 보듯 가끔 참고만 했다. 유진 피터슨의 『메시지』 성경, 오랜만에 앉은자리에서 책 읽듯이 쭉 읽고 묵상하고 싶게 만드는 성경이다. 못 믿겠으면 지금 당장 로마서 12장 1-2절을 찾아 읽어 보라!

서재석 Young2080 대표

『메시지』 성경의 출간은 오랫동안 기다려 왔던 일입니다. 왜냐하면 성경을 오늘날의 언어로 이해할 수 있는 탁월한 성경이기 때문입니다. 『메시지』를 통해 많은 사람들이 성경의 진수를 오늘의 생각과 언어 그리고 정서로 이해할 수 있었으면 좋겠습니다. 성경을 손에 잡히는 언어로 이해하고 묵상하기에 가장 훌륭한 도구가 될 것입니다.

한철호 미션파트너스 상임대표

말씀에 목마른 사람들이 있습니다. 말씀 없이는 단 한 순간도 살아갈 수 없는 사람들입니다. 저는 컴패션 현지에서 가난 속에서 몸부림치며 하나님 말씀 붙들고 일어나는 수많은 어린이와 부모들을 만납니다. 그들과 만나면, 말씀의 능력 앞에 엎드릴 수밖에 없습니다. 그 말씀에 가장 좋은 친구가 되는 『메시지』를 통해 말씀의 살아 있음을 더욱 깊이 경험하게 되기를 바랍니다.

서정인 국제어린이양육기구 한국컴패션 대표

『메시지』는 평소에 늘 곁에 두고 읽고 싶은 성경입니다. 마침내 본문 전체가 번역되다니, 얼마나 기쁜지요! 유진 피터슨은 많은 책에서 일상의 영성을 강조하는데, 우리의 구체적인 삶 가운데 함께하시는 하나님을 깨닫고 만나는 데 『메시지』가 많은 도움을 주리라 믿습니다. 『메시지』를 읽고 잠잠히 묵상하는 가운데, 수천 년 전 살았던 성경 속 인물들이 지금 우리 곁에서 이야기하는 듯한 놀라운 경험을 하게 될 것입니다.

문애란 G&M 글로벌문화재단 대표

『메시지』는 이 시대의 언어로 성경 속 그 시절을 물 흐르듯 자연스럽게 만나게 합니다. 『메시지』를 통해 더 많은 이들이 우리를 향한 하나님의 계획하심과 일하심을 생생하게 느끼기를, 나아가 예수님을 알지 못하는 이들 역시 지금 이 순간에도 살아 역사하시는 하나님을 뜨겁게 맞이하기를 소망합니다.

김경란 전 KBS 아나운서

『메시지』 성경의 뛰어난 가독성은, 하나님의 말씀인 성경이 이렇게 빨리 읽히고 이렇게 쉽게 이해되어도 괜찮나, 하는 생각이 들어 문득 독서를 멈출 정도다. 그렇지만 성경이 왜 잘 안 읽히고 이해되기 어려운 책이어야 한단 말인가. 일상의 언어와 시대의 문장에 담겨 우리를 찾아온 새로운 버전의 이 성경은 하나님의 말씀이 얼마나 친근하고 가까운지를 새삼 상기시킨다. 말씀이 그분의 임재의 현장임을 믿는다. 『메시지』 성경의 생생하고 과감한 현대적 표현을 통해 우리는 어제와 마찬가지로 오늘도 동일하게 활동하시는 성령의 역동적인 운행을 경험하며 놀란다.

이승우 소설가. 조선대학교 문예창작학과 교수

『메시지』가 다른 쉬운 번역 성경과 차별되는 독특함은, 번역과 의역을 넘나드는 그 문학성 때문이다. 『메시지』는 딱딱한 성경의 이야기성(narrative)을 멋지게 되살려 낸, 이 시대를 사는 그리스도인들에게 참 반가운 선물이다. 『메시지』는 피터슨의 학문적 토대 위에서 30여 년간의 목회 사역과 그의 문학적 소양이 빚어낸 역작이다. 하지만 역설적으로 『메시지』는 유진 피터슨의 책이 아니다. 그는 창작자가 아니라 통역자이기 때문이다. 하나님이 말씀하시고, 피터슨 목사는 알아듣기 쉬운 언어로 그 말씀을 전하는 또 한 명의 도구일 뿐이다. 이 지혜로운 동네 목사님이 준비해 주신 말씀이 우리 안에서 살아 내지도록 하는 것만이 그 은혜에 보답하는 길이리라.

고(故) 안수현 『그 청년 바보의사』 저자

제가 이스라엘에서 10년간 사역하면서 누린 최고의 복은, 이스라엘의 역사·지리·문화에 대한 폭넓은 이해를 통해 성경을 역사 드라마처럼 익사이팅하게 읽을 수 있게 되었다는 점입니다. 유진 피터슨의 『메시지』 또한 성경 속 이야기를 눈앞에서 움직이듯이 생생히 전달해 주어 성경을 더욱 친근하고 입체적으로 이해하도록 돕습니다. 이 책을 통해, 풍성하고 벗어날 수 없는 성경의 매력에 푹 빠져 보시기 바랍니다.

류모세 『열린다 성경』 저자

『메시지』는 유진 피터슨의 35년간의 목회 경험과 신학 교수로서의 전문성이 집약된 '읽는 성경'이다. 학자적 엄밀성뿐 아니라 공역 성경이 줄 수 없는 친근함과 정겨움이 넘쳐나는 이 책은, 기독교인과 일반인 모두에게 성경을 더욱 가까이하는 계기를 제공한다.

「국민일보」

『메시지』는 마치 다리와도 같다. 성경과 사람들 사이에 다리를 놓아 우리로 하여금 바로 일상에서 말씀하시는 것 같은 생생한 어조로 진리를 듣게 해준다.

하덕규 CCM 아티스트

유진 피터슨은 일상과 사람과 영성을 따로 보지 않았습니다. 『메시지』에는 뭇 백성을 향한 애끓는 사랑과 그분을 향한 한결같은 장인 정신이 살아 있습니다. 예수가 사람이 되어 오신 사랑과 연민을 그는 『메시지』를 통해 실천했습니다.

홍순관 CCM 아티스트

『메시지』의 출간을 독자의 한 사람으로 기다리고 있었습니다. 따뜻하고 친절한 저자의 배려가 글 한 구절 한 구절에 담겨져 있는 듯합니다. 덕분에 쉽게 펼쳐 보지 못했던 성경의 구석구석을 『메시지』와 함께 여행할 수 있어 읽는 내내 가슴 설레고, 인생이라는 여행길에 걸음걸음 흥겨움을 줍니다. 고맙습니다. 좋은 책을 만나게 해주셔서…….

조수아 CCM 아티스트

하나님은 인간의 언어를 사용하여 우리의 수준으로 말씀하셨다. 신약성경이 코이네(평범한) 그리스어로 쓰여진 것도 바로 그 맥락일 것이다. 『메시지』는 누구나 이해할 수 있는 일상의 언어로 우리에게 말씀하신 그 놀라운 성육신의 은혜를 고스란히 담아내고 있다.

조준모 CCM 아티스트, 한동대학교 국제어문학부 교수

일상을 사는 일과 말씀을 읽고 그 말씀을 일상 속에 해석하고 또한 비추어 내는 일은 늘 어려운 숙제 같습니다. 여기 이 책이 그 여정 가운데 도움이 되지 않을까 싶습니다.

한웅재 CCM 아티스트

『메시지』 신약 감수자

성경 읽기의 궁극적 목표는 순종이다. 순종은 하나님의 뜻에 대한 깨달음을 전제한다. 그리고 우리는 이 깨달음을 위해 성경을 읽는다. 그렇지만 우리는 종종 내게 칼날을 겨누는 깨달음보다는 그런 불편함이 없는 읽기 자체에만 몰두하려 한다. 그런 우리에게는 우리의 무릎을 꿇게 하는 성령의 감화가 필요하겠지만, 깨달음의 장애를 제거하려는 노력도 필요할 것이다. 유진 피터슨의 『메시지』는 깨달음을 위한 읽기를 돕는 참 좋은 도구다. 물론 한 사람의 경험으로 비춘 사적인 읽기이지만, 그래서 오히려 더 구체적이고 더 살갑다. 『메시지』를 읽으며 우리는 '나도 이처럼 실감나게 말씀을 읽고 싶다'는 열망을 갖게 된다. 세상의 온갖 잡음으로 난청의 지병에 시달리는 우리를 돕는 좋은 보청기가 될 수 있을 것이다.

권연경 교수 숭실대학교 신약학

성경의 존재 이유는 하나님의 선물인 구원을 인류에게 전달하는 데 있다. 이 『메시지』 성경은 하나님의 말씀만이 제공할 수 있는 영혼을 살려 내는 싱싱함을 듬뿍 안겨 준다. 알찬 짜임새로 독자를 사로잡는 이 『메시지』 성경의 한 구절 한 구절은, 독자가 이해하기 쉽도록 현대적인 번역은 물론, 감칠맛 나는 수사학적 뉘앙스가 어우러져 수천 년 전 바로 그 선포의 자리에 함께하고 있다는 느낌마저 들게 한다. 동시에 본문의 의미를 정확하게 담아내려는 노력은 이 『메시지』 성경을 현대인의 영적 해갈을 위한 명작으로 손꼽히게 만든다. 그래서 성경에 대해서 이해하기 어렵다는 불평은 본 『메시지』 성경을 손에 든 순간부터 더 이상 설득력을 잃게 될 것이다. 현란한 언어가 난무하고 진리의 순수성이 훼손되는 현대사회의 모든 문제와 사회적 병폐를 치유해 줄 본 『메시지』 성경의 출간을 축하하며, 그리스도인들과 진리에 목마른 모든 현대인들에게 『메시지』를 강력히 추천하는 바이다.

윤철원 교수 서울신학대학교 신약학

'그때 거기에서의' 옛 메시지의 보화를 캐내어 '이제 여기에서의' 신선하고 살아 있는 복음 메시지로 우리에게 친숙하게 다가온 우리말 『메시지』 성경 출간을 기쁘게 생각합니다. 그 옛날 쉽게 알아들을 수 있었던 하나님의 말씀이 오늘 우리에게도 그렇게 다가와야 함은, 사람들의 기대이자 하나님의 선하신 뜻이라 확신합니다. 서구에서 그러했듯이, 『메시지』 성경은 한국의 오늘과 내일의 성도들에게도 많은 사랑을 받을 것입니다. 이에 설렘과 감사 가운데 『메시지』 성경을 환영하며 추천합니다.

허주 교수 아신대학교 신약학

『메시지』는 내가 아는 성경의 최근 번역본 중에 가장 역동적인 성경이다. 『메시지』는 아이들도 이해할 수 있는 성경이다. 성경을 많이 읽어 온 사람은 이 『메시지』를 통해 예수님의 말씀을 전혀 새로운 눈으로 보게 될 것이다.

빌리 그레이엄

『메시지』는 하나님 말씀을 교인들에게 전하려고 했던 피터슨의 목회 경험에서 나온 책이다. 『메시지』를 통해 가장 큰 유익을 얻을 사람은, 성경을 읽어도 이해가 되지 않아 성경을 덮어 버린 사람이다. 또한 깊이 생각하며 진리를 추구하지만 아직 말씀을 받아들일 준비가 되어 있지 않은 사람이다. 놀랍게도 『메시지』는, 일상적인 언어로 저들에게 강렬하게 다가가서 살아 있는 말씀이 된다.

달라스 윌라드 『하나님의 모략』 저자

『메시지』는 성경 본래의 목소리를 생생한 언어로 전해 주는 성경이다. 강력하게 추천한다.

리처드 포스터 『영적 훈련과 성장』 저자

학자적 엄밀성과 생생한 표현이 잘 어우러진 유진 피터슨의 『메시지』는, 다양한 성경 번역본 가운데 단연 돋보이고 뛰어난 성경이다. 성경 원문의 논리적 흐름과 활력적인 정서, 함축된 의미들이 탁월하게 되살아난다.

제임스 I. 패커 『하나님을 아는 지식』 저자

『메시지』는 오늘날 살아 있는 일상의 언어로 말하는 성경이다. 유진 피터슨의 탁월한 언어 감각은 『메시지』만의 고유한 특징이다.

고든 피 『성경을 어떻게 읽을 것인가』 저자

우리는 전 교인과 함께 『메시지』를 읽었고, 지금도 계속해서 읽고 있다.

릭 워렌 『목적이 이끄는 삶』 저자

나는 『메시지』에서 단어를 읽을 뿐 아니라, 단어 뒤에서 말하는 소리까지도 듣게 된다. 『메시지』는 우리 눈에 읽히고 귀로도 들려서, 성경 속으로 들어가는 문을 활짝 열어 준다.

마이클 카드 CCM 아티스트

피터슨 목사님, 안녕하세요? 저는 그룹 U2의 싱어인 보노입니다. 성경 본문을 이렇게 멋지게 번역하신 그 수고에 대해서 저와 저희 밴드가 감사의 마음을 전하고 싶습니다. 정말이지 너무 훌륭합니다. 그동안 많은 훌륭한 번역들이 있었지만 제 자신의 언어 그대로 이야기해 주는 이런 성경은 처음이었어요. 10년 이라는 시간, 참 긴 시간이죠. 이젠 좀 쉬셔야죠? 안녕히.

보노 록그룹 U2 리드싱어

『메시지』는 한 번 손에 들면 놓을 수 없는 책이다. 다음에 어떤 내용이 있을지 궁금해서 계속해서 읽게 되고, 읽다 보면 끊임없이 놀라게 된다. 『메시지』의 신선한 관점과 형식은 예수님에 관한 사실들을 단번에 읽어 내는 경험을 가져다줄 것이다.

에이미 그랜트 CCM 아티스트

성경의 이야기를 새롭고 신선하게 보는 눈을 열어 준 이 책을 처음 만난 것이 아주 오래전 일인 것 같다. 이제 『메시지』를 읽고 싶어 하는 저 수많은 사람들의 명단에 내 이름이 올라 있다. 『메시지』는 내게 너무도 소중한 친구이다.

맥스 루케이도 『예수님처럼』 저자

유진 피터슨 덕분에 이 시대 모든 이들이 성경을 흥미롭고 강력하고 감미롭고 날카롭고 설득력 있고 통렬하고 인간적이고 현대적이고 따뜻하고 극적으로 읽을 수 있게 되었다.

월터 왱어린 『오직 나와 내 집은』 저자

나는 『메시지』의 한 구절을 읽고, 다시 읽고 생각한다. '아, 이것이 그런 뜻이었구나!' 피터슨은 우리에게 평생의 선물을 주었다.

레베카 피펏 『빛으로 소금으로』 저자

놀랍다! 나는 항상 『메시지』를 가지고 다닌다. 『메시지』는 어디를 가든 꺼내 보고 싶은 보화다.

조니 에릭슨 타다 『하나님의 눈물』 저자

『메시지』는 나를 사로잡아 놀랍도록 살아 있게 한다. 『메시지』는 경이와 흥분, 인간의 진정한 언어와 감정으로 가득 차 있다.

프레드릭 뷰크너 『하나님을 향한 여정』 저자

『메시지』를 주신 하나님께 감사드린다. 유진 피터슨은 『메시지』를 통해 교회가 성경을 새롭게 읽을 수 있게 해주었다.

『크리스채너티 투데이』

『메시지』 신약 원서 감수자

윌리엄 W. 클라인 | 덴버 신학교 신약학 교수
대럴 L. 보크 | 댈러스 신학교 신약학 교수
도널드 A. 해그너 | 풀러 신학교 신약학 교수
모이제스 실바 | 전 고든 콘웰 신학교 신약학 교수
로드니 A. 휘태커 | 트리니티 성공회 신학교 신약학 명예교수

『메시지』 신약 한국어판 작업에 도움을 준 이들

번역
김순현 | 여수 갈릴리교회 담임목사, 번역가(『메시지』『안식』『디트리히 본회퍼』 등 다수)
윤종석 | 전문 번역가(『메시지』『예수님처럼』『하나님의 모략』『놀라운 하나님의 은혜』 등 다수)
이종태 | 서울여자대학교 교목실장, 번역가(『메시지』『순전한 기독교』『다윗: 현실에 뿌리박은 영성』 등 다수)

책임 감수
김영봉 | 와싱톤사귐의교회 담임목사, 『설교자의 일주일』『사귐의 기도』『바늘귀를 통과한 부자』 저자

신학 감수
권연경 | 숭실대학교 신약학 교수
김철홍 | 장로회신학대학교 신약학 교수
심상법 | 총신대학교 신약학 교수
윤철원 | 서울신학대학교 신약학 교수
허　주 | 아신대학교 신약학 교수

영문 감수
이종태 | 서울여자대학교 교목실장, 번역가(『메시지』『순전한 기독교』『다윗: 현실에 뿌리박은 영성』 등 다수)

편집 및 독자 감수
『메시지』 한국어판이 약 10년에 걸쳐 완간되기까지, 복 있는 사람 출판사에서 오랫동안 수고해 온 멤버들과 개교회 목회자, 선교단체 간사, 신학생들 그리고 무명의 독자들의 날카롭고도 애정어린 편집 및 감수의 손길이 『메시지』 곳곳에 배어 있다.

메시지 | **신약** 영한대역

2009년 10월 20일 초판 1쇄 발행
2024년 4월 12일 양장판 1쇄 인쇄
2024년 4월 26일 양장판 1쇄 발행

지은이 유진 피터슨
옮긴이 김순현 윤종석 이종태
감수자 김영봉
펴낸이 박종현

(주) 복 있는 사람
주소 서울특별시 마포구 연남동 246-21(성미산로23길 26-6)
전화 02-723-7183(편집), 7734(영업·마케팅) 팩스 02-723-7184
이메일 hismessage@naver.com
등록 1998년 1월 19일 제1-2280호

ISBN 979-11-7083-041-2 04230

메시지 | 신약영한대역

THE MESSAGE
The New Testament

Eugene H. Peterson

메시지 영한대역
신약

유진 피터슨

복 있는 사람

차례

일러두기

• 유진 피터슨의 『메시지』 영어 원문을 번역하면서, 한국 교회의 실정과 환경을 고려하여 『메시지』 한글 번역본의 극히 일부분을 의역하거나 문장과 용어를 바꾸었다.

한국의 독자에게

한국의 많은 친구들이 하나님의 말씀, 이 귀한 성경 말씀을 오늘의 언어로 된 새로운 번역으로 읽게 된다니 기쁘기 그지없습니다.

하나님의 말씀—하나님은 말씀하시고, 언어를 사용하십니다—은 세상과 우리 안에서 벌어지는 모든 일, 글자 그대로 모든 일의 기초입니다. 성경의 첫 페이지에는 "하나님께서 말씀하셨다"가 아홉 번이나 나옵니다. 하나님이 말씀하시면, 일이 생겨납니다. 우리가 존재하게 됩니다. 성경은 하나님이 말씀하실 때 생겨나거나 존재하게 되는 일들의 이야기입니다. 그 이야기는 우리가 자녀와 부모 간에, 친구와 이웃들과 이야기할 때 사용하는 언어와 똑같은 언어로 말하고 기록되었습니다. 그러므로 하나님의 백성이, 하나님이 누구시며 그분이 무슨 일을 하시는지를 계시해 주는 말씀을 읽는 데 계속해서 열심을 내는 것은 놀랄 일이 아닙니다. 참으로 놀라운 사실은, 하나님의 백성인 우리가 모든 것을 포괄하는 그 거대한 창조와 구원의 이야기에 등장하고, 그 이야기에 참여하고 있으며, 그 이야기를 살아 낸다는 것입니다.

여러분이 이 책을 펴서 읽는 동안, 기독교 신앙과 모든 삶의 핵심에 자리한 그 거대한 대화 속으로 들어가기를, 하나님이 말씀하시고 여러분이 응답하는 대화 속으로 들어가기를 간절히 바랍니다.

유진 피터슨

『메시지』를 읽는 독자에게

『메시지』에 독특한 점이 있다면, 현직 목사가 그 본문을 다듬었기 때문일 것이다. 나는 성경의 메시지를 내가 섬기는 사람들의 삶 속에 들여놓는 것을 내게 주어진 일차적 책임으로 받아들이고 성인 인생의 대부분을 살아왔다. 강단과 교단, 가정 성경공부와 산상수련회에서 그 일을 했고, 병원과 양로원에서 대화하면서, 주방에서 커피를 마시고 바닷가를 거닐면서 그 일을 했다. 『메시지』는 40년간의 목회 사역이라는 토양에서 자라난 열매다.

인간의 삶을 만들고 변화시키는 하나님의 말씀은, 내가 『메시지』 작업을 하는 동안 정말로 사람들의 삶을 만들고 변화시켰다. 우리 교회와 공동체라는 토양에 심겨진 말씀의 씨앗은, 싹을 틔우고 자라서 열매를 맺었다. 현재의 『메시지』를 작업할 무렵에는, 내가 수확기의 과수원을 누비며 무성한 가지에서 잘 영근 사과며 복숭아며 자두를 따고 있다는 기분이 들곤 했다. 놀랍게도 성경에는, 내가 목회하는 성도며 죄인인 사람들이 살아 낼 수 없는 말씀, 이 나라와 문화 속에서 진리로 확증되지 않는 말씀이 단 한 페이지도 없었다.

내가 처음부터 목사였던 것은 아니다. 원래 나는 교사의 길에 들어서서, 몇 년간 신학교에서 성경 원어인 히브리어와 그리스어를 가르쳤다. 남은 평생을 교수와 학자로 가르치고 집필하고 연구하며 살겠거니 생각했었다. 그러다 갑자기 직업을 바꾸어 교회 목회를 맡게 되었다.

뛰어들고 보니, 교회는 전혀 다른 세계였다. 제일 먼저 눈에 띈 차이는, 아무도 성경에 별로 관심이 없어 보인다는 점이었다. 얼마 전까지만 해도, 사람들은 내게 돈을 내면서까지 성경을 가르쳐 달라고 했는데 말이다. 내가 새로 섬기게 된 사람들 중 다수는, 사실 성경에 대해 아무 것도 몰랐다. 성경을 읽은 적도 없었고, 배우려는 마음조차 없었다. 성경을 몇 년씩 읽어 온 사람들도 많았지만, 그들에게 성경은 너무 익숙해서 무미건조하고 진부한 말로 전락해 있었다. 그들은 지루함을 느낀 나머지 성경을 제쳐 둔 상태였다. 그 양쪽 사이에 있는 사람은 많지 않았다. 내가 가장 중요하게 여긴 일은, 성경 말씀을 그 사람들의 머리와 가슴 속에 들여놓아서, 성경의 메시지가 그들의 삶이 되게 하는 것이었다. 그러나 거기에 관심을 갖는 사람은 거의 없었다. 신문과 잡지, 영화와 소설이 그들 입맛에 더 맞았다.

결국 나는, 바로 그 사람들에게 성경의 메시지를 듣게—정말로 듣게—해주는 일을 내 평생의 본분으로 삼게 되었다. 그것이야말로 확실히 나를 위해 예비된 일이었다.

나는 성경의 세계와 오늘의 세계라는 두 언어 세계에 살고 있었다. 나는 언제나 그 두 세계가 같은 세계인 줄 알았다. 그러나 사람들은 그렇게 보지 않았다. 나는 어쩔 수 없이 "번역가"(당시에는 그런 표현을 쓰지 않았지만)가 되었다. 날마다 그 두 세계의 접경에 서서, 하나님이 우리를 창조하시고 구원하시고 치유하시고 복 주시고 심판하시고 다스리실 때 쓰시는 성경의 언어를, 우리가 잡담하고 이야기하고 길을 알려 주고 사업하고 노래 부르고 자녀에게 말할 때 쓰는 오늘의 언어로 옮긴 것이다.

　그렇게 하는 동안, 성경의 원어―강력하고 생생한 히브리어와 그리스어―는 끊임없이 내 설교의 물밑에서 작용했다. 성경의 원어는 단어와 문장을 힘 있고 예리하게 해주고, 내가 섬기는 사람들의 상상력을 넓혀 주었다. 그래서 오늘의 언어 속에서 성경의 언어를 듣고, 성경의 언어 속에서 오늘의 언어를 들을 수 있게 해주었다.

　나는 30년간 한 교회에서 그 일을 했다. 그러던 어느 날(1990년 4월 30일이었다), 한 편집자가 내게 편지를 보내 왔다. 그동안 내가 목사로서 해온 일의 연장선에서 새로운 성경 번역본을 집필해 달라는 청탁의 편지였다. 나는 수락했다. 그 후 10년은 수확기였다. 그 열매가 바로 『메시지』다.

　『메시지』는 읽는 성경이다. 기존의 탁월한 주석성경을 대체하기 위한 것이 아니다. 내 취지는 간단하다. (일찍이 우리 교회와 공동체에서도 그랬듯이) 성경이 충분히 읽을 수 있는 책이라는 사실을 모르는 사람들에게 성경을 읽게 해주고, 성경에 관심을 잃은 지 오래된 사람들에게 성경을 다시 읽게 해주는 것이다. 그렇다고 군이 내용을 쉽게 하지는 않았다. 성경에는 이해하기 어려운 부분도 많이 있다. 그래서 『메시지』를 읽다 보면, 더 깊은 연구에 도움이 될 주석성경을 구하는 일이 조만간 중요하게 여겨질 것이다. 그때까지는, 일상을 살기 위해 읽으라. 읽으면서 이렇게 기도하라. "하나님, 말씀하신 대로 내게 이루어지기를 원합니다."

　　　　　　　　　　　　　　　　　　　　　　　　　　　　　　　유진 피터슨

『메시지』 머리말

읽는 것이 먼저다. 일단 성경을 읽는 것이 중요하다. 읽다 보면, 어느새 우리는 새로운 말의 세계에 들어가 대화를 나누게 된다. 하나님께서 시작과 끝을 쥐고 계신 그 대화에 우리도 참여하고 있음을 곧 알게 된다. 이것은 우리가 예상치 못한 일이다. 하지만 어느 시대를 막론하고 성경을 읽는 사람들은, 성경이 우리에 관해서 기록된 책일 뿐 아니라 우리를 향해 기록된 책이라는 사실을 알고 있었다. 성경 속에서 우리는 대화의 참여자가 된다. 그 대화를 통해, 하나님은 말씀으로 우리를 만드시고 복 주시고 가르치시고 인도하시고 용서하시고 구원하신다.

우리는 이런 일에 익숙하지 못하다. 반면에, 설명이나 지시나 감동이나 즐거움을 주는 책을 읽는 데는 익숙하다. 하지만 성경은 다르다. 성경은 계시의 세계다. 하나님은 바로 우리 같은 사람들—하나님 형상대로 지음받은 남녀들—에게, 그분이 일하시는 방식과 우리가 살고 있는 세계의 실상을 계시해 주신다. 동시에 하나님은 우리를 이끌어 그분의 일하시는 삶에 동참하도록 초청하고 명령하신다. 우리 시대의 가장 중요한 일은 하나님께서 (하늘에서와 같이) 이 땅에 사랑과 정의의 위대한 통치를 세우시는 것이다. 우리가 그 일의 주체임을, 우리는 서서히 (혹은 갑자기) 깨닫는다. '계시'란 우리 스스로는 알아내지 못할 일, 짐작지도 못할 내용을 읽고 있다는 뜻이다. 성경의 독특성은 바로 계시에 있다.

『메시지』 성경도, 일단 읽고 귀 기울여 듣는 것이 중요하다. 공부할 시간은 나중에 얼마든지 있을 것이다. 우선은 그냥 읽는 것이 중요하다. 서두르지 말고 생각하면서 읽어야 한다. 성경의 이야기와 노래, 기도와 대화, 설교와 환상이 우리를 보다 큰 세계로 초청하는 방식을 느낄 수 있어야 한다. 하나님께서는 그 큰 세계에 계시면서 우리 눈에 보이는 모든 것에 개입하신다. 이 땅에 산다는 것—그냥 왔다 가는 것이 아니라 정말로 산다는 것—의 의미를 일깨워 주신다. 읽다 보면, 우리는 "알아듣기" 시작한다. 읽으면 읽을수록, 더욱 그렇다. 우리는 하나님과 대화를 나누고 있다. 우리에게 가장 중요한 사안들에 관해서 어느새 듣고 대답하고 있다. 우리는 누구인가, 어디서 와서 어디로 가는가, 무엇이 우리를 움직이는가, 우리가 사는 세계와 공동체의 원리는 무엇인가, 무엇보다도 우리 가운데 계시면서 우리 힘으로 할 수 없는 일들을 대신 해주시는 하나님의 신기한 사랑에 관해 대화하게 된다.

성경을 읽으면서 우리는, 이 세상에 더 큰 의미가 있음을 알게 된다. 인간이라는 존재에도, 보이는 세계에도, 보이지 않는 세계에도 더 큰 의미가 있다. 모든 것에 더 큰 의미가 있다! 그리고 그 의미는 하나님과 관계가 있다.

많은 사람들에게 성경은 새로운 책, 전혀 다른 종류의 책이다. 성경은 우리가 읽는 책이지만, 우리를 읽는 책이기도 하다. 우리는 뭔가 얻어 낼 수 있는 책을 찾아 읽는 데 익숙하다. 이를테면, 유용한 정보나 기운을 북돋아 주는 감동적인 이야기, 온갖 일의 방법론, 비오는 날 시간을 때울 오락물, 더 행복한 삶으로 이끌어 줄 지혜 같은 것을 찾는다. 성경 읽기에도 그런 유익이 있을 수 있고, 실제로 있기도 하다. 하지만 하나님께서 우리에게 성경을 주신 본래 목적은, 단순히 우리를 초청하시기 위해서다. 하나님의 세계와 하나님의 말씀을 내 집처럼 느끼도록, 하나님이 말씀하시는 방식과 우리가 삶으로 그분께 응답하는 방식에 익숙해지도록 하려는 것이다.

❧

성경을 읽다 보면, 몇 가지 놀라운 일이 있다. 가장 놀랄 만한 일은, 성경은 일단 펼쳐서 읽어 보면 참으로 다가가기 쉬운 책이라는 점이다. 성경은 사실 누구나 읽고 이해할 수 있는 책이다. 두어 세대마다 새로운 번역본이 나오는 이유는, 성경의 언어를 우리가 현재 쓰는 일상어, 성경이 맨 처음 기록된 바로 그 언어로 유지하기 위해서다. 똑똑하지 않은 사람, 교육을 많이 받지 못한 사람도 성경을 이해할 수 있다. 성경은 우리가 시장과 놀이터와 저녁식탁에서 흔히 듣는 단어와 문장들로 기록되었기 때문이다. 성경이 워낙 유명하고 높여지다 보니, 반드시 전문가들이 설명하고 해석해 주어야 한다고 생각하는 사람들이 많다. 물론 설명이 필요한 부분도 있다. 하지만 성경에 기록된 말을 처음 들은 사람들은 평범한 노동자 계층이었다. 성경을 영어로 옮긴 초기의 최고 번역가 중 한 사람인 윌리엄 틴데일이 한 말이 있다. 그는 "쟁기로 밭을 가는 소년"이 읽을 수 있도록 성경을 번역하고 있다고 말했다.

교육을 많이 받은 아프리카인 어거스틴은 나중에 역사상 가장 영향력 있는 성경 교사가 되었지만, 성경을 처음 읽었을 때는 큰 반감을 가졌다. 문학적으로 세련되고 깔끔한 책을 극찬했던 그가 보기에, 성경은 평범하고 시시한 사람들의 투박하고 촌스러운 이야기로 가득했던 것이다. 그가 읽은 라틴어역 성경에는 속어와 은어가 수두룩했다. 많은 등장인물이 "속되고" 예수는 평범해 보여서, 그는 성경을 한 번 보고는 경멸하며 내던졌다. 그러나 하나님은 세련된 지성인의 몸을 입고 오지 않으셨고, 그분의 고상한 세계를 터득하도록 우리에게 수준 높은 지식인 문화를 가르치지도 않으셨다. 어거스틴은 세월이 흐른 뒤에야 그것을 깨달았다. 하나님이 우리를 구원하기 위해 유대인 종의 모습으로 인간의 삶에 들어오셨다는 것을 알게 되면서부터, 그는 감사하고 믿는 마음으로 성경을 읽기 시작했다.

성경을 읽어도 세상이 "더 나아지지" 않는다며 놀라는 사람들도 있다. 성경의 세계는 결코 여행사의 안내 책자에 나오는 그런 이상적인 세계가 아니다. 하나님께서 이 세계 속에서 일하시고 사랑하시고 구원하시지만, 그렇다고 해서 고난과 불의와 악이 말끔히 사라지지는 않는다. 그렇게 간단한 문제가 아니다. 하나님은 죄로 물든 우리의 본성과 역사 속에서 끈기 있고 깊이 있게 일하시지만, 종종 은밀하게 일하신다. 이 세계는 깔끔하고 단정한 곳이 못되며, 우리가 모든 일을 통제할 수 있다는 보장도 없다. 이런 현실에 익숙해져야 한다. 어디에나 신비가 있다. 성경이 우리에게 제시하는 세계는, 우리의 직업을 계획하여 미래를 보장받을 수 있는 세계, 인과법칙에 따라 움직이는 예측 가능한 세계가 아니다. 모든 일이 우리의 미숙한 바람대로 이루어지는 꿈의 세계도 아니다. 고통과 가난과 학대가 있다. 그 앞에서 우리는 분개하여 "어떻게 이러실 수 있습니까!" 하고 부르짖는다. 대다수 사람들의 경우, 우리의 꿈의 세계가 성경이 제시하는 실제 세계로 바뀌기까지, 길고 긴 세월이 걸린다. 그 실제 세계는 은혜와 자비, 희생과 사랑, 자유와 기쁨의 세계다. 하나님께 구원받은 세계다.

놀라운 사실이 하나 더 있다. 성경은 우리의 기분을 맞추려고 하지 않는다는 것이다. 성경은 더 쉬운 삶을 약속하는 어떤 것도 우리에게 팔려고 하지 않는다. 성경은 우리가 흔히 생각하는 형통이나 쾌락이나 짜릿한 모험의 비결을 내놓지 않는다. 성경을 읽으면서 뚜렷이 부각되는 실체는, 하나님께서 구원을 위해 사랑으로 행하시는 일이다. 우리와, 우리가 하는 모든 일이 그 하나님의 일에 포함되어 있다. 이것은 죄와 문화 속에서 위축되고 너저분해진 우리가 상상하던 것과는 사뭇 다르다. 성경을 읽는 것은, 여러 우상을 소개하는 우편주문용 카탈로그에서 우상 하나를 골라서 우리의 환상을 채우는 것이 아니다. 성경은 하나님께서 말씀으로 만물과 우리를 창조하시는 것에서 시작한다. 그리고 하나님께서 우리 각 사람과의 복잡한 관계 속으로 들어오셔서, 우리를 도우시고 복 주시고 가르치시고 훈련하시고 책망하시고 징계하시고 사랑하시고 구원하시는 이야기를 들려준다. 이것은 현실 도피가 아니라, 오히려 더 큰 현실 속으로 뛰어드는 것이다. 희생이 따르지만, 시종 훨씬 더 나은 삶으로 말이다.

하나님은 이 가운데 어느 것도 우리에게 강요하지 않으신다. 하나님의 말씀은 인격적인 부름이기 때문에, 초청하고 명령하고 도전하고 책망하고 심판하고 위로하고 지도하지만, 절대로 강요하지는 않는다. 결코 억지로 시키지 않는다. 대화에 참여해서 응답할 자유와 여지가 우리에게 주어져 있다. 무엇보다도 성경은 하나님의 일과 언어에 동참하도록 우리를 초청하는 책이다.

읽으면서 우리는, 말씀을 읽는 일과 말씀대로 사는 삶이 연관되어 있음을 알게 된다. 성경의 모든 말씀은 삶으로 살아 낼 수 있다. 많은 사람들이 발견하듯이, 성경을 읽으면서 가장 중요한 질문은 '이것이 무슨 의미인가'가 아니라 '어떻게 이대로 살 수 있는가'이다. 그래서 우리는 성경을 비인격적으로 읽지 않고 인격적으로 읽는다. 우리의 참 자아로 살기 위해서 읽는다. 그저 생활수준을 높이는 데 유용한 정보를 얻기 위해 읽는 것이 아니다. 성경 읽기는 하나님의 음성을 듣고 순종하기 위한 방편이지, 종교 자료를 수집해서 우리 스스로 신이 되기 위한 수단이 아니다.

지금부터 당신은 성경의 이야기를 듣게 될 것이다. 그 이야기들은 당신을 자신에게 몰입된 상태에서 이끌어 내어, 세상의 구원을 이루고 계신 하나님의 드넓은 자유 속으로 데려갈 것이다. 거기서 만나게 될 단어와 문장들이, 당신을 비수처럼 찔러 아름다움과 희망에 눈뜨게 할 것이다. 그것이 당신을 참된 삶과 연결해 줄 것이다.

그 메시지에 꼭 응답하기 바란다.

감수의 글

우리 시대의 가장 탁월한 신학자요 목회자인 유진 피터슨이 그의 학문과 영성과 인격을 도구로 하여 번역한 『메시지』를 드디어 한국 독자들이 접할 수 있게 되어 기쁘다. 그는 무려 10년의 세월 동안 주 5일, 하루 6시간을 이 작업에 투자하여 대작을 완성했다. 한 개인이 신구약성경 전체를 원전으로부터 직접 번역한 것은 유례를 찾기 힘든 일이다. 1958년에 출간된 필립스(J. B. Phillips)의 The New Testament in Modern English가 이에 근접한 사례다. 필립스도 생전에 구약성경 전체를 같은 방식으로 번역하려 했으나, 예언서 네 권을 번역하는 것으로 만족해야 했다. 또한, 『메시지』에 대한 독자들의 반응에 있어서도 비슷한 사례를 찾기 어렵다. 영어권 기독교 독자들 사이에서 『메시지』는 이미 확고한 지지층을 확보했고, 점점 영향력을 넓혀 가고 있다.

몇 년 전, 나는 피터슨의 번역 성경이 우리말로 번역될 것으로 예상하면서, '우리' 신학자들 가운데 이와 같은 작업을 '우리말'로 할 사람이 나왔으면 좋겠다는 글을 쓴 적이 있다. 미국에서 영어 회중을 섬기면서 설교와 성경공부에서 『메시지』를 직접 사용해 보았던 사람으로서, 나는 이 번역 성경의 미덕을 잘 알고 있다. 그동안 이 번역 성경에 대한 비판도 적지 않았지만, 기독교 신앙에 분명히 큰 유익을 끼쳤으며 앞으로도 끼칠 것이라는 사실은 부정할 수 없다. 하지만 이것은 미국식 영어와 미국식 문화에 맞게 번역한 것이다. 그래서 누군가가 한국 문화와 정서 그리고 우리말의 독특한 맛을 살려 이와 같은 작업을 해주었으면 하는 바람을 가지는 것이다. 문제는 이 작업이 엄청난 노력과 인내와 시간을 필요로 한다는 데 있다. 가까운 미래에 이 같은 바람이 이루어질 가능성이 없어 보인다. 그래서 피터슨의 번역을 우리말로 읽게 된 것을 기쁘게 여기는 것이다. 이 번역이 비록 미국 문화 속에서 나온 것이지만, 미국 문화가 우리에게 낯설지 않은 만큼, 우리 독자들에게도 많은 유익을 끼칠 것으로 기대한다.

유진 피터슨은 『메시지』가 성경을 처음 대하는 사람들에 의해 읽혀지기를 기대한다고 말한 적이 있다. 공역 성경(번역위원회가 책임지고 번역하여 성서공회의 이름으로 출판한 성경)이 초신자들에게는 쉽게 이해되지 않기 때문이다. 비유하자면, 『메시지』가 젖이나 우유라면, 공역 성경은 밥에 해당한다. 피터슨은, 초신자들이 『메시지』를 읽고 어느 정도 성장한 다음 "젖을 떼고" 공역 성경으로 옮겨 가라고 권고한다. 이 점에 있어서 나는 생각을 달리한다. 성경을 처음 접하는 사람은 공역 성경을 읽는 것으로 시작하는 것이 좋다. 「개역성경」 혹은 「개역개정판」의 어투가 어색하면 「새번역」 혹은 「공동번역」을 읽으면 된다. 『메시지』는 공역 성경을 읽고 이해하는 데 있어서 '도움'을 얻기 위해 읽혀져야 한다. 유진 피터슨 자신도 어느 인터뷰에서 천명한 바이지만, 『메시지』는 공역 성경을 대체하기 위해서 마련된 것이 아니다. 미국 교회에서는 공역 성경 대신 『메시지』를 예배중에 읽는 경우가 적지 않은데, 이것도 역시 바람직하지 않다.

여기에는 두 가지 이유가 있다. 첫째, 『메시지』는 '한 사람'이 자신의 해석과 판단에 따라 번역한 것이기 때문이다. 기독교가 성경 번역에 있어서 '공역'의 원칙을 고집한 이유는 단지 번역의 분량이 방대하기 때문만은 아니다. 교회의 '공교회성'이 성경 번역에 있어서도 중요하다고 판단했기 때문이다. 성경 번역자로서 유진 피터슨의 미덕이 많이 있지만, 여러 가지 배경을 가진 번역자들이 함께 논의하고 합의하여 번역하는 것은 또 다른 미덕을 가지고 있다. 둘째, 『메시지』는 엄밀하게 말하면 '번역 성경'이라기보다는 '의역 성경'이다. 때로는 현대적으로 '번안'을 한 경우도 있다. 이 모든 노력은 원문의 의미를 좀 더 생명력 있고 인상 깊게 전하려는 데 목적을 두고 있다. 하지만 의역을 하는 과정에서 해석이 개입되고, 그 해석은 독자의 묵상을 제한할 수 있다. 반면, 공역 성경은 이해하기 어려울 수 있지만 해석의 여지를 그대로 남겨 둔다.

나는 『메시지』를 '청바지에 티셔츠를 입은 예수'에 비유하고 싶다. 이 번역 성경은 그처럼 예수님을 친근하게 느끼도록 만들어 줄 것이다. 하지만 예수님이 2천 년 전에 청바지에 티셔츠를 입고 활동한 것으로 오해하게 만들어서는 안된다. 성경에는 언제나 '낯선 면'이 남아 있어야 하고 또 그럴 수밖에 없다. 그것을 모두 제거하려 하면, 본문의 영감을 고갈시킬 수 있다.

그럼에도 불구하고, 『메시지』는 다른 공역 성경에서 찾을 수 없는 장점을 가지고 있으며, 따라서 우리의 영성 생활에 좋은 길벗이 되어 줄 것이다. 번역 안에 유진 피터슨의 학문과 영성과 인격이 배어 있기 때문이다. 번역은 단순한 기계적인 작업이 아니다. 번역자가 어떤 안목을 가지고 있느냐에 따라, 그리고 번역자의 영성과 인격이 어떠하느냐에 따라 번역의 깊이와 맛이 달라진다. 특히, 문자에 담긴 하나님의 영감된 말씀을 분별하는 일은 예민한 영적 감수성을 요구한다. 유진 피터슨은 성경 원어에 대한 전문적인 지식을 갖추었을 뿐 아니라 성령의 영감을 분별할 만한 깊은 영성의 소유자다. 그의 모든 것이 녹아든 번역이라는 점에서 나는 기쁜 마음으로 이 책을 추천한다.

나는 『메시지』가 공역 성경을 이해하는 데 좋은 참고 자료가 되기를 기대한다. 나 자신도 개인적으로 많은 도움을 받아 왔기 때문에 이 점에 대해서는 확신을 가지고 말할 수 있다. 개인 경건생활이나 공동체에서의 설교 혹은 성경 연구에 있어서 『메시지』는 좋은 동반자가 되어 줄 것이다. 영어 회중에게 설교할 때, 나는 종종 『메시지』의 번역을 소개하곤 했는데, 그럴 때마다 "그게 그런 뜻이었습니까?"라고 묻는 사람들이 있었다. 『메시지』는 "너무 익숙해서 오히려 낯선" 본문들을 살아나게 만들어 준다. 아니, 너무 익숙해서 스쳐 지나가던 본문들에 대해 독자를 살아나게 한다. 성경에 대해 살아나면, 우리의 영혼이 살아나게 되어 있다. 이 점에서 『메시지』는 탁월한 경건서라고 할 수 있다.

처음 신약부분에 대한 감수를 맡아 달라는 청을 받았을 때, 나는 주저했고 또한 사양했다. 감수에 대한 출판계의 부정적인 관행을 알고 있기 때문이었다. 몇 번의 대화 끝에 "제대로 감수"할 것을 감수하고 수락했다. 일단 작업을 시작하고 나서 나는 편집진의 신실성과 성실성에 놀랐고, 이 작업에 참여한 것을 영예로 여기고 있다. 번역, 원문 교열, 독회, 감수 등의 여러 단계를 거치면서 수없이 읽고 고치기를 반복했다. 감수자 자신도 모든 원고를 꼼꼼히 읽고 수정했음을 밝힌다. 이 같은 치밀하고 성실한 작업으로 인해 출판 일정이 수없이 재조정되었지만, 편집진에서는 소명감을 가지고 모든 일에 정성을 다했다. 이 점에서 이 출간 작업에 참여한 모든 이들에게 감사의 마음을 전한다. 그들은 참으로 "복 있는 사람"들이다. 부디, 『메시지』가 독자들의 영적 여정에 좋은 벗이 되어, 복 있는 사람들로 살아가게 되기를 기대한다.

김영봉 와싱톤사귐의교회 담임목사

신약

예수께서 오심으로 새 시대가 열렸다. 하나님께서 친히 역사 속으로 들어오셔서, 그분이 우리 편이시며 우리를 구원하시기 위해서라면 못 하실 일이 없음을 분명히 보이셨다. 그 모든 일이 예수의 삶과 죽음과 부활로 드러나고 이루어졌다. 그때나 지금이나, 이것은 웬만해서는 믿기 어려운 이야기다. 너무 좋아서 믿기지 않는 이야기다. 예수의 제자 가운데 한 사람인 요한은, 그가 쓴 첫 번째 편지의 도입부에서 그런 상황을 이렇게 요약하고 있다.

> 우리는 첫날부터 거기 있으면서, 그 모든 것을 받아들였습니다. 우리는 그 모든 것을 두 귀로 듣고, 두 눈으로 보고, 두 손으로 확인했습니다. 생명의 말씀이 우리 눈앞에 나타나셨습니다. 우리는 그것을 똑똑히 보았습니다! 이제 우리가 목격한 것을 여러분에게 과장 없이 있는 그대로 말씀드리겠습니다. 너무나 놀랍게도, 하나님 자신의 무한하신 생명이 우리 앞에 모습을 드러냈습니다. 우리가 그것을 보고 듣고서 이제 여러분에게 전하는 것은, 우리와 더불어 여러분도 아버지와 그분의 아들이신 예수 그리스도와의 사귐을 경험하게 하려는 것입니다. 우리가 이 편지를 쓰는 목적은, 여러분도 이 사귐을 누리게 하려는 것입니다. 그러면 여러분의 기쁨으로 인해 우리의 기쁨이 두 배가 될 테니까요!(요일 1:1-4)

사람들은 하나둘씩 그 이야기를 믿었다. 예수께서 그들 가운데서 그들을 위해 살아 계신 하

The arrival of Jesus signaled the beginning of a new era. God entered history in a personal way, and made it unmistakably clear that he is on our side, doing everything possible to save us. It was all presented and worked out in the life, death, and resurrection of Jesus. It was, and is, hard to believe—seemingly too good to be true. One of Jesus' disciples, John, summed it up in the introduction of his first letter:

> From the very first day, we were there, taking it all in—we heard it with our own ears, saw it with our own eyes, verified it with our own hands. The Word of Life appeared right before our eyes; we saw it happen! And now we're telling you in most sober prose that what we witnessed was, incredibly, this: The infinite Life of God himself took shape before us.
> We saw it, we heard it, and now we're telling you so you can experience it along with us, this experience of communion with the Father and his Son, Jesus Christ. Our motive for writing is simply this: We want you to enjoy this, too. Your joy will double our joy!(1 John 1:1-4)

But one by one, men and women did believe it, believed Jesus was God alive among them and for them. Soon they

나님이심을 믿었다. 곧이어 그들은 예수께서 그들 안에서도 살아 계심을 깨달았다. 자신들이 살고 있는 세상이 온통 하나님께서 다스리시는 세상임을 알고, 그들은 깜짝 놀랐다. 만물의 시작과 끝이 그분께 있었던 것이다. 실제로 요한은 그의 환상 속에서 예수께서 다음과 같이 말씀하시는 것을 들었다. "나는 처음이며 마지막, 최초이며 최종, 시작이며 끝이다"(계 22:13). 그렇다면 모든 것, 글자 그대로 모든 것을 다시 조정하고 다시 그려 내고 다시 생각해야 했다.

그들은 그 일에 아주 신바람이 났다. 그들은 예수의 이야기를 전했고, 그분의 가르침을 기억하기 쉽게 정리했다. 편지를 썼다. 노래를 불렀다. 기도를 드렸다. 그들 가운데 한 명은 거룩한 환상을 바탕으로 독특한 시를 썼다. 명확한 책임자가 있었던 것도 아니다. 모든 것이 자발적으로 이루어졌고, 얼핏 보기에는 아무렇게나 되는 일 같았다. 세월이 50년쯤 흘러서 그 글들이 한데 모아졌고, 예수를 따르는 이들은 그것을 하나로 묶어 "신약성경"이라고 불렀다.

목격담, 개인적인 편지, 환상의 시. 이렇게 세 종류의 글이 모아져, 한 권의 책이 되었다. 이야기 다섯 마당, 편지 스물한 통, 시 한 편.

이렇게 쓰고 읽고 모으고 정리하는 과정이 겉보기에는 아무런 책임자도 없이 이루어진 것 같았다. 하지만 그 기록을 읽으면서 삶이 변화되고 만들어져 가던 초기 그리스도인들은 책임자가 계시다는 확신에 이르렀다. 그 모든 일의 배후와 중심에 하나님의 성령이 계셨던 것이다. 그들이 뒤돌아보고 깨달은 것이지만, 그 모든 일은 전혀 임의로 되거나 아무렇게나 된 일이 아니었다. 단어 하나하나까지 서로 맞들어 갔고, 각자 따로 된 문서들이 모두 정교하게 조화를 이루었다. 우연은 조금도 없었고, 어쩌다 그렇게 된 일도 아니었다. 그들은 담대하게 그 기록된 글을

would realize that he also lived in them. To their great surprise they found themselves living in a world where God called all the shots—had the first word on everything; had the last word on everything. In fact, in John's vision, he heard Jesus say, "I'm A to Z, the First and the Final, Beginning and Conclusion"(Revelation 22:13). That meant that everything, quite literally every thing, had to be re-centered, re-imagined, and re-thought.

They went at it with immense gusto. They told stories of Jesus and arranged his teachings in memorable form. They wrote letters. They sang songs. They prayed. One of them wrote an extraordinary poem based on holy visions. There was no apparent organization to any of this; it was all more or less spontaneous and, to the eye of the casual observer, haphazard. Over the course of about fifty years, these writings added up to what would later be compiled by the followers of Jesus and designated "The New Testament."

Three kinds of writing—eyewitness stories, personal letters, and a visionary poem—make up the book. Five stories, twenty-one letters, one poem.

In the course of this writing and reading, collecting and arranging, with no one apparently in charge, the early Christians, whose lives were being changed and shaped by what they were reading, arrived at the conviction that there was, in fact, someone in charge—God's Holy Spirit was behind and in it all. In retrospect, they could see that it was not at all random or haphazard, that every word worked with every other word, and that all the separate documents worked in intricate

"하나님의 말씀"이라고 부르며, 거기에 자신의 삶을 걸었다. 그 글에 자신의 삶을 다스릴 권위가 있음을 받아들였던 것이다. 바울은 그의 제자 디모데에게 보낸 편지에서 이렇게 말했다.

그리스도 예수를 믿는 믿음으로 말미암아 구원에 이르는 길을 보여주는 것은, 오직 기록된 하나님의 말씀 외에는 없습니다. 성경의 모든 부분에는 하나님의 숨결이 깃들어 있어 모든 면에서 유익합니다. 우리에게 진리를 보여주고, 우리의 반역을 드러내며, 우리의 실수를 바로잡아 주고, 우리를 훈련시켜 하나님의 방식대로 살게 합니다. 우리는 말씀을 통해 온전해지며, 하나님께서 우리를 위해 마련하신 일을 이루어 가게 됩니다(딤후 3:15-17).

그 후로, 이 글을 읽은 사람들은 대부분 비슷한 믿음을 가졌다.

이 기록의 두드러진 특징은, 당시 길거리에서 쓰던 언어와 놀이터와 시장의 말투로 되어 있다는 것이다. 그리스어를 쓰던 당시 세계에는, 두 등급의 언어가 있었다. 공식 언어와 비공식 언어였다. 공식 언어는 철학과 역사, 정부 법령과 서사시를 쓸 때 사용했다. 누군가 자리에 앉아 짐짓 후대에 남길 글을 쓰는 것이라면, 당연히 박식한 어휘와 정확한 어법을 살려 공식 언어로 기록했다. 그러나 사야 할 물건의 목록이나 가족 간의 편지, 청구서나 영수증 같은 일상적인 글이라면, 길거리에서 쓰는 평범하고 비공식적인 일상어로 썼다.

신약성경 전체에 사용된 언어가 바로 그 언어다. 여기에 난색을 표하는 사람들이 있다. 거룩하신 하나님과 거룩한 것들을 담을 언어라면, 마땅히 고상하고 장중하고 격식에 맞아야 한다는 생각 때문이다. 그러나 예

harmony. There was nothing accidental in any of this, nothing merely circumstantial. They were bold to call what had been written "God's Word", and trusted their lives to it. They accepted its authority over their lives. In his second letter to his protégé Timothy, Paul wrote,

There's nothing like the written Word of God for showing you the way to salvation through faith in Christ Jesus. Every part for Scripture is God-breathed and useful one way or another—showing us truth, exposing our rebellion, correcting our mistakes, training us to live God's way. Through the Word we are put together and shaped up for the tasks God has for us(2 Timothy 3:15-17).

Most of its readers since have been similarly convinced.

A striking feature in all this writing is that it was done in the street language of the day, the idiom of the playground and marketplace. In the Greek-speaking world of that day, there were two levels of language: formal and informal. Formal language was used to write philosophy and history, government decrees and epic poetry. If someone were to sit down and consciously write for posterity, it would of course be written in this formal language with its learned vocabulary and precise diction. But if the writing was routine—shopping lists, family letters, bills, and receipts—it was written in the common, informal idiom of everyday speech, street language.

And this is the language used throughout the New Testament. Some people are taken aback by this, supposing that language dealing with a

수를 한 번만 잘 보면, 그런 억측은 사라진다. 그분은 현실적인 이야기를 즐겨 하셨고, 평범한 사람들과 스스럼없이 어울리셨다. 예수는 있는 그대로의 우리 삶으로 내려오신 하나님이시지, 우리의 삶을 가지고 하나님께로 올라가신 분이 아니다. 우리가 그분께 인정받기 위해 안간힘을 쓰기를 바라시는 분이 아니다. 요한의 말대로 예수는 "우리가 사는 곳에" 오셔서, 우리 가운데 한 사람이 되신 분이다(요 1:14). 바울은 그의 편지에서 예수에 대해 다음과 같이 말한다.

그분은 하나님과 동등한 지위셨으나 스스로를 높이지 않으셨고, 그 지위의 이익을 고집하지도 않으셨습니다. 조금도 고집하지 않으셨습니다! 때가 되자, 그분은 하나님과 동등한 특권을 버리고 종의 지위를 취하셔서, 사람이 되셨습니다! 그분은 사람이 되셔서, 사람으로 사셨습니다. 그것은 믿을 수 없을 만큼 자신을 낮추는 과정이었습니다. 그분은 특권을 주장하지 않으셨습니다. 오히려 사심 없이 순종하며 사셨고, 사심 없이 순종하며 죽으셨습니다. 그것도 가장 참혹하게 십자가에서 죽으셨습니다(빌 2:5-8).

그래서 예수를 따르는 사람들은 전도할 때나 설교할 때나 번역할 때나 가르칠 때나, 메시지—"복된 소식"—를 자기가 살고 있는 현장의 언어로 표현하려고 언제나 최선을 다했다. 메시지를 바로 이해하려면 언어를 바로 써야 한다. 완벽함을 열망하는 우리의 바람에 어울리는 세련된 언어가 아니라, 생각지도 못한 곳에서 하나님의 임재와 활동을 드러내 주는 투박하고 다듬어지지 않는 언어라야 한다. 하나님 생각 없이 평범하고 너저분한 삶에 몰두해 있을 때, 우리를 확 덮치는 그런 언어여야 한다.

holy God and holy things should be elevated—stately and ceremonial. But one good look at Jesus—his preference for down-to-earth stories and easy association with common people—gets rid of that supposition. For Jesus is the descent of God to our lives, just as they are, not the ascent of our lives to God, hoping he might approve when he sees how hard we try. No, Jesus became one of us, moving, as John said, "into the neighborhood" (John 1:14). And Paul wrote,

He had equal status with God but didn't think so much of himself that he had to cling to the advantages of that status no matter what. Not at all. When the time came, he set aside the privileges of deity and took on the status of a slave, became human! Having become human, he stayed human. It was an incredibly humbling process. He didn't claim special privileges. Instead, he lived a selfless, obedient life and then died a selfless, obedient death (Philippians 2:5-8).

And that is why the followers of Jesus in their witness and preaching, translating and teaching, have always done their best to get the Message—the "good news"—into the language of whatever streets they happen to be living on. In order to understand the Message right, the language must be right—not a refined language that appeals to our aspirations after the best but a rough and earthy language that reveals God's presence and action where we least expect it, catching us when we are up to our elbows in the soiled ordinariness of our lives and God is the

오늘의 언어로 된 이 『메시지』는, 요즘 사람들이 쓰는 참신하고 이해하기 쉬운 말에 맞춘 것이다. 이 언어는, 우리가 쇼핑하고 친구들과 이야기하고 세상사를 걱정하고 자녀들에게 식탁 예절을 가르칠 때 사용하는 언어와 똑같은 언어다. 그 목표는, 그리스어를 축자적으로 직역하는 것이 아니라, 말투와 억양과 사건과 개념을 우리가 실제로 생각하고 말하는 식으로 바꾸는 것이다.

이 『메시지』 작업을 하면서 새삼 깨달았지만, 이 일은 내가 목사로서 평생 해 온 바로 그 일이다. 35년 동안 나는 목사로서 성경 원어와 일상의 언어라는 두 언어 사이에 서서, 적절한 단어와 숙어를 찾아내는 번역자 노릇을 했다. 내가 섬기는 사람들이 이 세상에서—하나님께서 예수를 통해 아주 단호하고 확실하게 말씀하신 이 세상에서—길을 찾아 잘 살아갈 수 있도록 말이다. 나는 늘 성경 본문을 사람들의 현실에 맞게 오늘의 언어로 표현할 길을 궁리하면서, 강단과 부엌, 병원과 식당, 주차장과 공원에서 그 일을 했다.

furthest thing from our minds.

This version of the New Testament in a contemporary idiom keeps the language of the Message current and fresh and understandable in the same language in which we do our shopping, talk with our friends, worry about world affairs, and teach our children their table manners. The goal is not to render a word-for-word conversion of Greek into English, but rather to convert the tone, the rhythm, the events, the ideas, into the way we actually think and speak.

In the midst of doing this work, I realized that this is exactly what I have been doing all my vocational life. For thirty-five years as a pastor I stood at the border between two languages, biblical Greek and everyday English, acting as a translator, providing the right phrases, getting the right words so that the men and women to whom I was pastor could find their way around and get along in this world where God has spoken so decisively and clearly in Jesus. I did it from the pulpit and in the kitchen, in hospitals and restaurants, on parking lots and at picnics, always looking for an English way to make the biblical text relevant to the conditions of the people.

예수의 이야기는 예수로 시작하지 않는다. 하나님은 이미 오래전부터 일해 오셨다. 예수의 일은 구원이며, 그것은 아주 오래된 일이다. 창세전부터 시작되어 면면이 이어져 온 모든 주제와 기운과 운동이 결집되어, 최종 모습으로 드러난 것이 곧 예수다.

마태는 한 지방에서 벌어진 예수의 이야기를 세계 역사의 정황 안에 배치하면서 신약성경의 문을 연다. 예수의 탄생과 삶과 죽음과 부활에 관한 그의 기록을 읽노라면, 우리는 앞서 일어난 모든 일과 연결 지어 그것을 볼 수밖에 없다. 실제로 예수의 탄생에 관한 기록만 해도, 마태는 독자들에게 메시아가 오심으로 구약의 두 예언이 성취되었음을 상기시키고 있다.

잘 보아라, 처녀가 임신하여 아들을 낳을 것이며
그 이름을 임마누엘이라 할 것이다!
(임마누엘은 히브리 말로 '하나님이 우리와 함께하신다'는 뜻이다.)(마 1:23; 사 7:14 인용)

유대 땅 베들레헴아,
너는 더 이상 뒤만 따르지 않을 것이다.
네게서 지도자가 나와
내 백성 이스라엘을 목자처럼 다스릴 것이다.(마 2:5-6; 미 5:2 인용)

"성취된다"는 말은 마태가 유독 많이 쓰는 동사다. 어떤 일이 벌어지는 것은 "말씀이 성취

The story of Jesus doesn't begin with Jesus. God had been at work for a long time. Salvation, which is the main business of Jesus, is an old business. Jesus is the coming together in final form of themes and energies and movements that had been set in motion before the foundation of the world.

Matthew opens the New Testament by setting the local story of Jesus in its world historical context. He makes sure that as we read his account of the birth, life, death, and resurrection of Jesus, we see the connections with everything that has gone before. In fact, in his account of Jesus' birth alone, Matthew reminds his readers of two Old Testament prophecies being fulfilled in the coming of the Messiah.

Watch for this—a virgin will get pregnant and bear a son;
They will name him Immanuel.
(Hebrew for "God is with us.")(Matthew 1:23; quoting Isaiah 7:14)

It's you, Bethlehem, in Judah's land,
no longer bringing up the rear
From you will come the leader
who will shepherd-rule my people, my Israel.
(Matthew 2:5-6; quoting Micah 5:2)

되기 위해서"다. 예수는 독특하지만 유별난 분은 아니시다.

더 나아가, 마태가 이야기하는 방식을 보면, 우리 이전에 일어난 모든 일이 예수 안에서 완성될 뿐 아니라 우리도 예수 안에서 완성된다는 것을 알 수 있다. 매일 아침 잠에서 깰 때마다 우리는 이미 시작된 일, 오랫동안 진행되어 온 일 한가운데 있다. 우리의 족보와 우리가 살고 있는 지역이 그러하고, 역사와 문화와 우주 그리고 하나님 이야기가 그렇다. 이 이야기 속에서 우리는 우연의 산물도 아니고 군더더기처럼 불필요한 존재도 아니다. 이 이야기 속에서 우리는 우리 인생의 방향을 발견하고, 우리 삶에 대한 설명과 확신까지 찾게 된다.

마태는 종합적인 정황을 내놓는다. 하나님의 모든 창조와 구원이 예수 안에서 완성되고, 우리 삶의 모든 부분―일, 가정, 친구, 추억, 꿈―이 예수 안에서 완성되는 것을 우리는 그 속에서 보게 된다. 예수께서는 "내가 하나님의 율법이든 예언자든, 성경을 폐지하러 왔다고 생각하지 마라. 내가 온 것은 폐지하려는 것이 아니라 오히려 완성하려는 것이다. 나는 그 모든 것을 거대한 하나의 파노라마 속에 아우를 것이다"라고 말씀하셨다(마 5:17). 이러한 정황이 없으면, 우리는 자칫 예수를 신문에 나는 일상사와는 동떨어진 분으로 여길 수 있다. 그것은 사실과 전혀 동떨어진, 매우 위험스러운 일이다.

"Fulfilled" is one of Matthew's characteristic verbs: such and such happened "that it might be *fulfilled.*" Jesus is unique, but he is not odd.

Better yet, Matthew tells the story in such a way that not only is everything previous to us completed in Jesus; we are completed in Jesus. Every day we wake up in the middle of something that is already going on, that has been going on for a long time: genealogy and geology, history and culture, the cosmos— God. We are neither accidental nor incidental to the story. We get orientation, briefing, background, reassurance.

Matthew provides the comprehensive context by which we see all God's creation and salvation completed in Jesus, and all the parts of our lives—work, family, friends, memories, dreams—also completed in Jesus, who himself said, "Don't suppose for a minute that I have come to demolish the Scriptures— either God's Law or the Prophets. I'm not here to demolish but to complete. I am going to put it all together, pull it all together in a vast panorama"(Matthew 5:17). Lacking such a context, we are in danger of seeing Jesus as a mere diversion from the concerns announced in the newspapers. Nothing could be further from the truth.

마태복음   MATTHEW

1

¹ 아브라함의 자손이며 다윗의 자손인 예수 그리스도의 족보다.

2-6 아브라함은 이삭을 낳았고
이삭은 야곱을 낳았고
야곱은 유다와 그 형제들을 낳았고
유다는 베레스와 세라를 낳았고(그들의 어머니는 다말이었다)
베레스는 헤스론을 낳았고
헤스론은 람을 낳았고
람은 아미나답을 낳았고
아미나답은 나손을 낳았고
나손은 살몬을 낳았고
살몬은 보아스를 낳았고(그의 어머니는 라합이었다)
보아스는 오벳을 낳았고(룻이 그의 어머니였다)
오벳은 이새를 낳았고
이새는 다윗을 낳았고
다윗은 왕이 되었다.

6-11 다윗은 솔로몬을 낳았고(우리야의 아내가 그의 어머니였다)
솔로몬은 르호보암을 낳았고
르호보암은 아비야를 낳았고
아비야는 아사를 낳았고
아사는 여호사밧을 낳았고

1

¹ The family tree of Jesus Christ, David's son, Abraham's son:

2-6 Abraham had Isaac,
Isaac had Jacob,
Jacob had Judah and his brothers,
Judah had Perez and Zerah (the mother was Tamar),
Perez had Hezron,
Hezron had Aram,
Aram had Amminadab,
Amminadab had Nahshon,
Nahshon had Salmon,
Salmon had Boaz (his mother was Rahab),
Boaz had Obed (Ruth was the mother),
Obed had Jesse,
Jesse had David,
  and David became king.

6-11 David had Solomon (Uriah's wife was the mother),
Solomon had Rehoboam,
Rehoboam had Abijah,
Abijah had Asa,
Asa had Jehoshaphat,
Jehoshaphat had Joram,
Joram had Uzziah,

여호사밧은 요람을 낳았고
요람은 웃시야를 낳았고
웃시야는 요담을 낳았고
요담은 아하스를 낳았고
아하스는 히스기야를 낳았고
히스기야는 므낫세를 낳았고
므낫세는 아몬을 낳았고
아몬은 요시야를 낳았고
요시야는 여호야긴과 그 형제들을 낳았고
그 무렵에 백성이 바빌론에 포로로 잡혀
갔다.

12-16 바빌론으로 잡혀간 뒤에
여호야긴은 스알디엘을 낳았고
스알디엘은 스룹바벨을 낳았고
스룹바벨은 아비훗을 낳았고
아비훗은 엘리아김을 낳았고
엘리아김은 아소르를 낳았고
아소르는 사독을 낳았고
사독은 아킴을 낳았고
아킴은 엘리웃을 낳았고
엘리웃은 엘르아살을 낳았고
엘르아살은 맛단을 낳았고
맛단은 야곱을 낳았고
야곱은 마리아의 남편인 요셉을 낳았고
마리아는
그리스도라 하는 예수를 낳았다.

17 아브라함부터 다윗까지 열네 대,
다윗부터 바빌론으로 잡혀갈 때까지 열
네 대,
바빌론으로 잡혀간 뒤로 그리스도까지 열
네 대였다.

예수의 탄생

18-19 예수께서 태어나신 경위는 이렇다. 그
분의 어머니 마리아는 요셉과 약혼한 사이
였다. 그들이 결혼하기 전에, 요셉은 마리아

Uzziah had Jotham,
Jotham had Ahaz,
Ahaz had Hezekiah,
Hezekiah had Manasseh,
Manasseh had Amon,
Amon had Josiah,
Josiah had Jehoiachin and his brothers,
    and then the people were taken into
    the Babylonian exile.

12-16 When the Babylonian exile ended,
Jeconiah had Shealtiel,
Shealtiel had Zerubbabel,
Zerubbabel had Abiud,
Abiud had Eliakim,
Eliakim had Azor,
Azor had Zadok,
Zadok had Achim,
Achim had Eliud,
Eliud had Eleazar,
Eleazar had Matthan,
Matthan had Jacob,
Jacob had Joseph, Mary's husband,
    the Mary who gave birth to Jesus,
    the Jesus who was called Christ.

17 There were fourteen generations from
Abraham to David,
another fourteen from David to the
Babylonian exile,
and yet another fourteen from the
Babylonian exile to Christ.

The Birth of Jesus

18-19 The birth of Jesus took place like
this. His mother, Mary, was engaged to be
married to Joseph. Before they came to
the marriage bed, Joseph discovered she

가 임신한 사실을 알게 되었다. (성령으로 된 일이었으나 요셉은 그 사실을 몰랐다.) 요셉은 마음이 상했지만 점잖은 사람인지라, 마리아에게 욕이 되지 않게 조용히 문제를 매듭지을 참이었다.

20-23 방도를 찾던 중에 요셉이 꿈을 꾸었다. 꿈속에서 하나님의 천사가 말했다. "다윗의 자손 요셉아, 주저하지 말고 결혼하여라. 마리아의 임신은 성령으로 된 것이다. 하나님의 성령이 잉태하게 하신 것이다. 마리아가 아들을 낳을 것이니, 그 이름을 예수—'하나님이 구원하신다'—라고 지어라. 그가 자기 백성을 그 죄에서 구원하실 것이다." 이로써 예언자가 잉태한 설교가 드디어 성취되었다.

잘 보아라, 처녀가 임신하여 아들을 낳을 것이며
그 이름을 임마누엘이라 할 것이다!
(임마누엘은 히브리 말로 '하나님이 우리와 함께하신다'는 뜻이다.)

24-25 요셉은 잠에서 깼다. 그는 하나님의 천사가 꿈에 지시한 대로 마리아와 결혼했다. 그러나 그는 마리아가 아기를 낳을 때까지는 잠자리를 같이하지 않았다. 그는 아기의 이름을 예수라고 지었다.

동방에서 온 학자들

2 1-2 예수께서 유대 땅 베들레헴 마을에서 태어나시자—당시는 헤롯이 왕으로 있을 때였다—동방에서 학자들이 예루살렘을 찾아왔다. 그들이 물었다. "새로 태어난 유대인의 왕에게 예를 갖추려면 어디로 가야 합니까? 우리는 동쪽 하늘에서 그의 탄생을 알리는 별을 보았습니다. 그래서 그에게 경배하려고 순례를 왔습니다."

was pregnant. (It was by the Holy Spirit, but he didn't know that.) Joseph, chagrined but noble, determined to take care of things quietly so Mary would not be disgraced.

20-23 While he was trying to figure a way out, he had a dream. God's angel spoke in the dream: "Joseph, son of David, don't hesitate to get married. Mary's pregnancy is Spirit-conceived. God's Holy Spirit has made her pregnant. She will bring a son to birth, and when she does, you, Joseph, will name him Jesus–'God saves'–because he will save his people from their sins." This would bring the prophet's embryonic sermon to full term:

Watch for this—a virgin will get pregnant and bear a son;
They will name him Immanuel (Hebrew for "God is with us").

24-25 Then Joseph woke up. He did exactly what God's angel commanded in the dream: He married Mary. But he did not consummate the marriage until she had the baby. He named the baby Jesus.

Scholars from the East

2 1-2 After Jesus was born in Bethlehem village, Judah territory—this was during Herod's kingship—a band of scholars arrived in Jerusalem from the East. They asked around, "Where can we find and pay homage to the newborn King of the Jews? We observed a star in the eastern sky that signaled his birth. We're on pilgrimage to worship him."

3-4 그들의 질문을 전해 들은 헤롯은 잔뜩 겁이 났다. 헤롯만이 아니라 온 예루살렘이 발칵 뒤집혔다. 헤롯은 한시도 지체하지 않고 그 도시에 있는 대제사장과 종교학자들을 다 모아 놓고 물었다. "메시아가 태어날 곳이 어디요?"

5-6 그들이 말했다. "유대 땅 베들레헴입니다. 예언자 미가가 분명히 기록했습니다.

유대 땅 베들레헴아,
너는 더 이상 뒤만 따르지 않을 것이다.
네게서 지도자가 나와
내 백성 이스라엘을 목자처럼 다스릴
것이다."

7-8 그러자 헤롯은 동방의 학자들을 은밀히 따로 만났다. 그는 자기도 그들처럼 열성인 척하면서, 탄생을 알리는 별이 나타난 정확한 때를 자세히 캐물었다. 그러고는 그들에게 베들레헴에 관한 예언을 일러 주면서 말했다. "가서 무슨 수를 써서라도 그 아기를 찾으시오. 찾거든 곧바로 나한테 알리시오. 나도 즉시 가서 경배하리다."

9-10 그들은 왕의 지시를 듣고 길을 떠났다. 그때, 별이 다시 나타났다. 동쪽 하늘에서 보았던 바로 그 별이었다. 별은 그들을 앞장서 가다가 아기 있는 곳 위에 머물렀다. 그들은 기뻐서 어쩔 줄을 몰랐다. 제때에 제자리에 도착한 것이다!

11 그들은 집에 들어가, 어머니 마리아의 품에 안긴 아기를 보았다. 그러고는 감격에 겨워 무릎을 꿇고 아기에게 경배한 뒤에, 곧 짐을 풀어서 황금과 유향과 몰약을 선물로 드렸다.

12 꿈에 그들은 헤롯에게 돌아가지 말라는 지시를 받았다. 그래서 그들은 다른 길을 찾아서 몰래 그 지방을 빠져나가, 자기

3-4 When word of their inquiry got to Herod, he was terrified—and not Herod alone, but most of Jerusalem as well. Herod lost no time. He gathered all the high priests and religion scholars in the city together and asked, "Where is the Messiah supposed to be born?"

5-6 They told him, "Bethlehem, Judah territory. The prophet Micah wrote it plainly:

It's you, Bethlehem, in Judah's land,
  no longer bringing up the rear.
From you will come the leader
  who will shepherd-rule my people, my Israel."

7-8 Herod then arranged a secret meeting with the scholars from the East. Pretending to be as devout as they were, he got them to tell him exactly when the birth-announcement star appeared. Then he told them the prophecy about Bethlehem, and said, "Go find this child. Leave no stone unturned. As soon as you find him, send word and I'll join you at once in your worship."

9-10 Instructed by the king, they set off. Then the star appeared again, the same star they had seen in the eastern skies. It led them on until it hovered over the place of the child. They could hardly contain themselves: They were in the right place! They had arrived at the right time!

11 They entered the house and saw the child in the arms of Mary, his mother. Overcome, they kneeled and worshiped him. Then they opened their luggage and presented gifts: gold, frankincense, myrrh.

12 In a dream, they were warned not to report back to Herod. So they worked out

나라로 돌아갔다.

✻

13 학자들이 떠난 뒤에, 하나님의 천사가 다시 요셉의 꿈에 나타나 지시했다. "일어나거라. 아기와 그 어머니를 데리고 이집트로 피신하여라. 따로 지시가 있을 때까지 거기 있어라. 헤롯이 아기를 찾아 죽이려고 한다."

14-15 요셉은 순종했다. 그는 일어나, 밤을 틈타 아기와 그 어머니를 데리고 떠났다. 동틀 무렵에 마을을 벗어나 제법 멀리까지 가 있었다. 그들은 헤롯이 죽을 때까지 이집트에서 살았다. 이집트에서 나그네로 살아간 이 일은 "내가 내 아들을 이집트에서 불러냈다"고 한 호세아의 설교를 성취한 것이다.

16-18 헤롯은 학자들이 자기를 속인 것을 알고 노발대발했다. 그는 베들레헴과 그 부근에 사는 두 살 이하의 사내아이들을 모조리 죽이라고 명령했다. (그 나이는 그가 동방의 학자들한테서 들은 정보를 바탕으로 정한 것이다.) 그리하여 예레미야의 설교가 성취되었다.

라마에 소리가 들리니
슬픔에 겨운 울음소리다.
라헬이 자식을 잃고 우는 소리,
위로받기를 마다하고 우는 소리다.
죽어서 묻힌 자식들,
이제는 가고 없구나.

19-20 나중에 헤롯이 죽자, 하나님의 천사가 이집트에 있는 요셉의 꿈에 나타났다. "일어나 아기와 그 어머니를 데리고 이스라엘로 돌아가거라. 아기를 죽이려던 자들이 다 죽었다."

another route, left the territory without being seen, and returned to their own country.

✻

13 After the scholars were gone, God's angel showed up again in Joseph's dream and commanded, "Get up. Take the child and his mother and flee to Egypt. Stay until further notice. Herod is on the hunt for this child, and wants to kill him."

14-15 Joseph obeyed. He got up, took the child and his mother under cover of darkness. They were out of town and well on their way by daylight. They lived in Egypt until Herod's death. This Egyptian exile fulfilled what Hosea had preached: "I called my son out of Egypt."

16-18 Herod, when he realized that the scholars had tricked him, flew into a rage. He commanded the murder of every little boy two years old and under who lived in Bethlehem and its surrounding hills. (He determined that age from information he'd gotten from the scholars.) That's when Jeremiah's sermon was fulfilled:

A sound was heard in Ramah,
    weeping and much lament.
Rachel weeping for her children,
    Rachel refusing all solace,
Her children gone,
    dead and buried.

19-20 Later, when Herod died, God's angel appeared in a dream to Joseph in Egypt: "Up, take the child and his mother and return to Israel. All those out to murder the child are dead."

21-23 요셉은 순종했다. 그는 일어나, 아기와 그 어머니를 데리고 이스라엘로 다시 들어갔다. 그러나 아켈라오가 그 아버지 헤롯의 뒤를 이어 유대의 왕이 되었다는 말을 듣고, 요셉은 그곳으로 가기를 두려워했다. 마침 요셉은 꿈에 갈릴리로 가라는 지시를 받았다. 그곳에 도착한 요셉은 나사렛 마을에 정착했다. 이로 인해 "그는 나사렛 사람이라 할 것이다"라고 한 예언의 말씀이 성취되었다.

광야에서 외치는 소리

3 1-2 예수께서 갈릴리에 살고 계실 때, "세례자"라 하는 요한이 유대 광야에서 말씀을 전하고 있었다. 그의 메시지는 주변 광야만큼이나 간결하고 꾸밈이 없었다. "너희 삶을 고쳐라. 하나님 나라가 여기 있다."
3 요한과 그의 메시지는 이사야의 예언으로 권위가 인정되었다.

광야에 울리는 천둥소리다!
하나님이 오고 계시니 준비하여라!
길을 내어라. 곧고 평탄한 길을 내어라!

4-6 요한은 낙타털로 된 옷을 입고 허리에 가죽띠를 둘렀다. 그리고 메뚜기와 야생꿀을 먹고 살았다. 그가 하는 일을 듣고 보려고 예루살렘과 유대와 요단 강 지역에서 사람들이 쏟아져 나왔다. 죄를 고백하러 온 사람들은, 그곳 요단 강에서 세례를 받고 삶을 고치기로 결단했다.
7-10 세례가 점차 인기를 얻다 보니 많은 바리새인과 사두개인들도 세례를 체험하러 모습을 드러냈는데, 이를 안 요한은 버럭 소리를 질렀다. "뱀의 자식들아! 이 강가에 슬그머니 내려와서 무엇을 하는 거냐? 너희의 뱀가죽에 물을 좀 묻힌다고 뭐

Thunder in the Desert!

3 1-2 While Jesus was living in the Galilean hills, John, called "the Baptizer," was preaching in the desert country of Judea. His message was simple and austere, like his desert surroundings: "Change your life. God's kingdom is here."
3 John and his message were authorized by Isaiah's prophecy:

Thunder in the desert!
Prepare for God's arrival!
Make the road smooth and straight!

4-6 John dressed in a camel-hair habit tied at the waist by a leather strap. He lived on a diet of locusts and wild field honey. People poured out of Jerusalem, Judea, and the Jordanian countryside to hear and see him in action. There at the Jordan River those who came to confess their sins were baptized into a changed life.
7-10 When John realized that a lot of Pharisees and Sadducees were showing up for a baptismal experience because it was becoming the popular thing to do, he exploded: "Brood of snakes! What do you

가 달라질 것 같으냐? 바꿔야 할 것은, 너희 겉가죽이 아니라 너희 삶이다! 아브라함을 조상으로 내세우면 다 통할 것이라고 생각하지 마라. 아브라함의 자손인 것과는 아무 상관도 없는 일이다. 흔해 빠진 것이 아브라함의 자손이다. 중요한 것은 너희 삶이다. 너희 삶은 푸르게 꽃피고 있느냐? 말라죽은 가지라면 땔감이 되고 말 것이다.

11-12 내가 이 강에서 세례를 주는 것은, 너희의 옛 삶을 바꾸어 천국의 삶을 준비시키려는 것이다. 하지만 진짜는 이제부터다. 이 드라마의 주인공은 너희 안에 천국의 삶을, 너희 안에 불을, 너희 안에 성령을 발화시켜, 너희를 완전히 바꾸어 놓으실 것이다. 그분께 비하면 나는 잔심부름꾼에 지나지 않는다. 그분은 집을 깨끗이 하실 것이다. 너희 삶을 대대적으로 정리하실 것이다. 그분은 참된 것은 모두 하나님 앞 제자리에 두시고, 거짓된 것은 모두 끄집어내어 쓰레기와 함께 태워 버리실 것이다."

꽃

13-14 그때, 예수께서 갈릴리로부터 요단강에 오셔서 모습을 나타내셨다. 예수께서 요한에게 세례를 받으려고 하시자 요한이 말렸다. "세례를 받아야 할 사람은 당신이 아니라 접니다!"

15 그러나 예수께서는 단호하셨다. "내 말대로 하여라. 오랜 세월 동안 이어져 온 하나님의 바로잡는 역사(役事)가 바로 지금, 이 세례 속에서 하나로 모아지고 있다." 그래서 요한은 말씀대로 했다.

16-17 예수께서 세례를 받고 물에서 올라오시는 순간, 하늘이 열리고 하나님의 영이 비둘기같이 내려와 그분 위에 머무는 것을 보셨다. 성령과 더불어 한 음성이 들

think you're doing slithering down here to the river? Do you think a little water on your snakeskins is going to make any difference? It's your life that must change, not your skin! And don't think you can pull rank by claiming Abraham as father. Being a descendant of Abraham is neither here nor there. Descendants of Abraham are a dime a dozen. What counts is your life. Is it green and blossoming? Because if it's deadwood, it goes on the fire.

11-12 "I'm baptizing you here in the river, turning your old life in for a kingdom life. The real action comes next: The main character in this drama—compared to him I'm a mere stagehand—will ignite the kingdom life within you, a fire within you, the Holy Spirit within you, changing you from the inside out. He's going to clean house—make a clean sweep of your lives. He'll place everything true in its proper place before God; everything false he'll put out with the trash to be burned."

꽃

13-14 Jesus then appeared, arriving at the Jordan River from Galilee. He wanted John to baptize him. John objected, "I'm the one who needs to be baptized, not you!"

15 But Jesus insisted. "Do it. God's work, putting things right all these centuries, is coming together right now in this baptism." So John did it.

16-17 The moment Jesus came up out of the baptismal waters, the skies opened up and he saw God's Spirit—it looked like a dove—descending and landing on him. And along with the Spirit, a voice: "This is my Son,

려왔다. "이는 내가 사랑으로 선택하고 구별한 내 아들, 내 삶의 기쁨이다."

시험을 받으시다

4

¹⁻³ 그 후에 예수께서 성령께 이끌려 광야로 가서서 시험을 받으셨다. 그곳에는 마귀가 대기하고 있었다. 예수께서는 밤낮으로 사십 일 동안 금식하며 시험에 대비하셨다. 그러다 보니 허기가 극에 달했고, 마귀는 첫 번째 시험에 그 점을 이용했다. "너는 하나님의 아들이니, 이 돌들한테 말해서 빵 덩이가 되게 해보아라."

⁴ 예수께서 신명기를 인용해 답하셨다. "사람이 빵으로만 사는 것이 아니다. 하나님의 입에서 나오는 끊임없는 말씀이 있어야 한다."

⁵⁻⁶ 두 번째 시험으로, 마귀는 예수를 거룩한 도성으로 데려가 성전 꼭대기에 앉혀 놓고 말했다. "너는 하나님의 아들이니, 뛰어내려 보아라." 마귀는 시편 91편을 인용해 예수를 몰아세웠다. "그분께서 천사들을 시켜 너를 보호하게 하셨다. 천사들이 너를 받아서 발가락 하나 돌에 채이지 않게 할 것이다."

⁷ 예수께서 신명기의 다른 구절을 인용해 응수하셨다. "주 너의 하나님을 시험하지 마라."

⁸⁻⁹ 세 번째 시험으로, 마귀는 예수를 거대한 산 정상으로 데려갔다. 마귀는 선심이라도 쓰듯, 지상의 모든 나라와 대단한 영광을 두루 가리켜 보였다. 그러고는 말했다. "전부 네 것이다. 무릎 꿇고 내게 경배하기만 하면 다 네 것이다."

¹⁰ 예수께서 딱 잘라 거절하셨다. "사탄아, 물러가라!" 그리고 세 번째로 신명기를 인용해 쐐기를 박으셨다. "주 너의 하나님, 오직 그분만을 경배하여라. 일편단

chosen and marked by my love, delight of my life."

The Test

4

¹⁻³ Next Jesus was taken into the wild by the Spirit for the Test. The Devil was ready to give it. Jesus prepared for the Test by fasting forty days and forty nights. That left him, of course, in a state of extreme hunger, which the Devil took advantage of in the first test: "Since you are God's Son, speak the word that will turn these stones into loaves of bread."

⁴ Jesus answered by quoting Deuteronomy: "It takes more than bread to stay alive. It takes a steady stream of words from God's mouth."

⁵⁻⁶ For the second test the Devil took him to the Holy City. He sat him on top of the Temple and said, "Since you are God's Son, jump." The Devil goaded him by quoting Psalm 91: "He has placed you in the care of angels. They will catch you so that you won't so much as stub your toe on a stone."

⁷ Jesus countered with another citation from Deuteronomy: "Don't you dare test the Lord your God."

⁸⁻⁹ For the third test, the Devil took him to the peak of a huge mountain. He gestured expansively, pointing out all the earth's kingdoms, how glorious they all were. Then he said, "They're yours—lock, stock, and barrel. Just go down on your knees and worship me, and they're yours."

¹⁰ Jesus' refusal was curt: "Beat it, Satan!" He backed his rebuke with a third quotation from Deuteronomy: "Worship the Lord your God, and only him. Serve him with absolute

심으로 그분을 섬겨라."

11 시험은 끝나고 마귀는 떠났다. 대신에 천사들이 와서 예수의 시중을 들었다.

사람들을 가르치고 고치시다

12-17 예수께서 요한이 체포되었다는 말을 들으시고, 갈릴리로 돌아가셨다. 예수께서는 고향 나사렛을 떠나, 스불론과 납달리 기슭에 자리한 호숫가 마을 가버나움으로 가셨다. 이로써 이사야의 설교가 성취되었다.

스불론과 납달리 땅,
요단 강 건너편 바다로 가는 길,
이방 사람들의 중심지인 갈릴리,
평생 어둠 속에 앉아 있던 백성이
큰 빛을 보았고,
칠흑같이 어두운, 죽음의 땅에 앉았던
그들이
해 돋는 것을 보았다.

이사야의 이 예언 설교는, 예수께서 말씀을 전하기 시작하신 순간에 갈릴리에서 성취되었다. 그분은 요한의 마지막 말을 이어받으셨다. "너희 삶을 고쳐라. 하나님 나라가 여기 있다."

18-20 예수께서 갈릴리 호숫가를 걸어가시다가 두 형제, 곧 (나중에 베드로가 된) 시몬과 안드레를 보셨다. 그들은 호수에 그물을 던져 고기를 잡고 있었다. 고기잡이는 그들의 평소 직업이었다. 예수께서 그들에게 말씀하셨다. "나와 함께 가자. 내가 너희를 새로운 어부가 되게 하겠다. 잉어와 가물치 대신에 사람을 낚는 법을 가르쳐 주겠다." 그들은 아무것도 묻지 않고, 그대로 그물을 놓아두고 그분을 따라갔다.

21-22 호숫가를 좀 더 가다가 그들은 다른

single-heartedness."

11 The Test was over. The Devil left. And in his place, angels! Angels came and took care of Jesus' needs.

Teaching and Healing

12-17 When Jesus got word that John had been arrested, he returned to Galilee. He moved from his hometown, Nazareth, to the lakeside village Capernaum, nestled at the base of the Zebulun and Naphtali hills. This move completed Isaiah's sermon:

Land of Zebulun, land of Naphtali,
   road to the sea, over Jordan,
   Galilee, crossroads for the nations.
People sitting out their lives in the dark
   saw a huge light;
Sitting in that dark, dark country of death,
   they watched the sun come up.

This Isaiah-prophesied sermon came to life in Galilee the moment Jesus started preaching. He picked up where John left off: "Change your life. God's kingdom is here."

18-20 Walking along the beach of Lake Galilee, Jesus saw two brothers: Simon (later called Peter) and Andrew. They were fishing, throwing their nets into the lake. It was their regular work. Jesus said to them, "Come with me. I'll make a new kind of fisherman out of you. I'll show you how to catch men and women instead of perch and bass." They didn't ask questions, but simply dropped their nets and followed.

21-22 A short distance down the beach they came upon another pair of brothers, James and John, Zebedee's sons. These two were

두 형제, 곧 세베대의 아들 야고보와 요한을 만났다. 두 형제는 아버지 세베대와 함께 배에 앉아서 그물을 손질하고 있었다. 예수께서는 그들에게도 똑같이 제안하셨고, 그들 역시 배와 자기 아버지를 버려두고 곧바로 그분을 따라갔다.

23-25 예수께서 거기서부터 온 갈릴리를 두루 다니셨다. 예수께서는 회당을 집회 장소로 삼아 사람들에게 하나님의 진리를 가르치셨다. 하나님 나라가 그분의 주제였다. 바로 지금, 그들이 하나님의 선하신 통치 아래 있다는 것이었다! 또한 예수께서는 질병과 잘못된 생활로 고통받는 사람들을 고쳐 주셨다. 로마의 지배를 받던 시리아 전 지역에 소문이 퍼졌다. 사람들은 정신 질환, 정서 질환, 신체 질환 할 것 없이 아픈 사람이면 누구나 데려왔다. 예수께서는 그들 한 사람 한 사람을 고쳐 주셨다. 점점 더 많은 사람들이 모여들었고, 그 행렬은 끝이 없었다. 갈릴리에서 온 사람들 외에도 호수 건너편 '데가볼리'(열 성읍)에서 사람들이 무리 지어 왔다. 예루살렘과 유대에서 온 사람들도 있었고, 요단 강 건너편에서 온 사람들도 있었다.

너희는 복이 있다

5 1-2 예수께서 자신의 사역으로 인해 큰 무리가 몰려드는 것을 보시고, 산에 올라가셨다. 예수께 배우고, 그분께 인생을 건 사람들도 함께 올라갔다. 조용한 곳에 이르자, 예수께서 자리에 앉으셔서 산행에 함께한 사람들을 가르치셨다. 예수께서 하신 말씀은 이렇다.

3 "벼랑 끝에 서 있는 너희는 복이 있다. 너희가 작아질수록 하나님과 그분의 다스림은 커진다.

4 가장 소중한 것을 잃었다고 느끼는 너희는 복이 있다. 그때에야 너희는 가장 소중한 분의 품에 안길 수 있다.

sitting in a boat with their father, Zebedee, mending their fishnets. Jesus made the same offer to them, and they were just as quick to follow, abandoning boat and father.

23-25 From there he went all over Galilee. He used synagogues for meeting places and taught people the truth of God. God's kingdom was his theme—that beginning right now they were under God's government, a good government! He also healed people of their diseases and of the bad effects of their bad lives. Word got around the entire Roman province of Syria. People brought anybody with an ailment, whether mental, emotional, or physical. Jesus healed them, one and all. More and more people came, the momentum gathering. Besides those from Galilee, crowds came from the "Ten Towns" across the lake, others up from Jerusalem and Judea, still others from across the Jordan.

You're Blessed

5 1-2 When Jesus saw his ministry drawing huge crowds, he climbed a hillside. Those who were apprenticed to him, the committed, climbed with him. Arriving at a quiet place, he sat down and taught his climbing companions. This is what he said:

3 "You're blessed when you're at the end of your rope. With less of you there is more of God and his rule.

4 "You're blessed when you feel you've lost what is most dear to you. Only then can you be embraced by the One most dear to you.

5 더도 말고 덜도 말고 자신의 모습 그대로 만족하는 너희는 복이 있다. 그때 너희는 돈으로 살 수 없는 모든 것의 당당한 주인이 된다.

6 하나님께 입맛이 당기는 너희는 복이 있다. 그분은 너희 평생에 맛볼 최고의 음식이요 음료다.

7 남을 돌보는 너희는 복이 있다. 그렇게 정성 들여 돌보는 순간에 너희도 돌봄을 받는다.

8 내면세계, 곧 마음과 생각이 올바른 너희는 복이 있다. 그때에야 너희는 바깥세상에서 하나님을 볼 수 있다.

9 경쟁하거나 다투는 대신에 협력하는 모습을 보여주는 너희는 복이 있다. 그때 너희는 진정 자신이 누구이며, 하나님의 집에서 자신의 자리가 어디인지 알게 된다.

10 하나님께 헌신했기 때문에 박해를 받는 너희는 복이 있다. 그 박해로 인해 너희는 하나님 나라에 더 깊이 들어가게 된다.

11-12 그뿐 아니다. 사람들이 내 평판을 떨어뜨리려고 너희를 깔보거나 내쫓거나 너희에 대해 거짓을 말할 때마다, 너희는 복을 받은 줄로 알아라. 그들이 그렇게 하는 이유는, 진리가 너무 가까이 있어서 그들이 불편을 느끼기 때문이다. 그런 일이 일어날 때 너희는 기뻐해도 좋다. 아예 만세를 불러도 좋다! 그들은 싫어하겠지만, 나는 좋아하니 말이다! 온 천국이 박수를 보낼 것이다. 또한 너희만 그런 일을 당하는 것이 아님을 알아라. 내 예언자와 증인들은 언제나 그런 고생을 했다."

소금과 빛

13 "너희가 여기 있는 이유를 말해 주겠다. 너희는 소금을 쳐서 이 땅에 하나님 맛을 드러내라고 여기 있는 것이다. 너희가 짠맛을 잃으면, 사람들이 어떻게 경건의 맛을

5 "You're blessed when you're content with just who you are—no more, no less. That's the moment you find yourselves proud owners of everything that can't be bought.

6 "You're blessed when you've worked up a good appetite for God. He's food and drink in the best meal you'll ever eat.

7 "You're blessed when you care. At the moment of being 'care-full,' you find yourselves cared for.

8 "You're blessed when you get your inside world—your mind and heart—put right. Then you can see God in the outside world.

9 "You're blessed when you can show people how to cooperate instead of compete or fight. That's when you discover who you really are, and your place in God's family.

10 "You're blessed when your commitment to God provokes persecution. The persecution drives you even deeper into God's kingdom.

11-12 "Not only that—count yourselves blessed every time people put you down or throw you out or speak lies about you to discredit me. What it means is that the truth is too close for comfort and they are uncomfortable. You can be glad when that happens—give a cheer, even!—for though they don't like it, I do! And all heaven applauds. And know that you are in good company. My prophets and witnesses have always gotten into this kind of trouble.

Salt and Light

13 "Let me tell you why you are here. You're here to be salt-seasoning that brings out the God-flavors of this earth. If you lose your saltiness, how will people taste godliness?

알겠느냐? 너희가 쓸모없어지면 결국 쓰레기통에 버려질 것이다.

14-16 이렇게 말할 수도 있다. 너희는 빛이 되어 세상에 하나님의 빛깔을 드러내라고 여기 있는 것이다. 하나님은 감추어 둘 비밀이 아니다. 우리는 이 비밀을 훤히 드러낼 것이다. 산 위에 있는 도시만큼 훤히 드러낼 것이다. 내가 너희에게 등불을 들고 있게 한다면, 설마 너희는 내가 너희를 통 속에 숨겨 두리라고는 생각하지 않을 것이다. 나는 너희를 단 위에 둘 것이다. 내가 너희를 언덕 위에, 등불 놓는 단 위에 두었으니 빛을 비추어라! 너희에게 오는 손님을 기쁘게 맞아들여라. 후하게 베풀며 살아라. 너희가 다른 사람들에게 마음을 열면, 그들도 너희에게 자극을 받아 하나님께, 하늘에 계신 자비로우신 아버지께 마음을 열게 될 것이다."

하나님 율법의 완성

17-18 "내가 하나님의 율법이든 예언자든, 성경을 폐지하러 왔다고 생각하지 마라. 내가 온 것은 폐지하려는 것이 아니라 오히려 완성하려는 것이다. 나는 그 모든 것을 거대한 하나의 파노라마 속에 아우를 것이다. 하나님의 율법은 하늘의 별과 너희가 발을 딛고 있는 땅보다 더 현실적이며 영속적이다. 별들이 다 불타 버리고 땅이 닳아 없어진 뒤에도, 하나님의 율법은 살아서 역사할 것이다.

19-20 하나님의 율법에서 가장 작은 항목이라도 하찮게 여긴다면, 너희 스스로를 하찮게 여기는 꼴밖에 되지 않는다. 그러나 그 율법을 진지하게 대하고 다른 사람들에게 그 길을 보여주면, 너희는 천국에서 영광을 얻을 것이다. 옳게 사는 문제에서 너희가 바리새인들보다 훨씬 낫지 않으면, 천국에 들어갈 생각은 아예 하지 말아야 한다."

You've lost your usefulness and will end up in the garbage.

14-16 "Here's another way to put it: You're here to be light, bringing out the God-colors in the world. God is not a secret to be kept. We're going public with this, as public as a city on a hill. If I make you light-bearers, you don't think I'm going to hide you under a bucket, do you? I'm putting you on a light stand. Now that I've put you there on a hilltop, on a light stand—shine! Keep open house; be generous with your lives. By opening up to others, you'll prompt people to open up with God, this generous Father in heaven.

Completing God's Law

17-18 "Don't suppose for a minute that I have come to demolish the Scriptures—either God's Law or the Prophets. I'm not here to demolish but to complete. I am going to put it all together, pull it all together in a vast panorama. God's Law is more real and lasting than the stars in the sky and the ground at your feet. Long after stars burn out and earth wears out, God's Law will be alive and working.

19-20 "Trivialize even the smallest item in God's Law and you will only have trivialized yourself. But take it seriously, show the way for others, and you will find honor in the kingdom. Unless you do far better than the Pharisees in the matters of right living, you won't know the first thing about entering the kingdom.

말이 사람을 죽인다

21-22 "너희는 옛 사람들에게 주어진 '살인하지 말라'는 계명을 잘 알고 있다. 내가 너희에게 말한다. 누구든지 형제나 자매에게 화만 내도 살인을 범한 것이다. 무심코 형제를 '바보!'라고 부르면 너희는 법정으로 끌려갈 수 있다. 생각 없이 자매에게 '멍청이!'라고 소리치면 지옥불이 너희 코앞에 있다. 가장 단순한 진실은, 말이 사람을 죽인다는 것이다.

23-24 이런 문제에서 나는 너희가 이렇게 행동하기를 바란다. 네가 예배당에 들어가서 헌금을 드리려는데 갑자기 어떤 친구가 너에게 원한을 품고 있는 것이 생각나거든, 헌금을 내려놓고 즉시 나가 그 친구에게 가서 화해하여라. 반드시 그렇게 하고 난 뒤에, 돌아와 하나님과의 일을 마무리하여라. 25-26 또는 네가 길거리에 있는데 옛 원수가 다가와 말을 건다고 하자. 한시도 지체하지 말고, 네가 먼저 나서서 그 사람과 화해하여라. 그의 이력을 보건대, 그 사람이 선수를 치게 두면 너는 결국 법정에 서게 될 것이고 어쩌면 감옥에 갈지도 모른다. 그렇게 되면, 너는 엄청난 벌금을 물지 않고는 거기서 나오지 못할 것이다."

간음과 이혼

27-28 "너희는 '남의 배우자와 동침하지 말라'는 계명도 아주 잘 알고 있다. 그러나 단순히 동침하지 않는다고 해서 너희의 덕을 지켰다고 생각하지 마라. 너희 마음은 너희 몸보다 훨씬 빨리 정욕으로 더럽혀질 수 있다. 아무도 모를 것 같은 곁눈질도 너희를 더럽힌다.

29-30 이 일이 실제로 쉬울 것이라고 생각하지 마라. 네가 도덕적으로 순결한 삶을 살고 싶다면, 너는 이렇게 해야 한다. 네 오른쪽 눈이 음흉하게 곁눈질하는 것을 알아차

Murder

21-22 "You're familiar with the command to the ancients, 'Do not murder.' I'm telling you that anyone who is so much as angry with a brother or sister is guilty of murder. Carelessly call a brother 'idiot!' and you just might find yourself hauled into court. Thoughtlessly yell 'stupid!' at a sister and you are on the brink of hellfire. The simple moral fact is that words kill.

23-24 "This is how I want you to conduct yourself in these matters. If you enter your place of worship and, about to make an offering, you suddenly remember a grudge a friend has against you, abandon your offering, leave immediately, go to this friend and make things right. Then and only then, come back and work things out with God. 25-26 "Or say you're out on the street and an old enemy accosts you. Don't lose a minute. Make the first move; make things right with him. After all, if you leave the first move to him, knowing his track record, you're likely to end up in court, maybe even jail. If that happens, you won't get out without a stiff fine.

Adultery and Divorce

27-28 "You know the next commandment pretty well, too: 'Don't go to bed with another's spouse.' But don't think you've preserved your virtue simply by staying out of bed. Your heart can be corrupted by lust even quicker than your *body*. Those leering looks you think nobody notices—they also corrupt.

29-30 "Let's not pretend this is easier than it really is. If you want to live a morally pure life, here's what you have to do: You have to

리는 순간에, 너는 그 눈을 멀게 해야 한다. 한 눈으로 살 것인지 아니면 도덕적 쓰레기 더미에 내던져질 것인지 너는 정해야 한다. 또 남을 해치려고 네 오른손을 드는 순간에, 너는 그 손을 잘라 버려야 한다. 네 존재 전체가 영원히 쓰레기 더미에 버려지느니 차라리 피 묻은 몸뚱이로 사는 것이 낫다.

31-32 성경에 '누구든지 아내와 이혼하는 자는 아내에게 이혼 증서와 법적 권리를 주고 합법적으로 하라'고 한 말을 기억하느냐? 너희 중에는 이 규정을 자신의 이기심과 변덕스러운 마음을 포장하는 구실로 이용하거나, 합법적이라는 이유만으로 옳은 척하는 사람이 너무 많다. 제발 가식은 그만두어라. 아내와 이혼하면, 너희는 아내를 간음하게 만든 책임이 있다(아내가 문란한 성생활로 이미 그렇게 되지 않은 이상 말이다). 또 그렇게 이혼한 여인과 결혼하면, 너희도 자동으로 간음하는 자가 된다. 법을 구실 삼아 도덕적 타락을 미화할 수 없다."

마음에 없는 말을 하지 마라

33-37 "그리고 마음에 없는 말은 아예 하지 마라. 이 권고는 우리 전통에 깊숙이 박혀 있다. '기도해 주겠다'고 말하고는 기도하지 않거나, 마음에도 없으면서 '하나님이 함께하시기를 빈다'고 하며 경건한 말로 연막을 치면, 상황이 더 악화될 뿐이다. 종교적 장식을 멋지게 단다고 해서 너희 말이 진실해지는 것은 아니다. 너희 말을 거룩하게 할수록 그 말의 진실성은 떨어진다. 그러면 '그렇다', 아니면 '아니다'라고만 하여라. 자기 뜻을 관철하려고 말을 조작하다가는 잘못된 길로 빠진다."

blind your right eye the moment you catch it in a lustful leer. You have to choose to live one-eyed or else be dumped on a moral trash pile. And you have to chop off your right hand the moment you notice it raised threateningly. Better a bloody stump than your entire being discarded for good in the dump.

31-32 "Remember the Scripture that says, 'Whoever divorces his wife, let him do it legally, giving her divorce papers and her legal rights'? Too many of you are using that as a cover for selfishness and whim, pretending to be righteous just because you are 'legal.' Please, no more pretending. If you divorce your wife, you're responsible for making her an adulteress (unless she has already made herself that by sexual promiscuity). And if you marry such a divorced adulteress, you're automatically an adulterer yourself. You can't use legal cover to mask a moral failure.

Empty Promises

33-37 "And don't say anything you don't mean. This counsel is embedded deep in our traditions. You only make things worse when you lay down a smoke screen of pious talk, saying, 'I'll pray for you,' and never doing it, or saying, 'God be with you,' and not meaning it. You don't make your words true by embellishing them with religious lace. In making your speech sound more religious, it becomes less true. Just say 'yes' and 'no.' When you manipulate words to get your own way, you go wrong.

원수를 사랑하여라

³⁸⁻⁴² "다시 생각해 봐야 할 옛말이 또 있다. '눈에는 눈, 이에는 이'라는 말이다. 그렇게 해서 문제가 해결되겠느냐? 내가 하고 싶은 말은 이것이다. 절대로 되받아치지 마라. 누가 너를 치거든, 그 자리에 서서 맞아라. 누가 너를 법정으로 끌고 가서 네 셔츠를 달라고 소송하거든, 네 가장 좋은 외투까지 잘 포장해 선물로 주어라. 그리고 누가 너를 억울하게 이용하거든, 종의 삶을 연습하는 기회로 삼아라. 똑같이 갚아 주는 것은 이제 그만하여라. 너그럽게 살아라.

⁴³⁻⁴⁷ 너희는 옛 율법에 기록된 '친구를 사랑하라'는 말과, 기록에는 없지만 '원수를 미워하라'는 말을 잘 알고 있다. 나는 거기에 이의를 제기한다. 나는 너희에게 원수를 사랑하라고 말하겠다. 원수가 어떻게 하든지, 너희는 최선의 모습을 보여라. 누가 너희를 힘들게 하거든, 그 사람을 위해 기도하여라. 그러면 너희는 너희의 참된 자아, 하나님이 만드신 자아를 찾게 될 것이다. 하나님도 그렇게 하신다. 그분은 착한 사람이든 악한 사람이든 친절한 사람이든 비열한 사람이든 상관없이, 모두에게 가장 좋은 것, 해의 온기와 비의 양분을 주신다. 너희가 사랑할 만한 사람만 사랑하는 것이 고작이라면 상급을 바랄 수 있겠느냐? 그것은 누구나 하는 일이다. 너희가 만일 너희에게 인사하는 사람에게만 겨우 인사한다면, 상급을 바랄 수 있겠느냐? 그것은 죄인도 흔히 하는 일이다.

⁴⁸ 한마디로 내 말은, 성숙한 사람이 되라는 것이다. 너희는 천국 백성이다. 그러니 천국 백성답게 살아라. 하나님이 주신 너희 신분에 합당하게 살아라. 하나님께서 너희에게 하시는 것처럼, 너희도 다른 사람들을 대할 때 너그럽고 인자하게 살아라."

Love Your Enemies

³⁸⁻⁴² "Here's another old saying that deserves a second look: 'Eye for eye, tooth for tooth.' Is that going to get us anywhere? Here's what I propose: 'Don't hit back at all.' If someone strikes you, stand there and take it. If someone drags you into court and sues for the shirt off your back, giftwrap your best coat and make a present of it. And if someone takes unfair advantage of you, use the occasion to practice the servant life. No more tit-for-tat stuff. Live generously.

⁴³⁻⁴⁷ "You're familiar with the old written law, 'Love your friend,' and its unwritten companion, 'Hate your enemy.' I'm challenging that. I'm telling you to love your enemies. Let them bring out the best in you, not the worst. When someone gives you a hard time, respond with the energies of prayer, for then you are working out of your true selves, your God-created selves. This is what God does. He gives his best— the sun to warm and the rain to nourish— to everyone, regardless: the good and bad, the nice and nasty. If all you do is love the lovable, do you expect a bonus? Anybody can do that. If you simply say hello to those who greet you, do you expect a medal? Any run-of-the-mill sinner does that.

⁴⁸ "In a word, what I'm saying is, *Grow up*. You're kingdom subjects. Now live like it. Live out your God-created identity. Live generously and graciously toward others, the way God lives toward you."

소리내지 말고 은밀히 도와주어라

6 ¹ "너희가 선한 일을 하려고 할 때에 그것이 연극이 되지 않도록 특히 조심하여라. 그것이 멋진 연극이 될 수 있을지는 몰라도, 너희를 지으신 하나님은 박수를 보내지 않으실 것이다.

²⁻⁴ 남을 위해 무슨 일을 할 때에는 너희 자신이 주목받지 않도록 하여라. 분명 너희도 내가 '연극배우'라고 부르는 이들의 행동을 보았을 것이다. 그들은 기도회며 큰 길을 무대로 알고는, 누군가 자기를 보고 있으면 긍휼을 베풀고 사람들 앞에서 연극을 한다. 물론 그들은 박수를 받지만, 그것이 전부다. 너희는 남을 도울 때에 자신이 어떻게 보일지 생각하지 마라. 그냥 소리내지 말고 은밀히 도와주어라. 사랑으로 너희를 잉태하신 너희 하나님도 무대 뒤에서 일하시고, 너희를 은밀히 도와주신다."

단순하게 기도하여라

⁵ "또 너희가 하나님 앞에 나아갈 때도 연극을 하지 마라. 그렇게 하는 사람들은 다 스타가 되기를 꿈꾸며 기도할 때마다 쇼를 일삼는다! 하나님께서 극장 객석에 앉아 계시다는 말이냐?

⁶ 너희는 이렇게 하여라. 하나님 앞에서 연극하고 싶은 유혹이 들지 않도록, 조용하고 한적한 곳을 찾아라. 할 수 있는 한 단순하고 솔직하게 그 자리에 있어라. 그러면 초점이 너희에게서 하나님께로 옮겨지고, 그분의 은혜가 느껴지기 시작할 것이다.

⁷⁻¹³ 세상에는 이른바 기도의 용사들이 가득하나, 그들은 기도를 모른다. 그들은 공식과 프로그램과 비결을 잔뜩 가지고서, 너희가 바라는 것을 하나님에게서 얻어 내는 방법들을 퍼뜨리고 있다. 그 허튼소리에 속지 마라. 너희가 상대하는 분은 너희 아버지이시며, 그분은 너희에게 무엇이 필요한

The World Is Not a Stage

6 ¹ "Be especially careful when you are trying to be good so that you don't make a performance out of it. It might be good theater, but the God who made you won't be applauding.

²⁻⁴ "When you do something for someone else, don't call attention to yourself. You've seen them in action, I'm sure—'playactors' I call them—treating prayer meeting and street corner alike as a stage, acting compassionate as long as someone is watching, playing to the crowds. They get applause, true, but that's all they get. When you help someone out, don't think about how it looks. Just do it—quietly and unobtrusively. That is the way your God, who conceived you in love, working behind the scenes, helps you out.

Pray with Simplicity

⁵ "And when you come before God, don't turn that into a theatrical production either. All these people making a regular show out of their prayers, hoping for stardom! Do you think God sits in a box seat?

⁶ "Here's what I want you to do: Find a quiet, secluded place so you won't be tempted to role-play before God. Just be there as simply and honestly as you can manage. The focus will shift from you to God, and you will begin to sense his grace.

⁷⁻¹³ "The world is full of so-called prayer warriors who are prayer-ignorant. They're full of formulas and programs and advice, peddling techniques for getting what you want from God. Don't fall for that nonsense. This is your Father you are dealing with,

지 너희보다 더 잘 아신다. 이토록 너희를 사랑하시는 하나님 앞에서, 그저 단순하게 기도하면 된다. 너희는 이렇게 기도하여라.

하늘에 계신 우리 아버지,
아버지가 어떤 분이신지 드러내소서.
세상을 바로잡아 주시고
하늘에서처럼 땅에서도
가장 선한 것을 행하소서.
든든한 세 끼 식사로 우리가 살아가게 하소서.
아버지께 용서받은 우리가 다른 사람들을 용서하게 하소서.
우리를 우리 자신에게서와, 마귀에게서 안전하게 지켜 주소서.
아버지께는 그럴 권한이 있습니다!
원하시면 무엇이든 하실 수 있습니다!
영광으로 빛나시는 아버지!
예, 정말 그렇습니다.

14-15 기도에는 하나님이 하시는 일과 너희가 하는 일이 연결되어 있다. 예를 들어, 너희가 다른 사람들을 용서하지 않고는 하나님의 용서를 받을 수 없다. 너희가 자기 몫을 다하지 않으면, 하나님께서 너희에게 주실 몫을 너희 스스로 차단하는 셈이 된다.

16-18 하나님께 더 집중하려고 식욕을 절제하는 훈련을 할 때에는 요란하게 하지 마라. 그렇게 하면 조금은 유명해질지 모르나, 거룩한 사람으로 변화될 수는 없다. 너희가 내면의 훈련에 들어가려거든, 겉으로는 평소처럼 행동하여라. 머리를 감아 단정하게 빗고, 양치질을 하고, 세수를 하여라. 관심을 끌려는 수법은 하나님께는 필요 없다. 그분은 너희가 하고 있는 일을 그냥 지나치지 않으시고, 두둑이 보상해 주신다."

and he knows better than you what you need. With a God like this loving you, you can pray very simply. Like this:

Our Father in heaven,
Reveal who you are.
Set the world right;
Do what's best—
    as above, so below.
Keep us alive with three square meals.
Keep us forgiven with you and forgiving others.
Keep us safe from ourselves and the Devil.
You're in charge!
You can do anything you want!
You're ablaze in beauty!
    Yes. Yes. Yes.

14-15 "In prayer there is a connection between what God does and what you do. You can't get forgiveness from God, for instance, without also forgiving others. If you refuse to do your part, you cut yourself off from God's part.

16-18 "When you practice some appetite-denying discipline to better concentrate on God, don't make a production out of it. It might turn you into a small-time celebrity but it won't make you a saint. If you 'go into training' inwardly, act normal outwardly. Shampoo and comb your hair, brush your teeth, wash your face. God doesn't require attention-getting devices. He won't overlook what you are doing; he'll reward you well.

하나님께만 예배하는 삶

19-21 "보물을 여기 땅에 쌓아 두지 마라. 여기에 두면 좀먹고 녹슬고, 심한 경우에는 도둑까지 맞는다. 보물은 하늘에 차곡차곡 쌓아 두어라. 거기는 좀이나 녹, 도둑도 없는 안전한 곳이다. 너희는 너희 보물이 있는 곳에 가장 있고 싶어 할 텐데, 결국 그렇게 될 것이다. 그것이 당연하지 않겠느냐?

22-23 너희 눈은 너희 몸의 창문이다. 네가 경이와 믿음으로 눈을 크게 뜨면, 네 몸은 빛으로 가득해진다. 네가 탐욕과 불신으로 곁눈질하고 살면, 네 몸은 음습한 지하실이 된다. 네 창에 블라인드를 치면, 네 삶은 얼마나 어두워지겠느냐!

24 너희는 한꺼번에 두 신(神)을 예배할 수 없다. 결국 한 신은 사랑하고 다른 신은 미워하게 될 것이다. 한 쪽을 사모하면 다른 쪽은 업신여기게 마련이다. 너희는 하나님과 돈을 둘 다 예배할 수 없다.

25-26 너희가 하나님께만 예배하는 삶을 살기로 결심하면, 식사 때 식탁에 무엇이 오르고 옷장에 있는 옷들이 유행에 맞는지 따위로 안달하며 설치지 않게 된다. 너희 삶은 뱃속에 넣는 음식이 전부가 아니며, 너희의 겉모습도 몸에 걸치는 옷이 전부가 아니다. 새들을 보아라. 얽매일 것 없이 자유롭고, 업무에 속박되지 않으며, 하나님이 돌보시니 염려가 없다. 그분께 너희는 새들보다 훨씬 더 중요하다.

27-29 거울 앞에서 설친다고 해서 키가 단 1센티미터라도 커진 사람이 있더냐? 유행을 따르느라 버린 돈과 시간이 그토록 많지만, 그렇다고 크게 달라지는 것 같더냐? 옷을 볼 것이 아니라 들판에 나가 들꽃을 보아라. 들꽃은 절대로 치장하거나 옷을 사들이는 법이 없지만, 너희는 여태 그런 색깔이나 디자인을 본 적이 있느냐? 이 나라의 남녀 베스트드레서 열 명이라도 그 옆에 서

A Life of God-Worship

19-21 "Don't hoard treasure down here where it gets eaten by moths and corroded by rust or—worse!—stolen by burglars. Stockpile treasure in heaven, where it's safe from moth and rust and burglars. It's obvious, isn't it? The place where your treasure is, is the place you will most want to be, and end up being.

22-23 "Your eyes are windows into your body. If you open your eyes wide in wonder and belief, your body fills up with light. If you live squinty-eyed in greed and distrust, your body is a dank cellar. If you pull the blinds on your windows, what a dark life you will have!

24 "You can't worship two gods at once. Loving one god, you'll end up hating the other. Adoration of one feeds contempt for the other. You can't worship God and Money both.

25-26 "If you decide for God, living a life of God-worship, it follows that you don't fuss about what's on the table at mealtimes or whether the clothes in your closet are in fashion. There is far more to your life than the food you put in your stomach, more to your outer appearance than the clothes you hang on your body. Look at the birds, free and unfettered, not tied down to a job description, careless in the care of God. And you count far more to him than birds.

27-29 "Has anyone by fussing in front of the mirror ever gotten taller by so much as an inch? All this time and money wasted on fashion—do you think it makes that much difference? Instead of looking at the fashions, walk out into the fields and look

면 초라해 보인다.

30-33 아무도 보아 주지 않는 들꽃의 겉모습에도 그토록 정성을 들이시는데, 하물며 하나님께서 너희를 돌보시고 자랑스러워하시며, 너희를 위해 최선을 다하시지 않겠느냐? 나는 지금 너희로 여유를 갖게 하려는 것이며, 손에 넣는 데 온통 정신을 빼앗기지 않게 해서, 베푸시는 하나님께 반응하도록 하려는 것이다. 하나님과 그분의 일하시는 방식을 모르는 사람은 그런 일로 안달하지만, 너희는 하나님을 알고 그분의 일하시는 방식도 안다. 너희는 하나님이 실체가 되시고, 하나님이 주도하시며, 하나님이 공급하시는 삶에 흠뻑 젖어 살아라. 뭔가 놓칠까 봐 걱정하지 마라. 너희 매일의 삶에 필요한 것은 모두 채워 주실 것이다.

34 하나님께서 바로 지금 하고 계신 일에 온전히 집중하여라. 내일 있을지 없을지도 모르는 일로 동요하지 마라. 어떠한 어려운 일이 닥쳐도 막상 그때가 되면 하나님께서 감당할 힘을 주실 것이다."

간단한 행동 지침

7 1-5 "사람들의 흠을 들추어내거나, 실패를 꼬집거나, 잘못을 비난하지 마라. 너희도 똑같은 대우를 받고 싶지 않거든 말이다. 비판하는 마음은 부메랑이 되어 너희에게 되돌아올 것이다. 네 이웃의 얼굴에 묻은 얼룩은 보면서, 자칫 네 얼굴의 추한 비웃음은 그냥 지나치기 쉽다. 네 얼굴이 멸시로 일그러져 있는데, 어떻게 뻔뻔스럽게 '내가 네 얼굴을 씻어 주겠다'고 말하겠느냐? 이 또한 동네방네에 쇼를 하겠다는 사고방식이며, 자기 역할에 충실하기보다는 남보다 거룩한 척 연기를 하는 것이다. 네 얼굴의 추한 비웃음부터 닦아 내라. 그러면

at the wildflowers. They never primp or shop, but have you ever seen color and design quite like it? The ten best-dressed men and women in the country look shabby alongside them. 30-33 "If God gives such attention to the appearance of wildflowers—most of which are never even seen—don't you think he'll attend to you, take pride in you, do his best for you? What I'm trying to do here is to get you to relax, to not be so preoccupied with *getting*, so you can respond to God's *giving*. People who don't know God and the way he works fuss over these things, but you know both God and how he works. Steep your life in God-reality, God-initiative, God-provisions. Don't worry about missing out. You'll find all your everyday human concerns will be met.

34 "Give your entire attention to what God is doing right now, and don't get worked up about what may or may not happen tomorrow. God will help you deal with whatever hard things come up when the time comes.

A Simple Guide for Behavior

7 1-5 "Don't pick on people, jump on their failures, criticize their faults—unless, of course, you want the same treatment. That critical spirit has a way of boomeranging. It's easy to see a smudge on your neighbor's face and be oblivious to the ugly sneer on your own. Do you have the nerve to say, 'Let me wash your face for you,' when your own face is distorted by contempt? It's this whole traveling road-show mentality all over again, playing a holier-than-thou part instead of just living your part. Wipe that ugly sneer off your own face, and you might be fit to offer a washcloth to your neighbor.

네 이웃에게 수건을 건네줄 만한 사람이 될지도 모른다.

6 거룩한 것으로 장난치지 마라. 농담과 바보짓은 하나님께 영광이 되지 않는다. 거룩한 신비를 한갓 슬로건으로 격하시키지 마라. 시대를 따라가려다가, 너희는 오히려 약아져서 불경스러운 사태를 부를 뿐이다.

7-11 하나님과 흥정하지 마라. 솔직하게 말씀드리려. 필요한 것을 구하여라. 우리는 쫓고 쫓기는 게임이나 숨바꼭질을 하고 있는 것이 아니다. 너희 아이가 빵을 달라고 하는데, 톱밥을 주면서 아이를 속이겠느냐? 아이가 생선을 달라고 하는데, 살아 있는 뱀을 접시에 담아 아이에게 겁을 주겠느냐? 너희가 아무리 악해도 그런 생각은 하지 않을 것이다. 너희도 자기 자식에게는 최소한의 예의를 지킨다. 그렇다면, 너희를 사랑으로 잉태하신 하나님은 그보다 훨씬 낫지 않으시겠느냐?

12 여기, 간단하지만 유용한 행동 지침이 있다. 사람들이 너희에게 무엇을 해주면 좋겠는지 자문해 보아라. 그리고 너희가 먼저 그들에게 그것을 해주어라. 하나님의 율법과 예언자들의 설교를 다 합한 결론이 이것이다."

아버지의 뜻대로 행하여라

13-14 "하나님께 이르는 지름길을 찾지 마라. 세상에는 여가 시간을 활용하는 것만으로도 성공하는 인생에 이를 수 있다고 말하는, 쉽고도 확실한 공식들이 넘쳐난다. 대다수 사람들이 그런 말에 속겠지만, 너희는 속지 마라. 생명, 곧 하나님께 이르는 길은 정신을 바짝 차려야 갈 수 있는 힘든 길이다.

15-20 억지로 진실한 표정을 지으며 헤프게 웃어 대는 거짓 설교자들을 조심하여라. 그들은 이래저래 너희를 벗겨 먹으려는 수가 많다. 카리스마에 감동할 것이 아니라 성품을 보아라. 중요한 것은, 설교자들의 말이 아니라 그들의 됨됨이다. 참된 지도자는 절대로 너희

6 "Don't be flip with the sacred. Banter and silliness give no honor to God. Don't reduce holy mysteries to slogans. In trying to be relevant, you're only being cute and inviting sacrilege.

7-11 "Don't bargain with God. Be direct. Ask for what you need. This isn't a cat-and-mouse, hide-and-seek game we're in. If your child asks for bread, do you trick him with sawdust? If he asks for fish, do you scare him with a live snake on his plate? As bad as you are, you wouldn't think of such a thing. You're at least decent to your own children. So don't you think the God who conceived you in love will be even better?

12 "Here is a simple, rule-of-thumb guide for behavior: Ask yourself what you want people to do for you, then grab the initiative and do it for *them*. Add up God's Law and Prophets and this is what you get.

Being and Doing

13-14 "Don't look for shortcuts to God. The market is flooded with surefire, easygoing formulas for a successful life that can be practiced in your spare time. Don't fall for that stuff, even though crowds of people do. The way to life— to God!—is vigorous and requires total attention.

15-20 "Be wary of false preachers who smile a lot, dripping with practiced sincerity. Chances are they are out to rip you off some way or other. Don't be impressed with charisma; look for

감정이나 지갑을 착취하지 않는다. 썩은 사과가 열린 병든 나무는 찍혀서 불살라질 것이다.

21-23 암호를 정확히 안다고 해서, 예컨대 '주님, 주님' 한다고 해서 너희가 나 있는 곳 어디든지 올 수 있는 것은 아니다. 정말 필요한 것은, 진지한 순종이다. 내 아버지의 뜻대로 행하는 것이다. 벌써부터 내 눈에 훤히 보인다. 최후 심판날에 많은 사람들이 거들먹거리며 내게 와서 이렇게 말할 것이다. '주님, 우리는 메시지를 전했고, 귀신을 혼내 줬으며, 하나님이 후원해 주신 우리 사업은 모든 사람들의 입에 오르내렸습니다.' 그때 내가 뭐라고 말할지 아느냐? '이미 때는 늦었다. 너희가 한 일이라고는 나를 이용해 유력자가 된 것뿐이다. 너희에게는 나를 감동시키는 구석이 하나도 없다. 여기서 나가거라.'

24-25 내가 너희에게 하는 이 말은, 너희 삶에 덧붙이는 장식이나 너희 생활수준을 높여 주는 리모델링 같은 것이 아니다. 내 말은 주춧돌과도 같아서, 너희는 내 말 위에 인생을 지어야 한다. 너희가 내 말을 너희 삶으로 실천하면, 너희는 든든한 바위 위에 집을 지은 현명한 목수와 같다. 비가 퍼붓고 강물이 넘치고 돌풍이 쳐도, 그 집은 끄떡없다. 바위 위에 꼿꼿이 서 있다.

26-27 그러나 너희가 내 말을 성경공부 때만 사용하고 삶으로 실천하지 않으면, 너희는 모래사장에 집을 지은 미련한 목수와 같다. 폭풍이 몰아치고 파도가 거세지자, 그 집은 맥없이 무너지고 말았다."

28-29 예수께서 말씀을 마치시자, 무리에게서 박수가 터져 나왔다. 그들은 한 번도 이런 가르침을 들어 본 적이 없었다. 예수께서 자기가 말한 그대로 살고 있음이 분명했는데, 이는 그들의 종교 교사들과는 아주 대조적이었다! 이것이야말로 그들이

character. Who preachers *are* is the main thing, not what they say. A genuine leader will never exploit your emotions or your pocketbook. These diseased trees with their bad apples are going to be chopped down and burned.

21-23 "Knowing the correct password—saying 'Master, Master,' for instance—isn't going to get you anywhere with me. What is required is serious obedience—*doing* what my Father wills. I can see it now—at the Final Judgment thousands strutting up to me and saying, 'Master, we preached the Message, we bashed the demons, our God-sponsored projects had everyone talking.' And do you know what I am going to say? 'You missed the boat. All you did was use me to make yourselves important. You don't impress me one bit. You're out of here.'

24-25 "These words I speak to you are not incidental additions to your life, homeowner improvements to your standard of living. They are foundational words, words to build a life on. If you work these words into your life, you are like a smart carpenter who built his house on solid rock. Rain poured down, the river flooded, a tornado hit—but nothing moved that house. It was fixed to the rock.

26-27 "But if you just use my words in Bible studies and don't work them into your life, you are like a stupid carpenter who built his house on the sandy beach. When a storm rolled in and the waves came up, it collapsed like a house of cards."

28-29 When Jesus concluded his address, the crowd burst into applause. They had never heard teaching like this. It was apparent that he was living everything he was saying—

여태까지 들어 본 것 중 최고의 가르침이었다.

그가 우리의 질병을 짊어지셨다

8 ¹⁻² 무리의 환호소리가 아직도 귀에 쟁쟁한데, 예수께서 산에서 내려오셨다. 그때 한 나병환자가 다가와 예수 앞에 무릎을 꿇고 간청했다. "주님, 원하시면 제 몸을 고쳐 주실 수 있습니다."

³⁻⁴ 예수께서 손을 내밀어 그에게 대며 말씀하셨다. "내가 원한다. 깨끗하게 되어라." 그러자 그 즉시 나병의 모든 증상이 깨끗이 사라졌다. 예수께서 말씀하셨다. "온 동네에 말하고 다니지 마라. 하나님께 합당한 감사의 표시를 가지고 제사장에게 가서 네 나은 몸을 조용히 보여라. 네 말이 아니라, 깨끗해져서 감사하는 네 삶이 내가 한 일을 증거할 것이다."

⁵⁻⁶ 예수께서 가버나움 마을에 들어가시자, 로마군 지휘관 하나가 당황한 표정으로 다가와 말했다. "주님, 저의 종이 병들었습니다. 걷지도 못하고 고통이 심합니다."

⁷ 예수께서 말씀하셨다. "내가 가서 고쳐 주겠다."

⁸⁻⁹ 그러자 지휘관은 이렇게 말했다. "아닙니다. 그렇게 수고하실 것 없습니다. 그저 명령만 내리시면 저의 종이 낫겠습니다. 저도 명령을 받기도 하고 내리기도 하는 사람입니다. 제가 한 병사에게 '가라'고 하면 가고, 다른 병사에게 '오라'고 하면 옵니다. 그리고 저의 종에게 '이것을 하라'고 하면 합니다."

¹⁰⁻¹² 예수께서 크게 놀라시며 말씀하셨다. "하나님을 알고 그분이 일하시는 방식을 훤히 알아야 마땅한 이스라엘 백성 중에서도, 이렇게 단순한 믿음은 아직 보지 못했다. 이 사람은 머잖아 사방에서 모여들 많은 이방인들의 선봉이다. 그들은 동쪽에서

quite a contrast to their religion teachers! This was the best teaching they had ever heard.

He Carried Our Diseases

8 ¹⁻² Jesus came down the mountain with the cheers of the crowd still ringing in his ears. Then a leper appeared and went to his knees before Jesus, praying, "Master, if you want to, you can heal my body."

³⁻⁴ Jesus reached out and touched him, saying, "I want to. Be clean." Then and there, all signs of the leprosy were gone. Jesus said, "Don't talk about this all over town. Just quietly present your healed body to the priest, along with the appropriate expressions of thanks to God. Your cleansed and grateful life, not your words, will bear witness to what I have done."

⁵⁻⁶ As Jesus entered the village of Capernaum, a Roman captain came up in a panic and said, "Master, my servant is sick. He can't walk. He's in terrible pain."

⁷ Jesus said, "I'll come and heal him."

⁸⁻⁹ "Oh, no," said the captain. "I don't want to put you to all that trouble. Just give the order and my servant will be fine. I'm a man who takes orders and gives orders. I tell one soldier, 'Go,' and he goes; to another, 'Come,' and he comes; to my slave, 'Do this,' and he does it."

¹⁰⁻¹² Taken aback, Jesus said, "I've yet to come across this kind of simple trust in Israel, the very people who are supposed to know all about God and how he works. This man is the vanguard of many outsiders who will soon be coming from all directions—

흘러들고 서쪽에서 쏟아져 들어와 아브라함, 이삭, 야곱과 함께 하나님 나라의 잔칫상에 앉을 것이다. 믿음 안에서 자랐으나 믿음이 없는 사람들은 무시당하고 은혜에서 소외된 자들이 되어, 이게 어찌 된 일인지 의아해 할 것이다.”

13 예수께서 지휘관을 보시며 말씀하셨다. “가거라. 네가 믿은 그대로 되었다.” 그 순간에 그의 종이 나았다.

14-15 일행은 베드로의 집 앞에 와 있었다. 예수께서 그 집에 들어가시니, 베드로의 장모가 몸져누웠는데 열이 불덩이 같았다. 예수께서 그녀의 손을 만지자 열이 떨어졌다. 그녀는 곧 기운을 차리고 일어나 그분을 위해 저녁을 준비했다.

16-17 그날 저녁, 사람들이 귀신 들려 괴로워하는 많은 사람들을 예수께 데려왔다. 예수께서는 마음에 고통당하는 사람들을 구해 주셨고, 몸이 아픈 사람들을 고쳐 주셨다. 예수께서 이사야의 유명한 설교를 성취하신 것이다.

그가 우리의 아픔을 당하셨고
우리의 질병을 짊어지셨다.

네 본분은 삶이지 죽음이 아니다

18-19 예수께서 호기심에 찬 무리가 점점 늘어나는 것을 보시고, 제자들에게 그곳을 벗어나 호수 건너편으로 가자고 말씀하셨다. 그들이 떠나려는데, 한 종교 학자가 자기도 함께 가도 되는지 물었다. 그는 “어디든지 주님과 함께 가겠습니다” 하고 말했다.

20 예수께서 잘라 말씀하셨다. “고생할 각오가 되어 있느냐? 너도 알다시피, 우리가 묵는 곳은 일류 호텔이 아니다.”

21 예수를 따르던 또 다른 사람이 말했다. “주님, 부디 며칠 말미를 주십시오. 아버지 장례를 치러야 합니다.”

streaming in from the east, pouring in from the west, sitting down at God's kingdom banquet alongside Abraham, Isaac, and Jacob. Then those who grew up 'in the faith' but had no faith will find themselves out in the cold, outsiders to grace and wondering what happened.”

13 Then Jesus turned to the captain and said, “Go. What you believed could happen has happened.” At that moment his servant became well.

14-15 By this time they were in front of Peter's house. On entering, Jesus found Peter's mother-in-law sick in bed, burning up with fever. He touched her hand and the fever was gone. No sooner was she up on her feet than she was fixing dinner for him.

16-17 That evening a lot of demon-afflicted people were brought to him. He relieved the inwardly tormented. He cured the bodily ill. He fulfilled Isaiah's well-known sermon:

He took our illnesses,
He carried our diseases.

Your Business Is Life, Not Death

18-19 When Jesus saw that a curious crowd was growing by the minute, he told his disciples to get him out of there to the other side of the lake. As they left, a religion scholar asked if he could go along. “I'll go with you, wherever,” he said.

20 Jesus was curt: “Are you ready to rough it? We're not staying in the best inns, you know.”

21 Another follower said, “Master, excuse me for a couple of days, please. I have my father's funeral to take care of.”

22 예수께서 거절하셨다. "중요한 일이 먼저다. 네 본분은 삶이지 죽음이 아니다. 나를 따라오너라. 생명을 좇아라."

�֎

23-25 그러고 나서 예수께서 배에 오르셨고, 제자들도 그분과 함께 있었다. 그러던 중에 풍랑이 무섭게 몰아쳤다. 파도가 배 안으로 들이치는데, 예수께서는 곤히 주무시고 계셨다! 제자들이 다급하게 그분을 깨웠다. "주님, 우리를 구해 주십시오! 이러다가 빠져 죽겠습니다!"

26 예수께서 그들을 꾸짖으셨다. "어째서 너희는 이토록 용기 없는 겁쟁이란 말이냐?" 그러더니 일어나셔서 바람에게 잠잠하라, 바다에게 잔잔하라 명령하셨다. "잠잠하여라!" 바다는 고요한 호수처럼 되었다.

27 제자들은 깜짝 놀라서 눈을 비볐다. "이게 어찌 된 일인가? 바람과 바다가 그분의 명령에 복종하다니!"

귀신 들린 두 사람

28-31 가다라 지방에 내린 일행은 미친 사람 둘과 마주쳤다. 그들은 묘지에서 나왔는데, 두 사람 모두 귀신의 피해자였다. 그들이 너무 오랫동안 그 지역을 공포에 몰아넣었던 터라, 그 길로 다니는 것을 모두가 위험하게 생각했다. 그들이 예수를 보더니 소리질렀다. "무슨 일로 우리를 힘들게 합니까? 당신은 하나님의 아들입니다! 당신은 아직 여기에 올 때가 아닙니다!" 저만치 멀리서 돼지 떼가 땅을 파헤치며 먹을 것을 찾고 있었다. 악한 귀신들이 예수께 애걸했다. "우리를 이 사람들한테서 내쫓으시려거든, 돼지들 속에 들어가 살게 해주십시오!"

32-34 예수께서 말씀하셨다. "좋다. 여기서 나가거라!" 그러자 돼지들이 미쳐서, 우르르 벼랑으로 몰려가더니 바다에 빠져 죽었다. 돼

22 Jesus refused. "First things first. Your business is life, not death. Follow me. Pursue life."

✷

23-25 Then he got in the boat, his disciples with him. The next thing they knew, they were in a severe storm. Waves were crashing into the boat—and he was sound asleep! They roused him, pleading, "Master, save us! We're going down!"

26 Jesus reprimanded them. "Why are you such cowards, such faint-hearts?" Then he stood up and told the wind to be silent, the sea to quiet down: "Silence!" The sea became smooth as glass.

27 The men rubbed their eyes, astonished. "What's going on here? Wind and sea come to heel at his command!"

The Madmen and the Pigs

28-31 They landed in the country of the Gadarenes and were met by two madmen, victims of demons, coming out of the cemetery. The men had terrorized the region for so long that no one considered it safe to walk down that stretch of road anymore. Seeing Jesus, the madmen screamed out, "What business do you have giving us a hard time? You're the Son of God! You weren't supposed to show up here yet!" Off in the distance a herd of pigs was browsing and rooting. The evil spirits begged Jesus, "If you kick us out of these men, let us live in the pigs."

32-34 Jesus said, "Go ahead, but get out of here!" Crazed, the pigs stampeded over a cliff into the sea and drowned. Scared

지를 치던 사람들이 혼비백산하여 달아났다. 그들은 미친 사람들과 돼지 떼에게 벌어진 일을 마을 사람 모두에게 말했다. 그 이야기를 들은 사람들은 돼지 떼가 익사한 것에 화가 났다. 그들은 무리 지어 와서는, 예수께 그곳을 떠나 다시는 오지 말라고 당부했다.

의사가 필요한 사람이 누구냐

9 ¹⁻³ 예수와 제자들은 다시 배를 타고 바다를 건너 예수의 고향으로 갔다. 그들이 배에서 내리기가 무섭게, 사람들이 중풍병자 한 사람을 들것에 실어 데려와서 그 앞에 내려놓았다. 그들의 담대한 믿음에 감동하신 예수께서 중풍병자에게 말씀하셨다. "기운을 내어라, 아들아. 내가 네 죄를 용서한다." 그러자 몇몇 종교 학자들이 수군거렸다. "아니, 저것은 신성모독이다!"

⁴⁻⁸ 예수께서 그들의 생각을 아시고 말씀하셨다. "왜 이리 수군수군 말이 많으냐? '내가 네 죄를 용서한다'고 말하는 것과 '일어나 걸어가라'고 말하는 것 중에 어느 쪽이 더 쉽겠느냐? 내가 인자인 것과, 내가 어느 쪽이든 행할 권한이 있다는 것을 분명히 보여주겠다." 이 말을 하시고 예수께서 중풍병자에게 말씀하셨다. "일어나거라. 네 자리를 들고 집으로 가거라." 그 사람은 그대로 했다. 무리는 두려움에 사로잡혔고, 하나님이 예수께 권한을 주셔서 자기들 가운데서 그렇게 일하신 것을 기뻐했다.

⁹ 예수께서 지나시던 길에, 한 사람이 세금을 걷는 일에 여념이 없는 것을 보셨다. 그의 이름은 마태였다. 예수께서 말씀하셨다. "나와 함께 가자." 마태는 일어나 그분을 따라갔다.

¹⁰⁻¹¹ 나중에 예수께서 자신을 가까이 따르는 이들과 함께 마태의 집에서 저녁을 드실 때에, 평판이 좋지 않은 인물들이 많이 와서 한데 어울렸다. 예수께서 그런 사람들과 어울리는 것을 본 바리새인들은 발끈하여 예수를

to death, the swineherds bolted. They told everyone back in town what had happened to the madmen and the pigs. Those who heard about it were angry about the drowned pigs. A mob formed and demanded that Jesus get out and not come back.

Who Needs a Doctor?

9 ¹⁻³ Back in the boat, Jesus and the disciples recrossed the sea to Jesus' hometown. They were hardly out of the boat when some men carried a paraplegic on a stretcher and set him down in front of them. Jesus, impressed by their bold belief, said to the paraplegic, "Cheer up, son. I forgive your sins." Some religion scholars whispered, "Why, that's blasphemy!"

⁴⁻⁸ Jesus knew what they were thinking, and said, "Why this gossipy whispering? Which do you think is simpler: to say, 'I forgive your sins,' or, 'Get up and walk'? Well, just so it's clear that I'm the Son of Man and authorized to do either, or both..." At this he turned to the paraplegic and said, "Get up. Take your bed and go home." And the man did it. The crowd was awestruck, amazed and pleased that God had authorized Jesus to work among them this way.

⁹ Passing along, Jesus saw a man at his work collecting taxes. His name was Matthew. Jesus said, "Come along with me." Matthew stood up and followed him.

¹⁰⁻¹¹ Later when Jesus was eating supper at Matthew's house with his close followers, a lot of disreputable characters came and joined them. When the Pharisees

따르는 이들을 비난했다. "사기꾼과 쓰레기 같은 인간들과 가까이 지내다니, 당신네 선생의 이런 행동이 무슨 본이 되겠소?"

12-13 예수께서 들으시고 반박하셨다. "의사가 필요한 사람이 누구냐? 건강한 사람이냐, 병든 사람이냐? 가서 '내가 원하는 것은 자비이지 종교 행위가 아니다'라는 성경 말씀이 무슨 뜻인지 헤아려 보아라. 내가 여기 있는 것은 소외된 사람들을 초청하려는 것이지, 영향력 있는 사람들의 비위나 맞추려는 것이 아니다."

하나님 나라가 임했다

14 얼마 후에 요한을 따르는 이들이 와서 물었다. "우리와 바리새인들은 금식으로 몸과 영혼을 엄격히 훈련하는데, 선생님을 따르는 이들은 왜 그렇게 하지 않습니까?"

15 예수께서 그들에게 말씀하셨다. "즐거운 결혼식 중에는 빵과 포도주를 아끼지 않고 실컷 먹는다. 나중에 허리띠를 졸라맬 일이 있을지 모르지만, 지금은 아니다. 정겨운 축하의 모닥불에 찬물을 끼얹는 사람은 없다. 하나님 나라가 임한다는 것은 바로 이런 것이다!"

16-17 예수께서 계속해서 말씀하셨다. "멀쩡한 스카프를 잘라서 낡은 작업복에 대고 깁는 사람은 없다. 서로 어울리는 천을 찾게 마련이다. 그리고 금이 간 병에는 포도주를 담지 않는 법이다."

손가락 하나만 대어도

18-19 예수께서 이 말씀을 마치시자, 한 지방 관리가 나와서 정중히 절하며 말했다. "제 딸이 방금 죽었습니다. 오셔서 손을 대 주시면 그 아이가 살겠습니다." 예수께서 일어나 그와 함께 가시자, 제자들이 뒤를 따랐다.

20-22 바로 그때에, 십 년 동안 혈루증을 앓아 온 한 여자가 뒤에서 슬그머니 다가가 예수의 옷을 살짝 만졌다. '이분의 옷에 손가락

saw him keeping this kind of company, they had a fit, and lit into Jesus' followers. "What kind of example is this from your Teacher, acting cozy with crooks and riffraff?"

12-13 Jesus, overhearing, shot back, "Who needs a doctor: the healthy or the sick? Go figure out what this Scripture means: 'I'm after mercy, not religion.' I'm here to invite outsiders, not coddle insiders."

Kingdom Come

14 A little later John's followers approached, asking, "Why is it that we and the Pharisees rigorously discipline body and spirit by fasting, but your followers don't?"

15 Jesus told them, "When you're celebrating a wedding, you don't skimp on the cake and wine. You feast. Later you may need to pull in your belt, but not now. No one throws cold water on a friendly bonfire. This is Kingdom Come!"

16-17 He went on, "No one cuts up a fine silk scarf to patch old work clothes; you want fabrics that match. And you don't put your wine in cracked bottles."

Just a Touch

18-19 As he finished saying this, a local official appeared, bowed politely, and said, "My daughter has just now died. If you come and touch her, she will live." Jesus got up and went with him, his disciples following along.

20-22 Just then a woman who had hemorrhaged for twelve years slipped in from behind and lightly touched his robe. She was thinking to herself, "If I can just put

하나만 대어도 내가 낫겠다'고 생각한 것이다. 예수께서 돌아서서 여자를 보셨다. 그리고 이렇게 다독여 주셨다. "안심하여라, 딸아. 너는 믿음의 모험을 했고, 이제 병이 나았다." 그때부터 여자의 몸이 다 나았다.

23-26 어느새 그들은 지방 관리의 집에 도착해, 이야깃거리를 찾는 입방아꾼들과 음식을 나르는 이웃들 사이를 헤치고 지나갔다. 예수께서 불쑥 말씀하셨다. "모두 비켜라! 이 소녀는 죽지 않았다. 자고 있다." 그들은 저가 알지도 못하면서 저런 말을 한다고 했다. 예수께서 무리를 내보내시고 안에 들어가셔서, 소녀의 손을 잡고 일으켜 세우셨다. 소녀를 살리신 것이다. 곧 소문이 그 지방에 두루 퍼졌다.

믿음대로 되어라

27-28 예수께서 그 집을 떠나시자, 눈먼 사람 둘이 따라오며 소리를 질렀다. "다윗의 자손이여, 불쌍히 여겨 주십시오! 우리를 불쌍히 여겨 주십시오!" 예수께서 집에 들어가시자, 눈먼 그들도 따라 들어갔다. 예수께서 그들에게 말씀하셨다. "너희는 정말 내가 이 일을 할 수 있다고 믿느냐?" 그들이 말했다. "그렇습니다, 주님!"

29-31 예수께서 그들의 눈을 만지시며 말씀하셨다. "너희 믿음대로 되어라." 그러자 그 말씀대로 그들이 앞을 보게 되었다. 예수께서 엄하게 주의를 주셨다. "이 일이 어떻게 일어났는지 아무에게도 알리지 마라." 그러나 그들은 문을 나서기가 무섭게, 만나는 사람마다 그 일에 대해 떠들어 대기 시작했다.

32-33 눈먼 사람들이 나가자마자, 사람들이 악한 귀신이 들려 말 못하는 사람을 예수께 데려왔다. 예수께서 괴롭히는 악한 귀신을 쫓아내시자, 그 사람은 마치 평생 말을 해 온 사람처럼 즉시 말문이 술술 트였다. 사

a finger on his robe, I'll get well." Jesus turned—caught her at it. Then he reassured her: "Courage, daughter. You took a risk of faith, and now you're well." The woman was well from then on.

23-26 By now they had arrived at the house of the town official, and pushed their way through the gossips looking for a story and the neighbors bringing in casseroles. Jesus was abrupt: "Clear out! This girl isn't dead. She's sleeping." They told him he didn't know what he was talking about. But when Jesus had gotten rid of the crowd, he went in, took the girl's hand, and pulled her to her feet—alive. The news was soon out, and traveled throughout the region.

Become What You Believe

27-28 As Jesus left the house, he was followed by two blind men crying out, "Mercy, Son of David! Mercy on us!" When Jesus got home, the blind men went in with him. Jesus said to them, "Do you really believe I can do this?" They said, "Why, yes, Master!"

29-31 He touched their eyes and said, "Become what you believe." It happened. They saw. Then Jesus became very stern. "Don't let a soul know how this happened." But they were hardly out the door before they started blabbing it to everyone they met.

32-33 Right after that, as the blind men were leaving, a man who had been struck speechless by an evil spirit was brought to Jesus. As soon as Jesus threw the evil tormenting spirit out, the man talked away just as if he'd been talking all his life. The people

람들이 일어나서 박수갈채를 보냈다. "여태까지 이스라엘에 이런 일은 없었다!"

34 바리새인들은 흥분해 중얼거렸다. "속임수다. 속임수에 불과하다. 아마 마귀와 짜고 한 일일 것이다."

35-38 그 후에 예수께서 모든 성읍과 마을을 두루 다니셨다. 그분은 회당 곳곳에서 가르치시고, 천국 소식을 알리시고, 병든 사람과 상한 심령들을 고쳐 주셨다. 목자 없는 양처럼 정처 없이 헤매고 있는 무리를 바라보시는 그분의 마음이 무너져 내렸다. 예수께서 제자들에게 말씀하셨다. "추수할 것이 이토록 많은데, 일꾼은 얼마나 적은지! 추수할 일손을 달라고 무릎을 꿇고 기도하여라!"

열두 명의 추수할 일꾼

10 1-4 그 기도는 곧 응답되었다. 예수께서 자기를 따르는 사람들 가운데 열두 명을 불러 무르익은 밭으로 보내셨다. 그분은 그들에게 악한 귀신을 쫓아내는 능력과, 상한 심령들을 자상하게 돌보는 능력을 주셨다. 예수께서 보내신 열두 명의 이름은 이렇다.

시몬(사람들은 그를 베드로, 곧 '바위'라고 불렀다)
그의 동생 안드레
세베대의 아들 야고보
그의 동생 요한
빌립
바돌로매
도마
세금 징수원 마태
알패오의 아들 야고보
다대오
가나안 사람 시몬
가룟 유다(나중에 그분에게 등을 돌린 자다).

were up on their feet applauding: "There's never been anything like this in Israel!"

34 The Pharisees were left sputtering, "Hocus-pocus. It's nothing but hocus-pocus. He's probably made a pact with the Devil."

35-38 Then Jesus made a circuit of all the towns and villages. He taught in their meeting places, reported kingdom news, and healed their diseased bodies, healed their bruised and hurt lives. When he looked out over the crowds, his heart broke. So confused and aimless they were, like sheep with no shepherd. "What a huge harvest!" he said to his disciples. "How few workers! On your knees and pray for harvest hands!"

The Twelve Harvest Hands

10 1-4 The prayer was no sooner prayed than it was answered. Jesus called twelve of his followers and sent them into the ripe fields. He gave them power to kick out the evil spirits and to tenderly care for the bruised and hurt lives. This is the list of the twelve he sent:

Simon (they called him Peter, or "Rock"),
Andrew, his brother,
James, Zebedee's son,
John, his brother,
Philip,
Bartholomew,
Thomas,
Matthew, the tax man,
James, son of Alphaeus,
Thaddaeus,
Simon, the Canaanite,
Judas Iscariot (who later turned on him).

5-8 예수께서 열두 명의 추수할 일꾼을 보내시며 이렇게 당부하셨다.

"믿지 않는 자들을 회심시키려고 먼 곳부터 다니지 마라. 공공연한 적과 거창하게 싸우려 들지도 마라. 바로 여기 가까이 있는 잃어버린 사람들, 혼란에 빠진 사람들한테 가거라. 그들에게 하나님 나라가 여기 있다고 말하여라. 병든 사람들에게 건강을 되찾아 주고, 죽은 사람들을 다시 살려 주어라. 버림받은 사람들을 만져 주어라. 귀신을 쫓아내어라. 너희가 후한 대접을 받았으니, 너희도 후하게 살아라.

9-10 시작하기 전에 모금행사를 벌여야겠다고 생각하지 마라. 너희에게는 많은 준비가 필요 없다. 너희 자신을 준비하여라. 하루 세 끼 먹을 것만 있어도 너희는 이 일을 계속할 수 있다. 짐을 가볍게 하고 다녀라.

11 어떤 성읍이나 마을에 들어가거든, 굳이 고급 여관에 묵지 마라. 수수한 사람들이 사는 적당한 곳을 찾아가 떠날 때까지 그곳으로 만족하여라.

12-15 문을 두드릴 때는 정중히 인사하여라. 그들이 너희를 맞아들이거든 예의 바르게 이야기를 나누어라. 너희를 맞아들이지 않거든 조용히 떠나라. 소란 피울 것 없다. 무시해 버리고 너희의 길을 가면 된다. 심판 날에 그들은 틀림없이 크게 후회하겠지만, 그것은 지금 너희가 신경 쓸 일이 아니다.

16 늘 정신을 바짝 차려라. 내가 너희에게 맡기는 일은 위험한 일이다. 너희는 이리 떼 속을 달려가는 양과 같으니, 너희에게 시선이 쏠리지 않게 하여라. 뱀처럼 영리하고 비둘기처럼 순수하여라.

17-20 세상을 몰라서는 안된다. 어떤 사람들은 너희의 동기를 비난할 것이고, 어떤 사람들은 너희의 평판을 더럽힐 것이다. 단지 나를 믿는다는 이유만으로 그렇게 할 것이다. 그들이 너희를 법정으로 끌고 가더라도 당황

5-8 Jesus sent his twelve harvest hands out with this charge:

"Don't begin by traveling to some far-off place to convert unbelievers. And don't try to be dramatic by tackling some public enemy. Go to the lost, confused people right here in the neighborhood. Tell them that the kingdom is here. Bring health to the sick. Raise the dead. Touch the untouchables. Kick out the demons. You have been treated generously, so live generously.

9-10 "Don't think you have to put on a fund-raising campaign before you start. You don't need a lot of equipment. *You* are the equipment, and all you need to keep that going is three meals a day. Travel light.

11 "When you enter a town or village, don't insist on staying in a luxury inn. Get a modest place with some modest people, and be content there until you leave.

12-15 "When you knock on a door, be courteous in your greeting. If they welcome you, be gentle in your conversation. If they don't welcome you, quietly withdraw. Don't make a scene. Shrug your shoulders and be on your way. You can be sure that on Judgment Day they'll be mighty sorry—but it's no concern of yours now.

16 "Stay alert. This is hazardous work I'm assigning you. You're going to be like sheep running through a wolf pack, so don't call attention to yourselves. Be as cunning as a snake, inoffensive as a dove.

17-20 "Don't be naive. Some people will impugn your motives, others will smear your reputation—just because you believe in me. Don't be upset when they haul you

하지 마라. 그들은 자기도 모르게, 너희와 나에게 호의를 베푼 것이다. 너희에게 천국 소식을 전할 무대를 만들어 준 것이다! 그 때 무엇을 말할지, 어떻게 말할지 걱정하지 마라. 꼭 맞는 말이 떠오를 것이다. 너희 아버지의 영이 필요한 말을 주실 것이다.

21-23 너희가 전하려는 분이, 자기들 기분이나 맞춰 주는 어떤 우상이 아니라 살아 계신 하나님을 알게 된다면, 사람들은 너희를 대적할 것이다. 심지어 너희 가족들도 그럴 것이다. 큰 사랑을 선포했는데 그처럼 큰 미움을 맛보게 되니, 얼마나 어처구니없는 일이냐! 그러나 포기하지 마라. 굴복하지 마라. 마지막에 가면 그 가치를 알게 될 것이다. 이런 일이 벌어질 때 너희가 구할 것은, 성공이 아니라 생존이다. 살아남는 자가 되어라! 더 이상 어쩔 수 없는 상황에 이르기 전에, 인자가 올 것이다.

24-25 학생이 선생보다 더 나은 책상을 쓸 수 없다. 사원이 사장보다 돈을 더 벌지 못한다. 너희는 내 학생이요 내 추수할 일꾼이니, 나와 똑같은 대접을 받거든 만족하여라. 아예 기뻐하여라. 그들이 주인인 나를 '똥 묻은 화상'이라고 부르는데, 일꾼들이야 더 무엇을 바라겠느냐?

26-27 겁먹지 마라. 언젠가는 모든 것이 밝혀져 모든 사람이 일의 진실을 알게 될 것이다. 그러니 드러내 놓고 진리를 말하기를 주저하지 마라.

28 괴롭히는 자들이 허세를 부리며 위협한다고 해서 침묵해서는 안된다. 그들이 너희 존재의 중심인 너희 영혼에 할 수 있는 일이란 아무것도 없다. 너희는 너희 삶 전체—몸과 영혼—를 그 손에 붙잡고 계시는 하나님만 두려워하면 된다."

내 편에 서라

29-31 "애완용 카나리아의 값이 얼마더냐?

before the civil authorities. Without knowing it, they've done you—and me—a favor, given you a platform for preaching the kingdom news! And don't worry about what you'll say or how you'll say it. The right words will be there; the Spirit of your Father will supply the words.

21-23 "When people realize it is the living God you are presenting and not some idol that makes them feel good, they are going to turn on you, even people in your own family. There is a great irony here: proclaiming so much love, experiencing so much hate! But don't quit. Don't cave in. It is all well worth it in the end. It is not success you are after in such times but survival. Be survivors! Before you've run out of options, the Son of Man will have arrived.

24-25 "A student doesn't get a better desk than her teacher. A laborer doesn't make more money than his boss. Be content—pleased, even—when you, my students, my harvest hands, get the same treatment I get. If they call me, the Master, 'Dungface,' what can the workers expect?

26-27 "Don't be intimidated. Eventually everything is going to be out in the open, and everyone will know how things really are. So don't hesitate to go public now.

28 "Don't be bluffed into silence by the threats of bullies. There's nothing they can do to your soul, your core being. Save your fear for God, who holds your entire life—body and soul—in his hands.

Forget About Yourself

29-31 "What's the price of a pet canary? Some loose change, right? And God cares

푼돈이 아니냐? 그러나 하나님은 그 새에게 일어나는 일을, 너희가 신경 쓰는 것보다 더 신경 쓰신다. 그분께서 너희에게는 더 정성을 쏟으신다. 세세한 것까지 일일이 돌보시며, 심지어 너희의 머리카락까지 다 세신다! 그러니 괴롭히는 자들의 이런저런 말에 겁먹지 마라. 너희는 카나리아 수백만 마리보다 더 귀하다.

32-33 세상의 여론에 맞서 내 편을 들어라. 그러면 나도 하늘에 계신 내 아버지 앞에서 너희 편을 들 것이다. 너희가 겁이 나서 달아난다면, 내가 너희를 감싸 줄 것 같으냐?

34-37 내가 삶을 편안하게 해주려고 왔다고 생각하지 마라. 나는 갈라서게 하려고 왔다. 아들과 아버지, 딸과 어머니, 며느리와 시어머니 사이를 분명하게 갈라서게 하려고 왔다. 가족 간의 편안한 인연을 갈라놓아서, 너희로 하여금 하나님을 위해 자유롭게 되게 하려고 왔다. 좋은 뜻을 가진 너희 가족이 최악의 원수가 될 수 있다. 나보다 자기 아버지나 어머니를 더 좋아하는 사람은 내게 합당하지 않다. 나보다 아들이나 딸을 더 좋아하는 사람은 내게 합당하지 않다.

38-39 물불을 안 가리고 끝까지 나와 함께 가지 않는 사람은, 내게 합당하지 않다. 너희의 일차 관심사가 자신을 챙기는 것이라면, 너희는 절대로 자신을 얻지 못할 것이다. 그러나 너희 자신을 잊어버리고 나를 바라보면, 너희 자신과 나 둘 모두를 얻을 것이다.

40-42 이 추수하는 일에 우리는 긴밀히 얽혀 있다. 누구든지 너희가 하는 일을 받아들이는 사람은, 너희를 보낸 나를 받아들이는 것이다. 누구든지 내가 하는 일을 받아들이는 사람은, 나를 보내신 내 아버지를 받아들이는 것이다. 하나님의 심부름꾼을 받아들이는 것은 하나님의 심부름꾼이 되는 것이나 마찬가지다. 누군가의 도움을 받아들이는 것은 누군가에게 도움을 베푸는 것이나 다름없다. 내가 너희를 부른 일은 큰 일이지만, 주눅 들 것 없다. 작게 시작하는

what happens to it even more than you do. He pays even greater attention to you, down to the last detail—even numbering the hairs on your head! So don't be intimidated by all this bully talk. You're worth more than a million canaries.

32-33 "Stand up for me against world opinion and I'll stand up for you before my Father in heaven. If you turn tail and run, do you think I'll cover for you?

34-37 "Don't think I've come to make life cozy. I've come to cut—make a sharp knife-cut between son and father, daughter and mother, bride and mother-in-law—cut through these cozy domestic arrangements and free you for God. Well-meaning family members can be your worst enemies. If you prefer father or mother over me, you don't deserve me. If you prefer son or daughter over me, you don't deserve me.

38-39 "If you don't go all the way with me, through thick and thin, you don't deserve me. If your first concern is to look after yourself, you'll never find yourself. But if you forget about yourself and look to me, you'll find both yourself and me.

40-42 "We are intimately linked in this harvest work. Anyone who accepts what you do, accepts me, the One who sent you. Anyone who accepts what I do accepts my Father, who sent me. Accepting a messenger of God is as good as being God's messenger. Accepting someone's help is as good as giving someone help. This is a large work I've called you into, but don't be overwhelmed by it. It's best to start

것이 최선의 방법이다. 이를테면, 목마른 사람에게 냉수 한 잔을 주어라. 베풀거나 받는 지극히 작은 일로 너희는 참된 제자가 된다. 너희는 단 하나도 잃지 않을 것이다."

세례자 요한

11 ¹ 예수께서 열두 제자에게 이렇게 당부하시고 나서, 계속해서 여러 동네에서 가르치고 전도하셨다.

2-3 한편, 요한은 감옥에 갇혀 있었다. 그는 예수께서 하고 계신 일을 전해 듣고는, 자기 제자들을 보내어 물었다. "우리가 기다려 온 분이 선생님입니까, 아니면 아직도 기다려야 합니까?"

4-6 예수께서 그들에게 말씀하셨다. "가서 지금 벌어지고 있는 일을 요한에게 말하여라.

> 눈먼 사람이 보고
> 저는 사람이 걷고
> 나병환자가 깨끗해지고
> 귀먹은 사람이 듣고
> 죽은 사람이 살아나며,
> 이 땅의 불쌍한 사람들이 하나님께서 자기들 편임을 깨닫는다.

이것이 너희가 기대하던 것이냐? 그렇다면 너희야말로 가장 복된 사람인 줄 알아라!"

7-10 요한의 제자들이 보고하러 떠나자, 예수께서 무리에게 요한에 대해 말씀하셨다. "그를 보러 광야로 나갈 때에 너희는 무엇을 기대했더냐? 주말을 쉬러 나온 사람이더냐? 아닐 것이다. 그럼 무엇이냐? 멋진 양복을 차려입은 교주더냐? 광야에서는 어림도 없다. 그럼 무엇이냐? 예언자냐? 맞다, 예언자! 너희 평생에 최고의 예언자일 것이다. 그는 예언자 말라기가 '내가 내 예언자를 앞서 보내어 네 길을 평탄하게 만들 것이다'라고 말한 그 예언자다.

small. Give a cool cup of water to someone who is thirsty, for instance. The smallest act of giving or receiving makes you a true apprentice. You won't lose out on a thing."

John the Baptizer

11 ¹ When Jesus finished placing this charge before his twelve disciples, he went on to teach and preach in their villages.

2-3 John, meanwhile, had been locked up in prison. When he got wind of what Jesus was doing, he sent his own disciples to ask, "Are you the One we've been expecting, or are we still waiting?"

4-6 Jesus told them, "Go back and tell John what's going on:

> The blind see,
> The lame walk,
> Lepers are cleansed,
> The deaf hear,
> The dead are raised,
> The wretched of the earth learn that God is on their side.

"Is this what you were expecting? Then count yourselves most blessed!"

7-10 When John's disciples left to report, Jesus started talking to the crowd about John. "What did you expect when you went out to see him in the wild? A weekend camper? Hardly. What then? A sheik in silk pajamas? Not in the wilderness, not by a long shot. What then? A prophet? That's right, a prophet! Probably the best prophet you'll ever hear. He is the prophet that Malachi announced when he

11-14 지금 무슨 일이 벌어지고 있는지 내가 말해 주겠다. 역사상 어느 누구도 세례자 요한보다 나은 사람이 없다. 그러나 그가 너희에게 준비시킨 천국에서는 가장 낮은 사람이라도 요한보다 앞선다. 오랫동안 사람들은 스스로 하나님 나라에 들어가려고 애써 왔다. 그러나 예언자들의 책과 하나님의 율법을 자세히 읽어 보면 알겠지만, 그 모든 것이 요한에서 절정에 이르고, 요한과 협력하여 천국의 메시아를 위한 길을 예비하고 있다. 이렇게 보면, 요한은 너희 모두가 어서 와서 메시아를 소개해 주기를 고대했던 그 엘리야가 맞다.

15 내 말을 듣고 있느냐? 정말로 듣고 있느냐?

16-19 이 세대 사람들을 어떻게 설명할 수 있을까? 그들은 '우리는 더 놀고 이야기하고 싶은데 엄마 아빠는 늘 피곤하고 바쁘다고 해요' 하고 불평을 늘어놓는 아이와 같다. 요한이 와서 금식하니 사람들은 그가 미쳤다고 했다. 내가 와서 실컷 먹으니 사람들은 내가 술고래며, 인간쓰레기들의 친구라고 했다. 본래 여론조사는 믿을 만한 것이 못되지 않더냐? 음식 맛은 먹어 보아야 안다."

자연스런 은혜의 리듬을 배워라

20 그 후에 예수께서 자신이 가장 열심히 일하셨으나 사람들의 반응이 가장 적었던 여러 도시들을 호되게 책망하셨다. 그곳 사람들이 무관심하게 제 갈 길로 가 버렸던 것이다.

21-24 "고라신아, 너에게 화가 있을 것이다! 벳새다야, 너에게 화가 있을 것이다! 두로와 시돈이 너희가 본 엄청난 기적의 절반만 보았어도, 당장 무릎을 꿇었을 것이다. 심판 날에 그들은 너희에 비하면 가

wrote, 'I'm sending my prophet ahead of you, to make the road smooth for you.'

11-14 "Let me tell you what's going on here: No one in history surpasses John the Baptizer; but in the kingdom he prepared you for, the lowliest person is ahead of him. For a long time now people have tried to force themselves into God's kingdom. But if you read the books of the Prophets and God's Law closely, you will see them culminate in John, teaming up with him in preparing the way for the Messiah of the kingdom. Looked at in this way, John is the 'Elijah' you've all been expecting to arrive and introduce the Messiah.

15 "Are you listening to me? Really listening?

16-19 "How can I account for this generation? The people have been like spoiled children whining to their parents, 'We wanted to skip rope, and you were always too tired; we wanted to talk, but you were always too busy.' John came fasting and they called him crazy. I came feasting and they called me a lush, a friend of the riffraff. Opinion polls don't count for much, do they? The proof of the pudding is in the eating."

The Unforced Rhythms of Grace

20 Next Jesus let fly on the cities where he had worked the hardest but whose people had responded the least, shrugging their shoulders and going their own way.

21-24 "Doom to you, Chorazin! Doom, Bethsaida! If Tyre and Sidon had seen half of the powerful miracles you have seen, they would have been on their knees in a minute. At Judgment Day they'll get off easy compared to you. And Capernaum! With all

벼운 벌로 끝날 것이다. 가버나움아! 네가 잔뜩 점잔을 빼다만 결국은 지옥에 떨어질 것이다. 소돔 사람들도 너처럼 기회가 있었다면, 그 도시가 지금까지 남아 있었을 것이다. 심판 날에 그들은 너희에 비하면 가벼운 벌로 끝날 것이다."

25-26 갑자기 예수께서 기도하셨다. "하늘과 땅의 주인이신 아버지, 감사합니다. 아버지께서는 아버지의 길을 똑똑하고 다 아는 체하는 사람들에게는 숨기시고, 평범한 사람들에게는 분명히 밝히셨습니다. 그렇습니다, 아버지. 아버지께서는 이렇게 일하시는 것을 좋아하십니다."

27 예수께서 다시 사람들에게 말씀하시되, 이번에는 부드럽게 말씀하셨다. "아버지께서 이 모든 것을 내게 행하고 말하라고 맡겨 주셨다. 이것은 아버지와 아들이 서로를 잘 아는 친밀한 관계에서 비롯되는, 부자간의 독특한 일이다. 아무도 아버지가 아는 것처럼 아들을 아는 이가 없고, 아들이 아는 것처럼 아버지를 아는 이도 없다. 하지만 나는 이것을 나 혼자만 누릴 생각이 없다. 누구든지 들을 마음만 있으면, 나는 차근차근 가르쳐 줄 준비가 되어 있다.

28-30 너희는 피곤하고 지쳤느냐? 종교생활에 탈진했느냐? 나에게 오너라. 나와 함께 길을 나서면 너희 삶은 회복될 것이다. 내가 너희에게 제대로 쉬는 법을 가르쳐 주겠다. 나와 함께 걷고 나와 함께 일하여라. 내가 어떻게 하는지 잘 보아라. 자연스런 은혜의 리듬을 배워라. 나는 너희에게 무겁거나 맞지 않는 짐을 지우지 않는다. 나와 함께 있으면 자유롭고 가볍게 사는 법을 배울 것이다."

안식일의 주인

12
1-2 어느 안식일에, 예수께서 제자들과 함께 곡식이 무르익은 밭 사이를 거닐고 계셨다. 제자들이 배가 고파 곡

your peacock strutting, you are going to end up in the abyss. If the people of Sodom had had your chances, the city would still be around. At Judgment Day they'll get off easy compared to you."

25-26 Abruptly Jesus broke into prayer: "Thank you, Father, Lord of heaven and earth. You've concealed your ways from sophisticates and know-it-alls, but spelled them out clearly to ordinary people. Yes, Father, that's the way you like to work."

27 Jesus resumed talking to the people, but now tenderly. "The Father has given me all these things to do and say. This is a unique Father-Son operation, coming out of Father and Son intimacies and knowledge. No one knows the Son the way the Father does, nor the Father the way the Son does. But I'm not keeping it to myself; I'm ready to go over it line by line with anyone willing to listen.

28-30 "Are you tired? Worn out? Burned out on religion? Come to me. Get away with me and you'll recover your life. I'll show you how to take a real rest. Walk with me and work with me—watch how I do it. Learn the unforced rhythms of grace. I won't lay anything heavy or ill-fitting on you. Keep company with me and you'll learn to live freely and lightly."

In Charge of the Sabbath

12
1-2 One Sabbath, Jesus was strolling with his disciples through a field of ripe grain. Hungry, the disciples were pulling off the heads

식 이삭을 따서 씹어 먹었다. 바리새인들이 그 일을 예수께 일러바쳤다. "당신의 제자들이 안식일 규정을 어기고 있습니다!"

3-5 예수께서 말씀하셨다. "정말이냐? 너희는 다윗과 그 동료들이 배고플 때에 한 일을 읽어 보지 못했느냐? 그들이 성소에 들어가서, 제사장들 외에는 아무도 먹지 못하게 되어 있는, 제단에서 갓 물려낸 빵을 먹지 않았느냐? 또 너희는 성전에서 직무를 수행중인 제사장들이 매번 안식일 규정을 어기는데도 죄가 되지 않는다는 것을, 하나님의 율법에서 읽어 보지 못했느냐?

6-8 여기에는 종교 이상으로 훨씬 많은 문제가 걸려 있다. 너희가 만일 '나는 경직된 의식(儀式)보다 유연한 마음을 더 원한다'고 한 성경 말씀의 뜻을 조금이라도 안다면, 사소한 일로 이렇게 트집 잡지는 않을 것이다. 인자는 안식일의 종이 아니라 주인이다."

9-10 예수께서 밭을 떠나 그들의 회당에 들어가셨다. 거기에 한쪽 손이 오그라든 사람이 있었다. 그들은 예수께 "안식일에 병을 고치는 것이 율법에 맞습니까?" 하고 물었다. 예수를 함정에 빠뜨리려고 했던 것이다.

11-14 예수께서 대답하셨다. "여기에 혹시 자신의 어린양 한 마리가 골짜기에 떨어졌는데, 안식일이라고 해서 그 어린양을 끌어내지 않을 사람이 있느냐? 하물며 인간에게 친절을 베푸는 것이 짐승에게 친절을 베푸는 것만큼이나 율법에 맞지 않겠느냐!" 그러고 나서 예수께서 그 사람에게 말씀하셨다. "네 손을 내밀어라." 그가 손을 내밀자, 그 손이 다 나았다. 바리새인들은 발끈해 나가서는, 예수를 파멸시킬 방도를 흥분하며 이야기했다.

내가 택한 나의 종

15-21 예수께서 사람들이 자기를 붙잡으려는 것을 아시고 다른 데로 가셨다. 많은 사

of grain and munching on them. Some Pharisees reported them to Jesus: "Your disciples are breaking the Sabbath rules!"

3-5 Jesus said, "Really? Didn't you ever read what David and his companions did when they were hungry, how they entered the sanctuary and ate fresh bread off the altar, bread that no one but priests were allowed to eat? And didn't you ever read in God's Law that priests carrying out their Temple duties break Sabbath rules all the time and it's not held against them?

6-8 "There is far more at stake here than religion. If you had any idea what this Scripture meant—'I prefer a flexible heart to an inflexible ritual'—you wouldn't be nitpicking like this. The Son of Man is no lackey to the Sabbath; he's in charge."

9-10 When Jesus left the field, he entered their meeting place. There was a man there with a crippled hand. They said to Jesus, "Is it legal to heal on the Sabbath?" They were baiting him.

11-14 He replied, "Is there a person here who, finding one of your lambs fallen into a ravine, wouldn't, even though it was a Sabbath, pull it out? Surely kindness to people is as legal as kindness to animals!" Then he said to the man, "Hold out your hand." He held it out and it was healed. The Pharisees walked out furious, sputtering about how they were going to ruin Jesus.

In Charge of Everything

15-21 Jesus, knowing they were out to get him, moved on. A lot of people followed him, and he healed them all. He also cautioned them to keep it quiet, following

람들이 따라왔고, 예수께서는 그들을 다 고
쳐 주셨다. 또 그들에게 소문을 내지 말라고
당부하셨다. 이사야가 기록한 대로 하신 것
이다.

> 내가 신중히 택한 종을 잘 보아라.
> 나는 그를 한없이 사랑하며 기뻐한다.
> 내가 내 영을 그 위에 두었으니
> 그가 모든 나라에 정의를 선포할 것이다.
> 그러나 그는 소리지르거나 목소리를 높
> 이지 않으며
> 길가에서 소란을 피우지 않을 것이다.
> 그는 누구의 감정도 짓밟지 않으며
> 너희를 궁지에 몰아넣지도 않을 것이다.
> 어느새 그의 정의가 승리할 것이며,
> 아득히 먼 곳의 믿지 않는 사람들까지도,
> 들려오는 그의 이름만 듣고도 희망을 품
> 게 될 것이다.

중립지대는 없다

22-23 그 후에 사람들이 귀신 들려 눈멀고 귀
먹은 불쌍한 사람을, 예수 앞에 데려왔다.
예수께서 그를 고쳐 시력과 청력을 되찾아
주셨다. 그것을 본 사람들이 감동했다. "이
사람은 다윗의 자손이 틀림없다!"

24 그러나 바리새인들은 그 보고를 듣고서
빈정대며 말했다. "마술이다. 소맷자락에서
마귀의 속임수를 끄집어낸 것이다."

25-27 예수께서 그들의 비방에 맞섰다. "같
은 사람에게 서로 상반되는 판결을 내리는
재판관은 자기 말을 무효로 하는 것이다. 늘
싸움질하는 가정은 무너지게 마련이다. 사
탄이 사탄을 쫓아내면, 어느 사탄이 남아나
겠느냐? 너희가 나를 마귀라고 욕하며 마귀
쫓아내는 마귀라 부른다면, 너희의 귀신 쫓
아내는 자들에게도 똑같은 욕이 되지 않겠
느냐?

28-29 그러나 내가 하나님의 능력으로 악한

guidelines set down by Isaiah:

> Look well at my handpicked servant;
>   I love him so much, take such delight
>   in him.
> I've placed my Spirit on him;
>   he'll decree justice to the nations.
> But he won't yell, won't raise his voice;
>   there'll be no commotion in the streets.
> He won't walk over anyone's feelings,
>   won't push you into a corner.
> Before you know it, his justice will
> triumph;
>   the mere sound of his name will signal
>   hope, even among far-off unbelievers.

No Neutral Ground

22-23 Next a poor demon-afflicted wretch,
both blind and deaf, was set down before
him. Jesus healed him, gave him his sight
and hearing. The people who saw it were
impressed—"This has to be the Son of
David!"

24 But the Pharisees, when they heard the
report, were cynical. "Black magic," they
said. "Some devil trick he's pulled from his
sleeve."

25-27 Jesus confronted their slander. "A
judge who gives opposite verdicts on the
same person cancels himself out; a family
that's in a constant squabble disintegrates;
if Satan banishes Satan, is there any
Satan left? If you're slinging devil mud at
me, calling me a devil kicking out devils,
doesn't the same mud stick to your own
exorcists?

28-29 "But if it's by *God's* power that I am
sending the evil spirits packing, then God's

MATTHEW 12 **077**

귀신들을 내쫓는 것이라면, 하나님 나라가 확실히 여기 있는 것이다. 환한 대낮에 시퍼렇게 눈을 뜬 건장한 사내의 집에 들어가서 그 살림을 가지고 달아나려면, 먼저 그 사람을 묶어야 하지 않겠느냐? 그를 묶으면 집을 깨끗이 털 수 있다.

30 이것은 전쟁이며, 중립지대는 없다. 내 편이 아니라면, 너희는 내 적이다. 돕지 않으면 방해하는 것이다.

31-32 용서받지 못할 말이나 행동은 없다. 그러나 너희가 고의로 하나님의 영을 끝까지 비방하면, 너희를 용서하시는 바로 그분을 물리치는 것이 된다. 너희가 어떤 오해로 인자를 거부하면, 성령께서 너희를 용서하실 수 있다. 그러나 성령을 거부하면, 너희는 자신이 걸터앉은 나뭇가지를 톱으로 잘라 내는 것이고, 용서하시는 그분과의 모든 관계를 너희 자신의 사악함으로 끊어 버리는 것이다.

33 건강한 나무를 키우면, 건강한 열매를 거둔다. 병든 나무를 키우면, 벌레 먹은 열매를 거둔다. 열매를 보면 나무를 알 수 있다.

34-37 너희 생각은 뱀 구덩이와 같다! 너희 생각이 그렇게 더러운데, 어떻게 너희 말이 온전할 수 있겠느냐? 너희 말에 의미를 부여해 주는 것은, 사전이 아니라 너희 마음이다. 선한 사람은 철마다 선한 행실과 선한 말의 열매를 맺는다. 악한 사람은 과수원의 마름병과 같다. 내가 너희에게 말한다. 이 부주의한 말 한 마디 한 마디가 되돌아와서 너희를 괴롭힐 것이다. 결산의 날이 올 것이다. 말에는 막강한 힘이 있다. 말에 신중을 기하여라. 말이 너희를 구원할 수도 있고, 너희를 저주할 수도 있다."

kingdom is here for sure. How in the world do you think it's possible in broad daylight to enter the house of an awake, able-bodied man and walk off with his possessions unless you tie him up first? Tie him up, though, and you can clean him out.

30 "This is war, and there is no neutral ground. If you're not on my side, you're the enemy; if you're not helping, you're making things worse.

31-32 "There's nothing done or said that can't be forgiven. But if you deliberately persist in your slanders against God's Spirit, you are repudiating the very One who forgives. If you reject the Son of Man out of some misunderstanding, the Holy Spirit can forgive you, but when you reject the Holy Spirit, you're sawing off the branch on which you're sitting, severing by your own perversity all connection with the One who forgives.

33 "If you grow a healthy tree, you'll pick healthy fruit. If you grow a diseased tree, you'll pick worm-eaten fruit. The fruit tells you about the tree.

34-37 "You have minds like a snake pit! How do you suppose what you say is worth anything when you are so foul-minded? It's your heart, not the dictionary, that gives meaning to your words. A good person produces good deeds and words season after season. An evil person is a blight on the orchard. Let me tell you something: Every one of these careless words is going to come back to haunt you. There will be a time of Reckoning. Words are powerful; take them seriously. Words can be your salvation. Words can also be your damnation."

요나의 증거

38 나중에 종교 학자와 바리새인 몇 사람이 예수를 찾아왔다. "선생님, 당신의 신임장을 보고 싶습니다. 하나님이 함께하시는 일이라는 확실한 증거를 보여주십시오. 기적이라도 보여주시지요."

39-40 예수께서 말씀하셨다. "너희가 증거를 찾고 있으나 엉뚱한 증거를 찾고 있다. 너희는 너희의 호기심을 만족시켜 주고, 기적에 대한 너희의 욕망을 채워 줄 무언가를 바란다. 그러나 너희가 얻게 될 유일한 증거는, 증거처럼 여겨지지 않는 요나의 증거뿐이다. 사흘 밤낮을 물고기 뱃속에 있었던 요나처럼, 인자도 사흘 밤낮을 깊은 무덤 속에서 지낼 것이다.

41-42 심판 날에, 니느웨 사람들이 일어나 이 세대를 정죄할 증거를 내놓을 것이다. 요나가 설교할 때, 그들이 자신들의 삶을 고쳤기 때문이다. 요나보다 더 큰 설교자가 여기 있는데도, 너희는 증거를 따지고 있다. 심판 날에, 시바 여왕이 앞에 나와서 이 세대를 정죄할 증거를 제시할 것이다. 여왕이 지혜로운 솔로몬의 말을 들으려고 먼 땅 끝에서부터 찾아왔기 때문이다. 솔로몬의 지혜보다 더 큰 지혜가 바로 너희 앞에 있는데도, 너희는 증거 운운하며 억지를 부리고 있다.

43-45 사람에게서 쫓겨난 더러운 악한 귀신은 광야를 이리저리 떠돌며 자기가 들어갈 만한 오아시스, 곧 순진한 영혼을 찾아다닌다. 아무도 찾지 못하면, 귀신은 '내가 전에 있던 소굴로 돌아가자' 하고 말한다. 돌아가 보니, 그 사람은 흠 하나 없이 깨끗한데, 텅 비어 있다. 그래서 악한 귀신은 달려가서 자기보다 더 악한 귀신을 일곱이나 끌어 모아서는, 다 함께 그 사람 안에 들어가 난장판을 벌인다. 결국 그 사람의 상태는 깨끗함을 받지 않았던 처음보다

Jonah-Evidence

38 Later a few religion scholars and Pharisees got on him. "Teacher, we want to see your credentials. Give us some hard evidence that God is in this. How about a miracle?"

39-40 Jesus said, "You're looking for proof, but you're looking for the wrong kind. All you want is something to titillate your curiosity, satisfy your lust for miracles. The only proof you're going to get is what looks like the absence of proof: Jonah-evidence. Like Jonah, three days and nights in the fish's belly, the Son of Man will be gone three days and nights in a deep grave.

41-42 "On Judgment Day, the Ninevites will stand up and give evidence that will condemn this generation, because when Jonah preached to them they changed their lives. A far greater preacher than Jonah is here, and you squabble about 'proofs.' On Judgment Day, the Queen of Sheba will come forward and bring evidence that will condemn this generation, because she traveled from a far corner of the earth to listen to wise Solomon. Wisdom far greater than Solomon's is right in front of you, and you quibble over 'evidence.'

43-45 "When a defiling evil spirit is expelled from someone, it drifts along through the desert looking for an oasis, some unsuspecting soul it can bedevil. When it doesn't find anyone, it says, 'I'll go back to my old haunt.' On return it finds the person spotlessly clean, but vacant. It then runs out and rounds up seven other spirits more evil than itself and they all move in, whooping it up. That person ends up far worse off than if

훨씬 나빠진다.

바로 이 세대가 그렇다. 너희 생각에는 너희가 삶의 쓰레기를 치워 내고 하나님 앞에 준비된 것 같을지 모르나, 너희는 내 나라의 메시지를 순순히 받아들이지 않았다. 이제 온갖 마귀가 다시 들어오고 있다."

순종이 피보다 진하다

46-47 예수께서 아직 무리에게 말씀하고 있는데, 그분의 어머니와 형제들이 나타났다. 그들은 밖에서 예수께 말을 전하려고 했다. 누군가 예수께 말씀드렸다. "선생님의 어머니와 형제들이 이야기하려고 밖에 있습니다."

48-50 예수께서 직접 답하지 않고 이렇게 말씀하셨다. "내 어머니와 형제들이 누구라고 생각하느냐?" 그러고는 제자들을 향해 손을 내미셨다. "잘 보아라. 이들이 내 어머니요 형제들이다. 순종이 피보다 진하다. 내 하늘 아버지의 뜻에 순종하는 사람이 내 형제요 자매요 어머니다."

씨 뿌리는 농부 이야기

13 1-3 같은 날 예수께서 집에서 나가 해변에 앉으셨다. 순식간에 바닷가를 따라 무리가 모여들어, 예수께서 할 수 없이 배에 오르셨다. 예수께서 배를 설교단 삼아 회중에게 여러 이야기를 들려주셨다.

3-8 "너희는 어떻게 생각하느냐? 어떤 농부가 씨를 뿌렸다. 씨를 뿌리는데, 더러는 길 위에 떨어져서, 새들이 먹어 버렸다. 더러는 자갈밭에 떨어져서, 금세 싹이 났으나 뿌리를 내리지 못해, 해가 나자 곧 시들어 버렸다. 더러는 잡초밭에 떨어져서, 싹이 났으나 잡초가 짓눌러 버렸다. 더러는 좋은 땅에 떨어져서, 농부가 생각지도 못한 큰 결실을 맺었다.

he'd never gotten cleaned up in the first place. "That's what this generation is like: You may think you have cleaned out the junk from your lives and gotten ready for God, but you weren't hospitable to my kingdom message, and now all the devils are moving back in."

Obedience Is Thicker than Blood

46-47 While he was still talking to the crowd, his mother and brothers showed up. They were outside trying to get a message to him. Someone told Jesus, "Your mother and brothers are out here, wanting to speak with you."

48-50 Jesus didn't respond directly, but said, "Who do you think my mother and brothers are?" He then stretched out his hand toward his disciples. "Look closely. These are my mother and brothers. Obedience is thicker than blood. The person who obeys my heavenly Father's will is my brother and sister and mother."

A Harvest Story

13 1-3 At about that same time Jesus left the house and sat on the beach. In no time at all a crowd gathered along the shoreline, forcing him to get into a boat. Using the boat as a pulpit, he addressed his congregation, telling stories.

3-8 "What do you make of this? A farmer planted seed. As he scattered the seed, some of it fell on the road, and birds ate it. Some fell in the gravel; it sprouted quickly but didn't put down roots, so when the sun came up it withered just as quickly. Some fell in the weeds; as it came up, it was strangled by the weeds. Some fell on good earth, and produced a harvest beyond his wildest dreams.

9 너희는 듣고 있느냐? 정말로 듣고 있느냐?"

왜 이야기인가

10 제자들이 다가와서 물었다. "왜 이야기로 말씀하십니까?"

11-15 예수께서 대답하셨다. "너희에게는 하나님 나라를 아는 깨달음이 주어졌다. 너희는 하나님 나라가 어떻게 되어 가는지 안다. 그러나 이 선물, 이 깨달음은 누구한테나 있는 것이 아니다. 어떤 사람에게는 주어지지 않았다. 누구든지 준비된 마음이 있으면 언제라도 깨달음과 이해가 막힘 없이 흐른다. 그러나 준비된 마음이 없으면, 깨달음은 흔적도 없이 금세 사라진다. 내가 이야기로 말하는 것은 그런 이유에서다. 마음을 준비시키고, 마음을 열어 깨닫도록 주의를 환기시키려는 것이다. 현재 상태로는 그들은 세상 끝날까지 쳐다보아도 보지 못하고, 지칠 때까지 들어도 깨닫지 못한다. 내가 이사야의 예언을 군이 반복해서 말할 필요가 있겠느냐?

너희 귀가 열렸으나 하나도 듣지 못하고
눈을 떴으나 하나도 보지 못한다.
이 사람들은 머리가 꽉 막혔다!
그들은 듣지 않으려고
손가락으로 귀를 틀어막는다.
보지 않으려고,
나와 얼굴을 맞대지 않으려고,
내 치유를 받지 않으려고,
두 눈을 질끈 감는다.

16-17 그러나 너희는 하나님이 복 주신 눈, 곧 보는 눈이 있다! 하나님이 복 주신 귀, 곧 듣는 귀가 있다! 예언자와 겸손하게 믿는 이들을 비롯해 많은 사람들이, 너희가 지금 보는 것을 보고 너희가 지금 듣는 것

---

9 "Are you listening to this? Really listening?"

Why Tell Stories?

10 The disciples came up and asked, "Why do you tell stories?"

11-15 He replied, "You've been given insight into God's kingdom. You know how it works. Not everybody has this gift, this insight; it hasn't been given to them. Whenever someone has a ready heart for this, the insights and understandings flow freely. But if there is no readiness, any trace of receptivity soon disappears. That's why I tell stories: to create readiness, to nudge the people toward receptive insight. In their present state they can stare till doomsday and not see it, listen till they're blue in the face and not get it. I don't want Isaiah's forecast repeated all over again:

Your ears are open but you don't hear a
thing.
    Your eyes are awake but you don't see a
    thing.
The people are blockheads!
They stick their fingers in their ears
    so they won't have to listen;
They screw their eyes shut
    so they won't have to look,
    so they won't have to deal with me
    face-to-face
    and let me heal them.

16-17 "But you have God-blessed eyes—eyes that see! And God-blessed ears—ears that hear! A lot of people, prophets and humble believers among them, would have given anything to see what you are seeing, to hear

을 들을 수만 있었다면 그 무엇도 마다하지 않았을 텐데, 그럴 기회가 없었다."

씨 뿌리는 농부 이야기의 의미

18-19 "농부가 씨를 뿌리는 이 이야기에서 배워라. 누구든지 천국 소식을 듣고도 받아들이지 않으면, 마음에 뿌려졌으나 겉에 그대로 남아 있는 그 들은 것을 악한 자가 와서 낚아채 간다. 이것이 농부가 길 위에 뿌린 씨다.

20-21 자갈밭에 떨어진 씨는, 듣는 즉시 뜨겁게 반응하는 사람이다. 하지만 성품의 토양이 없다 보니, 감정이 식거나 어려움이 닥치면 아무 쓸모가 없게 되고 만다.

22 잡초밭에 떨어진 씨는, 천국 소식을 듣기는 듣지만 세상 모든 것을 갖고 싶고 더 얻으려는 염려와 망상의 잡초 때문에 숨이 막혀서, 아무 소득이 없는 사람이다.

23 좋은 땅에 떨어진 씨는, 그 소식을 듣고 받아들여서 생각지도 못한 큰 결실을 맺는 사람이다."

24-26 예수께서 또 다른 이야기를 들려주셨다. "하나님 나라는 자기 밭에 좋은 씨를 심은 농부와 같다. 그날 밤, 품꾼들이 자는 동안에 그의 원수가 밀밭 사이사이에 엉겅퀴를 뿌리고는 동트기 전에 자취를 감췄다. 푸른 싹이 처음 나고 낱알이 영글려고 할 때에 엉겅퀴도 함께 나왔다.

27 일꾼들이 농부에게 와서 말했다. '주인님, 좋은 씨만 가려서 심지 않았습니까? 이 엉겅퀴는 어디서 왔습니까?'

28 주인은 '원수가 그랬구나' 하고 대답했다.
일꾼들은 '엉겅퀴를 뽑을까요?' 하고 물었다.

---

what you are hearing, but never had the chance.

The Meaning of the Harvest Story

18-19 "Study this story of the farmer planting seed. When anyone hears news of the kingdom and doesn't take it in, it just remains on the surface, and so the Evil One comes along and plucks it right out of that person's heart. This is the seed the farmer scatters on the road.

20-21 "The seed cast in the gravel—this is the person who hears and instantly responds with enthusiasm. But there is no soil of character, and so when the emotions wear off and some difficulty arrives, there is nothing to show for it.

22 "The seed cast in the weeds is the person who hears the kingdom news, but weeds of worry and illusions about getting more and wanting everything under the sun strangle what was heard, and nothing comes of it.

23 "The seed cast on good earth is the person who hears and takes in the News, and then produces a harvest beyond his wildest dreams."

24-26 He told another story. "God's kingdom is like a farmer who planted good seed in his field. That night, while his hired men were asleep, his enemy sowed thistles all through the wheat and slipped away before dawn. When the first green shoots appeared and the grain began to form, the thistles showed up, too.

27 "The farmhands came to the farmer and said, 'Master, that was clean seed you planted, wasn't it? Where did these thistles come from?'

28 "He answered, 'Some enemy did this.'
"The farmhands asked, 'Should we weed out the thistles?'

29-30 주인이 말했다. '아니다. 엉겅퀴를 뽑다가 밀까지 뽑아 버리겠다. 그냥 추수 때까지 같이 자라게 두어라. 그때에 내가 추수하는 사람들에게 엉겅퀴는 뽑아 따로 묶어 불사르고, 밀은 거두어 곳간에 넣으라고 하겠다.'"

31-32 또 다른 이야기다. "하나님 나라는 농부가 심은 솔씨 하나와 같다. 솔씨는 씨로서는 아주 작지만, 세월이 가면 독수리들이 그 안에 둥지를 틀 만큼 큰 나무로 자란다."

33 또 다른 이야기다. "하나님 나라는 여자가 보리빵 수십 개를 만들려고 반죽에 넣은 누룩과 같다. 기다리고 있으면 반죽이 부풀어 오른다."

34-35 그날 예수께서는 이야기만 하셨다. 오후 내내 이야기 시간이었다. 그분이 이야기로 말씀하신 것은 예언의 성취였다.

내가 입을 열어 이야기하겠다.
세상 첫날부터 숨겨진 것들을
내가 드러내겠다.

역사에 막이 내릴 때

36 예수께서 회중을 돌려보내시고 집에 들어가셨다. 제자들이 들어와서 말했다. "밭의 엉겅퀴 이야기를 설명해 주십시오."

37-39 그래서 예수께서 설명해 주셨다. "좋은 씨를 뿌리는 농부는 인자다. 밭은 세상이고, 좋은 씨는 천국 백성이다. 엉겅퀴는 마귀의 백성이고, 엉겅퀴를 뿌리는 원수는 마귀다. 추수 때는 시대의 끝이고, 역사의 끝이다. 추수하는 일꾼들은 천사들이다.

40-43 엉겅퀴를 묶어서 불사르는 장면은 마지막 막에 나온다. 인자가 천사들

29-30 "He said, 'No, if you weed the thistles, you'll pull up the wheat, too. Let them grow together until harvest time. Then I'll instruct the harvesters to pull up the thistles and tie them in bundles for the fire, then gather the wheat and put it in the barn.'"

31-32 Another story. "God's kingdom is like a pine nut that a farmer plants. It is quite small as seeds go, but in the course of years it grows into a huge pine tree, and eagles build nests in it."

33 Another story. "God's kingdom is like yeast that a woman works into the dough for dozens of loaves of barley bread—and waits while the dough rises."

34-35 All Jesus did that day was tell stories— a long storytelling afternoon. His storytelling fulfilled the prophecy:

I will open my mouth and tell stories;
I will bring out into the open
    things hidden since the world's first day.

The Curtain of History

36 Jesus dismissed the congregation and went into the house. His disciples came in and said, "Explain to us that story of the thistles in the field."

37-39 So he explained. "The farmer who sows the pure seed is the Son of Man. The field is the world, the pure seeds are subjects of the kingdom, the thistles are subjects of the Devil, and the enemy who sows them is the Devil. The harvest is the end of the age, the curtain of history. The harvest hands are angels.

40-43 "The picture of thistles pulled up and burned is a scene from the final act. The Son of Man will send his angels, weed out the thistles from his kingdom, pitch them in the trash,

을 보내어 자기 나라에서 엉겅퀴를 뽑아 쓰레기장에 던지면, 그것으로 끝이다. 그들은 높은 하늘에 대고 불평하겠지만, 아무도 귀기울이지 않을 것이다. 그러나 거룩하게 무르익은 삶들은 성숙하게 자라서, 자기 아버지의 나라를 아름답게 꾸밀 것이다.

너희는 듣고 있느냐? 정말로 듣고 있느냐?

⁴⁴ 하나님 나라는 오래도록 밭에 감추어져 있다가 그 곁을 지나가던 사람이 우연히 찾아낸 보물과 같다. 찾아낸 사람은 기뻐 어쩔 줄 몰라서 '이게 웬 횡재냐!' 하며 전 재산을 팔아 그 밭을 산다.

⁴⁵⁻⁴⁶ 하나님 나라는 최고의 진주를 찾아다니는 보석상과 같다. 흠 없는 진주를 만나면, 그는 즉시 모든 것을 팔아 그 진주를 산다.

⁴⁷⁻⁵⁰ 하나님 나라는 바다에 던져 온갖 물고기를 잡는 그물과 같다. 그물이 가득 차면, 해변가로 끌어다가 좋은 물고기는 골라서 통에 담고 먹지 못할 것은 버린다. 역사에 막이 내릴 때도 그럴 것이다. 천사들이 와서 쓸모없는 물고기들은 추려 내서 쓰레기통에 버릴 것이다. 엄청난 불평이 있겠지만, 전혀 소용없을 것이다."

⁵¹ 예수께서 물으셨다. "이제 이 모든 것을 알 것 같으냐?"

그들은 "예" 하고 대답했다.

⁵² 예수께서 말씀하셨다. "너희가 보다시피, 하나님 나라의 훈련을 잘 받은 학생은 마치 편의점 주인과 같다. 무엇이든 필요한 것이면, 신상품이든 재고든 꼭 필요한 때에 척척 찾아낸다."

⁵³⁻⁵⁷ 이 이야기를 다 마치시고, 예수께서 그곳을 떠나 고향으로 돌아가셔서 그곳 회당에서 설교하셨다. 예수께서는 모든 사람의 감탄을 자아낼 정도로 대단하셨다. 사람들은 말했다. "이 사람이 이렇게 훌륭한 사람인지 미처 몰랐다! 어떻게

and be done with them. They are going to complain to high heaven, but nobody is going to listen. At the same time, ripe, holy lives will mature and adorn the kingdom of their Father.

"Are you listening to this? Really listening?

⁴⁴ "God's kingdom is like a treasure hidden in a field for years and then accidentally found by a trespasser. The finder is ecstatic—what a find!—and proceeds to sell everything he owns to raise money and buy that field.

⁴⁵⁻⁴⁶ "Or, God's kingdom is like a jewel merchant on the hunt for excellent pearls. Finding one that is flawless, he immediately sells everything and buys it.

⁴⁷⁻⁵⁰ "Or, God's kingdom is like a fishnet cast into the sea, catching all kinds of fish. When it is full, it is hauled onto the beach. The good fish are picked out and put in a tub; those unfit to eat are thrown away. That's how it will be when the curtain comes down on history. The angels will come and cull the bad fish and throw them in the garbage. There will be a lot of desperate complaining, but it won't do any good."

⁵¹ Jesus asked, "Are you starting to get a handle on all this?"

They answered, "Yes."

⁵² He said, "Then you see how every student well-trained in God's kingdom is like the owner of a general store who can put his hands on anything you need, old or new, exactly when you need it."

⁵³⁻⁵⁷ When Jesus finished telling these stories, he left there, returned to his hometown, and gave a lecture in the meetinghouse. He made a real hit, impressing everyone. "We had no idea he was this good!" they said. "How did

이런 지혜와 이런 능력을 갖게 되었을까?" 그러나 한편으로 그들은 언제 그랬느냐는 듯이, 어느새 그분을 깎아내리고 있었다. "우리는 이 사람을 어려서부터 알았다. 그는 목수의 아들이다. 그의 어머니 마리아를 우리가 알고, 그의 동생 야고보와 요셉과 시몬과 유다를 안다. 그의 누이들도 다 여기 살고 있다. 도대체 그는 자기가 누구라고 저러는 것인가?" 그들은 아주 언짢게 생각했다.

58 그러나 예수께서는 "예언자는 자기 고향과 가족에게 대단치 않게 여겨지는 법이다"라고 말씀하셨다. 그들의 적대감과 무관심 때문에 예수께서는 거기서 기적을 많이 행하지 않으셨다.

요한의 죽음

14 1-2 그 즈음에, 지역 통치자인 헤롯이 예수에 관한 소문을 들었다. 그는 신하들에게 말했다. "죽은 세례자 요한이 다시 살아난 것이 틀림없다. 그래서 그 사람이 능히 기적을 행하는 것이다!"

3-5 전에 헤롯은 자기 동생 빌립의 아내인 헤로디아를 달래려고, 요한을 체포하여 사슬에 채워서 감옥에 가두었다. 요한은 헤롯과 헤로디아의 관계가 "불륜"이라고 말해 헤롯을 자극했다. 헤롯은 그를 죽이고 싶었으나, 요한을 하나님의 예언자로 우러르는 사람들이 하도 많아서 두려웠다.

6-12 그러나 그의 생일잔치 때 기회가 왔다. 헤로디아의 딸이 손님들을 위해 춤을 추어 여흥을 돋우었다. 헤롯의 마음이 녹아 버렸다. 술김에 흥분한 그는, 딸에게 원하는 것이면 무엇이든 주겠다고 맹세했다. 이미 어머니의 지시를 받은 딸은 준비가 되어 있었다. "세례자 요한의 머리를 쟁반에 담아 주세요." 왕은 한순간 정신이 번쩍 들었다. 그러나 그는 손님들에게 체면을 잃고 싶지 않아서, 그대로 했다. 요한의 목을 베어 쟁반에 담아 소녀에

he get so wise, get such ability?" But in the next breath they were cutting him down: "We've known him since he was a kid; he's the carpenter's son. We know his mother, Mary. We know his brothers James and Joseph, Simon and Judas. All his sisters live here. Who does he think he is?" They got their noses all out of joint.

58 But Jesus said, "A prophet is taken for granted in his hometown and his family." He didn't do many miracles there because of their hostile indifference.

The Death of John

14 1-2 At about this time, Herod, the regional ruler, heard what was being said about Jesus. He said to his servants, "This has to be John the Baptizer come back from the dead. That's why he's able to work miracles!"

3-5 Herod had arrested John, put him in chains, and sent him to prison to placate Herodias, his brother Philip's wife. John had provoked Herod by naming his relationship with Herodias "adultery." Herod wanted to kill him, but he was afraid because so many people revered John as a prophet of God.

6-12 But at his birthday celebration, he got his chance. Herodias's daughter provided the entertainment, dancing for the guests. She swept Herod away. In his drunken enthusiasm, he promised her on oath anything she wanted. Already coached by her mother, she was ready: "Give me, served up on a platter, the

게 주라고 명한 것이다. 딸은 그것을 가져다가 자기 어머니에게 주었다. 나중에 요한의 제자들이 시신을 거두어 엄숙히 장례를 치르고는, 예수께 알렸다.

너희가 먹을 것을 주어라

13-14 예수께서 그 소식을 들으시고는, 배를 타고 빠져나가 혼자 외딴 곳으로 가셨다. 그러나 허사였다. 그분을 본 사람이 있어서 금세 소문이 퍼졌다. 곧 인근 여러 마을에서 많은 사람들이 걸어서 호수를 돌아 그분이 계신 곳으로 왔다. 사람들이 오는 것을 보자, 그분은 못내 불쌍한 마음이 들어 아픈 사람들을 고쳐 주셨다.

15 저녁 무렵에 제자들이 예수께 다가와 말했다. "여기는 시골이고 시간도 늦었습니다. 사람들을 돌려보내 마을에 가서 저녁을 먹게 해야겠습니다."

16 그러나 예수께서 말씀하셨다. "보낼 것 없다. 너희가 저녁을 주어라."

17 그들이 말했다. "우리에게 있는 것이라고는 빵 다섯 개와 물고기 두 마리뿐입니다."

18-21 예수께서 말씀하셨다. "이리 가져오너라." 그분은 사람들을 풀밭에 앉히셨다. 그러고는 빵 다섯 개와 물고기 두 마리를 손에 들고 하늘을 우러러 기도하시고 축복하신 다음, 빵을 떼어 제자들에게 주셨다. 제자들은 다시 무리에게 음식을 주었다. 그들 모두가 배불리 먹었다. 남은 것을 거두니 열두 바구니가 되었다. 먹은 사람들이 오천 명쯤 되었다.

물 위를 걸어오시다

22-23 식사가 끝나자, 예수께서 제자들을 재촉하여 배를 타고 먼저 건너편으로 가게 하시고, 그동안에 사람들을 돌려보내셨다. 무리가 흩어지자, 예수께서 산에 올

head of John the Baptizer." That sobered the king up fast. Unwilling to lose face with his guests, he did it—ordered John's head cut off and presented to the girl on a platter. She in turn gave it to her mother. Later, John's disciples got the body, gave it a reverent burial, and reported to Jesus.

Supper for Five Thousand

13-14 When Jesus got the news, he slipped away by boat to an out-of-the-way place by himself. But unsuccessfully—someone saw him and the word got around. Soon a lot of people from the nearby villages walked around the lake to where he was. When he saw them coming, he was overcome with pity and healed their sick.

15 Toward evening the disciples approached him. "We're out in the country and it's getting late. Dismiss the people so they can go to the villages and get some supper."

16 But Jesus said, "There is no need to dismiss them. You give them supper."

17 "All we have are five loaves of bread and two fish," they said.

18-21 Jesus said, "Bring them here." Then he had the people sit on the grass. He took the five loaves and two fish, lifted his face to heaven in prayer, blessed, broke, and gave the bread to the disciples. The disciples then gave the food to the congregation. They all ate their fill. They gathered twelve baskets of leftovers. About five thousand were fed.

Walking on the Water

22-23 As soon as the meal was finished, he insisted that the disciples get in the boat and go on ahead to the other side while

라가 혼자 기도하셨다. 그분은 밤늦도록 거기 혼자 계셨다.

24-26 한편, 배는 이미 바다 멀리까지 나갔는데, 맞바람이 치면서 파도가 배를 세차게 때렸다. 새벽 네 시쯤에, 예수께서 물 위를 걸어 제자들 쪽으로 오셨다. 그들은 무서워서 꼼짝도 못했다. "유령이다!" 그들은 겁에 질려 소리쳤다.

27 그러나 예수께서 얼른 그들을 안심시키셨다. "안심하여라, 나다. 두려워 마라."

28 베드로가 갑자기 담대해져서 말했다. "주님, 정말 주님이시거든 제게 물 위로 걸어오라고 명하십시오."

29-30 예수께서 말씀하셨다. "오너라." 베드로는 배에서 뛰어내려, 물 위를 걸어서 예수께로 갔다. 그러나 발밑에 거세게 이는 파도를 내려다보는 순간, 베드로는 용기를 잃고 물에 빠져들기 시작했다. 베드로는 "주님, 저를 구해 주십시오!" 하고 소리쳤다.

31 예수께서 지체하지 않으셨다. 손을 내밀어 그의 손을 잡으셨다. 그리고 말씀하셨다. "용기 없는 사람아, 어찌 된 것이냐?"

32-33 두 사람이 배에 오르자, 바람이 가라앉았다. 배 안에서 이 모든 것을 지켜보던 제자들이 예수께 경배하며 말했다. "이제 됐습니다! 주님은 하나님의 아들이 틀림없습니다!"

34-36 돌아온 그들은 게네사렛에 배를 댔다. 사람들이 예수께서 오신 것을 알아채고는, 근방에 두루 알려서 모든 병자들을 불러 모았다. 병자들은 그분의 옷자락을 만지게 해달라고 청했다. 그분을 만진 사람은 누구나 병이 나았다.

he dismissed the people. With the crowd dispersed, he climbed the mountain so he could be by himself and pray. He stayed there alone, late into the night.

24-26 Meanwhile, the boat was far out to sea when the wind came up against them and they were battered by the waves. At about four o'clock in the morning, Jesus came toward them walking on the water. They were scared out of their wits. "A ghost!" they said, crying out in terror.

27 But Jesus was quick to comfort them. "Courage, it's me. Don't be afraid."

28 Peter, suddenly bold, said, "Master, if it's really you, call me to come to you on the water."

29-30 He said, "Come ahead." Jumping out of the boat, Peter walked on the water to Jesus. But when he looked down at the waves churning beneath his feet, he lost his nerve and started to sink. He cried, "Master, save me!"

31 Jesus didn't hesitate. He reached down and grabbed his hand. Then he said, "Faint-heart, what got into you?"

32-33 The two of them climbed into the boat, and the wind died down. The disciples in the boat, having watched the whole thing, worshiped Jesus, saying, "This is it! You are God's Son for sure!"

34-36 On return, they beached the boat at Gennesaret. When the people got wind that he was back, they sent out word through the neighborhood and rounded up all the sick, who asked for permission to touch the edge of his coat. And whoever touched him was healed.

참으로 너희를 더럽히는 것

15

1-2 그 후에, 예루살렘에서 바리새인과 종교 학자들이 예수께 와서 흠을 잡았다. "당신의 제자들은 왜 제멋대로 규정을 어깁니까?"

3-9 예수께서 바로 되받으셨다. "그러는 너희는 어째서 너희 규정을 빌미 삼아 제멋대로 하나님의 계명을 어기느냐? 하나님은 분명히 '너희 부모를 공경하라' 하시고 또 '누구든지 부모를 욕하는 사람은 반드시 죽여야 한다'고 말씀하셨다. 그러나 너희는 부모에게 드려야 할 것이 있어도 부모 대신 '하나님께 예물로 바쳤습니다' 말하면서, 그 계명을 회피하고 있다. 그것이 어떻게 부모를 공경하는 것이라고 하겠느냐? 너희는 너희 규정으로 하나님의 계명을 무효로 만들고 있다. 이 사기꾼들아! 너희 같은 사기꾼들에 대해 이사야가 정곡을 찔러 잘 말했다.

> 이 백성이 입바른 말을 거창하게 떠벌리지만,
>   그들의 마음은 딴 데 있다.
> 겉으로는 나를 경배하는 듯해도,
>   진심은 그렇지 않다.
> 무엇이든 자기네 구미에 맞는 가르침을 위해
>   내 이름을 팔고 있을 뿐이다."

10-11 예수께서 무리를 불러 놓고 말씀하셨다. "잘 듣고 마음에 새겨 두어라. 너희 삶을 더럽히는 것은 너희가 입으로 삼키는 것이 아니라, 너희 입에서 토해 내는 것이다."

12 나중에 제자들이 와서 예수께 말했다. "바리새인들이 주님 말씀을 듣고는 얼마나 못마땅해 하는지 아십니까?"

13-14 예수께서 무시해 버렸다. "하늘에

What Pollutes Your Life

15

1-2 After that, Pharisees and religion scholars came to Jesus all the way from Jerusalem, criticizing, "Why do your disciples play fast and loose with the rules?"

3-9 But Jesus put it right back on them. "Why do you use your rules to play fast and loose with God's commands? God clearly says, 'Respect your father and mother,' and, 'Anyone denouncing father or mother should be killed.' But you weasel around that by saying, 'Whoever wants to, can say to father and mother, What I owed to you I've given to God.' That can hardly be called respecting a parent. You cancel God's command by your rules. Frauds! Isaiah's prophecy of you hit the bull's-eye:

> These people make a big show of saying the right thing,
>   but their heart isn't in it.
> They act like they're worshiping me,
>   but they don't mean it.
> They just use me as a cover
>   for teaching whatever suits their fancy."

10-11 He then called the crowd together and said, "Listen, and take this to heart. It's not what you swallow that pollutes your life, but what you vomit up."

12 Later his disciples came and told him, "Did you know how upset the Pharisees were when they heard what you said?"

13-14 Jesus shrugged it off. "Every tree that wasn't planted by my Father in heaven will be pulled up by its roots. Forget them. They are blind men leading blind men. When a blind man leads a blind man, they both end

계신 내 아버지가 심지 않으신 나무는 다 뿌리째 뽑힐 것이다. 내버려 두어라. 그들은 눈먼 사람을 인도하는 눈먼 사람이다. 눈먼 사람이 눈먼 사람을 인도하면, 둘 다 구덩이에 빠지는 법이다."

15 베드로가 말했다. "잘 모르겠습니다. 쉽게 말씀해 주십시오."

16-20 예수께서 대답하셨다. "너희도 모르느냐? 우둔해지기로 작정이라도 한 것이냐? 무엇이든지 입으로 삼키는 것은 장으로 들어가서 결국 배설되는 것을 알지 못하느냐? 하지만 입에서 나오는 것은 마음에서 비롯된 것이다. 우리가 토해 내는 악한 논쟁과 살인과 간음과 음란과 도둑질과 거짓말과 악담이 모두 마음에서 나온다. 바로 이런 것들이 너희를 더럽힌다. 어떤 음식을 먹고 안 먹고, 손을 씻고 안 씻고는 전혀 상관없는 일이다."

병든 사람들을 고쳐 주시다

21-22 예수께서 거기에서 떠나 두로와 시돈으로 가셨다. 그들이 도착하기가 무섭게 그 지방에 사는 가나안 여자가 다가와 간청했다. "다윗의 자손이신 주님, 불쌍히 여겨 주십시오! 제 딸이 악한 귀신에 들려 몹시 괴로워하고 있습니다."

23 예수께서 여자의 말을 무시하셨다. 제자들이 다가와 불평했다. "여자가 우리를 귀찮게 합니다. 어떻게 좀 해주십시오. 성가셔 죽겠습니다."

24 예수께서 거절하시며, 그들에게 말씀하셨다. "나는 이스라엘의 잃어버린 양을 대하는 것만으로도 바쁘다."

25 그러자 여자가 다시 예수께 와서 무릎을 꿇고 애원했다. "주님, 저를 도와주십시오."

26 예수께서 말씀하셨다. "자녀들의 입에서 빵을 빼앗아 개들에게 던져 주는 것은 옳지 않다."

27 여자가 재빨리 받았다. "옳습니다, 주님.

up in the ditch."

15 Peter said, "I don't get it. Put it in plain language."

16-20 Jesus replied, "You, too? Are you being willfully stupid? Don't you know that anything that is swallowed works its way through the intestines and is finally defecated? But what comes out of the mouth gets its start in the heart. It's from the heart that we vomit up evil arguments, murders, adulteries, fornications, thefts, lies, and cussing. That's what pollutes. Eating or not eating certain foods, washing or not washing your hands—that's neither here nor there."

Healing the People

21-22 From there Jesus took a trip to Tyre and Sidon. They had hardly arrived when a Canaanite woman came down from the hills and pleaded, "Mercy, Master, Son of David! My daughter is cruelly afflicted by an evil spirit."

23 Jesus ignored her. The disciples came and complained, "Now she's bothering us. Would you please take care of her? She's driving us crazy."

24 Jesus refused, telling them, "I've got my hands full dealing with the lost sheep of Israel."

25 Then the woman came back to Jesus, went to her knees, and begged. "Master, help me."

26 He said, "It's not right to take bread out of children's mouths and throw it to dogs."

27 She was quick: "You're right, Master, but beggar dogs do get scraps from the

하지만 구걸하는 개들도 주인의 상에서 떨어지는 부스러기를 먹습니다.”

28 예수께서 뜻을 굽히셨다. “여자야, 네 믿음이 남다르다. 네 소원대로 되었다!” 그 즉시 여자의 딸이 나았다.

29-31 예수께서 돌아오셔서, 갈릴리 호숫가를 걸어 산에 올라가셨다. 거기에 자리를 정하시고 사람들을 맞을 채비를 하셨다. 수많은 사람들이 중풍병자와 눈먼 사람과 다리를 저는 사람과 말 못하는 사람과 그 밖에 도움이 필요한 사람들을, 예수께서 어떻게 하시나 보려고 그분 발 앞에 데려왔다. 예수께서 그들을 고쳐 주셨다. 사람들은 말 못하던 사람이 말하고, 다리를 저는 사람이 건강해지고, 중풍병자가 걸어 다니고, 눈먼 사람이 사방을 둘러보는 것을 보면서 놀라워했다. 그들은 하나님께서 자기들 가운데 생생히 살아 계심을 모든 사람에게 알렸다.

❧

32 그러나 예수께서는 다 끝내신 것이 아니었다. 예수께서 제자들을 불러 말씀하셨다. “이 사람들을 보니 내 마음이 아프구나. 이들이 사흘이나 나와 함께 있었는데, 이제 먹을 것이 없다. 배고픈 채로 가다가는 길에서 쓰러질지도 모르니 차마 보내지 못하겠다.”

33 제자들이 말했다. “하지만 여기는 허허벌판인데 끼니가 될 만한 음식을 어디서 구하겠습니까?”

34-39 예수께서 물으셨다. “너희에게 빵이 얼마나 있느냐?”

“빵 일곱 개와 물고기 몇 마리가 있습니다.” 그들이 말했다. 그러자 예수께서 사람들을 앉게 하셨다. 예수께서는 빵 일곱 개와 물고기를 손에 들고 감사를 드리신 후에, 사람들에게 나누어 주셨다. 모두가 먹되, 원하는 만큼 실컷 먹었다. 남은 것을 거두니 큰 것으로 일곱 바구니나 되었다. 사천 명

master's table.”

28 Jesus gave in. “Oh, woman, your faith is something else. What you want is what you get!” Right then her daughter became well.

29-31 After Jesus returned, he walked along Lake Galilee and then climbed a mountain and took his place, ready to receive visitors. They came, tons of them, bringing along the paraplegic, the blind, the maimed, the mute—all sorts of people in need—and more or less threw them down at Jesus' feet to see what he would do with them. He healed them. When the people saw the mutes speaking, the maimed healthy, the paraplegics walking around, the blind looking around, they were astonished and let everyone know that God was blazingly alive among them.

❧

32 But Jesus wasn't finished with them. He called his disciples and said, “I hurt for these people. For three days now they've been with me, and now they have nothing to eat. I can't send them away without a meal—they'd probably collapse on the road.”

33 His disciples said, “But where in this deserted place are you going to dig up enough food for a meal?”

34-39 Jesus asked, “How much bread do you have?”

“Seven loaves,” they said, “plus a few fish.” At that, Jesus directed the people to sit down. He took the seven loaves and the fish. After giving thanks, he divided it up and gave it to the people. Everyone ate. They had all they wanted. It took seven large baskets to collect the leftovers. Over four thousand

이 넘는 사람들이 배부르게 먹었다. 예수께서 그들을 보내시고 나서, 배에 올라 마가단 지방으로 건너가셨다.

나쁜 누룩을 주의하여라

16 ¹⁻⁴ 바리새인과 사두개인들이 또다시 예수께 달라붙어, 자신을 입증해 보이라고 몰아세웠다. 예수께서 그들에게 말씀하셨다. "너희 속담에 '저녁 하늘이 붉으면 날씨가 좋고, 아침 하늘이 붉으면 날씨가 궂다'고 했다. 너희가 날씨는 쉽게 내다보면서, 어째서 시대의 표적은 읽을 줄 모르느냐? 악하고 음란한 세대가 항상 표적과 기적을 구한다. 너희가 얻을 표적은 요나의 표적뿐이다." 그러고서 그분은 발길을 돌려 떠나셨다.

⁵⁻⁶ 호수 건너편으로 가는 길에, 제자들이 깜빡 잊고 빵을 가져오지 않은 것을 알았다. 마침 예수께서 그들에게 "바리새인과 사두개인의 누룩을 각별히 주의하여라" 하고 말씀하셨다.

⁷⁻¹² 제자들은 예수께서 빵을 잊어버린 것을 꾸짖으시는 줄 알고 수군거리며 대책을 논의했다. 예수께서 그들이 하는 일을 아시고 말씀하셨다. "어째서 빵을 잊어버린 것을 가지고 이렇게 걱정스레 수군거리느냐? 믿음이 적은 사람들아! 아직도 알아듣지 못하겠느냐? 빵 다섯 개로 오천 명이 먹고 거둔 조각이 몇 바구니며, 빵 일곱 개로 사천 명이 먹고 거둔 나머지가 몇 바구니였느냐? 빵이 문제가 아니라는 것을 아직도 모르겠느냐? 문제는 누룩, 바리새인과 사두개인의 누룩이다." 그때서야 그들은 알아들었다. 예수께서는 먹을 것이 아니라 가르침, 곧 바리새인과 사두개인의 가르침을 걱정하셨던 것이다.

people ate their fill at that meal. After Jesus sent them away, he climbed in the boat and crossed over to the Magadan hills.

Some Bad Yeast

16 ¹⁻⁴ Some Pharisees and Sadducees were on him again, pressing him to prove himself to them. He told them, "You have a saying that goes, 'Red sky at night, sailor's delight; red sky at morning, sailors take warning.' You find it easy enough to forecast the weather—why can't you read the signs of the times? An evil and wanton generation is always wanting signs and wonders. The only sign you'll get is the Jonah sign." Then he turned on his heel and walked away.

⁵⁻⁶ On their way to the other side of the lake, the disciples discovered they had forgotten to bring along bread. In the meantime, Jesus said to them, "Keep a sharp eye out for Pharisee-Sadducee yeast."

⁷⁻¹² Thinking he was scolding them for forgetting bread, they discussed in whispers what to do. Jesus knew what they were doing and said, "Why all these worried whispers about forgetting the bread? Runt believers! Haven't you caught on yet? Don't you remember the five loaves of bread and the five thousand people, and how many baskets of fragments you picked up? Or the seven loaves that fed four thousand, and how many baskets of leftovers you collected? Haven't you realized yet that bread isn't the problem? The problem is yeast, Pharisee-Sadducee yeast." Then they got it: that he wasn't concerned about eating, but teaching—the Pharisee-Sadducee kind of teaching.

주님은 메시아이십니다

13 예수께서 빌립보의 가이사랴에 있는 마을에 이르러 제자들에게 물으셨다. "사람들이 인자를 누구라 하더냐?"

14 제자들이 대답했다. "세례자 요한이라고 하는 사람들도 있고, 엘리야라고 하는 사람들도 있고, 예레미야나 다른 예언자 가운데 한 사람이라고 하는 사람들도 있습니다."

15 예수께서 곧바로 물으셨다. "그러면 너희는 어떠냐? 너희는 나를 누구라고 하느냐?"

16 시몬 베드로가 말했다. "주님은 살아 계신 하나님의 아들이시며 그리스도, 곧 메시아이십니다."

17-18 예수께서 대답하셨다. "요나의 아들 시몬아, 너는 하나님의 복을 받았다! 너의 그 대답은 책이나 교사들한테서 나온 것이 아니다. 하늘에 계신 내 아버지 하나님께서 친히 네게, 참으로 내가 누구인지 그 비밀을 알려 주셨다. 이제 네가 누구인지, 참으로 네가 누구인지 내가 알려 주겠다. 너는 베드로, 곧 바위다. 이 바위 위에 내가 내 교회를 세울 것이다. 그 교회는 지옥의 문들조차도 막아서지 못할 만큼, 그 세력이 널리 뻗칠 것이다.

19 그것이 다가 아니다. 너는 어떤 문이라도 여는 열쇠를 받아서, 하나님 나라에 아무 제약 없이 자유롭게 드나들게 될 것이다. 하늘과 땅, 땅과 하늘 사이에 더 이상 장벽이 없을 것이다. 땅에서 '예'는 하늘에서도 '예'이고, 땅에서 '아니요'는 하늘에서도 '아니요'이다."

20 예수께서는 제자들에게 비밀을 지킬 것을 엄히 명하셨다. 그리고 그분이 메시아이심을 아무에게도 말하지 않겠다는 다짐을 그들에게서 받으셨다.

결정은 내가 한다

21-22 예수께서 이제 자신이 예루살렘으로 가서 종교 지도자들의 손에 처참한 고난을 받아

Son of Man, Son of God

13 When Jesus arrived in the villages of Caesarea Philippi, he asked his disciples, "What are people saying about who the Son of Man is?"

14 They replied, "Some think he is John the Baptizer, some say Elijah, some Jeremiah or one of the other prophets."

15 He pressed them, "And how about you? Who do you say I am?"

16 Simon Peter said, "You're the Christ, the Messiah, the Son of the living God."

17-18 Jesus came back, "God bless you, Simon, son of Jonah! You didn't get that answer out of books or from teachers. My Father in heaven, God himself, let you in on this secret of who I really am. And now I'm going to tell you who you are, *really* are. You are Peter, a rock. This is the rock on which I will put together my church, a church so expansive with energy that not even the gates of hell will be able to keep it out.

19 "And that's not all. You will have complete and free access to God's kingdom, keys to open any and every door: no more barriers between heaven and earth, earth and heaven. A yes on earth is yes in heaven. A no on earth is no in heaven."

20 He swore the disciples to secrecy. He made them promise they would tell no one that he was the Messiah.

You're Not in the Driver's Seat

21-22 Then Jesus made it clear to his disciples that it was now necessary for him to go to Jerusalem, submit to an ordeal

죽임을 당하고, 사흘째 되는 날에 다시 살아나야 할 것을 제자들에게 밝히 말씀하셨다. 베드로가 그분을 붙들고 항의했다. "절대 안됩니다, 주님! 절대로 있을 수 없는 일입니다!"

23 그러나 예수께서는 꿈쩍도 않으셨다. "베드로야, 썩 비켜라. 사탄아, 물러가라. 너는 하나님이 어떻게 일하시는지 조금도 모른다."

24-26 그러고 나서 예수께서 다시 제자들에게 말씀하셨다. "누구든지 나와 함께 가려면 내가 가는 길을 따라야 한다. 결정은 내가 한다. 너희가 하는 것이 아니다. 고난을 피해 달아나지 말고, 오히려 고난을 끌어안아라. 나를 따라오너라. 그러면 내가 방법을 일러 주겠다. 자기 스스로 세우려는 노력에는 아무 희망이 없다. 자기를 희생하는 것이야말로 너희 자신, 곧 너희의 참된 자아를 찾는 길이며, 나의 길이다. 원하는 것을 다 얻고도 참된 자기 자신을 잃으면 무슨 유익이 있겠느냐? 너희 목숨을 무엇과 바꾸겠느냐?

27-28 너희 힘으로 일을 벌이겠다고 그렇게 서두르지 마라. 순식간에 인자가 아버지의 모든 영광에 싸여 천사의 무리를 거느리고 올 것이다. 그때 너희는 받아야 할 모든 것을 선물로 받게 될 것이다. 이것은 믿을 수 없는 훗날의 이야기가 아니다. 여기 서 있는 너희 가운데 그런 일이 일어나는 것을 볼 사람들도 있다. 그들은 천국의 영광 가운데 있는 인자를 볼 것이다."

영광 가운데 계신 예수

17 1-3 엿새 후에, 그들 가운데 세 사람이 그 영광을 보았다. 예수께서 베드로와 야고보와 요한 형제를 데리고 높은 산에 올라가셨다. 그들 눈앞에서 그분의 모습이 완전히 변했다. 그분의 얼굴에서 햇빛이 쏟아져 나왔고, 그분의 옷이 빛으로 충만했다. 문득 그들은 모세와 엘리야도 거기에 함께 있어 그분과 깊은 대화를 나누고 있는

of suffering at the hands of the religious leaders, be killed, and then on the third day be raised up alive. Peter took him in hand, protesting, "Impossible, Master! That can never be!"

23 But Jesus didn't swerve. "Peter, get out of my way. Satan, get lost. You have no idea how God works."

24-26 Then Jesus went to work on his disciples. "Anyone who intends to come with me has to let me lead. You're not in the driver's seat; *I* am. Don't run from suffering; embrace it. Follow me and I'll show you how. Self-help is no help at all. Self-sacrifice is the way, my way, to finding yourself, your true self. What kind of deal is it to get everything you want but lose yourself? What could you ever trade your soul for?

27-28 "Don't be in such a hurry to go into business for yourself. Before you know it the Son of Man will arrive with all the splendor of his Father, accompanied by an army of angels. You'll get everything you have coming to you, a personal gift. This isn't pie in the sky by and by. Some of you standing here are going to see it take place, see the Son of Man in kingdom glory."

Sunlight Poured from His Face

17 1-3 Six days later, three of them saw that glory. Jesus took Peter and the brothers, James and John, and led them up a high mountain. His appearance changed from the inside out, right before their eyes. Sunlight poured from his face. His clothes were filled with light. Then they realized that Moses and Elijah were

것을 알았다.

4 베드로가 불쑥 끼어들었다. "주님, 지금은 중대한 순간입니다! 제가 이곳 산 위에 기념비 셋을 세우면 어떻겠습니까? 하나는 주님을 위해, 하나는 모세를 위해, 하나는 엘리야를 위해서 말입니다."

5 그가 이렇게 말을 하고 있는데, 빛처럼 환한 구름이 그들을 덮더니 구름 속 깊은 데서 한 음성이 들려왔다. "이는 내가 사랑으로 구별한 내 아들, 내 기쁨의 근원이다. 그의 말을 들어라."

6-8 그 소리를 들은 제자들은 너무나 두려워서, 얼굴을 땅에 대고 납작 엎드렸다. 예수께서 가까이 오셔서 그들에게 손을 대셨다. "두려워 마라." 그들이 눈을 떠서 사방을 둘러보니, 오직 예수밖에 보이지 않았다.

9 산을 내려오면서, 예수께서 그들에게 비밀을 지킬 것을 엄히 명하셨다. "너희가 본 것을 한 마디도 말하지 마라. 그러나 인자가 죽은 자들 가운데서 살아난 뒤에는 말해도 좋다."

10 중간에 제자들이 물었다. "종교 학자들은 왜 엘리야가 먼저 와야 한다고 말합니까?"

11-13 예수께서 대답하셨다. "엘리야가 와서 모든 것을 준비한다. 내가 너희에게 말하지만, 엘리야가 이미 왔으나 사람들이 그를 보고도 알아보지 못했다. 사람들이 그를 업신여겼고, 사람들이 인자도 똑같이 업신여길 것이다." 그제야 제자들은 예수께서 내내 세례자 요한을 두고 하신 말씀임을 깨달았다.

깨알만한 믿음만 있어도

14-16 그들이 산 밑으로 내려오니, 사람들이 떼를 지어 기다리고 있었다. 그들이 다가가자, 한 남자가 무리 중에서 나와 무릎을 꿇고 간청했다. "주님, 제 아들을 불쌍히 여겨 주십시오. 아들이 정신을 잃고 발작을 일으

also there in deep conversation with him.

4 Peter broke in, "Master, this is a great moment! What would you think if I built three memorials here on the mountain—one for you, one for Moses, one for Elijah?"

5 While he was going on like this, babbling, a light-radiant cloud enveloped them, and sounding from deep in the cloud a voice: "This is my Son, marked by my love, focus of my delight. Listen to him."

6-8 When the disciples heard it, they fell flat on their faces, scared to death. But Jesus came over and touched them. "Don't be afraid." When they opened their eyes and looked around all they saw was Jesus, only Jesus.

9 Coming down the mountain, Jesus swore them to secrecy. "Don't breathe a word of what you've seen. After the Son of Man is raised from the dead, you are free to talk."

10 The disciples, meanwhile, were asking questions. "Why do the religion scholars say that Elijah has to come first?"

11-13 Jesus answered, "Elijah does come and get everything ready. I'm telling you, Elijah has already come but they didn't know him when they saw him. They treated him like dirt, the same way they are about to treat the Son of Man." That's when the disciples realized that all along he had been talking about John the Baptizer.

With a Mere Kernel of Faith

14-16 At the bottom of the mountain, they were met by a crowd of waiting people. As they approached, a man came out of the crowd and fell to his knees begging, "Master, have mercy on my son. He goes

키며, 몹시 고통스러워하고 있습니다. 자주 불 속에 뛰어들기도 하고, 어떤 때는 물 속에 뛰어들기도 합니다. 주님의 제자들에게 데리고 왔지만, 그들은 속수무책입니다."

17-18 예수께서 말씀하셨다. "하나님도 모르고 삶에 중심도 없는 세대여! 내가 같은 말을 몇 번이나 해야 하느냐? 얼마나 더 참아야 하느냐? 아이를 이리 데려오너라." 예수께서 괴롭히는 귀신에게 나가라고 명하셨다. 그러자 귀신이 나갔다. 그때부터 아이가 멀쩡해졌다.

19 제자들이 예수와 따로 있게 되었을 때 물었다. "왜 저희는 쫓아내지 못했습니까?"

20 "너희가 아직 하나님을 진지하게 대하지 않아서 그렇다." 예수께서 말씀하셨다. "여기 단순한 진리가 있다. 곧 너희에게 깨알만한 믿음만 있어도 너희가 이 산더러 '움직여라!' 하면 산이 움직일 것이다. 너희가 감당하지 못할 일은 아무것도 없다."

22-23 그들이 갈릴리에 다시 모였을 때, 예수께서 말씀하셨다. "인자는 하나님과 관계하기를 원치 않는 사람들한테 넘겨질 것이다. 그들이 인자를 죽일 것이고, 인자는 사흘 후에 다시 살아날 것이다." 제자들은 몹시 두려워했다.

❋

24 그들이 가버나움에 이르자, 세금 징수원들이 베드로에게 와서 물었다. "당신네 선생님은 세금을 냅니까?"

25 베드로가 말했다. "물론입니다."

베드로가 집에 들어가자, 예수께서 먼저 물으셨다. "시몬아, 네 생각은 어떠냐? 왕이 세금을 거두면 누가 세금을 내느냐? 왕의 자녀들이냐, 백성이냐?"

26-27 그가 대답했다. "백성입니다."

그러자 예수께서 말씀하셨다. "그럼 자녀

out of his mind and suffers terribly, falling into seizures. Frequently he is pitched into the fire, other times into the river. I brought him to your disciples, but they could do nothing for him."

17-18 Jesus said, "What a generation! No sense of God! No focus to your lives! How many times do I have to go over these things? How much longer do I have to put up with this? Bring the boy here." He ordered the afflicting demon out—and it was out, gone. From that moment on the boy was well.

19 When the disciples had Jesus off to themselves, they asked, "Why couldn't we throw it out?"

20 "Because you're not yet taking *God* seriously," said Jesus. "The simple truth is that if you had a mere kernel of faith, a poppy seed, say, you would tell this mountain, 'Move!' and it would move. There is nothing you wouldn't be able to tackle."

22-23 As they were regrouping in Galilee, Jesus told them, "The Son of Man is about to be betrayed to some people who want nothing to do with God. They will murder him—and three days later he will be raised alive." The disciples felt terrible.

❋

24 When they arrived at Capernaum, the tax men came to Peter and asked, "Does your teacher pay taxes?"

25 Peter said, "Of course."

But as soon as they were in the house, Jesus confronted him. "Simon, what do you think? When a king levies taxes, who pays—his children or his subjects?"

26-27 He answered, "His subjects."

들은 면제받는 것이 아니냐? 하지만 저들을 공연히 건드릴 것 없으니, 너는 호수에 가서 낚시를 던져 처음 무는 고기를 잡아 올려라. 고기의 입을 열면 동전 하나가 나올 것이다. 그것을 가져다가 세금 징수원들한테 주어라. 너와 내 몫으로 충분할 것이다."

하나님 나라에서 가장 큰 사람

18 ¹ 그때에 제자들이 예수께 와서 물었다. "하나님 나라에서는 누가 최고 서열에 오릅니까?"

²⁻⁵ 예수께서 그 대답으로, 어린아이 하나를 불러다가 방 한가운데 세우고 말씀하셨다. "내가 단호하게 말한다. 처음으로 돌아가서 어린아이처럼 다시 시작하지 않는 한, 너희는 천국에 들어가는 것은 고사하고 천국을 보지도 못할 것이다. 누구든지 이 아이처럼 꾸밈없이 순진해지면, 하나님 나라에서 높은 서열에 들 것이다. 또한 너희가 나를 생각해서 어린아이 같은 사람을 받아들이면, 곧 나를 받아들이는 것과 같다.

⁶⁻⁷ 그러나 너희가 그들을 괴롭히고 못살게 굴거나 그들의 순진한 믿음을 이용하면, 너희는 곧 후회하게 될 것이다. 그럴 바에는 차라리 너희 목에 맷돌을 달고 호수 한복판에 빠지는 편이 낫다. 이 어린아이처럼 하나님을 믿는 사람들을 괴롭히는 세상에 화가 있을 것이다! 그러잖아도 괴로움을 피할 수 없는데, 너희까지 더 힘들게 할 필요는 없다. 만일 그렇게 한다면, 그날이야말로 너희 최후의 날이다.

⁸⁻⁹ 네 손이나 발이 하나님께 방해가 되거든, 찍어 내버려라. 손이나 발이 없더라도 살아 있는 것이, 두 손과 두 발을 보란 듯이 가지고서 영원히 불타는 용광로 속에 있는 것보다 낫다. 또 네 눈이 너를 하나님에게서 멀어지게 하거든, 뽑아 내버려라. 한 눈

Jesus said, "Then the children get off free, right? But so we don't upset them needlessly, go down to the lake, cast a hook, and pull in the first fish that bites. Open its mouth and you'll find a coin. Take it and give it to the tax men. It will be enough for both of us."

Whoever Becomes Simple Again

18 ¹ At about the same time, the disciples came to Jesus asking, "Who gets the highest rank in God's kingdom?"

²⁻⁵ For an answer Jesus called over a child, whom he stood in the middle of the room, and said, "I'm telling you, once and for all, that unless you return to square one and start over like children, you're not even going to get a look at the kingdom, let alone get in. Whoever becomes simple and elemental again, like this child, will rank high in God's kingdom. What's more, when you receive the childlike on my account, it's the same as receiving me.

⁶⁻⁷ "But if you give them a hard time, bullying or taking advantage of their simple trust, you'll soon wish you hadn't. You'd be better off dropped in the middle of the lake with a millstone around your neck. Doom to the world for giving these God-believing children a hard time! Hard times are inevitable, but you don't have to make it worse—and it's doomsday to you if you do.

⁸⁻⁹ "If your hand or your foot gets in the way of God, chop it off and throw it away. You're better off maimed or lame and alive than the proud owners of two hands and two feet, godless in a furnace of eternal fire. And if your eye distracts you from God, pull it out and throw it away. You're better off one-eyed

으로 살아 있는 것이, 지옥불 속에서 2.0 시력을 발휘하는 것보다 낫다.

10 너희는 이 어린아이처럼 믿는 사람들 중에 단 한 명이라도 업신여기지 않도록 조심하여라. 그들의 천사들이 하늘에서 항상 내 아버지와 대면하고 있음을 너희도 알지 않느냐?"

잃어버린 양 한 마리

12-14 "이렇게도 생각해 보아라. 어떤 사람에게 양 백 마리가 있는데 그중 하나가 길을 잃으면, 아흔아홉 마리를 두고 그 한 마리를 찾아 나서지 않겠느냐? 그러다가 찾으면, 제자리에 있던 아흔아홉 마리보다 그 한 마리를 더 애지중지하지 않겠느냐? 하늘에 계신 너희 아버지의 심정도 이와 같다. 그분은 이 순진하게 믿는 사람들 중에 한 사람이라도 잃는 것을 원치 않으신다.

15-17 함께 믿는 동료가 너에게 상처를 주거든, 가서 그에게 말하여 둘 사이에서 해결하여라. 그가 들으면, 너는 친구를 얻는 것이다. 그가 듣지 않거든, 다른 한두 사람을 데리고 가서 다시 말해 보아라. 증인이 있으면 일이 공정해질 것이다. 그래도 그가 듣지 않거든, 교회에 말하여라. 교회의 말도 듣지 않거든, 너는 처음부터 다시 시작해야 할 것이다. 그에게 회개의 필요성을 지적하고, 하나님의 용서하시는 사랑을 다시 베풀어야 한다.

18-20 무엇보다 진지하게 알아야 할 것이 있다. 땅에서 '예'는 하늘에서도 '예'이고, 땅에서 '아니요'는 하늘에서도 '아니요'이다. 너희가 서로에게 하는 말은 영원하다. 내가 진심으로 말한다. 너희 가운데 두 사람이 땅에서 어떤 일로 함께 모여서 기도하면, 하늘에 계신 내 아버지께서 행동을 취하실 것이다. 또한 너희 중에 두세 사람이 나 때문에 모이면, 나도 반드시 거기에 함께 있는 줄 알아라."

and alive than exercising your twenty-twenty vision from inside the fire of hell.

10 "Watch that you don't treat a single one of these childlike believers arrogantly. You realize, don't you, that their personal angels are constantly in touch with my Father in heaven?

Work It Out Between You

12-14 "Look at it this way. If someone has a hundred sheep and one of them wanders off, doesn't he leave the ninety-nine and go after the one? And if he finds it, doesn't he make far more over it than over the ninety-nine who stay put? Your Father in heaven feels the same way. He doesn't want to lose even one of these simple believers.

15-17 "If a fellow believer hurts you, go and tell him—work it out between the two of you. If he listens, you've made a friend. If he won't listen, take one or two others along so that the presence of witnesses will keep things honest, and try again. If he still won't listen, tell the church. If he won't listen to the church, you'll have to start over from scratch, confront him with the need for repentance, and offer again God's forgiving love.

18-20 "Take this most seriously: A yes on earth is yes in heaven; a no on earth is no in heaven. What you say to one another is eternal. I mean this. When two of you get together on anything at all on earth and make a prayer of it, my Father in heaven goes into action. And when two or three of you are together because of me, you can be sure that I'll be there."

용서 이야기

21 그때 베드로가 용기를 내어 물었다. "주님, 제게 상처를 주는 형제나 자매를 몇 번이나 용서해야 합니까? 일곱 번이면 되겠습니까?"

22 예수께서 대답하셨다. "일곱 번이라! 어림도 없다. 일곱 번을 일흔 번이라도 그렇게 하여라.

23-25 하나님 나라는 종들의 빚을 정산하기로 한 어떤 왕과 같다. 정산이 시작되자, 빚이 십억 원이나 되는 한 종이 왕 앞에 불려 왔다. 그는 빚을 갚을 수 없었으므로, 왕은 그 사람과 처자식과 살림을 몽땅 노예시장에 경매로 내다 팔라고 명했다.

26-27 그 가련한 사람은 왕의 발 앞에 엎드려 애원했다. '조금만 시간을 주시면 다 갚겠습니다.' 애걸하는 그 모습이 딱했던 왕은, 빚을 탕감하고 그를 풀어 주었다.

28 그 종이 밖으로 나가자마자, 자기한테 십만 원을 빚진 동료 종과 마주쳤다. 그는 동료의 멱살을 잡고는 '당장 갚으라!'고 닦달했다.

29-31 그 가련한 사람은 엎드려 애원했다. '조금만 시간을 주면 다 갚겠네.' 그러나 그는 끄떡도 하지 않았다. 그는 동료를 잡아다가, 빚을 갚을 때까지 감옥에 가두었다. 이 모든 일을 지켜본 다른 종들이 이를 괘씸히 여겨 왕에게 낱낱이 아뢰었다.

32-35 왕은 그 사람을 불러서 말했다. '이 악한 종아! 네가 나에게 자비를 구하기에 나는 네 빚을 전부 탕감해 주었다. 그러면 너도 자비를 구하는 네 동료 종에게 자비를 베풀어야 마땅하지 않느냐?' 왕은 불같이 노하여, 그가 빚을 다 갚을 때까지 그를 엄하게 다루었다. 너희 각 사람이 자비를 구하는 사람을 조건 없이 용서하지 않으면, 하늘에 계신 내 아버지께서도

A Story About Forgiveness

21 At that point Peter got up the nerve to ask, "Master, how many times do I forgive a brother or sister who hurts me? Seven?"

22 Jesus replied, "Seven! Hardly. Try seventy times seven.

23-25 "The kingdom of God is like a king who decided to square accounts with his servants. As he got under way, one servant was brought before him who had run up a debt of a hundred thousand dollars. He couldn't pay up, so the king ordered the man, along with his wife, children, and goods, to be auctioned off at the slave market.

26-27 "The poor wretch threw himself at the king's feet and begged, 'Give me a chance and I'll pay it all back.' Touched by his plea, the king let him off, erasing the debt.

28 "The servant was no sooner out of the room when he came upon one of his fellow servants who owed him ten dollars. He seized him by the throat and demanded, 'Pay up. Now!'

29-31 "The poor wretch threw himself down and begged, 'Give me a chance and I'll pay it all back.' But he wouldn't do it. He had him arrested and put in jail until the debt was paid. When the other servants saw this going on, they were outraged and brought a detailed report to the king.

32-35 "The king summoned the man and said, 'You evil servant! I forgave your entire debt when you begged me for mercy. Shouldn't you be compelled to be merciful to your fellow servant who asked for mercy?' The king was furious and put the screws to the man until he paid back his entire debt. And that's exactly what my Father in heaven is going to do to each one

너희 각 사람에게 똑같이 하실 것이다."

이혼과 간음

19

1-2 예수께서 이 가르침을 마치시고, 갈릴리를 떠나 요단 강 건너편 유대 지방으로 지나가셨다. 그곳에서 큰 무리가 따라오자, 예수께서 그들을 고쳐 주셨다.

3 하루는 바리새인들이 그분을 귀찮게 했다. "무엇이든 이유만 있으면 남자가 아내와 이혼하는 것이 율법에 맞습니까?"

4-6 예수께서 대답하셨다. "너희는 창조주께서 본래 남자와 여자를 서로를 위해 지어 주신 것을 성경에서 읽어 보지 못했느냐? 그러므로 남자는 부모를 떠나 아내와 굳게 맺어져 한 몸이 된다. 더 이상 둘이 아니라 한 몸이다. 남자와 여자의 이 유기적인 연합은 하나님께서 창조하신 것이다. 그러니 누구도 그들을 갈라놓아서 그분의 작품을 모독해서는 안된다."

7 그들이 반박하며 쏘아붙였다. "그렇다면 모세는 왜 이혼 증서와 이혼 절차에 대한 지침을 주었습니까?"

8-9 예수께서 말씀하셨다. "모세는 너희의 사악한 마음을 염려해서 이혼을 규정했지만, 그것이 하나님의 처음 계획은 아니다. 너희는 처음 계획을 따라야 한다. 만일 너희가 정숙한 아내와 이혼하고 다른 여자와 결혼하면, 너희는 간음죄를 짓는 것이다. 다만 배우자가 간음을 저지른 경우는 예외다."

10 예수의 제자들이 이의를 달았다. "그것이 결혼의 조건이라면 우리는 막막합니다. 어쩌자고 결혼을 하겠습니까?"

11-12 예수께서 말씀하셨다. "누구나 다 결혼생활을 할 만큼 성숙한 것은 아니다. 결혼해서 살려면 어느 정도 자질과 은혜가 필요하다. 결혼은 모든 사람을 위한

of you who doesn't forgive unconditionally anyone who asks for mercy."

Divorce

19

1-2 When Jesus had completed these teachings, he left Galilee and crossed the region of Judea on the other side of the Jordan. Great crowds followed him there, and he healed them.

3 One day the Pharisees were badgering him: "Is it legal for a man to divorce his wife for any reason?"

4-6 He answered, "Haven't you read in your Bible that the Creator originally made man and woman for each other, male and female? And because of this, a man leaves father and mother and is firmly bonded to his wife, becoming one flesh—no longer two bodies but one. Because God created this organic union of the two sexes, no one should desecrate his art by cutting them apart."

7 They shot back in rebuttal, "If that's so, why did Moses give instructions for divorce papers and divorce procedures?"

8-9 Jesus said, "Moses provided for divorce as a concession to your hard heartedness, but it is not part of God's original plan. I'm holding you to the original plan, and holding you liable for adultery if you divorce your faithful wife and then marry someone else. I make an exception in cases where the spouse has committed adultery."

10 Jesus' disciples objected, "If those are the terms of marriage, we're stuck. Why get married?"

11-12 But Jesus said, "Not everyone is mature enough to live a married life. It requires a certain aptitude and grace. Marriage isn't for

것이 아니다. 나면서부터 결혼에 일절 관심이 없는 사람도 있다. 청혼을 받지 않거나 청혼에 응하지 않는 사람도 있다. 그런가 하면, 하나님 나라를 위해 결혼하지 않기로 결심하는 사람도 있다. 그러나 너희가 성숙하여 결혼의 큰 뜻에 이를 수 있겠거든, 그렇게 하여라."

부자와 하나님 나라

13-15 하루는 사람들이 예수께서 손을 얹어 기도해 주시기를 바라며, 그분께 아이들을 데려왔다. 하지만 제자들이 그들을 쫓아냈다. 그러자 예수께서 끼어드셨다. "아이들을 그냥 두어라. 나한테 오는 것을 막지 마라. 하나님 나라는 이 아이들과 같은 사람들로 이루어진다." 예수께서 아이들에게 손을 얹어 기도해 주신 뒤에 떠나셨다.

16 또 하루는 어떤 사람이 예수를 막아서며 물었다. "선생님, 제가 무슨 선행을 해야 영원한 생명을 얻겠습니까?"

17 예수께서 말씀하셨다. "어째서 나에게 선한 것이 무엇인지 묻느냐? 선하신 분은 하나님 한분뿐이시다. 하나님의 생명에 들어가고 싶거든, 그분의 말씀대로 행하여라."

18-19 그 사람이 물었다. "구체적으로 어느 말씀입니까?"

예수께서 말씀하셨다. "살인하지 마라, 간음하지 마라, 도둑질하지 마라, 거짓말하지 마라, 네 부모를 공경하라, 그리고 네 자신을 사랑하듯이 네 이웃을 사랑하라."

20 그 젊은이가 말했다. "제가 그것들은 다 지켰습니다. 무엇을 더 해야 하겠습니까?"

21 예수께서 대답하셨다. "네게 있는 것 전부를 드리려거든, 가서 네 재산을 팔아서 가난한 사람들에게 다 주어라. 그러면 네 모든 부가 하늘에 있게 될 것이다. 그런 다음 와서 나를 따르라."

22 그것은 그 젊은이가 전혀 예상치 못한 말

everyone. Some, from birth seemingly, never give marriage a thought. Others never get asked—or accepted. And some decide not to get married for kingdom reasons. But if you're capable of growing into the largeness of marriage, do it."

To Enter God's Kingdom

13-15 One day children were brought to Jesus in the hope that he would lay hands on them and pray over them. The disciples shooed them off. But Jesus intervened: "Let the children alone, don't prevent them from coming to me. God's kingdom is made up of people like these." After laying hands on them, he left.

16 Another day, a man stopped Jesus and asked, "Teacher, what good thing must I do to get eternal life?"

17 Jesus said, "Why do you question me about what's good? *God* is the One who is good. If you want to enter the life of God, just do what he tells you."

18-19 The man asked, "What in particular?"

Jesus said, "Don't murder, don't commit adultery, don't steal, don't lie, honor your father and mother, and love your neighbor as you do yourself."

20 The young man said, "I've done all that. What's left?"

21 "If you want to give it all you've got," Jesus replied, "go sell your possessions; give everything to the poor. All your wealth will then be in heaven. Then come follow me."

22 That was the last thing the young man expected to hear. And so, crest-fallen, he

씀이었다. 그는 기운이 쭉 빠져 예수를 떠나 갔다. 그는 많은 것을 움켜쥐고 있어서, 차마 그것을 놓을 수 없었다.

23-24 그가 떠나가는 모습을 보며, 예수께서 제자들에게 말씀하셨다. "부자가 하나님 나라에 들어가는 것이 얼마나 어려운지 아느냐? 내가 너희에게 말한다. 부자가 하나님 나라에 들어가는 것보다, 낙타를 급히 몰아 바늘귀를 통과하는 것이 더 쉽다."

25 제자들이 망연자실했다. "그러면 어느 누가 가망이 있겠습니까?"

26 예수께서 그들을 유심히 바라보며 말씀하셨다. "너희 힘으로 해낼 수 있다고 생각하면 전혀 가망이 없다. 그러나 하나님께서 하실 수 있다고 믿으면 얼마든지 가능한 일이다."

27 그러자 베드로가 맞장구를 쳤다. "우리는 모든 것을 버리고 주님을 따랐습니다. 그래서 우리가 무엇을 얻겠습니까?"

28-30 예수께서 대답하셨다. "그렇다. 너희는 나를 따랐다. 세상이 재창조되고 인자가 영광 가운데 다스릴 때, 나를 따르던 너희도 이스라엘 열두 지파를 시작으로 함께 다스릴 것이다. 너희뿐 아니라 누구든지 나 때문에 집이나 가족이나 땅이나 그 무엇이든 희생하는 사람은, 그 모든 것을 백 배로 돌려받을 것이다. 영원한 생명을 덤으로 받을 것은 말할 것도 없다. 이것은 위대한 반전이다. 먼저였으나 나중 되고, 나중이었으나 먼저 될 사람이 많을 것이다."

위대한 반전

20 1-2 "하나님 나라는 아침 일찍 자기 포도원에서 일할 일꾼들을 고용하러 나간 재산 관리인과 같다. 일꾼들은 일당 오만 원에 합의하고 일하러 갔다.

3-5 얼마 후 아홉 시쯤에, 관리인은 동네 공터에서 일없이 어슬렁거리고 있는 다른 사람들을 보았다. 그는 그들에게 자기 포도원에 가

walked away. He was holding on tight to a lot of things, and he couldn't bear to let go.

23-24 As he watched him go, Jesus told his disciples, "Do you have any idea how difficult it is for the rich to enter God's kingdom? Let me tell you, it's easier to gallop a camel through a needle's eye than for the rich to enter God's kingdom."

25 The disciples were staggered. "Then who has any chance at all?"

26 Jesus looked hard at them and said, "No chance at all if you think you can pull it off yourself. Every chance in the world if you trust God to do it."

27 Then Peter chimed in, "We left everything and followed you. What do we get out of it?"

28-30 Jesus replied, "Yes, you have followed me. In the re-creation of the world, when the Son of Man will rule gloriously, you who have followed me will also rule, starting with the twelve tribes of Israel. And not only you, but anyone who sacrifices home, family, fields—whatever—because of me will get it all back a hundred times over, not to mention the considerable bonus of eternal life. This is the Great Reversal: many of the first ending up last, and the last first."

A Story About Workers

20 1-2 "God's kingdom is like an estate manager who went out early in the morning to hire workers for his vineyard. They agreed on a wage of a dollar a day, and went to work.

3-5 "Later, about nine o'clock, the manager saw some other men hanging around the

서 일하라고 하면서, 품삯을 상당히 쳐 주겠
다고 했다. 그들은 일하러 갔다.

5-6 관리인은 정오에도, 그리고 세 시에도
똑같이 그렇게 했다. 다섯 시에 다시 나가
보니, 아직도 서성이는 사람들이 있었다. 그
가 말했다. '당신들은 왜 하루 종일 하는 일
없이 서성거리고 있소?'

7 그들이 말했다. '아무도 우리를 써 주지
않아서 그렇습니다.'

관리인은 그들에게 자기 포도원에 가서 일
하라고 했다.

8 드디어 하루 일이 끝나자, 포도원 주인이
작업반장에게 지시했다. '일꾼들을 불러서
품삯을 주어라. 나중에 고용한 사람부터 시
작해서 먼저 온 사람까지 그렇게 하여라.'

9-12 다섯 시에 고용된 사람들이 와서 각각
오만 원씩 받았다. 먼저 고용된 사람들이 그
것을 보고는, 자기들은 훨씬 더 받을 줄로
알았다. 그러나 그들도 똑같이 오만 원씩 받
았다. 오만 원을 쥐고서 그들은 화가 나서
관리인에게 투덜거렸다. '마지막에 온 일꾼
들은 고작 한 시간밖에 일하지 않았는데도,
하루 종일 땡볕에서 고생한 우리와 똑같이
대우했습니다.'

13-15 관리인은 모두를 대신해서 말한 그 일
꾼에게 대답했다. '친구여, 나는 부당하게
하지 않았소. 우리는 품삯을 오만 원에 합의
하지 않았소? 그러니 받아 가시오. 나는 맨
나중에 온 사람들에게도 당신들과 똑같이
주기로 정했소. 내 돈으로 내 마음대로 할
수도 없단 말이오? 내가 후하다고 해서 당
신들이 인색해지려는 것이오?'

16 여기에 다시 한번 위대한 반전이 있다.
먼저였으나 나중 되고, 나중이었으나 먼저
될 사람이 많을 것이다."

이 잔을 마실 수 있느냐

17-19 예수께서 예루살렘을 향해 한참을 가

town square unemployed. He told them to
go to work in his vineyard and he would
pay them a fair wage. They went.

5-6 "He did the same thing at noon, and
again at three o'clock. At five o'clock he
went back and found still others standing
around. He said, 'Why are you standing
around all day doing nothing?'

7 "They said, 'Because no one hired us.'

"He told him to go to work in his vineyard.

8 "When the day's work was over, the
owner of the vineyard instructed his
foreman, 'Call the workers in and pay them
their wages. Start with the last hired and go
on to the first.'

9-12 "Those hired at five o'clock came up
and were each given a dollar. When those
who were hired first saw that, they assumed
they would get far more. But they got the
same, each of them one dollar. Taking the
dollar, they groused angrily to the manager,
'These last workers put in only one easy
hour, and you just made them equal to us,
who slaved all day under a scorching sun.'

13-15 "He replied to the one speaking for
the rest, 'Friend, I haven't been unfair. We
agreed on the wage of a dollar, didn't we?
So take it and go. I decided to give to the
one who came last the same as you. Can't
I do what I want with my own money? Are
you going to get stingy because I am gener-
ous?'

16 "Here it is again, the Great Reversal:
many of the first ending up last, and the
last first."

To Drink from the Cup

17-19 Jesus, now well on the way up to

시다가, 열두 제자를 길가로 따로 불러 말씀하셨다. "내 말을 잘 들어라. 우리는 지금 예루살렘으로 올라가는 길이다. 그곳에 가면, 인자는 종교 지도자와 학자들에게 넘겨질 것이다. 그들은 인자에게 사형을 선고할 것이다. 그리고 인자를 로마 사람들에게 넘겨주어, 조롱하고 고문하고 십자가에 못 박을 것이다. 그러나 사흘째 되는 날에, 인자는 다시 살아날 것이다."

20 그때에 세베대의 아들들의 어머니가 두 아들과 함께 와서, 예수 앞에 무릎을 꿇고 청했다.

21 "무엇을 원하느냐?" 예수께서 물으셨다. 그 여인이 말했다. "제 두 아들에게 주님 나라에서 최고 영광의 자리를 주십시오. 하나는 주님 오른편에, 하나는 주님 왼편에 두시겠다고 약속해 주십시오."

22 예수께서 대답하셨다. "너희는 너희가 무엇을 구하는지 모른다." 그러고는 야고보와 요한에게 말씀하셨다. "내가 마시려는 잔을 너희가 마실 수 있겠느냐?"

그들이 말했다. "물론입니다. 왜 못 마시겠습니까?"

23 예수께서 말씀하셨다. "생각해 보니, 너희는 과연 내 잔을 마실 것이다. 그러나 영광의 자리를 주는 것은, 내 소관이 아니다. 내 아버지께서 하시는 일이다."

24-28 다른 열 제자가 이 대화를 듣고는 분통을 터뜨렸다. 두 형제에게 아주 정나미가 떨어졌다. 예수께서 그들을 불러 놓고 바로잡아 주셨다. "하나님을 모르는 통치자들이 얼마나 위세를 부리며, 작은 권력에 얼마나 빨리 취하는지 너희는 보았다. 너희는 그래서는 안된다. 누구든지 크고자 하면 섬기는 사람이 되어야 한다. 너희 가운데 누구든지 첫째가 되고자 하면, 먼저 종이 되어야 한다. 인자가 한 일이 바로 그것이다. 인자는 섬김을 받으러 온 것이 아니라, 섬기러 왔

Jerusalem, took the Twelve off to the side of the road and said, "Listen to me carefully. We are on our way up to Jerusalem. When we get there, the Son of Man will be betrayed to the religious leaders and scholars. They will sentence him to death. They will then hand him over to the Romans for mockery and torture and crucifixion. On the third day he will be raised up alive."

20 It was about that time that the mother of the Zebedee brothers came with her two sons and knelt before Jesus with a request.

21 "What do you want?" Jesus asked.

She said, "Give your word that these two sons of mine will be awarded the highest places of honor in your kingdom, one at your right hand, one at your left hand."

22 Jesus responded, "You have no idea what you're asking." And he said to James and John, "Are you capable of drinking the cup that I'm about to drink?"

They said, "Sure, why not?"

23 Jesus said, "Come to think of it, you *are* going to drink my cup. But as to awarding places of honor, that's not my business. My Father is taking care of that."

24-28 When the ten others heard about this, they lost their tempers, thoroughly disgusted with the two brothers. So Jesus got them together to settle things down. He said, "You've observed how godless rulers throw their weight around, how quickly a little power goes to their heads. It's not going to be that way with you. Whoever wants to be great must become a servant. Whoever wants to be first among you must be your slave. That is what the Son of Man has done: He came to serve, not be served—and

다. 포로로 사로잡힌 많은 사람들을 살리기 위해 자기 목숨을 내어주려고 왔다.”

❧

29-31 그들이 여리고를 떠나려는데, 큰 무리가 따라왔다. 그때 길가에 앉아 있던 눈먼 두 사람과 마주쳤다. 두 사람은 예수께서 지나가신다는 말을 듣고는 갑자기 소리쳤다. “주님, 우리를 불쌍히 여겨 주십시오! 다윗의 자손이여, 불쌍히 여겨 주십시오!” 무리가 그들을 조용히 시키려고 했으나, 그들은 더 크게 소리쳤다. “주님, 우리를 불쌍히 여겨 주십시오! 다윗의 자손이여, 불쌍히 여겨 주십시오!”

32 예수께서 걸음을 멈추시고 그들을 부르셨다. “내게 무엇을 원하느냐?”

33 그들이 말했다. “주님, 눈을 뜨기 원합니다. 보기 원합니다!”

34 예수께서 몹시 측은한 마음에, 그들의 눈을 만져 주셨다. 그들은 그 즉시 시력을 되찾았고, 행렬에 함께했다.

예루살렘 입성

21 1-3 일행이 예루살렘 가까이 와서 올리브 산 벳바게에 이르렀을 때, 예수께서 두 제자를 보내시며 지시하셨다. “맞은편 마을로 가거라. 거기에 나귀가 매여 있고 새끼도 함께 있을 것이다. 줄을 풀어서 내게로 끌고 오너라. 왜 그러느냐고 누가 묻거든, ‘주님께서 필요로 하십니다!’ 하여라. 그러면 보내 줄 것이다.”

4-5 이것은 일찍이 예언자가 다음과 같이 그려 낸 이야기의 전말이다.

시온의 딸에게 말하여라.
“보아라, 너의 왕이 오시는데
의연하게 준비된 모습으로
나귀를 타셨으니,

then to give away his life in exchange for the many who are held hostage.”

❧

29-31 As they were leaving Jericho, a huge crowd followed. Suddenly they came upon two blind men sitting alongside the road. When they heard it was Jesus passing, they cried out, “Master, have mercy on us! Mercy, Son of David!” The crowd tried to hush them up, but they got all the louder, crying, “Master, have mercy on us! Mercy, Son of David!”

32 Jesus stopped and called over, “What do you want from me?”

33 They said, “Master, we want our eyes opened. We want to see!”

34 Deeply moved, Jesus touched their eyes. They had their sight back that very instant, and joined the procession.

The Royal Welcome

21 1-3 When they neared Jerusalem, having arrived at Bethphage on Mount Olives, Jesus sent two disciples with these instructions: “Go over to the village across from you. You'll find a donkey tethered there, her colt with her. Untie her and bring them to me. If anyone asks what you're doing, say, ‘The Master needs them!’ He will send them with you.”

4-5 This is the full story of what was sketched earlier by the prophet:

Tell Zion's daughter,
“Look, your king's on his way,
poised and ready, mounted
On a donkey, on a colt,

어린 나귀, 곧 짐 나르는 짐승의 새끼다."

6-9 제자들이 가서 예수께서 시키신 대로
했다. 그들이 나귀와 나귀 새끼를 끌어와
서 그 위에 자기 옷을 펼치자, 예수께서 올
라타셨다. 무리 가운데 있던 대부분의 사
람들이 길 위에 자기 옷을 펼쳐 놓고 그분
을 왕으로 맞이했다. 다른 사람들은 나뭇
가지를 꺾어다가 길에다 깔며, 그분을 환
영했다. 무리가 앞서가고 뒤따르면서 일제
히 소리쳤다. "다윗의 자손께 호산나!" "복
되다, 하나님의 이름으로 오시는 이여!"
"하늘 가장 높은 곳에서, 호산나!"
10 예수께서 예루살렘에 들어가시자, 도시
전체가 동요했다. 사람들이 들떠서 물었
다. "무슨 일이오? 이 사람이 누굽니까?"
11 행렬의 무리가 대답했다. "갈릴리 나사
렛에서 나신 예언자 예수이십니다."

성전을 깨끗하게 하시다
12-14 예수께서 곧바로 성전으로 가셔서,
상점을 차려 놓고 사고파는 사람들을 모두
쫓아내셨다. 고리대금업자들의 가판대와
비둘기 상인들의 진열대도 뒤엎으셨다. 예
수께서 다음 말씀을 인용하셨다.

　내 집은 기도하는 집이라고 일컬어졌다.
　그런데 너희는 그곳을 도둑의 소굴로 만
　들어 버렸다.

그제야 눈먼 사람과 다리를 저는 사람들이
들어설 자리가 생겼다. 그들이 예수께 오
니, 예수께서 그들을 고쳐 주셨다.
15-16 종교 지도자들은 예수께서 하시는
엄청난 일들을 보고, 또 성전에서 내달리
며 "다윗의 자손께 호산나!" 하고 외치는
아이들의 소리를 듣고는 발끈하여 예수
께 따졌다. "이 아이들이 뭐라고 말하는지

foal of a pack animal."

6-9 The disciples went and did exactly what
Jesus told them to do. They led the donkey
and colt out, laid some of their clothes on
them, and Jesus mounted. Nearly all the
people in the crowd threw their garments
down on the road, giving him a royal
welcome. Others cut branches from the trees
and threw them down as a welcome mat.
Crowds went ahead and crowds followed,
all of them calling out, "Hosanna to David's
son!" "Blessed is he who comes in God's
name!" "Hosanna in highest heaven!"
10 As he made his entrance into Jerusalem, the
whole city was shaken. Unnerved, people were
asking, "What's going on here? Who is this?"
11 The parade crowd answered, "This is the
prophet Jesus, the one from Nazareth in
Galilee."

He Kicked Over the Tables
12-14 Jesus went straight to the Temple and
threw out everyone who had set up shop,
buying and selling. He kicked over the
tables of loan sharks and the stalls of dove
merchants. He quoted this text:

　My house was designated a house of
　prayer;
　You have made it a hangout for thieves.

Now there was room for the blind and
crippled to get in. They came to Jesus and he
healed them.
15-16 When the religious leaders saw the
outrageous things he was doing, and heard all
the children running and shouting through the

듣고 있소?"

예수께서 말씀하셨다. "물론 듣고 있다. 너희는 '내가 아이들과 아기들의 입에서 나오는 말로 찬양의 집을 꾸미겠다'고 하신 말씀을 읽어 보지 못하였느냐?"

17 예수께서 진저리를 내시며, 돌아서서 그 도성을 떠나셨다. 베다니로 가셔서, 그곳에서 밤을 지내셨다.

말라 버린 무화과나무

18-20 이튿날 아침 일찍 다시 그 도성으로 가시는데, 예수께서 배가 고프셨다. 예수께서 길가에 있는 무화과나무 한 그루를 보시고, 무화과로 아침 끼니를 때울까 하여 가까이 다가가셨다. 나무 옆에 가서 보니, 무화과 잎사귀밖에 없었다. 예수께서 "이제부터 이 나무에 영원히 무화과가 열리지 않을 것이다!" 하고 말씀하셨다. 그 즉시 무화과나무가 마른 막대기처럼 말라 버렸다. 이것을 본 제자들이 눈을 비비며 말했다. "우리가 본 것이 정말인가? 방금 전까지도 잎이 무성한 나무였는데, 금세 마른 막대기가 되다니!"

21-22 예수께서 차분히 말씀하셨다. "그렇다. 너희가 이 천국의 삶을 품고 하나님을 의심하지 않으면, 너희도 내가 무화과나무에 한 것처럼 작은 일들을 행하고, 또한 큰 장애물까지 극복하게 될 것이다. 예컨대, 너희가 이 산더러 '가서 호수에 뛰어들어라' 하고 말하면, 산이 뛰어들 것이다. 너희가 믿음으로 기도하고 하나님을 붙들기만 하면, 작은 일에서 큰 일까지 모든 일이 다 그렇게 될 것이다."

누구에게서 온 권한인가

23 이후에 예수께서 다시 성전에서 가르치고 계셨다. 대제사장과 백성의 지도자들이 다가와서 따졌다. "당신의 신임장을

Temple, "Hosanna to David's Son!" they were up in arms and took him to task. "Do you hear what these children are saying?"

Jesus said, "Yes, I hear them. And haven't you read in God's Word, 'From the mouths of children and babies I'll furnish a place of praise'?"

17 Fed up, Jesus turned on his heel and left the city for Bethany, where he spent the night.

The Withered Fig Tree

18-20 Early the next morning Jesus was returning to the city. He was hungry. Seeing a lone fig tree alongside the road, he approached it anticipating a breakfast of figs. When he got to the tree, there was nothing but fig leaves. He said, "No more figs from this tree—ever!" The fig tree withered on the spot, a dry stick. The disciples saw it happen. They rubbed their eyes, saying, "Did we really see this? A leafy tree one minute, a dry stick the next?"

21-22 But Jesus was matter-of-fact: "Yes—and if you embrace this kingdom life and don't doubt God, you'll not only do minor feats like I did to the fig tree, but also triumph over huge obstacles. This mountain, for instance, you'll tell, 'Go jump in the lake,' and it will jump. Absolutely everything, ranging from small to large, as you make it a part of your believing prayer, gets included as you lay hold of God."

True Authority

23 Then he was back in the Temple, teaching. The high priests and leaders of the people came up and demanded, "Show us your

보여주시오. 누구의 권한으로 여기서 가르치는 겁니까?"

24-25 예수께서 대답하셨다. "먼저 한 가지 묻겠다. 너희가 내 물음에 답하면 나도 너희 물음에 답하겠다. 요한의 세례에 관한 것인데, 그것이 누구에게서 온 권한이냐? 하늘이냐, 사람이냐?"

25-27 그들은 자기들이 궁지에 몰린 것을 알아차리고는, 뒤로 물러나와 모여서 수군거렸다. "하늘이라고 하면 왜 요한을 믿지 않았느냐고 물을 것이고, 사람이라고 하면 온 백성이 요한을 예언자로 떠받드니 우리가 백성 앞에서 몹시 난처해진다." 그들은 이번은 예수께 양보하기로 했다. "우리는 모르오." 그들이 대답했다.

예수께서 말씀하셨다. "그렇다면 나도 너희의 물음에 대답하지 않겠다."

두 아들 이야기

28 "이 이야기를 듣고 너희 생각을 말해 보아라. 어떤 사람에게 두 아들이 있었다. 그가 큰아들한테 가서 말했다. '애야, 오늘 포도원에 가서 일하여라.'

29 아들은 '싫습니다' 하고 대답했다. 그러나 나중에 생각을 고쳐먹고 포도원으로 갔다.

30 아버지가 작은아들에게도 똑같이 명했다. 그 아들이, 대답은 '그럼요, 가고 말고요' 해놓고 실제로는 가지 않았다.

31-32 두 아들 가운데 아버지가 하라는 대로 한 사람은 누구냐?"

그들이 말했다. "큰아들입니다."

예수께서 말씀하셨다. "맞다. 내가 너희에게 말한다. 사기꾼과 매춘부들이 너희보다 먼저 하나님 나라에 들어갈 것이다. 요한이 와서 너희에게 바른 길을 보여주었다. 너희는 그에게 코웃음을 쳤으나, 사기꾼과 매춘부들은 그를 믿었다. 그들의 달라진 삶을 보았으면서도, 너희는 도무지 그를 믿고 달

credentials. Who authorized you to teach here?"

24-25 Jesus responded, "First let me ask you a question. You answer my question and I'll answer yours. About the baptism of John—who authorized it: heaven or humans?"

25-27 They were on the spot and knew it. They pulled back into a huddle and whispered, "If we say 'heaven,' he'll ask us why we didn't believe him; if we say 'humans,' we're up against it with the people because they all hold John up as a prophet." They decided to concede that round to Jesus. "We don't know," they answered.

Jesus said, "Then neither will I answer your question.

The Story of Two Sons

28 "Tell me what you think of this story: A man had two sons. He went up to the first and said, 'Son, go out for the day and work in the vineyard.'

29 "The son answered, 'I don't want to.' Later on he thought better of it and went.

30 "The father gave the same command to the second son. He answered, 'Sure, glad to.' But he never went.

31-32 "Which of the two sons did what the father asked?"

They said, "The first."

Jesus said, "Yes, and I tell you that crooks and whores are going to precede you into God's kingdom. John came to you showing you the right road. You turned up your noses at him, but the crooks and whores believed him. Even when you saw their changed lives, you didn't care enough to

라질 생각이 없었다."

욕심 가득한 소작농들 이야기

33-34 "여기 다른 이야기가 있다. 잘 들어라. 어떤 부자 농부가 포도원을 세웠다. 그는 포도원에 울타리를 치고 포도즙 짜는 틀을 파고 망대를 세운 다음에, 소작농들에게 맡기고 먼 길을 떠났다. 포도를 수확할 때가 되자, 그는 수익을 거두려고 자기 종들을 보냈다.

35-37 소작농들은 종 하나를 잡아서 마구 때렸고, 다른 종은 죽였고, 또 다른 종을 돌로 쳤으나, 그는 겨우 도망쳤다. 주인은 다시 종들을 더 많이 보냈다. 그들도 똑같은 대우를 받았다. 주인은 속수무책이었다. 그는 자기 아들을 보내기로 했다. '저들이 내 아들만큼은 존중하겠지' 하고 생각했던 것이다.

38-39 그러나 아들이 오는 것을 본 소작농들은, 욕심이 가득하여 두 손을 비볐다. '이 자는 상속자다! 그를 죽이고 우리가 재산을 다 차지하자.' 그들은 그 아들을 잡아서 밖으로 내쫓고는, 죽여 버렸다.

40 자, 포도원 주인이 먼 길에서 돌아오면, 이 소작농들에게 어떻게 할 것 같으냐?"

41 "그 못된 일당을 죽일 것입니다. 죽어 마땅한 자들입니다." 그들이 대답했다. "그리고 포도원은 제때에 수익을 바칠 만한 소작농들한테 맡길 것입니다."

42-44 예수께서 말씀하셨다. "맞다. 너희가 성경을 직접 읽어 보면 알 것이다.

석공들이 내버린 돌이
이제 모퉁잇돌이 되었다.
이것은 하나님께서 행하신 일,
눈을 씻고 보아도 신기할 따름이다!

너희한테도 똑같다. 하나님 나라를 너희

---

change and believe him.

The Story of the Greedy Farmhands

33-34 "Here's another story. Listen closely. There was once a man, a wealthy farmer, who planted a vineyard. He fenced it, dug a winepress, put up a watchtower, then turned it over to the farmhands and went off on a trip. When it was time to harvest the grapes, he sent his servants back to collect his profits.

35-37 "The farmhands grabbed the first servant and beat him up. The next one they murdered. They threw stones at the third but he got away. The owner tried again, sending more servants. They got the same treatment. The owner was at the end of his rope. He decided to send his son. 'Surely,' he thought, 'they will respect my son.'

38-39 "But when the farmhands saw the son arrive, they rubbed their hands in greed. 'This is the heir! Let's kill him and have it all for ourselves.' They grabbed him, threw him out, and killed him.

40 "Now, when the owner of the vineyard arrives home from his trip, what do you think he will do to the farmhands?"

41 "He'll kill them—a rotten bunch, and good riddance," they answered. "Then he'll assign the vineyard to farmhands who will hand over the profits when it's time."

42-44 Jesus said, "Right—and you can read it for yourselves in your Bibles:

The stone the masons threw out
  is now the cornerstone.
This is God's work;

we rub our eyes, we can hardly believe it!

에게서 **빼앗아**, 그 나라의 삶을 살아갈 사람들한테 넘겨줄 것이다. 누구든지 이 돌에 걸려 넘어지는 사람은 부서질 것이요, 이 돌이 그 사람 위에 떨어지면 그는 완전히 가루가 될 것이다."

45-46 종교 지도자들은 이 이야기를 듣고서, 그것이 자기들을 두고 한 말임을 알았다. 그들은 예수를 체포해 감옥에 가두고 싶었으나, 여론이 두려워 참았다. 대부분의 사람들이 예수를 하나님의 예언자로 알았던 것이다.

결혼잔치 이야기

22 1-3 예수께서 이야기를 더 들려주시면서 대답하셨다. "하나님 나라는 자기 아들을 위해 결혼잔치를 베푼 어떤 왕과 같다. 왕은 종들을 보내 초대받은 손님들을 모두 부르게 했다. 그런데 손님들이 오려고 하지 않았다!

4 왕은 다시 종들을 보내며, 손님들에게 이렇게 말하라고 지시했다. '식탁에 진수성찬을 차려 놓았으니, 오셔서 드시기만 하면 됩니다. 잔치에 오십시오!'

5-7 그러나 사람들은 무시하고 가 버렸다. 한 사람은 밭에 김매러 갔고, 또 다른 사람은 가게에 일하러 갔다. 딱히 할 일도 없었던 나머지는, 그 심부름꾼들을 두들겨 패서 죽였다. 왕은 격노하여 군인들을 보내서, 그 살인자들을 죽이고 도시를 쓸어버렸다.

8-10 그러고 나서 왕이 종들에게 말했다. '결혼잔치는 다 준비되었는데 손님이 없구나. 내가 초대했던 사람들은 자격이 없다. 시내에서 가장 번잡한 거리로 나가, 아무나 만나는 대로 잔치에 초대하여라.' 종들은 거리로 나가 착한 사람, 못된 사람 할 것 없이 아무나 보이는 대로 사람들을 모아 왔다. 드디어 자리가 다 차서,

"This is the way it is with you. God's kingdom will be taken back from you and handed over to a people who will live out a kingdom life. Whoever stumbles on this Stone gets shattered; whoever the Stone falls on gets smashed."

45-46 When the religious leaders heard this story, they knew it was aimed at them. They wanted to arrest Jesus and put him in jail, but, intimidated by public opinion, they held back. Most people held him to be a prophet of God.

The Story of the Wedding Banquet

22 1-3 Jesus responded by telling still more stories. "God's kingdom," he said, "is like a king who threw a wedding banquet for his son. He sent out servants to call in all the invited guests. And they wouldn't come!

4 "He sent out another round of servants, instructing them to tell the guests, 'Look, everything is on the table, the prime rib is ready for carving. Come to the feast!'

5-7 "They only shrugged their shoulders and went off, one to weed his garden, another to work in his shop. The rest, with nothing better to do, beat up on the messengers and then killed them. The king was outraged and sent his soldiers to destroy those thugs and level their city.

8-10 "Then he told his servants, 'We have a wedding banquet all prepared but no guests. The ones I invited weren't up to it. Go out into the busiest intersections in town and invite anyone you find to the banquet.' The servants went out on the streets and rounded up everyone they laid eyes on, good and bad, regardless. And so the banquet was on—every

잔치가 시작되었다.

11-13 왕이 들어와 장내를 둘러보니, 예복을 입지 않은 사람이 눈에 띄었다. 왕이 그에게 말했다. '친구여, 감히 어떻게 그런 모습으로 여기에 들어왔느냐.' 그 사람은 아무 말도 못했다. 그러자 왕이 종들에게 명했다. '이 사람을 여기서 당장 끌어내라. 묶어서 지옥으로 보내라. 절대로 다시 오지 못하게 하여라.'

14 '초대받은 사람은 많지만, 오는 사람은 얼마 되지 않는다'는 내 말이 바로 이런 뜻이다."

황제의 것, 하나님의 것

15-17 그때에 바리새인들이 예수로 하여금 뭔가 불리한 발언을 하게 해서 그를 올무에 걸리게 할 방도를 의논했다. 그들은 자기네 제자들을 헤롯의 당원 몇 사람과 함께 보내어 물었다. "선생님, 우리가 알기로 당신은 진실하고, 하나님의 도를 정확히 가르치고, 여론에 개의치 않으며, 배우는 사람들의 비위를 맞추지 않습니다. 그러니 우리한테 솔직히 말해 주십시오. 황제에게 세금을 내는 것이 옳습니까, 옳지 않습니까?"

18-19 예수께서 그들이 수작을 부리고 있음을 아시고 말씀하셨다. "왜 나를 속이려고 드느냐? 왜 나를 함정에 빠뜨리려고 하느냐? 너희에게 동전이 있느냐? 내게 보여라." 그들이 그분께 은화 하나를 건넸다.

20 "여기 새겨진 얼굴이 누구의 얼굴이냐? 그리고 이 위에 있는 것이 누구 이름이냐?"

21 그들이 말했다. "황제입니다."

"그렇다면 황제의 것은 황제에게 주고, 하나님의 것은 하나님께 드려라."

22 바리새인들은 말문이 막혔다. 그들은 고개를 절레절레 흔들며 가 버렸다.

부활에 관한 가르침

23-28 같은 날, 부활의 가능성을 일절 부인하

---

place filled.

11-13 "When the king entered and looked over the scene, he spotted a man who wasn't properly dressed. He said to him, 'Friend, how dare you come in here looking like that!' The man was speechless. Then the king told his servants, 'Get him out of here—fast. Tie him up and ship him to hell. And make sure he doesn't get back in.'

14 "That's what I mean when I say, 'Many get invited; only a few make it.'"

Paying Taxes

15-17 That's when the Pharisees plotted a way to trap him into saying something damaging. They sent their disciples, with a few of Herod's followers mixed in, to ask, "Teacher, we know you have integrity, teach the way of God accurately, are indifferent to popular opinion, and don't pander to your students. So tell us honestly: Is it right to pay taxes to Caesar or not?"

18-19 Jesus knew they were up to no good. He said, "Why are you playing these games with me? Why are you trying to trap me? Do you have a coin? Let me see it." They handed him a silver piece.

20 "This engraving—who does it look like? And whose name is on it?"

21 They said, "Caesar."

"Then give Caesar what is his, and give God what is his."

22 The Pharisees were speechless. They went off shaking their heads.

Marriage and Resurrection

23-28 That same day, Sadducees approached him. This is the party that denies any possi-

는 사두개파 사람들이 예수께 다가와서 물었다. "선생님, 모세는 말하기를, 남자가 자식 없이 죽으면 그 동생이 형수와 결혼해서 자식을 낳아 줄 의무가 있다고 했습니다. 여기 일곱 형제의 사례가 있습니다. 맏이가 결혼했는데, 자식 없이 죽어서 그 아내가 동생에게 넘어갔습니다. 둘째도 자식 없이 죽었고, 셋째부터 일곱째까지 다 그러했습니다. 마지막에는 여자도 죽었습니다. 우리의 질문은 이것입니다. 이 여자는 일곱 형제 모두의 아내였는데, 부활 때에는 누구의 아내가 됩니까?"

29-33 예수께서 대답하셨다. "너희는 두 가지를 크게 잘못 생각하고 있다. 너희는 성경을 모르고, 하나님께서 일하시는 방식을 모른다. 부활 때에는 결혼할 일이 없다. 그때 사람들은 천사들처럼 되어서, 하나님과 최고의 기쁨과 친밀감을 나눌 것이다. 그리고 죽은 사람의 부활 여부를 둘러싼 너희 추측에 관한 것인데, 너희는 성경도 읽지 않느냐? 하나님께서는 분명히 현재 시제로 '나는 아브라함의 하나님, 이삭의 하나님, 야곱의 하나님이다'라고 말씀하셨다. '이었다'라고 말씀하지 않으셨다. 살아 계신 하나님은, 자신을 죽은 자의 하나님이 아니라 산 자의 하나님으로 정의하신다." 이 대화를 듣던 무리가 깊은 감동을 받았다.

가장 중요한 계명

34-36 예수께서 사두개인들을 압도하셨다는 말을 들은 바리새인들이, 힘을 모아 공격에 나섰다. 그중에 한 종교 학자가 대표로 나서서, 그분을 무안하게 할 만하다고 여긴 질문을 던졌다. "선생님, 하나님의 율법에서 어느 계명이 가장 중요합니까?"

37-40 예수께서 말씀하셨다. "'네 열정과 간구와 지성을 다해 주 너의 하나님을 사랑하라.' 이것이 가장 중요하고, 으뜸가는 계명

bility of resurrection. They asked, "Teacher, Moses said that if a man dies childless, his brother is obligated to marry his widow and get her with child. Here's a case where there were seven brothers. The first brother married and died, leaving no child, and his wife passed to his brother. The second brother also left her childless, then the third—and on and on, all seven. Eventually the wife died. Now here's our question: At the resurrection, whose wife is she? She was a wife to each of them."

29-33 Jesus answered, "You're off base on two counts: You don't know your Bibles, and you don't know how God works. At the resurrection we're beyond marriage. As with the angels, all our ecstasies and intimacies then will be with God. And regarding your speculation on whether the dead are raised or not, don't you read your Bibles? The grammar is clear: God says, 'I am—not *was*—the God of Abraham, the God of Isaac, the God of Jacob.' The living God defines himself not as the God of dead men, but of the living." Hearing this exchange the crowd was much impressed.

The Most Important Command

34-36 When the Pharisees heard how he had bested the Sadducees, they gathered their forces for an assault. One of their religion scholars spoke for them, posing a question they hoped would show him up: "Teacher, which command in God's Law is the most important?"

37-40 Jesus said, "'Love the Lord your God with all your passion and prayer and intelligence.' This is the most important, the

이다. 그리고 그 옆에 나란히 두어야 할 두 번째 계명이 있다. '네 자신을 사랑하는 것 같이 다른 사람을 사랑하라.' 이 두 계명은 쐐기못과 같다. 하나님의 율법과 예언서의 모든 것이 이 두 계명에 달려 있다."

그리스도가 다윗의 자손인가

41-42 바리새인들이 다시 모이자, 이번에는 예수께서 시험하는 질문으로 그들의 허를 찌르셨다. "너희는 그리스도를 어떻게 생각하느냐? 그가 누구의 자손이냐?" 그들이 "다윗의 자손입니다" 하고 말했다.

43-45 예수께서 되받으셨다. "그리스도가 다윗의 자손이라면, 다윗이 영감을 받아서 그리스도를 자신의 '주님'이라고 부른 사실을 너희는 어떻게 설명하겠느냐?

> 하나님께서 내 주님께 말씀하셨다.
> "내가 네 원수들을 네 발판으로 삼을 때까지
> 너는 여기 내 오른편에 앉아 있어라."

다윗이 그를 '주님'이라고 부르는데, 그가 어떻게 동시에 다윗의 자손이 될 수 있느냐?"

46 문자주의자인 그들은 거기서 막혔다. 그들은 남들이 보는 변론에서 또다시 체면을 잃기 싫어, 아예 질문하는 것을 그만두었다.

종교의 패션쇼

23 1-3 이제 예수께서 제자들과 그 곁에 함께 모인 무리를 보시며 말씀하셨다. "종교 학자와 바리새인들은 하나님의 율법에 관해서라면 유능한 교사들이다. 모세에 관한 그들의 가르침을 따른다면 너희는 잘못될 일이 없을 것이다. 그러나 그들을 따르는 것은 조심하여라. 그들이 말은 잘하지만, 그 말대로 살지는 않는다. 그들은 그것을 마음에 새겨 행동

first on any list. But there is a second to set alongside it: 'Love others as well as you love yourself.' These two commands are pegs; everything in God's Law and the Prophets hangs from them."

David's Son and Master

41-42 As the Pharisees were regrouping, Jesus caught them off balance with his own test question: "What do you think about the Christ? Whose son is he?" They said, "David's son."

43-45 Jesus replied, "Well, if the Christ is David's son, how do you explain that David, under inspiration, named Christ his 'Master'?

> God said to my Master,
> "Sit here at my right hand
> until I make your enemies your footstool."

"Now if David calls him 'Master,' how can he at the same time be his son?"

46 That stumped them, literalists that they were. Unwilling to risk losing face again in one of these public verbal exchanges, they quit asking questions for good.

Religious Fashion Shows

23 1-3 Now Jesus turned to address his disciples, along with the crowd that had gathered with them. "The religion scholars and Pharisees are competent teachers in God's Law. You won't go wrong in following their teachings on Moses. But be careful about following *them*. They talk a good line, but they don't live it. They don't take it into their hearts and live it out in their

으로 옮기지 않는다. 모두 겉만 번지르르한 가식이다.

4-7 그들은 하나님의 율법을 하나님의 잔칫상에서 먹고 마시는 양식과 음료로 제시하지 않고 규칙 다발로 묶어서는, 마치 말이나 소에게 하듯 너희에게 잔뜩 짐을 지운다. 그들은 너희가 그 짐을 지고 비틀거리는 모습을 보면서 즐거워하는 것 같고, 손가락 하나라도 까딱하여 도와줄 생각은 하지 않는다. 그들의 삶은 끝없는 패션쇼다. 오늘은 수놓은 기도 숄을 두르고, 내일은 현란한 기도를 올린다. 그들은 교회 식사 때 상석에 앉고 가장 중요한 자리를 차지하며, 사람들의 치켜세우는 말에 우쭐하면서 명예학위를 받고 '박사님'과 '목사님'으로 불리기를 좋아한다.

8-10 너희는 사람들에게 그런 대접을 받지 않도록 하여라. 사람들이 너희를 우러러보지 말게 하여라. 너희 모두에게 스승은 한분이시며, 너희는 다 동급생이다. 사람들을 너희 삶의 전문가로 여긴 나머지, 그들이 시키는 대로 하지 마라. 그 권위는 하나님의 몫으로 남겨 두고, 그분이 명하시는 대로 하여라. 어느 누구도 '아버지'로 불려서는 안된다. 너희 아버지는 오직 한분이시며, 그분은 하늘에 계신다. 또 사람들의 술책에 넘어가 그들의 지도자가 되지 마라. 너희에게나 그들에게나 인생의 스승은 오직 한분, 그리스도뿐이시다.

11-12 돋보이고 싶으냐? 그러면 내려서서, 종이 되어라. 목에 너무 힘을 주면, 결국 숨이 턱에 차서 쓰러지고 만다. 그러나 너희가 너희 있는 모습 그대로를 기꺼이 인정하면, 너희 삶은 더욱 가치 있게 될 것이다."

사기꾼들아!

13 "나는 이제 너희라면 지긋지긋하다! 너희 종교 학자들아, 바리새인들아, 사기꾼들아! 너희는 도무지 구제 불능이구나! 너희

behavior. It's all spit-and-polish veneer.

4-7 "Instead of giving you God's Law as food and drink by which you can banquet on God, they package it in bundles of rules, loading you down like pack animals. They seem to take pleasure in watching you stagger under these loads, and wouldn't think of lifting a finger to help. Their lives are perpetual fashion shows, embroidered prayer shawls one day and flowery prayers the next. They love to sit at the head table at church dinners, basking in the most prominent positions, preening in the radiance of public flattery, receiving honorary degrees, and getting called 'Doctor' and 'Reverend.'

8-10 "Don't let people do that to you, put you on a pedestal like that. You all have a single Teacher, and you are all classmates. Don't set people up as experts over your life, letting them tell you what to do. Save that authority for God; let *him* tell you what to do. No one else should carry the title of 'Father'; you have only one Father, and he's in heaven. And don't let people maneuver you into taking charge of them. There is only one Life-Leader for you and them—Christ.

11-12 "Do you want to stand out? Then step down. Be a servant. If you puff yourself up, you'll get the wind knocked out of you. But if you're content to simply be yourself, your life will count for plenty.

Frauds!

13 "I've had it with you! You're hopeless, you religion scholars, you Pharisees! Frauds! Your lives are roadblocks to God's

삶은 하나님 나라의 길을 막는 장애물이다. 너희도 들어가지 않으면서, 다른 누구도 들어가지 못하게 하는구나.

15 너희 종교 학자들아, 바리새인들아, 사기꾼들아! 너희는 도무지 구제 불능이구나! 너희는 회심자 하나를 얻으려고 세상을 반 바퀴나 돌다가 일단 얻으면, 그를 너희 복제품으로 만들어서 갑절로 저주받게 하는구나.

16-22 너희는 도무지 구제 불능이구나! 얼마나 교만하고 미련하냐! 너희는 '새끼 손가락 걸고 약속하면 아무것도 아니지만 성경책에 손을 얹고 맹세하면 중요하다'고 말한다. 이 무슨 무식한 소리냐! 성경책 가죽이 네 손의 살가죽보다 더 중요하단 말이냐? 또 '악수하면서 약속하면 아무것도 아니지만, 하나님을 증인 삼아 손을 들면 중요하다'는 말 같지도 않은 말은 어떠냐? 이런 하찮은 것이나 따지고 있으니 얼마나 우스우냐! 악수를 하든 손을 들든, 무엇이 다르단 말이냐? 약속은 약속이다. 예배당 안에서 하든 밖에서 하든, 무엇이 다르단 말이냐? 약속은 약속이다. 하나님은 언제나 그 자리에 계셔서, 너희를 지켜보시며 너희에게 책임을 물으신다.

23-24 너희 종교 학자들아, 바리새인들아, 사기꾼들아! 너희는 도무지 구제 불능이구나! 너희는 꼼꼼히 장부를 적어 가며 동전 하나까지 십일조를 내지만, 하나님 율법의 알맹이인 공평과 긍휼과 헌신과 같은 절대적인 기초는 이래도 그만 저래도 그만, 안중에도 없다. 정성스런 장부 정리도 좋다만, 기초는 반드시 필요하다. 처음부터 끝까지 다 틀려먹은 인생 이야기를 쓰면서 시시콜콜 맞춤법과 구두점을 따지고 있으니, 너희 꼴이 얼마나 우스운지 알기나 하느냐?

25-26 너희 종교 학자들아, 바리새인들아,

kingdom. You refuse to enter, and won't let anyone else in either.

15 "You're hopeless, you religion scholars and Pharisees! Frauds! You go halfway around the world to make a convert, but once you get him you make him into a replica of yourselves, double-damned.

16-22 "You're hopeless! What arrogant stupidity! You say, 'If someone makes a promise with his fingers crossed, that's nothing; but if he swears with his hand on the Bible, that's serious.' What ignorance! Does the leather on the Bible carry more weight than the skin on your hands? And what about this piece of trivia: 'If you shake hands on a promise, that's nothing; but if you raise your hand that God is your witness, that's serious'? What ridiculous hairsplitting! What difference does it make whether you shake hands or raise hands? A promise is a promise. What difference does it make if you make your promise inside or outside a house of worship? A promise is a promise. God is present, watching and holding you to account regardless.

23-24 "You're hopeless, you religion scholars and Pharisees! Frauds! You keep meticulous account books, tithing on every nickel and dime you get, but on the meat of God's Law, things like fairness and compassion and commitment—the absolute basics!—you carelessly take it or leave it. Careful bookkeeping is commendable, but the basics are required. Do you have any idea how silly you look, writing a life story that's wrong from start to finish, nitpicking over commas and semicolons?

25-26 "You're hopeless, you religion scholars

사기꾼들아! 너희는 도무지 구제 불능이구
나! 너희는 햇빛에 반짝이도록 컵과 그릇
의 겉에 광을 내지만, 그 속에는 너희의 탐
욕과 탐심이 득실거린다. 미련한 바리새인
들아! 속을 깨끗이 닦아라. 그래야 반짝이
는 겉도 의미 있을 것이다.

27-28 너희 종교 학자들아, 바리새인들아,
사기꾼들아! 너희는 도무지 구제 불능이구
나! 너희는 잘 가꾼 묘지처럼 잔디도 가지
런하고 꽃도 화사하다만, 2미터 아래 땅속
에는 온통 썩어 가는 뼈와 벌레가 파먹은
살뿐이다. 사람들은 너희를 보며 거룩한
사람인 줄 알지만, 속을 들여다보면 너희
는 완전히 사기꾼이다.

29-32 너희 종교 학자들아, 바리새인들아,
사기꾼들아! 너희는 도무지 구제 불능이구
나! 너희는 예언자들을 위해 화강암 무덤
을 쌓고, 성인들을 위해 대리석 기념비를
세운다. 그러고는 만일 너희가 너희 조상
들의 시대에 살았더라면, 손에 피를 묻히
지 않았을 것이라고 말한다. 말이 지나치
다! 너희도 그 살인자들과 근본이 똑같다.
그래서 죽은 사람들의 수가 날마다 늘어나
는 것이다.

33-34 뱀들아! 비열한 뱀들아! 너희가 여기
서 벗어날 수 있을 것 같으냐? 벌을 받지
않아도 될 성 싶으냐? 바로 너희 같은 사람
들 때문에 내가 예언자와 지혜로운 길잡이
와 학자들을 대대로 보냈건만, 너희는 대
대로 그들을 업신여기고 폭력배들을 보내
그들을 구박하며 쫓아낸다.

35-36 너희가 아무리 발버둥쳐도 여기서 빠
져나갈 수 없다. 선한 사람 아벨의 피에서
부터 기도중에 너희에게 죽임을 당한 바라
갸의 아들 사가랴의 피까지, 이 땅에 흘린
의로운 피 한 방울 한 방울이 다 너희 책임
이다. 내가 너희에게 말한다. 이 모두가 너
희에게, 너희 세대에게 돌아갈 것이다.

and Pharisees! Frauds! You burnish the
surface of your cups and bowls so they
sparkle in the sun, while the insides are
maggoty with your greed and gluttony.
Stupid Pharisee! Scour the insides, and then
the gleaming surface will mean something.

27-28 "You're hopeless, you religion schol-
ars and Pharisees! Frauds! You're like
manicured grave plots, grass clipped and
the flowers bright, but six feet down it's all
rotting bones and worm-eaten flesh. People
look at you and think you're saints, but
beneath the skin you're total frauds.

29-32 "You're hopeless, you religion scholars
and Pharisees! Frauds! You build granite
tombs for your prophets and marble
monuments for your saints. And you say
that if you had lived in the days of your
ancestors, no blood would have been on
your hands. You protest too much! You're
cut from the same cloth as those murderers,
and daily add to the death count.

33-34 "Snakes! Reptilian sneaks! Do you
think you can worm your way out of this?
Never have to pay the piper? It's on account
of people like you that I send prophets and
wise guides and scholars generation after
generation—and generation after generation
you treat them like dirt, greeting them with
lynch mobs, hounding them with abuse.

35-36 "You can't squirm out of this: Every
drop of righteous blood ever spilled on this
earth, beginning with the blood of that good
man Abel right down to the blood of Zecha-
riah, Barachiah's son, whom you murdered
at his prayers, is on your head. All this, I'm
telling you, is coming down on you, on your
generation.

37-39 예루살렘아! 예루살렘아! 예언자들을 죽인 너희여! 하나님의 소식을 가져온 이들을 죽인 너희여! 암탉이 제 새끼를 날개 아래 모으듯이 내가 너희 자녀를 애써 품으려 했건만, 너희가 거절한 적이 얼마나 많으냐? 이제 너희는 황폐할 대로 황폐해져서 한갓 유령 도시가 되고 말았다. 무슨 말을 더 하겠느냐? 내가 곧 여기를 떠나겠다는 이 말뿐이다. 다음번에 나를 볼 때에 너희는 '오, 하나님의 복되신 분! 그가 하나님의 통치를 가지고 오셨다!' 하고 말하게 될 것이다."

사이비 종말론자들

24 1-2 예수께서 성전을 떠나셨다. 예수께서 가시는데, 제자들이 성전 건물이 얼마나 장관인지 가리켜 보였다. 그러자 예수께서 말씀하셨다. "너희가 고작 이 모든 규모에 감동하느냐? 사실을 말하면, 저 성전의 돌 하나하나가 결국 잔해 더미가 되고 말 것이다."

3 나중에 예수께서 올리브 산에 앉으셨을 때에 제자들이 다가와 물었다. "우리에게 말씀해 주십시오. 그런 일이 언제 일어나겠습니까? 주님이 오실 때에 어떤 징조가 있겠습니까?"

4-8 예수께서 말씀하셨다. "사이비 종말론자들을 조심하여라. 많은 지도자들이 정체를 숨기고 나타나서, '내가 그리스도다, 메시아다' 하고 주장할 것이다. 그들이 많은 사람들을 현혹할 것이다. 전쟁 소식을 듣거나 전쟁이 일어나리라는 소문을 듣거든, 당황하지 말고 침착하여라. 그것은 역사에 늘 반복되는 일일 뿐, 아직 종말의 징조는 아니다. 나라와 나라가 싸우고 통치자와 통치자가 싸우는 일이 계속될 것이다. 곳곳마다 기근과 지진이 있을 것이다. 그러나 이것은 앞으로 닥칠 일에 비하면 아무것도 아니다.

9-10 사람들이 너희를 이리 떼에게 던져 죽

Routine History

24 1-2 Jesus then left the Temple. As he walked away, his disciples pointed out how very impressive the Temple architecture was. Jesus said, "You're not impressed by all this sheer *size*, are you? The truth of the matter is that there's not a stone in that building that is not going to end up in a pile of rubble."

3 Later as he was sitting on Mount Olives, his disciples approached and asked him, "Tell us, when are these things going to happen? What will be the sign of your coming, that the time's up?"

4-8 Jesus said, "Watch out for doomsday deceivers. Many leaders are going to show up with forged identities, claiming, 'I am Christ, the Messiah.' They will deceive a lot of people. When reports come in of wars and rumored wars, keep your head and don't panic. This is routine history; this is no sign of the end. Nation will fight nation and ruler fight ruler, over and over. Famines and earthquakes will occur in various places. This is nothing compared to what is coming.

9-10 "They are going to throw you to the

일 것이며, 내 이름을 전한다는 이유로 모두가 너희를 미워할 것이다. 거기다 세상이 살벌해져서, 모두가 서로 물고 뜯으며 미워할 것이다.

11-12 그 혼란을 틈타 거짓 설교자들이 나와서 많은 사람들을 속일 것이다. 걷잡을 수 없이 퍼져 나가는 악이 또 다른 많은 사람들을 파멸에 빠뜨려서, 사랑은 간 곳 없고 잿더미만 남을 것이다.

13-14 그대로 견뎌라. 그것이 하나님께서 바라시는 일이다. 끝까지 견뎌라. 그러면 너희는 절대 후회하지 않을 것이고, 결국 구원을 받을 것이다. 그 모든 시간 동안 복된 소식, 곧 천국의 **메시지**가 온 세상에 전파되고, 나라마다 증인이 파견될 것이다. 그러고 나서야 끝이 올 것이다."

큰 환난의 날

15-20 "그러나 거룩한 것을 더럽히는 괴물이 성전 성소에 세워진 것을 보거든, 얼른 달아나거라. 예언자 다니엘이 이것을 말했다. 너희가 다니엘서를 읽으면, 내가 무슨 말을 하는지 알 것이다. 그때에 너희가 유대에 살고 있거든, 산으로 달아나거라. 마당에서 일하고 있거든, 무엇을 가지러 집으로 돌아가지 마라. 밭에 나가 있거든, 겉옷을 가지러 돌아가지 마라. 특히 임신부와 젖 먹이는 어머니들이 힘들 것이다. 이 일이 겨울이나 안식일에 일어나지 않기를 바라고 기도하여라.

21-22 이렇게 큰 환난은, 이 세상 전에도 없었고 앞으로도 없을 것이다. 이 환난의 날들을 갈 데까지 가게 둔다면, 아무도 견딜 수 없을 것이다. 그러나 하나님께서 택하신 백성을 위해 환난을 덜어 주실 것이다."

wolves and kill you, everyone hating you because you carry my name. And then, going from bad to worse, it will be dog-eat-dog, everyone at each other's throat, everyone hating each other.

11-12 "In the confusion, lying preachers will come forward and deceive a lot of people. For many others, the overwhelming spread of evil will do them in—nothing left of their love but a mound of ashes.

13-14 "Staying with it—that's what God requires. Stay with it to the end. You won't be sorry, and you'll be saved. All during this time, the good news—the Message of the kingdom—will be preached all over the world, a witness staked out in every country. And then the end will come.

The Monster of Desecration

15-20 "But be ready to run for it when you see the monster of desecration set up in the Temple sanctuary. The prophet Daniel described this. If you've read Daniel, you'll know what I'm talking about. If you're living in Judea at the time, run for the hills; if you're working in the yard, don't return to the house to get anything; if you're out in the field, don't go back and get your coat. Pregnant and nursing mothers will have it especially hard. Hope and pray this won't happen during the winter or on a Sabbath.

21-22 "This is going to be trouble on a scale beyond what the world has ever seen, or will see again. If these days of trouble were left to run their course, nobody would make it. But on account of God's chosen people, the trouble will be cut short.

그날과 그때는 아무도 모른다

23-25 "누가 너희를 막아서서 '메시아가 여기 있다!' 소리치거나, '그분이 저기 있다!'고 가리켜도 속지 마라. 가짜 메시아와 거짓 설교자들이 곳곳에서 출현할 것이다. 그들은 대단한 이력과 현란한 업적으로, 알 만한 사람들의 눈까지 속일 것이다. 그러나 내가 너희에게 충분히 경고했다.

26-28 그러니 사람들이 말하기를, '시골로 달려가자. 그분이 오신다!' 하거나 '서둘러 시내로 가자. 그분이 오신다!'고 해도 거들떠보지 마라. 너희가 보러 간다고 해서 인자의 오심을 볼 수 있는 것이 아니다. 인자는 번개처럼 눈 깜짝할 순간에 너희에게 오신다! 사람들이 떼를 지어 모여드는 것을 볼 때마다, 너희는 썩어 가는 시체 위에 날아와 빙빙 맴도는 독수리를 생각하여라. 그 무리를 끌어 모으는 것이 살아 계신 인자가 아님을 얼마든지 확신해도 좋다.

29 그 괴로운 시간들이 지나면,

해는 어두워지고
달은 흐려지고
별들은 하늘에서 떨어지고
우주의 세력들은 떨 것이다.

30-31 그때에야, 인자가 올 것이다! 인자가 오는 것이 온 하늘에 가득하여, 보지 못할 사람이 아무도 없을 것이다. 준비되지 못한 온 세상 사람들, 영광과 권능 바깥에 있는 사람들은, 하늘에서 빛을 발하는 인자를 보며 크게 통곡할 것이다. 바로 그 순간에, 인자는 울려 퍼지는 나팔소리와 함께 천사들을 보내어, 하나님께서 택하신 사람들을 이 끝에서 저 끝까지 사방에서 불러들일 것이다.

32-35 무화과나무에서 교훈을 얻어라. 싹이 나서 초록빛이 살짝만 내비쳐도, 너희는

The Arrival of the Son of Man

23-25 "If anyone tries to flag you down, calling out, 'Here's the Messiah!' or points, 'There he is!' don't fall for it. Fake Messiahs and lying preachers are going to pop up everywhere. Their impressive credentials and dazzling performances will pull the wool over the eyes of even those who ought to know better. But I've given you fair warning.

26-28 "So if they say, 'Run to the country and see him arrive!' or, 'Quick, get downtown, see him come!' don't give them the time of day. The Arrival of the Son of Man isn't something you go to see. He comes like swift lightning to you! Whenever you see crowds gathering, think of carrion vultures circling, moving in, hovering over a rotting carcass. You can be quite sure that it's not the living Son of Man pulling in those crowds.

29 "Following those hard times,

Sun will fade out,
moon cloud over,
Stars fall out of the sky,
cosmic powers tremble.

30-31 "Then, the Arrival of the Son of Man! It will fill the skies—no one will miss it. Unready people all over the world, outsiders to the splendor and power, will raise a huge lament as they watch the Son of Man blazing out of heaven. At that same moment, he'll dispatch his angels with a trumpet-blast summons, pulling in God's chosen from the four winds, from pole to pole.

32-35 "Take a lesson from the fig tree. From the moment you notice its buds form, the merest hint of green, you know summer's

여름이 가까이 다가온 줄 안다. 너희도 마찬가지다. 이 모든 일을 보거든 인자가 문 앞에 온 줄 알아라. 이것은 가볍게 여길 일이 아니다. 내가 지금 하는 말은, 어느 훗날의 세대에게만 주는 말이 아니라 너희 모두에게도 주는 말이다. 이런 일들이 다 일어나지 않고서는, 이 시대가 끝나지 않는다. 하늘과 땅은 닳아 없어져도, 내 말은 닳아 없어지지 않을 것이다.

36 그렇다면 정확한 날짜와 시간은 언제인가? 그것은 아무도 모른다. 하늘의 천사들도 모르고, 아들인 나도 모른다. 오직 아버지만 아신다.

37-39 인자가 오는 것도 노아의 때와 같을 것이다. 대홍수 전에, 노아가 방주에 오르던 그날까지도 사람들은 모두 평소처럼 지내며 시시덕거리고 즐겼다. 홍수가 나서 모든 것을 쓸어버릴 때까지, 그들은 아무것도 몰랐다.

39-44 인자가 오는 것도 그와 같을 것이다. 두 남자가 밭에서 일하는데, 한 사람은 데려가고 다른 한 사람은 남겨질 것이다. 두 여자가 맷돌을 갈고 있는데, 한 사람은 데려가고 다른 한 사람은 남겨질 것이다. 그러니 정신 차리고 깨어 있어라. 너희 주님께서 어느 날에 오실지 모른다. 그러나 너희는 반드시 알아 두어라. 만일 집주인이 밤 몇 시에 도둑이 들지 미리 알았다면, 개들을 데리고 있다가 침입을 막았을 것이다. 너희도 그렇게 대비하고 있어라. 인자가 언제 나타날지 너희는 모른다.

45-47 주방을 책임질 자격을 갖춘 사람이 누구냐? 날마다 제때에 일꾼들에게 음식을 내는, 주인이 믿을 만한 사람이다. 주인이 불시에 들이닥쳐도 늘 제 본분을 다하고 있는 사람이다. 내가 너희에게 말한다. 그런 사람은 하나님께 복 받은 사람이다. 머잖아 주인이 온 집안을 그 사람에게 맡길

just around the corner. So it is with you: When you see all these things, you'll know he's at the door. Don't take this lightly. I'm not just saying this for some future generation, but for all of you. This age continues until all these things take place. Sky and earth will wear out; my words won't wear out.

36 "But the exact day and hour? No one knows that, not even heaven's angels, not even the Son. Only the Father knows.

37-39 "The Arrival of the Son of Man will take place in times like Noah's. Before the great flood everyone was carrying on as usual, having a good time right up to the day Noah boarded the ark. They knew nothing—until the flood hit and swept everything away.

39-44 "The Son of Man's Arrival will be like that: Two men will be working in the field—one will be taken, one left behind; two women will be grinding at the mill—one will be taken, one left behind. So stay awake, alert. You have no idea what day your Master will show up. But you do know this: You know that if the homeowner had known what time of night the burglar would arrive, he would have been there with his dogs to prevent the break-in. Be vigilant just like that. You have no idea when the Son of Man is going to show up.

45-47 "Who here qualifies for the job of overseeing the kitchen? A person the Master can depend on to feed the workers on time each day. Someone the Master can drop in on unannounced and always find him doing his job. A God-blessed man or woman, I tell you. It won't be long before the Master will put this person in charge of the whole operation.

것이다.

48-51 그러나 그 사람이 자기밖에 모른 채, 주인이 나가자마자 제멋대로 하고 일꾼들을 학대하고 친구들을 데려다가 술판을 벌인다면, 생각지도 못한 때에 주인이 나타나서 그를 엄벌에 처할 것이다. 그는 결국 위선자들과 함께 쓰레기 더미에 나앉아, 바깥 추운 데서 떨며 이를 덜덜거릴 것이다.”

열 처녀 이야기

25 1-5 “하나님 나라는 등잔을 들고 신랑을 맞으러 나간 열 처녀와 같다. 다섯은 미련하고 다섯은 똑똑했다. 미련한 처녀들은 여분의 기름 없이 등잔만 가져갔다. 똑똑한 처녀들은 등잔에 넣을 기름을 병에 담아 가져갔다. 예정된 시간에 신랑이 오지 않자, 그들은 모두 잠이 들었다.

6 한밤중에 누군가 소리쳤다. ‘그가 왔다! 신랑이 왔다! 나가서 그를 맞아라!’

7-8 열 처녀는 일어나 등잔을 준비했다. 미련한 처녀들이 똑똑한 처녀들에게 말했다. ‘우리 등잔이 꺼지려고 하니 기름을 좀 빌려다오.’

9 똑똑한 처녀들이 대답했다. ‘다 같이 쓰기에는 부족할 것 같으니, 가서 사거라.’

10 미련한 처녀들이 기름을 사러 나갔다. 그런데 그 사이에 신랑이 온 것이다. 신랑을 맞으려고 그곳에 있던 사람들은 모두 결혼잔치에 들어갔고, 문이 잠겼다.

11 한참 후에 미련한 처녀들이 와서 문을 두드리며 말했다. ‘주님, 우리가 왔습니다. 들여보내 주십시오.’

12 그가 대답했다. ‘너희가 나를 아느냐? 나는 너희를 모른다.’

13 그러니 깨어 있어라. 그가 언제 올지 모른다.”

48-51 “But if that person only looks out for himself, and the minute the Master is away does what he pleases—abusing the help and throwing drunken parties for his friends—the Master is going to show up when he least expects it and make hash of him. He'll end up in the dump with the hypocrites, out in the cold shivering, teeth chattering.”

The Story of the Virgins

25 1-5 “God's kingdom is like ten young virgins who took oil lamps and went out to greet the bridegroom. Five were silly and five were smart. The silly virgins took lamps, but no extra oil. The smart virgins took jars of oil to feed their lamps. The bridegroom didn't show up when they expected him, and they all fell asleep.

6 “In the middle of the night someone yelled out, ‘He's here! The bridegroom's here! Go out and greet him!’

7-8 “The ten virgins got up and got their lamps ready. The silly virgins said to the smart ones, ‘Our lamps are going out; lend us some of your oil.’

9 “They answered, ‘There might not be enough to go around; go buy your own.’

10 “They did, but while they were out buying oil, the bridegroom arrived. When everyone who was there to greet him had gone into the wedding feast, the door was locked.

11 “Much later, the other virgins, the silly ones, showed up and knocked on the door, saying, ‘Master, we're here. Let us in.’

12 “He answered, ‘Do I know you? I don't think I know you.’

13 “So stay alert. You have no idea when he might arrive.

투자금 이야기

14-18 "천국은 또 장시간 여행을 떠나는 어떤 사람과 같다. 그는 종들을 한데 불러서 책임을 맡겼다. 그는 각자의 능력에 따라 한 종에게는 오천만 원을, 다른 종에게는 이천만 원을, 세 번째 종에게는 천만 원을 주고 떠났다. 첫 번째 종은 즉시 가서 일하여 주인의 투자금을 두 배로 늘렸다. 두 번째 종도 똑같이 했다. 그러나 천만 원을 받은 종은 구덩이를 파고 그 속에 주인의 돈을 잘 묻어 두었다.

19-21 오래 자리를 비운 끝에, 세 종의 주인이 돌아와서 그들과 계산을 했다. 오천만 원을 받은 종은 투자금을 어떻게 두 배로 늘렸는지 주인에게 설명했다. 주인이 그를 칭찬했다. '수고했다! 일을 잘했구나! 지금부터 내 동업자가 되어라.'

22-23 이천만 원을 받은 종도 주인의 투자금을 어떻게 두 배로 늘렸는지 설명했다. 주인이 그를 칭찬했다. '수고했다! 일을 잘했구나! 지금부터 내 동업자가 되어라.'

24-25 천만 원을 받은 종이 말했다. '주인님, 제가 알기로 당신은 기준이 높고 경거망동을 싫어하며 최선을 요구하고 실수를 용납하지 않습니다. 저는 당신을 실망시킬까 봐 두려워서, 숨겨 두기 적당한 곳을 찾아 돈을 잘 보관했습니다. 여기, 일원 한푼 축내지 않고 고스란히 가져왔습니다.'

26-27 주인은 격노했다. '그것은 비참하게 사는 길이다! 그렇게 조심조심 살다니 한심하다! 내가 최선을 요구하는 줄 안다면서, 어째서 너는 최소한에도 못 미치는 행동을 했느냐? 적어도 그 돈을 은행에라도 맡겼더라면, 내가 약간의 이자라도 받았을 게 아니냐.

28-30 천만 원을 빼앗아서, 모험을 가장 많이 한 사람에게 주어라. 그리고 위험한 상

The Story About Investment

14-18 "It's also like a man going off on an extended trip. He called his servants together and delegated responsibilities. To one he gave five thousand dollars, to another two thousand, to a third one thousand, depending on their abilities. Then he left. Right off, the first servant went to work and doubled his master's investment. The second did the same. But the man with the single thousand dug a hole and carefully buried his master's money.

19-21 "After a long absence, the master of those three servants came back and settled up with them. The one given five thousand dollars showed him how he had doubled his investment. His master commended him: 'Good work! You did your job well. From now on be my partner.'

22-23 "The servant with the two thousand showed how he also had doubled his master's investment. His master commended him: 'Good work! You did your job well. From now on be my partner.'

24-25 "The servant given one thousand said, 'Master, I know you have high standards and hate careless ways, that you demand the best and make no allowances for error. I was afraid I might disappoint you, so I found a good hiding place and secured your money. Here it is, safe and sound down to the last cent.'

26-27 "The master was furious. 'That's a terrible way to live! It's criminal to live cautiously like that! If you knew I was after the best, why did you do less than the least? The least you could have done would have been to invest the sum with the bankers, where at least I would have gotten a little interest.

28-30 "'Take the thousand and give it to the

황을 피해 안전에만 급급한 이 사람을 내쫓아라. 칠흑 같은 어둠 속에 던져라.'"

양과 염소

31-33 "인자가 마침내 아름다운 광채를 발하며 모든 천사들과 함께 올 때에, 그는 자기 영광의 보좌에 앉을 것이다. 모든 나라가 그 앞에 늘어설 그때에, 그는 마치 목자가 양과 염소를 구분하여 양은 자기 오른편에, 염소는 자기 왼편에 두는 것처럼 사람들을 구분할 것이다.

34-36 그때 왕이 자기 오른편에 있는 사람들에게 말할 것이다. 내 아버지께 복 받은 사람들아, 들어오너라! 이 나라에서 너희가 받을 것을 받아라. 창세 이후로 너희를 위해 준비된 것이다. 그 이유는 이렇다.

내가 배고플 때 너희가 내게 먹을 것을 주었고
내가 목마를 때 너희가 내게 마실 것을 주었고
내가 집이 없을 때 너희가 내게 방을 내주었고
내가 떨고 있을 때 너희가 내게 옷을 주었고
내가 병들었을 때 너희가 내게 문병을 왔고
내가 감옥에 갇혔을 때 너희가 내게 면회를 왔다.'

37-40 그러면 그 양들이 말할 것이다. '주님, 무슨 말씀이십니까? 언제 우리가 주님이 배고프신 것을 보고 먹을 것을 드렸고, 목마르신 것을 보고 마실 것을 드렸습니까? 언제 우리가 주님이 아프시거나 감옥에 갇히신 것을 보고 가 뵈었습니까?' 그러면 왕이 말할 것이다. 내가 중대한 진리를 말한다. 너희가 무시당하거나 남이 알아주지 않는 사람한테 그런 일 하나라도 하면, 너희는 바로 나한테 한 것이다.'

one who risked the most. And get rid of this "play-it-safe" who won't go out on a limb. Throw him out into utter darkness.'

The Sheep and the Goats

31-33 "When he finally arrives, blazing in beauty and all his angels with him, the Son of Man will take his place on his glorious throne. Then all the nations will be arranged before him and he will sort the people out, much as a shepherd sorts out sheep and goats, putting sheep to his right and goats to his left.

34-36 "Then the King will say to those on his right, 'Enter, you who are blessed by my Father! Take what's coming to you in this kingdom. It's been ready for you since the world's foundation. And here's why:

I was hungry and you fed me,
I was thirsty and you gave me a drink,
I was homeless and you gave me a room,
I was shivering and you gave me clothes,
I was sick and you stopped to visit,
I was in prison and you came to me.'

37-40 "Then those 'sheep' are going to say, 'Master, what are you talking about? When did we ever see you hungry and feed you, thirsty and give you a drink? And when did we ever see you sick or in prison and come to you?' Then the King will say, 'I'm telling the solemn truth: Whenever you did one of these things to someone overlooked or ignored, that was me—you did it to me.'

41-43 이어서 왕이 자기 왼편에 있는 염소들을 보고 말할 것이다. '이 무익한 염소들아, 나가거라! 너희는 지옥불 말고는 아무짝에도 쓸모가 없다. 그 이유를 묻는다면 이렇다.

내가 배고플 때 너희가 내게 먹을 것을 주지 않았고
내가 목마를 때 너희가 내게 마실 것을 주지 않았고
내가 집이 없을 때 너희가 내게 잠자리를 내주지 않았고
내가 떨고 있을 때 너희가 내게 옷을 주지 않았고
내가 병들고 감옥에 갇혔을 때 너희가 내게 와 보지 않았다.'

44 그러면 그 염소들이 말할 것이다. '주님, 무슨 말씀이십니까? 언제 우리가 주님이 배고프시거나, 목마르시거나, 집이 없으시거나, 떨고 계시거나, 병드셨거나, 감옥에 계신 것을 보고 도와드리지 않았습니까?'

45 왕이 그들에게 대답할 것이다. '내가 중대한 진리를 말한다. 너희가 무시당하거나 남이 알아주지 않는 사람한테—그게 바로 나였다—그런 일 하나라도 하지 않으면, 너희는 바로 나한테 하지 않은 것이다.'

46 염소들은 영원한 멸망으로, 양들은 영원한 상급으로 나아가게 될 것이다."

값비싼 향유를 부은 여인

26 1-2 예수께서 이 말씀을 마치시고, 제자들에게 말씀하셨다. "이제 이틀 후면 유월절이다. 그때, 인자가 배반당하고 넘겨져 십자가에 못 박힐 것이다."

3-5 그 순간에, 대제사장과 종교 지도자들 무리가 가야바라 하는 대제사장의 집무실에 모여, 예수를 몰래 잡아 죽이려는 음모를 꾸미고 있었다. 그들은 "괜히 폭동이 나는 것은 싫

41-43 "Then he will turn to the 'goats,' the ones on his left, and say, 'Get out, worthless goats! You're good for nothing but the fires of hell. And why? Because—

I was hungry and you gave me no meal,
I was thirsty and you gave me no drink,
I was homeless and you gave me no bed,
I was shivering and you gave me no clothes,
Sick and in prison, and you never visited.'

44 "Then those 'goats' are going to say, 'Master, what are you talking about? When did we ever see you hungry or thirsty or homeless or shivering or sick or in prison and didn't help?'

45 "He will answer them, 'I'm telling the solemn truth: Whenever you failed to do one of these things to someone who was being overlooked or ignored, that was me—you failed to do it to me.'

46 "Then those 'goats' will be herded to their eternal doom, but the 'sheep' to their eternal reward."

Anointed for Burial

26 1-2 When Jesus finished saying these things, he told his disciples, "You know that Passover comes in two days. That's when the Son of Man will be betrayed and handed over for crucifixion."

3-5 At that very moment, the party of high priests and religious leaders was meeting in the chambers of the Chief Priest named

다"고 말하며, 유월절 기간에는 그 일을 하지 않기로 뜻을 모았다.

6-9 예수께서 나병환자 시몬의 손님으로 베다니에 계실 때, 어떤 여자가 다가와서 저녁을 드시는 그분께 아주 값비싼 향유 한 병을 부었다. 제자들이 그것을 보고 발끈했다. "저렇게 한심한 일을 하다니! 이것을 큰돈을 받고 팔아서 그 돈을 가난한 사람들에게 줄 수도 있었을 텐데."

10-13 예수께서 사태를 알아차리고 끼어드셨다. "너희는 어째서 이 여자를 괴롭게 하느냐? 이 여자는 지금 나한테 말할 수 없이 소중한 일을 한 것이다. 가난한 사람들은 평생 동안 너희와 함께 있겠지만, 나는 그렇지 않다. 이 여자가 내 몸에 향유를 부은 것은, 내게 기름을 부어 내 장례를 준비한 것이다. 내가 분명히 말한다. 온 세상에 메시지가 전파되는 곳마다, 지금 이 여자가 한 일도 기억되고 기려질 것이다."

14-16 그때 열두 제자 가운데 하나인 가룟 유다라는 자가, 대제사장 무리에게 가서 말했다. "그를 당신들에게 넘겨주면 얼마나 주겠소?" 그들은 은화 서른 개에 합의했다. 그때부터 유다는 예수를 넘겨줄 적당한 기회를 노렸다.

인자를 배반할 자

17 무교절 첫날, 제자들이 예수께 와서 말했다. "우리가 어디에서 유월절 식사를 준비하기 원하십니까?"

18-19 예수께서 말씀하셨다. "시내로 들어가 한 남자한테 가서, '선생님께서 내 때가 다 되었으니 나와 내 제자들이 네 집에서 유월절 식사를 지키고자 한다'고 말하여라." 제자들은 정확히 예수께서 지시하신 대로 유월절 식사를 준비했다.

Caiaphas, conspiring to seize Jesus by stealth and kill him. They agreed that it should not be done during Passover Week. "We don't want a riot on our hands," they said.

6-9 When Jesus was at Bethany, a guest of Simon the Leper, a woman came up to him as he was eating dinner and anointed him with a bottle of very expensive perfume. When the disciples saw what was happening, they were furious. "That's criminal! This could have been sold for a lot and the money handed out to the poor."

10-13 When Jesus realized what was going on, he intervened. "Why are you giving this woman a hard time? She has just done something wonderfully significant for me. You will have the poor with you every day for the rest of your lives, but not me. When she poured this perfume on my body, what she really did was anoint me for burial. You can be sure that wherever in the whole world the Message is preached, what she has just done is going to be remembered and admired."

14-16 That is when one of the Twelve, the one named Judas Iscariot, went to the cabal of high priests and said, "What will you give me if I hand him over to you?" They settled on thirty silver pieces. He began looking for just the right moment to hand him over.

The Traitor

17 On the first of the Days of Unleavened Bread, the disciples came to Jesus and said, "Where do you want us to prepare your Passover meal?"

18-19 He said, "Enter the city. Go up to a certain man and say, 'The Teacher says, My time is near. I and my disciples plan to celebrate the Passover meal at your house.'"

20-21 해가 진 후에, 예수와 열두 제자가 식탁에 둘러앉았다. 식사중에 예수께서 말씀하셨다. "괴롭지만 너희에게 중요한 말을 해야겠다. 너희 가운데 한 사람이, 음모를 꾸미는 세력에게 나를 넘겨줄 것이다."

22 그들이 소스라치게 놀라서, 한 사람씩 돌아가며 묻기 시작했다. "저는 아니겠지요, 주님?"

23-24 예수께서 대답하셨다. "나를 넘겨줄 사람은 날마다 나와 함께 먹는 사람이고, 식탁에서 내게 음식을 건네주는 사람이다. 인자가 배반당하는 것이 성경에 기록되어 있으니, 이것이 전혀 뜻밖의 일은 아니다. 그러나 인자를 배반하여 넘겨줄 그 사람은, 이 일을 하느니 차라리 태어나지 않았으면 좋았을 것이다!"

25 그때, 이미 배반자로 돌아선 유다가 말했다. "랍비님, 저는 아니겠지요?"
예수께서 말씀하셨다. "유다야, 나를 속일 생각은 마라."

이것은 내 몸과 내 피다

26-29 식사중에 예수께서 빵을 들어 축복하시고, 떼어서 제자들에게 주셨다.

> 받아서, 먹어라.
> 이것은 내 몸이다.

또 잔을 들어 하나님께 감사하신 후에, 그들에게 주셨다.

> 너희 모두 이것을 마셔라.
> 이것은 내 피다.
> 죄를 용서하려고 많은 사람들을 위해 붓는
> 하나님의 새 언약이다.

The disciples followed Jesus' instructions to the letter, and prepared the Passover meal.

20-21 After sunset, he and the Twelve were sitting around the table. During the meal, he said, "I have something hard but important to say to you: One of you is going to hand me over to the conspirators."

22 They were stunned, and then began to ask, one after another, "It isn't me, is it, Master?"

23-24 Jesus answered, "The one who hands me over is someone I eat with daily, one who passes me food at the table. In one sense the Son of Man is entering into a way of treachery well-marked by the Scriptures—no surprises here. In another sense that man who turns him in, turns traitor to the Son of Man—better never to have been born than do this!"

25 Then Judas, already turned traitor, said, "It isn't me, is it, Rabbi?"
Jesus said, "Don't play games with me, Judas."

The Bread and the Cup

26-29 During the meal, Jesus took and blessed the bread, broke it, and gave it to his disciples:

> Take, eat.
> This is my body.

Taking the cup and thanking God, he gave it to them:

> Drink this, all of you.
> This is my blood,
> God's new covenant poured out for many people
>   for the forgiveness of sins.

"내 아버지의 나라에서 너희와 함께 마실 새날까지, 내가 이 잔으로 다시는 포도주를 마시지 않을 것이다."

30 그들은 찬송을 부르고 곧장 올리브 산으로 갔다.

겟세마네 동산에서 기도하시다

31-32 그때 예수께서 제자들에게 말씀하셨다. "이 밤이 다하기 전에, 내게 벌어지는 일 때문에 너희가 넘어지고 말 것이다. 성경은 이렇게 말한다.

내가 목자를 치리니
양들이 허둥지둥 흩어질 것이다.

그러나 내가 살아난 뒤에는, 너희 목자인 내가 너희보다 먼저 앞장서 갈릴리로 갈 것이다."

33 베드로가 불쑥 끼어들었다. "주님 때문에 다른 사람들이 다 넘어진다 해도, 저는 그러지 않겠습니다."

34 예수께서 말씀하셨다. "너무 자신하지 마라. 바로 오늘밤, 수탉이 새벽을 알리기 전에, 네가 나를 세 번 부인할 것이다."

35 베드로가 우겼다. "주님과 함께 죽는 한이 있어도, 절대로 주님을 부인하지 않겠습니다." 다른 제자들도 모두 똑같이 말했다.

36-38 그리고 나서, 예수께서 그들과 함께 겟세마네라는 동산으로 가서 제자들에게 말씀하셨다. "내가 저기 가서 기도하는 동안에 너희는 여기 있어라." 베드로와 세베대의 두 아들을 데리고 가시면서, 예수께서는 심히 괴로워 슬픔에 잠겼다. 예수께서 말씀하셨다. "이 슬픔이 내 생명을 꺾어 버리는구나. 여기서 나와 함께 깨어 있어라."

39 예수께서 조금 더 나아가, 얼굴을 땅에 대고 기도하셨다. "내 아버지, 다른 길이 있거든 나를 여기서 벗어나게 해주십시오. 그

"I'll not be drinking wine from this cup again until that new day when I'll drink with you in the kingdom of my Father."

30 They sang a hymn and went directly to Mount Olives.

Gethsemane

31-32 Then Jesus told them, "Before the night's over, you're going to fall to pieces because of what happens to me. There is a Scripture that says,

I'll strike the shepherd;
helter-skelter the sheep will be scattered.

But after I am raised up, I, your Shepherd, will go ahead of you, leading the way to Galilee."

33 Peter broke in, "Even if everyone else falls to pieces on account of you, I won't."

34 "Don't be so sure," Jesus said. "This very night, before the rooster crows up the dawn, you will deny me three times."

35 Peter protested, "Even if I had to die with you, I would never deny you." All the others said the same thing.

36-38 Then Jesus went with them to a garden called Gethsemane and told his disciples, "Stay here while I go over there and pray." Taking along Peter and the two sons of Zebedee, he plunged into an agonizing sorrow. Then he said, "This sorrow is crushing my life out. Stay here and keep vigil with me."

39 Going a little ahead, he fell on his face, praying, "My Father, if there is any way, get me out of this. But please, not what I want. You, what do *you* want?"

러나 내가 원하는 대로 하지 마시고, 아버지께서 원하시는 대로 행하십시오. 아버지, 아버지께서 원하시는 것이 무엇입니까?"

40-41 예수께서 돌아와 보니, 제자들이 곤히 잠들어 있었다. 예수께서 베드로에게 말씀하셨다. "단 한 시간도 나와 함께 견딜 수 없더냐? 깨어 있어라. 위험에 처한 줄도 모른 채 유혹에 빠지는 일이 없도록 기도하여라. 너는 하나님 안에서 무엇이든 열심히 할 각오가 되어 있다만, 한편으로는 난롯가에 잠든 늙은 개처럼 나른하구나."

42 예수께서 두 번째로 그들을 떠나서, 다시 기도하셨다. "내 아버지, 이 잔을 마지막 한 방울까지 마시는 것 외에 다른 길이 없다면, 나는 각오가 되어 있습니다. 아버지 방법대로 하십시오."

43-44 예수께서 돌아와 보니, 이번에도 제자들이 곤히 잠들어 있었다. 도저히 눈이 떠지지 않았던 것이다. 예수께서 이번에는 그들을 자도록 두시고 세 번째로 가서 기도하시되, 똑같은 말씀으로 마지막으로 한 번 더 기도하셨다.

45-46 예수께서 돌아와 말씀하셨다. "밤새도록 자려느냐? 내 때가 되었다. 인자가 죄인들의 손에 넘어간다. 일어나거라! 가자! 나를 배반할 자가 왔다."

예수께서 잡히시다

47-49 예수의 입에서 그 말이 채 떨어지기가 무섭게, (열두 제자 가운데 하나인) 유다가 나타났다. 그 곁에는 대제사장과 종교 지도자들이 보낸 무리가 칼과 몽둥이를 들고 함께 있었다. 배반자는 그들과 암호를 짜 두었다. "내가 입 맞추는 사람이 바로 그 자니, 그를 잡으시오." 그는 곧장 예수께 가서 "랍비님, 안녕하십니까?" 하고 인사하며 그분께 입을 맞추었다.

50-51 예수께서 말씀하셨다. "친구여, 이 무

40-41 When he came back to his disciples, he found them sound asleep. He said to Peter, "Can't you stick it out with me a single hour? Stay alert; be in prayer so you don't wander into temptation without even knowing you're in danger. There is a part of you that is eager, ready for anything in God. But there's another part that's as lazy as an old dog sleeping by the fire."

42 He then left them a second time. Again he prayed, "My Father, if there is no other way than this, drinking this cup to the dregs, I'm ready. Do it your way."

43-44 When he came back, he again found them sound asleep. They simply couldn't keep their eyes open. This time he let them sleep on, and went back a third time to pray, going over the same ground one last time.

45-46 When he came back the next time, he said, "Are you going to sleep on and make a night of it? My time is up, the Son of Man is about to be handed over to the hands of sinners. Get up! Let's get going! My betrayer is here."

With Swords and Clubs

47-49 The words were barely out of his mouth when Judas (the one from the Twelve) showed up, and with him a gang from the high priests and religious leaders brandishing swords and clubs. The betrayer had worked out a sign with them: "The one I kiss, that's the one—seize him." He went straight to Jesus, greeted him, "How are you, Rabbi?" and kissed him.

50-51 Jesus said, "Friend, why this

슨 짓이냐?"

그러자 무리가 달려들어 그분을 붙잡아 거
칠게 다루었다. 예수와 함께 있던 사람들
가운데 하나가, 칼을 뽑아 휘둘러서 대제
사장의 종의 귀를 잘라 버렸다.

52-54 예수께서 말씀하셨다. "그 칼을 도로
꽂아라. 칼을 쓰는 자는 다 칼로 망하는 법
이다. 내가 당장이라도 내 아버지께 청하
여서, 전투태세를 갖춘 천사 열두 중대를
여기로 오게 할 수 있다는 것을 너희는 모
르느냐? 하지만 내가 그렇게 하면, 이런
일이 일어나야 한다고 한 성경 말씀이 어
떻게 이루어지겠느냐?"

55-56 그런 다음 예수께서 무리에게 말씀
하셨다. "내가 위험한 범죄자라도 되는 것
처럼 칼과 몽둥이로 나를 잡으러 오다니,
이게 무슨 짓이냐? 내가 날마다 성전에 앉
아서 가르쳤지만, 너희는 내게 손 하나 대
지 않았다. 너희가 이렇게 한 것은, 예언자
의 글을 확증하고 성취하기 위해서다."
그때 제자들이 모두 황급히 달아났다.

유대 의회 앞에 서시다

57-58 예수를 잡은 무리가 그분을 대제사
장 가야바 앞으로 끌고 갔다. 거기에 종교
학자와 지도자들이 모여 있었다. 그들이
대제사장의 안뜰에 이를 때까지 베드로는
안전한 거리를 두고 뒤따라갔다. 그는 하
인들 틈에 슬며시 섞여서, 일이 어떻게 되
는지 지켜보았다.

59-60 대제사장들은 예수께 사형을 선고하
기 위해, 유대 의회와 공모해 그분을 고발
할 죄목을 꾸며 내려고 했다. 그러나 많은
사람들이 나서서 줄줄이 거짓 증언을 내놓
는데도, 믿을 만한 것이 하나도 없었다.

60-61 마침내 두 사람이 나와서 이렇게 고
발했다. "그는 '내가 하나님의 성전을 헐고
사흘 만에 다시 지을 수 있다'고 했습니다."

charade?"

Then they came on him—grabbed him and
roughed him up. One of those with Jesus
pulled his sword and, taking a swing at the
Chief Priest's servant, cut off his ear.

52-54 Jesus said, "Put your sword back where
it belongs. All who use swords are destroyed
by swords. Don't you realize that I am able
right now to call to my Father, and twelve
companies—more, if I want them—of fighting
angels would be here, battle-ready? But if I
did that, how would the Scriptures come true
that say this is the way it has to be?"

55-56 Then Jesus addressed the mob: "What
is this—coming out after me with swords and
clubs as if I were a dangerous criminal? Day
after day I have been sitting in the Temple
teaching, and you never so much as lifted a
hand against me. You've done it this way to
confirm and fulfill the prophetic writings."
Then all the disciples cut and ran.

False Charges

57-58 The gang that had seized Jesus led him
before Caiaphas the Chief Priest, where the
religion scholars and leaders had assembled.
Peter followed at a safe distance until they
got to the Chief Priest's courtyard. Then he
slipped in and mingled with the servants,
watching to see how things would turn out.

59-60 The high priests, conspiring with the
Jewish Council, tried to cook up charges
against Jesus in order to sentence him to
death. But even though many stepped up,
making up one false accusation after another,
nothing was believable.

60-61 Finally two men came forward with this:
"He said, 'I can tear down this Temple of God

62 대제사장이 일어서서 말했다. "이 증언에 대해 너는 뭐라고 말하겠느냐?"

63 예수께서 침묵하셨다.

그러자 대제사장이 말했다. "내가 살아 계신 하나님의 권세로 너에게 명한다. 네가 하나님의 아들, 메시아인지 말하여라."

64 예수께서 짧게 말씀하셨다. "네가 그렇게 말했다. 그러나 그것이 전부가 아니다. 조만간 네 눈으로 직접 보게 될 것이다.

전능하신 분의 오른편에 앉은 인자가
하늘 구름을 타고 올 것이다."

65-66 그 말에 대제사장이 흥분해서, 자기 옷을 찢으며 소리쳤다. "이 자가 하나님을 모독했소! 그를 고발할 증인이 무슨 필요가 있겠소? 그가 하나님을 모독하는 것을 여러분이 다 들었소! 여러분은 이 신성모독을 그냥 두고 볼 셈이오?"

그들이 일제히 말했다. "사형입니다! 그 정도라면 사형선고가 마땅합니다."

67-68 그러자 사람들이 예수의 얼굴에 침을 뱉고, 그분을 주먹으로 쳤다. 그들은 그분을 때리면서 조롱했다. "예언해 봐라, 메시아야. 이번에 너를 친 사람이 누구냐?"

베드로가 예수를 부인하다

69 그동안, 베드로는 안뜰에 앉아 있었다. 한 여종이 그에게 다가와서 말했다. "당신도 갈릴리 사람 예수와 함께 있지 않았나요?"

70 그곳에 있는 모든 사람 앞에서 베드로는 부인했다. "당신이 무슨 말을 하는지 모르겠소."

71 그가 문 쪽으로 가니, 또 다른 사람이 옆에 있는 사람들에게 말했다. "이 사람도 나사렛 예수와 함께 있었소."

72 베드로는 다시 한번 부인하며 맹세까지 더했다. "맹세하지만, 나는 그 사람을 본 적

and after three days rebuild it.'"

62 The Chief Priest stood up and said, "What do you have to say to the accusation?"

63 Jesus kept silent.

Then the Chief Priest said, "I command you by the authority of the living God to say if you are the Messiah, the Son of God."

64 Jesus was curt: "You yourself said it. And that's not all. Soon you'll see it for yourself:

The Son of Man seated at the right hand
of the Mighty One,
Arriving on the clouds of heaven."

65-66 At that, the Chief Priest lost his temper, ripping his robes, yelling, "He blasphemed! Why do we need witnesses to accuse him? You all heard him blaspheme! Are you going to stand for such blasphemy?"

They all said, "Death! That seals his death sentence."

67-68 Then they were spitting in his face and banging him around. They jeered as they slapped him: "Prophesy, Messiah: Who hit you that time?"

Denial in the Courtyard

69 All this time, Peter was sitting out in the courtyard. One servant girl came up to him and said, "You were with Jesus the Galilean."

70 In front of everybody there, he denied it. "I don't know what you're talking about."

71 As he moved over toward the gate, someone else said to the people there, "This man was with Jesus the Nazarene."

72 Again he denied it, salting his denial with an oath: "I swear, I never laid eyes on the

도 없소."

73 잠시 후에, 몇몇 구경꾼들이 베드로에게 다가왔다. "너도 그들 가운데 하나가 틀림없다. 네 사투리를 보면 안다."

74-75 그러자 베드로는 너무 두려워서 저주하며 말했다. "나는 그 사람을 모르오!" 바로 그때, 수탉이 울었다. 베드로는 "수탉이 울기 전에 네가 나를 세 번 부인할 것이다"라고 하신 예수의 말씀이 생각났다. 그는 밖으로 나가서, 하염없이 흐느껴 울고 또 울었다.

유다의 자살

27 1-2 동틀 무렵, 모든 대제사장과 종교 지도자들이 모여서 예수를 죽일 모의를 마무리 지었다. 그들은 예수를 결박해서 총독 빌라도에게 끌고 갔다.

3-4 예수를 배반한 유다는, 그분에게 유죄 판결이 내려진 것을 알았다. 양심의 가책을 이길 수 없었던 그는, 은화 서른 개를 대제사장들에게 돌려주며 말했다. "내가 죄를 지었소. 내가 죄 없는 사람을 배반했소."

그러나 그들이 말했다. "우리가 알 바 아니다. 그것은 너의 문제다!"

5 유다는 은화를 성전 안에 던지고 떠났다. 그는 밖으로 나가서 목을 매어 죽었다.

6-10 대제사장들이 은화를 집어들었으나, 그것을 어떻게 처리해야 할지 막막했다. "살인의 대가로 받은 이 돈을 성전에 헌금으로 바치는 것은 옳지 않소." 그들은 그 돈으로 '토기장이의 밭'을 사서 노숙자의 묘지로 쓰기로 결정했다. 그래서 그 밭에 '살인의 밭'이라는 이름이 붙었고, 지금까지도 그렇게 불리고 있다. 그리하여 예레미야의 말이 현실이 되었다.

man."

73 Shortly after that, some bystanders approached Peter. "You've got to be one of them. Your accent gives you away."

74-75 Then he got really nervous and swore. "I don't know the man!"

Just then a rooster crowed. Peter remembered what Jesus had said: "Before the rooster crows, you will deny me three times." He went out and cried and cried and cried.

Thirty Silver Coins

27 1-2 In the first light of dawn, all the high priests and religious leaders met and put the finishing touches on their plot to kill Jesus. Then they tied him up and paraded him to Pilate, the governor.

3-4 Judas, the one who betrayed him, realized that Jesus was doomed. Overcome with remorse, he gave back the thirty silver coins to the high priests, saying, "I've sinned. I've betrayed an innocent man."

They said, "What do we care? That's *your* problem!"

5 Judas threw the silver coins into the Temple and left. Then he went out and hung himself.

6-10 The high priests picked up the silver pieces, but then didn't know what to do with them. "It wouldn't be right to give this—a payment for murder!—as an offering in the Temple." They decided to get rid of it by buying the "Potter's Field" and use it as a burial place for the homeless. That's how the field got called "Murder Meadow," a name that has stuck to this day. Then Jeremiah's words became history:

그들이 은화 서른 개,
이스라엘 자손이 값을 매긴 이의 몸
값을 받아서
그것으로 토기장이의 밭을 샀다.

그들은 자신들도 모르게 하나님의 지시에 정확히 따랐던 것이다.

빌라도에게 사형선고를 받으시다

11 예수께서 총독 앞에 서자, 총독이 물었다. "네가 유대인의 왕이냐?"
예수께서 말씀하셨다. "네가 그렇게 말하면 그렇다."

12-14 그러나 대제사장과 종교 지도자들이 맹렬하게 고발을 퍼부을 때, 예수께서는 아무 말씀도 없으셨다. 빌라도가 예수께 물었다. "저 긴 고발 목록이 들리느냐? 뭐라고 말해야 하지 않겠느냐?" 예수께서는 침묵을 지킬 뿐, 그 입으로 한 마디 말도 하지 않으셨다. 그것은 총독에게 아주 깊은 인상을 남겼다.

15-18 명절 중에는 무리가 지명하는 죄수 하나를 총독이 사면해 주는 오랜 관례가 있었다. 때마침 예수 바라바 하는 악명 높은 죄수가 감옥에 수감되어 있었다. 빌라도가 무리 앞에서 말했다. "여러분은 내가 어떤 죄수를 놓아주기를 원하오? 예수 바라바요? 아니면 그리스도라 하는 예수요?" 빌라도는 그들이 예수를 자기에게 넘긴 것이 순전히 악의에서 비롯된 일임을 알고 있었다.

19 재판이 아직 진행중일 때, 빌라도의 아내가 말을 전해 왔다. "이 고귀한 사람을 재판하는 일에 상관하지 마세요. 내가 그 사람 꿈으로 밤새 뒤숭숭했습니다."

20 한편, 대제사장과 종교 지도자들은 무리를 부추겨 바라바의 사면과 예수의 처형을 요구하도록 했다.

They took the thirty silver pieces,
The price of the one priced by some sons of Israel,
And they purchased the potter's field.

And so they unwittingly followed the divine instructions to the letter.

11 Jesus was placed before the governor, who questioned him: "Are you the 'King of the Jews'?"
Jesus said, "If you say so."

12-14 But when the accusations rained down hot and heavy from the high priests and religious leaders, he said nothing. Pilate asked him, "Do you hear that long list of accusations? Aren't you going to say something?" Jesus kept silence—not a word from his mouth. The governor was impressed, really impressed.

15-18 It was an old custom during the Feast for the governor to pardon a single prisoner named by the crowd. At the time, they had the infamous Jesus Barabbas in prison. With the crowd before him, Pilate said, "Which prisoner do you want me to pardon: Jesus Barabbas, or Jesus the so-called Christ?" He knew it was through sheer spite that they had turned Jesus over to him.

19 While court was still in session, Pilate's wife sent him a message: "Don't get mixed up in judging this noble man. I've just been through a long and troubled night because of a dream about him."

20 Meanwhile, the high priests and religious leaders had talked the crowd into asking for the pardon of Barabbas and the execution of Jesus.

²¹ 총독이 물었다. "여러분은 내가 두 사람 가운데서 누구를 놓아주기를 원하오?"
그들이 말했다. "바라바요!"

²² "그럼, 그리스도라 하는 예수는 내가 어떻게 하면 되겠소?"
그들이 일제히 소리쳤다. "십자가에 못 박으시오!"

²³ 그가 따졌다. "무슨 죄목 때문이오?"
그러나 그들은 더 크게 소리쳤다. "십자가에 못 박으시오!"

²⁴ 빌라도는 아무 성과도 없이 자칫 폭동이 나려는 것을 보고, 대야에 물을 가져다가 무리가 다 보는 앞에서 손을 씻으며 말했다. "나는 이 사람의 죽음에 대한 책임에서 손을 떼겠소. 지금부터는 여러분 소관이오. 여러분이 재판관이고 배심원이오."

²⁵ 무리가 대답했다. "우리가 책임지겠소. 우리 자손들이 책임지겠소."

²⁶ 빌라도는 바라바를 사면해 주었다. 그러나 예수는 채찍질한 뒤에, 십자가에 못 박도록 넘겨주었다.

십자가에 못 박히시다

²⁷⁻³¹ 총독 수하의 병사들이 예수를 총독 관저로 데리고 들어가서, 부대 전체를 모아 놓고 희희덕거렸다. 그들은 예수의 옷을 벗기고 빨간색 긴 겉옷을 입혔다. 그리고 가시나무로 엮은 왕관을 그분 머리에 씌웠다. 그들은 그분의 권위를 인정한답시고 오른손에 홀처럼 막대기를 쥐어 주었다. 그러고는, 그분 앞에 무릎을 꿇고서 예를 갖추는 시늉을 하며 조롱했다. "유대인의 왕, 만세!" 그들이 말했다. "만세!" 또 그들은 예수께 침을 뱉고 막대기로 그분의 머리를 때렸다. 실컷 즐기고 나서, 그들은 겉옷을 벗기고 다시 그분의 옷을 입혔다. 그런 다음, 십자가에 못 박으려고 끌고 나갔다.

³²⁻³⁴ 가는 길에 그들은 시몬이라는 구레네

²¹ The governor asked, "Which of the two do you want me to pardon?"
They said, "Barabbas!"

²² "Then what do I do with Jesus, the so-called Christ?"
They all shouted, "Nail him to a cross!"

²³ He objected, "But for what crime?"
But they yelled all the louder, "Nail him to a cross!"

²⁴ When Pilate saw that he was getting nowhere and that a riot was imminent, he took a basin of water and washed his hands in full sight of the crowd, saying, "I'm washing my hands of responsibility for this man's death. From now on, it's in your hands. You're judge and jury."

²⁵ The crowd answered, "We'll take the blame, we and our children after us."

²⁶ Then he pardoned Barabbas. But he had Jesus whipped, and then handed over for crucifixion.

The Crucifixion

²⁷⁻³¹ The soldiers assigned to the governor took Jesus into the governor's palace and got the entire brigade together for some fun. They stripped him and dressed him in a red toga. They plaited a crown from branches of a thornbush and set it on his head. They put a stick in his right hand for a scepter. Then they knelt before him in mocking reverence: "Bravo, King of the Jews!" they said. "Bravo!" Then they spit on him and hit him on the head with the stick. When they had had their fun, they took off the toga and put his own clothes back on him. Then they proceeded out to the crucifixion.

³²⁻³⁴ Along the way they came on a man

사람을 만나, 그에게 예수의 십자가를 지게 했다. '해골 언덕'이라 하는 골고다에 이르자, 그들은 (포도주와 몰약을 섞어서 만든) 가벼운 진통제를 예수께 주었다. 그러나 예수께서 맛보시고는 마시려 하지 않으셨다.

35-40 병사들은 예수를 십자가에 못 박고서 그분이 죽기를 기다리는 동안, 그분의 옷가지를 나눠 가지려고 주사위를 던지며 시간을 보냈다. 그분의 머리 위에는 '이 사람은 유대인의 왕 예수다'라고 쓴 팻말이 붙어 있었다. 예수와 함께 죄수 두 사람도 십자가에 달렸는데, 하나는 그분 오른쪽에, 다른 하나는 왼쪽에 달렸다. 길을 가던 사람들은 슬픈 척 고개를 저으며 예수를 조롱했다. "성전을 헐고 사흘 만에 다시 짓겠다고 으스대던 네가 아니냐. 그러니 실력을 보여 봐라! 네 자신을 구원해 보라고! 네가 정말 하나님의 아들이면 그 십자가에서 내려와 봐라!"

41-44 바로 그 자리에서, 대제사장들도 종교 학자와 지도자와 나머지 사람들과 어울려 신나게 그분을 비웃었다. "그가 다른 사람은 구원하더니 자기는 구원하지 못하는군! 이스라엘의 왕이라고? 그럼 그 십자가에서 내려와 보시지. 그러면 우리가 다 믿을 텐데! 하나님을 철석같이 믿더니만, 어디 하나님이 이제 자기 아들을 구해 주시나 보자. 그야 하나님이 원하셔야 되겠지만! 이 자는 자칭 하나님의 아들이 아니었나?" 예수와 함께 십자가에 못 박힌 두 죄수까지도 조롱에 가세했다.

45-46 정오부터 세 시까지, 온 땅이 어두워졌다. 오후 중반쯤에, 예수께서 깊은 데서부터 신음하며 큰소리로 부르짖으셨다. "엘리, 엘리, 라마 사박다니?" 이 말은 "나의 하나님, 나의 하나님, 어찌하여 나를 버리셨습니까?"라는 뜻이다.

from Cyrene named Simon and made him carry Jesus' cross. Arriving at Golgotha, the place they call "Skull Hill," they offered him a mild painkiller (a mixture of wine and myrrh), but when he tasted it he wouldn't drink it.

35-40 After they had finished nailing him to the cross and were waiting for him to die, they whiled away the time by throwing dice for his clothes. Above his head they had posted the criminal charge against him: THIS IS JESUS, THE KING OF THE JEWS. Along with him, they also crucified two criminals, one to his right, the other to his left. People passing along the road jeered, shaking their heads in mock lament: "You bragged that you could tear down the Temple and then rebuild it in three days—so show us your stuff! Save yourself! If you're really God's Son, come down from that cross!"

41-44 The high priests, along with the religion scholars and leaders, were right there mixing it up with the rest of them, having a great time poking fun at him: "He saved others—he can't save himself! King of Israel, is he? Then let him get down from that cross. We'll *all* become believers then! He was so sure of God—well, let him rescue his 'Son' now—if he wants him! He did claim to be God's Son, didn't he?" Even the two criminals crucified next to him joined in the mockery.

45-46 From noon to three, the whole earth was dark. Around mid-afternoon Jesus groaned out of the depths, crying loudly, *Eli, Eli, lama sabachthani?* which means, "My God, my God, why have you abandoned me?"

47-49 곁에서 그 말을 들은 몇몇 사람들이 "이 사람이 엘리야를 부른다" 하고 말했다. 그 가운데 한 사람이 달려가서, 솜뭉치를 신 포도주에 적셔서, 장대에 달아 올려 그분께 마시게 했다. 다른 사람들은 "그렇게 서두를 것 없다. 엘리야가 와서 그를 구해 주나 보자" 하고 놀려 댔다.

50 그러나 예수께서 다시 한번 크게 소리 지르시고 숨을 거두셨다.

51-53 그 순간, 성전의 휘장이 위에서부터 아래까지 둘로 찢어졌다. 지진이 일어나서 바위들이 갈라져 산산조각 났다. 그뿐 아니라 무덤들이 열리면서, 무덤 속에 자고 있던 많은 믿는 이들의 몸이 살아났다. (예수께서 부활하신 후에, 그들은 무덤을 떠나 거룩한 도성에 들어가서 많은 사람들에게 나타나 보였다.)

54 경비대장과 그와 함께 있던 사람들은, 지진과 그 밖에 일어난 일을 보고는 몹시 두려웠다. 그들은 말했다. "이 사람은 하나님의 아들이 틀림없다!"

55-56 또한 많은 여자들이 멀리서 지켜보고 있었는데, 그들은 예수를 섬기려고 갈릴리에서부터 그분을 따라온 사람들이었다. 그들 가운데는 막달라 마리아, 야고보와 요셉의 어머니 마리아, 세베대의 두 아들의 어머니도 있었다.

무덤에 묻히시다

57-61 그날 오후 늦게, 예수의 제자인 아리마대 출신의 한 부자가 왔다. 그의 이름은 요셉이었다. 그는 빌라도에게 가서 예수의 시신을 거두게 해달라고 청했다. 빌라도는 그의 청을 들어주었다. 요셉은 시신을 가져다가 깨끗한 세마포에 싸서, 최근에 바위를 깎아서 만든 자신의 새 무덤에 모셔 두고, 큰 돌을 굴려 입구를 막고 나서 그곳을 떠났다. 그러나 막달라 마리

47-49 Some bystanders who heard him said, "He's calling for Elijah." One of them ran and got a sponge soaked in sour wine and lifted it on a stick so he could drink. The others joked, "Don't be in such a hurry. Let's see if Elijah comes and saves him."

50 But Jesus, again crying out loudly, breathed his last.

51-53 At that moment, the Temple curtain was ripped in two, top to bottom. There was an earthquake, and rocks were split in pieces. What's more, tombs were opened up, and many bodies of believers asleep in their graves were raised. (After Jesus' resurrection, they left the tombs, entered the holy city, and appeared to many.)

54 The captain of the guard and those with him, when they saw the earthquake and everything else that was happening, were scared to death. They said, "This has to be the Son of God!"

55-56 There were also quite a few women watching from a distance, women who had followed Jesus from Galilee in order to serve him. Among them were Mary Magdalene, Mary the mother of James and Joseph, and the mother of the Zebedee brothers.

The Tomb

57-61 Late in the afternoon a wealthy man from Arimathea, a disciple of Jesus, arrived. His name was Joseph. He went to Pilate and asked for Jesus' body. Pilate granted his request. Joseph took the body and wrapped it in clean linens, put it in his own tomb, a new tomb only recently cut into the rock, and rolled a large stone across the entrance. Then he went off. But Mary Magdalene and the

아와 다른 마리아는 남아서, 무덤이 잘 보이는 곳에 앉아 있었다.

62-64 해가 진 후에, 대제사장과 바리새인들이 빌라도에게 면회를 청했다. 그들은 말했다. "총독님, 저 거짓말쟁이가 살아 있을 적에 '내가 사흘 후에 다시 살아날 것이다' 하던 말이 이제야 생각났습니다. 사흘째 되는 날까지 무덤을 봉인해야 되겠습니다. 그의 제자들이 와서 시체를 훔쳐 가서는, '그가 죽은 자들 가운데서 살아났다'고 하면서 떠들고 다닐 가능성이 높습니다. 그렇게 되면 우리의 처지가 전보다 더 곤란해집니다. 나중 속임수가 처음 속임수보다 더 해를 끼칠 수 있습니다."

65-66 빌라도가 그들에게 말했다. "당신들에게 경비대가 있을 것 아니오. 가서 힘껏 지키도록 하시오." 그들은 나가서 돌을 봉인하고, 경비병을 세워 무덤을 단단히 지켰다.

그분은 다시 살아나셨다

28 1-4 안식일이 지나고 새로운 한 주의 먼동이 틀 무렵, 막달라 마리아와 다른 마리아가 무덤을 지키려고 갔다. 그때 갑자기 발밑에서 땅이 흔들리고 진동하더니, 하나님의 천사가 하늘에서 내려와 그들이 서 있는 곳으로 왔다. 천사가 돌을 굴려 내고 그 위에 앉았다. 그에게서 번개 같은 빛이 번쩍였고, 그의 옷은 눈처럼 하얗게 빛났다. 무덤을 지키던 경비병들은 너무 두려웠다. 어찌나 무서웠던지 꿈쩍도 하지 못했다.

5-6 천사가 여자들에게 말했다. "조금도 두려워할 것 없다. 너희가 십자가에 못 박히신 예수를 찾는 줄을 내가 안다. 그분은 여기 계시지 않는다. 그분은 말씀하신 대로 다시 살아나셨다. 와서 그분을 모셔 두었던 곳을 보아라.

7 자, 어서 가서 제자들에게 말하여라. '그

other Mary stayed, sitting in plain view of the tomb.

62-64 After sundown, the high priests and Pharisees arranged a meeting with Pilate. They said, "Sir, we just remembered that that liar announced while he was still alive, 'After three days I will be raised.' We've got to get that tomb sealed until the third day. There's a good chance his disciples will come and steal the corpse and then go around saying, 'He's risen from the dead.' Then we'll be worse off than before, the final deceit surpassing the first."

65-66 Pilate told them, "You will have a guard. Go ahead and secure it the best you can." So they went out and secured the tomb, sealing the stone and posting guards.

Risen from the Dead

28 1-4 After the Sabbath, as the first light of the new week dawned, Mary Magdalene and the other Mary came to keep vigil at the tomb. Suddenly the earth reeled and rocked under their feet as God's angel came down from heaven, came right up to where they were standing. He rolled back the stone and then sat on it. Shafts of lightning blazed from him. His garments shimmered snow-white. The guards at the tomb were scared to death. They were so frightened, they couldn't move.

5-6 The angel spoke to the women: "There is nothing to fear here. I know you're looking for Jesus, the One they nailed to the cross. He is not here. He was raised, just as he said. Come and look at the place where he was placed.

7 "Now, get on your way quickly and tell his

분께서 죽은 자들 가운데서 살아나셨다. 그
분께서 너희보다 먼저 갈릴리로 가실 것이
다. 너희는 거기서 그분을 뵐 것이다' 하고
말하여라. 이것이 내가 전하는 소식이다."

⁸⁻¹⁰ 여자들은 크게 놀라고 기쁨에 겨워, 한
시도 지체하지 않고 무덤을 떠났다. 그들은
제자들에게 전하려고 달려갔다. 그때 예수
께서 그들을 만나셔서, 그들을 멈추어 세우
고 말씀하셨다. "잘 있었느냐?" 여자들은
무릎을 꿇고 그분의 발을 붙잡고 경배했다.
예수께서 말씀하셨다. "너희가 있는 힘을
다해 나를 붙잡고 있구나! 그렇게 무서워
하지 마라. 가서, 내 형제들에게 갈릴리로
가라고 하여라. 거기서 내가 그들을 만나겠
다고 전하여라."

¹¹⁻¹⁵ 한편, 경비병들이 뿔뿔이 흩어졌으나,
그 가운데 몇 사람이 도성으로 들어가서 일
어난 일을 대제사장들에게 전했다. 그들은
종교 지도자 회의를 소집해 대책을 마련했
다. 그들은 거액의 돈을 병사들에게 주면
서, "밤에 그의 제자들이 와서 우리가 잠든
사이에 시체를 훔쳐 갔다"고 말하도록 매
수했다. 그러고는 "너희가 근무중에 잤다
는 말이 혹시 총독에게 들어가더라도 우리
가 문책을 면하게 해주겠다"며 그들을 안
심시켰다. 병사들은 뇌물을 받고서 그들이
시킨 대로 했다. 유대 최고의회에서 날조해
낸 그 이야기가, 지금까지도 나돌고 있다.

❧

¹⁶⁻¹⁷ 한편, 갈릴리로 떠난 열한 제자는, 예
수께서 다시 만날 장소로 정해 주신 산으
로 향했다. 예수를 뵙는 순간에, 그들은 그
분께 경배했다. 그러나 경배하기를 망설이
며, 그분께 자신의 인생을 완전히 걸어야
할지 확신하지 못하는 사람들도 있었다.

¹⁸⁻²⁰ 이에 아랑곳하지 않고, 예수께서 곧바
로 이렇게 지시하셨다. "하나님께서 내게

disciples, 'He is risen from the dead. He is
going on ahead of you to Galilee. You will
see him there.' That's the message."

⁸⁻¹⁰ The women, deep in wonder and full of
joy, lost no time in leaving the tomb. They
ran to tell the disciples. Then Jesus met
them, stopping them in their tracks. "Good
morning!" he said. They fell to their knees,
embraced his feet, and worshiped him.
Jesus said, "You're holding on to me for dear
life! Don't be frightened like that. Go tell my
brothers that they are to go to Galilee, and
that I'll meet them there."

¹¹⁻¹⁵ Meanwhile, the guards had scattered,
but a few of them went into the city and
told the high priests everything that had
happened. They called a meeting of the
religious leaders and came up with a plan:
They took a large sum of money and gave
it to the soldiers, bribing them to say, "His
disciples came in the night and stole the
body while we were sleeping." They assured
them, "If the governor hears about your
sleeping on duty, we will make sure you
don't get blamed." The soldiers took the
bribe and did as they were told. That story,
cooked up in the Jewish High Council, is still
going around.

❧

¹⁶⁻¹⁷ Meanwhile, the eleven disciples were
on their way to Galilee, headed for the
mountain Jesus had set for their reunion.
The moment they saw him they worshiped
him. Some, though, held back, not sure
about *worship*, about risking themselves
totally.

¹⁸⁻²⁰ Jesus, undeterred, went right ahead

주신 권세와 명령으로 너희에게 이 일을 맡긴다. 너희는 세상으로 두루 나가서 만나는 모든 사람마다 이 생명의 길로 훈련시키고, 아버지와 아들과 성령의 이름으로 그들에게 세례를 주어 표를 삼아라. 그리고 내가 너희에게 명령한 모든 것을 삶으로 살아가도록 가르쳐라. 너희가 이 일을 하는 동안에, 이 시대가 끝날 때까지 날마다 하루도 빠짐없이, 내가 너희와 함께 있을 것이다."

and gave his charge: "God authorized and commanded me to commission you: Go out and train everyone you meet, far and near, in this way of life, marking them by baptism in the threefold name: Father, Son, and Holy Spirit. Then instruct them in the practice of all I have commanded you. I'll be with you as you do this, day after day after day, right up to the end of the age."

마가복음 | 머리말

마가는 시간을 허비하지 않고 곧장 본론으로 들어간다. 도입은 한 문장으로 끝내고 ("예수 그리스도의 복된 소식, 곧 메시지는······여기서부터 시작된다"), 처음부터 끝까지 한 번도 곁길로 벗어나지 않는다. 세상을 보고 경험하는 방식을 근본적으로 바꾸어 놓는 사건이 벌어졌으니, 마가는 어서 그것을 말해 주고 싶은 것이다. 그의 글에는 거의 모든 문장에 숨 가쁜 흥분의 기운이 묻어난다. 메시지를 빨리 받을수록 우리한테 좋은 것이다. 그것은 믿을 수 없을 만큼 좋은 메시지인 까닭이다. 그 메시지란 하나님이 여기 계시며, 그분이 우리 편이시라는 것이다. 심지어 마가는 그분께서 우리를 '가족'이라 부르신다고 말한다.

> 예수께서 그 전갈을 받을 때에 무리에 둘러싸여 있었다. "선생님의 어머니와 동생들이 밖에서 찾고 있습니다." 예수께서 대답하셨다. "내 어머니와 형제들이 누구라고 생각하느냐?" 그러고는 둘러앉은 사람들을 일일이 쳐다보며 말씀하셨다. "내 어머니와 형제들이 여기, 바로 너희 앞에 있다. 순종이 피보다 진하다. 하나님의 뜻에 순종하는 사람이 내 형제요 자매요 어머니다"(막 3:32-35).

하나님이 존재하신다는 발표만으로는 굳이 뉴스라 할 것도 없다. 거의 모든 세기의 거의 모든 사람이 하나님이나 신들의 존재를 믿었다. 사실 고금을 통틀어 인류 전체는 의식주,

Mark wastes no time in getting down to business—a single-sentence introduction("The good news of Jesus Christ—the Message!—begins here"), and not a digression to be found from beginning to end. An event has taken place that radically changes the way we look at and experience the world, and he can't wait to tell us about it. There's an air of breathless excitement in nearly every sentence he writes. The sooner we get the message, the better off we'll be, for the message is good, incredibly good: God is here, and he's on our side. Mark says he even calls us "family."

> He was surrounded by the crowd when he was given the message, "Your mother and brothers and sisters are outside looking for you." Jesus responded, "Who do you think are my mother and brothers?" Looking around, taking in everyone seated around him, he said, "Right here, right in front of you—my mother and my brothers. Obedience is thicker than blood. The person who obeys God's will is my brother and sister and mother"(Mark 3:32-35).

The bare announcement that God exists doesn't particularly qualify as news. Most people in most centuries have believed in the existence of God or gods. It may well

쾌락, 일, 가정 할 것 없이 다른 모든 관심사를 다 합한 것보다도 신이라는 문제에 더 많은 주의와 관심을 기울였다고 해도 과언이 아니다.

그런데 그 하나님이 바로 지금 여기 계시고, 우리 편이시며, 우리에게 가장 도움이 필요한 쪽으로 우리를 적극 돕고자 하신다. 이것이야말로 뉴스감이다. 하나님에 대한 믿음이 흔한 만큼이나 그 주제를 둘러싼 어림짐작과 뜬소문도 엄청나게 많고, 그 결과 미신과 불안과 착취가 판을 치고 있기 때문이다. 그래서 당연히 마가는 예수의 탄생과 삶과 죽음과 부활, 곧 하나님의 진리를 우리에게 계시해 주는 사건들을 통해 무슨 일이 벌어졌는지 서둘러 말해 준다. 우리가 망상이 아니라 현실 속에 살 수 있도록 말이다. 하나님이 우리를 구원하시는 일에 열심이시라는 것, 이것이야말로 이 세상에서 가장 실제적인 문제이기에, 마가는 우리가 그것을 모른 채 소중한 인생을 단 일 분이라도 허비하기를 원치 않는 것이다.

be, in fact, that human beings in aggregate and through the centuries have given more attention and concern to divinity than to all their other concerns put together—food, housing, clothing, pleasure, work, family, whatever.

But that God is here right now, and on our side, actively seeking to help us in the way we most need help—*this* qualifies as news. For, common as belief in God is, there is also an enormous amount of guesswork and gossip surrounding the subject, which results in runaway superstition, anxiety, and exploitation. So Mark, understandably, is in a hurry to tell us what happened in the birth, life, death, and resurrection of Jesus—the Event that reveals the truth of God to us, so that we can live in reality and not illusion. He doesn't want us to waste a minute of these precious lives of ours ignorant of this most practical of all matters—that God is passionate to save us.

마가복음

MARK

1 ¹⁻³ 예수 그리스도의 복된 소식, 곧 **메시지**는 정확히 예언자 이사야의 책에 나온 대로 여기서부터 시작된다.

> 잘 보아라. 내가 네 앞에 내 설교자를
> 보낸다.
> 그가 네 길을 평탄하게 할 것이다.
> 광야에서 외치는 소리여!
> 하나님 오심을 준비하여라!
> 길을 평탄하고 곧게 하여라!

⁴⁻⁶ 세례자 요한이 광야에 나타나서, 삶을 고쳐 죄 용서를 받는 세례를 선포했다. 유대와 예루살렘으로부터 사람들이 떼를 지어 그에게 와서 죄를 고백하고, 요단 강에서 그에게 세례를 받고 삶을 고치기로 결단했다. 요한은 낙타털로 된 옷을 입고 허리에 가죽띠를 둘렀다. 그리고 메뚜기와 야생꿀을 먹었다.

⁷⁻⁸ 요한은 이렇게 전했다. "진짜는 이제부터다. 이 드라마의 주인공은 너희의 삶을 바꾸어 놓으실 것이다. 그분께 비하면 나는 잔심부름꾼에 지나지 않는다. 나는 너희의 옛 삶을 바꾸어 천국의 삶을 준비시키려고 이 강에서 세례를 주고 있다. 그러나 그분의 세례, 성령의 거룩한 세례는

1 ¹⁻³ The good news of Jesus Christ—the Message!—begins here, following to the letter the scroll of the prophet Isaiah.

> Watch closely: I'm sending my preacher
> ahead of you;
> He'll make the road smooth for you.
> Thunder in the desert!
> Prepare for God's arrival!
> Make the road smooth and straight!

⁴⁻⁶ John the Baptizer appeared in the wild, preaching a baptism of life-change that leads to forgiveness of sins. People thronged to him from Judea and Jerusalem and, as they confessed their sins, were baptized by him in the Jordan River into a changed life. John wore a camel-hair habit, tied at the waist with a leather belt. He ate locusts and wild field honey.

⁷⁻⁸ As he preached he said, "The real action comes next: The star in this drama, to whom I'm a mere stagehand, will change your life. I'm baptizing you here in the river, turning your old life in for a kingdom life.

너희를 완전히 바꾸어 놓을 것이다."

9-11 그때, 예수께서 갈릴리 나사렛에서 오셔서 요단 강에서 요한에게 세례를 받으셨다. 물에서 올라오시는 순간, 예수께서는 하늘이 열리고 하나님의 영이 비둘기같이 그분 위에 내려오는 것을 보셨다. 성령과 더불어 한 음성이 들려왔다. "너는 내가 사랑으로 선택하고 구별한 내 아들, 내 삶의 전부다."

하나님 나라가 여기 있다

12-13 동일한 성령께서 즉시 예수를 광야로 몰아내셨다. 예수께서는 광야에서 사십 일을 밤낮으로 사탄에게 시험을 받으셨다. 들짐승들이 그분과 함께 있었고, 천사들이 그분을 도왔다.

14-15 요한이 체포된 뒤에, 예수께서 갈릴리에 가셔서 하나님의 메시지를 전파하셨다. "때가 다 되었다! 하나님 나라가 여기 있다. 너희 삶을 고치고 메시지를 믿어라."

16-18 예수께서 갈릴리 호숫가를 지나시다가, 시몬과 그의 동생 안드레가 그물을 던지는 것을 보셨다. 고기잡이는 그들의 평소 직업이었다. 예수께서 그들에게 말씀하셨다. "나와 함께 가자. 내가 너희를 새로운 어부가 되게 하겠다. 잉어와 가물치 대신에 사람을 낚는 법을 가르쳐 주겠다." 그들은 아무것도 묻지 않고, 그물을 놓아두고 그분을 따라갔다.

19-20 예수께서 호숫가를 십여 미터쯤 더 가시다가, 세베대의 아들인 야고보와 요한 형제를 보셨다. 그들은 배에서 그물을 손질하고 있었다. 예수께서 곧바로 그들에게도 똑같이 제안하셨고, 그들은 즉시 아버지 세베대와 배와 품꾼들을 버려두고 그분을 따라갔다.

His baptism—a holy baptism by the Holy Spirit—will change you from the inside out."

9-11 At this time, Jesus came from Nazareth in Galilee and was baptized by John in the Jordan. The moment he came out of the water, he saw the sky split open and God's Spirit, looking like a dove, come down on him. Along with the Spirit, a voice: "You are my Son, chosen and marked by my love, pride of my life."

God's Kingdom Is Here

12-13 At once, this same Spirit pushed Jesus out into the wild. For forty wilderness days and nights he was tested by Satan. Wild animals were his companions, and angels took care of him.

14-15 After John was arrested, Jesus went to Galilee preaching the Message of God: "Time's up! God's kingdom is here. Change your life and believe the Message."

16-18 Passing along the beach of Lake Galilee, he saw Simon and his brother Andrew net-fishing. Fishing was their regular work. Jesus said to them, "Come with me. I'll make a new kind of fisherman out of you. I'll show you how to catch men and women instead of perch and bass." They didn't ask questions. They dropped their nets and followed.

19-20 A dozen yards or so down the beach, he saw the brothers James and John, Zebedee's sons. They were in the boat, mending their fishnets. Right off, he made the same offer. Immediately, they left their father Zebedee, the boat, and the hired hands, and followed.

확신에 찬 가르침

21-22 그들은 가버나움에 들어갔다. 안식일이 돌아오자, 예수께서 지체하지 않고 회당으로 가셨다. 예수께서는 거기서 가르치며 하루를 보내셨다. 사람들은 종교 학자들처럼 궤변과 인용을 늘어놓지 않는, 아주 솔직하고 확신에 찬 그분의 가르침에 놀랐다.

23-24 예수께서 아직 회당에 있는데, 정신이 이상한 사람이 난데없이 끼어들어 소리를 질렀다. "나사렛 사람 예수여! 무슨 일로 우리한테 왔습니까? 나는 당신이 무슨 일을 하려는지 압니다! 당신은 하나님의 거룩한 분이시며, 우리를 멸하러 왔습니다!"

25-26 예수께서 그의 입을 막으셨다. "조용히 하고 그에게서 나오너라!" 괴롭히던 귀신이 그 사람에게 경련을 일으키고는, 큰소리로 대들면서 나갔다.

27-28 거기 있던 사람들 모두가 믿기지 않는다는 듯 신기해 하며 웅성거렸다. "이게 어찌 된 일인가? 이 사람이 더러운 귀신들의 입을 막고 내쫓다니! 말한 대로 이루어지는 새로운 가르침인가?" 이 소식이 빠르게 퍼져서 온 갈릴리에 알려졌다.

29-31 회당에서 나온 그들은, 야고보와 요한과 함께 곧바로 시몬과 안드레의 집으로 갔다. 시몬의 장모가 몸져누워 있었는데, 열이 불덩이 같았다. 그들이 예수께 알렸다. 예수께서 그녀에게 가서 손을 잡아 일으키셨다. 그러자 열이 곧 떨어졌고, 그녀는 일행의 저녁을 준비했다.

32-34 그날 저녁 해가 저물자, 사람들이 병자와 귀신 들려 괴로워하는 사람들을 예수께 데려와서, 온 동네가 문전성시를 이루었다! 예수께서 그들의 병든 몸과 고통당하는 심령을 고쳐 주셨다. 귀신들이 그분의 참 정체를 알았으므로, 예수께서는 그들이 한 마디도 하지 못하게 하셨다.

Confident Teaching

21-22 Then they entered Capernaum. When the Sabbath arrived, Jesus lost no time in getting to the meeting place. He spent the day there teaching. They were surprised at his teaching—so forthright, so confident—not quibbling and quoting like the religion scholars.

23-24 Suddenly, while still in the meeting place, he was interrupted by a man who was deeply disturbed and yelling out, "What business do you have here with us, Jesus? Nazarene! I know what you're up to! You're the Holy One of God, and you've come to destroy us!"

25-26 Jesus shut him up: "Quiet! Get out of him!" The afflicting spirit threw the man into spasms, protesting loudly—and got out.

27-28 Everyone there was incredulous, buzzing with curiosity. "What's going on here? A new teaching that does what it says? He shuts up defiling, demonic spirits and sends them packing!" News of this traveled fast and was soon all over Galilee.

29-31 Directly on leaving the meeting place, they came to Simon and Andrew's house, accompanied by James and John. Simon's mother-in-law was sick in bed, burning up with fever. They told Jesus. He went to her, took her hand, and raised her up. No sooner had the fever left than she was up fixing dinner for them.

32-34 That evening, after the sun was down, they brought sick and evil-afflicted people to him, the whole city lined up at his door! He cured their sick bodies and tormented spirits. Because the demons knew his true identity, he didn't let them say a word.

나병환자를 깨끗하게 하시다

35-37 날이 밝기 한참 전에, 예수께서 일어나셔서 한적한 곳으로 기도하러 가셨다. 시몬과 그 일행이 그분을 찾으러 갔다. 예수를 만나자 그들이 말했다. "사람들이 다 주님을 찾고 있습니다."

38-39 예수께서 말씀하셨다. "다른 마을로 가자. 내가 거기서도 전도해야 하겠다. 나는 이 일을 하러 왔다." 예수께서는 갈릴리온 회당을 다니시며, 전도하고 귀신을 쫓아내셨다.

40 한 나병환자가 그분께 와서, 무릎을 꿇고 간청했다. "원하시면 저를 깨끗하게 하실 수 있습니다."

41-45 못내 측은한 마음이 든 예수께서, 손을 내밀어 그에게 대며 말씀하셨다. "내가 원한다. 깨끗하게 되어라." 그러자 그 즉시 나병이 깨끗이 사라졌고, 그의 살갗은 보드랍고 온전해졌다. 예수께서 그를 보내시며 엄히 명하셨다. "누구에게도 아무 말 하지 마라. 깨끗하게 되었으니 모세가 정한 예물을 가지고 제사장에게 가서 네 몸을 보여라. 그러면 네가 나은 것이 사람들에게 입증될 것이다." 그러나 그 사람은 모퉁이를 돌아서자마자, 만나는 사람마다 그 일을 이야기하여 온 동네에 소문을 퍼뜨렸다. 그래서 예수께서 더 이상 시내에 자유로이 드나들지 못하고 외딴 곳에 머무셨다. 그러나 사람들은 온 사방에서 그분을 찾아왔다.

중풍병자를 고치시다

2 1-5 며칠 후에 예수께서 가버나움에 돌아오시자, 그분이 집에 계신다는 소문이 퍼졌다. 무리가 문 앞을 꽉 메워서 아무도 드나들 수 없었다. 예수께서는 말씀을 가르치고 계셨다. 사람들이 한 중풍병자를 네 사람에게 들려서 예수께 데려왔다. 사람이 많아서 안으로 들어갈 수가 없자,

The Leper

35-37 While it was still night, way before dawn, he got up and went out to a secluded spot and prayed. Simon and those with him went looking for him. They found him and said, "Everybody's looking for you."

38-39 Jesus said, "Let's go to the rest of the villages so I can preach there also. This is why I've come." He went to their meeting places all through Galilee, preaching and throwing out the demons.

40 A leper came to him, begging on his knees, "If you want to, you can cleanse me."

41-45 Deeply moved, Jesus put out his hand, touched him, and said, "I want to. Be clean." Then and there the leprosy was gone, his skin smooth and healthy. Jesus dismissed him with strict orders: "Say nothing to anyone. Take the offering for cleansing that Moses prescribed and present yourself to the priest. This will validate your healing to the people." But as soon as the man was out of earshot, he told everyone he met what had happened, spreading the news all over town. So Jesus kept to out-of-the-way places, no longer able to move freely in and out of the city. But people found him, and came from all over.

A Paraplegic

2 1-5 After a few days, Jesus returned to Capernaum, and word got around that he was back home. A crowd gathered, jamming the entrance so no one could get in or out. He was teaching the Word. They brought a paraplegic to him, carried by four men. When they weren't

그들은 지붕을 뜯어 내고 중풍병자를 들것에 달아 내렸다. 그들의 담대한 믿음에 감동하신 예수께서 중풍병자에게 말씀하셨다. "아들아, 내가 네 죄를 용서한다."

6-7 거기 앉아 있던 몇몇 종교 학자들이 자기들끼리 수군거리며 말했다. "저렇게 말하면 안되지! 저것은 신성모독이다! 오직 하나님만이 죄를 용서하실 수 있다."

8-12 예수께서 그들의 생각을 곧바로 아시고 말씀하셨다. "너희는 어찌 그리 의심이 많으냐? 중풍병자에게 '내가 네 죄를 용서한다'고 말하는 것과 '일어나 네 들것을 들고 걸어가라'고 말하는 것 중에 어느 쪽이 더 쉽겠느냐? 내가 인자인 것과, 내가 어느 쪽이든 행할 권한이 있다는 것을 분명히 보여주겠다." (그러고는 중풍병자를 바라보시며 이렇게 말씀하셨다.) "일어나거라. 네 들것을 들고 집으로 가거라." 그 사람은 그 말씀대로 일어나서, 들것을 가지고 모두가 보는 앞에서 걸어 나갔다. 사람들은 도무지 믿기지 않아 자신들의 눈을 비볐다. 그러고 나서 하나님을 찬송하며 말했다. "우리 평생에 이런 일은 처음 본다!"

의사가 필요한 사람이 누구냐

13-14 예수께서 다시 호숫가를 걸으셨다. 무리가 다시 그분께 왔고, 예수께서는 그들을 가르치셨다. 예수께서 거니시다가, 알패오의 아들 레위가 자기 일터에서 세금을 걷고 있는 것을 보셨다. 예수께서 말씀하셨다. "나와 함께 가자." 그는 따라갔다.

15-16 나중에 예수와 그 제자들이 평판이 좋지 않은 무리와 함께 집에서 저녁을 먹고 있었다. 보기에는 아닐 것 같지만, 그들 가운데 적지 않은 사람들이 이미 그분을 따르고 있었다. 종교 학자와 바리새인들은 예수께서 그런 무리와 어울리는 것을 보고, 그분의 제자들에게 따졌다. "쓰레기 같은 인간들과

able to get in because of the crowd, they removed part of the roof and lowered the paraplegic on his stretcher. Impressed by their bold belief, Jesus said to the paraplegic, "Son, I forgive your sins."

6-7 Some religion scholars sitting there started whispering among themselves, "He can't talk that way! That's blasphemy! God and only God can forgive sins."

8-12 Jesus knew right away what they were thinking, and said, "Why are you so skeptical? Which is simpler: to say to the paraplegic, 'I forgive your sins,' or say, 'Get up, take your stretcher, and start walking'? Well, just so it's clear that I'm the Son of Man and authorized to do either, or both..." (he looked now at the paraplegic), "Get up. Pick up your stretcher and go home." And the man did it—got up, grabbed his stretcher, and walked out, with everyone there watching him. They rubbed their eyes, incredulous—and then praised God, saying, "We've never seen anything like this!"

The Tax Collector

13-14 Then Jesus went again to walk alongside the lake. Again a crowd came to him, and he taught them. Strolling along, he saw Levi, son of Alphaeus, at his work collecting taxes. Jesus said, "Come along with me." He came.

15-16 Later Jesus and his disciples were at home having supper with a collection of disreputable guests. Unlikely as it seems, more than a few of them had become followers. The religion scholars and Pharisees saw him keeping this kind of company and lit into his disciples: "What kind of example is

친하게 지내다니, 이게 무슨 본이 되겠소?"
17 예수께서 들으시고 반박하셨다. "의사가 필요한 사람이 누구냐? 건강한 사람이냐, 병든 사람이냐? 내가 여기 있는 것은 영적으로 건강한 사람을 초청하려는 것이 아니라, 죄로 병든 사람을 초청하려는 것이다."

잔치인가, 금식인가

18 요한의 제자들과 바리새인의 제자들은 금식하는 습관이 있었다. 몇몇 사람들이 예수께 와서 따졌다. "요한을 따르는 이들과 바리새인들은 금식 훈련을 하는데, 당신을 따르는 이들은 왜 그렇게 하지 않습니까?"
19-20 예수께서 말씀하셨다. "즐거운 결혼식 중에는 빵과 포도주를 아끼지 않고 실컷 먹는다. 나중에 허리띠를 졸라맬 일이 있을지 모르지만, 지금은 아니다. 신랑신부와 함께 있는 동안에는 즐겁게 보내는 법이다. 정겨운 축하의 모닥불에 찬물을 끼얹는 사람은 없다. 하나님 나라가 임한다는 것은 바로 이런 것이다!"
21-22 예수께서 계속해서 말씀하셨다. "멀쩡한 스카프를 잘라서 낡은 작업복에 대고 깁는 사람은 없다. 서로 어울리는 천을 찾게 마련이다. 그리고 금이 간 병에는 포도주를 담지 않는 법이다."
23-24 어느 안식일에 예수께서 곡식이 무르익은 밭 사이를 걷고 계셨다. 제자들이 길을 가다가 곡식 이삭을 땄다. 바리새인들이 그 일로 예수께 말했다. "보십시오, 당신의 제자들이 안식일 규정을 어기고 있습니다!"
25-28 예수께서 말씀하셨다. "너희는 다윗이 배고플 때에 자기와 함께한 동료들과 한 일을 읽어 보지 못했느냐? 그가 성소에 들어가 대제사장 아비아달이 보는 앞에서 제단에서 갓 물려 낸 빵, 곧 제사장들 외에는 아무도 먹지 못하게 되어 있는 거룩한 빵을 먹고 자기 동료들에게도 주지 않았느냐?" 이

this, acting cozy with the riffraff?"
17 Jesus, overhearing, shot back, "Who needs a doctor: the healthy or the sick? I'm here inviting the sin-sick, not the spiritually-fit."

Feasting or Fasting?

18 The disciples of John and the disciples of the Pharisees made a practice of fasting. Some people confronted Jesus: "Why do the followers of John and the Pharisees take on the discipline of fasting, but your followers don't?"
19-20 Jesus said, "When you're celebrating a wedding, you don't skimp on the cake and wine. You feast. Later you may need to pull in your belt, but not now. As long as the bride and groom are with you, you have a good time. No one throws cold water on a friendly bonfire. This is Kingdom Come!"
21-22 He went on, "No one cuts up a fine silk scarf to patch old work clothes; you want fabrics that match. And you don't put your wine in cracked bottles."
23-24 One Sabbath day he was walking through a field of ripe grain. As his disciples made a path, they pulled off heads of grain. The Pharisees told on them to Jesus: "Look, your disciples are breaking Sabbath rules!"
25-28 Jesus said, "Really? Haven't you ever read what David did when he was hungry, along with those who were with him? How he entered the sanctuary and ate fresh bread off the altar, with the Chief Priest Abiathar right there watching—holy bread that no one but priests were allowed to eat—and handed it out to his compan-

어서 예수께서 말씀하셨다. "우리를 위해 안식일이 만들어진 것이지, 안식일을 위해 우리가 만들어진 것은 아니다. 인자는 안식일의 종이 아니라 주인이다!"

안식일에 선을 행하는 것

3 ¹⁻³ 예수께서 다시 회당에 들어가시니, 거기에 한쪽 손이 오그라든 사람이 있었다. 바리새인들은 혹시나 안식일 위반으로 예수를 잡을까 하여, 그 사람을 고쳐 주나 보려고 그분을 주시했다. 예수께서 손이 오그라든 사람에게 말씀하셨다. "우리가 잘 볼 수 있도록 여기 서거라."

⁴ 예수께서 이번에는 사람들에게 말씀하셨다. "어떤 행동이 안식일에 가장 합당하냐? 선을 행하는 것이냐, 악을 행하는 것이냐? 사람을 돕는 것이냐, 무력한 상태로 버려두는 것이냐?" 아무도 말이 없었다.

⁵⁻⁶ 예수께서는 그들의 비정한 종교에 노하여, 그들의 눈을 하나씩 쳐다보셨다. 그러고는 그 사람에게 말씀하셨다. "네 손을 내밀어라." 그가 손을 내밀자, 그 손이 새 손과 같이 되었다! 바리새인들은 서둘러 그곳을 빠져나가, 어떻게 하면 헤롯의 당원들과 합세하여 그분을 파멸시킬 것인지 흥분하며 이야기했다.

열두 사도

⁷⁻¹⁰ 예수께서 그곳을 피해 제자들과 함께 바닷가로 떠나가셨다. 그러나 갈릴리에서 큰 무리가 따라왔고, 유대와 예루살렘과 이두매와 요단 강 건너편과 두로와 시돈 근방에서도 큰 무리가 따라왔다. 그들은 말로만 전해 듣던 것을 직접 눈으로 보려고 왔다. 예수께서는 무리에게 밟히지 않도록, 제자들에게 배를 준비하게 하셨다. 예수께서 지금까지 많은 사람들을 고쳐 주셨으므로, 온전치 못한 사람은 서로

ions?" Then Jesus said, "The Sabbath was made to serve us; we weren't made to serve the Sabbath. The Son of Man is no lackey to the Sabbath. He's in charge!"

Doing Good on the Sabbath

3 ¹⁻³ Then he went back in the meeting place where he found a man with a crippled hand. The Pharisees had their eyes on Jesus to see if he would heal him, hoping to catch him in a Sabbath infraction. He said to the man with the crippled hand, "Stand here where we can see you."

⁴ Then he spoke to the people: "What kind of action suits the Sabbath best? Doing good or doing evil? Helping people or leaving them helpless?" No one said a word.

⁵⁻⁶ He looked them in the eye, one after another, angry now, furious at their hard-nosed religion. He said to the man, "Hold out your hand." He held it out—it was as good as new! The Pharisees got out as fast as they could, sputtering about how they would join forces with Herod's followers and ruin him.

The Twelve Apostles

⁷⁻¹⁰ Jesus went off with his disciples to the sea to get away. But a huge crowd from Galilee trailed after them—also from Judea, Jerusalem, Idumea, across the Jordan, and around Tyre and Sidon—swarms of people who had heard the reports and had come to see for themselves. He told his disciples to get a boat ready so he wouldn't be trampled by the crowd. He had healed many people, and now everyone who had something wrong was pushing and shoving to get near and touch

밀고 당기며 그분께 다가가서 그분을 만지려고 했다.

11-12 악한 귀신들이 그분을 알아보고는 엎드려 부르짖었다. "당신은 하나님의 아들입니다!" 그러나 예수께서는 그 말을 받아들이지 않으셨다. 그들의 입을 다물게 하여, 자신의 정체를 사람들에게 알리지 못하게 막으셨다.

13-19 예수께서 산에 올라가셔서 자신이 원하는 사람들을 초청하셨다. 그들이 함께 올라갔다. 예수께서 열두 명을 정하시고, 그들을 사도로 임명하셨다. 그분의 계획은 그들로 자신과 함께 있게 하고, 그들을 보내 말씀을 선포하게 하며, 그들에게 귀신을 쫓아내는 권세를 주시려는 것이었다. 그 열두 명은 다음과 같다.

시몬(나중에 예수께서 그에게 베드로, 곧 '바위'라는 이름을 지어 주셨다)

세베대의 아들 야고보

야고보의 동생 요한(예수께서 세베대의 두 아들에게는 '천둥의 아들'을 뜻하는 보아너게라는 별명을 붙여 주셨다)

안드레

빌립

바돌로매

마태

도마

알패오의 아들 야고보

다대오

가나안 사람 시몬

가룟 유다(그분을 배반한 자다).

성령을 모독하는 죄

20-21 예수께서 집에 오시자, 여느 때처럼 무리가 모여들었다. 예수께 이것저것 해달라고 청하는 사람들이 많아서, 그분은 식사할 겨를조차 없었다. 예수의 친구들이 상황

him.

11-12 Evil spirits, when they recognized him, fell down and cried out, "You are the Son of God!" But Jesus would have none of it. He shut them up, forbidding them to identify him in public.

13-19 He climbed a mountain and invited those he wanted with him. They climbed together. He settled on twelve, and designated them apostles. The plan was that they would be with him, and he would send them out to proclaim the Word and give them authority to banish demons. These are the Twelve:

Simon (Jesus later named him Peter, meaning "Rock"),

James, son of Zebedee,

John, brother of James (Jesus nicknamed the Zebedee brothers Boanerges, meaning "Sons of Thunder"),

Andrew,

Philip,

Bartholomew,

Matthew,

Thomas,

James, son of Alphaeus,

Thaddaeus,

Simon the Canaanite,

Judas Iscariot (who betrayed him).

Satan Fighting Satan?

20-21 Jesus came home and, as usual, a crowd gathered—so many making demands on him that there wasn't even time to eat. His friends heard what was going on and went to rescue him, by force if necessary. They suspected he was getting carried away

을 듣고서, 필요하다면 억지로라도 그분을 구해 내려고 왔다. 그들은 그분이 제정신을 잃어 가는 것은 아닌지 의심했다.

²²⁻²⁷ 예루살렘에서 종교 학자들이 내려와서, 예수가 마술을 부리고 마귀의 속임수를 써서 그 능력으로 사람들의 이목을 끌고 있다는 소문을 퍼뜨렸다. 예수께서 그들의 비방에 이런 이야기로 맞섰다. "마귀를 보내 마귀를 잡고 사탄을 이용해 사탄을 없앤다는 것이 말이 되느냐? 늘 싸움질하는 가정은 무너지게 마련이다. 사탄이 사탄과 싸우고 있으면, 사탄은 이내 남아나지 못할 것이다. 환한 대낮에 시퍼렇게 눈을 뜬 건강한 사내의 집에 들어가서 그 살림을 가지고 달아나려면, 먼저 그 사람을 묶어야 하지 않겠느냐? 그를 묶으면, 집을 깨끗이 털 수 있다.

²⁸⁻³⁰ 잘 들어라. 내가 너희에게 경고한다. 용서받지 못할 말이나 행동은 없다. 그러나 너희가 하나님의 성령을 끝까지 비방하면, 너희를 용서하시는 바로 그분을 물리치는 것이 된다. 그것은 너희 자신이 걸터앉은 나뭇가지를 톱으로 잘라 내는 것이며, 용서하시는 그분과의 모든 관계를 너희 자신의 사악함으로 끊어 버리는 것이다." 예수께서 이렇게 경고하신 것은, 그들이 그분을 악한 자와 한패로 몰았기 때문이다.

순종이 피보다 진하다

³¹⁻³² 그때에 예수의 어머니와 동생들이 나타났다. 그들은 밖에 서서, 그분과 잠시 할 말이 있다는 전갈을 보냈다. 예수께서 그 전갈을 받을 때에 무리에 둘러싸여 있었다. "선생님의 어머니와 동생들이 밖에서 찾고 있습니다."

³³⁻³⁵ 예수께서 대답하셨다. "내 어머니와 형제들이 누구라고 생각하느냐?" 그러고는 둘러앉은 사람들을 일일이 쳐다보며 말씀하셨다. "내 어머니와 형제들이 여기, 바

with himself.

²²⁻²⁷ The religion scholars from Jerusalem came down spreading rumors that he was working black magic, using devil tricks to impress them with spiritual power. Jesus confronted their slander with a story: "Does it make sense to send a devil to catch a devil, to use Satan to get rid of Satan? A constantly squabbling family disintegrates. If Satan were fighting Satan, there soon wouldn't be any Satan left. Do you think it's possible in broad daylight to enter the house of an awake, able-bodied man, and walk off with his possessions unless you tie him up first? Tie him up, though, and you can clean him out.

²⁸⁻³⁰ "Listen to this carefully. I'm warning you. There's nothing done or said that can't be forgiven. But if you persist in your slanders against God's Holy Spirit, you are repudiating the very One who forgives, sawing off the branch on which you're sitting, severing by your own perversity all connection with the One who forgives." He gave this warning because they were accusing him of being in league with Evil.

Jesus' Mother and Brothers

³¹⁻³² Just then his mother and brothers showed up. Standing outside, they relayed a message that they wanted a word with him. He was surrounded by the crowd when he was given the message, "Your mother and brothers and sisters are outside looking for you."

³³⁻³⁵ Jesus responded, "Who do you think are my mother and brothers?" Looking around, taking in everyone seated around him, he

로 너희 앞에 있다. 순종이 피보다 진하다. 하나님의 뜻에 순종하는 사람이 내 형제요 자매요 어머니다."

씨 뿌리는 농부 이야기

4 1-2 예수께서 다시 바닷가에서 가르치셨다. 무리가 인산인해를 이루고 있어서, 예수께서는 해안에서 좀 떨어진 배에 오르셔야 했다. 사람들이 물가로 몰려와서 배를 설교단으로 삼으신 것이다. 예수께서 많은 이야기로 가르치셨다.

3-8 "들어라. 너희는 어떻게 생각하느냐? 어떤 농부가 씨를 뿌렸다. 씨를 뿌리는데, 더러는 길 위에 떨어져서, 새들이 먹어 버렸다. 더러는 자갈밭에 떨어져서, 금세 싹이 났으나 뿌리를 내리지 못해, 해가 뜨자 곧 시들어 버렸다. 더러는 잡초밭에 떨어져서, 싹이 났으나 잡초 틈새에 짓눌려 아무 소득이 없었다. 더러는 좋은 땅에 떨어져서, 무성하게 자라 농부가 생각지도 못한 큰 결실을 맺었다.

9 너희는 듣고 있느냐? 정말로 듣고 있느냐?"

10-12 예수께서 따로 계실 때, 그분 곁에 있던 사람들이 열두 제자와 함께 그 이야기에 대해 물었다. 예수께서 그들에게 말씀하셨다. "너희에게는 하나님 나라를 아는 깨달음이 주어졌다. 너희는 하나님 나라가 어떻게 되어 가는지 안다. 그러나 아직 볼 줄 모르는 사람들에게는 모든 것을 이야기로 풀어 나간다. 마음을 준비시키고, 마음을 열어 깨닫도록 주의를 환기시키려는 것이다. 그들은,

눈을 떴으나 하나도 보지 못하고
귀가 열렸으나 한 마디도 알아듣지 못하며
돌아서지도 않고 용서받기도 거부한다."

said, "Right here, right in front of you—my mother and my brothers. Obedience is thicker than blood. The person who obeys God's will is my brother and sister and mother."

The Story of the Scattered Seed

4 1-2 He went back to teaching by the sea. A crowd built up to such a great size that he had to get into an offshore boat, using the boat as a pulpit as the people pushed to the water's edge. He taught by using stories, many stories.

3-8 "Listen. What do you make of this? A farmer planted seed. As he scattered the seed, some of it fell on the road and birds ate it. Some fell in the gravel; it sprouted quickly but didn't put down roots, so when the sun came up it withered just as quickly. Some fell in the weeds; as it came up, it was strangled among the weeds and nothing came of it. Some fell on good earth and came up with a flourish, producing a harvest exceeding his wildest dreams.

9 "Are you listening to this? Really listening?"

10-12 When they were off by themselves, those who were close to him, along with the Twelve, asked about the stories. He told them, "You've been given insight into God's kingdom—you know how it works. But to those who can't see it yet, everything comes in stories, creating readiness, nudging them toward receptive insight. These are people—

Whose eyes are open but don't see a thing,
Whose ears are open but don't understand a word,
Who avoid making an about-face and getting forgiven."

13 예수께서 계속해서 말씀하셨다. "이 이야기가 어떻게 되어 가는지 알겠느냐? 내가 하는 모든 이야기는 이렇게 이루어진다.

14-15 농부가 말씀을 뿌린다. 어떤 사람은 딱딱한 길바닥에 떨어진 씨와 같다. 말씀을 듣자마자, 사탄이 그 속에 뿌려진 것을 낚아채 간다.

16-17 또 어떤 사람은 자갈밭에 떨어진 씨와 같다. 그는 처음 말씀을 들을 때는 아주 뜨겁게 반응한다. 하지만 성품의 토양이 얕다 보니, 감정이 식거나 어려움이 닥치면 아무 쓸모없게 되고 만다.

18-19 잡초밭에 떨어진 씨는, 천국 소식을 듣기는 듣지만 해야 할 온갖 일과 갖고 싶은 것에 대한 염려로 짓눌려 있는 사람을 가리킨다. 스트레스에 숨이 막혀서 들은 것조차도 아무 소득이 없다.

20 그러나 좋은 땅에 뿌려진 씨는, 말씀을 듣고 품어서 생각지도 못한 큰 결실을 맺는 사람을 가리킨다."

받는 것보다 주는 것이 더 낫다

21-22 예수께서 계속해서 말씀하셨다. "집에 등잔을 가져와서 통 속이나 침대 밑에 두는 사람이 있느냐? 탁자나 선반 위에 두지 않느냐? 우리는 비밀을 감추어 두지 않고, 오히려 말할 것이다. 숨기지 않고, 오히려 밝히 드러낼 것이다.

23 너희는 듣고 있느냐? 정말로 듣고 있느냐?

24-25 내가 하는 말을 잘 들어라. 세상에서 너희 힘으로 잘될 수 있다는 약삭빠른 충고를 조심하여라. 받는 것보다 주는 것이 더 낫다. 베풂은 베풂을 낳는다. 인색하면 가난해진다."

13 He continued, "Do you see how this story works? All my stories work this way.

14-15 "The farmer plants the Word. Some people are like the seed that falls on the hardened soil of the road. No sooner do they hear the Word than Satan snatches away what has been planted in them.

16-17 "And some are like the seed that lands in the gravel. When they first hear the Word, they respond with great enthusiasm. But there is such shallow soil of character that when the emotions wear off and some difficulty arrives, there is nothing to show for it.

18-19 "The seed cast in the weeds represents the ones who hear the kingdom news but are overwhelmed with worries about all the things they have to do and all the things they want to get. The stress strangles what they heard, and nothing comes of it.

20 "But the seed planted in the good earth represents those who hear the Word, embrace it, and produce a harvest beyond their wildest dreams."

Giving, Not Getting

21-22 Jesus went on: "Does anyone bring a lamp home and put it under a washtub or beneath the bed? Don't you put it up on a table or on the mantel? We're not keeping secrets, we're telling them; we're not hiding things, we're bringing them out into the open.

23 "Are you listening to this? Really listening?

24-25 "Listen carefully to what I am saying—and be wary of the shrewd advice that tells you how to get ahead in the world on your own. Giving, not getting, is the way. Generosity begets generosity. Stinginess impoverishes."

많은 이야기로 말씀하시다

26-29 예수께서 또 말씀하셨다. "하나님 나라는 어떤 사람이 밭에 씨를 뿌리고는 잊어버린 채 잠자리에 든 것과 같다. 씨는 싹이 터서 자라나는데, 그는 어떻게 된 일인지 모른다. 그의 도움 없이 땅이 다 알아서 한다. 처음에는 푸른 줄기를 내고, 다음에는 꽃봉오리를 내고, 그 다음에는 익은 곡식이다. 곡식이 완전히 영글면 거둔다. 추수할 때가 된 것이다!

30-32 하나님 나라를 어떻게 묘사할 수 있을까? 어떤 이야기가 좋을까? 하나님 나라는 솔씨 하나와 같다. 솔씨는 땅에 떨어질 때 씨로서는 아주 작지만, 일단 심으면 가지가 무성한 큰 나무로 자란다. 독수리들이 그 안에 둥지를 틀 정도다."

33-34 예수께서는 이처럼 많은 이야기로 메시지를 전해 주시면서, 그들의 경험과 성숙도에 맞게 이야기를 들려주셨다. 예수께서 이야기 없이는 말씀하지 않으셨다. 그리고 제자들과 따로 있을 때에 모든 것을 다시 설명해 주셨다. 혼란스러운 것을 정리하시고, 얽힌 것은 풀어 주셨다.

바람과 바다를 잠잠케 하시다

35-38 그날 늦게 예수께서 제자들에게 말씀하셨다. "저편으로 건너가자." 제자들은 그분을 배에 계신 그대로 모시고 갔다. 다른 배들도 따라갔다. 그때에 큰 풍랑이 일어났다. 파도가 배 안으로 들이쳐서, 배가 가라앉으려고 했다. 예수께서는 배 뒤쪽에서 베개를 베고 주무시고 계셨다! 제자들이 그분을 깨우며 말했다. "선생님, 우리가 빠져 죽게 되었는데 아무렇지도 않습니까?"

39-40 잠에서 깬 예수께서 바람에게 조용하라고 하시고, 바다에게 "고요하여라! 잠잠하여라!" 하고 말씀하셨다. 바람이 숨을 멎고, 바다는 호수처럼 고요해졌다. 예수께서 제

Never Without a Story

26-29 Then Jesus said, "God's kingdom is like seed thrown on a field by a man who then goes to bed and forgets about it. The seed sprouts and grows—he has no idea how it happens. The earth does it all without his help: first a green stem of grass, then a bud, then the ripened grain. When the grain is fully formed, he reaps—harvest time!

30-32 "How can we picture God's kingdom? What kind of story can we use? It's like a pine nut. When it lands on the ground it is quite small as seeds go, yet once it is planted it grows into a huge pine tree with thick branches. Eagles nest in it."

33-34 With many stories like these, he presented his message to them, fitting the stories to their experience and maturity. He was never without a story when he spoke. When he was alone with his disciples, he went over everything, sorting out the tangles, untying the knots.

The Wind Ran Out of Breath

35-38 Late that day he said to them, "Let's go across to the other side." They took him in the boat as he was. Other boats came along. A huge storm came up. Waves poured into the boat, threatening to sink it. And Jesus was in the stern, head on a pillow, sleeping! They roused him, saying, "Teacher, is it nothing to you that we're going down?"

39-40 Awake now, he told the wind to pipe down and said to the sea, "Quiet! Settle down!" The wind ran out of breath; the sea became smooth as glass. Jesus reprimanded the disciples: "Why are you such cowards? Don't you have any faith at all?"

자들을 꾸짖으셨다. "어째서 너희는 이토록 겁이 많으냐? 그렇게도 믿음이 없느냐?"

41 그들은 놀라고 두려워서, 어쩔 줄을 몰라했다. "도대체 이분은 누구신가? 바람과 바다도 마음대로 부리시다니!"

거라사의 귀신 들린 사람

5 1-5 그들은 바다 건너편 거라사 사람들의 지방에 이르렀다. 예수께서 배에서 내리시자, 묘지에서 어떤 미친 사람이 그분께 나아왔다. 그는 거기 무덤 사이에서 살았다. 아무도 그를 잡아 둘 수 없었다. 사슬을 채울 수도, 결박할 수도 없었다. 사람들이 여러 번 사슬과 밧줄로 묶었지만, 그때마다 그는 사슬을 부서뜨리고 밧줄을 끊어 버렸다. 아무리 힘센 사람도 그를 꺾을 수 없었다. 그는 밤낮으로 무덤과 산을 어슬렁거리면서, 고함을 지르고 뾰족한 돌로 제 몸을 마구 상하게 했다.

6-8 그가 멀찍이서 예수를 보고 달려와, 그분 앞에 경배하며 엎드렸다. 그러고는 고함지르며 따졌다. "지극히 높으신 하나님의 아들 예수여, 무슨 일로 내게 간섭합니까? 제발, 나를 괴롭게 하지 마십시오!" (예수께서 이미 그 악한 귀신에게 '나오너라! 그 사람에게서 나오너라!' 하고 명령하신 뒤였다.)

9-10 예수께서 그에게 물으셨다. "네 이름이 무엇이냐?"

그가 대답했다. "내 이름은 패거리입니다. 난동을 부리는 패거리입니다." 그는 자기를 그 지방에서 내쫓지 말아 달라고 예수께 애원했다.

11-13 마침 근처 언덕에서 큰 돼지 떼가 땅을 파헤치며 먹을 것을 찾고 있었다. 귀신들이 예수께 애걸했다. "우리를 돼지에게 보내셔서 그 속에서 살게 해주십시오." 예수께서 그렇게 하라고 말씀하셨다. 그러나 돼지 떼의 형편은 그 사람의 형편보다 더 나빠졌다. 돼지들이 미쳐서 벼랑으로 우르르 몰려가더니, 바

41 They were in absolute awe, staggered. "Who is this, anyway?" they asked. "Wind and sea at his beck and call!"

The Madman

5 1-5 They arrived on the other side of the sea in the country of the Gerasenes. As Jesus got out of the boat, a madman from the cemetery came up to him. He lived there among the tombs and graves. No one could restrain him—he couldn't be chained, couldn't be tied down. He had been tied up many times with chains and ropes, but he broke the chains, snapped the ropes. No one was strong enough to tame him. Night and day he roamed through the graves and the hills, screaming out and slashing himself with sharp stones.

6-8 When he saw Jesus a long way off, he ran and bowed in worship before him—then bellowed in protest, "What business do you have, Jesus, Son of the High God, messing with me? I swear to God, don't give me a hard time!" (Jesus had just commanded the tormenting evil spirit, "Out! Get out of the man!")

9-10 Jesus asked him, "Tell me your name."

He replied, "My name is Mob. I'm a rioting mob." Then he desperately begged Jesus not to banish them from the country.

11-13 A large herd of pigs was browsing and rooting on a nearby hill. The demons begged him, "Send us to the pigs so we can live in them." Jesus gave the order. But it was even worse for the pigs than

다에 빠져 죽은 것이다.

14-15 돼지를 치던 사람들이 혼비백산하여 도망쳐서, 시내와 마을에 그 이야기를 전했다. 다들 어찌 된 일인지 보고 싶어 했다. 사람들이 예수께 다가와서 보니, 미친 사람이 단정한 옷차림과 멀쩡한 정신으로 앉아 있었다. 그는 더 이상 걸어 다니는 정신병원이 아니었다.

16-17 그 일을 처음부터 목격한 사람들이 귀신 들린 사람과 돼지 떼에게 벌어진 일을 그들에게 말해 주었다. 그들은 처음에는 두려워하다가 나중에는 언짢아했다. 돼지들이 익사한 것 때문에 기분이 상했던 것이다. 그들은 예수께 그곳을 떠나 다시는 오지 말라고 당부했다.

18-20 예수께서 배에 오르실 때에, 귀신한테서 놓인 그 사람이 자기도 함께 가게 해달라고 간청했으나 그분은 허락하지 않으셨다. 예수께서 말씀하셨다. "네 집, 네 가족한테 가거라. 주께서 무엇을 하셨고, 어떻게 너를 불쌍히 여기셨는지 그들에게 이야기하여라." 그 사람은 돌아가서, 예수께서 자기에게 행하신 일을 '데가볼리'(열 성읍) 근방에 전하기 시작했다. 그는 동네의 화젯거리였다.

손가락 하나만 대어도

21-24 예수께서 배를 타고 건너가시자, 큰 무리가 바닷가에서 그분을 맞이했다. 회당 지도자 가운데 야이로라는 사람이 왔다. 그는 예수를 보고는, 무릎을 꿇고 정신없이 애원했다. "제 사랑하는 딸이 죽음의 문턱에 있습니다. 병이 나아서 살 수 있도록, 오셔서 손을 얹어 주십시오." 예수께서 그와 함께 가시는데, 온 무리가 따라가며 그분을 밀고 당겼다.

25-29 십이 년 동안 혈루증으로 고생한 한 여자가 예수의 소문을 들었다. 여자는 많은 의

for the man. Crazed, they stampeded over a cliff into the sea and drowned.

14-15 Those tending the pigs, scared to death, bolted and told their story in town and country. Everyone wanted to see what had happened. They came up to Jesus and saw the madman sitting there wearing decent clothes and making sense, no longer a walking madhouse of a man.

16-17 Those who had seen it told the others what had happened to the demon-possessed man and the pigs. At first they were in awe—and then they were upset, upset over the drowned pigs. They demanded that Jesus leave and not come back.

18-20 As Jesus was getting into the boat, the demon-delivered man begged to go along, but he wouldn't let him. Jesus said, "Go home to your own people. Tell them your story—what the Master did, how he had mercy on you." The man went back and began to preach in the Ten Towns area about what Jesus had done for him. He was the talk of the town.

A Risk of Faith

21-24 After Jesus crossed over by boat, a large crowd met him at the seaside. One of the meeting-place leaders named Jairus came. When he saw Jesus, he fell to his knees, beside himself as he begged, "My dear daughter is at death's door. Come and lay hands on her so she will get well and live." Jesus went with him, the whole crowd tagging along, pushing and jostling him.

25-29 A woman who had suffered a condition of hemorrhaging for twelve years—a

사들에게 치료를 받았으나, 형편없는 치료로 돈만 날리고 상태가 이전보다 더 나빠졌다. 여자는 뒤에서 슬그머니 다가가 예수의 옷을 만졌다. '이분의 옷에 손가락 하나만 대어도 내가 낫겠다'고 생각한 것이다. 여자가 손을 대는 순간에 흐르던 피가 멈추었다. 여자는 변화를 느낄 수 있었고, 자신의 병이 깨끗이 나은 것을 알았다.

30 그 순간, 예수께서 자신에게서 기운이 나간 것을 아시고, 무리에게 돌아서서 물으셨다. "누가 내 옷에 손을 대었느냐?"

31 제자들이 말했다. "무슨 말씀이신지요? 무리가 이렇게 밀고 당기는데 '누가 내게 손을 대었느냐?'고 물으시다니요. 손을 댄 사람이 수십 명은 될 것입니다!"

32-33 그러나 예수께서는 누가 그렇게 했는지 보려고 계속 둘러보며 물으셨다. 자기가 한 일을 알고 있던 그 여자는, 두려워 떨며 앞으로 나아갔다. 여자는 그분 앞에 무릎을 꿇고 자초지종을 이야기했다.

34 예수께서 여자에게 말씀하셨다. "딸아, 너는 믿음의 모험을 했고 이제 온전해졌다. 잘 살아라. 병이 나았으니 복되게 살아라!"

❧

35 예수께서 아직 말씀하시는 중에, 회당장의 집에서 사람들이 와서 회당장에게 말했다. "따님이 죽었습니다. 선생님을 더 괴롭게 해드릴 일이 있겠습니까?"

36 예수께서 그들이 하는 말을 들으시고 그 회당장에게 말씀하셨다. "그들의 말을 듣지 말고, 나만 신뢰하여라."

37-40 예수께서는 베드로, 야고보, 요한 외에는 아무도 따라오지 못하게 하셨다. 회당장의 집에 들어선 그들은, 이야깃거리를 찾는 입방아꾼들과 음식을 나르는

long succession of physicians had treated her, and treated her badly, taking all her money and leaving her worse off than before—had heard about Jesus. She slipped in from behind and touched his robe. She was thinking to herself, "If I can put a finger on his robe, I can get well." The moment she did it, the flow of blood dried up. She could feel the change and knew her plague was over and done with.

30 At the same moment, Jesus felt energy discharging from him. He turned around to the crowd and asked, "Who touched my robe?"

31 His disciples said, "What are you talking about? With this crowd pushing and jostling you, you're asking, 'Who touched me?' Dozens have touched you!"

32-33 But he went on asking, looking around to see who had done it. The woman, knowing what had happened, knowing she was the one, stepped up in fear and trembling, knelt before him, and gave him the whole story.

34 Jesus said to her, "Daughter, you took a risk of faith, and now you're healed and whole. Live well, live blessed! Be healed of your plague."

❧

35 While he was still talking, some people came from the leader's house and told him, "Your daughter is dead. Why bother the Teacher any more?"

36 Jesus overheard what they were talking about and said to the leader, "Don't listen to them; just trust me."

37-40 He permitted no one to go in with him except Peter, James, and John. They entered the leader's house and pushed their way through the gossips looking for a story and

이웃 사이를 헤치고 지나갔다. 예수께서 불쑥 말씀하셨다. "어째서 이렇게 너도나도 울고불고 말이 많으냐? 이 아이는 죽은 것이 아니라 자고 있다." 사람들은 저가 알지도 못하면서 저런 말을 한다고 비웃었다.

40-43 예수께서 그들을 다 내보내신 뒤에, 아이 부모와 자기 동료들만 데리고 아이 방으로 들어가셨다. 예수께서 소녀의 손을 꼭 잡고 말씀하셨다. "달리다 쿰." 이는 '소녀야, 일어나라'라는 뜻이다. 그러자 소녀가 일어나서 걸어 다녔다! 소녀의 나이는 열두 살이었다. 그들은 모두 기뻐서 어쩔 줄 몰라했다. 예수께서는 그 방에서 일어난 일을 아무에게도 알리지 말라고 그들에게 엄히 명하셨다. 그리고 "아이에게 먹을 것을 주어라" 하고 말씀하셨다.

고향에서 배척받으시다

6 1-2 예수께서 그곳을 떠나 자기 고향으로 돌아가셨다. 제자들도 함께 갔다. 안식일에 예수께서 회당에서 설교하셨다. 예수께서는 모든 사람의 감탄을 자아낼 정도로 대단하셨다. 사람들이 말했다. "이 사람이 이렇게 훌륭한 사람인지 미처 몰랐다! 어떻게 이렇게 갑자기 지혜로워지고, 이런 능력을 갖게 되었을까?"

3 그러나 한편으로 그들은 언제 그랬느냐는 듯이, 어느새 그분을 깎아내리고 있었다. "이 사람은 목수요 마리아의 아들에 불과하다. 우리는 그를 어려서부터 알았다. 그의 동생 야고보와 요셉과 유다와 시몬 그리고 그의 누이들도 우리가 안다. 도대체 그는 자기가 누구라고 저러는 것인가?" 그들은 예수에 대해 조금 아는 것에 걸려 넘어졌던 것이다. 그들은 거기서 더 이상 나아가지 못했다.

4-6 예수께서 그들에게 말씀하셨다. "예언자는 자기 고향, 자기 친척, 자기가 어려서

neighbors bringing in casseroles. Jesus was abrupt: "Why all this busybody grief and gossip? This child isn't dead; she's sleeping." Provoked to sarcasm, they told him he didn't know what he was talking about.

40-43 But when he had sent them all out, he took the child's father and mother, along with his companions, and entered the child's room. He clasped the girl's hand and said, "*Talitha koum*," which means, "Little girl, get up." At that, she was up and walking around! This girl was twelve years of age. They, of course, were all beside themselves with joy. He gave them strict orders that no one was to know what had taken place in that room. Then he said, "Give her something to eat."

Just a Carpenter

6 1-2 He left there and returned to his hometown. His disciples came along. On the Sabbath, he gave a lecture in the meeting place. He made a real hit, impressing everyone. "We had no idea he was this good!" they said. "How did he get so wise all of a sudden, get such ability?"

3 But in the next breath they were cutting him down: "He's just a carpenter—Mary's boy. We've known him since he was a kid. We know his brothers, James, Justus, Jude, and Simon, and his sisters. Who does he think he is?" They tripped over what little they knew about him and fell, sprawling. And they never got any further.

4-6 Jesus told them, "A prophet has little honor in his hometown, among his relatives, on the streets he played in as a child." Jesus wasn't able to do much of anything there—

놀던 길목에서는 별로 존경을 받지 못하는 법이다." 예수께서는 거기서 많은 일을 행하실 수 없었다. 몇몇 병자들에게 손을 얹어 고쳐 주신 것이 전부였다. 그들의 완고함을 예수께서도 어찌할 수 없었다. 그래서 예수께서는 그곳을 떠나, 다른 마을을 다니시며 가르치셨다.

열두 제자를 파송하시다

7-8 예수께서 열두 제자를 부르셔서, 둘씩 짝을 지어 내보내시며, 그들에게 악한 세력을 물리치는 권세와 능력을 주셨다. 예수께서는 그들을 보내시며 이런 지침을 주셨다.

8-9 "이 일에 별도의 준비가 필요하다고 생각하지 마라. 먼저 너희 자신을 준비하여라. 특별히 돈을 모금할 것도 없다. 간소하게 하여라.

10 고급 여관도 안된다. 적당한 곳을 찾아가 떠날 때까지 그곳으로 만족하여라.

11 사람들이 너희를 맞아들이지 않고 너희 말을 듣지 않거든, 조용히 나오너라. 소란 피울 것 없다. 무시해 버리고 너희의 길을 가면 된다."

12-13 곧 제자들은 길을 나섰다. 그들은 삶이 근본적으로 달라질 수 있음을 기쁜 마음으로 긴박하게 전했다. 가는 곳마다 귀신을 쫓아냈다. 병자들의 몸에 기름을 발라 건강을 되찾게 해주고, 그들의 심령을 고쳐 주었다.

요한의 죽음

14 예수의 이름이 만인의 입에 오르내리고 있을 그 즈음에, 헤롯 왕도 그 모든 소식을 들었다. 그가 말했다. "죽은 세례자 요한이 다시 살아난 것이 틀림없다. 그래서 그 사람이 능히 기적을 행하는 것이다!"

15 다른 사람들이 말했다. "아닙니다. 그는 엘리야입니다."

또 다른 사람들이 말했다. "그는 예언자입니다. 옛 예언자들 가운데 한 사람과 같습니다."

he laid hands on a few sick people and healed them, that's all. He couldn't get over their stubbornness. He left and made a circuit of the other villages, teaching.

The Twelve

7-8 Jesus called the Twelve to him, and sent them out in pairs. He gave them authority and power to deal with the evil opposition. He sent them off with these instructions:

8-9 "Don't think you need a lot of extra equipment for this. You are the equipment. No special appeals for funds. Keep it simple.

10 "And no luxury inns. Get a modest place and be content there until you leave.
11 "If you're not welcomed, not listened to, quietly withdraw. Don't make a scene. Shrug your shoulders and be on your way."

12-13 Then they were on the road. They preached with joyful urgency that life can be radically different; right and left they sent the demons packing; they brought wellness to the sick, anointing their bodies, healing their spirits.

The Death of John

14 King Herod heard of all this, for by this time the name of Jesus was on everyone's lips. He said, "This has to be John the Baptizer come back from the dead—that's why he's able to work miracles!"

15 Others said, "No, it's Elijah."
Others said, "He's a prophet, just like one of the old-time prophets."

16 그러나 헤롯은 굽히지 않았다. "틀림없이 요한이다. 내가 그의 목을 베었는데, 이제 그가 다시 살아난 것이다."

17-20 헤롯은 자기 동생 빌립의 아내였던 헤로디아의 잔소리에 못 이겨, 요한의 체포를 명하고, 그에게 사슬을 채워 감옥에 가두었던 자다. 요한은 헤롯과 헤로디아의 관계가 "불륜"이라고 말해 헤롯을 자극했다. 헤로디아는 증오에 사무쳐서 요한을 죽이고 싶었으나, 헤롯이 요한을 두려워하여 감히 그렇게 하지 못했다. 요한이 거룩한 사람이라고 굳게 믿고 있던 헤롯은, 그를 특별 대우했다. 헤롯은 요한의 말을 들을 때마다 양심에 가책을 받아 괴로워하면서도, 그를 멀리할 수 없었다. 요한에게는 헤롯을 계속 잡아끄는 어떤 힘이 있었다.

21-22 그러나 끝내 불길한 날이 왔다. 헤롯이 갈릴리의 모든 고관과 귀족들을 초대해 생일잔치를 벌인 날이었다. 헤로디아의 딸이 연회장에 들어와서 손님들을 위해 춤을 추었다. 헤롯과 손님들은 감탄했다.

22-23 왕이 소녀에게 말했다. "내게 무엇이든 청하거라. 네가 원하는 것이면 무엇이든 주마." 그는 흥분하여 계속했다. "맹세하는데, 네가 말만 하면 내 나라를 너와 반반씩이라도 나누겠다!"

24 그 딸은 어머니에게 돌아가서 말했다. "무엇을 청할까요?"

"세례자 요한의 머리를 달라고 하거라."

25 딸은 급히 왕에게 달려가서 말했다. "지금 당장, 세례자 요한의 머리를 쟁반에 담아 주십시오!"

26-29 왕은 한순간 정신이 번쩍 들었다. 그러나 그는 손님들에게 체면을 잃고 싶지 않아서, 잠자코 소녀의 소원을 들어주었다. 왕은 사형 집행관을 감옥으로 보내 요한의 머리를 가져오라고 명했다. 그가 가서 요한의 목을 베어 쟁반에 담아 와서 소녀에게 주

었고, 소녀는 그것을 다시 자기 어머니에게 주었다. 요한의 제자들이 이 일을 듣고 와서, 그 시신을 거두어다가 무덤에 안장했다.

너희가 먹을 것을 주어라

30-31 사도들이 다시 예수께 모여서, 그동안 자기들이 행하고 가르친 일을 모두 보고했다. 예수께서 말씀하셨다. "따로 어디 가서 잠깐 쉬도록 하자." 그만큼 오가는 사람들의 발길이 끊이지 않았고, 그들은 음식 먹을 겨를조차 없었다.

32-34 그래서 그들은 배를 타고 따로 한적한 곳으로 떠났다. 그들이 가는 것을 본 사람이 있어서 금세 소문이 퍼졌다. 인근 마을에서 사람들이 도보로 달려와서, 그들보다 먼저 그곳에 도착했다. 예수께서 도착해 큰 무리를 보셨다. 목자 없는 양 같은 그들을 보시니, 그분 마음이 찢어지는 것 같았다. 예수께서는 곧바로 그들을 가르치기 시작하셨다.

35-36 어느새 저녁이 되었다. 시간이 많이 흘렀다고 생각한 제자들이 말씀 사이에 끼어들었다. "여기는 허허벌판이고 시간도 많이 늦었습니다. 이제 기도하시고 사람들을 보내어 저녁이라도 먹게 해야겠습니다."

37 예수께서 말씀하셨다. "너희가 이들의 저녁을 마련하여라."

그들이 대답했다. "진심이십니까? 가서 이들의 저녁거리에 큰돈을 쓰라는 말씀이신지요?"

38 그러나 그분의 말씀은 진심이었다. "너희에게 빵이 몇 개나 있는지 알아보아라." 오래 걸릴 것도 없었다. "다섯 개입니다." 그들이 말했다. "그리고 물고기가 두 마리 있습니다."

39-44 예수께서 그들 모두를 오십 명, 백

Supper for Five Thousand

platter, and presented it to the girl, who gave it to her mother. When John's disciples heard about this, they came and got the body and gave it a decent burial.

30-31 The apostles then rendezvoused with Jesus and reported on all that they had done and taught. Jesus said, "Come off by yourselves; let's take a break and get a little rest." For there was constant coming and going. They didn't even have time to eat.

32-34 So they got in the boat and went off to a remote place by themselves. Someone saw them going and the word got around. From the surrounding towns people went out on foot, running, and got there ahead of them. When Jesus arrived, he saw this huge crowd. At the sight of them, his heart broke—like sheep with no shepherd they were. He went right to work teaching them.

35-36 When his disciples thought this had gone on long enough—it was now quite late in the day—they interrupted: "We are a long way out in the country, and it's very late. Pronounce a benediction and send these folks off so they can get some supper."

37 Jesus said, "You do it. Fix supper for them."

They replied, "Are you serious? You want us to go spend a fortune on food for their supper?"

38 But he was quite serious. "How many loaves of bread do you have? Take an inventory."

That didn't take long. "Five," they said, "plus two fish."

39-44 Jesus got them all to sit down in groups of fifty or a hundred—they looked like a

명씩 무리 지어 앉게 하셨다. 그 모습이 마치 푸른 초장에 펼쳐진, 들꽃으로 엮은 조각보 이불 같았다! 예수께서 빵 다섯 개와 물고기 두 마리를 손에 들고, 고개 들어 하늘을 우러러 감사기도를 드리시고 축복하신 다음, 빵을 떼어 제자들에게 주셨고, 제자들은 다시 그것을 사람들에게 나눠 주었다. 예수께서는 물고기를 가지고 똑같이 하셨다. 사람들 모두가 배불리 먹었다. 제자들이 남은 것을 거두니 열두 바구니나 되었다. 저녁을 먹은 사람들이 오천 명이 넘었다.

바다 위를 걸어오시다

45-46 식사가 끝나자, 예수께서 제자들을 재촉하여 배를 타고 먼저 건너편 벳새다로 가게 하시고, 그동안에 무리를 돌려보내셨다. 사람들을 보내신 뒤에, 예수께서는 산에 올라가 기도하셨다.

47-49 밤늦게 배는 이미 바다 멀리까지 나갔는데, 예수께서는 아직 뭍에 혼자 계셨다. 맞바람을 맞아 노를 젓느라 고생하는 제자들의 모습이 보였다. 새벽 네 시쯤에, 예수께서 바다 위를 걸어 그들 쪽으로 가셨다. 예수께서 바로 그들 옆을 지나려고 하셨다. 그러나 제자들은 바다 위를 걸어오시는 예수를 보고서 유령인 줄 알고, 무서워 꼼짝도 못한 채 비명을 질렀다.

50-52 예수께서 얼른 그들을 안심시키셨다. "안심하여라! 나다. 두려워 마라." 예수께서 배에 오르자마자, 바람이 가라앉았다. 제자들은 너무 놀라서, 이게 무슨 일인가 싶어 고개를 저었다. 그들은 예수께서 저녁식사 때 하신 일을 미처 깨닫지 못하고 있었다. 그 무엇도 아직 그들의 마음속까지 파고들지 못했던 것이다.

53-56 그들은 게네사렛에 배를 댔다. 그들이 배에서 내리자, 순식간에 소문이 퍼졌다. 사람들이 이리저리 내달리며, 들것에 병자들

patchwork quilt of wildflowers spread out on the green grass! He took the five loaves and two fish, lifted his face to heaven in prayer, blessed, broke, and gave the bread to the disciples, and the disciples in turn gave it to the people. He did the same with the fish. They all ate their fill. The disciples gathered twelve baskets of leftovers. More than five thousand were at the supper.

Walking on the Sea

45-46 As soon as the meal was finished, Jesus insisted that the disciples get in the boat and go on ahead across to Bethsaida while he dismissed the congregation. After sending them off, he climbed a mountain to pray.

47-49 Late at night, the boat was far out at sea; Jesus was still by himself on land. He could see his men struggling with the oars, the wind having come up against them. At about four o'clock in the morning, Jesus came toward them, walking on the sea. He intended to go right by them. But when they saw him walking on the sea, they thought it was a ghost and screamed, scared out of their wits.

50-52 Jesus was quick to comfort them: "Courage! It's me. Don't be afraid." As soon as he climbed into the boat, the wind died down. They were stunned, shaking their heads, wondering what was going on. They didn't understand what he had done at the supper. None of this had yet penetrated their hearts.

53-56 They beached the boat at Gennesaret and tied up at the landing. As soon as they got out of the boat, word got around fast.

을 메고 예수가 계시는 곳으로 데려왔다. 마을이나 시내나 촌 네거리마다 그분이 가시는 곳이면 어디든지, 사람들이 병자들을 데리고 나와서 그분의 옷자락을 만지게 해달라고 간청했다. 그것이 전부였다. 그분을 만진 사람은 누구나 병이 나았다.

참으로 너희를 더럽히는 것

7 1-4 바리새인들이 예루살렘에서 온 몇몇 종교 학자들과 함께 예수의 주위에 모였다. 그들은 예수의 제자 몇이 식사 전에 씻는 정결예식을 소홀히 하는 것을 보았다. 바리새인을 비롯한 유대인들은 의식상 손 씻는 시늉을 하지 않고는 절대 식사를 하지 않았다. 시장에서 돌아왔을 때에는 특히 더욱 문질러 씻었다(컵과 냄비와 접시를 닦는 것은 말할 것도 없었다).

5 바리새인과 종교 학자들이 물었다. "어째서 당신의 제자들은 규정을 우습게 알고, 손도 씻지 않고 식탁에 앉는 겁니까?"

6-8 예수께서 대답하셨다. "너희 같은 사기꾼들에 대해 이사야가 정곡을 찔러서 말했다.

이 백성이 입바른 말을 거창하게 떠벌리지만,
그들의 마음은 딴 데 있다.
겉으로는 나를 경배하는 듯해도,
진심은 그렇지 않다.
무엇이든 자기네 구미에 맞는 가르침을 위해
내 이름을 팔고 있을 뿐이다.
하나님의 계명은 버린 채
최신 유행을 좇기에 바쁘다."

9-13 예수께서 계속해서 말씀하셨다. "그래, 잘도 하는구나. 너희는 종교의 유행

People ran this way and that, bringing their sick on stretchers to where they heard he was. Wherever he went, village or town or country crossroads, they brought their sick to the marketplace and begged him to let them touch the edge of his coat—that's all. And whoever touched him became well.

The Source of Your Pollution

7 1-4 The Pharisees, along with some religion scholars who had come from Jerusalem, gathered around him. They noticed that some of his disciples weren't being careful with ritual washings before meals. The Pharisees—Jews in general, in fact—would never eat a meal without going through the motions of a ritual hand-washing, with an especially vigorous scrubbing if they had just come from the market (to say nothing of the scourings they'd give jugs and pots and pans).

5 The Pharisees and religion scholars asked, "Why do your disciples flout the rules, showing up at meals without washing their hands?"

6-8 Jesus answered, "Isaiah was right about frauds like you, hit the bull's-eye in fact:

These people make a big show of saying the right thing,
    but their heart isn't in it.
They act like they are worshiping me,
    but they don't mean it.
They just use me as a cover
    for teaching whatever suits their fancy,
Ditching God's command
    and taking up the latest fads."

9-13 He went on, "Well, good for you. You

을 따르는 데 거추장스럽지 않도록 하나님의 계명을 저버리고 있다! 모세는 '너희 부모를 공경하라'고 했고 또 '누구든지 부모를 욕하는 사람은 반드시 죽여야 한다'고 했다. 그러나 너희는 부모에게 드려야 할 것이 있어도 부모 대신 '하나님께 예물로 바쳤습니다' 말하면서, 그 계명을 회피하고 있다. 아버지나 어머니에 대한 의무를 그렇게 모면하고 있는 것이다. 너희는 하나님의 말씀을 지워 버리고 그 자리에 아무것이나 원하는 대로 써 넣는다. 너희는 이 같은 일을 다반사로 한다."

14-15 예수께서 다시 무리를 불러 놓고 말씀하셨다. "잘 듣고 마음에 새겨 두어라. 너희 삶을 더럽히는 것은 너희가 입으로 삼키는 것이 아니라, 너희 입에서 토해 내는 것이다. 그것이야말로 정말 더러운 것이다."

17 예수께서 무리와 헤어져 집에 돌아오셨을 때에 제자들이 말했다. "잘 모르겠습니다. 쉽게 말씀해 주십시오."

18-19 예수께서 말씀하셨다. "너희가 우둔해지기로 작정이라도 한 것이냐? 너희가 입으로 삼키는 것이 너희를 더럽힐 수 없다는 것을 모르느냐? 그것은 너희 마음으로 들어가지 않고 위로 들어가서 장을 지나 결국 변기의 물과 함께 내려간다." (이것으로 음식에 대한 논란은 무의미해졌다. 예수께서는 모든 음식을 먹어도 좋다고 하신 것이다.)

20-23 예수께서 계속해서 말씀하셨다. "사람 속에서 나오는 것이 사람을 더럽히는 법이다. 음란, 정욕, 도둑질, 살인, 간음, 탐욕, 부정부패, 속임수, 방탕, 비열한 눈빛, 중상모략, 교만, 미련함. 이 모두가 마음에서 토해 내는 것이다. 너희를 더럽히는 근원은 바로 거기다."

get rid of God's command so you won't be inconvenienced in following the religious fashions! Moses said, 'Respect your father and mother,' and, 'Anyone denouncing father or mother should be killed.' But you weasel out of that by saying that it's perfectly acceptable to say to father or mother, 'Gift! What I owed you I've given as a gift to God,' thus relieving yourselves of obligation to father or mother. You scratch out God's Word and scrawl a whim in its place. You do a lot of things like this."

14-15 Jesus called the crowd together again and said, "Listen now, all of you—take this to heart. It's not what you swallow that pollutes your life; it's what you vomit—that's the real pollution."

17 When he was back home after being with the crowd, his disciples said, "We don't get it. Put it in plain language."

18-19 Jesus said, "Are you being willfully stupid? Don't you see that what you swallow can't contaminate you? It doesn't enter your heart but your stomach, works its way through the intestines, and is finally flushed." (That took care of dietary quibbling; Jesus was saying that *all* foods are fit to eat.)

20-23 He went on: "It's what comes out of a person that pollutes: obscenities, lusts, thefts, murders, adulteries, greed, depravity, deceptive dealings, carousing, mean looks, slander, arrogance, foolishness—all these are vomit from the heart. *There* is the source of your pollution."

❧

24-26 예수께서 거기에서 두로 지방으로 떠나셨다. 그분은 아무도 못 본 줄 알고 그곳의 한 집에 들어가셨으나, 사람들의 이목을 피할 수 없었다. 예수께서 안에 들기가 무섭게, 고통당하는 딸을 둔 한 여자가 그분이 그곳에 계시다는 말을 듣고 찾아왔다. 여자는 예수의 발 앞에 무릎을 꿇고는 도와 달라고 애원했다. 그 여자는 수로보니게 출신의 그리스 사람이었다. 여자는 예수께 자기 딸을 고쳐 달라고 간청했다.

27 예수께서 말씀하셨다. "줄을 서서 차례를 기다려라. 자녀들을 먼저 먹이는 법이다. 그리고 남는 것이 있으면 개들의 차지다."

28 여자가 말했다. "지당하신 말씀입니다, 주님. 하지만 상 밑의 개들도 자녀들이 흘리는 부스러기는 먹지 않습니까?"

29-30 예수께서 감동하셨다. "네 말이 맞다! 가거라! 네 딸이 더 이상 고통당하지 않게 되었다. 괴롭히던 귀신이 떠나갔다." 여자가 집에 가 보니, 딸이 침대에 편히 누웠고 고통이 아주 사라져 버렸다.

31-35 예수께서 다시 두로 지방을 떠나서, 시돈을 지나 갈릴리 호수로 돌아와서 데가볼리 지방으로 건너가셨다. 어떤 사람들이 듣지도 말하지도 못하는 사람을 예수께 데려와, 손을 얹어 고쳐 주시기를 청했다. 예수께서 그 사람을 따로 데리고 저만치 가셔서, 그의 귀에 손가락을 넣고 그의 혀에 침을 묻히셨다. 그러고는 하늘을 우러러 기도하시고 깊이 탄식하며 명하셨다. "에바다! 열려라!" 그러자 그대로 되었다. 그 사람의 귀는 이제 똑똑히 들렸고 말도 분명해졌다. 순식간의 일이었다.

36-37 예수께서 그들에게 입단속을 시키셨으나, 그럴수록 그들은 흥분하여 더욱 퍼뜨리고 다녔다. "전부 그분이 하신 일인데, 대단한 일이다. 그분은 듣지 못하는 사람도 듣게 하시고, 말하지 못하는 사람도 말하게

24-26 From there Jesus set out for the vicinity of Tyre. He entered a house there where he didn't think he would be found, but he couldn't escape notice. He was barely inside when a woman who had a disturbed daughter heard where he was. She came and knelt at his feet, begging for help. The woman was Greek, Syro-Phoenician by birth. She asked him to cure her daughter.

27 He said, "Stand in line and take your turn. The children get fed first. If there's any left over, the dogs get it."

28 She said, "Of course, Master. But don't dogs under the table get scraps dropped by the children?"

29-30 Jesus was impressed. "You're right! On your way! Your daughter is no longer disturbed. The demonic affliction is gone." She went home and found her daughter relaxed on the bed, the torment gone for good.

31-35 Then he left the region of Tyre, went through Sidon back to Galilee Lake and over to the district of the Ten Towns. Some people brought a man who could neither hear nor speak and asked Jesus to lay a healing hand on him. He took the man off by himself, put his fingers in the man's ears and some spit on the man's tongue. Then Jesus looked up in prayer, groaned mightily, and commanded, *Ephphatha!*—Open up!" And it happened. The man's hearing was clear and his speech plain—just like that.

36-37 Jesus urged them to keep it quiet, but they talked it up all the more, beside themselves with excitement. "He's done it all and done it well. He gives hearing to the

하신다."

사천 명을 배불리 먹이시다

8 ¹⁻³ 그 즈음에 예수께서 배고픈 무리 앞에 다시 서게 되셨다. 예수께서 제자들을 불러 말씀하셨다. "이 무리를 보니 내 마음이 몹시 아프구나. 이들이 사흘이나 나와 함께 있었는데, 이제 먹을 것이 없다. 배고픈 채로 돌려보내면 가다가 지쳐 쓰러질 것이다. 이 가운데는 멀리서 온 사람들도 있다."

⁴ 제자들이 대답했다. "저희가 어떻게 하면 좋겠습니까? 여기 광야에서 어떻게 음식을 살 수 있겠습니까?"

⁵ 예수께서 물으셨다. "너희에게 빵이 얼마나 있느냐?"

"일곱 개입니다." 그들이 말했다.

⁶⁻¹⁰ 그러자 예수께서 무리를 바닥에 앉게 하셨다. 예수께서 감사를 드리신 후에, 빵일곱 개를 조금씩 떼어 제자들에게 주셨고, 제자들은 그것을 무리에게 나누어 주었다. 마침 거기에 물고기도 몇 마리 있었다. 또 예수께서 물고기를 가지고 감사를 드리신 후에, 제자들을 시켜 사람들에게 나누어 주게 하셨다. 사람들은 배불리 먹었다. 남은 것을 거두니 일곱 자루였다. 식사한 사람이 족히 사천 명이 넘었다. 그때에야 예수께서 사람들을 집으로 보내셨다. 예수 자신은 제자들과 함께 곧바로 배로 가서 달마누다로 떠나셨다.

¹¹⁻¹² 그들이 도착하자, 바리새인들이 나와서 예수께 바짝 달라붙었다. 그러고는 자신을 입증해 보이라고 그분을 괴롭히며 궁지로 몰아세웠다. 예수께서 노하여 말씀하셨다. "어찌하여 이 세대는 기적과 같은 증거를 찾아서 난리들이냐? 내가 이것만 분명히 말해 두겠다. 너희는 꿈에라도 증거를 받을 생각은 하지 마라."

deaf, speech to the speechless."

A Meal for Four Thousand

8 ¹⁻³ At about this same time he again found himself with a hungry crowd on his hands. He called his disciples together and said, "This crowd is breaking my heart. They have stuck with me for three days, and now they have nothing to eat. If I send them home hungry, they'll faint along the way—some of them have come a long distance."

⁴ His disciples responded, "What do you expect us to do about it? Buy food out here in the desert?"

⁵ He asked, "How much bread do you have?"

"Seven loaves," they said.

⁶⁻¹⁰ So Jesus told the crowd to sit down on the ground. After giving thanks, he took the seven bread loaves, broke them into pieces, and gave them to his disciples so they could hand them out to the crowd. They also had a few fish. He pronounced a blessing over the fish and told his disciples to hand them out as well. The crowd ate its fill. Seven sacks of leftovers were collected. There were well over four thousand at the meal. Then he sent them home. He himself went straight to the boat with his disciples and set out for Dalmanoutha.

¹¹⁻¹² When they arrived, the Pharisees came out and started in on him, badgering him to prove himself, pushing him up against the wall. Provoked, he said, "Why does this generation clamor for miraculous guarantees? If I have anything to say about it, you'll not get so much as a hint of a guarantee."

더럽게 하는 누룩을 주의하여라

13-15 예수께서 그들을 떠나서 다시 배에 올라 건너편으로 향하셨다. 그런데 제자들이 점심 싸 오는 것을 잊어버렸다. 빵 한 덩이 외에는 배 안에 빵 부스러기 하나 없었다. 예수께서 경고하셨다. "단단히 조심하여라. 바리새인과 헤롯 당원의 더럽게 하는 누룩을 각별히 주의하여라."

16-19 그러자 제자들은 깜빡 잊고 빵을 가져오지 않은 것을 두고서 서로 책임을 따졌다. 예수께서 들으시고 말씀하셨다. "빵을 잊어버렸다고 이 소란이냐? 내 말 뜻을 못 알아듣겠느냐? 그렇게도 모르겠느냐? 내가 빵 다섯 개를 떼어서 오천 명을 먹인 일을 잊었느냐? 남은 것을 너희가 몇 바구니나 거두었느냐?"

그들이 말했다. "열두 바구니입니다."

20 "빵 일곱 개로 사천 명을 먹이고 남은 것은 몇 자루나 되었더냐?"

"일곱 자루입니다."

21 예수께서 말씀하셨다. "아직도 모르겠느냐?"

22-23 그들이 벳새다에 도착했다. 어떤 사람들이 시력을 잃은 한 사람을 예수께 데려와서, 손을 대어 고쳐 주시기를 청했다. 예수께서 그의 손을 잡고 마을 밖으로 데리고 나가셨다. 그리고 그 사람의 눈에 침을 묻히고 그에게 손을 얹으시며 물으셨다. "무엇이 보이느냐?"

24-26 그가 고개를 들었다. "사람들이 보입니다. 마치 나무가 걸어가는 것 같습니다." 예수께서 그의 눈에 다시 손을 얹으셨다. 그 사람은 이리저리 보더니 시력이 완전히 회복된 것을 알았다. 모든 것이 2.0 시력으로, 밝히 보였던 것이다. 예수께서 그를 곧장 집으로 돌려보내시며 말씀하셨다. "마을로 들어가지 마라."

Contaminating Yeast

13-15 He then left them, got back in the boat, and headed for the other side. But the disciples forgot to pack a lunch. Except for a single loaf of bread, there wasn't a crumb in the boat. Jesus warned, "Be very careful. Keep a sharp eye out for the contaminating yeast of Pharisees and the followers of Herod."

16-19 Meanwhile, the disciples were finding fault with each other because they had forgotten to bring bread. Jesus overheard and said, "Why are you fussing because you forgot bread? Don't you see the point of all this? Don't you get it at all? Remember the five loaves I broke for the five thousand? How many baskets of leftovers did you pick up?"

They said, "Twelve."

20 "And the seven loaves for the four thousand—how many bags full of leftovers did you get?"

"Seven."

21 He said, "Do you still not get it?"

22-23 They arrived at Bethsaida. Some people brought a sightless man and begged Jesus to give him a healing touch. Taking him by the hand, he led him out of the village. He put spit in the man's eyes, laid hands on him, and asked, "Do you see anything?"

24-26 He looked up. "I see men. They look like walking trees." So Jesus laid hands on his eyes again. The man looked hard and realized that he had recovered perfect sight, saw everything in bright, twenty-twenty focus. Jesus sent him straight home, telling him, "Don't enter the village."

주님은 메시아이십니다

The Messiah

27 예수와 제자들이 빌립보의 가이사랴 근방에 있는 마을들로 향했다. 걸어가면서, 예수께서 물으셨다. "사람들이 나를 누구라고 하더냐?"

28 그들이 말했다. "세례자 요한이라고 하는 사람들도 있고, 엘리야라고 하는 사람들도 있고, 예언자 가운데 한 사람이라고 하는 사람들도 있습니다."

29 그러자 예수께서 물으셨다. "그러면 너희는 나를 누구라고 말하겠느냐? 내가 누구냐?" 베드로가 대답했다. "주님은 그리스도, 곧 메시아이십니다."

30-32 예수께서는 그것을 비밀로 하되, 아무에게도 입 밖에 내지 말라고 경계하셨다. 그러고는 그들에게 다음 일을 설명하기 시작하셨다. "이제부터 인자는 처참한 고난을 받고, 장로와 대제사장과 종교 학자들에게 재판에서 유죄를 선고받아 죽임을 당하고, 사흘 후에 다시 살아나야 한다." 예수께서는 이 말씀을 그들이 놓치지 않도록 쉽고 분명하게 말씀해 주셨다.

32-33 그러나 베드로가 예수를 붙들고 항의했다. 예수께서는 어떻게 받아들여야 할지 몰라서 머뭇거리고 있는 제자들을 돌아보시고, 베드로를 꾸짖으셨다. "베드로야, 썩 비켜라! 사탄아, 물러가라! 너는 하나님이 어떻게 일하시는지 조금도 모른다."

34-37 예수께서 제자들과 함께 무리를 옆에 불러 놓고 말씀하셨다. "누구든지 나와 함께 가려면 내가 가는 길을 따라야 한다. 결정은 내가 한다. 너희가 하는 것이 아니다. 고난을 피해 달아나지 말고, 오히려 고난을 끌어안아라. 나를 따라오너라. 그러면 내가 방법을 일러 주겠다. 자기 스스로 세우려는 노력에는 아무 희망이 없다. 자기를 희생하는 것이야말로 너희 자신, 곧 너희의 참된 자아를 구원하는 길이며, 나의 길이다. 원하는 것을 다 얻고도 참된

The Messiah

27 Jesus and his disciples headed out for the villages around Caesarea Philippi. As they walked, he asked, "Who do the people say I am?"

28 "Some say 'John the Baptizer,'" they said. "Others say 'Elijah.' Still others say 'one of the prophets.'"

29 He then asked, "And you—what are you saying about me? Who am I?" Peter gave the answer: "You are the Christ, the Messiah."

30-32 Jesus warned them to keep it quiet, not to breathe a word of it to anyone. He then began explaining things to them: "It is necessary that the Son of Man proceed to an ordeal of suffering, be tried and found guilty by the elders, high priests, and religion scholars, be killed, and after three days rise up alive." He said this simply and clearly so they couldn't miss it.

32-33 But Peter grabbed him in protest. Turning and seeing his disciples wavering, wondering what to believe, Jesus confronted Peter. "Peter, get out of my way! Satan, get lost! You have no idea how God works."

34-37 Calling the crowd to join his disciples, he said, "Anyone who intends to come with me has to let me lead. You're not in the driver's seat; I am. Don't run from suffering; embrace it. Follow me and I'll show you how. Self-help is no help at all. Self-sacrifice is the way, my way, to saving yourself, your true self. What good would it do to get everything you want and lose you, the real you? What could you ever trade your soul for?

자기 자신을 잃으면 무슨 유익이 있겠느냐? 너희 목숨을 무엇과 바꾸겠느냐? 38 너희 가운데 누구든지 변덕스럽고 중심 없는 친구들과 사귀면서 나와 너희를 인도하는 내 방식을 부끄러워하면, 인자도 아버지 하나님의 모든 영광에 싸여 거룩한 천사들을 거느리고 올 때, 그를 더 부끄럽게 여길 줄로 알아라."

9 1 예수께서 이렇게 쐐기를 박으셨다. "이것은 믿을 수 없는 훗날의 이야기가 아니다. 여기 서 있는 너희 가운데 그렇게 되는 것을 볼 사람들도 있다. 그들은 하나님 나라가 위엄 있게 임하는 것을 볼 것이다."

영광 가운데 계신 예수

2-4 엿새 후에, 그들 가운데 세 사람이 정말 그것을 보았다. 예수께서 베드로와 야고보와 요한을 데리고 높은 산에 올라가셨다. 그리고 그들 눈앞에서 그분의 모습이 완전히 변했다. 그분의 옷은 아무리 표백해도 더 하얘질 수 없을 만큼 반짝반짝 빛났다. 엘리야와 모세가 함께 나타나서, 예수와 깊은 대화를 나누고 있었다.

5-6 베드로가 끼어들었다. "랍비님, 지금은 중대한 순간입니다! 기념비 셋을 세우는 것이 어떻겠습니까? 하나는 주님을 위해, 하나는 모세를 위해, 하나는 엘리야를 위해서 말입니다." 일행과 마찬가지로, 눈앞의 광경에 놀란 베드로가 무심코 내뱉은 말이었다.

7 바로 그때 빛처럼 환한 구름이 그들을 덮더니, 구름 속 깊은 데서 한 음성이 들려왔다. "이는 내가 사랑으로 구별한 내 아들이다. 그의 말을 들어라."

8 잠시 후에 제자들이 눈을 비비며 주변을 둘러보니, 오직 예수밖에 보이지 않았다.

38 "If any of you are embarrassed over me and the way I'm leading you when you get around your fickle and unfocused friends, know that you'll be an even greater embarrassment to the Son of Man when he arrives in all the splendor of God, his Father, with an army of the holy angels."

9 1 Then he drove it home by saying, "This isn't pie in the sky by and by. Some of you who are standing here are going to see it happen, see the kingdom of God arrive in full force."

In a Light-Radiant Cloud

2-4 Six days later, three of them *did* see it. Jesus took Peter, James, and John and led them up a high mountain. His appearance changed from the inside out, right before their eyes. His clothes shimmered, glistening white, whiter than any bleach could make them. Elijah, along with Moses, came into view, in deep conversation with Jesus.

5-6 Peter interrupted, "Rabbi, this is a great moment! Let's build three memorials—one for you, one for Moses, one for Elijah." He blurted this out without thinking, stunned as they all were by what they were seeing.

7 Just then a light-radiant cloud enveloped them, and from deep in the cloud, a voice: "This is my Son, marked by my love. Listen to him."

8 The next minute the disciples were looking around, rubbing their eyes,

9-10 산을 내려오면서, 예수께서 그들에게 비밀을 지킬 것을 엄히 명하셨다. "너희가 본 것을 아무에게도 말하지 마라. 그러나 인자가 죽은 자들 가운데서 살아난 뒤에는 말해도 좋다." 그들은 "죽은 자들 가운데서 살아난다"는 것이 도대체 무슨 말인지 몰라 고개를 갸우뚱거렸다.

11 중간에 제자들이 물었다. "종교 학자들은 왜 엘리야가 먼저 와야 한다고 말합니까?"

12-13 예수께서 대답하셨다. "과연 엘리야가 먼저 와서, 인자가 올 때를 위해 모든 것을 준비한다. 사람들이 이 엘리야를 업신여겼고, 사람들이 인자도 똑같이 업신여길 것이다. 인자는 성경에 기록된 대로, 심한 고난과 천대와 멸시를 받을 것이다."

기도가 아니고는 할 수 없다

14-16 그들이 산을 내려와 다른 제자들에게 돌아오니, 주위에 큰 무리가 보이고 종교 학자들이 제자들에게 따져 묻고 있었다. 예수를 보자마자, 무리 가운데 반가운 기운이 일었다. 사람들이 달려와서 그분을 맞이했다. 예수께서 물으셨다. "무슨 일이냐? 왜 이렇게 소란스러우냐?"

17-18 무리 가운데 한 남자가 대답했다. "선생님, 귀신 때문에 말을 못하는 제 아들을 선생님께 데려왔습니다. 귀신이 사로잡을 때마다 아이가 바닥에 거꾸러져, 입에 거품을 물고 이를 갈면서 막대기처럼 굳어집니다. 선생님의 제자들에게 구해 주기를 바라고 말했지만, 그들은 하지 못했습니다."

19-20 예수께서 말씀하셨다. "하나님을 모르는 이 세대여! 내가 같은 말을 몇 번이나 해야 하느냐? 얼마나 더 참아야 하느냐? 아이를 이리 데려오너라." 그들이 아이를 데려왔다. 귀신이 예수를 보고 아이

seeing nothing but Jesus, only Jesus.

9-10 Coming down the mountain, Jesus swore them to secrecy. "Don't tell a soul what you saw. After the Son of Man rises from the dead, you're free to talk." They puzzled over that, wondering what on earth "rising from the dead" meant.

11 Meanwhile they were asking, "Why do the religion scholars say that Elijah has to come first?"

12-13 Jesus replied, "Elijah does come first and get everything ready for the coming of the Son of Man. They treated this Elijah like dirt, much like they will treat the Son of Man, who will, according to Scripture, suffer terribly and be kicked around contemptibly."

There Are No Ifs

14-16 When they came back down the mountain to the other disciples, they saw a huge crowd around them, and the religion scholars cross-examining them. As soon as the people in the crowd saw Jesus, admiring excitement stirred them. They ran and greeted him. He asked, "What's going on? What's all the commotion?"

17-18 A man out of the crowd answered, "Teacher, I brought my mute son, made speechless by a demon, to you. Whenever it seizes him, it throws him to the ground. He foams at the mouth, grinds his teeth, and goes stiff as a board. I told your disciples, hoping they could deliver him, but they couldn't."

19-20 Jesus said, "What a generation! No sense of God! How many times do I have to go over these things? How much longer do I have to put up with this? Bring the boy here." They brought him. When the demon saw Jesus, it

에게 발작을 일으키게 하니, 아이는 입에 거품을 물고 바닥에서 몸을 뒤틀었다.

21-22 예수께서 아이의 아버지에게 물으셨다. "이렇게 된 지 얼마나 되었느냐?"

"어려서부터 그랬습니다. 귀신이 아이를 죽이려고 불 속이나 강물에 던진 것이 몇 번인지 모릅니다. 만일 하실 수 있거든, 무엇이든 해주십시오. 불쌍히 여기셔서 저희를 도와주십시오!"

23 예수께서 말씀하셨다. "만일이라니? 믿는 사람에게 만일이란 없다. 모든 것이 가능하다."

24 그분의 입에서 말이 떨어지기가 무섭게, 아이의 아버지가 부르짖었다. "제가 믿습니다. 의심하지 않도록 도와주십시오!"

25-27 무리가 속속 모여드는 것을 보시고, 예수께서 악한 귀신에게 명령하셨다. "벙어리에 귀머거리 귀신아, 내가 네게 명한다. 아이에게서 나와 다시는 얼씬거리지 마라!" 귀신은 고함을 지르고 마구 몸부림치면서 나갔다. 아이는 송장처럼 핏기가 없어졌다. 그러자 사람들이 "아이가 죽었다"고 말하기 시작했다. 그러나 예수께서 아이의 손을 잡아 일으키시자, 아이가 일어섰다.

28 집에 돌아온 뒤에, 제자들이 예수를 붙들고 물었다. "왜 저희는 귀신을 쫓아내지 못했습니까?"

29 예수께서 대답하셨다. "이런 귀신은 기도가 아니고는 쫓아낼 수 없다."

30-32 그들은 거기를 떠나서 갈릴리를 지나갔다. 예수께서는 제자들을 가르치고 싶으셔서, 아무에게도 일행의 행방을 알리지 않으셨다. 예수께서 그들에게 말씀하셨다. "인자는 하나님과 관계하기를 원치 않는 사람들한테 넘겨질 것이다. 그들이 인자를 죽일 것이다. 죽은 지 사흘 후에 인자는 다시 살아날 것이다." 제자들은 무슨 말씀인지 몰랐으나, 묻기도 두려웠다.

threw the boy into a seizure, causing him to writhe on the ground and foam at the mouth.

21-22 He asked the boy's father, "How long has this been going on?"

"Ever since he was a little boy. Many times it pitches him into fire or the river to do away with him. If you can do anything, do it. Have a heart and help us!"

23 Jesus said, "If? There are no 'ifs' among believers. Anything can happen."

24 No sooner were the words out of his mouth than the father cried, "Then I believe. Help me with my doubts!"

25-27 Seeing that the crowd was forming fast, Jesus gave the vile spirit its marching orders: "Dumb and deaf spirit, I command you—Out of him, and stay out!" Screaming, and with much thrashing about, it left. The boy was pale as a corpse, so people started saying, "He's dead." But Jesus, taking his hand, raised him. The boy stood up.

28 After arriving back home, his disciples cornered Jesus and asked, "Why couldn't we throw the demon out?"

29 He answered, "There is no way to get rid of this kind of demon except by prayer."

30-32 Leaving there, they went through Galilee. He didn't want anyone to know their whereabouts, for he wanted to teach his disciples. He told them, "The Son of Man is about to be betrayed to some people who want nothing to do with God. They will murder him. Three days after his murder, he will rise, alive." They didn't know what he was talking about, but were afraid to ask him about it.

하나님 나라에서 가장 큰 사람

33 그들이 가버나움으로 갔다. 예수께서 집에 계실 때에 제자들에게 물으셨다. "너희가 길에서 토론하던 것이 무엇이냐?"

34 불안한 침묵만 흘렀다. 그들은 자기들 가운데서 누가 가장 큰 사람인지를 두고 서로 입씨름을 벌였던 것이다.

35 예수께서 자리에 앉아 열두 제자에게 말씀하셨다. "너희가 첫자리를 원하느냐? 그렇다면 끝자리로 가거라. 모든 사람의 종이 되어라."

36-37 예수께서 방 한가운데 어린아이 하나를 세우시고, 아이를 품에 안으며 말씀하셨다. "누구든지 이 어린아이들 가운데 하나를 나처럼 품으면 곧 나를 품는 것이고, 또 나를 훨씬 넘어서서 나를 보내신 하나님을 품는 것이다."

38 요한이 입을 열었다. "선생님, 어떤 사람이 주님 이름으로 귀신을 쫓아내는 것을 보고 우리가 막았습니다. 그가 우리에게 속한 사람이 아니어서 그렇게 했습니다."

39-41 예수께서 기뻐하지 않으셨다. "그를 막지 마라. 내 이름으로 선하고 능력 있는 일을 하고서 바로 나를 깎아내릴 사람은 없다. 그가 적이 아니라면, 곧 우리 편이다. 누구든지 내 이름으로 너희에게 물 한 잔만 주어도 그는 우리 편이다. 하나님이 반드시 알아주실 것이다.

42 그러나 너희가 어린아이처럼 순진하게 믿는 이들 중에 하나를 괴롭히고 못살게 굴거나 그들의 믿음을 이용하면, 너희는 곧 후회하게 될 것이다. 차라리 너희 목에 맷돌을 달고 호수 한복판에 뛰어드는 편이 낫다.

43-48 네 손이나 발이 하나님께 방해가 되거든, 찍어 내버려라. 손이나 발이 없더라도 살아 있는 것이, 두 손과 두 발을 보란 듯

So You Want First Place?

33 They came to Capernaum. When he was safe at home, he asked them, "What were you discussing on the road?"

34 The silence was deafening—they had been arguing with one another over who among them was greatest.

35 He sat down and summoned the Twelve. "So you want first place? Then take the last place. Be the servant of all."

36-37 He put a child in the middle of the room. Then, cradling the little one in his arms, he said, "Whoever embraces one of these children as I do embraces me, and far more than me—God who sent me."

38 John spoke up, "Teacher, we saw a man using your name to expel demons and we stopped him because he wasn't in our group."

39-41 Jesus wasn't pleased. "Don't stop him. No one can use my name to do something good and powerful, and in the next breath cut me down. If he's not an enemy, he's an ally. Why, anyone by just giving you a cup of water in my name is on our side. Count on it that God will notice.

42 "On the other hand, if you give one of these simple, childlike believers a hard time, bullying or taking advantage of their simple trust, you'll soon wish you hadn't. You'd be better off dropped in the middle of the lake with a millstone around your neck.

43-48 "If your hand or your foot gets in God's way, chop it off and throw it away. You're better off maimed or lame and alive than the proud owner of two hands and two feet,

이 가지고서 영원히 불타는 용광로 속에 있는 것보다 낫다. 또 네 눈이 너를 하나님에게서 멀어지게 하거든, 뽑아 내버려라. 한 눈으로 살아 있는 것이, 지옥불 속에서 2.0 시력을 발휘하는 것보다 낫다.

⁴⁹⁻⁵⁰ 머지않아 모든 사람이 제련의 불 속을 지나겠지만, 너희는 영원한 불꽃으로부터 보호받고 보존될 것이다. 너희는 스스로 보존하는 자가 되어라. 평화를 지키는 자가 되어라."

이혼과 간음

10 ¹⁻² 예수께서 거기에서 떠나 요단강 건너편 유대 지방으로 가셨다. 매번 그러듯이 무리가 따라왔고, 예수께서는 늘 하시던 대로 그들을 가르치셨다. 바리새인들이 예수를 괴롭힐 요량으로 다가와서 물었다. "남자가 아내와 이혼하는 것이 율법에 맞습니까?"

³ 예수께서 말씀하셨다. "모세가 뭐라고 명령했느냐?"

⁴ 그들이 대답했다. "모세는 이혼 증서를 써 주고 아내와 이혼해도 된다고 허락했습니다."

⁵⁻⁹ 예수께서 말씀하셨다. "모세는 단지 너희의 사악한 마음을 염려해서 그 명령을 기록한 것이다. 처음 창조 때부터 하나님께서는 남자와 여자를 지어 함께 있게 하셨다. 그래서 남자는 부모를 떠나 여자와 결혼하여 한 몸이 된다. 더 이상 둘이 아니라, 새롭게 연합하여 한 몸을 이루는 것이다. 남자와 여자의 이 유기적인 연합은 하나님께서 창조하신 것이다. 그러니 누구도 그들을 갈라놓아서 그분의 작품을 모독해서는 안 된다."

¹⁰⁻¹² 집에 돌아와서, 제자들이 다시 그 이야기를 꺼냈다. 예수께서 그들에게 단도직입적으로 말씀하셨다. "다른 여자와 결혼

godless in a furnace of eternal fire. And if your eye distracts you from God, pull it out and throw it away. You're better off one-eyed and alive than exercising your twenty-twenty vision from inside the fire of hell.

⁴⁹⁻⁵⁰ "Everyone's going through a refining fire sooner or later, but you'll be well-preserved, protected from the *eternal* flames. Be preservatives yourselves. Preserve the peace."

Divorce

10 ¹⁻² From there he went to the area of Judea across the Jordan. A crowd of people, as was so often the case, went along, and he, as he so often did, taught them. Pharisees came up, intending to give him a hard time. They asked, "Is it legal for a man to divorce his wife?"

³ Jesus said, "What did Moses command?"

⁴ They answered, "Moses gave permission to fill out a certificate of dismissal and divorce her."

⁵⁻⁹ Jesus said, "Moses wrote this command only as a concession to your hardhearted ways. In the original creation, God made male and female to be together. Because of this, a man leaves father and mother, and in marriage he becomes one flesh with a woman—no longer two individuals, but forming a new unity. Because God created this organic union of the two sexes, no one should desecrate his art by cutting them apart."

¹⁰⁻¹² When they were back home, the disciples brought it up again. Jesus gave it to them straight: "A man who divorces his wife so he can marry someone else commits

하려고 자기 아내와 이혼하는 남자는 아내에게 간음하는 것이다. 또한 다른 남자와 결혼하려고 자기 남편과 이혼하는 여자도 남편에게 간음하는 것이다."

13-16 사람들이 예수께서 만져 주시기를 바라며, 그분께 아이들을 데려왔다. 하지만 제자들이 그들을 쫓아냈다. 예수께서 노하시며 제자들에게 말씀하셨다. "이 아이들을 쫓아내지 마라. 절대로 아이들과 나 사이에 끼어서 방해하지 마라. 천국의 삶에는 이 아이들이 중심에 있다. 명심하여라. 너희가 하나님 나라를 아이처럼 단순하게 받아들이지 않으면, 절대로 그 나라에 들어갈 수 없다." 그러고 나서 예수께서 아이들을 품에 안으시고, 손을 얹어 축복하셨다.

부자와 하나님 나라

17 예수께서 길을 나서는데, 한 사람이 달려와서 정중하게 그분을 맞으며 물었다. "선하신 선생님, 제가 무엇을 해야 영원한 생명을 얻겠습니까?"

18-19 예수께서 말씀하셨다. "어째서 나를 선하다고 하느냐? 오직 하나님 한분 외에는 선하신 분이 없다. 계명에 '살인하지 마라, 간음하지 마라, 도둑질하지 마라, 거짓말하지 마라, 속이지 마라, 네 부모를 공경하라' 하지 않았더냐."

20 그가 말했다. "선생님, 그 계명들은 제가 어려서부터 다 지켰습니다!"

21 예수께서 그의 눈을 주목하여 보시더니, 그를 사랑스럽게 여기셨다! 예수께서 말씀하셨다. "하나 남은 것이 있다. 가서 네가 가진 것을 다 팔아서 가난한 사람들에게 주어라. 그러면 네 모든 부가 하늘에 쌓아 두는 부가 될 것이다. 그런 다음 와서 나를 따라라."

22 그 사람의 얼굴이 어두워졌다. 그가 전혀 예

adultery against her. And a woman who divorces her husband so she can marry someone else commits adultery."

13-16 The people brought children to Jesus, hoping he might touch them. The disciples shooed them off. But Jesus was irate and let them know it: "Don't push these children away. Don't ever get between them and me. These children are at the very center of life in the kingdom. Mark this: Unless you accept God's kingdom in the simplicity of a child, you'll never get in." Then, gathering the children up in his arms, he laid his hands of blessing on them.

To Enter God's Kingdom

17 As he went out into the street, a man came running up, greeted him with great reverence, and asked, "Good Teacher, what must I do to get eternal life?"

18-19 Jesus said, "Why are you calling me good? No one is good, only God. You know the commandments: Don't murder, don't commit adultery, don't steal, don't lie, don't cheat, honor your father and mother."

20 He said, "Teacher, I have—from my youth—kept them all!"

21 Jesus looked him hard in the eye—and loved him! He said, "There's one thing left: Go sell whatever you own and give it to the poor. All your wealth will then be heavenly wealth. And come follow me."

22 The man's face clouded over. This was the last thing he expected to hear, and

상치 못했던 말이어서, 그는 무거운 마음으로 예수를 떠나갔다. 그는 많은 것을 움켜쥐고 있었고, 그것을 놓을 마음이 없었다.

23-25 예수께서 제자들을 보며 말씀하셨다. "많이 가진 사람이 하나님 나라에 들어가는 것이 얼마나 어려운지 아느냐?" 제자들은 들으면서도 그 말이 믿어지지 않았다. 예수께서 계속해서 말씀하셨다. "얼마나 어려운지 너희는 상상도 못할 것이다. 내가 말하는데, 부자가 하나님 나라에 들어가는 것보다, 낙타가 바늘귀로 지나가는 것이 더 쉽다."

26 그 말에 제자들이 크게 당황했다. "그러면 어느 누가 가망이 있겠습니까?" 그들이 물었다.

27 예수께서 잘라 말씀하셨다. "너희 힘으로 해낼 수 있다고 생각하면 전혀 가망이 없다. 그러나 하나님께 맡기면 얼마든지 가능한 일이다."

28 베드로가 다른 시각에서 이야기를 꺼냈다. "우리는 모든 것을 버리고 주님을 따랐습니다."

29-31 예수께서 말씀하셨다. "내 말을 명심하여라. 나와 메시지 때문에 집과 형제자매와 부모와 자식과 땅과 그 어떤 것을 희생하고서 손해 볼 사람은 아무도 없다. 그들은 그 모두를 받되, 여러 배로 돌려받을 것이다. 다만, 어려움도 함께 받을 것이다. 영원한 생명도 덤으로 받을 것이다! 다시 한 번 말한다. 이것은 위대한 반전이다. 먼저였으나 나중 되고, 나중이었으나 먼저 될 사람이 많을 것이다."

32-34 다시 그들은 예루살렘으로 향했다. 예수께서 앞장서셨고, 제자들은 적잖이 당황스럽고 두려운 마음으로 그분을 따르고 있었다. 예수께서 열두 제자를 데려다가 이후에 있을 일을 되풀이해서 말씀하셨다. "내 말을 잘 들어라. 우리는 지금 예루살렘으로

he walked off with a heavy heart. He was holding on tight to a lot of things, and not about to let go.

23-25 Looking at his disciples, Jesus said, "Do you have any idea how difficult it is for people who 'have it all' to enter God's kingdom?" The disciples couldn't believe what they were hearing, but Jesus kept on: "You can't imagine how difficult. I'd say it's easier for a camel to go through a needle's eye than for the rich to get into God's kingdom."

26 *That* set the disciples back on their heels. "Then who has any chance at all?" they asked.

27 Jesus was blunt: "No chance at all if you think you can pull it off by yourself. Every chance in the world if you let God do it."

28 Peter tried another angle: "We left everything and followed you."

29-31 Jesus said, "Mark my words, no one who sacrifices house, brothers, sisters, mother, father, children, land—whatever—because of me and the Message will lose out. They'll get it all back, but multiplied many times in homes, brothers, sisters, mothers, children, and land—but also in troubles. And then the bonus of eternal life! This is once again the Great Reversal: Many who are first will end up last, and the last first."

32-34 Back on the road, they set out for Jerusalem. Jesus had a head start on them, and they were following, puzzled and not just a little afraid. He took the Twelve and began again to go over what to expect next. "Listen to me carefully. We're on our way up to Jerusalem. When we get there, the Son of Man will be betrayed to the religious leaders

올라가는 길이다. 그곳에 가면, 인자는 종교 지도자와 학자들에게 넘겨질 것이다. 그들은 인자에게 사형을 선고할 것이다. 그리고 인자를 로마 사람들에게 넘겨주어, 조롱하고 침 뱉고 고문하고 죽일 것이다. 그러나 사흘 후에 인자는 다시 살아날 것이다."

인자는 섬기러 왔다

35 세베대의 두 아들인 야고보와 요한이 예수께 다가왔다. "선생님, 우리에게 꼭 해주셨으면 하는 일이 있습니다."

36 "무엇이냐? 내가 할 만한 일인지 보자."

37 그들이 말했다. "주님께서 영광을 받으실 때 우리에게도 최고 영광의 자리를 주셔서, 하나는 주님 오른편에, 하나는 주님 왼편에 있게 해주십시오."

38 예수께서 말씀하셨다. "너희는 너희가 무엇을 구하는지 모른다. 너희는 내가 마시는 잔을 마시고 내가 받을 세례를 받을 수 있겠느냐?"

39-40 그들이 말했다. "물론입니다. 왜 못하겠습니까?"

예수께서 말씀하셨다. "생각해 보니, 너희는 과연 내가 마시는 잔을 마시고, 내가 받을 세례를 받을 것이다. 그러나 영광의 자리를 주는 것은, 내 소관이 아니다. 그것과 관련해서는 다른 조치가 있을 것이다."

41-45 다른 열 제자가 이 대화를 듣고, 야고보와 요한에게 분통을 터뜨렸다. 예수께서 그들을 불러 놓고 바로잡아 주셨다. "하나님을 모르는 통치자들이 얼마나 위세를 부리는지, 사람들이 작은 권력이라도 얻으면 거기에 얼마나 빨리 취하는지 너희는 보았다. 너희는 그래서는 안된다. 누구든지 크고자 하면 섬기는 사람이 되어야 한다. 너희 가운데 누구든지 첫째가 되고자 하면, 먼저 종이 되어야 한다. 인자가 한 일이 바로 그것이다. 인자는 섬김을 받으러 온 것이 아니라, 섬기러 왔다. 포로

and scholars. They will sentence him to death. Then they will hand him over to the Romans, who will mock and spit on him, give him the third degree, and kill him. After three days he will rise alive."

The Highest Places of Honor

35 James and John, Zebedee's sons, came up to him. "Teacher, we have something we want you to do for us."

36 "What is it? I'll see what I can do."

37 "Arrange it," they said, "so that we will be awarded the highest places of honor in your glory—one of us at your right, the other at your left."

38 Jesus said, "You have no idea what you're asking. Are you capable of drinking the cup I drink, of being baptized in the baptism I'm about to be plunged into?"

39-40 "Sure," they said. "Why not?"

Jesus said, "Come to think of it, you will drink the cup I drink, and be baptized in my baptism. But as to awarding places of honor, that's not my business. There are other arrangements for that."

41-45 When the other ten heard of this conversation, they lost their tempers with James and John. Jesus got them together to settle things down. "You've observed how godless rulers throw their weight around," he said, "and when people get a little power how quickly it goes to their heads. It's not going to be that way with you. Whoever wants to be great must become a servant. Whoever wants to be first among you must be your slave. That is what the Son of Man has done: He came to serve, not to be served—and then

로 사로잡힌 많은 사람들을 살리기 위해 자기 목숨을 내어주려고 왔다."

❧

46-48 그들은 여리고에서 얼마 동안 머물렀다. 제자들과 사람들의 행렬이 뒤따르고 예수께서 그곳을 떠나시려는데, 디매오의 아들인 바디매오라는 눈먼 거지가 길가에 앉아 있었다. 그는 나사렛 예수가 지나간다는 말을 듣고, 소리치기 시작했다. '다윗의 자손이신 예수여! 불쌍히 여겨 주십시오. 저를 불쌍히 여겨 주십시오!" 많은 사람들이 그를 조용히 시키려고 했으나, 그는 더 크게 소리쳤다. "다윗의 자손이여! 불쌍히 여겨 주십시오. 저를 불쌍히 여겨 주십시오!"

49-50 예수께서 가던 길을 멈추셨다. "그를 불러 오너라."

그들이 그를 불렀다. "오늘 운이 좋은 줄 알아라! 일어나거라! 예수께서 너를 부르신다!" 그는 겉옷을 버려두고 즉시 일어나서 예수께 갔다.

51 예수께서 말씀하셨다. "내가 어떻게 해주면 좋겠느냐?"

눈먼 사내가 말했다. "랍비님, 보기 원합니다."

52 "가거라." 예수께서 말씀하셨다. "네 믿음이 너를 구원했고 낫게 했다."

바로 그 순간에, 그는 시력을 되찾았고 그 길로 예수를 따랐다.

예루살렘 입성

11 1-3 일행이 예루살렘 가까이 와서 올리브 산 벳바게와 베다니에 이르렀을 때, 예수께서 두 제자를 보내시며 지시하셨다. "맞은편 마을로 가거라. 들어가서 보면, 아직 아무도 타 보지 않은 나귀 새끼가 줄에 매여 있을 것이다. 줄을 풀어서 끌고 오너라. '왜 그러시오?' 하고 누가 묻거든, '주님께서 필요로 하십니다. 곧 돌려보내겠습니

to give away his life in exchange for many who are held hostage."

❧

46-48 They spent some time in Jericho. As Jesus was leaving town, trailed by his disciples and a parade of people, a blind beggar by the name of Bartimaeus, son of Timaeus, was sitting alongside the road. When he heard that Jesus the Nazarene was passing by, he began to cry out, "Son of David, Jesus! Mercy, have mercy on me!" Many tried to hush him up, but he yelled all the louder, "Son of David! Mercy, have mercy on me!"

49-50 Jesus stopped in his tracks. "Call him over."

They called him. "It's your lucky day! Get up! He's calling you to come!" Throwing off his coat, he was on his feet at once and came to Jesus.

51 Jesus said, "What can I do for you?"

The blind man said, "Rabbi, I want to see."

52 "On your way," said Jesus. "Your faith has saved and healed you."

In that very instant he recovered his sight and followed Jesus down the road.

Entering Jerusalem on a Colt

11 1-3 When they were nearing Jerusalem, at Bethphage and Bethany on Mount Olives, he sent off two of the disciples with instructions: "Go to the village across from you. As soon as you enter, you'll find a colt tethered, one that has never yet been ridden. Untie it and bring it. If anyone asks, 'What are you doing?' say, 'The Master needs him, and

다' 하고 말하여라."

4-7 그들은 가서 길모퉁이 문간에 매여 있는 나귀를 보고는 묶어 놓은 줄을 풀었다. 거기 서 있던 사람들 중 몇 사람이 말했다. "그 나귀 새끼의 줄은 왜 푸는 것이오?" 제자들이 예수께서 지시하신 대로 대답하자, 그들은 간섭하지 않았다. 제자들이 나귀 새끼를 예수께로 끌고 와서 그 위에 겉옷을 펴자, 예수께서 올라타셨다.

8-10 사람들이 예수를 열렬히 환영했다. 길 위에 자기 겉옷을 펴는 사람도 있었고, 들에서 베어 온 풀을 까는 사람도 있었다. 그들은 앞에서 걷고 뒤에서 따르며 소리쳤다.

> 호산나!
> 복되다, 하나님의 이름으로 오시는 이여!
> 복되다, 장차 올 우리 조상 다윗의 나라여!
> 하늘 가장 높은 곳에서, 호산나!

11 예수께서 예루살렘에 이르러, 곧 성전에 들어가셨다. 예수께서는 성전을 둘러보시며, 모든 것을 마음에 두셨다. 그러나 이미 시간이 늦어, 열두 제자와 함께 베다니로 돌아가셨다.

저주받은 무화과나무

12-14 이튿날 그들이 베다니를 나설 때에 예수께서 배가 고프셨다. 그분은 저만치 떨어진 곳에 있는 잎이 무성한 무화과나무 한 그루를 보셨다. 예수께서 혹시 아침 끼니가 될 만한 것이 있을까 하여 다가가셨지만, 무화과 잎사귀밖에 없었다. (아직 무화과 철이 아니었다.) 예수께서 나무에게 말씀하셨다. "다시는 아무도 네게서 열매를 먹지 못할 것이다!" 제자들도 그 말을 들었다.

15-17 그들이 예루살렘에 도착했다. 예수께서 즉시 성전에 들어가셔서, 거기에 상점을 차려 놓고 사고파는 사람들을 모두 쫓아내

will return him right away.'"

4-7 They went and found a colt tied to a door at the street corner and untied it. Some of those standing there said, "What are you doing untying that colt?" The disciples replied exactly as Jesus had instructed them, and the people let them alone. They brought the colt to Jesus, spread their coats on it, and he mounted.

8-10 The people gave him a wonderful welcome, some throwing their coats on the street, others spreading out rushes they had cut in the fields. Running ahead and following after, they were calling out,

> Hosanna!
> Blessed is he who comes in God's name!
> Blessed the coming kingdom of our father David!
> Hosanna in highest heaven!

11 He entered Jerusalem, then entered the Temple. He looked around, taking it all in. But by now it was late, so he went back to Bethany with the Twelve.

The Cursed Fig Tree

12-14 As they left Bethany the next day, he was hungry. Off in the distance he saw a fig tree in full leaf. He came up to it expecting to find something for breakfast, but found nothing but fig leaves. (It wasn't yet the season for figs.) He addressed the tree: "No one is going to eat fruit from you again— ever!" And his disciples overheard him.

15-17 They arrived at Jerusalem. Immediately on entering the Temple Jesus started throwing out everyone who had set up shop

셨다. 환전상들의 가판대와 비둘기 상인들의 진열대도 뒤엎으셨다. 예수께서는 아무도 바구니를 들고 성전 안을 지나다니지 못하게 하셨다. 그러고 나서 다음 말씀을 인용해, 그들을 가르치셨다.

　내 집은 만민을 위한 기도하는 집이라고 일컬어졌다.
　그런데 너희는 그곳을 도둑의 소굴로 바꾸어 놓았다.

¹⁸ 대제사장과 종교 학자들이 이 말을 듣고서 그분을 제거할 방도를 모의했다. 그들은 온 무리가 그분의 가르침에 푹 빠져 있는 것을 보고 당황했다.

¹⁹ 저녁때에 예수와 제자들이 도성을 나섰다.

²⁰⁻²¹ 아침에 그들이 길을 가다 보니, 무화과나무가 마른 막대기처럼 말라붙어 있었다. 베드로가 그 전날 있었던 일이 생각나서 예수께 말했다. "랍비님, 보십시오. 주님이 저주하신 무화과나무가 말라 비틀어졌습니다!"

²²⁻²⁵ 예수께서 차분히 말씀하셨다. "하나님의 생명을 품어라. 정말로 품어라. 그러면 너희가 감당할 수 없을 만큼 힘든 일은 하나도 없을 것이다. 예컨대, 얼버무리거나 망설일 것 없이 이 산더러 '가서 호수에 뛰어들어라' 하고 말하면, 그대로 이루어질 것이다. 그래서 내가 너희더러 작은 일부터 큰 일까지, 모든 일에 기도하라고 강권하는 것이다. 하나님의 생명을 품을 때에, 너희는 거기에 모든 것을 포함시켜라. 그러면 너희는 하나님의 것을 다 받을 것이다. 그리고 기도할 때는 구하는 것이 전부가 아님을 기억하여라. 누구에게 서운한 것이 있거든 용서하여라. 그때에야 하늘에 계신 너희 아버지께서도 너희 죄를 깨끗이 용서

there, buying and selling. He kicked over the tables of the bankers and the stalls of the pigeon merchants. He didn't let anyone even carry a basket through the Temple. And then he taught them, quoting this text:

My house was designated a house of prayer for the nations;
You've turned it into a hangout for thieves.

¹⁸ The high priests and religion scholars heard what was going on and plotted how they might get rid of him. They panicked, for the entire crowd was carried away by his teaching.

¹⁹ At evening, Jesus and his disciples left the city.

²⁰⁻²¹ In the morning, walking along the road, they saw the fig tree, shriveled to a dry stick. Peter, remembering what had happened the previous day, said to him, "Rabbi, look—the fig tree you cursed is shriveled up!"

²²⁻²⁵ Jesus was matter-of-fact: "Embrace this God-life. Really embrace it, and nothing will be too much for you. This mountain, for instance: Just say, 'Go jump in the lake'—no shuffling or shilly-shallying—and it's as good as done. That's why I urge you to pray for absolutely everything, ranging from small to large. Include everything as you embrace this God-life, and you'll get God's every-thing. And when you assume the posture of prayer, remember that it's not all *asking*. If you have anything against someone, *forgive*—only then will your heavenly Father be inclined to also wipe your slate clean of

할 마음이 드실 것이다."

sins."

누구에게서 온 권한인가

27-28 그 후에 그들이 다시 예루살렘에 들어가서 성전 안을 걷고 있는데, 대제사장과 종교 학자와 지도자들이 다가와서 따졌다. "당신의 신임장을 보여주시오. 누구의 권한으로 이렇게 말하고 행동하는 겁니까?"

29-30 예수께서 대답하셨다. "먼저 한 가지 묻겠다. 내 물음에 답하면 나도 내 신임장을 보여주겠다. 요한의 세례에 관한 것인데, 그것이 누구에게서 온 권한이냐? 하늘이냐, 사람이냐? 말해 보아라."

31-33 그들은 자기들이 궁지에 몰린 것을 알아차리고는, 뒤로 물러나와 모여서 수군거렸다. "하늘이라고 하면 왜 요한을 믿지 않았느냐고 물을 것이고, 사람이라고 하면 온 백성이 요한을 예언자로 떠받드니 우리가 백성 앞에서 몹시 난처해진다." 그들은 이번은 예수께 양보하기로 했다. "우리는 모르오." 그들이 말했다.

예수께서 대답하셨다. "그렇다면 나도 너희 물음에 대답하지 않겠다."

욕심 가득한 소작농들 이야기

12 1-2 예수께서 그들에게 여러 이야기를 들려주기 시작하셨다. "어떤 사람이 포도원을 세웠다. 그는 포도원에 울타리를 치고 포도즙 짜는 틀을 파고 망대를 세운 다음에, 소작농들에게 맡기고 먼 길을 떠났다. 수확할 때가 되자, 그는 수익을 거두려고 소작농들에게 종 한 사람을 보냈다.

3-5 소작농들은 그를 잡아서 마구 때려 빈 손으로 돌려보냈다. 주인이 다른 종을 보내자, 그들은 그를 골탕 먹이고 모욕을 주었다. 주인이 또 다른 종을 보내자, 그들은 그를 죽여 버렸다. 주인은 계속해서 많은 종

His Credentials

27-28 Then when they were back in Jerusalem once again, as they were walking through the Temple, the high priests, religion scholars, and leaders came up and demanded, "Show us your credentials. Who authorized you to speak and act like this?"

29-30 Jesus responded, "First let me ask you a question. Answer my question and then I'll present my credentials. About the baptism of John—who authorized it: heaven or humans? Tell me."

31-33 They were on the spot, and knew it. They pulled back into a huddle and whispered, "If we say 'heaven,' he'll ask us why we didn't believe John; if we say 'humans,' we'll be up against it with the people because they all hold John up as a prophet." They decided to concede that round to Jesus. "We don't know," they said. Jesus replied, "Then I won't answer your question either."

The Story About a Vineyard

12 1-2 Then Jesus started telling them stories. "A man planted a vineyard. He fenced it, dug a winepress, erected a watchtower, turned it over to the farmhands, and went off on a trip. At the time for harvest, he sent a servant back to the farmhands to collect his profits.

3-5 "They grabbed him, beat him up, and sent him off empty-handed. So he sent another servant. That one they tarred and feathered. He sent another and that one they killed. And on and on, many others.

들을 보냈으나, 소작농들은 그들을 때리기도
하고 죽이기도 했다.

6 결국은 한 사람밖에 남지 않았다. 사랑하는
아들이었다. 포도원 주인은 최후 방책으로
아들을 보내며, '저들이 내 아들만큼은 존중
하겠지' 하고 생각했다.

7-8 그러나 소작농들은 오히려 이것을 기회로
삼았다. 그들은 욕심이 가득하여 두 손을 비비
며 말했다. '이 자는 상속자다! 그를 죽이고
우리가 재산을 다 차지하자.' 그들은 그 아들
을 잡아 죽여서 울타리 밖으로 내던졌다.

9-11 너희 생각에는 포도원 주인이 어떻게 할
것 같으냐? 맞다. 그가 와서 그들을 다 없애
버릴 것이다. 그리고 포도원 관리는 다른 사
람들에게 맡길 것이다. 너희가 성경을 직접
읽어 보아라.

> 석공들이 내버린 돌이
> 이제 모퉁잇돌이 되었다!
> 이것은 하나님께서 행하신 일,
> 눈을 씻고 보아도 신기할 따름이다!"

12 대제사장과 종교 학자와 지도자들은 당장
예수를 잡고 싶었으나, 여론이 두려워 참았다.
그들은 그 이야기가 자기들을 두고 한 것임을
알았다. 그들은 서둘러 그 자리를 떠났다.

황제의 것, 하나님의 것

13-14 그들은 예수를 그들의 올무에 걸리게
하려고 바리새인과 헤롯의 당원 몇을 그분께
보냈다. 뭔가 책잡힐 만한 발언을 하게 해서
그분을 잡을 심산이었다. 그들이 다가와서
말했다. "선생님, 우리가 알기로 당신은 진실
하고, 여론에 개의치 않으며, 배우는 사람들
의 비위를 맞추지 않고, 하나님의 도를 정확
히 가르칩니다. 그러니 우리한테 말해 주십
시오. 황제에게 세금을 내는 것이 법에 맞습
니까, 맞지 않습니까?"

Some they beat up, some they killed.

6 "Finally there was only one left: a beloved son. In a last-ditch effort, he sent him, thinking, 'Surely they will respect my son.'

7-8 "But those farmhands saw their chance. They rubbed their hands together in greed and said, 'This is the heir! Let's kill him and have it all for ourselves.' They grabbed him, killed him, and threw him over the fence.

9-11 "What do you think the owner of the vineyard will do? Right. He'll come and clean house. Then he'll assign the care of the vineyard to others. Read it for yourselves in Scripture:

> That stone the masons threw out
>   is now the cornerstone!
> This is God's work;
>   we rub our eyes—we can hardly believe it!"

12 They wanted to lynch him then and there but, intimidated by public opinion, held back. They knew the story was about them. They got away from there as fast as they could.

Paying Taxes to Caesar

13-14 They sent some Pharisees and followers of Herod to bait him, hoping to catch him saying something incriminating. They came up and said, "Teacher, we know you have integrity, that you are indifferent to public opinion, don't pander to your students, and teach the way of God accurately. Tell us: Is it lawful to pay taxes to Caesar or not?"

15-16 예수께서 그 질문이 계략임을 아시고 말씀하셨다. "왜 나를 속이려고 드느냐? 동전을 가져다가 내게 보여라." 그들이 예수께 동전을 건넸다.

"여기 새겨진 얼굴이 누구 얼굴이냐? 그리고 이 위에 있는 것이 누구 이름이냐?"

그들이 말했다. "황제입니다."

17 예수께서 말씀하셨다. "황제의 것은 황제에게 주고, 하나님의 것은 하나님께 드려라."

그들은 말문이 막혀 입이 떡 벌어졌다.

부활에 관한 가르침

18-23 부활의 가능성을 일절 부인하는 사두개파 사람 몇이 예수께 다가와서 물었다. "선생님, 모세는 기록하기를, 남자가 자식 없이 아내를 두고 죽으면 그 동생이 형수와 결혼해서 자식을 낳아 줄 의무가 있다고 했습니다. 한번은 일곱 형제가 있었습니다. 맏이가 결혼했는데, 자식 없이 죽었습니다. 둘째가 형수와 결혼했으나, 역시 자식 없이 죽었습니다. 셋째도 그러했습니다. 일곱 형제가 다 차례대로 그렇게 했으나, 자식이 없었습니다. 마지막에는 여자도 죽었습니다. 일곱 형제가 모두 그 여자의 남편이었습니다. 그들이 부활 때에 다시 살아나면, 그 여자는 누구의 아내가 됩니까?"

24-27 예수께서 말씀하셨다. "너희는 크게 잘못 생각하고 있다. 첫째로, 너희는 성경을 모른다. 둘째로, 너희는 하나님께서 일하시는 방식을 모른다. 죽은 사람이 살아난 뒤에는 결혼할 일이 없다. 그때 사람들은 천사들처럼 되어서, 하나님과 최고의 기쁨과 친밀감을 나눌 것이다. 그리고 죽은 사람이 다시 살아나는지에 대해서인데, 너희는 성경도 읽지 않느냐? 하나님께서는 떨기나무에서 모세에게 '나는 아브라함의 하나님, 이삭의 하나님, 야곱의 하나님이다'라고 말씀하셨다. '이었다'라고 말씀하지 않으셨다. 살아 계신 하나님은 죽은

15-16 He knew it was a trick question, and said, "Why are you playing these games with me? Bring me a coin and let me look at it." They handed him one.

"This engraving—who does it look like? And whose name is on it?"

"Caesar," they said.

17 Jesus said, "Give Caesar what is his, and give God what is his."

Their mouths hung open, speechless.

Our Intimacies Will Be with God

18-23 Some Sadducees, the party that denies any possibility of resurrection, came up and asked, "Teacher, Moses wrote that if a man dies and leaves a wife but no child, his brother is obligated to marry the widow and have children. Well, there once were seven brothers. The first took a wife. He died childless. The second married her. He died, and still no child. The same with the third. All seven took their turn, but no child. Finally the wife died. When they are raised at the resurrection, whose wife is she? All seven were her husband."

24-27 Jesus said, "You're way off base, and here's why: One, you don't know your Bibles; two, you don't know how God works. After the dead are raised up, we're past the marriage business. As it is with angels now, all our ecstasies and intimacies then will be with God. And regarding the dead, whether or not they are raised, don't you ever read the Bible? How God at the bush said to Moses, 'I am—not *was*—the God of Abraham, the God of Isaac, and the God of Jacob'? The

자의 하나님이 아니라, 산 자의 하나님이시다. 너희가 몰라도 한참 모르고 있다."

가장 중요한 계명

²⁸ 종교 학자 한 사람이 다가왔다. 그는 질문과 대답이 열띠게 오가는 것을 듣고, 또 예수께서 예리하게 답하시는 것을 보고 이렇게 질문했다. "모든 계명 가운데서 가장 중요한 계명이 무엇입니까?"

²⁹⁻³¹ 예수께서 말씀하셨다. "가장 중요한 계명은 이것이다. '이스라엘아, 들어라. 주 너의 하나님은 한분이시니, 네 열정과 간구와 지성과 힘을 다해 주 너의 하나님을 사랑하라.' 둘째는 이것이다. '네 자신을 사랑하는 것같이 다른 사람을 사랑하라.' 이것에 견줄 만한 다른 계명은 없다."

³²⁻³³ 종교 학자가 말했다. "선생님, 훌륭한 답입니다! 하나님은 한분이시고 다른 이가 없다는 말씀은 아주 명쾌하고 정확합니다. 그리고 열정과 지성과 힘을 다해 그분을 사랑하는 것과, 자기 자신을 사랑하는 것같이 다른 사람을 사랑하는 것은, 모든 제물과 희생을 다 합한 것보다도 낫습니다!"

³⁴ 예수께서 그의 남다른 통찰력을 보고 말씀하셨다. "네가 하나님 나라 문턱에까지 와 있다."

그 후로는 아무도 그분께 묻는 사람이 없었다.

❦

³⁵⁻³⁷ 예수께서 성전에서 가르치시던 중에 물으셨다. "어째서 종교 학자들은 메시아가 다윗의 자손이라고 하느냐? 우리가 다 아는 것처럼, 다윗은 성령의 감동을 받아 이렇게 말했다.

하나님께서 내 주님께 말씀하셨다.
"내가 네 원수들을 네 발아래에 둘 때까지

living God is God of the *living*, not the dead. You're way, way off base."

The Most Important Commandment

²⁸ One of the religion scholars came up. Hearing the lively exchanges of question and answer and seeing how sharp Jesus was in his answers, he put in his question: "Which is most important of all the commandments?"

²⁹⁻³¹ Jesus said, "The first in importance is, 'Listen, Israel: The Lord your God is one; so love the Lord God with all your passion and prayer and intelligence and energy.' And here is the second: 'Love others as well as you love yourself.' There is no other commandment that ranks with these."

³²⁻³³ The religion scholar said, "A wonderful answer, Teacher! So lucid and accurate—that God is one and there is no other. And loving him with all passion and intelligence and energy, and loving others as well as you love yourself. Why, that's better than all offerings and sacrifices put together!"

³⁴ When Jesus realized how insightful he was, he said, "You're almost there, right on the border of God's kingdom."

After that, no one else dared ask a question.

❦

³⁵⁻³⁷ While he was teaching in the Temple, Jesus asked, "How is it that the religion scholars say that the Messiah is David's 'son,' when we all know that David, inspired by the Holy Spirit, said,

God said to my Master,
"Sit here at my right hand

너는 여기 내 오른편에 앉아 있어라."

다윗이 여기서 메시아를 '내 주님'이라고 부르는데, 메시아가 어떻게 다윗의 '자손'이 될 수 있느냐?"

큰 무리가 즐거이 그 말씀을 들었다.

38-40 예수께서 계속 가르치셨다. "종교 학자들을 조심하여라. 그들은 가운을 입고 다니며, 사람들의 치켜세우는 말에 우쭐하고, 중요한 자리를 차지하면서 교회의 모든 행사에서 상석에 앉기를 좋아한다. 언제나 그들은 연약하고 무력한 사람들을 착취한다. 그들의 기도가 길어질수록, 그들의 상태는 더 나빠진다. 마지막에 그들은 그 값을 치르게 될 것이다."

41-44 예수께서 헌금함 맞은편에 앉으셔서, 사람들이 헌금함에 돈 넣는 것을 보고 계셨다. 많은 부자들이 큰돈을 바치고 있었다. 그때 한 가난한 과부가 다가와서 작은 동전 두 개를 넣었다. 겨우 동전 두 개였다. 예수께서 제자들을 불러 놓고 말씀하셨다. "과연, 이 가난한 과부가 헌금함에 넣은 것이 다른 사람들이 넣은 것을 다 합한 것보다 크다. 다른 사람들은 아깝지 않을 만큼 헌금했지만, 이 여자는 자기 형편보다 넘치도록 드렸다. 자신의 전부를 드린 것이다."

사이비 종말론자들

13 ¹ 예수께서 성전을 떠나시는데, 제자 가운데 한 사람이 말했다. "선생님, 저 석조물과 건물들을 보십시오!"

² 예수께서 말씀하셨다. "네가 이 웅장한 건축물에 감동하느냐? 저 건물의 돌 하나하나가, 결국 잔해 더미가 되고 말 것이다."

until I put your enemies under your feet."

"David here designates the Messiah 'my Master'–so how can the Messiah also be his 'son'?"

The large crowd was delighted with what they heard.

38-40 He continued teaching. "Watch out for the religion scholars. They love to walk around in academic gowns, preening in the radiance of public flattery, basking in prominent positions, sitting at the head table at every church function. And all the time they are exploiting the weak and helpless. The longer their prayers, the worse they get. But they'll pay for it in the end."

41-44 Sitting across from the offering box, he was observing how the crowd tossed money in for the collection. Many of the rich were making large contributions. One poor widow came up and put in two small coins–a measly two cents. Jesus called his disciples over and said, "The truth is that this poor widow gave more to the collection than all the others put together. All the others gave what they'll never miss; she gave extravagantly what she couldn't afford–she gave her all."

Doomsday Deceivers

13 ¹ As he walked away from the Temple, one of his disciples said, "Teacher, look at that stonework! Those buildings!"

² Jesus said, "You're impressed by this grandiose architecture? There's not a stone in the whole works that is not going to end up in a heap of rubble."

3-4 이후에 예수께서 성전이 한눈에 내려다
보이는 올리브 산에 앉으셨을 때, 베드로와
야고보와 요한과 안드레가 그분께 따로 다
가와 물었다. "말씀 주십시오. 그런 일이
언제 일어나겠습니까? 때가 막바지에 이를
때에 우리에게 어떤 징조가 있겠습니까?"

5-8 예수께서 입을 여셨다. "사이비 종말론
자들을 조심하여라. 많은 지도자들이 정체
를 숨기고 나타나서, '내가 그다'라고 주장
할 것이다. 그들이 많은 사람들을 현혹할 것
이다. 전쟁 소식을 듣거나 전쟁이 일어나리
라는 소문을 듣거든, 당황하지 말고 침착하
여라. 그것은 역사에 늘 반복되는 일일 뿐,
아직 종말의 징조는 아니다. 나라와 나라가
싸우고 통치자와 통치자가 싸우는 일이 계
속될 것이다. 곳곳마다 지진이 있을 것이다.
기근도 있을 것이다. 그러나 이것은 앞으로
닥칠 일에 비하면 아무것도 아니다.

9-10 또 조심하여라! 사람들이 너희를 법정
으로 끌고 갈 것이다. 세상이 살벌해져서,
내 이름을 전한다는 이유로, 모두가 너희를
물고 뜯을 것이다. 너희는 진리의 파수병으
로 그 자리에 있는 것이다. 메시지가 온 세
상에 두루 전파되어야 한다.

11 그들이 너희를 배반하여 법정으로 데려
가거든, 너희는 무슨 말을 할지 염려하지
마라. 그때가 오거든, 너희 심중에 있는 것
을 말하여라. 성령께서 너희 안에서 너희를
통해 친히 증거하실 것이다.

12-13 형제가 형제를 죽이고, 아버지가 자녀
를 죽이고, 자녀가 부모를 죽일 것이다. 나
때문에 너희를 미워할 사람이 누구인지 아
무도 모른다.

그대로 견뎌라. 그것이 너희가 해야 할 일
이다. 끝까지 견뎌라. 그러면 너희는 절대
후회하지 않을 것이고, 결국 구원을 얻을
것이다."

3-4 Later, as he was sitting on Mount Olives in full view of the Temple, Peter, James, John, and Andrew got him off by himself and asked, "Tell us, when is this going to happen? What sign will we get that things are coming to a head?"

5-8 Jesus began, "Watch out for doomsday deceivers. Many leaders are going to show up with forged identities claiming, 'I'm the One.' They will deceive a lot of people. When you hear of wars and rumored wars, keep your head and don't panic. This is routine history, and no sign of the end. Nation will fight nation and ruler fight ruler, over and over. Earthquakes will occur in various places. There will be famines. But these things are nothing compared to what's coming.

9-10 "And watch out! They're going to drag you into court. And then it will go from bad to worse, dog-eat-dog, everyone at your throat because you carry my name. You're placed there as sentinels to truth. The Message has to be preached all across the world.

11 "When they bring you, betrayed, into court, don't worry about what you'll say. When the time comes, say what's on your heart—the Holy Spirit will make his witness in and through you.

12-13 "It's going to be brother killing brother, father killing child, children killing parents. There's no telling who will hate you because of me.

"Stay with it—that's what is required. Stay with it to the end. You won't be sorry; you'll be saved.

큰 환난의 날

¹⁴⁻¹⁸ "그러나 거룩한 것을 더럽히는 괴물이 절대 있어서는 안될 곳에 세워진 것을 보거든, 얼른 달아나거라. 너희 읽을 수 있는 사람들은 내 말이 무슨 말인지 깨달아라. 그때에 너희가 유대에 살고 있거든, 산으로 달아나거라. 마당에서 일하고 있거든, 무엇을 가지러 집으로 돌아가지 마라. 밭에 나가 있거든, 겉옷을 가지러 돌아가지 마라. 특히 임신부와 젖 먹이는 어머니들이 힘들 것이다. 이 일이 한겨울에 일어나지 않기를 바라고 기도하여라.

¹⁹⁻²⁰ 그때는 괴로운 날이 될 것이다. 하나님께서 세상을 지으신 때로부터 지금까지 이런 일이 없었고, 앞으로도 다시는 없을 것이다. 하나님께서 이 환난의 날들을 갈 데까지 가게 두신다면, 아무도 견딜 수 없을 것이다. 그러나 하나님의 택하신 백성, 그분께서 친히 택하신 이들을 위해 그분은 이미 손을 써 놓으셨다."

그날과 그때는 아무도 모른다

²¹⁻²³ "누가 너희를 막아서서 '메시아가 여기 있다!' 소리치거나 '저기 그분이 있다!' 가리켜도 속지 마라. 가짜 메시아와 거짓 설교자들이 곳곳에서 출현할 것이다. 그들은 대단한 이력과 현란한 업적으로, 알 만한 사람들의 눈까지 속일 것이다. 그러니 조심하여라. 내가 너희에게 충분히 경고했다.

²⁴⁻²⁵ 그 괴로운 시간들이 지나면,

해는 어두워지고
달은 흐려지고
별들은 하늘에서 떨어지고
우주의 세력들은 떨 것이다.

Run for the Hills

¹⁴⁻¹⁸ "But be ready to run for it when you see the monster of desecration set up where it should *never* be. You who can read, make sure you understand what I'm talking about. If you're living in Judea at the time, run for the hills; if you're working in the yard, don't go back to the house to get anything; if you're out in the field, don't go back to get your coat. Pregnant and nursing mothers will have it especially hard. Hope and pray this won't happen in the middle of winter.

¹⁹⁻²⁰ "These are going to be hard days—nothing like it from the time God made the world right up to the present. And there'll be nothing like it again. If he let the days of trouble run their course, nobody would make it. But because of God's chosen people, those he personally chose, he has already intervened.

No One Knows the Day or Hour

²¹⁻²³ "If anyone tries to flag you down, calling out, 'Here's the Messiah!' or points, 'There he is!' don't fall for it. Fake Messiahs and lying preachers are going to pop up everywhere. Their impressive credentials and dazzling performances will pull the wool over the eyes of even those who ought to know better. So watch out. I've given you fair warning.

²⁴⁻²⁵ "Following those hard times,

Sun will fade out,
   moon cloud over,
Stars fall out of the sky,
   cosmic powers tremble.

26-27 그때에야 사람들은 인자가 위엄 있게 오는 것을 볼 것이다. 인자가 오는 것이 온 하늘에 가득하여, 보지 못할 사람이 아무도 없을 것이다! 인자가 천사들을 보내어, 택하신 사람들을 이 끝에서 저 끝까지 사방에서 불러들일 것이다.

28-31 무화과나무에서 교훈을 얻어라. 싹이 나서 초록빛이 살짝만 내비쳐도, 너희는 여름이 가까이 다가온 줄 안다. 너희도 마찬가지다. 이 모든 일을 보거든 인자가 문 앞에 온 줄 알아라. 이것은 가볍게 여길 일이 아니다. 내가 지금 하는 말은, 어느 훗날의 세대에게만 주는 말이 아니라 이 세대에게도 주는 말이다. 이 일들은 반드시 이루어진다. 하늘과 땅은 닳아 없어져도, 내 말은 닳아 없어지지 않을 것이다.

32-37 그렇다면 정확한 날짜와 시간은 언제인가? 그것은 아무도 모른다. 하늘의 천사들도 모르고, 아들인 나도 모른다. 오직 아버지만 아신다. 너희는 시간표를 모르니 각별히 조심하여라. 이것은 마치 어떤 사람이 집을 떠나 다른 지방으로 가면서, 종들에게 권한을 주어 각각 임무를 맡기고, 문지기에게 보초를 서라고 명하는 것과 같다. 그러니 깨어서 너희 자리를 지켜라. 집주인이 언제 돌아올지, 저녁일지 한밤중일지, 새벽일지 아침일지 너희는 모른다. 그가 예고 없이 나타날 때에, 너희가 근무중에 잠자는 일이 없게 하여라. 내가 너희에게 말하고 또 모든 사람에게 말한다. 너희 자리를 지켜라. 깨어 있어라."

값비싼 향유를 부은 여인

14 1-2 여드레 동안의 유월절과 무교절이 시작되기 이틀 전이었다. 대제사장과 종교 학자들은 예수를 몰래 잡아 죽일 방도를 찾고 있었다. 그들은 "괜히 군중의 소요가 일어나는 것은 싫다"고 말

26-27 "And then they'll see the Son of Man enter in grand style, his Arrival filling the sky—no one will miss it! He'll dispatch the angels; they will pull in the chosen from the four winds, from pole to pole.

28-31 "Take a lesson from the fig tree. From the moment you notice its buds form, the merest hint of green, you know summer's just around the corner. And so it is with you. When you see all these things, you know he is at the door. Don't take this lightly. I'm not just saying this for some future generation, but for this one, too—these things will happen. Sky and earth will wear out; my words won't wear out.

32-37 "But the exact day and hour? No one knows that, not even heaven's angels, not even the Son. Only the Father. So keep a sharp lookout, for you don't know the timetable. It's like a man who takes a trip, leaving home and putting his servants in charge, each assigned a task, and commanding the gatekeeper to stand watch. So, stay at your post, watching. You have no idea when the homeowner is returning, whether evening, midnight, cockcrow, or morning. You don't want him showing up unannounced, with you asleep on the job. I say it to you, and I'm saying it to all: Stay at your post. Keep watch."

Anointing His Head

14 1-2 In only two days the eight-day Festival of Passover and the Feast of Unleavened Bread would begin. The high priests and religion scholars were looking for a way they could seize Jesus by stealth and kill him. They agreed that it should not

하면서, 유월절 기간에는 그 일을 하지 않기로 뜻을 모았다.

3-5 예수께서 나병환자 시몬의 손님으로 베다니에 계셨다. 예수께서 저녁을 들고 있는데, 어떤 여자가 아주 값비싼 향유 한 병을 가지고 다가왔다. 여자는 병을 따서 향유를 그분의 머리에 부었다. 몇몇 손님들이 발끈해서 자기들끼리 말했다. "저렇게 한심한 일을 하다니! 완전히 낭비다! 이 향유를 일년치 임금보다 더 많이 받고 팔아서 가난한 사람들에게 줄 수도 있었을 텐데." 그들은 화가 치밀어서 당장이라도 여자에게 분통을 터뜨릴 태세였다.

6-9 그러나 예수께서 말씀하셨다. "가만두어라. 너희는 어째서 이 여자를 괴롭게 하느냐? 이 여자는 지금 나한테 말할 수 없이 소중한 일을 한 것이다. 가난한 사람들은 평생 동안 너희와 함께 있을 것이다. 너희는 언제라도 마음 내키면 그들에게 뭔가 해줄 수 있다. 그러나 내게는 그렇지 않다. 이 여자는 기회 있을 때에 자기가 할 수 있는 일을 한 것이다. 내 몸에 미리 기름을 부어 내 장례를 준비한 것이다. 내가 분명히 말한다. 온 세상에 **메시지**가 전파되는 곳마다, 지금 이 여자가 한 일도 알려져 칭송받을 것이다."

10-11 열두 제자 가운데 하나인 가룟 유다가 예수를 배반할 작정으로 대제사장 무리에게 갔다. 그들은 자기들의 귀를 의심했고, 그에게 두둑한 보상을 약속했다. 그때부터 유다는 예수를 넘겨줄 적당한 기회를 노렸다.

인자를 배반할 자

12 무교절 첫날, 곧 유월절 희생을 준비하는 날에 제자들이 예수께 물었다. "우리가 어디로 가서 주님이 드실 유월절 식사를 준비하면 좋겠습니까?"

be done during Passover Week. "We don't want the crowds up in arms," they said.

3-5 Jesus was at Bethany, a guest of Simon the Leper. While he was eating dinner, a woman came up carrying a bottle of very expensive perfume. Opening the bottle, she poured it on his head. Some of the guests became furious among themselves. "That's criminal! A sheer waste! This perfume could have been sold for well over a year's wages and handed out to the poor." They swelled up in anger, nearly bursting with indignation over her.

6-9 But Jesus said, "Let her alone. Why are you giving her a hard time? She has just done something wonderfully significant for me. You will have the poor with you every day for the rest of your lives. Whenever you feel like it, you can do something for them. Not so with me. She did what she could when she could—she pre-anointed my body for burial. And you can be sure that wherever in the whole world the Message is preached, what she just did is going to be talked about admiringly."

10-11 Judas Iscariot, one of the Twelve, went to the cabal of high priests, determined to betray him. They couldn't believe their ears, and promised to pay him well. He started looking for just the right moment to hand him over.

Traitor to the Son of Man

12 On the first of the Days of Unleavened Bread, the day they prepare the Passover sacrifice, his disciples asked him, "Where do you want us to go and make preparations so you can eat the Passover meal?"

13-15 예수께서 제자 두 사람에게 지시하셨다. "시내로 들어가거라. 그러면 물 한 동이를 지고 가는 사람을 만날 것이다. 그를 따라가거라. 그가 어느 집으로 들어가든지 그 집 주인에게 '선생님께서, 제자들과 함께 유월절 식사를 할 방이 어디 있느냐고 물어보십니다' 하고 말하여라. 그가 너희에게 이미 청소를 마친 넓은 다락방을 보여줄 것이다. 거기서 우리를 위해 식사를 준비하여라."

16 제자들이 떠나 시내에 가 보니, 모든 것이 예수께서 말씀하신 그대로였다. 그들은 유월절 식사를 준비했다.

17-18 해가 진 후에, 예수께서 열두 제자를 데리고 오셨다. 그들이 식탁에 앉아 저녁을 먹고 있는데, 예수께서 말씀하셨다. "괴롭지만 너희에게 중요한 말을 해야겠다. 지금 나와 함께 먹고 있는 너희 가운데 한 사람이, 음모를 꾸미는 세력에게 나를 넘겨줄 것이다."

19 그들이 소스라치게 놀라서, 한 사람씩 돌아가며 묻기 시작했다. "저는 아니겠지요?"

20-21 예수께서 말씀하셨다. "열두 명 가운데 한 사람, 곧 나와 같은 그릇에서 함께 먹는 사람이 그다. 인자가 배반당하는 것이 성경에 기록되어 있으니, 이것이 전혀 뜻밖의 일은 아니다. 그러나 인자를 배반하여 넘겨줄 그 사람은, 이 일을 하느니 차라리 태어나지 않았으면 좋았을 것이다!"

이것은 내 몸과 내 피다

22 식사중에 예수께서 빵을 들어 축복하시고, 떼어서 그들에게 주시며 말씀하셨다.

받아라. 이것은 내 몸이다.

23-24 또 잔을 들어 하나님께 감사하신 후에 그들에게 주셨고, 그들은 다 그 잔을 돌려 마셨다. 예수께서 말씀하셨다.

13-15 He directed two of his disciples, "Go into the city. A man carrying a water jug will meet you. Follow him. Ask the owner of whichever house he enters, 'The Teacher wants to know, Where is my guest room where I can eat the Passover meal with my disciples?' He will show you a spacious second-story room, swept and ready. Prepare for us there."

16 The disciples left, came to the city, found everything just as he had told them, and prepared the Passover meal.

17-18 After sunset he came with the Twelve. As they were at the supper table eating, Jesus said, "I have something hard but important to say to you: One of you is going to hand me over to the conspirators, one who at this moment is eating with me."

19 Stunned, they started asking, one after another, "It isn't me, is it?"

20-21 He said, "It's one of the Twelve, one who eats with me out of the same bowl. In one sense, it turns out that the Son of Man is entering into a way of treachery well-marked by the Scriptures—no surprises here. In another sense, the man who turns him in, turns traitor to the Son of Man—better never to have been born than do this!"

"This Is My Body"

22 In the course of their meal, having taken and blessed the bread, he broke it and gave it to them. Then he said,

Take, this is my body.

23-24 Taking the chalice, he gave it to them, thanking God, and they all drank from it.

이것은 내 피다.
많은 사람들을 위해 붓는
하나님의 새 언약이다.

25 "하나님 나라에서 마실 새날까지, 내
가 다시는 포도주를 마시지 않을 것이다."
26 그들은 찬송을 부르고 곧장 올리브 산
으로 갔다.

❧

27-28 예수께서 제자들에게 말씀하셨다.
"너희 모두 세상이 무너지는 듯한 심정
이 들 텐데, 그것이 나 때문이라고 생각
할 것이다. 성경은 이렇게 말한다.

내가 목자를 치리니
양들이 허둥지둥댈 것이다.

그러나 내가 다시 살아난 뒤에는, 너희
보다 앞장서 갈릴리로 갈 것이다."
29 베드로가 불쑥 말했다. "모든 것이 무
너지고 모두가 주님을 부끄러워하더라
도, 저는 그러지 않겠습니다."
30 예수께서 말씀하셨다. "너무 자신하지
마라. 오늘 바로 이 밤, 수탉이 두 번 울기
전에 네가 나를 세 번 부인할 것이다."
31 베드로가 거세게 반발했다. "주님과
함께 죽는 한이 있더라도, 절대로 주님
을 부인하지 않겠습니다." 다른 제자들
도 모두 똑같이 말했다.

겟세마네에서 기도하시다

32-34 그들이 겟세마네라는 곳에 이르렀
다. 예수께서 제자들에게 말씀하셨다.
"내가 기도하는 동안에 너희는 여기 앉
아 있어라." 예수께서 베드로와 야고보
와 요한을 데리고 가셨다. 예수께서 두
려움과 깊은 근심에 빠지셨다. 예수께서

He said,

This is my blood,
God's new covenant,
Poured out for many people.

25 "I'll not be drinking wine again until the new
day when I drink it in the kingdom of God."
26 They sang a hymn and then went directly to
Mount Olives.

❧

27-28 Jesus told them, "You're all going to feel
that your world is falling apart and that it's my
fault. There's a Scripture that says,

I will strike the shepherd;
The sheep will go helter-skelter.

"But after I am raised up, I will go ahead of
you, leading the way to Galilee."
29 Peter blurted out, "Even if everyone else
is ashamed of you when things fall to pieces,
I won't be."
30 Jesus said, "Don't be so sure. Today, this
very night in fact, before the rooster crows
twice, you will deny me three times."
31 He blustered in protest, "Even if I have to
die with you, I will never deny you." All the
others said the same thing.

Gethsemane

32-34 They came to an area called Gethsemane.
Jesus told his disciples, "Sit here while I pray."
He took Peter, James, and John with him. He
plunged into a sinkhole of dreadful agony. He
told them, "I feel bad enough right now to die.
Stay here and keep vigil with me."

그들에게 말씀하셨다. "지금 나는 괴로워 죽을 것 같다. 여기서 나와 함께 깨어 있어라."

35-36 예수께서 조금 더 나아가 땅에 엎드리셔서, 피할 길을 위해 기도하셨다. "아빠, 아버지, 아버지께서는 나를 여기서 벗어나게 하실 수 있습니다. 이 잔을 내게서 거두어 주십시오. 그러나 내가 원하는 대로 하지 마시고, 아버지께서 원하시는 대로 행하십시오. 아버지께서 원하시는 것이 무엇입니까?"

37-38 예수께서 돌아와 보니, 제자들이 곤히 잠들어 있었다. 예수께서 베드로에게 말씀하셨다. "시몬아, 네가 자다니, 어찌 내게 이럴 수 있느냐? 단 한 시간도 나와 함께 견딜 수 없더냐? 깨어 있어라. 자신도 모르게 위험지대에 들어서는 일이 없도록 기도하여라. 세상을 몰라서는 안된다. 너는 하나님 안에서 무엇이든 열심히 할 각오가 되어 있다만, 한편으로는 난롯가에 잠든 늙은 개처럼 나른하구나."

39-40 예수께서 다시 가서 똑같은 기도를 드리셨다. 예수께서 돌아와 보니, 이번에도 제자들이 곤히 잠들어 있었다. 도저히 눈이 떠지지 않았던 것이다. 그들은 무슨 말로 변명해야 할지 몰랐다.

41-42 예수께서 세 번째로 돌아와 말씀하셨다. "밤새도록 자려느냐? 아니다. 잠은 충분히 잤다. 때가 되었다. 인자가 죄인들의 손에 팔린다. 일어나거라! 가자! 나를 배반할 자가 왔다."

무리에게 잡히시다

43-47 예수의 입에서 그 말이 떨어지자마자, 열두 제자 가운데 하나인 유다가 나타났다. 그 곁에는 대제사장과 종교 학자와 지도자들이 보낸 폭력배가 칼과 몽둥이를 들고 함께 있었다. 배반자는 그들과 암호를 짜 두었다. "내가 입 맞추는 사람이 바로 그 자니, 그를 잡으시오. 절대 도망치지 못하게 하시오." 그는 곧장 예수께 가서 "랍비님!" 하고 그분께 입을 맞추었다. 그러자 무리가 그분을 붙잡아 거칠게

35-36 Going a little ahead, he fell to the ground and prayed for a way out: "Papa, Father, you can—can't you?—get me out of this. Take this cup away from me. But please, not what I want—what do *you* want?"

37-38 He came back and found them sound asleep. He said to Peter, "Simon, you went to sleep on me? Can't you stick it out with me a single hour? Stay alert, be in prayer, so you don't enter the danger zone without even knowing it. Don't be naive. Part of you is eager, ready for anything in God; but another part is as lazy as an old dog sleeping by the fire."

39-40 He then went back and prayed the same prayer. Returning, he again found them sound asleep. They simply couldn't keep their eyes open, and they didn't have a plausible excuse.

41-42 He came back a third time and said, "Are you going to sleep all night? No—you've slept long enough. Time's up. The Son of Man is about to be betrayed into the hands of sinners. Get up. Let's get going. My betrayer has arrived."

A Gang of Ruffians

43-47 No sooner were the words out of his mouth when Judas, the one out of the Twelve, showed up, and with him a gang of ruffians, sent by the high priests, religion scholars, and leaders, brandishing swords and clubs. The betrayer had worked out a signal with them: "The one I kiss, that's the one—seize him. Make sure he doesn't get away." He went straight to Jesus and said, "Rabbi!" and

다루었다. 거기 서 있던 사람들 가운데 하나가, 칼을 뽑아 휘둘러서 대제사장의 종의 귀를 잘라 버렸다.

⁴⁸⁻⁵⁰ 예수께서 그들에게 말씀하셨다. "내가 위험한 범죄자라도 되는 것처럼 칼과 몽둥이로 나를 잡으러 오다니, 이게 무슨 짓이냐? 내가 날마다 성전에 앉아서 가르쳤지만, 너희는 내게 손 하나 대지 않았다. 사실 너희가 한 일은, 예언자의 글을 확증하는 것이다." 제자들은 모두 황급히 달아났다.

⁵¹⁻⁵² 한 청년이 예수를 따라가고 있었다. 그는 홑이불 하나만 몸에 걸치고 있었다. 사람들이 그를 붙잡았으나, 그는 홑이불을 버려둔 채 벌거벗은 몸으로 급히 달아났다.

유대 의회 앞에 서시다

⁵³⁻⁵⁴ 그들이 예수를 대제사장에게 끌고 갔다. 거기에 대제사장과 종교 지도자와 학자들이 함께 모여 있었다. 그들이 대제사장의 안뜰에 이를 때까지 베드로는 안전한 거리를 두고 뒤따라갔다. 거기서 그는 하인들 틈에 섞여서 불을 쬐었다.

⁵⁵⁻⁵⁹ 대제사장들은 유대 의회와 공모해 예수께 사형을 선고할 만한 불리한 증거를 찾았지만, 하나도 찾지 못했다. 많은 사람들이 자청하여 거짓 죄목을 댔으나, 서로 맞지 않아 무효가 되고 말았다. 그 가운데 몇몇 사람들이 일어나서 이런 거짓말을 했다. "우리가 이 자의 말을 들었는데, '힘들게 지은 이 성전을 헐고, 손 하나 대지 않고도 성전을 사흘 만에 짓겠다'고 했습니다." 그러나 그들조차도 증언이 서로 일치하지 않았다.

⁶⁰⁻⁶¹ 이때 대제사장이 일어서서 예수께 물었다. "이 증언에 대해 너는 뭐라고

kissed him. The others then grabbed him and roughed him up. One of the men standing there unsheathed his sword, swung, and came down on the Chief Priest's servant, lopping off the man's ear.

⁴⁸⁻⁵⁰ Jesus said to them, "What is this, coming after me with swords and clubs as if I were a dangerous criminal? Day after day I've been sitting in the Temple teaching, and you never so much as lifted a hand against me. What you in fact have done is confirm the prophetic writings." All the disciples cut and ran.

⁵¹⁻⁵² A young man was following along. All he had on was a bedsheet. Some of the men grabbed him but he got away, running off naked, leaving them holding the sheet.

Condemned to Death

⁵³⁻⁵⁴ They led Jesus to the Chief Priest, where the high priests, religious leaders, and scholars had gathered together. Peter followed at a safe distance until they got to the Chief Priest's courtyard, where he mingled with the servants and warmed himself at the fire.

⁵⁵⁻⁵⁹ The high priests conspiring with the Jewish Council looked high and low for evidence against Jesus by which they could sentence him to death. They found nothing. Plenty of people were willing to bring in false charges, but nothing added up, and they ended up canceling each other out. Then a few of them stood up and lied: "We heard him say, 'I am going to tear down this Temple, built by hard labor, and in three days build another without lifting a hand.'" But even they couldn't agree exactly.

⁶⁰⁻⁶¹ In the middle of this, the Chief Priest stood up and asked Jesus, "What do you have

말하겠느냐?" 예수께서 침묵하셨다. 아무 말씀도 하지 않으셨다.

대제사장이 다시 나서서 이번에는 이렇게 물었다. "네가 찬양받으실 분의 아들 메시아냐?"

62 예수께서 말씀하셨다. "그렇다. 내가 그다. 너희 눈으로 직접 보게 될 것이다.

전능하신 분의 오른편에
앉은 인자가
하늘 구름을 타고 올 것이다."

63-64 대제사장이 흥분해서, 자기 옷을 찢으며 소리쳤다. "여러분은 이 말을 들었소? 이러고도 우리에게 무슨 증인이 더 필요하겠소? 그가 하나님을 모독하는 것을 여러분이 들었소! 여러분은 이 신성모독을 그냥 두고 볼 셈이요?"

그들은 일제히 예수를 정죄했다. 사형선고가 내려졌다.

65 그들 가운데 몇 사람이 예수께 침을 뱉었다. 그들은 예수의 눈을 가린 채 그분을 치면서 말했다. "너를 친 사람이 누구냐? 알아맞혀 봐라!" 경비병들은 그분을 주먹과 손바닥으로 때리면서 끌고 갔다.

베드로가 예수를 부인하다

66-67 이 모든 일이 벌어지는 동안, 베드로는 안뜰 아래쪽에 있었다. 대제사장의 여종 하나가 들어와서, 불을 쬐고 있는 베드로를 유심히 뜯어보며 말했다. "당신도 나사렛 예수와 함께 있지 않았나요?"

68 베드로가 부인했다. "당신이 무슨 말을 하는지 모르겠소." 그는 문간으로 나갔다. 그때에 수탉이 울었다.

69-70 여종이 그를 알아보고는, 옆에 둘러선 사람들에게 말하기 시작했다. "이 사람도 그들과 한패예요." 베드로는 다시 부인했다.

to say to the accusation?" Jesus was silent. He said nothing.

The Chief Priest tried again, this time asking, "Are you the Messiah, the Son of the Blessed?"

62 Jesus said, "Yes, I am, and you'll see it yourself:

The Son of Man seated
At the right hand of the Mighty One,
Arriving on the clouds of heaven."

63-64 The Chief Priest lost his temper. Ripping his clothes, he yelled, "Did you hear that? After that do we need witnesses? You heard the blasphemy. Are you going to stand for it?"

They condemned him, one and all. The sentence: death.

65 Some of them started spitting at him. They blindfolded his eyes, then hit him, saying, "Who hit you? Prophesy!" The guards, punching and slapping, took him away.

The Rooster Crowed

66-67 While all this was going on, Peter was down in the courtyard. One of the Chief Priest's servant girls came in and, seeing Peter warming himself there, looked hard at him and said, "You were with the Nazarene, Jesus."

68 He denied it: "I don't know what you're talking about." He went out on the porch. A rooster crowed.

69-70 The girl spotted him and began telling the people standing around, "He's one of them." He denied it again.

잠시 후, 곁에 있던 사람들이 다시 그 말을 꺼냈다. "당신도 그들 가운데 하나가 틀림없소. 갈릴리 사람이라는 표시가 당신 온 몸에 새겨져 있소."

71-72 베드로는 너무 두려워서 저주하며 말했다. "나는 당신들이 말하는 그 사람을 본 적도 없소." 바로 그때, 두 번째로 수탉이 울었다. 베드로는 "수탉이 두 번 울기 전에 네가 나를 세 번 부인할 것이다"라고 하신 예수의 말씀이 생각났다. 그는 그대로 주저앉아 울었다.

빌라도에게 사형선고를 받으시다

15 1 동틀 무렵, 대제사장들이 종교 지도자와 학자들과 더불어 유대 의회 전체와 모임을 가졌다. 그들은 예수를 단단히 결박한 뒤, 데리고 나가서 빌라도에게 넘겼다.

2-3 빌라도가 예수께 물었다. "네가 유대인의 왕이냐?"

예수께서 대답하셨다. "네가 그렇게 말하면 그렇다." 대제사장들은 줄줄이 고발을 늘어놓았다.

4-5 빌라도가 다시 물었다. "아무 대답도 하지 않겠느냐? 고발의 목록이 제법 길다." 그분은 아무 말이 없으셨다. 그것은 빌라도에게 아주 깊은 인상을 남겼다.

6-10 명절이 되면 백성이 요구하는 죄수 하나를 풀어 주는 관례가 있었다. 바라바라 하는 죄수가 있었는데, 그는 로마에 대항하는 반란 중에 살인을 저지른 선동자들과 함께 감금되어 있었다. 무리가 다가와서 죄수를 풀어 달라는 탄원을 올리려고 할 즈음에, 빌라도는 이미 그들이 할 말을 예상하고 있었다. "여러분은 내가 유대인의 왕을 풀어 주기를 원하오?" 빌라도는 대제사장들이 예수를 자기에게 넘긴 것이 순전히 악의에서 비롯된 일임을 알고 있었다.

After a little while, the bystanders brought it up again. "You've *got* to be one of them. You've got 'Galilean' written all over you."

71-72 Now Peter got really nervous and swore, "I never laid eyes on this man you're talking about." Just then the rooster crowed a second time. Peter remembered how Jesus had said, "Before a rooster crows twice, you'll deny me three times." He collapsed in tears.

Standing Before Pilate

15 1 At dawn's first light, the high priests, with the religious leaders and scholars, arranged a conference with the entire Jewish Council. After tying Jesus securely, they took him out and presented him to Pilate.

2-3 Pilate asked him, "Are you the 'King of the Jews'?"

He answered, "If you say so." The high priests let loose a barrage of accusations.

4-5 Pilate asked again, "Aren't you going to answer anything? That's quite a list of accusations." Still, he said nothing. Pilate was impressed, really impressed.

6-10 It was a custom at the Feast to release a prisoner, anyone the people asked for. There was one prisoner called Barabbas, locked up with the insurrectionists who had committed murder during the uprising against Rome. As the crowd came up and began to present its petition for him to release a prisoner, Pilate anticipated them: "Do you want me to release the King of the Jews to you?" Pilate knew by this time that it was through sheer spite that the high priests had turned Jesus over to him.

11-12 대제사장들은 바라바를 풀어 달라고 하도록, 이미 무리를 선동해 두었다. 빌라도가 되받았다. "당신들이 유대인의 왕이라고 하는 이 사람을 내가 어찌하면 되겠소?"

13 그들이 소리를 질렀다. "십자가에 못 박으시오!"

14 빌라도가 따졌다. "그러나 무슨 죄목 때문이오?"

그들은 더 크게 소리질렀다. "십자가에 못 박으시오!"

15 빌라도는 무리의 뜻을 들어주었다. 바라바를 석방하고, 예수는 채찍질하여 십자가에 못 박도록 넘겨주었다.

16-20 병사들이 예수를 (브라이도리온이라 하는) 관저로 데리고 들어가서, 부대 전체를 불러 모았다. 그들은 예수께 자주색 옷을 입히고, 가시나무로 엮은 왕관을 그분 머리에 씌웠다. 그리고 예수를 조롱하기 시작했다. "유대인의 왕, 만세!" 그들은 몽둥이로 그분의 머리를 때리고, 침을 뱉고, 무릎을 꿇고서 그분께 경배하는 시늉을 했다. 실컷 즐기고 난 그들은, 예수의 자주색 망토를 벗기고 다시 그분의 옷을 입혔다. 그런 다음, 예수를 십자가에 못 박으려고 끌고 나갔다.

십자가에 못 박히시다

21 알렉산더와 루포의 아버지인 구레네 사람 시몬이, 마침 일을 마치고 그 길을 지나고 있었다. 병사들이 그에게 예수의 십자가를 지게 했다.

22-24 병사들은 예수를 '해골 언덕'이라는 뜻의 골고다로 데려갔다. 그들은 (포도주와 몰약을 섞어서 만든) 가벼운 진통제를 예수께 주었으나, 그분은 마시려고 하지 않으셨다. 곧 그들이 예수를 십자가에 못 박았다. 그들은 예수의 옷가지를 나눠 가지며 누구 몫이 되나 보려고 주사위를 던졌다.

11-12 But the high priests by then had worked up the crowd to ask for the release of Barabbas. Pilate came back, "So what do I do with this man you call King of the Jews?"

13 They yelled, "Nail him to a cross!"

14 Pilate objected, "But for what crime?" But they yelled all the louder, "Nail him to a cross!"

15 Pilate gave the crowd what it wanted, set Barabbas free and turned Jesus over for whipping and crucifixion.

16-20 The soldiers took Jesus into the palace (called Praetorium) and called together the entire brigade. They dressed him up in purple and put a crown plaited from a thornbush on his head. Then they began their mockery: "Bravo, King of the Jews!" They banged on his head with a club, spit on him, and knelt down in mock worship. After they had had their fun, they took off the purple cape and put his own clothes back on him. Then they marched out to nail him to the cross.

The Crucifixion

21 There was a man walking by, coming from work, Simon from Cyrene, the father of Alexander and Rufus. They made him carry Jesus' cross.

22-24 The soldiers brought Jesus to Golgotha, meaning "Skull Hill." They offered him a mild painkiller (wine mixed with myrrh), but he wouldn't take it. And they nailed him to the cross. They divided up his clothes and threw dice to see who would get them.

25-30 병사들은 오전 아홉 시에 예수를 십자가에 못 박았다. '유대인의 왕'이라고 쓰여진 그분의 죄목이 십자가에 적혀 있었다. 예수와 함께 죄수 두 사람도 십자가에 달렸는데, 하나는 그분 오른쪽에, 다른 하나는 그분 왼쪽에 달렸다. 길을 가던 사람들은 슬픈 척 고개를 저으며 예수를 조롱했다. "성전을 헐고 사흘 만에 다시 짓겠다고 으스대던 네가 아니냐. 그러니 실력을 보여 봐라! 네 자신을 구원해 보라고! 네가 정말 하나님의 아들이면 그 십자가에서 내려와 봐라!"

31-32 바로 그 자리에서, 대제사장들도 종교 학자와 나머지 사람들과 어울려 신나게 그분을 비웃었다. "그가 다른 사람은 구원하더니 자기는 구원하지 못하는군! 메시아라고? 이스라엘의 왕이라고? 그럼 그 십자가에서 내려와 보시지. 그러면 우리가 다 믿을 텐데!" 예수와 함께 십자가에 못 박힌 사람들까지도 조롱에 가세했다.

33-34 정오에 하늘이 칠흑같이 어두워졌다. 어둠은 이후 세 시간 동안 계속되었다. 세 시에 예수께서 깊은 데서부터 신음하며 큰 소리로 부르짖으셨다. "엘로이, 엘로이, 라마 사박다니?" 이 말은 '나의 하나님, 나의 하나님, 어찌하여 나를 버리셨습니까?'라는 뜻이다.

35-36 곁에서 그 말을 들은 몇몇 사람들이 "들어 보아라. 이 사람이 엘리야를 부른다" 하고 말했다. 누군가가 솜뭉치를 신 포도주에 적셔서, 장대에 달아 올려 예수께 주면서 말했다. "엘리야가 와서 그를 내려 주나 보자."

37-39 그러나 예수께서 크게 소리지르시고 숨을 거두셨다. 그 순간, 성전의 휘장 한가운데가 찢어졌다. 그분 앞에서 보초를 서고 있던 로마군 지휘관이 그분의 숨이 멎은 것을 보고 말했다. "이 사람은 하나님의 아들

25-30 They nailed him up at nine o'clock in the morning. The charge against him—THE KING OF THE JEWS—was printed on a poster. Along with him, they crucified two criminals, one to his right, the other to his left. People passing along the road jeered, shaking their heads in mock lament: "You bragged that you could tear down the Temple and then rebuild it in three days—so show us your stuff! Save yourself! If you're really God's Son, come down from that cross!"

31-32 The high priests, along with the religion scholars, were right there mixing it up with the rest of them, having a great time poking fun at him: "He saved others—but he can't save himself! Messiah, is he? King of Israel? Then let him climb down from that cross. We'll *all* become believers then!" Even the men crucified alongside him joined in the mockery.

33-34 At noon the sky became extremely dark. The darkness lasted three hours. At three o'clock, Jesus groaned out of the depths, crying loudly, *Eloi, Eloi, lama sabachthani?* which means, "My God, my God, why have you abandoned me?"

35-36 Some of the bystanders who heard him said, "Listen, he's calling for Elijah." Someone ran off, soaked a sponge in sour wine, put it on a stick, and gave it to him to drink, saying, "Let's see if Elijah comes to take him down."

37-39 But Jesus, with a loud cry, gave his last breath. At that moment the Temple curtain ripped right down the middle. When the Roman captain standing guard in front of him saw that he had quit breathing, he said,

이 틀림없다!"

"This has to be the Son of God!"

무덤에 묻히시다

40-41 여자들이 멀리서 지켜보고 있었는데, 그중에는 막달라 마리아, 작은 야고보와 요세의 어머니 마리아 그리고 살로메도 있었다. 이 여자들은 예수께서 갈릴리에 계실 때 그분을 따르며 섬겼고, 그분과 함께 예루살렘까지 올라온 사람들이다.

42-45 그날은 예비일(곧 안식일 전날)인데, 오후 늦게 유대 의회의 명망 높은 의원인 아리마대 사람 요셉이 왔다. 그는 하나님 나라를 바라보면서, 그 나라를 손꼽아 기다리며 사는 사람이었다. 그는 용기를 내어 빌라도에게 가서, 예수의 시신을 거두게 해달라고 청했다. 빌라도는 예수가 그렇게 금세 죽을 수 있는지 의아해 하면서, 지휘관을 불러 그가 정말로 죽었는지 확인하게 했다. 지휘관의 확인을 받고서, 빌라도는 요셉에게 예수의 시신을 내주었다.

46-47 세마포 수의를 사 둔 요셉은, 예수를 십자가에서 내려 수의에 쌌다. 그런 뒤에 바위를 깎아서 만든 무덤에 그분을 모셔 두고, 큰 돌을 굴려서 입구를 막았다. 막달라 마리아와 요세의 어머니 마리아가 장례 치르는 것을 지켜보았다.

그분은 다시 살아나셨다

16 1-3 안식일이 지나자, 막달라 마리아와 야고보의 어머니 마리아와 살로메는 예수께 바르려고 향료를 샀다. 일요일 이른 새벽 해 뜰 무렵에, 그들은 무덤으로 갔다. 그들은 "누가 우리를 위해 무덤에서 돌을 굴려 줄까?" 하고 서로 걱정하며 말했다.

4-5 그들이 문득 고개를 드니 돌—아주 큰 돌이었다—이 이미 굴려져 있었다. 그들

Taken to a Tomb

40-41 There were women watching from a distance, among them Mary Magdalene, Mary the mother of the younger James and Joses, and Salome. When Jesus was in Galilee, these women followed and served him, and had come up with him to Jerusalem.

42-45 Late in the afternoon, since it was the Day of Preparation (that is, Sabbath eve), Joseph of Arimathea, a highly respected member of the Jewish Council, came. He was one who lived expectantly, on the lookout for the kingdom of God. Working up his courage, he went to Pilate and asked for Jesus' body. Pilate questioned whether he could be dead that soon and called for the captain to verify that he was really dead. Assured by the captain, he gave Joseph the corpse.

46-47 Having already purchased a linen shroud, Joseph took him down, wrapped him in the shroud, placed him in a tomb that had been cut into the rock, and rolled a large stone across the opening. Mary Magdalene and Mary, mother of Joses, watched the burial.

The Resurrection

16 1-3 When the Sabbath was over, Mary Magdalene, Mary the mother of James, and Salome bought spices so they could embalm him. Very early on Sunday morning, as the sun rose, they went to the tomb. They worried out loud to each other, "Who will roll back the stone from the tomb for us?"

4-5 Then they looked up, saw that it had been rolled back—it was a huge stone—and walked

은 곧바로 안으로 들어갔다. 한 청년이 흰옷 차림으로 오른쪽에 앉아 있는 것이 보였다. 그들은 몹시 당황하여 놀랐다.

6-7 그가 말했다. "두려워 마라. 너희가 나사렛 예수, 십자가에 못 박히신 그분을 찾는 줄을 안다. 그분은 다시 살아나셨다. 그분은 더 이상 여기 계시지 않는다. 너희 눈으로 보는 것처럼 이곳은 비어 있다. 자, 어서 가거라. 그분께서 너희보다 먼저 갈릴리로 가신다고 제자들과 베드로에게 말하여라. 그분이 전에 말씀하신 대로, 너희는 거기서 그분을 뵐 것이다."

8 그들은 얼른 밖으로 나왔다. 현기증이 날 정도로 정신이 없었고, 너무 놀라서 아무한테도 말하지 못했다.

9-11 [예수께서 죽은 자들 가운데서 살아나신 뒤 일요일 이른 아침에, 막달라 마리아에게 나타나셨다. 마리아는 예수께서 전에 일곱 귀신에게서 구해 준 사람이다. 마리아는 예수와 함께하던 사람들이 슬퍼하며 울고 있는 곳으로 가서 말했다. 그들은 살아 계신 그분을 분명히 뵈었다는 마리아의 말을 듣고도 믿지 않았다.

12-13 나중에 그들 가운데 두 사람이 시골길을 걸어가고 있는데, 예수께서 다른 모습으로 그들에게 나타나셨다. 그들이 돌아가서 나머지 사람들에게 말했으나, 역시 믿지 않았다.

14-16 그 후에, 열한 제자가 저녁을 먹고 있는데 예수께서 나타나셔서, 그분이 살아나신 것을 본 사람들의 말을 믿지 않은 제자들의 불신앙을 아주 엄하게 꾸짖으셨다. 그리고 말씀하셨다. "세상 속으로 들어가거라. 어디든지 가서, 하나님의 복된 소식인 메시지를 모두에게 알려라. 누구든지 믿고 세례를 받으면 구원을 받고, 누구든지 믿지 않으면 정죄를 받을 것이다.

17-18 믿는 사람들에게 따를 표적 몇 가지는

right in. They saw a young man sitting on the right side, dressed all in white. They were completely taken aback, astonished.

6-7 He said, "Don't be afraid. I know you're looking for Jesus the Nazarene, the One they nailed on the cross. He's been raised up; he's here no longer. You can see for yourselves that the place is empty. Now—on your way. Tell his disciples and Peter that he is going on ahead of you to Galilee. You'll see him there, exactly as he said."

8 They got out as fast as they could, beside themselves, their heads swimming. Stunned, they said nothing to anyone.

9-11 [After rising from the dead, Jesus appeared early on Sunday morning to Mary Magdalene, whom he had delivered from seven demons. She went to his former companions, now weeping and carrying on, and told them. When they heard her report that she had seen him alive and well, they didn't believe her.

12-13 Later he appeared, but in a different form, to two of them out walking in the countryside. They went back and told the rest, but they weren't believed either.

14-16 Still later, as the Eleven were eating supper, he appeared and took them to task most severely for their stubborn unbelief, refusing to believe those who had seen him raised up. Then he said, "Go into the world. Go everywhere and announce the Message of God's good news to one and all. Whoever believes and is baptized is saved; whoever refuses to believe is damned.

17-18 "These are some of the signs that will accompany believers: They will throw out

이렇다. 그들은 내 이름으로 귀신을 쫓아내고, 새로운 방언으로 말하고, 손으로 뱀을 집고, 독을 마셔도 상하지 않으며, 병자에게 손을 얹어 낫게 할 것이다."

19-20 간략하게 말씀하신 뒤에, 주 예수께서 하늘로 들려 올라가셔서, 하나님 옆 영광의 자리에 앉으셨다. 제자들은 어디든지 가서 **메시지**를 전했다. 주님이 친히 그들과 함께 일하시며, 명백한 증거로 **메시지**를 확증해 주셨다.]

demons in my name, they will speak in new tongues, they will take snakes in their hands, they will drink poison and not be hurt, they will lay hands on the sick and make them well."

19-20 Then the Master Jesus, after briefing them, was taken up to heaven, and he sat down beside God in the place of honor. And the disciples went everywhere preaching, the Master working right with them, validating the Message with indisputable evidence.]

• 괄호 안의 마가복음 16장 9-20절은 후기 사본들에만 들어 있다.

누가복음 | 머리말

우리 대부분은 자기 혼자만 겉도는 것처럼 느낄 때가 많다. 다른 사람들은 아주 당당하고 자신감 넘치고 소속감도 분명해 보이는데, 나는 따로 밀려나 어울리지 못하는 바깥 사람 같다.

이런 경우에 우리가 취하는 방법은, 따로 우리의 모임을 만들거나 우리를 받아 줄 모임을 찾아가는 것이다. 그 모임에서만은, 나는 소속되어 있고 다른 사람들은 바깥에 있다. 사람들은 정치, 경제, 사회, 문화 등 다양한 분야에서 공식, 비공식으로 모인다. 그러한 모임의 한 가지 공통점은 배제의 원칙이다. 선택받은 일부 사람 외에 나머지 사람들을 배제함으로써 모임의 정체성과 가치를 획득하는 것이다. 우리는 '소속감'이라는 달콤함을 맛보기 위해 다른 사람들을 배제하고 밀어낸다. 하지만 그 과정에서, 우리의 현실은 축소되고 삶은 협소해진다. 끔찍한 대가가 아닐 수 없다.

종교라는 미명하에 이런 대가를 치를 때보다 더 비참한 경우도 없다. 그런데 놀랍게도, 종교는 오랜 역사 속에서 바로 그런 일을 해왔다. 하나님의 크나큰 신비를 그럴듯한 모임 규정 정도로 축소해 버렸고, 거대한 인간 공동체를 멤버십 수준으로 격하해 온 것이다. 그러나 하나님께 바깥 사람, 소외된 사람이란 없다. 예수께서는 "잃어버린 자를 찾아 회복시키려고 왔다"고 말씀하셨다(눅 19:10).

누가는 바깥 사람, 소외된 사람을 가장 강력하게 옹호한 사람이다. 그 자신이 바깥 사람이었던—전부 유대인으로 구성된 신약성경 기자들 가운데 유일한 이방인이었던—누가는,

Most of us, most of the time, feel left out—misfits. We don't belong. Others seem to be so confident, so sure of themselves, "insiders" who know the ropes, old hands in a club from which we are excluded.

One of the ways we have of responding to this is to form our own club, or join one that will have us. Here is at least one place where we are "in" and the others "out." The clubs range from informal to formal in gatherings that are variously political, social, cultural, and economic. But the one thing they have in common is the principle of exclusion. Identity or worth is achieved by excluding all but the chosen. The terrible price we pay for keeping all those other people out so that we can savor the sweetness of being insiders is a reduction of reality, a shrinkage of life.

Nowhere is this price more terrible than when it is paid in the cause of religion. But religion has a long history of doing just that, of reducing the huge mysteries of God to the respectability of club rules, of shrinking the vast human community to a "membership." But with God there are no outsiders. Jesus said, "The Son of Man came to find and restore the lost"(Luke 19:10).

Luke is a most vigorous champion of the outsider. An outsider himself, the only Gentile in an all-Jewish cast of New Testament writers, he shows how Jesus

198

당대의 기성 종교가 흔히 바깥 사람으로 취급하며 소외시키던 사람들—여자들, 평범한 노동자들(목자), 다른 인종의 사람들(사마리아 사람), 가난한 사람들—을 예수께서 어떻게 끌어안아 안으로 포함시켜 주시는지를 보여준다. 예수께서는 종교가 인간의 모임으로 전락하는 것을 묵인하지 않으시는 분이다. 우리 또한 안에 들어갈 희망 하나 없이 바깥에서 기웃거리며 삶을 들여다본 적이 있다. (그런 기분을 느껴 보지 않은 사람이 우리 가운데 누가 있겠는가!) 그러나 누가가 전하는 이야기를 듣다 보면, 이제 문이 활짝 열렸고 하나님이 예수 안에서 우리를 만나시며 안아 주신다는 사실을 깨닫게 된다. 예수께서는 이렇게 말씀하셨다. "구하여라, 그러면 받을 것이다. 찾아라, 그러면 발견할 것이다. 두드려라, 그러면 문이 열릴 것이다"(눅 11:9).

includes those who typically were treated as outsiders by the religious establishment of the day: women, common laborers(sheepherders), the racially different(Samaritans), the poor. He will not countenance religion as a club. As Luke tells the story, all of us who have found ourselves on the outside looking in on life with no hope of gaining entrance (and who of us hasn't felt it?) now find the doors wide open, found and welcomed by God in Jesus, who, in fact said, "Ask and you'll get; seek and you'll find; knock and the door will open"(Luke 11:9).

누가복음

LUKE

1 자신들의 삶으로 이 말씀을 섬
겼던 최초의 목격자들이 전해 준
보고를 바탕으로, 우리 가운데 일어난 성
경과 역사의 놀라운 추수 이야기를 정리
하려고 손을 댄 사람들이 아주 많았습니
다. 이야기의 발단부터 시작해 모든 보고
를 아주 자세히 살펴본 나도, 데오빌로 각
하를 위해 모든 것을 상세하게 기록하기
로 했습니다. 이로써 각하께서는 그동안
배운 것이 믿을 만한 것임을 확실히 알게
될 것입니다.

천사가 요한의 출생을 알리다

5-7 유대 왕 헤롯이 다스리던 때에, 아비
야 반열에서 직무를 맡은 제사장이 있었
다. 그의 이름은 사가랴였다. 그의 아내는
아론의 후손으로, 이름은 엘리사벳이었
다. 이들 부부는 주의하여 계명의 도를 지
키고, 하나님 앞에서 깨끗한 양심을 품고
서 바르게 살았다. 그러나 엘리사벳이 임
신을 할 수 없어 그들에게는 자식이 없었
고, 이미 나이도 많았다.

8-12 마침 사가랴가 자기 차례가 되어 하
나님 앞에서 제사장 직무를 수행하고 있
었는데, 그가 하나님의 성소에 들어가 분
향하는 일을 맡게 되었다. 그것은 평생 한
번 오는 일이었다. 분향 시간에 회중은 성

1 1-4 So many others have tried their
hand at putting together a story of the
wonderful harvest of Scripture and history
that took place among us, using reports
handed down by the original eyewitnesses
who served this Word with their very lives.
Since I have investigated all the reports in
close detail, starting from the story's begin-
ning, I decided to write it all out for you,
most honorable Theophilus, so you can know
beyond the shadow of a doubt the reliability
of what you were taught.

A Childless Couple Conceives

5-7 During the rule of Herod, King of Judea,
there was a priest assigned service in the
regiment of Abijah. His name was Zachariah.
His wife was descended from the daughters
of Aaron. Her name was Elizabeth. Together
they lived honorably before God, careful in
keeping to the ways of the commandments
and enjoying a clear conscience before God.
But they were childless because Elizabeth
could never conceive, and now they were
quite old.

8-12 It so happened that as Zachariah was
carrying out his priestly duties before God,

전 바깥에 모여 기도하고 있었다. 그때 하나님의 천사가 예고도 없이 성소의 분향단 오른쪽에 나타났다. 사가랴는 두려워서 그 자리에 얼어붙었다.

13-15 천사가 그를 안심시켰다. "사가랴야, 두려워 마라. 하나님께서 네 기도를 들으셨다. 네 아내 엘리사벳이 아들을 낳을 것이다. 너는 그 이름을 요한이라고 하여라. 너는 기뻐서 사슴처럼 뛸 것이며, 너뿐만 아니라 많은 사람들이 그의 출생을 즐거워할 것이다. 그는 하나님께 큰 인물이 될 것이다.

15-17 그는 포도주와 맥주를 마시지 않을 것이며, 모태에서 나오는 순간부터 성령으로 충만할 것이다. 그는 이스라엘의 많은 아들딸들을 하나님께로 돌아오게 할 것이다. 그는 엘리야의 방식과 능력으로 하나님의 오심을 알리고, 자녀를 향한 부모의 마음을 녹이며, 완고한 회의론자들의 마음에 뜨거운 깨달음의 불이 타오르게 할 것이다. 그는 백성으로 하여금 하나님을 맞을 준비를 하게 할 것이다."

18 사가랴가 천사에게 말했다. "그 말씀을 믿으라는 말입니까? 나는 늙은 사람이고 내 아내도 늙었습니다."

19-20 그러자 천사가 말했다. "나는 하나님의 파수꾼 가브리엘이다. 나는 너에게 이 기쁜 소식을 전해 주려고 특별히 보내심을 받았다. 그런데 네가 내 말을 믿지 않으니, 네 아들이 태어나는 날까지 너는 말을 하지 못할 것이다. 내가 너에게 한 말은, 하나님의 때가 되면 그대로 다 이루어질 것이다."

21-22 한편, 사가랴를 기다리던 회중은 그가 성소 안에 왜 그렇게 오래 있는지 이상하게 여기며 조바심을 냈다. 사가랴가 밖으로 나와 말을 하지 못하자, 그들

working the shift assigned to his regiment, it came his one turn in life to enter the sanctuary of God and burn incense. The congregation was gathered and praying outside the Temple at the hour of the incense offering. Unannounced, an angel of God appeared just to the right of the altar of incense. Zachariah was paralyzed in fear.

13-15 But the angel reassured him, "Don't fear, Zachariah. Your prayer has been heard. Elizabeth, your wife, will bear a son by you. You are to name him John. You're going to leap like a gazelle for joy, and not only you—many will delight in his birth. He'll achieve great stature with God.

15-17 "He'll drink neither wine nor beer. He'll be filled with the Holy Spirit from the moment he leaves his mother's womb. He will turn many sons and daughters of Israel back to their God. He will herald God's arrival in the style and strength of Elijah, soften the hearts of parents to children, and kindle devout understanding among hardened skeptics—he'll get the people ready for God."

18 Zachariah said to the angel, "Do you expect me to believe this? I'm an old man and my wife is an old woman."

19-20 But the angel said, "I am Gabriel, the sentinel of God, sent especially to bring you this glad news. But because you won't believe me, you'll be unable to say a word until the day of your son's birth. Every word I've spoken to you will come true on time—God's time."

21-22 Meanwhile, the congregation waiting for Zachariah was getting restless, wondering what was keeping him so long in the sanctuary. When he came out and couldn't speak, they knew he had seen a vision. He continued

은 그가 환상을 본 줄 알았다. 사가랴는 계속해서 말을 하지 못한 채, 손짓으로 사람들에게 뜻을 전해야 했다.

23-25 제사장 직무 기간이 끝나자, 사가랴는 집으로 돌아갔다. 얼마 후에 그의 아내 엘리사벳이 임신했다. 그녀는 아이를 갖게 된 것을 기뻐하며 다섯 달 동안을 홀로 떨어져 지냈다. 그녀는 "하나님께서 나의 딱한 처지를 이렇게 보상해 주시는구나!"라고 말했다.

처녀가 임신하여 아들을 낳을 것이다

26-28 엘리사벳이 임신한 지 여섯 달이 되었을 때, 하나님께서 천사 가브리엘을 갈릴리 나사렛 동네에 다윗의 자손인 남자와 약혼한 한 처녀에게 보내셨다. 남자의 이름은 요셉이고, 처녀의 이름은 마리아였다. 가브리엘이 들어가서, 마리아에게 인사했다.

잘 있었느냐!
너는 하나님의 아름다움으로,
안과 밖이 다 아름답구나!
하나님께서 너와 함께하신다.

29-33 마리아는 크게 동요하며, 그 인사에 감춰진 뜻이 무엇인지 궁금히 여겼다. 천사가 그녀를 안심시켰다. "마리아야, 조금도 두려워할 것 없다. 하나님께서 너에게 주시는 놀라운 선물이 있다. 네가 임신하여 아들을 낳을 것이니, 그 이름을 예수라고 하여라.

그는 크게 되어
'지극히 높으신 분의 아들'이라 불릴 것이다.
주 하나님께서 그에게
그의 조상 다윗의 왕위를 주실 것이다.
그는 영원히 야곱의 집을 다스리고
그의 나라는 영원무궁할 것이다."

speechless and had to use sign language with the people.

23-25 When the course of his priestly assignment was completed, he went back home. It wasn't long before his wife, Elizabeth, conceived. She went off by herself for five months, relishing her pregnancy. "So, this is how God acts to remedy my unfortunate condition!" she said.

A Virgin Conceives

26-28 In the sixth month of Elizabeth's pregnancy, God sent the angel Gabriel to the Galilean village of Nazareth to a virgin engaged to be married to a man descended from David. His name was Joseph, and the virgin's name, Mary. Upon entering, Gabriel greeted her:

Good morning!
You're beautiful with God's beauty,
Beautiful inside and out!
God be with you.

29-33 She was thoroughly shaken, wondering what was behind a greeting like that. But the angel assured her, "Mary, you have nothing to fear. God has a surprise for you: You will become pregnant and give birth to a son and call his name Jesus.

He will be great,
  be called 'Son of the Highest.'
The Lord God will give him
  the throne of his father David;
He will rule Jacob's house forever—
  no end, ever, to his kingdom."

34 마리아가 천사에게 말했다. "하지만 어떻게 그럴 수 있습니까? 나는 남자와 잠자리를 같이한 적이 없습니다."
35 천사가 대답했다.

성령께서 네게 임하셔서
지극히 높으신 분의 능력이 네 위에 머물 것이다.
그러므로 네가 낳을 아기는
거룩하신 분, 하나님의 아들이라 불릴 것이다.

36-38 "너는 네 사촌 엘리사벳이 늙은 나이에 아이를 가진 것을 알고 있느냐? 모두가 아이를 가질 수 없다고 하던 그녀가, 임신한 지 여섯 달이 되었다! 보아라, 하나님께는 불가능한 일이 없다."
마리아가 말했다.

이제야 모두 알겠습니다.
나는 섬길 준비가 된 주님의 여종입니다.
당신의 말씀대로
내게 이루어지기를 원합니다.

천사가 그녀를 떠나갔다.

여자 가운데 참으로 복된 자

39-45 마리아는 잠시도 지체하지 않았다. 그녀는 일어나 유대 산지의 한 동네로 가서, 곧장 사가랴의 집을 찾아가 엘리사벳에게 문안했다. 엘리사벳이 마리아의 인사를 받을 때에, 그녀의 뱃속에서 아기가 뛰놀았다. 엘리사벳은 성령이 충만하여 뜨겁게 노래했다.

그대는 여자 가운데 참으로 복되고,
그 뱃속의 아기도 복되다!
내 주님의 어머니가 나를 찾아오다니
이 큰 복이 어찌 된 일인가!
그대의 문안하는 소리가

34 Mary said to the angel, "But how? I've never slept with a man."
35 The angel answered,

The Holy Spirit will come upon you,
the power of the Highest hover over you;
Therefore, the child you bring to birth
will be called Holy, Son of God.

36-38 "And did you know that your cousin Elizabeth conceived a son, old as she is? Everyone called her barren, and here she is six months pregnant! Nothing, you see, is impossible with God."
And Mary said,

Yes, I see it all now:
I'm the Lord's maid, ready to serve.
Let it be with me
just as you say.

Then the angel left her.

Blessed Among Women

39-45 Mary didn't waste a minute. She got up and traveled to a town in Judah in the hill country, straight to Zachariah's house, and greeted Elizabeth. When Elizabeth heard Mary's greeting, the baby in her womb leaped. She was filled with the Holy Spirit, and sang out exuberantly,

You're so blessed among women,
and the babe in your womb, also blessed!
And why am I so blessed that
the mother of my Lord visits me?

내 귀에 들리는 순간,
내 뱃속의 아기가
마냥 기뻐서 어린양처럼 뛰어놀았다.
하나님께서 하신 말씀을 믿고,
그 말씀대로 다 이루어질 것을 믿은 여
자는 복되다!

46-55 마리아가 말했다.

하나님이 들려주신 복된 소식으로 내 마
음 터질 듯하니,
내 구주 되신 하나님의 노래로 기뻐 춤추
리라.
하나님이 나를 주목하심으로, 무슨 일이
일어났는지 보라.
나는 이 땅에서 가장 복된 여자다!
하나님이 내게 행하신 일, 영원토록
잊지 않으리.
다른 모든 것과 구별되시는 하나님, 그
이름 거룩하시다.
그 앞에 두려워 떠는 이들에게
그의 자비 물밀 듯 밀려오네.
그가 팔을 뻗어 능력을 보이셨고
거만스레 허세부리는 자들을 흩으셨다.
오만한 폭군들을 내리치시고
고통당한 이들을 진창에서 건져 내셨다.
가난하고 굶주린 사람들이 잔칫상에 앉
으니
야멸친 부자들이 냉대를 당했다.
기억하셔서, 풍성한 자비 드높이 쌓으시며
택하신 자녀 이스라엘을 품으셨다.
아브라함으로 시작해 지금까지,
약속하신 대로, 그의 자비가 정확히 이루
어졌다.

56 마리아는 석 달 동안 엘리사벳과 함께
있다가 자기 집으로 돌아갔다.

The moment the sound of your
    greeting entered my ears,
The babe in my womb
    skipped like a lamb for sheer joy.
Blessed woman, who believed what God
said,
    believed every word would come true!

46-55 And Mary said,

I'm bursting with God-news;
    I'm dancing the song of my Savior God.
God took one good look at me, and look
what happened—
    I'm the most fortunate woman on earth!
What God has done for me will never be
forgotten,
    the God whose very name is holy, set
    apart from all others.
His mercy flows in wave after wave
    on those who are in awe before him.
He bared his arm and showed his
strength,
    scattered the bluffing braggarts.
He knocked tyrants off their high horses,
    pulled victims out of the mud.
The starving poor sat down to a banquet;
    the callous rich were left out in the cold.
He embraced his chosen child, Israel;
    he remembered and piled on the
    mercies, piled them high.
It's exactly what he promised,
    beginning with Abraham and right up to
    now.

56 Mary stayed with Elizabeth for three
months and then went back to her own
home.

요한의 출생

⁵⁷⁻⁵⁸ 출산일이 되어 엘리사벳이 아들을 낳았다. 이웃과 친척들은 하나님께서 그녀에게 베푸신 큰 자비를 보고 함께 즐거워했다. ⁵⁹⁻⁶⁰ 여드레째 되는 날, 그들이 아기에게 할례를 행하러 와서, 그 아버지의 이름을 따서 아기의 이름을 사가랴로 지으려고 했다. 그러나 엘리사벳이 끼어들었다. "아닙니다. 이 아이의 이름은 요한이라고 해야 합니다."

⁶¹⁻⁶² 그들이 말했다. "하지만 당신네 집안에는 그런 이름을 가진 사람이 아무도 없지 않습니까?" 그들은 사가랴에게 손짓하여, 아이에게 어떤 이름을 지어 주려고 하는지 물었다.

⁶³⁻⁶⁴ 사가랴가 서판을 달라고 하더니 이렇게 썼다. "아이의 이름은 요한이라고 해야 합니다." 사람들이 모두 깜짝 놀랐다. 놀랄 일은 그것만이 아니었다. 어느새 사가랴의 입이 열리고 혀가 풀어지더니, 말을 하면서 하나님을 찬양하는 것이었다!

⁶⁵⁻⁶⁶ 깊은 경외심이 이웃을 덮었고, 유대 온 산지 사람들이 온통 그 이야기뿐이었다. 이야기를 들은 사람들은 모두 그 일을 마음에 새기며 놀라워했다. "이 아이가 장차 어떤 사람이 될까? 하나님께서 이 일에 함께하신 것이 분명하다."

⁶⁷⁻⁷⁹ 사가랴가 성령이 충만하여 이렇게 예언했다.

> 이스라엘의 주 하나님을 찬양하여라.
> 그가 오셔서 그 백성을 자유케 하셨다.
> 그가 구원의 능력을 우리 삶의 중심에,
> 그의 종 다윗의 집에 두셨으니,
> 그의 거룩한 예언자들을 통해
> 오래전 약속하신 말씀 그대로
> 우리를 원수들과
> 우리를 미워하는 모든 손에서 건지셨다.

The Birth of John

⁵⁷⁻⁵⁸ When Elizabeth was full-term in her pregnancy, she bore a son. Her neighbors and relatives, seeing that God had overwhelmed her with mercy, celebrated with her.

⁵⁹⁻⁶⁰ On the eighth day, they came to circumcise the child and were calling him Zachariah after his father. But his mother intervened: "No. He is to be called John."

⁶¹⁻⁶² "But," they said, "no one in your family is named that." They used sign language to ask Zachariah what he wanted him named.

⁶³⁻⁶⁴ Asking for a tablet, Zachariah wrote, "His name is to be John." That took everyone by surprise. Surprise followed surprise—Zachariah's mouth was now open, his tongue loose, and he was talking, praising God!

⁶⁵⁻⁶⁶ A deep, reverential fear settled over the neighborhood, and in all that Judean hill country people talked about nothing else. Everyone who heard about it took it to heart, wondering, "What will become of this child? Clearly, God has his hand in this."

⁶⁷⁻⁷⁹ Then Zachariah was filled with the Holy Spirit and prophesied,

> Blessed be the Lord, the God of Israel;
>   he came and set his people free.
> He set the power of salvation in the center of our lives,
>   and in the very house of David his servant,
> Just as he promised long ago
>   through the preaching of his holy prophets:
> Deliverance from our enemies
>   and every hateful hand;

우리 조상에게 자비를 베푸셔서
말씀하신 것을 기억하고 행하셨으니,
곧 우리 조상 아브라함에게 맹세하신
대로
적진에서 우리를 구하셨다.
우리로 하여금 세상 걱정 없이 그분을 예
배하며,
사는 날 동안 그분 앞에 거룩하게 하셨다.

'지극히 높으신 분의 예언자'인 내 아기여,
너는 주님 앞서 가서 그의 길을 예비하고
그의 백성에게 구원과
죄 용서의 소식을 전해 줄 것이다.
하나님의 자비로우신 마음,
하나님의 해돋음 우리에게 임하셔서
어둠 속,
죽음의 그늘에 앉아 있는 이들을 비추고,
우리의 길을 한 걸음씩 밝혀
평화의 길로 인도할 것이다.

80 아이는 자라며 심령이 굳세어졌다. 그는
예언자로 이스라엘에 등장하기까지 광야
에서 살았다.

예수의 탄생

2 1-5 그 무렵, 아우구스투스 황제가
명령을 내려 제국 전역에 인구조사
를 실시하도록 했다. 이것은 구레뇨가 시리
아 총독일 때 실시한 첫 인구조사였다. 모
든 사람이 자기 조상의 고향으로 가서 조사
를 받아야 했다. 요셉도 인구조사를 받으러
갈릴리 나사렛 마을에서 다윗의 동네인 유
대 베들레헴으로 올라갔다. 그는 다윗의 자
손이었으므로, 그곳으로 가야 했다. 요셉은
약혼녀 마리아와 함께 갔는데, 그녀는 임신
중이었다.
6-7 그들이 거기 머무는 동안 출산할 때가
되었다. 마리아는 첫 아들을 낳았다. 여관

Mercy to our fathers,
　as he remembers to do what he said he'd do,
What he swore to our father Abraham—
　a clean rescue from the enemy camp,
So we can worship him without a care in the world,
　made holy before him as long as we live.

And you, my child, "Prophet of the Highest,"
　will go ahead of the Master to prepare his ways,
Present the offer of salvation to his people,
　the forgiveness of their sins.
Through the heartfelt mercies of our God,
　God's Sunrise will break in upon us,
Shining on those in the darkness,
　those sitting in the shadow of death,
Then showing us the way, one foot at a time,
　down the path of peace.

80 The child grew up, healthy and spirited. He lived out in the desert until the day he made his prophetic debut in Israel.

The Birth of Jesus

2 1-5 About that time Caesar Augustus ordered a census to be taken throughout the Empire. This was the first census when Quirinius was governor of Syria. Everyone had to travel to his own ancestral hometown to be accounted for. So Joseph went from the Galilean town of Nazareth up to Bethlehem in Judah, David's town, for the census. As a descendant of David, he had to go there. He went with Mary, his fiancee, who was pregnant.
6-7 While they were there, the time came for

에 방이 없어서, 그녀는 아기를 포대기에
싸서 구유에 뉘었다.

목자들이 예수 탄생의 소식을 듣다

8-12 근처 들에서 목자들이 밤을 새며 양
떼를 지키고 있었다. 그때 갑자기, 하나
님의 천사가 그들 가운데 서고, 하나님의
영광이 그들 주위를 두루 비추었다. 목자
들은 두려워 떨었다. 천사가 말했다. "두
려워 마라. 내가 여기 온 것은, 온 세상 모
든 사람을 위한 놀랍고 기쁜 사건을 알려
주기 위해서다. 방금 다윗의 동네에 구주
가 나셨으니, 그는 메시아요 주님이시다.
너희는 가서 포대기에 싸여 구유에 뉘어
있는 아기를 찾아라."

13-14 어느새 어마어마한 천사 합창대가
나타나서, 그 천사와 더불어 하나님을 찬
양했다.

  높은 하늘에서는 하나님께 영광,
  땅에서는 그분을 기쁘시게 하는 모든
  사람에게 평화.

15-18 천사 합창대가 하늘로 물러가자, 목
자들이 서로 의논했다. "어서 베들레헴으
로 가서, 하나님이 우리에게 계시해 주신
것을 우리 눈으로 직접 보자." 그들은 그
곳을 떠나 한달음에 달려가서, 마리아와
요셉과 구유에 누워 있는 아기를 찾아냈
다. 목자들은 두 눈으로 직접 보고 믿었
다. 그들은 만나는 모든 사람에게 천사들
이 그 아기에 대해 해준 말을 전했다. 목
자들의 이야기를 들은 사람들은 모두 깊
은 감동을 받았다.

19-20 마리아는 이 모든 것을 마음 깊이
간직해 두었다. 목자들은 보고 들은 모든
것으로 인해 하나님께 영광과 찬송을 돌
려 드리며, 벅찬 가슴으로 돌아갔다. 정

her to give birth. She gave birth to a son, her
firstborn. She wrapped him in a blanket and
laid him in a manger, because there was no
room in the hostel.

An Event for Everyone

8-12 There were sheepherders camping in the
neighborhood. They had set night watches
over their sheep. Suddenly, God's angel stood
among them and God's glory blazed around
them. They were terrified. The angel said,
"Don't be afraid. I'm here to announce a great
and joyful event that is meant for everybody,
worldwide: A Savior has just been born in
David's town, a Savior who is Messiah and
Master. This is what you're to look for: a baby
wrapped in a blanket and lying in a manger."

13-14 At once the angel was joined by a huge
angelic choir singing God's praises:

  Glory to God in the heavenly heights,
  Peace to all men and women on earth who
  please him.

15-18 As the angel choir withdrew into heaven,
the sheepherders talked it over. "Let's get over
to Bethlehem as fast as we can and see for
ourselves what God has revealed to us." They
left, running, and found Mary and Joseph,
and the baby lying in the manger. Seeing was
believing. They told everyone they met what
the angels had said about this child. All who
heard the sheepherders were impressed.

19-20 Mary kept all these things to herself,
holding them dear, deep within herself. The
sheepherders returned and let loose, glorify-
ing and praising God for everything they had
heard and seen. It turned out exactly the way

확히 자기들이 들은 그대로 되었던 것이다.

아기 예수의 정결예식

21 여드레째에 할례를 행할 날이 되어, 아기의 이름을 예수라고 지었다. 이는 아기가 잉태되기 전에 천사가 전해 준 이름이었다.
22-24 모세의 규정에 따라 정결예식을 치를 날이 되자, 마리아와 요셉은 아기를 데리고 예루살렘으로 올라갔다. "어머니의 태에서 처음 난 남자는 누구나 하나님께 거룩한 제물이 되어야 한다"고 규정한 하나님의 율법에 따라, 아기를 하나님께 바치려는 것이었다. 또한 하나님의 율법에 정한 대로 "산비둘기 한 쌍이나 집비둘기 새끼 두 마리"를 희생 제물로 드리려는 것이었다.
25-32 당시 예루살렘에 시므온이라는 사람이 있었는데, 그는 이스라엘이 구원받기를 바라고 기도하며 살아온 선한 사람이었다. 성령께서 그 사람 위에 머물러 계셨다. 일찍이 성령께서 그가 죽기 전에 하나님의 메시아를 볼 것이라고 그에게 일러 주셨다. 시므온은 성령께 이끌려 성전으로 들어갔다. 마침, 아기 예수의 부모가 율법에 규정한 예식을 행하려고 아기를 데려왔다. 시므온은 아기를 품에 안고 하나님을 찬양했다.

하나님, 이제 이 종을 놓아주시되
약속하신 대로 저를 평안히 놓아주셨습니다.
제 눈으로 주님의 구원을 보았고,
모든 사람이 볼 수 있도록 밝히 드러났습니다.
이는 이방 나라들에 하나님을 계시하는 빛이요,
주님의 백성 이스라엘에게는 영광입니다.

33-35 예수의 부모는 이 말에 놀라서 아무 말도 하지 못했다. 시므온이 그들을 축복하

Blessings

21 When the eighth day arrived, the day of circumcision, the child was named Jesus, the name given by the angel before he was conceived.
22-24 Then when the days stipulated by Moses for purification were complete, they took him up to Jerusalem to offer him to God as commanded in God's Law: "Every male who opens the womb shall be a holy offering to God," and also to sacrifice the "pair of doves or two young pigeons" prescribed in God's Law.
25-32 In Jerusalem at the time, there was a man, Simeon by name, a good man, a man who lived in the prayerful expectancy of help for Israel. And the Holy Spirit was on him. The Holy Spirit had shown him that he would see the Messiah of God before he died. Led by the Spirit, he entered the Temple. As the parents of the child Jesus brought him in to carry out the rituals of the Law, Simeon took him into his arms and blessed God:

God, you can now release your servant;
  release me in peace as you promised.
With my own eyes I've seen your salvation;
  it's now out in the open for everyone to see:
A God-revealing light to the non-Jewish nations,
  and of glory for your people Israel.

33-35 Jesus' father and mother were speechless with surprise at these words. Simeon

면서, 어머니 마리아에게 말했다.

> 이 아기는 이스라엘 가운데
> 많은 사람들의 실패와 회복의 표이자
> 오해와 반대를 받을 인물,
> 당신의 마음을 칼로 찌를 고통입니다.
> 그러나 그 거부는 오히려 그들의 가면
> 을 벗겨 내어,
> 마침내 하나님께서 그들의 실체를 드러
> 내실 것입니다.

36-38 아셀 지파 바누엘의 딸인 예언자 안나
도 거기에 있었다. 안나는 나이가 아주 많
았다. 그녀는 결혼하고 칠 년 만에 혼자된
이후로 여든네 살이 되도록 과부로 살았다.
안나는 성전 경내를 떠나지 않고, 금식하고
기도하며 밤낮으로 하나님께 예배를 드렸
다. 시므온이 기도하고 있는 바로 그때에,
안나가 나타나 하나님께 찬송을 드리면서,
예루살렘의 해방을 간절히 기다리는 모든
사람에게 이 아기에 대해 이야기해 주었다.
39-40 마리아와 요셉은 하나님의 율법에 규
정된 일을 다 마치고, 갈릴리에 있는 자기
동네 나사렛으로 돌아왔다. 거기서 아이는
튼튼하고 지혜롭게 자랐다. 하나님의 은혜
가 그 아이 위에 머물러 있었다.

성전에서 아이 예수를 찾다

41-45 해마다 유월절이 되면, 예수의 부모는
예루살렘으로 순례길을 떠났다. 예수가 열
두 살 되던 해에, 그들은 늘 하던 대로 유월
절을 지키러 올라갔다. 절기가 끝나 집으로
돌아갈 때에, 아이 예수는 예루살렘에 남아
있었지만 부모는 그 사실을 몰랐다. 그들
은 순례자의 무리 어딘가에 아이가 있겠거
니 생각하고, 꼬박 하룻길을 가서야 친척과
이웃 가운데서 아이 예수를 찾기 시작했다.
하지만 아이가 보이지 않자, 그들은 아이를

went on to bless them, and said to Mary his mother,

> This child marks both the failure and
>   the recovery of many in Israel,
> A figure misunderstood and contradict-
> ed—
>   the pain of a sword-thrust through you—
> But the rejection will force honesty,
>   as God reveals who they really are.

36-38 Anna the prophetess was also there, a daughter of Phanuel from the tribe of Asher. She was by now a very old woman. She had been married seven years and a widow for eighty-four. She never left the Temple area, worshiping night and day with her fastings and prayers. At the very time Simeon was praying, she showed up, broke into an anthem of praise to God, and talked about the child to all who were waiting expectantly for the freeing of Jerusalem.
39-40 When they finished everything required by God in the Law, they returned to Galilee and their own town, Nazareth. There the child grew strong in body and wise in spirit. And the grace of God was on him.

They Found Him in the Temple

41-45 Every year Jesus' parents traveled to Jerusalem for the Feast of Passover. When he was twelve years old, they went up as they always did for the Feast. When it was over and they left for home, the child Jesus stayed behind in Jerusalem, but his parents didn't know it. Thinking he was somewhere in the company of pilgrims, they journeyed for a whole day and then began looking

찾으려고 예루살렘으로 되돌아갔다.

46-48 이튿날 예수의 부모는 성전에서 아이를 찾았다. 아이는 선생들 틈에 앉아서 그들이 하는 말을 듣기도 하고 질문하기도 했다. 선생들은 아이의 예리한 답변에 감탄하며 다들 아이에게 사로잡혀 있었다. 그러나 부모는 감탄하지 않았다. 그들은 화가 나서 마음이 상해 있었다.

어머니가 말했다. "얘야, 왜 이렇게 했느냐? 네 아버지와 내가 너를 찾느라 정신이 없었다."

49-50 아이가 말했다. "왜 저를 찾으셨습니까? 제가 여기 있으면서, 제 아버지의 일을 해야 할 줄을 모르셨습니까?" 그러나 부모는 아이가 무슨 말을 하는지 깨닫지 못했다.

51-52 아이는 부모와 함께 나사렛으로 돌아와, 부모에게 순종하며 살았다. 아이의 어머니는 이 일을 마음 깊이 간직해 두었다. 예수는 하나님과 사람들의 축복을 받으며, 몸과 마음이 자라며 장성해 갔다.

삶을 고치는 세례

3 1-6 디베료 황제가 다스린 지 십오 년째 되는 해, 곧 본디오 빌라도가 유대 총독으로 있고, 헤롯이 갈릴리를 다스리고, 그 동생 빌립이 이두래와 드라고닛을 다스리고, 루사니아가 아빌레네를 다스리고, 안나스와 가야바가 대제사장으로 있을 때에, 사가랴의 아들 요한이 광야에 있다가 하나님의 메시지를 받았다. 그는 요단 강 주변 지역을 두루 다니며, 삶을 고쳐 죄 용서를 받는 세례를 선포했다. 그것은 예언자 이사야의 글에 기록된 대로였다.

for him among relatives and neighbors. When they didn't find him, they went back to Jerusalem looking for him.

46-48 The next day they found him in the Temple seated among the teachers, listening to them and asking questions. The teachers were all quite taken with him, impressed with the sharpness of his answers. But his parents were not impressed; they were upset and hurt.

His mother said, "Young man, why have you done this to us? Your father and I have been half out of our minds looking for you."

49-50 He said, "Why were you looking for me? Didn't you know that I had to be here, dealing with the things of my Father?" But they had no idea what he was talking about.

51-52 So he went back to Nazareth with them, and lived obediently with them. His mother held these things dearly, deep within herself. And Jesus matured, growing up in both body and spirit, blessed by both God and people.

A Baptism of Life-Change

3 1-6 In the fifteenth year of the rule of Caesar Tiberius—it was while Pontius Pilate was governor of Judea; Herod, ruler of Galilee; his brother Philip, ruler of Iturea and Trachonitis; Lysanias, ruler of Abilene; during the Chief-Priesthood of Annas and Caiaphas—John, Zachariah's son, out in the desert at the time, received a message from God. He went all through the country around the Jordan River preaching a baptism of life-change leading to forgiveness of sins, as described in the words of Isaiah the prophet:

광야에서 외치는 소리여!
하나님 오심을 준비하여라!
길을 평탄하고 곧게 하여라!
패인 곳이 메워지고
솟은 곳이 평평해지며
우회로는 곧은 길이 되고
흙길은 포장될 것이다.
모든 사람이 거기서
하나님의 구원 행렬을 볼 것이다.

Thunder in the desert!
"Prepare God's arrival!
Make the road smooth and straight!
Every ditch will be filled in,
Every bump smoothed out,
The detours straightened out,
All the ruts paved over.
Everyone will be there to see
The parade of God's salvation."

7-9 세례가 인기 있는 일이 되다 보니, 사람들이 무리 지어 세례를 받으러 나왔다. 요한은 그들에게 버럭 소리를 질렀다. "뱀의 자식들아! 이 강가에 슬그머니 내려와서 무엇을 하는 거냐? 너희의 뱀가죽에 물을 좀 묻힌다고 하나님의 심판을 비켜갈 것 같으냐? 바꿔야 할 것은, 너희 겉가죽이 아니라 너희 삶이다! 아브라함을 조상으로 내세우면 다 통할 것이라고 생각하지 마라. 아브라함의 자손인 것과는 아무 상관도 없는 일이다. 흔해 빠진 것이 아브라함의 자손이다. 하나님께서 원하시면 돌들로도 아브라함의 자손을 만드실 수 있다. 중요한 것은 너희 삶이다. 너희 삶은 푸르게 꽃피고 있느냐? 말라죽은 가지라면 땔감이 되고 말 것이다."

10 무리가 요한에게 물었다. "그러면 우리가 어떻게 해야 합니까?"

11 요한이 말했다. "옷이 두 벌 있거든 한 벌은 나누어 주어라. 음식도 똑같이 그렇게 하여라."

12 세금 징수원들도 세례를 받으러 와서 말했다. "선생님, 우리는 어떻게 해야 합니까?"

13 요한이 그들에게 말했다. "더 이상 착취하지 마라. 법에 정한 만큼만 세금을 거둬라."

14 군인들도 그에게 물었다. "우리는 어떻게 해야 합니까?"

요한이 그들에게 말했다. "억지로 빼앗거나 협박하지 마라. 너희가 받는 봉급으로 만족하여라."

7-9 When crowds of people came out for baptism because it was the popular thing to do, John exploded: "Brood of snakes! What do you think you're doing slithering down here to the river? Do you think a little water on your snakeskins is going to deflect God's judgment? It's your *life* that must change, not your skin. And don't think you can pull rank by claiming Abraham as 'father.' Being a child of Abraham is neither here nor there—children of Abraham are a dime a dozen. God can make children from stones if he wants. What counts is your life. Is it green and blossoming? Because if it's deadwood, it goes on the fire."

10 The crowd asked him, "Then what are we supposed to do?"

11 "If you have two coats, give one away," he said. "Do the same with your food."

12 Tax men also came to be baptized and said, "Teacher, what should we do?"

13 He told them, "No more extortion—collect only what is required by law."

14 Soldiers asked him, "And what should we do?"

He told them, "No shakedowns, no blackmail—and be content with your rations."

¹⁵ 어느새 사람들의 관심이 고조되고 있었다. 그들은 모두 '이 요한이 혹시 메시아가 아닐까?' 하고 궁금해 하기 시작했다.

¹⁶⁻¹⁷ 그러자 요한이 끼어들었다. "나는 이 강에서 세례를 주고 있다. 이 드라마의 주인공은 너희 안에 천국의 삶과 불과 성령을 발화시켜, 너희를 완전히 바꾸어 놓으실 것이다. 그분께 비하면 나는 잔심부름꾼에 지나지 않는다. 그분은 집을 깨끗이 하실 것이다. 너희 삶을 대대적으로 정리하실 것이다. 그분은 참된 것은 모두 하나님 앞 제자리에 두시고, 거짓된 것은 모두 끄집어내어 쓰레기와 함께 태워 버리실 것이다."

¹⁸⁻²⁰ 그 밖에도 많은 말을 들려주었는데, 사람들에게 힘이 되는 말, 용기를 북돋아 주는 말이었다. **메시지였다!** 그러나 자기 동생 빌립의 아내 헤로디아의 일로 요한에게 책망을 받고 마음이 찔렸던 통치자 헤롯은, 자신의 수많은 악한 행동에 한 가지 악행을 더했다. 요한을 감옥에 가둔 것이다.

²¹⁻²² 사람들이 모두 세례를 받은 뒤에 예수께서 세례를 받으셨다. 예수께서 기도하실 때에, 하늘이 열리고 성령이 비둘기같이 그분 위에 내려오셨다. 성령과 더불어 한 음성이 들려왔다. "너는 내가 사랑으로 선택하고 구별한 내 아들, 내 삶의 전부다."

아담의 아들, 하나님의 아들

²³⁻³⁸ 예수께서 공생애를 시작하실 때 나이가 서른 살쯤 되셨다. 그분은 (사람들이 알기로는) 요셉의 아들이셨고,

> 요셉은 헬리의 아들
> 헬리는 맛닷의 아들
> 맛닷은 레위의 아들
> 레위는 멜기의 아들
> 멜기는 얀나의 아들
> 얀나는 요셉의 아들

¹⁵ The interest of the people by now was building. They were all beginning to wonder, "Could this John be the Messiah?"

¹⁶⁻¹⁷ But John intervened: "I'm baptizing you here in the river. The main character in this drama, to whom I'm a mere stagehand, will ignite the kingdom life, a fire, the Holy Spirit within you, changing you from the inside out. He's going to clean house—make a clean sweep of your lives. He'll place everything true in its proper place before God; everything false he'll put out with the trash to be burned."

¹⁸⁻²⁰ There was a lot more of this—words that gave strength to the people, words that put heart in them. The Message! But Herod, the ruler, stung by John's rebuke in the matter of Herodias, his brother Philip's wife, capped his long string of evil deeds with this outrage: He put John in jail.

²¹⁻²² After all the people were baptized, Jesus was baptized. As he was praying, the sky opened up and the Holy Spirit, like a dove descending, came down on him. And along with the Spirit, a voice: "You are my Son, chosen and marked by my love, pride of my life."

Son of Adam, Son of God

²³⁻³⁸ When Jesus entered public life he was about thirty years old, the son (in public perception) of Joseph, who was—

> son of Heli,
> son of Matthat,
> son of Levi,
> son of Melki,
> son of Jannai,
> son of Joseph,

요셉은 맛다디아의 아들	son of Mattathias,
맛다디아는 아모스의 아들	son of Amos,
아모스는 나훔의 아들	son of Nahum,
나훔은 에슬리의 아들	son of Esli,
에슬리는 낙개의 아들	son of Naggai,
낙개는 마앗의 아들	son of Maath,
마앗은 맛다디아의 아들	son of Mattathias,
맛다디아는 서머인의 아들	son of Semein,
서머인은 요섹의 아들	son of Josech,
요섹은 요다의 아들	son of Joda,
요다는 요아난의 아들	son of Joanan,
요아난은 레사의 아들	son of Rhesa,
레사는 스룹바벨의 아들	son of Zerubbabel,
스룹바벨은 스알디엘의 아들	son of Shealtiel,
스알디엘은 네리의 아들	son of Neri,
네리는 멜기의 아들	son of Melchi,
멜기는 앗디의 아들	son of Addi,
앗디는 고삼의 아들	son of Cosam,
고삼은 엘마담의 아들	son of Elmadam,
엘마담은 에르의 아들	son of Er,
에르는 예수의 아들	son of Joshua,
예수는 엘리에서의 아들	son of Eliezer,
엘리에서는 요림의 아들	son of Jorim,
요림은 맛닷의 아들	son of Matthat,
맛닷은 레위의 아들	son of Levi,
레위는 시므온의 아들	son of Simeon,
시므온은 유다의 아들	son of Judah,
유다는 요셉의 아들	son of Joseph,
요셉은 요남의 아들	son of Jonam,
요남은 엘리아김의 아들	son of Eliakim,
엘리아김은 멜레아의 아들	son of Melea,
멜레아는 멘나의 아들	son of Menna,
멘나는 맛다다의 아들	son of Mattatha,
맛다다는 나단의 아들	son of Nathan,
나단은 다윗의 아들	son of David,
다윗은 이새의 아들	son of Jesse,
이새는 오벳의 아들	son of Obed,
오벳은 보아스의 아들	son of Boaz,

보아스는 살몬의 아들	son of Salmon,
살몬은 나손의 아들	son of Nahshon,
나손은 아미나답의 아들	son of Amminadab,
아미나답은 아드민의 아들	son of Admin,
아드민은 아니의 아들	son of Arni,
아니는 헤스론의 아들	son of Hezron,
헤스론은 베레스의 아들	son of Perez,
베레스는 유다의 아들	son of Judah,
유다는 야곱의 아들	son of Jacob,
야곱은 이삭의 아들	son of Isaac,
이삭은 아브라함의 아들	son of Abraham,
아브라함은 데라의 아들	son of Terah,
데라는 나홀의 아들	son of Nahor,
나홀은 스룩의 아들	son of Serug,
스룩은 르우의 아들	son of Reu,
르우는 벨렉의 아들	son of Peleg,
벨렉은 헤버의 아들	son of Eber,
헤버는 살라의 아들	son of Shelah,
살라는 가이난의 아들	son of Kenan,
가이난은 아박삿의 아들	son of Arphaxad,
아박삿은 셈의 아들	son of Shem,
셈은 노아의 아들	son of Noah,
노아는 레멕의 아들	son of Lamech,
레멕은 므두셀라의 아들	son of Methuselah,
므두셀라는 에녹의 아들	son of Enoch,
에녹은 야렛의 아들	son of Jared,
야렛은 마할랄렐의 아들	son of Mahalaleel,
마할랄렐은 가이난의 아들	son of Kenan,
가이난은 에노스의 아들	son of Enos,
에노스는 셋의 아들	son of Seth,
셋은 아담의 아들	son of Adam,
아담은 하나님의 아들이었다.	son of God.

마귀에게 시험 받으시다

4 1-2 예수께서 성령이 충만하여, 요단 강을 떠나 성령께 이끌려 광야로 가셨다. 예수께서 광야에서 사십 일을 밤낮으로 마귀에게 시험을 받으셨다. 그동

Tested by the Devil

4 1-2 Now Jesus, full of the Holy Spirit, left the Jordan and was led by the Spirit into the wild. For forty wilderness days and nights he was tested by the

안 예수께서 아무것도 드시지 않았고, 그 기간이 다 되니 예수께서 배가 고프셨다.

3 마귀는 그분의 배고픔을 이용해 첫 번째 시험을 내놓았다. "너는 하나님의 아들이니, 이 돌한테 명하여 빵 덩이가 되게 해보아라."

4 예수께서 신명기를 인용해 답하셨다. "사람이 빵으로만 사는 것이 아니다."

5-7 두 번째 시험으로, 마귀는 그분을 이끌고 높은 데로 올라가서 지상의 모든 나라를 한꺼번에 펼쳐 보였다. 그런 다음 마귀가 말했다. "너를 즐겁게 해줄 이 모든 영광이 다 네 것이다. 이 모든 것이 내 손에 있으니, 누구든지 내가 원하는 자에게 넘겨줄 수 있다. 내게 경배하기만 하면 다 네 것이다."

8 예수께서 다시 한번 신명기 말씀으로 쐐기를 박으셨다. "주 너의 하나님, 오직 그분만을 경배하여라. 일편단심으로 그분을 섬겨라."

9-11 세 번째 시험으로, 마귀는 그분을 예루살렘으로 데려가서 성전 꼭대기에 세워 놓고 말했다. "네가 하나님의 아들이면 뛰어내려 보아라. '그분께서 천사들을 시켜 너를 보호하고 지키게 하셨다. 천사들이 너를 받아서 발가락 하나 돌에 채이지 않게 할 것이다'라고 성경에 기록되지 않았느냐?"

12 예수께서 대답하셨다. "그렇다. 하지만 '주 너의 하나님을 시험하지 말라'고도 기록되어 있다."

13 그것으로 시험이 끝났다. 마귀는 잠시 물러갔고, 숨어서 다음 기회를 노렸다.

눌린 사람들을 자유케 하시다

14-15 예수께서 성령의 능력을 입고 갈릴리로 돌아오셨다. 예수께서 오셨다는 소식이 그 지방에 두루 퍼졌다. 예수께서 회당에서 가르치시자, 모든 사람이 환호하고 즐거워했다.

Devil. He ate nothing during those days, and when the time was up he was hungry.

3 The Devil, playing on his hunger, gave the first test: "Since you're God's Son, command this stone to turn into a loaf of bread."

4 Jesus answered by quoting Deuteronomy: "It takes more than bread to really live."

5-7 For the second test he led him up and spread out all the kingdoms of the earth on display at once. Then the Devil said, "They're yours in all their splendor to serve your pleasure. I'm in charge of them all and can turn them over to whomever I wish. Worship me and they're yours, the whole works."

8 Jesus refused, again backing his refusal with Deuteronomy: "Worship the Lord your God and only the Lord your God. Serve him with absolute single-heartedness."

9-11 For the third test the Devil took him to Jerusalem and put him on top of the Temple. He said, "If you are God's Son, jump. It's written, isn't it, that 'he has placed you in the care of angels to protect you; they will catch you; you won't so much as stub your toe on a stone'?"

12 "Yes," said Jesus, "and it's also written, 'Don't you dare tempt the Lord your God.'"

13 That completed the testing. The Devil retreated temporarily, lying in wait for another opportunity.

To Set the Burdened Free

14-15 Jesus returned to Galilee powerful in the Spirit. News that he was back spread through the countryside. He taught in their meeting places to everyone's acclaim and pleasure.

16-21 예수께서 자기가 자란 동네인 나사렛에 가셨다. 안식일에 그분은 늘 하시던 대로 회당으로 가셨다. 예수께서 성경을 낭독하려고 서시자, 누군가가 그분께 예언자 이사야의 두루마리를 건넸다. 예수께서 두루마리를 펴서, 다음과 같이 기록된 곳을 찾으셨다.

하나님의 영이 내게 임하시니
그가 나를 택하여,
가난한 이들에게 복된 소식의 메시지를 전하게 하셨다.
나를 보내서서, 감옥에 갇힌 이들에게 사면을,
눈먼 이들에게 다시 보게 됨을 선포하고,
눌리고 지친 이들을 자유케 하여,
"지금은 하나님이 일하시는 해!"라고 선포하게 하셨다.

예수께서 두루마리를 말아 그 맡은 사람에게 돌려주시고, 자리에 앉으셨다. 회당 안의 시선이 일제히 그분께 모아졌다. 그러자 예수께서 이렇게 말문을 여셨다. "방금 너희가 들은 성경 말씀이 역사가 되었다. 이 성경 말씀이 바로 지금, 이 자리에서 이루어졌다."

22 예수께서 어찌나 말씀을 잘하시는지, 보고 듣던 사람들이 모두 놀랐다. 그러나 한편으로는 이렇게 말했다. "이 사람은 우리가 어려서부터 알던 요셉의 아들이 아닌가?"

23-27 예수께서 대답하셨다. "너희는 '의사야, 가서 네 병이나 고쳐라' 하는 속담을 인용해서 '네가 가버나움에서 한 일이 있다던데, 그것을 여기 네 고향에서도 해보아라' 할 것이다. 하지만 내가 너희에게 해줄 말이 있다. 예언자는 자기 고향에서 환영받지 못하는 법이다. 엘리야 시대에 삼 년 반 동안 가뭄이 들어 기근으로 땅이 황폐해졌을 때에 이스라엘에 과부가 많았으나, 시돈의 사렙다에 사는 과부에게만 엘리야가 보냄을 받지

16-21 He came to Nazareth where he had been reared. As he always did on the Sabbath, he went to the meeting place. When he stood up to read, he was handed the scroll of the prophet Isaiah. Unrolling the scroll, he found the place where it was written,

God's Spirit is on me;
　he's chosen me to preach the Message
　of good news to the poor,
Sent me to announce pardon to prisoners and
　recovery of sight to the blind,
To set the burdened and battered free,
　to announce, "This is God's year to act!"

He rolled up the scroll, handed it back to the assistant, and sat down. Every eye in the place was on him, intent. Then he started in, "You've just heard Scripture make history. It came true just now in this place."

22 All who were there, watching and listening, were surprised at how well he spoke. But they also said, "Isn't this Joseph's son, the one we've known since he was a youngster?"

23-27 He answered, "I suppose you're going to quote the proverb, 'Doctor, go heal yourself. Do here in your hometown what we heard you did in Capernaum.' Well, let me tell you something: No prophet is ever welcomed in his hometown. Isn't it a fact that there were many widows in Israel at the time of Elijah during that three and a half years of drought when famine devas-

않았느냐? 또 예언자 엘리사 시대에 이스라엘에 나병환자가 많았으나, *깨끗함을 받은 사람은 시리아 사람 나아만뿐이었다.*"

28-30 회당 안에 있던 사람들 모두가 그 말에 화가 났다. 그들은 예수를 내몰아 동네 밖으로 쫓아낸 다음, 동네 끝에 있는 벼랑으로 끌고 가서 그를 밀쳐 죽이려고 했다. 그러나 예수께서 그들에게서 벗어나 자기 길을 가셨다.

31-32 예수께서 갈릴리의 한 마을 가버나움으로 내려가서서, 안식일에 사람들을 가르치셨다. 그들이 놀라며 감동을 받았다. 그분의 가르침은 그들이 늘 듣던 모호한 궤변이나 인용문과는 달리, 아주 솔직하고 확신에 차서 권위가 있었다.

33-34 그날 회당에 귀신 들려 고통당하는 사람이 있었다. 그가 소리를 질렀다. "아! 나렛 사람 예수여! 무슨 일로 우리한테 왔습니까? 나는 당신이 무슨 일을 하려는지 압니다. 당신은 하나님의 거룩한 분이시며, 우리를 멸하러 왔습니다!"

35 예수께서 그의 입을 막으셨다. "조용히 하고, 그에게서 나오너라!" 귀신은 모든 사람이 보는 앞에서 그 사람을 쓰러뜨리고 떠나갔다. 귀신은 그 사람에게 상처는 입히지 않았다.

36-37 그러자 모든 사람이 크게 놀라서, 서로 수군거렸다. "이게 어찌 된 일인가? 이 사람은 말한 대로 이루어지게 하는 사람인가? 이 사람이 나가라고 명령하면 귀신도 떠나는가?" 마을 전체가 온통 예수 이야기뿐이었다.

병든 사람들을 고쳐 주시다

38-39 예수께서 회당을 떠나 시몬의 집으로 가셨다. 시몬의 장모가 고열에 시달리고 있었다. 사람들이 예수께 그녀를 위해 뭔가를 해주시기를 구했다. 예수께서 곁에서 지켜

tated the land, but the only widow to whom Elijah was sent was in Sarepta in Sidon? And there were many lepers in Israel at the time of the prophet Elisha but the only one cleansed was Naaman the Syrian."

28-30 That set everyone in the meeting place seething with anger. They threw him out, banishing him from the village, then took him to a mountain cliff at the edge of the village to throw him to his doom, but he gave them the slip and was on his way.

31-32 He went down to Capernaum, a village in Galilee. He was teaching the people on the Sabbath. They were surprised and impressed—his teaching was so forthright, so confident, so authoritative, not the quibbling and quoting they were used to.

33-34 In the meeting place that day there was a man demonically disturbed. He screamed, "Ho! What business do you have here with us, Jesus? Nazarene! I know what you're up to. You're the Holy One of God and you've come to destroy us!"

35 Jesus shut him up: "Quiet! Get out of him!" The demonic spirit threw the man down in front of them all and left. The demon didn't hurt him.

36-37 That set everyone back on their heels, whispering and wondering, "What's going on here? Someone whose words make things happen? Someone who orders demonic spirits to get out and they go?" Jesus was the talk of the town.

He Healed Them All

38-39 He left the meeting place and went to Simon's house. Simon's mother-in-law was running a high fever and they asked him to

보시다가, 열병이 떠나라고 명령하자 열병이 떠났다. 그 장모가 곧 일어나 일행의 저녁을 준비했다.

40-41 해가 저물자, 사람들이 여러 병을 앓고 있는 사람들을 예수께 데리고 왔다. 예수께서는 한 사람 한 사람에게 손을 얹어 고쳐 주셨다. 귀신들이 떼를 지어 떠나가며 소리를 질렀다. "하나님의 아들이여! 당신은 하나님의 아들입니다!" 귀신들이 그분이 메시아임을 훤히 알고 있었으므로, 예수께서는 그들의 입을 막아 한 마디도 하지 못하게 하셨다.

42-44 이튿날, 예수께서 한적한 곳으로 가셨다. 그러나 무리가 찾아 나섰고, 그분을 만나자 떠나가지 못하게 그분께 매달렸다. 예수께서 그들에게 말씀하셨다. "내가 다른 마을들에서도 하나님 나라의 **메시지**를 전해야 한다. 바로 그 일을 하라고 하나님께서 나를 보내셨다. 너희는 그것을 알지 못하느냐?" 예수께서는 갈릴리 여러 회당에서 계속해서 말씀을 전하셨다.

깊은 물로 나가서 그물을 내려라

5 1-3 한번은 예수께서 게네사렛 호숫가에 서 있는데, 무리가 하나님의 말씀을 더 잘 들으려고 그분께로 몰려들었다. 예수께서 배 두 척이 묶여 있는 것을 보셨다. 어부들이 막 배에서 내려 그물을 씻고 있었다. 예수께서 시몬의 배에 올라타셔서, 배를 해안에서 조금 떨어지게 띄우라고 부탁하셨다. 예수께서 그 배에 앉으셔서, 배를 설교단 삼아 무리를 가르치셨다.

4 가르치기를 마치시고 나서, 예수께서 시몬에게 말씀하셨다. "깊은 물로 나가서 그물을 내려 고기를 잡아라."

5-7 시몬이 말했다. "주님, 우리가 밤새도록 열심히 고기를 잡았지만 피라미 한 마리 잡지 못했습니다. 하지만 주님께서 그렇게 말

do something for her. He stood over her, told the fever to leave—and it left. Before they knew it, she was up getting dinner for them.

40-41 When the sun went down, everyone who had anyone sick with some ailment or other brought them to him. One by one he placed his hands on them and healed them. Demons left in droves, screaming, "Son of God! You're the Son of God!" But he shut them up, refusing to let them speak because they knew too much, knew him to be the Messiah.

42-44 He left the next day for open country. But the crowds went looking and, when they found him, clung to him so he couldn't go on. He told them, "Don't you realize that there are yet other villages where I have to tell the Message of God's kingdom, that this is the work God sent me to do?" Meanwhile he continued preaching in the meeting places of Galilee.

Push Out into Deep Water

5 1-3 Once when he was standing on the shore of Lake Gennesaret, the crowd was pushing in on him to better hear the Word of God. He noticed two boats tied up. The fishermen had just left them and were out scrubbing their nets. He climbed into the boat that was Simon's and asked him to put out a little from the shore. Sitting there, using the boat for a pulpit, he taught the crowd.

4 When he finished teaching, he said to Simon, "Push out into deep water and let your nets out for a catch."

5-7 Simon said, "Master, we've been fishing hard all night and haven't caught even a

씀하시니, 그물을 내리겠습니다." 말을 마치자마자, 그물에 더 이상 담을 수 없을 정도로 많은 고기가 가득 잡혔다. 그들은 다른 배에 있는 동료들에게, 와서 도와 달라고 손짓했다. 두 배에 고기가 가득 차서, 배가 가라앉을 지경이었다.

8-10 이것을 본 시몬 베드로가 예수 앞에 무릎을 꿇었다. "주님, 떠나 주십시오. 저는 죄인이어서 이 거룩함을 감당할 수 없습니다. 저를 내버려 두십시오." 잡은 고기를 끌어올리자, 시몬과 그 곁에 있던 사람들이 모두 두려움에 사로잡혔다. 시몬의 동료인 세베대의 두 아들 야고보와 요한도 마찬가지였다.

10-11 예수께서 시몬에게 말씀하셨다. "두려워할 것 없다. 이제부터 너는 사람을 낚게 될 것이다." 그들은 배를 해안으로 끌어올린 뒤에, 그물과 모든 것을 배와 함께 버려두고 그분을 따라갔다.

변화된 삶으로 초청하시다

12 어느 마을에 온몸에 나병이 걸린 사람이 있었다. 그가 예수를 보고 그분 앞에 엎드려 간청했다. "원하시면 저를 깨끗하게 하실 수 있습니다."

13 예수께서 손을 내밀어 그에게 대시며 말씀하셨다. "내가 원한다. 깨끗하게 되어라." 그러자 즉시 그의 살갗이 보드라워지고, 나병이 깨끗이 사라졌다.

14-16 예수께서 그에게 말씀하셨다. "온 동네에 말하고 다니지 마라. 모세가 명한 대로, 예물을 가지고 제사장에게 가서 네 나은 몸을 조용히 보여라. 네 말이 아니라, 깨끗해져서 순종하는 네 삶이 내가 한 일을 증거할 것이다." 그러나 그 사람은 그 일을 자기 혼자에게만 담아 둘 수 없었다. 소문이 곧 퍼져 나갔다. 어느새 큰 무리가 말씀도 듣고 병도 고치려고 모여들었다. 예수께

minnow. But if you say so, I'll let out the nets." It was no sooner said than done—a huge haul of fish, straining the nets past capacity. They waved to their partners in the other boat to come help them. They filled both boats, nearly swamping them with the catch.

8-10 Simon Peter, when he saw it, fell to his knees before Jesus. "Master, leave. I'm a sinner and can't handle this holiness. Leave me to myself." When they pulled in that catch of fish, awe overwhelmed Simon and everyone with him. It was the same with James and John, Zebedee's sons, coworkers with Simon.

10-11 Jesus said to Simon, "There is nothing to fear. From now on you'll be fishing for men and women." They pulled their boats up on the beach, left them, nets and all, and followed him.

Invitation to a Changed Life

12 One day in one of the villages there was a man covered with leprosy. When he saw Jesus he fell down before him in prayer and said, "If you want to, you can cleanse me."

13 Jesus put out his hand, touched him, and said, "I want to. Be clean." Then and there his skin was smooth, the leprosy gone.

14-16 Jesus instructed him, "Don't talk about this all over town. Just quietly present your healed self to the priest, along with the offering ordered by Moses. Your cleansed and obedient life, not your words, will bear witness to what I have done." But the man couldn't keep it to himself, and the word got out. Soon a large crowd of people had gathered to listen and be healed of

서는 할 수 있는 한 자주 외딴 곳으로 물러
나 기도하셨다.

17 하루는 예수께서 가르치시는데, 바리새
인과 종교 교사들이 둘러앉아 있었다. 그들
은 갈릴리와 유대의 모든 마을과, 멀리 예
루살렘에서 온 사람들이었다. 하나님의 치
유 능력이 예수께 임했다.

18-20 사람들이 중풍병자 한 사람을 들것에
실어서 데려왔다. 그들은 집 안으로 들어가
예수 앞에 그를 데려다 놓을 방법을 찾고
있었다. 무리 때문에 길을 찾을 수 없자, 그
들은 지붕으로 올라가 기왓장을 뜯어 내고
무리 가운데 계신 예수 바로 앞에 그 사람
을 달아 내렸다. 그들의 담대한 믿음에 감
동하신 예수께서 말씀하셨다. "친구여, 내
가 네 죄를 용서한다."

21 그러자 종교 학자와 바리새인들이 웅성
대기 시작했다. "저 사람은 자기를 누구라
고 생각하는 것인가? 저것은 신성모독이다!
오직 하나님만이 죄를 용서하실 수 있다."

22-26 예수께서 그들의 생각을 정확히 아시
고 말씀하셨다. "왜 이리 수군수군 말이 많
으냐? '내가 네 죄를 용서한다'고 말하는
것과 '일어나 걸어가라'고 말하는 것 중에
어느 쪽이 더 쉽겠느냐? 내가 인자인 것과,
내가 어느 쪽이든 행할 권한이 있다는 것을
분명히 보여주겠다." 예수께서 중풍병자에
게 직접 말씀하셨다. "일어나거라. 네 자리
를 들고 집으로 가거라." 그 사람은 한순간
도 지체하지 않고 그대로 했다. 일어나 담
요를 들고서, 하나님께 영광을 돌리며 집으
로 갔다. 사람들은 도무지 믿기지 않아 자
신들의 눈을 비볐다. 그러고 나서 그들도
하나님께 영광을 돌렸다. 그들이 두려움에
차서 말했다. "우리 평생에 이런 일은 처음
본다!"

27-28 이 일 후에 예수께서 밖으로 나가서,
레위라는 사람이 자기 일터에서 세금을 걷

their ailments. As often as possible Jesus withdrew to out-of-the-way places for prayer.

17 One day as he was teaching, Pharisees and religion teachers were sitting around. They had come from nearly every village in Galilee and Judea, even as far away as Jerusalem, to be there. The healing power of God was on him.

18-20 Some men arrived carrying a paraplegic on a stretcher. They were looking for a way to get into the house and set him before Jesus. When they couldn't find a way in because of the crowd, they went up on the roof, removed some tiles, and let him down in the middle of everyone, right in front of Jesus. Impressed by their bold belief, he said, "Friend, I forgive your sins."

21 That set the religion scholars and Pharisees buzzing. "Who does he think he is? That's blasphemous talk! God and only God can forgive sins."

22-26 Jesus knew exactly what they were thinking and said, "Why all this gossipy whispering? Which is simpler: to say 'I forgive your sins,' or to say 'Get up and start walking'? Well, just so it's clear that I'm the Son of Man and authorized to do either, or both..." He now spoke directly to the paraplegic: "Get up. Take your bedroll and go home." Without a moment's hesitation, he did it—got up, took his blanket, and left for home, giving glory to God all the way. The people rubbed their eyes, incredulous—and then also gave glory to God. Awestruck, they said, "We've never seen anything like that!"

27-28 After this he went out and saw a man named Levi at his work collecting taxes.

고 있는 것을 보셨다. 예수께서 말씀하셨다. "나와 함께 가자." 그는 예수를 따라갔다. 모든 것을 버려두고 그분과 동행한 것이다.

29-30 레위는 예수를 위해 자기 집에서 성대한 저녁식사를 베풀었다. 세금 징수원들과 그 밖에도 평판이 좋지 않은 인물들이 저녁식사 손님으로 와 있었다. 바리새인과 종교 학자들이 속이 잔뜩 뒤틀려서 그분의 제자들에게 다가왔다. "당신네 선생이 사기꾼과 죄인들과 함께 먹고 마시다니, 이게 대체 어찌 된 일이오?"

31-32 예수께서 그 말을 들으시고 분명하게 말씀하셨다. "의사가 필요한 사람이 누구냐? 건강한 사람이냐, 병든 사람이냐? 내가 여기 있는 것은, 영향력 있는 사람이 아니라, 소외된 사람을 초청하려는 것이다. 변화된 삶, 곧 안과 밖이 모두 변화된 삶으로 그들을 초청하려는 것이다."

33 그들이 예수께 물었다. "요한의 제자들은 금식하고 기도하는 것으로 잘 알려져 있습니다. 바리새인들도 그렇습니다. 그런데 당신은 잔치에서 보내는 시간이 대부분인 것 같은데, 어찌 된 일입니까?"

34-35 예수께서 말씀하셨다. "즐거운 결혼식 중에는 빵과 포도주를 아끼지 않고 실컷 먹는다. 나중에 허리띠를 졸라맬 일이 있을지 모르지만, 지금은 아니다. 신랑신부와 함께 있는 동안에는 즐겁게 보내는 법이다. 금식은 신랑이 가고 없을 때 시작해도 된다. 정겨운 축하의 모닥불에 찬물을 끼얹는 사람은 없다. 하나님 나라가 임한다는 것은 바로 이런 것이다!

36-39 멀쩡한 스카프를 잘라서 낡은 작업복에 대고 깁는 사람은 없다. 서로 어울리는 천을 찾게 마련이다. 낡고 금이 간 병에는 포도주를 담지 않는 법이다. 새로 담은 포도주는 단단하고 깨끗한 병에 담는다. 그리고 잘 묵은 고급 포도주를 맛본 사람은 덜 묵은 포도주를 찾지 않는다."

Jesus said, "Come along with me." And he did—walked away from everything and went with him.

29-30 Levi gave a large dinner at his home for Jesus. Everybody was there, tax men and other disreputable characters as guests at the dinner. The Pharisees and their religion scholars came to his disciples greatly offended. "What is he doing eating and drinking with crooks and 'sinners'?"

31-32 Jesus heard about it and spoke up, "Who needs a doctor: the healthy or the sick? I'm here inviting outsiders, not insiders—an invitation to a changed life, changed inside and out."

33 They asked him, "John's disciples are well-known for keeping fasts and saying prayers. Also the Pharisees. But you seem to spend most of your time at parties. Why?"

34-35 Jesus said, "When you're celebrating a wedding, you don't skimp on the cake and wine. You feast. Later you may need to pull in your belt, but this isn't the time. As long as the bride and groom are with you, you have a good time. When the groom is gone, the fasting can begin. No one throws cold water on a friendly bonfire. This is Kingdom Come!

36-39 "No one cuts up a fine silk scarf to patch old work clothes; you want fabrics that match. And you don't put wine in old, cracked bottles; you get strong, clean bottles for your fresh vintage wine. And no one who has ever tasted fine aged wine prefers unaged wine."

안식일의 주인

6 ¹⁻² 어느 안식일에 예수께서 곡식이 무르익은 밭 사이를 걷고 계셨다. 제자들이 곡식 이삭을 따서, 손으로 껍질을 벗겨 먹었다. 몇몇 바리새인들이 말했다. "당신들은 어찌하여 안식일 규정을 어기고 이런 일을 하는 거요?"

³⁻⁴ 예수께서 제자들 편에 서셨다. "너희는 다윗과 그 동료들이 배고플 때에 한 일을 읽어 보지 못했느냐? 그가 성소에 들어가서, 제사장들 외에는 아무도 먹지 못하게 되어 있는, 제단에서 갓 물려낸 빵을 먹지 않았느냐? 그는 그 빵을 자기 동료들에게도 주었다."

⁵ 예수께서 말씀하셨다. "인자는 안식일의 종이 아니라 주인이다."

⁶⁻⁸ 또 다른 안식일에 예수께서 회당에 들어가 가르치셨다. 거기에 한쪽 손이 오그라든 사람이 있었다. 종교 학자와 바리새인들은 혹시나 안식일 위반으로 예수를 잡을까 하여, 그 사람을 고쳐 주나 보려고 그분을 주시했다. 예수께서 그들의 속셈을 아시고 손이 오그라든 사람에게 말씀하셨다. "일어나서 여기 우리 앞에 서거라." 그가 일어나 섰다.

⁹ 예수께서 그들에게 말씀하셨다. "너희에게 묻겠다. 어떤 행동이 안식일에 가장 합당하냐? 선을 행하는 것이냐, 악을 행하는 것이냐? 사람을 돕는 것이냐, 무력한 상태로 버려두는 것이냐?"

¹⁰⁻¹¹ 예수께서 그들을 둘러보시며, 각 사람의 눈을 쳐다보셨다. 그러고는 그 사람에게 말씀하셨다. "네 손을 내밀어라." 그가 손을 내밀자, 그 손이 새 손과 같이 되었다! 그들은 화가 잔뜩 나서, 어떻게 하면 예수께 보복할 수 있을지를 모의하기 시작했다.

In Charge of the Sabbath

6 ¹⁻² On a certain Sabbath Jesus was walking through a field of ripe grain. His disciples were pulling off heads of grain, rubbing them in their hands to get rid of the chaff, and eating them. Some Pharisees said, "Why are you doing that, breaking a Sabbath rule?"

³⁻⁴ But Jesus stood up for them. "Have you never read what David and those with him did when they were hungry? How he entered the sanctuary and ate fresh bread off the altar, bread that no one but priests were allowed to eat? He also handed it out to his companions."

⁵ Then he said, "The Son of Man is no slave to the Sabbath; he's in charge."

⁶⁻⁸ On another Sabbath he went to the meeting place and taught. There was a man there with a crippled right hand. The religion scholars and Pharisees had their eye on Jesus to see if he would heal the man, hoping to catch him in a Sabbath infraction. He knew what they were up to and spoke to the man with the crippled hand: "Get up and stand here before us." He did.

⁹ Then Jesus addressed them, "Let me ask you something: What kind of action suits the Sabbath best? Doing good or doing evil? Helping people or leaving them helpless?"

¹⁰⁻¹¹ He looked around, looked each one in the eye. He said to the man, "Hold out your hand." He held it out—it was as good as new! They were beside themselves with anger, and started plotting how they might get even with him.

열두 사도를 임명하시다

12-16 그 즈음에 예수께서 기도하러 산에 올라가셔서, 밤새도록 하나님 앞에 기도하셨다. 이튿날 예수께서 제자들을 부르시고, 그들 가운데서 다음 열두 명을 정하셔서 사도로 임명하셨다.

예수께서 베드로라는 이름을 지어 주신 시몬
그의 동생 안드레
야고보
요한
빌립
바돌로매
마태
도마
알패오의 아들 야고보
열심당원이라 하는 시몬
야고보의 아들 유다
그분을 배반한 가룟 유다.

너희는 복이 있다

17-21 예수께서 그들과 함께 산에서 내려와 평지에 서시자, 제자들이 그분 주위에 둘러섰고, 곧이어 유대와 예루살렘과 심지어 해안 지방인 두로와 시돈에서 온 큰 무리도 모여들었다. 그들은 그분께 말씀도 듣고 병도 고치려고 온 것이었다. 악한 귀신에 시달리던 사람들이 고침을 받았다. 모든 사람이 예수께 손을 대려고 했다. 예수에게서 아주 강한 능력이 나와서, 수많은 사람들이 나았기 때문이다! 예수께서 이렇게 말씀하셨다.

모든 것을 다 잃은 너희는 복이 있다.
그때에야 너희는 하나님 나라를 찾게 될 것이다.

굶주림에 지친 너희는 복이 있다.

The Twelve Apostles

12-16 At about that same time he climbed a mountain to pray. He was there all night in prayer before God. The next day he summoned his disciples; from them he selected twelve he designated as apostles:

Simon, whom he named Peter,
Andrew, his brother,
James,
John,
Philip,
Bartholomew,
Matthew,
Thomas,
James, son of Alphaeus,
Simon, called the Zealot,
Judas, son of James,
Judas Iscariot, who betrayed him.

You're Blessed

17-21 Coming down off the mountain with them, he stood on a plain surrounded by disciples, and was soon joined by a huge congregation from all over Judea and Jerusalem, even from the seaside towns of Tyre and Sidon. They had come both to hear him and to be cured of their ailments. Those disturbed by evil spirits were healed. Everyone was trying to touch him—so much energy surging from him, so many people healed! Then he spoke:

You're blessed when you've lost it all.
God's kingdom is there for the finding.

You're blessed when you're ravenously hungry.

그때에야 너희는 메시아의 음식을 먹을 준비가 된 것이다.

하염없이 눈물 흘리는 너희는 복이 있다. 아침이 되면 기쁨을 맞게 될 것이다.

22-23 "누군가 너희를 깎아내리거나 내쫓을 때마다, 누군가 내 평판을 떨어뜨리려고 너희 이름을 더럽히거나 비방할 때마다, 너희는 복을 받은 줄 알아라. 그들이 그렇게 하는 이유는, 진리가 너무 가까이 있어서 그들이 불편을 느끼기 때문이다. 그런 일이 일어날 때 너희는 기뻐해도 좋다. 아예 어린양처럼 뛰어놀아도 좋다! 그들은 싫어하겠지만, 나는 좋아하니 말이다! 온 천국이 박수를 보낼 것이다. 또한 너희만 그런 일을 당한 것이 아님을 알아라. 내 설교자와 증인들은 언제나 그런 대우를 받았다."

너희 삶을 거저 주어라

24 그러나 너희가 다 갖춘 줄로 생각하면 화가 있다.
너희 가진 것에서 더 얻을 것이 없을 것이다.

25 자기 자신으로 만족하면 화가 있다.
너희 자아는 오랜 만족을 주지 못할 것이다.

삶이 온통 재미와 놀이인 줄 알면 화가 있다.
고난이 기다리고 있고, 그 고난이 너희에게도 닥칠 것이다.

26 "다른 사람을 치켜세우는 말과 비위를 맞추는 행동으로, 사람에게 인정을 받으려고 하면 화가 있다. 사람의 인정을 받는다고 해서 진리의 편에 있는 것은 아니다. 얼마나 많은 악당 설교자들이 너희 조상의 인

Then you're ready for the Messianic meal.

You're blessed when the tears flow freely.
Joy comes with the morning.

22-23 "Count yourself blessed every time someone cuts you down or throws you out, every time someone smears or blackens your name to discredit me. What it means is that the truth is too close for comfort and that that person is uncomfortable. You can be glad when that happens—skip like a lamb, if you like!—for even though they don't like it, I do... and all heaven applauds. And know that you are in good company; my preachers and witnesses have always been treated like this.

Give Away Your Life

24 But it's trouble ahead if you think you have it made.
What you have is all you'll ever get.

25 And it's trouble ahead if you're satisfied with yourself.
Your *self* will not satisfy you for long.

And it's trouble ahead if you think life's all fun and games.
There's suffering to be met, and you're going to meet it.

26 "There's trouble ahead when you live only for the approval of others, saying what flatters them, doing what indulges them. Popularity contests are not truth contests—look how many scoundrel preachers were approved by your ancestors! Your task is to

정을 받았는지 생각해 보아라! 너희가 할 일은, 진실하게 사는 것이지 인기를 얻는 것이 아니다.

27-30 진실을 맞아들일 준비가 된 너희에게 내가 말한다. 너희 원수를 사랑하여라. 원수가 어떻게 하든지, 너희는 최선의 모습을 보여라. 누가 너희를 힘들게 하거든, 그 사람을 위해 기도하여라. 누가 네 뺨을 치거든, 그 자리에 서서 맞아라. 누가 네 셔츠를 움켜쥐거든, 네 가장 좋은 외투까지 잘 포장해 선물로 주어라. 누가 너를 억울하게 이용하거든, 종의 삶을 연습하는 기회로 삼아라. 똑같이 갚아 주는 것은 이제 그만하여라. 너그럽게 살아라.

31-34 여기, 간단하고 유용한 행동 지침이 있다. 사람들이 너희에게 무엇을 해주면 좋겠는지 자문해 보아라. 그리고 너희가 먼저 그들에게 그것을 해주어라. 너희가 사랑할 만한 사람만 사랑하면 칭찬을 바랄 수 있겠느냐? 그것은 죄인도 늘 하는 일이다. 너희가 너희를 돕는 사람만 돕는다면 상급을 바랄 수 있겠느냐? 그것은 죄인도 흔히 하는 일이다. 너희가 받을 것을 바라고 베푼다면 그것을 베풂이라 할 수 있겠느냐? 아주 인색한 전당포 주인도 그 정도는 한다.

35-36 내가 너희에게 말한다. 너희 원수를 사랑하여라. 보상을 바라지 말고 돕고 베풀어라. 내가 장담한다. 절대로 후회하는 일은 없을 것이다. 우리가 최악의 상태에 있을 때에도 하나님께서 우리를 향해 너그럽고 인자하신 것처럼, 너희도 하나님이 주신 너희 신분에 합당하게 살아라. 우리 아버지께서 친절하시니, 너희도 친절하여라.

37-38 사람들의 흠을 들추어내거나, 실패를 꼬집거나, 잘못을 비난하지 마라. 너희도 똑같은 대우를 받고 싶지 않거든 말이다. 의기소침해 있는 사람을 정죄하지 마라. 그 가혹한 태도는 부메랑이 되어 너희에게 되돌아올 것이다. 사람들을 너그럽게 대하여라. 그

be true, not popular.

27-30 "To you who are ready for the truth, I say this: Love your enemies. Let them bring out the best in you, not the worst. When someone gives you a hard time, respond with the energies of prayer for that person. If someone slaps you in the face, stand there and take it. If someone grabs your shirt, giftwrap your best coat and make a present of it. If someone takes unfair advantage of you, use the occasion to practice the servant life. No more tit-for-tat stuff. Live generously.

31-34 "Here is a simple rule of thumb for behavior: Ask yourself what you want people to do for you; then grab the initiative and do it for them! If you only love the lovable, do you expect a pat on the back? Run-of-the-mill sinners do that. If you only help those who help you, do you expect a medal? Garden-variety sinners do that. If you only give for what you hope to get out of it, do you think that's charity? The stingiest of pawnbrokers does that.

35-36 "I tell you, love your enemies. Help and give without expecting a return. You'll never—I promise—regret it. Live out this God-created identity the way our Father lives toward us, generously and graciously, even when we're at our worst. Our Father is kind; you be kind.

37-38 "Don't pick on people, jump on their failures, criticize their faults—unless, of course, you want the same treatment. Don't condemn those who are down; that hardness can boomerang. Be easy on people; you'll find life a lot easier. Give away your life; you'll find life given

러면 삶이 한결 여유로워질 것이다. 너희 삶을 거저 주어라. 그러면 삶을 돌려받게 될 것이다. 돌려받는 정도가 아니라 축복까지 덤으로 받게 될 것이다. 받는 것보다 주는 것이 더 낫다. 베풂은 베풂을 낳는다."

39-40 예수께서 속담을 들어 말씀하셨다. "'눈먼 사람이 눈먼 사람을 인도할 수 있느냐?' 둘 다 구덩이에 빠지지 않겠느냐? 제자가 스승을 가르칠 수 없는 법이다. 핵심은, 너희가 누구를 선생으로 모시고 따를지 신중히 선택하라는 말이다.

41-42 네 이웃의 얼굴에 묻은 얼룩은 보면서, 자칫 네 얼굴의 추한 비웃음은 그냥 지나치기 쉽다. 네 얼굴이 멸시로 일그러져 있는데, 어떻게 뻔뻔스럽게 '내가 네 얼굴을 씻어 주겠다'고 말하겠느냐? 이는 '내가 너보다 잘 안다'는 사고방식이며, 자기 몫을 살기보다는 남보다 거룩한 척 연기를 하는 것이다. 네 얼굴의 추한 비웃음부터 닦아 내라. 그러면 네 이웃에게 수건을 건네줄 만한 사람이 될지도 모른다."

말씀을 삶으로 실천하여라

43-45 "건강한 나무에서 벌레 먹은 사과를 딸 수 없고, 병든 나무에서 좋은 사과를 딸 수 없다. 사과의 건강을 보면 나무의 건강을 알 수 있다. 먼저 너희는 생명을 주는 삶에서부터 시작해야 한다. 중요한 것은, 너희 말과 행동이 아니라 너희 됨됨이다. 참된 말과 행동은 너희의 참된 존재에서 흘러넘치는 것이다.

46-47 너희는 내게 예의를 갖춰 '예, 선생님', '옳습니다, 선생님' 하면서도, 어째서 내가 명하는 것은 하나도 행하지 않느냐? 내가 너희에게 하는 이 말은, 너희 삶에 덧붙이는 장식이나 너희 생활수준을 높여 주는 리모델링 같은 것이 아니다. 내 말은 주춧돌과도 같아서, 너희는 내 말 위에 인생을 지어야 한다.

back, but not merely given back—given back with bonus and blessing. Giving, not getting, is the way. Generosity begets generosity."

39-40 He quoted a proverb: "'Can a blind man guide a blind man?' Wouldn't they both end up in the ditch? An apprentice doesn't lecture the master. The point is to be careful who you follow as your teacher.

41-42 "It's easy to see a smudge on your neighbor's face and be oblivious to the ugly sneer on your own. Do you have the nerve to say, 'Let me wash your face for you,' when your own face is distorted by contempt? It's this I-know-better-than-you mentality again, playing a holier-than-thou part instead of just living your own part. Wipe that ugly sneer off your own face and you might be fit to offer a washcloth to your neighbor.

Work the Words into Your Life

43-45 "You don't get wormy apples off a healthy tree, nor good apples off a diseased tree. The health of the apple tells the health of the tree. You must begin with your own life-giving lives. It's who you are, not what you say and do, that counts. Your true being brims over into true words and deeds.

46-47 "Why are you so polite with me, always saying 'Yes, sir,' and 'That's right, sir,' but never doing a thing I tell you? These words I speak to you are not mere additions to your life, homeowner improvements to your standard of living. They are foundation words, words to build a life on.

48-49 너희가 내 말을 너희 삶으로 실천하면, 너희는 땅을 깊이 파서 반석 위에 집의 기초를 놓은 현명한 목수와 같다. 강둑이 터져 강물이 들이쳐도 그 집은 꿈쩍도 하지 않는다. 오래가도록 지어진 집이기 때문이다. 그러나 너희가 내 말을 성경공부 때만 사용하고 삶으로 실천하지 않으면, 너희는 주춧돌을 생략하고 집을 지은 미련한 목수와 같다. 강물이 불어 집에 들이치자, 그 집은 맥없이 무너지고 말았다. 완전히 유실되고 말았다."

자기 백성의 필요를 돌보아 주신다!

7 1-5 예수께서 사람들에게 말씀을 마치시고, 가버나움으로 가셨다. 그곳에 있는 어떤 로마군 지휘관의 종이 죽어가고 있었다. 지휘관은 그 종을 무척 귀히 여겼으므로 그를 잃고 싶지 않았다. 예수께서 돌아오셨다는 말을 들은 지휘관은, 유대인 공동체 지도자들을 예수께 보내어, 오셔서 자기 종을 고쳐 달라고 청했다. 그들은 예수께 가서 그렇게 해주실 것을 간절히 구했다. "이 사람은 선생님께서 요청을 들어주셔도 좋은 사람입니다. 그는 우리 민족을 사랑하여 우리에게 회당까지 지어 주었습니다."

6-8 예수께서 그들과 함께 가셨다. 그 집에 도착하려면 아직 한참을 더 가야 하는데, 지휘관이 보낸 친구들이 와서 예수께 말을 전했다. "주님, 이렇게 수고하실 것 없습니다. 주님이 아시듯이, 저는 그리 선한 사람이 못 됩니다. 주님이 저희 집에 오시면 제가 당황스럽고, 제가 주님 앞에 직접 나서기도 그렇습니다. 그저 명령만 내리시면 저의 종이 낫겠습니다. 저도 명령을 받기도 하고 내리기도 하는 사람입니다. 제가 한 병사에게 '가라'고 하면 가고, 다른 병사에게 '오라'고 하면 옵니다. 그리고 저의 종에게 '이것을 하라'고 하면 합니다."

48-49 "If you work the words into your life, you are like a smart carpenter who dug deep and laid the foundation of his house on bedrock. When the river burst its banks and crashed against the house, nothing could shake it; it was built to last. But if you just use my words in Bible studies and don't work them into your life, you are like a dumb carpenter who built a house but skipped the foundation. When the swollen river came crashing in, it collapsed like a house of cards. It was a total loss."

A Place of Holy Mystery

7 1-5 When he finished speaking to the people, he entered Capernaum. A Roman captain there had a servant who was on his deathbed. He prized him highly and didn't want to lose him. When he heard Jesus was back, he sent leaders from the Jewish community asking him to come and heal his servant. They came to Jesus and urged him to do it, saying, "He deserves this. He loves our people. He even built our meeting place."

6-8 Jesus went with them. When he was still quite far from the house, the captain sent friends to tell him, "Master, you don't have to go to all this trouble. I'm not that good a person, you know. I'd be embarrassed for you to come to my house, even embarrassed to come to you in person. Just give the order and my servant will get well. I'm a man under orders; I also give orders. I tell one soldier, 'Go,' and he goes; another, 'Come,' and he comes; my slave, 'Do this,' and he does it."

9-10 예수께서 크게 놀라시며, 동행한 무리에게 말씀하셨다. "하나님을 알고 그분이 일하시는 방식을 훤히 알아야 마땅한 이스라엘 백성 중에서도, 이렇게 단순한 믿음은 아직 보지 못했다." 말을 전하러 온 사람들이 집에 돌아가 보니, 종이 다 나아 있었다.

11-15 얼마 후에, 예수께서 나인이라는 마을로 가셨다. 제자들과 꽤 많은 무리가 그분과 함께 있었다. 그들이 마을 어귀에 다다랐을 때 장례 행렬과 마주쳤다. 한 여자의 외아들을 묻으러 가는 행렬이었다. 죽은 아들의 어머니는 과부였다. 예수께서 그 여자를 보시고 가슴이 미어지셨다. 예수께서 그 여자에게 "울지 마라" 하고 말씀하셨다. 그러고는 가까이 다가가 관에 손을 대자, 관을 메고 가던 사람들이 걸음을 멈췄다. 예수께서 말씀하셨다. "청년아, 내가 네게 말한다. 일어나라." 그러자 죽었던 아들이 일어나 앉아 말을 하기 시작했다. 예수께서 그 아들을 어머니에게 돌려주셨다.

16-17 모든 사람은 자신들이 지금 거룩한 신비의 자리에 있으며, 하나님께서 그들 가운데서 일하고 계심을 깨닫고는 조용히 경배했다. 그러고는 떠들썩하게 감사하며, 서로 큰소리로 외쳤다. "하나님이 돌아오셔서, 자기 백성의 필요를 돌보아 주신다!" 예수의 소문이 온 지역에 두루 퍼졌다.

세례자 요한

18-19 요한의 제자들이 이 모든 일을 요한에게 알렸다. 요한은 제자 가운데 두 사람을 주님께 보내어 물었다. "우리가 기다려 온 분이 선생님이십니까, 아니면 아직도 기다려야 합니까?"

20 두 사람이 예수 앞에 와서 말했다. "세례자 요한이 우리를 선생님께 보내어 '우리가 기다려 온 분이 선생님이십니까, 아니면 아직도 기다려야 합니까?' 하고 물어보라고

9-10 Taken aback, Jesus addressed the accompanying crowd: "I've yet to come across this kind of simple trust anywhere in Israel, the very people who are supposed to know about God and how he works." When the messengers got back home, they found the servant up and well.

11-15 Not long after that, Jesus went to the village Nain. His disciples were with him, along with quite a large crowd. As they approached the village gate, they met a funeral procession—a woman's only son was being carried out for burial. And the mother was a widow. When Jesus saw her, his heart broke. He said to her, "Don't cry." Then he went over and touched the coffin. The pallbearers stopped. He said, "Young man, I tell you: Get up." The dead son sat up and began talking. Jesus presented him to his mother.

16-17 They all realized they were in a place of holy mystery, that God was at work among them. They were quietly worshipful—and then noisily grateful, calling out among themselves, "God is back, looking to the needs of his people!" The news of Jesus spread all through the country.

Is This What You Were Expecting?

18-19 John's disciples reported back to him the news of all these events taking place. He sent two of them to the Master to ask the question, "Are you the One we've been expecting, or are we still waiting?"

20 The men showed up before Jesus and said, "John the Baptizer sent us to ask you, 'Are you the One we've been expecting, or are we still waiting?'"

했습니다."

21-23 예수께서는 몇 시간에 걸쳐, 질병과 고통과 악한 귀신으로 시달리는 많은 사람들을 고쳐 주시고, 눈먼 많은 사람들의 눈을 뜨게 해주셨다. "가서 방금 너희가 보고 들은 것을 요한에게 알려라.

눈먼 사람이 보고
저는 사람이 걷고
나병환자가 깨끗해지고
귀먹은 사람이 듣고
죽은 사람이 살아나며,
이 땅의 불쌍한 사람들에게
하나님의 환대와 구원이 베풀어지고 있다.

이것이 너희가 기대하던 것이냐? 그렇다면 너희야말로 복된 줄 알아라!"

24-27 요한이 보낸 사람들이 떠나자, 예수께서 요한에 대해 무리에게 더 말씀하셨다. "그를 보러 광야로 나갈 때에 너희는 무엇을 기대했더냐? 주말을 쉬러 나온 사람이더냐? 아닐 것이다. 그럼 무엇이냐? 멋진 양복을 차려입은 교주더냐? 광야에서는 어림도 없다. 그럼 무엇이냐? 하나님의 메시지를 전하는 사람이냐? 맞다, 하나님의 심부름꾼이다! 너희 평생에 최고의 하나님 심부름꾼일 것이다. 그는 예언자 말라기가 말한 그 심부름꾼이다.

내가 내 심부름꾼을 앞서 보내어
네 길을 평탄하게 만들 것이다.

28-30 내가 너희에게 최대한 알기 쉽게 설명하겠다. 역사상 어느 누구도 세례자 요한보다 나은 사람은 없다. 그러나 그가 너희에게 준비시킨 천국에서는 가장 낮은 사람이라도 요한보다 앞선다. 요한의 말을 듣고 그에게 세례를 받아, 천국에 들어온 평범하고 평판

21-23 In the next two or three hours Jesus healed many from diseases, distress, and evil spirits. To many of the blind he gave the gift of sight. Then he gave his answer: "Go back and tell John what you have just seen and heard:

The blind see,
The lame walk,
Lepers are cleansed,
The deaf hear,
The dead are raised,
The wretched of the earth
    have God's salvation hospitality
    extended to them.

"Is this what you were expecting? Then count yourselves fortunate!"

24-27 After John's messengers left to make their report, Jesus said more about John to the crowd of people. "What did you expect when you went out to see him in the wild? A weekend camper? Hardly. What then? A sheik in silk pajamas? Not in the wilderness, not by a long shot. What then? A messenger from God? That's right, a messenger! Probably the greatest messenger you'll ever hear. He is the messenger Malachi announced when he wrote,

I'm sending my messenger on ahead
To make the road smooth for you.

28-30 "Let me lay it out for you as plainly as I can: No one in history surpasses John the Baptizer, but in the kingdom he prepared you for, the lowliest person is ahead of him. The ordinary and disreputa-

이 좋지 않은 사람들이 가장 분명한 증거
다. 바리새인과 종교 관리들은 그런 세례
를 거들떠보지도 않았고, 자기보다 못한
사람들에게 자기 자리를 내줄 마음도 없
었다.

31-35 이 세대 사람들을 어떻게 설명할 수
있을까? 그들은 '우리는 더 놀고 이야기
하고 싶은데 엄마 아빠는 늘 피곤하고 바
쁘다고 해요' 하고 불평을 늘어놓는 아
이와 같다. 세례자 요한이 와서 금식하니
너희는 그가 미쳤다고 했다. 인자가 와서
실컷 먹으니 너희는 인자가 술고래라고
했다. 본래 여론조사는 믿을 만한 것이
못되지 않더냐? 음식 맛은 먹어 보아야
안다."

그분 발에 향유를 바른 여인

36-39 바리새인 가운데 한 사람이 예수를
식사에 초대했다. 예수께서 그 바리새인
의 집에 가셔서 저녁식탁에 앉으셨다. 마
침 그 동네에 창녀인 한 여자가 있었는
데, 예수께서 바리새인의 집에 손님으로
와 계신다는 소식을 듣고는, 아주 값비싼
향유 한 병을 가지고 왔다. 그 여자는 그
분의 발치에 서서 울며, 그분 발에 눈물
을 쏟았다. 그리고 자기 머리카락을 풀어
그분의 발을 닦고, 그 발에 입을 맞추고
향유를 발랐다. 예수를 초대한 바리새인
이 그것을 보고는, "이 사람이 만일 내가
생각한 대로 예언자라면, 자기의 비위를
맞추는 이 여자가 어떤 부류인지 알았을
텐데" 하고 혼잣말을 했다.

40 예수께서 그에게 말씀하셨다. "시몬
아, 내가 너에게 할 말이 있다."

"말씀하십시오."

41-42 "두 사람이 은행가한테 빚을 졌다.
한 사람은 은화 오백을 빚졌고, 다른 한
사람은 오십을 빚졌다. 그런데 두 사람

ble people who heard John, by being baptized
by him into the kingdom, are the clearest
evidence; the Pharisees and religious officials
would have nothing to do with such a baptism,
wouldn't think of giving up their place in line
to their inferiors.

31-35 "How can I account for the people of
this generation? They're like spoiled children
complaining to their parents, 'We wanted to
skip rope and you were always too tired; we
wanted to talk but you were always too busy.'
John the Baptizer came fasting and you called
him crazy. The Son of Man came feasting and
you called him a lush. Opinion polls don't
count for much, do they? The proof of the
pudding is in the eating."

Anointing His Feet

36-39 One of the Pharisees asked him over
for a meal. He went to the Pharisee's house
and sat down at the dinner table. Just then
a woman of the village, the town harlot,
having learned that Jesus was a guest in the
home of the Pharisee, came with a bottle
of very expensive perfume and stood at his
feet, weeping, raining tears on his feet. Letting
down her hair, she dried his feet, kissed them,
and anointed them with the perfume. When
the Pharisee who had invited him saw this, he
said to himself, "If this man was the prophet I
thought he was, he would have known what kind
of woman this is who is falling all over him."

40 Jesus said to him, "Simon, I have something
to tell you."

"Oh? Tell me."

41-42 "Two men were in debt to a banker. One
owed five hundred silver pieces, the other
fifty. Neither of them could pay up, and so the

다 갚을 수 없는 처지인 것을 알고는, 은행가가 두 사람의 빚을 없는 것으로 해주었다. 그렇다면 두 사람 중에 누가 더 감사하겠느냐?"

43-47 시몬이 대답했다. "그야 더 많이 탕감받은 사람이겠지요."

"맞다." 예수께서 말씀하셨다. 그리고 여자 쪽을 바라보시며 계속해서 시몬에게 말씀하셨다. "이 여자가 보이느냐? 내가 네 집에 왔을 때 너는 내게 발 씻을 물도 내주지 않았으나, 이 여자는 내 발에 눈물을 쏟고 자기 머리카락으로 닦았다. 너는 내게 인사도 하지 않았으나, 이 여자는 내가 도착한 때부터 내 발에 입 맞추기를 그치지 않았다. 너는 기분을 상쾌하게 할 만한 것 하나 내놓지 않았으나, 이 여자는 향유로 내 발의 피로를 덜어 주었다. 감동적이지 않느냐? 이 여자는 아주 많은 죄를 용서받았다. 그래서 많이 감사한 것이다. 용서가 적으면 감사도 적은 법이다."

48 그리고 나서 예수께서 여자에게 말씀하셨다. "내가 네 죄를 용서한다."

49 그러자 식탁에 있던 손님들이 그분이 듣지 않는 데서 말했다. "자기가 누구라고 죄를 용서한단 말인가!"

50 예수께서 그들을 무시하고 여자에게 말씀하셨다. "네 믿음이 너를 구원했다. 평안히 가거라."

8

1-3 예수께서 계획하신 대로, 마을마다 다니시며 하나님 나라를 전하시고, 메시지를 퍼뜨리셨다. 열두 제자가 그분과 함께했다. 일행 중에는 여러 악한 귀신의 괴롭힘과 질병에서 나은 여자들도 있었다. 일곱 귀신이 나간 막달라라 하는 마리아와 헤롯의 관리인 구사의 아내 요안나와 수산나가 있었고, 그 외에도 많은 여자들이 자신들의 재물을 넉넉히 들여서 일행을 섬겼다.

banker canceled both debts. Which of the two would be more grateful?"

43-47 Simon answered, "I suppose the one who was forgiven the most."

"That's right," said Jesus. Then turning to the woman, but speaking to Simon, he said, "Do you see this woman? I came to your home; you provided no water for my feet, but she rained tears on my feet and dried them with her hair. You gave me no greeting, but from the time I arrived she hasn't quit kissing my feet. You provided nothing for freshening up, but she has soothed my feet with perfume. Impressive, isn't it? She was forgiven many, many sins, and so she is very, very grateful. If the forgiveness is minimal, the gratitude is minimal."

48 Then he spoke to her: "I forgive your sins."

49 That set the dinner guests talking behind his back: "Who does he think he is, forgiving sins!"

50 He ignored them and said to the woman, "Your faith has saved you. Go in peace."

8

1-3 He continued according to plan, traveled to town after town, village after village, preaching God's kingdom, spreading the Message. The Twelve were with him. There were also some women in their company who had been healed of various evil afflictions and illnesses: Mary, the one called Magdalene, from whom seven demons had gone out; Joanna, wife of Chuza, Herod's manager;

씨 뿌리는 농부 이야기

4-8 그들이 이 마을 저 마을을 다니는데, 많은 사람들이 합류해서 함께 다녔다. 예수께서 그들에게 이 이야기로 말씀하셨다. "농부가 밖에 나가서 씨를 뿌렸다. 더러는 길 위에 떨어져서, 발에 밟히고 새들이 먹어 버렸다. 다른 씨는 자갈밭에 떨어져서, 싹이 났으나 뿌리가 튼튼하지 못해 이내 시들어 버렸다. 다른 씨는 잡초밭에 떨어져서, 씨와 함께 잡초가 자라 싹을 짓눌러 버렸다. 다른 씨는 비옥한 땅에 떨어져서, 풍작을 이루었다.

너희는 듣고 있느냐? 정말로 듣고 있느냐?"

9 제자들이 물었다. "왜 이 이야기를 말씀해 주셨습니까?"

10 예수께서 말씀하셨다. "너희에게는 하나님 나라를 아는 깨달음이 주어졌다. 너희는 하나님 나라가 어떻게 되어 가는지 안다. 다른 사람들에게는 이야기가 필요하다. 그러나 그들 가운데 일부는 이야기를 듣고도 깨닫지 못할 것이다.

그들은 눈을 떴으나 하나도 보지 못하고
귀가 열렸으나 하나도 듣지 못한다.

11-12 이 이야기는 그런 사람들 가운데 일부에 관한 것이다. 씨는 하나님의 말씀이다. 길 위에 떨어진 씨는, 말씀을 듣지만 듣자마자 마귀가 그 말씀을 낚아채 가서, 믿어 구원을 얻지 못하는 사람이다.

13 자갈밭에 떨어진 씨는, 열성적으로 듣지만 그 열성에 깊이가 없는 사람이다. 그 열성은 또 한번의 유행일 뿐, 어려움이 닥치는 순간에 사라져 버린다.

14 잡초밭에 떨어진 씨는, 말씀을 듣지만 세상 사는 일로 내일을 염려하면서 돈 벌고 즐기느라, 씨가 자리 잡지 못해 아무 소득이 없는 사람이다.

and Susanna—along with many others who used their considerable means to provide for the company.

The Story of the Seeds

4-8 As they went from town to town, a lot of people joined in and traveled along. He addressed them, using this story: "A farmer went out to sow his seed. Some of it fell on the road; it was tramped down and the birds ate it. Other seed fell in the gravel; it sprouted, but withered because it didn't have good roots. Other seed fell in the weeds; the weeds grew with it and strangled it. Other seed fell in rich earth and produced a bumper crop.

"Are you listening to this? Really listening?"

9 His disciples asked, "Why did you tell this story?"

10 He said, "You've been given insight into God's kingdom—you know how it works. There are others who need stories. But even with stories some of them aren't going to get it:

Their eyes are open but don't see a thing,
Their ears are open but don't hear a thing.

11-12 "This story is about some of those people. The seed is the Word of God. The seeds on the road are those who hear the Word, but no sooner do they hear it than the Devil snatches it from them so they won't believe and be saved.

13 "The seeds in the gravel are those who hear with enthusiasm, but the enthusiasm doesn't go very deep. It's only another fad, and the moment there's trouble it's gone.

14 "And the seed that fell in the weeds—well, these are the ones who hear, but then the seed

15 그러나 좋은 땅에 떨어진 씨는, 무슨 일이 있어도 말씀을 붙잡고 견디면서, 추수 때까지 변치 않는 선한 마음을 가진 사람이다."

들은 것을 전하지 않는 인색한 사람

16-18 "등불을 켜서 통으로 덮어 두거나 침대 밑에 두는 사람은 아무도 없다. 오히려 단 위에 올려 두어, 방에 들어오는 사람들이 앞을 볼 수 있도록 한다. 우리는 비밀을 감추어 두지 않고, 오히려 말할 것이다. 숨기지 않고, 오히려 모든 것을 밝히 드러낼 것이다. 그러니 너희는 들은 것을 전하지 않는 인색한 사람이 되지 않도록 조심하여라. 베풂은 베풂을 낳는다. 인색하면 가난해진다."

19-20 예수의 어머니와 형제들이 왔으나 무리 때문에 그분께 가까이 갈 수 없었다. 그분께 전갈이 왔다. "선생님의 어머니와 형제들이 선생님을 만나려고 밖에 서 있습니다."

21 예수께서 대답하셨다. "하나님의 말씀을 듣고 행하는 사람이 나의 어머니요 나의 형제다. 순종이 피보다 진하다."

22-24 하루는 예수와 제자들이 배에 올랐다. 예수께서 "호수를 건너가자"고 말씀하셨고, 그들은 떠났다. 항해는 순탄했다. 예수께서는 잠이 드셨다. 그런데 갑자기 호수에 사나운 풍랑이 몰아쳤다. 물이 들이쳐서 배가 뒤집힐 지경이었다. 제자들이 예수를 깨웠다. "주님, 주님, 우리가 빠져 죽겠습니다!" 예수께서 일어나셔서, 바람에게 "잠잠하여라!" 하시고, 파도에게 "잔잔하여라!" 명령하셨다. 그러자 호수가 이전처럼 고요해졌다.

25 예수께서 제자들에게 말씀하셨다. "왜 나를 신뢰하지 못하느냐?"

is crowded out and nothing comes of it as they go about their lives worrying about tomorrow, making money, and having fun.

15 "But the seed in the good earth—these are the good-hearts who seize the Word and hold on no matter what, sticking with it until there's a harvest.

Misers of What You Hear

16-18 "No one lights a lamp and then covers it with a washtub or shoves it under the bed. No, you set it up on a lamp stand so those who enter the room can see their way. We're not keeping secrets; we're telling them. We're not hiding things; we're bringing *everything* out into the open. So be careful that you don't become misers of what you hear. Generosity begets generosity. Stinginess impoverishes."

19-20 His mother and brothers showed up but couldn't get through to him because of the crowd. He was given the message, "Your mother and brothers are standing outside wanting to see you."

21 He replied, "My mother and brothers are the ones who hear and do God's Word. Obedience is thicker than blood."

22-24 One day he and his disciples got in a boat. "Let's cross the lake," he said. And off they went. It was smooth sailing, and he fell asleep. A terrific storm came up suddenly on the lake. Water poured in, and they were about to capsize. They woke Jesus: "Master, Master, we're going to drown!"

Getting to his feet, he told the wind, "Silence!" and the waves, "Quiet down!" They did it. The lake became smooth as glass.

25 Then he said to his disciples, "Why can't you trust me?"

그들은 너무도 두려워서 어찌할 바를 모른 채, 겨우 입을 열었다. "도대체 이분은 누구신가? 이분의 명령에 바람과 파도도 복종하다니!"

거라사의 귀신 들린 사람

26-29 그들은 배를 타고 갈릴리 바로 맞은 편에 있는 거라사 사람들의 지방으로 갔다. 예수께서 뭍에 내리시자, 그 동네 사람 하나가 그분과 마주쳤다. 그는 귀신들에게 피해를 당하며 살아왔는데, 오랫동안 옷도 입지 않고 집을 떠나 묘지에서 살았다. 그가 예수를 보더니 소리를 지르고, 그분 앞에 엎드려 고함쳤다. "무슨 일로 내게 간섭합니까? 지극히 높으신 하나님의 아들 예수여, 제발 나를 괴롭게 하지 마십시오!" (그 사람이 이렇게 말한 것은, 예수께서 이미 더러운 귀신에게 그 사람한테서 나오라고 명령하셨기 때문이었다.) 귀신이 여러 번 그 사람에게 경련을 일으키게 했기 때문에, 사람들이 그를 사슬과 족쇄에 채워 늘 감시했지만, 귀신 때문에 미칠 때면 그는 그 결박을 끊어 버리곤 했다.

30-31 예수께서 그에게 물으셨다. "네 이름이 무엇이냐?"

"패거리입니다. 내 이름은 패거리입니다." 그가 이렇게 말한 것은, 그가 많은 귀신들에 들렸기 때문이었다. 귀신들은 자기들을 지옥으로 보내지 말아 달라고 예수께 애원했다.

32-33 마침 근처 언덕에서 큰 돼지 떼가 땅을 파헤치며 먹을 것을 찾고 있었다. 귀신들은 자기들을 돼지들 속으로 들어가게 해 달라고 예수께 애걸했다. 예수께서 그렇게 하라고 말씀하셨다. 그러나 돼지 떼의 형편은 그 사람의 형편보다 더 나빠졌다. 돼지들이 미쳐서 벼랑으로 우르르 몰려가더니, 호수에 빠져 죽은 것이다.

They were in absolute awe, staggered and stammering, "Who is this, anyway? He calls out to the winds and sea, and they do what he tells them!"

The Madman and the Pigs

26-29 They sailed on to the country of the Gerasenes, directly opposite Galilee. As he stepped out onto land, a madman from town met him; he was a victim of demons. He hadn't worn clothes for a long time, nor lived at home; he lived in the cemetery. When he saw Jesus he screamed, fell before him, and bellowed, "What business do you have messing with me? You're Jesus, Son of the High God, but don't give me a hard time!" (The man said this because Jesus had started to order the unclean spirit out of him.) Time after time the demon threw the man into convulsions. He had been placed under constant guard and tied with chains and shackles, but crazed and driven wild by the demon, he would shatter the bonds.

30-31 Jesus asked him, "What is your name?"

"Mob. My name is Mob," he said, because many demons afflicted him. And they begged Jesus desperately not to order them to the bottomless pit.

32-33 A large herd of pigs was browsing and rooting on a nearby hill. The demons begged Jesus to order them into the pigs. He gave the order. It was even worse for the pigs than for the man. Crazed, they stampeded over a cliff into the lake and drowned.

34-36 돼지를 치던 사람들이 혼비백산하여 도망쳐서, 시내와 마을에 그 이야기를 전했다. 사람들이 어찌 된 일인지 보려고 나왔다. 그들이 예수께 다가와서 보니, 귀신 들렸던 사내가 단정한 옷차림과 멀쩡한 정신으로 예수의 발 앞에 앉아 있었다. 거룩한 순간이었다. 잠시지만 그들에게 호기심보다 경외심이 앞섰다. 그때, 그 일을 처음부터 목격한 사람들이 귀신 들린 사람이 어떻게 구원받았는지 이야기해 주었다.

37-39 그 후에, 거라사 지방에서 온 많은 사람들이 예수께 그곳을 떠나 달라고 요청했다. 그들은 너무 엄청나고 갑작스러운 변화가 두려웠기 때문이다. 예수께서는 다시 배를 타고 떠나셨다. 귀신한테 놓인 사람이 자기도 함께 가게 해달라고 간청했으나, 예수께서는 그를 돌려보내며 말씀하셨다. "집으로 가서, 하나님께서 네게 행하신 일을 전부 말하여라." 그는 돌아가서, 예수께서 자기에게 행하신 모든 일을 온 동네에 전했다.

믿음의 모험

40-42 예수께서 오시자, 무리가 그분을 반겼다. 그들 모두가 거기서 예수를 기다리고 있었다. 그때 야이로라는 사람이 예수께 다가왔다. 회당장인 그는, 예수의 발 앞에 엎드려 자기 집에 가 주시기를 애원했다. 열두 살 난 그의 외동딸이 죽어가고 있었기 때문이다. 예수께서 밀고 당기는 무리를 헤치며 그와 함께 가셨다.

43-45 그날 무리 가운데 십 년 동안 혈루증으로 고생한 여자가 있었다. 그 여자는 가지고 있던 돈을 의사한테 전부 썼으나 어느 누구도 그녀에게 도움이 되지 못했다. 여자는 뒤에서 슬그머니 다가가 예수의 옷자락을 만졌다. 그 순간에 출혈이 멈추었다. 예수께서 말씀하셨다. "누가 내게 손을

34-36 Those tending the pigs, scared to death, bolted and told their story in town and country. People went out to see what had happened. They came to Jesus and found the man from whom the demons had been sent, sitting there at Jesus' feet, wearing decent clothes and making sense. It was a holy moment, and for a short time they were more reverent than curious. Then those who had seen it happen told how the demoniac had been saved.

37-39 Later, a great many people from the Gerasene countryside got together and asked Jesus to leave—too much change, too fast, and they were scared. So Jesus got back in the boat and set off. The man whom he had delivered from the demons asked to go with him, but he sent him back, saying, "Go home and tell everything God did in you." So he went back and preached all over town everything Jesus had done in him.

His Touch

40-42 On his return, Jesus was welcomed by a crowd. They were all there expecting him. A man came up, Jairus by name. He was president of the meeting place. He fell at Jesus' feet and begged him to come to his home because his twelve-year-old daughter, his only child, was dying. Jesus went with him, making his way through the pushing, jostling crowd.

43-45 In the crowd that day there was a woman who for twelve years had been afflicted with hemorrhages. She had spent every penny she had on doctors but not one had been able to help her. She slipped in from behind and touched the edge of Jesus'

대었느냐?"

아무도 나서지 않자, 베드로가 말했다. "주님, 수많은 사람들이 우리를 에워싸고 있습니다. 손을 댄 사람이 수십 명은 될 것입니다!"
46 예수께서는 그냥 지나치지 않으셨다. "내게 손을 댄 사람이 있다. 내게서 능력이 빠져나간 것을 내가 안다."
47 더 이상 숨길 수 없게 된 여자는, 떨며 그분 앞에 무릎을 꿇었다. 여자는 자신이 왜 그분께 손을 댔으며, 그 순간 어떻게 병이 나았는지 사람들이 다 보는 앞에서 털어놓았다.
48 예수께서 말씀하셨다. "딸아, 너는 나를 신뢰하는 믿음의 모험을 했고, 이제 다 나아서 온전해졌다. 잘 살아라. 복되게 살아라!"
49 예수께서 아직 말씀하시는 중에, 회당장의 집에서 사람이 와서 회당장에게 말했다. "따님이 죽었습니다. 이제 선생님을 괴롭게 해드릴 일이 없습니다."
50-51 예수께서 그 말을 들으시고 말씀하셨다. "당황하지 마라. 나만 신뢰하여라. 그러면 다 잘될 것이다." 집으로 들어가며, 예수께서는 베드로와 요한과 야고보 그리고 아이의 부모 외에는 아무도 들어오지 못하게 하셨다.
52-53 사람들이 모두 아이 때문에 울며불며 슬퍼하고 있었다. 예수께서 말씀하셨다. "울지 마라. 이 아이는 죽은 것이 아니라 자고 있다." 사람들은 아이가 죽은 것을 알고 있었으므로, 그분을 비웃었다.
54-56 예수께서 아이의 손을 붙잡고 외치셨다. "내 사랑하는 아이야, 일어나라." 아이는 곧바로 일어나서, 다시 숨을 쉬었다! 예수께서 아이에게 먹을 것을 주라고 말씀하셨다. 아이의 부모는 기뻐서 어쩔 줄 몰라 했다. 예수께서는 이 일을 알리지 말라고 그들에게 엄히 명하셨다. "이 방에서 일어난 일을 아무에게도 말하지 마라."

robe. At that very moment her hemorrhaging stopped. Jesus said, "Who touched me?"

When no one stepped forward, Peter said, "But Master, we've got crowds of people on our hands. Dozens have touched you."
46 Jesus insisted, "Someone touched me. I felt power discharging from me."
47 When the woman realized that she couldn't remain hidden, she knelt trembling before him. In front of all the people, she blurted out her story—why she touched him and how at that same moment she was healed.
48 Jesus said, "Daughter, you took a risk trusting me, and now you're healed and whole. Live well, live blessed!"
49 While he was still talking, someone from the leader's house came up and told him, "Your daughter died. No need now to bother the Teacher."
50-51 Jesus overheard and said, "Don't be upset. Just trust me and everything will be all right." Going into the house, he wouldn't let anyone enter with him except Peter, John, James, and the child's parents.
52-53 Everyone was crying and carrying on over her. Jesus said, "Don't cry. She didn't die; she's sleeping." They laughed at him. They knew she was dead.
54-56 Then Jesus, gripping her hand, called, "My dear child, get up." She was up in an instant, up and breathing again! He told them to give her something to eat. Her parents were ecstatic, but Jesus warned them to keep quiet. "Don't tell a soul what happened in this room."

열두 제자를 파송하시다

9 ¹⁻⁵ 예수께서 열두 제자를 부르셔서, 그들에게 모든 귀신을 다루고 병을 고치는 권세와 능력을 주셨다. 예수께서 하나님 나라의 소식을 전하고 병자를 고치는 일을 제자들에게 맡기셨다. 예수께서 말씀하셨다. "잔뜩 준비하지 마라. 간소하게 하여라. 너희 자신을 준비하여라. 고급 여관도 안된다. 적당한 곳을 찾아가 떠날 때까지 그곳으로 만족하여라. 사람들이 너희를 맞아들이지 않거든, 그 마을을 떠나거라. 소란 피울 것 없다. 무시해 버리고 너희의 길을 가면 된다."

⁶ 제자들은 위임을 받고서 길을 나섰다. 그들은 이 마을 저 마을로 다니면서 하나님의 최신 소식, 곧 **메시지**를 전했고, 가는 곳마다 사람들을 고쳐 주었다.

⁷⁻⁹ 통치자 헤롯은, 이런 일들이 진행된다는 이야기를 듣고서 어떻게 받아들여야 할지 몰랐다. 요한이 죽은 자들 가운데서 살아났다고 말하는 사람들도 있고, 엘리야가 나타났다고 말하는 사람들도 있고, 또 옛 예언자가 출현했다고 말하는 사람들도 있었다. 헤롯은 말했다. "하지만 요한은 내가 목을 베어 죽였다. 그런데 계속해서 내 귀에 이야기가 들려오는 이 사람은 누구냐?" 궁금한 마음에 헤롯은 예수가 활동하는 모습을 볼 기회를 노렸다.

¹⁰⁻¹¹ 사도들이 돌아와서 자기들이 한 일을 보고했다. 예수께서는 그들만 따로 데리고 벳새다라 하는 마을 근처로 가셨다. 그러나 무리가 눈치를 채고 따라왔다. 예수께서는 그들을 너그럽게 맞아 주셨고, 하나님 나라에 대해 말씀해 주셨다. 또한 치유가 필요한 사람들을 고쳐 주셨다.

너희가 먹을 것을 주어라

¹² 날이 저물자, 열두 제자가 말했다. "무리

Keep It Simple

9 ¹⁻⁵ Jesus now called the Twelve and gave them authority and power to deal with all the demons and cure diseases. He commissioned them to preach the news of God's kingdom and heal the sick. He said, "Don't load yourselves up with equipment. Keep it simple; you are the equipment. And no luxury inns—get a modest place and be content there until you leave. If you're not welcomed, leave town. Don't make a scene. Shrug your shoulders and move on."

⁶ Commissioned, they left. They traveled from town to town telling the latest news of God, the Message, and curing people everywhere they went.

⁷⁻⁹ Herod, the ruler, heard of these goings on and didn't know what to think. There were people saying John had come back from the dead, others that Elijah had appeared, still others that some prophet of long ago had shown up. Herod said, "But I killed John—took off his head. So who is this that I keep hearing about?" Curious, he looked for a chance to see him in action.

¹⁰⁻¹¹ The apostles returned and reported on what they had done. Jesus took them away, off by themselves, near the town called Bethsaida. But the crowds got wind of it and followed. Jesus graciously welcomed them and talked to them about the kingdom of God. Those who needed healing, he healed.

Bread and Fish for Five Thousand

¹² As the day declined, the Twelve said,

를 보내서, 근처 농가나 마을에서 하룻밤 묵
을 곳과 먹을 것을 구하게 해야겠습니다. 여
기는 인적 없는 외딴 곳입니다."

13-14 "너희가 그들에게 먹을 것을 주어라."
예수께서 말씀하셨다.

제자들이 말했다. "우리에게 있는 것을 다 긁
어모았지만, 빵 다섯 개와 물고기 두 마리뿐
입니다. 저희가 직접 읍내에 가서 모두가 먹
을 만큼 음식을 사 오지 않는 한, 그것이 전부
입니다." (모인 사람의 수가 오천 명이 넘었다.)

14-17 예수께서 곧바로 제자들에게 말씀하셨
다. "사람들을 오십여 명씩 무리 지어 앉게
하여라." 제자들은 말씀대로 했고, 곧 모두가
자리에 앉았다. 예수께서 빵 다섯 개와 물고
기 두 마리를 손에 들고 하늘을 우러러 감사
기도를 드리고 축복하신 다음, 빵과 물고기를
떼어, 제자들에게 주시며 사람들에게 나눠 주
게 하셨다. 사람들이 모두 배불리 먹고 나서
남은 것을 거두니 열두 바구니가 되었다.

주님은 메시아이십니다

18 한번은 예수께서 따로 떨어져서 홀로 기
도하시는데, 제자들이 가까이에 있었다. 예
수께서 물으셨다. "무리가 나에 대해 뭐라고
말하더냐? 나를 누구라고 하더냐?"

19 제자들이 말했다. "세례자 요한이라고 합
니다. 엘리야라고 하는 사람들도 있고, 옛 예
언자 가운데 한 사람이 돌아왔다고 하는 사
람들도 있습니다."

20-21 그러자 예수께서 물으셨다. "그러면 너
희는 나를 누구라고 말하겠느냐? 내가 누
구냐?"

베드로가 대답했다. "하나님의 메시아이십
니다." 그러자 예수께서 그것을 비밀로 하라
고 제자들에게 경계하셨다. 베드로가 한 말을
아무에게도 이야기하지 말라고 말씀하셨다.

22 예수께서 계속해서 말씀하셨다. "이제부
터 인자는 처참한 고난을 받고, 종교 지도자

"Dismiss the crowd so they can go to the
farms or villages around here and get a
room for the night and a bite to eat. We're
out in the middle of nowhere."

13-14 "You feed them," Jesus said.

They said, "We couldn't scrape up more
than five loaves of bread and a couple of
fish—unless, of course, you want us to
go to town ourselves and buy food for
everybody." (There were more than five
thousand people in the crowd.)

14-17 But he went ahead and directed his
disciples, "Sit them down in groups of
about fifty." They did what he said, and
soon had everyone seated. He took the
five loaves and two fish, lifted his face to
heaven in prayer, blessed, broke, and gave
the bread and fish to the disciples to hand
out to the crowd. After the people had all
eaten their fill, twelve baskets of leftovers
were gathered up.

Don't Run from Suffering

18 One time when Jesus was off praying
by himself, his disciples nearby, he asked
them, "What are the crowds saying about
me, about who I am?"

19 They said, "John the Baptizer. Others
say Elijah. Still others say that one of the
prophets from long ago has come back."

20-21 He then asked, "And you—what are
you saying about me? Who am I?"

Peter answered, "The Messiah of God."
Jesus then warned them to keep it quiet.
They were to tell no one what Peter had
said.

22 He went on, "It is necessary that the
Son of Man proceed to an ordeal of

와 대제사장과 종교 학자들에게 재판에서 유죄를 선고받아 죽임을 당하고, 사흘째 되는 날에 다시 살아나야 한다.”

23-27 이어서 예수께서 그들에게 예상되는 일을 말씀해 주셨다. “누구든지 나와 함께 가려면 내가 가는 길을 따라야 한다. 결정은 내가 한다. 너희가 하는 것이 아니다. 고난을 피해 달아나지 말고, 오히려 고난을 끌어안아라. 나를 따라오너라. 그러면 내가 방법을 일러 주겠다. 자기 스스로 세우려는 노력에는 아무 희망이 없다. 자기를 희생하는 것이야말로 너희 자신, 곧 너희의 참된 자아를 찾는 길이며, 나의 길이다. 원하는 것을 다 얻고도 참된 자기 자신을 잃으면 무슨 유익이 있겠느냐? 너희 가운데 누구든지 나와 너희를 인도하는 내 방식을 부끄러워하면, 인자도 모든 영광에 싸여 아버지와 거룩한 천사들과 함께 올 때, 그를 더 부끄럽게 여길 줄로 알아라. 이것은 믿을 수 없는 훗날의 이야기가 아니다. 잘 알아 두어라. 여기 서 있는 사람들 가운데 그런 일이 일어나는 것을 볼 사람들도 있다. 그들은 자기 눈으로 하나님 나라를 볼 것이다.”

영광 가운데 계신 예수

28-31 그 말씀을 하시고 여드레쯤 지나서, 예수께서 베드로와 요한과 야고보를 데리고 기도하러 산에 올라가셨다. 기도하는 중에, 그분의 얼굴 모습이 변하고 그분의 옷이 눈부시게 하얘졌다. 동시에 두 사람이 거기서 예수와 이야기하고 있었다. 알고 보니 그들은 모세와 엘리야였다. 그들의 모습이 몹시 영광스러웠다! 그들은 예수께서 예루살렘에서 이루실 일, 곧 그분의 떠나심에 대해 이야기를 나누었다.

32-33 한편, 베드로와 그 일행은 잠에 취해 있었다. 그들이 깨어 눈을 비비며 보니, 예수께서 영광 가운데 계시고 그 곁에 두 사

suffering, be tried and found guilty by the religious leaders, high priests, and religion scholars, be killed, and on the third day be raised up alive.”

23-27 Then he told them what they could expect for themselves: “Anyone who intends to come with me has to let me lead. You're not in the driver's seat—I am. Don't run from suffering; embrace it. Follow me and I'll show you how. Self-help is no help at all. Self-sacrifice is the way, my way, to finding yourself, your true self. What good would it do to get everything you want and lose you, the real you? If any of you is embarrassed with me and the way I'm leading you, know that the Son of Man will be far more embarrassed with you when he arrives in all his splendor in company with the Father and the holy angels. This isn't, you realize, pie in the sky by and by. Some who have taken their stand right here are going to see it happen, see with their own eyes the kingdom of God.”

Jesus in His Glory

28-31 About eight days after saying this, he climbed the mountain to pray, taking Peter, John, and James along. While he was in prayer, the appearance of his face changed and his clothes became blinding white. At once two men were there talking with him. They turned out to be Moses and Elijah—and what a glorious appearance they made! They talked over his exodus, the one Jesus was about to complete in Jerusalem.

32-33 Meanwhile, Peter and those with him were slumped over in sleep. When they came to, rubbing their eyes, they saw Jesus

람이 서 있는 것이 보였다. 모세와 엘리야가 떠난 뒤에 베드로가 예수께 말했다. "주님, 지금은 중대한 순간입니다! 기념비 셋을 세우는 것이 어떻겠습니까? 하나는 주님을 위해, 하나는 모세를 위해, 하나는 엘리야를 위해서 말입니다." 이것은 베드로가 무심코 내뱉은 말이었다.

34-35 베드로가 이렇게 말을 하고 있는데, 빛처럼 환한 구름이 그들을 덮었다. 구름 속에 묻히자, 그들은 하나님을 깊이 느끼게 되었다. 그때 구름 속에서 한 음성이 들려왔다. "이는 내 아들, 내가 택한 자다! 그의 말을 들어라."

36 그 음성이 사라지자, 그곳에 예수만 홀로 계셨다. 그들은 한동안 할 말을 잃은 채로 있었다. 그들은 자기들이 본 것을, 그때에는 아무에게도 말하지 않았다.

❧

37-40 이튿날 그들이 산에서 내려오니, 큰 무리가 그들을 맞이했다. 무리 가운데 한 사람이 외쳤다. "부탁입니다, 선생님. 제 아들 좀 봐 주십시오. 하나뿐인 제 자식입니다. 귀신이 아이를 사로잡을 때마다, 아이는 갑자기 비명을 지르고 경련을 일으키며 입에 거품을 뭅니다. 귀신은 아이를 때려서 검푸른 멍이 들게 해놓고서야 떠납니다. 제가 아이를 구해 달라고 선생님의 제자들에게 부탁했으나, 그들은 하지 못했습니다."

41 예수께서 말씀하셨다. "하나님도 모르고 삶에 중심도 없는 세대여! 내가 같은 말을 몇 번이나 해야 하느냐? 얼마나 더 참아야 하느냐? 네 아들을 이리 데려오너라."

42-43 아이가 나아오자, 귀신은 아이를 바닥에 내동댕이치고 경련을 일으키게 했다. 예수께서 더러운 귀신에게 나가라고 명하시고, 아이를 고쳐서 그 아버지에게 돌려주셨다. 사람들이 모두 고개를 끄덕이며, 하나

in his glory and the two men standing with him. When Moses and Elijah had left, Peter said to Jesus, "Master, this is a great moment! Let's build three memorials: one for you, one for Moses, and one for Elijah." He blurted this out without thinking.

34-35 While he was babbling on like this, a light-radiant cloud enveloped them. As they found themselves buried in the cloud, they became deeply aware of God. Then there was a voice out of the cloud: "This is my Son, the Chosen! Listen to him."

36 When the sound of the voice died away, they saw Jesus there alone. They were speechless. And they continued speechless, said not one thing to anyone during those days of what they had seen.

❧

37-40 When they came down off the mountain the next day, a big crowd was there to meet them. A man called from out of the crowd, "Please, please, Teacher, take a look at my son. He's my only child. Often a spirit seizes him. Suddenly he's screaming, thrown into convulsions, his mouth foaming. And then it beats him black-and-blue before it leaves. I asked your disciples to deliver him but they couldn't."

41 Jesus said, "What a generation! No sense of God! No focus to your lives! How many times do I have to go over these things? How much longer do I have to put up with this? Bring your son here."

42-43 While he was coming, the demon slammed him to the ground and threw him into convulsions. Jesus stepped in, ordered the vile spirit gone, healed the boy, and

님의 위대하심과 그분의 크신 위엄에 놀라
워했다.

네 본분은 삶이지 죽음이 아니다

43-44 사람들이 둘러서서 그분이 하시는 모
든 일을 보고 감탄하고 있는데, 예수께서
제자들에게 말씀하셨다. "이제 내가 하는
말 하나하나를 마음에 두고 곰곰이 되새겨 보
아라. 인자는 사람들의 손에 넘어갈 것이다."
45 제자들은 예수께서 하시는 말씀을 알아
듣지 못했다. 마치 예수께서 외국어로 말씀
하셔서, 그들이 전혀 감을 잡지 못하는 것
같았다. 당황한 그들은 그 말씀이 무슨 뜻
인지 예수께 묻지도 못했다.

46-48 제자들은 그들 가운데 누가 가장 유명
해질지, 말다툼을 벌이기 시작했다. 예수께
서 그것이 그들에게 아주 중요한 문제인 것
을 아시고, 어린아이 하나를 곁으로 데려와
말씀하셨다. "누구든지 이 아이를 나로 여
기고 받아들이는 사람은, 곧 나를 받아들이
는 것이다. 또한 누구든지 나를 받아들이는
사람은, 나를 보내신 분을 받아들이는 것이
다. 이와 같이 내세울 때가 아니라 받아들
일 때 큰 사람이 된다. 중요한 것은 눈에 보
이는 크기가 아니라, 너희의 영이다."

49 요한이 당당히 말했다. "주님, 어떤 사람
이 주님 이름으로 귀신을 쫓아내는 것을 보
고 우리가 막았습니다. 그가 우리에게 속한
사람이 아니어서 그렇게 했습니다."

50 예수께서 말씀하셨다. "그를 막지 마라.
그가 적이 아니라면, 곧 우리 편이다."

51-54 승천하실 때가 가까워 오자, 예수께
서 마음을 단단히 먹고 용기를 내어 예루살
렘을 향해 길을 떠나셨다. 예수께서 심부름
꾼들을 앞서 보내셨다. 그들은 그분을 맞을
곳을 준비하려고 사마리아의 어느 마을로
갔다. 그러나 그분의 행선지가 예루살렘이
라는 것을 안 사마리아 사람들은 그분을 맞

handed him back to his father. They all
shook their heads in wonder, astonished at
God's greatness, God's majestic greatness.

Your Business Is Life

43-44 While they continued to stand around
exclaiming over all the things he was doing,
Jesus said to his disciples, "Treasure and
ponder each of these next words: The Son
of Man is about to be betrayed into human
hands."

45 They didn't get what he was saying. It
was like he was speaking a foreign language
and they couldn't make heads or tails of it.
But they were embarrassed to ask him what
he meant.

46-48 They started arguing over which of
them would be most famous. When Jesus
realized how much this mattered to them,
he brought a child to his side. "Whoever
accepts this child as if the child were me,
accepts me," he said. "And whoever accepts
me, accepts the One who sent me. You
become great by accepting, not asserting.
Your spirit, not your size, makes the differ-
ence."

49 John spoke up, "Master, we saw a man
using your name to expel demons and
we stopped him because he wasn't of our
group."

50 Jesus said, "Don't stop him. If he's not an
enemy, he's an ally."

51-54 When it came close to the time for
his Ascension, he gathered up his courage
and steeled himself for the journey to
Jerusalem. IIe sent messengers on ahead.
They came to a Samaritan village to make
arrangements for his hospitality. But

아들이지 않았다. 제자인 야고보와 요한이 그 이야기를 듣고 말했다. "주님, 우리가 하늘에서 번갯불을 내려오게 해서 저들을 태워 버릴까요?"

⁵⁵⁻⁵⁶ 예수께서 그들을 꾸짖으셨다. "옳지 않다!" 그들은 다른 마을로 발걸음을 옮겼다.

⁵⁷ 길을 가고 있는데, 어떤 사람이 자기도 함께 가도 되는지 물었다. 그는 "어디든지 주님과 함께 가겠습니다" 하고 말했다.

⁵⁸ 예수께서 잘라 말씀하셨다. "고생할 각오가 되어 있느냐? 너도 알다시피, 우리가 묵는 곳은 일류 호텔이 아니다."

예수께서 또 다른 사람에게 말씀하셨다. "나를 따라오너라."

⁵⁹ 그가 말했다. "그렇게 하겠습니다. 하지만 며칠 말미를 주십시오. 아버지 장례 준비를 해야 합니다."

⁶⁰ 예수께서 거절하셨다. "중요한 일이 먼저다. 네 본분은 삶이지 죽음이 아니다. 삶은 긴박하다. 하나님 나라를 알려라."

⁶¹ 그때 또 다른 사람이 말했다. "주님, 저는 주님을 따라갈 준비가 되었습니다. 하지만 먼저 집에 정리할 일이 있으니 허락해 주십시오."

⁶² 예수께서 말씀하셨다. "머뭇거리지 마라. 뒤돌아보지도 마라. 하나님 나라를 내일로 미룰 수는 없다. 오늘 기회를 잡아라."

이리 떼 가운데 있는 어린양

10 ¹⁻² 그 후에 주님께서 일흔 명을 뽑으시고, 앞으로 그분이 가시려는 모든 성읍과 지역으로 그들을 둘씩 짝지어 보내셨다. 예수께서 그들에게 당부하셨다. "추수할 것이 이토록 많은데, 추수 일손은 얼마나 적은가! 그러니 추수할 일손을 보내 달라고 추수의 하나님께 무릎 꿇고 기도하여라.

³ 가거라! 그러나 조심하여라. 이것은 위험

when the Samaritans learned that his destination was Jerusalem, they refused hospitality. When the disciples James and John learned of it, they said, "Master, do you want us to call a bolt of lightning down out of the sky and incinerate them?"

⁵⁵⁻⁵⁶ Jesus turned on them: "Of course not!" And they traveled on to another village.

⁵⁷ On the road someone asked if he could go along. "I'll go with you, wherever," he said.

⁵⁸ Jesus was curt: "Are you ready to rough it? We're not staying in the best inns, you know."

Jesus said to another, "Follow me."

⁵⁹ He said, "Certainly, but first excuse me for a couple of days, please. I have to make arrangements for my father's funeral."

⁶⁰ Jesus refused. "First things first. Your business is life, not death. And life is urgent: Announce God's kingdom!"

⁶¹ Then another said, "I'm ready to follow you, Master, but first excuse me while I get things straightened out at home."

⁶² Jesus said, "No procrastination. No backward looks. You can't put God's kingdom off till tomorrow. Seize the day."

Lambs in a Wolf Pack

10 ¹⁻² Later the Master selected seventy and sent them ahead of him in pairs to every town and place where he intended to go. He gave them this charge:

"What a huge harvest! And how few the harvest hands. So on your knees; ask the God of the Harvest to send harvest hands.

³ "On your way! But be careful—this is

한 일이다. 너희는 이리 떼 가운데 있는 어린양들 같다.

4 짐을 가볍게 하고 다녀라. 빗과 칫솔이면 된다. 그 이상은 필요 없다.

길에서 만나는 모든 사람과 노닥거리거나 잡담하지 마라.

5-6 어느 집에 들어가든지, 그 가족에게 '평화를 빕니다' 하고 인사하여라. 그들이 너희의 인사를 받아들이면, 그곳에 머물러도 좋다. 그러나 받아들이지 않거든, 인사를 거두고 나오너라. 억지로 하지 마라.

7 한 집에 머물면서 거기서 주는 음식을 먹어라. 일꾼이 든든한 세 끼 식사를 하는 것이 마땅하다. 동네에서 음식 솜씨가 좋은 사람을 찾아서 이 집 저 집 옮겨 다니지 마라.

8-9 어느 성읍에 들어갔는데 너희를 받아들이거든, 그들이 차려 주는 것을 먹고, 병든 사람은 누구나 고쳐 주며, '하나님 나라가 바로 너희 문 앞에 있다!'고 말하여라.

10-12 어느 성읍에 들어갔는데 너희를 받아들이지 않거든, 거리로 나가서 이렇게 말하여라. '우리가 너희한테서 얻은 것이라고는 우리 발의 먼지뿐이다. 이제 그것마저 돌려주겠다. 너희는 하나님 나라가 바로 너희 문 앞에 있었다는 것을 알고 있느냐?' 심판 날에 차라리 소돔이 너희를 거부한 성읍보다 나을 것이다.

13-14 고라신아, 화가 있을 것이다! 벳새다야, 화가 있을 것이다! 너희에게 주어진 기회의 절반만 두로와 시돈에게 주어졌어도, 그들은 오래전에 무릎 꿇고 회개하며 자비를 구했을 것이다. 심판 날에 두로와 시돈이 너희보다 견디기 쉬울 것이다.

15 가버나움아! 네가 하늘까지 높아질 것 같으냐? 다시 생각하여라. 너는 지옥으로 굴러 떨어질 것이다.

16 너희 말을 듣는 사람은, 곧 내 말을 듣는 것이다. 너희를 거부하는 사람은, 곧 나를

hazardous work. You're like lambs in a wolf pack.

4 "Travel light. Comb and toothbrush and no extra luggage.

"Don't loiter and make small talk with everyone you meet along the way.

5-6 "When you enter a home, greet the family, 'Peace.' If your greeting is received, then it's a good place to stay. But if it's not received, take it back and get out. Don't impose yourself.

7 "Stay at one home, taking your meals there, for a worker deserves three square meals. Don't move from house to house, looking for the best cook in town.

8-9 "When you enter a town and are received, eat what they set before you, heal anyone who is sick, and tell them, 'God's kingdom is right on your doorstep!'

10-12 "When you enter a town and are not received, go out in the street and say, 'The only thing we got from you is the dirt on our feet, and we're giving it back. Did you have any idea that God's kingdom was right on your doorstep?' Sodom will have it better on Judgment Day than the town that rejects you.

13-14 "Doom, Chorazin! Doom, Bethsaida! If Tyre and Sidon had been given half the chances given you, they'd have been on their knees long ago, repenting and crying for mercy. Tyre and Sidon will have it easy on Judgment Day compared to you.

15 "And you, Capernaum! Do you think you're about to be promoted to heaven? Think again. You're on a mudslide to hell.

16 "The one who listens to you, listens to me. The one who rejects you, rejects me.

거부하는 것이다. 그리고 나를 거부하는 것은, 나를 보내신 하나님을 거부하는 것이나 마찬가지다."

¹⁷ 일흔 명이 의기양양해서 돌아왔다. "주님, 귀신들조차 주님의 명령대로 따랐습니다."

¹⁸⁻²⁰ 예수께서 말씀하셨다. "나도 안다. 사탄이 하늘에서 번갯불처럼 떨어지는 것을 내가 보았다. 내가 너희에게 무엇을 주었는지 알겠느냐? 너희는 뱀과 전갈을 밟고 걸어도 무사히 지날 것이며, 원수의 공격에도 보호받을 것이다. 아무도 너희를 건드릴 자가 없을 것이다. 그러나 위대한 승리는 악을 다스리는 너희의 권세에 있지 않고, 너희를 다스리시는 하나님의 권세와 너희와 함께하시는 그분의 임재에 있다. 너희가 하나님을 위해 하는 일이 아니라 하나님께서 너희를 위해 하시는 일, 바로 그것이 너희가 기뻐해야 할 제목이다."

²¹ 그때에, 예수께서 성령으로 한없이 기뻐하셨다. "하늘과 땅의 주인이신 아버지, 이것을 다 아는 체하는 사람들에게 숨기시고 천진난만한 초보자들에게 보여주시니 감사합니다. 그렇습니다, 아버지. 아버지께서는 이렇게 하기를 기뻐하셨습니다.

²² 나는 아버지에게서 이 모든 것을 받았습니다! 오직 아버지만이 아들이 누구인지 아시며, 오직 아들만이 아버지가 누구신지 압니다. 아들은 자기가 원하는 사람 누구에게나 아버지를 소개할 수 있습니다."

²³⁻²⁴ 그러고 나서 예수께서 제자들에게 따로 은밀히 말씀하셨다. "너희가 지금 보고 있는 것을 보는 눈은 복이 있다! 많은 예언자와 왕들이 너희가 지금 보는 것을 보고 너희가 지금 듣는 것을 들을 수만 있었다면, 자신의 오른팔이라도 내놓았을 것이다. 하지만 그들은 희미하게라도 보지 못했고, 속삭이는 소리조차 듣지 못했다."

And rejecting me is the same as rejecting God, who sent me."

¹⁷ The seventy came back triumphant. "Master, even the demons danced to your tune!"

¹⁸⁻²⁰ Jesus said, "I know. I saw Satan fall, a bolt of lightning out of the sky. See what I've given you? Safe passage as you walk on snakes and scorpions, and protection from every assault of the Enemy. No one can put a hand on you. All the same, the great triumph is not in your authority over evil, but in God's authority over you and presence with you. Not what you do for God but what God does for you—that's the agenda for rejoicing."

²¹ At that, Jesus rejoiced, exuberant in the Holy Spirit. "I thank you, Father, Master of heaven and earth, that you hid these things from the know-it-alls and showed them to these innocent newcomers. Yes, Father, it pleased you to do it this way.

²² "I've been given it all by my Father! Only the Father knows who the Son is and only the Son knows who the Father is. The Son can introduce the Father to anyone he wants to."

²³⁻²⁴ He then turned in a private aside to his disciples. "Fortunate the eyes that see what you're seeing! There are plenty of prophets and kings who would have given their right arm to see what you are seeing but never got so much as a glimpse, to hear what you are hearing but never got so much as a whisper."

강도 만난 사람의 이웃

25 그때에 어떤 종교 학자가 일어나 예수를 시험하는 질문을 던졌다. "선생님, 제가 무엇을 해야 영원한 생명을 얻겠습니까?"

26 예수께서 대답하셨다. "하나님의 율법에 어떻게 기록되어 있느냐? 너는 그것을 어떻게 해석하느냐?"

27 그가 말했다. "'네 열정과 간구와 힘과 지성을 다해 주 너의 하나님을 사랑하라' 하였고, 또 '네 자신을 사랑하는 것같이 네 이웃을 사랑하라' 하였습니다."

28 "잘 대답했다." 예수께서 말씀하셨다. "그것을 행하여라. 그러면 네가 살 것이다."

29 그는 빠져나갈 길을 찾으면서 물었다. "그러면 선생님은 이웃을 어떻게 정의하겠습니까?"

30-32 예수께서 그 대답으로 이야기를 하나 들려주셨다. "어떤 사람이 예루살렘에서 여리고로 가고 있는데, 도중에 강도들의 습격을 받았다. 강도들은 그의 옷을 빼앗고 때려 거의 죽게 해놓고는, 버려두고 가 버렸다. 다행히, 제사장이 같은 길로 내려가고 있었다. 그러나 그는 다친 사람을 보고는 방향을 바꿔 다른 쪽으로 비켜 갔다. 이어서 경건한 레위 사람이 나타났다. 그 역시 부상당한 사람을 피해 갔다.

33-35 그 길을 가던 어떤 사마리아 사람이 그 사람에게 다가왔다. 사마리아 사람은 그 사람의 처지를 보고는 가엾은 마음이 들었다. 그는 상처를 소독하고 붕대를 감아 응급조치를 한 뒤에, 그를 자기 나귀에 태워 여관으로 데려가 편히 쉬게 해주었다. 아침에 그는 은화 두 개를 꺼내 여관 주인에게 주면서 말했다. '이 사람을 잘 돌봐 주십시오. 비용이 더 들면 내 앞으로 계산해 두십시오. 내가 돌아오는 길에 갚겠습니다.'

36 네 생각은 어떠냐? 세 사람 가운데 누가 강도 만난 사람의 이웃이 되었겠느냐?"

Defining "Neighbor"

25 Just then a religion scholar stood up with a question to test Jesus. "Teacher, what do I need to do to get eternal life?"

26 He answered, "What's written in God's Law? How do you interpret it?"

27 He said, "That you love the Lord your God with all your passion and prayer and muscle and intelligence—and that you love your neighbor as well as you do yourself."

28 "Good answer!" said Jesus. "Do it and you'll live."

29 Looking for a loophole, he asked, "And just how would you define 'neighbor'?"

30-32 Jesus answered by telling a story. "There was once a man traveling from Jerusalem to Jericho. On the way he was attacked by robbers. They took his clothes, beat him up, and went off leaving him half-dead. Luckily, a priest was on his way down the same road, but when he saw him he angled across to the other side. Then a Levite religious man showed up; he also avoided the injured man.

33-35 "A Samaritan traveling the road came on him. When he saw the man's condition, his heart went out to him. He gave him first aid, disinfecting and bandaging his wounds. Then he lifted him onto his donkey, led him to an inn, and made him comfortable. In the morning he took out two silver coins and gave them to the innkeeper, saying, 'Take good care of him. If it costs any more, put it on my bill—I'll pay you on my way back.'

36 "What do you think? Which of the three became a neighbor to the man attacked by robbers?"

37 종교 학자가 대답했다. "친절을 베푼 사람입니다."

예수께서 말씀하셨다. "너도 가서 똑같이 하여라."

마르다와 마리아

38-40 계속해서 길을 가다가, 예수께서 한 마을에 들어가셨다. 마르다라는 여자가 그분을 맞아 편히 쉬도록 모셨다. 그녀에게 마리아라는 동생이 있었는데, 마리아는 주님 앞에 앉아 그분의 말씀을 경청하고 있었다. 그러나 마르다는 해야 할 온갖 부엌일로 마음이 분주했다. 얼마 후에, 마르다가 그들의 이야기를 끊고 끼어들었다. "주님, 제 동생이 부엌일을 저한테만 떠넘기고 있는데, 그냥 두십니까? 저를 좀 거들어 주라고 동생에게 말씀해 주십시오."

41-42 주님께서 말씀하셨다. "마르다야, 사랑하는 마르다야, 네가 지나치게 염려하여 아무것도 아닌 일로 흥분하고 있구나. 마리아는 가장 중요한 한 가지 일을 택했다. 그러니 마리아는 그것을 빼앗기지 않을 것이다."

필요한 것을 솔직하게 구하여라

11 1 하루는 예수께서 한 곳에서 기도하고 계셨다. 예수께서 기도를 마치자, 제자들 가운데 한 사람이 말했다. "주님, 요한이 자기 제자들에게 한 것처럼 저희에게도 기도를 가르쳐 주십시오."

2-4 그러자 예수께서 말씀하셨다. "너희는 기도할 때 이렇게 하여라.

아버지,
아버지가 어떤 분이신지 드러내소서.
세상을 바로잡아 주소서.
든든한 세 끼 식사로 우리가 살아가게 하소서.
아버지께 용서받은 우리가 다른 사람들을 용서하게 하소서.

37 "The one who treated him kindly," the religion scholar responded.

Jesus said, "Go and do the same."

Mary and Martha

38-40 As they continued their travel, Jesus entered a village. A woman by the name of Martha welcomed him and made him feel quite at home. She had a sister, Mary, who sat before the Master, hanging on every word he said. But Martha was pulled away by all she had to do in the kitchen. Later, she stepped in, interrupting them. "Master, don't you care that my sister has abandoned the kitchen to me? Tell her to lend me a hand."

41-42 The Master said, "Martha, dear Martha, you're fussing far too much and getting yourself worked up over nothing. One thing only is essential, and Mary has chosen it—it's the main course, and won't be taken from her."

Ask for What You Need

11 1 One day he was praying in a certain place. When he finished, one of his disciples said, "Master, teach us to pray just as John taught his disciples."

2-4 So he said, "When you pray, say,

Father,
Reveal who you are.
Set the world right.
Keep us alive with three square meals.
Keep us forgiven with you and forgiving others.

우리를 우리 자신에게서와, 마귀에게서 안전하게 지켜 주소서.”

5-6 예수께서 말씀하셨다. “너희가 한밤중에 친구에게 가서 이렇게 말하면 어떻게 될지 상상해 보아라. ‘친구여, 내게 빵 세 덩이를 빌려 주게. 옛 친구가 여행을 하다가 방금 찾아왔는데, 내 수중에 아무것도 없네.’

7 친구가 침대에서 대답했다. ‘귀찮게 굴지 말게. 문도 닫혔고 아이들도 다 자려고 누웠다네. 그러니 내가 일어나 자네에게 아무것도 줄 수가 없네.’

8 그러나 내가 너희에게 말한다. 비록 그가 친구라는 이유로는 일어나지 않더라도, 너희가 물러서지 않고 그 자리에 서서 계속 문을 두드려 이웃들을 다 깨운다면, 그가 일어나서 무엇이든 필요한 것을 줄 것이다.

9 내가 하려는 말은 이것이다.

구하여라, 그러면 받을 것이다.
찾아라, 그러면 발견할 것이다.
두드려라, 그러면 문이 열릴 것이다.

10-13 하나님과 흥정하지 마라. 솔직하게 말씀드려라. 필요한 것을 구하여라. 우리는 쫓고 쫓기는 게임이나 숨바꼭질을 하고 있는 것이 아니다. 너희 어린 아들이 생선을 달라고 하는데, 살아 있는 뱀을 접시에 담아 아이를 무섭게 하겠느냐? 너희 어린 딸이 계란을 달라고 하는데, 거미를 주며 아이를 속이겠느냐? 너희가 아무리 악해도 그런 생각은 하지 않을 것이다. 너희도 자기 자식에게는 최소한의 예의를 지킨다. 그렇다면, 너희를 사랑으로 잉태하신 아버지께서 너희가 구할 때 성령을 주시지 않겠느냐?”

Keep us safe from ourselves and the Devil.”

5-6 Then he said, “Imagine what would happen if you went to a friend in the middle of the night and said, ‘Friend, lend me three loaves of bread. An old friend traveling through just showed up, and I don’t have a thing on hand.’

7 “The friend answers from his bed, ‘Don’t bother me. The door’s locked; my children are all down for the night; I can’t get up to give you anything.’

8 “But let me tell you, even if he won’t get up because he’s a friend, if you stand your ground, knocking and waking all the neighbors, he’ll finally get up and get you whatever you need.

9 “Here’s what I’m saying:

Ask and you’ll get;
Seek and you’ll find;
Knock and the door will open.

10-13 “Don’t bargain with God. Be direct. Ask for what you need. This is not a cat-and-mouse, hide-and-seek game we’re in. If your little boy asks for a serving of fish, do you scare him with a live snake on his plate? If your little girl asks for an egg, do you trick her with a spider? As bad as you are, you wouldn’t think of such a thing—you’re at least decent to your own children. And don’t you think the Father who conceived you in love will give the Holy Spirit when you ask him?”

중립지대는 없다

14-16 예수께서 어떤 사람을 말 못하게 하는 귀신에게서 구해 주셨다. 귀신이 떠나가자, 그 사람이 쉴 새 없이 말하는 것을 보고 무리가 깜짝 놀랐다. 그러나 그들 가운데 더러는 빈정대며 말했다. '마술이다. 소맷자락에서 마귀의 속임수를 끄집어낸 것이다." 또 어떤 사람은 미심쩍은 태도를 보이면서도, 그분이 광장한 기적으로 자신을 입증해 주기를 바라며 서성댔다.

17-20 예수께서 그들의 생각을 아시고 말씀하셨다. "장기간 내전을 벌이는 나라는 황폐해진다. 늘 싸움질하는 가정은 무너지게 마련이다. 사탄이 사탄을 없애면, 어느 사탄이 남아나겠느냐? 너희는 내가 귀신들의 왕인 마귀와 한패가 되어 귀신을 쫓아낸다고 비난한다. 그러나 너희가 나를 마귀라고 욕하며 마귀 쫓아내는 마귀라고 부른다면, 너희의 귀신 쫓아내는 자들에게도 똑같은 욕이 되지 않겠느냐? 그러나 내가 하나님의 손가락으로 귀신들을 몰아내는 것이라면, 하나님 나라가 확실히 여기 있는 것이다.

21-22 강한 사람이 완전 무장하고 자기 집 마당에 지키고 서 있으면, 그의 재산은 끄떡없이 안전하다. 그러나 더 강한 사람이 더 강한 무기를 들고 오면 어찌 되겠느냐? 그는 자기 수법에 자기가 당하고 말 것이다. 그가 그토록 믿었던 무기고는 탈취당하고, 귀한 재물은 약탈당한다.

23 이것은 전쟁이며, 중립지대는 없다. 내 편이 아니라면, 너희는 내 적이다. 돕지 않으면 방해하는 것이다.

24-26 사람에게서 쫓겨난 더러운 귀신은 광야를 이리저리 떠돌며 자기가 들어갈 만한 오아시스, 곧 순진한 영혼을 찾아다닌다. 아무도 찾지 못하면, 귀신은 '내가 전에 있던 소굴로 돌아가자' 하고 말한다. 돌아가

No Neutral Ground

14-16 Jesus delivered a man from a demon that had kept him speechless. The demon gone, the man started talking a blue streak, taking the crowd by complete surprise. But some from the crowd were cynical. "Black magic," they said. "Some devil trick he's pulled from his sleeve." Others were skeptical, waiting around for him to prove himself with a spectacular miracle.

17-20 Jesus knew what they were thinking and said, "Any country in civil war for very long is wasted. A constantly squabbling family falls to pieces. If Satan cancels Satan, is there any Satan left? You accuse me of ganging up with the Devil, the prince of demons, to cast out demons, but if you're slinging devil mud at me, calling me a devil who kicks out devils, doesn't the same mud stick to your own exorcists? But if it's *God's* finger I'm pointing that sends the demons on their way, then God's kingdom is here for sure.

21-22 "When a strong man, armed to the teeth, stands guard in his front yard, his property is safe and sound. But what if a stronger man comes along with superior weapons? Then he's beaten at his own game, the arsenal that gave him such confidence hauled off, and his precious possessions plundered.

23 "This is war, and there is no neutral ground. If you're not on my side, you're the enemy; if you're not helping, you're making things worse.

24-26 "When a corrupting spirit is expelled from someone, it drifts along through the desert looking for an oasis, some unsuspecting soul it can bedevil. When it doesn't

보니, 그 사람 안은 쓸고 닦아 깨끗한데, 텅 비어 있다. 그래서 귀신은 달려가서 자기보다 더 더러운 귀신을 일곱이나 끌어 모아서는, 다 함께 그 사람 안에 들어가 난장판을 벌인다. 결국 그 사람의 상태는 깨끗함을 받지 않았던 처음보다 훨씬 나빠진다."

27 예수께서 이 말씀을 하고 있는데, 웅성거리는 무리 가운데서 어떤 여자가 목소리 높여 말했다. "선생님을 밴 태와 선생님을 먹인 가슴은 복이 있습니다!"

28 예수께서 덧붙이셨다. "하나님의 말씀을 듣고 자기 삶으로 그 말씀을 지키는 사람이 훨씬 더 복이 있다!"

요나의 증거

29-30 무리가 점점 늘어나자, 예수께서 화제를 바꾸셨다. "이 시대의 풍조가 다 잘못되었다. 사람마다 증거를 찾고 있으나 엉뚱한 증거를 찾고 있다. 너희는 너희의 호기심을 만족시켜 주고, 기적에 대한 너희의 욕망을 채워 줄 무언가를 찾고 있다. 그러나 너희가 얻게 될 유일한 증거는, 요나가 니느웨 사람들에게 준 증거뿐이다. 그것은 전혀 증거처럼 보이지 않는다. 인자와 이 시대는 요나와 니느웨 같다.

32, 31 심판 날에 니느웨 사람들이 일어나 이 세대를 정죄할 증거를 내놓을 것이다. 요나가 설교할 때, 그들이 자신들의 삶을 고쳤기 때문이다. 요나보다 더 큰 설교자가 여기 있는데도, 너희는 증거를 따지고 있다. 심판 날에, 시바 여왕이 앞에 나와서 이 세대를 정죄할 증거를 제시할 것이다. 여왕이 지혜로운 솔로몬의 말을 들으려고 먼 땅 끝에서부터 찾아왔기 때문이다. 솔로몬의 지혜보다 더 큰 지혜가 바로 너희 앞에 있는데도, 너희는 증거 운운하며 억지를 부리고 있다.

find anyone, it says, 'I'll go back to my old haunt.' On return, it finds the person swept and dusted, but vacant. It then runs out and rounds up seven other spirits dirtier than itself and they all move in, whooping it up. That person ends up far worse than if he'd never gotten cleaned up in the first place."

27 While he was saying these things, some woman lifted her voice above the murmur of the crowd: "Blessed the womb that carried you, and the breasts at which you nursed!"

28 Jesus commented, "Even more blessed are those who hear God's Word and guard it with their lives!"

Keep Your Eyes Open

29-30 As the crowd swelled, he took a fresh tack: "The mood of this age is all wrong. Everybody's looking for proof, but you're looking for the wrong kind. All you're looking for is something to titillate your curiosity, satisfy your lust for miracles. But the only proof you're going to get is the Jonah-proof given to the Ninevites, which looks like no proof at all. What Jonah was to Nineveh, the Son of Man is to this age.

32, 31 "On Judgment Day the Ninevites will stand up and give evidence that will condemn this generation, because when Jonah preached to them they changed their lives. A far greater preacher than Jonah is here, and you squabble about 'proofs.' On Judgment Day the Queen of Sheba will come forward and bring evidence that condemns this generation, because she traveled from a far corner of the earth to listen to wise Solomon. Wisdom far greater than Solomon's is right in front of you, and you quibble over 'evidence.'

33-36 등불을 켜서 서랍 속에 숨겨 두는 사람은 아무도 없다. 등불은 단 위에 둔다. 그래야 방에 들어오는 사람들이 그 빛 덕분에 자신이 어디로 가는지 보고 다닐 수 있다. 네 눈은 네 온몸을 밝혀 주는 등불이다. 네가 경이와 믿음으로 눈을 크게 뜨고 살면, 네 몸은 빛으로 가득해진다. 네가 탐욕과 불신으로 곁눈질하고 살면, 네 몸은 음습한 지하실이 된다. 네 몸이 곰팡내 나고 어둠침침하게 되지 않으려면, 눈을 뜨고 살면서 네 등불이 계속 타오르게 하여라. 빛이 가장 잘 드는 네 방처럼, 네 삶에도 늘 빛이 잘 들게 하여라."

사기꾼들아!

37-41 예수께서 이 말씀을 마치자, 바리새인 하나가 그분을 저녁식사에 초대했다. 예수께서 그의 집에 들어가 식탁 앞에 앉으셨다. 바리새인은 예수께서 식사 전에 손을 씻지 않는 것을 보고 기분이 언짢았다. 그러자 주님께서 그에게 말씀하셨다. "너희 바리새인들이 햇빛에 반짝일 정도로 컵과 접시 겉에 광을 내는 것을 나는 알고 있다. 그러나 나는 너희 속에 탐욕과 은밀한 악이 득실거리는 것도 알고 있다. 미련한 바리새인들아! 겉을 지으신 분께서 속도 지으시지 않았느냐? 너희 주머니와 너희 마음 둘 다를 뒤집어서 가난한 사람들에게 후히 베풀어라. 그러면 너희의 그릇과 손뿐 아니라, 너희의 삶도 깨끗해질 것이다.

42 나는 이제 너희라면 지긋지긋하다! 너희 바리새인들아! 사기꾼들아! 너희는 도무지 구제 불능이구나! 너희는 꼼꼼히 장부를 적어 가며 동전 하나에까지 십일조를 내지만, 정의와 하나님의 사랑 같은 기본적인 것에서는 용케도 빠져나갈 길을 찾아낸다. 정성스런 장부 정리도 좋지만, 기본은 반드시 해야 하는 것이다.

33-36 "No one lights a lamp, then hides it in a drawer. It's put on a lamp stand so those entering the room have light to see where they're going. Your eye is a lamp, lighting up your whole body. If you live wide-eyed in wonder and belief, your body fills up with light. If you live squinty-eyed in greed and distrust, your body is a dank cellar. Keep your eyes open, your lamp burning, so you don't get musty and murky. Keep your life as well-lighted as your best-lighted room."

Frauds!

37-41 When he finished that talk, a Pharisee asked him to dinner. He entered his house and sat right down at the table. The Pharisee was shocked and somewhat offended when he saw that Jesus didn't wash up before the meal. But the Master said to him, "I know you Pharisees burnish the surface of your cups and plates so they sparkle in the sun, but I also know your insides are maggoty with greed and secret evil. Stupid Pharisees! Didn't the One who made the outside also make the inside? Turn both your pockets and your hearts inside out and give generously to the poor; then your *lives* will be clean, not just your dishes and your hands.

42 "I've had it with you! You're hopeless, you Pharisees! Frauds! You keep meticulous account books, tithing on every nickel and dime you get, but manage to find loopholes for getting around basic matters of justice and God's love. Careful bookkeeping is commendable, but the basics are required.

43-44 너희 바리새인들아! 사기꾼들아! 너희는 도무지 구제 불능이구나! 너희는 교회 식사 때 상석에 앉는 것을 좋아하고, 사람들의 화려한 칭찬에 우쭐하는 것을 좋아한다. 사기꾼들아! 너희는 꼭 묘지 표지가 없는 무덤과 같다. 사람들은 깔끔하게 정리된 잔디를 밟고 다니지만, 그 2미터 아래 땅 속은 온통 썩고 부패한 것을 알 턱이 없다."

45 종교 학자 가운데 한 사람이 말했다. "선생님, 그렇게 말하면 우리에게까지 모욕이 된다는 것을 아는지요?"

46 예수께서 말씀하셨다. "그렇다. 이보다 더 노골적으로 말할 수도 있다. 너희 종교 학자들아! 너희는 도무지 구제 불능이구나! 너희는 사람들에게 온갖 규칙과 규정의 짐을 잔뜩 지워서 그야말로 등골이 휘어지게 하면서, 도와주려고 손가락 하나 까딱하지 않는다.

47-51 너희는 도무지 구제 불능이구나! 너희는 너희 조상들이 죽인 예언자들을 위해 무덤을 쌓는다. 그러나 너희가 쌓는 무덤은 살해당한 예언자들을 기념하는 것이 아니라, 오히려 살인자인 너희 조상들을 기념하는 것이다. 그래서 하나님의 지혜도 말하기를, '내가 그들에게 예언자와 사도들을 보내겠지만, 그들이 이들을 죽이고 쫓아낼 것이다'라고 한 것이다. 이것은 아벨의 피에서부터 제단과 성소 사이에서 죽임당한 사가랴의 피까지, 땅이 시작된 이래로 지금까지 흘린 모든 의로운 피가 다 너희 책임이라는 뜻이다. 그렇다. 그것이 이 세대의 계산서에 올라 있으니 이 세대가 갚아야 할 것이다.

52 너희 종교 학자들아! 너희는 도무지 구제 불능이구나! 너희는 지식의 열쇠를 가지고 있지만, 문을 열지 않고 오히려 잠가 버렸다. 너희 자신도 들어가려 하지 않고, 다른 사람도 들어가지 못하게 한다."

53-54 예수께서 식탁을 떠나시자마자, 종교 학자와 바리새인들이 격분했다. 그들은 어떻

게 그분의 입에서 나오는 말로 그분을 함정에 빠뜨릴까 모의하며, 그분이 하신 말씀을 하나하나 따져 보았다.

더러운 누룩을 주의하여라

12 ¹⁻³ 어느새 무리가 수천 명으로 엄청나게 늘어나, 서로 발에 밟힐 지경이 되었다. 그러나 예수의 일차적인 관심은 제자들에게 있었다. 예수께서 제자들에게 말씀하셨다. "바리새인들의 누룩, 바리새인들의 겉치레에 더럽혀지지 않도록 주의하여라. 너희는 자신의 참 자아를 영원히 감춰 둘 수 없다. 머잖아 본 모습이 드러나게 되어 있다. 너희는 종교의 가면 뒤에 영원히 숨을 수 없다. 머잖아 가면이 벗겨지고 진짜 얼굴이 드러날 것이다. 너희가 은밀한 데서는 이렇게 속삭이고, 사람들 앞에서는 그와 정반대로 전할 수 없다. 너희가 속삭이며 한 말을 온 동네에 대고 다시 말할 날이 올 것이다.

⁴⁻⁵ 나의 사랑하는 친구인 너희에게 말한다. 종교 불량배들이 허세를 부리며 위협한다고 해서 침묵하거나 진실함을 잃어서는 안된다. 물론 그들이 너희를 죽일 수는 있겠지만, 그 후에 너희를 어찌할 수 있겠느냐? 그들이 너희 존재의 중심인 너희 영혼에 할 수 있는 일이란 아무것도 없다. 너희는 너희 삶 전체—몸과 영혼—를 그 손에 붙잡고 계시는 하나님만 두려워하면 된다.

⁶⁻⁷ 애완용 카나리아 두세 마리의 값이 얼마더냐? 푼돈이 아니냐? 그러나 하나님은 한 마리라도 절대 그냥 지나치지 않으신다. 그분께서 너희에게는 더 정성을 쏟으신다. 세세한 것까지 일일이 돌보시며, 심지어 너희의 머리카락까지 다 세신다! 그러니 괴롭히는 자들의 이런저런 말에 겁먹지 마라. 너희는 카나리아 수백만 마리보다 더 귀하다.

⁸⁻⁹ 너희는 사람들 앞에서 내 편을 들어라.

a rage. They went over and over everything he said, plotting how they could trap him in something from his own mouth.

Can't Hide Behind a Religious Mask

12 ¹⁻³ By this time the crowd, unwieldy and stepping on each other's toes, numbered into the thousands. But Jesus' primary concern was his disciples. He said to them, "Watch yourselves carefully so you don't get contaminated with Pharisee yeast, Pharisee phoniness. You can't keep your true self hidden forever; before long you'll be exposed. You can't hide behind a religious mask forever; sooner or later the mask will slip and your true face will be known. You can't whisper one thing in private and preach the opposite in public; the day's coming when those whispers will be repeated all over town.

⁴⁻⁵ "I'm speaking to you as dear friends. Don't be bluffed into silence or insincerity by the threats of religious bullies. True, they can kill you, but *then* what can they do? There's nothing they can do to your soul, your core being. Save your fear for God, who holds your entire life—body and soul—in his hands.

⁶⁻⁷ "What's the price of two or three pet canaries? Some loose change, right? But God never overlooks a single one. And he pays even greater attention to you, down to the last detail—even numbering the hairs on your head! So don't be intimidated by all this bully talk. You're worth more than a million canaries.

⁸⁻⁹ "Stand up for me among the people you meet and the Son of Man will stand up

그러면 인자도 하나님의 모든 천사들 앞에서 너희 편을 들 것이다. 그러나 너희가 나를 모른 척한다면, 내가 하나님의 천사들 앞에서 너희를 변호해 줄 것 같으냐?

10 너희가 오해나 무지로 인해 인자를 비방하면, 그것은 그냥 넘어갈 수 있다. 그러나 성령을 겨냥해 고의로 하나님을 공격하면, 그것은 그냥 넘어갈 수 없다.

11-12 사람들이 너희를 회당이나 즉결재판소의 재판관 앞으로 끌고 가더라도, 너희는 자신을 변호할 일로—무엇을 어떻게 말해야 할지—걱정하지 마라. 꼭 맞는 말이 떠오를 것이다. 때가 되면 성령께서 꼭 맞는 말을 너희에게 주실 것이다."

어리석은 부자 이야기

13 무리 가운데 누군가 말했다. "선생님, 제 형에게 명하여 집안의 유산을 제게 공평하게 떼어 주라고 말씀해 주십시오."

14 예수께서 대답하셨다. "이 사람아, 어떻게 내 일이 너희의 재판관이나 중재자가 되는 것이겠느냐?"

15 예수께서 사람들에게 말씀하셨다. "조심하여라! 털끝만한 탐심에도 빠져들지 않도록 너희 자신을 지켜라. 너희의 소유가 많더라도, 그 소유가 너희의 삶을 규정해 주지 않는다."

16-19 그 후에 예수께서 그들에게 이런 이야기를 들려주셨다. "어느 부자의 농사가 풍년이 들었다. 그가 혼잣말로 말했다. '어쩌지? 이 수확물을 두기에 내 창고가 좁구나.' 그러다가 이렇게 말했다. '이렇게 하자. 창고를 헐고 더 크게 짓자. 그리고 내 곡식과 재산을 다 모아들이고 내 자신에게 이렇게 말해야겠다. "잘했다! 너는 크게 성공했으니 이제 은퇴해도 좋다. 편안히 네 인생을 즐겨라!"'"

for you before all God's angels. But if you pretend you don't know me, do you think I'll defend you before God's angels?

10 "If you bad-mouth the Son of Man out of misunderstanding or ignorance, that can be overlooked. But if you're knowingly attacking God himself, taking aim at the Holy Spirit, that won't be overlooked.

11-12 "When they drag you into their meeting places, or into police courts and before judges, don't worry about defending yourselves—what you'll say or how you'll say it. The right words will be there. The Holy Spirit will give you the right words when the time comes."

The Story of the Greedy Farmer

13 Someone out of the crowd said, "Teacher, order my brother to give me a fair share of the family inheritance."

14 He replied, "Mister, what makes you think it's any of my business to be a judge or mediator for you?"

15 Speaking to the people, he went on, "Take care! Protect yourself against the least bit of greed. Life is not defined by what you have, even when you have a lot."

16-19 Then he told them this story: "The farm of a certain rich man produced a terrific crop. He talked to himself: 'What can I do? My barn isn't big enough for this harvest.' Then he said, 'Here's what I'll do: I'll tear down my barns and build bigger ones. Then I'll gather in all my grain and goods, and I'll say to myself, Self, you've done well! You've got it made and can now retire. Take it easy and have the time of your life!'

20 바로 그때에 하나님께서 나타나 말씀하셨다. '어리석은 사람아! 오늘밤 너는 죽는다. 그러면 창고에 가득한 네 재산은 누구 것이 되겠느냐?'
21 너희의 창고를 하나님이 아니라 너희의 자아로 채우면 바로 이렇게 된다."

하나님께서 일하시는 방식

22-24 예수께서 같은 주제로 제자들에게 더 말씀하셨다. "너희는 식사 때 식탁에 무엇이 오르고 옷장에 있는 옷들이 유행에 맞는지 따위로 안달하며 설치지 마라. 너희 내면의 삶은 뱃속에 넣는 음식이 전부가 아니며, 너희의 겉모습도 몸에 걸치는 옷이 전부가 아니다. 까마귀를 보아라. 얽매일 것 없이 자유롭고, 업무에 속박되지 않으며, 하나님이 돌보시니 염려가 없다. 너희는 그 까마귀보다 훨씬 더 중요하다.

25-28 거울 앞에서 설친다고 해서 키가 1센티미터라도 커진 사람이 있더냐? 그래 봐야 소용없는 일인데, 왜 야단법석을 떠느냐? 들판에 나가 들꽃을 보아라. 들꽃은 외모 때문에 안달복달하는 법이 없지만, 너희는 여태 그런 색깔이나 디자인을 본 적이 있느냐? 이 나라의 남녀 베스트드레서 열 명이라도 그 꽃 옆에 서면 초라해 보인다. 아무도 보아 주지 않는 들꽃에도 그토록 정성을 들이시는데, 하물며 하나님께서 너희를 돌보시고 자랑스러워하시며, 너희를 위해 최선을 다하시지 않겠느냐?

29-32 나는 지금 너희로 여유를 갖게 하려는 것이며, 손에 넣는 데 온통 정신을 빼앗기지 않게 해서, 베푸시는 하나님께 반응하도록 하려는 것이다. 하나님과 그분의 일하시는 방식을 모르는 사람은 그런 일로 안달하지만, 너희는 하나님을 알고 그분의 일하시는 방식도 안다. 너희는 하나님이 실체가 되시고, 하나님이 주도하시며, 하나님이 공

20 "Just then God showed up and said, 'Fool! Tonight you die. And your barnful of goods—who gets it?'
21 "That's what happens when you fill your barn with Self and not with God."

Steep Yourself in God-Reality

22-24 He continued this subject with his disciples. "Don't fuss about what's on the table at mealtimes or if the clothes in your closet are in fashion. There is far more to your inner life than the food you put in your stomach, more to your outer appearance than the clothes you hang on your body. Look at the ravens, free and unfettered, not tied down to a job description, carefree in the care of God. And you count far more.

25-28 "Has anyone by fussing before the mirror ever gotten taller by so much as an inch? If fussing can't even do that, why fuss at all? Walk into the fields and look at the wildflowers. They don't fuss with their appearance—but have you ever seen color and design quite like it? The ten best-dressed men and women in the country look shabby alongside them. If God gives such attention to the wildflowers, most of them never even seen, don't you think he'll attend to you, take pride in you, do his best for you?

29-32 "What I'm trying to do here is get you to relax, not be so preoccupied with *getting* so you can respond to God's *giving*. People who don't know God and the way he works fuss over these things, but you know both God and how he works. Steep yourself in God-reality, God-initiative, God-provisions. You'll find all your everyday human

급하시는 삶에 흠뻑 젖어 살아라. 너희 매일의 삶에 필요한 것을 하나님께서 모두 채워 주실 것이다. 뭔가 놓칠까 봐 걱정하지 마라. 너희는 내가 가장 사랑하는 친구다! 아버지께서 너희에게 그 나라를 주시기 원하신다.

33-34 후하게 베풀어라. 가난한 사람들에게 베풀어라. 파산하지 않는 은행, 강도가 침입할 수 없고 횡령의 위험이 없는 하늘 은행, 신뢰할 수 있는 은행과 거래하여라. 너희는 너희 보물이 있는 곳에 가장 있고 싶어 할 텐데, 결국 그렇게 될 것이다. 그것이 당연하지 않겠느냐?"

깨어 있는 사람은 복되다

35-38 "늘 옷을 입고 있고, 불을 밝혀 두어라! 너희는 주인이 신혼여행에서 돌아오기를 기다리며, 주인이 도착해 문을 두드리면 열어 주기 위해 깨어서 준비하고 있는 종들처럼 되어라. 주인이 왔을 때 깨어서 일하고 있는 종들은 복되다! 주인이 앞치마를 두르고 그들을 식탁에 앉게 해서, 식사를 대접하며 그들과 결혼잔치를 함께할 것이다. 주인이 밤 몇 시에 오든 상관없이, 깨어 있는 그들은 복되다!

39-40 집 주인이 어느 밤에 도둑이 드는지 알았더라면, 문도 잠그지 않은 채 밤늦도록 집을 비우지 않았을 것이다. 그러니 너희는 흐트러지거나 긴장을 늦추지 마라. 너희가 예상하지 못한 때에 인자가 올 것이다."

41 베드로가 말했다. "주님, 이 이야기는 우리에게 하시는 것입니까, 아니면 모든 사람에게 하시는 것입니까?"

42-46 주님께서 말씀하셨다. "너희에게 묻겠다. 주인이 자기 일꾼들을 맡겨서 그 일꾼들을 제때에 잘 먹이게 할 만큼 시리가 밝고 믿을 만한 관리인이 누구냐? 주인이 나타날 때 자기 본분을 다하고 있는 사람은

concerns will be met. Don't be afraid of missing out. You're my dearest friends! The Father wants to give you the very kingdom itself.

33-34 "Be generous. Give to the poor. Get yourselves a bank that can't go bankrupt, a bank in heaven far from bankrobbers, safe from embezzlers, a bank you can bank on. It's obvious, isn't it? The place where your treasure is, is the place you will most want to be, and end up being.

When the Master Shows Up

35-38 "Keep your shirts on; keep the lights on! Be like house servants waiting for their master to come back from his honeymoon, awake and ready to open the door when he arrives and knocks. Lucky the servants whom the master finds on watch! He'll put on an apron, sit them at the table, and serve them a meal, sharing his wedding feast with them. It doesn't matter what time of the night he arrives; they're awake—and so blessed!

39-40 "You know that if the house owner had known what night the burglar was coming, he wouldn't have stayed out late and left the place unlocked. So don't you be slovenly and careless. Just when you don't expect him, the Son of Man will show up."

41 Peter said, "Master, are you telling this story just for us? Or is it for everybody?"

42-46 The Master said, "Let me ask you: Who is the dependable manager, full of common sense, that the master puts in charge of his staff to feed them well and on time? He is a blessed man if when the master shows up he's doing his job. But if he says to himself,

복된 사람이다. 그러나 관리인이 '주인이 더디 온다' 생각하고는, 일꾼들을 학대하고 친구들을 불러 모아 파티를 벌여 술에 취한다면, 생각지도 못한 때에 주인이 돌아와서, 그를 호되게 매질하고 부엌으로 돌려보내 감자껍질을 벗기게 할 것이다.

47-48 주인이 무엇을 원하는지 알고도 무시하거나, 건방지게 자기 마음대로 하는 종은 흠씬 두들겨 맞을 것이다. 그러나 알지 못해서 일을 제대로 못한 종은 회초리 몇 대로 그칠 것이다. 선물이 크면 책임도 그만큼 큰 법이다. 더 큰 선물에는 더 큰 책임이 따른다."

나는 이 땅에 불을 지르러 왔다

49-53 "나는 이 땅에 불을 지르러 왔다. 바로 지금 이 땅이 활활 불타고 있다면 얼마나 좋겠는가! 나는 모든 것을 바꾸고 모든 것을 제대로 뒤집으려고 왔다. 이 일을 이루기를 내가 얼마나 기다렸던가! 너희는 내가 모든 것을 순탄하고 무난하게 만들려고 온 줄 아느냐? 아니다. 나는 분열과 대립을 일으키러 왔다! 이제부터는 한 집에 다섯 식구가 있으면,

세 사람이 두 사람과 맞서고
두 사람이 세 사람과 맞서고
아버지가 아들과 맞서고
아들이 아버지와 맞서고
어머니가 딸과 맞서고
딸이 어머니와 맞서고
시어머니가 며느리와 맞서고
며느리가 시어머니와 맞설 것이다."

54-56 예수께서 무리를 향해 말씀하셨다. "구름이 서쪽에서 오는 것을 보면 너희는 '큰비가 오겠다'고 하는데, 그 말이 맞다. 또 바람이 남쪽에서 불면 '오늘은 덥겠다'

'The master is certainly taking his time,' begins maltreating the servants and maids, throws parties for his friends, and gets drunk, the master will walk in when he least expects it, give him the thrashing of his life, and put him back in the kitchen peeling potatoes.

47-48 "The servant who knows what his master wants and ignores it, or insolently does whatever he pleases, will be thoroughly thrashed. But if he does a poor job through ignorance, he'll get off with a slap on the hand. Great gifts mean great responsibilities; greater gifts, greater responsibilities!

To Start a Fire

49-53 "I've come to start a fire on this earth—how I wish it were blazing right now! I've come to change everything, turn everything rightside up—how I long for it to be finished! Do you think I came to smooth things over and make everything nice? Not so. I've come to disrupt and confront! From now on, when you find five in a house, it will be—

Three against two,
    and two against three;
Father against son,
    and son against father;
Mother against daughter,
    and daughter against mother;
Mother-in-law against bride,
    and bride against mother-in-law."

54-56 Then he turned to the crowd: "When you see clouds coming in from the west, you say, 'Storm's coming'—and you're right. And when the wind comes out of the south, you

고 하는데, 그 말도 맞다. 사기꾼들아! 너
희가 날씨의 변화는 읽을 줄 알면서, 지
금 우리에게 임한 하나님의 계절의 변화
는 왜 읽을 줄 모르느냐.

⁵⁷⁻⁵⁹ 너희가 반드시 천재가 되어야만 이
런 것을 알 수 있는 것은 아니다. 그저 사
리분별만 제대로 해도 된다. 가령, 법정
으로 끌려갈 때 너희는 너희를 고소한 자
와 도중에 타협하기로 결심할 것이다. 사
건이 재판관에게까지 가면, 감옥에 갇히
고 한 푼도 남김없이 벌금을 다 내야 할
것을 너희가 알기 때문이다. 내가 너희에
게 요구하는 것은 바로 그런 결심이다."

열매 맺지 못하는 나무 이야기

13 ¹⁻⁵ 그때에 몇몇 사람들이 와
서, 빌라도가 예배드리던 갈릴
리 사람들을 죽여서 그 피를 제단 제물의
피에 섞은 일을 예수께 전했다. 예수께서
대답하셨다. "너희는 이 살해당한 갈릴
리 사람들이 다른 모든 갈릴리 사람보다
더 나쁜 죄인들이라고 생각하느냐? 전혀
그렇지 않다. 하나님께 돌아오지 않으면
너희도 죽을 것이다. 또한 며칠 전 실로
암 탑이 무너져 덮치는 바람에 거기에 깔
려 죽은 열여덟 명의 예루살렘 사람들이,
다른 모든 예루살렘 사람들보다 더 나쁜
줄 아느냐? 전혀 그렇지 않다. 하나님께
돌아오지 않으면 너희도 죽을 것이다."

⁶⁻⁷ 예수께서 이런 이야기를 들려주셨다.
"어떤 사람이 앞마당에 사과나무를 심
었다. 그가 그 나무에 사과가 있을까 해
서 다가가 보니, 하나도 없었다. 그가 정
원사에게 말했다. '어찌 된 일이냐? 이제
까지 내가 삼 년이나 이 나무에 와서 사
과를 찾았지만 하나도 얻지 못했다. 씩어
버려라! 무엇 때문에 좋은 땅을 더 버리
겠느냐?'

say, 'This'll be a hot one'—and you're right.
Frauds! You know how to tell a change in
the weather, so don't tell me you can't tell a
change in the season, the God-season we're in
right now.

⁵⁷⁻⁵⁹ "You don't have to be a genius to under-
stand these things. Just use your common
sense, the kind you'd use if, while being taken
to court, you decided to settle up with your
accuser on the way, knowing that if the case
went to the judge you'd probably go to jail and
pay every last penny of the fine. That's the
kind of decision I'm asking you to make."

Unless You Turn to God

13 ¹⁻⁵ About that time some people
came up and told him about the
Galileans Pilate had killed while they were at
worship, mixing their blood with the blood of
the sacrifices on the altar. Jesus responded,
"Do you think those murdered Galileans were
worse sinners than all other Galileans? Not at
all. Unless you turn to God, you, too, will die.
And those eighteen in Jerusalem the other
day, the ones crushed and killed when the
Tower of Siloam collapsed and fell on them,
do you think they were worse citizens than all
other Jerusalemites? Not at all. Unless you
turn to God, you, too, will die."

⁶⁻⁷ Then he told them a story: "A man had an
apple tree planted in his front yard. He came
to it expecting to find apples, but there weren't
any. He said to his gardener, 'What's going on
here? For three years now I've come to this
tree expecting apples and not one apple have I
found. Chop it down! Why waste good ground
with it any longer?'

8-9 정원사가 말했다. '일 년만 더 관심을 기울여 보겠습니다. 제가 그 둘레를 파고 거름을 주겠습니다. 내년에는 열매를 맺을지 모릅니다. 그렇지 않거든, 그때 찍어 버리십시오.'"

안식일에 병을 고치시다

10-13 예수께서 안식일에 한 회당에서 가르치고 계셨다. 거기에 관절염으로 몸이 뒤틀리고 등이 굽어서 고개조차 들 수 없는 한 여자가 있었다. 여자는 십팔 년째 그 병을 앓고 있었다. 예수께서 그 여자를 보시고 가까이 부르셨다. "여자여, 네가 자유케 되었다!" 예수께서 여자에게 손을 얹자, 여자는 당장 꼿꼿하게 서서 하나님께 영광을 돌렸다.

14 예수께서 안식일에 병을 고친 것 때문에 몹시 화가 난 회당장이 회중에게 말했다. "일하는 날로 정해진 날이 엿새나 됩니다. 치료받고 싶거든 그중 한 날에 오시오. 그러나 일곱째 날 안식일에는 안됩니다."

15-16 그러자 예수께서 쏘아붙이셨다. "너희 사기꾼들아! 너희도 안식일에 자기 소나 나귀를 풀어서 외양간에서 끌고 나가 물을 먹이는 것을 아무렇지 않게 생각한다. 그런데 내가 사탄에게 십팔 년이나 매여 있던 이 아브라함의 딸을 풀어 주고 그 외양간에서 끌어낸 것이 어째서 문제라는 말이냐?"

17 예수께서 그렇게 말씀하시자, 비난하던 자들이 말문이 막혀 얼굴을 붉히며 떠나갔다. 회중은 기뻐하며 그분께 갈채를 보냈다.

하나님께 이르는 길

18-19 그 후에 예수께서 말씀하셨다. "하나님 나라를 어떻게 묘사할 수 있을까? 어떤 이야기가 좋을까? 하나님 나라는 어떤

Healing on the Sabbath

8-9 "The gardener said, 'Let's give it another year. I'll dig around it and fertilize, and maybe it will produce next year; if it doesn't, then chop it down.'"

10-13 He was teaching in one of the meeting places on the Sabbath. There was a woman present, so twisted and bent over with arthritis that she couldn't even look up. She had been afflicted with this for eighteen years. When Jesus saw her, he called her over. "Woman, you're free!" He laid hands on her and suddenly she was standing straight and tall, giving glory to God.

14 The meeting-place president, furious because Jesus had healed on the Sabbath, said to the congregation, "Six days have been defined as work days. Come on one of the six if you want to be healed, but not on the seventh, the Sabbath."

15-16 But Jesus shot back, "You frauds! Each Sabbath every one of you regularly unties your cow or donkey from its stall, leads it out for water, and thinks nothing of it. So why isn't it all right for me to untie this daughter of Abraham and lead her from the stall where Satan has had her tied these eighteen years?"

17 When he put it that way, his critics were left looking quite silly and red-faced. The congregation was delighted and cheered him on.

The Way to God

18-19 Then he said, "How can I picture God's kingdom for you? What kind of story can I use? It's like a pine nut that a man plants in his front yard. It grows into a huge pine tree

사람이 자기 앞마당에 심는 솔씨 하나와 같다. 솔씨는 독수리들이 그 안에 둥지를 틀 만큼 가지가 무성한 큰 나무로 자란다."

20-21 예수께서 다시 말씀하셨다. "하나님 나라를 어떻게 묘사할 수 있을까? 하나님 나라는 여자가 빵 세 덩이를 만들려고 반죽에 넣는 누룩과 같다. 기다리고 있으면 반죽이 부푼다."

22 예수께서 계속해서 각 성읍과 마을로 다니며 가르치셨으나, 시종일관 예루살렘을 향해 가고 계셨다.

23-25 어떤 구경꾼이 말했다. "주님, 구원받을 사람이 적습니까?"

예수께서 말씀하셨다. "많고 적고는 너희가 상관할 일이 아니다. 너희는 하나님과 함께하는 삶에 전념하여라. 생명, 곧 하나님께 이르는 길은 정신을 바짝 차려야만 갈 수 있는 힘든 길이다. 너희 가운데는 평생 동안 그 근처를 맴돌았다는 이유만으로 하나님의 구원 잔치에 앉을 줄로 생각할 사람이 많이 있다. 어느 날 너희가 안에 들어가고 싶어 문을 쾅쾅 두드리겠지만, 문은 잠겨 있고 주인은 이렇게 말할 것이다. '미안하지만, 너희는 내 손님 명단에 없다.'

26-27 너희는 '우리는 평생 주님을 알았습니다!' 하고 따지겠지만, 주인은 단호히 너희 말을 자를 것이다. '너희는 안다고 하지만, 그것은 아는 것이 아니다. 너희는 나에 대해 조금도 모른다.'

28-30 그때 너희는 은혜에서 소외된 자가 되어 바깥 추운 데 있을 것이다. 너희는 아브라함과 이삭과 야곱과 모든 예언자들이 하나님 나라로 행진해 들어가는 것을 볼 것이다. 너희는 동서남북 사방에서 사람들이 흘러들어와서, 하나님 나라 식탁에 앉는 것을 볼 것이다. 그러는 농안 너희는 바깥에서 안을 들여다보며, 이것이 어찌 된 일인지 의아해 할 것이다. 이것은 위대한 반전이

with thick branches, and eagles build nests in it."

20-21 He tried again. "How can I picture God's kingdom? It's like yeast that a woman works into enough dough for three loaves of bread—and waits while the dough rises."

22 He went on teaching from town to village, village to town, but keeping on a steady course toward Jerusalem.

23-25 A bystander said, "Master, will only a few be saved?"

He said, "Whether few or many is none of your business. Put your mind on your life with God. The way to life—to God!—is vigorous and requires your total attention. A lot of you are going to assume that you'll sit down to God's salvation banquet just because you've been hanging around the neighborhood all your lives. Well, one day you're going to be banging on the door, wanting to get in, but you'll find the door locked and the Master saying, 'Sorry, you're not on my guest list.'

26-27 "You'll protest, 'But we've known you all our lives!' only to be interrupted with his abrupt, 'Your kind of knowing can hardly be called knowing. You don't know the first thing about me.'

28-30 "That's when you'll find yourselves out in the cold, strangers to grace. You'll watch Abraham, Isaac, Jacob, and all the prophets march into God's kingdom. You'll watch outsiders stream in from east, west, north, and south and sit down at the table of God's kingdom. And all the time you'll be outside looking in—and wondering what happened. This is the Great Reversal: the last in line put at the head of the line, and the so-called

다. 맨 뒤에 서 있던 사람이 앞으로 오고, 먼저였던 사람이 결국 나중 될 것이다."

❧

³¹ 바로 그때에 몇몇 바리새인들이 다가와서 말했다. "얼른 피하십시오! 헤롯이 선생님을 찾아 죽이려고 합니다!"
³²⁻³⁵ 예수께서 말씀하셨다. "지금은 내가 시간이 없다고 그 여우에게 전하여라. 오늘과 내일은 내가 귀신을 쫓아내고 병든 사람들을 고치느라 바쁘고, 사흘째에는 일을 마무리할 것이다. 그뿐 아니다. 예언자가 예루살렘 밖에서 불운한 최후를 맞는 것은 합당하지 않다.

예루살렘아, 예루살렘아, 예언자들을 죽이고
하나님의 심부름꾼들을 학대하는 너희여!
암탉이 제 새끼를 날개 아래 안전히 품듯이
내가 너희 자녀들을
간절히 모으려고 했으나
너희는 거부하고 돌아섰다!
이제는 너무 늦었다.
너희가 '복되다,
하나님의 이름으로 오시는 이여' 하고
말하는 그날까지,
너희가 다시는 나를 보지 못할 것이다."

14 ¹⁻³ 한번은 예수께서 바리새인의 최고 지도자들 가운데 한 사람과 안식일 식사를 하러 가셨는데, 손님들이 모두 그분을 주시하며 일거수일투족을 살폈다. 바로 그분 앞에 관절 마디가 심하게 부은 사람이 있었다. 예수께서 그 자리에 있는 종교 학자와 바리새인들에게 물으셨다. "안식일에 병을 고쳐도 되느냐, 안되느냐?"

first ending up last."

❧

³¹ Just then some Pharisees came up and said, "Run for your life! Herod's on the hunt. He's out to kill you!"
³²⁻³⁵ Jesus said, "Tell that fox that I've no time for him right now. Today and tomorrow I'm busy clearing out the demons and healing the sick; the third day I'm wrapping things up. Besides, it's not proper for a prophet to come to a bad end outside Jerusalem.

Jerusalem, Jerusalem, killer of prophets,
    abuser of the messengers of God!
How often I've longed to gather your children,
    gather your children like a hen,
Her brood safe under her wings—
    but you refused and turned away!
And now it's too late: You won't see me again
    until the day you say,
    'Blessed is he
    who comes in
    the name of God.'"

14 ¹⁻³ One time when Jesus went for a Sabbath meal with one of the top leaders of the Pharisees, all the guests had their eyes on him, watching his every move. Right before him there was a man hugely swollen in his joints. So Jesus asked the religion scholars and Pharisees present, "Is it permitted to heal on the Sabbath? Yes or no?"

4-6 그들은 묵묵부답이었다. 예수께서 그 사람을 데려다가 고쳐 주시고, 돌려보내셨다. 그러고 나서 말씀하셨다. "여기 있는 사람 가운데 자기 자식이나 가축이 우물에 빠졌는데 당장 달려가서 끌어내지 않고, 안식일이냐 아니냐를 따질 사람이 있느냐?" 그들은 대답할 말이 없었다.

소외된 사람들을 초대하여라

7-9 예수께서 식탁에 둘러앉은 손님들에게 계속해서 이야기해 주셨다. 사람들이 저마다 밀치고 상석에 앉으려는 것을 보시고, 예수께서 말씀하셨다. "누가 너를 저녁식사에 초대하거든, 상석에 앉지 마라. 주인이 너보다 더 중요한 사람을 초대했을 수도 있다. 그런 경우에, 주인이 와서 모든 사람 앞에서 큰소리로 '당신은 자리를 잘못 잡았소. 상석은 이 사람의 자리요' 할 것이다. 그러면 너는 부끄러워 얼굴을 붉히며, 마지막 남은 맨 끝자리로 가야 할 것이다.

10-11 저녁식사에 초대를 받거든, 맨 끝자리에 앉아라. 그러면 너를 초대한 사람이 와서 '친구여, 앞으로 나오시오' 하고 반드시 말할 것이다. 그 일이, 저녁식사에 온 손님들에게 화젯거리가 될 것이다! 내가 말한다. 너희가 거만한 태도로 다니면, 결국 코가 납작해지고 말 것이다. 그러나 너희가 너희 있는 모습을 그대로 인정하면, 자기 자신보다 큰 존재가 될 것이다."

12-14 예수께서 자기를 초대한 사람에게 말씀하셨다. "다음번에 네가 저녁식사를 베풀거든, 네 친구와 가족과 잘사는 이웃들, 곧 호의를 갚을 사람들만 초대하지 마라. 한 번도 초대받지 못하는 사람들, 가난한 지역에 사는 소외된 사람들을 초대하여라. 그러면 네 자신이 복되고 또한 복을 경험하게 될 것이다. 그들은 호의에 보

4-6 They were silent. So he took the man, healed him, and sent him on his way. Then he said, "Is there anyone here who, if a child or animal fell down a well, wouldn't rush to pull him out immediately, not asking whether or not it was the Sabbath?" They were stumped. There was nothing they could say to that.

Invite the Misfits

7-9 He went on to tell a story to the guests around the table. Noticing how each had tried to elbow into the place of honor, he said, "When someone invites you to dinner, don't take the place of honor. Somebody more important than you might have been invited by the host. Then he'll come and call out in front of everybody, 'You're in the wrong place. The place of honor belongs to this man.' Red-faced, you'll have to make your way to the very last table, the only place left.

10-11 "When you're invited to dinner, go and sit at the last place. Then when the host comes he may very well say, 'Friend, come up to the front.' That will give the dinner guests something to talk about! What I'm saying is, If you walk around with your nose in the air, you're going to end up flat on your face. But if you're content to be simply yourself, you will become more than yourself."

12-14 Then he turned to the host. "The next time you put on a dinner, don't just invite your friends and family and rich neighbors, the kind of people who will return the favor. Invite some people who never get invited out, the misfits from the wrong side of the tracks. You'll be—and experience—a blessing. They won't be able to return the favor, but the favor will be returned—oh, how it will

답할 수 없겠지만, 하나님의 사람들이 부활할 때 그 호의에 대한 보답이 있을 것이다. 반드시 있을 것이다!"

초대받은 손님 이야기

15 그 말에 손님 가운데 한 사람이 응답했다. "하나님 나라에서 저녁 만찬을 먹게 되는 사람은 정말 복이 있습니다!"

16-17 예수께서 그 말을 이어받으셨다. "그렇다. 어떤 사람이 성대한 저녁 파티를 열어 많은 사람을 초대했다. 식사 시간이 되자, 그는 초대받은 손님들에게 종을 보내 말했다. '오십시오. 음식이 다 준비되었습니다.'

18 그러나 초대받은 사람들이 한 명씩 핑계를 대며 거절하기 시작했다. 한 사람은 '나는 땅을 좀 샀는데, 가서 둘러봐야겠다. 미안하다고 전해라' 하고 말했다.

19 또 한 사람은 '나는 방금 소 다섯 쌍을 샀는데, 꼭 가서 부려 봐야겠다. 미안하다고 전해라' 하고 말했다.

20 또 한 사람은 '나는 신혼이라, 집에 있는 아내에게 가 봐야 한다' 하고 말했다.

21 종이 돌아와서 주인에게 사정을 보고했다. 주인은 격분해서 종에게 말했다. '어서, 시내의 큰길과 골목길로 나가거라. 가서 제대로 된 식사가 필요한 사람들, 소외된 사람과 노숙자와 불쌍한 사람들을 눈에 띄는 대로 모아서 이리로 데려오너라.'

22 종이 다시 보고했다. '주인님, 명령하신 대로 했는데도 여전히 자리가 남습니다.'

23-24 주인이 말했다. '그렇다면 길거리로 가서, 아무나 만나는 대로 데려 오너라. 나는 내 집이 가득 차기를 원한다! 내가 너희에게 말한다. 처음에 초대받은 사람들 가운데는, 아무도 내 저녁 파티에서 먹지 못할 것이다.'"

be returned!—at the resurrection of God's people."

The Story of the Dinner Party

15 That triggered a response from one of the guests: "How fortunate the one who gets to eat dinner in God's kingdom!"

16-17 Jesus followed up. "Yes. For there was once a man who threw a great dinner party and invited many. When it was time for dinner, he sent out his servant to the invited guests, saying, 'Come on in; the food's on the table.'

18 "Then they all began to beg off, one after another making excuses. The first said, 'I bought a piece of property and need to look it over. Send my regrets.'

19 "Another said, 'I just bought five teams of oxen, and I really need to check them out. Send my regrets.'

20 "And yet another said, 'I just got married and need to get home to my wife.'

21 "The servant went back and told the master what had happened. He was outraged and told the servant, 'Quickly, get out into the city streets and alleys. Collect all who look like they need a square meal, all the misfits and homeless and wretched you can lay your hands on, and bring them here.'

22 "The servant reported back, 'Master, I did what you commanded—and there's still room.'

23-24 "The master said, 'Then go to the country roads. Whoever you find, drag them in. I want my house full! Let me tell you, not one of those originally invited is going to get so much as a bite at my dinner party.'"

비용을 계산해 보아라

25-27 하루는 많은 무리가 예수와 함께 걷고 있는데, 예수께서 돌아서서 그들에게 말씀하셨다. "누구든지 내게 오려는 사람은, 아버지와 어머니, 배우자와 자녀, 형제자매 그리고 자기 자신까지 내려놓지 않고서는 내 제자가 될 수 없다. 누구든지 자기 십자가를 지고 내 뒤를 따라오지 않는 사람은 내 제자가 될 수 없다.

28-30 새 집을 지을 계획이라면, 집을 다 지을 수 있을지 비용을 계산해 보지 않을 사람이 누가 있겠느냐? 기초만 놓았는데 돈이 다 떨어졌다면, 너희는 아주 어리석은 사람으로 보일 것이다. 지나가는 사람마다 '이 사람이 끝내지도 못할 일을 벌였구나' 하고 손가락질하며 너희를 비웃을 것이다.

31-32 또 너희는 병사 일만 명으로 병사 이만 명을 가진 왕을 당해 낼 수 있을지 판단해 보지도 않고 전쟁에 나가는 왕을 상상할 수 있겠느냐? 만일 당해 낼 수 없다고 판단하면, 밀사를 보내 휴전을 맺지 않겠느냐?

33 간단히 말하겠다. 계획이든 사람이든, 너희에게 가장 소중한 것과 기꺼이 작별할 각오가 없으면, 너희는 내 제자가 될 수 없다.

34-35 소금은 좋은 것이다. 그러나 소금이 맛을 잃으면 아무 데도 쓸모없는 무용지물이 되고 만다.

너희는 듣고 있느냐? 정말로 듣고 있느냐?"

잃어버린 양 한 마리

15 **1-3** 평판이 좋지 않은 많은 사람들이 예수 주변에 머물며, 그분의 말씀을 열심히 듣고 있었다. 바리새인과 종교 학자들은 이것이 전혀 달갑지 않았다. 그들은 화가 나서 투덜거렸다. "이

Figure the Cost

25-27 One day when large groups of people were walking along with him, Jesus turned and told them, "Anyone who comes to me but refuses to let go of father, mother, spouse, children, brothers, sisters—yes, even one's own self!—can't be my disciple. Anyone who won't shoulder his own cross and follow behind me can't be my disciple.

28-30 "Is there anyone here who, planning to build a new house, doesn't first sit down and figure the cost so you'll know if you can complete it? If you only get the foundation laid and then run out of money, you're going to look pretty foolish. Everyone passing by will poke fun at you: 'He started something he couldn't finish.'

31-32 "Or can you imagine a king going into battle against another king without first deciding whether it is possible with his ten thousand troops to face the twenty thousand troops of the other? And if he decides he can't, won't he send an emissary and work out a truce?

33 "Simply put, if you're not willing to take what is dearest to you, whether plans or people, and kiss it good-bye, you can't be my disciple.

34-35 "Salt is excellent. But if the salt goes flat, it's useless, good for nothing.

"Are you listening to this? Really listening?"

The Story of the Lost Sheep

15 **1-3** By this time a lot of men and women of doubtful reputation were hanging around Jesus, listening intently. The Pharisees and religion scholars were not pleased, not at all pleased. They growled, "He

사람이 죄인들을 받아들이고 함께 식사하며, 그들을 오랜 친구처럼 대한다." 그들이 불평하자 예수께서 다음 이야기를 들려주셨다.

4-7 "너희 가운데 한 사람에게 양 백 마리가 있는데, 한 마리를 잃어버렸다고 하자. 너희라면 아흔아홉 마리를 들판에 두고서 잃어버린 양 한 마리를 찾아다니지 않겠느냐? 그러다가 찾으면, 너희는 그 양을 어깨에 메고 즐거워하며 집에 돌아와서는, 친구와 이웃들을 불러 이렇게 말할 것이다. '나와 함께 축하합시다. 내가 잃어버린 양을 찾았습니다!' 내가 분명히 말한다. 구원이 필요하지 않은 아흔아홉 명의 선한 사람보다, 구원받은 죄인 한 사람의 생명으로 인해 천국에는 더 큰 기쁨이 있다."

잃어버린 동전 하나

8-10 "어떤 여자에게 동전 열 개가 있었는데, 하나를 잃어버렸다. 그렇다면 그 여자가 그 동전 하나를 찾을 때까지, 불을 켜고 집을 뒤지며 구석구석 살피지 않겠느냐? 그러다가 찾으면, 틀림없이 친구와 이웃들을 불러 이렇게 말할 것이다. '나와 함께 축하합시다. 내가 잃어버린 동전을 찾았습니다!' 내가 분명히 말한다. 잃어버린 한 영혼이 하나님께 돌아오면, 그때마다 하나님의 천사들이 바로 그와 같이 파티를 벌이며 축하한다."

잃어버린 아들 이야기

11-12 예수께서 말씀하셨다. "어떤 사람에게 두 아들이 있었다. 둘째 아들이 아버지에게 말했다. '아버지, 제가 받을 유산을 지금 당장 주십시오.'

12-16 아버지는 재산을 두 아들의 몫으로 나누었다. 얼마 지나지 않아, 둘째 아들은 짐을 싸서 먼 나라로 떠났다. 거기서 그는, 제멋대로 방탕하게 살면서 가지고 있던 재산을 다 날려 버렸다. 돈이 다 떨어졌다. 그때에 그

takes in sinners and eats meals with them, treating them like old friends." Their grumbling triggered this story.

4-7 "Suppose one of you had a hundred sheep and lost one. Wouldn't you leave the ninety-nine in the wilderness and go after the lost one until you found it? When found, you can be sure you would put it across your shoulders, rejoicing, and when you got home call in your friends and neighbors, saying, 'Celebrate with me! I've found my lost sheep!' Count on it—there's more joy in heaven over one sinner's rescued life than over ninety-nine good people in no need of rescue.

The Story of the Lost Coin

8-10 "Or imagine a woman who has ten coins and loses one. Won't she light a lamp and scour the house, looking in every nook and cranny until she finds it? And when she finds it you can be sure she'll call her friends and neighbors: 'Celebrate with me! I found my lost coin!' Count on it—that's the kind of party God's angels throw every time one lost soul turns to God."

The Story of the Lost Son

11-12 Then he said, "There was once a man who had two sons. The younger said to his father, 'Father, I want right now what's coming to me.'

12-16 "So the father divided the property between them. It wasn't long before the younger son packed his bags and left for a distant country. There, undisciplined and dissipated, he wasted everything he had.

나라 전역에 심한 기근이 들었고, 그는 구차한 형편에 처하게 되었다. 그는 그 나라에 사는 한 사람에게 일감을 얻어, 들판에 나가 돼지 치는 일을 하게 되었다. 그는 배가 너무 고파서 돼지 구정물 속의 옥수수 속대라도 먹고 싶었지만, 그것마저 주는 사람이 없었다.

17-20 그제야 정신을 차린 그가 말했다. '내 아버지 밑에서 일하는 일꾼들도 식탁에 앉아 하루 세 끼를 먹는데, 나는 여기서 굶어 죽는구나. 아버지께 돌아가야겠다. 가서 아버지, 제가 하나님께 죄를 짓고 아버지 앞에 죄를 지었습니다. 저는 아버지의 아들이라 불릴 자격도 없으니, 저를 품꾼으로 받아 주십시오 하고 말씀드리자.' 그는 바로 일어나서 아버지가 있는 집으로 갔다.

20-21 그가 아직 멀리 있는데, 아버지가 그를 보았다. 아버지는 뛰는 가슴으로 달려나가, 아들을 끌어안고 입을 맞추었다. 아들이 말했다. 아버지, 저는 하나님께 죄를 짓고 아버지 앞에 죄를 지었습니다. 저는 다시 아버지의 아들이라 불릴 자격이 없습니다.'

22-24 그러나 아버지는 그의 말을 듣지 않았다. 아버지는 종들을 불렀다. '어서 깨끗한 옷 한 벌을 가져다가 이 아들에게 입혀라. 손가락에 집안 반지를 끼우고 발에 신발을 신겨라. 그리고 좋은 사료로 키운 암소를 잡아다가 구워라. 잔치를 벌여야겠다! 흥겹게 즐겨야겠다! 내 아들이 여기 있다. 죽은 줄 알았는데, 이렇게 살아 있다! 잃어버린 줄 알았는데, 이렇게 찾았다!' 그들은 흥겹게 즐기기 시작했다.

25-27 그 일이 있는 동안에 맏아들은 밭에 나가 있었다. 그가 하루 일을 끝내고 들어오는데, 집 가까이 이르자 음악소리와 춤추는 소리가 들렸다. 그는 종을 불러서 무슨 일인지 물었다. 동생 분이 집에 돌아왔습니다. 그가 무사히 집에 돌아왔다고 주인 어

After he had gone through all his money, there was a bad famine all through that country and he began to hurt. He signed on with a citizen there who assigned him to his fields to slop the pigs. He was so hungry he would have eaten the corncobs in the pig slop, but no one would give him any.

17-20 "That brought him to his senses. He said, 'All those farmhands working for my father sit down to three meals a day, and here I am starving to death. I'm going back to my father. I'll say to him, Father, I've sinned against God, I've sinned before you; I don't deserve to be called your son. Take me on as a hired hand.' He got right up and went home to his father.

20-21 "When he was still a long way off, his father saw him. His heart pounding, he ran out, embraced him, and kissed him. The son started his speech: 'Father, I've sinned against God, I've sinned before you; I don't deserve to be called your son ever again.'

22-24 "But the father wasn't listening. He was calling to the servants, 'Quick. Bring a clean set of clothes and dress him. Put the family ring on his finger and sandals on his feet. Then get a grain-fed heifer and roast it. We're going to feast! We're going to have a wonderful time! My son is here—given up for dead and now alive! Given up for lost and now found!' And they began to have a wonderful time.

25-27 "All this time his older son was out in the field. When the day's work was done he came in. As he approached the house, he heard the music and dancing. Calling over one of the houseboys, he asked what

른께서 잔치를 열라고 명하셨습니다. 쇠고기 파티입니다'하고 종이 말해 주었다.

28-30 맏아들은 분하고 언짢아서, 저만치 물러나 집에 들어가려고 하지 않았다. 아버지가 나와서 그와 이야기하려 했으나, 그는 들으려고 하지 않았다. 아들이 말했다. '제가 집에 남아서 한시도 속을 썩이지 않고 아버지를 모신 것이 몇 년째입니까? 그런데도 아버지는 저와 제 친구들을 위해 잔치 한 번 열어 주신 적이 없습니다. 그런데 아버지의 돈을 창녀들에게 다 날리고 나타난 저 아들에게는 성대한 잔치를 베풀어 주시다니요!'

31-32 아버지가 말했다. '아들아, 네가 모르는 것이 있다. 너는 늘 나와 함께 있으니 내 것이 다 네 것이다. 그러나 지금은 흥겨운 때고, 마땅히 기뻐할 때다. 네 동생은 죽었다가 살아났고, 잃었다가 다시 찾았다!'"

부정직한 관리인 이야기

16 1-2 예수께서 제자들에게 말씀하셨다. "어떤 부자에게 관리인이 있었다. 관리인이 직위를 남용해서 사사로운 지출이 크게 늘고 있다는 보고가 주인에게 들어갔다. 그래서 주인은 그를 불러들여 말했다. '너에 대해 들려오는 이야기가 어찌 된 것이냐? 너를 해고하겠다. 내가 네 장부를 철저히 감사해 볼 것이다.'

3-4 그러자 관리인은 속으로 말했다. '관리인 일을 잃었으니 이제 어쩌지? 막노동을 하자니 힘이 없고, 구걸을 하자니 자존심이 상하고…… 그렇지, 좋은 수가 있다. 이렇게 하자…… 그러면 내가 거리에 나앉더라도, 사람들이 나를 자기 집에 들여 줄 것이다.'

5 관리인은 곧장 행동으로 옮겼다. 그는 자기 주인에게 빚진 사람들을 한 사람씩

was going on. He told him, 'Your brother came home. Your father has ordered a feast—barbecued beef!—because he has him home safe and sound.'

28-30 "The older brother stalked off in an angry sulk and refused to join in. His father came out and tried to talk to him, but he wouldn't listen. The son said, 'Look how many years I've stayed here serving you, never giving you one moment of grief, but have you ever thrown a party for me and my friends? Then this son of yours who has thrown away your money on whores shows up and you go all out with a feast!'

31-32 "His father said, 'Son, you don't understand. You're with me all the time, and everything that is mine is yours—but this is a wonderful time, and we had to celebrate. This brother of yours was dead, and he's alive! He was lost, and he's found!'"

The Story of the Crooked Manager

16 1-2 Jesus said to his disciples, "There was once a rich man who had a manager. He got reports that the manager had been taking advantage of his position by running up huge personal expenses. So he called him in and said, 'What's this I hear about you? You're fired. And I want a complete audit of your books.'

3-4 "The manager said to himself, 'What am I going to do? I've lost my job as manager. I'm not strong enough for a laboring job, and I'm too proud to beg... Ah, I've got a plan. Here's what I'll do... then when I'm turned out into the street, people will take me into their houses.'

5 "Then he went at it. One after another, he

불렀다. 처음 온 사람에게 관리인이 말했다. '내 주인에게 진 빚이 얼마요?'

6 그가 대답했다. '올리브기름 백 통입니다.' 관리인이 말했다. '지금 당장 여기 앉아서 당신 서류에 오십이라고 쓰시오.'

7 다음 사람에게 말했다. '당신은 무슨 빚을 졌소?'

그가 대답했다. '밀 백 부대입니다.'

그가 말했다. '당신 서류를 가져다가 팔십이라고 쓰시오.'

8-9 자, 여기에 놀라운 소식이 있다. 주인은 이 부정직한 관리인을 칭찬했다. 왜 그랬겠느냐? 그가 제 앞가림을 할 줄 알았기 때문이다. 세상 물정에 밝은 사람들이, 이 점에 있어서는 법을 잘 지키는 시민들보다 영리하다. 그들은 늘 빈틈이 없고, 온갖 수단을 꾀하며, 수완을 발휘해서 살아남는다. 나는 너희도 그런 식으로, 옳은 것을 위해 영리해지기를 바란다. 모든 역경을 생존을 위한 창조적인 자극제로 삼고, 가장 본질적인 것에 너희 관심을 집중하여라. 그러면 너희는, 선한 행동에 만족하면서 그저 그렇게 사는 것이 아니라, 참으로 살게 될 것이다."

하나님은 내면을 보신다

10-13 예수께서 계속해서 말씀하셨다.

너희가 작은 일에 정직하면
큰 일에도 정직할 것이다.
너희가 작은 일을 속이면
큰 일도 속일 것이다.
너희가 작은 일에 정직하지 못하면
누가 너희에게 가게를 맡기겠느냐?
두 명의 사장을 위해 일하는 직원은 없다.
하나는 미워하고 하나는 사랑하거나,
하나는 떠받들고 하나는 얕보게 된다.
너희가 하나님과 은행, 둘 다를 섬길 수는 없다.

called in the people who were in debt to his master. He said to the first, 'How much do you owe my master?'

6 "He replied, 'A hundred jugs of olive oil.'

"The manager said, 'Here, take your bill, sit down here—quick now—write fifty.'

7 "To the next he said, 'And you, what do you owe?'

"He answered, 'A hundred sacks of wheat.'

"He said, 'Take your bill, write in eighty.'

8-9 "Now here's a surprise: The master praised the crooked manager! And why? Because he knew how to look after himself. Streetwise people are smarter in this regard than law-abiding citizens. They are on constant alert, looking for angles, surviving by their wits. I want you to be smart in the same way—but for what is *right*—using every adversity to stimulate you to creative survival, to concentrate your attention on the bare essentials, so you'll live, really live, and not complacently just get by on good behavior."

God Sees Behind Appearances

10-13 Jesus went on to make these comments:

If you're honest in small things,
   you'll be honest in big things;
If you're a crook in small things,
   you'll be a crook in big things.
If you're not honest in small jobs,
   who will put you in charge of the store?
No worker can serve two bosses:
   He'll either hate the first and love the second
Or adore the first and despise the second.
   You can't serve both God and the Bank.

14-18 돈을 밝히는 무리인 바리새인들이 이 말씀을 들었다. 그들은 눈을 부라리며, 그분을 현실을 모르는 대책 없는 사람으로 치부해 버렸다. 그러자 예수께서 그들에게 말씀하셨다. "너희는 다른 사람들 앞에 자신을 그럴듯하게 보이는 데는 달인이다. 그러나 하나님은 겉모습이 아니라 내면을 보신다.

이 사회가 보고 대단하다고 이르는 것을 하나님은 꿰뚫어 보시고 터무니없다 하신다.
하나님의 율법과 예언자는 요한에서 절정을 이루었다.
이제 하나님 나라의 기쁜 소식이 전파된다.
이것은 모든 사람의 마음을 끄는 초대다.
하나님의 율법이 한 글자라도 닳아 없어지기 전에
먼저 하늘이 풀어지고 땅이 녹아내릴 것이다.
이혼법 규정을 구실 삼아
정욕을 덮으려는 것은 간음이다.
결혼법 규정을 구실 삼아
정욕을 덮으려는 것도 간음이다."

부자와 나사로

19-21 "어떤 부자가 있었는데, 그는 최신 유행하는 값비싼 옷을 입고 과시적으로 돈을 쓰면서 하루하루를 허비했다. 나사로라는 가난한 사람이 그의 집 문 앞에 버려져 있었는데, 온몸이 종기투성이였다. 부자의 식탁에서 떨어지는 부스러기로 끼니를 때우는 것이 그 인생의 소원이었다. 그에게 다가와서 그 몸에 난 종기를 핥는 개들이 그의 가장 가까운 친구였다.

22-24 그러다가 이 가난한 사람이 죽었고, 천사들에게 이끌려 아브라함의 품에 안겼다. 부자도 죽어서 땅에 묻혔다. 지옥에서 고통받던 부자가, 눈을 들어 멀리 있는 아

14-18 When the Pharisees, a money-obsessed bunch, heard him say these things, they rolled their eyes, dismissing him as hopelessly out of touch. So Jesus spoke to them: "You are masters at making yourselves look good in front of others, but God knows what's behind the appearance.

What society sees and calls monumental,
　God sees through and calls monstrous.
God's Law and the Prophets climaxed in John;
Now it's all kingdom of God—the glad news
　and compelling invitation to every man and woman.
The sky will disintegrate and the earth dissolve
　before a single letter of God's Law wears out.
Using the legalities of divorce
　as a cover for lust is adultery;
Using the legalities of marriage
　as a cover for lust is adultery.

The Rich Man and Lazarus

19-21 "There once was a rich man, expensively dressed in the latest fashions, wasting his days in conspicuous consumption. A poor man named Lazarus, covered with sores, had been dumped on his doorstep. All he lived for was to get a meal from scraps off the rich man's table. His best friends were the dogs who came and licked his sores.

22-24 "Then he died, this poor man, and was taken up by the angels to the lap of Abraham. The rich man also died and was

브라함과 그 품에 안긴 나사로를 보았다. 그가 외쳤다. '아버지 아브라함이여, 불쌍히 여기시고, 자비를 베풀어 주십시오! 나사로를 보내서 그 손가락에 물을 찍어 제 혀를 시원하게 해주십시오. 제가 이 불 속에서 몹시 괴롭습니다.'

25-26 그러자 아브라함이 말했다. '애야, 너는 사는 동안에 좋은 것을 받았고 나사로는 나쁜 것을 받았다는 사실을 기억하여라. 여기는 그렇지 않다. 여기서는 그가 위로를 받고 너는 고통을 받는다. 게다가, 너희와 우리 사이에 큰 수렁이 있어서, 우리 쪽에서 너희에게 가고 싶어도 갈 수 없고 너희 쪽에서도 아무도 우리에게 건너올 수 없다.'

27-28 부자가 말했다. '그러면 아버지, 부탁이 있습니다. 다섯 형제가 있는 내 아버지 집으로 나사로를 보내 주십시오. 그가 그들에게 진실을 알리고 경고해서, 그들만큼은 이 고통의 자리에 오지 않도록 해주십시오.'

29 아브라함이 대답했다. '그들에게는 진실을 말해 줄 모세와 예언자들이 있다. 그들한테 들으면 된다.'

30 그가 말했다. '저도 압니다, 아버지 아브라함이여. 하지만 그들은 듣지 않습니다. 죽은 자들 가운데서 누군가 일어나 그들에게 간다면, 그들도 자신들의 행실을 고칠 것입니다.'

31 아브라함이 대답했다. '그들이 모세와 예언자들의 말을 듣지 않는다면, 죽은 자들 가운데서 살아난 사람도 그들을 설득할 수 없을 것이다.'"

깨알만한 믿음만 있어도

17 1-2 예수께서 제자들에게 말씀하셨다. "힘든 시련과 유혹이 오게 마련이지만, 누구든지 그것을 초래하는 사는 불행하다! 이 사랑스런 어린아이들 가운데 하나를 괴롭히느니, 차라리 맷돌을

buried. In hell and in torment, he looked up and saw Abraham in the distance and Lazarus in his lap. He called out, 'Father Abraham, mercy! Have mercy! Send Lazarus to dip his finger in water to cool my tongue. I'm in agony in this fire.'

25-26 "But Abraham said, 'Child, remember that in your lifetime you got the good things and Lazarus the bad things. It's not like that here. Here he's consoled and you're tormented. Besides, in all these matters there is a huge chasm set between us so that no one can go from us to you even if he wanted to, nor can anyone cross over from you to us.'

27-28 "The rich man said, 'Then let me ask you, Father: Send him to the house of my father where I have five brothers, so he can tell them the score and warn them so they won't end up here in this place of torment.'

29 "Abraham answered, 'They have Moses and the Prophets to tell them the score. Let them listen to them.'

30 "'I know, Father Abraham,' he said, 'but they're not listening. If someone came back to them from the dead, they would change their ways.'

31 "Abraham replied, 'If they won't listen to Moses and the Prophets, they're not going to be convinced by someone who rises from the dead.'"

A Kernel of Faith

17 1-2 He said to his disciples, "Hard trials and temptations are bound to come, but too bad for whoever brings them on! Better to wear a millstone necklace and take a swim in the deep blue

목에 두르고 깊은 바다를 헤엄치는 편이 낫다!

3-4 조심하여라. 네 친구가 잘못하는 것을 보거든, 바로잡아 주어라. 그가 네 지적에 응하거든, 용서하여라. 설령 너에게 하루에 일곱 번 되풀이해서 잘못하더라도, 그가 일곱 번 '미안하네. 다시는 그러지 않겠네' 하거든 용서하여라."

5 사도들이 주님께 다가와서 말했다. "우리에게 더 큰 믿음을 주십시오."

6 그러자 주님께서 말씀하셨다. "너희에게 필요한 것은 더 큰 믿음이 아니다. 더 큰 믿음도 없고 더 작은 믿음도 없다. 너희에게 낱알 하나만한 믿음, 깨알만한 믿음만 있어도, 너희가 이 뽕나무더러 '가서 호수에 뛰어들어라' 하고 말할 수 있다. 너희가 말하면 그렇게 될 것이다.

7-10 너희 가운데 누가 종이 있는데, 그 종이 밭을 갈거나 양을 치고 나서 들어왔다고 해보자. 너희라면 그의 겉옷을 받아 주고 식탁을 차려 주며 그에게 앉아서 먹어라' 하겠느냐? 오히려 '저녁을 준비하여라. 옷을 갈아입고 내가 커피를 다 마실 때까지 식탁에서 시중들어라. 그런 다음에 부엌에 가서 저녁을 먹어라' 하지 않겠느냐? 종이 당연히 해야 할 일을 했다고 특별히 감사를 받더냐? 너희도 마찬가지다. 너희는 당연히 해야 할 일을 끝내고 나서 '일을 마쳤습니다. 명령하신 대로 우리가 했습니다' 하고 말하여라."

11-13 예수께서 예루살렘으로 가시는 길에, 마침 사마리아와 갈릴리 경계를 넘어가셨다. 예수께서 한 마을에 들어가시다가, 나병환자 열 명을 만나셨다. 그들은 거리를 두고 서서 목소리를 높여 외쳤다. "주 예수여, 우리를 불쌍히 여겨 주십시오."

14-16 예수께서 그들을 유심히 보시며 말씀하셨다. "제사장들에게 가서 너희 몸을 보

sea than give even one of these dear little ones a hard time!

3-4 "Be alert. If you see your friend going wrong, correct him. If he responds, forgive him. Even if it's personal against you and repeated seven times through the day, and seven times he says, 'I'm sorry, I won't do it again,' forgive him."

5 The apostles came up and said to the Master, "Give us more faith."

6 But the Master said, "You don't need *more* faith. There is no 'more' or 'less' in faith. If you have a bare kernel of faith, say the size of a poppy seed, you could say to this sycamore tree, 'Go jump in the lake,' and it would do it.

7-10 "Suppose one of you has a servant who comes in from plowing the field or tending the sheep. Would you take his coat, set the table, and say, 'Sit down and eat'? Wouldn't you be more likely to say, 'Prepare dinner; change your clothes and wait table for me until I've finished my coffee; then go to the kitchen and have your supper'? Does the servant get special thanks for doing what's expected of him? It's the same with you. When you've done everything expected of you, be matter-of-fact and say, 'The work is done. What we were told to do, we did.'"

11-13 It happened that as he made his way toward Jerusalem, he crossed over the border between Samaria and Galilee. As he entered a village, ten men, all lepers, met him. They kept their distance but raised their voices, calling out, "Jesus, Master, have mercy on us!"

14-16 Taking a good look at them, he said, "Go, show yourselves to the priests."

여라."

그들은 갔고, 가는 길에 그 몸이 깨끗해졌다. 그들 가운데 한 사람이 자기가 나은 것을 알고는, 하나님께 소리 높여 감사하고 영광을 돌리며 가던 길을 되돌아왔다. 어떻게 다 감사해야 할지 몰랐던 그는, 예수의 발 앞에 무릎을 꿇었다. 그는 사마리아 사람이었다.

17-19 예수께서 말씀하셨다. "열 사람이 낫지 않았느냐? 아홉 사람은 어디 있느냐? 돌아와서 하나님께 영광을 돌린 사람이 이 이방인 말고는 아무도 없느냐?" 예수께서 그에게 말씀하셨다. "일어나, 가거라. 네 믿음이 너를 낫게 하고 너를 구원했다."

인자는 갑작스럽게 온다

20-21 바리새인들이 하나님 나라가 언제 오는지 따져 묻자, 예수께서 대답하셨다. "하나님 나라는 너희가 달력을 보고 날짜를 세고 있다고 해서 오는 것이 아니다. 누가 '여기를 보아라!' 하거나 '저기 있다!' 한다고 해서 오는 것도 아니다. 이유가 무엇이겠느냐? 하나님 나라는 이미 너희 가운데 있기 때문이다."

22-24 예수께서 계속해서 제자들에게 말씀하셨다. "너희가 인자의 날들 중에 단 하루라도 보고 싶어 애타게 사모할 때가 오겠으나, 보지 못할 것이다. 사람들이 너희에게 '저기를 보아라!' 하거나 '여기를 보아라!' 할 것이다. 그런 허튼 말에 절대 속지 마라. 너희가 보러 나간다고 해서 인자가 오는 것을 볼 수 있는 것은 아니다. 인자는 올 때가 되면 온다.

24-25 번개가 한 번만 쳐도 온 하늘이 환해지지 않느냐? 인자의 날도 그럴 것이다. 그러나 먼저 인자가 많은 고난을 당하고, 이 시대 사람들에게 버림받아야 한다.

26-27 인자의 때도 노아의 때와 똑같을 것이

They went, and while still on their way, became clean. One of them, when he realized that he was healed, turned around and came back, shouting his gratitude, glorifying God. He kneeled at Jesus' feet, so grateful. He couldn't thank him enough—and he was a Samaritan.

17-19 Jesus said, "Were not ten healed? Where are the nine? Can none be found to come back and give glory to God except this outsider?" Then he said to him, "Get up. On your way. Your faith has healed and saved you."

When the Son of Man Arrives

20-21 Jesus, grilled by the Pharisees on when the kingdom of God would come, answered, "The kingdom of God doesn't come by counting the days on the calendar. Nor when someone says, 'Look here!' or, 'There it is!' And why? Because God's kingdom is already among you."

22-24 He went on to say to his disciples, "The days are coming when you are going to be desperately homesick for just a glimpse of one of the days of the Son of Man, and you won't see a thing. And they'll say to you, 'Look over there!' or, 'Look here!' Don't fall for any of that nonsense. The arrival of the Son of Man is not something you go out to see. He simply comes.

24-25 "You know how the whole sky lights up from a single flash of lightning? That's how it will be on the Day of the Son of Man. But first it's necessary that he suffer many things and be turned down by the people of today.

26-27 "The time of the Son of Man will be

다. 노아가 방주에 오르던 그날까지도, 사람들은 모두 평소처럼 지내며 시시덕거리고 즐겼다. 홍수가 나서 모든 것을 쓸어버릴 때까지, 그들은 아무런 낌새도 채지 못했다.

²⁸⁻³⁰ 롯의 때도 마찬가지였다. 롯이 소돔에서 나오고 화염이 폭풍처럼 쏟아져 모든 것을 바싹 태우던 그날까지도, 사람들은 평소대로 시시덕거리고 즐겼다. 인자가 나타나는 때도 그처럼 갑작스럽고 전면적일 것이다.

³¹⁻³³ 그날이 올 때에 너희가 마당에서 일하고 있거든, 무엇을 가지러 집으로 들어가지 마라. 밭에 나가 있거든, 겉옷을 가지러 돌아가지 마라. 롯의 아내가 어떻게 되었는지 기억하여라! 너희가 너희의 목숨을 붙잡고 매달리면 목숨을 잃겠지만, 그 목숨을 놓으면 하나님의 목숨을 얻을 것이다.

³⁴⁻³⁵ 그날에 두 남자가 한 배에서 고기를 잡다가, 한 사람은 데려가고 다른 한 사람은 남겨질 것이다. 두 여자가 한 부엌에서 일하다가, 한 사람은 데려가고 다른 한 사람은 남겨질 것이다."

³⁷ 제자들이 이 모든 말씀을 받아들이려는 마음에서 말했다. "주님, 어디에서 그런 일이 있겠습니까?"

예수께서 그들에게 말씀하셨다. "독수리들이 맴도는 곳을 잘 보아라. 독수리들이 먼저 시체를 찾아낼 것이다. 그 일은 내 주검 주위에서 시작될 것이다."

끈질긴 과부 이야기

18 ¹⁻³ 예수께서 그들에게 끈질기게 기도하고 절대 포기하지 말아야 할 것을 가르치려고 이야기를 들려주셨다. 예수께서 말씀하셨다. "어떤 도시에 하나님을 전혀 의식하지 않고 사람들도 안중에 없는 재판관이 있었다. 그 도시에 사는 한 과부가 계속해서 그를 찾아왔다. '내 권리가

침해받고 있으니 나를 보호해 주십시오!'

4-5 재판관은 그 과부를 거들떠보지도 않았다. 그러나 과부가 계속해서 찾아오자 재판관은 이렇게 혼잣말을 했다. '나는 하나님이 어떻게 생각하는지 전혀 관심도 없고, 사람들의 생각은 더 말할 것도 없다. 그런데 이 과부가 끝까지 나를 귀찮게 할 텐데, 뭔가 조치를 취해서 이 여자가 정당한 대우를 받도록 해주는 편이 차라리 낫겠다. 그러지 않으면, 이 여자의 집요한 펀치에 내가 시퍼렇게 멍이 들고 말겠다.'"

6-8 주님께서 말씀하셨다. "너희는 이 불의한 재판관이 하는 말을 들었느냐? 그렇다면 너희는, 도움을 구하며 끊임없이 부르짖는 택하신 백성을 위해 하나님이 개입하셔서 정의를 이루어 주시리라고 왜 생각하지 않느냐? 하나님이 자기 백성의 권리를 지켜 주시지 않겠느냐? 내가 보장한다. 하나님이 반드시 그렇게 해주실 것이다. 그분은 질질 끌지 않으실 것이다. 그러나 인자가 다시 올 때에 그처럼 끈질긴 믿음을 이 땅에서 얼마나 찾을 수 있겠느냐?"

세금 징수원과 바리새인의 기도

9-12 자신의 도덕적 행위에 흡족해 하며 자만심에 빠져서 보통 사람들을 업신여기는 사람들에게, 예수께서 다음 이야기를 들려주셨다. "두 사람이 기도하러 성전에 올라갔다. 한 사람은 바리새인이고, 다른 한 사람은 세금 징수원이었다. 바리새인은 자세를 잡고 이렇게 기도했다. '오 하나님, 내가 다른 사람과 같지 않으니 감사합니다. 강도나 사기꾼이나 간음하는 자나, 행여 이 세금 징수원과도 같지 않으니 감사합니다. 나는 일주일에 두 번 금식하고 모든 수입의 십일조를 드립니다.'

13 한편, 후미진 곳에 구부정하게 웅크려서 두 손으로 얼굴을 감싸고 있던 세금 징수원은, 감히 고개도 들지 못한 채 말했다. '하나님, 불쌍히 여겨 주십시오. 이 죄인을 용서해 주십시오.'"

violated. Protect me!'

4-5 "He never gave her the time of day. But after this went on and on he said to himself, 'I care nothing what God thinks, even less what people think. But because this widow won't quit badgering me, I'd better do something and see that she gets justice—otherwise I'm going to end up beaten black-and-blue by her pounding.'"

6-8 Then the Master said, "Do you hear what that judge, corrupt as he is, is saying? So what makes you think God won't step in and work justice for his chosen people, who continue to cry out for help? Won't he stick up for them? I assure you, he will. He will not drag his feet. But how much of that kind of persistent faith will the Son of Man find on the earth when he returns?"

The Story of the Tax Man and the Pharisee

9-12 He told his next story to some who were complacently pleased with themselves over their moral performance and looked down their noses at the common people: "Two men went up to the Temple to pray, one a Pharisee, the other a tax man. The Pharisee posed and prayed like this: 'Oh, God, I thank you that I am not like other people—robbers, crooks, adulterers, or, heaven forbid, like this tax man. I fast twice a week and tithe on all my income.'

13 "Meanwhile the tax man, slumped in the shadows, his face in his hands, not daring to look up, said, 'God, give mercy. Forgive me, a sinner.'"

¹⁴ 예수께서 설명을 덧붙이셨다. "하나님과 바른 관계가 되어 집으로 돌아간 사람은, 다름 아닌 세금 징수원이다. 너희가 고개를 쳐들고 거만하게 다니면, 결국 코가 납작해지고 말 것이다. 그러나 너희가 자신의 모습을 있는 그대로 인정하면, 너희는 자기 자신보다 큰 존재가 될 것이다."

❧

¹⁵⁻¹⁷ 사람들이 예수께서 만져 주시기를 바라며, 그분께 아이들을 데려왔다. 제자들이 그것을 보고는 그들을 쫓아냈다. 그러자 예수께서 그들을 다시 부르셨다. "이 아이들을 그냥 두어라. 아이들과 나 사이에 끼어들지 마라. 이 아이들은 천국의 자랑이며 기쁨이다. 명심하여라. 너희가 하나님 나라를 아이처럼 단순하게 받아들이지 않으면, 절대로 그 나라에 들어갈 수 없다."

부자와 하나님 나라

¹⁸ 하루는 한 지방 관리가 예수께 물었다. "선하신 선생님, 제가 무엇을 해야 영원한 생명에 들어갈 자격을 얻겠습니까?"

¹⁹⁻²⁰ 예수께서 말씀하셨다. "어째서 나를 선하다고 하느냐? 오직 하나님 한분 외에는 선하신 분이 없다. 계명에 '간음하지 마라, 살인하지 마라, 도둑질하지 마라, 거짓말하지 마라, 네 부모를 공경하라' 하지 않았더냐?"

²¹ 그가 말했다. "선생님, 제가 기억하기로는, 그 계명들은 제가 다 지켰습니다."

²² 예수께서 그 말을 들으시고 말씀하셨다. "그렇다면 남은 일은 하나뿐이다. 네가 가진 것을 다 팔아서 가난한 사람들에게 거저 주어라. 그러면 네가 하늘의 부를 갖게 될 것이다. 그런 다음 와서 나를 따라라."

²³ 그것은 그 관리가 전혀 예상치 못한 말이었다. 큰 부자인 그는 몹시 근심했다. 그는 많은 것을 움켜쥐고 있었고, 그것을 놓을 마

¹⁴ Jesus commented, "This tax man, not the other, went home made right with God. If you walk around with your nose in the air, you're going to end up flat on your face, but if you're content to be simply yourself, you will become more than yourself."

❧

¹⁵⁻¹⁷ People brought babies to Jesus, hoping he might touch them. When the disciples saw it, they shooed them off. Jesus called them back. "Let these children alone. Don't get between them and me. These children are the kingdom's pride and joy. Mark this: Unless you accept God's kingdom in the simplicity of a child, you'll never get in."

The Rich Official

¹⁸ One day one of the local officials asked him, "Good Teacher, what must I do to deserve eternal life?"

¹⁹⁻²⁰ Jesus said, "Why are you calling me good? No one is good—only God. You know the commandments, don't you? No illicit sex, no killing, no stealing, no lying, honor your father and mother."

²¹ He said, "I've kept them all for as long as I can remember."

²² When Jesus heard that, he said, "Then there's only one thing left to do: Sell everything you own and give it away to the poor. You will have riches in heaven. Then come, follow me."

²³ This was the last thing the official expected to hear. He was very rich and became terribly sad. He was holding on

음이 없었다.

24-25 예수께서 그의 반응을 보시고 말씀하셨다. "많이 가진 사람이 하나님 나라에 들어가는 것이 얼마나 어려운지 아느냐? 부자가 하나님 나라에 들어가는 것보다, 낙타가 바늘귀로 지나가는 것이 더 쉽다."

26 다른 사람들이 물었다. "그러면 어느 누가 가망이 있겠습니까?"

27 예수께서 말씀하셨다. "너희 힘으로 해낼 수 있다고 생각하면 전혀 가망이 없다. 그러나 하나님께서 하실 수 있다고 믿으면 얼마든지 가능한 일이다."

28 베드로가 이야기의 주도권을 다시 잡으려고 이렇게 말했다. "우리는 가진 것을 다 버리고 주님을 따랐습니다. 그렇지 않습니까?"

29-30 예수께서 말씀하셨다. "그렇다. 너희는 절대 후회하지 않을 것이다. 집과 배우자와 형제자매와 부모와 자식과 그 무엇을 희생하고서 손해 볼 사람은 아무도 없다. 너희 평생에 그 모든 것을 여러 배로 돌려받을 것이다. 영원한 생명도 덤으로 받을 것이다!"

눈먼 사람을 고치시다

31-34 그 후에 예수께서 열두 제자를 따로 한쪽으로 데리고 가셔서 말씀하셨다. "잘 들어라. 우리는 지금 예루살렘으로 올라가는 길이다. 인자에 대해 예언서에 기록된 것이 모두 이루어질 것이다. 사람들이 인자를 로마 사람들에게 넘겨주어, 조롱하고 놀리고 침 뱉을 것이다. 그리고 인자를 고문한 뒤에 죽일 것이다. 그러나 사흘 후에 인자는 다시 살아날 것이다." 하지만 제자들은 깨닫지 못했고, 예수께서 무슨 말을 하시는지 전혀 감을 잡지 못했다.

35-37 예수께서 여리고 외곽에 이르셨다. 한 눈먼 사람이 길가에 앉아서 구걸하고 있었다. 그는 무리가 술렁이는 소리를 듣고, 무

tight to a lot of things and not about to let them go.

24-25 Seeing his reaction, Jesus said, "Do you have any idea how difficult it is for people who have it all to enter God's kingdom? I'd say it's easier to thread a camel through a needle's eye than get a rich person into God's kingdom."

26 "Then who has any chance at all?" the others asked.

27 "No chance at all," Jesus said, "if you think you can pull it off by yourself. Every chance in the world if you trust God to do it."

28 Peter tried to regain some initiative: "We left everything we owned and followed you, didn't we?"

29-30 "Yes," said Jesus, "and you won't regret it. No one who has sacrificed home, spouse, brothers and sisters, parents, children—whatever—will lose out. It will all come back multiplied many times over in your lifetime. And then the bonus of eternal life!"

I Want to See Again

31-34 Then Jesus took the Twelve off to the side and said, "Listen carefully. We're on our way up to Jerusalem. Everything written in the Prophets about the Son of Man will take place. He will be handed over to the Romans, jeered at, made sport of, and spit on. Then, after giving him the third degree, they will kill him. In three days he will rise, alive." But they didn't get it, could make neither heads nor tails of what he was talking about.

35-37 He came to the outskirts of Jericho. A blind man was sitting beside the road asking for handouts. When he heard the

슨 일인지 물었다. 사람들이 그에게 말했다. "나사렛 예수께서 지나가신다."

38 그러자 그가 갑자기 소리쳤다. "예수여! 다윗의 자손이여! 불쌍히 여겨 주십시오. 저를 불쌍히 여겨 주십시오!"

39 앞서 가던 사람들이 그에게 조용하라고 했으나, 그는 오히려 더 크게 소리쳤다. "다윗의 자손이여! 불쌍히 여겨 주십시오. 저를 불쌍히 여겨 주십시오!"

40 예수께서 걸음을 멈추시고 그를 데려오라고 말씀하셨다. 그가 가까이 오자, 예수께서 물으셨다. "내게 무엇을 원하느냐?"

41 그가 말했다. "주님, 다시 보기 원합니다."

42-43 예수께서 말씀하셨다. "다시 보아라! 네 믿음이 너를 구원했고 낫게 했다!" 그는 즉시 고침을 받았다. 그가 고개를 들어서 보니, 앞이 보였다. 그는 하나님께 영광을 돌리며 예수를 따라갔다. 길가에 있는 사람들도 모두 합류하여, 큰소리로 하나님을 찬양했다.

삭개오

19 1-4 예수께서 여리고에 들어가 걷고 계셨다. 삭개오라는 사람이 거기에 있었는데, 그는 세금 징수원의 우두머리이자 상당한 부자였다. 그는 예수를 보고 싶은 마음이 간절했으나, 무리 때문에 시야가 가렸다. 키가 작아서 사람들 너머로 볼 수가 없었다. 그는 예수께서 지나가실 때 보려고 먼저 달려가 뽕나무에 올라갔다.

5-7 예수께서 나무 밑에 오셔서, 올려다보며 말씀하셨다. "삭개오야, 어서 내려오너라. 오늘은 내가 네 집에서 묵어야겠다." 삭개오는 자신의 행운이 도저히 믿기지 않았다. 그는 나무에서 내려와, 기쁜 마음으로 예수를 자기 집에 모셨다. 그 일을 본 사람들이 하나같이 분개하며 투덜거렸다. "저분이 무슨 일로 이 사기꾼 같은 사람을 가까이하는가?"

rustle of the crowd, he asked what was going on. They told him, "Jesus the Nazarene is going by."

38 He yelled, "Jesus! Son of David! Mercy, have mercy on me!"

39 Those ahead of Jesus told the man to shut up, but he only yelled all the louder, "Son of David! Mercy, have mercy on me!"

40 Jesus stopped and ordered him to be brought over. When he had come near, Jesus asked, "What do you want from me?"

41 He said, "Master, I want to see again."

42-43 Jesus said, "Go ahead—see again! Your faith has saved and healed you!" The healing was instant: He looked up, seeing—and then followed Jesus, glorifying God. Everyone in the street joined in, shouting praise to God.

Zacchaeus

19 1-4 Then Jesus entered and walked through Jericho. There was a man there, his name Zacchaeus, the head tax man and quite rich. He wanted desperately to see Jesus, but the crowd was in his way—he was a short man and couldn't see over the crowd. So he ran on ahead and climbed up in a sycamore tree so he could see Jesus when he came by.

5-7 When Jesus got to the tree, he looked up and said, "Zacchaeus, hurry down. Today is my day to be a guest in your home." Zacchaeus scrambled out of the tree, hardly believing his good luck, delighted to take Jesus home with him. Everyone who saw the incident was indig-

8 삭개오는 놀라서 그냥 그 자리에 서 있었다. 그가 더듬거리며 사죄했다. "주님, 제 수입의 절반을 가난한 사람들에게 거저 주겠습니다. 그리고 제가 남을 속인 일이 있으면, 그 피해액을 네 배로 보상하겠습니다."

9-10 예수께서 말씀하셨다. "오늘은 이 집에 구원이 임한 날이다! 여기 아브라함의 자손 삭개오가 있다! 인자는 잃어버린 자를 찾아 회복시키려고 왔다."

투자금 이야기

11 그들이 말씀에 집중하고 있을 때, 예수께서 다음 이야기를 들려주셨다. 그렇게 하신 것은, 사람들이 예루살렘 가까이 이르면서, 하나님 나라가 금방이라도 나타날 것 같은 기대감으로 고조되어 있었기 때문이다.

12-13 "왕가의 자손인 사람이 있었는데, 그는 자신의 통치권을 위임받기 위해 멀리 본국까지 다녀와야 했다. 그는 먼저 종 열 명을 한곳에 불러 모아 각 사람에게 돈을 얼마씩 주면서, '내가 돌아올 때까지 이 돈을 잘 운용하여라' 하고 지시했다.

14 그런데 그곳 사람들은 그를 미워했다. 그래서 그들은 그의 통치에 반대하는 탄원서를 작성하여 사절단에게 들려서 보냈다. '우리는 이 사람이 우리를 다스리는 것을 원치 않습니다.'

15 통치권을 위임받고 돌아온 그는, 돈을 맡겼던 종 열 명을 불러, 그들이 돈을 어떻게 운용했는지 알아보았다.

16 첫 번째 종이 말했다. '주인님, 주인님의 돈을 두 배로 늘렸습니다.'

17 그가 말했다. '착한 종아! 잘했다! 네가 이 작은 일을 믿음직스럽게 해냈으니, 내가 너를 열 성읍을 다스리는 자로 삼겠다.'

nant and grumped, "What business does he have getting cozy with this crook?"

8 Zacchaeus just stood there, a little stunned. He stammered apologetically, "Master, I give away half my income to the poor—and if I'm caught cheating, I pay four times the damages."

9-10 Jesus said, "Today is salvation day in this home! Here he is: Zacchaeus, son of Abraham! For the Son of Man came to find and restore the lost."

The Story About Investment

11 While he had their attention, and because they were getting close to Jerusalem by this time and expectation was building that God's kingdom would appear any minute, he told this story:

12-13 "There was once a man descended from a royal house who needed to make a long trip back to headquarters to get authorization for his rule and then return. But first he called ten servants together, gave them each a sum of money, and instructed them, 'Operate with this until I return.'

14 "But the citizens there hated him. So they sent a commission with a signed petition to oppose his rule: 'We don't want this man to rule us.'

15 "When he came back bringing the authorization of his rule, he called those ten servants to whom he had given the money to find out how they had done.

16 "The first said, 'Master, I doubled your money.'

17 "He said, 'Good servant! Great work! Because you've been trustworthy in this small job, I'm making you governor of ten towns.'

¹⁸ 두 번째 종이 말했다. '주인님, 주인님의 돈으로 절반의 수익을 남겼습니다.'

¹⁹ 그가 말했다. '내가 네게 다섯 성읍을 맡기겠다.'

²⁰⁻²¹ 다음 종이 말했다. '주인님, 여기 주인님의 돈을 안전하게 가져왔습니다. 저는 그 돈을 지하실에 숨겨 두었습니다. 솔직히 말씀드리면, 저는 두려웠습니다. 제가 알기로, 주인님은 기준이 높고 적당히 하는 것을 싫어하며, 어리석은 짓을 용서하지 않으십니다.'

²²⁻²³ 그가 말했다. '네 말대로 나는 어리석은 짓을 용서하지 않는다. 그런데 너는 어리석은 짓을 했구나! 왜 너는 그 돈을 안전한 곳에라도 투자하지 않았느냐? 그랬더라면 조금이라도 이득을 보았을 것이다.'

²⁴ 그가 거기 서 있는 사람들에게 말했다. '이 자의 돈을 빼앗아 내 돈을 두 배로 늘린 종에게 주어라.'

²⁵ 그들이 말했다. '하지만 주인님, 그 사람은 이미 두 배를 가지고 있습니다……'

²⁶ 그가 말했다. '내 말이 그 말이다. 너희가 목숨을 걸면 상상도 못할 만큼 많이 받게 된다. 그러나 안전에 급급하면 빈털터리가 되고 만다.

²⁷ 나의 통치에 반대하는 탄원을 했던 이 원수들을 여기서 끌어내어라. 다시는 여기서 그들의 얼굴을 보고 싶지 않다.'"

예루살렘 입성

²⁸⁻³¹ 이 말씀을 하시고 나서, 예수께서 곧장 예루살렘으로 향하셨다. 올리브 산에 있는 벳바게와 베다니에 이르렀을 때, 예수께서 두 제자를 보내시며 지시하셨다. "맞은편 마을로 가거라. 들어가서 보면, 아직 아무도 타 보지 않은 나귀 새끼가 줄에 매여 있을 것이다. 줄을 풀어서 끌고 오너라. '왜 그러시오?' 하고 누가 묻거든, '이 나귀의

---

¹⁸ "The second said, 'Master, I made a fifty percent profit on your money.'

¹⁹ "He said, 'I'm putting you in charge of five towns.'

²⁰⁻²¹ "The next servant said, 'Master, here's your money safe and sound. I kept it hidden in the cellar. To tell you the truth, I was a little afraid. I know you have high standards and hate sloppiness, and don't suffer fools gladly.'

²²⁻²³ "He said, 'You're right that I don't suffer fools gladly—and you've acted the fool! Why didn't you at least invest the money in securities so I would have gotten a little interest on it?'

²⁴ "Then he said to those standing there, 'Take the money from him and give it to the servant who doubled my stake.'

²⁵ "They said, 'But Master, he already has double...'

²⁶ "He said, 'That's what I mean: Risk your life and get more than you ever dreamed of. Play it safe and end up holding the bag.

²⁷ "'As for these enemies of mine who petitioned against my rule, clear them out of here. I don't want to see their faces around here again.'"

God's Personal Visit

²⁸⁻³¹ After saying these things, Jesus headed straight up to Jerusalem. When he got near Bethphage and Bethany at the mountain called Olives, he sent off two of the disciples with instructions: "Go to the village across from you. As soon as you enter, you'll find a colt tethered, one that has never been ridden. Untie it and bring it. If anyone says anything, asks, 'What are you doing?' say,

주님께서 필요로 하십니다' 하여라."

32-33 두 제자가 가서 보니 예수께서 말씀하신 그대로였다. 그들이 나귀 새끼의 줄을 풀고 있는데, 나귀의 주인들이 말했다. "그 나귀 새끼의 줄은 왜 푸는 것이오?"

34 제자들이 말했다. "이 나귀의 주님께서 필요로 하십니다."

35-36 제자들이 나귀 새끼를 예수께로 끌고 와서, 그 위에 자기 겉옷을 펴고 그분을 태웠다. 예수께서 나귀에 오르시자, 사람들이 길 위에 자기 겉옷을 펼치며 그분을 대대적으로 환영했다.

37-38 올리브 산이 내리막길로 접어드는 등성이에서, 제자의 온 무리가 그들이 목격한 놀라운 일들로 인해 열광적으로 찬양을 터뜨렸다.

> 복되다, 하나님의 이름으로
> 오시는 왕이여!
> 하늘에는 모든 것이 형통!
> 가장 높은 곳에는 영광!

39 무리 가운데 몇몇 바리새인들이 예수께 말했다. "선생님, 당신의 제자들을 단속하십시오."

40 그러자 예수께서 말씀하셨다. "이들이 잠잠하면, 돌들이 대신 소리쳐 찬양할 것이다."

41-44 도시가 눈에 들어오자, 예수께서 그 도시를 보고 우셨다. "네게 유익한 모든 것을 오늘 네가 알았더라면 좋았을 텐데! 그러나 이제 너무 늦었다. 앞으로 네 원수들이 포병대를 몰고 와서 너를 포위하고 사방에서 치고 들어올 것이다. 그들이 너와 네 아이들을 바닥에 메어칠 것이다. 돌 하나도 그대로 남지 않을 것이다. 이 모두가, 너를 직접 찾아오신 하나님을 네가 알아보지도 않고 맞아들이지도 않았기 때문이다."

'His Master needs him.'"

32-33 The two left and found it just as he said. As they were untying the colt, its owners said, "What are you doing untying the colt?"

34 They said, "His Master needs him."

35-36 They brought the colt to Jesus. Then, throwing their coats on its back, they helped Jesus get on. As he rode, the people gave him a grand welcome, throwing their coats on the street.

37-38 Right at the crest, where Mount Olives begins its descent, the whole crowd of disciples burst into enthusiastic praise over all the mighty works they had witnessed:

> Blessed is he who comes,
>   the king in God's name!
> All's well in heaven!
>   Glory in the high places!

39 Some Pharisees from the crowd told him, "Teacher, get your disciples under control!"

40 But he said, "If they kept quiet, the stones would do it for them, shouting praise."

41-44 When the city came into view, he wept over it. "If you had only recognized this day, and everything that was good for you! But now it's too late. In the days ahead your enemies are going to bring up their heavy artillery and surround you, pressing in from every side. They'll smash you and your babies on the pavement. Not one stone will be left intact. All this because you didn't recognize and welcome God's personal visit."

LUKE 19-20 **279**

45-46 예수께서 성전에 들어가셔서, 거기에 상점을 차려 놓고 온갖 잡다한 것을 파는 사람들을 모두 쫓아내셨다. 예수께서 말씀하셨다. "성경에 이렇게 기록되었다.

내 집은 기도하는 집이다.
그런데 너희는 그곳을 종교 시장으로 바꾸어 놓았다."

47-48 그때부터 예수께서 날마다 성전에서 가르치셨다. 대제사장과 종교 학자와 백성의 지도자들은 예수를 제거할 방법을 찾으려고 혈안이 되어 있었다. 그러나 그분의 말씀을 한 마디라도 놓칠세라 경청하는 백성 때문에 그들도 어찌할 수 없었다.

45-46 Going into the Temple he began to throw out everyone who had set up shop, selling everything and anything. He said, "It's written in Scripture,

My house is a house of prayer;
You have turned it into a religious bazaar."

47-48 From then on he taught each day in the Temple. The high priests, religion scholars, and the leaders of the people were trying their best to find a way to get rid of him. But with the people hanging on every word he spoke, they couldn't come up with anything.

20 1-2 하루는 예수께서 성전에서 백성을 가르치며, **메시지**를 선포하고 계셨다. 대제사장과 종교 학자와 지도자들이 그분께 맞서며 따졌다. "당신의 신임장을 보여주시오. 누구의 권한으로 이렇게 말하고 행동하는 겁니까?"
3-4 예수께서 대답하셨다. "먼저 한 가지 묻겠다. 요한의 세례에 관한 것인데, 그것이 누구에게서 온 권한이냐? 하늘이냐, 사람이냐?"
5-7 그들은 자기들이 궁지에 몰린 것을 알아차리고는, 뒤로 물러나와 모여서 수군거렸다. "하늘이라고 하면 왜 요한을 믿지 않았느냐고 물을 것이고, 사람이라고 하면 요한을 하나님의 예언자로 굳게 믿고 있는 백성이 우리를 갈기갈기 찢어 놓을 것이다." 그들은 이번은 예수께 양보하기로 하고, 자신들은 모른다고 말했다.
8 예수께서 말씀하셨다. "그렇다면 나도 너희의 물음에 대답하지 않겠다."

20 1-2 One day he was teaching the people in the Temple, proclaiming the Message. The high priests, religion scholars, and leaders confronted him and demanded, "Show us your credentials. Who authorized you to speak and act like this?"
3-4 Jesus answered, "First, let me ask you a question: About the baptism of John—who authorized it, heaven or humans?"
5-7 They were on the spot, and knew it. They pulled back into a huddle and whispered, "If we say 'heaven,' he'll ask us why we didn't believe him; if we say 'humans,' the people will tear us limb from limb, convinced as they are that John was God's prophet." They agreed to concede that round to Jesus and said they didn't know.
8 Jesus said, "Then neither will I answer your question."

못된 소작농들 이야기

9-12 예수께서 백성에게 또 다른 이야기를 들려주셨다. "어떤 사람이 포도원을 세우고, 그 포도원을 소작농들에게 맡기고 먼 길을 떠났다. 그는 오랜 시간 동안 떠나 있다가, 때가 되자 수확하려고 소작농들에게 종을 한 사람 보냈다. 그러나 소작농들은 그 종을 마구 때려 빈손으로 돌려보냈다. 주인이 다시 한번 다른 종을 보내자, 소작농들은 그 종도 멍이 들도록 때려 빈손으로 돌려보냈다. 주인이 세 번째로 종을 보내자, 소작농들은 그 종을 머리부터 발끝까지 두들겨 패서 길거리에 내다 버렸다.

13 그러자 포도원 주인이 말했다. '이렇게 해야겠다. 내 사랑하는 아들을 보내자. 저들이 내 아들만큼은 존중하겠지.'

14-15 그러나 아들이 오는 것을 본 소작농들은 재빨리 머리를 맞대고 의논했다. '지금이 기회다. 이 자는 상속자다! 그를 죽이고 우리가 재산을 다 차지하자.' 그들은 그 아들을 죽여서 울타리 밖으로 내던졌다.

15-16 너희 생각에는 포도원 주인이 어떻게 할 것 같으냐? 맞다. 그가 와서 그들을 다 없애 버릴 것이다. 그리고 포도원 관리는 다른 사람들에게 맡길 것이다."

듣고 있던 사람들이 말했다. "아닙니다! 그렇게 하면 안됩니다!"

17-18 그러나 예수께서는 물러서지 않으셨다. "그렇다면 너희는 이 말씀이 왜 기록되었다고 생각하느냐?

석공들이 내버린 돌이
이제 모퉁잇돌이 되었다!

누구든지 이 돌 위에 걸려 넘어지는 사람은 그 몸의 뼈가 다 부러질 것이요, 이 돌이 그 사람 위에 떨어지면 그는 완전히 가루가 될 것이다."

The Story of Corrupt Farmhands

9-12 Jesus told another story to the people: "A man planted a vineyard. He handed it over to farmhands and went off on a trip. He was gone a long time. In time he sent a servant back to the farmhands to collect the profits, but they beat him up and sent him off empty-handed. He decided to try again and sent another servant. That one they beat black-and-blue, and sent him off empty-handed. He tried a third time. They worked that servant over from head to foot and dumped him in the street.

13 "Then the owner of the vineyard said, 'I know what I'll do: I'll send my beloved son. They're bound to respect my son.'

14-15 "But when the farmhands saw him coming, they quickly put their heads together. 'This is our chance—this is the heir! Let's kill him and have it all to ourselves.' They killed him and threw him over the fence.

15-16 "What do you think the owner of the vineyard will do? Right. He'll come and clean house. Then he'll assign the care of the vineyard to others."

Those who were listening said, "Oh, no! He'd never do that!"

17-18 But Jesus didn't back down. "Why, then, do you think this was written:

That stone the masons threw out—
It's now the cornerstone!?

"Anyone falling over that stone will break every bone in his body; if the stone falls on anyone, it will be a total smashup."

¹⁹ 종교 학자와 대제사장들은 당장 예수를 잡고 싶었으나, 여론이 두려웠다. 그들은 그분의 이야기가 자기들을 두고 한 것임을 알았다.

황제의 것, 하나님의 것

²⁰⁻²² 예수를 잡을 기회를 노리던 그들은, 정탐꾼들을 보내어 짐짓 정당한 질문을 던지는 사람인 양 행세하게 했다. 그들은 그분을 속여서 율법에 저촉될 만한 발언을 하게 만들 속셈이었다. 그래서 예수께 물었다. "선생님, 우리가 알기로 당신은 솔직하고 정직하게 가르치며, 아무에게도 비위를 맞추지 않고, 하나님의 도를 정확히 가르칩니다. 그러니 우리한테 말해 주십시오. 황제에게 세금을 내는 것이 법에 맞습니까, 맞지 않습니까?"

²³⁻²⁴ 예수께서 그들의 의도를 아시고 이렇게 말씀하셨다. "동전 하나를 내게 보여라. 여기 새겨진 얼굴이 누구 얼굴이냐? 그리고 뭐라고 써 있느냐?"

²⁵ "황제입니다." 그들이 말했다.

예수께서 말씀하셨다. "그렇다면 황제의 것은 황제에게 주고, 하나님의 것은 하나님께 드려라."

²⁶ 아무리 애를 써 보아도, 그들은 예수께 죄를 뒤집어씌울 만한 발언을 유도해 낼 수 없었다. 그분의 대답은 그들의 허를 찔렀고, 그들의 말문을 막아 버렸다.

부활에 관한 가르침

²⁷⁻³³ 부활의 가능성을 일절 부인하는 유대교 분파인 사두개파 사람 몇이 다가와서 물었다. "선생님, 모세는 기록하기를, 남자가 자식 없이 아내를 두고 죽으면 그 동생이 형수와 결혼해서 자식을 낳아 줄 의무가 있다고 했습니다. 한번은 일곱 형제가 있었습니다. 맏이가 결혼했는데, 자식 없이 죽었습니다. 둘째가 형수와 결혼했으나 죽었고, 셋째도

¹⁹ The religion scholars and high priests wanted to lynch him on the spot, but they were intimidated by public opinion. They knew the story was about them.

Paying Taxes

²⁰⁻²² Watching for a chance to get him, they sent spies who posed as honest inquirers, hoping to trick him into saying something that would get him in trouble with the law. So they asked him, "Teacher, we know that you're honest and straight-forward when you teach, that you don't pander to anyone but teach the way of God accurately. Tell us: Is it lawful to pay taxes to Caesar or not?"

²³⁻²⁴ He knew they were laying for him and said, "Show me a coin. Now, this engraving, who does it look like and what does it say?"

²⁵ "Caesar," they said.

Jesus said, "Then give Caesar what is his and give God what is his."

²⁶ Try as they might, they couldn't trap him into saying anything incriminating. His answer caught them off guard and left them speechless.

All Intimacies Will Be with God

²⁷⁻³³ Some Sadducees came up. This is the Jewish party that denies any possibility of resurrection. They asked, "Teacher, Moses wrote us that if a man dies and leaves a wife but no child, his brother is obligated to take the widow to wife and get her with child. Well, there once were seven brothers. The first took a wife. He died childless. The second married her

그러했습니다. 일곱 형제가 다 차례대로 그렇게 했으나, 자식이 없었습니다. 마지막에는 여자도 죽었습니다. 그렇다면, 부활 때에 그 여자는 누구의 아내가 됩니까? 일곱 형제가 다 그 여자와 결혼했습니다."

34-38 예수께서 말씀하셨다. "이 땅에서는 결혼이 중대한 관심사지만 저 세상에서는 그렇지 않다. 죽은 사람들의 부활에 참여하는 사람들에게 결혼은 더 이상 관심사가 못 된다. 죽음도 마찬가지다. 너희야 믿지 않겠지만, 그들에게는 더 나은 관심사가 있다. 그때에는 하나님과 최고의 기쁨과 친밀감을 나눌 것이다. 모세도 불붙은 떨기나무 앞에서 부활에 관해 외치기를, '아브라함의 하나님, 이삭의 하나님, 야곱의 하나님!'이라고 했다. 하나님은 죽은 자의 하나님이 아니라, 산 자의 하나님이시다. 그분께는 모두가 살아 있다."

39-40 몇몇 종교 학자들이 말했다. "선생님, 훌륭한 답입니다!" 한동안 아무도 그분께 묻는 사람이 없었다.

✥

41-44 그 후에 예수께서 그들에게 물으셨다. "어째서 사람들이 메시아를 다윗의 자손이라고 하느냐? 다윗은 시편에 분명히 말했다.

  하나님께서 내 주님께 말씀하셨다.
  "내가 네 원수들을 네 발아래에 둘 때까지
  너는 여기 내 오른편에 앉아 있어라."

다윗이 여기서 메시아를 '내 주님'이라고 부르는데, 메시아가 어떻게 다윗의 자손이 될 수 있느냐?"

45-47 모든 사람이 듣는 가운데, 예수께서 제자들에게 말씀하셨다. "종교 학자들을 조심하여라. 그들은 가운을 입고 다니며,

and died, then the third, and eventually all seven had their turn, but no child. After all that, the wife died. That wife, now—in the resurrection whose wife is she? All seven married her."

34-38 Jesus said, "Marriage is a major preoccupation here, but not there. Those who are included in the resurrection of the dead will no longer be concerned with marriage nor, of course, with death. They will have better things to think about, if you can believe it. All ecstasies and intimacies then will be with God. Even Moses exclaimed about resurrection at the burning bush, saying, 'God: God of Abraham, God of Isaac, God of Jacob!' God isn't the God of dead men, but of the living. To him all are alive."

39-40 Some of the religion scholars said, "Teacher, that's a great answer!" For a while, anyway, no one dared put questions to him.

✥

41-44 Then he put a question to them: "How is it that they say that the Messiah is David's son? In the Book of Psalms, David clearly says,

  God said to my Master,
  "Sit here at my right hand
    until I put your enemies under your feet."

"David here designates the Messiah as 'my Master'—so how can the Messiah also be his 'son'?"

45-47 With everybody listening, Jesus spoke to his disciples. "Watch out for the religion scholars. They love to walk around in

사람들의 치켜세우는 말에 우쭐하고, 중요한 자리를 차지하면서 교회의 모든 행사에서 상석에 앉기를 좋아한다. 언제나 그들은 연약하고 무력한 사람들을 착취한다. 그들의 기도가 길어질수록, 그들의 상태는 더 나빠진다. 마지막에 그들은 그 값을 치르게 될 것이다."

21 ¹⁻⁴ 예수께서 눈을 들어 부자들이 헌금함에 헌금 넣는 것을 보셨다. 그 후에 한 가난한 과부가 동전 두 개를 헌금함에 넣는 것을 보셨다. 예수께서 말씀하셨다. "과연, 이 과부가 오늘 가장 많은 헌금을 드렸다. 다른 사람들은 아깝지 않을 만큼 헌금했지만, 이 여자는 자기 형편보다 넘치도록 드렸다. 자신의 전부를 드린 것이다."

사이비 종말론자들을 조심하여라

⁵⁻⁶ 하루는 사람들이 모여서 성전에 대해 이야기하고 있었다. 그들은 성전이 정말 아름답고 성전의 석조물과 기념 헌물들이 수려하다고 말했다. 예수께서 말씀하셨다. "너희가 그토록 감탄하는 이 모든 것, 이 성전의 돌 하나하나가 결국 잔해 더미가 되고 말 것이다."

⁷ 그들이 예수께 물었다. "선생님, 그런 일이 언제 일어나겠습니까? 그런 일이 일어나려고 할 때 우리에게 어떤 징조가 있겠습니까?"

⁸⁻⁹ 예수께서 말씀하셨다. "사이비 종말론자들을 조심하여라. 많은 지도자들이 정체를 숨기고 나타나서, '내가 그다'라고 하거나 또는 '종말이 가까이 왔다'고 주장할 것이다. 그런 말에 절대 속지 마라. 전쟁과 폭동의 소문이 들리거든, 당황하지 말고 침착하여라. 그것은 역사에 늘 반복되는 일일 뿐, 아직 종말의 징조는 아니다."

academic gowns, preen in the radiance of public flattery, bask in prominent positions, sit at the head table at every church function. And all the time they are exploiting the weak and helpless. The longer their prayers, the worse they get. But they'll pay for it in the end."

21 ¹⁻⁴ Just then he looked up and saw the rich people dropping offerings in the collection plate. Then he saw a poor widow put in two pennies. He said, "The plain truth is that this widow has given by far the largest offering today. All these others made offerings that they'll never miss; she gave extravagantly what she couldn't afford—she gave her all!"

Watch Out for Doomsday Deceivers

⁵⁻⁶ One day people were standing around talking about the Temple, remarking how beautiful it was, the splendor of its stonework and memorial gifts. Jesus said, "All this you're admiring so much—the time is coming when every stone in that building will end up in a heap of rubble."

⁷ They asked him, "Teacher, when is this going to happen? What clue will we get that it's about to take place?"

⁸⁻⁹ He said, "Watch out for the doomsday deceivers. Many leaders are going to show up with forged identities claiming, 'I'm the One,' or, 'The end is near.' Don't fall for any of that. When you hear of wars and uprisings, keep your head and don't panic. This is routine history and no sign of the end."

10-11 예수께서 계속 말씀하셨다. "나라와 나라가 싸우고 통치자와 통치자가 싸우는 일이 계속될 것이다. 곳곳마다 큰 지진이 있을 것이다. 기근도 있을 것이다. 너희는 이따금 하늘이 무너지는 것 같을 것이다.

12-15 그러나 이런 일이 일어나기 전에, 사람들이 너희를 체포하고 박해하며 법정과 감옥으로 끌고 갈 것이다. 세상이 살벌해져서, 내 이름을 전한다는 이유로, 모두가 너희를 물어뜯을 것이다. 너희는 결국 증인석에 서서 증언을 하도록 요구받을 것이다. 너희는 그 일로 걱정하지 않겠다고 지금 결심하여라. 내가 너희에게 말과 지혜를 줄 것이니, 너희를 고소하는 자들 모두가 맞서도 너희 말을 이기지 못할 것이다.

16-19 심지어, 부모와 형제와 친척과 친구들마저 너희를 넘겨줄 것이다. 너희 가운데 일부는 죽임을 당할 것이다. 나 때문에 너희를 미워할 사람이 누구인지 아무도 모른다. 그렇더라도 너희 몸과 영혼의 사소한 모든 것까지—심지어 너희의 머리카락까지도—내가 보살핀다. 너희는 아무것도 잃지 않을 것이다. 그대로 견뎌라. 그것이 너희가 해야 할 일이다. 끝까지 견뎌라. 그러면 너희는 절대 후회하지 않을 것이고, 결국 구원을 받을 것이다."

징벌의 날

20-24 "군대가 예루살렘을 둘러 진 친 것을 보거든, 너희는 예루살렘의 멸망이 가까운 줄 알아라. 그때에 너희가 유대에 살고 있거든, 산으로 달아나거라. 도시에 있거든, 빨리 빠져나가거라. 밭에 나가 있거든, 겉옷을 가지러 집으로 가지 마라. 그날은 징벌의 날이다. 그날에 대해 기록된 것이 다 이루어질 것이다. 특히 임신부와 젖 먹이는 어머니들이 힘들 것이다. 끔찍한 고통, 맹렬한 진노다! 사람 목숨이 파리 목숨이 될 것이다. 사람들이 감옥으로 끌려갈 것이다. 나라들이 그 맡은 일

10-11 He went on, "Nation will fight nation and ruler fight ruler, over and over. Huge earthquakes will occur in various places. There will be famines. You'll think at times that the very sky is falling.

12-15 "But before any of this happens, they'll arrest you, hunt you down, and drag you to court and jail. It will go from bad to worse, dog-eat-dog, everyone at your throat because you carry my name. You'll end up on the witness stand, called to testify. Make up your mind right now not to worry about it. I'll give you the words and wisdom that will reduce all your accusers to stammers and stutters.

16-19 "You'll even be turned in by parents, brothers, relatives, and friends. Some of you will be killed. There's no telling who will hate you because of me. Even so, every detail of your body and soul—even the hairs of your head!—is in my care; nothing of you will be lost. Staying with it—that's what is required. Stay with it to the end. You won't be sorry; you'll be saved.

Vengeance Day

20-24 "When you see soldiers camped all around Jerusalem, then you'll know that she is about to be devastated. If you're living in Judea at the time, run for the hills. If you're in the city, get out quickly. If you're out in the fields, don't go home to get your coat. This is Vengeance Day—everything written about it will come to a head. Pregnant and nursing mothers will have it especially hard. Incredible misery! Torrential rage! People dropping like

을 끝내기까지 예루살렘은 이방인들의 발에 짓밟힐 것이다.

25-26 마치 지옥이 온통 풀려난 것처럼 보일 것이다. 해와 달과 별과 땅과 바다가 요란하여, 온 세상 모든 사람이 공포에 질릴 것이다. 파멸의 위협 앞에서 사람들의 숨이 막히고, 권력들은 두려워 떨 것이다.

27-28 그때에야—그때에야!—사람들이 인자가 성대하게 환영받으며 오는 모습을 보게 될 것이다. 영광스러운 환영일 것이다! 이 모든 일이 벌어지기 시작하거든, 일어서거라. 고개를 들고 당당히 서거라. 구원이 가까이 온 것이다!"

29-33 예수께서 이야기를 들려주셨다. "무화과나무를 보아라. 다른 나무도 다 마찬가지다. 잎이 나기 시작하면, 너희는 한 번만 보아도 여름이 가까이 다가온 줄 안다. 이 일도 마찬가지다. 이런 일이 일어나는 것을 보거든, 하나님 나라가 가까이 온 줄 알아라. 이것은 가볍게 여길 일이 아니다. 내가 지금 하는 말은, 어느 훗날의 세대에게만 주는 말이 아니라 이 세대에게도 주는 말이다. 이 일들은 반드시 이루어진다. 하늘과 땅은 닳아 없어져도, 내 말은 닳아 없어지지 않을 것이다.

34-36 너희는 조심하여라. 너희의 예민한 기대감이 파티와 음주와 쇼핑 때문에 무뎌지지 않게 하여라. 그렇지 않으면, 그날이 불시에 너희를 덮치고, 덫과 같이 갑자기 너희를 잡을 것이다. 그날은, 모든 곳에서 모든 사람에게 동시에 임할 것이다. 그러니, 너희는 무엇을 하든, 방심하지 마라. 닥쳐올 모든 일을 끝까지 견뎌 내고, 마침내 인자 앞에 설 힘과 분별력을 얻도록 끊임없이 기도하여라."

37-38 예수께서는 낮이면 성전에서 가르치시고, 밤이면 나가서 올리브 산에서 지내셨다. 모든 백성이 새벽같이 일어나 성

flies; people dragged off to prisons; Jerusalem under the boot of barbarians until the nations finish what was given them to do.

25-26 "It will seem like all hell has broken loose—sun, moon, stars, earth, sea, in an uproar and everyone all over the world in a panic, the wind knocked out of them by the threat of doom, the powers-that-be quaking.

27-28 "And then—then!—they'll see the Son of Man welcomed in grand style—a glorious welcome! When all this starts to happen, up on your feet. Stand tall with your heads high. Help is on the way!"

29-33 He told them a story. "Look at a fig tree. Any tree for that matter. When the leaves begin to show, one look tells you that summer is right around the corner. The same here—when you see these things happen, you know God's kingdom is about here. Don't brush this off: I'm not just saying this for some future generation, but for this one, too—these things will happen. Sky and earth will wear out; my words won't wear out.

34-36 "But be on your guard. Don't let the sharp edge of your expectation get dulled by parties and drinking and shopping. Otherwise, that Day is going to take you by complete surprise, spring on you suddenly like a trap, for it's going to come on everyone, everywhere, at once. So, whatever you do, don't go to sleep at the switch. Pray constantly that you will have the strength and wits to make it through everything that's coming and end up on your feet before the Son of Man."

37-38 He spent his days in the Temple teaching, but his nights out on the mountain called Olives. All the people were up at the crack of dawn to come to the Temple and listen to

전으로 가서, 그분의 말씀을 들었다.

유월절 식사

22 ¹⁻² 유월절이라고 하는 무교절이 다가왔다. 대제사장과 종교학자들은 예수를 없앨 방도를 찾고 있었으나, 백성이 두려운 나머지 자신들의 행동을 숨길 방법도 함께 찾고 있었다.

³⁻⁶ 그때에, 사탄이 열두 제자 가운데 하나인 가룟 유다에게 들어갔다. 그는 다른 제자들을 떠나 대제사장들과 성전 경비대에게 가서, 예수를 넘길 방법을 함께 의논했다. 그들은 자신들의 행운이 믿기지 않았고, 그에게 두둑이 보상하기로 약속했다. 유다는 그들과 약속을 하고서, 그때부터 무리의 눈을 피해 예수를 넘길 방도를 찾기 시작했다.

⁷⁻⁸ 유월절 양을 잡는 무교절이 되었다. 예수께서 베드로와 요한을 보내며 말씀하셨다. "가서 우리가 함께 먹을 수 있도록 유월절을 준비하여라."

⁹ 그들이 말했다. "우리가 어디에다 준비하기 원하십니까?"

¹⁰⁻¹² 예수께서 말씀하셨다. "시내로 들어가면서 주의하여 잘 보아라. 그러면 물 동이를 지고 가는 사람을 만날 것이다. 그를 따라 집으로 가서, 집 주인에게 '선생님께서, 제자들과 함께 유월절 식사를 할 방이 어디 있느냐고 물어보십니다' 하고 말하여라. 그가 너희에게 이미 청소를 마친 넓은 다락방을 보여줄 것이다. 거기서 식사를 준비하여라."

¹³ 제자들이 가 보니, 모든 것이 예수께서 말씀하신 그대로였다. 그들은 유월절 식사를 준비했다.

¹⁴⁻¹⁶ 시간이 되자, 예수께서 자리에 앉으시고 모든 사도가 함께 앉았다. 예수께서 말씀하셨다. "내가 고난의 때에 들어가기

The Passover Meal

22 ¹⁻² The Feast of Unleavened Bread, also called Passover, drew near. The high priests and religion scholars were looking for a way to do away with Jesus but, fearful of the people, they were also looking for a way to cover their tracks.

³⁻⁶ That's when Satan entered Judas, the one called Iscariot. He was one of the Twelve. Leaving the others, he conferred with the high priests and the Temple guards about how he might betray Jesus to them. They couldn't believe their good luck and agreed to pay him well. He gave them his word and started looking for a way to betray Jesus, but out of sight of the crowd.

⁷⁻⁸ The Day of Unleavened Bread came, the day the Passover lamb was butchered. Jesus sent Peter and John off, saying, "Go prepare the Passover for us so we can eat it together."

⁹ They said, "Where do you want us to do this?"

¹⁰⁻¹² He said, "Keep your eyes open as you enter the city. A man carrying a water jug will meet you. Follow him home. Then speak with the owner of the house: The Teacher wants to know, 'Where is the guest room where I can eat the Passover meal with my disciples?' He will show you a spacious second-story room, swept and ready. Prepare the meal there."

¹³ They left, found everything just as he told them, and prepared the Passover meal.

¹⁴⁻¹⁶ When it was time, he sat down, all the apostles with him, and said, "You've no idea how much I have looked forward to eating this Passover meal with you before I enter

전에, 너희와 이 유월절 식사를 함께하기를 얼마나 기다렸는지 너희는 모를 것이다. 우리가 하나님 나라에서 다 함께 먹기까지는, 이것이 내가 먹는 마지막 유월절 식사다.”

17-18 예수께서 잔을 들어 축복하시고 말씀하셨다. “이 잔을 받아 돌아가면서 나누어 마셔라. 하나님 나라가 올 때까지, 내가 다시는 포도주를 마시지 않을 것이다.”

19 예수께서 빵을 들어 축복하시고, 떼어서 그들에게 주시며 말씀하셨다. “이 빵은 너희를 위해 주는 내 몸이다. 나를 기념하여 이 빵을 먹어라.”

20 저녁식사 후에 예수께서 잔을 가지고 똑같이 하시며 말씀하셨다. “이 잔은 너희를 위해 붓는, 내 피로 쓴 새 언약이다.

21-22 나를 배반할 사람의 손이 지금 이 식탁 위에 있는 것을 너희는 아느냐? 인자는 이미 정해진 길을 가는 것이니, 이것이 전혀 뜻밖의 일은 아니다. 그러나 인자를 배반하여 넘겨줄 그 사람에게는, 오늘이 파멸의 날이다!”

23 그들은 그런 일을 할 자가 누구인지 궁금해서, 서로 의심하며 묻기 시작했다.

고난에 대비하여라

24-26 제자들이 자기들 가운데 누가 가장 크게 될지를 두고 말다툼을 벌였다. 그러자 예수께서 개입하셨다. “왕들은 위세 부리기를 좋아하고, 권세 가진 사람들은 거창한 호칭 달기를 좋아한다. 너희는 그래서는 안 된다. 너희 가운데 선배는 후배처럼 되고, 지도자는 종의 역할을 맡아라.

27-30 저녁식사를 하는 사람과 시중드는 사람 가운데, 너희는 어느 쪽이 되고 싶으냐? 너희라면 시중 받으면서 식사를 하고 싶지 않겠느냐? 그러나 나는 너희 가운데서 섬기는 자리에 있었다. 너희는 크고 작은 시련 중에도 끝까지 나에게 충실했다. 이제

my time of suffering. It's the last one I'll eat until we all eat it together in the kingdom of God."

17-18 Taking the cup, he blessed it, then said, "Take this and pass it among you. As for me, I'll not drink wine again until the kingdom of God arrives."

19 Taking bread, he blessed it, broke it, and gave it to them, saying, "This is my body, given for you. Eat it in my memory."

20 He did the same with the cup after supper, saying, "This cup is the new covenant written in my blood, blood poured out for you.

21-22 "Do you realize that the hand of the one who is betraying me is at this moment on this table? It's true that the Son of Man is going down a path already marked out—no surprises there. But for the one who turns him in, turns traitor to the Son of Man, this is doomsday."

23 They immediately became suspicious of each other and began quizzing one another, wondering who might be about to do this.

Get Ready for Trouble

24-26 Within minutes they were bickering over who of them would end up the greatest. But Jesus intervened: "Kings like to throw their weight around and people in authority like to give themselves fancy titles. It's not going to be that way with you. Let the senior among you become like the junior; let the leader act the part of the servant.

27-30 "Who would you rather be: the one who eats the dinner or the one who serves the dinner? You'd rather eat and be served, right? But I've taken my place among you as

나는, 내 아버지께서 내게 주신 왕의 권세를 너희에게 준다. 그리하여 너희는 내 나라에서 내 식탁에 앉아 먹고 마시며, 하나님 백성의 회중 가운데서 책임을 감당할 힘을 얻게 될 것이다.

31-32 시몬아, 방심하지 마라. 사탄이 밀에서 겨를 가려내듯이, 너희 모두를 내게서 떼어 놓으려고 안간힘을 썼다. 시몬아, 네가 굴복하거나 지쳐 쓰러지지 않도록 내가 특히 너를 위해 기도했다. 네가 시험의 시기를 다 통과하거든, 네 동료들이 새 출발을 할 수 있도록 도와주어라."

33 베드로가 말했다. "주님, 주님과 함께라면 저는 무엇이든지 할 각오가 되어 있습니다. 주님을 위해서라면 감옥에라도 가겠습니다. 주님을 위해 죽기까지 하겠습니다!"

34 예수께서 말씀하셨다. "베드로야, 안됐지만 네게 이 말을 해야겠다. 수탉이 울기 전에, 네가 나를 모른다고 세 번 부인할 것이다."

35 예수께서 말씀하셨다. "내가 너희를 보내면서, 꼭 필요한 것만 가지고 가볍게 다니라고 했을 때에, 너희에게 문제가 없었느냐?" 그들이 말했다. "물론입니다. 아무 문제없이 잘 지냈습니다."

36-37 예수께서 말씀하셨다. "이번에는 다르다. 고난에 대비하여라. 힘든 시기가 닥쳐올 테니, 필요한 것을 챙겨라. 너희 겉옷을 전당 잡혀서 칼을 구하여라. '그는 범죄자들과 한 무리로 여겨졌다'고 기록된 성경 말씀의 최종 의미는 나에게서 완성된다. 나에 대해 기록된 모든 것이 이제 결말로 다가가고 있다."

38 제자들이 말했다. "보십시오, 주님. 칼 두 자루가 있습니다!" 그러자 예수께서 말씀하셨다. "그만하면 됐다. 칼 이야기는 그만하자!"

the one who serves. And you've stuck with me through thick and thin. Now I confer on you the royal authority my Father conferred on me so you can eat and drink at my table in my kingdom and be strengthened as you take up responsibilities among the congregations of God's people.

31-32 "Simon, stay on your toes. Satan has tried his best to separate all of you from me, like chaff from wheat. Simon, I've prayed for you in particular that you not give in or give out. When you have come through the time of testing, turn to your companions and give them a fresh start."

33 Peter said, "Master, I'm ready for anything with you. I'd go to jail for you. I'd *die* for you!"

34 Jesus said, "I'm sorry to have to tell you this, Peter, but before the rooster crows you will have three times denied that you know me."

35 Then Jesus said, "When I sent you out and told you to travel light, to take only the bare necessities, did you get along all right?"

"Certainly," they said, "we got along just fine."

36-37 He said, "This is different. Get ready for trouble. Look to what you'll need; there are difficult times ahead. Pawn your coat and get a sword. What was written in Scripture, 'He was lumped in with the criminals,' gets its final meaning in me. Everything written about me is now coming to a conclusion."

38 They said, "Look, Master, two swords!" But he said, "Enough of that; no more sword talk!"

올리브 산에서 잡히시다

A Dark Night

39-40 예수께서 거기를 떠나, 전에 자주 다니시던 올리브 산으로 가셨다. 제자들이 그분을 따라갔다. 그곳에 이르자, 예수께서 말씀하셨다. "유혹에 넘어가지 않도록 기도하여라."

41-44 예수께서 그들을 떠나 돌을 던져 닿을 만한 거리에 가셨다. 거기서 무릎을 꿇고 기도하셨다. "아버지, 이 잔을 내게서 거두어 주십시오. 그러나 내가 원하는 대로 하지 마시고, 아버지께서 원하시는 대로 행하십시오. 아버지께서 원하시는 것이 무엇입니까?" 그때 하늘에서 천사가 나타나 그분 곁에 서서 힘을 북돋아 주었다. 예수께서 계속해서 더욱 간절히 기도하셨다. 예수의 얼굴에서 쏟아지는 땀방울이 마치 핏방울 같았다.

45-46 예수께서 기도를 마치고 일어나셔서 제자들에게 돌아와 보니, 그들이 슬픔에 잠겨 잠들어 있었다. 예수께서 말씀하셨다. "너희가 무슨 일로 자고 있느냐? 일어나거라. 유혹에 넘어가지 않도록 기도하여라."

47-48 예수께서 그 말씀을 하시자마자, 한 무리가 열두 제자 가운데 하나인 유다를 앞세우고 나타났다. 유다가 예수께 입 맞추려고 곧장 그분께 다가왔다. 예수께서 말씀하셨다. "유다야, 네가 입맞춤으로 인자를 팔려고 하느냐?"

49-50 예수와 함께 있던 이들이 사태를 보고 말했다. "주님, 우리가 싸울까요?" 그들 가운데 한 사람이 대제사장의 종에게 칼을 휘둘러 그의 오른쪽 귀를 잘라 버렸다.

51 예수께서 말씀하셨다. "그냥 두어라." 그러고는 종의 귀를 만져 낫게 해주셨다.

52-53 예수께서 거기에 온 사람들, 곧 대제사장과 성전 경비대와 종교 지도자들에게 말씀하셨다. "내가 위험한 범죄자라도 되는 것처럼 칼과 몽둥이로 내게 덤벼들다니,

A Dark Night

39-40 Leaving there, he went, as he so often did, to Mount Olives. The disciples followed him. When they arrived at the place, he said, "Pray that you don't give in to temptation."

41-44 He pulled away from them about a stone's throw, knelt down, and prayed, "Father, remove this cup from me. But please, not what I want. What do you want?" At once an angel from heaven was at his side, strengthening him. He prayed on all the harder. Sweat, wrung from him like drops of blood, poured off his face.

45-46 He got up from prayer, went back to the disciples and found them asleep, drugged by grief. He said, "What business do you have sleeping? Get up. Pray so you won't give in to temptation."

47-48 No sooner were the words out of his mouth than a crowd showed up, Judas, the one from the Twelve, in the lead. He came right up to Jesus to kiss him. Jesus said, "Judas, you would betray the Son of Man with a kiss?"

49-50 When those with him saw what was happening, they said, "Master, shall we fight?" One of them took a swing at the Chief Priest's servant and cut off his right ear.

51 Jesus said, "Let them be. Even in this." Then, touching the servant's ear, he healed him.

52-53 Jesus spoke to those who had come—high priests, Temple police, religion leaders: "What is this, jumping me with swords and clubs as if I were a dangerous criminal? Day after day I've been with you in the Temple

이계 무슨 짓이냐? 내가 날마다 성전에서 너희와 함께 있었지만, 너희는 내게 손 하나 대지 않았다. 그러나 이제 너희 뜻대로 하여라. 지금은 어두운 밤이요, 어두운 시간이다."

베드로가 예수를 부인하다

54-56 그들이 예수를 체포해서, 대제사장의 집으로 끌고 갔다. 베드로는 안전한 거리를 두고 뒤따라갔다. 사람들이 안뜰 한가운데서 불을 피우고 둘러앉아 불을 쬐고 있었다. 불가에 앉아 있던 여종 하나가 베드로를 알아보았다. 그리고 다시 유심히 보더니 말했다. "이 사람도 저 자와 함께 있었어요!"

57 베드로가 부인했다. "여자여, 나는 그를 알지도 못하오."

58 조금 있다가, 다른 사람이 베드로를 알아보고 말했다. "너도 저들과 한패다." 그러나 베드로는 잡아뗐다. "이 사람아, 나는 아니라고."

59 한 시간쯤 후에, 또 다른 사람이 아주 단호하게 말했다. "이 사람은 저 자와 함께 있었던 것이 틀림없소. 갈릴리 사람이라는 표시가 이 사람의 온몸에 새겨져 있소."

60-62 베드로가 말했다. "이보시오. 나는 당신이 무슨 말을 하는지 모르겠소." 바로 그때, 베드로가 마지막 말을 끝마치기 전에 수탉이 울었다. 그때에, 주님께서 고개를 돌려 베드로를 바라보셨다. 베드로는 "수탉이 울기 전에, 네가 나를 세 번 부인할 것이다"라고 하신 주님의 말씀이 생각났다. 그는 밖으로 나가서, 하염없이 흐느껴 울고 또 울었다.

조롱을 당하시다

63-65 예수를 맡은 자들이 그분을 마구 때리며 조롱하기 시작했다. 그들은 예수께 눈가리개를 씌우고 놀렸다. "이번에 너를 친 사

and you've not so much as lifted a hand against me. But do it your way—it's a dark night, a dark hour."

A Rooster Crowed

54-56 Arresting Jesus, they marched him off and took him into the house of the Chief Priest. Peter followed, but at a safe distance. In the middle of the courtyard some people had started a fire and were sitting around it, trying to keep warm. One of the serving maids sitting at the fire noticed him, then took a second look and said, "This man was with him!"

57 He denied it, "Woman, I don't even know him."

58 A short time later, someone else noticed him and said, "You're one of them." But Peter denied it: "Man, I am not."

59 About an hour later, someone else spoke up, really adamant: "He's got to have been with him! He's got 'Galilean' written all over him."

60-62 Peter said, "Man, I don't know what you're talking about." At that very moment, the last word hardly off his lips, a rooster crowed. Just then, the Master turned and looked at Peter. Peter remembered what the Master had said to him: "Before the rooster crows, you will deny me three times." He went out and cried and cried and cried.

Slapping Him Around

63-65 The men in charge of Jesus began poking fun at him, slapping him around. They put a blindfold on him and taunted, "Who hit you that time?" They were having a grand time with him.

람이 누구냐?" 그들은 그분을 가지고 신나게 놀았다.

66-67 아침이 되자, 백성의 종교 지도자와 대제사장과 종교 학자들이 다 모여서 예수를 최고의회 앞으로 끌고 갔다. 그들이 말했다. "네가 메시아냐?"

67-69 예수께서 대답하셨다. "내가 그렇다고 해도 너희는 나를 믿지 않을 것이다. 내가 너희 질문이 무슨 뜻이냐고 물어도 너희는 대답하지 않을 것이다. 내가 할 말은 이것이다. 이제 후로는, 인자가 하나님의 오른편, 권능의 자리에 앉게 될 것이다."

70 그들이 일제히 말했다. "그러면 네가 하나님의 아들이라고 한 주장을 스스로 인정하는 것이냐?"

"그 말을 계속하는 사람은 너희다." 예수께서 말씀하셨다.

71 그러자 그들이 마음을 정했다. "우리에게 무슨 증거가 더 필요하겠소? 우리가 들은 것처럼, 이 자는 자기 입으로 하나님의 아들이라고 말한 것이나 다름없소."

빌라도에게 사형선고를 받으시다

23 1-2 그 후에 그들 모두가 예수를 빌라도에게 끌고 가서 고발하기 시작했다. 그들은 말했다. "우리가 보니, 이 사람은 우리의 법과 질서를 허물고, 황제께 세금 바치는 것을 방해하고, 스스로 메시아 왕이라고 말했습니다."

3 빌라도가 예수께 물었다. "네가 유대인의 왕이라는 이 말이 사실이냐?"

예수께서 대답하셨다. "그것은 내 말이 아니라, 네 말이다."

4 빌라도는 대제사장들과 함께한 무리에게 말했다. "나는 아무 잘못도 못 찾겠소. 내가 보기에 이 자는 죄가 없는 인물 같소."

5 그러나 그들은 맹렬했다. "그 사람은 갈릴리에서부터 시작해서, 이제는 온 유대 곳곳에서

66-67 When it was morning, the religious leaders of the people and the high priests and scholars all got together and brought him before their High Council. They said, "Are you the Messiah?"

67-69 He answered, "If I said yes, you wouldn't believe me. If I asked what you meant by your question, you wouldn't answer me. So here's what I have to say: From here on the Son of Man takes his place at God's right hand, the place of power."

70 They all said, "So you admit your claim to be the Son of God?"

"You're the ones who keep saying it," he said.

71 But they had made up their minds, "Why do we need any more evidence? We've all heard him as good as say it himself."

Pilate

23 1-2 Then they all took Jesus to Pilate and began to bring up charges against him. They said, "We found this man undermining our law and order, forbidding taxes to be paid to Caesar, setting himself up as Messiah-King."

3 Pilate asked him, "Is this true that you're 'King of the Jews'?"

"Those are your words, not mine," Jesus replied.

4 Pilate told the high priests and the accompanying crowd, "I find nothing wrong here. He seems harmless enough to me."

5 But they were vehement. "He's stirring

평화를 어지럽히고, 자신의 가르침으로 백
성 가운데 불안을 조장하고 있습니다. 그는
평화를 위협하는 인물입니다."

6-7 빌라도가 그 말을 듣고 물었다. "그러
니까, 이 사람이 갈릴리 사람이란 말이오?"
빌라도는 예수가 본래 헤롯의 관할이라는
것을 알고는, 헤롯에게 책임을 떠넘겼다.
마침 헤롯은 며칠간 예루살렘에 와 있었다.

8-10 헤롯은 예수가 나타나자 기뻐했다. 그
는 오래전부터 예수를 보고 싶어 했고, 그분
에 대한 이야기를 귀가 닳도록 들어 왔다.
그는 예수가 무슨 대단한 일을 행하는 것을
보고 싶어 했다. 헤롯은 예수께 질문을 퍼부
었으나, 예수께서는 대답이 없으셨다. 한 마
디도 하지 않으셨다. 그러나 대제사장과 종
교 학자들은 곁에 서서 저마다 한 마디씩 신
랄하고 격한 소리로 그분을 고발했다.

11-12 헤롯은 크게 기분이 상해 예수를 자극
했다. 헤롯의 병사들도 합세해서 조롱하고
비아냥거렸다. 그러고는 공들여 만든 왕의
복장을 그분께 입혀서 빌라도에게 돌려보
냈다. 전에는 생전 가까이하지 않던 헤롯과
빌라도가 그날은 둘도 없는 사이가 되었다.

13-16 빌라도가 대제사장과 통치자와 다른
사람들을 불러들여 놓고 말했다. "여러분
은 이 사람이 평화를 어지럽힌다고 해서 나
에게 데려왔소. 내가 여러분 모두가 보는
앞에서 그를 심문해 보았으나, 여러분의 고
발을 뒷받침할 만한 것을 하나도 찾지 못했
소. 헤롯 왕도 혐의를 찾지 못해 이렇게 무
혐의로 돌려보냈소. 이 사람은 죽을 만한
일은 고사하고 아무 잘못도 없는 것이 분명
하오. 그러니 조심하라고 경고해서 이 사람
을 풀어 주겠소."

18-20 그러자, 무리가 격해졌다. "그 자를
죽이시오! 우리에게 바라바를 주시오!" (바
라바는 그 도시에서 폭동을 일으키고 살인을 저
지른 죄로 감옥에 갇혀 있었다.) 그럼에도 빌

up unrest among the people with his
teaching, disturbing the peace everywhere,
starting in Galilee and now all through
Judea. He's a dangerous man, endangering
the peace."

6-7 When Pilate heard that, he asked, "So,
he's a Galilean?" Realizing that he properly
came under Herod's jurisdiction, he passed
the buck to Herod, who just happened to be
in Jerusalem for a few days.

8-10 Herod was delighted when Jesus
showed up. He had wanted for a long time
to see him, he'd heard so much about him.
He hoped to see him do something spectac-
ular. He peppered him with questions.
Jesus didn't answer—not one word. But the
high priests and religion scholars were right
there, saying their piece, strident and shrill
in their accusations.

11-12 Mightily offended, Herod turned on
Jesus. His soldiers joined in, taunting and
jeering. Then they dressed him up in an
elaborate king costume and sent him back
to Pilate. That day Herod and Pilate became
thick as thieves. Always before they had
kept their distance.

13-16 Then Pilate called in the high priests,
rulers, and the others and said, "You
brought this man to me as a disturber of the
peace. I examined him in front of all of you
and found there was nothing to your charge.
And neither did Herod, for he has sent him
back here with a clean bill of health. It's
clear that he's done nothing wrong, let alone
anything deserving death. I'm going to warn
him to watch his step and let him go."

18-20 At that, the crowd went wild: "Kill
him! Give us Barabbas!" (Barabbas had

라도는 예수를 놓아주고 싶어서, 다시 분명히 말했다.

21 그러나 그들은 계속 소리쳤다. "십자가에 못 박으시오! 그 자를 십자가에 못 박으시오!"

22 빌라도가 세 번째로 나섰다. "그러나 무슨 죄목 때문이오? 나는 이 사람한테서 죽일 만한 죄를 찾지 못했소. 조심하라고 경고해서 이 사람을 풀어 주겠소."

23-25 그러나 무리는 고함을 치면서, 예수를 십자가에 못 박으라고 막무가내로 우겼다. 결국 그들의 고함소리가 빌라도의 말문을 막았다. 빌라도는 잠자코 그들의 뜻을 들어주었다. 그는 폭동과 살인죄로 감옥에 갇혀 있던 사람을 풀어 주고, 예수를 그들에게 넘겨주어 그들이 원하는 대로 하게 했다.

십자가에 못 박히시다

26-31 그들이 예수를 끌고 가다가, 마침 시골에서 올라오던 구레네 사람 시몬에게 십자가를 지워 예수의 뒤를 따르게 했다. 큰 무리가 뒤를 따랐고, 여자들도 함께 따라가면서 슬피 울었다. 예수께서 여자들을 돌아보며 말씀하셨다. "예루살렘의 딸들아, 나를 위해 울지 마라. 너희와 너희 자녀들을 위해 울어라. 사람들이 이렇게 말할 날이 올 것이다. '임신하지 못하는 여자는 복되다! 아이를 낳아 보지 못한 태는 복되다! 젖을 먹인 적 없는 가슴은 복되다!' 그 때에 사람들이 산에다 대고 '우리 위로 무너져 내려라!' 하고, 언덕에다 대고 '우리를 덮어 버려라!' 하고 외칠 것이다. 사람들이 살아 있는 푸른 나무에도 그렇게 하는데, 말라 버린 나무에는 어떻게 할지 상상이 되느냐?"

32 다른 죄수 두 사람도 사형을 받으러 예수와 함께 끌려갔다.

33 해골 언덕이라는 곳에 이르러, 그들이

been thrown in prison for starting a riot in the city and for murder.) Pilate still wanted to let Jesus go, and so spoke out again.

21 But they kept shouting back, "Crucify! Crucify him!"

22 He tried a third time. "But for what crime? I've found nothing in him deserving death. I'm going to warn him to watch his step and let him go."

23-25 But they kept at it, a shouting mob, demanding that he be crucified. And finally they shouted him down. Pilate caved in and gave them what they wanted. He released the man thrown in prison for rioting and murder, and gave them Jesus to do whatever they wanted.

Skull Hill

26-31 As they led him off, they made Simon, a man from Cyrene who happened to be coming in from the countryside, carry the cross behind Jesus. A huge crowd of people followed, along with women weeping and carrying on. At one point Jesus turned to the women and said, "Daughters of Jerusalem, don't cry for me. Cry for yourselves and for your children. The time is coming when they'll say, 'Lucky the women who never conceived! Lucky the wombs that never gave birth! Lucky the breasts that never gave milk!' Then they'll start calling to the mountains, 'Fall down on us!' calling to the hills, 'Cover us up!' If people do these things to a live, green tree, can you imagine what they'll do with deadwood?"

32 Two others, both criminals, were taken along with him for execution.

33 When they got to the place called Skull

예수를 십자가에 못 박았다. 두 죄수도 하나는 그분 오른쪽에, 다른 하나는 왼쪽에 못 박았다.

34-35 예수께서 기도하셨다. "아버지, 이 사람들을 용서해 주십시오. 이 사람들은 자기들이 무슨 일을 하는지 모릅니다."

그들은 주사위를 던져 예수의 옷을 나눠 가졌다. 사람들이 거기 서서 예수를 구경했고, 주모자들도 비웃으며 말했다. "저가 다른 사람들은 구원했는데, 자기 자신도 구원하는지 보자! 하나님의 메시아라고? 선택받은 자라고? 아하!"

36-37 병사들도 다가와 예수를 조롱하고 비웃었다. 그들은 신 포도주로 그분께 건배를 제안했다. "유대인의 왕이여! 너나 구원해 보아라!"

38 예수의 머리 위에는 '이 사람은 유대인의 왕'이라고 쓴 팻말이 붙어 있었다.

39 함께 달린 죄수 가운데 한 사람도 그분을 저주했다. "너는 대단한 메시아가 아니냐! 너를 구원해 보아라! 우리를 구원해 보라고!"

40-41 그러나 다른 죄수가 그의 말을 막았다. "너는 하나님이 두렵지도 않느냐? 이분은 너와 똑같은 일을 당하고 있다. 우리야 처벌받는 것이 마땅하지만, 이분은 그렇지 않다. 이분은 이런 처벌을 받을 만한 일을 하신 적이 없다."

42 그러고 나서 그가 말했다. "예수님, 당신의 나라에 들어가실 때에 저를 기억해 주십시오."

43 예수께서 말씀하셨다. "걱정하지 마라. 내가 그렇게 하겠다. 오늘 네가 나와 함께 낙원에 있을 것이다."

44-46 어느덧 정오가 되었다. 온 땅이 어두워졌고, 그 어둠은 이후 세 시간 동안 계속되었다. 칠흑 같은 어둠이었다. 성전의 휘장 한가운데가 찢어졌다. 예수께서 큰소리로 부르짖으셨다. "아버지, 내 생명을 아버지 손에 맡깁니다!" 그 말을 하시고 예수께서 숨을 거두셨다.

Hill, they crucified him, along with the criminals, one on his right, the other on his left.

34-35 Jesus prayed, "Father, forgive them; they don't know what they're doing."

Dividing up his clothes, they threw dice for them. The people stood there staring at Jesus, and the ringleaders made faces, taunting, "He saved others. Let's see him save himself! The Messiah of God—ha! The Chosen—ha!"

36-37 The soldiers also came up and poked fun at him, making a game of it. They toasted him with sour wine: "So you're King of the Jews! Save yourself!"

38 Printed over him was a sign: THIS IS THE KING OF THE JEWS.

39 One of the criminals hanging alongside cursed him: "Some Messiah you are! Save yourself! Save us!"

40-41 But the other one made him shut up: "Have you no fear of God? You're getting the same as him. We deserve this, but not him—he did nothing to deserve this."

42 Then he said, "Jesus, remember me when you enter your kingdom."

43 He said, "Don't worry, I will. Today you will join me in paradise."

44-46 By now it was noon. The whole earth became dark, the darkness lasting three hours—a total blackout. The Temple curtain split right down the middle. Jesus called loudly, "Father, I place my life in your hands!" Then he breathed his last.

⁴⁷ 그 자리에 있던 지휘관이 일어난 일을 보고, 하나님께 영광을 돌렸다. "이 사람은 죄 없는 사람이었다! 선하고 죄 없는 사람이었다!"

⁴⁸⁻⁴⁹ 그 광경을 구경하려고 모인 사람들도, 실제로 일어난 일을 보고는 모두 비탄에 잠긴 채 집으로 돌아갔다. 예수를 잘 아는 사람들과 갈릴리에서부터 그분을 따라온 여자들은, 숙연한 마음으로 멀찍이 서서 지켜보았다.

⁵⁰⁻⁵⁴ 유대 최고의회 의원으로 요셉이라는 사람이 있었는데, 그는 마음이 선하고 성품이 어진 사람이었다. 그는 의회의 계획과 행동에 찬성하지 않았다. 유대인 동네 아리마대가 고향인 그는, 하나님 나라를 간절히 기다리며 살아온 사람이었다. 그가 빌라도에게 가서 예수의 시신을 거두게 해달라고 청했다. 요셉은 그분을 십자가에서 내려 세마포 수의에 싸서, 아직 아무도 사용한 적이 없는, 바위를 깎아서 만든 무덤에 그분을 모셔 두었다. 그날은 안식일 전날이었고, 안식일이 막 시작될 무렵이었다.

⁵⁵⁻⁵⁶ 갈릴리에서부터 예수를 늘 따라다닌 여자들이 뒤따라가서 예수의 시신을 모셔 둔 무덤을 보았다. 그러고는 돌아가서 장례용 향료와 향유를 준비했다. 그들은 계명대로 안식일에 조용히 쉬었다.

그분은 다시 살아나셨다

24 ¹⁻³ 일요일 새벽에, 여자들은 미리 준비해 두었던 장례용 향료를 가지고 무덤으로 갔다. 그들은 무덤 입구를 막은 돌이 옮겨져 있는 것을 발견하고, 안으로 들어갔다. 그런데 안에 들어가 보니, 주 예수의 시신이 보이지 않았다.

⁴⁻⁸ 그들은 어찌 된 영문인지 몰라 당황했다. 그때 온몸에 광채가 나는 두 사람

⁴⁷ When the captain there saw what happened, he honored God: "This man was innocent! A good man, and innocent!"

⁴⁸⁻⁴⁹ All who had come around as spectators to watch the show, when they saw what actually happened, were overcome with grief and headed home. Those who knew Jesus well, along with the women who had followed him from Galilee, stood at a respectful distance and kept vigil.

⁵⁰⁻⁵⁴ There was a man by the name of Joseph, a member of the Jewish High Council, a man of good heart and good character. He had not gone along with the plans and actions of the council. His hometown was the Jewish village of Arimathea. He lived in alert expectation of the kingdom of God. He went to Pilate and asked for the body of Jesus. Taking him down, he wrapped him in a linen shroud and placed him in a tomb chiseled into the rock, a tomb never yet used. It was the day before Sabbath, the Sabbath just about to begin.

⁵⁵⁻⁵⁶ The women who had been companions of Jesus from Galilee followed along. They saw the tomb where Jesus' body was placed. Then they went back to prepare burial spices and perfumes. They rested quietly on the Sabbath, as commanded.

Looking for the Living One in a Cemetery

24 ¹⁻³ At the crack of dawn on Sunday, the women came to the tomb carrying the burial spices they had prepared. They found the entrance stone rolled back from the tomb, so they walked in. But once inside, they couldn't find the body of the Master Jesus.

⁴⁻⁸ They were puzzled, wondering what to make of this. Then, out of nowhere it seemed,

이 갑자기 나타나, 그들 곁에 섰다. 여자들은 두려워서 엎드려 경배했다. 그들이 말했다. "어째서 너희는 살아 계신 분을 무덤에서 찾고 있느냐? 그분은 여기 계시지 않고, 다시 살아나셨다. 너희가 갈릴리에 있을 때에, 그분께서 자기가 죄인들에게 넘겨져 십자가에서 죽임을 당하고, 사흘 후에 살아나야 한다고 말씀하신 것을 기억하느냐?" 그때서야 여자들은 예수의 말씀이 생각났다.

9-11 그들은 무덤에서 돌아와, 이 모든 소식을 열한 제자와 나머지 사람들에게 전했다. 막달라 마리아와 요안나와 야고보의 어머니 마리아와 함께 있던 다른 여자들이 사도들에게 계속 이야기했으나, 사도들은 그들의 말을 한 마디도 믿지 않았다. 그들은 여자들이 지어낸 말이라고 생각했다.

12 그러나 베드로는 벌떡 일어나 무덤으로 달려갔다. 그가 몸을 구부려 안을 들여다보니, 보이는 것이라고는 수의가 전부였다. 그는 이상하게 여겨 고개를 저으며 돌아갔다.

엠마오 가는 길

13-16 바로 그날에, 그들 가운데 두 사람이 예루살렘에서 11킬로미터쯤 떨어진 엠마오라는 마을로 걸어가고 있었다. 그들은 그동안 일어난 모든 일을 되돌아보며 깊은 대화를 나누고 있었다. 그들이 한참 묻고 말하는 중에, 예수께서 다가오셔서 그들과 함께 걸으셨다. 그러나 그들은 그분이 누구신지 알아보지 못했다.

17-18 예수께서 물으셨다. "당신들은 길을 가면서 무슨 이야기를 그토록 열심히 합니까?" 그들은 가장 친한 벗을 잃은 듯한 침통한 얼굴로 그 자리에 멈춰 섰다. 그중에 글로바라는 사람이 말했다. "지난 며칠 동안 있었던 일을 예루살렘에서 당신 혼자만 모른단 말입니까?"

two men, light cascading over them, stood there. The women were awestruck and bowed down in worship. The men said, "Why are you looking for the Living One in a cemetery? He is not here, but raised up. Remember how he told you when you were still back in Galilee that he had to be handed over to sinners, be killed on a cross, and in three days rise up?" Then they remembered Jesus' words.

9-11 They left the tomb and broke the news of all this to the Eleven and the rest. Mary Magdalene, Joanna, Mary the mother of James, and the other women with them kept telling these things to the apostles, but the apostles didn't believe a word of it, thought they were making it all up.

12 But Peter jumped to his feet and ran to the tomb. He stooped to look in and saw a few grave clothes, that's all. He walked away puzzled, shaking his head.

The Road to Emmaus

13-16 That same day two of them were walking to the village Emmaus, about seven miles out of Jerusalem. They were deep in conversation, going over all these things that had happened. In the middle of their talk and questions, Jesus came up and walked along with them. But they were not able to recognize who he was.

17-18 He asked, "What's this you're discussing so intently as you walk along?"

They just stood there, long-faced, like they had lost their best friend. Then one of them, his name was Cleopas, said, "Are you the only one in Jerusalem who hasn't heard what's happened during the last few days?"

¹⁹⁻²⁴ 예수께서 말씀하셨다. "무슨 일이 있었습니까?"

그들이 말했다. "나사렛 예수께 일어난 일입니다. 그분은 하시는 일과 말에 능력이 있고, 하나님과 온 백성에게 축복받은 하나님의 사람이자 예언자셨지요. 그런데 대제사장과 지도자들이 그분을 넘겨주어서, 사형선고를 받게 하고, 십자가에 못 박았습니다. 우리는 그분이야말로 이스라엘을 구원하실 분이라는 희망을 품고 있었습니다. 그 일이 있은 지 벌써 사흘째입니다. 그런데 지금 우리 가운데 몇몇 여자들이 우리를 완전히 혼란에 빠뜨렸습니다. 오늘 아침 일찍 그들이 무덤에 갔는데, 그분의 시신을 찾을 수 없었다고 합니다. 그들이 돌아와서 하는 말이, 자기들이 천사들의 환상을 보았는데, 천사들이 예수께서 살아 계시다고 했다는 겁니다. 우리의 친구들 가운데 몇 사람이 무덤에 가서 확인해 보니, 여자들 말대로 무덤이 비어 있었지만 예수를 보지는 못했습니다."

²⁵⁻²⁷ 그러자 예수께서 말씀하셨다. "당신들은 머리가 둔하고 마음이 무딘 사람들이군요! 어째서 당신들은 예언자들이 말한 모든 것을 단순히 믿지 못합니까? 당신들은 이런 일이 일어나야 한다는 것과, 메시아가 고난을 겪고서 자기 영광에 들어가야 한다는 것을 알지 못합니까?" 그러고 나서 예수께서는 모세의 책들로 시작해 예언서를 전부 살피시면서, 자신을 언급한 성경 구절들을 모두 짚어 주셨다.

²⁸⁻³¹ 그들은 자신들이 가려던 마을 어귀에 도착했다. 예수께서 계속 가시려는 듯하자 그들이 간청했다. "우리와 머물며 함께 저녁을 드십시오. 날이 저물어 저녁이 되었습니다." 그래서 예수께서 그들과 함께 들어가셨다. 예수께서 그들과 함께 식탁에 앉으셔서 빵을 들어 축복하시고, 떼어서 그들에게 주셨다. 그 순간, 그들의 눈이 열렸다. 깜짝 놀라

¹⁹⁻²⁴ He said, "What has happened?"

They said, "The things that happened to Jesus the Nazarene. He was a man of God, a prophet, dynamic in work and word, blessed by both God and all the people. Then our high priests and leaders betrayed him, got him sentenced to death, and crucified him. And we had our hopes up that he was the One, the One about to deliver Israel. And it is now the third day since it happened. But now some of our women have completely confused us. Early this morning they were at the tomb and couldn't find his body. They came back with the story that they had seen a vision of angels who said he was alive. Some of our friends went off to the tomb to check and found it empty just as the women said, but they didn't see Jesus."

²⁵⁻²⁷ Then he said to them, "So thick-headed! So slow-hearted! Why can't you simply believe all that the prophets said? Don't you see that these things had to happen, that the Messiah had to suffer and only then enter into his glory?" Then he started at the beginning, with the Books of Moses, and went on through all the Prophets, pointing out everything in the Scriptures that referred to him.

²⁸⁻³¹ They came to the edge of the village where they were headed. He acted as if he were going on but they pressed him: "Stay and have supper with us. It's nearly evening; the day is done." So he went in with them. And here is what happened: He sat down at the table with them. Taking the bread, he blessed and broke and gave it to them. At that moment,

눈이 휘둥그레진 그들이 예수를 알아보았
다. 그러나 그 순간, 예수께서 사라지셨다.
32 그들이 서로 말을 주고받았다. "그분이
길에서 우리와 대화하며 성경을 풀어 주실
때, 우리 마음이 뜨거워지지 않았습니까?"

제자들 앞에 나타나시다

33-34 그들은 한시도 지체하지 않고, 일어나
서 곧장 예루살렘으로 돌아갔다. 가 보니,
열한 제자와 친구들이 함께 모여 이야기하
고 있었다. "사실이다! 주님께서 살아나셨
다. 시몬이 주님을 보았다!"

35 이어서 그 두 사람도 길에서 있었던 일
과, 예수께서 빵을 떼실 때에 자기들이 그
분을 알아본 일을 모두 이야기했다.

36-41 그들이 이런 이야기를 하고 있는데,
예수께서 그들 앞에 나타나 말씀하셨다.
"너희에게 평안이 있기를!" 그들은 자기들
이 유령을 보고 있는 줄 알고 잔뜩 겁을 먹
었다. 예수께서 그들에게 말씀하셨다. "당
황하지 마라. 그리고 이 모든 의심에 휩쓸
리지도 마라. 내 손을 보고 내 발을 보아라.
정말로 나다. 나를 만져 보아라. 머리부터
발끝까지 나를 잘 보아라. 유령은 이런 근
육과 뼈가 없다." 이렇게 말씀하시며, 그들
에게 자신의 손과 발을 보여주셨다. 그들은
자기 눈으로 보면서도 여전히 믿을 수가 없
었다. 너무 좋아서 믿기지 않았다.

41-43 예수께서 물으셨다. "여기에 먹을 것
이 좀 있느냐?" 그들은 요리해 둔 생선 한
토막을 그분께 드렸다. 예수께서는 그것을
받아 그들이 보는 앞에서 드셨다.

너희는 증인이다

44 예수께서 말씀하셨다. "내가 너희와 함
께 있을 때에, 나에 대해 기록한 모세의 율
법과 예언서와 시편의 모든 것이 이루어져
야 한다고 말했다."

open-eyed, wide-eyed, they recognized him.
And then he disappeared.

32 Back and forth they talked. "Didn't we feel
on fire as he conversed with us on the road,
as he opened up the Scriptures for us?"

A Ghost Doesn't Have Muscle and Bone

33-34 They didn't waste a minute. They were
up and on their way back to Jerusalem.
They found the Eleven and their friends
gathered together, talking away: "It's really
happened! The Master has been raised up—
Simon saw him!"

35 Then the two went over everything that
happened on the road and how they recog-
nized him when he broke the bread.

36-41 While they were saying all this, Jesus
appeared to them and said, "Peace be with
you." They thought they were seeing a ghost
and were scared half to death. He continued
with them, "Don't be upset, and don't let all
these doubting questions take over. Look
at my hands; look at my feet—it's really me.
Touch me. Look me over from head to toe.
A ghost doesn't have muscle and bone like
this." As he said this, he showed them his
hands and feet. They still couldn't believe
what they were seeing. It was too much; it
seemed too good to be true.

41-43 He asked, "Do you have any food
here?" They gave him a piece of leftover fish
they had cooked. He took it and ate it right
before their eyes.

You're the Witnesses

44 Then he said, "Everything I told you
while I was with you comes to this: All
the things written about me in the Law of

45-49 예수께서는 계속해서 그들이 하나님의 말씀을 깨닫도록 이해력을 넓혀 주시고, 성경을 어떻게 읽어야 하는지 설명해 주셨다. 그분께서 말씀하셨다. "너희가 아는 것처럼 이렇게 기록되어 있다. 메시아가 고난을 겪고, 사흘째 되는 날에 죽은 자들 가운데서 살아나며, 죄 용서를 통한 전적인 삶의 변화가—이곳 예루살렘에서부터 시작해 모든 민족에게까지—그분의 이름으로 선포될 것이다! 너희는 그것을 보고 들은 첫 증인들이다. 이제 이 다음부터가 매우 중요하다! 내 아버지께서 약속하신 것을 내가 너희에게 보내 주겠다. 너희는 그분이 오셔서 위로부터 오는 능력을 입을 때까지 이 성에 머물러 있어라."

50-51 예수께서 그들을 데리고 성에서 나가 베다니로 가셨다. 예수께서 손을 들어 그들을 축복하시고, 그들을 떠나 하늘로 들려 올라가셨다.

52-53 그들은 무릎을 꿇고 그분께 경배하고, 터질 듯한 기쁨을 안고 예루살렘으로 돌아왔다. 그들은 하나님을 찬양하면서 모든 시간을 성전에서 보냈다!

Moses, in the Prophets, and in the Psalms have to be fulfilled."

45-49 He went on to open their understanding of the Word of God, showing them how to read their Bibles this way. He said, "You can see now how it is written that the Messiah suffers, rises from the dead on the third day, and then a total life-change through the forgiveness of sins is proclaimed in his name to all nations—starting from here, from Jerusalem! You're the first to hear and see it. You're the witnesses. What comes next is very important: I am sending what my Father promised to you, so stay here in the city until he arrives, until you're equipped with power from on high."

50-51 He then led them out of the city over to Bethany. Raising his hands he blessed them, and while blessing them, took his leave, being carried up to heaven.

52-53 And they were on their knees, worshiping him. They returned to Jerusalem bursting with joy. They spent all their time in the Temple praising God. Yes.

성경의 첫 책인 창세기에서, 하나님은 말씀으로 창조세계를 존재하게 하시는 분으로 소개된다. 하나님께서 말씀하시면, 그 말씀대로 하늘과 땅, 바다와 강, 나무와 풀, 새와 물고기, 동물과 사람이 생겨난다. 보이는 모든 것과 보이지 않는 모든 것이, 하나님께서 하신 말씀으로 존재하게 된다.

요한은 창세기의 여는 말과 유사하게 하려는 의도에서, 말씀으로 구원을 이루시는 분으로 하나님을 소개한다. "처음에 그 말씀이 계셨다. 그 말씀은 하나님과 함께 계셨고, 하나님도 그 말씀과 함께 계셨다. 그 말씀이 곧 하나님이셨다. 그 말씀은 첫날부터 하나님을 위해 준비된 말씀이었다"(요 1:1-2). 이번에는 하나님의 말씀이 예수의 인격 속에서 사람의 모습을 입고 역사 속으로 들어온다. 예수께서 말씀하시면, 그 말씀대로 용서와 심판, 치유와 깨달음, 자비와 은혜, 기쁨과 사랑, 자유와 부활이 생겨난다. 망가지고 타락한 모든 것과 죄악되고 병든 모든 것이, 하나님께서 하신 말씀으로 구원을 얻는다.

왜냐하면 첫 창조 이후에 어디선가 일이 잘못되었고(창세기는 그 이야기도 전한다), 그것을 바로잡는 일이 절실히 필요해졌기 때문이다. 바로잡는 일 역시 말씀하심으로 이루어졌다. 구원하시는 하나님의 말씀이 예수의 인격 속에서 나타난 것이다. 이 이야기에서, 예수는 하나님의 말씀을 선포하시는 분 정도가 아니다. 그분 자신이 곧 하나님의 말씀이시다.

우리는 이 말씀과 사귀면서 우리의 말이 예상보다 훨씬 중요하다는 것을 깨닫게 된다. 예

In Genesis, the first book of the Bible, God is presented as speaking the creation into existence. God speaks the word and it happens: heaven and earth, ocean and stream, trees and grass, birds and fish, animals and humans. Everything, seen and unseen, called into being by God's spoken word.

In deliberate parallel to the opening words of Genesis, John presents God as speaking salvation into existence. "The Word was first, the Word present to God, God present to the Word. The word was God, in readiness for God from day one"(John 1:1-2). This time God's word takes on human form and enters history in the person of Jesus. Jesus speaks the word and it happens: forgiveness and judgment, healing and illumination, mercy and grace, joy and love, freedom and resurrection. Everything broken and fallen, sinful and diseased, called into salvation by God's spoken word.

For, somewhere along the line things went wrong (Genesis tells that story, too) and are in desperate need of fixing. The fixing is all accomplished by speaking—God speaking salvation into being in the person of Jesus. Jesus, in this account, not only speaks the word of God; he *is* the Word of God.

Keeping company with these words, we begin to realize that our words are more

를 들어, "내가 믿습니다"라고 말하는 것이 삶과 죽음을 가르는 표지가 된다. 요한은 "이것을 기록한 이유는, 예수께서 메시아이시며 하나님의 아들이심을 여러분으로 믿게 하고, 그 믿음을 통해 예수께서 친히 계시해 주신 참되고 영원한 생명을 얻게 하려는 것이다"라고 말한다 (요 20:30-31). 예수와 대화할 때 우리의 말에 품위와 무게가 실린다. 그것은 예수께서 구원을 해답으로 강요하시지 않기 때문이다. 그분은 편안한 대화, 친밀하고 인격적인 관계, 자비로운 반응, 뜨거운 기도, 그리고—이 모든 것을 아우르는—희생적인 죽음을 통해, 구원을 선포하고 존재하게 하신다. 우리는 그 같은 말씀을 무심하게 지나칠 수 없다.

important than we ever supposed. Saying "I believe," for instance, marks the difference between life and death. John wrote, "Jesus provided far more God-revealing signs than are written down in this book. These are written down so you will believe that Jesus is the Messiah, the Son of God, and in the act of believing, have real and eternal life in the way he personally revealed it"(John 20:30-31). Our words accrue dignity and gravity in conversations with Jesus. For Jesus doesn't impose salvation as a solution; he *narrates* salvation into being through leisurely conversation, intimate personal relationships, compassionate responses, passionate prayer, and—putting it all together—a sacrificial death. We don't casually walk away from words like that.

요한복음   JOHN

JOHN

그 말씀이 살과 피가 되어

1

¹⁻² 처음에 그 **말씀**이 계셨다.
그 말씀은 하나님과 함께 계셨고,
하나님도 그 말씀과 함께 계셨다.
그 말씀이 곧 하나님이셨다.
그 말씀은 첫날부터 하나님을 위해 준비된
말씀이었다.

³⁻⁵ 모든 것이 그분을 통해 창조되었다.
그분 없이 창조된 것은
단 하나도 없었다.
존재할 수 있도록 한 것은 바로 생명이었
으니,
그 생명은 삶을 유지하는 빛이었다.
그 **생명 빛**이 어둠을 뚫고 타올랐으니,
어둠은 그 빛을 끌 수 없었다.

⁶⁻⁸ 일찍이 한 사람이 있었다. 그의 이름은 요
한이었다. 그는 그 생명 빛에 이르는 길을 가
리켜 보이라고 하나님께서 보내신 사람이었
다. 그가 온 것은, 어디를 보고 누구를 믿어야
할지를 모든 사람에게 보여주기 위해서였다.
요한 자신은 그 빛이 아니었다. 그는 그 빛에
이르는 길을 보여주려고 온 사람이었다.

⁹⁻¹³ 그 생명 빛은 참된 빛이었다.
그분은 생명에 들어가는 사람 누구나

The Life-Light

1

¹⁻² The Word was first,
the Word present to God,
God present to the Word.
The Word was God,
in readiness for God from day one.

³⁻⁵ Everything was created through
him;
nothing—not one thing!—
came into being without him.
What came into existence was Life,
and the Life was Light to live by.
The Life-Light blazed out of the
darkness;
the darkness couldn't put it out.

⁶⁻⁸ There once was a man, his name
John, sent by God to point out the way to
the Life-Light. He came to show everyone
where to look, who to believe in. John
was not himself the Light; he was there to
show the way to the Light.

⁹⁻¹³ The Life-Light was the real thing:
Every person entering Life
he brings into Light.

그 빛 속으로 데려가신다.
그분이 세상에 계셨고
세상이 그분을 통해 존재했지만
세상은 그분을 알아보지 못했다.
그분이 자기 백성에게 오셨지만
그들은 그분을 원치 않았다.
그러나 그분을 원했던 이들,
그분이 스스로 말씀하신 그분이며
말씀하신 대로 행하실 분이라고 믿은 이들
은 누구나,
그들의 참된 자아,
곧 하나님의 자녀가 되게 해주셨다.
이들은 피로 난 자도 아니고
육체로 난 자도 아니며
성관계로 난 자도 아닌
하나님에게서 난 사람들이다.

¹⁴ 그 말씀이 살과 피가 되어
우리가 사는 곳에 오셨다.
우리는 그 영광을 두 눈으로 보았다.
단 하나뿐인 그 영광은
아버지 같고, 아들 같아서
안팎으로 두루 충만하고
처음부터 끝까지 참된 영광이었다.

¹⁵ 요한은 그분을 가리켜 외쳤다. "이분이 바
로 그분이시다! 내가 전에 내 뒤에 오시지만, 사
실은 나보다 앞서 계신 분이라고 말한 것은, 바로
이분을 두고 한 말이다. 그분은 언제나 나보다 먼
저 계신 분, 늘 먼저 말씀하신 분이기 때문이다."

¹⁶⁻¹⁸ 우리 모두는 그분의 충만한 은혜,
끊임없이 베푸시는 선물에 의지해 살아간다.
우리가 기본적인 것은 모세에게서 받았지만,
이 풍성한 주고받음,
이 끝없는 앎과 깨달음,
이 모든 것은 메시아 예수를 통해 받았다.
이제까지 하나님을 본 사람,

He was in the world,
the world was there through him,
and yet the world didn't even notice.
He came to his own people,
but they didn't want him.
But whoever did want him,
who believed he was who he claimed
and would do what he said,
He made to be their true selves,
their child-of-God selves.
These are the God-begotten,
not blood-begotten,
not flesh-begotten,
not sex-begotten.

¹⁴ The Word became flesh and blood,
and moved into the neighborhood.
We saw the glory with our own eyes,
the one-of-a-kind glory,
like Father, like Son,
Generous inside and out,
true from start to finish.

¹⁵ John pointed him out and called,
"This is the One! The One I told you was
coming after me but in fact was ahead
of me. He has always been ahead of me,
has always had the first word."

¹⁶⁻¹⁸ We all live off his generous
bounty,
gift after gift after gift.
We got the basics from Moses,
and then this exuberant giving and
receiving,
This endless knowing and under-
standing—
all this came through Jesus, the

어렴풋하게라도 그분을 본 사람은 없었다. 아버지의 심장에 계신 분, 단 하나뿐인 하나님의 모습이신 그분께서 하나님을 대낮처럼 분명하게 드러내 보이셨다.

광야에서 외치는 소리

19-20 예루살렘의 유대인들이 제사장과 관리들을 요한에게 보내어 그가 누구인지 물어 보았을 때, 요한은 아무것도 숨기지 않았다. 그는 그 질문을 얼버무려 넘기지 않고, 사실 그대로 말했다. "나는 메시아가 아니다."

21 그들이 다그쳐 물었다. "그렇다면 누구란 말이오? 엘리야요?"

"아니다."

"예언자요?"

"아니다."

22 그들은 화를 내며 말했다. "그렇다면 누구란 말이오? 우리를 보낸 이들에게 전해 줄 답변이 필요하오. 무엇이라도 좋으니, 당신 자신에 대해 좀 알려 주시오."

23 "나는 '하나님을 위해 길을 곧게 하라'고 광야에서 외치는 소리다. 나는 예언자 이사야가 선포한 일을 행하는 것이다."

24-25 요한에게 질문한 사람들은 바리새인들이 보낸 이들이었다. 이제 그들은 자신들이 궁금해 하던 질문을 던졌다. "당신이 메시아도 아니고 엘리야도 아니고 예언자도 아니라면, 세례는 왜 주는 겁니까?"

26-27 요한이 대답했다. "나는 물로 세례를 줄 뿐이다. 그러나 너희 가운데 너희가 알아보지 못하는 한분이 서 계신다. 그분은 내 뒤에 오시지만, 내 다음가는 분이 아니시다. 나는 그분의 겉옷을 들고 있을 자격조차 없는 사람이다."

28 이것은 요한이 세례를 주던 요단 강 건너편 베다니에서 나눈 대화였다.

Messiah.
No one has ever seen God,
    not so much as a glimpse.
This one-of-a-kind God-Expression,
    who exists at the very heart of the
    Father,
    has made him plain as day.

Thunder in the Desert

19-20 When Jews from Jerusalem sent a group of priests and officials to ask John who he was, he was completely honest. He didn't evade the question. He told the plain truth: "I am not the Messiah."

21 They pressed him, "Who, then? Elijah?"

"I am not."

"The Prophet?"

"No."

22 Exasperated, they said, "Who, then? We need an answer for those who sent us. Tell us something—anything!—about yourself."

23 "I'm thunder in the desert: 'Make the road straight for God!' I'm doing what the prophet Isaiah preached."

24-25 Those sent to question him were from the Pharisee party. Now they had a question of their own: "If you're neither the Messiah, nor Elijah, nor the Prophet, why do you baptize?"

26-27 John answered, "I only baptize using water. A person you don't recognize has taken his stand in your midst. He comes after me, but he is not in second place to me. I'm not even worthy to hold his coat for him."

28 These conversations took place in Bethany on the other side of the Jordan, where John was baptizing at the time.

하나님을 계시하시는 분

29-31 이튿날, 요한은 예수께서 자기에게 오시는 것을 보고 큰소리로 말했다. "이분이 하나님의 유월절 어린양이시다! 세상 죄를 용서하시는 분이다! 내가 전에 '내 뒤에 오시지만, 사실은 나보다 앞서 계신 분'이라고 말한 이가 바로 이분이다. 나는 이분이 누구신지 전혀 알지 못했다. 내가 아는 것은, 이분이 하나님을 계시하시는 분이심을 알아보도록 이스라엘을 준비시키는 것이 내 임무라는 것뿐이었다. 그래서 내가 여기에 와서 물로 세례를 주는 것이다. 너희를 말끔히 씻기고 너희 삶에서 죄를 씻어 내어, 너희로 하여금 하나님과 함께 새 출발을 하게 하려는 것이다."

32-34 요한은 자신의 증언을 이 말로 매듭지었다. "나는 성령께서 비둘기처럼 하늘에서 내려와 이분 안에 편히 머무시는 것을 보았다. 다시 말하지만, 내가 이분에 대해 아는 것은, 물로 세례를 주라고 내게 권한을 주신 분께서 '너는 성령이 내려와 한분 위에 머무는 것을 보게 될 텐데, 바로 그가 성령으로 세례를 줄 것이다'라고 말씀하신 것뿐이었다. 나는 정확하게 그 일이 일어나는 것을 보았고, 그래서 너희에게 말하는 것이다. 이분이 하나님의 아들이신 것에는 조금도 의심의 여지가 없다."

와서 직접 보아라

35-36 이튿날 요한이 두 제자와 함께 자기 일터에 있다가, 예수께서 근처를 지나가시는 것을 보고 말했다. "하나님의 유월절 어린양이시다."

37-38 두 제자는 요한의 말을 듣고 예수를 따라갔다. 예수께서 고개를 돌려 그들을 보시고 말씀하셨다. "무엇을 찾느냐?"

그들이 말했다. "랍비님, 어디에 묵고 계십니까?" (랍비는 '선생'이라는 뜻이다.)

39 예수께서 대답하셨다. "와서 직접 보아라."

The God-Revealer

29-31 The very next day John saw Jesus coming toward him and yelled out, "Here he is, God's Passover Lamb! He forgives the sins of the world! This is the man I've been talking about, 'the One who comes after me but is really ahead of me.' I knew nothing about who he was—only this: that my task has been to get Israel ready to recognize him as the God-Revealer. That is why I came here baptizing with water, giving you a good bath and scrubbing sins from your life so you can get a fresh start with God."

32-34 John clinched his witness with this: "I watched the Spirit, like a dove flying down out of the sky, making himself at home in him. I repeat, I know nothing about him except this: The One who authorized me to baptize with water told me, 'The One on whom you see the Spirit come down and stay, this One will baptize with the Holy Spirit.' That's exactly what I saw happen, and I'm telling you, there's no question about it: *This* is the Son of God."

Come, See for Yourself

35-36 The next day John was back at his post with two disciples, who were watching. He looked up, saw Jesus walking nearby, and said, "Here he is, God's Passover Lamb."

37-38 The two disciples heard him and went after Jesus. Jesus looked over his shoulder and said to them, "What are you after?"

They said, "Rabbi" (which means "Teacher"), "where are you staying?"

39 He replied, "Come along and see for

그들은 가서 예수께서 지내시는 곳을 보았
고, 그날을 그분과 함께 지냈다. 늦은 오후
에 일어난 일이었다.

40-42 요한의 증언을 듣고 예수를 따라간 두
사람 중 하나는, 시몬 베드로의 동생 안드
레였다. 그가 예수께서 지내시는 곳을 확인
하고 나서 맨 먼저 한 일은, 자기 형 시몬을
찾아가 "우리가 메시아를 만났다"고 알린
것이었다. (메시아는 곧 그리스도다.) 그는 즉
시 시몬을 예수께로 인도했다.

예수께서 시몬을 쳐다보시고 말씀하셨다.
"너는 요한의 아들 시몬이 아니냐? 이제부
터 네 이름은 게바다." (게바는 베드로, 곧 바
위라는 뜻이다.)

43-44 이튿날 예수께서 갈릴리에 가기로 하
셨다. 예수께서 갈릴리에 도착해 빌립과 마
주치셨다. 예수께서 말씀하셨다. "가자. 나
를 따라오너라." (빌립의 고향은 벳세다였다.
그곳은 안드레와 베드로의 고향이기도 했다.)

45-46 빌립이 가서 나다나엘을 만나 이렇게
말했다. "모세가 율법에 기록하고 예언자
들이 전해 준 그분을, 우리가 만났습니다.
그분은 요셉의 아들 예수라는 분인데, 나
사렛에서 오셨어요!" 나다나엘이 말했다.
"나사렛이라고요? 설마 농담이겠지요."
그러나 빌립은 이렇게 말했다. "와서 직접
보세요."

47 예수께서 나다나엘이 오는 것을 보시고
말씀하셨다. "저 사람은 참된 이스라엘 사람
이다. 그에게는 거짓된 구석이 하나도 없다."

48 나다나엘이 말했다. "어떻게 그런 생각
을 하셨습니까? 저를 모르시지 않습니까?"
예수께서 대답하셨다. "빌립이 너를 이곳
으로 부르기 오래전에, 네가 무화과나무 아
래 있는 것을 보았다."

49 나다나엘이 큰소리로 말했다. "랍비님!
선생님은 하나님의 아들이시며, 이스라엘
의 왕이십니다!"

yourself."

They came, saw where he was living, and
ended up staying with him for the day. It
was late afternoon when this happened.

40-42 Andrew, Simon Peter's brother, was
one of the two who heard John's witness
and followed Jesus. The first thing he did
after finding where Jesus lived was find his
own brother, Simon, telling him, "We've
found the Messiah" (that is, "Christ"). He
immediately led him to Jesus.

Jesus took one look up and said, "You're
John's son, Simon? From now on your
name is Cephas" (or Peter, which means
"Rock").

43-44 The next day Jesus decided to go to
Galilee. When he got there, he ran across
Philip and said, "Come, follow me." (Philip's
hometown was Bethsaida, the same as
Andrew and Peter.)

45-46 Philip went and found Nathanael and
told him, "We've found the One Moses
wrote of in the Law, the One preached
by the prophets. It's *Jesus*, Joseph's son,
the one from Nazareth!" Nathanael said,
"Nazareth? You've got to be kidding."

But Philip said, "Come, see for yourself."

47 When Jesus saw him coming he said,
"There's a real Israelite, not a false bone in
his body."

48 Nathanael said, "Where did you get that
idea? You don't know me."

Jesus answered, "One day, long before
Philip called you here, I saw you under the
fig tree."

49 Nathanael exclaimed, "Rabbi! You are
the Son of God, the King of Israel!"

50-51 예수께서 말씀하셨다. "네가 무화과 나무 아래 앉아 있는 것을 내가 보았다고 해서 믿는 것이냐? 그것은 아무것도 아니다! 이 일이 끝나기 전에, 너희는 하늘이 열리고 하나님의 천사들이 인자 위에 오르내리는 것을 보게 될 것이다."

물로 포도주를 만드시다

2 1-3 사흘 후에 갈릴리 가나 마을에서 결혼식이 있었다. 예수의 어머니가 그곳에 있었고, 예수와 제자들도 거기에 손님으로 있었다. 결혼잔치에 포도주가 떨어져 가자, 예수의 어머니가 예수께 말했다. "포도주가 거의 바닥났구나."

4 예수께서 말씀하셨다. "어머니, 그것이 어머니와 내가 관여할 일입니까? 지금은 나의 때가 아닙니다. 재촉하지 마십시오."

5 예수의 어머니가 지체 없이 종들에게 말했다. "그가 시키는 대로 무엇이든 하여라."

6-7 거기에는 유대인들이 정결예식에 쓰는 물 항아리가 여섯 개 놓여 있었다. 항아리는 각각 75에서 110리터 정도가 들어가는 크기였다. 예수께서 종들에게 지시하셨다. "항아리에 물을 가득 채워라." 그러자 그들은 항아리가 넘치도록 물을 가득 채웠다.

8 예수께서 "이제 주전자에 가득 담아 잔치를 맡은 자에게 가져다주어라" 하고 말씀하셨다. 종들은 그대로 했다.

9-10 잔치를 맡은 자가 물이 변하여 된 포도주를 맛보고서, 큰소리로 신랑을 불러 말했다. (그는 방금 무슨 일이 일어났는지 몰랐지만, 종들은 알고 있었다.) "내가 알기로는, 누구나 처음에 가장 맛좋은 포도주를 내놓다가 손님들이 잔뜩 마신 뒤에는 싸구려를 내놓는데, 그대는 지금까지 가장 좋은 포도주를 남겨 두었구려!"

11 갈릴리 가나에서 행하신 이 일은 예수께서 보여주신 첫 번째 표적이었고, 처음으로

50-51 Jesus said, "You've become a believer simply because I say I saw you one day sitting under the fig tree? You haven't seen anything yet! Before this is over you're going to see heaven open and God's angels descending to the Son of Man and ascending again."

From Water to Wine

2 1-3 Three days later there was a wedding in the village of Cana in Galilee. Jesus' mother was there. Jesus and his disciples were guests also. When they started running low on wine at the wedding banquet, Jesus' mother told him, "They're just about out of wine."

4 Jesus said, "Is that any of our business, Mother—yours or mine? This isn't my time. Don't push me."

5 She went ahead anyway, telling the servants, "Whatever he tells you, do it."

6-7 Six stoneware water pots were there, used by the Jews for ritual washings. Each held twenty to thirty gallons. Jesus ordered the servants, "Fill the pots with water." And they filled them to the brim.

8 "Now fill your pitchers and take them to the host," Jesus said, and they did.

9-10 When the host tasted the water that had become wine (he didn't know what had just happened but the servants, of course, knew), he called out to the bridegroom, "Everybody I know begins with their finest wines and after the guests have had their fill brings in the cheap stuff. But you've saved the best till now!"

11 This act in Cana of Galilee was the first sign Jesus gave, the first glimpse of his

자신의 영광을 나타내신 것이었다. 그분의 제자들이 예수를 믿게 되었다.

12 이 일이 있고 나서, 예수께서는 어머니와 형제와 제자들과 함께 가버나움으로 내려가 며칠을 지내셨다.

성전을 깨끗하게 하시다

13-14 유대인들이 매년 봄에 지키는 유월절이 막 시작될 무렵, 예수께서 예루살렘으로 올라가셨다. 예수께서는 성전이 소와 양과 비둘기를 파는 사람들로 북적대는 것을 보셨다. 고리대금업자들도 거기서 마음껏 활개를 치고 있었다.

15-17 예수께서 가죽 끈으로 채찍을 만들어서 그들을 성전에서 쫓아내셨다. 양과 소를 몰아내고, 동전을 사방으로 흩어 버리시며, 고리대금업자들의 가판대를 뒤엎으셨다. 예수께서 비둘기 상인들에게 이렇게 말씀하셨다. "여기에서 너희 물건을 치워라! 내 아버지 집을 쇼핑몰로 만드는 짓은 그만두어라!" 그 순간, 제자들은 "당신의 집을 향한 열심이 나를 삼킵니다"라고 한 성경 말씀을 기억했다.

18-19 그러나 유대인들은 불쾌한 마음에 이렇게 물었다. "당신이 하는 이 일이 옳다고 입증해 줄 신임장을 제시할 수 있겠소?" 예수께서 대답하셨다. "이 성전을 헐어라. 그러면 내가 사흘 만에 다시 짓겠다."

20-22 그들은 분개하며 말했다. "이 성전을 짓는 데 사십육 년이 걸렸는데, 당신이 사흘 만에 다시 짓겠다는 거요?" 그러나 예수께서 성전이라고 하신 것은, 자신의 몸을 두고 하신 말씀이었다. 나중에 예수께서 죽은 자들 가운데서 살아나신 뒤에야, 제자들은 그분이 그렇게 말씀하신 것을 기억해 냈다. 그때에야 제자들은 비로소 올바른 결론을 내릴 수 있었다. 성경에 기록된 말씀과 예수께서 하신 말씀을 모두 믿게 된 것이다.

glory. And his disciples believed in him.

12 After this he went down to Capernaum along with his mother, brothers, and disciples, and stayed several days.

Tear Down This Temple...

13-14 When the Passover Feast, celebrated each spring by the Jews, was about to take place, Jesus traveled up to Jerusalem. He found the Temple teeming with people selling cattle and sheep and doves. The loan sharks were also there in full strength.

15-17 Jesus put together a whip out of strips of leather and chased them out of the Temple, stampeding the sheep and cattle, upending the tables of the loan sharks, spilling coins left and right. He told the dove merchants, "Get your things out of here! Stop turning my Father's house into a shopping mall!" That's when his disciples remembered the Scripture, "Zeal for your house consumes me."

18-19 But the Jews were upset. They asked, "What credentials can you present to justify this?" Jesus answered, "Tear down this Temple and in three days I'll put it back together."

20-22 They were indignant: "It took forty-six years to build this Temple, and you're going to rebuild it in three days?" But Jesus was talking about his body as the Temple. Later, after he was raised from the dead, his disciples remembered he had said this. They then put two and two together and believed both what was written in Scripture and what Jesus had said.

23-25 예수께서 예루살렘에 계시는 유월절 기간 동안, 많은 사람들이 그분이 나타내시는 표적을 보았다. 그리고 그 표적이 하나님을 가리킨다는 것을 알고는, 자신들의 삶을 예수께 맡겼다. 그러나 예수께서는 자신의 삶을 그들에게 맡기지 않으셨다. 예수께서는 그들을 속속들이 아셨고, 그들이 신뢰할 수 없는 사람들인 것도 알고 계셨다. 예수께서는 아무런 도움 없이도 그들을 훤히 꿰뚫어 보고 계셨던 것이다.

니고데모와의 대화

3 1-2 바리새파 사람 가운데 니고데모라는 사람이 있었다. 그는 유대인들 사이에서 유력한 지도자였다. 하루는 그가 밤늦게 예수를 찾아와서 말했다. "랍비님, 우리 모두는 선생님이 하나님께로부터 직접 오신 분이라는 것을 알고 있습니다. 하나님이 관여하지 않으시면, 아무도 선생님이 하시는 일, 곧 하나님을 가리켜 보이고 하나님을 계시하는 일을 할 수 없습니다."

3 예수께서 말씀하셨다. "네 말이 정말 맞다. 내가 하는 말을 믿어라. 사람이 위로부터 태어나지 않으면, 내가 가리키는 하나님 나라를 볼 수 없다."

4 니고데모가 말했다. "이미 태어나서 다 자란 사람이 어떻게 다시 태어날 수 있겠습니까? 어머니 배에 들어가서 다시 태어날 수는 없습니다. '위로부터 태어난다'고 하신 말씀이 도대체 무슨 뜻입니까?"

5-6 예수께서 말씀하셨다. "너는 귀 기울여 듣지 않는구나. 다시 말해 주겠다. 사람은 누구나 근본적인 창조 과정을 거쳐야 한다. '태초에 수면 위를 운행하시던 성령'을 통한 창조, 보이는 세계를 움직이는 보이지 않는 세계, 새로운 생명으로 들어가게 이끄는 세례, 이 과정들이 없으면 하나님 나라에 들어갈 수 없다. 아기를 예로 들어 설명하겠다. 태어난 아기는 다만 네가 볼 수 있고 만질 수 있는 몸만 가지고 있을 뿐

23-25 During the time he was in Jerusalem, those days of the Passover Feast, many people noticed the signs he was displaying and, seeing they pointed straight to God, entrusted their lives to him. But Jesus didn't entrust his life to them. He knew them inside and out, knew how untrustworthy they were. He didn't need any help in seeing right through them.

Born from Above

3 1-2 There was a man of the Pharisee sect, Nicodemus, a prominent leader among the Jews. Late one night he visited Jesus and said, "Rabbi, we all know you're a teacher straight from God. No one could do all the God-pointing, God-revealing acts you do if God weren't in on it."

3 Jesus said, "You're absolutely right. Take it from me: Unless a person is born from above, it's not possible to see what I'm pointing to—to God's kingdom."

4 "How can anyone," said Nicodemus, "be born who has already been born and grown up? You can't re-enter your mother's womb and be born again. What are you saying with this 'born-from-above' talk?"

5-6 Jesus said, "You're not listening. Let me say it again. Unless a person submits to this original creation—the 'wind-hovering-over-the-water' creation, the invisible moving the visible, a baptism into a new life—it's not possible to enter God's kingdom. When you look at a baby, it's just that: a body you can look

이다. 그러나 그 몸 안에 형성되는 인격은 네가 절대 볼 수도 없고 만질 수도 없는 것—성령—으로 빚어져 살아 있는 영이 되는 것이다. 바로 이러한 과정을 말하는 것이다.

7-8 그러니 너는 '위로부터 태어나야 한다'는 말, 곧 이 세상의 가치로부터 떠나야 한다는 내 말에 놀라지 마라. 너는 바람이 부는 방향을 예측할 수 없다는 것을 잘 알 것이다. 너는 나무 사이를 스치는 바람의 소리는 듣지만, 그 바람이 어디서 와서 어디로 가는지는 모른다. 하나님의 바람, 곧 하나님의 영을 힘입어 '위로부터 태어난' 사람도 다 그와 같다."

9 니고데모가 물었다. "그 말이 무슨 뜻입니까? 어떻게 그런 일이 일어날 수 있습니까?"

10-12 예수께서 대답하셨다. "너는 이스라엘의 존경받는 선생이면서, 이런 기본적인 것도 모르느냐? 잘 들어라. 진리를 있는 그대로 일러 주겠다. 나는 경험으로 아는 것만 말한다. 나는 내 두 눈으로 본 것만 증언한다. 얻어들은 말이나 전해 들은 말은 하나도 없다. 그러나 너는 증거를 직면해서 받아들이기는커녕 이런저런 질문으로 꾸물거리고 있구나. 손바닥 보듯 뻔한 사실을 말해도 네가 믿지 않는데, 네가 보지 못하는 하나님의 일을 내가 말해 봐야 무슨 소용이 있겠느냐?

13-15 하나님 앞에서 내려온 이, 곧 인자밖에는 아무도 하나님 앞으로 올라간 이가 없다. 모세가 광야에서 뱀을 들어 백성에게 보고 믿게 한 것과 마찬가지로, 인자도 들려야 한다. 그러면 그를 바라보는 사람, 그를 믿고 기다리는 사람마다 참된 생명, 영원한 생명을 얻게 될 것이다.

16-18 하나님께서 이 세상을 얼마나 사랑하셨는지, 그분은 하나뿐인 아들을 우리

at and touch. But the person who takes shape within is formed by something you can't see and touch—the Spirit—and becomes a living spirit.

7-8 "So don't be so surprised when I tell you that you have to be 'born from above'—out of this world, so to speak. You know well enough how the wind blows this way and that. You hear it rustling through the trees, but you have no idea where it comes from or where it's headed next. That's the way it is with everyone 'born from above' by the wind of God, the Spirit of God."

9 Nicodemus asked, "What do you mean by this? How does this happen?"

10-12 Jesus said, "You're a respected teacher of Israel and you don't know these basics? Listen carefully. I'm speaking sober truth to you. I speak only of what I know by experience; I give witness only to what I have seen with my own eyes. There is nothing secondhand here, no hearsay. Yet instead of facing the evidence and accepting it, you procrastinate with questions. If I tell you things that are plain as the hand before your face and you don't believe me, what use is there in telling you of things you can't see, the things of God?

13-15 "No one has ever gone up into the presence of God except the One who came down from that Presence, the Son of Man. In the same way that Moses lifted the serpent in the desert so people could have something to see and then believe, it is necessary for the Son of Man to be lifted up—and everyone who looks up to him, trusting and expectant, will gain a real life, eternal life.

16-18 "This is how much God loved the world:

에게 주셨다. 그것은 아무도 멸망하지 않고, 그를 믿는 사람은 누구나 온전하고 영원한 생명을 얻게 하시려는 것이다. 하나님께서 고통을 무릅쓰고 자기 아들을 보내신 것은, 세상을 정죄하고 손가락질해서 세상이 얼마나 악한지 일러 주시려는 것이 아니다. 아들이 온 것은, 세상을 구원하고 다시 바로잡으려는 것이다. 누구든지 아들을 신뢰하는 사람은 죄를 용서받지만, 아들을 신뢰하지 않는 사람은 이미 오래전에 사형선고를 받았으면서도 그것을 모르는 사람이다. 하나뿐인 하나님의 아들을 알고도 그가 믿지 않았기 때문이다.

19-21 너희가 처한 위기 상황은 이러하다. 빛이신 하나님께서 세상 안으로 들어오셨지만, 사람들은 어둠을 찾아 달아났다. 그들이 어둠을 찾아 달아난 것은, 하나님을 기쁘시게 해드리는 일에 관심이 없었기 때문이다. 악행을 일삼고 부정과 망상에 사로잡힌 사람은 누구나 빛이신 하나님을 싫어해서, 그 빛에 가까이 가려고 하지 않는다. 자기 행위가 드러날까 괴롭고 두렵기 때문이다. 그러나 진리와 실체 안에서 일하고 살아가는 사람은 빛이신 하나님을 맞아들인다. 그것은 자기 행위가 하나님의 일을 위한 것이었음을 드러내려는 것이다."

그분 앞서 준비하는 사람

22-26 이 대화를 마치고, 예수께서 제자들과 함께 유대로 가셔서 그들과 함께 휴식을 취하셨다. 예수께서는 세례도 주셨다. 같은 때에 요한은 살렘 근처에 있는 애논에서 세례를 주고 있었는데, 애논은 물이 풍부한 곳이었다. 이때는 아직 요한이 감옥에 갇히기 전이었다. 요한의 제자들이 세례의 본질을 두고 유대 지도자들과 논쟁을 벌였다. 제자들이 요한에게 가서 말했다. "랍비님, 요단 강 건너편에서 선생님과 함께 있던 분

He gave his Son, his one and only Son. And this is why: so that no one need be destroyed; by believing in him, anyone can have a whole and lasting life. God didn't go to all the trouble of sending his Son merely to point an accusing finger, telling the world how bad it was. He came to help, to put the world right again. Anyone who trusts in him is acquitted; anyone who refuses to trust him has long since been under the death sentence without knowing it. And why? Because of that person's failure to believe in the one-of-a-kind Son of God when introduced to him.

19-21 "This is the crisis we're in: God-light streamed into the world, but men and women everywhere ran for the darkness. They went for the darkness because they were not really interested in pleasing God. Everyone who makes a practice of doing evil, addicted to denial and illusion, hates God-light and won't come near it, fearing a painful exposure. But anyone working and living in truth and reality welcomes God-light so the work can be seen for the God-work it is."

The Bridegroom's Friend

22-26 After this conversation, Jesus went on with his disciples into the Judean countryside and relaxed with them there. He was also baptizing. At the same time, John was baptizing over at Aenon near Salim, where water was abundant. This was before John was thrown into jail. John's disciples got into an argument with the establishment Jews over the nature of baptism. They came to John and said, "Rabbi, you know the one

을 아시지요? 선생님께서 증언하고 인정해 주신 분 말입니다. 그분이 이제는 우리와 경쟁하고 있습니다. 그분도 세례를 주고 있는데, 사람들이 우리에게로 오지 않고 다 그분에게로 갑니다."

27-29 요한이 대답했다. "사람이 하늘의 도움 없이는 성공할 수 없다. (나는 지금 영원한 성공을 말하는 것이다.) 나는 메시아가 아니다. 나는 그분보다 앞서 보냄받아서 그분을 준비하는 사람에 불과하다. 내가 이것을 공개적으로 말할 때에 너희도 그 자리에 나와 함께 있었다. 신부를 얻는 이는 당연히 신랑이다. 그리고 들러리가 되어 신랑 곁에서 그가 하는 말을 모두 듣는 신랑의 친구는 참으로 행복하다. 내가 바로 그 사람이다. 이제 결혼식이 끝나고 행복한 결혼생활이 시작될 것을 잘 아는 신랑의 친구가 어떻게 질투할 수 있겠느냐?

29-30 그래서 내 잔이 넘쳐흐르는 것이다. 지금은 그분이 중앙무대로 나오시고, 나는 가장자리로 비켜나야 할 순간이다.

31-33 위로부터 오시는 그분이야말로 하나님께서 보내신 다른 어떤 심부름꾼보다 뛰어나신 분이다. 땅에서 난 자는 땅에 매여서 땅의 언어로 말하지만, 하늘에서 나신 분은 우리와 차원이 다르다. 그분은 하늘에서 직접 보고 들은 것을 증거로 제시하신다. 하지만 아무도 그 같은 사실에 관심을 두지 않는다. 그러나 그 증거를 면밀히 살펴보는 사람은, 하나님이 곧 진리라는 사실에 자기 목숨을 걸게 된다.

34-36 하나님께서 보내신 그분은 하나님의 말씀을 전한다. 하나님께서 성령을 조금씩 나누어 주신다고 생각하지 마라. 아버지는 아들을 한량없이 사랑하신다. 아버지는 아들에게 모든 것을 맡기셔서, 아들로 하여금 그 선물을 아낌없이 나눠 주게 하셨다. 그래서 아들을 받아들이고 신뢰하는 사람은

who was with you on the other side of the Jordan? The one you authorized with your witness? Well, he's now competing with us. He's baptizing, too, and everyone's going to him instead of us."

27-29 John answered, "It's not possible for a person to succeed—I'm talking about *eternal* success—without heaven's help. You yourselves were there when I made it public that I was not the Messiah but simply the one sent ahead of him to get things ready. The one who gets the bride is, by definition, the bridegroom. And the bridegroom's friend, his 'best man'—that's me—in place at his side where he can hear every word, is genuinely happy. How could he be jealous when he knows that the wedding is finished and the marriage is off to a good start?

29-30 "That's why my cup is running over. This is the assigned moment for him to move into the center, while I slip off to the sidelines.

31-33 "The One who comes from above is head and shoulders over other messengers from God. The earthborn is earthbound and speaks earth language; the heavenborn is in a league of his own. He sets out the evidence of what he saw and heard in heaven. No one wants to deal with these facts. But anyone who examines this evidence will come to stake his life on this: that God himself is the truth.

34-36 "The One that God sent speaks God's words. And don't think he rations out the Spirit in bits and pieces. The Father loves the Son extravagantly. He turned everything over to him so he could give it away—a lavish distribution of gifts. That is why

누구나 그 모든 것, 곧 온전하고 영원한 생명에 참여하게 된다! 어둠 속에 있어 아들을 신뢰하지 않고 외면하는 사람이 생명을 보지 못하는 것도 그 때문이다. 그가 하나님에 대해 경험하는 것이라고는 온통 어둠, 지독한 어둠뿐이다."

우물가의 여인

4 ¹⁻³ 예수께서 바리새인들이 자신과 요한이 세례를 준 횟수를 세고 있다는 것을 아셨다. (실제로 세례를 준 것은 예수가 아니라 그분의 제자들이었다.) 바리새인들은 예수가 앞섰다고 점수를 발표하여, 그분과 요한이 경쟁하는 것으로 사람들의 눈에 보이게 했다. 그래서 예수께서 유대를 떠나 다시 갈릴리로 가셨다.

⁴⁻⁶ 갈릴리로 가려면, 사마리아를 가로질러 가야 했다. 예수께서 사마리아의 수가라 하는 마을에 이르셨다. 수가는 야곱이 자기 아들 요셉에게 준 땅과 맞닿아 있었는데, 야곱의 우물이 아직 거기 있었다. 여행으로 지친 예수께서 우물가에 앉으셨다. 때는 정오 무렵이었다.

⁷⁻⁸ 한 사마리아 여자가 물을 길으러 나왔다. 예수께서 그 여자에게 말씀하셨다. "나에게 물 한 모금 줄 수 있겠느냐?" (제자들은 점심거리를 사러 마을에 가고 없었다.)

⁹ 사마리아 여자가 당황해 하며 물었다. "당신은 유대인이면서 어떻게 사마리아 여자인 나에게 물을 달라고 하십니까?" (당시에 유대인들은 사마리아 사람들과 절대로 말을 나누려 하지 않았다.)

¹⁰ 예수께서 대답하셨다. "네가 하나님의 후하심을 알고 내가 누구인지 알았더라면 내게 마실 물을 달라고 했을 것이고, 나는 네게 시원한 생수를 주었을 것이다."

¹¹⁻¹² 그러자 여자가 말했다. "선생님, 선생님께는 물 긷는 두레박도 없고, 또 이 우물

The Woman at the Well

whoever accepts and trusts the Son gets in on everything, life complete and forever! And that is also why the person who avoids and distrusts the Son is in the dark and doesn't see life. All he experiences of God is darkness, and an angry darkness at that."

4 ¹⁻³ Jesus realized that the Pharisees were keeping count of the baptisms that he and John performed (although his disciples, not Jesus, did the actual baptizing). They had posted the score that Jesus was ahead, turning him and John into rivals in the eyes of the people. So Jesus left the Judean countryside and went back to Galilee.

⁴⁻⁶ To get there, he had to pass through Samaria. He came into Sychar, a Samaritan village that bordered the field Jacob had given his son Joseph. Jacob's well was still there. Jesus, worn out by the trip, sat down at the well. It was noon.

⁷⁻⁸ A woman, a Samaritan, came to draw water. Jesus said, "Would you give me a drink of water?" (His disciples had gone to the village to buy food for lunch.)

⁹ The Samaritan woman, taken aback, asked, "How come you, a Jew, are asking me, a Samaritan woman, for a drink?" (Jews in those days wouldn't be caught dead talking to Samaritans.)

¹⁰ Jesus answered, "If you knew the generosity of God and who I am, you would be asking *me* for a drink, and I would give you fresh, living water."

¹¹⁻¹² The woman said, "Sir, you don't even have a bucket to draw with, and this well

은 깊습니다. 그런데 어떻게 생수를 주시겠다는 말입니까? 선생님이 우리 조상 야곱보다 더 뛰어난 분이라는 말입니까? 그는 이 우물을 파서, 자신은 물론이고 자기 아들들과 가축들까지 이 물에서 마시게 했고, 우리에게 물려주기까지 했습니다.”

13-14 예수께서 말씀하셨다. “이 물을 마시는 사람은 누구나 다시 목마를 것이다. 그러나 내가 주는 물을 마시는 사람은 다시는 목마르지 않을 것이다. 내가 주는 물은, 그 사람 속에서 솟구쳐 오르는 영원한 생명의 샘이 될 것이다.”

15 여자가 말했다. “선생님, 내게 그 물을 주셔서 내가 다시는 목마르지 않게 해주시고, 이 우물을 다시 찾는 일이 없게 해주십시오!”

16 예수께서 말씀하셨다. “가서 네 남편을 불러서 다시 오너라.”

17-18 “나는 남편이 없습니다” 하고 여자가 대답했다.

“‘남편이 없다’고 한 네 말이 맞다. 너는 남편이 다섯이나 있었고, 지금 함께 사는 남자도 네 남편이 아니다. 그러니 네 말이 맞다.”

19-20 “이제 보니 선생님은 예언자이십니다! 그렇다면 이것을 좀 말해 주십시오. 우리 조상들은 이 산에서 하나님께 예배드렸습니다. 하지만 선생님 같은 유대인들은 예루살렘이 유일한 예배 장소라고 주장합니다. 그렇지요?”

21-23 “여자여, 내 말을 믿어라. 너희 사마리아 사람들이 이 산도 아니고 예루살렘도 아닌 곳에서 아버지께 예배드릴 때가 온다. 너희는 어둠 속에서 확신 없는 예배를 드리지만, 우리 유대인들은 밝은 대낮에 확신에 가득 찬 예배를 드린다. 하나님의 구원의 길은 유대인들을 통해 열린다. 그러나 너희가 어떤 이름으로 불리고 어디서 예배드리는지는 중요하지 않게 될 때가 온다. 사실은 그때가 이미 왔다.

is deep. So how are you going to get this 'living water'? Are you a better man than our ancestor Jacob, who dug this well and drank from it, he and his sons and livestock, and passed it down to us?”

13-14 Jesus said, “Everyone who drinks this water will get thirsty again and again. Anyone who drinks the water I give will never thirst—not ever. The water I give will be an artesian spring within, gushing fountains of endless life.”

15 The woman said, “Sir, give me this water so I won't ever get thirsty, won't ever have to come back to this well again!”

16 He said, “Go call your husband and then come back.”

17-18 “I have no husband,” she said.

“That's nicely put: ‘I have no husband.’ You've had five husbands, and the man you're living with now isn't even your husband. You spoke the truth there, sure enough.”

19-20 “Oh, so you're a prophet! Well, tell me this: Our ancestors worshiped God at this mountain, but you Jews insist that Jerusalem is the only place for worship, right?”

21-23 “Believe me, woman, the time is coming when you Samaritans will worship the Father neither here at this mountain nor there in Jerusalem. You worship guessing in the dark; we Jews worship in the clear light of day. God's way of salvation is made available through the Jews. But the time is coming—it has, in fact, come—when what you're called will not matter and where you go to worship will not matter.

23-24 하나님 앞에서 중요한 것은, 너희가 어떤 사람이며 어떻게 사느냐 하는 것이다. 너희가 드리는 예배는, 너희 영으로 진리를 추구하는 예배여야 한다. 아버지께서는 바로 그런 사람, 곧 그분 앞에 단순하고 정직하게 있는 모습 그대로 예배드리는 사람들을 찾으신다. 하나님은 순전한 존재 그 자체, 곧 영이시다. 그러므로 하나님께 예배드리는 사람은, 자신의 존재와 자신의 영과 자신의 참된 마음으로 예배드려야 한다."

25 여자가 말했다. "그것은 잘 모르겠습니다만, 메시아가 오신다는 것은 압니다. 그분이 오시면, 이 모든 것의 전말을 알게 되겠지요."

26 예수께서 말씀하셨다. "내가 바로 그다. 너는 더 이상 기다리거나 찾지 않아도 된다."

27 바로 그때 제자들이 돌아왔다. 제자들은 크게 놀랐다. 예수께서 그런 여자와 이야기를 나누리라고는 생각지도 못했기 때문이다. 제자들 가운데 아무도 자신의 생각을 말하지 않았지만, 그들의 얼굴에 다 드러나 있었다.

28-30 여자는 눈치를 채고 자리를 떴다. 어찌나 당황했던지 물동이까지 두고 갔다. 여자는 마을로 돌아가서 사람들에게 말했다. "내가 한 일을 다 알고 있는 사람이 있습니다. 와 보세요. 그분은 나를 속속들이 아십니다. 혹시 그분이 메시아가 아닐까요?" 그래서 그들은 예수를 직접 보러 나갔다.

추수할 때가 되었다

31 그 사이에, 제자들이 예수께 음식을 권했다. "랍비님, 드십시오. 안 드시겠습니까?"

32 예수께서 제자들에게 말씀하셨다. "나에게는 너희가 알지 못하는 음식이 있다."

33 제자들은 "누가 그분께 먹을 것을 가져다 드리기라도 한 걸까?"하고 어리둥절해 했다.

34-35 예수께서 말씀하셨다. "나를 살게 하는 음식은, 나를 보내신 분의 뜻을 행하고 그

23-24 "It's who you are and the way you live that count before God. Your worship must engage your spirit in the pursuit of truth. That's the kind of people the Father is out looking for: those who are simply and honestly *themselves* before him in their worship. God is sheer being itself—Spirit. Those who worship him must do it out of their very being, their spirits, their true selves, in adoration."

25 The woman said, "I don't know about that. I do know that the Messiah is coming. When he arrives, we'll get the whole story."

26 "I am he," said Jesus. "You don't have to wait any longer or look any further."

27 Just then his disciples came back. They were shocked. They couldn't believe he was talking with that kind of a woman. No one said what they were all thinking, but their faces showed it.

28-30 The woman took the hint and left. In her confusion she left her water pot. Back in the village she told the people, "Come see a man who knew all about the things I did, who knows me inside and out. Do you think this could be the Messiah?" And they went out to see for themselves.

It's Harvest Time

31 In the meantime, the disciples pressed him, "Rabbi, eat. Aren't you going to eat?"

32 He told them, "I have food to eat you know nothing about."

33 The disciples were puzzled. "Who could have brought him food?"

34-35 Jesus said, "The food that keeps me going is that I do the will of the One who

분이 시작하신 일을 마무리 짓는 것이다. 지금 너희가 주위를 둘러본다면, 넉 달쯤 지나야 추수할 때가 되겠다고 말하지 않겠느냐? 내가 너희에게 말한다. 눈을 떠서 눈앞에 무엇이 있는지 똑똑히 보아라. 이 사마리아 밭들은 곡식이 무르익었다. 추수할 때가 된 것이다! 36-38 추수하는 사람은 기다리는 법이 없다. 그는 자기 삯을 받고, 영원한 생명을 위해 무르익은 곡식을 거두어들인다. 이제 씨 뿌리는 사람과 추수하는 사람이 서로 어깨동무를 하고 기뻐하게 되었구나. '한 사람은 씨를 뿌리고, 다른 사람은 거두어들인다'는 말이 과연 맞는 말이다. 나는 너희가 일구지 않은 밭으로 너희를 보내 추수하게 했다. 너희는 손가락 하나 보탠 것 없이, 다른 사람들이 오랫동안 힘써 일궈 놓은 밭에 걸어 들어간 것이다."

39-42 마을에서 온 많은 사마리아 사람들이 예수께 자신의 삶을 맡겼다. "그분은 내가 한 일을 다 아십니다. 나를 속속들이 아십니다!"라고 말한 여자의 증언 때문이었다. 그들은 예수께 좀 더 머물러 주기를 청했고, 예수께서는 이틀을 더 머무셨다. 더 많은 사람들이 예수의 말씀을 듣고 자신의 삶을 그분께 의탁했다. 사람들이 여자에게 말했다. "이제 우리는 당신의 말 때문에 믿는 것이 아니오. 우리가 직접 듣고, 확실히 알게 되었소. 그분은 세상의 구주이십니다."

❧

43-45 이틀 후에 예수께서 갈릴리로 떠나셨다. 예수께서는 예언자가 자기가 자란 곳에서는 존경받지 못한다는 것을 경험으로 잘 알고 계셨다. 예수께서 갈릴리에 도착하셨을 때, 갈릴리 사람들이 그분을 반겼다. 그러나 그것은 그들이 유월절 기간 동안 예수께서 예루살렘에서 행하신 일에 감동을 받았기 때문이지, 그분이 누구시며 장차 무슨 일을 하

sent me, finishing the work he started. As you look around right now, wouldn't you say that in about four months it will be time to harvest? Well, I'm telling you to open your eyes and take a good look at what's right in front of you. These Samaritan fields are ripe. It's harvest time!

36-38 "The Harvester isn't waiting. He's taking his pay, gathering in this grain that's ripe for eternal life. Now the Sower is arm in arm with the Harvester, triumphant. That's the truth of the saying, 'This one sows, that one harvests.' I sent you to harvest a field you never worked. Without lifting a finger, you have walked in on a field worked long and hard by others."

39-42 Many of the Samaritans from that village committed themselves to him because of the woman's witness: "He knew all about the things I did. He knows me inside and out!" They asked him to stay on, so Jesus stayed two days. A lot more people entrusted their lives to him when they heard what he had to say. They said to the woman, "We're no longer taking this on your say-so. We've heard it for ourselves and know it for sure. He's the Savior of the world!"

❧

43-45 After the two days he left for Galilee. Now, Jesus knew well from experience that a prophet is not respected in the place where he grew up. So when he arrived in Galilee, the Galileans welcomed him, but only because they were impressed with what he had done in Jerusalem during the Passover Feast, not that they really had a

시려는지 정말로 알았기 때문은 아니었다.

46-48 예수께서 전에 물로 포도주를 만드셨던 갈릴리 가나로 다시 가셨다. 한편, 가버나움에 왕실 관리 한 사람이 있었는데, 그의 아들이 병을 앓고 있었다. 그는 예수께서 유대를 떠나 갈릴리로 오셨다는 소식을 듣고서 그분을 찾아가, 가버나움으로 내려가서 죽기 직전에 있는 자기 아들을 고쳐 달라고 그분께 간절히 청했다. 예수께서 그의 말을 피하시며 이렇게 말씀하셨다. "기적을 보고 압도되지 않으면 너희는 믿으려 하지 않는다."

49 그러나 그 관리는 물러서지 않았다. "함께 가 주십시오! 제 아들의 생사가 달린 일입니다."

50-51 예수께서는 그저 "집으로 가거라. 네 아들이 살아났다"고만 대답하셨다.

그 사람은 예수께서 하신 말씀을 그대로 믿고 집으로 향했다. 그가 돌아가고 있는데, 종들이 중간에서 그를 붙잡고는 소식을 전했다. "아드님이 살아났습니다!"

52-53 그 사람이 자기 아들이 언제 낫기 시작했는지를 묻자, 종들이 대답했다. "어제 오후 한 시쯤에 열이 내렸습니다." 그 아버지는 그때가 바로, 예수께서 "네 아들이 살아났다"고 말씀하신 때라는 것을 알았다.

53-54 그 일로 결론이 났다. 그 관리뿐 아니라 온 가족이 다 믿게 된 것이다. 이것은 예수께서 유대를 떠나 갈릴리로 오신 뒤에 보여주신 두 번째 표적이다.

삼십팔 년 된 병자를 고치시다

5 1-6 곧이어 또 다른 명절이 다가오자 예수께서 다시 예루살렘으로 가셨다. 예루살렘의 양의 문 근처에 히브리말로 베데스다라 하는 연못이 있었고, 그 연못에 회랑 다섯 채가 딸려 있었다. 그 회랑에는 눈먼 사람, 다리를 저는 사람, 중풍

clue about who he was or what he was up to.

46-48 Now he was back in Cana of Galilee, the place where he made the water into wine. Meanwhile in Capernaum, there was a certain official from the king's court whose son was sick. When he heard that Jesus had come from Judea to Galilee, he went and asked that he come down and heal his son, who was on the brink of death. Jesus put him off: "Unless you people are dazzled by a miracle, you refuse to believe."

49 But the court official wouldn't be put off. "Come down! It's life or death for my son."

50-51 Jesus simply replied, "Go home. Your son lives."

The man believed the bare word Jesus spoke and headed home. On his way back, his servants intercepted him and announced, "Your son lives!"

52-53 He asked them what time he began to get better. They said, "The fever broke yesterday afternoon at one o'clock." The father knew that that was the very moment Jesus had said, "Your son lives."

53-54 That clinched it. Not only he but his entire household believed. This was now the second sign Jesus gave after having come from Judea into Galilee.

Even on the Sabbath

5 1-6 Soon another Feast came around and Jesus was back in Jerusalem. Near the Sheep Gate in Jerusalem there was a pool, in Hebrew called Bethesda, with five alcoves. Hundreds of sick people—blind, crippled, paralyzed—were in these alcoves. One man had been an invalid there for

병자같이 몸이 아픈 사람들이 수백 명 있었다. 거기에 삼십팔 년 동안 앓고 있던 한 남자가 있었다. 예수께서 그가 연못가에 누워 있는 것을 보시고, 또 그가 그곳에 얼마나 오래 있었는지를 아시고 말씀하셨다. "네가 낫기를 원하느냐?"

7 그 남자가 말했다. "선생님, 물이 움직일 때 저를 연못에 넣어 줄 사람이 없습니다. 제가 연못에 닿을 즈음이면, 이미 다른 사람이 들어가 있습니다."

8-9 예수께서 말씀하셨다. "일어나서 네 자리를 들고 걸어가거라." 그러자 그가 곧바로 나았다. 그는 자기 자리를 들고 걸어갔다.

9-10 마침 그날은 안식일이었다. 유대인들이 그 나은 사람을 막아서며 말했다. "오늘은 안식일이오. 자리를 들고 다녀서는 안되오. 그것은 규정을 위반하는 일이오."

11 그러자 그가 그들에게 말했다. "나를 낫게 해준 분이 내게 자리를 들고 걸어가라고 말씀하셨소."

12-13 그들이 물었다. "당신에게 자리를 들고 걸어가라고 한 사람이 누구요?" 그러나 그 나은 사람은 그분이 누구인지 알지 못했다. 예수께서 어느새 무리 속으로 몸을 숨기셨기 때문이었다.

14 얼마 후에 예수께서 성전에서 그 사람을 만나자 이렇게 말씀하셨다. "아주 좋아 보이는구나! 너는 건강해졌다! 죄짓는 삶으로 되돌아가지 마라. 만일 되돌아가면, 더 심한 일이 일어날 수 있다."

15-16 그 사람이 돌아가서, 자기를 낫게 해준 이가 예수라고 유대인들에게 말했다. 그러자 유대인들은 예수께서 안식일에 그 같은 일을 했다는 이유로 그분을 잡으려고 했다.

17 그러나 예수께서는 스스로를 변호하시며 이렇게 말씀하셨다. "내 아버지께서 안식일에도 쉬지 않고 일하신다. 그러니 나도 일한다."

thirty-eight years. When Jesus saw him stretched out by the pool and knew how long he had been there, he said, "Do you want to get well?"

7 The sick man said, "Sir, when the water is stirred, I don't have anybody to put me in the pool. By the time I get there, somebody else is already in."

8-9 Jesus said, "Get up, take your bedroll, start walking." The man was healed on the spot. He picked up his bedroll and walked off.

9-10 That day happened to be the Sabbath. The Jews stopped the healed man and said, "It's the Sabbath. You can't carry your bedroll around. It's against the rules."

11 But he told them, "The man who made me well told me to. He said, 'Take your bedroll and start walking.'"

12-13 They asked, "Who gave you the order to take it up and start walking?" But the healed man didn't know, for Jesus had slipped away into the crowd.

14 A little later Jesus found him in the Temple and said, "You look wonderful! You're well! Don't return to a sinning life or something worse might happen."

15-16 The man went back and told the Jews that it was Jesus who had made him well. That is why the Jews were out to get Jesus—because he did this kind of thing on the Sabbath.

17 But Jesus defended himself. "My Father is working straight through, even on the Sabbath. So am I."

18 그 말에 유대인들이 격분했다. 이제 그들은 예수를 공개적으로 공격하는 것에 머물지 않고, 그분을 죽이려고 했다. 예수께서 안식일을 어겼을 뿐 아니라, 하나님을 자기 아버지라고 부르면서 하나님과 자신을 동등한 자리에 두었기 때문이다.

오직 아버지의 말씀대로

19-20 그래서 예수께서 자신에 대해 길게 설명하셨다. "내가 너희에게 사실 그대로 말하겠다. 아들은 무슨 일이든지 자기 마음대로 하지 않고 아버지에게서 본 대로만 한다. 아버지께서 하시는 일을 아들도 한다. 아버지는 아들을 사랑하셔서, 자신이 하는 모든 일에 아들도 참여하게 하신다.

20-23 그러나 너희가 본 것은 일부에 지나지 않는다. 아버지께서 죽은 사람들을 다시 살리시고 생명을 창조하시는 것처럼, 아들도 그 일을 하기 때문이다. 아들은 자기가 택한 사람 누구에게나 생명을 준다. 아들과 아버지는 그 누구도 내쫓지 않는다. 아버지는 심판할 모든 권한을 아들에게 넘겨주셔서, 아들도 아버지와 똑같이 영광을 받게 하셨다. 아들에게 영광을 돌리지 않는 사람은 아버지께도 영광을 돌리지 않는 것이다. 아들을 영광의 자리에 앉히신 것이 아버지의 결정이기 때문이다.

24 너희가 반드시 귀 기울여 들어야 할 말이 있다. 누구든지 지금 내가 하는 말을 믿고 나에게 책임을 맡기신 아버지와 한편에 서는 사람은, 지금 이 순간 참되고 영원한 생명을 얻고 더 이상 정죄받지 않는다. 그는 죽은 사람의 세계에서 산 사람의 세계로 과감히 옮겨 온 것이다.

25-27 너희가 반드시 알아 두어야 할 것이 있다. 죽은 자들이 하나님 아들의 음성을 듣고 살아날 때가 왔다. 지금이 바로 그때다! 아버지 안에 생명이 있는 것처럼, 아버

18 That really set them off. The Jews were now not only out to expose him; they were out to *kill* him. Not only was he breaking the Sabbath, but he was calling God his own Father, putting himself on a level with God.

What the Father Does, the Son Does

19-20 So Jesus explained himself at length. "I'm telling you this straight. The Son can't independently do a thing, only what he sees the Father doing. What the Father does, the Son does. The Father loves the Son and includes him in everything he is doing.

20-23 "But you haven't seen the half of it yet, for in the same way that the Father raises the dead and creates life, so does the Son. The Son gives life to anyone he chooses. Neither he nor the Father shuts anyone out. The Father handed all authority to judge over to the Son so that the Son will be honored equally with the Father. Anyone who dishonors the Son, dishonors the Father, for it was the Father's decision to put the Son in the place of honor.

24 "It's urgent that you listen carefully to this: Anyone here who believes what I am saying right now and aligns himself with the Father, who has in fact put me in charge, has at this very moment the real, lasting life and is no longer condemned to be an outsider. This person has taken a giant step from the world of the dead to the world of the living.

25-27 "It's urgent that you get this right: The time has arrived—I mean right now!—when dead men and women will hear the voice of the Son of God and, hearing, will come alive. Just as the Father has life in

지께서는 아들 안에도 생명을 주셨다. 또한 아버지께서는, 그가 인자이기 때문에 그에게 심판의 문제를 결정하고 시행할 권한을 주셨다.

28-29 이 모든 말에 그렇게 놀랄 것 없다. 죽어서 땅에 묻힌 모든 사람들이 그의 음성을 들을 때가 온다. 바른 길을 따라서 산 사람들은 부활 생명으로 들어가고, 그릇된 길을 따라서 산 사람들은 부활 심판으로 들어갈 것이다.

30-33 나는 단 하나도 내 마음대로 할 수 없다. 나는 먼저 귀 기울여 듣고, 그런 다음 결정할 뿐이다. 너희는 내 결정을 신뢰해도 좋다. 내가 내 마음대로 하지 않고, 오직 지시받은 대로 하기 때문이다. 내가 내 자신을 위해 말한다면, 그 증언은 헛될 뿐 아니라 나의 이익을 위한 것이 되고 말 것이다. 그러나 나를 증언해 주시는 분은 따로 계신다. 그분은 모든 증인 가운데 가장 믿을 만한 증인이시다. 게다가, 너희 모두는 요한을 보았고 그의 말을 들었다. 그가 나에 관해 전문적이고 믿을 만한 증언을 해주지 않았느냐?

34-38 그러나 내가 너희의 지지를 얻으려고 하거나 한낱 사람의 증언에 호소하려는 것은 아니다. 내가 이렇게 말하는 것은, 너희로 구원을 얻게 하려는 것이다. 요한은 밝게 타오르는 횃불이었고, 너희는 한동안 그의 밝은 빛 속에서 기쁘게 춤을 추었다. 그러나 참으로 나를 증거하는 증언, 요한의 증언보다 훨씬 뛰어난 증언이 있다. 아버지께서 나에게 이루라고 맡겨 주신 일이 바로 그것이다. 내가 이루려고 하는 이 일이 아버지께서 실제로 나를 보내셨다는 것을 증언해 준다. 또한 나를 보내신 아버지께서도 나를 증언해 주셨다. 그러나 너희는 이 점을 놓치고 말았다. 너희는 그분의 음성을 들은 적도 없고, 그분의 모습을 뵌 적도 없다. 너희의 기억 속에 그분의 메시지가 하나도 남아 있지 않은 것

himself, he has conferred on the Son life in himself. And he has given him the authority, simply because he is the Son of Man, to decide and carry out matters of Judgment.

28-29 "Don't act so surprised at all this. The time is coming when everyone dead and buried will hear his voice. Those who have lived the right way will walk out into a resurrection Life; those who have lived the wrong way, into a resurrection Judgment.

30-33 "I can't do a solitary thing on my own: I listen, then I decide. You can trust my decision because I'm not out to get my own way but only to carry out orders. If I were simply speaking on my own account, it would be an empty, self-serving witness. But an independent witness confirms me, the most reliable Witness of all. Furthermore, you all saw and heard John, and he gave expert and reliable testimony about me, didn't he?

34-38 "But my purpose is not to get your vote, and not to appeal to mere human testimony. I'm speaking to you this way so that you will be saved. John was a torch, blazing and bright, and you were glad enough to dance for an hour or so in his bright light. But the witness that really confirms me far exceeds John's witness. It's the work the Father gave me to complete. These very tasks, as I go about completing them, confirm that the Father, in fact, sent me. The Father who sent me, confirmed me. And you missed it. You never heard his voice, you never saw his appearance. There is nothing left

은, 너희가 그분의 심부름꾼을 진정으로 받아들이지 않았기 때문이다."

＊

39-40 "너희는 영원한 생명을 얻을 수 있으리라는 생각에 늘 성경에 파묻혀 지낸다. 그러나 너희는 나무를 보느라 숲을 놓치고 있다. 이 성경 전체가 나에 관해 기록된 것이다! 그런데 내가 너희 앞에 이렇게 서 있는데도, 너희는 생명을 원한다고 하면서 정작 나에게서 그 생명을 받으려고 하지 않는다.

41-44 나는 사람들의 인정을 받는 데는 관심이 없다. 왜 그런지 아느냐? 내가 너희와 너희 무리를 잘 알기 때문이다. 나는 너희의 행사 일정에 사랑이 없다는 것을, 무엇보다 하나님의 사랑이 없다는 것을 안다. 내가 내 아버지의 권한을 가지고 왔으나, 너희는 나를 쫓아내거나 피하기만 한다. 만일 다른 누군가가 으스대며 왔다면, 너희는 두 팔 벌려 그를 맞았을 것이다. 너희가 서로 자리다툼을 벌이고, 경쟁자들보다 상석에 앉으려 하고, 하나님을 무시하는 데 시간을 다 허비하면서, 어떻게 하나님과 함께하는 곳에 이르기를 기대하느냐?

45-47 그러나 내가 내 아버지 앞에서 너희를 고발할 것이라고는 생각하지 마라. 너희를 고발할 이는 너희가 그토록 의지하는 모세다. 너희가 모세의 말을 진실로 믿었더라면 나를 믿었을 것이다. 그가 기록한 것이 나를 두고 한 것이기 때문이다. 너희가 그의 기록도 진정으로 받아들이지 않는데, 어떻게 내 말을 진정으로 받아들일 것이라고 기대할 수 있겠느냐?"

보리빵 다섯 개와 물고기 두 마리

6 1-4 이 일 후에, 예수께서 갈릴리(디베랴라고도 하는) 바다 건너편으로 가셨다. 큰 무리가 그분을 따라갔다. 그것은 그들

in your memory of his Message because you do not take his Messenger seriously."

＊

39-40 "You have your heads in your Bibles constantly because you think you'll find eternal life there. But you miss the forest for the trees. These Scriptures are all about *me*! And here I am, standing right before you, and you aren't willing to receive from me the life you say you want.

41-44 "I'm not interested in crowd approval. And do you know why? Because I know you and your crowds. I know that love, especially God's love, is not on your working agenda. I came with the authority of my Father, and you either dismiss me or avoid me. If another came, acting self-important, you would welcome him with open arms. How do you expect to get anywhere with God when you spend all your time jockeying for position with each other, ranking your rivals and ignoring God?

45-47 "But don't think I'm going to accuse you before my Father. Moses, in whom you put so much stock, is your accuser. If you believed, really believed, what Moses said, you would believe me. He wrote of me. If you won't take seriously what *he* wrote, how can I expect you to take seriously what *I* speak?"

Bread and Fish for All

6 1-4 After this, Jesus went across the Sea of Galilee (some call it Tiberias). A huge crowd followed him, attracted by the miracles they had seen

이 예수께서 병자들에게 행하신 기적을 보고 거기에 매료되었기 때문이었다. 건너편에 이르자 예수께서 언덕에 올라가 앉으셨고, 제자들은 그분 주위에 둘러앉았다. 마침 유대인들이 해마다 지키는 유월절이 다가오고 있었다.

5-6 예수께서 눈을 들어 큰 무리가 와 있는 것을 보시고, 빌립에게 말씀하셨다. "우리가 어디에서 빵을 사서 이 사람들을 먹일 수 있겠느냐?" 이렇게 말씀하신 것은 빌립의 믿음을 자라게 하기 위해서였다. 예수께서는 자신이 할 일을 이미 알고 계셨다.

7 빌립이 대답했다. "각 사람에게 빵 한 조각이라도 돌아가게 하려면 은화 이백 개로도 모자라겠습니다."

8-9 제자들 가운데 한 사람인 시몬 베드로의 동생 안드레가 말했다. "여기 한 아이가 보리빵 다섯 개와 물고기 두 마리를 가지고 있습니다. 하지만 이 많은 사람들을 먹이기에는 턱없이 부족한 양입니다."

10-11 예수께서 말씀하셨다. "사람들을 앉게 하여라." 그곳에는 푸른 풀밭이 멋진 카펫처럼 깔려 있었다. 사람들이 자리를 잡고 앉으니 오천 명 정도 되었다. 예수께서 빵을 들어 감사를 드리고, 앉아 있는 사람들에게 나눠 주셨다. 그리고 물고기를 가지고도 그와 같이 하셨다. 모두가 원하는 만큼 실컷 먹었다.

12-13 사람들이 배불리 먹고 나자, 예수께서 제자들에게 말씀하셨다. "버리는 것이 없도록 남은 것을 다 모아라." 제자들이 모으고 보니, 보리빵 다섯 개로 먹고 남은 것이 커다란 열두 바구니에 가득 찼다.

14-15 사람들은 예수께서 행하신 이 일로 인해 하나님께서 자기들 가운데서 일하고 계심을 알았다. 그들은 말했다. "이분은 분명 그 예언자다. 하나님의 예언자가 바로 이곳 갈릴리에 오신 것이다!" 예수께서는 열광한 그들이 자기를 붙들어다가 왕으로 삼으려는 것

him do among the sick. When he got to the other side, he climbed a hill and sat down, surrounded by his disciples. It was nearly time for the Feast of Passover, kept annually by the Jews.

5-6 When Jesus looked out and saw that a large crowd had arrived, he said to Philip, "Where can we buy bread to feed these people?" He said this to stretch Philip's faith. He already knew what he was going to do.

7 Philip answered, "Two hundred silver pieces wouldn't be enough to buy bread for each person to get a piece."

8-9 One of the disciples—it was Andrew, brother to Simon Peter—said, "There's a little boy here who has five barley loaves and two fish. But that's a drop in the bucket for a crowd like this."

10-11 Jesus said, "Make the people sit down." There was a nice carpet of green grass in this place. They sat down, about five thousand of them. Then Jesus took the bread and, having given thanks, gave it to those who were seated. He did the same with the fish. All ate as much as they wanted.

12-13 When the people had eaten their fill, he said to his disciples, "Gather the leftovers so nothing is wasted." They went to work and filled twelve large baskets with leftovers from the five barley loaves.

14-15 The people realized that God was at work among them in what Jesus had just done. They said, "This is the Prophet for sure, God's Prophet right here in Galilee!" Jesus saw that in their enthusiasm, they were about to grab him and make him

을 아시고, 그 자리를 빠져나와 다시 산으로 올라가서 혼자 계셨다.

16-21 저녁때가 되자, 제자들이 바닷가로 내려가 배를 타고 바다 건너편 가버나움으로 향했다. 날이 아주 저물었는데, 예수께서는 아직 돌아오지 않으셨다. 큰 바람이 불어 바다에 거센 물결이 일었다. 제자들이 4, 5킬로미터쯤 갔을 때, 예수께서 바다 위를 걸어 배 가까이 다가오시는 모습이 보였다. 제자들이 소스라치게 놀라자, 예수께서 그들을 안심시키며 말씀하셨다. "나다. 괜찮으니 두려워 마라." 그러자 제자들이 예수를 배 안으로 모셨다. 어느새 그들은 자신들이 가려고 했던 지점에 정확히 이르렀다.

22-24 이튿날, 뒤에 남은 무리는 배가 한 척밖에 없던 것과, 예수께서 그 배에 제자들과 함께 타지 않으신 것을 알았다. 그분을 두고 제자들만 떠나는 것을 그들이 보았기 때문이다. 그때에 디베랴에서 온 배들이 주님께서 축복하고 빵을 먹여 주신 곳 근처에 정박해 있었다. 무리는 예수께서 그곳을 떠나 돌아오시지 않을 것을 알고는, 디베랴에서 온 배들로 몰려가 올라타고서 예수를 찾아 가버나움으로 향했다.

25 그들이 바다 건너편에서 그분을 다시 뵙고는 말했다. "랍비님, 언제 여기로 오셨습니까?"

26 예수께서 대답하셨다. "너희가 나를 찾아온 것은, 내가 하는 일에서 하나님을 보았기 때문이 아니라, 오히려 내가 너희를 배부르게 해주었기 때문이다. 그것도 내가 값없이 먹여 주었기 때문이다."

생명의 빵

27 "너희는 그렇게 썩어 없어질 음식을 얻으려고 힘을 허비하지 마라. 너희와 함께 있을 음식, 너희의 영원한 생명을 살리게 하는 음식, 인자가 주는 음식을 위해 일하

king, so he slipped off and went back up the mountain to be by himself.

16-21 In the evening his disciples went down to the sea, got in the boat, and headed back across the water to Capernaum. It had grown quite dark and Jesus had not yet returned. A huge wind blew up, churning the sea. They were maybe three or four miles out when they saw Jesus walking on the sea, quite near the boat. They were scared senseless, but he reassured them, "It's me. It's all right. Don't be afraid." So they took him on board. In no time they reached land—the exact spot they were headed to.

22-24 The next day the crowd that was left behind realized that there had been only one boat, and that Jesus had not gotten into it with his disciples. They had seen them go off without him. By now boats from Tiberias had pulled up near where they had eaten the bread blessed by the Master. So when the crowd realized he was gone and wasn't coming back, they piled into the Tiberias boats and headed for Capernaum, looking for Jesus.

25 When they found him back across the sea, they said, "Rabbi, when did you get here?"

26 Jesus answered, "You've come looking for me not because you saw God in my actions but because I fed you, filled your stomachs—and for free.

The Bread of Life

27 "Don't waste your energy striving for perishable food like that. Work for the food that sticks with you, food that nourishes

여라. 인자와 인자가 하는 일은 하나님 아버지께서 끝까지 보증해 주신다."

28 그러자 그들이 말했다. "우리가 하나님의 일에 참여하려면 무엇을 해야 합니까?"

29 예수께서 말씀하셨다. "하나님께서 보내신 이에게 너희 삶을 걸어라. 그렇게 너희 자신을 걸 때에야 하나님의 일에 참여할 수 있다."

30-31 그들이 애매한 말로 빗겨 갔다. "선생님이 누구시며 어떤 일을 하시려는지 알 수 있도록, 단서가 될 만한 것을 보여주시면 어떻겠습니까? 그러면 우리가 알아보고 나서 우리 삶을 걸겠습니다. 선생님이 무슨 일을 하실 수 있는지 보여주십시오. 모세는 광야에서 우리 조상들에게 빵을 먹게 해주었습니다. 성경에도 '그가 그들에게 하늘에서 내려온 빵을 먹게 해주었다'고 기록되어 있습니다."

32-33 예수께서 대답하셨다. "그 성경 말씀의 진정한 의미는 이렇다. 모세가 너희에게 하늘에서 내려온 빵을 주었다는 것이 아니라, 지금 이 순간에 내 아버지께서 너희에게 하늘에서 내려온 빵, 곧 참된 빵을 주신다는 뜻이다. 하나님의 빵은 하늘에서 내려와 세상에 생명을 준다."

34 그들이 그 말씀을 듣고 반색하며 말했다. "주님, 그 빵을 지금부터 영원토록 우리에게 주십시오!"

35-38 예수께서 말씀하셨다. "내가 바로 그 생명의 빵이다. 나와 한편에 서는 사람은 더 이상 굶주리지도 않고 목마르지도 않을 것이다. 내가 이것을 너희에게 분명히 말한 것은, 너희가 내가 하는 일을 보았으면서도 참으로 나를 믿지 않기 때문이다. 아버지께서 내게 주시는 사람은 결국 다 내게로 달려올 것이다. 그가 나와 함께하면, 내가 그를 붙잡고 놓지 않을 것이다. 내가 하늘에서 내려온 것은, 일시적인 내 기분대로 하려는 것이 아니라, 나를 보내신 분의 뜻을 이루려는 것이다.

your lasting life, food the Son of Man provides. He and what he does are guaranteed by God the Father to last."

28 To that they said, "Well, what do we do then to get in on God's works?"

29 Jesus said, "Throw your lot in with the One that God has sent. That kind of a commitment gets you in on God's works."

30-31 They waffled: "Why don't you give us a clue about who you are, just a hint of what's going on? When we see what's up, we'll commit ourselves. Show us what you can do. Moses fed our ancestors with bread in the desert. It says so in the Scriptures: 'He gave them bread from heaven to eat.'"

32-33 Jesus responded, "The real significance of that Scripture is not that Moses gave you bread from heaven but that my Father is right now offering you bread from heaven, the *real* bread. The Bread of God came down out of heaven and is giving life to the world."

34 They jumped at that: "Master, give us this bread, now and forever!"

35-38 Jesus said, "I am the Bread of Life. The person who aligns with me hungers no more and thirsts no more, ever. I have told you this explicitly because even though you have seen me in action, you don't really believe me. Every person the Father gives me eventually comes running to me. And once that person is with me, I hold on and don't let go. I came down from heaven not to follow my own whim but to accomplish the will of the One who sent me.

39-40 나를 보내신 분의 뜻을 간단히 말하면 이렇다. 아버지께서 내게 맡기신 모든 일을 하나도 빠짐없이 이루고, 마지막 날에 만물과 모든 사람을 바르고 온전하게 회복시키는 것이다. 아들을 보고서 그와 그가 하는 일을 신뢰하며 그와 한편에 서는 사람은, 누구든지 참된 생명, 영원한 생명을 얻는다. 이것이 내 아버지께서 원하시는 것이다. 마지막 날에 그들을 일으켜 세워 살리고 온전하게 하는 것이 나의 일이다."

41-42 예수께서 "내가 하늘에서 내려온 빵이다'라고 말씀하신 것 때문에, 유대인들이 그분을 두고 말다툼을 벌였다. "이 사람은 요셉의 아들이 아닌가? 우리가 그의 아버지도 알고, 그의 어머니도 알지 않는가? 그런데 어떻게 그가 '나는 하늘에서 내려왔다'고 말하며, 그 말을 믿어 주기를 바란단 말인가?"

43-46 예수께서 말씀하셨다. "나를 두고 너희끼리 논쟁하지 마라. 이 세상의 책임자는 너희가 아니다. 나를 보내신 아버지가 책임자이시다. 아버지께서는 사람들을 내게로 이끌어 주신다. 너희가 내게 올 수 있는 방법은 오직 그 길뿐이다. 그때에야 비로소 나는 사람들을 회복시키고 일으켜 세워, 마지막 날을 준비하게 한다. 예언자들이 '그때가 되면 그들 모두가 하나님께 직접 가르침을 받을 것이다'라고 한 것은 이 일을 두고 한 말이다. 누구든지 시간을 내서 아버지의 말씀을 듣는 사람, 정말로 귀 기울여 듣고 배우는 사람은, 나에게로 와서 직접 가르침을 받는다. 자신의 두 눈으로 보고, 자신의 두 귀로 듣는다. 그것은 내가 아버지께로부터 직접 가르침을 받기 때문이다. 아버지와 함께 있는 이 외에는 아무도 아버지를 본 사람이 없다. 그런데 너희는 나를 볼 수 있다.

47-51 이제 내가 너희에게 가장 중요하고 참된 진리를 말해 주겠다. 누구든지 나를 믿는 사람은 참된 생명, 영원한 생명을 얻는다.

39-40 "This, in a nutshell, is that will: that everything handed over to me by the Father be completed—not a single detail missed—and at the wrap-up of time I have everything and everyone put together, upright and whole. This is what my Father wants: that anyone who sees the Son and trusts who he is and what he does and then aligns with him will enter *real* life, *eternal* life. My part is to put them on their feet alive and whole at the completion of time."

41-42 At this, because he said, "I am the Bread that came down from heaven," the Jews started arguing over him: "Isn't this the son of Joseph? Don't we know his father? Don't we know his mother? How can he now say, 'I came down out of heaven' and expect anyone to believe him?"

43-46 Jesus said, "Don't bicker among yourselves over me. You're not in charge here. The Father who sent me is in charge. He draws people to me—that's the only way you'll ever come. Only then do I do my work, putting people together, setting them on their feet, ready for the End. This is what the prophets meant when they wrote, 'And then they will all be personally taught by God.' Anyone who has spent any time at all listening to the Father, really listening and therefore learning, comes to me to be taught personally—to see it with his own eyes, hear it with his own ears, from me, since I have it firsthand from the Father. No one has seen the Father except the One who has his Being alongside the Father—and you can see *me*.

47-51 "I'm telling you the most solemn and sober truth now: Whoever believes in me

나는 생명의 빵이다. 너희 조상들은 광야에서 만나라는 빵을 먹고도 죽었다. 그러나 지금 여기에 너희와 함께 있는 빵은 정말로 하늘에서 내려온 빵이다. 누구든지 이 빵을 먹는 사람은 결코 죽지 않을 것이다. 나는 하늘에서 내려온 빵, 생명의 빵이다! 누구든지 이 빵을 먹는 사람은 영원히 살 것이다. 내가 세상에 줄 빵, 세상으로 하여금 먹고 살게 할 빵은 나 자신, 곧 내 살과 피다."

52 이 말을 들은 유대인들이 서로 말다툼을 벌였다. "이 사람이 어떻게 자기 살을 먹을 수 있게 내어준다는 말인가?"

53-58 그러나 예수께서는 조금도 물러서지 않으셨다. "너희가 살과 피, 곧 인자의 살과 피를 먹고 마실 때에야 비로소 너희가 생명을 얻는다. 이 살과 피를 왕성하게 먹고 마시는 사람은 영원한 생명을 얻고, 마지막 날을 맞을 준비가 다 된 것이다. 내 살은 참된 음식이고, 내 피는 참된 음료다. 너희는 내 살을 먹고 내 피를 마심으로 내 안에 들어오고, 나는 너희 안에 들어간다. 온전히 살아 계신 아버지께서 나를 이 세상에 보내셨다. 내가 그분으로 말미암아 사는 것같이, 나를 먹는 사람도 나로 말미암아 살 것이다. 나는 하늘에서 내려온 빵이다. 너희 조상들은 빵을 먹고도 죽었지만, 누구든지 이 빵을 먹는 사람은 영원히 살 것이다."

59 이것은 예수께서 가버나움 회당에서 가르칠 때에 하신 말씀이다.

예수께 인생을 건 사람들

60 예수의 제자들 가운데 많은 사람들이 이 말씀을 듣고 말했다. "이 가르침은 너무 어려워 받아들이기가 힘들다."

61-65 예수께서 제자들이 이 말씀을 두고 힘들어 하는 것을 아시고 말씀하셨다. "내 말이 그렇게도 혼란스러우냐? 인자가 원래 있던 곳으로 올라가는 것을 보게 되면 어찌

has real life, eternal life. I am the Bread of Life. Your ancestors ate the manna bread in the desert and died. But now here is Bread that truly comes down out of heaven. Anyone eating this Bread will not die, ever. I am the Bread—living Bread!—who came down out of heaven. Anyone who eats this Bread will live—and forever! The Bread that I present to the world so that it can eat and live is myself, this flesh-and-blood self."

52 At this, the Jews started fighting among themselves: "How can this man serve up his flesh for a meal?"

53-58 But Jesus didn't give an inch. "Only insofar as you eat and drink flesh and blood, the flesh and blood of the Son of Man, do you have life within you. The one who brings a hearty appetite to this eating and drinking has eternal life and will be fit and ready for the Final Day. My flesh is real food and my blood is real drink. By eating my flesh and drinking my blood you enter into me and I into you. In the same way that the fully alive Father sent me here and I live because of him, so the one who makes a meal of me lives because of me. This is the Bread from heaven. Your ancestors ate bread and later died. Whoever eats this Bread will live always."

59 He said these things while teaching in the meeting place in Capernaum.

Too Tough to Swallow

60 Many among his disciples heard this and said, "This is tough teaching, too tough to swallow."

61-65 Jesus sensed that his disciples were having a hard time with this and said,

하겠느냐? 성령만이 생명을 만들어 낼 수 있다. 육신의 근육과 의지력으로는 아무것도 일어나게 할 수 없다. 내가 너희에게 전하는 모든 말은 성령의 말이며, 생명을 만들어 내는 말이다. 그러나 너희 가운데 이 말에 저항하고, 이 말에 관여하지 않으려는 사람들이 있다." (예수께서는 자신에게 인생을 걸지 않을 사람들이 있다는 것을 처음부터 알고 계셨다. 또한 자신을 배반할 자가 누구인지도 알고 계셨다.) 예수께서 계속 말씀하셨다. "그래서 내가 전에, 자기 힘으로는 아무도 내게 올 수 없다고 너희에게 말한 것이다. 너희는 아버지께서 주시는 선물로만 내게 올 수 있다."

66-67 이 일 후에 제자들 가운데 많은 사람들이 떠나갔다. 그들은 더 이상 그분과 관련되기를 원치 않았다. 그러자 예수께서 열두 제자에게도 기회를 주셨다. "너희도 떠나가려느냐?"

68-69 베드로가 대답했다. "주님, 참된 생명, 영원한 생명의 말씀이 주님께 있는데, 저희가 누구에게 가겠습니까? 저희는 이미 주님이 하나님의 거룩하신 분임을 확신하며 주님께 인생을 걸었습니다."

70-71 예수께서 대답하셨다. "내가 너희 열둘을 직접 뽑지 않았느냐? 그러나 너희 가운데 한 사람은 마귀다!" 이는 예수께서 시몬 가룟의 아들 유다를 두고 말씀하신 것이다. 열두 제자 가운데 한 사람인 이 자는, 그때 이미 예수를 배반할 준비를 하고 있었다.

7

1-2 그 후에 예수께서 갈릴리에서 일하고 계셨다. 유대인들이 예수를 죽일 기회를 노리고 있었으므로, 그분께서는 유대에서 돌아다니기를 원치 않으셨다. 유대인들이 매년 지키는 명절인 초막절이 다가오고 있었다.

"Does this throw you completely? What would happen if you saw the Son of Man ascending to where he came from? The Spirit can make life. Sheer muscle and willpower don't make anything happen. Every word I've spoken to you is a Spirit-word, and so it is life-making. But some of you are resisting, refusing to have any part in this." (Jesus knew from the start that some weren't going to risk themselves with him. He knew also who would betray him.) He went on to say, "This is why I told you earlier that no one is capable of coming to me on his own. You get to me only as a gift from the Father."

66-67 After this a lot of his disciples left. They no longer wanted to be associated with him. Then Jesus gave the Twelve their chance: "Do you also want to leave?"

68-69 Peter replied, "Master, to whom would we go? You have the words of real life, eternal life. We've already committed ourselves, confident that you are the Holy One of God."

70-71 Jesus responded, "Haven't I handpicked you, the Twelve? Still, one of you is a devil!" He was referring to Judas, son of Simon Iscariot. This man—one from the Twelve!—was even then getting ready to betray him.

7

1-2 Later Jesus was going about his business in Galilee. He didn't want to travel in Judea because the Jews there were looking for a chance to kill him. It was near the time of Tabernacles, a feast observed annually by the Jews.

3-5 예수의 형제들이 그분께 말했다. "여기를 떠나 명절을 지키러 올라가서, 형님의 제자들도 형님이 하는 일을 잘 보게 하는 것이 어떻겠습니까? 공개적으로 알려지기를 바라는 사람치고 은밀히 일하는 경우는 없습니다. 형님이 지금 하고 있는 일을 계속하실 마음이면, 밖으로 나가서 세상에 드러내십시오." 예수의 형제들이 그분을 몰아붙인 것은, 그들도 아직 그분을 믿지 않았기 때문이다.

6-8 예수께서 그들에게 대답하셨다. "다그치지 마라. 지금은 나의 때가 아니다. 지금은 너희의 때다. 항상 너희의 때다. 너희는 아무것도 잃을 것이 없다. 세상이 너희에게는 반대하지 않지만, 나에게는 반기를 들고 일어선다. 세상이 나를 대적하는 것은 내가 세상의 겉모습 뒤에 감춰진 악을 폭로하기 때문이다. 너희는 어서 명절을 지키러 올라가거라. 나를 기다릴 것 없다. 나는 준비되지 않았다. 지금은 내 때가 아니다."

9-11 예수께서는 이렇게 말씀하시고 갈릴리에 남아 계셨다. 그러나 가족들이 명절을 지키러 올라간 뒤에, 예수께서도 올라가셨다. 하지만 사람들의 이목을 끌지 않으려고 조심하며 피해 계셨다. 유대인들은 이미 그분을 찾아다니며 "그 사람이 어디 있는가?" 하고 묻고 다녔다.

12-13 예수를 두고 무리 가운데 다투는 말이 떠돌았다. "그분은 선한 사람이오"라고 말하는 사람들도 있었고, "그렇지 않소. 그는 사기꾼일 뿐이오"라고 말하는 사람들도 있었다. 이런 이야기는 위협적인 유대 지도자들 때문에 조심스럽게 수군거림으로만 떠돌았다.

성전에서 가르치시다

14-15 명절이 이미 중반을 지날 무렵, 예수께서 성전에 나타나 가르치셨다. 유대인들은 깊은 인상을 받았으나 당혹스러웠다. "저 사람은 교육받은 것도 아닌데, 어떻게 저토록

3-5 His brothers said, "Why don't you leave here and go up to the Feast so your disciples can get a good look at the works you do? No one who intends to be publicly known does everything behind the scenes. If you're serious about what you are doing, come out in the open and show the world." His brothers were pushing him like this because they didn't believe in him either.

6-8 Jesus came back at them, "Don't crowd me. This isn't my time. It's your time—it's *always* your time; you have nothing to lose. The world has nothing against you, but it's up in arms against me. It's against me because I expose the evil behind its pretensions. You go ahead, go up to the Feast. Don't wait for me. I'm not ready. It's not the right time for me."

9-11 He said this and stayed on in Galilee. But later, after his family had gone up to the Feast, he also went. But he kept out of the way, careful not to draw attention to himself. The Jews were already out looking for him, asking around, "Where is that man?"

12-13 There was a lot of contentious talk about him circulating through the crowds. Some were saying, "He's a good man." But others said, "Not so. He's selling snake oil." This kind of talk went on in guarded whispers because of the intimidating Jewish leaders.

Could It Be the Messiah?

14-15 With the Feast already half over, Jesus showed up in the Temple, teaching. The Jews were impressed, but puzzled:

아는 것이 많을까?"

16-19 예수께서 말씀하셨다. "이 가르침은 내가 지어낸 것이 아니다. 나의 가르침은 나를 보내신 분에게서 온다. 그분의 뜻을 행하는 사람은 누구나 이 가르침을 시험해 보고, 그것이 하나님에게서 왔는지 아니면 내가 지어낸 것인지 알 수 있다. 말을 지어내는 사람은 자기를 좋게 보이려고 하지만, 자기를 보내신 분께 영광을 돌리려는 사람은 사실을 있는 그대로 전할 뿐 진실을 조작하지 않는다. 너희에게 하나님의 율법을 전해 준 이는 모세가 아니냐? 하지만 너희 가운데는 그 율법대로 살려고 하는 사람이 하나도 없다. 그러면서 너희는 왜 나를 죽이려고 하느냐?"

20 무리가 말했다. "당신은 미쳤소! 누가 당신을 죽이려 한단 말이오? 당신은 귀신 들렸소."

21-24 예수께서 말씀하셨다. "몇 달 전에 내가 기적을 한 가지 행한 것을 가지고, 너희는 지금도 둘러서서 화를 내며 내가 하려는 일을 이상하게 여긴다. 모세가 할례를 규정했고—원래 할례는 모세에게서 온 것이 아니라 그의 조상에게서 온 것이다—그래서 너희는 안식일에도 할례를 주며 몸의 일부를 처리한다. 너희는 모세의 율법 가운데 단 한 조항을 지키기 위해 그렇게 한다. 그런데 너희는 어찌하여 내가 안식일에 한 사람의 온몸을 건강하게 해주었다는 이유로 내게 화를 내느냐? 트집 잡지 마라. 너희 머리와 가슴으로 무엇이 옳은지 분별하고, 무엇이 정말로 옳은지를 따져 보아라."

25-27 그때 몇몇 예루살렘 사람들이 말했다. "그들이 죽이려고 하는 사람이 이 사람이 아닌가요? 이 사람이 여기에서 공공연히 다니며 자기 마음대로 말하고 있는데, 아무도 제지하는 사람이 없습니다. 혹시 통치자들도 이 사람이 메시아라고 생각하는 것은

"How does he know so much without being schooled?"

16-19 Jesus said, "I didn't make this up. What I teach comes from the One who sent me. Anyone who wants to do his will can test this teaching and know whether it's from God or whether I'm making it up. A person making things up tries to make himself look good. But someone trying to honor the one who sent him sticks to the facts and doesn't tamper with reality. It was Moses, wasn't it, who gave you God's Law? But none of you are living it. So why are you trying to kill me?"

20 The crowd said, "You're crazy! Who's trying to kill you? You're demon-possessed."

21-24 Jesus said, "I did one miraculous thing a few months ago, and you're still standing around getting all upset, wondering what I'm up to. Moses prescribed circumcision—originally it came not from Moses but from his ancestors—and so you circumcise a man, dealing with one part of his body, even if it's the Sabbath. You do this in order to preserve one item in the Law of Moses. So why are you upset with me because I made a man's whole body well on the Sabbath? Don't be nitpickers; use your head—and heart!—to discern what is right, to test what is authentically right."

25-27 That's when some of the people of Jerusalem said, "Isn't this the one they were out to kill? And here he is out in the open, saying whatever he pleases, and no one is stopping him. Could it be that the rulers know that he is, in fact, the Messiah? And yet we know where this man came

아닐까요? 우리는 이 사람이 어디에서 왔는지 압니다. 하지만 메시아는 어디에서 오는지, 아무도 모르게 오실 겁니다."

28-29 성전에서 가르치던 예수께서 그 말에 자극을 받아 큰소리로 외치셨다. "그렇다. 너희는 나를 알고 내가 어디에서 왔는다고 생각하지만, 나는 너희가 생각하는 데서 오지 않았다. 또한 나 스스로 일을 시작한 것도 아니다. 나의 참된 근원은 나를 보내신 분이다. 너희는 그분을 조금도 알지 못한다. 나는 그분께로부터 왔다. 그래서 나는 그분을 안다. 그분께서 나를 이곳에 보내셨기 때문이다."

30-31 그들은 예수를 체포할 방법을 찾으면서도 그분께 손을 대지는 못했다. 아직 하나님의 때가 되지 않았기 때문이다. 무리 가운데서 많은 사람들이 믿음으로 그분께 자신을 드리며 이렇게 말했다. "메시아가 오신다고 해도, 이보다 설득력 있는 증거를 내놓으시겠는가?"

32-34 이처럼 선동적인 기운이 무리 사이에 흐르는 것을 보고 놀란 바리새인들이, 대제사장들과 한패가 되어 예수를 체포하라고 경비병들을 보냈다. 예수께서 그들을 물리치며 말씀하셨다. "나는 잠깐 동안만 너희와 함께 있다가, 나를 보내신 분께로 간다. 너희가 나를 찾으려고 해도 찾지 못할 것이다. 내가 있는 곳에 너희는 올 수 없다."

35-36 유대인들이 머리를 맞대고 수군거렸다. "저가 어디로 가는데, 우리가 저를 찾지 못할 것이라고 하는 겁니까? 그리스 땅으로 가서 유대인들을 가르치려는 것일까요? '너희가 나를 찾으려고 해도 찾지 못할 것이다'는 말이나 '내가 있는 곳에 너희는 올 수 없다'는 말이 무슨 뜻일까요?"

37-39 명절의 절정인 마지막 날에, 예수께서 입장을 분명히 하시고서 큰소리로 말씀하셨다. "누구든지 목마른 사람은 내게 와서

from. The Messiah is going to come out of nowhere. Nobody is going to know where he comes from."

28-29 That provoked Jesus, who was teaching in the Temple, to cry out, "Yes, you think you know me and where I'm from, but that's not where I'm from. I didn't set myself up in business. My true origin is in the One who sent me, and you don't know him at all. I come from him—that's how I know him. He sent me here."

30-31 They were looking for a way to arrest him, but not a hand was laid on him because it wasn't yet God's time. Many from the crowd committed themselves in faith to him, saying, "Will the Messiah, when he comes, provide better or more convincing evidence than this?"

32-34 The Pharisees, alarmed at this seditious undertow going through the crowd, teamed up with the high priests and sent their police to arrest him. Jesus rebuffed them: "I am with you only a short time. Then I go on to the One who sent me. You will look for me, but you won't find me. Where I am, you can't come."

35-36 The Jews put their heads together. "Where do you think he is going that we won't be able to find him? Do you think he is about to travel to the Greek world to teach the Jews? What is he talking about, anyway: 'You will look for me, but you won't find me,' and 'Where I am, you can't come'?"

37-39 On the final and climactic day of the Feast, Jesus took his stand. He cried out, "If anyone thirsts, let him come to me and drink. Rivers of living water will brim and spill out of the depths of anyone who

마셔라. 누구든지 나를 믿는 사람은 성경에서 말한 것같이, 그 깊은 곳에서 생수의 강이 넘쳐흐를 것이다." (이것은 그분을 믿는 사람들이 받게 될 성령을 두고 하신 말씀이다. 예수께서 아직 영광을 받지 않으셨으므로, 성령이 아직 사람들에게 오시지 않았다.)

40-44 이 말씀을 들은 무리 가운데 "이분은 그 예언자가 틀림없다"고 말하는 사람들도 있었고, "저분이야말로 메시아이시다!"라고 말하는 사람들도 있었다. 그러나 "메시아가 갈릴리에서 나오겠는가? 성경에는 메시아가 다윗의 혈통을 따라 다윗의 동네인 베들레헴에서 나온다고 하지 않았던가?"라고 말하는 이들도 있었다. 그렇게 무리 사이에 예수를 두고 의견이 갈렸다. 예수를 체포하려는 사람들도 있었으나, 아무도 그분께 손을 대지는 못했다.

45 그때 성전 경비병들이 돌아와서 보고하자, 대제사장과 바리새인들은 "왜 그를 데려오지 않았느냐?"고 따져 물었다.

46 경비병들이 대답했다. "그가 어떻게 말하는지 들어 보셨습니까? 우리는 여태껏 그 사람처럼 말하는 사람을 본 적이 없습니다."

47-49 바리새인들이 말했다. "너희도 저 천하기 짝이 없는 무리처럼 미혹된 것이냐? 지도자나 바리새인들 가운데서 그를 믿는 사람을 보았느냐? 그에게 미혹된 자라고는 하나님의 율법을 모르는 저 무리뿐이다."

50-51 전에 예수를 찾아왔던 사람으로 지도자이자 바리새인인 니고데모가 나서서 말했다. "먼저 당사자의 말을 들어 보고 그가 무슨 일을 하는지 알아보고 나서 사람의 죄를 판결하는 것이 우리 율법에 맞지 않습니까?"

52-53 그러나 그들이 그의 말을 가로막으며 말했다. "당신도 그 갈릴리 사람을 선전하는 거요? 성경에서 증거를 살펴보시오. 갈릴리에서 예언자가 단 한 명이라도 나왔는

believes in me this way, just as the Scripture says." (He said this in regard to the Spirit, whom those who believed in him were about to receive. The Spirit had not yet been given because Jesus had not yet been glorified.)

40-44 Those in the crowd who heard these words were saying, "This has to be the Prophet." Others said, "He is the Messiah!" But others were saying, "The Messiah doesn't come from Galilee, does he? Don't the Scriptures tell us that the Messiah comes from David's line and from Bethlehem, David's village?" So there was a split in the crowd over him. Some went so far as wanting to arrest him, but no one laid a hand on him.

45 That's when the Temple police reported back to the high priests and Pharisees, who demanded, "Why didn't you bring him with you?"

46 The police answered, "Have you heard the way he talks? We've never heard anyone speak like this man."

47-49 The Pharisees said, "Are you carried away like the rest of the rabble? You don't see any of the leaders believing in him, do you? Or any from the Pharisees? It's only this crowd, ignorant of God's Law, that is taken in by him—and damned."

50-51 Nicodemus, the man who had come to Jesus earlier and was both a ruler and a Pharisee, spoke up. "Does our Law decide about a man's guilt without first listening to him and finding out what he is doing?"

52-53 But they cut him off. "Are you also campaigning for the Galilean? Examine the evidence. See if any prophet ever comes

지 살펴보란 말이오."

그러고는 모두 집으로 돌아갔다.

간음하다가 잡혀 온 여인

8 ¹⁻² 예수께서 올리브 산으로 가로질러 가셨다가, 곧이어 성전으로 돌아오셨다. 사람들이 떼를 지어 그분께 몰려왔고, 예수께서는 자리에 앉아 그들을 가르치셨다.

³⁻⁶ 종교 학자와 바리새인들이 간음하다가 붙잡힌 한 여자를 끌고 왔다. 그들은 모든 사람이 잘 볼 수 있도록 여자를 세워 놓고 말했다. "선생님, 이 여자가 간음하다가 현장에서 잡혔습니다. 모세는 율법에서 이런 자들을 돌로 치라고 명령했습니다. 선생님은 뭐라고 하겠습니까?" 그들은 예수를 함정에 빠뜨려, 뭔가 책잡을 만한 발언을 하도록 유도했다.

⁶⁻⁸ 예수께서 몸을 굽혀 손가락으로 땅에다 뭔가를 쓰셨다. 그들은 계속해서 그분을 다그쳤다. 예수께서 몸을 펴고 일어나 말씀하셨다. "너희 가운데 죄 없는 사람이 먼저 돌로 쳐라." 그런 다음, 다시 몸을 굽혀 땅에다 뭔가를 더 쓰셨다.

⁹⁻¹⁰ 사람들이 이 말을 듣고는, 가장 나이 많은 사람부터 시작해 하나 둘씩 자리를 떴다. 그 여자만 홀로 남자, 예수께서 일어서서 여자에게 말씀하셨다. "여자여, 사람들이 어디 있느냐? 너를 정죄하는 사람이 아무도 없느냐?"

¹¹ "아무도 없습니다, 주님."

"나도 너를 정죄하지 않겠다." 예수께서 말씀하셨다. "네 갈 길을 가거라. 이제부터는 죄를 짓지 마라."

세상의 빛

¹² 예수께서 다시 사람들에게 말씀하셨다. "나는 세상의 빛이다. 나를 따르는 사람은 아무도 어둠 속에서 넘어지지 않는다. 나는 그

from Galilee."

Then they all went home.

To Throw the Stone

8 ¹⁻² Jesus went across to Mount Olives, but he was soon back in the Temple again. Swarms of people came to him. He sat down and taught them.

³⁻⁶ The religion scholars and Pharisees led in a woman who had been caught in an act of adultery. They stood her in plain sight of everyone and said, "Teacher, this woman was caught red-handed in the act of adultery. Moses, in the Law, gives orders to stone such persons. What do you say?" They were trying to trap him into saying something incriminating so they could bring charges against him.

⁶⁻⁸ Jesus bent down and wrote with his finger in the dirt. They kept at him, badgering him. He straightened up and said, "The sinless one among you, go first: Throw the stone." Bending down again, he wrote some more in the dirt.

⁹⁻¹⁰ Hearing that, they walked away, one after another, beginning with the oldest. The woman was left alone. Jesus stood up and spoke to her. "Woman, where are they? Does no one condemn you?"

¹¹ "No one, Master."

"Neither do I," said Jesus. "Go on your way. From now on, don't sin."

You're Missing God in All This

¹² Jesus once again addressed them: "I am the world's Light. No one who follows me stumbles around in the darkness. I

에게 빛을 풍성히 주어 그 속에서 살게 한다."

13 바리새인들이 이의를 제기했다. "우리가 들은 것은 당신 말이 전부요. 우리는 당신의 말보다 더한 것이 필요하오."

14-18 예수께서 대답하셨다. "너희가 들은 것이 내 말뿐이라니, 너희 말이 맞다. 그러나 너희는 내 말이 참되다는 것을 믿고 의지해도 좋다. 나는 내가 어디에서 왔고 어디로 가는지 알지만, 너희는 내가 어디에서 와서 어디로 가는지 알지 못한다. 너희는 너희가 보고 만질 수 있는 것에 근거해서 판단하지만, 나는 그런 식으로 판단하지 않는다. 설령 내가 판단하더라도, 내가 하는 판단은 참되다. 그것은 내가 좁은 경험에 근거해서 판단하지 않고 나를 보내신 크신 아버지 안에서, 그분과 함께 판단하기 때문이다. 이것으로, 두 증인의 증언은 믿어도 된다고 한 하나님의 율법의 요건이 충족된 것이다. 너희가 들은 내 말이 그러하다. 나도 너희에게 말하고, 나를 보내신 아버지께서도 너희에게 말씀하시기 때문이다."

19 그들이 말했다. "당신의 아버지라는 분이 어디 있소?"

예수께서 말씀하셨다. "너희가 나를 보면서도 나를 알지 못하는데, 어찌 아버지를 알기 바라느냐? 너희가 나를 알았더라면, 아버지도 알았을 것이다."

20 이것은 예수께서 성전 헌금함 근처에서 가르치며 하신 말씀이다. 아무도 그분을 잡는 사람이 없었다. 아직 그분의 때가 되지 않았기 때문이다.

21 예수께서 이전에 말씀한 내용을 다시 말씀하셨다. "나는 이제 곧 떠나고, 너희는 나를 찾으려고 할 것이다. 하지만 너희는 그렇게 하다가 하나님을 놓치고 죽음이라는 막다른 길로 치닫게 될 것이다. 너희는 나와 함께 갈 수 없다."

provide plenty of light to live in."

13 The Pharisees objected, "All we have is your word on this. We need more than this to go on."

14-18 Jesus replied, "You're right that you only have my word. But you can depend on it being true. I know where I've come from and where I go next. You don't know where I'm from or where I'm headed. You decide according to what you can see and touch. I don't make judgments like that. But even if I did, my judgment would be true because I wouldn't make it out of the narrowness of my experience but in the largeness of the One who sent me, the Father. That fulfills the conditions set down in God's Law: that you can count on the testimony of two witnesses. And that is what you have: You have my word and you have the word of the Father who sent me."

19 They said, "Where is this so-called Father of yours?"

Jesus said, "You're looking right at me and you don't see me. How do you expect to see the Father? If you knew me, you would at the same time know the Father."

20 He gave this speech in the Treasury while teaching in the Temple. No one arrested him because his time wasn't yet up.

21 Then he went over the same ground again. "I'm leaving and you are going to look for me, but you're missing God in this and are headed for a dead end. There is no way you can come with me."

²² 유대인들이 말했다. "그렇다면, 이 사람이 자살하겠다는 말인가? '너희는 나와 함께 갈 수 없다'는 말이 그런 뜻인가?"

²³⁻²⁴ 예수께서 말씀하셨다. "너희는 이 세상에 매여 있지만, 나는 너희가 볼 수 있는 세상 그 너머의 세상과 연결되어 있다. 너희는 눈으로 보고 손으로 만지는 육신의 차원에서 살고 있지만, 나는 다른 차원에서 살고 있다. 바로 이런 이유로, 내가 너희에게 '너희는 하나님을 놓치고 있다'고 말한 것이다. 너희는 죽음이라는 막다른 길에 있다. 내가 누구인지 말하는데도 너희가 믿지 않으면, 너희는 죄로 인해 죽음이라는 막다른 길에 있는 것이다. 너희는 지금 너희 삶에서 하나님을 놓치고 있다."

²⁵⁻²⁶ 그들이 예수께 말했다. "도대체 당신은 누구요?"

예수께서 말씀하셨다. "내가 처음부터 말한 그대로다. 나는 너희에 대해 할 말도 많고, 심판할 것도 많다. 그러나 나에게 말과 행동을 명령하신 분의 참되심을 너희가 인정하지 않으면, 아무 소용이 없다. 너희는 내가 아니라 나를 보내신 분을 문제 삼고 있는 것이다."

²⁷⁻²⁹ 그들은 여전히 예수께서 아버지를 두고 하신 말씀을 알아듣지도, 깨닫지도 못했다. 예수께서 다시 말씀하셨다. "너희는 인자를 들어 올리고 나서야 내가 누구인지 알게 될 것이다. 내가 이 말을 지어낸 것이 아니라, 아버지께서 가르쳐 주신 대로 말한다는 것을 알게 될 것이다. 나를 보내신 분이 나와 함께 계신다. 그분은 나를 버려두지 않으신다. 그분을 기쁘시게 해드리는 것이 나에게 얼마나 큰 기쁨이 되는지, 그분은 잘 아신다."

³⁰ 예수께서 이렇게 말씀하시자, 많은 사람들이 믿기로 작정했다.

진리가 너희를 자유롭게 할 것이다

³¹⁻³² 그러자 예수께서 자기를 믿겠다고 한 유대인들을 향해 말씀하셨다. "너희가 내 말을

²² The Jews said, "So, is he going to kill himself? Is that what he means by 'You can't come with me'?"

²³⁻²⁴ Jesus said, "You're tied down to the mundane; I'm in touch with what is beyond your horizons. You live in terms of what you see and touch. I'm living on other terms. I told you that you were missing God in all this. You're at a dead end. If you won't believe I am who I say I am, you're at the dead end of sins. You're missing God in your lives."

²⁵⁻²⁶ They said to him, "Just who are you anyway?"

Jesus said, "What I've said from the start. I have so many things to say that concern you, judgments to make that affect you, but if you don't accept the trustworthiness of the One who commanded my words and acts, none of it matters. That is who you are questioning—not me but the One who sent me."

²⁷⁻²⁹ They still didn't get it, didn't realize that he was referring to the Father. So Jesus tried again. "When you raise up the Son of Man, then you will know who I am—that I'm not making this up, but speaking only what the Father taught me. The One who sent me stays with me. He doesn't abandon me. He sees how much joy I take in pleasing him."

³⁰ When he put it in these terms, many people decided to believe.

If the Son Sets You Free

³¹⁻³² Then Jesus turned to the Jews who had claimed to believe in him. "If you stick with this, living out what I tell you,

붙들고 내 말대로 살아가면, 너희는 진정한 내 제자가 된다. 그러면 너희는 진리를 직접 경험하게 될 것이고, 진리가 너희를 자유롭게 할 것이다."

33 그들이 놀라서 말했다. "하지만 우리는 아브라함의 자손입니다. 우리는 누구의 종이 되어 본 적이 없습니다. 그런데 어째서 당신은 '진리가 너희를 자유롭게 할 것이다'라고 말하는 것입니까?"

34-38 예수께서 말씀하셨다. "내가 너희에게 진지하게 말한다. 죄의 삶을 선택하는 사람은 누구나 막다른 골목에 갇힌 것이며, 그런 사람은 사실상 종이나 다름없다. 종은 뜨내기여서 마음대로 드나들지 못하지만, 아들은 지위가 확고해서 마음대로 드나든다. 그러므로 아들이 너희를 자유롭게 하면, 너희는 완전히 자유롭게 될 것이다. 나도 너희가 아브라함의 자손인 줄은 안다. 그러나 나는 너희가 나를 죽이려 한다는 것도 알고 있다. 그것은 나의 메시지가 너희 둔한 머리에 속속들이 스며들지 않았기 때문이다. 나는 아버지와 사귀면서 본 것을 말하는데, 너희는 단지 너희 아버지에게서 들은 것을 계속 행한다."

39-41 그들이 분개했다. "우리 아버지는 아브라함이오!"

예수께서 말씀하셨다. "너희가 아브라함의 자손이라면, 아브라함이 한 일을 너희도 했을 것이다. 그러나 너희는 지금, 하나님께로부터 직접 들은 진리를 너희에게 전해 준 나를 죽이려고 한다! 아브라함은 그런 일을 하지 않았다. 너희는 너희 아버지의 일을 고집스럽게 되풀이하고 있다."

그들이 말했다. "우리는 사생아가 아니오. 우리에게는 적법한 아버지이신 유일하신 하나님이 계시오."

42-47 예수께서 말씀하셨다. "하나님이 너희 아버지라면, 너희가 나를 사랑했을 것이다. 내가 하나님께로부터 나서 이 세상에 왔기 때

you are my disciples for sure. Then you will experience for yourselves the truth, and the truth will free you."

33 Surprised, they said, "But we're descendants of Abraham. We've never been slaves to anyone. How can you say, 'The truth will free you'?"

34-38 Jesus said, "I tell you most solemnly that anyone who chooses a life of sin is trapped in a dead-end life and is, in fact, a slave. A slave is a transient, who can't come and go at will. The Son, though, has an established position, the run of the house. So if the Son sets you free, you are free through and through. I know you are Abraham's descendants. But I also know that you are trying to kill me because my message hasn't yet penetrated your thick skulls. I'm talking about things I have seen while keeping company with the Father, and you just go on doing what you have heard from your father."

39-41 They were indignant. "Our father is Abraham!"

Jesus said, "If you were Abraham's children, you would have been doing the things Abraham did. And yet here you are trying to kill me, a man who has spoken to you the truth he got straight from God! Abraham never did that sort of thing. You persist in repeating the works of your father."

They said, "We're not bastards. We have a legitimate father: the one and only God."

42-47 "If God were your father," said Jesus, "you would love me, for I came from God and arrived here. I didn't

문이다. 나는 내 뜻대로 온 것이 아니다. 아버지께서 나를 보내셔서 온 것이다. 어째서 너희는 내 말을 한 마디도 알아듣지 못하느냐? 그것은 너희가 내 말을 감당할 수 없기 때문이다. 너희는 너희 아버지인 마귀에게서 났고, 너희가 하려는 일은 온통 그를 기쁘게 하는 것뿐이다. 마귀는 처음부터 살인자였다. 그가 진리를 견디지 못하는 것은, 그 속에 진리가 조금도 없기 때문이다. 그 거짓말쟁이는 말할 때마다 자기 본성에 따라 말을 만들어 내고, 그 거짓말로 온 세상을 가득 채운다. 내가 와서 너희에게 명백하게 진리를 말해도, 너희는 나와 관계하려고 하지 않는다. 너희 가운데 내가 그릇된 말이나 죄악된 행동을 하나라도 했다고 입증할 수 있는 사람이 있느냐? 내가 진리를 말하는데도, 너희는 어째서 나를 믿지 않느냐? 하나님과 한편에 있는 사람은 누구나 하나님의 말씀을 듣는다. 너희가 듣지 않는 것은, 하나님과 한편에 있지 않기 때문이다."

나는 아브라함이 있기 전부터 있었다

48 그러자 유대인들이 말했다. "당신의 말로 모든 것이 분명해졌소. 우리가 당신을 사마리아 사람이라 하고, 미치고 귀신 들렸다고 한 것이 처음부터 옳았소!"

49-51 예수께서 말씀하셨다. "나는 미친 것이 아니다. 나는 다만 내 아버지를 영화롭게 하고 있는데, 너희는 나를 모욕하고 있다. 나는 내 자신을 위해서는 아무것도 구하지 않는다. 그러나 여기에 영광스럽고 큰 일을 계획하시고 그 일을 하기로 작정하신 분이 계시는데, 그분은 하나님이시다. 내가 아주 확신 있게 말한다. 너희가 내 말대로 행하면 결코 죽음을 대면하지 않을 것이다."

52-53 이때 유대인들이 말했다. "당신이 미쳤다는 것을 이제 알겠소. 아브라함도 죽었고 예언자들도 죽었소. 그런데도 당신은 '내 말대로 행하면 결코 죽음을 대면하지도, 맛보지도 않을

come on my own. He sent me. Why can't you understand one word I say? Here's why: You can't handle it. You're from your father, the Devil, and all you want to do is please him. He was a killer from the very start. He couldn't stand the truth because there wasn't a shred of truth in him. When the Liar speaks, he makes it up out of his lying nature and fills the world with lies. I arrive on the scene, tell you the plain truth, and you refuse to have a thing to do with me. Can any one of you convict me of a single misleading word, a single sinful act? But if I'm telling the truth, why don't you believe me? Anyone on God's side listens to God's words. This is why you're not listening—because you're not on God's side."

I Am Who I Am

48 The Jews then said, "That clinches it. We were right all along when we called you a Samaritan and said you were crazy—demon-possessed!"

49-51 Jesus said, "I'm not crazy. I simply honor my Father, while you dishonor me. I am not trying to get anything for myself. God intends something gloriously grand here and is making the decisions that will bring it about. I say this with absolute confidence. If you practice what I'm telling you, you'll never have to look death in the face."

52-53 At this point the Jews said, "Now we *know* you're crazy. Abraham died. The prophets died. And you show up saying, 'If you practice what I'm telling

것이다'라고 말하다니, 당신이 아브라함보다 크다는 말이오? 아브라함도 죽었고, 예언자들도 죽었소! 당신은 자신이 누구라고 생각하는 거요?"

54-56 예수께서 말씀하셨다. "내가 사람들의 이목을 내 자신에게로 끌려고 한다면, 그것은 헛된 일로 끝나고 말 것이다. 그러나 내 아버지, 곧 너희가 너희 아버지라고 부르는 분께서, 이 순간에 나를 영광의 자리에 두셨다. 너희는 그분을 알아보지 못했으나, 나는 그분을 알아보았다. 내가 겸손한 척하며 무슨 일인지 모르겠다고 말하면, 나도 너희와 같은 거짓말쟁이가 되고 말 것이다. 그러나 나는 알고 있고, 그분의 말씀대로 행하고 있다. 너희 조상 아브라함은 희열에 찬 믿음으로 역사의 뒤안길을 굽어보면서 나의 날이 오는 것을 보았다. 그는 그날을 보고 크게 기뻐했다."

57 유대인들이 말했다. "당신이 쉰 살도 되지 않았는데, 아브라함이 당신을 보았다는 말이오?"

58 예수께서 말씀하셨다. "나를 믿어라. 나는 아브라함이 있기 오래전부터 스스로 있다."

59 그 말에 그들이 폭발하고 말았다. 그들은 돌을 들어 그분을 치려고 했다. 그러나 예수께서는 어느새 성전을 빠져나와 사라지셨다.

참으로 눈먼 사람

9 1-2 예수께서 길을 가시다가, 태어날 때부터 눈먼 사람을 보셨다. 제자들이 물었다. "랍비님, 이 사람이 눈먼 사람으로 태어난 것이 누구의 죄 때문입니까? 이 사람 때문입니까, 이 사람의 부모 때문입니까?"

3-5 예수께서 말씀하셨다. "탓할 사람을 찾으려고 하니, 너희의 질문이 잘못되었다. 이 일에 그런 식의 인과관계는 없다. 차라리 너희는 하나님께서 어떤 일을 하시는지를 주목해 보아라. 우리는 나를 이 세상에 보내신 분을 위해 해가 비치는 동안 활기차게 일해야 한

you, you'll never have to face death, not even a taste.' Are you greater than Abraham, who died? And the prophets died! Who do you think you are!"

54-56 Jesus said, "If I turned the spotlight on myself, it wouldn't amount to anything. But my Father, the same One you say is your Father, put me here at this time and place of splendor. You haven't recognized him in this. But I have. If I, in false modesty, said I didn't know what was going on, I would be as much of a liar as you are. But I do know, and I am doing what he says. Abraham—your 'father'—with jubilant faith looked down the corridors of history and saw my day coming. He saw it and cheered."

57 The Jews said, "You're not even fifty years old—and Abraham saw you?"

58 "Believe me," said Jesus, "I *am who I am* long before Abraham was anything."

59 That did it—pushed them over the edge. They picked up rocks to throw at him. But Jesus slipped away, getting out of the Temple.

True Blindness

9 1-2 Walking down the street, Jesus saw a man blind from birth. His disciples asked, "Rabbi, who sinned: this man or his parents, causing him to be born blind?"

3-5 Jesus said, "You're asking the wrong question. You're looking for someone to blame. There is no such cause-effect here. Look instead for what God can do. We need to be energetically at work for the One who sent me here, working while

다. 밤이 되면, 일할 시간이 끝난다. 내가 이 세상에 있는 동안은 빛이 풍성하다. 나는 세상의 빛이다."

6-7 예수께서 이렇게 말씀하시고, 흙에 침을 뱉어 그것으로 반죽을 이겨서 눈먼 사람의 눈에 바르고 말씀하셨다. "실로암 연못에 가서 씻어라." (실로암은 '보냄을 받았다'는 뜻이다.) 그 사람이 가서 씻고 앞을 보게 되었다.

8 이내 마을이 소란해졌다. 그 사람의 친척과, 여러 해 동안 그가 구걸하는 모습을 보아 온 사람들이 말했다. "이 사람은 우리가 알던 사람, 여기 앉아서 구걸하던 그 사람이 아닙니까?"

9 "그 사람이 맞아요!" 하고 다른 사람들이 말했다.

그러나 "같은 사람이 아니오. 그와 닮은 사람일 뿐입니다" 하고 말하는 사람들도 있었다.

그 사람이 말했다. "납니다. 내가 바로 그 사람입니다."

10 그들이 말했다. "당신이 어떻게 눈을 뜨게 되었소?"

11 "예수라는 분이 진흙을 이겨서 내 눈에 바르고는, 내게 실로암에 가서 씻으라고 말했습니다. 나는 그분이 말한 대로 했습니다. 눈을 씻었더니, 이렇게 보게 되었습니다."

12 "그 사람이 어디 있소?"

"모르겠습니다."

13-15 그들은 그 사람을 바리새인들에게 데려갔다. 예수께서 진흙을 이겨 그의 눈을 고쳐 주신 날은 안식일이었다. 바리새인들은 그 사람이 어떻게 보게 되었는지 엄히 따져 물었다. 그 사람이 대답했다. "그분이 내 눈에 진흙 반죽을 발라 주셔서, 내가 씻었습니다. 그랬더니 이렇게 보게 되었습니다."

16 몇몇 바리새인들이 말했다. "그 자는 하나님에게서 온 사람이 아닌 게 틀림없소. 안식일을 지키지 않으니 말이오."

그러자 다른 이들이 반박했다. "그렇다면 악

the sun shines. When night falls, the workday is over. For as long as I am in the world, there is plenty of light. I am the world's Light."

6-7 He said this and then spit in the dust, made a clay paste with the saliva, rubbed the paste on the blind man's eyes, and said, "Go, wash at the Pool of Siloam" (Siloam means "Sent"). The man went and washed—and saw.

8 Soon the town was buzzing. His relatives and those who year after year had seen him as a blind man begging were saying, "Why, isn't this the man we knew, who sat here and begged?"

9 Others said, "It's him all right!"

But others objected, "It's not the same man at all. It just looks like him."

He said, "It's me, the very one."

10 They said, "How did your eyes get opened?"

11 "A man named Jesus made a paste and rubbed it on my eyes and told me, 'Go to Siloam and wash.' I did what he said. When I washed, I saw."

12 "So where is he?"

"I don't know."

13-15 They marched the man to the Pharisees. This day when Jesus made the paste and healed his blindness was the Sabbath. The Pharisees grilled him again on how he had come to see. He said, "He put a clay paste on my eyes, and I washed, and now I see."

16 Some of the Pharisees said, "Obviously, this man can't be from God. He doesn't keep the Sabbath."

Others countered, "How can a bad man

한 사람이 어떻게 하나님을 드러내는 이런 기적을 행할 수 있겠소?" 그들 사이에 의견이 갈렸다.

17 그들이 다시 눈먼 사람에게 가서 말했다. "당신이 잘 알 테니, 말해 보시오. 그가 당신의 눈을 뜨게 해주었소. 당신은 그 사람에 대해 뭐라고 말하겠소?"

그 사람이 대답했다. "그분은 예언자이십니다."

18-19 유대인들은 그 말을 믿지 않았다. 또한 그가 처음부터 눈먼 사람이었다는 것도 믿지 않았다. 그래서 그들은 눈이 밝아져 보게 된 그 사람의 부모를 불러다가 물었다. "이 사람이 눈먼 자로 태어났다는 당신네 아들이오? 그렇다면 그가 지금은 어떻게 앞을 보게 된 것이오?"

20-23 그의 부모가 대답했다. "그가 우리 아들이라는 것과 그가 눈이 멀어서 태어난 것은 우리가 압니다. 하지만 그가 어떻게 해서 보게 되었고, 누가 그의 눈을 뜨게 해주었는지는 전혀 모르겠습니다. 그에게 물어보시지요. 그도 다 자란 어른이니 자기가 직접 말할 겁니다." (그의 부모가 이렇게 말한 것은 유대 지도자들이 두려웠기 때문이다. 그들은 '예수가 메시아다'라는 입장을 취하는 사람은 누구나 회당에서 내쫓기로 이미 결정해 놓은 상태였다. 그래서 그의 부모가 "그에게 물어보시지요. 그도 다 자란 어른입니다"라고 말한 것이다.)

24 그들은 눈이 멀었던 사람을 다시 불러다가 말했다. "하나님께 영광을 돌리시오. 우리가 알기로, 그 자는 사기꾼이오."

25 그 사람이 대답했다. "그 일이라면, 나는 어느 쪽도 아는 것이 없습니다. 그러나 한 가지 확실히 아는 것은, 내가 눈이 멀었는데, 이제는 볼 수 있다는 사실입니다."

26 그들이 말했다. "그 자가 당신에게 무슨 짓을 했소? 어떻게 당신의 눈을 뜨게 해준 것이오?"

27 "내가 여러분에게 거듭 말했는데도, 여러

do miraculous, God-revealing things like this?" There was a split in their ranks.

17 They came back at the blind man, "You're the expert. He opened your eyes. What do you say about him?"
He said, "He is a prophet."

18-19 The Jews didn't believe it, didn't believe the man was blind to begin with. So they called the parents of the man now bright-eyed with sight. They asked them, "Is this your son, the one you say was born blind? So how is it that he now sees?"

20-23 His parents said, "We know he is our son, and we know he was born blind. But we don't know how he came to see—haven't a clue about who opened his eyes. Why don't you ask him? He's a grown man and can speak for himself." (His parents were talking like this because they were intimidated by the Jewish leaders, who had already decided that anyone who took a stand that this was the Messiah would be kicked out of the meeting place. That's why his parents said, "Ask him. He's a grown man.")

24 They called the man back a second time—the man who had been blind—and told him, "Give credit to God. We know this man is an impostor."

25 He replied, "I know nothing about that one way or the other. But I know one thing for sure: I was blind... I now see."

26 They said, "What did he do to you? How did he open your eyes?"

27 "I've told you over and over and you haven't listened. Why do you want to

분은 듣지 않았습니다. 그런데 왜 다시 들으려고 하십니까? 여러분도 그분의 제자가 되려는 것입니까?"

28-29 그 말에 그들이 마구 호통을 쳤다. "당신은 그 자의 제자인지 모르겠으나, 우리는 모세의 제자요. 우리는 하나님께서 모세에게 말씀하셨다는 것은 확실히 알지만, 이 자가 어디에서 왔는지는 모르오."

30-33 그 사람이 대답했다. "참 놀라운 일입니다! 여러분은 그분에 대해 아는 게 없다고 하지만, 그분이 내 눈을 뜨게 해준 것은 틀림없는 사실입니다! 모두가 알다시피, 하나님은 죄인들의 말대로 하시는 분이 아니라, 누구든지 경건하게 살면서 그분 뜻대로 행하는 사람의 말에 귀를 기울이시는 분입니다. 누군가가 날 때부터 눈먼 사람의 눈을 뜨게 해주었다는 이야기를 나는 들어 본 적이 없습니다. 그분이 하나님에게서 오시지 않았다면 아무 일도 못하셨을 것입니다."

34 그들이 말했다. "먼지만도 못한 주제에, 어디서 감히 그런 투로 말하느냐!" 그러고 나서 그 사람을 거리로 내쫓았다.

35 그들이 그 사람을 내쫓았다는 말을 예수께서 들으시고, 그를 찾아가 만나셨다. 예수께서 그 사람에게 물으셨다. "네가 인자를 믿느냐?"

36 그 사람이 말했다. "선생님, 그분이 누구신지 제게 일러 주십시오. 제가 그분을 믿겠습니다."

37 예수께서 말씀하셨다. "네가 지금 인자를 보고 있다. 내 음성을 알아듣지 못하겠느냐?"

38 그 사람은 "주님, 제가 믿습니다" 하며 예수께 경배했다.

39 그러자 예수께서 말씀하셨다. "내가 이 세상에 온 것은, 모든 것을 대낮같이 환하게 드러내서 분명히 하려는 것이다. 모든 것을 선명히 구별해서, 보지 못하는 사람들은 보게 하고, 잘 본다고 하는 사람들은 눈먼 자로 폭

hear it again? Are you so eager to become his disciples?"

28-29 With that they jumped all over him. "*You* might be a disciple of that man, but we're disciples of Moses. We know for sure that God spoke to Moses, but we have no idea where this man even comes from."

30-33 The man replied, "This is amazing! You claim to know nothing about him, but the fact is, he opened my eyes! It's well known that God isn't at the beck and call of sinners, but listens carefully to anyone who lives in reverence and does his will. That someone opened the eyes of a man born blind has never been heard of—ever. If this man didn't come from God, he wouldn't be able to do anything."

34 They said, "You're nothing but dirt! How dare you take that tone with us!" Then they threw him out in the street.

35 Jesus heard that they had thrown him out, and went and found him. He asked him, "Do you believe in the Son of Man?"

36 The man said, "Point him out to me, sir, so that I can believe in him."

37 Jesus said, "You're looking right at him. Don't you recognize my voice?"

38 "Master, I believe," the man said, and worshiped him.

39 Jesus then said, "I came into the world to bring everything into the clear light of day, making all the distinctions clear, so that those who have never seen will see, and those who have made a great pretense of seeing will be exposed as

로하려는 것이다."

⁴⁰ 몇몇 바리새인들이 그분의 말씀을 듣고 말했다. "결국 우리가 눈먼 자라는 말이오?"

⁴¹ 예수께서 말씀하셨다. "너희가 정말로 눈이 멀었더라면 차라리 허물이 없었을 것이다. 그러나 너희가 모든 것을 잘 본다고 하니, 너희는 모든 허물과 잘못에 대해 책임을 져야 할 것이다."

그분은 양들의 이름을 부르신다

10 ¹⁻⁵ "할 수 있는 한 분명히 말하겠다. 양의 우리에 들어갈 때, 문으로 들어가지 않고 울타리를 넘거나 뚫고 들어가는 사람은, 딴 속셈이 있는 양 도둑이다! 목자는 곧바로 문으로 간다. 문지기는 목자에게 문을 열어 주고, 양들은 그의 음성을 알아듣는다. 목자는 자기 양들의 이름을 하나하나 불러 밖으로 데리고 나간다. 양들을 모두 데리고 나가면, 목자는 앞장서 가고 양들은 그를 따라간다. 양들이 목자의 음성을 잘 알기 때문이다. 양들은 낯선 사람의 음성은 따르지 않고, 오히려 뿔뿔이 흩어진다. 낯선 자의 목소리에는 익숙하지 않기 때문이다."

⁶⁻¹⁰ 예수께서 이토록 쉽게 이야기해 주셨으나, 그들은 그분이 무슨 말씀을 하시는지 전혀 깨닫지 못했다. 그래서 예수께서 다시 말씀하셨다. "그렇다면 분명히 말하겠다. 나는 양들이 드나드는 문이다. 다른 사람들은 모두 못된 일을 꾸민다. 그들은 하나같이 양 도둑이다. 양들은 그들의 말을 듣지 않는다. 나는 문이다. 나를 통해 들어오는 사람은 누구나 보살핌을 받고 마음껏 드나들며 풀밭을 찾게 될 것이다. 도둑은 오직 훔치고 죽이고 멸망시키려고 올 뿐이다. 내가 온 것은 양들로 참되고 영원한 생명을 얻게 하고, 그들이 꿈꾸던 것보다 더 나은 삶을 얻게 하려는 것이다.

¹¹⁻¹³ 나는 선한 목자다. 선한 목자는 자기보다 양들을 먼저 생각해서, 필요하다면 자기

blind."

⁴⁰ Some Pharisees overheard him and said, "Does that mean you're calling us blind?"

⁴¹ Jesus said, "If you were really blind, you would be blameless, but since you claim to see everything so well, you're accountable for every fault and failure."

He Calls His Sheep by Name

10 ¹⁻⁵ "Let me set this before you as plainly as I can. If a person climbs over or through the fence of a sheep pen instead of going through the gate, you know he's up to no good—a sheep rustler! The shepherd walks right up to the gate. The gatekeeper opens the gate to him and the sheep recognize his voice. He calls his own sheep by name and leads them out. When he gets them all out, he leads them and they follow because they are familiar with his voice. They won't follow a stranger's voice but will scatter because they aren't used to the sound of it."

⁶⁻¹⁰ Jesus told this simple story, but they had no idea what he was talking about. So he tried again. "I'll be explicit, then. I am the Gate for the sheep. All those others are up to no good—sheep stealers, every one of them. But the sheep didn't listen to them. I am the Gate. Anyone who goes through me will be cared for—will freely go in and out, and find pasture. A thief is only there to steal and kill and destroy. I came so they can have real and eternal life, more and better life than they ever dreamed of.

¹¹⁻¹³ "I am the Good Shepherd. The Good Shepherd puts the sheep before himself,

를 희생하기까지 한다. 삯꾼은 참된 목자가 아니다. 삯꾼은 양들을 하찮게 여긴다. 이리가 오는 것을 보면 양들을 버리고 급히 달아난다. 그러면 양들은 이리에게 잡아먹히거나 뿔뿔이 흩어지고 만다. 삯꾼이 관심을 기울이는 것은 돈밖에 없다. 삯꾼은 양들을 소중히 여기지 않는다.

14-18 나는 선한 목자다. 나는 내 양들을 알고, 내 양들도 나를 안다. 아버지께서 나를 아시고, 내가 아버지를 아는 것과 같다. 나는 내 자신보다 양들을 먼저 생각해서, 필요하다면 내 목숨까지 내어준다. 너희는 이 우리에 있는 양들 말고도 다른 양들도 있다는 것을 알아야 한다. 나는 그 양들도 모아서 데려와야 한다. 그들도 내 목소리를 알아듣고, 한 목자 아래서 한 양 떼가 될 것이다. 아버지께서 나를 사랑하신다. 그것은 내가 목숨을 기꺼이 버리기 때문이다. 또한 나는 목숨을 다시 얻을 자유도 있다. 아무도 내게서 목숨을 앗아 가지 못한다. 나는 내 자유의지로 내 목숨을 버린다. 나는 목숨을 버릴 권한도 있고, 다시 얻을 권한도 있다. 나는 이 권한을 내 아버지에게서 직접 받았다."

19-21 이 말씀 때문에 유대인들 사이에 또다시 의견이 갈렸다. 그들 중 많은 사람들이 말했다. "그는 미치광이오. 완전히 제정신이 아닙니다. 무엇 때문에 그의 말을 듣고 있는 거요?" 그러나 다른 사람들은 그렇게 생각하지 않았다. "이것은 미친 사람의 말이 아니오. 미치광이가 눈먼 사람의 눈을 뜨게 할 수 있겠소?"

❧

22-24 바로 그 즈음에, 사람들이 예루살렘에서 하누카(성전 봉헌절)를 지키고 있었다. 때는 겨울이었다. 예수께서 성전 안에 있는 솔로몬 회랑을 거닐고 계셨다. 유대인들이 그분을 에워싸며 말했다. "당신은 언제까지 우

sacrifices himself if necessary. A hired man is not a real shepherd. The sheep mean nothing to him. He sees a wolf come and runs for it, leaving the sheep to be ravaged and scattered by the wolf. He's only in it for the money. The sheep don't matter to him.

14-18 "I am the Good Shepherd. I know my own sheep and my own sheep know me. In the same way, the Father knows me and I know the Father. I put the sheep before myself, sacrificing myself if necessary. You need to know that I have other sheep in addition to those in this pen. I need to gather and bring them, too. They'll also recognize my voice. Then it will be one flock, one Shepherd. This is why the Father loves me: because I freely lay down my life. And so I am free to take it up again. No one takes it from me. I lay it down of my own free will. I have the right to lay it down; I also have the right to take it up again. I received this authority personally from my Father."

19-21 This kind of talk caused another split in the Jewish ranks. A lot of them were saying, "He's crazy, a maniac—out of his head completely. Why bother listening to him?" But others weren't so sure: "These aren't the words of a crazy man. Can a 'maniac' open blind eyes?"

❧

22-24 They were celebrating Hanukkah just then in Jerusalem. It was winter. Jesus was strolling in the Temple across Solomon's Porch. The Jews, circling him, said, "How long are you going to keep

리로 추측만 하게 만들 작정이오? 당신이 메시아라면, 속 시원하게 말해 보시오."

25-30 예수께서 대답하셨다. "내가 말했지만 너희는 믿지 않는다. 내가 행한 모든 일은 내 아버지께서 인정해 주신 것이며, 그것은 말보다 더 분명한 증거다. 너희가 나를 믿지 않는 것은, 내 양이 아니기 때문이다. 내 양들은 내 목소리를 알아듣는다. 나는 내 양들을 알고, 내 양들은 나를 따른다. 나는 그들에게 참되고 영원한 생명을 준다. 그들에게는 파괴자의 손길이 결코 닿지 못할 것이다. 아무도 그들을 내 손에서 빼앗아 갈 수 없다. 그들을 내게 맡기신 아버지는 파괴자나 도둑보다 훨씬 크신 분이다. 아무도 그들을 내 아버지에게서 빼앗아 갈 수 없다. 나와 아버지는 한마음 한뜻이다."

31-32 유대인들이 또다시 돌을 집어 들고 예수를 치려고 했다. 예수께서 말씀하셨다. "나는 아버지께로부터 온 많은 선한 일을 너희에게 선물로 주었다. 너희는 그 가운데 무엇 때문에 나를 돌로 치려고 하느냐?"

33 유대인들이 말했다. "우리가 당신을 돌로 치려는 것은 당신이 행한 선한 일 때문이 아니라, 당신 스스로를 하나님이라 일컫는 신성모독죄 때문이오."

34-38 예수께서 말씀하셨다. "나는 영감으로 기록된 너희 성경을 인용했을 뿐이다. 그 말씀에서 하나님은 '내가 너희에게 말한다. 너희는 신(神)이다'라고 하셨다. 하나님께서 너희 조상을 '신'이라 부르셨다. 성경은 거짓을 말하지 않는다. 그런데 왜 너희는 내가 하나님의 아들이라고 말했다는 이유만으로, 아버지께서 거룩하게 구별해서 이 세상에 보내신 유일한 존재인 나에게 '하나님을 모독하는 자! 하나님을 모독하는 자!'라고 소리 지르는 것이냐? 내가 만일 내 아버지의 일을 행하지 않는다면, 나를 믿지 않아도 좋다. 그러나 내가 아버지

us guessing? If you're the Messiah, tell us straight out."

25-30 Jesus answered, "I told you, but you don't believe. Everything I have done has been authorized by my Father, actions that speak louder than words. You don't believe because you're not my sheep. My sheep recognize my voice. I know them, and they follow me. I give them real and eternal life. They are protected from the Destroyer for good. No one can steal them from out of my hand. The Father who put them under my care is so much greater than the Destroyer and Thief. No one could ever get them away from him. I and the Father are one heart and mind."

31-32 Again the Jews picked up rocks to throw at him. Jesus said, "I have made a present to you from the Father of a great many good actions. For which of these acts do you stone me?"

33 The Jews said, "We're not stoning you for anything good you did, but for what you said–this blasphemy of calling yourself God."

34-38 Jesus said, "I'm only quoting your inspired Scriptures, where God said, 'I tell you–you are gods.' If God called your ancestors 'gods'–and Scripture doesn't lie–why do you yell, 'Blasphemer! Blasphemer!' at the unique One the Father consecrated and sent into the world, just because I said, 'I am the Son of God'? If I don't do the things my Father does, well and good; don't believe me. But if I am doing them, put aside for a moment what you hear me say about myself and just take the evidence of the actions that are right before your

의 일을 행하고 있다면, 내가 내 자신에 대해 하는 말은 잠시 제쳐두고, 바로 너희 눈앞에 일어나는 일만이라도 증거로 받아들여라. 그러면 너희는 이 모든 일을 한번에 깨닫게 될 것이다. 우리가 같은 일을 하고 있을 뿐 아니라 같다는 것—아버지와 아들이라는 것—을 알게 될 것이다. 아버지가 내 안에 계시고, 내가 아버지 안에 있다."

39-42 그들이 이번에도 예수를 잡으려고 했지만, 그분은 그들의 손을 빠져나가셨다. 예수께서는 다시 요단 강 건너편, 요한이 처음 세례를 주던 곳으로 가서서 거기에 머무셨다. 많은 사람들이 그곳으로 예수를 따라왔다. 그들이 말했다. "요한은 기적을 하나도 행하지 못했지만, 그가 이분을 두고 한 말은 모두 사실이었다." 그때 거기서 많은 사람들이 예수를 믿었다.

나사로야, 나오너라!

11 1-3 어떤 사람이 병이 들었다. 그는 마리아와 그 자매 마르다가 사는 마을 베다니의 나사로였다. 이 마리아는 주님의 발에 향유를 바르고, 자기 머리카락으로 그 발을 닦아 드린 사람이었다. 병이 든 나사로는 그녀의 오라버니였다. 두 자매는 예수께 사람을 보내 소식을 알렸다. "주님, 주님께서 사랑하시는 사람이 깊은 병이 들었습니다."

4 예수께서 그 소식을 듣고 말씀하셨다. "그 병은 죽을병이 아니다. 그것은 하나님의 영광을 드러내는 기회가 될 것이다. 그 일로 하나님의 아들이 영광을 받을 것이다."

5-7 예수께서는 마르다와 그 자매 마리아와 나사로를 사랑하셨다. 그러나 나사로가 아프다는 소식을 듣고도, 그분은 계시던 곳에서 이틀을 더 머무셨다. 이틀 후에, 예수께서 제자들에게 말씀하셨다. "다시 유대로 가자."

8 제자들이 말했다. "랍비님, 그리로 가시면 안 됩니다. 유대인들이 선생님을 죽이려고 하는데, 다시 가시다니요?"

eyes. Then perhaps things will come together for you, and you'll see that not only are we doing the same thing, we *are* the same—Father and Son. He is in me; I am in him."

39-42 They tried yet again to arrest him, but he slipped through their fingers. He went back across the Jordan to the place where John first baptized, and stayed there. A lot of people followed him over. They were saying, "John did no miracles, but everything he said about this man has come true." Many believed in him then and there.

The Death of Lazarus

11 1-3 A man was sick, Lazarus of Bethany, the town of Mary and her sister Martha. This was the same Mary who massaged the Lord's feet with aromatic oils and then wiped them with her hair. It was her brother Lazarus who was sick. So the sisters sent word to Jesus, "Master, the one you love so very much is sick."

4 When Jesus got the message, he said, "This sickness is not fatal. It will become an occasion to show God's glory by glorifying God's Son."

5-7 Jesus loved Martha and her sister and Lazarus, but oddly, when he heard that Lazarus was sick, he stayed on where he was for two more days. After the two days, he said to his disciples, "Let's go back to Judea."

8 They said, "Rabbi, you can't do that. The Jews are out to kill you, and you're going back?"

9-10 예수께서 대답하셨다. "낮은 열두 시간이 아니냐? 낮에 다니는 사람은 햇빛이 넉넉하기 때문에 넘어지지 않는다. 그러나 밤에 다니는 사람은 자신이 어디로 가는지 볼 수 없기 때문에 넘어진다."

11 이 말씀을 하신 뒤에 예수께서 이렇게 말씀하셨다. "우리 친구 나사로가 잠들었다. 내가 가서 깨워야겠다."

12-13 제자들이 말했다. "주님, 그가 잠들었다면 푹 쉬고 나서 기분 좋게 깰 것입니다." 예수께서는 죽음을 두고 하신 말씀인데, 제자들은 잠시 잠을 잔다는 뜻으로 받아들였다.

14-15 그래서 예수께서 분명하게 밝히셨다. "나사로가 죽었다. 내가 거기에 있지 않은 것이 너희에게는 잘된 일이다. 너희는 이 일로 믿음의 눈을 뜨게 될 것이다. 이제 그에게 가자."

16 바로 그때 '쌍둥이'라고 불리는 도마가 동료들에게 말했다. "갑시다. 우리도 그와 함께 죽는 것이 낫겠습니다."

17-20 예수께서 마침내 베다니에 도착해서 보니, 나사로가 죽은 지 벌써 나흘이 되었다. 베다니는 예루살렘에서 몇 킬로미터밖에 떨어지지 않은 곳이어서, 많은 유대인들이 마르다와 마리아를 찾아와 나사로를 잃은 그들을 위로하고 있었다. 마르다는 예수께서 오신다는 소식을 듣고 그분을 마중하러 나갔고, 마리아는 집에 남아 있었다.

21-22 마르다가 말했다. "주님, 주님께서 여기에 계셨더라면 제 오라버니가 죽지 않았을 것입니다. 그러나 지금이라도 주님이 구하시면, 하나님께서 무엇이든지 들어주실 것을 제가 압니다."

23 예수께서 말씀하셨다. "네 오라버니가 다시 살아날 것이다."

24 마르다가 대답했다. "마지막 날 부활 때에 제 오라버니가 다시 살아날 것을 제가 압니다."

9-10 Jesus replied, "Are there not twelve hours of daylight? Anyone who walks in daylight doesn't stumble because there's plenty of light from the sun. Walking at night, he might very well stumble because he can't see where he's going."

11 He said these things, and then announced, "Our friend Lazarus has fallen asleep. I'm going to wake him up."

12-13 The disciples said, "Master, if he's gone to sleep, he'll get a good rest and wake up feeling fine." Jesus was talking about death, while his disciples thought he was talking about taking a nap.

14-15 Then Jesus became explicit: "Lazarus died. And I am glad for your sakes that I wasn't there. You're about to be given new grounds for believing. Now let's go to him."

16 That's when Thomas, the one called the Twin, said to his companions, "Come along. We might as well die with him."

17-20 When Jesus finally got there, he found Lazarus already four days dead. Bethany was near Jerusalem, only a couple of miles away, and many of the Jews were visiting Martha and Mary, sympathizing with them over their brother. Martha heard Jesus was coming and went out to meet him. Mary remained in the house.

21-22 Martha said, "Master, if you'd been here, my brother wouldn't have died. Even now, I know that whatever you ask God he will give you."

23 Jesus said, "Your brother will be raised up."

24 Martha replied, "I know that he will be raised up in the resurrection at the end of time."

25-26 "마지막 날까지 기다리지 않아도 된다. 지금 이 순간에, 나는 부활이요 생명이다. 나를 믿는 사람은 죽어도 살고, 누구든지 살아서 나를 믿는 사람은 결코 죽지 않을 것이다. 네가 이것을 믿느냐?"

27 "믿습니다, 주님. 저는 주님이 메시아이시며, 이 세상에 오시는 하나님의 아들이신 것을 처음부터 믿었습니다."

28 이 말을 한 뒤에, 마르다는 동생 마리아에게 돌아가서 귓속말로 이렇게 말했다. "선생님이 오셨는데, 너를 찾으시는구나."

29-32 이 말을 들은 마리아는 벌떡 일어나 예수께 달려갔다. 예수께서는 아직 마을에 들어가지 않으시고, 마르다가 마중 나왔던 곳에 계셨다. 마리아를 위로하던 유대인 친구들은, 그녀가 달려가는 것을 보고, 그녀가 무덤에 가서 울려는가 생각하고 따라나섰다. 마리아는 예수께서 기다리고 계신 곳에 가서 그분 발 앞에 엎드렸다. "주님, 주님이 여기에 계시기만 했어도 제 오라버니가 죽지 않았을 것입니다."

33-34 마리아도, 마리아와 함께 온 유대인들도 울었다. 그 모습을 보시며, 그분 안에 깊은 분노가 북받쳐 올랐다. 예수께서 말씀하셨다. "그를 어디에 두었느냐?"

34-35 사람들이 말했다. "주님, 와서 보십시오." 예수께서 눈물을 흘리셨다.

36 유대인들이 말했다. "보시오, 저분이 그를 얼마나 깊이 사랑하셨는지!"

37 그들 가운데 또 다른 이들이 말했다. "글쎄요, 저분이 그를 그토록 사랑했다면, 왜 그가 죽지 않도록 손을 쓰지 않았을까요? 저분은 눈먼 사람의 눈을 뜨게 해준 분이지 않습니까?"

38-39 예수께서 무덤에 이르셨을 때, 그분 안에 다시 분노가 북받쳐 올랐다. 무덤은 산허리에 있는 소박한 굴인데, 입구가 돌로 막혀 있었다. 예수께서 말씀하셨다. "돌을

25-26 "You don't have to wait for the End. I am, right now, Resurrection and Life. The one who believes in me, even though he or she dies, will live. And everyone who lives believing in me does not ultimately die at all. Do you believe this?"

27 "Yes, Master. All along I have believed that you are the Messiah, the Son of God who comes into the world."

28 After saying this, she went to her sister Mary and whispered in her ear, "The Teacher is here and is asking for you."

29-32 The moment she heard that, she jumped up and ran out to him. Jesus had not yet entered the town but was still at the place where Martha had met him. When her sympathizing Jewish friends saw Mary run off, they followed her, thinking she was on her way to the tomb to weep there. Mary came to where Jesus was waiting and fell at his feet, saying, "Master, if only you had been here, my brother would not have died."

33-34 When Jesus saw her sobbing and the Jews with her sobbing, a deep anger welled up within him. He said, "Where did you put him?"

34-35 "Master, come and see," they said. Now Jesus wept.

36 The Jews said, "Look how deeply he loved him."

37 Others among them said, "Well, if he loved him so much, why didn't he do something to keep him from dying? After all, he opened the eyes of a blind man."

38-39 Then Jesus, the anger again welling up within him, arrived at the tomb. It was a simple cave in the hillside with a slab of

치워라."

죽은 자의 누이인 마르다가 말했다. "주님, 이미 악취가 납니다. 죽은 지 나흘이 되었습니다!"

40 예수께서 마르다의 눈을 들여다보며 말씀하셨다. "네가 믿으면 하나님의 영광을 볼 것이라고 내가 말하지 않았느냐?"

41-42 그러고는 "어서 돌을 치워라" 하고 다른 사람들에게 명하셨다.

사람들이 돌을 치우자, 예수께서 하늘을 우러러보며 기도하셨다. "아버지, 내 말을 들어주시니 감사합니다. 아버지께서 언제나 들으신다는 것을 내가 압니다. 그러나 내가 이렇게 말씀드린 것은, 여기 서 있는 이 사람들 때문입니다. 아버지께서 나를 보내신 것을 저들로 믿게 하려는 것입니다."

43-44 그런 다음에 예수께서 큰소리로 외치셨다. "나사로야, 나오너라!" 그러자 나사로가 나왔다. 머리에서 발끝까지 천으로 감고, 얼굴에는 수건을 덮은 시신의 모습이었다.

예수께서 그들에게 말씀하셨다. "마음대로 움직이게 그를 풀어 주어라."

예수를 죽이려는 모의를 하다

45-48 그 사건은 마리아와 함께 있던 많은 유대인들에게 전환점이 되었다. 그들이 예수께서 하신 일을 보고 그분을 믿게 된 것이다. 그러나 몇몇 사람들이 바리새인들에게 돌아가 예수께서 하신 일을 밀고했다. 대제사장과 바리새인들은 유대 최고의 회를 소집했다. "어떻게 하면 좋겠습니까? 이 자가 끊임없이 일을 벌이며, 하나님의 표적을 일으키고 있으니 말입니다. 이대로 두면 조만간 모든 사람이 그를 믿게 될 테고, 그러면 로마 사람들이 와서 얼마 남지 않은 우리의 권력과 특권마저 빼앗고 말 것입니다."

stone laid against it. Jesus said, "Remove the stone."

The sister of the dead man, Martha, said, "Master, by this time there's a stench. He's been dead four days!"

40 Jesus looked her in the eye. "Didn't I tell you that if you believed, you would see the glory of God?"

41-42 Then, to the others, "Go ahead, take away the stone."

They removed the stone. Jesus raised his eyes to heaven and prayed, "Father, I'm grateful that you have listened to me. I know you always do listen, but on account of this crowd standing here I've spoken so that they might believe that you sent me."

43-44 Then he shouted, "Lazarus, come out!" And he came out, a cadaver, wrapped from head to toe, and with a kerchief over his face.

Jesus told them, "Unwrap him and let him loose."

The Man Who Creates God-Signs

45-48 That was a turnaround for many of the Jews who were with Mary. They saw what Jesus did, and believed in him. But some went back to the Pharisees and told on Jesus. The high priests and Pharisees called a meeting of the Jewish ruling body. "What do we do now?" they asked. "This man keeps on doing things, creating God-signs. If we let him go on, pretty soon everyone will be believing in him and the Romans will come and remove what little power and privilege we still have."

49-52 Then one of them—it was Caiaphas, the designated Chief Priest that year—spoke

49-52 그러자 그들 가운데서 그해의 대제사장으로 임명된 가야바라는 사람이 말했다. "여러분은 아무것도 모르겠소? 한 사람이 백성을 위해 죽는 것이 민족 전체가 멸망하는 것보다 우리에게 낫다는 것을 알지 못한단 말이오?" 이것은 그가 스스로 한 말이 아니라, 그해의 대제사장으로서 뜻하지 않게 예언한 것이다. 그는 예수께서 민족을 위해서뿐만 아니라 흩어져 나그네의 삶을 살아가는 하나님의 자녀들을 모아서 한 백성으로 만들기 위해 죽으실 것을 예언한 것이다.

53-54 그날부터 그들은 예수를 죽이기로 모의했다. 그래서 예수께서는 더 이상 유대인들 가운데 드러나게 다니지 않으셨다. 그분은 광야에 인접한 에브라임이라는 시골 마을로 물러나서 제자들과 함께 머물러 계셨다.

55-56 유대인의 유월절이 다가오고 있었다. 많은 사람들이 명절 준비를 하려고 시골에서 예루살렘으로 올라갔다. 그들은 예수에 대해 궁금해 했다. 성전에 모여 선 사람들 사이에 그분에 대해 많은 이야기가 오갔다. "여러분 생각은 어떻습니까? 그가 명절에 모습을 드러낼 것 같습니까?"

57 한편, 대제사장과 바리새인들은 누구든지 예수에 대한 소문을 듣거든 자신들에게 알리라는 명령을 내려 두었다. 그들은 예수를 붙잡을 만반의 태세를 갖추고 있었다.

그분 발에 향유를 부은 여인

12 1-3 유월절 엿새 전에, 예수께서 베다니로 들어가셨다. 그곳에는 얼마 전에 죽은 자들 가운데서 살아난 나사로가 살고 있었다. 나사로와 그의 누이들이 자신들의 집에서 저녁식사를 하자고 예수를 초대했다. 마르다는 시중 들고, 나사로는 사람들과 함께 식탁에 앉아 있었다. 마리아가 아주 값비싼 향유 한 병을 가지고

up, "Don't you know anything? Can't you see that it's to our advantage that one man dies for the people rather than the whole nation be destroyed?" He didn't say this of his own accord, but as Chief Priest that year he unwittingly prophesied that Jesus was about to die sacrificially for the nation, and not only for the nation but so that all God's exile-scattered children might be gathered together into one people.

53-54 From that day on, they plotted to kill him. So Jesus no longer went out in public among the Jews. He withdrew into the country bordering the desert to a town called Ephraim and secluded himself there with his disciples.

55-56 The Jewish Passover was coming up. Crowds of people were making their way from the country up to Jerusalem to get themselves ready for the Feast. They were curious about Jesus. There was a lot of talk of him among those standing around in the Temple: "What do you think? Do you think he'll show up at the Feast or not?"

57 Meanwhile, the high priests and Pharisees gave out the word that anyone getting wind of him should inform them. They were all set to arrest him.

Anointing His Feet

12 1-3 Six days before Passover, Jesus entered Bethany where Lazarus, so recently raised from the dead, was living. Lazarus and his sisters invited Jesus to dinner at their home. Martha served. Lazarus was one of those sitting at the table with them. Mary came in with a jar of very expensive aromatic oils, anointed and

들어와서 예수의 발에 붓고, 자기 머리카락으로 그 발을 닦아 드렸다. 향유 냄새가 집 안에 가득했다.

4-6 제자들 가운데 한 사람으로, 이미 그때 예수를 배반할 준비를 하고 있던 가룻 유다가 말했다. "왜 이 향유를 팔아서 그 돈을 가난한 사람들에게 주지 않습니까? 팔면 은화 삼백은 충분히 받을 텐데." 이렇게 말한 것은, 그가 가난한 사람들을 생각해서가 아니라 도둑이었기 때문이다. 그는 일행의 공금을 맡고 있었는데, 그것을 빼돌리기도 했다.

7-8 예수께서 말씀하셨다. "그 여자를 가만 두어라. 그 여자는 내 장례식을 내다보고 예를 표한 것이다. 가난한 사람들은 너희와 항상 함께 있지만, 나는 너희와 항상 함께 있는 것이 아니다."

9-11 예수께서 다시 마을에 오셨다는 소문이 유대인들 사이에 퍼졌다. 사람들이 예수뿐만 아니라, 죽은 자들 가운데서 살아난 나사로도 보려고 몰려왔다. 대제사장들은 나사로를 죽이기로 모의했다. 나사로 때문에 많은 유대인들이 예수를 믿었기 때문이다.

예루살렘 입성

12-15 이튿날, 명절을 지키러 와 있던 많은 무리가 예수께서 예루살렘에 들어오신다는 말을 들었다. 그들은 종려나무 가지를 꺾어 들고 그분을 맞으러 나가서 환호했다.

호산나!
복되다, 하나님의 이름으로 오시는 이여!
복되다! 이스라엘의 왕이여!

성경에 기록된 대로 예수께서 어린 나귀를 얻어 타셨다.

massaged Jesus' feet, and then wiped them with her hair. The fragrance of the oils filled the house.

4-6 Judas Iscariot, one of his disciples, even then getting ready to betray him, said, "Why wasn't this oil sold and the money given to the poor? It would have easily brought three hundred silver pieces." He said this not because he cared two cents about the poor but because he was a thief. He was in charge of their common funds, but also embezzled them.

7-8 Jesus said, "Let her alone. She's anticipating and honoring the day of my burial. You always have the poor with you. You don't always have me."

9-11 Word got out among the Jews that he was back in town. The people came to take a look, not only at Jesus but also at Lazarus, who had been raised from the dead. So the high priests plotted to kill Lazarus because so many of the Jews were going over and believing in Jesus on account of him.

See How Your King Comes

12-15 The next day the huge crowd that had arrived for the Feast heard that Jesus was entering Jerusalem. They broke off palm branches and went out to meet him. And they cheered:

Hosanna!
Blessed is he who comes in God's name!
Yes! The King of Israel!

Jesus got a young donkey and rode it, just as the Scripture has it:

두려워하지 마라, 딸 시온아.
  너의 왕이 오시는 모습을 보아라.
  나귀 새끼를 타고 오신다.

16 제자들은 성경의 많은 구절이 성취된 것을 당시에는 알아채지 못했다. 그러나 예수께서 영화롭게 되신 뒤에, 그들은 그분에 대해 기록된 것과 그분께 일어난 일이 일치한다는 것을 기억해 냈다.

17-19 예수께서 나사로를 불러 죽은 자들 가운데서 일으키실 때에, 그 자리에 있던 사람들이 자신들이 목격한 것을 이야기했다. 그들이 얼마 전에 있었던 하나님의 표적에 대해 소문을 퍼뜨렸기 때문에 환영하는 무리가 더 늘어났던 것이다. 바리새인들이 그 모습을 보고 체념하듯 말했다. "이제는 통제 불능이오. 온 세상이 저 자의 뒤를 따라 몰려가고 있소."

나를 따라오너라

20-21 명절을 맞아 예배를 드리려고 올라온 그리스 사람들이 있었다. 그들이 갈릴리 벳새다 출신인 빌립에게 다가가서 말했다. "선생님, 우리가 예수를 뵙고 싶습니다. 도와주시겠습니까?"

22-23 빌립이 안드레에게 가서 말했다. 안드레와 빌립이 예수께 가서 말씀드리자, 예수께서 대답하셨다. "때가 되었다. 인자가 영광을 받을 때가 왔다.

24-25 잘 들어라. 밀알 하나가 땅에 묻혀 완전히 죽지 않으면, 한 알 그대로 남아 있다. 그러나 밀알 하나가 땅에 묻혀 죽으면, 싹이 나서 몇 배의 열매를 맺는다. 마찬가지로, 누구든지 현재의 목숨에 집착하는 사람은 그 목숨을 잃을 것이다. 그러나 앞뒤를 재지 않는 사랑으로 그 목숨을 버리는 사람은 참되고 영원한 생명을 얻게 될 것이다.

No fear, Daughter Zion:
  See how your king comes,
    riding a donkey's colt.

16 The disciples didn't notice the fulfillment of many Scriptures at the time, but after Jesus was glorified, they remembered that what was written about him matched what was done to him.

17-19 The crowd that had been with him when he called Lazarus from the tomb, raising him from the dead, was there giving eyewitness accounts. It was because they had spread the word of this latest God-sign that the crowd swelled to a welcoming parade. The Pharisees took one look and threw up their hands: "It's out of control. The world's in a stampede after him."

A Grain of Wheat Must Die

20-21 There were some Greeks in town who had come up to worship at the Feast. They approached Philip, who was from Bethsaida in Galilee: "Sir, we want to see Jesus. Can you help us?"

22-23 Philip went and told Andrew. Andrew and Philip together told Jesus. Jesus answered, "Time's up. The time has come for the Son of Man to be glorified.

24-25 "Listen carefully: Unless a grain of wheat is buried in the ground, dead to the world, it is never any more than a grain of wheat. But if it is buried, it sprouts and reproduces itself many times over. In the same way, anyone who holds on to life just as it is destroys that life. But if you let it go, reckless in your love, you'll have it forever, real and eternal.

26 너희 가운데 누구든지 나를 섬기려는 사람은 나를 따라오너라. 나를 섬기는 사람은 내가 있는 곳에 있게 될 것이다. 누구든지 나를 섬기는 사람은 아버지께서 높여 주시고 상 주실 것이다.

27-28 내 마음은 몹시 흔들리고 있다. 그러니 내가 무슨 말을 하겠느냐? 아버지, 나를 여기에서 벗어나게 해주십시오라고 말해야 하겠느냐? 아니다. 나는 처음부터 이것 때문에 온 것이다. 나는 '아버지, 아버지의 영광을 드러내 보이십시오'라고 말하겠다."

그러자 하늘에서 한 음성이 들려왔다. "내가 이미 영화롭게 했고, 앞으로도 영화롭게 할 것이다."

29 그 소리를 들은 무리가 말했다. "천둥소리다!" 다른 사람들이 말했다. "천사가 이분께 말한 것이다!"

30-33 예수께서 말씀하셨다. "이 음성은 나를 위해서가 아니라 너희를 위해서 들려온 것이다. 지금 이 순간에, 세상은 위기에 처해 있다. 이제 이 세상의 통치자인 사탄이 쫓겨날 것이다. 그리고 내가 이 땅에서 들려 올라갈 때, 나는 모든 사람을 이끌어서 내 주위로 모을 것이다." 예수께서 이렇게 말씀하신 것은, 자신이 어떤 죽임을 당할지 보여주시려는 것이었다.

34 무리 가운데 대답하는 소리가 들려왔다. "우리는 하나님의 율법에서 메시아가 영원히 계신다고 들었습니다. 그런데 선생님은 인자가 들려야 한다고 하시니, 어째서 그래야 합니까? 선생님이 말씀하신 인자가 누구입니까?"

35-36 예수께서 말씀하셨다. "빛이 너희 가운데 있는 것은 잠시뿐이다. 빛이 너희 가운데 있는 동안 다녀라. 그래서 어둠이 너희를 멸하지 못하게 하여라. 너희가 어둠 속에 다니면, 자신이 어디로 가는지 알지 못한다. 빛이 너희와 함께 있는 동안 그 빛을 믿어라. 그러면 그 빛이 너희 안에 있으면서 너희 삶을 속속들이 비춰 줄 것이다. 너희는 빛의 자녀가 될 것이다."

26 "If any of you wants to serve me, then follow me. Then you'll be where I am, ready to serve at a moment's notice. The Father will honor and reward anyone who serves me.

27-28 "Right now I am storm-tossed. And what am I going to say? 'Father, get me out of this'? No, this is why I came in the first place. I'll say, 'Father, put your glory on display.'"

A voice came out of the sky: "I have glorified it, and I'll glorify it again."

29 The listening crowd said, "Thunder!" Others said, "An angel spoke to him!"

30-33 Jesus said, "The voice didn't come for me but for you. At this moment the world is in crisis. Now Satan, the ruler of this world, will be thrown out. And I, as I am lifted up from the earth, will attract everyone to me and gather them around me." He put it this way to show how he was going to be put to death.

34 Voices from the crowd answered, "We heard from God's Law that the Messiah lasts forever. How can it be necessary, as you put it, that the Son of Man 'be lifted up'? Who is this 'Son of Man'?"

35-36 Jesus said, "For a brief time still, the light is among you. Walk by the light you have so darkness doesn't destroy you. If you walk in darkness, you don't know where you're going. As you have the light, believe in the light. Then the light will be within you, and shining through your lives. You'll be children of light."

나를 믿는 사람은 나를 보내신 분을 믿는 것이다

³⁶⁻⁴⁰ 예수께서 이 모든 것을 말씀하시고 나서 몸을 숨기셨다. 예수께서 이 모든 하나님의 표적을 보여주셨지만, 그들은 받아들이지도 않았고 그분을 신뢰하지도 않았다. 이 일로 예언자 이사야의 말이 옳다는 것이 확인되었다.

하나님, 우리가 전한 말을 누가 믿었습니까?
하나님께서 팔을 뻗어 행하려고 하시건만,
누가 그것을 알아보았습니까?

처음에 그들은 믿으려 하지 않았고, 나중에는 믿을 수도 없었다. 이 또한 이사야가 말한 것과 같았다.

그들의 눈은 멀었고
그들의 마음은 완고해졌으니,
이는 그들이 눈으로 보고
마음으로 깨달아서,
나 하나님께로 돌아와
내게 고침을 받지 못하게 하려는 것이다.

⁴¹ 이것은 이사야가 메시아를 통해 폭포수처럼 쏟아지는 하나님의 빛을 스치듯 보고 나서 한 말이었다.

⁴²⁻⁴³ 한편, 지도자들 가운데서도 상당수가 믿었다. 그러나 바리새인들 때문에 자신들의 믿음을 밖으로 드러내지는 않았는데, 회당에서 쫓겨날까 봐 두려웠기 때문이다. 그들은 위기의 순간에, 하나님의 영광보다는 사람의 인정을 받는 것에 더 신경을 썼던 것이다.

⁴⁴⁻⁴⁶ 예수께서 이 모든 말씀의 결론으로 이렇게 외치셨다. "누구든지 나를 믿는 사람은, 나를 믿는 것이 아니라 나를 보내신 분을 믿는 것이다. 누구든지 나를 보는 사람은, 사실은 나를 보내신 분을 보는 것이다. 나는 이 세상에 온 빛이다. 내가 온 것은 나를 믿는 모든 사람들로 더 이상 어둠 속에 머물지 않게 하려는

Their Eyes Are Blinded

³⁶⁻⁴⁰ Jesus said all this, and then went into hiding. All these God-signs he had given them and they still didn't get it, still wouldn't trust him. This proved that the prophet Isaiah was right:

God, who believed what we preached?
Who recognized God's arm, outstretched and ready to act?

First they wouldn't believe, then they *couldn't*—again, just as Isaiah said:

Their eyes are blinded,
  their hearts are hardened,
So that they wouldn't see with their eyes
  and perceive with their hearts,
And turn to me, God,
  so I could heal them.

⁴¹ Isaiah said these things after he got a glimpse of God's cascading brightness that would pour through the Messiah.

⁴²⁻⁴³ On the other hand, a considerable number from the ranks of the leaders did believe. But because of the Pharisees, they didn't come out in the open with it. They were afraid of getting kicked out of the meeting place. When push came to shove they cared more for human approval than for God's glory.

⁴⁴⁻⁴⁶ Jesus summed it all up when he cried out, "Whoever believes in me, believes not just in me but in the One who sent me. Whoever looks at me is looking, in fact, at the One who sent me.

것이다.

47-50 만일 누가 내 말을 듣고 진지하게 받아들이지 않는다고 해도, 나는 그를 심판하지 않는다. 나는 세상을 심판하기 위해 온 것이 아니라 세상을 구원하기 위해 왔다. 그러나 나를 회피하고 내 말을 받아들이지 않는 사람은 스스로 심판 받기를 선택하는 것이다. 육신이 된 그 말씀, 내가 너희에게 말했을 뿐 아니라 바로 나 자신이기도 한 그 말씀이, 너희의 운명을 결정할 말이다. 그 말씀 가운데 어느 것도 내 마음대로 지어낸 것이 없다. 나를 보내신 아버지께서 내가 무엇을 말하고, 어떻게 말해야 하는지를 지시해 주셨다. 나는 아버지의 명령이 어떤 열매를 맺는지 정확히 안다. 그것은 참되고 영원한 생명이다. 내가 할 말은 이것이 전부다. 아버지께서 내게 말씀하신 것을 나도 너희에게 말한다."

제자들의 발을 씻어 주시다

13 1-2 유월절 직전에, 예수께서는 이 세상을 떠나 아버지께로 가야 할 때가 된 것을 아셨다. 예수께서는 자신의 소중한 동료들을 사랑하시되, 끝까지 사랑하셨다. 저녁식사 때가 되었다. 이때 이미 마귀는 가룟 사람 시몬의 아들 유다를 단단히 붙잡고서, 예수를 배반하도록 준비를 마친 상태였다.

3-6 예수께서는 아버지께서 자기에게 모든 것을 맡기셨다는 것과, 자기가 하나님께로부터 왔다가 하나님께로 돌아갈 것을 아셨다. 예수께서 저녁식탁에서 일어나 겉옷을 옆에 두시고 수건을 두르셨다. 그런 다음에, 대야에 물을 부어 제자들의 발을 씻고 수건으로 닦아 주셨다. 예수께서 시몬 베드로에게 이르셨을 때, 베드로가 말했다. "주님, 주님께서 정말 제 발을 씻으실 겁니까?"

I am Light that has come into the world so that all who believe in me won't have to stay any longer in the dark.

47-50 "If anyone hears what I am saying and doesn't take it seriously, I don't reject him. I didn't come to reject the world; I came to save the world. But you need to know that whoever puts me off, refusing to take in what I'm saying, is willfully choosing rejection. The Word, the Word-made-flesh that I have spoken and that I am, *that* Word and no other is the last word. I'm not making any of this up on my own. The Father who sent me gave me orders, told me what to say and how to say it. And I know exactly what his command produces: real and eternal life. That's all I have to say. What the Father told me, I tell you."

Washing His Disciples' Feet

13 1-2 Just before the Passover Feast, Jesus knew that the time had come to leave this world to go to the Father. Having loved his dear companions, he continued to love them right to the end. It was suppertime. The Devil by now had Judas, son of Simon the Iscariot, firmly in his grip, all set for the betrayal.

3-6 Jesus knew that the Father had put him in complete charge of everything, that he came from God and was on his way back to God. So he got up from the supper table, set aside his robe, and put on an apron. Then he poured water into a basin and began to wash the feet of the disciples, drying them with his apron. When he got to Simon Peter, Peter said, "Master, *you* wash *my* feet?"

7 예수께서 대답하셨다. "내가 하는 일을 네가 지금은 이해하지 못한다. 그러나 나중에는 분명하게 알게 될 것이다."

8 베드로가 고집을 부렸다. "제 발은 절대로 씻지 못합니다!"

예수께서 말씀하셨다. "내가 너를 씻어 주지 않으면, 너는 내가 하는 일과 아무 상관이 없다."

9 베드로가 말했다. "주님! 그렇다면 제 발만 씻지 말고, 제 손도 씻어 주십시오! 제 머리도 씻어 주십시오!"

10-12 예수께서 말씀하셨다. "아침에 목욕을 한 사람은 이제 발만 씻으면 된다. 너희는 머리부터 발끝까지 깨끗하다. 내 관심사는 위생이 아니라 거룩이라는 것을 너희는 알아야 한다. 이제 너희는 깨끗하다. 그러나 너희 모두가 깨끗한 것은 아니다." (예수께서는 누가 자신을 배반할지 알고 계셨다. 그래서 "너희 모두가 깨끗한 것은 아니다"라고 말씀하신 것이다.) 예수께서 제자들의 발을 씻어 주시고 나서, 겉옷을 입고 식탁 자기 자리로 돌아가셨다.

12-17 예수께서 말씀하셨다. "내가 너희에게 무슨 일을 했는지 이해하겠느냐? 너희는 나를 '선생'이라 부르고 '주'라고 부르는데, 맞는 말이다. 내가 정말로 그러하다. 주이며 선생인 내가 너희의 발을 씻어 주었으니, 이제 너희도 서로 발을 씻어 주어야 한다. 내가 너희에게 모범을 보였으니, 너희도 내가 한 그대로 하여라. 나는 분명한 것만 말한다. 종이 주인보다 높지 않고, 사원이 사장에게 명령하지 못한다. 내 말이 무슨 뜻인지 알겠거든 너희도 그대로 행하여라. 복된 삶을 살아라."

그분을 배반할 자

18-20 "지금부터 내가 하는 말은 너희 모두를 두고 하는 말이 아니다. 나는 내가 선택한 사람들을 정확히 안다. 그것은 다음의 성경 말씀을 이루려는 것이다.

7 Jesus answered, "You don't understand now what I'm doing, but it will be clear enough to you later."

8 Peter persisted, "You're not going to wash my feet—ever!"

Jesus said, "If I don't wash you, you can't be part of what I'm doing."

9 "Master!" said Peter. "Not only my feet, then. Wash my hands! Wash my head!"

10-12 Jesus said, "If you've had a bath in the morning, you only need your feet washed now and you're clean from head to toe. My concern, you understand, is holiness, not hygiene. So now you're clean. But not every one of you." (He knew who was betraying him. That's why he said, "Not every one of you.") After he had finished washing their feet, he took his robe, put it back on, and went back to his place at the table.

12-17 Then he said, "Do you understand what I have done to you? You address me as 'Teacher' and 'Master,' and rightly so. That is what I am. So if I, the Master and Teacher, washed your feet, you must now wash each other's feet. I've laid down a pattern for you. What I've done, you do. I'm only pointing out the obvious. A servant is not ranked above his master; an employee doesn't give orders to the employer. If you understand what I'm telling you, act like it—and live a blessed life.

The One Who Ate Bread at My Table

18-20 "I'm not including all of you in this. I know precisely whom I've selected, so as not to interfere with the fulfillment of this Scripture:

내 식탁에서 빵을 먹던 자가
나를 배반하였습니다.

The one who ate bread at my table
Turned on his heel against me.

내가 이 모든 것을 너희에게 미리 말해 두는 것은, 그 일이 일어날 때에 내가 누구인지를 너희로 믿게 하려는 것이다. 너희는 이것을 바로 알고 있어야 한다. 내가 보내는 사람을 맞아들이면 나를 맞아들이는 것과 같고, 나를 맞아들이면 나를 보내신 분을 맞아들이는 것과 같다."

"I'm telling you all this ahead of time so that when it happens you will believe that I am who I say I am. Make sure you get this right: Receiving someone I send is the same as receiving me, just as receiving me is the same as receiving the One who sent me."

21 예수께서 이 말씀을 하시고 나서, 근심하는 기색으로 그 이유를 말씀하셨다. "너희 가운데 한 사람이 나를 배반할 것이다."

21 After he said these things, Jesus became visibly upset, and then he told them why. "One of you is going to betray me."

22-25 제자들은 예수께서 도대체 누구를 두고 하신 말씀인지 궁금해서 서로 둘러보았다. 제자들 가운데 한 사람, 곧 예수께서 깊이 사랑하시는 제자가 그분의 어깨에 머리를 기대고 있었다. 베드로가 그에게 몸짓하여, 예수께서 누구를 두고 말씀하신 것인지 물어보게 했다. 그래서 가장 가까이 있던 그 제자가 물었다. "주님, 그가 누구입니까?"

22-25 The disciples looked around at one another, wondering who on earth he was talking about. One of the disciples, the one Jesus loved dearly, was reclining against him, his head on his shoulder. Peter motioned to him to ask who Jesus might be talking about. So, being the closest, he said, "Master, who?"

26-27 예수께서 말씀하셨다. "내가 이 빵 조각을 적셔서 주는 사람이 바로 그다." 그러고는 빵 조각을 적셔서 가룟 사람 시몬의 아들 유다에게 주셨다. 유다가 그 빵을 받자마자, 사탄이 그에게 들어갔다.

26-27 Jesus said, "The one to whom I give this crust of bread after I've dipped it." Then he dipped the crust and gave it to Judas, son of Simon the Iscariot. As soon as the bread was in his hand, Satan entered him.

예수께서 말씀하셨다. "네가 하려고 하는 일을 하여라. 어서 마무리 지어라."

"What you must do," said Jesus, "do. Do it and get it over with."

28-29 저녁식탁에 둘러앉은 사람들 가운데, 왜 예수께서 유다에게 그런 말씀을 하시는지 아는 사람이 아무도 없었다. 어떤 제자는 유다가 공금을 맡고 있었으므로 예수께서 그에게 명절에 필요한 것을 사라고 하셨거나, 가난한 사람들에게 뭔가를 주라고 하신 것이려니 생각했다.

28-29 No one around the supper table knew why he said this to him. Some thought that since Judas was their treasurer, Jesus was telling him to buy what they needed for the Feast, or that he should give something to the poor.

30 유다는 빵 조각을 받고 그 자리를 떠났다. 밤이었다.

30 Judas, with the piece of bread, left. It was night.

새 계명

31-32 유다가 떠나가자, 예수께서 말씀하셨다. "이제 인자가 누구인지 드러났고, 하나님이 어떤 분이신지도 인자 안에서 드러났다. 인자 안에서 하나님이 드러나시는 순간에, 하나님의 영광이 드러날 것이다. 하나님께서 인자를 영화롭게 하심으로 그분 자신도 영광을 받으실 것이다!

33 자녀들아, 내가 너희와 함께 있는 것도 잠시뿐이다. 너희는 나를 찾을 것이다. 내가 유대인들에게 말한 것처럼 너희에게도 말한다. '내가 가는 곳에 너희는 올 수 없다.'

34-35 내가 너희에게 새 계명을 준다. 서로 사랑하여라. 내가 너희를 사랑한 것같이, 너희도 서로 사랑하여라. 너희가 서로 사랑할 때, 모든 사람이 그 모습을 보고 너희가 내 제자라는 것을 알게 될 것이다."

36 시몬 베드로가 물었다. "주님, 어디로 가십니까?"

예수께서 대답하셨다. "내가 가려는 곳에 네가 지금은 따라올 수 없다. 그러나 나중에는 따라오게 될 것이다."

37 베드로가 말했다. "주님, 왜 지금은 따라갈 수 없습니까? 주님을 위해서라면 제 목숨까지도 버리겠습니다!"

38 "정말이냐? 나를 위해 네 목숨을 버리겠다는 말이냐? 그러나 너는 수탉이 울기 전에, 나를 세 번 부인할 것이다."

내가 길이요 진리요 생명이다

14 **1-4** "너희는 이 일로 당황하지 마라. 너희는 하나님을 믿지 않느냐? 그렇다면 또한 나를 믿어라. 내 아버지 집에는 너희를 위해 예비된 방이 많이 있다. 그렇지 않으면, 내가 너희 방을 마련하러 간다고 말했겠느냐? 내가 가서 너희 방을 마련하면, 다시 와서 너희를 데려다가 내가 사는 곳에 너희도 같이 살게 하겠다.

A New Command

31-32 When he had left, Jesus said, "Now the Son of Man is seen for who he is, and God seen for who he is in him. The moment God is seen in him, God's glory will be on display. In glorifying him, he himself is glorified—glory all around!

33 "Children, I am with you for only a short time longer. You are going to look high and low for me. But just as I told the Jews, I'm telling you: 'Where I go, you are not able to come.'

34-35 "Let me give you a new command: Love one another. In the same way I loved you, you love one another. This is how everyone will recognize that you are my disciples—when they see the love you have for each other."

36 Simon Peter asked, "Master, just where are you going?"

Jesus answered, "You can't now follow me where I'm going. You will follow later."

37 "Master," said Peter, "why can't I follow now? I'll lay down my life for you!"

38 "Really? You'll lay down your life for me? The truth is that before the rooster crows, you'll deny me three times."

The Road

14 **1-4** "Don't let this throw you. You trust God, don't you? Trust me. There is plenty of room for you in my Father's home. If that weren't so, would I have told you that I'm on my way to get a room ready for you? And if I'm on my way to get your room ready, I'll come back and get you so you can live where I live. And you already know the road I'm taking."

너희는 내가 가는 길을 이미 알고 있다."

5 도마가 말했다. "주님, 저희는 주님이 어디로 가시는지 알지 못합니다. 그런데 어떻게 우리가 그 길을 안다고 생각하십니까?"

6-7 예수께서 말씀하셨다. "내가 길이요 진리요 생명이다. 나를 떠나서는 그 누구도 아버지께 갈 수 없다. 너희가 정말로 나를 안다면, 내 아버지도 알게 될 것이다. 이제부터 너희는 그분을 아는 것이나 다름없다. 너희는 그분을 뵙기까지 했다!"

8 빌립이 말했다. "주님, 저희에게 아버지를 보여주십시오. 그러면 저희가 만족하겠습니다."

9-10 "빌립아, 네가 지금까지 나와 함께 지냈으면서 아직도 모르겠느냐? 나를 보는 것은 곧 아버지를 보는 것이다. 그런데 어떻게 '아버지가 어디 계십니까?' 하고 묻는 것이냐? 내가 아버지 안에 있고 아버지께서 내 안에 계시다는 것을 너는 믿지 않는 것이냐? 내가 너희에게 하는 말은 단지 말에 불과한 것이 아니다. 나는 내 뜻대로 말을 지어내지 않는다. 내 안에 계신 아버지께서, 내 말 한 마디 한 마디를 하나님의 일로 정교하게 만들어 내신다.

11-14 내가 아버지 안에 있고, 내 아버지께서 내 안에 계시다고 한 내 말을 믿어라. 믿지 못하겠거든, 너희 눈으로 본 이 일이라도 믿어라. 나를 신뢰하는 사람은 내가 하는 일을 할 뿐 아니라 더 큰 일도 하게 될 것이다. 내가 아버지께로 가서, 내가 한 것과 똑같은 일을 너희도 하게 할 것이기 때문이다. 너희는 기대해도 좋다. 이제부터 내가 누구이며 내가 무슨 일을 하는지 너희가 믿고 무엇이든지 구하면, 내가 다 이루어 주겠다. 그리하여 아들 안에서 아버지가 어떤 분이신지 훤히 드러나게 하겠다. 정말이다. 너희가 무엇이든지 이 방법대로 구하면, 내가 다 이루어 주겠다."

진리의 성령

15-17 "너희가 나를 사랑하면, 내 말대로 행하

5 Thomas said, "Master, we have no idea where you're going. How do you expect us to know the road?"

6-7 Jesus said, "I am the Road, also the Truth, also the Life. No one gets to the Father apart from me. If you really knew me, you would know my Father as well. From now on, you do know him. You've even seen him!"

8 Philip said, "Master, show us the Father; then we'll be content."

9-10 "You've been with me all this time, Philip, and you still don't understand? To see me is to see the Father. So how can you ask, 'Where is the Father?' Don't you believe that I am in the Father and the Father is in me? The words that I speak to you aren't mere words. I don't just make them up on my own. The Father who resides in me crafts each word into a divine act.

11-14 "Believe me: I am in my Father and my Father is in me. If you can't believe that, believe what you see—these works. The person who trusts me will not only do what I'm doing but even greater things, because I, on my way to the Father, am giving you the same work to do that I've been doing. You can count on it. From now on, whatever you request along the lines of who I am and what I am doing, I'll do it. That's how the Father will be seen for who he is in the Son. I mean it. Whatever you request in this way, I'll do.

The Spirit of Truth

15-17 "If you love me, show it by doing

여 너희의 사랑을 나타내 보여라. 내가 아버지께 말씀드려, 너희에게 또 다른 친구이신 성령을 보내시게 하겠다. 그분은 너희와 영원히 함께 계실 것이다. 친구이신 그분은 진리의 성령이시다. 하나님을 모르는 세상은, 그분을 알아보는 눈도 없고 무엇을 찾아야 할지도 모르기 때문에 그분을 맞아들이지 못한다. 그러나 너희는 이미 그분을 알고 있다. 그분이 지금까지 너희와 함께 계셨고, 앞으로도 너희 안에 계실 것이기 때문이다!

18-20 나는 너희를 고아로 버려두지 않겠다. 내가 다시 오겠다. 이제 잠시 후면 세상은 더 이상 나를 보지 못하겠지만, 너희는 나를 보게 될 것이다. 내가 살아 있고, 너희도 살아날 것이기 때문이다. 그때가 되면, 너희는 내가 아버지 안에 있고 너희가 내 안에 있으며, 내가 너희 안에 있음을 확실히 알게 될 것이다.

21 내 계명을 알고 지키는 사람이야말로 나를 사랑하는 사람이다. 나를 사랑하는 사람은 내 아버지께 사랑을 받을 것이다. 나도 그를 사랑하고 그에게 나를 분명히 드러내 보일 것이다."

22 (가룟 사람이 아닌) 유다가 말했다. "주님, 저희에게는 주님 자신을 드러내시고 세상에는 드러내지 않으시겠다니, 무슨 이유입니까?"

23-24 예수께서 말씀하셨다. "사랑이 없는 세상은 앞을 보지 못하는 세상이기 때문이다. 누구든지 나를 사랑하는 사람은 내 말을 정성껏 지킬 것이고, 내 아버지께서 그를 사랑하실 것이다. 아버지와 나는 그와 이웃이 될 것이다! 나를 사랑하지 않는 것은 곧 내 말을 지키지 않는다는 뜻이다. 너희가 듣고 있는 이 메시지는 나의 것이 아니라, 나를 보내신 아버지의 메시지다.

25-27 내가 아직 너희와 함께 있는 동안에는 이것들을 말한다. 그러나 아버지께서 나의 요청으로 보내실 친구이신 성령께서, 모든 것을 너희에게 분명히 알려 주실 것이다. 또한 내

what I've told you. I will talk to the Father, and he'll provide you another Friend so that you will always have someone with you. This Friend is the Spirit of Truth. The godless world can't take him in because it doesn't have eyes to see him, doesn't know what to look for. But you know him already because he has been staying with you, and will even be *in* you!

18-20 "I will not leave you orphaned. I'm coming back. In just a little while the world will no longer see me, but you're going to see me because I am alive and you're about to come alive. At that moment you will know absolutely that I'm in my Father, and you're in me, and I'm in you.

21 "The person who knows my commandments and keeps them, that's who loves me. And the person who loves me will be loved by my Father, and I will love him and make myself plain to him."

22 Judas (not Iscariot) said, "Master, why is it that you are about to make yourself plain to us but not to the world?"

23-24 "Because a loveless world," said Jesus, "is a sightless world. If anyone loves me, he will carefully keep my word and my Father will love him—we'll move right into the neighborhood! Not loving me means not keeping my words. The message you are hearing isn't mine. It's the message of the Father who sent me.

25-27 "I'm telling you these things while I'm still living with you. The Friend, the Holy Spirit whom the Father will send at my request, will make everything plain

가 너희에게 말한 모든 것을 생각나게 해주실 것이다. 나는 너희를 떠나면서 온전한 선물을 주고 간다. 그것은 평화다. 나는 너희가 홀로 남겨지고 버림받고 빼앗겼다는 느낌이 들지 않게 떠날 것이다. 그러니 당황하지 마라. 불안해하지 마라.

28 너희는 '내가 갔다가 다시 오겠다'고 한 말을 들었다. 너희가 나를 사랑한다면, 내가 아버지께로 가는 것을 기뻐할 것이다. 아버지는 내 삶의 목표이자 목적이기 때문이다.

29-31 나는 그 일이 일어나기 전에 너희에게 미리 말했다. 그것은 그 일이 일어날 때, 그 일이 확증되어 나를 믿는 너희 믿음이 깊어지게 하려는 것이다. 이제 나는 너희와 더 이상의 이야기는 하지 않겠다. 하나님을 모르는 이 세상의 우두머리가 공격해 오기 때문이다. 하지만 걱정하지 마라. 그는 나를 책잡을 것도 없고, 그는 내게 아무런 권리도 없다. 내가 아버지를 얼마나 철저히 사랑하는지 세상이 알게 하려고, 나는 마지막 하나까지도 내 아버지의 지시대로 따르고 있다. 일어나 가자. 여기를 떠날 때가 되었다."

포도나무와 가지

15 1-3 "나는 참 포도나무요 내 아버지는 농부이시다. 내게 붙어 있으면서 열매를 맺지 않는 가지는 아버지께서 다 쳐내시고, 열매를 맺는 가지는 잘 손질해서 더 많은 열매를 맺게 하신다. 너희는 내가 전한 메시지로 이미 잘 손질되었다.

4 내 안에 살아라. 내가 너희 안에 살듯이, 너희도 내 안에 살아라. 가지가 홀로 열매를 맺을 수 없고 나무에 붙어 있어야 열매를 맺을 수 있듯이, 너희도 내게 붙어 있지 않으면 열매를 맺을 수 없다.

5-8 나는 포도나무요 너희는 가지다. 너희가 내게 붙어 있고 내가 너희에게 붙어 있어서 친밀하고 유기적인 관계를 이루면, 틀

to you. He will remind you of all the things I have told you. I'm leaving you well and whole. That's my parting gift to you. Peace. I don't leave you the way you're used to being left—feeling abandoned, bereft. So don't be upset. Don't be distraught.

28 "You've heard me tell you, 'I'm going away, and I'm coming back.' If you loved me, you would be glad that I'm on my way to the Father because the Father is the goal and purpose of my life.

29-31 "I've told you this ahead of time, before it happens, so that when it does happen, the confirmation will deepen your belief in me. I'll not be talking with you much more like this because the chief of this godless world is about to attack. But don't worry—he has nothing on me, no claim on me. But so the world might know how thoroughly I love the Father, I am carrying out my Father's instructions right down to the last detail.

"Get up. Let's go. It's time to leave here."

The Vine and the Branches

15 1-3 "I am the Real Vine and my Father is the Farmer. He cuts off every branch of me that doesn't bear grapes. And every branch that is grape-bearing he prunes back so it will bear even more. You are already pruned back by the message I have spoken.

4 "Live in me. Make your home in me just as I do in you. In the same way that a branch can't bear grapes by itself but only by being joined to the vine, you can't bear fruit unless you are joined with me.

5-8 "I am the Vine, you are the branches. When you're joined with me and I with

림없이 풍성한 수확을 거둘 것이다. 그러나 내게서 떨어져 있으면, 너희는 아무 열매도 맺을 수 없다. 누구든지 내게서 떨어져 있는 사람은 말라 죽은 가지일 뿐이다. 사람들이 그 가지를 모아다가 모닥불에 던져 버린다. 그러나 너희가 내 안에 편히 머물고 내 말이 너희 안에 머물면, 너희가 구하는 것은 무엇이든 응답받고 이루어질 것을 확신해도 좋다. 이처럼 너희가 열매를 맺고 내 제자로 성숙해 갈 때, 내 아버지께서 자신의 모습을 드러내 보이신다.

9-10 내 아버지가 나를 사랑하신 것같이 나도 너희를 사랑했다. 나의 사랑 안에 편히 머물러라. 너희가 내 계명을 지키면, 나의 사랑 안에 편히 머물게 될 것이다. 나도 내 아버지의 계명을 지켜서 아버지의 사랑 안에 편히 머물렀다.

11-15 내가 이것을 너희에게 말한 것은 한 가지 목적 때문이다. 그것은 나의 기쁨이 너희 기쁨이 되게 하고, 너희 기쁨이 온전히 성숙하게 하려는 것이다. 내 계명은 이것이다. 내가 너희를 사랑한 것같이 너희도 서로 사랑하여라. 최선의 사랑법은 이것이다. 친구를 위해 너희 목숨을 걸어라. 내가 너희에게 명하는 것을 너희가 행하면, 너희는 내 친구가 된다. 나는 너희를 더 이상 종이라고 부르지 않겠다. 종은 주인이 무슨 생각을 하고 무슨 계획을 세우는지 알지 못하기 때문이다. 그러나 나는 너희를 친구라고 불렀다. 내가 내 아버지께 들은 것을 모두 너희에게 알려 주었기 때문이다.

16 잊지 마라. 너희가 나를 선택한 것이 아니라, 내가 너희를 선택했다. 썩지 않을 열매를 맺게 하려고 내가 너희를 세상에 두었다. 너희가 열매 맺는 사람으로서 나와 연결되어 아버지께 구하면, 아버지께서 무엇이든지 너희에게 주실 것이다.

you, the relation intimate and organic, the harvest is sure to be abundant. Separated, you can't produce a thing. Anyone who separates from me is deadwood, gathered up and thrown on the bonfire. But if you make yourselves at home with me and my words are at home in you, you can be sure that whatever you ask will be listened to and acted upon. This is how my Father shows who he is—when you produce grapes, when you mature as my disciples.

9-10 "I've loved you the way my Father has loved me. Make yourselves at home in my love. If you keep my commands, you'll remain intimately at home in my love. That's what I've done—kept my Father's commands and made myself at home in his love.

11-15 "I've told you these things for a purpose: that my joy might be your joy, and your joy wholly mature. This is my command: Love one another the way I loved you. This is the very best way to love. Put your life on the line for your friends. You are my friends when you do the things I command you. I'm no longer calling you servants because servants don't understand what their master is thinking and planning. No, I've named you friends because I've let you in on everything I've heard from the Father.

16 "You didn't choose me, remember; I chose you, and put you in the world to bear fruit, fruit that won't spoil. As fruit bearers, whatever you ask the Father in relation to me, he gives you.

¹⁷ 그러나 기억하여라. 핵심 계명은 이것이다. 서로 사랑하여라."

세상이 너희를 미워할 것이다

¹⁸⁻¹⁹ "하나님을 모르는 세상이 너희를 미워하거든, 세상이 먼저 나를 미워했다는 것을 기억하여라. 너희가 세상의 기준대로 살았다면, 세상이 너희를 자기네 사람으로 여겨 사랑했을 것이다. 그러나 내가 너희를 선택해서 세상의 기준대로 살지 않고 하나님의 기준대로 살게 했으니, 세상이 너희를 미워할 것이다.

²⁰ 그런 일이 일어나거든, '종이 주인보다 더 나은 대우를 받지 못한다'고 한 내 말을 기억하여라. 사람들이 나를 때렸으면 틀림없이 너희도 때릴 것이다. 사람들이 내 말대로 따랐으면 너희 말도 따를 것이다.

²¹⁻²⁵ 그들은 내게 한 것처럼 너희에게도 이 모든 일을 할 것이다. 그들이 나를 보내신 분을 알지 못하기 때문이다. 내가 와서 그들에게 이 모든 것을 명백하게 말해 주지 않았다면, 상황이 그렇게까지 나빠지는 않았을 것이다. 그러나 이제 그들은 변명할 여지가 없다. 나를 미워하는 것은 내 아버지를 미워하는 것이나 다름없다. 내가 그들 가운데서 행한 일, 지금까지 아무도 행한 적이 없는 그 일을 내가 행하지 않았더라면, 그들에게 허물이 없었을 것이다. 그러나 그들은 하나님의 표적을 보았으면서도 나와 내 아버지를 미워했다. 그들이 정당한 이유 없이 나를 미워했다'고 기록된 성경 말씀이 진리인 것을, 그들 스스로 입증한 셈이다.

²⁶⁻²⁷ 내가 아버지께로부터 너희에게 보낼 친구이신 분, 곧 아버지께로부터 나오는 진리의 성령이 오시면, 그분이 나에 대해 모든 것을 확증해 주실 것이다. 너희가 처음부터 이 일에 나와 함께했으니, 너희도 분명한 증언을 내놓아야 할 것이다."

¹⁷ "But remember the root command: Love one another.

Hated by the World

¹⁸⁻¹⁹ "If you find the godless world is hating you, remember it got its start hating me. If you lived on the world's terms, the world would love you as one of its own. But since I picked you to live on God's terms and no longer on the world's terms, the world is going to hate you.

²⁰ "When that happens, remember this: Servants don't get better treatment than their masters. If they beat on me, they will certainly beat on you. If they did what I told them, they will do what you tell them.

²¹⁻²⁵ "They are going to do all these things to you because of the way they treated me, because they don't know the One who sent me. If I hadn't come and told them all this in plain language, it wouldn't be so bad. As it is, they have no excuse. Hate me, hate my Father—it's all the same. If I hadn't done what I have done among them, works no one has *ever* done, they wouldn't be to blame. But they saw the God-signs and hated anyway, both me and my Father. Interesting—they have verified the truth of their own Scriptures where it is written, 'They hated me for no good reason.'

²⁶⁻²⁷ "When the Friend I plan to send you from the Father comes—the Spirit of Truth issuing from the Father—he will confirm everything about me. You, too, from your side must give your confirming evidence, since you are in this with me from the start."

16

1-4 "내가 너희에게 이것들을 말한 것은, 장차 있을 힘든 때를 대비하게 하려는 것이다. 사람들이 너희를 회당에서 내쫓을 것이다. 심지어 너희를 죽이는 자마다 자기가 하는 일이 하나님을 위한 것이라고 생각할 때가 올 것이다. 그들은 아버지를 제대로 알지 못하기 때문에 그 같은 일을 할 것이다. 내가 너희에게 이것들을 말한 것은 사람들이 너희를 비난할 때 일어날 일을 미리 알려 주어서, 너희로 그때를 대비하게 하려는 것이다."

친구이신 성령께서 오실 것이다

4-7 "내가 이것을 처음부터 말하지 않은 것은 내가 날마다 너희와 함께 있었기 때문이다. 그러나 이제 나는 나를 보내신 분께로 간다. 그런데도 너희 가운데 아무도 '어디로 가십니까?' 하고 내게 묻는 사람이 없었다. 오히려 내 말이 길어질수록 너희는 더욱 슬픔에 잠겼다. 그래서 내가 다시 한번 진실을 말한다. 내가 떠나는 것이 너희에게 더 낫다. 내가 떠나지 않으면, 친구이신 성령이 오시지 않을 것이다. 그러나 내가 가면, 그분을 너희에게 보내 주겠다.

8-11 그분이 오셔서, 죄와 의와 심판에 대해 하나님을 모르는 세상의 관점이 잘못되었다는 것을 드러내실 것이다. 그들의 근본 죄는 나를 믿지 않는 것이고, 의는 그들이 볼 수도 없고 통제할 수도 없는 영역인 나와 아버지가 함께 있는 하늘에서 오는 것이며, 심판은 하나님을 모르는 이 세상 통치자가 재판에 붙여져 유죄 판결을 받으면서 시행된다는 것을, 그분이 너희에게 보이실 것이다.

12-15 내가 너희에게 할 말이 아직 많지만 너희가 지금은 다 감당하지 못한다. 그러나 친구이신 진리의 성령이 오시면, 그분이 너희 손을 잡고 모든 진리 가운데로 인도하실 것이다. 그분은 자신에게 이목을 끌지 않으면서, 장차 일어날 일과 내가 행하고 말한 모든 것의 의미

16

1-4 "I've told you these things to prepare you for rough times ahead. They are going to throw you out of the meeting places. There will even come a time when anyone who kills you will think he's doing God a favor. They will do these things because they never really understood the Father. I've told you these things so that when the time comes and they start in on you, you'll be well-warned and ready for them.

The Friend Will Come

4-7 "I didn't tell you this earlier because I was with you every day. But now I am on my way to the One who sent me. Not one of you has asked, 'Where are you going?' Instead, the longer I've talked, the sadder you've become. So let me say it again, this truth: It's better for you that I leave. If I don't leave, the Friend won't come. But if I go, I'll send him to you.

8-11 "When he comes, he'll expose the error of the godless world's view of sin, righteousness, and judgment: He'll show them that their refusal to believe in me is their basic sin; that righteousness comes from above, where I am with the Father, out of their sight and control; that judgment takes place as the ruler of this godless world is brought to trial and convicted.

12-15 "I still have many things to tell you, but you can't handle them now. But when the Friend comes, the Spirit of the Truth, he will take you by the hand and guide you into all the truth there is. He

를 너희에게 알려 주실 것이다. 그분은 나를 영화롭게 하실 것이다. 그분이 나에게서 받은 것을 너희에게 전해 줄 것이기 때문이다. 아버지께서 가지고 계신 모든 것이 또한 내 것이다. 그래서 내가 '성령이 나에게서 받은 것을 너희에게 전해 줄 것이다'라고 말한 것이다.

16 잠시 후면 너희가 나를 보지 못할 것이다. 그러나 다시 잠시 후면 너희가 나를 보게 될 것이다."

강물같이 넘쳐흐르는 기쁨

17-18 그 말씀 때문에 제자들 사이에 의문이 일었다. "'잠시 후면 너희가 나를 보지 못할 것이다. 그러나 다시 잠시 후면 너희가 나를 보게 될 것이다'라고 하신 말씀이 무슨 뜻인가? 또 '내가 아버지께로 가기 때문이다'라고 하신 말씀은 무슨 뜻인가? '잠시 후면'이라는 말씀은 무슨 뜻인가? 선생님께서 무슨 말씀을 하시는지 모르겠다."

19-20 그들은 예수께서 무슨 뜻으로 말씀하신 것인지 무척이나 묻고 싶었다. 예수께서 그것을 아시고 말씀하셨다. "'잠시 후면 너희가 나를 보지 못할 것이다. 그러나 다시 잠시 후면 너희가 나를 보게 될 것이다'라고 한 내 말을 두고, 너희가 서로 그 뜻을 알고자 하느냐? 그렇다면 이것을 명심하여라. 너희는 깊은 슬픔에 잠기겠지만, 하나님을 모르는 세상은 파티를 열 것이다. 너희는 슬퍼하고 몹시 슬퍼하겠지만, 너희 슬픔은 기쁨으로 바뀔 것이다.

21-23 여자가 출산할 때에는 고통이 따르고 피할 길도 없다. 그러나 아기가 태어나면 기쁨이 넘친다. 세상에 태어난 새 생명이 고통의 기억을 말끔히 없애 주기 때문이다. 지금 너희가 겪는 슬픔이 그 고통과 같겠지만, 장차 맛볼 기쁨 또한 그 기쁨과 같을 것이다. 내가 너희를 다시 볼 때 너희는 기쁨

won't draw attention to himself, but will make sense out of what is about to happen and, indeed, out of all that I have done and said. He will honor me; he will take from me and deliver it to you. Everything the Father has is also mine. That is why I've said, 'He takes from me and delivers to you.'

16 "In a day or so you're not going to see me, but then in another day or so you will see me."

Joy Like a River Overflowing

17-18 That stirred up a hornet's nest of questions among the disciples: "What's he talking about: 'In a day or so you're not going to see me, but then in another day or so you will see me'? And, 'Because I'm on my way to the Father'? What is this 'day or so'? We don't know what he's talking about."

19-20 Jesus knew they were dying to ask him what he meant, so he said, "Are you trying to figure out among yourselves what I meant when I said, 'In a day or so you're not going to see me, but then in another day or so you will see me'? Then fix this firmly in your minds: You're going to be in deep mourning while the godless world throws a party. You'll be sad, very sad, but your sadness will develop into gladness.

21-23 "When a woman gives birth, she has a hard time, there's no getting around it. But when the baby is born, there is joy in the birth. This new life in the world wipes out memory of the pain. The sadness you have right now is similar to that pain, but the coming joy is also similar. When I see you again, you'll be full of joy, and it will be

으로 충만할 것이다. 아무도 너희에게서 그 기쁨을 빼앗아 가지 못할 것이다. 너희는 더 이상 의문을 가득 품지 않게 될 것이다.

23-24 내가 너희에게 바라는 것은 이것이다. 내가 너희에게 계시해 준 것과 일치하면 무엇이든지 아버지께 구하여라. 내 뜻을 따라 내 이름으로 구하여라. 그러면 아버지께서 너희에게 반드시 주실 것이다. 너희 기쁨이 강둑을 넘쳐흐르는 강물 같을 것이다!

25-28 나는 비유로 너희에게 말했다. 머지않아 나는 비유를 버리고 분명한 말로 아버지에 대해 너희에게 말해 줄 것이다. 그때 너희는 내가 너희에게 계시해 준 바로 그 삶과 관련된 것을 아버지께 직접 구할 수 있을 것이다. 내가 계속 너희를 대신해서 아버지께 구하지는 않을 것이다. 그럴 필요가 없다. 너희는 위험을 무릅쓰고 나를 사랑하고 신뢰하는 일에 너희 삶을 걸었고, 내가 아버지께로부터 직접 왔다는 것을 믿었으므로 아버지께서 너희를 친히 사랑하신다. 전에 나는 아버지를 떠나 이 세상에 왔으나 이제는 이 세상을 떠나 아버지께로 간다."

29-30 제자들이 말했다. "드디어 선생님께서 비유로 표현하지 않으시고 명백하고 직설적으로 말씀해 주시는군요. 이제야 저희는 선생님께서 모든 것을 알고 계시며, 모든 것이 선생님 안에서 하나로 모아진다는 것을 알겠습니다. 더 이상 선생님에 대해 의문을 갖지 않아도 되겠습니다. 저희는 선생님이 하나님께로부터 오셨다고 확신합니다."

31-33 예수께서 그들에게 대답하셨다. "너희들이 이제야 믿느냐? 하지만 너희는 곧 달아날 것이다. 너희 목숨을 구하겠다고 나를 버릴 것이다. 그러나 나는 버림받지 않는다. 아버지께서 나와 함께하신다. 내가 너희에게 이 모든 것을 말한 것은, 너희로 나를 신뢰하여 흔들리지 않게 하고 깊은 평화를 누리게 하려는 것이다. 너희는 하나님을 모르는 이 세상에서 끊임

a joy no one can rob from you. You'll no longer be so full of questions.

23-24 "This is what I want you to do: Ask the Father for whatever is in keeping with the things I've revealed to you. Ask in my name, according to my will, and he'll most certainly give it to you. Your joy will be a river overflowing its banks!

25-28 "I've used figures of speech in telling you these things. Soon I'll drop the figures and tell you about the Father in plain language. Then you can make your requests directly to him in relation to this life I've revealed to you. I won't continue making requests of the Father on your behalf. I won't need to. Because you've gone out on a limb, committed yourselves to love and trust in me, believing I came directly from the Father, the Father loves you directly. First, I left the Father and arrived in the world; now I leave the world and travel to the Father."

29-30 His disciples said, "Finally! You're giving it to us straight, in plain talk—no more figures of speech. Now we know that you know everything—it all comes together in you. You won't have to put up with our questions anymore. We're convinced you came from God."

31-33 Jesus answered them, "Do you finally believe? In fact, you're about to make a run for it—saving your own skins and abandoning me. But I'm not abandoned. The Father is with me. I've told you all this so that trusting me, you will be unshakable and assured, deeply at peace. In this godless world you will

없이 어려움을 겪을 것이다. 그러나 용기를
내라! 내가 세상을 이겼다."

예수의 기도

17
1-5 예수께서 이 말씀을 하시고 나
서 눈을 들어 기도하셨다.

아버지, 때가 되었습니다.
아들의 밝은 빛을 드러내셔서
아들이 아버지의 밝은 빛을 드러내게 해주
십시오.
아버지께서는 아들에게 모든 사람을 맡기
셔서
아들이 자기에게 맡겨진 모든 사람에게 참
되고 영원한 생명을 주게 하셨습니다.
참되고 영원한 생명은
아버지,
곧 유일하신 참 하나님을 알고
아버지께서 보내신 예수 그리스도를 아는
것입니다.
나는 아버지께서 내게 하라고 명하신 일을
하나도 빠뜨리지 않고 완수하여
이 땅에서 아버지를 영화롭게 했습니다.
그러니 아버지, 이번에는 아버지의 빛,
이 세상이 존재하기 전에 내가 아버지 앞
에서 누리던
그 빛으로 나를 영화롭게 해주십시오.

❧

6-12 나는 아버지께서 내게 주신 모든 사람
에게
아버지의 성품을 자세히 말해 주었습니다.
그들은 본래 아버지의 사람들이었는데,
아버지께서 내게 주셨습니다.
그들은 아버지께서 말씀하신 것을 지금까
지 행했습니다.
이제 그들은 모든 의심의 그림자를 넘어,
아버지께서 내게 주신 모든 것이 아버지께

continue to experience difficulties. But
take heart! I've conquered the world."

Jesus' Prayer for His Followers

17
1-5 Jesus said these things.
Then, raising his eyes in prayer,
he said:

Father, it's time.
Display the bright splendor of your
Son
So the Son in turn may show your
bright splendor.
You put him in charge of everything
human
So he might give real and eternal life
to all in his charge.
And this is the real and eternal life:
That they know you,
The one and only true God,
And Jesus Christ, whom you sent.
I glorified you on earth
By completing down to the last detail
What you assigned me to do.
And now, Father, glorify me with your
very own splendor,
The very splendor I had in your
presence
Before there was a world.

❧

6-12 I spelled out your character in
detail
To the men and women you gave me.
They were yours in the first place;
Then you gave them to me,
And they have now done what you
said.

로부터 직접 왔다는 것을 알고 있습니다.
아버지께서 내게 주신 메시지를 내가 그들에게 주었고,
그들은 메시지를 받아들여,
내가 아버지께로부터 왔다는 것을 확신했습니다.
나는 그들을 위해 기도합니다.
하나님을 거부하는 세상을 위해서가 아니라
아버지께서 내게 주신 사람들을 위해 기도합니다.
그들은 당연히 아버지의 사람들이기 때문입니다.
나의 모든 것이 아버지의 것이고, 아버지의 것이 다 내 것입니다.
그리고 내 생명이 그들 안에서 드러나고 있습니다.
나는 더 이상 세상에 모습을 드러내지 않을 것입니다.
그러나 내가 아버지께 돌아가도
그들은 이 세상에 머물러 있을 것입니다.
거룩하신 아버지, 아버지께서 나를 통해 선물로 주신
이 생명을 그들이 추구할 때 그들을 지켜주셔서,
아버지와 내가 한마음 한뜻인 것처럼
그들도 한마음 한뜻이 되게 해주십시오.
나는 그들과 함께 있는 동안
아버지께서 나를 통해 주신 생명을 추구하게 하려고 그들을 지켰습니다.
잠도 자지 않고 그들을 보호했습니다.
그들 가운데 한 사람도 잃지 않았습니다.
다만 멸망하기로 작정하고 배반한 사람만 예외가 되었습니다.
(그 예외의 사람은 성경의 근거를 입증하기 위해서였습니다.)

They know now, beyond the shadow of a doubt,
That everything you gave me is firsthand from you,
For the message you gave me, I gave them;
And they took it, and were convinced
That I came from you.
They believed that you sent me.
I pray for them.
I'm not praying for the God-rejecting world
But for those you gave me,
For they are yours by right.
Everything mine is yours, and yours mine,
And my life is on display in them.
For I'm no longer going to be visible in the world;
They'll continue in the world
While I return to you.
Holy Father, guard them as they pursue this life
That you conferred as a gift through me,
So they can be one heart and mind
As we are one heart and mind.
As long as I was with them, I guarded them
In the pursuit of the life you gave through me;
I even posted a night watch.
And not one of them got away,
Except for the rebel bent on destruction
(the exception that proved the rule of Scripture).

13-19 이제 나는 아버지께 돌아갑니다.
내가 세상이 듣는 자리에서 이 말씀을 드리는 것은,
내 사람들로 하여금 내 기쁨이
그들 안에서 충만해지는 것을 경험하게 하려는 것입니다.
내가 그들에게 아버지의 말씀을 주었는데
하나님을 모르는 세상은 그것 때문에 그들을 미워했습니다.
내가 세상의 방식을 따르지 않았듯이
그들도 세상의 방식을 따르지 않았기 때문입니다.
나는 그들을 세상에서 데려가 달라고 구하는 것이 아니라
그들을 악한 자에게서 지켜 달라고 구하는 것입니다.
세상이 나를 규정할 수 없듯이
세상도 그들을 규정할 수 없습니다.
진리로 그들을 거룩하게 구별해 주십시오.
아버지의 말씀은 거룩하게 구별하는 진리입니다.
아버지께서 내게 사명을 주셔서 세상에 보내신 것처럼
나도 그들에게 사명을 주어 세상에 보냅니다.
내가 그들을 위해 나 자신을 거룩하게 구별하는 것은
그들도 진리로 거룩하게 구별되어 자신의 사명을 감당하게 하려는 것입니다.

20-23 나는 그들을 위해서만 아니라
그들 때문에, 그리고 나에 대한 그들의 증언 때문에
나를 믿게 될 이들을 위해서도 기도합니다.
그들 모두 한마음 한뜻이 되고
아버지께서 내 안에 계시고 내가 아버지 안에 있듯이,
그들도 우리와 한마음 한뜻이 되는 것, 이것

13-19 Now I'm returning to you.
I'm saying these things in the world's hearing
So my people can experience
My joy completed in them.
I gave them your word;
The godless world hated them because of it,
Because they didn't join the world's ways,
Just as I didn't join the world's ways.
I'm not asking that you take them out of the world
But that you guard them from the Evil One.
They are no more defined by the world
Than I am defined by the world.
Make them holy—consecrated—with the truth;
Your word is consecrating truth.
In the same way that you gave me a mission in the world,
I give them a mission in the world.
I'm consecrating myself for their sakes
So they'll be truth-consecrated in their mission.

20-23 I'm praying not only for them
But also for those who will believe in me
Because of them and their witness about me.
The goal is for all of them to become one heart and mind—
Just as you, Father, are in me and I in

이 내 기도의 목적입니다.

그래서 아버지께서 참으로 나를 보내셨다는 것을 세상이 믿게 해주십시오.

아버지께서 내게 주신 영광을 나도 그들에게 주었습니다.

이는 내가 그들 안에 있고 아버지께서 내 안에 계시듯이,

그들도 우리처럼 하나가 되어 함께하게 하려는 것입니다.

그들이 이 하나됨 속에서 성장해서

아버지께서 나를 보내셨다는 것을,

아버지께서 나를 사랑하신 것같이 그들도 사랑하셨다는 것을

하나님을 모르는 세상에 증언하게 해주십시오.

❦

24-26 아버지, 나는 아버지께서 내게 주신 사람들이

내가 있는 그곳에 나와 함께 있으면서

내 영광, 곧 세상이 존재하기 오래전부터

아버지께서 나를 사랑하셔서 내게 주신 빛을 보게 되기를 바랍니다.

의로우신 아버지, 세상은 아버지를 알지 못했지만

나는 아버지를 알았고

이 제자들도, 아버지께서 내게 이 사명을 맡겨서 보내신 것을 알고 있습니다.

나는 아버지의 존재를,

아버지께서 어떤 분이시고 무슨 일을 하시는지를

그들에게 알렸고

계속해서 알려 주겠습니다.

그래서 나를 사랑하신 아버지의 사랑이,

내가 그들 안에 있는 것과 똑같이

그들 안에도 있게 될 것입니다.

you,

So they might be one heart and mind with us.

Then the world might believe that you, in fact, sent me.

The same glory you gave me, I gave them,

So they'll be as unified and together as we are—

I in them and you in me.

Then they'll be mature in this oneness,

And give the godless world evidence

That you've sent me and loved them

In the same way you've loved me.

❦

24-26 Father, I want those you gave me

To be with me, right where I am,

So they can see my glory, the splendor you gave me,

Having loved me

Long before there ever was a world.

Righteous Father, the world has never known you,

But I have known you, and these disciples know

That you sent me on this mission.

I have made your very being known to them—

Who you are and what you do—

And continue to make it known,

So that your love for me

Might be in them

Exactly as I am in them.

겟세마네 동산에서 잡히시다

18 ¹ 예수께서 이렇게 기도하시고 나서, 제자들과 함께 기드론 시내 건너편으로 가셨다. 거기에 동산이 하나 있었다. 예수께서 제자들과 함께 그 안으로 들어가셨다.

2-4 그 동산은 예수와 제자들이 자주 다니던 곳이다. 그분을 배반할 유다도 그곳을 알고 있었다. 유다는 동산으로 가는 길을 안내했고, 대제사장과 바리새인들이 보낸 로마 병사와 경비병들이 그 뒤를 따라갔다. 그들은 등불과 횃불과 칼을 들고 동산에 도착했다. 예수께서는 자신에게 닥칠 일을 다 아시고, 앞으로 나아가 그들을 만나셨다. 예수께서 말씀하셨다. "너희가 누구를 찾느냐?"

그들이 대답했다. "나사렛 사람 예수요."

5-6 예수께서 말씀하셨다. "내가 그다." 병사들이 크게 놀라 뒷걸음질했다. 배반자 유다가 눈에 띄었다.

7 예수께서 다시 물으셨다. "너희가 누구를 찾느냐?"

그들이 대답했다. "나사렛 사람 예수요."

8-9 예수께서 말씀하셨다. "내가 그라고 너희에게 말했다. 내가 그 사람이다. 너희가 찾는 사람이 나라면, 이 사람들은 가게 해 주어라." (이것으로 "아버지께서 내게 주신 사람들은 하나도 잃지 않았습니다"라고 기도하신 말씀이 이루어졌다.)

10 바로 그때, 시몬 베드로가 차고 있던 칼을 뽑아 대제사장의 종을 쳐서 오른쪽 귀를 잘라 버렸다. 그 종의 이름은 말고였다.

11 예수께서 베드로에게 명하셨다. "그 칼을 도로 꽂아라. 너는 아버지께서 내게 주신 이 잔을 내가 마시지 않으리라고 생각하느냐?"

12-14 그때 대장의 명령을 받은 로마 병사들이 유대 경비병들과 합세하여 예수를 붙

Seized in the Garden at Night

18 ¹ Jesus, having prayed this prayer, left with his disciples and crossed over the brook Kidron at a place where there was a garden. He and his disciples entered it.

2-4 Judas, his betrayer, knew the place because Jesus and his disciples went there often. So Judas led the way to the garden, and the Roman soldiers and police sent by the high priests and Pharisees followed. They arrived there with lanterns and torches and swords. Jesus, knowing by now everything that was coming down on him, went out and met them. He said, "Who are you after?"

They answered, "Jesus the Nazarene."

5-6 He said, "That's me." The soldiers recoiled, totally taken aback. Judas, his betrayer, stood out like a sore thumb.

7 Jesus asked again, "Who are you after?"

They answered, "Jesus the Nazarene."

8-9 "I told you," said Jesus, "that's me. I'm the one. So if it's me you're after, let these others go." (This validated the words in his prayer, "I didn't lose one of those you gave.")

10 Just then Simon Peter, who was carrying a sword, pulled it from its sheath and struck the Chief Priest's servant, cutting off his right ear. Malchus was the servant's name.

11 Jesus ordered Peter, "Put back your sword. Do you think for a minute I'm not going to drink this cup the Father gave me?"

12-14 Then the Roman soldiers under their commander, joined by the Jewish police, seized Jesus and tied him up. They took him

잡고 결박했다. 그들은 먼저 가야바의 장인 안나스에게 예수를 끌고 갔다. 가야바는 그해의 대제사장이었다. 그는 한 사람이 백성을 위해 죽는 것이 낫다고 유대인들에게 충고했던 자다.

15-16 시몬 베드로와 또 다른 제자가 예수를 뒤따라갔다. 그 다른 제자는 대제사장과 아는 사이여서, 예수를 따라 대제사장의 집 안뜰에 들어갈 수 있었다. 베드로는 밖에 머물러 있어야 했다. 곧 다른 제자가 나와서 문지기에게 말하고 베드로를 데리고 들어갔다.

17 문을 지키던 젊은 여자가 베드로에게 말했다. "당신도 저 사람의 제자 가운데 하나가 아닌가요?"

베드로가 말했다. "나는 아니오."

18 날이 추워 종들과 경비병들이 불을 피워 놓고 그 주위에 모여서 불을 쬐고 있었다. 베드로도 그들과 함께 서서 불을 쬐었다.

대제사장에게 심문 받으시다

19-21 안나스가 예수의 제자들과 가르침에 대해 그분을 심문했다. 예수께서 대답하셨다. "나는 드러내 놓고 말했다. 나는 언제나 유대인들이 모두 모이는 회당과 성전에서 가르쳤다. 나는 모든 것을 공개적으로 했다. 은밀히 말한 것은 하나도 없었다. 그런데 너희는 왜 나를 음모자 대하듯 하느냐? 내 말을 들은 사람들에게 물어보아라. 내가 무슨 말을 했는지 그들이 잘 안다. 나는 모든 것을 숨김없이 가르쳤다."

22 예수께서 이렇게 말씀하시자, 그 자리에 서 있던 경비병 하나가 예수의 뺨을 때리며 말했다. "어떻게 네가 대제사장에게 그런 식으로 말하느냐!"

23 예수께서 대답하셨다. "내가 잘못 말한 것이 있다면 증거를 대 보아라. 그러나 내

first to Annas, father-in-law of Caiaphas. Caiaphas was the Chief Priest that year. It was Caiaphas who had advised the Jews that it was to their advantage that one man die for the people.

15-16 Simon Peter and another disciple followed Jesus. That other disciple was known to the Chief Priest, and so he went in with Jesus to the Chief Priest's courtyard. Peter had to stay outside. Then the other disciple went out, spoke to the doorkeeper, and got Peter in.

17 The young woman who was the doorkeeper said to Peter, "Aren't you one of this man's disciples?"

He said, "No, I'm not."

18 The servants and police had made a fire because of the cold and were huddled there warming themselves. Peter stood with them, trying to get warm.

The Interrogation

19-21 Annas interrogated Jesus regarding his disciples and his teaching. Jesus answered, "I've spoken openly in public. I've taught regularly in meeting places and the Temple, where the Jews all come together. Everything has been out in the open. I've said nothing in secret. So why are you treating me like a conspirator? Question those who have been listening to me. They know well what I have said. My teachings have all been aboveboard."

22 When he said this, one of the policemen standing there slapped Jesus across the face, saying, "How dare you speak to the Chief Priest like that!"

23 Jesus replied, "If I've said something

가 사실 그대로 말했다면, 어찌하여 때리느냐?"

24 그러자 안나스는 예수를 결박한 채로 대제사장 가야바에게 보냈다.

25 그동안 시몬 베드로는 뒤로 물러나 불가에서 불을 쬐고 있었다. 거기에 있던 다른 사람들이 그에게 말했다. "당신도 저 사람의 제자 가운데 하나가 아니오?"

베드로가 부인했다. "나는 아니오."

26 대제사장의 종 가운데 한 사람으로 베드로에게 귀를 잘린 사람의 친척이 말했다. "당신이 동산에서 저 사람과 함께 있는 것을 내가 본 것 같은데?"

27 베드로가 다시 한번 부인했다. 바로 그때, 수탉이 울었다.

빌라도 앞에 서시다

28-29 사람들이 예수를 가야바에게서 로마 총독의 관저로 끌고 갔다. 때는 이른 아침이었다. 그들은 유월절 음식을 먹을 자격을 잃고 싶지 않아서 총독 관저로는 들어가지 않았다. 그래서 빌라도가 그들에게 나와서 말했다. "무슨 죄로 이 사람을 고발하는 것이오?"

30 그들이 말했다. "이 사람이 악행을 저지르지 않았다면, 우리가 여기까지 와서 총독님을 귀찮게 하겠습니까?"

31-32 빌라도가 말했다. "그를 데려가서, 여러분의 법대로 재판하시오."

유대인들이 말했다. "우리는 사람을 죽일 권한이 없습니다." (이것으로 예수께서 어떻게 죽으실 것인지 가리켜 하신 말씀이 입증되었다.)

33 빌라도가 다시 관저로 들어가 예수를 불러냈다. "네가 유대인의 왕이냐?"

34 예수께서 대답하셨다. "그 말은 너 스스로 한 말이냐, 아니면 다른 사람들이 나에 대해서 네게 한 말이냐?"

wrong, prove it. But if I've spoken the plain truth, why this slapping around?"

24 Then Annas sent him, still tied up, to the Chief Priest Caiaphas.

25 Meanwhile, Simon Peter was back at the fire, still trying to get warm. The others there said to him, "Aren't you one of his disciples?"

He denied it, "Not me."

26 One of the Chief Priest's servants, a relative of the man whose ear Peter had cut off, said, "Didn't I see you in the garden with him?"

27 Again, Peter denied it. Just then a rooster crowed.

The King of the Jews

28-29 They led Jesus then from Caiaphas to the Roman governor's palace. It was early morning. They themselves didn't enter the palace because they didn't want to be disqualified from eating the Passover. So Pilate came out to them and spoke. "What charge do you bring against this man?"

30 They said, "If he hadn't been doing something evil, do you think we'd be here bothering you?"

31-32 Pilate said, "You take him. Judge him by *your* law."

The Jews said, "We're not allowed to kill anyone." (This would confirm Jesus' word indicating the way he would die.)

33 Pilate went back into the palace and called for Jesus. He said, "Are you the 'King of the Jews'?"

34 Jesus answered, "Are you saying this on your own, or did others tell you this about me?"

35 빌라도가 말했다. "내가 유대인처럼 보이느냐? 네 동족과 대제사장들이 너를 나한테 넘겼다. 네가 무슨 일을 했느냐?"

36 예수께서 말씀하셨다. "내 나라는 눈에 보이는 것들로 이루어지지 않는다. 만일 그랬다면, 나를 따르는 사람들이 싸워서 내가 유대인들의 손에 넘어가지 않게 했을 것이다. 그러나 나는 그런 왕이 아니다. 나는 세상이 생각하는 그런 왕이 아니다."

37 그러자 빌라도가 말했다. "그래서, 네가 왕이냐, 아니냐?"

예수께서 대답하셨다. "네가 사실을 말했다. 나는 왕이다. 나는 진리를 증언하려고 이 세상에 왔다. 누구든지 진리에 마음이 있는 사람, 조금이라도 진리에 관심을 갖는 사람은 내 음성을 알아듣는다."

38-39 빌라도가 말했다. "진리가 무엇이냐?"
빌라도가 이 말을 한 다음, 다시 유대인들에게 나가서 말했다. "나는 이 사람에게서 아무 잘못도 찾지 못하겠소. 유월절에는 내가 죄수 한 명을 사면해 주는 관례가 있소. 내가 유대인의 왕이라는 이 자를 놓아주면 어떻겠소?"

40 그들이 다시 외쳤다. "이 자가 아니라 바라바를 놓아주시오!" 바라바는 로마 체제에 저항한 유대인이었다.

가시관을 쓰시다

19 1-3 그래서 빌라도는 예수를 데려다가 채찍질하게 했다. 병사들이 가시나무로 왕관을 엮어 예수의 머리에 씌우고, 자주색 옷을 입혔다. 그런 다음에 그분께 다가가 "유대인의 왕, 만세!" 하고 외쳤다. 그리고 예수께 인사하며 그분의 뺨을 때렸다.

4-5 빌라도가 다시 밖으로 나가서 유대인들에게 말했다. "내가 저 사람을 여러분 앞에 데려오겠소. 그러나 알아주기 바라오. 나는

그에게서 아무 죄도 찾지 못하겠소." 바로 그때, 예수께서 가시관을 쓰고 자주색 옷을 입고 나오셨다.

빌라도가 말했다. "보시오, 이 사람이오."

6 대제사장과 경비병들이 예수를 보고 미친 듯이 소리쳤다. "십자가에 못 박으시오! 십자가에 못 박으시오!"

빌라도가 그들에게 말했다. "여러분이 그를 데려가시오. 여러분이 그를 십자가에 못 박으시오. 나는 그에게서 아무 잘못도 찾지 못하겠소."

7 유대인들이 대답했다. "우리에게는 율법이 있습니다. 그 율법에 따르면, 그는 죽어 마땅합니다. 자기가 하나님의 아들이라고 했기 때문입니다."

8-9 빌라도는 이 말을 듣고 더욱 두려웠다. 그는 다시 관저로 들어가 예수께 말했다. "네가 어디서 왔느냐?"

예수께서 아무 대답도 하지 않으셨다.

10 빌라도가 말했다. "말하지 않을 작정이냐? 나는 너를 풀어 줄 권한도 있고, 십자가에 못 박을 권한도 있다는 것을 모르느냐?"

11 예수께서 말씀하셨다. "하늘이 네게 주신 권한 말고는, 너는 나에 대해 조금도 권한이 없다. 그래서 나를 네게 넘겨준 자의 잘못이 훨씬 큰 것이다."

12 빌라도는 이 말을 듣고서 예수를 사면하려고 최선을 다했다. 그러나 유대인들의 외치는 소리에 그의 말은 묻혀 버리고 말았다. "이 사람을 놓아주면 총독님은 황제의 친구가 아닙니다. 누구든지 자기가 왕이라고 주장하는 사람은 황제에게 대항하는 것이나 마찬가지입니다."

13-14 빌라도는 이 말을 듣고서 예수를 데리고 나갔다. 그는 '포장된 뜰'(히브리 말로 가바다)이라는 곳의 재판석에 앉았다. 그날은 유월절 예비일이었고, 시간은 낮 열두 시였다. 빌라도가 유대인들에게 말했다. "여기, 여러분의 왕이 있소."

of any crime." Just then Jesus came out wearing the thorn crown and purple robe.

Pilate announced, "Here he is: the Man."

6 When the high priests and police saw him, they shouted in a frenzy, "Crucify! Crucify!"

Pilate told them, "You take him. You crucify him. I find nothing wrong with him."

7 The Jews answered, "We have a law, and by that law he must die because he claimed to be the Son of God."

8-9 When Pilate heard this, he became even more scared. He went back into the palace and said to Jesus, "Where did you come from?"

Jesus gave no answer.

10 Pilate said, "You won't talk? Don't you know that I have the authority to pardon you, and the authority to—crucify you?"

11 Jesus said, "You haven't a shred of authority over me except what has been given you from heaven. That's why the one who betrayed me to you has committed a far greater fault."

12 At this, Pilate tried his best to pardon him, but the Jews shouted him down: "If you pardon this man, you're no friend of Caesar's. Anyone setting himself up as 'king' defies Caesar."

13-14 When Pilate heard those words, he led Jesus outside. He sat down at the judgment seat in the area designated Stone Court (in Hebrew, *Gabbatha*). It was the preparation day for Passover. The hour was noon. Pilate said to the Jews, "Here is your king."

15 그들이 다시 외쳤다. "그를 죽이시오! 죽이시오! 그를 십자가에 못 박으시오!"
빌라도가 말했다. "여러분의 왕을 십자가에 못 박으라는 말이오?"
대제사장들이 대답했다. "우리에게 왕은 황제뿐이오."
16-19 빌라도는 잠자코 그들의 요구를 들어주었다. 그는 예수를 십자가에 못 박도록 넘겨주었다.

십자가에 못 박히시다

그들이 예수를 끌고 갔다. 예수께서 십자가를 지시고 '해골 언덕'(히브리 말로 '골고다)이라는 곳으로 가셨다. 거기서 그들은 예수를 십자가에 못 박고, 다른 두 사람도 예수를 가운데 두고 양 옆에 못 박았다. 빌라도가 팻말을 써서 십자가에 달게 했다. 팻말에는 이렇게 쓰여 있었다.

나사렛 사람 예수
유대인의 왕

20-21 예수께서 십자가에 못 박히신 곳은 도성에서 아주 가까운 곳이었기 때문에, 많은 유대인들이 그 팻말을 읽었다. 팻말은 히브리 말과 라틴 말, 그리스 말로 쓰여 있었다. 유대 대제사장들이 이의를 제기하며 빌라도에게 말했다. "'유대인의 왕'이라고 쓰지 마십시오. '자칭 유대인의 왕'이라고 고쳐 주십시오."
22 빌라도가 말했다. "나는 쓸 것을 썼소."
23-24 로마 병사들이 예수를 십자가에 못 박고 나서, 그분의 옷가지를 가져다가 네 몫으로 나누어 각자 한 몫씩 가졌다. 하지만 그분의 겉옷은 이음매 없이 통으로 짠 것이었다. 병사들이 서로 말했다. "저 옷은 찢지 말고 제비를 뽑아 누가 차지하나 보자." 이로써 "그들이 내 옷을 나누었고 내 겉옷을 두고 제비를 뽑았다"고 한 성경 말씀이 확증되었다. (병사들이 성경

15 They shouted back, "Kill him! Kill him! Crucify him!"
Pilate said, "I am to crucify your king?"
The high priests answered, "We have no king except Caesar."
16-19 Pilate caved in to their demand. He turned him over to be crucified.

The Crucifixion

They took Jesus away. Carrying his cross, Jesus went out to the place called Skull Hill (the name in Hebrew is *Golgotha*), where they crucified him, and with him two others, one on each side, Jesus in the middle. Pilate wrote a sign and had it placed on the cross. It read:

JESUS THE NAZARENE
THE KING OF THE JEWS.

20-21 Many of the Jews read the sign because the place where Jesus was crucified was right next to the city. It was written in Hebrew, Latin, and Greek. The Jewish high priests objected. "Don't write," they said to Pilate, "'The King of the Jews.' Make it, 'This man said, "I am the King of the Jews."'"
22 Pilate said, "What I've written, I've written."
23-24 When they crucified him, the Roman soldiers took his clothes and divided them up four ways, to each soldier a fourth. But his robe was seamless, a single piece of weaving, so they said to each other, "Let's not tear it up. Let's throw dice to see who gets it." This confirmed the Scripture that said,

말씀을 이룬 것이다!)

24-27 병사들이 자기네 잇속을 챙기는 동안에, 예수의 어머니와 이모와 글로바의 아내 마리아와 막달라 마리아는 십자가 아래에 서 있었다. 예수께서 자기 어머니와 그 곁에 서 있는 사랑하는 제자를 보시고 어머니에게 말씀하셨다. "여자여, 이 사람이 어머니의 아들입니다." 그런 다음, 그 제자에게 말씀하셨다. "이분이 네 어머니이시다." 그 순간부터 그 제자는 그녀를 자기 어머니로 모셨다.

28 예수께서 모든 일이 다 이루어진 것을 아시고, 성경 말씀을 이루려고 "내가 목마르다" 하고 말씀하셨다.

29-30 그 곁에 신 포도주가 담긴 병이 있었다. 어떤 사람이 솜뭉치를 신 포도주에 적셔서, 창끝에 달아 올려 그분의 입에 갖다 대었다. 예수께서 신 포도주를 드시고 말씀하셨다. "됐다.……다 이루었다." 예수께서 고개를 숙이고 숨을 거두셨다.

31-34 그날은 안식일을 준비하는 날이었다. 안식일에는 시체를 십자가에 둘 수 없었기 때문에, 유대인들은 십자가에 달린 자들의 다리를 꺾어 빨리 죽게 해서 시체를 내리게 해달라고 빌라도에게 청원했다. (이번 안식일은 일 년 중 가장 거룩하게 지키는 날이었다.) 그래서 병사들이 가서, 예수와 함께 십자가에 못 박힌 첫째 사람의 다리를 꺾고 또 다른 사람의 다리도 꺾었다. 병사들이 예수께 다가가서 그분이 이미 숨을 거두신 것을 보고는, 다리를 꺾지 않았다. 병사들 가운데 하나가 창으로 그분의 옆구리를 찔렀다. 피와 물이 쏟아져 나왔다.

35 이 일은 직접 목격한 사람이 정확히 전한 것이다. 그가 직접 보고 진실을 말한 이유는, 여러분도 믿게 하려는 것이다.

"They divided up my clothes among them and threw dice for my coat." (The soldiers validated the Scriptures!)

24-27 While the soldiers were looking after themselves, Jesus' mother, his aunt, Mary the wife of Clopas, and Mary Magdalene stood at the foot of the cross. Jesus saw his mother and the disciple he loved standing near her. He said to his mother, "Woman, here is your son." Then to the disciple, "Here is your mother." From that moment the disciple accepted her as his own mother.

28 Jesus, seeing that everything had been completed so that the Scripture record might also be complete, then said, "I'm thirsty."

29-30 A jug of sour wine was standing by. Someone put a sponge soaked with the wine on a javelin and lifted it to his mouth. After he took the wine, Jesus said, "It's done... complete." Bowing his head, he offered up his spirit.

31-34 Then the Jews, since it was the day of Sabbath preparation, and so the bodies wouldn't stay on the crosses over the Sabbath (it was a high holy day that year), petitioned Pilate that their legs be broken to speed death, and the bodies taken down. So the soldiers came and broke the legs of the first man crucified with Jesus, and then the other. When they got to Jesus, they saw that he was already dead, so they didn't break his legs. One of the soldiers stabbed him in the side with his spear. Blood and water gushed out.

35 The eyewitness to these things has presented an accurate report. He saw it himself and is telling the truth so that you, also, will believe.

36-37 이 일들로 인해 "그의 뼈가 하나도 꺾이지 않았다"고 한 성경 말씀과, "그들은 자기들이 찌른 이를 볼 것이다"라고 한 성경 말씀이 확증되었다.

❧

38 이 모든 일이 있고 나서, 아리마대 사람 요셉이 예수의 시신을 거두게 해달라고 빌라도에게 청했다. (그는 예수의 제자였지만, 유대인들의 위협 때문에 자기가 예수의 제자라는 사실을 비밀로 하고 있었다.) 빌라도가 허락하자, 요셉이 가서 시신을 거두었다. 39-42 일찍이 밤중에 예수를 찾아왔던 니고데모가, 이번에는 환한 대낮에 몰약과 침향 섞은 것을 33킬로그램쯤 가지고 왔다. 그들은 예수의 시신을 모셔다가 유대인의 장례 풍습대로 향료를 바르고 고운 베로 쌌다. 예수께서 십자가에 못 박히신 곳 근처에 동산이 있었다. 그 동산에는 아직 아무도 모신 적이 없는 새 무덤이 있었다. 그날은 유대인들이 안식일을 준비하는 날이었고 무덤도 가까이 있었으므로, 그들은 거기에 예수를 모셨다.

다시 살아나시다

20 1-2 한 주의 첫날 이른 아침이었다. 아직 어두울 때에, 막달라 마리아가 무덤에 가서 보니, 무덤을 막고 있던 돌이 입구에서 옮겨져 있었다. 그녀는 곧장 시몬 베드로와 예수께서 사랑하시는 다른 제자에게 숨 가쁘게 달려가서 말했다. "사람들이 주님을 무덤에서 꺼내 갔어요. 그들이 그분을 어디에 두었는지 모르겠습니다."
3-10 베드로와 다른 제자가 즉시 무덤을 향해 서로 앞 다투어 달려갔다. 다른 제자가 베드로를 앞질러 무덤에 먼저 도착했다. 그가 몸을 구부려 안을 들여다보니 거기에 고

36-37 These things that happened confirmed the Scripture, "Not a bone in his body was broken," and the other Scripture that reads, "They will stare at the one they pierced."

❧

38 After all this, Joseph of Arimathea (he was a disciple of Jesus, but secretly, because he was intimidated by the Jews) petitioned Pilate to take the body of Jesus. Pilate gave permission. So Joseph came and took the body. 39-42 Nicodemus, who had first come to Jesus at night, came now in broad daylight carrying a mixture of myrrh and aloes, about seventy-five pounds. They took Jesus' body and, following the Jewish burial custom, wrapped it in linen with the spices. There was a garden near the place he was crucified, and in the garden a new tomb in which no one had yet been placed. So, because it was Sabbath preparation for the Jews and the tomb was convenient, they placed Jesus in it.

Resurrection!

20 1-2 Early in the morning on the first day of the week, while it was still dark, Mary Magdalene came to the tomb and saw that the stone was moved away from the entrance. She ran at once to Simon Peter and the other disciple, the one Jesus loved, breathlessly panting, "They took the Master from the tomb. We don't know where they've put him."
3-10 Peter and the other disciple left immediately for the tomb. They ran, neck and neck. The other disciple got to the tomb first, outrunning Peter. Stooping to

운 베가 놓여 있었다. 그러나 그는 안으로 들어가지는 않았다. 시몬 베드로가 그의 뒤에 도착해서 무덤 안으로 들어가 보니 고운 베가 놓여 있었다. 그분의 머리를 감쌌던 수건은 고운 베와 함께 있지 않고 따로 가지런하게 개어져 있었다. 그제야 먼저 도착했던 다른 제자도 무덤 안으로 들어가서, 증거를 보고 믿었다. 그분께서 죽은 자들 가운데서 살아나야 한다는 말씀을 아직 아무도 깨닫지 못하고 있었다. 그 후에 두 제자는 집으로 돌아갔다.

11-13 그러나 마리아는 무덤 바깥에 서서 울고 있었다. 그녀가 울면서 무릎을 꿇고 무덤 안을 들여다보니, 흰옷을 입은 두 천사가 거기에 앉아 있었다. 한 천사는 예수의 시신이 놓여 있던 자리 머리맡에, 다른 천사는 발치에 앉아 있었다. 천사들이 마리아에게 말했다. "여자여, 어찌하여 우느냐?"

13-14 마리아가 말했다. "사람들이 내 주님을 꺼내 갔습니다. 그들이 그분을 어디에 두었는지 모르겠습니다." 마리아가 이렇게 말하고 나서 뒤로 돌아서니, 예수께서 거기에 서 계셨다. 그러나 마리아는 그분을 알아보지 못했다.

15 예수께서 마리아에게 말씀하셨다. "여자여, 어찌하여 우느냐? 누구를 찾고 있느냐?" 마리아는 그분이 동산지기인 줄 알고 말했다. "선생님, 선생님이 그분을 모셔 갔으면, 어디에 두었는지 알려 주세요. 내가 그분을 돌보겠습니다."

16 예수께서 "마리아야" 하고 부르셨다. 마리아가 예수께 돌아서며 히브리 말로 "랍오니!" 하고 불렀다. 이는 '선생님!'이라는 뜻이다.

17 예수께서 말씀하셨다. "나를 계속 붙들고 있지 마라. 내가 아직 아버지께로 올라가지 않았다. 너는 내 형제들에게 가서, '내가 내 아버지이며 너희 아버지이신 분, 곧 내 하나님이시며 너희 하나님이신 분께로 올라간다'고 전하여라."

18 막달라 마리아가 제자들에게 가서 소식을 전했다. "내가 주님을 뵈었어요!" 마리아는 예수께서 자기에게 말씀하신 모든 것을 그들에게 알렸다.

믿는 자가 되어라

19-20 그날 해질 녘에 제자들이 모였으나, 그들은 유대인들이 무서워 집에 있는 문이란 문은 다 닫아걸고 있었다. 예수께서 들어오셔서, 그들 가운데 서서 말씀하셨다. "너희에게 평안이 있기를!" 그러고 나서 자기의 두 손과 옆구리를 제자들에게 보여주셨다.

20-21 제자들은 자기 눈으로 주님을 뵙고는 기쁨을 가누지 못했다. 예수께서 다시 한번 인사하셨다. "너희에게 평안이 있기를! 아버지께서 나를 보내신 것처럼 나도 너희를 보낸다."

22-23 예수께서 이 말씀을 하시고 나서 숨을 깊이 들이쉬었다가 그들에게 내쉬며 말씀하셨다. "성령을 받아라. 너희가 다른 사람의 죄를 용서하면 그 죄가 영원히 사라질 것이다. 너희가 죄를 용서하지 않으면 그 죄를 가지고 무엇을 하려느냐?"

24-25 그러나 열두 제자 가운데 한 사람으로, 간혹 쌍둥이라고 불리는 도마는 예수께서 오셨을 때 그 자리에 없었다. 다른 제자들이 그에게 말했다. "우리가 주님을 보았소."
그러나 도마는 이렇게 말했다. "내가 그분 손에 난 못 자국을 보고, 그 못 자국에 내 손가락을 넣어 보고, 그분의 옆구리에 내 손을 넣어 보지 않고는 그 말을 믿지 않겠소."

26 여드레 후에 제자들이 다시 방에 모여 있었다. 이번에는 도마도 함께 있었다. 예수께서 잠긴 문들을 지나 들어오셔서, 그들 가운데 서서 말씀하셨다. "너희에게 평안이 있기를!"

27 그런 다음, 예수께서 도마에게 주목하며 말씀하셨다. "네 손가락을 내 손에 대어 보아라. 네 손을 내 옆구리에 넣어 보아라. 의심하는 자가 되지 말고, 믿는 자가 되어라."

18 Mary Magdalene went, telling the news to the disciples: "I saw the Master!" And she told them everything he said to her.

To Believe

19-20 Later on that day, the disciples had gathered together, but, fearful of the Jews, had locked all the doors in the house. Jesus entered, stood among them, and said, "Peace to you." Then he showed them his hands and side.

20-21 The disciples, seeing the Master with their own eyes, were exuberant. Jesus repeated his greeting: "Peace to you. Just as the Father sent me, I send you."

22-23 Then he took a deep breath and breathed into them. "Receive the Holy Spirit," he said. "If you forgive someone's sins, they're gone for good. If you don't forgive sins, what are you going to do with them?"

24-25 But Thomas, sometimes called the Twin, one of the Twelve, was not with them when Jesus came. The other disciples told him, "We saw the Master."
But he said, "Unless I see the nail holes in his hands, put my finger in the nail holes, and stick my hand in his side, I won't believe it."

26 Eight days later, his disciples were again in the room. This time Thomas was with them. Jesus came through the locked doors, stood among them, and said, "Peace to you."

27 Then he focused his attention on Thomas. "Take your finger and examine my hands. Take your hand and stick it in my side. Don't be unbelieving. Believe."

28 도마가 말했다. "나의 주님! 나의 하나님!"

29 예수께서 말씀하셨다. "너는 네 두 눈으로 보고 나서야 믿는구나. 보지 않고도 믿는 사람들에게는 더 큰 복이 기다리고 있다."

30-31 예수께서는 이 책에 기록된 것보다 훨씬 많은 표적을 베푸셔서 하나님을 계시해 주셨다. 이것을 기록한 이유는, 예수께서 메시아이시며 하나님의 아들이심을 여러분으로 믿게 하고, 그 믿음을 통해 예수께서 친히 계시해 주신 참되고 영원한 생명을 얻게 하려는 것이다.

다시 고기를 잡으러 간 제자들

21 1-3 그 후에 예수께서 제자들에게 다시 나타나셨는데, 이번에는 디베랴 바다(갈릴리 호수)에서였다. 예수께서 나타나신 경위는 이렇다. 시몬 베드로, (쌍둥이라고도 하는) 도마, 갈릴리 가나 출신의 나다나엘, 세베대의 두 아들, 그리고 다른 두 제자가 함께 있었다. 시몬 베드로가 말했다. "나는 고기 잡으러 가야겠다."

3-4 나머지 사람들도 "우리도 함께 가겠다"고 대답했다. 그들은 나가서 배를 탔다. 그날 밤, 그들은 아무것도 잡지 못했다. 해가 뜰 무렵, 예수께서 바닷가에 서 계셨으나 그들은 그분을 알아보지 못했다.

5 예수께서 그들에게 말씀하셨다. "좋은 아침이구나! 아침거리로 뭘 좀 잡았느냐?"

그들이 대답했다. "못 잡았습니다."

6 예수께서 말씀하셨다. "그물을 배 오른쪽에 던지고 어떻게 되는지 보아라."

그들은 그 말씀대로 했다. 순식간에 수많은 고기가 그물에 걸려들었다. 힘이 달려서 그물을 끌어 올리지 못할 정도였다.

7-9 그때 예수께서 사랑하시는 제자가 베드로에게 말했다. "주님이시다!"

시몬 베드로가 그분이 주님이신 것을 알고는, 일하느라 벗어 놓았던 옷을 급히 챙겨 입

28 Thomas said, "My Master! My God!"

29 Jesus said, "So, you believe because you've seen with your own eyes. Even better blessings are in store for those who believe without seeing."

30-31 Jesus provided far more God-revealing signs than are written down in this book. These are written down so you will believe that Jesus is the Messiah, the Son of God, and in the act of believing, have real and eternal life in the way he personally revealed it.

Fishing

21 1-3 After this, Jesus appeared again to the disciples, this time at the Tiberias Sea (the Sea of Galilee). This is how he did it: Simon Peter, Thomas (nicknamed "Twin"), Nathanael from Cana in Galilee, the brothers Zebedee, and two other disciples were together. Simon Peter announced, "I'm going fishing."

3-4 The rest of them replied, "We're going with you." They went out and got in the boat. They caught nothing that night. When the sun came up, Jesus was standing on the beach, but they didn't recognize him.

5 Jesus spoke to them: "Good morning! Did you catch anything for breakfast?"

They answered, "No."

6 He said, "Throw the net off the right side of the boat and see what happens."

They did what he said. All of a sudden there were so many fish in it, they weren't strong enough to pull it in.

7-9 Then the disciple Jesus loved said to Peter, "It's the Master!"

고 바다로 뛰어들었다. 다른 제자들은 배를 탄 채로 고기가 가득 든 그물을 끌고 나왔다. 그들은 육지에서 90미터 정도밖에 떨어지지 않은 곳에 나가 있었다. 그들이 배에서 내리고 보니, 숯불이 지펴져 있고 그 위에 물고기와 빵이 익고 있었다.

10-11 예수께서 말씀하셨다. "너희가 방금 잡은 물고기를 몇 마리 가져오너라." 시몬 베드로가 다른 제자들과 힘을 합쳐 그물을 바닷가로 끌어올렸는데, 큰 물고기가 153마리나 되었다! 그렇게 많은 물고기가 들었는데도 그물이 찢어지지 않았다.

12 예수께서 말씀하셨다. "아침식사가 준비됐다." 제자들 가운데 "당신은 누구십니까?" 하고 감히 묻는 사람이 없었다. 그들은 그분이 주님이신 것을 알고 있었다.

13-14 예수께서 빵을 들어 그들에게 주시고, 물고기도 그들에게 주셨다. 예수께서 죽은 자들 가운데서 살아나신 뒤에, 제자들에게 살아 있는 모습을 보이신 것은 이번이 세 번째였다.

네가 나를 사랑하느냐

15 아침식사 후에, 예수께서 시몬 베드로에게 말씀하셨다. "요한의 아들 시몬아, 네가 이 사람들보다 나를 더 사랑하느냐?"

"예, 주님, 제가 주님을 사랑하는 줄을 주님이 아십니다."

예수께서 말씀하셨다. "내 어린양들을 먹여라."

16 그런 다음, 예수께서 두 번째로 물으셨다. "요한의 아들 시몬아, 네가 나를 사랑하느냐?"

"예, 주님, 제가 주님을 사랑하는 줄을 주님이 아십니다."

예수께서 말씀하셨다. '내 양들을 돌보아라."

17-19 예수께서 세 번째로 물으셨다. "요한의 아들 시몬아, 네가 나를 사랑하느냐?"

When Simon Peter realized that it was the Master, he threw on some clothes, for he was stripped for work, and dove into the sea. The other disciples came in by boat for they weren't far from land, a hundred yards or so, pulling along the net full of fish. When they got out of the boat, they saw a fire laid, with fish and bread cooking on it.

10-11 Jesus said, "Bring some of the fish you've just caught." Simon Peter joined them and pulled the net to shore—153 big fish! And even with all those fish, the net didn't rip.

12 Jesus said, "Breakfast is ready." Not one of the disciples dared ask, "Who are you?" They knew it was the Master.

13-14 Jesus then took the bread and gave it to them. He did the same with the fish. This was now the third time Jesus had shown himself alive to the disciples since being raised from the dead.

Do You Love Me?

15 After breakfast, Jesus said to Simon Peter, "Simon, son of John, do you love me more than these?"

"Yes, Master, you know I love you."

Jesus said, "Feed my lambs."

16 He then asked a second time, "Simon, son of John, do you love me?"

"Yes, Master, you know I love you."

Jesus said, "Shepherd my sheep."

17-19 Then he said it a third time: "Simon, son of John, do you love me?"

Peter was upset that he asked for the third time, "Do you love me?" so he answered, "Master, you know everything there is to know. You've got to know that I love you."

예수께서 "네가 나를 사랑하느냐?" 하고 세 번째 물으시니, 베드로는 근심이 되었다. "주님, 주님은 모르시는 것이 없습니다. 제가 주님을 사랑하는 줄을 주님께서 틀림없이 아십니다." 예수께서 말씀하셨다. "내 양들을 먹여라. 이제 너에게 진실을 알려 주겠다. 네가 젊었을 때는 네 스스로 옷을 입고 어디든지 원하는 곳으로 다녔다. 그러나 네가 나이 들어서는 두 팔을 벌려야 할 것이다. 다른 사람이 네게 옷을 입히고, 네가 원하지 않는 곳으로 너를 데려갈 것이다." 예수께서 이렇게 말씀하신 것은, 베드로가 어떤 죽음으로 하나님을 영화롭게 할 것인지를 암시하신 것이다. 이 말씀을 하시고, 예수께서 이렇게 명하셨다. "나를 따라오너라."

20-21 베드로가 고개를 돌려 보니, 예수께서 사랑하시는 제자가 바로 뒤에서 따라오고 있었다. 베드로가 그를 보고 예수께 물었다. "주님, 이 사람은 어떻게 되겠습니까?"

22-23 예수께서 말씀하셨다. "내가 다시 올 때까지 그를 살려 두고자 하더라도 그것이 너와 무슨 상관이 있느냐? 너는 나를 따라오너라." 그래서 그 제자가 죽지 않을 것이라는 소문이 형제들 사이에 퍼진 것이다. 그러나 예수께서 하신 말씀은 그런 뜻이 아니었다. 예수께서는 그저 "내가 다시 올 때까지 그를 살려 두고자 하더라도 그것이 너와 무슨 상관이 있느냐?" 라고 말씀하셨을 뿐이다.

24 이 모든 일을 목격하고 기록한 사람이 바로 그 제자다. 우리 모두는 그의 증언이 믿을 만하고 정확하다는 것을 알고 있다.

25 이 밖에도 예수께서는 아주 많은 일을 행하셨다. 그것을 하나도 빠뜨리지 않고 낱낱이 기록한다면, 그 기록한 책을 다 담아 두기에는 이 세상도 비좁을 것이다.

Jesus said, "Feed my sheep. I'm telling you the very truth now: When you were young you dressed yourself and went wherever you wished, but when you get old you'll have to stretch out your hands while someone else dresses you and takes you where you don't want to go." He said this to hint at the kind of death by which Peter would glorify God. And then he commanded, "Follow me."

20-21 Turning his head, Peter noticed the disciple Jesus loved following right behind. When Peter noticed him, he asked Jesus, "Master, what's going to happen to *him*?"

22-23 Jesus said, "If I want him to live until I come again, what's that to you? You—follow me." That is how the rumor got out among the brothers that this disciple wouldn't die. But that is not what Jesus said. He simply said, "If I want him to live until I come again, what's that to you?"

24 This is the same disciple who was eyewitness to all these things and wrote them down. And we all know that his eyewitness account is reliable and accurate.

25 There are so many other things Jesus did. If they were all written down, each of them, one by one, I can't imagine a world big enough to hold such a library of books.

예수의 이야기는 정말 감동적이다. 우리 가운데 오신 하나님, 우리가 알아들을 수 있는 언어로 말씀하시는 하나님, 우리를 치료하시고 돕고 구원하시기 위해 활동하시는 하나님! 그러다 보니 자칫, 감동만 받고 거기서 끝날 위험이 있다. 이 이야기의 극적인 차원들을 서서히 (또는 갑자기) 깨닫기 시작하면서, 우리는 열광하는 구경꾼이 되어 거기에 안주하기 쉽다. 예수의 팬이 되어서 감탄사를 연발하고, 기분 좋을 때 그분을 본받으려고 하는 정도에 만족할 뿐이다.

예수의 구경꾼이 되거나 메시지의 팬이 되지 않도록 하는 것, 이것이 누가의 과제다. 예수의 삶을 기록한 네 명의 저자 가운데 누가만이, 다음 세대를 살아가는 사도들과 제자들의 이야기를 계속해서 들려준다. 놀라운 사실은, 본질적으로 같은 이야기가 여기서도 이어진다는 점이다. 누가는 거의 쉬지 않고, 펜을 잉크에 찍을 겨를도 없이, 이야기를 이어 나간다. 같은 문체, 같은 어휘를 가지고 이야기를 써 나간다.

예수의 이야기는 예수에서 끝나지 않는다. 그 이야기는 그분을 믿는 사람들의 삶에서 계속된다. 초자연적인 역사도 예수에게서 멈추지 않는다. 예수께서는 제자들에게 "너희가 받을 것은 성령이다. 성령이 너희에게 오시면, 너희는 예루살렘과 온 유대와 사마리아와 세상 끝까지 가서 내 증인이 될 것이다"라고 말씀하신다(행 1:8). 그리고 책의 중간쯤에 우리는 "이 구원의 메시지는 그 지역 곳곳으로 들불처럼 퍼져나갔다"라는 내용을 접하게 된

Because the story of Jesus is so impressive—God among us! God speaking a language we can understand! God acting in ways that heal and help and save us!—there is a danger that we will be impressed, but only be impressed. As the spectacular dimensions of this story slowly (or suddenly) dawn upon us, we could easily become enthusiastic spectators, and then let it go at that—become admirers of Jesus, generous with our oohs and ahs, and in our better moments inspired to imitate him.

It is Luke's task to prevent that, to prevent us from becoming mere spectators to Jesus, fans of the Message. Of the original quartet of writers on Jesus, Luke alone continues to tell the story as the apostles and disciples live it into the next generation. The remarkable thing is that it continues to be essentially the same story. Luke continues his narration with hardly a break, a pause perhaps to dip his pen in the inkwell, writing in the same style, using the same vocabulary.

The story of Jesus doesn't end with Jesus. It continues in the lives of those who believe in him. The supernatural does not stop with Jesus. He told his disciples, "What you'll get is the Holy Spirit. And when the Holy Spirit comes on you, you will be able to be my witnesses in Jerusalem, all over judea and Samaria, even to the ends of the world"(Act 1:8). And about midway

384

다(행 13:49). 예수께서 하나님의 구경꾼이
아니셨듯이, 그리스도인들도 예수의 구경꾼
이 아니었음을 누가는 분명히 밝힌다. 그들
은 하나님이 행하시는 역사 안에 있었고, 하
나님은 그들 안에서 일하셨으며, 그들 안에
살아 계셨다. 그것은 하나님께서 당연히 우
리 안에서도 그렇게 하심을 의미한다.

through the book, we read, "This Message of
salvation spread like wildfire all through the
region"(Act 13:49). Luke makes it clear that
these Christians he wrote about were no more
spectators of Jesus than Jesus was a spectator
of God—they are *in* on the action of God, God
acting *in* them, God living *in* them. Which
also means, of course, in *us*.

사도행전

ACTS

성령을 약속하시다

1 ¹⁻⁵ 친애하는 데오빌로 각하께. 이 책 첫 권에서 나는, 예수께서 성령으로 말미암아 친히 택하신 사도들에게 작별을 고하시고 하늘로 들려 올라가신 날까지, 그분이 행하시고 가르치신 모든 것을 기록했습니다. 예수께서는 죽으신 후에, 사십 일에 걸쳐 여러 다른 상황에서 사도들에게 살아 계신 모습으로 나타나셨습니다. 얼굴을 대면한 여러 번의 만남에서, 그분은 그들에게 하나님 나라에 관한 일들을 말씀해 주셨습니다. 만나서 함께 식사를 하면서, 사도들에게 절대로 예루살렘을 떠나지 말라고 하시며 이렇게 이르셨습니다. "아버지께서 약속하신 것, 곧 너희가 내게서 들은 약속을 기다려야 한다. 요한은 물로 세례를 주었지만, 너희는 성령으로 세례를 받을 것이다. 이제 곧 받을 것이다."

⁶ 마지막으로 함께 있을 때에 사도들이 물었다. "주님, 이스라엘에 나라를 회복하실 때가 지금입니까?"

⁷⁻⁸ 예수께서 그들에게 말씀하셨다. "때는 너희가 알 수 없다. 때를 정하는 것은 아버지의 몫이다. 너희가 받을 것은 성령이다. 성령이 너희에게 오시면, 너희는 예루살렘과 온 유대와 사마리아와 세상 끝까지 가서 내 증인이 될 것이다."

To the Ends of the World

1 ¹⁻⁵ Dear Theophilus, in the first volume of this book I wrote on everything that Jesus began to do and teach until the day he said good-bye to the apostles, the ones he had chosen through the Holy Spirit, and was taken up to heaven. After his death, he presented himself alive to them in many different settings over a period of forty days. In face-to-face meetings, he talked to them about things concerning the kingdom of God. As they met and ate meals together, he told them that they were on no account to leave Jerusalem but "must wait for what the Father promised: the promise you heard from me. John baptized in water; you will be baptized in the Holy Spirit. And soon."

⁶ When they were together for the last time they asked, "Master, are you going to restore the kingdom to Israel now? Is this the time?"

⁷⁻⁸ He told them, "You don't get to know the time. Timing is the Father's business. What you'll get is the Holy Spirit. And when the Holy Spirit comes on you, you will be able to be my witnesses in Jerusalem, all over Judea and Samaria, even to the ends of the world."

9-11 이것이 그분의 마지막 말씀이었다. 예수께서는 사도들이 보는 가운데 들려 올라가 구름 속으로 사라지셨다. 그들은 빈 하늘을 바라보며 거기 서 있었다. 그때 갑자기 흰옷을 입은 두 사람이 나타났다. 그들이 말했다. "너희 갈릴리 사람들아! 왜 여기 서서 빈 하늘만 쳐다보고 있느냐? 너희 가운데서 하늘로 들려 올라가신 이 예수는 떠나신 그대로 틀림없이, 영광 중에 오실 것이다."

예루살렘으로 돌아가다

12-13 사도들이 올리브 산이라는 곳을 떠나 예루살렘으로 돌아갔다. 1킬로미터가 채 안되는 길이었다. 그들은 모임 장소로 사용하던 다락방으로 갔다.

베드로
요한
야고보
안드레
빌립
도마
바돌로매
마태
알패오의 아들 야고보
열심당원 시몬
야고보의 아들 유다.

14 이들은 끝까지 이 길을 가기로 뜻을 모으고, 온전히 하나가 되어 기도했다. 그중에는 여자들도 있었다. 예수의 어머니 마리아와, 예수의 동생들도 함께 있었다.

유다를 대신할 자

15-17 그때에 베드로가 일행 가운데서 일어나 말했다. 방 안에는 백이십 명쯤 있었다. "친구 여러분, 오래전에 성령께서 다윗을

9-11 These were his last words. As they watched, he was taken up and disappeared in a cloud. They stood there, staring into the empty sky. Suddenly two men appeared— in white robes! They said, "You Galileans!— why do you just stand here looking up at an empty sky? This very Jesus who was taken up from among you to heaven will come as certainly—and mysteriously—as he left."

Returning to Jerusalem

12-13 So they left the mountain called Olives and returned to Jerusalem. It was a little over half a mile. They went to the upper room they had been using as a meeting place:

Peter,
John,
James,
Andrew,
Philip,
Thomas,
Bartholomew,
Matthew,
James, son of Alphaeus,
Simon the Zealot,
Judas, son of James.

14 They agreed they were in this for good, completely together in prayer, the women included. Also Jesus' mother, Mary, and his brothers.

Replacing Judas

15-17 During this time, Peter stood up in the company—there were about 120 of them in the room at the time—and said, "Friends,

통해, 예수를 체포한 자들의 길잡이가 된 유다에 대해 말씀하셨습니다. 그 성경 말씀은 성취되어야 했고, 이제 성취되었습니다. 유다는 우리 가운데 한 사람으로 이 사역의 한 부분을 맡았습니다.

18-20 여러분도 알다시피, 그는 뇌물로 받은 악한 돈으로 조그마한 농지를 샀는데, 거기서 배가 터지고 창자가 쏟아져 나오는 비참한 최후를 맞았습니다. 이는 예루살렘 사람이면 누구나 아는 일입니다. 사람들은 그곳을 '살인의 밭'이라고 합니다. 정확히 시편에 기록된 그대로입니다.

　그의 농지가 흉흉하게 되어
　아무도 거기 살지 못하게 하소서.

또한 나중에 기록된 그대로입니다.
　그의 자리를 다른 사람이 대신하게 하소서.

21-22 이제 유다를 대신할 사람을 세워야 합니다. 후임자는 예수께서 요한에게 세례를 받으시던 때부터 승천하신 날까지 우리와 함께 있었고, 우리와 함께 그분의 부활의 증인으로 지목된 사람들 중에서 나와야 합니다."

23-26 그들은 두 사람을 추천했다. 일명 유스도라 하는 요셉 바사바와 맛디아였다. 그들은 기도했다. "오 하나님, 하나님께서는 우리 각 사람을 속속들이 아십니다. 유다가 제 갈 길을 가려고 버린 이 사역과 지도자의 자리를 대신할 사람으로, 하나님께서 이 두 사람 중에 누구를 택하셨는지 보여주십시오." 그들은 제비를 뽑았다. 맛디아가 뽑혀서 열두 사도 중에 들게 되었다.

long ago the Holy Spirit spoke through David regarding Judas, who became the guide to those who arrested Jesus. That Scripture had to be fulfilled, and now has been. Judas was one of us and had his assigned place in this ministry.

18-20 "As you know, he took the evil bribe money and bought a small farm. There he came to a bad end, rupturing his belly and spilling his guts. Everybody in Jerusalem knows this by now; they call the place Murder Meadow. It's exactly what we find written in the Psalms:

　Let his farm become haunted
　So no one can ever live there.

"And also what was written later:
　Let someone else take over his post.

21-22 "Judas must now be replaced. The replacement must come from the company of men who stayed together with us from the time Jesus was baptized by John up to the day of his ascension, designated along with us as a witness to his resurrection."

23-26 They nominated two: Joseph Barsabbas, nicknamed Justus, and Matthias. Then they prayed, "You, O God, know every one of us inside and out. Make plain which of these two men you choose to take the place in this ministry and leadership that Judas threw away in order to go his own way." They then drew straws. Matthias won and was counted in with the eleven apostles.

강한 바람 같은 소리

2 ¹⁻⁴ 오순절이 되었을 때, 그들이 다 함께 한곳에 있었다. 난데없이 맹렬한 기세의 강한 바람 같은 소리가 났으나, 그 소리가 어디서 나는지 아무도 알 수 없었다. 그 소리가 온 건물을 가득 채웠다. 그러더니, 성령께서 들불처럼 무리 사이로 퍼졌고, 그들은 성령께서 시키시는 대로 여러 다른 언어로 말하기 시작했다.

⁵⁻¹¹ 마침 그때에 예루살렘에는 많은 유대인들이 머물고 있었다. 그들은 세계 각지에서 모인 경건한 순례자들이었다. 그들이 그 소리를 듣고 서둘러 달려왔다. 그런데 그들은 각자의 모국어로 들려오는 소리를 듣고 크게 놀랐다. 도무지 무슨 일인지 영문을 알 수 없어, 그들은 이렇게 되뇌었다. "이들은 다 갈릴리 사람들이 아닌가? 그런데 이들이 하는 말이 우리 각 사람의 모국어로 들리니 어찌된 일인가?

바대 사람, 메대 사람, 엘람 사람.
메소포타미아, 유대, 갑바도기아,
본도와 아시아, 브루기아와 밤빌리아,
이집트, 구레네에 속한 리비아 여러 지역에서 온 방문객들.
로마에서 이주해 온 유대인과 개종자들.
크레타 사람과 아라비아 사람들까지!

이들이 우리 언어로 하나님의 능하신 일들을 말하고 있지 않은가!"

¹² 그들은 머리가 혼란스러워 갈피를 잡을 수 없었다. 당황해서 "도대체 이게 무슨 일이지?" 하는 말을 서로 주고받았다. ¹³ 그런가 하면 "이 사람들이 싸구려 술에 취했다"고 놀리는 사람들도 있었다.

A Sound Like a Strong Wind

2 ¹⁻⁴ When the Feast of Pentecost came, they were all together in one place. Without warning there was a sound like a strong wind, gale force—no one could tell where it came from. It filled the whole building. Then, like a wildfire, the Holy Spirit spread through their ranks, and they started speaking in a number of different languages as the Spirit prompted them.

⁵⁻¹¹ There were many Jews staying in Jerusalem just then, devout pilgrims from all over the world. When they heard the sound, they came on the run. Then when they heard, one after another, their own mother tongues being spoken, they were thunderstruck. They couldn't for the life of them figure out what was going on, and kept saying, "Aren't these all Galileans? How come we're hearing them talk in our various mother tongues?

Parthians, Medes, and Elamites;
Visitors from Mesopotamia, Judea, and Cappadocia,
    Pontus and Asia, Phrygia and Pamphylia,
    Egypt and the parts of Libya belonging to Cyrene;
Immigrants from Rome, both Jews and proselytes;
Even Cretans and Arabs!

"They're speaking our languages, describing God's mighty works!"

¹² Their heads were spinning; they couldn't make head or tail of any of it. They talked back and forth, confused: "What's going on here?" ¹³ Others joked, "They're drunk on cheap wine."

베드로의 설교

14-21 바로 그때에 다른 열한 사도의 지지를 받은 베드로가 일어나 무척 긴박한 어조로 말했다. "유대인 동포 여러분과 예루살렘을 방문중인 모든 여러분, 잘 듣고 이 이야기를 바로 아시기 바랍니다. 이 사람들은 여러분 가운데 일부가 생각하는 것처럼 술에 취한 것이 아닙니다. 이제 겨우 아침 아홉 시인데 취할 시간이나 있었겠습니까? 이것은 예언자 요엘이 장차 일어날 것이라고 알려 준 일입니다.

하나님께서 말씀하신다. "마지막 때에
내가 모든 사람에게
내 영을 부어 줄 것이다.
너희 아들들은 예언할 것이며
너희 딸들도 예언할 것이다.
너희 청년들은 환상을 볼 것이며
너희 노인들은 꿈을 꿀 것이다.
그때가 이르면
나를 섬기는 남종과 여종에게
내 영을 부어 줄 것이니,
그들은 예언할 것이다.
내가 위로 하늘에 이적과
아래로 땅에 표적을 베풀 것이니,
피와 불과 소용돌이치는 연기,
주의 날,
무섭고 기이한 그날이 오기 전에,
해가 어두워지고 달이 핏빛으로 붉어질 것이다.
누구든지 나 하나님에게 구해 달라고 부르짖는 자는
구원을 얻을 것이다."

22-28 이스라엘 동포 여러분, 이 말을 잘 들으십시오. 나사렛 예수는 하나님께 온전히 인정받으신 분이셨습니다. 하나님께서 그분을 통해 행하신 기적과 이적과 표적들은

Peter Speaks Up

14-21 That's when Peter stood up and, backed by the other eleven, spoke out with bold urgency: "Fellow Jews, all of you who are visiting Jerusalem, listen carefully and get this story straight. These people aren't drunk as some of you suspect. They haven't had time to get drunk—it's only nine o'clock in the morning. This is what the prophet Joel announced would happen:

"In the Last Days," God says,
"I will pour out my Spirit
  on every kind of people:
Your sons will prophesy,
  also your daughters;
Your young men will see visions,
  your old men dream dreams.
When the time comes,
  I'll pour out my Spirit
On those who serve me, men and women both,
  and they'll prophesy.
I'll set wonders in the sky above
  and signs on the earth below,
Blood and fire and billowing smoke,
  the sun turning black and the moon blood-red,
Before the Day of the Lord arrives,
  the Day tremendous and marvelous;
And whoever calls out for help
  to me, God, will be saved."

22-28 "Fellow Israelites, listen carefully to these words: Jesus the Nazarene, a man thoroughly accredited by God to you—the miracles and wonders and signs that God did through him are common knowledge—

여러분이 이미 다 알고 있습니다. 이 예수께
서 하나님의 주도면밀하신 계획에 따라, 법
을 제멋대로 주무르는 사람들에게 배반당하
시고 여러분에게 넘겨졌습니다. 여러분은
그분을 십자가에 못 박아 죽였습니다. 하지
만 하나님께서 죽음의 밧줄을 푸시고 그분
을 다시 살리셨습니다. 죽음은 그분의 상대
가 되지 못했습니다. 다윗이 이 모든 것을 말
했습니다.

> 내가 항상 내 앞에 계신 하나님을 뵈었다.
> 그분이 내 곁에 계시니, 그 무엇도 나를 흔
> 들 수 없다.
> 내 속에서 온통 기쁨과 희열이 넘쳐,
> 나는 소망의 땅에 내 거처를 정했다.
> 주님은 절대로 나를 음부에 버리지 않으
> 실 것이므로,
> 나는 죽음의 악취조차 맡지 않을 것이다.
> 주님께서 내 발을 생명 길에 두셨고
> 주님의 얼굴은 온 사방에 햇빛 같은 기쁨
> 으로 빛난다.

29-36 사랑하는 친구 여러분, 여러분에게 더
없이 솔직히 말하겠습니다. 우리 조상 다윗
이 죽어서 묻혔고, 그 무덤이 오늘도 분명히
우리 눈앞에 있습니다. 그러나 예언자이기
도 했던 그는, 자신의 한 후손이 나라를 다스
릴 것이라고 하신 하나님의 엄숙한 맹세를
알고서, 먼 장래를 내다보며 메시아의 부활
을 앞서 말했습니다. '음부에 내려가지 않고
죽음의 악취를 맡지 않을 것이다'라는 말이
바로 그것입니다. 이 예수를 하나님께서 다
시 살리셨습니다. 여기 있는 우리가 다 그 일
의 증인입니다. 그 후에 예수께서 하나님 오
른편 높은 곳에 올려져 아버지께서 약속하
신 성령을 받으시고, 그 받으신 성령을 우리
에게 부어 주셨습니다. 여러분은 지금 그 일
을 보고 듣고 있습니다. 그래서 다윗은 자기

this Jesus, following the deliberate and well-thought-out plan of God, was betrayed by men who took the law into their own hands, and was handed over to you. And you pinned him to a cross and killed him. But God untied the death ropes and raised him up. Death was no match for him. David said it all:

> I saw God before me for all time.
>   Nothing can shake me; he's right by
>   my side.
> I'm glad from the inside out, ecstatic;
>   I've pitched my tent in the land of
>   hope.
> I know you'll never dump me in Hades;
>   I'll never even smell the stench of
>   death.
> You've got my feet on the life-path,
>   with your face shining sun-joy all
>   around.

29-36 "Dear friends, let me be completely frank with you. Our ancestor David is dead and buried—his tomb is in plain sight today. But being also a prophet and knowing that God had solemnly sworn that a descendant of his would rule his kingdom, seeing far ahead, he talked of the resurrection of the Messiah—'no trip to Hades, no stench of death.' This Jesus, God raised up. And every one of us here is a witness to it. Then, raised to the heights at the right hand of God and receiving the promise of the Holy Spirit from the Father, he poured out the Spirit he had just received. That is what you see and hear. For David himself did not ascend to

가 직접 하늘로 올라가지 않았지만, 이렇게 말했습니다.

> 하나님께서 내 주님께 말씀하셨다. "내가 네 원수들을
> 네 발판으로 삼을 때까지 너는 내 오른편에 앉아 있어라."

그러니, 온 이스라엘 여러분, 이것을 아십시오. 여러분이 십자가에서 죽인 이 예수를, 하나님께서 주와 메시아로 삼으셨습니다. 더 이상 의심할 여지가 없습니다."

37 듣고 있던 사람들이 마음속 깊이 찔려서 베드로와 다른 사도들에게 물었다. "형제 여러분! 형제 여러분! 그러면 우리가 이제 어떻게 해야 합니까?"

38-39 베드로가 말했다. "삶을 고치십시오. 하나님께로 돌아와서, 여러분 각자가 예수 그리스도의 이름으로 세례를 받으십시오. 그러면 여러분의 죄가 용서받습니다. 성령을 선물로 받으십시오. 이 약속은 여러분과 여러분의 자녀들은 물론이고 멀리 있는 모든 사람들까지, 우리 주 하나님께서 부르시는 사람이면 누구에게나 해당됩니다."

40 그는 이렇게 한참을 더 말하며, 그들에게 간절히 권했다. "이 병들고 무감각한 문화에서 빠져나오십시오! 여러분이 할 수 있을 때에 어서 나오십시오."

41-42 그날 약 삼천 명이 그 말을 믿어서, 세례를 받고 등록했다. 그들은 사도들의 가르침과 공동생활과 공동식사와 기도에 자신들의 삶을 드렸다.

❧

43-45 주위에 있던 사람들 모두가, 사도들을 통해 이루어진 모든 이적과 표적을 보고 두려워했다! 믿는 사람들 모두가 무엇이든 공유하면서, 멋진 화합을 이루고 살았다. 그들

heaven, but he did say,

> God said to my Master, "Sit at my right hand
> Until I make your enemies a stool for resting your feet."

"All Israel, then, know this: There's no longer room for doubt—God made him Master and Messiah, this Jesus whom you killed on a cross."

37 Cut to the quick, those who were there listening asked Peter and the other apostles, "Brothers! Brothers! So now what do we do?"

38-39 Peter said, "Change your life. Turn to God and be baptized, each of you, in the name of Jesus Christ, so your sins are forgiven. Receive the gift of the Holy Spirit. The promise is targeted to you and your children, but also to all who are far away—whoever, in fact, our Master God invites."

40 He went on in this vein for a long time, urging them over and over, "Get out while you can; get out of this sick and stupid culture!"

41-42 That day about three thousand took him at his word, were baptized and were signed up. They committed themselves to the teaching of the apostles, the life together, the common meal, and the prayers.

❧

43-45 Everyone around was in awe—all those wonders and signs done through the apostles! And all the believers lived in a wonderful harmony, holding everything in common. They sold whatever they owned

은 자신들이 가진 것은 무엇이든 팔아 공동 자원으로 이용하면서, 각 사람의 필요를 채웠다.

46-47 성전에서 예배를 드리고 나서, 집에서 식사하고 하나님을 찬양하는 것이 그들의 하루 일과였다. 식사 때마다 즐거움이 넘쳐흐르는 축제였다. 사람들은 그 모습을 좋게 보았다. 하나님께서 구원받은 사람들을 더하셔서 날마다 그들의 수가 늘어났다.

3 1-5 하루는 오후 세 시에, 베드로와 요한이 기도하러 성전에 들어가고 있었다. 마침 그때에 사람들이 나면서부터 걷지 못하던 사람을 메고 왔다. 그는 날마다 '아름다운 문' 이라는 성전 문에 앉아, 성전에 들어가는 사람들에게 구걸하던 사람이었다. 그는 베드로와 요한이 성전에 들어가려는 것을 보고 구걸을 했다. 베드로와 그 옆에 있던 요한이 그의 눈을 똑바로 쳐다보며 말했다. "여기를 보시오." 그러자 그는 그들에게서 뭔가 얻을 줄로 생각하고 고개를 들었다.

6-8 베드로가 말했다. "나는 동전 한 푼 가진 것이 없지만, 내게 있는 것을 당신에게 주겠소. 나사렛 예수 그리스도의 이름으로 걸으시오!" 베드로가 그 사람의 오른손을 잡아 일으키자, 즉시 그의 발과 발목에 힘이 생겼다. 그는 펄쩍 뛰듯이 일어나 걸었다.

8-10 그 사람은 베드로와 요한과 함께 성전으로 들어가서, 이리저리 걷고 춤추며 하나님을 찬양했다. 그곳에 있던 사람들 모두가 그가 걸어 다니며 하나님을 찬양하는 것을 보았다. 그들은 그가 성전의 아름다운 문에 앉아 구걸하던 사람인 것을 알아보고는, 깜짝 놀라 눈을 비볐다. 눈으

and pooled their resources so that each person's need was met.

46-47 They followed a daily discipline of worship in the Temple followed by meals at home, every meal a celebration, exuberant and joyful, as they praised God. People in general liked what they saw. Every day their number grew as God added those who were saved.

3 1-5 One day at three o'clock in the afternoon, Peter and John were on their way into the Temple for prayer meeting. At the same time there was a man crippled from birth being carried up. Every day he was set down at the Temple gate, the one named Beautiful, to beg from those going into the Temple. When he saw Peter and John about to enter the Temple, he asked for a handout. Peter, with John at his side, looked him straight in the eye and said, "Look here." He looked up, expecting to get something from them.

6-8 Peter said, "I don't have a nickel to my name, but what I do have, I give you: In the name of Jesus Christ of Nazareth, walk!" He grabbed him by the right hand and pulled him up. In an instant his feet and ankles became firm. He jumped to his feet and walked.

8-10 The man went into the Temple with them, walking back and forth, dancing and praising God. Everybody there saw him walking around and praising God. They recognized him as the one who sat begging at the Temple's Gate Beautiful and rubbed their eyes, astonished, scarcely believing what they

로 보면서도 도저히 믿기지 않았던 것이다.

11 그 사람은 기뻐서 어쩔 줄 몰라 하며 베드로와 요한을 끌어안았다. 모든 사람이 그 모습을 직접 보려고 그들이 있는 솔로몬 회랑으로 달려왔다.

하나님께로 돌아서라

12-16 사람들이 모인 것을 보고, 베드로가 그들에게 말했다.

"이스라엘 여러분, 이 일에 왜 이렇게 크게 놀라십니까? 이 사람이 걷게 된 것이 마치 우리 능력이나 경건함 때문인 것처럼, 왜 우리를 쳐다보는 것입니까? 아브라함과 이삭과 야곱의 하나님, 곧 우리 조상의 하나님께서 그 아들 예수를 영화롭게 하셨습니다. 빌라도가 죄 없다고 한 그분을 여러분은 거절했습니다. 여러분은 거룩하고 의로우신 분을 거절하고, 그 대신에 살인자를 놓아 달라고 했습니다. 그러나 여러분이 생명의 주인 되신 분을 죽이자마자, 하나님은 죽은 자들 가운데서 그분을 살리셨습니다. 우리가 그 증인들입니다. 예수의 이름을 믿는 믿음이 이 사람을 일으켜 세운 것입니다. 이 사람의 상태는 여러분이 잘 알지 않습니까? 그렇습니다. 바로 믿음, 오직 믿음이 여러분 눈앞에서 이 사람을 완전히 낫게 한 것입니다.

17-18 친구 여러분, 예수를 죽일 때 여러분은 자신이 무슨 일을 하는지 몰랐습니다. 여러분의 지도자들도 그러했습니다. 그러나 모든 예언자의 설교를 통해 메시아가 죽임당할 것을 처음부터 말씀하신 하나님께서는, 여러분이 무슨 일을 하는지 정확히 아셨고, 그 일을 사용해서 그분의 계획을 이루셨습니다.

19-23 이제 여러분의 행실을 고칠 때입니다! 하나님께로 돌아서십시오. 그리하면 그분께서 여러분의 죄를 씻어 주시고, 축복의 소나기를 쏟아부어 여러분을 새롭게 하시며, 여러분을 위해 예비하신 메시아 예수를 보내

were seeing.

11 The man threw his arms around Peter and John, ecstatic. All the people ran up to where they were at Solomon's Porch to see it for themselves.

Turn to Face God

12-16 When Peter saw he had a congregation, he addressed the people:

"Oh, Israelites, why does this take you by such complete surprise, and why stare at us as if *our* power or piety made him walk? The God of Abraham and Isaac and Jacob, the God of our ancestors, has glorified his Son Jesus. The very One that Pilate called innocent, you repudiated. You repudiated the Holy One, the Just One, and asked for a murderer in his place. You no sooner killed the Author of Life than God raised him from the dead—and we're the witnesses. Faith in Jesus' name put this man, whose condition you know so well, on his feet—yes, faith and nothing but faith put this man healed and whole right before your eyes.

17-18 "And now, friends, I know you had no idea what you were doing when you killed Jesus, and neither did your leaders. But God, who through the preaching of all the prophets had said all along that his Messiah would be killed, knew exactly what you were doing and used it to fulfill his plans.

19-23 "Now it's time to change your ways! Turn to face God so he can wipe away your sins, pour out showers of blessing to refresh you, and send you the Messiah he prepared for you, namely, Jesus. For

주실 것입니다. 하나님께서 거룩한 옛 예언자들의 설교를 통해 말씀하신 대로, 예수는 만물의 질서가 다시 회복될 때까지 하늘에 계셔서 보이지 않을 것입니다. 한 예로, 모세는 이렇게 말했습니다. '너희 하나님께서 너희를 위해, 너희 동족 가운데서 나와 같은 한 예언자를 일으켜 세우실 것이다. 너희는 그가 하는 말을 다 들어라. 그 예언자의 말을 듣지 않는 사람은 하나도 남김없이 그 백성 가운데서 멸망할 것이다.'

24-26 사무엘부터 시작해 그 뒤를 이은 예언자들도 모두 같은 이야기를 전했고, 이날이 올 것을 힘주어 말했습니다. 여러분은 이 예언자들의 후손이며, 또 하나님께서 여러분의 조상과 맺으신 그 언약의 후손입니다. 하나님께서 아브라함에게 주신 언약의 말씀이 무엇입니까? '이 땅의 모든 민족이 네 후손으로 말미암아 복을 받을 것이다.' 그러나 여러분이 맨 먼저입니다. 하나님께서는 여러분 한 사람 한 사람이 그 악한 길에서 돌이키면 여러분에게 복을 주시려고, 그 아들을 일으켜 세우시고 여러분에게 보내신 것입니다."

숨길 것이 없다

4 1-4 베드로와 요한이 사람들에게 말하는 동안, 제사장들과 성전 경비 대장과 사두개인들이 다가왔다. 그들은 이 신출내기 사도들이 사람들을 가르치는 것과, 죽은 자의 부활이 예수께 일어났다고 선포하는 것에 분개했다. 그들은 사도들을 체포해 다음날 아침까지 감옥에 가두었다. 이미 늦은 저녁이기 때문이었다. 그러나 그들의 이야기를 들은 사람들 가운데 이미 메시지를 믿은 사람들이 많았다. 그 수가 대략 오천 명쯤 되었다!

5-7 이튿날 예루살렘에 회의가 소집되었다. 통치자, 종교 지도자, 종교 학자, 대제사장

the time being he must remain out of sight in heaven until everything is restored to order again just the way God, through the preaching of his holy prophets of old, said it would be. Moses, for instance, said, 'Your God will raise up for you a prophet just like me from your family. Listen to every word he speaks to you. Every last living soul who refuses to listen to that prophet will be wiped out from the people.'

24-26 "All the prophets from Samuel on down said the same thing, said most emphatically that these days would come. These prophets, along with the covenant God made with your ancestors, are your family tree. God's covenant-word to Abraham provides the text: 'By your offspring all the families of the earth will be blessed.' But you are first in line: God, having raised up his Son, sent him to bless you as you turn, one by one, from your evil ways."

Nothing to Hide

4 1-4 While Peter and John were addressing the people, the priests, the chief of the Temple police, and some Sadducees came up, indignant that these upstart apostles were instructing the people and proclaiming that the resurrection from the dead had taken place in Jesus. They arrested them and threw them in jail until morning, for by now it was late in the evening. But many of those who listened had already believed the Message—in round numbers about five thousand!

5-7 The next day a meeting was called in Jerusalem. The rulers, religious leaders,

안나스, 가야바, 요한, 알렉산더 등 주요 인물들이 다 모였다. 그들은 베드로와 요한을 한가운데 세워 놓고 따져 물었다. "누가 너희에게 이런 일을 맡기더냐? 도대체 무엇 때문에 이런 일을 하느냐?"

8-12 그 말에 베드로가 성령이 충만하여 거침없이 말했다. "백성의 통치자와 지도자 여러분, 오늘 우리가 병자를 고친 일로 재판에 회부되어 심문을 받는 것이라면, 나는 더없이 솔직히 말하겠습니다. 우리는 하나도 숨길 것이 없습니다. 여러분이 십자가에서 죽였으나 하나님께서 죽은 자들 가운데서 다시 살리신 나사렛 예수 그리스도, 그분의 이름으로 이 사람이 건강하고 온전한 모습으로 여러분 앞에 서 있습니다. '너희 석공들이 내버린 돌이 이제 모퉁잇돌이 되었다'는 말씀은, 예수를 두고 하신 말씀입니다. 구원받을 다른 길은 없습니다. 오직 예수의 이름 외에는, 구원받을 수 있는 다른 이름을 우리에게 주신 적이 없고 앞으로도 없을 것입니다."

13-14 베드로와 요한이 어찌나 당당하고 자신 있게 서 있던지, 그들은 두 사람에게서 눈을 뗄 수 없었다! 그 두 사람이 성경 훈련이나 정식 교육을 받지 못한 평신도인 것을 알고, 그들은 더욱 놀랐다. 그들은 그 두 사람이 예수와 함께 다녔다는 것을 알았지만, 그들 앞에 꼿꼿이 서 있는—고침받은!—그 사람을 보고서는, 뭐라고 반박할 말을 찾을 수 없었다!

15-17 그들은 방도를 짜내기 위해 베드로와 요한을 밖으로 내보내고 나서 서로 의논했다. "이들을 어떻게 하면 좋겠습니까? 기적이 일어났고, 그 배후에 저들이 있다는 것이 이미 온 시내에 알려졌습니다. 우리도 부인할 길이 없습니다. 더 이상 일이 커지지 않도록 저들을 위협해서 입을 막읍시다. 다시는 누구한테도 예수의 이름을 말하지

religion scholars, Annas the Chief Priest, Caiaphas, John, Alexander—everybody who was anybody was there. They stood Peter and John in the middle of the room and grilled them: "Who put you in charge here? What business do you have doing this?"

8-12 With that, Peter, full of the Holy Spirit, let loose: "Rulers and leaders of the people, if we have been brought to trial today for helping a sick man, put under investigation regarding this healing, I'll be completely frank with you—we have nothing to hide. By the name of Jesus Christ of Nazareth, the One you killed on a cross, the One God raised from the dead, by means of his name this man stands before you healthy and whole. Jesus is 'the stone you masons threw out, which is now the cornerstone.' Salvation comes no other way; no other name has been or will be given to us by which we can be saved, only this one."

13-14 They couldn't take their eyes off them—Peter and John standing there so confident, so sure of themselves! Their fascination deepened when they realized these two were laymen with no training in Scripture or formal education. They recognized them as companions of Jesus, but with the man right before them, seeing him standing there so upright—so healed!—what could they say against that?

15-17 They sent them out of the room so they could work out a plan. They talked it over: "What can we do with these men? By now it's known all over town that a miracle has occurred, and that they are behind it. There is no way we can refute that. But so that it doesn't go any further, let's silence them

못하도록 말입니다."

18-20 그들은 베드로와 요한을 다시 불러서, 어떠한 경우에도 예수의 이름으로 말하거나 가르치지 말라고 경고했다. 그러자 그들이 바로 되받았다. "하나님의 말씀보다 여러분의 말을 듣는 것이 하나님 보시기에 옳은 일인지 여러분이 판단하십시오. 우리의 입장은 분명합니다. 우리는 우리가 보고 들은 것을 말하지 않을 수 없습니다."

21-22 종교 지도자들은 그들을 다시 위협한 뒤에, 결국 풀어 주었다. 그들을 감옥에 가두어 둘 만한 죄목을 찾지 못했던 것이다. 만일 가두어 두었다면, 백성이 가만있지 않았을 것이다. 백성은 이번 일로 모두 하나님을 찬양하고 있었다. 이 기적으로 병이 나은 사람은 마흔 살이 넘었다.

한마음 한뜻으로

23-26 베드로와 요한은 풀려나자마자, 동료들에게 가서 대제사장과 종교 지도자들이 한 말을 전했다. 보고를 전해 들은 사람들은, 놀랍도록 하나가 되어 소리 높여 기도했다. "강하신 하나님, 주님께서는 하늘과 땅과 바다와 그 안에 있는 모든 것을 지으셨습니다. 주님께서는 주님의 종이자 우리의 조상인 다윗의 입을 통해 성령으로 이렇게 말씀하셨습니다.

> 뭇 나라들아, 웬 소란이냐?
> 뭇 민족들아, 웬 흉계냐?
> 땅의 두목들이 권력투쟁을 벌이고
> 권력자들이 모여 정상회담을 여니,
> 하나님을 부정하며 메시아께 대드는 자들이다!

27-28 과연 그들이 모였습니다. 헤롯과 본디오 빌라도와 나라들과 민족들과 이스

with threats so they won't dare to use Jesus' name ever again with anyone."

18-20 They called them back and warned them that they were on no account ever again to speak or teach in the name of Jesus. But Peter and John spoke right back, "Whether it's right in God's eyes to listen to you rather than to God, you decide. As for us, there's no question—we can't keep quiet about what we've seen and heard."

21-22 The religious leaders renewed their threats, but then released them. They couldn't come up with a charge that would stick, that would keep them in jail. The people wouldn't have stood for it—they were all praising God over what had happened. The man who had been miraculously healed was over forty years old.

One Heart, One Mind

23-26 As soon as Peter and John were let go, they went to their friends and told them what the high priests and religious leaders had said. Hearing the report, they lifted their voices in a wonderful harmony in prayer: "Strong God, you made heaven and earth and sea and everything in them. By the Holy Spirit you spoke through the mouth of your servant and our father, David:

> Why the big noise, nations?
> Why the mean plots, peoples?
> Earth's leaders push for position,
> Potentates meet for summit talks,
> The God-deniers, the Messiah-defiers!

27-28 "For in fact they did meet—Herod and Pontius Pilate with nations and peoples, even

라엘까지! 바로 이 도성에 모였습니다. 주님의 거룩하신 아들 예수, 주님께서 메시아로 삼으신 그분을 해치려고 모의했습니다. 주님께서 오래전부터 계획하신 일들을 이루려고 모였습니다.

29-30 이제 그들이 또 시작합니다! 그들의 위협을 살피시고 주님의 종들에게 두려워하지 않는 담대함을 주셔서, 주님의 **메시지**를 전하게 해주십시오. 주님의 손을 우리에게 내미셔서, 주님의 거룩하신 종 예수의 이름으로 치유와 기적과 이적이 일어나게 해주십시오."

31 그들이 기도하고 있는데, 그 모인 곳이 흔들리고 진동했다. 그들은 모두 성령으로 충만해져서, 두려움 없이 계속해서 하나님의 말씀을 전했다.

32-33 믿는 사람들이 하나로—한마음 한뜻으로—연합했다! 그들은 자기 재산에 대한 소유권을 주장하지 않았다. "이건 내 것이니, 당신이 가질 수 없소"라고 말하는 사람이 아무도 없었다. 그들은 모든 것을 공유했다. 사도들은 주 예수의 부활을 강력하게 증거했고, 그들 모두에게 은혜가 머물렀다.

34-35 그리하여 그들 가운데 궁핍한 사람이 단 한 명도 없었다. 밭이나 집이 있는 사람들은 그것을 팔아서, 그 판 돈을 사도들에게 가져와 헌금했다. 사도들은 각 사람의 필요에 따라 그 돈을 나누어 주었다.

36-37 키프로스 태생의 레위 사람으로, 사도들이 바나바('위로의 아들'이라는 뜻)라고 부르던 요셉도 자기 소유의 밭을 팔아서, 그 돈을 가져다가 사도들에게 헌금했다.

아나니아와 삽비라

5 1-2 그러나 아나니아라는 사람이 자기 아내 삽비라와 공모하여 땅

Israel itself!—met in this very city to plot against your holy Son Jesus, the One you made Messiah, to carry out the plans you long ago set in motion.

29-30 "And now they're at it again! Take care of their threats and give your servants fearless confidence in preaching your Message, as you stretch out your hand to us in healings and miracles and wonders done in the name of your holy servant Jesus."

31 While they were praying, the place where they were meeting trembled and shook. They were all filled with the Holy Spirit and continued to speak God's Word with fearless confidence.

32-33 The whole congregation of believers was united as one—one heart, one mind! They didn't even claim ownership of their own possessions. No one said, "That's mine; you can't have it." They shared everything. The apostles gave powerful witness to the resurrection of the Master Jesus, and grace was on all of them.

34-35 And so it turned out that not a person among them was needy. Those who owned fields or houses sold them and brought the price of the sale to the apostles and made an offering of it. The apostles then distributed it according to each person's need.

36-37 Joseph, called by the apostles "Barnabas" (which means "Son of Comfort"), a Levite born in Cyprus, sold a field that he owned, brought the money, and made an offering of it to the apostles.

Ananias and Sapphira

5 1-2 But a man named Ananias—his wife, Sapphira, conniving in this with

을 판 돈의 일부를 몰래 자기 몫으로 챙겨 두고는, 나머지를 사도들에게 가져와 헌금했다.

3-4 베드로가 말했다. "아나니아야, 네가 어찌하여 사탄에게 넘어가 성령께 거짓말하고 땅값의 일부를 몰래 떼어 두었느냐? 그 땅은 팔기 전에도 네 것이었고 판 뒤에도 네 것이어서, 그 돈을 네 마음대로 할 수 있었다. 그런데 네가 무슨 생각으로 이런 속임수를 썼느냐? 너는 사람에게 거짓말한 것이 아니라 하나님께 거짓말한 것이다."

5-6 아나니아가 그 말을 듣고는 쓰러져 죽었다. 이 소식을 들은 사람들이 모두 하나님을 두려워했다. 젊은 사람들이 곧바로 그 시체를 싸서, 메고 나가서 묻었다.

7-8 세 시간이 못 되어서, 그의 아내가 무슨 일이 있었는지 전혀 모른 채 들어왔다. 베드로가 말했다. "너희가 땅을 팔고 받은 돈이 이것이냐?"

"예, 그 돈입니다." 삽비라가 말했다.

9-10 베드로가 대답했다. "너희가 공모하여 주님의 영을 대적하다니 이 무슨 일이냐? 네 남편을 묻고 온 사람들이 집 앞에 있으니, 다음은 네 차례다." 그의 입에서 말이 떨어지기가 무섭게 삽비라도 쓰러져 죽었다. 젊은 사람들이 돌아와 보니 그 여자의 시체가 있었다. 그들은 시신을 메고 나가서 남편 곁에 묻었다.

11 이즈음에 이 일을 들은 온 교회는 물론 모든 사람들 안에 하나님께 대한 깊은 경외심이 생겼다. 하나님을 함부로 대해서는 안된다는 것을 알게 된 것이다.

모두가 정기적으로 모이다

12-16 사도들이 하는 일을 통해, 백성 가운데 하나님의 표적이 크게 나타나고 놀라운 일이 많이 이루어졌다. 그들은 모두 하

him—sold a piece of land, secretly kept part of the price for himself, and then brought the rest to the apostles and made an offering of it.

3-4 Peter said, "Ananias, how did Satan get you to lie to the Holy Spirit and secretly keep back part of the price of the field? Before you sold it, it was all yours, and after you sold it, the money was yours to do with as you wished. So what got into you to pull a trick like this? You didn't lie to men but to God."

5-6 Ananias, when he heard those words, fell down dead. *That* put the fear of God into everyone who heard of it. The younger men went right to work and wrapped him up, then carried him out and buried him.

7-8 Not more than three hours later, his wife, knowing nothing of what had happened, came in. Peter said, "Tell me, were you given this price for your field?"

"Yes," she said, "that price."

9-10 Peter responded, "What's going on here that you connived to conspire against the Spirit of the Master? The men who buried your husband are at the door, and you're next." No sooner were the words out of his mouth than she also fell down, dead. When the young men returned they found her body. They carried her out and buried her beside her husband.

11 By this time the whole church and, in fact, everyone who heard of these things had a healthy respect for God. They knew God was not to be trifled with.

They All Met Regularly

12-16 Through the work of the apostles, many God-signs were set up among the people, many wonderful things done. They all met

나가 되어 솔로몬의 이름을 붙인 성전 회랑에 정기적으로 모였다. 백성이 그들을 크게 칭찬했으나, 그들 모임에 합류하기를 꺼리는 사람들도 있었다. 한편, 주님을 믿는 사람들은 남녀 할 것 없이 도처에서 더 늘어났다. 심지어 그들은 병자들을 메고서 길거리로 나와 들것과 이부자리에 눕혀 놓고는, 지나가는 베드로의 그림자에라도 닿기를 바랐다. 예루살렘 인근의 여러 마을에서 사람들이 아픈 사람과 귀신 들린 사람들을 데리고 몰려나왔다. 그들 모두가 나았다.

사람보다 하나님께 순종하는 것

17-20 대제사장과 그의 편에 선 사람들, 주로 사두개파 사람들이 이 모든 일에 단단히 화가 나서 행동에 돌입했다. 그들은 사도들을 체포해 시내 감옥에 가두었다. 그러나 밤중에 하나님의 천사가 감옥 문을 열고 그들을 이끌어 냈다. 천사가 말했다. "성전으로 가서 당당히 서거라. 이 생명에 대해 말해야 할 모든 것을 사람들에게 다 전하여라."

그들은 즉시 순종하여, 새벽녘에 성전으로 들어가 계속해서 가르쳤다.

21-23 한편, 대제사장과 그의 동료들은 이스라엘의 최고의회를 소집한 뒤에, 감옥에 사람을 보내 죄수들을 데려오게 했다. 경비대가 감옥에 가 보니, 그 안에는 아무도 없었다. 그들이 돌아와서 보고했다. "감옥은 철통같이 잠겨서 문마다 간수들이 지키고 있었지만, 안에 들어가 보니 한 사람도 없었습니다."

24 성전 경비대장과 대제사장들은 당황했다. "이게 도대체 어떻게 된 일이냐?"

25-26 그때에 누군가가 나타나서 말했다. "감옥에 가두어 두었던 사람들이 다시 성전에서 사람들을 가르치고 있는 것을

To Obey God Rather than Men

17-20 Provoked mightily by all this, the Chief Priest and those on his side, mainly the sect of Sadducees, went into action, arrested the apostles and put them in the town jail. But during the night an angel of God opened the jailhouse door and led them out. He said, "Go to the Temple and take your stand. Tell the people everything there is to say about this Life."

Promptly obedient, they entered the Temple at daybreak and went on with their teaching.

21-23 Meanwhile, the Chief Priest and his cronies convened the High Council, Israel's senate, and sent to the jail to have the prisoners brought in. When the police got there, they couldn't find them anywhere in the jail. They went back and reported, "We found the jail locked tight as a drum and the guards posted at the doors, but when we went inside we didn't find a soul."

24 The chief of the Temple police and the high priests were puzzled. "What's going on here anyway?"

25-26 Just then someone showed up and said,

알고 계십니까?" 경비대장이 부하들과 함께 가서 사도들을 붙잡았다. 그러나 백성이 폭동을 일으켜 대항할까 두려워서, 그들을 조심스럽게 다루었다.

27-28 그들은 사도들을 데려다가 다시 최고의회 앞에 세웠다. 대제사장이 말했다. "우리가 너희에게 예수의 이름으로 가르치지 말라고 엄히 명령하지 않았더냐? 그런데 너희는 너희 가르침으로 예루살렘을 가득 채우고는, 그 사람의 죽음을 기어이 우리 탓으로 돌리려 하고 있다."

29-32 베드로와 사도들이 대답했다. "사람보다 하나님께 순종하는 것이 당연합니다. 여러분이 십자가에 매달아 죽인 그 예수를, 우리 조상의 하나님께서 다시 살리셨습니다. 그 하나님께서 이스라엘에게 변화된 삶과 죄 용서의 선물을 주시려고, 예수를 왕과 구주로 삼아 그분 오른편 높은 곳에 두셨습니다. 우리는 이 일의 증인들입니다. 하나님이 그분께 순종하는 이들에게 주시는 성령께서도, 이 모든 일을 확증해 주십니다."

33-37 그들은 이 말을 듣고 격분하여, 그 자리에서 당장 사도들을 죽이려고 했다. 그러자 최고의회 의원인 가말리엘이라는 바리새인이 자리에서 일어섰다. 하나님의 율법을 가르치는 교사로 모든 사람의 존경을 받고 있던 그는, 잠시 사도들을 밖으로 내보내고 나서 이렇게 말했다. "동료 여러분, 이들을 대할 때 조심하십시오. 얼마 전 드다가 대단한 사람인 양 행세하다가 잠깐 유명해져서, 사백 명 정도를 끌어 모은 일이 있습니다. 그러나 그가 죽임을 당하자 추종자들도 흩어지고, 결국 흐지부지되고 말았습니다. 그 일이 있고 나서 얼마 후 인구조사 때에는, 갈릴리 사람 유다가 나타나서 세력을 불렸으나 그 역시 용두사미로 끝났고, 그를 따르

"Did you know that the men you put in jail are back in the Temple teaching the people?" The chief and his police went and got them, but they handled them gently, fearful that the people would riot and turn on them.

27-28 Bringing them back, they stood them before the High Council. The Chief Priest said, "Didn't we give you strict orders not to teach in Jesus' name? And here you have filled Jerusalem with your teaching and are trying your best to blame us for the death of this man."

29-32 Peter and the apostles answered, "It's necessary to obey God rather than men. The God of our ancestors raised up Jesus, the One you killed by hanging him on a cross. God set him on high at his side, Prince and Savior, to give Israel the gift of a changed life and sins forgiven. And we are witnesses to these things. The Holy Spirit, whom God gives to those who obey him, corroborates every detail."

33-37 When they heard that, they were furious and wanted to kill them on the spot. But one of the council members stood up, a Pharisee by the name of Gamaliel, a teacher of God's Law who was honored by everyone. He ordered the men taken out of the room for a short time, then said, "Fellow Israelites, be careful what you do to these men. Not long ago Theudas made something of a splash, claiming to be somebody, and got about four hundred men to join him. He was killed, his followers dispersed, and nothing came of it. A little later, at the time of the census, Judas the Galilean appeared and acquired a following. He also fizzled out and the people following him were scattered to the four winds.

던 사람들도 뿔뿔이 흩어지고 말았습니다. ³⁸⁻³⁹ 그래서 하는 말입니다. 이 사람들에게서 손을 떼십시오! 그냥 내버려 두세요. 만일 이 계획이나 일이 순전히 인간에게서 난 것이라면, 산산이 무너지고 말 것입니다. 하지만 하나님에게서 난 것이라면, 여러분이 어떻게 해도 소용없습니다. 괜히 하나님을 대적하는 자가 되지 마십시오!"

⁴⁰⁻⁴² 그 말이 설득력이 있었다. 그들은 사도들을 다시 불러들여 호되게 매질한 다음, 예수의 이름으로 말하지 말라고 경고하여 그들을 쫓아냈다. 사도들은 예수의 이름 때문에 치욕당하는 영예를 얻은 것을 크게 기뻐하며 의회에서 나왔다. 그들은 날마다 잠시도 쉬지 않고, 예수가 그리스도이심을 성전과 집에서 가르치고 전했다.

하나님의 말씀이 크게 번성하다

6 ¹⁻⁴ 그때에 제자들의 수가 급격하게 늘어나면서, 그리스 말을 하는 신자들이 히브리 말을 하는 신자들에 대해 섭섭하게 여기는 마음이 커졌다. 매일 양식을 배급받을 때 자기네 과부들이 차별을 받고 있기 때문이었다. 그래서 열두 사도는 제자 회의를 소집하여 제자들에게 말했다. "우리가 하나님 말씀을 전하고 가르치는 책임을 저버린 채 가난한 사람들을 돌보는 것은 옳지 못합니다. 그러니 여러분, 여러분 가운데서 모두에게 신임을 얻고, 성령 충만하여 분별력 있는 사람 일곱을 뽑으십시오. 그러면 우리는 이 일을 그들에게 맡기겠습니다. 대신에 우리는, 우리가 맡은 본분인 기도하고 하나님 말씀을 전하는 일에 전념하겠습니다."

⁵⁻⁶ 회중이 그 생각을 아주 좋게 여겼다. 그들은 다음 일곱 사람을 뽑았다.

³⁸⁻³⁹ "So I am telling you: Hands off these men! Let them alone. If this program or this work is merely human, it will fall apart, but if it is of God, there is nothing you can do about it—and you better not be found fighting against God!"

⁴⁰⁻⁴² That convinced them. They called the apostles back in. After giving them a thorough whipping, they warned them not to speak in Jesus' name and sent them off. The apostles went out of the High Council overjoyed because they had been given the honor of being dishonored on account of the Name. Every day they were in the Temple and homes, teaching and preaching Christ Jesus, not letting up for a minute.

The Word of God Prospered

6 ¹⁻⁴ During this time, as the disciples were increasing in numbers by leaps and bounds, hard feelings developed among the Greek-speaking believers—"Hellenists"—toward the Hebrew-speaking believers because their widows were being discriminated against in the daily food lines. So the Twelve called a meeting of the disciples. They said, "It wouldn't be right for us to abandon our responsibilities for preaching and teaching the Word of God to help with the care of the poor. So, friends, choose seven men from among you whom everyone trusts, men full of the Holy Spirit and good sense, and we'll assign them this task. Meanwhile, we'll stick to our assigned tasks of prayer and speaking God's Word."

⁵⁻⁶ The congregation thought this was a great idea. They went ahead and chose—

믿음과 성령이 충만한 사람, 스데반
빌립
브로고로
니가노르
디몬
바메나
안디옥 출신의 개종자, 니골라.

회중은 그들을 사도들에게 보였다. 사도들은 기도하고 안수하여 그들에게 일을 위임했다. 7 하나님의 말씀이 크게 번성했다. 예루살렘에 있는 제자들의 수가 어마어마하게 늘고, 이 믿음을 따르게 된 제사장들도 많이 생겨났다.

✢

8-10 스데반은 하나님의 은혜와 능력이 차고 넘쳐서, 백성 가운데 놀라운 일들을 행했다. 그것은 하나님이 그들 가운데 계신다는 틀림없는 표적이었다. 그때 회당에서 온 몇몇 사람들이 그를 반대하고 나서서 변론으로 그를 누르려고 했다. 그 무리는 종이었다가 자유인이 된 구레네 사람, 알렉산드리아 사람, 길리기아와 아시아 출신의 사람들로 이루어져 있었다. 그러나 스데반이 말하자, 그들은 그의 지혜와 영적 기개를 당해 내지 못했다.
11 그래서 그들은 몰래 사람들을 매수해 거짓말을 퍼뜨렸다. "이 사람이 모세와 하나님을 저주하는 것을 우리가 들었습니다."
12-14 그 말이 백성과 종교 지도자와 종교 학자들의 마음을 휘저어 놓았다. 그들은 스데반을 잡아서 최고의회 앞으로 끌고 갔다. 그리고 자신들이 매수한 증인들을 앞세워 이렇게 증언했다. "이 사람은 쉬지 않고 이 거룩한 곳과 하나님의 율법을 욕하고 있습니다. 심지어 우리는, 나사렛 예수가 이곳을 무너뜨릴 것이며 또한 모세가 우리에게

Stephen, a man full of faith and the Holy Spirit,
Philip,
Procorus,
Nicanor,
Timon,
Parmenas,
Nicolas, a convert from Antioch.

Then they presented them to the apostles. Praying, the apostles laid on hands and commissioned them for their task.
7 The Word of God prospered. The number of disciples in Jerusalem increased dramatically. Not least, a great many priests submitted themselves to the faith.

✢

8-10 Stephen, brimming with God's grace and energy, was doing wonderful things among the people, unmistakable signs that God was among them. But then some men from the meeting place whose membership was made up of freed slaves, Cyrenians, Alexandrians, and some others from Cilicia and Asia, went up against him trying to argue him down. But they were no match for his wisdom and spirit when he spoke.
11 So in secret they bribed men to lie: "We heard him cursing Moses and God."
12-14 That stirred up the people, the religious leaders, and religion scholars. They grabbed Stephen and took him before the High Council. They put forward their bribed witnesses to testify: "This man talks nonstop against this Holy Place and God's Law. We even heard him say that Jesus of Nazareth would tear this place down and

준 관습을 다 내버릴 것이라고 그가 말하는 것도 들었습니다."

15 최고의회에 앉아 있던 모든 사람이 스데반을 쳐다보았다. 그들은 그에게서 눈을 뗄 수가 없었다. 그의 얼굴이 천사의 얼굴 같았다!

성령 충만한 스데반

7 1 그때 대제사장이 말했다. "네 자신을 변호할 말이 있느냐?"

2-3 스데반이 대답했다. "친구 여러분, 아버지와 형제 여러분, 우리 조상 아브라함이 하란으로 이주하기 전 아직 메소포타미아에 있을 때에, 영광의 하나님이 그에게 나타나서 말씀하셨습니다. '네 고향과 가족을 떠나 내가 네게 보여줄 땅으로 가거라.'

4-7 그래서 아브라함은 갈대아 사람들의 땅을 떠나 하란으로 옮겨 갔습니다. 아버지가 죽은 뒤에, 그는 지금 여러분이 살고 있는 이 땅으로 이주해 왔습니다. 그러나 하나님께서는 그에게 아무것도, 발붙일 곳조차 주지 않으셨습니다. 그때에 아브라함에게는 아들이 없었습니다. 그런데도 하나님은, 후에 이 땅을 그와 그의 아들에게 주시겠다고 약속하셨습니다. 하나님은 그의 후손이 낯선 땅으로 이주하여, 거기서 사백 년 동안 종이 되어 가혹한 대우를 받을 것을 그에게 알려 주셨습니다. 그러나 하나님께서는 '내가 개입해서 너희를 종으로 삼은 자들을 처리하고 내 백성을 이끌어 내어, 이곳에서 나를 예배하게 할 것이다' 하고 말씀하셨습니다.

8 그 후에 하나님은 아브라함과 언약을 맺으시고, 할례로 그의 몸에 표를 남기셨습니다. 아브라함은 아들 이삭을 낳고 여드레 만에 그 몸에 할례의 표를 남겼습니다. 이삭이 야곱의 아버지가 되고 야곱이 열두 조상들의 아버지가 되는 동안에, 그들은 저마다 언약의 표를 충실히 전했습니다.

throw out all the customs Moses gave us." 15 As all those who sat on the High Council looked at Stephen, they found they couldn't take their eyes off him—his face was like the face of an angel!

Stephen, Full of the Holy Spirit

7 1 Then the Chief Priest said, "What do you have to say for yourself?"

2-3 Stephen replied, "Friends, fathers, and brothers, the God of glory appeared to our father Abraham when he was still in Mesopotamia, before the move to Haran, and told him, 'Leave your country and family and go to the land I'll show you.'

4-7 "So he left the country of the Chaldees and moved to Haran. After the death of his father, he immigrated to this country where you now live, but God gave him nothing, not so much as a foothold. He did promise to give the country to him and his son later on, even though Abraham had no son at the time. God let him know that his offspring would move to an alien country where they would be enslaved and brutalized for four hundred years. 'But,' God said, 'I will step in and take care of those slaveholders and bring my people out so they can worship me in this place.'

8 "Then he made a covenant with him and signed it in Abraham's flesh by circumcision. When Abraham had his son Isaac, within eight days he reproduced the sign of circumcision in him. Isaac became father of Jacob, and Jacob father of twelve 'fathers,' each faithfully passing on the covenant sign.

9-10 그러나 그 조상들은 시기심에 불타서, 요셉을 이집트에 노예로 보내 버렸습니다. 그럼에도 불구하고 하나님이 그와 함께 하셔서, 그를 모든 환난에서 구하셨을 뿐 아니라 그를 이집트 왕 바로의 눈에 띄게 하셨습니다. 바로는 요셉에게 크게 감동받아서, 개인적 사무를 비롯해 온 나랏일을 그에게 맡겼습니다.

11-15 그 후에 이집트에서부터 가나안까지 전 지역에 기근이 들어, 사람들의 고생이 말이 아니었습니다. 배고픈 우리 조상들은 양식을 얻고자 모든 곳을 샅샅이 뒤졌으나 아무것도 찾을 수 없었습니다. 야곱이 이집트에 양식이 있다는 말을 듣고는, 우리 조상들을 보내어 알아보게 했습니다. 소문이 사실임을 확인한 뒤에, 그들은 양식을 구하려고 이집트로 다시 갔습니다. 그 방문 때, 요셉은 형들에게 자신의 정체를 밝히고 야곱 일가를 바로에게 소개했습니다. 이어서 요셉은 아버지 야곱과 일흔다섯 명이나 되는 일가족을 모두 데려오게 했습니다. 그렇게 해서 야곱 일가가 이집트로 가게 된 것입니다.

15-16 야곱이 죽고, 그 후에 우리 조상들도 죽었습니다. 그들은 세겜으로 옮겨져, 전에 아브라함이 하몰의 자손에게 충분한 값을 치르고 산 무덤에 묻혔습니다.

17-19 하나님께서 아브라함에게 구원을 약속하신 사백 년이 다 되어 갈 무렵, 이집트에 있던 우리 백성의 수가 크게 늘어났습니다. 이제 요셉에 대해 들어 보지 못한 왕이 이집트를 다스리고 있었습니다. 그는 우리 민족을 무자비하게 착취했습니다. 갓난아기들을 강제로 버리게 해서, 비바람 속에 비참하게 죽게 했습니다.

20-22 바로 그러한 때에 모세가 태어났습니다. 그는 무척 준수한 아기였습니다. 부모가 석 달 동안 그 아기를 집 안에 숨겼

9-10 "But then those 'fathers,' burning up with jealousy, sent Joseph off to Egypt as a slave. God was right there with him, though—he not only rescued him from all his troubles but brought him to the attention of Pharaoh, king of Egypt. He was so impressed with Joseph that he put him in charge of the whole country, including his own personal affairs.

11-15 "Later a famine descended on that entire region, stretching from Egypt to Canaan, bringing terrific hardship. Our hungry fathers looked high and low for food, but the cupboard was bare. Jacob heard there was food in Egypt and sent our fathers to scout it out. Having confirmed the report, they went back to Egypt a second time to get food. On that visit, Joseph revealed his true identity to his brothers and introduced the Jacob family to Pharaoh. Then Joseph sent for his father, Jacob, and everyone else in the family, seventy-five in all. That's how the Jacob family got to Egypt.

15-16 "Jacob died, and our fathers after him. They were taken to Shechem and buried in the tomb for which Abraham paid a good price to the sons of Hamor.

17-19 "When the four hundred years were nearly up, the time God promised Abraham for deliverance, the population of our people in Egypt had become very large. And there was now a king over Egypt who had never heard of Joseph. He exploited our race mercilessly. He went so far as forcing us to abandon our newborn infants, exposing them to the elements to die a cruel death.

20-22 "In just such a time Moses was born, a most beautiful baby. He was hidden at home for three months. When he could be hidden

으나 더 이상 숨길 수 없게 되자, 그를 밖에 내놓았습니다. 그러자 바로의 딸이 그를 구해 내어 자기 아들로 삼아 길렀습니다. 모세는 이집트 최고 학교에서 교육을 받았습니다. 그는 사상이나 체력이 모두 대단했습니다.

²³⁻²⁶ 마흔 살이 되자, 모세는 자기 동족 히브리 사람들이 어떻게 지내는지 알고 싶어 그들의 형편을 살피러 나갔습니다. 그는 이집트 사람이 히브리 사람 하나를 괴롭히는 것을 보고는, 끼어들어서 그 이집트 사람을 때려눕히고 싸움에서 진 형제의 원수를 갚았습니다. 그는 히브리 형제들이 자기가 그들 편인 것을 기뻐할 줄 알았습니다. 나아가 자신을, 그들을 구해 줄 하나님의 도구로 여길 줄 알았습니다. 그러나 그들은 그렇게 생각하지 않았습니다. 이튿날 히브리 사람 둘이 싸우고 있는데, 모세가 다툼을 말리며 그들에게 서로 사이좋게 지내도록 권했습니다. '그대들은 형제 사이인데, 왜 서로 치고 싸우는 것이오?'

²⁷⁻²⁹ 싸움을 시작한 사람이 말했습니다. '누가 당신을 우리 책임자로 세웠소? 어제 이집트 사람을 죽인 것처럼 나도 죽일 셈이오?' 모세는 그 말을 듣고 소문이 퍼진 것을 알고는, 죽을힘을 다해 도망하여 미디안 땅에서 나그네로 살았습니다. 나그네로 살면서, 그는 두 아들을 낳았습니다.

³⁰⁻³² 사십 년 후, 시내 산 광야에서 불타는 떨기나무 불꽃으로 가장한 천사가 그에게 나타났습니다. 모세는 자기 눈을 믿을 수 없어, 자세히 보려고 다가갔습니다. 그때, 그는 하나님의 음성을 들었습니다. '나는 네 조상, 아브라함과 이삭과 야곱의 하나님이다.' 소스라치게 놀란 모세는, 눈을 감고 고개를 돌렸습니다.

³³⁻³⁴ 하나님께서 말씀하셨습니다. '무릎을 꿇고 기도하여라. 네가 있는 곳은 거룩한

no longer, he was put outside—and immediately rescued by Pharaoh's daughter, who mothered him as her own son. Moses was educated in the best schools in Egypt. He was equally impressive as a thinker and an athlete.

²³⁻²⁶ "When he was forty years old, he wondered how everything was going with his Hebrew kin and went out to look things over. He saw an Egyptian abusing one of them and stepped in, avenging his underdog brother by knocking the Egyptian flat. He thought his brothers would be glad that he was on their side, and even see him as an instrument of God to deliver them. But they didn't see it that way. The next day two of them were fighting and he tried to break it up, told them to shake hands and get along with each other: 'Friends, you are brothers, why are you beating up on each other?'

²⁷⁻²⁹ "The one who had started the fight said, 'Who put you in charge of us? Are you going to kill me like you killed that Egyptian yesterday?' When Moses heard that, realizing that the word was out, he ran for his life and lived in exile over in Midian. During the years of exile, two sons were born to him.

³⁰⁻³² "Forty years later, in the wilderness of Mount Sinai, an angel appeared to him in the guise of flames of a burning bush. Moses, not believing his eyes, went up to take a closer look. He heard God's voice: 'I am the God of your fathers, the God of Abraham, Isaac, and Jacob.' Frightened nearly out of his skin, Moses shut his eyes and turned away.

³³⁻³⁴ "God said, 'Kneel and pray. You are in a holy place, on holy ground. I've seen the

곳, 거룩한 땅이다. 내가 이집트에 있는 내 백성의 괴로움을 보았다. 내가 그들의 신음 소리를 들었다. 내가 그들을 도우려고 왔다. 그러니 너는 준비하여라. 내가 너를 이집트로 다시 보내겠다.'

35-39 이 모세는, 전에 사람들로부터 '누가 당신을 우리 책임자로 세웠소?'라는 말을 듣고 거부당했던 사람입니다. 이 모세는, 불타는 떨기나무 속에서 천사를 통해 불꽃을 발하시던 하나님께서 지도자와 구원자로 다시 보내신 사람입니다. 모세는 노예생활에서 백성을 이끌어 냈습니다. 그는 사십 년 동안, 이집트 전역과 홍해와 광야에서 하나님의 표적과 이적을 베풀고 행했습니다. 이 모세는, 백성에게 '하나님께서 너희 후손 중에서 나와 같은 예언자 하나를 일으켜 세우실 것이다'라고 말한 사람입니다. 이 모세는, 시내 산에서 말하던 천사와 광야에 모인 여러분의 조상들 사이에 서서, 그가 받은 생명의 말씀을 가져다가 우리에게 전해 준 사람입니다. 그런데 우리 조상들은 그 말씀이 자신과 무관하다고 생각했습니다.

39-41 그들은 이집트의 옛 생활방식을 갈망하며 아론에게 불평했습니다. '우리가 보고 따를 수 있는 신을 만들어 주시오. 우리를 인적조차 없는 이곳으로 끌어낸 모세가 어찌 되었는지 누가 알겠소!' 그때 그들은 송아지 우상을 만들고, 그 앞에 희생 제물을 바치며, 자기들이 대단한 종교 프로그램을 만들어 낸 것처럼 자축했습니다.

42-43 하나님은 조금도 기뻐하지 않으셨습니다. 그래서 그들이 자기 방식대로 하게 내버려 두셨습니다. 새롭게 등장하는 모든 신에게 다 예배하게 두고, 그 결과를 지고 살도록 내버려 두셨습니다. 예언자 아모스는, 그 결과를 이렇게 묘사했습니다.

agony of my people in Egypt. I've heard their groans. I've come to help them. So get yourself ready; I'm sending you back to Egypt.'

35-39 "This is the same Moses whom they earlier rejected, saying, 'Who put you in charge of us?' This is the Moses that God, using the angel flaming in the burning bush, sent back as ruler and redeemer. He led them out of their slavery. He did wonderful things, setting up God-signs all through Egypt, down at the Red Sea, and out in the wilderness for forty years. This is the Moses who said to his congregation, 'God will raise up a prophet just like me from your descendants.' This is the Moses who stood between the angel speaking at Sinai and your fathers assembled in the wilderness and took the life-giving words given to him and handed them over to us, words our fathers would have nothing to do with.

39-41 "They craved the old Egyptian ways, whining to Aaron, 'Make us gods we can see and follow. This Moses who got us out here miles from nowhere—who knows what's happened to him!' That was the time when they made a calf-idol, brought sacrifices to it, and congratulated each other on the wonderful religious program they had put together.

42-43 "God wasn't at all pleased; but he let them do it their way, worship every new god that came down the pike—and live with the consequences, consequences described by the prophet Amos:

오 이스라엘아, 너희가 사십 년 광야 시절 동안
내게 짐승과 곡식 제물을 가져온 적이 있더냐?
전혀 없었다. 너희는 전쟁의 신, 음란의 여신에게
산당을 지어 주느라,
힘을 다해 그들을 예배하느라, 너무 바빴다.
그래서 내가 너희를 바빌론에 포로로 보낸 것이다.

44-47 그 기간 동안 우리 조상들에게는 참된 예배를 드릴 장막 성소가 있었습니다. 그 장막은 모세가 하나님께서 알려 주신 설계대로 만든 것이었습니다. 하나님이 그 땅에서 이방인들을 쫓아내실 때에, 그들은 장막을 가지고 여호수아를 따라갔고, 그 장막은 다윗의 때까지도 있었습니다. 다윗은 하나님께 영구적인 예배 장소를 구했고, 결국 솔로몬이 그것을 지었습니다.

48-50 그러나 지극히 높으신 하나님께서 목수와 석공이 만든 건물에 사신다는 뜻은 아닙니다. 예언자 이사야가 그것을 잘 기록했습니다.

하나님께서 말씀하신다. '하늘은 내 보좌이고
땅은 내 발을 쉬는 곳이다.
그러니 너희가 내게
무슨 집을 지어 주겠느냐?
내가 물러나 쉴 만한 곳이 어디 있느냐?
내 쉴 곳은 이미 지어져 있다. 내가 그곳을 지었다.'

51-53 그런데 여러분은 계속해서 웬 고집입니까! 여러분의 마음은 딱딱하게 굳어 있고, 여러분의 귀는 꽉 막혀 있습니다! 성령을 고의로 무시하니, 여러분은 여러분의 조상들과 다를 바 없습니다. 예언자들 가운데 그 같은 대우를 받지 않은 사람이 일찍이 있었습니까? 여러분의 조상들은, 의로우신 이가 오실 것을 말하는 사

Did you bring me offerings of animals and grains
  those forty wilderness years, O Israel?
Hardly. You were too busy building shrines
  to war gods, to sex goddesses,
Worshiping them with all your might.
  That's why I put you in exile in Babylon.

44-47 "And all this time our ancestors had a tent shrine for true worship, made to the exact specifications God provided Moses. They had it with them as they followed Joshua, when God cleared the land of pagans, and still had it right down to the time of David. David asked God for a permanent place for worship. But Solomon built it.

48-50 "Yet that doesn't mean that Most High God lives in a building made by carpenters and masons. The prophet Isaiah put it well when he wrote,

"Heaven is my throne room;
  I rest my feet on earth.
So what kind of house
  will you build me?" says God.
"Where I can get away and relax?
  It's already built, and I built it."

51-53 "And you continue, so bullheaded! Calluses on your hearts, flaps on your ears! Deliberately ignoring the Holy Spirit, you're just like your ancestors. Was there ever a prophet who didn't get the same treatment? Your ancestors

람은 누구든지 죽였습니다. 이제 여러분이 가문의 전통을 잇고 있으니, 여러분은 모두 배반자이며 살인자입니다. 천사들이 선물 포장까지 해서 하나님의 율법을 전해 주었건만, 여러분은 그것을 함부로 써 버렸습니다!"

⁵⁴⁻⁵⁶ 그 말을 듣고 있던 사람들이 난폭해지더니, 야유와 휘파람과 욕설을 퍼붓는 폭도로 변했다. 그러나 성령 충만한 스데반의 눈에는 그것이 보이지 않았다. 하나님밖에 보이지 않았다. 그는 모든 영광 가운데 계신 하나님과 그 곁에 서 계신 예수를 보았다. 그가 말했다. "아! 하늘이 활짝 열리고 인자가 하나님 곁에 서 계신 것이 보입니다!"

⁵⁷⁻⁵⁸ 폭도의 고함과 야유가 스데반의 목소리를 삼켜 버렸다. 그들은 사정없이 달려들어 그를 시내 밖으로 끌어내어서, 그에게 돌을 던졌다. 주동자들이 겉옷을 벗어 놓고 사울이라는 청년에게 지키게 했다.

⁵⁹⁻⁶⁰ 돌이 비 오듯 쏟아지는데, 스데반이 기도했다. "주 예수여, 내 생명을 받아 주십시오." 그런 다음 무릎을 꿇고, 모두에게 들릴 만큼 큰소리로 기도했다. "주님, 이 죄를 저들에게 돌리지 마십시오." 이것이 그의 마지막 말이었다. 그리고 그는 숨을 거두었다.

¹ 사울이 바로 그 자리에 있었다. 그는 살인자들에게 축하의 말을 건넸다.

마술사 시몬

8 ¹⁻² 이 일을 계기로 예루살렘 교회에 무서운 박해가 시작되었다. 믿는 사람들이 모두 유대와 사마리아 전역으로 흩어졌다. 사도들만 빼고는 전부 흩어졌다. 선하고 용감한 사람들이 스데반을 묻고, 엄숙하게 장례를 치러 주었다. 그날 많은 이들의 눈에 눈물이 마르지 않았다!

³⁻⁸ 몹시 사나워진 사울은, 교회를 초토화

했다. 그는 집집마다 들어가서, 남녀 할 것 없이 모조리 끌어다가 감옥에 넣었다. 본거지를 떠날 수밖에 없게 되자, 예수를 따르는 모든 이들은 선교사가 되었다. 어디로 흩어지든지, 그들은 예수에 대한 **메시지**를 전했다. 빌립은 사마리아의 한 성에 내려가, 메시아에 대한 **메시지**를 선포했다. 사람들은 그가 하는 말을 듣고 기적을 보았다. 하나님께서 행하시는 확실한 표적을 보고서, 그들은 그의 말을 한 마디도 놓치지 않았다. 일어서지도 걷지도 못하던 많은 사람들이 그날 고침을 받았다. 악한 귀신들이 쫓겨나면서 큰소리로 대들었다. 그 성에 큰 기쁨이 있었다!

9-11 빌립이 오기 전에, 시몬이라는 사람이 그 성에서 마술을 행했다. 그는 유명한 인물처럼 행세하며 마술로 모든 사마리아 사람들을 현혹했다. 어린아이부터 노인까지, 모두가 그의 말에 복종했다. 모든 사람이 그에게 초능력이 있는 줄 알고, 그를 "위대한 마술사"로 불렀다. 그는 그곳에 있은 지 오래되었고, 누구나 웬만큼은 그를 두려워하고 있었다.

12-13 그러나 빌립이 그 마을에 와서 하나님 나라의 소식을 전하고 예수 그리스도의 이름을 선포하자, 사람들은 시몬을 잊어버리고 곳곳에서 세례를 받고 믿는 사람이 되었다! 시몬도 믿고 세례를 받았다. 그 순간부터 그는 빌립을 그림자처럼 쫓아 다녔다. 하나님의 모든 표적과 기적에 매료되어, 그는 도무지 빌립의 곁을 떠나려 하지 않았다.

14-17 예루살렘에 있는 사도들이 사마리아 사람들이 하나님의 메시지를 받아들였다는 보고를 듣고, 베드로와 요한을 보내 그들이 성령을 받도록 기도하게 했다. 그때까지 그들은 주 예수의 이름으로 세례만 받았을 뿐, 아직 성령께서 그들에게

the church, entering house after house after house, dragging men and women off to jail. Forced to leave home base, the followers of Jesus all became missionaries. Wherever they were scattered, they preached the Message about Jesus. Going down to a Samaritan city, Philip proclaimed the Message of the Messiah. When the people heard what he had to say and saw the miracles, the clear signs of God's action, they hung on his every word. Many who could neither stand nor walk were healed that day. The evil spirits protested loudly as they were sent on their way. And what joy in the city!

9-11 Previous to Philip's arrival, a certain Simon had practiced magic in the city, posing as a famous man and dazzling all the Samaritans with his wizardry. He had them all, from little children to old men, eating out of his hand. They all thought he had supernatural powers, and called him "the Great Wizard." He had been around a long time and everyone was more or less in awe of him.

12-13 But when Philip came to town announcing the news of God's kingdom and proclaiming the name of Jesus Christ, they forgot Simon and were baptized, becoming believers right and left! Even Simon himself believed and was baptized. From that moment he was like Philip's shadow, so fascinated with all the God-signs and miracles that he wouldn't leave Philip's side.

14-17 When the apostles in Jerusalem received the report that Samaria had accepted God's Message, they sent Peter and John down to pray for them to receive the Holy Spirit. Up to this point they had only been baptized in the name of the Master Jesus; the Holy Spirit

오시지 않았다. 그때 사도들이 그들에게
안수하자 그들도 성령을 받았다.

18-19 시몬은 사도들이 안수만으로 성령을
받게 하는 것을 보고는, 흥분하여 돈을 꺼
내며 말했다. "당신들의 비밀을 내게 파
십시오! 어떻게 했는지 알려 주십시오! 얼
마면 되겠습니까? 부르는 대로 드리겠습
니다!"

20-23 베드로가 말했다. "당신은 돈과 함께
망할 것이오! 하나님의 선물을 돈으로 사
려 하다니, 이 무슨 터무니없는 짓이오! 흥
정을 맺고 뇌물을 바쳐서는 하나님이 하시
는 일에 절대로 참여할 수 없소. 지금 당장,
당신의 행실을 고치시오! 하나님을 돈벌이
에 이용하려고 했던 것을 용서해 달라고 주
님께 구하시오. 내가 보니, 이것은 당신의
고질적인 습관이오. 당신한테서 돈을 탐하
는 냄새가 진동하오."

24 시몬이 말했다. "오! 나를 위해 기도해
주십시오! 그런 일이 내게 절대 일어나지
않도록 주님께 기도해 주십시오!"

25 그 말을 끝으로, 두 사도는 길을 떠나 하
나님의 구원 메시지를 계속해서 증거하고
널리 알렸다. 예루살렘으로 돌아가는 길에
도, 지나는 사마리아의 마을마다 메시지를
전했다.

에티오피아 내시

26-28 그 후에 하나님의 천사가 빌립에게 말
했다. "오늘 정오에, 예루살렘에서 가사로
내려가는 광야 길로 걸어가거라." 그는 서
둘러 움직였다. 그는 길을 가던 에티오피아
내시를 만났다. 그 내시는 에티오피아 여왕
간다게의 재무대신으로, 예루살렘으로 순
례를 왔다가 에티오피아로 돌아가는 길이
었다. 그는 마차를 타고 가며 예언자 이사
야의 글을 읽고 있었다.

hadn't yet fallen on them. Then the apostles
laid their hands on them and they did
receive the Holy Spirit.

18-19 When Simon saw that the apostles by
merely laying on hands conferred the Spirit,
he pulled out his money, excited, and said, "Sell
me your secret! Show me how you did that!
How much do you want? Name your price!"

20-23 Peter said, "To hell with your money!
And you along with it. Why, that's unthink-
able—trying to buy God's gift! You'll never
be part of what God is doing by striking
bargains and offering bribes. Change your
ways—and now! Ask the Master to forgive
you for trying to use God to make money.
I can see this is an old habit with you; you
reek with money-lust."

24 "Oh!" said Simon, "pray for me! Pray to
the Master that nothing like that will ever
happen to me!"

25 And with that, the apostles were on their
way, continuing to witness and spread the
Message of God's salvation, preaching in
every Samaritan town they passed through
on their return to Jerusalem.

The Ethiopian Eunuch

26-28 Later God's angel spoke to Philip: "At
noon today I want you to walk over to that
desolate road that goes from Jerusalem
down to Gaza." He got up and went. He
met an Ethiopian eunuch coming down the
road. The eunuch had been on a pilgrimage
to Jerusalem and was returning to Ethiopia,
where he was minister in charge of all the
finances of Candace, queen of the Ethiopi-
ans. He was riding in a chariot and reading
the prophet Isaiah.

29-30 성령께서 빌립에게 말씀하셨다. "마차에 올라타거라." 빌립은 옆으로 달려가, 내시가 이사야서를 읽는 소리를 듣고 이렇게 물었다. "읽는 것이 이해가 됩니까?"

31-33 내시가 대답했다. "도와주는 사람이 없는데 어찌 이해가 되겠습니까?" 그러고는 마차 안으로 빌립을 청했다. 그가 읽고 있던 구절은 다음과 같았다.

도살당하러 끌려가는 양처럼
  털 깎이는 어린양처럼 잠잠히,
그는 아무 말이 없었다.
공정한 재판도 없이 조롱과 멸시를 당했다.
그가 이 땅에서 격리되었으니
  이제 누가 그를 자기 백성으로 여기겠는가?

34-35 내시가 말했다. "말해 주시오. 예언자가 지금 누구 이야기를 하는 것입니까? 그 자신입니까, 아니면 다른 사람입니까?" 빌립은 그 기회를 놓치지 않고, 그 구절을 본문 삼아 내시에게 예수를 전했다.

36-39 계속해서 길을 가다가, 그들은 냇가에 이르렀다. 내시가 말했다. "여기 물이 있습니다. 내가 세례를 받지 못할 까닭이 무엇이겠습니까?" 그는 마차를 멈추게 했다. 두 사람은 물로 내려갔고, 빌립은 그 자리에서 그에게 세례를 주었다. 그들이 물에서 올라올 때, 하나님의 영이 갑자기 빌립을 데려가셨다. 그 후로 내시는 빌립을 보지 못했다. 그러나 그는 개의치 않았다. 그는 애초에 얻으려던 것을 얻었고, 더없이 행복한 마음으로 길을 갈 수 있었다.

40 빌립은 아소도에 나타나 북쪽으로 계속 올라가면서, 그 길을 따라 있는 모든 마을에 **메시지**를 전했다. 그는 마침내 가이사랴에 도착했다.

29-30 The Spirit told Philip, "Climb into the chariot." Running up alongside, Philip heard the eunuch reading Isaiah and asked, "Do you understand what you're reading?"

31-33 He answered, "How can I without some help?" and invited Philip into the chariot with him. The passage he was reading was this:

As a sheep led to slaughter,
  and quiet as a lamb being sheared,
He was silent, saying nothing.
  He was mocked and put down, never got
  a fair trial.
But who now can count his kin
  since he's been taken from the earth?

34-35 The eunuch said, "Tell me, who is the prophet talking about: himself or some other?" Philip grabbed his chance. Using this passage as his text, he preached Jesus to him.

36-39 As they continued down the road, they came to a stream of water. The eunuch said, "Here's water. Why can't I be baptized?" He ordered the chariot to stop. They both went down to the water, and Philip baptized him on the spot. When they came up out of the water, the Spirit of God suddenly took Philip off, and that was the last the eunuch saw of him. But he didn't mind. He had what he'd come for and went on down the road as happy as he could be.

40 Philip showed up in Azotus and continued north, preaching the Message in all the villages along that route until he arrived at Caesarea.

눈먼 사울

9 ¹⁻² 그동안 사울은 주님의 제자들을 죽이려고 바짝 추적하고 있었다. 그는 대제사장에게 가서 다마스쿠스의 여러 회당에 가져갈 체포 영장을 받았다. 거기서 이 도(道)를 따르는 사람들을 찾으면, 남녀를 불문하고 체포해서 예루살렘으로 데려오려는 것이었다.

³⁻⁴ 그는 길을 떠났다. 그가 다마스쿠스 외곽에 이르렀을 때, 갑자기 눈부시게 환한 빛 때문에 앞이 잘 보이지 않았다. 그가 바닥에 쓰러졌는데, 한 음성이 들려왔다. "사울아, 사울아, 왜 나를 해치려고 하느냐?"

⁵⁻⁶ 그가 말했다. "주님, 누구십니까?"

"나는 네가 핍박하는 예수다. 너는 일어나 성 안으로 들어가거라. 네가 무엇을 해야 할지 말해 줄 사람이 거기 있다."

⁷⁻⁹ 그의 일행은 놀라서 말도 못하고 서 있었다. 그들은 소리는 들었으나 아무도 보지 못했다. 바닥에서 몸을 일으킨 사울은, 자신의 눈이 완전히 먼 것을 알았다. 일행이 그의 손을 잡고 다마스쿠스로 데리고 들어갔다. 그는 사흘 동안 눈이 먼 채로 있었다. 그는 아무것도 먹지 못하고, 아무것도 마시지 못했다.

¹⁰ 다마스쿠스에 아나니아라는 제자가 있었다. 주께서 환상 가운데 그에게 말씀하셨다. "아나니아야."

"예, 주님!" 그가 대답했다.

¹¹⁻¹² "일어나서 '곧은 길'로 가거라. 유다의 집에서 다소 출신 사람 사울을 찾아라. 그가 거기서 기도하고 있다. 그가 방금, 아나니아라는 사람이 집에 들어와서 자기에게 안수하여 다시 보게 하는 꿈을 꾸었다."

¹³⁻¹⁴ 아나니아가 항의했다. "주님, 진심이 아니시겠지요. 모두가 이 사람과 이 사람이 여태까지 행한 끔찍한 일들과, 예루살렘에 있는 주님의 백성에게 저지른 만행에 대해

The Blinding of Saul

9 ¹⁻² All this time Saul was breathing down the necks of the Master's disciples, out for the kill. He went to the Chief Priest and got arrest warrants to take to the meeting places in Damascus so that if he found anyone there belonging to the Way, whether men or women, he could arrest them and bring them to Jerusalem.

³⁻⁴ He set off. When he got to the outskirts of Damascus, he was suddenly dazed by a blinding flash of light. As he fell to the ground, he heard a voice: "Saul, Saul, why are you out to get me?"

⁵⁻⁶ He said, "Who are you, Master?"

"I am Jesus, the One you're hunting down. I want you to get up and enter the city. In the city you'll be told what to do next."

⁷⁻⁹ His companions stood there dumbstruck—they could hear the sound, but couldn't see anyone—while Saul, picking himself up off the ground, found himself stone-blind. They had to take him by the hand and lead him into Damascus. He continued blind for three days. He ate nothing, drank nothing.

¹⁰ There was a disciple in Damascus by the name of Ananias. The Master spoke to him in a vision: "Ananias."

"Yes, Master?" he answered.

¹¹⁻¹² "Get up and go over to Straight Avenue. Ask at the house of Judas for a man from Tarsus. His name is Saul. He's there praying. He has just had a dream in which he saw a man named Ananias enter the house and lay hands on him so he could see again."

¹³⁻¹⁴ Ananias protested, "Master, you can't be serious. Everybody's talking about this

말하고 있습니다! 이제 그는, 우리에게 도 똑같이 할 수 있는 권한이 적힌 문서를 대제사장한테서 받아서 여기 나타난 것입니다."

15-16 그러자 주님이 말씀하셨다. "이유를 묻지 말고 가거라! 내가 그를 이방인과 왕과 유대인들 앞에 세울 나의 대리인으로 뽑았다. 이제 나는 장차 그가 당할 일, 곧 이 일에 따르는 혹독한 고난을 그에게 보여줄 것이다."

17-19 아나니아가 그 집을 찾아가서, 눈이 먼 사울에게 안수하고 말했다. "사울 형제여, 당신이 여기 오는 길에 뵈었던 주님이신 예수께서, 당신이 다시 보고 성령으로 충만해지도록 나를 보내셨습니다." 그의 입에서 말이 떨어지자마자, 사울의 눈에서 비늘 같은 것이 떨어졌다. 사울은 다시 보게 되었다! 사울은 일어나 세례를 받고, 그들과 함께 앉아 음식을 먹고 힘을 얻었다.

사울을 죽이려는 음모

19-21 사울은 다마스쿠스에 있는 형제들과 며칠을 보내며 친해졌다. 그 후 사울은 한시도 허비하지 않고, 곧바로 일을 시작했다. 사울은 여러 회당에서 예수가 하나님의 아들이심을 전했다. 사람들은 예기치 못한 그의 말에 놀라서, 그를 믿어야 할지 분간이 서지 않아 이렇게 되뇌었다. "이 사람은 예루살렘에서 믿는 이들을 파멸시키던 자가 아닌가? 그가 여기에 온 것도 똑같은 일을 하려고 온 것이 아닌가? 우리를 체포하고 예루살렘 감옥으로 끌고 가서 대제사장들의 판결을 받게 하려는 것일 텐데?"

22 그러나 그들의 의심에도 불구하고 사울은 한순간도 주춤하지 않았다. 오히려 그는 더욱 힘을 얻어, 반대 세력을 정면

man and the terrible things he's been doing, his reign of terror against your people in Jerusalem! And now he's shown up here with papers from the Chief Priest that give him license to do the same to us."

15-16 But the Master said, "Don't argue. Go! I have picked him as my personal representative to non-Jews and kings and Jews. And now I'm about to show him what he's in for—the hard suffering that goes with this job."

17-19 So Ananias went and found the house, placed his hands on blind Saul, and said, "Brother Saul, the Master sent me, the same Jesus you saw on your way here. He sent me so you could see again and be filled with the Holy Spirit." No sooner were the words out of his mouth than something like scales fell from Saul's eyes—he could see again! He got to his feet, was baptized, and sat down with them to a hearty meal.

Plots Against Saul

19-21 Saul spent a few days getting acquainted with the Damascus disciples, but then went right to work, wasting no time, preaching in the meeting places that this Jesus was the Son of God. They were caught off guard by this and, not at all sure they could trust him, they kept saying, "Isn't this the man who wreaked havoc in Jerusalem among the believers? And didn't he come here to do the same thing—arrest us and drag us off to jail in Jerusalem for sentencing by the high priests?"

22 But their suspicions didn't slow Saul down for even a minute. His momentum was up now and he plowed straight into the opposition, disarming the Damascus Jews and

돌파해 갔다. 그는 다마스쿠스의 유대인들의 의심을 누그러뜨리면서, 예수가 메시아이심을 그들에게 힘써 증명했다.

23-25 긴 시간이 흐른 후에, 몇몇 유대인들이 그를 죽이기로 모의했으나 그 말이 사울의 귀에 들어갔다. 유대인들은 그를 죽이려고 불철주야 성문을 감시하고 있었다. 그러던 어느날 밤에, 제자들이 그를 광주리에 담아 벽으로 달아 내려 탈출시켰다.

26-27 사울은 예루살렘으로 돌아와 제자들의 무리에 들려고 했으나, 모두가 그를 두려워했다. 그들은 사울을 조금도 믿지 않았다. 그때 바나바가 그를 감싸 주었다. 바나바는 사도들에게 사울을 소개하며 그를 옹호했다. 사울이 다마스쿠스 길에서 어떻게 주님을 만나 그분과 대화했는지, 다마스쿠스 현지에서 어떻게 목숨을 걸고 예수의 이름을 담대히 전했는지 사도들에게 말해 주었다.

28-30 그 후로 사울은 그들 가운데 하나로 받아들여져, 아무 의혹도 사지 않고 예루살렘에 드나들며 제약 없이 주님의 이름으로 전했다. 그러나 그는, 그리스 말을 하는 유대인 무리와 부딪치며 그들과 잇단 논쟁을 벌였다. 그들은 사울을 죽이려는 음모를 꾸몄다. 그러나 그의 동료들이 그 음모를 알고 그를 성 밖으로 빼돌려 가이사랴로 데려갔다. 거기서 그를 배에 태워 다소로 보냈다.

31 그 후에 사태가 진정되고, 교회는 한동안 순항했다. 유대와 사마리아와 갈릴리 등 모든 지역에서 교회가 성장했다. 하나님을 깊이 경외하는 마음이 그들 속에 충만했다. 성령께서 그들과 함께 계셔서 그들에게 힘을 주셨다. 그들은 놀랍도록 번성했다.

trying to show them that this Jesus was the Messiah.

23-25 After this had gone on quite a long time, some Jews conspired to kill him, but Saul got wind of it. They were watching the city gates around the clock so they could kill him. Then one night the disciples engineered his escape by lowering him over the wall in a basket.

26-27 Back in Jerusalem he tried to join the disciples, but they were all afraid of him. They didn't trust him one bit. Then Barnabas took him under his wing. He introduced him to the apostles and stood up for him, told them how Saul had seen and spoken to the Master on the Damascus Road and how in Damascus itself he had laid his life on the line with his bold preaching in Jesus' name.

28-30 After that he was accepted as one of them, going in and out of Jerusalem with no questions asked, uninhibited as he preached in the Master's name. But then he ran afoul of a group called Hellenists—he had been engaged in a running argument with them—who plotted his murder. When his friends learned of the plot, they got him out of town, took him to Caesarea, and then shipped him off to Tarsus.

31 Things calmed down after that and the church had smooth sailing for a while. All over the country—Judea, Samaria, Galilee—the church grew. They were permeated with a deep sense of reverence for God. The Holy Spirit was with them, strengthening them. They prospered wonderfully.

다비다

32-35 베드로가 모든 교회를 방문하는 사명을 가지고 길을 떠났다. 여행중에 그는, 룻다에 도착해 그곳에 있는 믿는 사람들을 만났다. 그는 애니아라는 사람과 마주쳤는데, 그 사람은 몸이 마비되어 팔 년째 자리에 누워 있었다. 베드로가 말했다. "애니아야, 예수 그리스도께서 너를 낫게 하신다. 일어나서 자리를 정돈하여라!" 그러자 그가 그대로 했다. 자리에서 벌떡 일어난 것이다. 룻다와 샤론에 사는 모든 사람이 그가 걸어다니는 것을 보고, 하나님께서 자기들 가운데 살아 역사하신다는 사실에 눈을 뜨게 되었다.

36-37 거기서 조금 떨어진 욥바에 다비다라는 제자가 있었는데, 그 이름은 '도르가'(산양)라는 뜻이다. 그녀의 선행과 구제는 잘 알려져 있었다. 베드로가 그 지역에 있는 동안 그녀가 병이 들어 죽었다. 그녀의 친구들이 장례를 치르려고 시신을 수습해 서늘한 방에 두었다.

38-40 마침 베드로가 인근 룻다를 방문중이라는 말을 들은 몇몇 제자들이, 그에게 두 사람을 보내어 그들이 있는 곳으로 와 줄 수 있는지 물었다. 베드로는 즉시 일어나 그들과 함께 갔다. 그들은 다비다의 시신을 안치해 둔 방으로 그를 안내했다. 대부분 과부인 고인의 옛 친구들이 방 안에서 울고 있었다. 그들은 도르가가 살아 있을 때 만들어 둔 옷가지들을 베드로에게 보여주었다. 베드로가 과부들을 방에서 내보내고 무릎을 꿇고 기도했다. 그리고 시신에 대고 직접 말했다. "다비다야, 일어나라."

40-41 다비다가 눈을 떴다. 그리고 베드로를 보더니, 일어나 앉았다. 그는 다비다의 손을 잡아 일으켰다. 그러고는 믿는 사람들과 과부들을 불러들여, 살아난 그녀를 보여주었다.

Tabitha

32-35 Peter went off on a mission to visit all the churches. In the course of his travels he arrived in Lydda and met with the believers there. He came across a man—his name was Aeneas—who had been in bed eight years paralyzed. Peter said, "Aeneas, Jesus Christ heals you. Get up and make your bed!" And he did it—jumped right out of bed. Everybody who lived in Lydda and Sharon saw him walking around and woke up to the fact that God was alive and active among them.

36-37 Down the road a way in Joppa there was a disciple named Tabitha, "Gazelle" in our language. She was well-known for doing good and helping out. During the time Peter was in the area she became sick and died. Her friends prepared her body for burial and put her in a cool room.

38-40 Some of the disciples had heard that Peter was visiting in nearby Lydda and sent two men to ask if he would be so kind as to come over. Peter got right up and went with them. They took him into the room where Tabitha's body was laid out. Her old friends, most of them widows, were in the room mourning. They showed Peter pieces of clothing the Gazelle had made while she was with them. Peter put the widows all out of the room. He knelt and prayed. Then he spoke directly to the body: "Tabitha, get up."

40-41 She opened her eyes. When she saw Peter, she sat up. He took her hand and helped her up. Then he called in the believers and widows, and presented her to them alive.

⁴²⁻⁴³ 이 일이 욥바 전체에 알려지자, 많은 사람들이 주님을 믿었다. 베드로는 가죽가공업을 하는 시몬의 손님으로 욥바에 오랫동안 머물렀다.

베드로의 환상

10 ¹⁻³ 가이사랴에 고넬료라는 사람이 살고 있었다. 그는 그곳에 주둔한 이탈리아 경비대의 지휘관이었는데, 선하기 그지없는 사람이었다. 그는 자기 집안 사람들 모두가 하나님 앞에서 예배하며 살도록 이끌었다. 뿐만 아니라 늘 어려운 사람들을 도와주었고, 기도가 몸에 배어 있었다. 하루는 오후 세 시쯤에 그가 환상을 보았다. 하나님의 천사가 옆집 사람만큼이나 생생한 모습으로 들어와서 말했다. "고넬료야."

⁴⁻⁶ 고넬료는 자기가 허깨비를 보는가 싶어, 유심히 쳐다보았다. 그러고는 말했다. "무슨 일이십니까?"

천사가 말했다. "하나님께서 네 기도와, 이웃을 돌보는 네 행실을 보시고 너를 주목하셨다. 지금부터 이렇게 하여라. 사람들을 욥바로 보내서, 베드로라 하는 시몬을 데려오너라. 그는 바닷가에 있는 가죽가공업자 시몬의 집에 묵고 있다."

⁷⁻⁸ 천사가 떠나자, 고넬료는 하인 둘과 경비대의 경건한 병사 하나를 불렀다. 그는 방금 있었던 일의 자초지종을 자세히 들려주고, 그들을 욥바로 보냈다.

⁹⁻¹³ 이튿날 세 사람이 그 성에 이를 무렵, 베드로가 기도하러 발코니로 나갔다. 때는 정오쯤이었다. 베드로는 배가 고파서 점심 생각이 났다. 점심식사가 준비되는 동안, 그는 비몽사몽간에 하늘이 열리는 것을 보았다. 네 귀퉁이를 줄에 매단 커다란 보자기 같은 것이 땅바닥으로 내려왔다. 온갖 잡다한 짐승이며 파충류며

Peter's Vision

stayed on a long time in Joppa as a guest of Simon the Tanner.

⁴²⁻⁴³ When this became known all over Joppa, many put their trust in the Master. Peter

10 ¹⁻³ There was a man named Cornelius who lived in Caesarea, captain of the Italian Guard stationed there. He was a thoroughly good man. He had led everyone in his house to live worshipfully before God, was always helping people in need, and had the habit of prayer. One day about three o'clock in the afternoon he had a vision. An angel of God, as real as his next-door neighbor, came in and said, "Cornelius."

⁴⁻⁶ Cornelius stared hard, wondering if he was seeing things. Then he said, "What do you want, sir?"

The angel said, "Your prayers and neighborly acts have brought you to God's attention. Here's what you are to do. Send men to Joppa to get Simon, the one everyone calls Peter. He is staying with Simon the Tanner, whose house is down by the sea."

⁷⁻⁸ As soon as the angel was gone, Cornelius called two servants and one particularly devout soldier from the guard. He went over with them in great detail everything that had just happened, and then sent them off to Joppa.

⁹⁻¹³ The next day as the three travelers were approaching the town, Peter went out on the balcony to pray. It was about noon. Peter got hungry and started thinking about lunch. While lunch was being prepared, he fell into a trance. He saw the skies open up. Something that looked like a huge blanket lowered by

새들이 그 안에 있었다. 그러더니 한 음성이 들려왔다. "베드로야, 어서 잡아먹어라."

¹⁴ 베드로가 말했다. "안됩니다, 주님. 지금까지 저는 부정한 음식은 입에 대 본 적이 없습니다."

¹⁵ 두 번째로 음성이 들려왔다. "하나님께서 괜찮다고 하시면 괜찮은 것이다."

¹⁶ 그런 일이 세 번 있고 나서, 보자기가 다시 하늘로 들려 올라갔다.

¹⁷⁻²⁰ 베드로가 어리둥절하여 그 모든 것이 무슨 뜻인지 생각하며 앉아 있는데, 고넬료가 보낸 사람들이 시몬의 집 현관에 나타났다. 그들은 베드로라 하는 시몬이 그 집에 묵고 있는지 안에 대고 물었다. 베드로는 생각에 잠겨 있느라 그 말을 듣지 못했다. 성령께서 그에게 속삭이셨다. "세 사람이 문을 두드리며 너를 찾고 있다. 내려가서 그들과 함께 가거라. 아무것도 묻지 마라. 내가 보낸 사람들이다."

²¹ 베드로가 내려가서 그 사람들에게 말했다. "여러분이 찾고 있는 사람이 나인 것 같습니다. 무슨 일입니까?"

²²⁻²³ 그들이 말했다. "고넬료 지휘관님은 의롭게 행하며 하나님을 경외하는 분으로 널리 알려져 있습니다. 이 부근에 사는 유대인들 아무한테나 물어보시면 압니다. 그런데 거룩한 천사가 그분께 명하기를, 당신을 찾아서 집으로 모셔다가 당신의 말을 들으라고 했습니다." 베드로는 그들을 집 안으로 들여 편히 쉬게 했다.

하나님은 차별하지 않으신다

²³⁻²⁶ 이튿날 아침에, 베드로가 일어나 그들과 함께 갔다. 욥바에 있던 그의 동료 몇 사람도 함께 갔다. 그 다음날 그들은 가이사랴로 들어갔다. 고넬료는 그들이 올 것을 기대하며 친척과 가까운 친구들을 불러서 함께 기다리고 있었다. 베드로가 문에 들어서

ropes at its four corners settled on the ground. Every kind of animal and reptile and bird you could think of was on it. Then a voice came: "Go to it, Peter—kill and eat."

¹⁴ Peter said, "Oh, no, Lord. I've never so much as tasted food that was not kosher."

¹⁵ The voice came a second time: "If God says it's okay, it's okay."

¹⁶ This happened three times, and then the blanket was pulled back up into the skies.

¹⁷⁻²⁰ As Peter, puzzled, sat there trying to figure out what it all meant, the men sent by Cornelius showed up at Simon's front door. They called in, asking if there was a Simon, also called Peter, staying there. Peter, lost in thought, didn't hear them, so the Spirit whispered to him, "Three men are knocking at the door looking for you. Get down there and go with them. Don't ask any questions. I sent them to get you."

²¹ Peter went down and said to the men, "I think I'm the man you're looking for. What's up?"

²²⁻²³ They said, "Captain Cornelius, a God-fearing man well-known for his fair play—ask any Jew in this part of the country—was commanded by a holy angel to get you and bring you to his house so he could hear what you had to say." Peter invited them in and made them feel at home.

God Plays No Favorites

²³⁻²⁶ The next morning he got up and went with them. Some of his friends from Joppa went along. A day later they entered Caesarea. Cornelius was expecting them and had his relatives and close friends waiting with him. The minute Peter came

자, 고넬료가 일어나 그를 맞았다. 그러고는 엎드려 그에게 경배했다! 베드로가 고넬료를 잡아 일으키며 말했다. "안될 일입니다! 나도 한낱 사람에 불과합니다. 당신과 다를 바 없는 사람일 뿐입니다."

27-29 그들은 말을 주고받으며 집 안으로 들어갔다. 고넬료는 모여 있는 모든 사람에게 베드로를 소개했다. 베드로가 그들에게 말했다. "여러분도 알다시피, 이것은 아주 이례적인 일입니다. 유대인들은 절대로 다른 민족 사람들을 찾아가서 편하게 어울리지 않습니다. 그러나 어느 민족도 다른 민족보다 나을 게 없다는 것을 하나님이 내게 보여주셨습니다. 그래서 여러분이 나를 부르러 왔을 때에, 내가 아무것도 묻지 않고 따라온 것입니다. 이제 여러분이 왜 나를 불렀는지 들어 보고 싶습니다."

30-32 고넬료가 말했다. "나흘 전 이맘때인 오후 세 시쯤에, 내가 집에서 기도하고 있는데, 갑자기 내 앞에 어떤 사람이 나타나면서 방 안에 빛이 가득했습니다. 그 사람이 말하기를, '고넬료야, 하나님께서 네가 드리는 매일의 기도와, 이웃을 돌보는 네 행실을 보시고 너를 주목하셨다. 이제 너는 욥바에 사람을 보내, 베드로라 하는 시몬을 데려오너라. 그는 바닷가에 있는 가죽가공업자 시몬의 집에 묵고 있다'고 했습니다.

33 나는 그 말대로, 당신을 부르러 사람들을 보냈습니다. 고맙게도 당신은 이렇게 와 주셨습니다. 이제 우리 모두가 하나님 앞에 모여 있습니다. 주님께서 우리에게 말하라고 당신 마음에 두신 것이면, 무엇이든 들을 준비가 되어 있습니다."

34-36 그분의 복된 소식을 전하는 베드로의 가슴은 터질 듯했다. "이보다 더 확실한 하나님의 진리는 없습니다. 하나님은 차별하지 않으십니다! 여러분이 누구이며 어디 출신인지는 하나도 중요하지 않습니다. 여러분이

through the door, Cornelius was up on his feet greeting him—and then down on his face worshiping him! Peter pulled him up and said, "None of that—I'm a man and only a man, no different from you."

27-29 Talking things over, they went on into the house, where Cornelius introduced Peter to everyone who had come. Peter addressed them, "You know, I'm sure that this is highly irregular. Jews just don't do this—visit and relax with people of another race. But God has just shown me that no race is better than any other. So the minute I was sent for, I came, no questions asked. But now I'd like to know why you sent for me."

30-32 Cornelius said, "Four days ago at about this time, midafternoon, I was home praying. Suddenly there was a man right in front of me, flooding the room with light. He said, 'Cornelius, your daily prayers and neighborly acts have brought you to God's attention. I want you to send to Joppa to get Simon, the one they call Peter. He's staying with Simon the Tanner down by the sea.'

33 "So I did it—I sent for you. And you've been good enough to come. And now we're all here in God's presence, ready to listen to whatever the Master put in your heart to tell us."

34-36 Peter fairly exploded with his good news: "It's God's own truth, nothing could be plainer: God plays no favorites! It makes no difference who you are or where you're from—if you want God and are ready to do as he says, the door

하나님을 원하고 그분의 말씀대로 행할 각오가 되어 있다면, 문은 열려 있습니다. 그분은, 예수 그리스도로 말미암아 모든 것이 다시 회복되고 있다는 **메시지**를 이스라엘 자손에게 보내셨습니다. 이제 그분은, 어느 곳에서든 누구에게나 그 일을 행하고 계십니다.

37-38 유대에서 있었던 일은 여러분도 이미 알고 있습니다. 그 일은 세례자 요한이 전적인 삶의 변화를 전한 뒤에 갈릴리에서 시작되었습니다. 그때 예수께서 나사렛에서 오셔서, 하나님께 성령으로 기름부음을 받으셨습니다. 이로써 활동하실 준비가 되신 것입니다. 그분은 온 나라를 다니시며 사람들을 도우시고, 마귀에게 짓눌린 모든 사람을 고쳐 주셨습니다. 예수께서 이 모든 일을 하실 수 있었던 것은, 하나님께서 함께하셨기 때문입니다.

39-43 우리는 그 일을 보았습니다. 유대인의 땅과 예루살렘에서 그분이 행하신 모든 일을 보았습니다. 예루살렘에서 사람들이 그분을 십자가에 매달아 죽였습니다. 그러나 하나님께서 사흘째 되는 날에 그분을 일으켜 다시 살리시고, 나타내 보이셨습니다. 모든 사람이 그분을 본 것은 아닙니다. 그분이 공개적으로, 누구에게나 드러나신 것은 아닙니다. 하나님께서 미리 신중하게 증인들을 택하셨습니다. 우리가 바로 그 증인들입니다! 그분이 죽은 자들 가운데서 살아나신 뒤에, 그분과 함께 먹고 마신 사람들이 바로 우리입니다. 그분은 이 일을 공개적으로 알리는 일을 우리에게 맡기셨습니다. 하나님께서 산 자와 죽은 자의 심판자로 정하신 이가 바로 예수이심을 엄숙히 증거하는 일을 우리에게 맡기신 것입니다. 그러나 이 일에 우리만 참여한 것은 아닙니다. 그분을 통해 죄를 용서받는다는 우리의 증언은, 모든 예언자의 증언이 뒷받침합니다."

44-46 베드로의 입에서 이 말이 떨어지자마자, 듣고 있던 사람들에게 성령이 임하셨다. 베드로와 함께 온 믿는 유대인들은 믿기지 않았

is open. The Message he sent to the children of Israel—that through Jesus Christ everything is being put together again—well, he's doing it everywhere, among everyone.

37-38 "You know the story of what happened in Judea. It began in Galilee after John preached a total life-change. Then Jesus arrived from Nazareth, anointed by God with the Holy Spirit, ready for action. He went through the country helping people and healing everyone who was beaten down by the Devil. He was able to do all this because God was with him.

39-43 "And we saw it, saw it all, everything he did in the land of the Jews and in Jerusalem where they killed him, hung him from a cross. But in three days God had him up, alive, and out where he could be seen. Not everyone saw him—he wasn't put on public display. Witnesses had been carefully handpicked by God beforehand—us! We were the ones, there to eat and drink with him after he came back from the dead. He commissioned us to announce this in public, to bear solemn witness that he is in fact the One whom God destined as Judge of the living and dead. But we're not alone in this. Our witness that he is the means to forgiveness of sins is backed up by the witness of all the prophets."

44-46 No sooner were these words out of Peter's mouth than the Holy Spirit came on the listeners. The believing Jews who had come with Peter couldn't believe it, couldn't believe that the gift of the

다. 유대인이 아닌 이방인들에게 성령의 선물이 부어지는 것이 도무지 믿기지 않았던 것이다. 그러나 분명한 사실이었다. 그들은 이방인들이 방언으로 말하고, 하나님을 찬양하는 소리를 들었다.

46-48 그러자 베드로가 말했다. "이 벗들에게 물로 세례를 주는 데 이의가 있습니까? 이들도 우리와 똑같은 성령을 받았습니다." 아무런 이의가 없자, 그는 그들에게 명하여 예수 그리스도의 이름으로 세례를 받게 했다.

그들은 베드로에게 며칠 더 묵어 가기를 청했다.

돌파해 들어가시는 하나님

11 1-3 소식이 빠르게 퍼져서, 예루살렘에 있는 지도자와 동료들도 곧 그 이야기를 들었다. 유대인이 아닌 이방인들도 이제 하나님의 메시지를 받아들였다는 소식을 들은 것이다. 베드로가 예루살렘에 돌아오자, 그의 옛 동료 가운데 할례를 중시하는 몇몇 사람들이 그를 나무랐다. "당신이 그 무리와 어깨를 맞대고 금지된 음식을 먹으며 우리 이름에 먹칠을 하다니, 도대체 어찌 된 일입니까?"

4-6 그러자 베드로가 그들에게 처음부터 차근차근 설명했다. "최근에 내가 욥바 성에서 기도하고 있었는데, 비몽사몽간에 환상을 보았습니다. 네 귀퉁이를 줄에 매단 커다란 보자기 같은 것이 하늘에서 내 앞 땅바닥으로 내려왔습니다. 보자기 안에는 가축이며 들짐승이며 파충류며 새들이 가득했습니다. 그야말로 없는 게 없었습니다. 나는 넋을 잃고서, 유심히 보았습니다.

7-10 그때 한 음성이 들려왔습니다. '베드로야, 어서 잡아먹어라.' 나는 말했습니다. '안됩니다, 주님. 지금까지 저는 부정한 음식은 입에 대 본 적이 없습니다.' 그 음성이 다시 들려왔습니다. '하나님께서 괜찮다고 하

Holy Spirit was poured out on "outsider" non-Jews, but there it was—they heard them speaking in tongues, heard them praising God.

46-48 Then Peter said, "Do I hear any objections to baptizing these friends with water? They've received the Holy Spirit exactly as we did." Hearing no objections, he ordered that they be baptized in the name of Jesus Christ.

Then they asked Peter to stay on for a few days.

God Has Broken Through

11 1-3 The news traveled fast and in no time the leaders and friends back in Jerusalem heard about it—heard that the non-Jewish "outsiders" were now "in." When Peter got back to Jerusalem, some of his old associates, concerned about circumcision, called him on the carpet: "What do you think you're doing rubbing shoulders with that crowd, eating what is prohibited and ruining our good name?"

4-6 So Peter, starting from the beginning, laid it out for them step-by-step: "Recently I was in the town of Joppa praying. I fell into a trance and saw a vision: Something like a huge blanket, lowered by ropes at its four corners, came down out of heaven and settled on the ground in front of me. Milling around on the blanket were farm animals, wild animals, reptiles, birds—you name it, it was there. Fascinated, I took it all in.

7-10 "Then I heard a voice: 'Go to it, Peter—kill and eat.' I said, 'Oh, no, Master. I've never so much as tasted food that wasn't

시면 괜찮은 것이다.' 그런 일이 세 번 있고
나서, 보자기가 다시 하늘로 들려 올라갔습
니다.

11-14 바로 그때, 내가 묵고 있던 집에 세 사
람이 나타났습니다. 가이사랴에서 나를 데
리러 온 사람들이었습니다. 성령께서 내게
아무것도 묻지 말고 그들과 함께 가라고 하
셨습니다. 그래서 나와 여섯 동료는, 나를
부른 사람에게 갔습니다. 그 사람은, 천사
가 옆집 사람만큼이나 생생한 모습으로 자
기 집에 와서는 '욥바로 사람을 보내서, 베
드로라 하는 시몬을 데려오너라. 그가 너에
게 네 생명뿐 아니라 네가 아끼는 모든 사
람의 생명까지도 구원할 말을 해줄 것이다'
하고 말했다고 했습니다.

15-17 그래서 나는 말을 시작했습니다. 그
런데 대여섯 문장도 채 말하기 전에 성령
이 그들에게 임하셨는데, 처음 우리에게 임
하실 때와 같았습니다. '요한은 물로 세례
를 주었지만, 너희는 성령으로 세례를 받을
것이다' 하신 예수의 말씀이 떠올랐습니다.
그러니 내가 묻겠습니다. 하나님께서 우리
가 주 예수 그리스도를 믿을 때 우리에게
주신 것과 동일한 선물을 그들에게도 주신
다면, 내가 어떻게 하나님을 막을 수 있겠
습니까?"

18 그들은 베드로가 전한 말을 다 듣더니,
잠잠해졌다. 그 의미가 마음 깊이 스며들
자, 하나님을 찬양하기 시작했다. "이 일이
정말 일어났다! 하나님께서 다른 나라들로
돌파해 들어가셔서, 그들의 마음을 열어 생
명을 주셨다!"

19-21 스데반의 죽음으로 촉발된 박해 때문
에 사람들이 멀리 페니키아와 키프로스와
안디옥까지 갔으나, 그들은 여전히 유대인
들과만 말하며 교제하고 있었다. 그때 키프
로스와 구레네 출신으로 안디옥에 와 있던
몇몇 사람들이 그리스 사람들과 말하기 시

kosher.' The voice spoke again: 'If God says
it's okay, it's okay.' This happened three
times, and then the blanket was pulled back
up into the sky.

11-14 "Just then three men showed up at
the house where I was staying, sent from
Caesarea to get me. The Spirit told me to go
with them, no questions asked. So I went
with them, I and six friends, to the man who
had sent for me. He told us how he had seen
an angel right in his own house, real as his
next-door neighbor, saying, 'Send to Joppa
and get Simon, the one they call Peter. He'll
tell you something that will save your life—
in fact, you and everyone you care for.'

15-17 "So I started in, talking. Before I'd
spoken half a dozen sentences, the Holy
Spirit fell on them just as he did on us the
first time. I remembered Jesus' words:
'John baptized with water; you will be
baptized with the Holy Spirit.' So I ask you:
If God gave the same exact gift to them as
to us when we believed in the Master Jesus
Christ, how could I object to God?"

18 Hearing it all laid out like that, they
quieted down. And then, as it sank in, they
started praising God. "It's really happened!
God has broken through to the other
nations, opened them up to Life!"

19-21 Those who had been scattered by the
persecution triggered by Stephen's death
traveled as far as Phoenicia, Cyprus, and
Antioch, but they were still only speaking
and dealing with their fellow Jews. Then
some of the men from Cyprus and Cyrene
who had come to Antioch started talking
to Greeks, giving them the Message of
the Master Jesus. God was pleased with

작하며, 그들에게 주 예수의 **메시지**를 전했다. 하나님께서 그들이 하는 일을 기뻐하시며, 그들의 일을 인정해 주셨다. 아주 많은 그리스 사람들이 믿고 주님께 돌아왔다.

22-24 예루살렘 교회가 이 소식을 듣고, 바나바를 안디옥에 보내 상황을 알아보게 했다. 바나바는 도착하자마자, 그 모든 일의 배후와 중심에 하나님이 계심을 보았다. 그는 적극적으로 그들과 함께하면서 그들을 지원했고, 남은 평생을 지금과 같이 살도록 그들을 권면했다. 바나바는 선한 사람이었으며, 뜨겁고 담대하게 성령의 길로 행하는 사람이었다. 그 공동체는 주님 안에서 크고 강하게 성장했다.

25-26 그 후에 바나바는 사울을 찾으러 다소로 갔다. 거기서 사울을 만나, 안디옥으로 돌아왔다. 그들은 꼬박 일 년 동안 그곳 교회에 머물면서, 많은 사람들을 가르쳤다. 제자들이 처음으로 "그리스도인"이라고 불린 것도 안디옥에서였다.

27-30 거의 같은 시기에, 몇몇 예언자들이 예루살렘에서 안디옥으로 왔다. 그 가운데 아가보라는 사람이 있었다. 하루는 그가 성령에 이끌려 일어서더니, 조만간 극심한 기근으로 나라가 황폐해질 것이라고 경고했다. (기근은 결국 글라우디오 황제 재임중에 닥쳤다.) 제자들은 각자 힘닿는 대로, 유대에 있는 동료 그리스도인들에게 도움이 되는 것은 무엇이든 보내기로 했다. 그들은 그 모은 것을 바나바와 사울 편에 보내 예루살렘의 지도자들에게 전달하도록 했다.

투옥된 베드로가 풀려나다

12 1-4 바로 그 무렵, 헤롯 왕의 머릿속에 교회 구성원 몇몇을 처단할 생각이 들었다. 그는 요한의 형제 야고보를 죽였다. 그 일로 인해 유대인들한

what they were doing and put his stamp of approval on it—quite a number of the Greeks believed and turned to the Master.

22-24 When the church in Jerusalem got wind of this, they sent Barnabas to Antioch to check on things. As soon as he arrived, he saw that God was behind and in it all. He threw himself in with them, got behind them, urging them to stay with it the rest of their lives. He was a good man that way, enthusiastic and confident in the Holy Spirit's ways. The community grew large and strong in the Master.

25-26 Then Barnabas went on to Tarsus to look for Saul. He found him and brought him back to Antioch. They were there a whole year, meeting with the church and teaching a lot of people. It was in Antioch that the disciples were for the first time called Christians.

27-30 It was about this same time that some prophets came to Antioch from Jerusalem. One of them named Agabus stood up one day and, prompted by the Spirit, warned that a severe famine was about to devastate the country. (The famine eventually came during the rule of Claudius.) So the disciples decided that each of them would send whatever they could to their fellow Christians in Judea to help out. They sent Barnabas and Saul to deliver the collection to the leaders in Jerusalem.

Peter Under Heavy Guard

12 1-4 That's when King Herod got it into his head to go after some of the church members. He murdered James, John's brother. When he saw how much it

테 자신의 인기가 부쩍 높아진 것을 알게 된 헤롯은, 이번에는 베드로를 잡아들여 감옥에 가두고, 사인조 병사 네 개 조로 그를 감시하게 했다. 이 모든 일이 유월절 주간에 일어났다. 헤롯은 유월절이 지난 후에 베드로를 공개 처형할 작정이었다.

5 베드로가 감옥에서 삼엄한 경비를 받고 있는 동안에, 교회는 그를 위해 더욱 맹렬히 기도했다.

6 드디어 헤롯이 그를 끌어내어 처형할 때가 다가왔다. 그날 밤, 베드로는 양쪽에 한 명씩 두 병사 틈에 쇠사슬로 묶여 있으면서도, 아기처럼 잘 잤다. 문에는 경비병들이 감시하고 있었다. 헤롯은 빈틈을 보이지 않았다!

7-9 갑자기 한 천사가 베드로 곁에 나타나고, 감옥에 빛이 가득했다. 천사가 베드로를 흔들어 깨웠다. "서둘러라!" 그의 팔목에서 쇠사슬이 벗겨졌다. 천사가 말했다. "옷을 입고 신발을 신어라." 베드로는 시키는 대로 했다. 그러자 천사가 말했다. "네 겉옷을 들고 여기서 나가자." 베드로는 따라가면서도, 그가 정말 천사라고는 믿지 않았다. 그는 자기가 꿈을 꾸고 있다고 생각했다.

10-11 그들은 첫째 경비병을 지나고 둘째 경비병을 지나, 시내로 통하는 철문에 이르렀다. 그들 앞에서 문이 저절로 활짝 열렸다. 어느새 그들은 바람처럼 자유롭게 거리에 나와 있었다. 첫 교차로에서 천사는 베드로를 두고 자기 길로 갔다. 그제야 베드로는 그것이 꿈이 아닌 것을 알았다. "이런 일이 정말로 벌어지다니 믿기지 않는다! 주님이 천사를 보내셔서, 헤롯의 악하고 옹졸한 수작과, 구경거리를 기대하는 유대인 폭도에게서 나를 구해 주셨구나."

12-14 놀라움에 고개를 저으며, 그는 요한 마가의 어머니 마리아의 집으로 갔다. 그

raised his popularity ratings with the Jews, he arrested Peter—all this during Passover Week, mind you—and had him thrown in jail, putting four squads of four soldiers each to guard him. He was planning a public lynching after Passover.

5 All the time that Peter was under heavy guard in the jailhouse, the church prayed for him most strenuously.

6 Then the time came for Herod to bring him out for the kill. That night, even though shackled to two soldiers, one on either side, Peter slept like a baby. And there were guards at the door keeping their eyes on the place. Herod was taking no chances!

7-9 Suddenly there was an angel at his side and light flooding the room. The angel shook Peter and got him up: "Hurry!" The handcuffs fell off his wrists. The angel said, "Get dressed. Put on your shoes." Peter did it. Then, "Grab your coat and let's get out of here." Peter followed him, but didn't believe it was really an angel—he thought he was dreaming.

10-11 Past the first guard and then the second, they came to the iron gate that led into the city. It swung open before them on its own, and they were out on the street, free as the breeze. At the first intersection the angel left him, going his own way. That's when Peter realized it was no dream. "I can't believe it—this really happened! The Master sent his angel and rescued me from Herod's vicious little production and the spectacle the Jewish mob was looking forward to."

12-14 Still shaking his head, amazed, he went to Mary's house, the Mary who was

집은 기도하는 동료들로 가득 차 있었다. 그가 마당으로 난 문을 두드리자, 로데라는 젊은 여자가 누구인지 보러 나왔다. 로데는 목소리를 듣고 그가 누구인지 알았다. 베드로였다! 그녀는 너무 흥분한 나머지 베드로를 길에 세워 두고 문을 열어 주는 것도 잊은 채, 그가 왔다는 사실을 모두에게 알렸다.

15-16 그러나 사람들은 로데의 말을 믿으려 하지 않았다. 그녀와, 그녀의 말을 모두 무시해 버렸다. 그들은 "네가 미쳤다"고 말했다. 로데는 뜻을 굽히지 않았다. 그래도 그들은 그녀의 말을 믿으려 하지 않았고, "베드로의 천사가 틀림없다"고 말했다. 그동안에 베드로는 계속 바깥에 서서 문을 두드리고 있었다.

16-17 마침내 그들이 문을 열어 베드로를 보았다. 그들은 몹시 흥분했다! 베드로가 손을 들어 그들을 진정시켰다. 그는 주님께서 어떻게 자기를 감옥에서 빼내 주셨는지 설명한 뒤에, "야고보와 형제들에게 이 일을 알리십시오" 하고 말했다. 그러고는 그들을 떠나 다른 곳으로 갔다.

18-19 동이 트자, 감옥에서는 난리가 났다. "베드로는 어디 있지? 베드로가 어떻게 된 거지?" 헤롯이 그를 데려오라고 사람을 보냈다. 그러나 간수들이 그를 데려오지도 않고 이유도 대지 못하자, 헤롯은 그들을 사형에 처하라고 명령했다. "저들의 머리를 쳐라!" 유대와 유대인들이 지긋지긋해진 헤롯은, 가이사랴로 휴식을 취하러 갔다.

헤롯의 죽음

20-22 그러나 헤롯의 상황은 악화일로로 치달았다. 두로와 시돈 사람들은 헤롯의 분노를 사고 있었다. 그들은 왕의 오른팔인 블라스도에게 자기들을 옹호해 달라고 청원하는 한편, 사태를 원만하게 해결하기 위

John Mark's mother. The house was packed with praying friends. When he knocked on the door to the courtyard, a young woman named Rhoda came to see who it was. But when she recognized his voice—Peter's voice!—she was so excited and eager to tell everyone Peter was there that she forgot to open the door and left him standing in the street.

15-16 But they wouldn't believe her, dismissing her, dismissing her report. "You're crazy," they said. She stuck by her story, insisting. They still wouldn't believe her and said, "It must be his angel." All this time poor Peter was standing out in the street, knocking away.

16-17 Finally they opened up and saw him—and went wild! Peter put his hands up and calmed them down. He described how the Master had gotten him out of jail, then said, "Tell James and the brothers what's happened." He left them and went off to another place.

18-19 At daybreak the jail was in an uproar. "Where is Peter? What's happened to Peter?" When Herod sent for him and they could neither produce him nor explain why not, he ordered their execution: "Off with their heads!" Fed up with Judea and Jews, he went for a vacation to Caesarea.

The Death of Herod

20-22 But things went from bad to worse for Herod. Now people from Tyre and Sidon put him on the warpath. But they got Blastus, King Herod's right-hand man, to put in a good word for them and got a delegation together to iron things out.

해 대표단을 소집했다. 그들은 유대로부터 식량을 공급받고 있었으므로, 마냥 버틸 처지가 못 되었다. 대표단을 만나기로 한 날이 되자, 헤롯은 화려하게 차려입고 보좌에 앉아 잔뜩 허세를 부렸다. 백성은 백성대로 자기 역할을 충실히 했다. "이것은 신의 목소리다! 신의 목소리다!" 하고 소리 높여 그에게 아첨했다.

23 그것이 불행의 시작이었다. 헤롯의 교만을 더는 볼 수 없었던 하나님께서 천사를 보내 그를 치셨다. 헤롯은 어떤 일에도 하나님께 영광을 돌린 적이 없었다. 뼛속까지 부패하고 비루한 헤롯은, 그렇게 쓰러져 죽었다.

24 한편, 하나님의 말씀 사역은 하루가 다르게 크게 성장했다.

25 바나바와 사울은 예루살렘 교회에 구제 헌금을 전달하고 나서, 안디옥으로 돌아왔다. 이번에는 마가라 하는 요한도 데리고 왔다.

바나바와 사울 그리고 만물박사

13 1-2 복되게도 안디옥의 회중에게는 예언자-설교자와 교사들이 많았다.

바나바
니게르라고 하는 시므온
구레네 사람 루기오
통치자 헤롯의 조언자, 마나엔
사울.

하루는 그들이 인도하심을 바라며 금식하고 하나님을 예배하는데, 성령께서 말씀하셨다. "바나바와 사울을 따로 세워 내가 그들에게 명하는 일을 맡겨라."

Because they were dependent on Judea for food supplies, they couldn't afford to let this go on too long. On the day set for their meeting, Herod, robed in pomposity, took his place on the throne and regaled them with a lot of hot air. The people played their part to the hilt and shouted flatteries: "The voice of God! The voice of God!"

23 That was the last straw. God had had enough of Herod's arrogance and sent an angel to strike him down. Herod had given God no credit for anything. Down he went. Rotten to the core, a maggoty old man if there ever was one, he died.

24 Meanwhile, the ministry of God's Word grew by leaps and bounds.

25 Barnabas and Saul, once they had delivered the relief offering to the church in Jerusalem, went back to Antioch. This time they took John with them, the one they called Mark.

Barnabas, Saul, and Doctor Know-It-All

13 1-2 The congregation in Antioch was blessed with a number of prophet-preachers and teachers:

Barnabas,
Simon, nicknamed Niger,
Lucius the Cyrenian,
Manaen, an advisor to the ruler Herod,
Saul.

One day as they were worshiping God—they were also fasting as they waited for guidance—the Holy Spirit spoke: "Take Barnabas and Saul and commission them for the work I have called them to do."

3 그들은 그 두 사람을 세웠다. 그리고 간절함과 순종하는 마음으로, 금식과 기도 가운데 안수하여 두 사람을 떠나보냈다.

4-5 성령께 새로운 사명을 받아 길을 떠난 바나바와 사울은, 실루기아로 내려가 키프로스로 가는 배에 올랐다. 살라미에 닿자마자, 그들은 가장 먼저, 유대인의 여러 회당에서 하나님의 말씀을 전했다. 그들은 자신들을 도와줄 동료로 요한을 데리고 갔다.

6-7 그들은 섬 전역을 다니다가, 바보에서 유대인 마술사와 마주쳤다. 그는 애를 써서 총독 서기오 바울의 신임을 얻어 낸 사람이었다. 총독은 웬만해서는 협잡꾼에게 넘어가지 않는 똑똑한 사람이었다. 바예수라 하는 그 마술사는, 비뚤어질 대로 비뚤어진 인간이었다.

7-11 바나바와 사울에게서 하나님의 말씀을 직접 듣고 싶었던 총독은, 그들을 불러들였다. 그러나 '만물박사(그 마술사의 이름을 우리 식으로 풀면 이런 뜻이다)는, 총독의 주의를 흩뜨려서 믿지 못하게 하려고 애를 썼다. 그러나 성령이 충만한 사울—곧 바울—이 그의 눈을 똑바로 쳐다보며 말했다. "마귀의 흉내나 내는 허풍선이야, 너는 사람들을 속여 하나님을 믿지 못하게 하려고 잠도 안 자고 계략을 꾸미는구나. 그러나 이제 네가 하나님과 직접 부딪쳤으니, 네 장난질은 끝났다. 너는 눈이 멀어서 오랫동안 햇빛을 보지 못할 것이다." 그는 곧 어두운 안개 속에 빠져들어 주변을 더듬거렸다. 사람들에게 자기 손을 잡고 길을 알려 달라고 간청했다.

12 총독은 그 일어난 일을 보고, 주님을 믿었다. 그는 그들이 주님에 대해 하는 말을 듣고 대단한 열의를 보였다.

3 So they commissioned them. In that circle of intensity and obedience, of fasting and praying, they laid hands on their heads and sent them off.

4-5 Sent off on their new assignment by the Holy Spirit, Barnabas and Saul went down to Seleucia and caught a ship for Cyprus. The first thing they did when they put in at Salamis was preach God's Word in the Jewish meeting places. They had John along to help out as needed.

6-7 They traveled the length of the island, and at Paphos came upon a Jewish wizard who had worked himself into the confidence of the governor, Sergius Paulus, an intelligent man not easily taken in by charlatans. The wizard's name was Bar-Jesus. He was as crooked as a corkscrew.

7-11 The governor invited Barnabas and Saul in, wanting to hear God's Word firsthand from them. But Dr. Know-It-All (that's the wizard's name in plain English) stirred up a ruckus, trying to divert the governor from becoming a believer. But Saul (or Paul), full of the Holy Spirit and looking him straight in the eye, said, "You bag of wind, you parody of a devil—why, you stay up nights inventing schemes to cheat people out of God. But now you've come up against God himself, and your game is up. You're about to go blind—no sunlight for you for a good long stretch." He was plunged immediately into a shadowy mist and stumbled around, begging people to take his hand and show him the way.

12 When the governor saw what happened, he became a believer, full of enthusiasm over what they were saying about the Master.

모든 이방인에게 문이 열리다

13-14 바울 일행은, 바보에서 출항해 밤빌리아의 버가로 항해했다. 거기서 요한이 중도에 포기하고 예루살렘으로 돌아갔다. 나머지 일행은 버가에서 비시디아의 안디옥으로 이동했다.

14-15 안식일에 그들은 회당에 가서 자리에 앉았다. 성경, 곧 하나님의 율법과 예언서를 읽은 뒤에 회당장이 그들에게 물었다. "형제 여러분, 혹시 격려의 말이나 전하고 싶은 말이 있습니까?"

16-20 바울이 일어나 잠시 숨을 고르고 나서 말했다. "이스라엘 동포 여러분, 하나님과 벗이 되신 여러분, 들어 보십시오. 하나님께서는 우리 조상에게 특별한 관심을 두셔서, 이집트에서 짓밟히던 나그네 된 우리 민족을 일으켜 세우시고, 거기서 장엄하게 이끌어 내셨습니다. 그분은 황량한 광야에서 사십 년 가까이 그들을 돌보아 주셨습니다. 그 후에, 앞길을 가로막는 일곱 적국을 쓸어버리시고, 가나안 땅을 그들의 소유로 주셨습니다. 그 기간이 사백오십 년에 달합니다.

20-22 예언자 사무엘 때까지, 하나님은 사사들을 보내셔서 그들을 이끌게 하셨습니다. 그러나 그들은 왕을 요구했고, 결국 하나님은 베냐민 지파에서 기스의 아들 사울을 택하여 그들에게 주셨습니다. 사울이 사십 년을 다스린 뒤에, 하나님은 그를 왕위에서 제하시고, 그 자리에 다윗을 왕으로 세우시며 이렇게 말씀하셨습니다. '내가 땅을 두루 살펴 이새의 아들 다윗을 찾았다. 그는 내 마음에 합한 사람, 내가 말하는 것을 그대로 행할 사람이다.'

23-25 약속대로 하나님께서는 다윗의 후손에서 이스라엘을 위한 구주, 곧 예수를 보내셨습니다. 그 전에 요한으로 하여금 그분이 오실 것을 백성에게 경고하게 하셔

Don't Take This Lightly

13-14 From Paphos, Paul and company put out to sea, sailing on to Perga in Pamphylia. That's where John called it quits and went back to Jerusalem. From Perga the rest of them traveled on to Antioch in Pisidia.

14-15 On the Sabbath they went to the meeting place and took their places. After the reading of the Scriptures—God's Law and the Prophets—the president of the meeting asked them, "Friends, do you have anything you want to say? A word of encouragement, perhaps?"

16-20 Paul stood up, paused and took a deep breath, then said, "Fellow Israelites and friends of God, listen. God took a special interest in our ancestors, pulled our people who were beaten down in Egyptian exile to their feet, and led them out of there in grand style. He took good care of them for nearly forty years in that godforsaken wilderness and then, having wiped out seven enemies who stood in the way, gave them the land of Canaan for their very own—a span in all of about 450 years.

20-22 "Up to the time of Samuel the prophet, God provided judges to lead them. But then they asked for a king, and God gave them Saul, son of Kish, out of the tribe of Benjamin. After Saul had ruled forty years, God removed him from office and put King David in his place, with this commendation: 'I've searched the land and found this David, son of Jesse. He's a man whose heart beats to my heart, a man who will do what I tell him.'

23-25 "From out of David's descendants God produced a Savior for Israel, Jesus, exactly as he promised—but only after John had

서, 전적으로 삶을 고치도록 그들을 준비시키셨습니다. 요한은 자기 일을 마무리하면서 이렇게 말했습니다. '너희는 내가 그분인 줄 알았더냐? 아니다. 나는 그분이 아니다. 그러나 너희가 그토록 오랜 세월 동안 기다려 온 그분이 가까이 와 계신다. 그분이 곧 나타나실 것이다. 그리고 나는 곧 사라질 것이다.'

26-29 사랑하는 형제자매 여러분, 아브라함의 자손이요 하나님과 벗이 되신 여러분, 이 구원의 메시지를 들어야 할 사람은 바로 여러분이었습니다. 예루살렘 시민과 통치자들은 그분이 누구신지 알아보지 못하고 그분께 사형을 선고했습니다. 정당한 이유가 없는데도 무조건 빌라도에게 처형을 요구했습니다. 그들은 예언자들이 말한 그대로 행한 것입니다. 그들은 안식일마다 회당에서 예언자들의 글을 읽으면서도, 정작 자신들이 그 예언자들의 각본을 글자 그대로 따르고 있다는 사실을 몰랐습니다.

29-31 예언자들의 말대로 다 행한 뒤에, 그들은 그분을 십자가에서 내려다가 무덤에 두었습니다. 그러나 하나님께서 그분을 죽음에서 다시 살리셨습니다. 그 후에 그분은, 갈릴리 시절부터 그분을 잘 알던 이들에게 여러 곳에서 여러 번에 걸쳐 나타나셨고, 바로 그들이 그분의 살아 계심을 계속해서 증거하고 있습니다. 이것은 논쟁의 여지가 없는 사실입니다.

32-35 오늘 우리도 여러분에게 복된 소식을 가져왔습니다. 그것은 바로, 하나님께서 우리 조상에게 하신 약속이, 그 후손인 우리에게 성취되었다는 메시지입니다! 시편 2편에 정확히 기록된 것처럼, 하나님께서 예수를 살리셨습니다.

내 아들! 내 소중한 아들아!
오늘 내가 너를 기뻐한다!

thoroughly alerted the people to his arrival by preparing them for a total life-change. As John was finishing up his work, he said, 'Did you think I was the One? No, I'm not the One. But the One you've been waiting for all these years is just around the corner, about to appear. And I'm about to disappear.'

26-29 "Dear brothers and sisters, children of Abraham, and friends of God, this message of salvation has been precisely targeted to you. The citizens and rulers in Jerusalem didn't recognize who he was and condemned him to death. They couldn't find a good reason, but demanded that Pilate execute him anyway. They did just what the prophets said they would do, but had no idea they were following to the letter the script of the prophets, even though those same prophets are read every Sabbath in their meeting places.

29-31 "After they had done everything the prophets said they would do, they took him down from the cross and buried him. And then God raised him from death. There is no disputing that—he appeared over and over again many times and places to those who had known him well in the Galilean years, and these same people continue to give witness that he is alive.

32-35 "And we're here today bringing you good news: the Message that what God promised the fathers has come true for the children—for us! He raised Jesus, exactly as described in the second Psalm:

My Son! My very own Son!
Today I celebrate you!

그분을 죽은 자들 가운데서 살리실 때, 하나님은 영원히 그렇게 하신 것입니다. 그 예수가 썩고 부패한 것으로 다시 돌아가실 일은 없습니다. 그래서 이사야는 '내가 다윗의 약속된 축복을 너희 모두에게 주겠다'고 한 것입니다. 시편 기자도 이렇게 기도했습니다. '주님께서는 주님의 거룩하신 분이 썩고 부패한 것을 다시 보지 않게 하실 것입니다.'

36-39 물론 다윗은 하나님이 맡기신 일을 다 마치고 나서, 오늘까지 긴 세월을 흙과 재가 되어 무덤 속에 있습니다. 그러나 하나님이 살리신 예수는, 흙과 재가 되는 일이 없습니다! 내가 참으로 사랑하는 친구 여러분, 여러분에게 죄 용서의 약속이 주어진 것은, 바로 부활하신 이 예수 때문임을 아시기 바랍니다. 그분은 모세의 율법이 결코 해낼 수 없었던 일을, 믿는 사람들 안에서 모두 성취하십니다. 부활하신 이 예수를 믿는 사람은, 누구나 하나님 앞에서 선하고 의롭고 온전하다고 선포됩니다.

40-41 이것을 가볍게 여기지 마십시오. 다음과 같은 예언자의 설교가 여러분을 묘사한 것이어서는 안될 것입니다.

조심하여라, 비웃는 자들아.
뚫어지게 보아라, 너희의 세상이 산산조각 나는 것을.
내가 바로 너희 눈앞에서 일을 행할 것인데, 그 일이 눈앞에 닥쳐도 너희는 믿지 않을 것이다."

42-43 예배가 끝나자, 바울과 바나바는 다음 안식일에도 설교해 달라는 초청을 받았다. 모임이 끝나자, 아주 많은 유대인과 유대교 개종자들이 바울과 바나바를 따라갔다. 두 사람은 그들과 긴 대화를 나누면서, 그들이 시작한 삶, 곧 하나님의 은혜와 그 은혜 안에서 사는 삶에 머물러 있으라고 권면했다.

"When he raised him from the dead, he did it for good—no going back to that rot and decay for him. That's why Isaiah said, 'I'll give to all of you David's guaranteed blessings.' So also the psalmist's prayer: 'You'll never let your Holy One see death's rot and decay.'

36-39 "David, of course, having completed the work God set out for him, has been in the grave, dust and ashes, a long time now. But the One God raised up—no dust and ashes for him! I want you to know, my very dear friends, that it is on account of this resurrected Jesus that the forgiveness of your sins can be promised. He accomplishes, in those who believe, everything that the Law of Moses could never make good on. But everyone who believes in this raised-up Jesus is declared good and right and whole before God.

40-41 "Don't take this lightly. You don't want the prophet's sermon to describe you:

Watch out, cynics;
Look hard—watch your world fall to pieces.
I'm doing something right before your eyes
That you won't believe, though it's staring you in the face."

42-43 When the service was over, Paul and Barnabas were invited back to preach again the next Sabbath. As the meeting broke up, a good many Jews and converts to Judaism went along with Paul and Barnabas, who urged them in long conversations to stick with what they'd

44-45 다음 안식일이 돌아오자, 도시 전체가 하나님의 말씀을 들으려고 모여들었다. 일부 유대인들이 그 무리를 보고는, 시기심에 휩싸여 바울을 심하게 비난했다. 그들은 바울의 말을 일일이 반박하며 소란을 피웠다.

46-47 그러나 바울과 바나바는 물러서지 않았다. 그들은 자신들의 입장을 굽히지 않고 이렇게 말했다. "본래 하나님의 말씀은 유대인 여러분에게 먼저 전해지도록 되어 있었습니다. 그러나 여러분은 그 말씀에 관여할 마음이 전혀 없고, 영원한 생명에 대해서도 아무 관심과 마음이 없음을 아주 분명히 했습니다. 그래서 모든 이방인에게 문이 열렸습니다. 우리는 그 문을 통해 나아가면서, 하나님께서 명령하신 대로 행합니다. 그분께서 이렇게 말씀하셨습니다.

내가 너를 모든 민족의
빛으로 세웠다.
너는 온 땅과 바다 끝까지
구원을 선포할 것이다!"

48-49 이 말을 들은 이방인들은, 자신들이 받은 복이 믿기지 않을 만큼 좋았다. 참된 생명을 얻도록 정해진 사람들은 모두 하나님을 믿었다. 그들은 그 생명을 받아들임으로써, 하나님의 말씀을 존귀히 여겼다. 이 구원의 메시지는 그 지역 곳곳으로 들불처럼 퍼져나갔다.

50-52 일부 유대인들이 그 성의 존경받는 여자들과 지도자급 남자들을 선동해서, 그들의 소중한 생활방식이 곧 훼손될 것이라고 믿게 했다. 그 말에 놀란 그들은 바울과 바나바를 적대하면서 강제로 내쫓았다. 바울과 바나바는 마음에서 그 일을 떨쳐 버리고, 다음 성인 이고니온으로

started, this living in and by God's grace.

44-45 When the next Sabbath came around, practically the whole city showed up to hear the Word of God. Some of the Jews, seeing the crowds, went wild with jealousy and tore into Paul, contradicting everything he was saying, making an ugly scene.

46-47 But Paul and Barnabas didn't back down. Standing their ground they said, "It was required that God's Word be spoken first of all to you, the Jews. But seeing that you want no part of it—you've made it quite clear that you have no taste or inclination for eternal life—the door is open to all the outsiders. And we're on our way through it, following orders, doing what God commanded when he said,

I've set you up
as light to all nations.
You'll proclaim salvation
to the four winds and seven seas!"

48-49 When the non-Jewish outsiders heard this, they could hardly believe their good fortune. All who were marked out for *real life* put their trust in God—they honored God's Word by receiving that life. And this Message of salvation spread like wildfire all through the region.

50-52 Some of the Jews convinced the most respected women and leading men of the town that their precious way of life was about to be destroyed. Alarmed, they turned on Paul and Barnabas and forced them to leave. Paul and Barnabas shrugged their shoulders and went on to the next town, Iconium, brimming with joy and the Holy Spirit, two

향했다. 행복한 두 제자는, 기쁨과 성령이 흘러넘쳤다.

❦

14
1-3 바울과 바나바는 이고니온에 도착하여, 늘 하던 대로 유대인 회당에 가서 메시지를 전했다. 메시지는 유대인과 이방인 양쪽 모두를 설득시켰다. 그 수가 적지 않았다. 그러나 믿지 않는 유대인들이 바울과 바나바에 대한 허위 사실을 유포하여, 사람들의 마음에 불신과 의혹의 씨를 뿌렸다. 두 사도는 거기에 오랫동안 머물면서, 거리낌 없이 드러내놓고 담대히 말했다. 그들은 하나님의 선물에 관한 확실한 증거를 제시했고, 하나님은 기적과 이적으로 그들의 사역을 확증해 주셨다.

4-7 그러나 그때 여론이 갈라져, 유대인 편에 서는 사람들도 있고 두 사도 편에 서는 사람들도 있었다. 어느 날, 유대인과 이방인으로 구성된 한 무리가 지도자들의 지휘 하에 자신들을 습격하려는 것을 알게 된 두 사람은, 루가오니아와 루스드라, 더베와 인근 성으로 급히 피했다. 그들은 거기서도 **메시지**를 전했다.

신인가, 사람인가

8-10 루스드라에 걷지 못하는 사람이 있었는데, 그는 태어날 때부터 걷지 못해 앉아서 지냈다. 그 사람이 바울의 말을 듣고 있었다. 바울이 그의 눈을 들여다보고는, 그가 하나님의 일을 위해 준비되었고, 믿으려고 하는 것을 알았다. 바울은 모두가 들을 수 있게 큰소리로 말했다. "일어서시오!" 그 사람은 순식간에 일어섰고, 마치 평생 걸어 다닌 사람처럼 걷기도 하고 껑충껑충 뛰기도 했다.

11-13 무리가 바울이 한 일을 보고 흥분해서, 루가오니아 말로 외쳤다. "신들이 내려

happy disciples.

❦

14
1-3 When they got to Iconium they went, as they always did, to the meeting place of the Jews and gave their message. The Message convinced both Jews and non-Jews—and not just a few, either. But the unbelieving Jews worked up a whispering campaign against Paul and Barnabas, sowing mistrust and suspicion in the minds of the people in the street. The two apostles were there a long time, speaking freely, openly, and confidently as they presented the clear evidence of God's gifts, God corroborating their work with miracles and wonders.

4-7 But then there was a split in public opinion, some siding with the Jews, some with the apostles. One day, learning that both the Jews and non-Jews had been organized by their leaders to beat them up, they escaped as best they could to the next towns—Lyconia, Lystra, Derbe, and that neighborhood—but then were right back at it again, getting out the Message.

Gods or Men?

8-10 There was a man in Lystra who couldn't walk. He sat there, crippled since the day of his birth. He heard Paul talking, and Paul, looking him in the eye, saw that he was ripe for God's work, ready to believe. So he said, loud enough for everyone to hear, "Up on your feet!" The man was up in a flash—jumped up and walked around as if he'd been walking all his life.

11-13 When the crowd saw what Paul had done, they went wild, calling out in their

오셨다! 이 사람들은 신이다!" 그들은 바나바를 '제우스'라고 부르고 바울을 '헤르메스'라고 불렀다(바울이 주로 말을 했기 때문이다). 인근 제우스 신당의 제사장이 행렬을 준비했다. 소와 깃발과 사람들이 문 앞에까지 늘어서서 제사를 준비했다.

14-15 바나바와 바울이 마침내 사태를 파악하고는 그들을 말렸다. 그들은 팔을 흔들어 행렬을 저지하며 외쳤다. "도대체 무엇을 하는 것입니까! 우리는 신이 아닙니다! 우리도 여러분과 같은 사람입니다. 우리는 여러분에게 **메시지**를 전하기 위해 여기에 왔습니다. 신이니 뭐니 하는 어리석은 미신을 버리고, 살아 계신 하나님을 받아들이도록 여러분에게 권하려고 온 것입니다. 우리가 하나님을 만들 수 없습니다. 하나님께서 인간과 만물, 하늘과 땅과 바다와 그 안에 있는 모든 것을 만드셨습니다.

16-18 우리 앞선 세대에는, 하나님께서 각 나라마다 자기 길을 가게 두셨습니다. 그러나 그때에도 하나님께서는 아무 단서 없이 버려두신 것이 아닙니다. 그분은 좋은 자연을 만들어 주셨고, 비를 내려 주셨으며, 풍작을 주셨습니다. 여러분의 배가 부르고 마음이 즐거운 것은, 여러분의 행위로는 누릴 수 없는 하나님의 선하심에 대한 증거였습니다." 그들이 급히 열변을 토하고 나서야, 그들을 신으로 모시려는 무리의 제사 행위를 겨우 막을 수 있었다.

19-20 그 후에 유대인들 일부가 안디옥과 이고니온에서부터 바나바와 바울을 쫓아와서, 변덕스러운 무리를 부추겨 그들에게 악감정을 품게 했다. 그 무리가 의식을 잃을 정도로 바울을 때리고, 성 밖으로 끌고 가 죽도록 내버려 두었다. 그러나 제자들이 그를 둘러서자, 바울은 의식을 되찾고 일어났다. 그는 다시 성 안으로 들어가서, 이튿날 바나바와 함께 더베로 떠났다.

Lyconian dialect, "The gods have come down! These men are gods!" They called Barnabas "Zeus" and Paul "Hermes" (since Paul did most of the speaking). The priest of the local Zeus shrine got up a parade–bulls and banners and people lined right up to the gates, ready for the ritual of sacrifice.

14-15 When Barnabas and Paul finally realized what was going on, they stopped them. Waving their arms, they interrupted the parade, calling out, "What do you think you're doing! We're not gods! We are men just like you, and we're here to bring you the Message, to persuade you to abandon these silly god-superstitions and embrace God himself, the living God. We don't make God; he makes us, and all of this–sky, earth, sea, and everything in them.

16-18 "In the generations before us, God let all the different nations go their own way. But even then he didn't leave them without a clue, for he made a good creation, poured down rain and gave bumper crops. When your bellies were full and your hearts happy, there was evidence of good beyond your doing." Talking fast and hard like this, they prevented them from carrying out the sacrifice that would have honored them as gods–but just barely.

19-20 Then some Jews from Antioch and Iconium caught up with them and turned the fickle crowd against them. They beat Paul unconscious, dragged him outside the town and left him for dead. But as the disciples gathered around him, he came to and got up. He went back into town and the next day left with Barnabas for Derbe.

안디옥으로 돌아오다

21-22 바울과 바나바는 더베에서 메시지를 선포하고 든든한 기둥이 될 제자들을 세운 뒤에, 오던 길로 되돌아가서, 루스드라와 이고니온을 거쳐 안디옥에 이르렀다. 그들은 제자들의 삶에 힘과 기운을 북돋아 주고, 처음에 믿은 것을 굳게 붙들어 거기서 떠나지 말라고 당부했다. 그것이 쉽지 않으리라는 것을 그들에게 분명히 말했다. "누구든지 하나님 나라에 지원하는 사람은 반드시 많은 어려움을 겪어야 합니다."

23-26 바울과 바나바는 각 교회의 지도자들을 신중하게 뽑았다. 그들은 금식하고 더욱 간절히 기도를 드리고 나서, 지금까지 자신들의 삶을 의탁했던 주님께 새로 뽑은 지도자들을 맡겨 드렸다. 두 사람은 비시디아를 지나 밤빌리아로 되돌아왔고, 버가에서 메시지를 전했다. 마침내 그들은 앗달리아에 도착해서, 배를 타고 처음 출발점인 안디옥으로 돌아왔다. 하나님의 은혜로 시작해서, 이제 하나님의 은혜로 무사히 돌아온 것이다.

27-28 그들은 그곳에 도착하자마자, 교회 회중을 모아 놓고 그동안의 여행을 보고했다. 하나님께서 어떻게 자신들을 사용하셔서 믿음의 문을 활짝 열어 주셨는지, 그래서 어떻게 모든 민족이 교회로 들어올 수 있게 되었는지를 자세히 이야기했다. 그들은 그곳에 머물면서, 제자들과 오랫동안 여유 있게 교제를 나누었다.

이방인 신자들을 위한 지침

15 **1-2** 얼마 후에 유대인들 몇 사람이 유대에서 내려와, "모세의 방식대로 할례를 받지 않으면 구원받을 수 없다"면서, 모든 사람이 할례를 받아야 한다고 주장했다. 바울과 바나바가 즉시 일어나서 강력히 항의했다. 교회는 이 문제를 해결하기 위해 바울과 바나바와 다른 몇 사람

Plenty of Hard Times

21-22 After proclaiming the Message in Derbe and establishing a strong core of disciples, they retraced their steps to Lystra, then Iconium, and then Antioch, putting muscle and sinew in the lives of the disciples, urging them to stick with what they had begun to believe and not quit, making it clear to them that it wouldn't be easy: "Anyone signing up for the kingdom of God has to go through plenty of hard times."

23-26 Paul and Barnabas handpicked leaders in each church. After praying—their prayers intensified by fasting—they presented these new leaders to the Master to whom they had entrusted their lives. Working their way back through Pisidia, they came to Pamphylia and preached in Perga. Finally, they made it to Attalia and caught a ship back to Antioch, where it had all started—launched by God's grace and now safely home by God's grace. A good piece of work.

27-28 On arrival, they got the church together and reported on their trip, telling in detail how God had used them to throw the door of faith wide open so people of all nations could come streaming in. Then they settled down for a long, leisurely visit with the disciples.

To Let Outsiders Inside

15 **1-2** It wasn't long before some Jews showed up from Judea insisting that everyone be circumcised: "If you're not circumcised in the Mosaic fashion, you can't be saved." Paul and Barnabas were up on their feet at once in fierce protest. The church decided to resolve the matter by

을 예루살렘으로 보내, 사도와 지도자들 앞에 이 문제를 내놓기로 했다.

3 그들은 전송을 받고 길을 떠나 페니키아와 사마리아를 지나면서, 이방인들에게도 돌파구가 열렸다는 소식을 만나는 모든 사람에게 전했다. 그 이야기를 들은 사람들은 모두 굉장한 소식이라며 환호했다!

4-5 바울과 바나바가 예루살렘에 이르자, 사도와 지도자들을 비롯해 온 교회가 그들을 따뜻하게 맞아 주었다. 두 사람은 최근 여행중에, 하나님께서 자신들을 사용하셔서 이방인들에게 문을 열어 주신 일을 보고했다. 몇몇 바리새인들이 일어나 자신들의 의견을 밝혔다. 그들은 믿는 사람들이기는 했으나, 바리새인의 강경 노선을 계속 고수하려는 이들이었다. 그들이 말했다. "이방인 개종자들에게도 할례를 주어서, 모세의 율법을 지키게 해야 합니다."

6-9 사도와 지도자들이 특별 회의를 소집해 이 문제를 깊이 논의했다. 여러 주장이 끊임없이 오가는 가운데, 열띤 논쟁을 벌였다. 그때 베드로가 자리에서 일어나 이렇게 말했다. "친구 여러분, 여러분도 잘 알다시피, 하나님께서는 이방인들도 이 복된 **메시지**를 듣고 받아들이기 원하신다는 것을 일찍부터 아주 분명히 밝히셨습니다. 그것도 전해 들은 말이 아니라, 바로 내가 전하는 말을 직접 듣고 받아들이게 하셨습니다. 우리의 어떤 겉치레에도 속지 않으시고 언제나 사람의 생각을 아시는 하나님께서, 우리에게 주신 것과 똑같은 성령을 그들에게도 주셨습니다. 그분은 우리를 대하신 것처럼 이방인들을 대하셨습니다. 하나님께서는 그분을 믿고 신뢰하는 이방인들에게 역사하셔서, 먼저 그들이 누구인지 깨닫게 하시고 그 중심에서부터 시작해서 그들의 삶을 깨끗게 하셨습니다.

sending Paul, Barnabas, and a few others to put it before the apostles and leaders in Jerusalem.

3 After they were sent off and on their way, they told everyone they met as they traveled through Phoenicia and Samaria about the breakthrough to the non-Jewish outsiders. Everyone who heard the news cheered—it was terrific news!

4-5 When they got to Jerusalem, Paul and Barnabas were graciously received by the whole church, including the apostles and leaders. They reported on their recent journey and how God had used them to open things up to the outsiders. Some Pharisees stood up to say their piece. They had become believers, but continued to hold to the hard party line of the Pharisees. "You have to circumcise the pagan converts," they said. "You must make them keep the Law of Moses."

6-9 The apostles and leaders called a special meeting to consider the matter. The arguments went on and on, back and forth, getting more and more heated. Then Peter took the floor: "Friends, you well know that from early on God made it quite plain that he wanted the pagans to hear the Message of this good news and embrace it—and not in any secondhand or roundabout way, but firsthand, straight from my mouth. And God, who can't be fooled by any pretense on our part but always knows a person's thoughts, gave them the Holy Spirit exactly as he gave him to us. He treated the outsiders exactly as he treated us, beginning at the very center of who they were and working from that center outward, cleaning up their lives as they trusted and believed him.

10-11 그런데 어찌하여 지금 여러분은 하나님보다 더한 하나님이 되어서, 우리 조상을 짓누르고 우리까지 짓누른 규정들을 새로 믿은 이 사람들에게 지우려는 것입니까? 주 예수께서 놀랍고도 너그러운 은혜로 우리를 찾아오셔서 구원해 주신 것처럼, 우리 민족이 아닌 이방인들도 그렇게 구원해 주셨다는 것을 우리가 믿지 않습니까? 그렇다면 지금 우리가 무엇을 두고 싸우는 것입니까?"

12-13 깊은 침묵이 흘렀다. 아무도 입을 열지 않았다. 그 침묵 가운데 바나바와 바울은, 자신들의 사역을 통해 하나님께서 다른 민족들 가운데 행하신 기적과 이적을 사실대로 보고했다. 침묵은 더욱 깊어져, 사람들의 숨소리까지 들릴 정도였다.

13-18 야고보가 침묵을 깼다. "친구 여러분, 들으십시오. 시므온이 우리에게 전해 준 대로, 하나님께서는 이방 민족들도 품으실 것을 처음부터 분명히 말씀하셨습니다. 이것은 예언자들의 말과 정확히 일치합니다.

> 이후에 내가 돌아와
> 다윗의 무너진 집을 다시 세울 것이다.
> 내가 모든 조각을 다시 맞추어
> 새것처럼 보이게 할 것이다.
> 이방인들도 구하는 자는 찾게 되고,
> 갈 곳을 얻게 되며,
> 모든 이방 민족도
> 내가 하는 일을 알게 될 것이다.

하나님께서 이렇게 말씀하셨고, 이제 그 말씀대로 행하고 계십니다. 이것은 느닷없이 일어난 일이 아닙니다. 그분은 처음부터 이렇게 하실 것을 알고 계셨습니다.

19-21 그러니, 내 판단은 이렇습니다. 우리는 주님께로 돌아오는 이방인들에게 불필요한 짐을 지우지 말아야겠습니다. 우리가

10-11 "So why are you now trying to out-god God, loading these new believers down with rules that crushed our ancestors and crushed us, too? Don't we believe that we are saved because the Master Jesus amazingly and out of sheer generosity moved to save us just as he did those from beyond our nation? So what are we arguing about?"

12-13 There was dead silence. No one said a word. With the room quiet, Barnabas and Paul reported matter-of-factly on the miracles and wonders God had done among the other nations through their ministry. The silence deepened; you could hear a pin drop.

13-18 James broke the silence. "Friends, listen. Simeon has told us the story of how God at the very outset made sure that racial outsiders were included. This is in perfect agreement with the words of the prophets:

> After this, I'm coming back;
>   I'll rebuild David's ruined house;
> I'll put all the pieces together again;
>   I'll make it look like new
> So outsiders who seek will find,
>   so they'll have a place to come to,
> All the pagan peoples
>   included in what I'm doing.

"God said it and now he's doing it. It's no afterthought; he's always known he would do this.

19-21 "So here is my decision: We're not going to unnecessarily burden non-Jewish people who turn to the Master. We'll write them a letter and tell them, 'Be careful to

그들에게 편지를 써서 이렇게 말하는 것이 좋겠습니다. '우상과 관계된 활동에 관여하지 않도록 조심하고, 성생활과 결혼의 도덕을 지키며, 유대인 그리스도인들에게 거슬리는 음식—이를테면 피 같은 것—은 내놓지 마십시오.' 이것은 모세가 전한 기본 지혜입니다. 이것은 우리가 안식일을 지켜 모일 때, 지금까지 어느 도시에서나 수백 년 동안 전하고 지켜 온 것입니다."

22-23 사도와 지도자와 모든 사람들이 거기에 동의했다. 그들은 교회에서 상당히 비중 있는 바사바라는 유다와 실라를 택하고, 바울과 바나바와 함께 그들 편으로 다음의 편지를 안디옥으로 보냈다.

여러분의 형제인 사도와 지도자들이, 안디옥과 시리아와 길리기아에 있는 우리 형제들에게 편지합니다.

평안하십니까?

24-27 우리 교회의 몇몇 사람들이, 여러분에게 가서 여러분을 혼란스럽고 당황스럽게 하는 말을 했다는 소식을 들었습니다. 알아 두십시오. 우리는 그들에게 아무런 권한도 준 적이 없습니다. 그들은 우리가 보낸 사람들이 아닙니다. 우리는 우리를 대표할 사람들을 뽑아서, 우리의 귀한 형제인 바나바와 바울과 함께 여러분에게 보내기로 만장일치로 결의했습니다. 우리는 여러분이 신임할 만한 사람, 곧 유다와 실라를 뽑았습니다. 그들은 우리 주 예수 그리스도를 위해 몇 번이나 죽음까지도 마다하지 않은 사람들입니다. 우리는 그들이 여러분을 대면해서 우리가 쓴 내용이 사실임을 확증해 주도록 그들을 보냅니다.

28-29 성령과 우리는, 꼭 필요한 최소한의 책임 외에는 여러분에게 어떤 무거운 짐도 지워서는 안된다고 생각합니다. 여러분은 우상과 관계된 활동에 관여하지 않도록

not get involved in activities connected with idols, to guard the morality of sex and marriage, to not serve food offensive to Jewish Christians—blood, for instance.' This is basic wisdom from Moses, preached and honored for centuries now in city after city as we have met and kept the Sabbath."

22-23 Everyone agreed: apostles, leaders, all the people. They picked Judas (nicknamed Barsabbas) and Silas—they both carried considerable weight in the church—and sent them to Antioch with Paul and Barnabas with this letter:

From the apostles and leaders, your friends, to our friends in Antioch, Syria, and Cilicia:

Hello!

24-27 We heard that some men from our church went to you and said things that confused and upset you. Mind you, they had no authority from us; we didn't send them. We have agreed unanimously to pick representatives and send them to you with our good friends Barnabas and Paul. We picked men we knew you could trust, Judas and Silas—they've looked death in the face time and again for the sake of our Master Jesus Christ. We've sent them to confirm in a face-to-face meeting with you what we've written.

28-29 It seemed to the Holy Spirit and to us that you should not be saddled with any crushing burden, but be responsible only for these bare necessities: Be careful not to get involved in activities

조심하고, 유대인 그리스도인들에게 거슬리는 음식—이를테면 피 같은 것—은 내놓지 말며, 성생활과 결혼의 도덕을 지키십시오.

이런 지침만 따른다면, 우리 사이에는 뜻이 맞고 돈독한 관계가 충분히 유지될 것입니다. 하나님께서 여러분과 함께하시기를 바랍니다!

바나바와 바울이 갈라서다

30-33 그들은 안디옥으로 떠났다. 그들은 그곳에 도착해서, 교회 회중을 모아 놓고 편지를 읽어 주었다. 사람들은 크게 안도하고 기뻐했다. 훌륭한 설교자인 유다와 실라는, 많은 격려와 소망의 말로 새로운 동료들에게 힘을 실어 주었다. 어느새 돌아갈 때가 되었다. 새로운 동료들 모두가 웃음과 포옹으로 그들을 전송했고, 유다와 실라는 자신들을 보낸 이들에게 보고하러 가기 위해 길을 떠났다.

35 바울과 바나바는 안디옥에 머물면서, 하나님 말씀을 가르치고 전했다. 그러나 그들은 혼자가 아니었다. 당시 안디옥에는 가르치고 전하는 사람들이 많이 있었다.

36 며칠 후에 바울이 바나바에게 말했다. "전에 우리가 하나님 말씀을 전하던 각 도시로 돌아가서, 거기 있는 동료들을 방문하고 어떻게 지내는지 알아봅시다."

37-41 바나바는 일명 마가라 하는 요한도 데려가고 싶어 했다. 그러나 바울은 그와 함께하고 싶지 않았다. 상황이 힘들어지자 밤빌리아에서 그들을 두고 떠났던 이 중도 포기자를 데려갈 마음이 없었던 것이다. 언성이 높아지더니, 결국 그들은 갈라섰다. 바나바는 마가를 데리고 배편으로 키프로스로 갔다. 바울은 실라를 택해, 주님의 은혜를 구하는 동료들의 인사를 받으

connected with idols; avoid serving food offensive to Jewish Christians (blood, for instance); and guard the morality of sex and marriage.

These guidelines are sufficient to keep relations congenial between us. And God be with you!

30-33 And so off they went to Antioch. On arrival, they gathered the church and read the letter. The people were greatly relieved and pleased. Judas and Silas, good preachers both of them, strengthened their new friends with many words of courage and hope. Then it was time to go home. They were sent off by their new friends with laughter and embraces all around to report back to those who had sent them.

35 Paul and Barnabas stayed on in Antioch, teaching and preaching the Word of God. But they weren't alone. There were a number of teachers and preachers at that time in Antioch.

36 After a few days of this, Paul said to Barnabas, "Let's go back and visit all our friends in each of the towns where we preached the Word of God. Let's see how they're doing."

37-41 Barnabas wanted to take John along, the John nicknamed Mark. But Paul wouldn't have him; he wasn't about to take along a quitter who, as soon as the going got tough, had jumped ship on them in Pamphylia. Tempers flared, and they ended up going their separate ways: Barnabas took Mark and sailed for Cyprus; Paul chose Silas and, offered up by their friends

며 시리아와 길리기아로 갔다. 그곳에서 회중에게 힘과 기운을 북돋아 주었다.

바울의 갈 길을 정해 준 꿈

16 1-3 바울은 먼저 더베로 갔다가, 그 후에 루스드라로 갔다. 거기서 그는, 경건한 유대인 어머니와 그리스 사람인 아버지 사이에서 태어난 디모데라는 제자를 만났다. 루스드라와 이고니온에 있는 형제들은, 디모데가 아주 훌륭한 청년이라고 다들 입을 모아 말했다. 바울은 그를 선교 사역에 영입하고 싶었다. 그는 그 지역에 사는 유대인들에게 걸림이 되지 않도록, 디모데를 따로 데려다가 먼저 할례를 주었다. 그의 아버지가 그리스 사람이라는 것을 모두가 알고 있었기 때문이다.

4-5 바울 일행은 각 도시를 다니면서, 예루살렘의 사도와 지도자들이 작성한 간단한 지침을 제시해 주었다. 그 지침은 더없이 큰 도움이 되었다. 날마다 회중의 믿음이 더욱 굳건해지고 그 수가 더 많아졌다.

6-8 그들은 브루기아로 갔다가, 갈라디아를 지나갔다. 그들의 계획은 서쪽으로 방향을 잡아 아시아로 가는 것이었으나, 성령께서 그 길을 막으셨다. 그래서 그들은 무시아로 갔다. 거기서 북쪽 비두니아로 가려고 했으나, 예수의 영께서 그쪽으로 가는 것도 허락지 않으셨다. 그래서 그들은 다시 무시아를 지나, 드로아 항으로 내려갔다.

9-10 그날 밤에 바울은 꿈을 꾸었다. 마케도니아 사람 하나가 멀리 해안에 서서 바다 건너 이쪽을 향해 외쳤다. "마케도니아로 건너와서 우리를 도와주십시오!" 그 꿈이 바울의 갈 길을 정해 주었다. 우리는 곧장 마케도니아로 건너갈 준비에 착수했다. 모든 조각이 꼭 들어맞았다. 이제 하나님께서 유럽 사람들에게 복된 소식을 전하라고 우리를 부르셨음을 확신했다.

to the grace of the Master, went to Syria and Cilicia to build up muscle and sinew in those congregations.

A Dream Gave Paul His Map

16 1-3 Paul came first to Derbe, then Lystra. He found a disciple there by the name of Timothy, son of a devout Jewish mother and Greek father. Friends in Lystra and Iconium all said what a fine young man he was. Paul wanted to recruit him for their mission, but first took him aside and circumcised him so he wouldn't offend the Jews who lived in those parts. They all knew that his father was Greek.

4-5 As they traveled from town to town, they presented the simple guidelines the Jerusalem apostles and leaders had come up with. That turned out to be most helpful. Day after day the congregations became stronger in faith and larger in size.

6-8 They went to Phrygia, and then on through the region of Galatia. Their plan was to turn west into Asia province, but the Holy Spirit blocked that route. So they went to Mysia and tried to go north to Bithynia, but the Spirit of Jesus wouldn't let them go there either. Proceeding on through Mysia, they went down to the seaport Troas.

9-10 That night Paul had a dream: A Macedonian stood on the far shore and called across the sea, "Come over to Macedonia and help us!" The dream gave Paul his map. We went to work at once getting things ready to cross over to Macedonia. All the pieces had come together. We knew now for sure that God had called us to preach the good news to the

11-12 드로아 항을 떠나, 사모드라게로 직행했다. 이튿날 '네압볼리'(신도시)에 배를 대고 거기서부터 걸어서 빌립보로 갔다. 빌립보는 마케도니아의 주요 도시이자, 더 중요하게는 로마의 식민지였다. 우리는 거기서 며칠을 묵었다.

13-14 안식일에, 우리는 시내를 벗어나 기도 모임이 있다는 곳으로 강을 따라 내려갔다. 우리는 그곳에 모여 있는 여자들 곁에 자리를 잡고서, 그들과 이야기를 나누었다. 그들 가운데는 값비싼 직물을 파는 루디아라는 여자가 있었다. 루디아는 두아디라 출신의 상인인데, 하나님을 경외하는 여자로 알려져 있었다. 우리의 말을 열심히 듣던 중에, 주님께서 루디아에게 믿는 마음을 주셨다. 그래서 그녀는 믿었다!

15 루디아는 자기 집에 있는 모든 사람과 함께 세례를 받은 뒤에, 우리를 대접하고 싶은 마음에 이렇게 말했다. "내가 이 일에 당신들과 하나이며 참으로 주님을 믿는 줄로 당신들이 확신한다면, 우리 집에 오셔서 머물러 주십시오." 우리는 주저했으나, 그녀는 절대로 우리의 거절을 받아들일 태세가 아니었다.

매 맞고 감옥에 갇히다

16-18 하루는 기도 장소로 가다가, 한 여종과 우연히 마주쳤다. 그 여자는 점을 쳐서 자기 주인들에게 많은 돈을 벌어 주는 점쟁이였다. 그 여자는 바울을 따라다니면서, "이 사람들은 지극히 높으신 하나님을 위해 일하고 있습니다. 여러분을 위해 구원의 길을 놓고 있습니다!" 하고 소리치며 모든 사람의 이목을 우리에게 집중시켰다. 그 여자가 며칠을 그렇게 하자, 바울은 너무도 성가셨다. 그가 돌아서서, 그 여자를 사로잡고 있는 귀신에게 명령했

Europeans.

11-12 Putting out from the harbor at Troas, we made a straight run for Samothrace. The next day we tied up at New City and walked from there to Philippi, the main city in that part of Macedonia and, even more importantly, a Roman colony. We lingered there several days.

13-14 On the Sabbath, we left the city and went down along the river where we had heard there was to be a prayer meeting. We took our place with the women who had gathered there and talked with them. One woman, Lydia, was from Thyatira and a dealer in expensive textiles, known to be a God-fearing woman. As she listened with intensity to what was being said, the Master gave her a trusting heart—and she believed!

15 After she was baptized, along with everyone in her household, she said in a surge of hospitality, "If you're confident that I'm in this with you and believe in the Master truly, come home with me and be my guests." We hesitated, but she wouldn't take no for an answer.

Beat Up and Thrown in Jail

16-18 One day, on our way to the place of prayer, a slave girl ran into us. She was a psychic and, with her fortunetelling, made a lot of money for the people who owned her. She started following Paul around, calling everyone's attention to us by yelling out, "These men are working for the Most High God. They're laying out the road of salvation for you!" She did this for a number of days until Paul, finally fed up with her, turned and commanded the spirit that possessed

다. "예수 그리스도의 이름으로 명한다. 나오너라! 이 여자에게서 나오너라!" 그러자 그 명령대로 귀신이 떠나가 버렸다.

19-22 그 여자의 주인들이 자신들의 돈벌이 되는 사업이 순식간에 망한 것을 알고는, 바울과 실라를 쫓아가서 우격다짐으로 그들을 붙잡아 광장으로 끌고 갔다. 그러자 경비대가 그들을 체포해, 법정으로 끌고 가서 고발했다. "이 자들은 평화를 어지럽히고 있습니다. 우리 로마 법과 질서를 파괴하는 위험한 유대인 선동자들입니다." 어느새 무리는 흥분한 폭도로 변해 있었다.

22-24 판사들은 폭도와 한편이 되어서, 바울과 실라의 옷을 찢어 벗기고 그들에게 공개 태형을 명령했다. 그들은 시퍼런 멍이 들도록 그 두 사람을 때린 뒤 감옥에 가두고, 탈출은 꿈도 꾸지 못하도록 삼엄하게 감시하라고 간수에게 명령했다. 간수는 명령대로 감시가 가장 삼엄한 감옥에 그 두 사람을 가두고 발에 족쇄를 채웠다.

25-26 자정쯤에, 바울과 실라가 기도하며 힘차게 하나님을 찬송했다. 다른 죄수들은 자신의 귀를 의심했다. 그때 난데없이 큰 지진이 일어났다! 감옥이 흔들리며 감옥 문이 모두 열렸고, 죄수들을 묶어 놓은 것들도 다 풀렸다.

27-28 간수가 잠을 자다가 놀라서 깨어 보니, 감옥 문이 다 열려 제멋대로 흔들리고 있었다. 그는 죄수들이 탈출한 줄 알고, 어차피 자신은 죽은 목숨이라는 생각에 칼을 뽑아 자살하려고 했다. 그때 바울이 그를 말렸다. "그러지 마시오! 우리 모두가 여기 그대로 있습니다! 아무도 달아나지 않았습니다!"

29-31 간수는 횃불을 들고 급히 안으로 들어갔다. 그는 부들부들 떨면서, 바울과 실라 앞에 무너지듯 주저앉았다. 그는 그들을 감옥 바깥으로 데리고 나와서 물었다. "선생

her, "Out! In the name of Jesus Christ, get out of her!" And it was gone, just like that.

19-22 When her owners saw that their lucrative little business was suddenly bankrupt, they went after Paul and Silas, roughed them up and dragged them into the market square. Then the police arrested them and pulled them into a court with the accusation, "These men are disturbing the peace—dangerous Jewish agitators subverting our Roman law and order." By this time the crowd had turned into a restless mob out for blood.

22-24 The judges went along with the mob, had Paul and Silas's clothes ripped off and ordered a public beating. After beating them black-and-blue, they threw them into jail, telling the jailkeeper to put them under heavy guard so there would be no chance of escape. He did just that—threw them into the maximum security cell in the jail and clamped leg irons on them.

25-26 Along about midnight, Paul and Silas were at prayer and singing a robust hymn to God. The other prisoners couldn't believe their ears. Then, without warning, a huge earthquake! The jailhouse tottered, every door flew open, all the prisoners were loose.

27-28 Startled from sleep, the jailer saw all the doors swinging loose on their hinges. Assuming that all the prisoners had escaped, he pulled out his sword and was about to do himself in, figuring he was as good as dead anyway, when Paul stopped him: "Don't do that! We're all still here! Nobody's run away!"

29-31 The jailer got a torch and ran inside. Badly shaken, he collapsed in front of Paul

님, 내가 어떻게 하면 구원을 얻어 참으로 살 수 있겠습니까?" 그들이 말했다. "주 예수를 온전히 믿으시오. 그러면 당신이 바라는 참된 삶을 살게 될 것입니다. 당신 집안의 사람들도 모두 마찬가지입니다!"

32-34 그들은 주님에 대한 이야기를 자세히 설명해 주었다. 그 이야기를 할 때 그의 가족도 모두 함께 있었다. 그날 모두가 꼬박 밤을 새웠다. 간수는 그들이 편히 쉴 수 있도록 했고, 상처를 싸매 주었다. 그러고 나서, 그와 가족 모두가 세례를 받았다. 아침까지 기다릴 수 없었던 것이다! 축하의 뜻으로 그는 자기 집에서 음식을 대접했다. 잊지 못할 밤이었다. 그와 온 가족이 하나님을 믿었다. 집안 모든 사람이 기뻐하며 잔치를 벌였다.

35-36 동이 트자, 법정 판사들이 관리들을 보내어 지시했다. "그 사람들을 풀어 주어라." 간수가 바울에게 그 말을 전했다. "판사들한테서 지시가 왔는데, 선생님들은 이제 자유의 몸이 되었습니다. 축하합니다! 평안히 가십시오!"

37 그러나 바울은 꿈쩍하지 않았다. 그가 관리들에게 말했다. "저들은 로마 시민 신분이 확실한 우리를 공개적으로 때리고 감옥에 가두었습니다. 그런데 이제 와서 아무도 모르게 우리를 내보내겠다는 말입니까? 그렇게는 못하겠습니다! 여기서 우리를 내보내려면, 저들이 직접 와서 환한 대낮에 우리를 데리고 나가야 할 것입니다."

38-40 관리들이 이 말을 보고하자 판사들이 당황했다. 그들은 바울과 실라가 로마 시민인 줄은 전혀 몰랐다. 그들은 급히 와서 사과했다. 그리고 두 사람을 감옥에서부터 직접 호송해 나가면서, 그들에게 그 도시를 떠나 달라고 간청했다. 감옥에서 나온 바울과 실라는, 곧장 루디아의 집으로 가서 동료들을 다시 만났다. 믿음 안에서 그들을

and Silas. He led them out of the jail and asked, "Sirs, what do I have to do to be saved, to really live?" They said, "Put your entire trust in the Master Jesus. Then you'll live as you were meant to live—and everyone in your house included!"

32-34 They went on to spell out in detail the story of the Master—the entire family got in on this part. They never did get to bed that night. The jailer made them feel at home, dressed their wounds, and then—he couldn't wait till morning!—was baptized, he and everyone in his family. There in his home, he had food set out for a festive meal. It was a night to remember: He and his entire family had put their trust in God; everyone in the house was in on the celebration.

35-36 At daybreak, the court judges sent officers with the instructions, "Release these men." The jailer gave Paul the message, "The judges sent word that you're free to go on your way. Congratulations! Go in peace!"

37 But Paul wouldn't budge. He told the officers, "They beat us up in public and threw us in jail, Roman citizens in good standing! And now they want to get us out of the way on the sly without anyone knowing? Nothing doing! If they want us out of here, let them come themselves and lead us out in broad daylight."

38-40 When the officers reported this, the judges panicked. They had no idea that Paul and Silas were Roman citizens. They hurried over and apologized, personally escorted them from the jail, and then asked them if they wouldn't please leave the city. Walking out of the jail, Paul and Silas went straight to Lydia's house, saw their friends

격려하고 길을 떠났다.

데살로니가

17 ¹⁻³ 그들은 남쪽 길을 택해, 암비볼리와 아볼로니아를 지나 데살로니가로 갔다. 그곳에는 유대인 공동체가 있었다. 바울은 평소 하던 대로 그 시대의 회당으로 가서, 세 번의 안식일 동안 성경을 가지고 말씀을 전했다. 그는 그들이 평생 읽어 온 성경 본문의 뜻을 풀어 주었다. 그들로 하여금 메시아께서 반드시 죽임을 당하고 죽은 자들 가운데서 살아나야 하며—그 밖에 다른 길은 없으며—"지금 여러분에게 소개하는 이 예수가 바로 그 메시아"라는 사실을 깨닫도록 해주었다.

⁴⁻⁵ 그들 가운데 일부가 설득되어 바울과 실라에게 합류했다. 그중에는 하나님을 경외하는 그리스 사람들이 아주 많았고, 귀족층 여자들도 여럿 있었다. 그러나 강경파 유대인들은 그들의 개종에 격분했다. 시기심에 휩싸인 그들은 거리의 사나운 불량배들을 끌어 모아, 시내에 공포 분위기를 조성하며 바울과 실라를 추적했다.

⁵⁻⁷ 그들은 바울과 실라가 야손의 집에 있는 줄 알고 그곳으로 쳐들어갔다. 거기서 두 사람을 찾지 못하자, 그들은 야손과 그 친구들을 대신 붙잡아 시 원로들 앞으로 끌고 갔다. 그러고는 미친 듯이 소리쳤다. "이들은 세상을 무너뜨리려는 자들입니다. 이제 우리 문 앞에까지 나타나서, 우리가 소중히 여기는 모든 것을 공격하고 있습니다! 예수가 왕이고 황제는 아무것도 아니라고 말하는 이 반역자와 배반자들을 야손이 숨겨 주고 있습니다!"

⁸⁻⁹ 시 원로들과 모여든 사람들은 그 말을 듣고 크게 놀랐다. 그들은 고발 내용

---

again, encouraged them in the faith, and only then went on their way.

Thessalonica

17 ¹⁻³ They took the road south through Amphipolis and Apollonia to Thessalonica, where there was a community of Jews. Paul went to their meeting place, as he usually did when he came to a town, and for three Sabbaths running he preached to them from the Scriptures. He opened up the texts so they understood what they'd been reading all their lives: that the Messiah absolutely *had* to be put to death and raised from the dead—there were no other options—and that "this Jesus I'm introducing you to is that Messiah."

⁴⁻⁵ Some of them were won over and joined ranks with Paul and Silas, among them a great many God-fearing Greeks and a considerable number of women from the aristocracy. But the hard-line Jews became furious over the conversions. Mad with jealousy, they rounded up a bunch of brawlers off the streets and soon had an ugly mob terrorizing the city as they hunted down Paul and Silas.

⁵⁻⁷ They broke into Jason's house, thinking that Paul and Silas were there. When they couldn't find them, they collared Jason and his friends instead and dragged them before the city fathers, yelling hysterically, "These people are out to destroy the world, and now they've shown up on our doorstep, attacking everything we hold dear! And Jason is hiding them, these traitors and turncoats who say Jesus is king and Caesar is nothing!"

⁸⁻⁹ The city fathers and the crowd of people were totally alarmed by what they heard. They made Jason and his friends post heavy bail

을 조사하는 한편, 야손과 그 친구들에게서 보석금을 두둑이 받고 그들을 풀어 주었다.

베뢰아

10-12 그날 밤에 형제들이 어둠을 틈타 바울과 실라를 신속히 성읍 밖으로 빼냈다. 그들은 그 둘을 베뢰아로 보냈고, 거기서 두 사람은 다시 유대인 공동체를 만났다. 그곳 사람들은 데살로니가 사람들보다 훨씬 나았다. 그곳의 유대인들은 바울이 전하는 소식을 열정적으로 받아들였고, 그가 하는 말이 성경적 근거가 있는지 알아보려고 날마다 그를 만나 성경을 연구했다. 그들 가운데 많은 이들이 믿는 사람이 되었는데, 그중에는 공동체에서 유력하고 영향력 있는 남녀 그리스 사람들도 많았다. 13-15 그러나 바울이 베뢰아에서 다시 하나님의 말씀을 전하고 있다는 보고가 데살로니가의 강경파 유대인들에게 들어갔다. 그들은 지체하지 않고 대응했다. 거기서도 무리를 모아 소란을 일으킨 것이다. 바울은 형제들의 도움을 받아 그들을 따돌리고서, 배를 타고 바다로 나갔다. 실라와 디모데는 뒤에 남았다. 바울의 피신을 도와준 사람들은 아테네까지 그를 데려가서, 거기에 그를 두고 떠났다. 떠나는 그들 편에 바울은 "되도록 빨리 오라!"는 전갈을 실라와 디모데에게 보냈다.

아테네

16 아테네에서 실라와 디모데를 기다리는 기간이 길어질수록, 바울은 그곳에 우상이 가득한 것을 보고 큰 분노를 느꼈다! 그 도시는 우상 천지였다. 17-18 그는 그 문제로, 유대인 및 그들과 뜻이 맞는 다른 사람들과 더불어 유대인 회당에서 토론했다. 그리고 날마다 거리

and let them go while they investigated the charges.

Berea

10-12 That night, under cover of darkness, their friends got Paul and Silas out of town as fast as they could. They sent them to Berea, where they again met with the Jewish community. They were treated a lot better there than in Thessalonica. The Jews received Paul's message with enthusiasm and met with him daily, examining the Scriptures to see if they supported what he said. A lot of them became believers, including many Greeks who were prominent in the community, women and men of influence. 13-15 But it wasn't long before reports got back to the Thessalonian hard-line Jews that Paul was at it again, preaching the Word of God, this time in Berea. They lost no time responding, and created a mob scene there, too. With the help of his friends, Paul gave them the slip—caught a boat and put out to sea. Silas and Timothy stayed behind. The men who helped Paul escape got him as far as Athens and left him there. Paul sent word back with them to Silas and Timothy: "Come as quickly as you can!"

Athens

16 The longer Paul waited in Athens for Silas and Timothy, the angrier he got—all those idols! The city was a junkyard of idols. 17-18 He discussed it with the Jews and other like-minded people at their meeting place. And every day he went out on the streets and talked with anyone who happened along. He got to know some of the Epicurean and

에 나가서, 만나는 사람 누구하고나 이야기를 나누었다. 그런 대화를 통해 그는 에피쿠로스 학파와 스토아 학파 지식인 몇 사람과도 잘 알게 되었다. 그들 가운데는 "이런 어리석은 사람을 봤나!" 하고 빈정대며 바울의 말을 일축하는 사람들도 있었다. 그러나 바울이 전하는 예수와 부활 이야기에 귀를 기울이며 "당신의 이야기는 신에 관한 새로운 관점이오. 더 들어 봅시다" 하고 관심을 보이는 사람들도 있었다.

19-21 그 사람들이 함께 모여서, 바울에게 아레오바고 법정에서 공개적으로 설명해 줄 것을 요청했다. 그곳은 주변이 한결 조용한 곳이었다. 그들이 말했다. "이 이야기는 우리에게 새로운 것이오. 우리는 이 같은 이야기를 한 번도 들어 본 적이 없소. 대체 당신은 어디서 이런 생각을 찾아낸 것이오? 우리가 이해할 수 있도록 설명해 보시오." 아테네 시내는 잡다한 이야기들이 넘쳐나는 곳이었다. 현지인이나 관광객이나 할 것 없이, 항상 사람들이 어슬렁거리며 무엇이든 최신 뉴스를 기다리는 곳이었다.

22-23 그러자 바울은 아레오바고 법정에 자리를 잡고 서서 설명했다. "내가 보니, 아테네 시민 여러분은 종교를 진지하게 여기는 것이 분명합니다. 나는 며칠 전 이곳에 도착했는데, 오가면서 발견한 그 모든 신당들에 놀랐습니다. '아무도 알지 못하는 신에게'라고 새겨진 신당도 있더군요. 내가 여기 온 것은 아무도 알지 못했던 그 신을 여러분에게 소개하여, 여러분이 대상을 분명히 알고 예배할 수 있도록 하려는 것입니다.

24-29 세상과 그 안에 있는 모든 것을 만드신 하나님, 하늘과 땅의 주님께서는 여러분이 주문 제작한 신당에 사시지 않습니다. 또한 자신을 건사하지 못해 옆에서 시중들어 줄 누군가가 필요하신 분도 아닙니다. 그분이 피조물을 만드셨지, 피조물이 그분을 만

Stoic intellectuals pretty well through these conversations. Some of them dismissed him with sarcasm: "What an airhead!" But others, listening to him go on about Jesus and the resurrection, were intrigued: "That's a new slant on the gods. Tell us more."

19-21 These people got together and asked him to make a public presentation over at the Areopagus, where things were a little quieter. They said, "This is a new one on us. We've never heard anything quite like it. Where did you come up with this anyway? Explain it so we can understand." Downtown Athens was a great place for gossip. There were always people hanging around, natives and tourists alike, waiting for the latest tidbit on most anything.

22-23 So Paul took his stand in the open space at the Areopagus and laid it out for them. "It is plain to see that you Athenians take your religion seriously. When I arrived here the other day, I was fascinated with all the shrines I came across. And then I found one inscribed, TO THE GOD NOBODY KNOWS. I'm here to introduce you to this God so you can worship intelligently, know who you're dealing with.

24-29 "The God who made the world and everything in it, this Master of sky and land, doesn't live in custom-made shrines or need the human race to run errands for him, as if he couldn't take care of himself. He makes the creatures; the creatures don't make him. Starting from scratch, he made the entire human race and made

든 것이 아닙니다. 그분은 무(無)에서 출발해 온 인류를 지으셨고, 이 땅을 살 만한 좋은 곳으로 만들어 주셨습니다. 넉넉한 시간과 살 만한 공간도 주셨습니다. 이는 우리가 어둠 속에서 더듬기만 하는 것이 아니라 실제로 그분을 만날 수 있도록, 우리가 하나님을 찾을 수 있도록 하시려는 것입니다. 그분은 우리와 숨바꼭질하시지 않습니다. 그분은 멀리 계시지 않습니다. 그분은 가까이 계십니다. 우리는 그분 안에서 살고 움직입니다. 그분을 벗어날 수 없습니다! 여러분의 시인들 가운데 누군가가 '우리는 하나님께 지음받은 존재'라고 잘 말했습니다. 과연 우리가 하나님께 지음받은 존재라면, 우리가 석공을 고용해서 돌을 깎아 우리를 위한 신을 만들겠다는 것은 얼마나 얼토당토않은 생각입니까?

30-31 여러분이 아직 잘 모를 때에는 하나님께서 그냥 지나치셨습니다. 그러나 이제는 그러한 때가 지났습니다. 알지 못하던 그 신이 여러분에게 알려졌고, 이제 그분은 여러분에게 근본적인 삶의 변화를 요구하십니다. 그분은 온 인류를 심판하시고 모든 것을 바르게 할 날을 정하셨습니다. 이미 심판자를 지명하시고 그분을 죽은 자들 가운데서 살리셔서, 모든 사람 앞에 확증하셨습니다."

32-34 "죽은 자들 가운데서 살리신다"는 말에, 듣던 사람들이 두 부류로 나누어졌다. 바울을 비웃고 조롱하며 떠나간 사람들이 있는가 하면, "다시 들어 봅시다. 우리는 더 듣고 싶소" 하고 말하는 사람들도 있었다. 그러나 그날은 그것으로 끝났고 바울도 떠났다. 그날 그 자리에서 확신이 생겨 바울을 떠나지 않은 사람들도 있었다. 그 가운데는 아레오바고 법정의 판사인 디오누시오와 다마리라는 여자도 있었다.

고린도

18 1-4 아테네 사역이 끝나고, 바울은 고린도로 갔다. 거기서 그는 본도 태생

the earth hospitable, with plenty of time and space for living so we could seek after God, and not just grope around in the dark but actually *find* him. He doesn't play hide-and-seek with us. He's not remote; he's *near*. We live and move in him, can't get away from him! One of your poets said it well: 'We're the God-created.' Well, if we are the God-created, it doesn't make a lot of sense to think we could hire a sculptor to chisel a god out of stone for *us*, does it?

30-31 "God overlooks it as long as you don't know any better—but that time is past. The unknown is now known, and he's calling for a radical life-change. He has set a day when the entire human race will be judged and everything set right. And he has already appointed the judge, confirming him before everyone by raising him from the dead."

32-34 At the phrase "raising him from the dead," the listeners split: Some laughed at him and walked off making jokes; others said, "Let's do this again. We want to hear more." But that was it for the day, and Paul left. There were still others, it turned out, who were convinced then and there, and stuck with Paul—among them Dionysius the Areopagite and a woman named Damaris.

Corinth

18 1-4 After Athens, Paul went to Corinth. That is where he discovered Aquila, a Jew born in

유대인 아굴라와 그 아내 브리스길라를 만났다. 그들은 글라우디오 황제가 유대인들에게 내린 대대적인 로마 추방령 때문에 이탈리아로부터 막 도착해 있었다. 바울은 그들의 집에 묵으면서, 그들과 천막 만드는 일을 함께했다. 그는 안식일마다 회당에 가서 유대인과 그리스 사람 모두에게 예수에 대한 확신을 심어 주려고 최선을 다했다.

5-6 마케도니아에서 실라와 디모데가 오자, 바울은 말씀을 전하고 가르치는 일에 전념할 수 있었다. 그는 예수가 하나님의 메시아라는 사실을 유대인들에게 설득시키려고 애썼다. 그러나 뜻대로 되지 않았다. 유대인들이 한 일이라고는 사사건건 논쟁을 일삼고 그의 말을 반박하는 것이 전부였다. 몹시 화가 난 바울은 결국 그들에게 크게 실망해서, 소용없는 일로 여기고 손을 뗐다. 그가 말했다. "그렇다면 여러분 마음대로 하십시오. 여러분이 뿌린 씨앗은 여러분이 거두게 될 것입니다. 이제부터 나는 다른 민족들을 위해 내 시간을 쓰겠습니다."

7-8 바울은 그곳을 떠나, 유대인의 회당 바로 옆에 사는 디도 유스도의 집으로 갔다. 그는 하나님을 경외하는 사람이었다. 유대인들을 향한 바울의 수고가 전혀 헛되지는 않았다. 회당장 그리스보가 주님을 믿은 것이다. 그와 함께 그의 온 가족도 믿었다.

8-11 바울의 말을 듣는 중에, 아주 많은 고린도 사람들이 믿고 세례를 받았다. 어느 날 밤, 주님께서 바울의 꿈에 나타나 말씀하셨다. "계속 밀고 나가거라. 누구에게든지 겁을 먹거나 침묵해서는 안된다. 무슨 일이 있어도 내가 너와 함께하니 아무도 너를 해칠 수 없다. 이 도시에 내 편에 서 있는 사람이 얼마나 많은지 너는 모른다." 그 한 마디 말로, 바울은 끝까지 견딜 수 있었다. 그는 그곳에서 일 년 반을 더 머물면서, 고린도 사람들에게 하나님의 말씀을 신실

Pontus, and his wife, Priscilla. They had just arrived from Italy, part of the general expulsion of Jews from Rome ordered by Claudius. Paul moved in with them, and they worked together at their common trade of tentmaking. But every Sabbath he was at the meeting place, doing his best to convince both Jews and Greeks about Jesus.

5-6 When Silas and Timothy arrived from Macedonia, Paul was able to give all his time to preaching and teaching, doing everything he could to persuade the Jews that Jesus was in fact God's Messiah. But no such luck. All they did was argue contentiously and contradict him at every turn. Totally exasperated, Paul had finally had it with them and gave it up as a bad job. "Have it your way, then," he said. "You've made your bed; now lie in it. From now on I'm spending my time with the other nations."

7-8 He walked out and went to the home of Titius Justus, a God-fearing man who lived right next to the Jews' meeting place. But Paul's efforts with the Jews weren't a total loss, for Crispus, the meeting-place president, put his trust in the Master. His entire family believed with him.

8-11 In the course of listening to Paul, a great many Corinthians believed and were baptized. One night the Master spoke to Paul in a dream: "Keep it up, and don't let anyone intimidate or silence you. No matter what happens, I'm with you and no one is going to be able to hurt you. You have no idea how many people I have on my side in this city." That was all he needed to stick it out. He stayed another year and a half,

하게 가르쳤다.

12-13 그러나 갈리오가 아가야 총독으로 있을 때, 유대인들이 바울에 반대하는 운동을 벌여 그를 법정으로 끌고 가 고발했다. "이 자는 율법에 어긋나는 예배 행위를 하라고 사람들을 현혹하고 있습니다."

14-16 바울이 막 자신을 변호하려고 하는데, 갈리오가 끼어들어 유대인들에게 말했다. "이것이 범죄 행위와 관련된 문제라면, 내가 기꺼이 여러분의 말을 듣겠소. 그러나 내게는, 이것이 유대인들이 종교를 두고 벌이는 끝없는 말다툼처럼 들리오. 여러분이 직접 해결하시오. 말도 안되는 이런 문제로 신경 쓰고 싶지 않소." 그러고 나서 갈리오는 그들을 법정에서 내보냈다.

17 그러자 거리에 모여 있던 무리가 신임 회당장 소스데네에게 달려들어, 법정에서도 다 볼 수 있도록 그를 마구 때렸다. 그러나 갈리오는 손가락 하나 까딱하지 않았다. 조금도 개의치 않았던 것이다.

에베소

18 바울은 고린도에 조금 더 머물렀다. 그러나 곧 동료들을 떠나야 할 때가 되었다. 그는 작별인사를 하고, 배에 올라 시리아로 향했다. 브리스길라와 아굴라가 그와 함께했다. 항구 도시 겐그레아에서, 바울은 배에 오르기 전에 자신이 서원한 대로 머리를 깎았다.

19-21 일행이 에베소에 도착했다. 브리스길라와 아굴라는 배에서 내려 거기에 머물렀다. 바울도 배에서 잠시 내려, 회당에 가서 유대인들에게 말씀을 전했다. 그들은 그가 더 오래 머물기를 원했으나, 그는 그럴 수 없었다. 작별인사를 한 뒤에, 그는 "하나님의 뜻이면 다시 돌아오겠습니다" 하고 약속했다.

faithfully teaching the Word of God to the Corinthians.

12-13 But when Gallio was governor of Achaia province, the Jews got up a campaign against Paul, hauled him into court, and filed charges: "This man is seducing people into acts of worship that are illegal."

14-16 Just as Paul was about to defend himself, Gallio interrupted and said to the Jews, "If this was a matter of criminal conduct, I would gladly hear you out. But it sounds to me like one more Jewish squabble, another of your endless hairsplitting quarrels over religion. Take care of it on your own time. I can't be bothered with this nonsense," and he cleared them out of the courtroom.

17 Now the street rabble turned on Sosthenes, the new meeting-place president, and beat him up in plain sight of the court. Gallio didn't raise a finger. He could not have cared less.

Ephesus

18 Paul stayed a while longer in Corinth, but then it was time to take leave of his friends. Saying his good-byes, he sailed for Syria, Priscilla and Aquila with him. Before boarding the ship in the harbor town of Cenchrea, he had his head shaved as part of a vow he had taken.

19-21 They landed in Ephesus, where Priscilla and Aquila got off and stayed. Paul left the ship briefly to go to the meeting place and preach to the Jews. They wanted him to stay longer, but he said he couldn't. But after saying good-bye, he promised, "I'll be back, God willing."

21-22 바울은 에베소를 떠나 가이사랴로 향했다. 그곳에 있는 그리스도인 모임에서 인사를 나눈 뒤에 안디옥까지 가서 여정을 마쳤다.

23 안디옥의 그리스도인들과 오랜 시간을 함께 보내고 나서, 바울은 다시 갈라디아와 부르기아로 떠났다. 그는 전에 자신이 왔던 길을 되돌아가면서, 각 성을 차례로 다니며 제자들에게 새로운 마음을 심어 주었다.

24-26 아볼로라는 사람이 에베소에 왔다. 그는 이집트 알렉산드리아 태생의 유대인이었는데, 유창한 말로 성경 말씀을 힘 있게 전하는 탁월한 웅변가였다. 그는 주님의 도(道)를 잘 교육받았고, 열정으로 불타오르는 사람이었다. 그가 예수에 대해 가르치는 내용이 아주 정확했으나, 그 가르침은 요한의 세례까지밖에 이르지 못했다. 아볼로가 회당에서 말씀을 힘 있게 전하는 것을 들은 브리스길라와 아굴라는, 그를 따로 데려다가 그가 알지 못하는 나머지 이야기를 들려주었다.

27-28 아볼로가 아가야로 가기로 결정하자, 에베소의 동료들이 그를 축복해 주었다. 그리고 그곳의 제자들에게, 두 팔 벌려 그를 영접하도록 추천장을 써 주었다. 과연 그를 기쁘게 맞아들인 보람이 있었다. 하나님의 크신 자비로 믿는 사람이 된 이들에게 아볼로는 큰 도움이 되었다. 특히 그는 유대인들과의 공개 토론에 능하여, 예수가 참으로 하나님의 메시아라는 증거를 성경을 근거로 설득력 있게 제시했다.

19

1-2 아볼로가 고린도에 가 있는 동안, 바울은 높은 지역을 거쳐 에베소에 이르렀다. 거기서 몇몇 제자들을 만난 바울은 먼저 이런 말부터 꺼냈다.

21-22 From Ephesus he sailed to Caesarea. He greeted the church there, and then went on to Antioch, completing the journey.

23 After spending a considerable time with the Antioch Christians, Paul set off again for Galatia and Phrygia, retracing his old tracks, one town after another, putting fresh heart into the disciples.

24-26 A man named Apollos came to Ephesus. He was a Jew, born in Alexandria, Egypt, and a terrific speaker, eloquent and powerful in his preaching of the Scriptures. He was well-educated in the way of the Master and fiery in his enthusiasm. Apollos was accurate in everything he taught about Jesus up to a point, but he only went as far as the baptism of John. He preached with power in the meeting place. When Priscilla and Aquila heard him, they took him aside and told him the rest of the story.

27-28 When Apollos decided to go on to Achaia province, his Ephesian friends gave their blessing and wrote a letter of recommendation for him, urging the disciples there to welcome him with open arms. The welcome paid off: Apollos turned out to be a great help to those who had become believers through God's immense generosity. He was particularly effective in public debate with the Jews as he brought out proof after convincing proof from the Scriptures that Jesus was in fact God's Messiah.

19

1-2 Now, it happened that while Apollos was away in Corinth, Paul made his way down through the mountains, came to Ephesus, and happened on some

"여러분이 믿을 때에 성령을 받았습니까? 여러분은 하나님을 머리에만 모셨습니까, 아니면 마음에도 모셨습니까? 그분이 여러분 안에 들어오셨습니까?"

"성령이라니요? 하나님이 우리 안에 계신다고요? 그런 말은 처음 듣습니다."

³ "그럼 세례는 어떻게 받았습니까?" 바울이 물었다.

"요한의 세례를 받았습니다."

⁴ "아, 그렇군요." 바울이 말했다. "요한은 자기 뒤에 오실 분을 받아들이도록 사람들을 준비시키기 위해 세례를 베풀었습니다. 그 세례는 과거와는 전혀 다른 삶을 살라는 요청이었습니다. 뒤에 오실 분은, 바로 예수이셨습니다. 여러분이 요한의 세례를 받았다면, 이제 진짜 세례인 예수를 맞을 준비가 된 것입니다."

⁵⁻⁷ 그들은 참으로 준비되어 있었다. 그 말을 듣자마자, 그들은 주 예수의 이름으로 세례를 받았다. 바울이 그들의 머리에 손을 얹자, 성령께서 그들 안으로 들어오셨다. 그때부터 그들은 방언으로 하나님을 찬송하고, 하나님께서 하신 일들을 이야기했다. 그날 거기 있던 사람들은 모두 열두 명 정도였다.

⁸⁻¹⁰ 그 후 바울은 곧바로 회당으로 갔다. 그는 석 달 동안 자유로이 회당에 드나들며, 최선을 다해 하나님 나라의 일을 생생하고 설득력 있게 제시했다. 그러나 그때에, 그들 가운데 일부가 그리스도인의 생활방식에 대해 악한 소문을 퍼뜨리는 바람에 회중 사이에 저항이 생기기 시작했다. 바울은 제자들을 데리고 그곳을 떠나, 두란노 학교를 열고 날마다 거기서 강론했다. 그는 이 년 동안 그 일을 하면서, 아시아에 있는 모든 사람, 유대인뿐 아니라 그리스 사람들까지 주의 **메시지**를 들을 수 있도록 충분한 기회를 주었다.

disciples there. The first thing he said was, "Did you receive the Holy Spirit when you believed? Did you take God into your mind only, or did you also embrace him with your heart? Did he get inside you?"

"We've never even heard of that—a Holy Spirit? God within us?"

³ "How were you baptized, then?" asked Paul. "In John's baptism."

⁴ "That explains it," said Paul. "John preached a baptism of radical life-change so that people would be ready to receive the One coming after him, who turned out to be Jesus. If you've been baptized in John's baptism, you're ready now for the real thing, for Jesus."

⁵⁻⁷ And they were. As soon as they heard of it, they were baptized in the name of the Master Jesus. Paul put his hands on their heads and the Holy Spirit entered them. From that moment on, they were praising God in tongues and talking about God's actions. Altogether there were about twelve people there that day.

⁸⁻¹⁰ Paul then went straight to the meeting place. He had the run of the place for three months, doing his best to make the things of the kingdom of God real and convincing to them. But then resistance began to form as some of them began spreading evil rumors through the congregation about the Christian way of life. So Paul left, taking the disciples with him, and set up shop in the school of Tyrannus, holding class there daily. He did this for two years, giving everyone in the province of Asia, Jews as well as Greeks, ample opportunity to hear the Message of the Master.

난데없이 나타난 마술사들

11-12 하나님께서 바울을 통해 강력하고도 비상한 일들을 행하셨다. 그 소문이 퍼지자, 사람들은 바울의 살에 닿았던 옷가지, 곧 손수건과 목도리 같은 것을 가져다가 병자들에게 대기 시작했다. 그것을 대기만 해도 병자들이 깨끗이 나았다. **13-16** 귀신을 축출하며 떠돌아다니는 몇몇 유대인들이 마침 시내에 와 있었다. 그들은 그 모든 일이 바울의 술수려니 생각하고 그 일을 자기들도 한번 해보았다. 그들은 악한 귀신의 피해를 입은 사람들에게 주 예수의 이름을 대면서 말했다. "내가 바울이 전하는 예수로 너희에게 명한다!" 유대인 대제사장인 스게와의 일곱 아들도 어떤 사람에게 그렇게 하려고 하자, 악한 귀신들이 이렇게 되받았다. "내가 예수도 알고 바울도 들어 보았지만, 너희는 누구냐?" 그때 귀신 들린 자가 포악해지더니, 그들에게 뛰어올라 그들을 마구 때리고 옷을 찢었다. 그들은 옷이 벗겨진 채 피를 흘리면서, 있는 힘을 다해 달아났다. **17-20** 곧 이 일이 에베소 전역에 있는 유대인과 그리스 사람들에게 알려졌다. 이 일의 배후와 중심에 하나님이 계시다는 인식이 퍼져 나갔다. 바울에 대한 사람들의 호기심은, 점차 주 예수를 높이는 마음으로 바뀌어 갔다. 그렇게 믿게 된 많은 사람들이 자신의 정체를 밝히고, 은밀히 행하던 마술에서 완전히 손을 뗐다. 온갖 종류의 마술사와 점쟁이들이 마술책과 주술책을 가지고 나타나서, 그것들을 전부 불태워 버렸다. 어떤 사람이 그 값을 계산해 보니, 은화 오만이나 되었다. 이제 에베소에서 주님의 말씀이 최고이자 대세인 것이 분명해졌다.

Witches Came out of the Woodwork

11-12 God did powerful things through Paul, things quite out of the ordinary. The word got around and people started taking pieces of clothing—handkerchiefs and scarves and the like—that had touched Paul's skin and then touching the sick with them. The touch did it—they were healed and whole. **13-16** Some itinerant Jewish exorcists who happened to be in town at the time tried their hand at what they assumed to be Paul's "game." They pronounced the name of the Master Jesus over victims of evil spirits, saying, "I command you by the Jesus preached by Paul!" The seven sons of a certain Sceva, a Jewish high priest, were trying to do this on a man when the evil spirit talked back: "I know Jesus and I've heard of Paul, but who are you?" Then the possessed man went berserk—jumped the exorcists, beat them up, and tore off their clothes. Naked and bloody, they got away as best they could. **17-20** It was soon news all over Ephesus among both Jews and Greeks. The realization spread that God was in and behind this. Curiosity about Paul developed into reverence for the Master Jesus. Many of those who thus believed came out of the closet and made a clean break with their secret sorceries. All kinds of witches and warlocks came out of the woodwork with their books of spells and incantations and made a huge bonfire of them. Someone estimated their worth at fifty thousand silver coins. In such ways it became evident that the Word of the Master was now sovereign and prevailed in Ephesus.

아데미 여신

21-22 이 모든 일이 있고 나서, 바울은 마케도니아와 아가야로 이동했다. 거기서 그는 예루살렘으로 갈 때가 되었다고 판단했다. 그는 "이제 나는 로마로 갑니다. 내가 로마를 꼭 보아야겠습니다!" 하고 말했다. 그는 자신의 조력자 가운데 디모데와 에라스도 두 사람을 마케도니아로 보내고, 얼마 동안 아시아에 머물면서 남은 일을 마무리했다.

23-26 그러나 그가 떠나기 전에, 이 도(道)를 두고 큰 소동이 벌어졌다. 데메드리오라 하는 은세공인이 아데미 여신의 신당을 제작하는 일을 했는데, 사업이 번창하여 많은 장인을 두고 있었다. 그는 자신이 고용한 사람들과 그 외에 비슷한 일로 고용된 사람들을 모아 놓고 말했다. "여러분, 여러분도 잘 알다시피, 우리는 이 사업으로 그럭저럭 먹고살고 있습니다. 그런데 바울이라는 자가 끼어들어, 손으로 만든 신 따위는 없다고 사람들에게 말하고 다녀 우리 일을 망치고 있습니다. 여기 에베소에서만 아니라, 아시아 전역에서 많은 사람들이 그를 따르고 있습니다.

27 우리 사업만 무너질 위험에 처한 것이 아닙니다. 아데미의 영광스러운 명성도 흔적 없이 허물어질 지경입니다. 그렇게 되면, 저 유명한 아데미 여신의 신전도 틀림없이 잔해 더미가 되고 말 것입니다. 온 세상이 우리의 아데미를 숭배하고 있으니, 이것은 단순히 한 지역만의 문제가 아닙니다."

28-31 그 말에 사람들이 격분했다. 그들은 거리로 뛰쳐나가면서 "에베소 사람들의 위대한 아데미여! 에베소 사람들의 위대한 아데미여!" 하고 소리쳤다. 그들은 온 도시에 소동을 일으키며 경기장으로 우르르 몰려갔다. 가는 길에, 바울의 동료 가운데 가이오와 아리스다고 두 사람도 잡아갔다. 바

The Goddess Artemis

21-22 After all this had come to a head, Paul decided it was time to move on to Macedonia and Achaia provinces, and from there to Jerusalem. "Then," he said, "I'm off to Rome. I've got to see Rome!" He sent two of his assistants, Timothy and Erastus, on to Macedonia and then stayed for a while and wrapped things up in Asia.

23-26 But before he got away, a huge ruckus occurred over what was now being referred to as "the Way." A certain silversmith, Demetrius, conducted a brisk trade in the manufacture of shrines to the goddess Artemis, employing a number of artisans in his business. He rounded up his workers and others similarly employed and said, "Men, you well know that we have a good thing going here—and you've seen how Paul has barged in and discredited what we're doing by telling people that there's no such thing as a god made with hands. A lot of people are going along with him, not only here in Ephesus but all through Asia province.

27 "Not only is our little business in danger of falling apart, but the temple of our famous goddess Artemis will certainly end up a pile of rubble as her glorious reputation fades to nothing. And this is no mere local matter—the whole world worships our Artemis!"

28-31 That set them off in a frenzy. They ran into the street yelling, "Great Artemis of the Ephesians! Great Artemis of the Ephesians!" They put the whole city in an uproar, stampeding into the stadium, and grabbing two of Paul's associates on the way, the Macedonians Gaius and

울도 경기장 안으로 들어가려고 했으나 제
자들이 말렸다. 바울과 친분이 있던 그 도시
의 유력한 종교 지도자들도 같은 생각이었
다. "절대로 저 폭도 곁에 가까이 가서는 안
됩니다!"

32-34 사람들이 저마다 이렇게 저렇게 소리
치고 있었다. 그들 대부분은 지금 무슨 일이
벌어지고 있는지, 자기가 왜 거기 있는지도
모르고 있었다. 유대인들이 상황을 통제해
보려고 알렉산더를 앞으로 밀자, 여러 파당
들이 그를 자기네 편으로 끌어들이려고 아
우성이었다. 그러나 그는 그들을 무시하고
엄숙한 손짓으로 폭도를 조용히 시켰다. 하
지만 그가 입을 여는 순간에 유대인이라는
사실이 밝혀지자, 그들은 소리를 질러 그의
말을 막아 버렸다. "에베소 사람들의 위대
한 아데미여! 에베소 사람들의 위대한 아데
미여!" 그들은 두 시간이 넘도록 계속 소리
쳤다.

35-37 마침내 에베소 시의 서기가 폭도를 진
정시키고 말했다. "시민 여러분, 우리의 사
랑하는 도시 에베소가, 영광스러운 아데미와
하늘에서 직접 떨어진 신성한 석상을 지키는
도시인 것을 모르는 사람이 어디 있습니까?
이것은 부인할 수 없는 사실이니, 여러분은
자중하십시오. 이런 행동은 아데미에게 어울
리지 않는 행동입니다. 여러분이 여기로 끌
고 온 이 사람들은 우리 신전이나 우리 여신
에게 해를 끼친 것이 하나도 없습니다.

38-41 그러니 데메드리오와 장인 조합은, 민
원이 있거든 법정에 가서 원하는 대로 고
발하면 됩니다. 그 밖의 고충이 있거든, 정
기 시민회의에 상정해서 해결하도록 하십
시오. 오늘 벌어진 일은 변명의 여지가 없
습니다. 여러분은 지금 우리 도시를 심각
한 위험에 빠뜨리고 있습니다. 로마가 폭도
를 곱게 보지 않는다는 사실을 잊지 마십시
오." 그렇게 말하고, 그는 사람들을 집으로

Aristarchus. Paul wanted to go in, too, but
the disciples wouldn't let him. Prominent
religious leaders in the city who had
become friendly to Paul concurred: "By no
means go near that mob!"

32-34 Some were yelling one thing, some
another. Most of them had no idea what
was going on or why they were there. As
the Jews pushed Alexander to the front
to try to gain control, different factions
clamored to get him on their side. But he
brushed them off and quieted the mob
with an impressive sweep of his arms. But
the moment he opened his mouth and
they knew he was a Jew, they shouted him
down: "Great Artemis of the Ephesians!
Great Artemis of the Ephesians!"–on and
on and on, for over two hours.

35-37 Finally, the town clerk got the mob
quieted down and said, "Fellow citizens, is
there anyone anywhere who doesn't know
that our dear city Ephesus is protector
of glorious Artemis and her sacred stone
image that fell straight out of heaven?
Since this is beyond contradiction, you
had better get hold of yourselves. This is
conduct unworthy of Artemis. These men
you've dragged in here have done nothing
to harm either our temple or our goddess.

38-41 "So if Demetrius and his guild of
artisans have a complaint, they can take it
to court and make all the accusations they
want. If anything else is bothering you,
bring it to the regularly scheduled town
meeting and let it be settled there. There
is no excuse for what's happened today.
We're putting our city in serious danger.
Rome, remember, does not look kindly on

돌려보냈다.

rioters." With that, he sent them home.

마케도니아와 그리스

20 1-2 사태가 진정되자, 바울은 제자들을 불러 모아 에베소에서 선한 일을 지속하도록 격려했다. 그러고 나서, 작별인사를 하고 마케도니아로 떠났다. 그는 그 지역을 여행하며 각 모임을 방문할 때마다 끊임없이 사람들을 격려하여 사기를 높이고, 그들에게 새로운 희망을 불어넣었다.

2-4 그 후에 바울은 그리스로 가서 석 달을 머물렀다. 그가 배를 타고 시리아로 떠나려는데, 유대인들이 그를 해치려는 음모를 꾸몄다. 그래서 그는 다시 마케도니아를 지나는 육로로 길을 바꾸어 그들을 따돌렸다. 그 여정을 함께한 동료들은, 베뢰아 출신 부로의 아들 소바더, 데살로니가 사람 아리스다고와 세군도, 더베 출신 가이오, 디모데, 그리고 서아시아 출신의 두 사람 두기고와 드로비모였다.

5-6 그들이 먼저 가서 드로아에서 우리를 기다렸다. 한편, 우리는 유월절 주간을 빌립보에서 보낸 뒤에 배를 타고 떠났다. 우리는 닷새 만에 다시 드로아에 가서 한 주를 머물렀다.

7-9 일요일에 우리는 모여서 예배를 드리고 주님의 만찬을 기념했다. 바울은 회중에게 강론했다. 우리는 다음날 아침 일찍 떠날 예정이었으나, 바울의 이야기가 밤 늦게까지 길게 이어졌다. 우리가 모인 곳은 불을 환하게 밝힌 다락방이었다. 유두고라는 청년이 창을 열고 걸터앉아 있었다. 바울의 이야기가 계속되자, 깊은 잠이 들었던 유두고가 삼층 창문 밖으로 떨어졌다. 사람들이 일으켜 보니, 그가 죽어 있었다.

Macedonia and Greece

20 1-2 With things back to normal, Paul called the disciples together and encouraged them to keep up the good work in Ephesus. Then, saying his good-byes, he left for Macedonia. Traveling through the country, passing from one gathering to another, he gave constant encouragement, lifting their spirits and charging them with fresh hope.

2-4 Then he came to Greece and stayed on for three months. Just as he was about to sail for Syria, the Jews cooked up a plot against him. So he went the other way, by land back through Macedonia, and gave them the slip. His companions for the journey were Sopater, son of Pyrrhus, from Berea; Aristarchus and Secundus, both Thessalonians; Gaius from Derbe; Timothy; and the two from western Asia, Tychicus and Trophimus.

5-6 They went on ahead and waited for us in Troas. Meanwhile, we stayed in Philippi for Passover Week, and then set sail. Within five days we were again in Troas and stayed a week.

7-9 We met on Sunday to worship and celebrate the Master's Supper. Paul addressed the congregation. Our plan was to leave first thing in the morning, but Paul talked on, way past midnight. We were meeting in a well-lighted upper room. A young man named Eutychus was sitting in an open window. As Paul went on and on, Eutychus fell sound asleep and toppled out the third-story window. When they picked him up, he was dead.

10-12 바울이 내려가서 그 위에 엎드려 그를 꼭 끌어안고 말했다. "그만들 우시오. 그에게 아직 생명이 있습니다." 그 후에 바울이 일어나서 주의 만찬을 베풀었다. 그는 새벽까지 믿음의 이야기를 계속해서 전했다! 그런 분위기 속에서 사람들이 떠났다. 바울과 회중은 각자의 길을 갔다. 다시 살아난 유두고를 데리고 가면서, 그들은 모두 생명으로 충만했다.

13-16 한편, 남은 우리는 먼저 배를 타고 앗소로 향했다. 거기서 우리는 바울을 태울 계획이었다. 바울이 앗소까지 걸어가기를 원해서, 미리 일정을 맞추어 둔 것이다. 일은 계획대로 되어, 우리는 앗소에서 그를 만나 배에 태우고 미둘레네로 향했다. 이튿날 우리는 기오 맞은편에 들렀다가, 다음날 사모를 거쳐 밀레도에 이르렀다. 바울은 아시아에서 시간을 지체하지 않으려고 에베소를 지나치기로 했다. 그는 오순절에 맞춰 예루살렘에 도착하려고 서둘렀다.

예루살렘으로

17-21 바울이 밀레도에서 에베소로 사람을 보내 회중의 지도자들을 불렀다. 그들이 도착하자, 바울이 말했다. "여러분도 알다시피, 나는 아시아에 도착한 첫날부터 전적으로 여러분과 함께 지냈습니다. 어떤 상황에서도 목숨을 걸고 주님을 섬겼고, 나를 죽이려는 유대인들의 끝없는 계략을 참아 냈습니다. 나는 어떤 경우에도 인색하게 굴거나 잇속을 챙기지 않았고, 여러분의 삶에 변화를 가져다줄 진리와 격려의 말을 여러분에게 아낌없이 주었습니다. 나는 여러분을 사람들 앞에서나 여러분의 집에서 가르치면서, 유대인에게나 그리스 사람에게나 똑같이 하나님 앞에서 삶을 근본적으로 고치고 우리 주 예수를 철저히 신뢰하도록 당부했습니다.

10-12 Paul went down, stretched himself on him, and hugged him hard. "No more crying," he said. "There's life in him yet." Then Paul got up and served the Master's Supper. And went on telling stories of the faith until dawn! On that note, they left— Paul going one way, the congregation another, leading the boy off alive, and full of life themselves.

13-16 In the meantime, the rest of us had gone on ahead to the ship and sailed for Assos, where we planned to pick up Paul. Paul wanted to walk there, and so had made these arrangements earlier. Things went according to plan: We met him in Assos, took him on board, and sailed to Mitylene. The next day we put in opposite Chios, Samos a day later, and then Miletus. Paul had decided to bypass Ephesus so that he wouldn't be held up in Asia province. He was in a hurry to get to Jerusalem in time for the Feast of Pentecost, if at all possible.

On to Jerusalem

17-21 From Miletus he sent to Ephesus for the leaders of the congregation. When they arrived, he said, "You know that from day one of my arrival in Asia I was with you totally—laying my life on the line, serving the Master no matter what, putting up with no end of scheming by Jews who wanted to do me in. I didn't skimp or trim in any way. Every truth and encouragement that could have made a difference to you, you got. I taught you out in public and I taught you in your homes, urging Jews and Greeks alike to a radical life-change before God and an equally radical trust in our Master Jesus.

²²⁻²⁴ 그러나 지금, 내 앞에는 또 하나의 긴급한 일이 있습니다. 예루살렘으로 가야 한다는 부담입니다. 거기에 가면 무슨 일이 벌어질지, 나는 전혀 모릅니다. 쉽지 않을 것이 분명합니다. 내 앞에 고난과 투옥이 있을 것을 성령께서 거듭해서 분명히 말씀해 주셨습니다. 그러나 그것이 나에게는 별로 중요하지 않습니다. 나에게 가장 중요한 것은, 하나님께서 시작하신 일을 마치는 것입니다. 주예수께서 내게 맡기신 사명, 곧 믿을 수 없을 만큼 후히 베푸시는 하나님의 자비를, 내가 만나는 모든 사람에게 알리는 것입니다.

²⁵⁻²⁷ 오늘은 작별의 날입니다. 여러분은 나를 다시는 보지 못할 것입니다. 나도 여러분을 다시는 보지 못할 것입니다. 나는 오랫동안 여러분 사이를 오가며, 이제 막이 오른 하나님 나라를 선포했습니다. 나는 여러분을 위해 최선을 다했습니다. 내 모든 것을 여러분에게 주었으며, 여러분을 향한 하나님의 뜻을 하나도 남김없이 전했습니다.

²⁸ 이제 모든 것이 여러분에게 달려 있습니다. 여러분 자신을 위해서나 양 떼인 회중을 위해서나, 긴장을 늦추지 마십시오. 성령께서 이 하나님의 사람들을 여러분에게 맡기셔서, 교회를 지키고 보호하게 하셨습니다. 하나님께서 친히 이들을 위해 죽을 가치가 있다고 여기셨습니다.

²⁹⁻³¹ 내가 떠나자마자, 흉악한 이리들이 나타나서 이 양들을 맹렬히 공격하리라는 것을 압니다. 여러분의 무리 중에서 나온 자들이, 제자들을 유혹하여 예수 대신에 자기들을 따르게 하려고 왜곡된 이야기를 할 것입니다. 그러니 늘 깨어 경계하십시오. 지난 삼 년 동안 내가 여러분과 함께 끝까지 포기하지 않고 견디면서, 여러분 한 사람 한 사람에게 내 마음을 쏟았던 것을 잊지 마십시오.

³² 이제 나는 여러분을 놀라우신 우리 하나님께 맡겨 드립니다. 하나님의 은혜로운 말

²²⁻²⁴ "But there is another urgency before me now. I feel compelled to go to Jerusalem. I'm completely in the dark about what will happen when I get there. I do know that it won't be any picnic, for the Holy Spirit has let me know repeatedly and clearly that there are hard times and imprisonment ahead. But that matters little. What matters most to me is to finish what God started: the job the Master Jesus gave me of letting everyone I meet know all about this incredibly extravagant generosity of God.

²⁵⁻²⁷ "And so this is good-bye. You're not going to see me again, nor I you, you whom I have gone among for so long proclaiming the news of God's inaugurated kingdom. I've done my best for you, given you my all, held back nothing of God's will for you.

²⁸ "Now it's up to you. Be on your toes—both for yourselves and your congregation of sheep. The Holy Spirit has put you in charge of these people—God's people they are—to guard and protect them. God himself thought they were worth dying for.

²⁹⁻³¹ "I know that as soon as I'm gone, vicious wolves are going to show up and rip into this flock, men from your very own ranks twisting words so as to seduce disciples into following them instead of Jesus. So stay awake and keep up your guard. Remember those three years I kept at it with you, never letting up, pouring my heart out with you, one after another.

³² "Now I'm turning you over to God, our marvelous God whose gracious Word

씀이 여러분을 그분이 원하시는 모습으로 만드실 수 있고, 이 거룩한 형제들의 이 공동체에서 여러분에게 필요한 것을 다 공급해 주실 수 있습니다.

33-35 여러분이 잘 알다시피, 나는 재물이나 유행에는 관심이 없습니다. 나는 내 자신과 또 나와 함께 일하는 사람들의 기본적인 필요를 맨손으로 해결했습니다. 무슨 일을 하든지, 약한 사람들 편에서 일하고 그들을 이용하지 않아야 한다는 것을 여러분에게 본으로 보였습니다. '받는 것보다 주는 것이 훨씬 행복하다'고 하신 우리 주님의 말씀을 늘 기억한다면, 여러분은 이 부분에서 잘못되지 않을 것입니다."

36-38 말을 마치고 나서, 바울은 무릎을 꿇고 기도했다. 그들도 다 무릎을 꿇었다. 하염없이 눈물이 흘렀다. 그들은 바울을 꼭 붙들고서 그를 보내려고 하지 않았다. 그들은 이제 다시는 그를 보지 못할 것을 알았다. 그렇게 되리라고, 바울이 아주 분명히 말했기 때문이다. 마음이 몹시 아팠으나, 마침내 그들은 용기를 내어 그를 배까지 배웅했다.

두로와 가이사랴

21 **1-4** 눈물 어린 작별을 뒤로하고, 우리는 길을 떠났다. 우리는 곧장 고스로 가서 이튿날 로도에 이르렀고, 그 다음에 바다라에 도착했다. 거기서 페니키아로 직항하는 배를 찾아, 그 배를 타고 출발했다. 시리아로 항로를 잡고 가는 동안에, 왼쪽으로 키프로스가 시야에 들어왔다가 곧 사라졌다. 마침내 우리는 두로 항에 정박했다. 짐을 내리는 동안, 우리는 현지에 있는 제자들을 찾아가 그들과 함께 이레를 지냈다. 그들이 성령을 힘입어 앞일을 내다보고, 바울에게 "예루살렘으로 가지 말라"는 말을 전했다.

can make you into what he wants you to be and give you everything you could possibly need in this community of holy friends.

33-35 "I've never, as you so well know, had any taste for wealth or fashion. With these bare hands I took care of my own basic needs and those who worked with me. In everything I've done, I have demonstrated to you how necessary it is to work on behalf of the weak and not exploit them. You'll not likely go wrong here if you keep remembering that our Master said, 'You're far happier giving than getting.'"

36-38 Then Paul went down on his knees, all of them kneeling with him, and prayed. And then a river of tears. Much clinging to Paul, not wanting to let him go. They knew they would never see him again— he had told them quite plainly. The pain cut deep. Then, bravely, they walked him down to the ship.

Tyre and Caesarea

21 **1-4** And so, with the tearful good-byes behind us, we were on our way. We made a straight run to Cos, the next day reached Rhodes, and then Patara. There we found a ship going direct to Phoenicia, got on board, and set sail. Cyprus came into view on our left, but was soon out of sight as we kept on course for Syria, and eventually docked in the port of Tyre. While the cargo was being unloaded, we looked up the local disciples and stayed with them seven days. Their message to Paul, from insight given by the Spirit, was "Don't go to Jerusalem."

5-6 시간이 다 되자, 그들은 시내에서 부두까지 우리를 바래다주었다. 남녀노소 할 것 없이 모두가 따라왔다. 그 자리가 송별회가 되었다! 바닷가에서 우리는 모두 무릎을 꿇고 기도했다. 또 한 차례 작별인사를 나눈 뒤에, 우리는 배에 오르고 그들은 집으로 돌아갔다.

7-9 두로에서 돌레마이까지 짧은 항해를 마쳤다. 우리는 그곳의 그리스도인 동료들을 문안하고 그들과 함께 하루를 지냈다. 아침에 우리는 가이사랴로 가서 "일곱 사람" 중 하나인 전도자 빌립의 집에 묵었다. 빌립에게는 예언하는 처녀 딸이 네 명 있었다.

10-11 그곳에 있은 지 며칠이 지난 후에, 아가보라는 예언자가 우리를 보려고 유대에서 내려왔다. 그는 곧장 바울에게 가더니, 바울의 허리띠를 가져다가 연극을 하듯 자기 손발을 묶었다. 그러고는 이렇게 말했다. "성령께서 '예루살렘의 유대인들이 이 허리띠의 주인을 이렇게 묶어서, 하나님을 모르는 믿지 않는 자들에게 넘겨줄 것이다'라고 말씀하십니다."

12-13 그 말을 들은 우리와 그날 거기 있던 모든 사람들이, 바울에게 예루살렘으로 가겠다는 완강한 고집을 버리라고 간청했다. 그러나 바울은 뜻을 굽히지 않았다. "왜 이렇게 야단들입니까? 왜 소란을 피워 나를 더 힘들게 합니까? 여러분은 이 일을 거꾸로 보고 있습니다. 예루살렘에서 중요한 문제는, 나를 체포하든 죽이든 그들이 나한테 하는 일이 아니라, 나의 순종을 통해 주 예수께서 하시는 일입니다. 그것을 모르시겠습니까?"

14 그의 결심이 조금도 흔들리지 않는 것을 보고서, 우리는 단념했다. 우리는 "이제 하나님 손에 있습니다. 주님, 주님께서 알아서 해주십시오" 하고 말했다.

5-6 When our time was up, they escorted us out of the city to the docks. Everyone came along—men, women, children. They made a farewell party of the occasion! We all kneeled together on the beach and prayed. Then, after another round of saying good-bye, we climbed on board the ship while they drifted back to their homes.

7-9 A short run from Tyre to Ptolemais completed the voyage. We greeted our Christian friends there and stayed with them a day. In the morning we went on to Caesarea and stayed with Philip the Evangelist, one of "the Seven." Philip had four virgin daughters who prophesied.

10-11 After several days of visiting, a prophet from Judea by the name of Agabus came down to see us. He went right up to Paul, took Paul's belt, and, in a dramatic gesture, tied himself up, hands and feet. He said, "This is what the Holy Spirit says: The Jews in Jerusalem are going to tie up the man who owns this belt just like this and hand him over to godless unbelievers."

12-13 When we heard that, we and everyone there that day begged Paul not to be stubborn and persist in going to Jerusalem. But Paul wouldn't budge: "Why all this hysteria? Why do you insist on making a scene and making it even harder for me? You're looking at this backward. The issue in Jerusalem is not what they do to me, whether arrest or murder, but what the Master Jesus does through my obedience. Can't you see that?"

14 We saw that we weren't making even a dent in his resolve, and gave up. "It's in God's hands now," we said. "Master, you handle it."

15-16 얼마 지나지 않아 우리는 짐을 꾸려 예루살렘을 향해 길을 떠났다. 가이사랴에서 온 제자들 몇 사람이 우리와 함께 가서, 우리를 나손의 집에 데려다 주었다. 그는 우리를 따뜻하게 맞아 주었다. 그는 키프로스 태생으로, 초기 제자들 가운데 한 사람이었다.

예루살렘

17-19 예루살렘에서 동료들이 우리를 보고 반가워하며, 두 팔 벌려 우리를 맞아 주었다. 이튿날 아침, 먼저 우리는 바울을 데리고 가서 야고보를 만났다. 교회의 지도자들도 다 그 자리에 있었다. 안부와 몇 마디 인사말을 나눈 뒤에, 바울은 그동안 하나님께서 자신의 사역을 통해 이방인들 가운데 행하신 일을 하나하나 자세히 이야기해 주었다. 그들은 이야기를 듣고 기뻐하며 하나님께 영광을 돌렸다.

20-21 그들도 들려줄 이야기가 있었다. "그동안 여기에 무슨 일이 있었는지 보십시오. 하나님을 경외하는 유대인 수만 명이 예수를 믿게 되었습니다! 그러나 그들이 모세의 율법을 지키는 데 어느 때보다 열심이다 보니 문제도 있습니다. 유대인들 사이에서 들리는 말이, 당신이 믿지 않는 이방인들 속에서 살아가는 믿는 유대인들에게 모세를 가볍게 여겨도 된다고 하면서, 자녀들에게 할례를 주지 않아도 되고 옛 전통도 지킬 필요가 없다고 가르친다고 합니다. 그러나 그것은 그들이 전혀 받아들일 수 없는 일입니다.

22-24 당신이 시내에 들어온 것을 그들이 알면 어찌될지 걱정입니다. 곤란한 일이 생길 것입니다. 그러니 이렇게 합시다. 우리 일행 가운데 정결예식을 하기로 서원했으나 돈이 없어 행하지 못한 네 사람이 있습니다. 당신이 그들의 서원에 참여해서 그들의

15-16 It wasn't long before we had our luggage together and were on our way to Jerusalem. Some of the disciples from Caesarea went with us and took us to the home of Mnason, who received us warmly as his guests. A native of Cyprus, he had been among the earliest disciples.

Jerusalem

17-19 In Jerusalem, our friends, glad to see us, received us with open arms. The first thing next morning, we took Paul to see James. All the church leaders were there. After a time of greeting and small talk, Paul told the story, detail by detail, of what God had done among the non-Jewish people through his ministry. They listened with delight and gave God the glory.

20-21 They had a story to tell, too: "And just look at what's been happening here— thousands upon thousands of God-fearing Jews have become believers in Jesus! But there's also a problem because they are more zealous than ever in observing the laws of Moses. They've been told that you advise believing Jews who live surrounded by unbelieving outsiders to go light on Moses, telling them that they don't need to circumcise their children or keep up the old traditions. This isn't sitting at all well with them.

22-24 "We're worried about what will happen when they discover you're in town. There's bound to be trouble. So here is what we want you to do: There are four men from our company who have taken a vow involving ritual purification, but have no money to pay the expenses. Join these

비용을 대 주십시오. 그러면 당신에 대해 떠도는 소문이 사실무근이며, 당신이 모세의 율법을 철저히 존중한다는 것이 모든 사람 앞에 분명해질 것입니다.

25 당신에게 이렇게 요청한다고 해서, 믿는 사람이 된 이방인들에 대해 전에 우리가 합의한 내용을 되돌리는 것은 아닙니다. 우리는 그 편지에 쓴 내용을 계속해서 굳게 붙들고 있습니다. '우상과 관계된 활동에 관여하지 말고, 유대인 그리스도인들에게 거슬리는 음식을 내놓지 말며, 성생활과 결혼의 도덕을 지킬 것'을 말입니다."

26 바울은 그들의 제안대로 했다. 그 사람들을 데리고 가서, 그들의 서원에 참여하고 그들의 비용을 댔다. 이튿날 그는 성전에 가서 그것을 공식화했다. 각 사람의 정결예식을 위한 제사를 드리고, 그 제사가 끝날 때까지 거기에 머물렀다.

바울이 체포되다

27-29 그들의 정결예식에 필요한 이레가 거의 끝나갈 무렵, 에베소 근방에서 온 몇몇 유대인들이 성전에서 바울을 발견했다. 그들은 당장 그곳을 뒤집어 놓았다. 그들은 바울을 붙잡고 목이 터져라 외치기 시작했다. "도와주시오! 이스라엘 동포 여러분, 도와주시오! 이 자는 온 세상을 다니면서 우리와 우리 종교와 이 성전을 거슬러 거짓말하는 자입니다. 이제는 그리스 사람들을 여기까지 데리고 들어와서, 이 거룩한 곳을 더럽혀 놓았습니다." (바울과 에베소 사람 드로비모가 함께 도성 안을 다니는 것을 보고서, 바울이 그를 성전까지 데려와 구경시켜 주었으리라 짐작했던 것이다.)

30 이내 도시 전체에 소동이 일어났다. 도처에서 사람들이 성전으로 달려와 그들의

men in their vows and pay their expenses. Then it will become obvious to everyone that there is nothing to the rumors going around about you and that you are in fact scrupulous in your reverence for the laws of Moses.

25 "In asking you to do this, we're not going back on our agreement regarding non-Jews who have become believers. We continue to hold fast to what we wrote in that letter, namely, to be careful not to get involved in activities connected with idols; to avoid serving food offensive to Jewish Christians; to guard the morality of sex and marriage."

26 So Paul did it—took the men, joined them in their vows, and paid their way. The next day he went to the Temple to make it official and stay there until the proper sacrifices had been offered and completed for each of them.

Paul Under Arrest

27-29 When the seven days of their purification were nearly up, some Jews from around Ephesus spotted him in the Temple. At once they turned the place upside-down. They grabbed Paul and started yelling at the top of their lungs, "Help! You Israelites, help! This is the man who is going all over the world telling lies against us and our religion and this place. He's even brought Greeks in here and defiled this holy place." (What had happened was that they had seen Paul and Trophimus, the Ephesian Greek, walking together in the city and had just assumed that he had also taken him to the Temple and shown him around.)

30 Soon the whole city was in an uproar, people running from everywhere to the

행동에 가세했다. 그들은 바울을 붙잡아서 성전 밖으로 끌어낸 다음, 그가 다시는 거룩한 곳에 접근하지 못하도록 성전 문을 모두 잠갔다.

31-32 그들이 바울을 죽이려고 할 때, "폭동입니다! 도시 전체가 들끓고 있습니다!" 하는 보고가 경비대 지휘관에게 들어갔다. 그 지휘관은 신속히 행동을 취했다. 그의 병사와 백부장들이 즉시 현장으로 달려갔다. 바울을 때리던 무리가 지휘관과 병사들을 보고서야 행동을 멈췄다.

33-36 지휘관이 다가가서 바울을 체포했다. 그는 먼저 바울에게 수갑을 채우라고 명령했고, 그런 다음 그가 누구이며 무슨 일을 했는지 물었다. 지휘관이 무리에게서 얻은 것은, 저마다 이렇게 저렇게 외치는 고함소리뿐이었다. 광기 어린 무리의 소리를 분간할 수 없었던 지휘관은, 바울을 군대 병영으로 데려가라고 명령했다. 그러나 그들이 성전 계단에 이르렀을 때 무리가 난폭해져서, 병사들은 바울을 메고 가야만 했다. 그들이 바울을 메고 가자, 무리가 따라오며 외쳤다. "죽여라! 저 자를 죽여라!"

37-38 그들이 병영에 도착해 들어가려고 할 때, 바울이 지휘관에게 말했다. "한 말씀 드려도 되겠습니까?"

지휘관이 대답했다. "오, 나는 당신이 그리스 말을 하는 줄 몰랐소. 나는 당신이 얼마 전 여기서 폭동을 일으켰다가, 자신을 따르는 사천여 명과 함께 광야로 잠적한 그 이집트 사람인 줄 알았소."

39 바울이 말했다. "아닙니다. 나는 다소 태생의 유대인입니다. 지금도 그 유력한 도시의 시민입니다. 간단한 부탁을 하나 드리겠습니다. 내가 저 무리에게 말할 수 있게 해 주십시오."

Temple to get in on the action. They grabbed Paul, dragged him outside, and locked the Temple gates so he couldn't get back in and gain sanctuary.

31-32 As they were trying to kill him, word came to the captain of the guard, "A riot! The whole city's boiling over!" He acted swiftly. His soldiers and centurions ran to the scene at once. As soon as the mob saw the captain and his soldiers, they quit beating Paul.

33-36 The captain came up and put Paul under arrest. He first ordered him handcuffed, and then asked who he was and what he had done. All he got from the crowd were shouts, one yelling this, another that. It was impossible to tell one word from another in the mob hysteria, so the captain ordered Paul taken to the military barracks. But when they got to the Temple steps, the mob became so violent that the soldiers had to carry Paul. As they carried him away, the crowd followed, shouting, "Kill him! Kill him!"

37-38 When they got to the barracks and were about to go in, Paul said to the captain, "Can I say something to you?"

He answered, "Oh, I didn't know you spoke Greek. I thought you were the Egyptian who not long ago started a riot here, and then hid out in the desert with his four thousand thugs."

39 Paul said, "No, I'm a Jew, born in Tarsus. And I'm a citizen still of that influential city. I have a simple request: Let me speak to the crowd."

바울이 자신의 이야기를 말하다

40 병영 계단에 서 있던 바울이 돌아서서 손을 들어 올렸다. 바울이 말을 시작하자 무리가 조용해졌다. 그는 히브리 말로 이야기했다.

22 1-2 "사랑하는 내 형제요 아버지이신 여러분, 나에 대해 미리 결론을 내리기 전에, 지금부터 내가 하는 말을 잘 들어 주십시오." 그들은 그가 히브리 말로 말하는 것을 듣고는 더 조용해졌다. 모두가 그의 말을 한 마디도 놓치지 않으려고 했다.

2-3 그가 말을 이었다. "나는 길리기아의 다소에서 태어난 선량한 유대인입니다. 여기 예루살렘에서 교육받았고, 랍비 가말리엘의 엄격한 지도 아래 우리 종교의 전통을 철저히 배웠습니다. 그리고 지금 여러분처럼 나도 항상 열정적으로 하나님 편에 있었습니다.

4-5 나는 이 도(道)와 관련된 사람이면 누구나 추적하고 맹렬히 공격해서, 하나님을 위해 죽일 준비가 되어 있었습니다. 나는 남자든 여자든 가리지 않고, 가는 곳마다 그들을 잡아들여 감옥에 가두었습니다. 대제사장이나 최고의회의 누구에게나 물어보면 그 사실을 확인할 수 있습니다. 그들 모두가 나를 잘 알고 있었습니다. 그러다가 나는, 예수를 따르는 이들을 추적하고 체포하려고 우리 형제들이 있는 다마쿠스로 떠났습니다. 나는 그들을 예루살렘으로 데려와서 형을 받게 하는 권한이 부여된 공문서를 가지고 있었습니다.

6-7 정오쯤 다마쿠스 외곽에 이르렀을 때, 하늘에서 눈부신 빛이 강하게 비쳤습니다. 나는 바닥에 쓰러졌고 시야가 흐려졌습니다. 그때, 한 음성이 들렸습니다. '사울아, 사울아, 왜 나를 해치려고 하느냐?'

8-9 나는 '주님, 누구십니까?' 하고 물었습니다.

Paul Tells His Story

40 Standing on the barracks steps, Paul turned and held his arms up. A hush fell over the crowd as Paul began to speak. He spoke in Hebrew.

22 1-2 "My dear brothers and fathers, listen carefully to what I have to say before you jump to conclusions about me." When they heard him speaking Hebrew, they grew even quieter. No one wanted to miss a word of this.

2-3 He continued, "I am a good Jew, born in Tarsus in the province of Cilicia, but educated here in Jerusalem under the exacting eye of Rabbi Gamaliel, thoroughly instructed in our religious traditions. And I've always been passionately on God's side, just as you are right now.

4-5 "I went after anyone connected with this 'Way,' went at them hammer and tongs, ready to kill for God. I rounded up men and women right and left and had them thrown in prison. You can ask the Chief Priest or anyone in the High Council to verify this; they all knew me well. Then I went off to our brothers in Damascus, armed with official documents authorizing me to hunt down the followers of Jesus there, arrest them, and bring them back to Jerusalem for sentencing.

6-7 "As I arrived on the outskirts of Damascus about noon, a blinding light blazed out of the skies and I fell to the ground, dazed. I heard a voice: 'Saul, Saul, why are you out to get me?'

8-9 "'Who are you, Master?' I asked.

'나는 네가 핍박하는 나사렛 예수다' 하고 그분이 말씀하셨습니다. 동료들은 그 빛은 보았으나, 그 대화는 듣지 못했습니다.

10-11 그래서 나는 '주님, 이제 제가 어떻게 해야 합니까?' 하고 물었습니다.

그분은 '일어나서 다마스쿠스로 들어가거라. 앞으로 네가 해야 할 일을 말해 줄 사람이 거기에 있다'고 말씀하셨습니다. 그래서 우리는 다마스쿠스로 들어갔습니다. 내가 처음 계획한 것과는 전혀 다른 모습으로 그 성에 들어간 것입니다. 나는 눈이 멀어 볼 수 없었기 때문에 동료들이 내 손을 잡고 데리고 들어가야 했습니다.

12-13 바로 그때, 아나니아를 만났습니다. 그는 우리의 율법을 잘 지키기로 소문난 사람입니다. 이것은 다마스쿠스 유대인 공동체가 다 동의하는 사실입니다. 그가 와서 내 어깨에 손을 얹고 '눈을 들어 보시오' 하고 말했습니다. 내가 눈을 들었는데, 어느새 나는 그의 눈을 똑바로 쳐다볼 수 있었습니다. 다시 보게 된 것입니다!

14-16 그러자 그가 말했습니다. '우리 조상의 하나님이 그대를 택하셔서 그분의 활동 계획을 알게 하셨습니다. 그대는 의롭고 죄 없으신 분을 실제로 뵈었고, 그분의 말씀을 들었습니다. 이제 그대는 만나는 모든 사람에게, 그대가 보고 들은 것을 증거하는 핵심 증인이 될 것입니다. 그러니 망설이지 말고, 일어나 세례를 받으십시오. 죄를 깨끗이 씻어 내고, 하나님과 직접 사귀십시오.'

17-18 정말로, 아나니아가 말한 대로 되었습니다. 예루살렘으로 돌아온 뒤에 어느날, 나는 성전에서 하나님의 임재에 잠겨 기도하다가 그분을 뵈었습니다. 하나님의 의롭고 죄 없으신 분을 뵙고, 그분께서 하시는 말씀을 들었습니다. '서둘러라! 최대한 서둘러 여기를 떠나라. 여기 예루살렘에 있는 유대인들 가운데, 어느 누구도 네가 나에 대해 하

"He said, 'I am Jesus the Nazarene, the One you're hunting down.' My companions saw the light, but they didn't hear the conversation.

10-11 "Then I said, 'What do I do now, Master?'

"He said, 'Get to your feet and enter Damascus. There you'll be told everything that's been set out for you to do.' And so we entered Damascus, but nothing like the entrance I had planned—I was blind as a bat and my companions had to lead me in by the hand.

12-13 "And that's when I met Ananias, a man with a sterling reputation in observing our laws—the Jewish community in Damascus is unanimous on that score. He came and put his arm on my shoulder. 'Look up,' he said. I looked, and found myself looking right into his eyes—I could see again!

14-16 "Then he said, 'The God of our ancestors has handpicked you to be briefed on his plan of action. You've actually seen the Righteous Innocent and heard him speak. You are to be a key witness to everyone you meet of what you've seen and heard. So what are you waiting for? Get up and get yourself baptized, scrubbed clean of those sins and personally acquainted with God.'

17-18 "Well, it happened just as Ananias said. After I was back in Jerusalem and praying one day in the Temple, lost in the presence of God, I saw him, saw God's Righteous Innocent, and heard him say to me, 'Hurry up! Get out of here as quickly as you can. None of the Jews here in

는 말을 받아들이지 않을 것이다.'

19-20 처음에는 반대했습니다. '저보다 적합한 사람이 누가 있겠습니까? 제가 주님을 믿는 사람들을 핍박하고 회당에서 마구 때리고 감옥에 가두는 일에 얼마나 열중했는지 모르는 사람이 없습니다. 주님의 증인 스데반이 살해될 때에도, 바로 그 자리에서 제가 살인자들의 겉옷을 들고 그들을 응원했습니다. 그러나 이제 제가 완전히 돌아선 것을 그들이 알고 있습니다. 그러니 제게 무슨 자격이 더 필요하겠습니까?'

21 그러나 그분은 '이유를 묻지 말고 가거라. 내가 너를 멀리 이방인들에게로 보내겠다'고 말씀하셨습니다."

로마 시민인 바울

22-25 모여 있던 사람들이 집중해서 듣다가, 갑자기 소리를 질렀다. "저 자를 죽여라! 버러지 같은 놈이다! 밟아 버려라!" 그들은 주먹을 휘둘렀다. 욕설이 쏟아졌다. 그때 지휘관이 끼어들어, 바울을 병영으로 데려가라고 명령했다. 지휘관도 잔뜩 화가 치밀었다. 그는 이 일의 진상을 규명하기 위해 바울을 고문하고 심문하기로 결심했다. 그가 무슨 일을 저질러서 이런 폭력을 유발했는지 알아내고자 한 것이다. 그들이 그의 사지를 가죽끈으로 묶어 채찍질할 준비를 하는데, 바울이 거기 서 있던 백부장에게 말했다. "공정한 재판도 없이 로마 시민을 고문하다니, 이게 법에 맞는 일입니까?"

26 백부장이 그 말을 듣고, 곧장 지휘관에게 갔다. "도대체 무슨 일을 하신 겁니까? 이 사람은 로마 시민입니다!"

27 지휘관이 돌아와서 심문을 맡았다. "내가 들은 말이 사실이오? 당신이 로마 시민이오?"

Jerusalem are going to accept what you say about me.'

19-20 "At first I objected: 'Who has better credentials? They all know how obsessed I was with hunting out those who believed in you, beating them up in the meeting places and throwing them in jail. And when your witness Stephen was murdered, I was right there, holding the coats of the murderers and cheering them on. And now they see me totally converted. What better qualification could I have?'

21 "But he said, 'Don't argue. Go. I'm sending you on a long journey to outsider non-Jews.'"

A Roman Citizen

22-25 The people in the crowd had listened attentively up to this point, but now they broke loose, shouting out, "Kill him! He's an insect! Stomp on him!" They shook their fists. They filled the air with curses. That's when the captain intervened and ordered Paul taken into the barracks. By now the captain was thoroughly exasperated. He decided to interrogate Paul under torture in order to get to the bottom of this, to find out what he had done that provoked this outraged violence. As they spread-eagled him with thongs, getting him ready for the whip, Paul said to the centurion standing there, "Is this legal: torturing a Roman citizen without a fair trial?"

26 When the centurion heard that, he went directly to the captain. "Do you realize what you've done? This man is a Roman citizen!"

27 The captain came back and took charge. "Is what I hear right? You're a Roman citizen?" Paul said, "I certainly am."

바울이 말했다. "분명히 그렇습니다."

28 지휘관은 관심을 보였다. "나는 큰돈을 들여서 시민권을 얻었소. 당신은 얼마나 들었소?"

"전혀 들지 않았습니다." 바울이 말했다. "한 푼도 들지 않았습니다. 나는 태어날 때부터 자유의 몸이었습니다."

29 그것으로 심문은 끝났다. 그 일로 지휘관에게 하나님을 두려워하는 마음이 생겼다. 그는 로마 시민을 결박했고, 하마터면 고문까지 할 뻔했던 것이다!

30 이튿날, 지휘관은 문제의 원인을 규명하고 유대인들의 고발에 배후가 있는지 확실히 알아보기로 작정했다. 그는 바울의 결박을 풀어 주고, 명령을 내려 대제사장들과 최고의회를 소집했다. 그들의 생각을 알아보기 위해서였다. 바울은 안내를 받아 그들 앞에 섰다.

최고의회 앞에 선 바울

23 1-3 바울은 침착하게 의회 의원들을 둘러본 다음, 자신의 견해를 밝혔다. "친구 여러분, 나는 지금 이 순간까지 평생을 하나님 앞에서 깨끗한 양심으로 살아왔습니다." 그 말에 대제사장 아나니아가 격분했다. 그는 옆에 있던 사람들에게 바울의 뺨을 때리라고 명령했다. 그러자 바울이 응수했다. "하나님께서 당신을 치실 것이오! 이 위선자여! 율법대로 나를 심판한다고 거기 앉아 있으면서, 율법을 어기고 나를 치라고 명하는 것입니까!"

4 측근들이 괘씸하게 생각했다. "어떻게 네가 하나님의 대제사장께 함부로 말하느냐!"

5 바울이 놀란 듯이 행동했다. "그가 대제사장인 줄 내가 어찌 알 수 있었겠습니까? 그는 대제사장답게 처신하지 않았습니다. 여러분 말이 맞습니다. 성경에도 '백성의 통치자를 욕하지 말라'고 했습니다. 미안합니다."

28 The captain was impressed. "I paid a huge sum for my citizenship. How much did it cost you?"

"Nothing," said Paul. "It cost me nothing. I was free from the day of my birth."

29 That put a stop to the interrogation. And it put the fear of God into the captain. He had put a Roman citizen in chains and come within a whisker of putting him under torture!

30 The next day, determined to get to the root of the trouble and know for sure what was behind the Jewish accusation, the captain released Paul and ordered a meeting of the high priests and the High Council to see what they could make of it. Paul was led in and took his place before them.

Before the High Council

23 1-3 Paul surveyed the members of the council with a steady gaze, and then said his piece: "Friends, I've lived with a clear conscience before God all my life, up to this very moment." That set the Chief Priest Ananias off. He ordered his aides to slap Paul in the face. Paul shot back, "God will slap you down! What a fake you are! You sit there and judge me by the Law and then break the Law by ordering me slapped around!"

4 The aides were scandalized: "How dare you talk to God's Chief Priest like that!"

5 Paul acted surprised. "How was I to know he was Chief Priest? He doesn't act like a Chief Priest. You're right, the Scripture does say, 'Don't speak abusively to a ruler of the people.' Sorry."

⁶ 의회의 일부는 사두개인으로, 일부는 바리새인으로 구성되었다. 그 둘이 서로 얼마나 미워하는지 알고 있던 바울은, 그들의 적대감을 이용하기로 했다. "형제 여러분, 나는 대대로 바리새인 집안에서 태어난 충실한 바리새인입니다. 내가 이 법정에 끌려온 것도, 바리새인으로서의 내 신념은 죽은 사람들의 소망과 부활을 믿었기 때문입니다."

⁷⁻⁹ 그가 이렇게 말하자, 의회는 바리새인과 사두개인으로 완전히 갈라져서 뜨거운 논쟁을 벌였다. 사두개인들은 부활이나 천사, 심지어 영의 존재도 부인하는 사람들이었다. 그들은 눈에 보이지 않으면 믿지 않았다. 그러나 바리새인들은 그 모두를 믿었다. 그러다 보니, 큰 언쟁이 벌어진 것이다. 그때에 바리새인 쪽의 종교 학자 몇 사람이 언성을 높이면서 반대편 사두개인들의 말문을 막았다. "우리는 이 사람에게서 아무 잘못도 찾지 못하겠소! 만일 어떤 영이나 천사가 이 사람에게 말한 것이라면, 어찌하겠소? 행여 우리가 하나님을 대적해 싸우는 것이라면, 어찌할 셈이오?"

¹⁰ 불에 기름을 끼얹은 격이었다. 언쟁이 달아올라 너무 과격해지자, 지휘관은 행여 그들이 바울의 사지를 찢어 죽이지나 않을까 두려웠다. 그는 병사들에게 바울을 거기서 빼내어 병영 안으로 다시 호송해 가라고 명령했다.

바울을 해치려는 음모

¹¹ 그날 밤, 주님께서 바울에게 나타나셨다. "괜찮다. 다 잘될 것이다. 지금까지 너는 여기 예루살렘에서 나의 훌륭한 증인이었다. 이제 너는 로마에서 내 증인이 될 것이다!"

¹²⁻¹⁵ 이튿날 유대인들이 바울을 해치려고 음모를 꾸몄다. 그들은 그를 죽이기 전에는

⁶ Paul, knowing some of the council was made up of Sadducees and others of Pharisees and how they hated each other, decided to exploit their antagonism: "Friends, I am a stalwart Pharisee from a long line of Pharisees. It's because of my Pharisee convictions—the hope and resurrection of the dead—that I've been hauled into this court."

⁷⁻⁹ The moment he said this, the council split right down the middle, Pharisees and Sadducees going at each other in heated argument. Sadducees have nothing to do with a resurrection or angels or even a spirit. If they can't see it, they don't believe it. Pharisees believe it all. And so a huge and noisy quarrel broke out. Then some of the religion scholars on the Pharisee side shouted down the others: "We don't find anything wrong with this man! And what if a spirit has spoken to him? Or maybe an angel? What if it turns out we're fighting against God?"

¹⁰ That was fuel on the fire. The quarrel flamed up and became so violent the captain was afraid they would tear Paul apart, limb from limb. He ordered the soldiers to get him out of there and escort him back to the safety of the barracks.

A Plot Against Paul

¹¹ That night the Master appeared to Paul: "It's going to be all right. Everything is going to turn out for the best. You've been a good witness for me here in Jerusalem. Now you're going to be my witness in Rome!"

¹²⁻¹⁵ Next day the Jews worked up a plot against Paul. They took a solemn oath

먹지도 않고 마시지도 않기로 엄숙히 맹세했다. 마흔 명이 넘는 자들이 이 살인 동맹에 맹세하는 의식을 갖고 대제사장과 종교 지도자들을 찾아갔다. "우리는 바울을 죽이기 전에는 아무것도 먹지도 않고 마시지도 않기로 엄숙히 맹세했습니다. 다만, 여러분의 도움이 필요합니다. 의회에서 죄목을 더 자세히 조사하려고 하니 바울을 다시 보내 달라고 지휘관에게 요청하십시오. 나머지는 우리가 알아서 하겠습니다. 그가 여러분 근처에 오기도 전에 우리가 죽여 버리겠습니다. 여러분은 그 일에 휘말리지 않도록 하겠습니다."

16-17 바울의 외조카가 그들이 매복을 모의하는 이야기를 엿듣고, 즉시 병영으로 가서 바울에게 이 사실을 알렸다. 바울은 백부장 하나를 불러서 말했다. "이 청년을 지휘관에게 데려가 주십시오. 그가 중요하게 드릴 말씀이 있습니다."

18 백부장이 그를 지휘관에게 데리고 가서 말했다. "죄수 바울이 이 청년을 지휘관님께 데려가 달라고 했습니다. 긴히 드릴 말씀이 있다고 합니다."

19 지휘관이 그의 팔을 잡고 한쪽으로 데려갔다. "무슨 일이냐? 나한테 할 말이 무엇이냐?"

20-21 바울의 외조카가 말했다. "유대인들이 바울을 해치려고 음모를 꾸몄습니다. 그들은 그의 죄목을 더 자세히 조사해 보겠다는 구실로 아침 일찍 바울을 의회로 보내 달라고 지휘관님께 부탁할 것입니다. 하지만 그것은 바울을 당신의 보호에서 빼돌려 살해하려는 속임수입니다. 지금 마흔 명도 넘는 사람들이 숨어서 바울을 기다리고 있습니다. 그들은 바울을 죽이기 전에는 먹지도 않고 마시지도 않기로 맹세했습니다. 그들은 이미 매복을 끝내고 이제 지휘관님께서 그를 보내기만 기다리고 있습니다."

that they would neither eat nor drink until they had killed him. Over forty of them ritually bound themselves to this murder pact and presented themselves to the high priests and religious leaders. "We've bound ourselves by a solemn oath to eat nothing until we have killed Paul. But we need your help. Send a request from the council to the captain to bring Paul back so that you can investigate the charges in more detail. We'll do the rest. Before he gets anywhere near you, we'll have killed him. You won't be involved."

16-17 Paul's nephew, his sister's son, overheard them plotting the ambush. He went immediately to the barracks and told Paul. Paul called over one of the centurions and said, "Take this young man to the captain. He has something important to tell him."

18 The centurion brought him to the captain and said, "The prisoner Paul asked me to bring this young man to you. He said he has something urgent to tell you."

19 The captain took him by the arm and led him aside privately. "What is it? What do you have to tell me?"

20-21 Paul's nephew said, "The Jews have worked up a plot against Paul. They're going to ask you to bring Paul to the council first thing in the morning on the pretext that they want to investigate the charges against him in more detail. But it's a trick to get him out of your safekeeping so they can murder him. Right now there are more than forty men lying in ambush for him. They've all taken a vow to neither eat nor drink until they've killed him. The ambush is set—all they're waiting for is for you to send him over."

²² 지휘관은 "이 일을 아무한테도 입 밖에 내지 마라" 하고 주의를 주어 그를 돌려보냈다.

²³⁻²⁴ 지휘관은 백부장 둘을 불렀다. "가이사랴로 떠날 병사 이백 명을 준비시켜라. 기병 칠십 명과 보병 이백 명도 함께 오늘 밤 아홉 시까지 행군할 준비를 해두어라. 바울과 그의 소지품을 실을 노새도 두어 마리 필요할 것이다. 이 사람을 벨릭스 총독에게 무사히 넘겨야겠다."

²⁵⁻³⁰ 그리고 그는 이렇게 편지를 썼다.

글라우디오 루시아가 벨릭스 총독 각하께.

안녕하십니까!

이 사람은 내가 유대인 무리에게서 구해 낸 자입니다. 그들이 그를 잡아서 죽이려고 할 때, 그가 로마 시민인 것을 알게 되었습니다. 그래서 병사들을 보냈습니다. 그가 무슨 잘못을 저질렀는지 알고 싶어, 그를 그들의 의회 앞에 세웠습니다. 알고 보니 자기들끼리 종교적인 문제로 이견이 있어 말다툼이 격화되었을 뿐, 범죄와는 전혀 거리가 멀었습니다.

그러던 차에, 유대인들이 그를 살해하려는 음모를 꾸민 것을 알게 되었습니다. 나는 그의 안전을 위해 그를 여기서 급히 빼내는 것이 좋겠다고 판단했습니다. 그래서 그를 각하께 보냅니다. 그를 고발한 무리에게도 이제 그가 각하의 관할하에 있다고 알리겠습니다.

³¹⁻³³ 그날 밤, 병사들은 명령받은 대로 바울을 데리고 안드바드리의 안전한 곳으로 갔다. 이튿날 아침에, 병사들은 기병대의 호송하에 바울을 가이사랴로 보내고 예루살렘 병영으로 돌아갔다. 기병대는 가이

²² The captain dismissed the nephew with a warning: "Don't breathe a word of this to a soul."

²³⁻²⁴ The captain called up two centurions. "Get two hundred soldiers ready to go immediately to Caesarea. Also seventy cavalry and two hundred light infantry. I want them ready to march by nine o'clock tonight. And you'll need a couple of mules for Paul and his gear. We're going to present this man safe and sound to Governor Felix."

²⁵⁻³⁰ Then he wrote this letter:

From Claudius Lysias, to the Most Honorable Governor Felix:

Greetings!

I rescued this man from a Jewish mob. They had seized him and were about to kill him when I learned that he was a Roman citizen. So I sent in my soldiers. Wanting to know what he had done wrong, I had him brought before their council. It turned out to be a squabble turned vicious over some of their religious differences, but nothing remotely criminal.

The next thing I knew, they had cooked up a plot to murder him. I decided that for his own safety I'd better get him out of here in a hurry. So I'm sending him to you. I'm informing his accusers that he's now under your jurisdiction.

³¹⁻³³ The soldiers, following orders, took Paul that same night to safety in Antipatris. In the morning the soldiers returned to their barracks in Jerusalem, sending Paul on to Caesarea under guard of the cavalry.

사라에 들어가서 바울과 편지를 총독에게 인계했다.

³⁴⁻³⁵ 편지를 다 읽은 총독은 바울에게 어느 지역 출신인지를 물었고 "길리기아"라는 답을 들었다. 총독은 바울에게 "그대를 고발하는 사람들이 오면 그대의 사건을 처리하겠소" 하고 말했다. 총독은 바울을 헤롯왕의 공관에 가두어 두라고 명령했다.

자신을 변호하는 바울

24 ¹⁻⁴ 닷새 후에, 대제사장 아나니아가 지도자 대표단과 함께 법정 변호인 더둘로를 데리고 도착했다. 그들은 총독에게 바울을 고발하는 소송을 제기했다. 바울이 법정 앞에 불려나오자, 더둘로가 기소 발언을 했다. "벨릭스 각하, 각하의 지혜롭고 너그러운 통치에 우리는 언제 어디서나 감사할 따름입니다. 우리가 이 모든 평화를 누리고 날마다 각하의 개혁으로 득을 보는 것은 오로지 각하 덕분임을 잘 알고 있습니다. 장황한 말로 각하를 피곤하게 하지 않겠습니다. 부디 넓으신 마음으로 제 말을 들어 주십시오. 아주 간략히 아뢰겠습니다.

⁵⁻⁸ 우리는 이 사람이 평화를 어지럽히고, 온 세상에 있는 유대인들을 상대로 폭동을 선동하는 것을 여러 번 보았습니다. 그는 나사렛파라고 하는 선동적 분파의 주모자입니다. 그야말로 악적인 존재라 할 수 있습니다. 우리는 그가 우리의 거룩한 성전을 더럽히려고 하는 것을 목격하고는 그를 체포했습니다. 직접 심문해 보시면 이 모든 고발 내용을 확인하실 수 있을 것입니다."

⁹ 유대인들도 이 말에 합세했다. "직접 들어 보십시오! 맞는 말입니다!"

¹⁰⁻¹³ 총독이 몸짓으로 바울에게 이제 그의 차례가 되었음을 알렸다. 바울이 말했다. "총독 각하, 지난 여러 해 동안 총독께서 얼

The cavalry entered Caesarea and handed Paul and the letter over to the governor.

³⁴⁻³⁵ After reading the letter, the governor asked Paul what province he came from and was told "Cilicia." Then he said, "I'll take up your case when your accusers show up." He ordered him locked up for the meantime in King Herod's official quarters.

Paul States His Defense

24 ¹⁻⁴ Within five days, the Chief Priest Ananias arrived with a contingent of leaders, along with Tertullus, a trial lawyer. They presented the governor with their case against Paul. When Paul was called before the court, Tertullus spoke for the prosecution: "Most Honorable Felix, we are most grateful in all times and places for your wise and gentle rule. We are much aware that it is because of you and you alone that we enjoy all this peace and gain daily profit from your reforms. I'm not going to tire you out with a long speech. I beg your kind indulgence in listening to me. I'll be quite brief.

⁵⁻⁸ "We've found this man time and again disturbing the peace, stirring up riots against Jews all over the world, the ringleader of a seditious sect called Nazarenes. He's a real bad apple, I must say. We caught him trying to defile our holy Temple and arrested him. You'll be able to verify all these accusations when you examine him yourself."

⁹ The Jews joined in: "Hear, hear! That's right!"

¹⁰⁻¹³ The governor motioned to Paul that it was now his turn. Paul said, "I count myself

마나 공정하게 우리를 재판하셨는지 압니다. 그래서 나는 총독님 앞에서 나 자신을 변호하게 된 것을 다행으로 여깁니다. 나는 본국에 돌아온 지 겨우 열이틀 되었습니다. 날짜 관계는 쉽게 확인하실 수 있습니다. 나는 오순절에 예루살렘에서 예배를 드리기 위해 일부러 왔고, 도착한 이후로는 줄곧 내 일에만 충실했습니다. 내가 성전에서 논쟁을 벌이거나 거리에서 무리를 선동하는 것을 보았다고 말할 수 있는 사람은 아무도 없습니다. 저들의 고발 내용 중에 증거나 증인으로 입증할 수 있는 것은 단 하나도 없습니다.

14-15 그러나 내가 이것 하나는 기꺼이 인정합니다. 저들이 막다른 길이라고 비방하는 이 도(道)에 유념하여, 나는 우리 조상이 섬기고 예배한 바로 그 하나님을 섬기고 예배하며, 우리의 성경에 기록된 것을 전부 받아들입니다. 또한 나는, 하나님께서 선한 사람이든 악한 사람이든 죽은 사람들을 다시 살리실 것이라고 소망하고 기대하며 살고 있다는 것도 인정합니다. 만일 이것이 죄가 된다면, 나를 고발한 사람들도 나 못지않게 유죄입니다.

16-19 나는 모든 일에 하나님과 내 이웃들 앞에 깨끗한 양심을 지키려고 최선을 다해 왔습니다. 나는 여러 해 동안 본국을 떠났다가 이제 돌아왔습니다. 떠나 있는 동안에, 나는 가난한 사람들을 위한 헌금을 모아서 성전 예물과 함께 가지고 왔습니다. 바로 그 예물을 드리면서, 성전에서 조용히 기도하고 있는 나를 저들이 본 것입니다. 모여든 무리도 없었고 소란도 없었습니다. 에베소 근방에서 온 몇몇 유대인들이 이 모든 소동을 일으켰습니다. 그런데 보시다시피, 그들은 오늘 이 자리에 없습니다. 그들은 겁쟁이입니다. 너무 겁이 나서, 총독님 앞에서 나를 고발하지 못하는 것입니다.

fortunate to be defending myself before you, Governor, knowing how fair-minded you've been in judging us all these years. I've been back in the country only twelve days—you can check out these dates easily enough. I came with the express purpose of worshiping in Jerusalem on Pentecost, and I've been minding my own business the whole time. Nobody can say they saw me arguing in the Temple or working up a crowd in the streets. Not one of their charges can be backed up with evidence or witnesses.

14-15 "But I do freely admit this: In regard to the Way, which they malign as a dead-end street, I serve and worship the very same God served and worshiped by all our ancestors and embrace everything written in all our Scriptures. And I admit to living in hopeful anticipation that God will raise the dead, both the good and the bad. If that's my crime, my accusers are just as guilty as I am.

16-19 "Believe me, I do my level best to keep a clear conscience before God and my neighbors in everything I do. I've been out of the country for a number of years and now I'm back. While I was away, I took up a collection for the poor and brought that with me, along with offerings for the Temple. It was while making those offerings that they found me quietly at my prayers in the Temple. There was no crowd, there was no disturbance. It was some Jews from around Ephesus who started all this trouble. And you'll notice they're not here today. They're cowards, too cowardly to accuse me in front of you.

20-21 그러니 내가 무슨 죄를 짓다가 잡혔는지, 여기 이 사람들에게 물어보십시오. 말재주가 뛰어난 더둘로 뒤에 숨지 말라고 하십시오. 저들이 나에 대해 내세울 수 있는 것은, 내가 의회에서 외친 '내가 이 법정에 끌려온 것은 내가 부활을 믿기 때문입니다!'라는 이 한 문장뿐입니다. 총독께서는 이 말이 형사 사건의 근거가 된다고 보십니까?"

22-23 벨릭스는 주저했다. 그는 보기보다 이 도(道)에 대해 훨씬 많이 알고 있어서, 바로 그 자리에서 사건을 종결지을 수도 있었다. 그러나 정치적으로 가장 좋은 수가 무엇인지 확신하지 못해 시간을 끌었다. "지휘관 루시아가 오면 그대의 사건을 결정짓겠소." 그는 백부장에게 바울을 수감하라고 명령하면서, 한편으로 바울에게 어느 정도 출입의 자유를 허락해 동료들이 그를 돌보는 것을 막지 않았다.

24-26 며칠 후에 벨릭스와 그의 유대인 아내 드루실라가, 바울을 불러다가 예수 그리스도를 믿는 삶에 대해 이야기를 들었다. 바울이 하나님과 그분의 사람들과의 바른 관계, 도덕적으로 훈련된 삶, 다가올 심판을 계속 강조하자, 벨릭스는 마음이 너무 조여 오는 것 같아 불편해서 그를 내보냈다. "오늘은 됐소. 시간이 있을 때 다시 부르겠소." 그는 바울이 자기에게 거액의 뇌물을 바치기를 은근히 바라고 있었다. 그 후에도 이런 대화가 자주 되풀이되었다.

27 그렇게 이 년이 지난 후에, 벨릭스 후임으로 보르기오 베스도가 그 자리에 부임했다. 벨릭스는 유대인들의 환심을 사려고 정의를 무시한 채, 바울을 감옥에 내버려 두었다.

20-21 "So ask these others what crime they've caught me in. Don't let them hide behind this smooth-talking Tertullus. The only thing they have on me is that one sentence I shouted out in the council: 'It's because I believe in the resurrection that I've been hauled into this court!' Does that sound to you like grounds for a criminal case?"

22-23 Felix shilly-shallied. He knew far more about the Way than he let on, and could have settled the case then and there. But uncertain of his best move politically, he played for time. "When Captain Lysias comes down, I'll decide your case." He gave orders to the centurion to keep Paul in custody, but to more or less give him the run of the place and not prevent his friends from helping him.

24-26 A few days later Felix and his wife, Drusilla, who was Jewish, sent for Paul and listened to him talk about a life of believing in Jesus Christ. As Paul continued to insist on right relations with God and his people, about a life of moral discipline and the coming Judgment, Felix felt things getting a little too close for comfort and dismissed him. "That's enough for today. I'll call you back when it's convenient." At the same time he was secretly hoping that Paul would offer him a substantial bribe. These conversations were repeated frequently.

27 After two years of this, Felix was replaced by Porcius Festus. Still playing up to the Jews and ignoring justice, Felix left Paul in prison.

황제에게 상소하다

25 ¹⁻³ 베스도가 총독의 임무를 수행하기 위해 가이사랴에 도착하고 나서, 사흘 후에 예루살렘으로 올라갔다. 대제사장과 고위 지도자들이 바울에 대한 복수심을 다시 새롭게 다졌다. 그들은 호의를 베풀어 달라고 베스도에게 요청했다. 그들의 고발에 응해 바울을 예루살렘으로 보내 달라고 한 것이다. 물론 거짓말이었다. 그들은 예전의 음모를 재개하여 길에 매복해 있다가 그를 죽일 참이었다.

⁴⁻⁵ 베스도는 바울의 관할 구역은 가이사랴이며, 자기도 며칠 후에 그리로 돌아갈 것이라고 대답했다. 그는 "그때 나와 함께 가서 그의 잘못을 마음껏 고발하시오" 하고 말했다.

⁶⁻⁷ 베스도는 여드레 또는 열흘 후에 가이사랴로 돌아갔다. 이튿날 아침에 그는 법정에 앉아 바울을 불러들였다. 바울이 들어서는 순간, 예루살렘에서 내려온 유대인들이 그에게 달려들어 온갖 과격한 고발을 퍼부었다. 그러나 그중에 그들이 입증할 수 있는 것은 하나도 없었다.

⁸ 이어서 바울이 증언대에 서서 간단히 말했다. "나는 유대인의 종교나 성전이나 황제에게 아무것도 잘못한 것이 없습니다. 그뿐입니다."

⁹ 그러나 베스도는 유대인들의 환심을 사고 싶어 이렇게 말했다. "그대가 예루살렘으로 올라가 거기서 재판을 받으면 어떻겠소?"

¹⁰⁻¹¹ 바울이 대답했다. "이 순간 나는 황제의 법정에 서 있습니다. 나는 얼마든지 이 자리에 설 권리가 있으며, 앞으로도 계속해서 여기에 서 있을 것입니다. 나는 유대인들에게 아무것도 잘못한 것이 없으며, 총독께서도 나만큼이나 그 사실을 잘

An Appeal to Caesar

25 ¹⁻³ Three days after Festus arrived in Caesarea to take up his duties as governor, he went up to Jerusalem. The high priests and top leaders renewed their vendetta against Paul. They asked Festus if he wouldn't please do them a favor by sending Paul to Jerusalem to respond to their charges. A lie, of course—they had revived their old plot to set an ambush and kill him along the way.

⁴⁻⁵ Festus answered that Caesarea was the proper jurisdiction for Paul, and that he himself was going back there in a few days. "You're perfectly welcome," he said, "to go back with me then and accuse him of whatever you think he's done wrong."

⁶⁻⁷ About eight or ten days later, Festus returned to Caesarea. The next morning he took his place in the courtroom and had Paul brought in. The minute he walked in, the Jews who had come down from Jerusalem were all over him, hurling the most extreme accusations, none of which they could prove.

⁸ Then Paul took the stand and said simply, "I've done nothing wrong against the Jewish religion, or the Temple, or Caesar. Period."

⁹ Festus, though, wanted to get on the good side of the Jews and so said, "How would you like to go up to Jerusalem, and let me conduct your trial there?"

¹⁰⁻¹¹ Paul answered, "I'm standing at this moment before Caesar's bar of justice, where I have a perfect right to stand. And I'm going to keep standing here. I've done nothing wrong to the Jews, and you know it as well as I do. If I've committed a crime and deserve death, name the day. I can

아십니다. 만일 내가 범죄를 저질러 사형을 받아 마땅하다면, 기한을 정하십시오. 달게 받겠습니다. 그러나 저들의 고발이 사실무근이라면—그렇다는 것을 총독께서도 아십니다—아무도 저들의 터무니없는 수작을 따르라고 내게 강요할 수 없습니다. 여기서 이만큼 시간을 허비한 것으로 충분합니다. 나는 황제에게 상소합니다!”

12 베스도가 참모들과 잠시 이야기를 나눈 뒤에 평결을 내렸다. “그대가 황제에게 상소했으니, 그대는 황제에게 갈 것이오!”

❦

13-17 며칠 후, 아그립바 왕과 그의 아내 버니게가, 새로 부임한 베스도를 환영하려고 가이사랴를 방문했다. 수일 후에 베스도가 아그립바 왕에게 바울 사건을 거론했다. “벨릭스가 두고 간 죄수 하나가 여기 내 관할하에 있습니다. 내가 예루살렘에 갔을 때 대제사장과 유대인 지도자들이 그를 고발하는 죄목을 잔뜩 대면서, 내게 사형선고를 내려 주기를 바랐습니다. 나는 그들에게 우리 로마 사람들은 그런 식으로 하지 않는다고 말했습니다. 고발당했다는 이유만으로 사람을 판결하지 않으며, 반드시 피고에게 원고와 대면해 자신을 변호할 기회를 준다고 말했습니다. 그래서 그들이 여기로 내려왔을 때, 나는 곧바로 그 사건을 조사했습니다. 법정에 앉아 그 사람을 증언대에 세웠습니다.

18-21 원고들이 사정없이 그를 공격했으나, 그들의 고발은 고작 자기네 종교와 피고가 살아 있다고 주장하는 예수라 하는 죽은 사람에 대한 논쟁이었습니다. 나는 여기 새로 부임한 데다 이런 사건에 관련된 사항도 모르는 터라, 그에게 예루살렘에 가서 재판을 받겠느냐고 물었습니다. 그는 거절하면서 최고법정의 황제 앞에서 재판 받기를 요청했습니다. 그래서 나는 로마에 있는 황제에게 그

face it. But if there's nothing to their accusations—and you know there isn't—nobody can force me to go along with their nonsense. We've fooled around here long enough. I appeal to Caesar.”

12 Festus huddled with his advisors briefly and then gave his verdict: “You've appealed to Caesar; you'll go to Caesar!”

❦

13-17 A few days later King Agrippa and his wife, Bernice, visited Caesarea to welcome Festus to his new post. After several days, Festus brought up Paul's case to the king. “I have a man on my hands here, a prisoner left by Felix. When I was in Jerusalem, the high priests and Jewish leaders brought a bunch of accusations against him and wanted me to sentence him to death. I told them that wasn't the way we Romans did things. Just because a man is accused, we don't throw him out to the dogs. We make sure the accused has a chance to face his accusers and defend himself of the charges. So when they came down here I got right on the case. I took my place in the courtroom and put the man on the stand.

18-21 “The accusers came at him from all sides, but their accusations turned out to be nothing more than arguments about their religion and a dead man named Jesus, who the prisoner claimed was alive. Since I'm a newcomer here and don't understand everything involved in cases like this, I asked if he'd be willing to go to Jerusalem and be tried there. Paul refused and demanded a hearing before

를 보낼 때까지 다시 수감해 두도록 명령
했습니다."

22 아그립바가 말했다. "내가 그 사람을
보고 그의 이야기를 들어 보고 싶습니다."
"좋습니다." 베스도가 말했다. "아침에
가장 먼저 불러들일 테니, 직접 들어 보십
시오."

23 이튿날에 가이사랴의 주요 인사들이
모두 대연회장에 모였고, 군 고위 장교들
도 함께 왔다. 아그립바와 버니게가 성대
하고 위엄 있게 입장해 자리를 잡았다. 베
스도가 바울을 데려오라고 명령했다.

24-26 베스도가 말했다. "아그립바 왕과
귀빈 여러분, 이 사람을 잘 보십시오. 많
은 유대인들이 예루살렘에서 시작해 이
제는 여기서도 그를 없애 달라고 나한테
청원했습니다. 그들은 더없이 맹렬하게
그의 처형을 요구했습니다. 내가 조사해
보니, 그는 아무 죄도 짓지 않았다는 판단
이 섰습니다. 그는 황제 앞에서 재판 받게
해달라고 요청했고, 나는 그를 로마로 보
내기로 승낙했습니다. 하지만 내 주이신
황제께 뭐라고 써야 하겠습니까? 유대인
들이 내놓은 고발은 다 허위로 꾸민 것이
고, 그 밖에 내가 더 밝혀 낸 것은 하나도
없습니다.

26-27 그래서 이렇게 여러분 앞에, 특별히
아그립바 왕 앞에 그를 데려다 세운 것입
니다. 제대로 된 소송에 어울리는 무언가
를 건질 수 있을까 해서 말입니다. 죄수로
하여금 재판을 받게 그 먼 길을 보내면서
문서에 죄목 하나 적을 수 없다면 우스운
꼴이 될 것입니다."

아그립바 왕 앞에서 증언하다

26 1-3 아그립바 왕이 바울에게 직
접 말했다. "어서, 그대 자신에
대해 말해 보시오."

His Majesty in our highest court. So I ordered
him returned to custody until I could send
him to Caesar in Rome."

22 Agrippa said, "I'd like to see this man and
hear his story."

"Good," said Festus. "We'll bring him in first
thing in the morning and you'll hear it for
yourself."

23 The next day everybody who was anybody
in Caesarea found his way to the Great Hall,
along with the top military brass. Agrippa
and Bernice made a flourishing grand
entrance and took their places. Festus then
ordered Paul brought in.

24-26 Festus said, "King Agrippa and distin-
guished guests, take a good look at this
man. A bunch of Jews petitioned me first in
Jerusalem, and later here, to do away with
him. They have been most vehement in
demanding his execution. I looked into it and
decided that he had committed no crime. He
requested a trial before Caesar and I agreed
to send him to Rome. But what am I going to
write to my master, Caesar? All the charges
made by the Jews were fabrications, and I've
uncovered nothing else.

26-27 "That's why I've brought him before this
company, and especially you, King Agrippa:
so we can come up with something in the
nature of a charge that will hold water. For it
seems to me silly to send a prisoner all that
way for a trial and not be able to document
what he did wrong."

"I Couldn't Just Walk Away"

26 1-3 Agrippa spoke directly to Paul:
"Go ahead—tell us about yourself."
Paul took the stand and told his story. "I

바울이 증언대에 서서 자신의 이야기를 했다. "아그립바 왕이여, 왕께서 유대인의 풍습과 우리의 모든 집안싸움에 대해 잘 알고 계시니, 다른 누구보다 왕 앞에서 유대인들의 이 모든 고발에 대해 답변하게 되어 다행입니다.

4-8 젊어서부터, 나는 예루살렘의 내 민족들 속에서 살았습니다. 그 도성에서 내가 자라는 것을 지켜본 유대인들은—만일 그들이 위험을 감수할 마음이 있다면 왕께 직접 증언할 수도 있을 것입니다—내가, 우리 종교의 가장 엄격한 분파인 바리새인으로 살았다는 것을 알고 있습니다. 내가 이렇게 유대인들에게 고발당하는 것은, 내가 하나님께서 우리 조상에게 주신 약속—열두 지파가 오랜 세월 동안 밤낮으로 바라보며 살았던 그 소망—을 믿고 진지하게 여기며, 그 약속에 마음과 생명을 바쳤기 때문입니다. 시험을 거쳐 검증된 소망을 내가 굳게 붙잡았기 때문입니다. 이 자리에 서서 재판을 받아야 할 사람은 내가 아니라 저들입니다! 하나님께서 죽은 사람들을 살리신다고 믿는 것이 어떻게 형사 범죄가 성립되는지 나는 도무지 이해가 되지 않습니다.

9-11 솔직히 내가 늘 이런 입장에 서 있었던 것은 아닙니다. 한동안 나는, 있는 힘껏 나사렛 예수를 대적하는 것이 내 본분인 줄 알았습니다. 나는 대제사장들의 전권을 등에 업고, 도처에서 믿는 이들을 예루살렘 감옥에 처넣었습니다. 나는 그들이 하나님의 백성인 줄 전혀 몰랐습니다! 기회가 올 때마다 그들을 처형하는 데 찬성표를 던졌습니다. 나는 그들의 회당을 짓밟고 들어가서, 그들을 협박하고 예수를 저주하게 했습니다. 나는 그 사람들을 소탕하는 일에 사로잡힌 폭군이었습니다. 그러다가 나는, 예루살렘 바깥에 있는 여러 도시에서도 그 일을 시작했습니다.

can't think of anyone, King Agrippa, before whom I'd rather be answering all these Jewish accusations than you, knowing how well you are acquainted with Jewish ways and all our family quarrels.

4-8 "From the time of my youth, my life has been lived among my own people in Jerusalem. Practically every Jew in town who watched me grow up—and if they were willing to stick their necks out they'd tell you in person—knows that I lived as a strict Pharisee, the most demanding branch of our religion. It's because I believed it and took it seriously, committed myself heart and soul to what God promised my ancestors—the identical hope, mind you, that the twelve tribes have lived for night and day all these centuries—it's because I have held on to this tested and tried hope that I'm being called on the carpet by the Jews. They should be the ones standing trial here, not me! For the life of me, I can't see why it's a criminal offense to believe that God raises the dead.

9-11 "I admit that I didn't always hold to this position. For a time I thought it was my duty to oppose this Jesus of Nazareth with all my might. Backed with the full authority of the high priests, I threw these believers—I had no idea they were God's people!—into the Jerusalem jail right and left, and whenever it came to a vote, I voted for their execution. I stormed through their meeting places, bullying them into cursing Jesus, a one-man terror obsessed with obliterating these people. And then I started on the towns outside Jerusalem.

12-14 그날도 여느 때처럼 내 활동을 공인해 주는 대제사장들의 문서를 가지고 다마스쿠스로 가고 있는데, 한낮에 하늘에서 햇빛보다 더 밝은 눈부신 빛이 나와 내 동료들에게 쏟아져 내렸습니다. 오 왕이여, 그렇게 환할 수가 없었습니다! 우리는 앞으로 고꾸라졌습니다. 그때 히브리 말로 한 음성이 들렸습니다. '사울아, 사울아, 왜 나를 해치려고 하느냐? 무슨 고집으로 순리를 거스르는 것이냐?'

15-16 나는 '주님, 누구십니까?' 하고 말했습니다.

그 음성이 대답했습니다. '나는 네가 짐승을 추적하듯이 핍박하는 예수다. 그러나 이제 일어나거라. 내가 네게 맡길 일이 있다. 너는 오늘 일어난 일과 내가 앞으로 너에게 보여줄 일에 종과 증인이 될 것이다. 그 일을 위해 내가 너를 선택했다.

17-18 내가 너를 보내는 것은, 이방인들의 눈을 열어 주어 그들로 하여금 어둠과 빛의 차이를 보고 빛을 선택하게 하며, 사탄과 하나님의 차이를 보고 하나님을 선택하게 하려는 것이다. 내가 너를 보내는 것은, 내가 그들의 죄를 용서하고 그들에게 내 가족의 신분을 주려는 것이다. 나를 믿어 참된 삶을 시작하는 사람들 속으로, 그들을 초청하려는 것이다.'

19-20 아그립바 왕이여, 그러니 내가 어찌하겠습니까? 그런 비전을 두고 그냥 물러설 수는 없었습니다! 그 자리에서 나는 순종하며 믿는 자가 되었습니다. 나는 이 삶의 변화—하나님께 전적으로 돌아서는 것과 그것이 매일의 삶에서 갖는 의미—를 그곳 다마스쿠스에서 전하기 시작했습니다. 예루살렘과 인근 지역으로, 거기서 다시 온 세상으로 나아갔습니다.

21-23 그날 유대인들이 성전에서 나를 붙잡아 죽이려고 한 것도, 바로 '온 세상으로 나

12-14 "One day on my way to Damascus, armed as always with papers from the high priests authorizing my action, right in the middle of the day a blaze of light, light outshining the sun, poured out of the sky on me and my companions. Oh, King, it was so bright! We fell flat on our faces. Then I heard a voice in Hebrew: 'Saul, Saul, why are you out to get me? Why do you insist on going against the grain?'

15-16 "I said, 'Who are you, Master?'

"The voice answered, 'I am Jesus, the One you're hunting down like an animal. But now, up on your feet—I have a job for you. I've handpicked you to be a servant and witness to what's happened today, and to what I am going to show you.

17-18 "'I'm sending you off to open the eyes of the outsiders so they can see the difference between dark and light, and choose light, see the difference between Satan and God, and choose God. I'm sending you off to present my offer of sins forgiven, and a place in the family, inviting them into the company of those who begin real living by believing in me.'

19-20 "What could I do, King Agrippa? I couldn't just walk away from a vision like that! I became an obedient believer on the spot. I started preaching this life-change—this radical turn to God and everything it meant in everyday life—right there in Damascus, went on to Jerusalem and the surrounding countryside, and from there to the whole world.

21-23 "It's because of this 'whole world' dimension that the Jews grabbed me in the Temple that day and tried to kill me.

아간 것' 때문입니다. 저들은 하나님을 자기
들한테만 묶어 두려고 합니다. 그러나 하나
님께서는 약속하신 대로 내 편에 서 주셨습니
다. 내가 지금 이 자리에 서서 하는 말은, 왕
이나 어린아이나 할 것 없이 누구든지 들으려
고 하는 사람에게 내가 들려준 이야기입니다.
그리고 이 모든 말은, 예언자들과 모세가 그
렇게 되리라고 한 것과 정확하게 일치합니다.
그것은, 첫째로 메시아가 반드시 죽어야 하
며, 둘째로 그분이 죽은 자들 가운데서 살아
나셔서, 하나님을 모르는 사람들과 하나님을
경외하는 사람들 모두에게 하나님의 빛을 비
추는 첫 번째 빛이 되리라는 것입니다."

24 베스도에게 이 말은 버거운 것이었다. 그
는 큰소리로 말을 잘랐다. "바울, 그대가 미
쳤소! 책을 너무 많이 읽고, 허공을 너무 오래
쳐다봤소. 그만 자중하고 현실 세계로 돌아오
시오!"

25-27 그러나 바울은 물러서지 않았다. "베스
도 총독 각하, 정중히 아룁니다. 나는 미치지
않았습니다. 맑은 정신으로 똑바로 말하는 것
입니다. 왕께서는 내가 무슨 말을 하는지 잘
알고 계십니다. 내 이야기 중에 왕께서 제정
신이 아니라고 여길 만한 말은 하나도 없었다
고 확신합니다. 왕은 오래전부터 이 일을 다
알고 계셨습니다. 이 일은 아무도 모르게 벌
어진 일이 아닙니다. 아그립바 왕이여, 예언
자들을 믿으시지 않습니까? 대답하지 않으셔
도, 믿으시는 줄 내가 압니다."

28 그러자 아그립바 왕이 대답했다. "이대로
더 가다가는 네가 나를 그리스도인으로 만들
겠구나!"

29 바울이 결박된 채 말했다. "그것이 내가 기
도하는 바입니다. 지금이나 나중이나, 왕뿐
아니라 오늘 여기서 이야기를 듣고 있는 여러
분 모두가 나처럼 되기를 바랍니다. 이렇게
결박된 것만 빼고 말입니다!"

30-31 왕과 총독이 버니게와 참모들과 함께 일

They want to keep God for themselves.
But God has stood by me, just as he
promised, and I'm standing here saying
what I've been saying to anyone, wheth-
er king or child, who will listen. And
everything I'm saying is completely in
line with what the prophets and Moses
said would happen: One, the Messiah
must die; two, raised from the dead, he
would be the first rays of God's daylight
shining on people far and near, people
both godless and God-fearing."

24 That was too much for Festus. He
interrupted with a shout: "Paul, you're
crazy! You've read too many books,
spent too much time staring off into
space! Get a grip on yourself, get back in
the real world!"

25-27 But Paul stood his ground. "With
all respect, Festus, Your Honor, I'm not
crazy. I'm both accurate and sane in
what I'm saying. The king knows what
I'm talking about. I'm sure that nothing
of what I've said sounds crazy to him.
He's known all about it for a long time.
You must realize that this wasn't done
behind the scenes. You believe the
prophets, don't you, King Agrippa? Don't
answer that—I know you believe."

28 But Agrippa did answer: "Keep this up
much longer and you'll make a Christian
out of me!"

29 Paul, still in chains, said, "That's what
I'm praying for, whether now or later,
and not only you but everyone listening
today, to become like me—except, of
course, for this prison jewelry!"

30-31 The king and the governor, along

어나 옆방으로 가서, 지금까지 들은 것을
두고 의논했다. 그들은 금세 바울이 무죄
라는 데 뜻을 같이하며 말했다. "이 사람
은 사형은 고사하고 감옥에 갇힐 만한 일
도 한 적이 없습니다."

32 아그립바 왕이 베스도에게 말했다. "황
제 앞에서 재판 받기를 요청하지만 않
았어도 지금 당장 석방할 수 있었을 겁
니다."

바다에서 풍랑을 만나다

27 1-2 우리가 이탈리아로 항해할
준비를 마치자, 바울과 다른 죄
수 몇이 친위대의 일원인 율리오라는 백
부장 감독하에 배치되었다. 우리는 아드
라뭇데노에서 온 배에 올라탔다. 그 배는
에베소와 서쪽 항구로 향하는 배였다. 데
살로니가 출신의 마케도니아 사람 아리스
다고가 우리와 동행했다.

3 이튿날 우리는 시돈에 입항했다. 율리오
는 바울을 아주 관대하게 대했다. 배에서
내려 그곳 동료들의 환대를 받도록 허락
해 주었다.

4-8 다시 뱃길에 오른 우리는, 서쪽에서
불어오는 맞바람 때문에 키프로스 북동
해안을 바람막이 삼아 북쪽으로 항해했
다. 그리고 다시 해안을 따라 서쪽으로 향
하여 무라 항에 닿았다. 거기서 백부장은
이탈리아로 가는 이집트 선박을 찾아 우
리를 그 배에 옮겨 태웠다. 그런데 사나운
날씨를 만나 항로를 유지하기가 불가능했
다. 갖은 고생 끝에, 마침내 우리는 크레
타 섬 남쪽 해안에 이르러, '아름다운 항
구'(이름 그대로였다!)에 닻을 내렸다.

9-10 우리는 이미 시간을 많이 허비했다.
추분이 이미 지났고, 이제부터는 겨우내
폭풍우가 잦은 날씨여서 항해하기에 너무
위험했다. 바울이 경고했다. "지금 바다로

with Bernice and their advisors, got up and
went into the next room to talk over what
they had heard. They quickly agreed on
Paul's innocence, saying, "There's nothing in
this man deserving prison, let alone death."

32 Agrippa told Festus, "He could be set free
right now if he hadn't requested the hearing
before Caesar."

A Storm at Sea

27 1-2 As soon as arrangements
were complete for our sailing to
Italy, Paul and a few other prisoners were
placed under the supervision of a centurion
named Julius, a member of an elite guard.
We boarded a ship from Adramyttium that
was bound for Ephesus and ports west.
Aristarchus, a Macedonian from Thessaloni-
ca, went with us.

3 The next day we put in at Sidon. Julius
treated Paul most decently—let him get off
the ship and enjoy the hospitality of his
friends there.

4-8 Out to sea again, we sailed north under
the protection of the northeast shore of
Cyprus because winds out of the west
were against us, and then along the coast
westward to the port of Myra. There the
centurion found an Egyptian ship headed for
Italy and transferred us on board. We ran
into bad weather and found it impossible
to stay on course. After much difficulty, we
finally made it to the southern coast of the
island of Crete and docked at Good Harbor
(appropriate name!).

9-10 By this time we had lost a lot of time. We
had passed the autumn equinox, so it would
be stormy weather from now on through the

나갔다가는 재난을 당해 짐과 배는 말할 것도 없고 목숨까지 잃을 것입니다!"

^{12, 11} 그러나 그곳은 겨울을 나기에 적합한 항구가 못되었다. 거기서 몇 킬로미터 떨어진 뵈닉스가 더 나았다. 백부장은 바울의 경고를 흘려듣고 선장과 선주의 말을 좇아 다음 항구로 향했다.

¹³⁻¹⁵ 남쪽에서 미풍이 불어오자, 그들은 순항할 줄로 생각해 닻을 올렸다. 그러나 바다에 나가기가 무섭게, 악명 높은 북동풍이 맹렬한 기세로 몰아쳤다. 배는 완전히 그들의 통제를 벗어나고 말았다. 풍랑 가운데 떠다니는 나뭇잎 신세였다.

¹⁶⁻¹⁷ 우리는 가우다라는 작은 섬을 바람막이 삼아 간신히 구명보트를 준비하고 돛을 내렸다. 그러나 모래톱에 바위가 많아 섬에 다가갈 수 없었다. 우리는 닻을 던져 겨우 표류를 막고 바위에 부딪치는 것을 면할 수 있었다.

¹⁸⁻²⁰ 이튿날, 다시 물결이 높아진 데다 폭풍우에 배가 큰 손상을 입어, 우리는 배 밖으로 짐을 던졌다. 사흘째 되는 날에는 선원들이 장비와 식료품까지 내던져 배를 좀 더 가볍게 했다. 해와 별을 보지 못한 지 벌써 여러 날이었다. 바람과 파도가 사정없이 우리를 때렸고, 우리는 구조되리라는 희망마저 잃고 말았다.

²¹⁻²² 식욕도 삶의 의욕도 잃어버린 지 오래될 즈음에, 바울이 우리 가운데 서서 말했다. "여러분, 여러분이 크레타에서 내 말을 들었더라면 이 모든 고생과 시련을 피할 수 있었을 것입니다. 그러나 지금부터 상황이 호전될 테니, 지난 일에 연연할 것 없습니다. 우리 가운데 단 한 사람도 물에 빠져 죽는 일은 없을 것입니다. 하지만 배도 무사할 것이라

winter, too dangerous for sailing. Paul warned, "I see only disaster ahead for cargo and ship—to say nothing of our lives!—if we put out to sea now."

^{12,11} But it was not the best harbor for staying the winter. Phoenix, a few miles further on, was more suitable. The centurion set Paul's warning aside and let the ship captain and the shipowner talk him into trying for the next harbor.

¹³⁻¹⁵ When a gentle southerly breeze came up, they weighed anchor, thinking it would be smooth sailing. But they were no sooner out to sea than a gale-force wind, the infamous nor'easter, struck. They lost all control of the ship. It was a cork in the storm.

¹⁶⁻¹⁷ We came under the lee of the small island named Clauda, and managed to get a lifeboat ready and reef the sails. But rocky shoals prevented us from getting close. We only managed to avoid them by throwing out drift anchors.

¹⁸⁻²⁰ Next day, out on the high seas again and badly damaged now by the storm, we dumped the cargo overboard. The third day the sailors lightened the ship further by throwing off all the tackle and provisions. It had been many days since we had seen either sun or stars. Wind and waves were battering us unmercifully, and we lost all hope of rescue.

²¹⁻²² With our appetite for both food and life long gone, Paul took his place in our midst and said, "Friends, you really should have listened to me back in Crete. We could have avoided all this trouble and trial. But there's no need to dwell on that now. From now on, things are looking up! I can assure you that there'll not be a single drowning among us, although I can't

고는 말 못하겠습니다. 배는 파선할 것입니다.

23-26 지난밤에 내가 섬기는 하나님의 천사가, 내 곁에 서서 말했습니다. '바울아, 포기하지 마라. 너는 장차 황제 앞에 설 것이다. 너와 함께 항해하는 사람들도 모두 무사할 것이다.' 그러니 사랑하는 친구 여러분, 용기를 내십시오. 나는 하나님께서 내게 말씀하신 그대로 행하실 것을 믿습니다. 그러나 우리는 한 섬에 난파될 것입니다."

27-29 열나흘째 되는 날 밤에, 우리는 아드리아 해 어디쯤에서 표류하고 있었다. 자정 무렵에 선원들은 배가 육지 가까이로 다가가고 있음을 직감했다. 수심을 재어 보니 약 40미터였고, 잠시 후에는 약 30미터였다. 그들은 배가 좌초될까 두려워, 닻을 네 개 내리고 어서 햇빛이 나기를 빌었다.

30-32 선원들 가운데 몇 사람이 배에서 탈출하려고 했다. 그들은 뱃머리에서 닻을 더 내리는 척하면서 구명보트를 내렸다. 바울이 그들의 속셈을 꿰뚫어 보고는 백부장과 병사들에게 말했다. "이 선원들이 배에 남아 있지 않으면 우리는 다 빠져죽을 것입니다." 그러자 병사들이 구명보트의 줄을 끊어 그냥 떠내려가게 했다.

33-34 동틀 무렵, 바울이 사람들을 모두 불러 모아 아침식사를 권했다. "우리가 음식 없이 지낸 지 벌써 열나흘이 되었습니다. 아무도 음식 생각이 없었습니다! 하지만 이제 뭘 좀 먹어야 합니다. 기력이 있어야 구조도 되지 않겠습니까. 여러분은 상처 하나 입지 않고 여기서 벗어날 것입니다!"

35-38 그는 빵을 떼어 하나님께 감사하고, 모두에게 돌렸다. 다들 실컷 먹었다. 모두 이백칠십육 명이었다! 사람들이 다 배부르게 먹고, 남은 곡식은 바다에 버려 배를

say as much for the ship—the ship itself is doomed.

23-26 "Last night God's angel stood at my side, an angel of this God I serve, saying to me, 'Don't give up, Paul. You're going to stand before Caesar yet—and everyone sailing with you is also going to make it.' So, dear friends, take heart. I believe God will do exactly what he told me. But we're going to shipwreck on some island or other."

27-29 On the fourteenth night, adrift somewhere on the Adriatic Sea, at about midnight the sailors sensed that we were approaching land. Sounding, they measured a depth of 120 feet, and shortly after that ninety feet. Afraid that we were about to run aground, they threw out four anchors and prayed for daylight.

30-32 Some of the sailors tried to jump ship. They let down the lifeboat, pretending they were going to set out more anchors from the bow. Paul saw through their guise and told the centurion and his soldiers, "If these sailors don't stay with the ship, we're all going down." So the soldiers cut the lines to the lifeboat and let it drift off.

33-34 With dawn about to break, Paul called everyone together and proposed breakfast: "This is the fourteenth day we've gone without food. None of us has felt like eating! But I urge you to eat something now. You'll need strength for the rescue ahead. You're going to come out of this without even a scratch!"

35-38 He broke the bread, gave thanks to God, passed it around, and they all ate heartily—276 of us, all told! With the meal finished and everyone full, the ship was

가볍게 했다.

³⁹⁻⁴¹ 날이 밝았으나, 아무도 그 땅이 어디인지 알아보지 못했다. 그때 근사한 해안이 펼쳐진 만(灣)이 눈에 들어왔다. 그들은 해안가에 배를 대기로 하고, 닻줄을 자르고 키를 풀고 돛을 올리고 순풍을 받아 해안으로 향했다. 그러나 뜻대로 되지 않았다. 아직도 해안가로부터 꽤 먼데, 배가 암초와 충돌해 부서지기 시작했다.

⁴²⁻⁴⁴ 병사들은 죄수들이 헤엄쳐 탈출하지 못하도록 그들을 죽일 작정이었다. 그러나 백부장이 바울을 구하기 위해 병사들을 막았다. 그는 누구든지 헤엄칠 줄 아는 사람은 물속으로 뛰어들어 헤엄쳐 가고, 나머지 사람들은 나무 조각을 붙잡으라고 명령했다. 다들 무사히 해안에 닿았다.

❧

28 ¹⁻² 인원을 점검해 보니, 모두가 무사했다. 우리가 있는 곳이 몰타 섬이라는 것을 알았다. 그곳 원주민들이 우리에게 특별히 친절을 베풀어 주었다. 비가 오고 날이 추워서 우리가 흠뻑 젖자, 그들은 큰 불을 피우고 그 주위에 우리를 모이게 했다.

³⁻⁶ 바울도 힘껏 거들기 시작했다. 그가 나뭇가지 한 다발을 모아다가 불에 넣자, 불 때문에 깨어난 독사가 그의 손을 물고 놓지 않았다. 원주민들은 바울의 손에 매달린 뱀을 보고, 그가 살인자여서 응분의 벌을 받는 것이라고 단정했다. 바울은 손을 털어 뱀을 불 속에 떨어 버렸다. 그는 물리기 전과 다름없이 멀쩡했다. 그들은 그가 급사할 것으로 예상했다가 그런 일이 일어나지 않자, 이번에는 그가 신이라고 단정했다!

further lightened by dumping the grain overboard.

³⁹⁻⁴¹ At daybreak, no one recognized the land—but then they did notice a bay with a nice beach. They decided to try to run the ship up on the beach. They cut the anchors, loosed the tiller, raised the sail, and ran before the wind toward the beach. But we didn't make it. Still far from shore, we hit a reef and the ship began to break up.

⁴²⁻⁴⁴ The soldiers decided to kill the prisoners so none could escape by swimming, but the centurion, determined to save Paul, stopped them. He gave orders for anyone who could swim to dive in and go for it, and for the rest to grab a plank. Everyone made it to shore safely.

❧

28 ¹⁻² Once everyone was accounted for and we realized we had all made it, we learned that we were on the island of Malta. The natives went out of their way to be friendly to us. The day was rainy and cold and we were already soaked to the bone, but they built a huge bonfire and gathered us around it.

³⁻⁶ Paul pitched in and helped. He had gathered up a bundle of sticks, but when he put it on the fire, a venomous snake, roused from its torpor by the heat, struck his hand and held on. Seeing the snake hanging from Paul's hand like that, the natives jumped to the conclusion that he was a murderer getting his just deserts. Paul shook the snake off into the fire, none the worse for wear. They kept expecting him to drop dead, but when it was obvious he wasn't going to, they jumped to the conclusion that he was a god!

7-9 그 섬의 지역 추장은 보블리오였다. 그는 우리를 손님으로 자기 집에 맞아들여서, 몸도 녹이고 사흘 동안 편히 묵게 해주었다. 마침 보블리오의 아버지가 고열과 이질로 앓아누워 있었다. 바울이 노인의 방에 들어가서 안수하고 기도하자, 그의 병이 나았다. 그가 나았다는 소식이 순식간에 퍼졌고, 이내 그 섬의 병든 자들이 와서 고침을 받았다.

로마

10-11 우리는 몰타에서 석 달 동안을 아주 잘 지냈다. 그들은 우리를 극진히 대접해 주었다. 모든 쓸 것을 채워 주고, 남은 여정에 필요한 장비까지 챙겨 주었다. 그곳 항구에서 겨울을 난 이집트 선박이 이탈리아로 떠날 준비가 되어, 우리도 그 배에 올랐다. 그 배의 머리에는 쌍둥이자리, 곧 '천상의 쌍둥이'가 조각되어 있었다.

12-14 배는 수라구사에 사흘 동안 정박해 있다가, 해안을 따라 레기온으로 올라갔다. 이틀 후에, 우리는 남풍을 힘입어 나폴리 만에 입항했다. 거기서 우리는 그리스도인 동료들을 만나 일주일 동안 함께 지냈다.

14-16 그 후에 우리는 로마로 갔다. 로마의 동료들이 우리가 온다는 소식을 듣고 마중을 나왔다. 그 가운데 한 무리는 아피온 광장까지 나왔고, 다른 무리는 '세 막사'라는 곳에서 우리를 맞았다. 짐작하듯이, 그것은 감정을 주체할 수 없는 만남이었다. 바울은 찬양이 흘러넘쳐, 감사의 기도로 우리를 인도했다. 우리가 로마에 들어가자, 그들은 바울이 그를 지키는 병사와 함께 개인 숙소에서 생활하게 해주었다.

17-20 사흘 후에, 바울은 유대인 지도자들

7-9 The head man in that part of the island was Publius. He took us into his home as his guests, drying us out and putting us up in fine style for the next three days. Publius's father was sick at the time, down with a high fever and dysentery. Paul went to the old man's room, and when he laid hands on him and prayed, the man was healed. Word of the healing got around fast, and soon everyone on the island who was sick came and got healed.

Rome

10-11 We spent a wonderful three months on Malta. They treated us royally, took care of all our needs and outfitted us for the rest of the journey. When an Egyptian ship that had wintered there in the harbor prepared to leave for Italy, we got on board. The ship had a carved Gemini for its figurehead: "the Heavenly Twins."

12-14 We put in at Syracuse for three days and then went up the coast to Rhegium. Two days later, with the wind out of the south, we sailed into the Bay of Naples. We found Christian friends there and stayed with them for a week.

14-16 And then we came to Rome. Friends in Rome heard we were on the way and came out to meet us. One group got as far as Appian Court; another group met us at Three Taverns—emotion-packed meetings, as you can well imagine. Paul, brimming over with praise, led us in prayers of thanksgiving. When we actually entered Rome, they let Paul live in his own private quarters with a soldier who had been assigned to guard him.

17-20 Three days later, Paul called the Jewish

을 불러 모아 자기 집에서 모임을 가졌다. 그가 말했다. "예루살렘의 유대인들이 혐의를 날조해 나를 체포했고, 나는 로마 사람들의 손에 수감되었습니다. 분명히 말하지만, 나는 유대인의 율법이나 관습에 어긋나게 행동한 것이 전혀 없습니다. 로마 사람들은 혐의 내용을 조사해 사실무근인 것이 밝혀지자, 나를 풀어 주려고 했습니다. 그러나 유대인들이 맹렬히 반대해서 나는 어쩔 수 없이 황제에게 상소했습니다. 내가 그렇게 한 것은, 그들의 잘못을 고발하거나 로마를 상대로 우리 민족을 곤란에 빠뜨리려는 것이 아닙니다. 그런 문제라면 우리는 이미 겪을 만큼 겪었습니다. 나는 이스라엘을 위해 그렇게 했습니다. 오늘 내가 여러분에게 이 말을 들려주는 것은, 내가 이스라엘의 적이 아니라 이스라엘 편임을 분명히 하려는 것입니다. 내가 여기 잡혀 온 것은, 멸망이 아니라 소망을 위해서입니다."

21-22 그들이 말했다. "우리는 아무한테서도 당신에 대해 경계하는 편지를 받지 못했습니다. 여기에 와서 당신을 나쁘게 말한 사람도 없었습니다. 다만, 우리는 당신의 생각을 더 들어 보고 싶습니다. 그리스도인이라는 이 분파에 대해 우리가 아는 것이라고는, 이 분파를 좋게 말하는 사람이 아무도 없다는 것뿐입니다."

23 그들은 시간을 정했다. 그날이 되자, 그들이 많은 친구들과 함께 바울의 집에 다시 모였다. 바울은 아침부터 저녁까지, 온종일 그들에게 하나님 나라에 관한 모든 것을 설명했다. 그리고 모세와 예언자들이 예수에 대해 기록한 것을 짚어 가며, 그들 모두를 힘써 설득했다.

24-27 그들 가운데 어떤 이들은 그의 말에 설득되었으나, 다른 이들은 한 마디도 믿으려 하지 않았다. 믿지 않는 이들이 서로 시비를 걸며 말다툼을 시작하자, 바울이 끼어

leaders together for a meeting at his house. He said, "The Jews in Jerusalem arrested me on trumped-up charges, and I was taken into custody by the Romans. I assure you that I did absolutely nothing against Jewish laws or Jewish customs. After the Romans investigated the charges and found there was nothing to them, they wanted to set me free, but the Jews objected so fiercely that I was forced to appeal to Caesar. I did this not to accuse them of any wrongdoing or to get our people in trouble with Rome. We've had enough trouble through the years that way. I did it *for* Israel. I asked you to come and listen to me today to make it clear that I'm on Israel's side, not against her. I'm a hostage here for hope, not doom."

21-22 They said, "Nobody wrote warning us about you. And no one has shown up saying anything bad about you. But we would like very much to hear more. The only thing we know about this Christian sect is that nobody seems to have anything good to say about it."

23 They agreed on a time. When the day arrived, they came back to his home with a number of their friends. Paul talked to them all day, from morning to evening, explaining everything involved in the kingdom of God, and trying to persuade them all about Jesus by pointing out what Moses and the prophets had written about him.

24-27 Some of them were persuaded by what he said, but others refused to believe a word of it. When the unbelievers got cantankerous and started bickering with each other, Paul interrupted: "I have just one more thing to say to you. The Holy Spirit sure

들었다. "여러분에게 한 말씀만 더 드리겠습니다. 성령께서 예언자 이사야를 통해 우리 조상에게 말씀하실 때, 그분은 이것을 분명히 알고 계셨습니다.

이 백성에게 가서 이렇게 말하여라.
"너희가 귀로 듣겠으나
한 마디도 듣지 못할 것이요,
눈으로 보겠으나
하나도 보지 못할 것이다.
이 사람들은 머리가 꽉 막혔다!
그들은 듣지 않으려고
손가락으로 귀를 틀어막는다.
보지 않으려고
나와 얼굴을 맞대어 내 치료를 받지 않으려고
두 눈을 질끈 감는다."

28 여러분에게는 이미 기회가 있었습니다. 다음은 이방인들 차례입니다. 내가 장담합니다. 그들은 두 팔 벌려 받아들일 것입니다!"

30-31 이 년 동안 바울은 셋집에서 살았다. 그는 찾아오는 사람 누구나 맞아들였다. 바울은 긴박한 마음으로 하나님 나라의 일을 모두 전하고, 예수 그리스도에 관해 모든 것을 설명했다. 그의 집 문은 항상 열려 있었다.

knew what he was talking about when he addressed our ancestors through Isaiah the prophet:

Go to this people and tell them this:
"You're going to listen with your ears,
   but you won't hear a word;
You're going to stare with your eyes,
   but you won't see a thing.
These people are blockheads!
They stick their fingers in their ears
   so they won't have to listen;
They screw their eyes shut
   so they won't have to look,
   so they won't have to deal with me face-to-face
   and let me heal them."

28 "You've had your chance. The non-Jewish outsiders are next on the list. And believe me, they're going to receive it with open arms!"

30-31 Paul lived for two years in his rented house. He welcomed everyone who came to visit. He urgently presented all matters of the kingdom of God. He explained everything about Jesus Christ. His door was always open.

로마서 | 머리말

바울이 이 편지를 쓰기 약 30여 년 전, 역사를 "그 전"과 "그 후"로 나눠지게 하고 세상을 바꿔 놓은 한 사건이 일어났다. 예수의 삶과 죽음과 부활이 바로 그것인데, 이는 광대한 로마 제국의 한 외딴 귀퉁이, 팔레스타인의 유다 지방에서 일어난 사건이었다. 사람들에게 거의 주목받지 못했던 일, 부산하게 돌아가던 권력의 도시 로마에서는 분명 아무도 거들떠보지 않았을 그런 사건이었다.

이 편지가 로마에 도착했을 때도 극소수의 사람들만이 읽었을 뿐, 힘 있는 사람들은 아무도 읽지 않았다. 로마에는 읽을거리가 많았다. 황제의 칙령, 세련된 시, 정교한 도덕철학 등이 넘쳐났고, 게다가 그 대부분이 수준급이었다. 그러나 얼마 지나지 않아 그런 글들은 결국 다 흙먼지를 뒤집어쓰는 신세가 되고 말았다. 하지만 이 편지는 그렇지 않았다. 로마 사람들에게 보낸 바울의 편지는 그 로마 작가들이 쓴 책들 전부를 다 합쳐 놓은 것보다도 훨씬 더 광범위한 영향을 끼쳤다.

로마에 아무 연고도 없던 한 무명의 로마 시민이 쓴 이 편지가, 그렇게 빠른 시간 내에 최고 영향력의 자리에 올라서게 된 것은 분명 비범한 일이었다. 그러나 우리 스스로 이 편지를 읽어 볼 때 곧 깨닫는 바가 있다. 참으로 범상치 않은 것은 바로 이 편지 자체라는 점이다. 곧 이 편지는, 쓴 이나 읽은 이들이 무명의 사람들이었다고 해서 결코 오랫동안 무명으로 남아 있을 그런 편지가 아니라는 사실 말이다.

로마 사람들에게 보내는 이 편지는 왕성하고 열정적인 사고가 낳은 작품이다. 하나님을

The event that split history into "before" and "after" and changed the world took place about thirty years before Paul wrote this letter. The event—the life, death, and resurrection of Jesus—took place in a remote corner of the extensive Roman Empire: the province of Judea in Palestine. Hardly anyone noticed, certainly no one in busy and powerful Rome.

And when this letter arrived in Rome, hardly anyone read it, certainly no one of influence. There was much to read in Rome—imperial decrees, exquisite poetry, finely crafted moral philosophy—and much of it was world-class. And yet in no time, as such things go, this letter left all those other writings in the dust. Paul's letter to the Romans has had a far larger impact on its readers than the volumes of all those Roman writers put together.

The quick rise of this letter to a peak of influence is extraordinary, written as it was by an obscure Roman citizen without connections. But when we read it for ourselves, we begin to realize that it is the letter itself that is truly extraordinary, and that no obscurity in writer or readers could have kept it obscure for long.

The letter to the Romans is a piece of exuberant and passionate thinking. This is the glorious life of the mind enlisted in

섬기는 일에 징집된 지성의 영광스런 삶이 여기 나타나 있다. 바울은 나사렛 예수의 삶과 죽음과 부활이라는, 탁월한 증언과 경건한 믿음의 대상이 되고 있는 그 사실을 두고서, 그것이 뜻하는 바가 무엇인지에 대해 숙고한다. 예수의 죽음과 부활 안에서 세계 역사의 방향이 달라진 것, 또 그것이 지상의 모든 남자, 여자, 어린이들의 삶에 영원한 영향을 끼치게 된 것은 대체 어째서인가? 바울은 다음과 같이 대답한다.

> 우리를 위해 오신 그리스도의 임재 속에 들어가 사는 사람들은, 늘 먹구름이 드리운 것 같은 암울한 삶을 더 이상 살지 않아도 됩니다. 이제 새로운 힘이 움직이고 있습니다. 그리스도 안에 있는 생명의 성령이 세찬 바람처럼 불어와서 하늘의 구름을 모조리 걷어 주었습니다. 죄와 죽음이라는 잔혹한 폭군 밑에서 평생을 허덕거려야 했을 여러분을 해방시켜 주었습니다(롬 8:1-2).

하나님께서 대체 무슨 일을 하신 것인가? 바울은 대답하기에 앞서 몇 가지 질문을 덧붙인다.

> 하나님을 설명할 수 있는 이 누구인가?
> 그분께 하실 일을 아뢸 수 있을 만큼 똑똑한 이 누구인가?
> 하나님이 조언을 구하시는 이 누구며
> 그분께 도움이 된 이 누구인가?
>
> 모든 것이 그분에게서 시작하고
> 그분을 통해 일어나며
> 그분에게서 마친다.
> 영원토록 영광! 영원토록 찬양!(롬 11:34-36)

예수께서 "구원하신다"는 말은 대체 무슨 의미인가?

우리가 너무 약하고 반항적이어서 전혀 준비되어 있지 않았던 그때에, 그분은 자기 자신을 이 희생적 죽음에 내어주셨습니다. 설령 우리가 그렇게 약하지 않았다 하더라도, 우리는 여전히 갈팡질팡했을 것입니다. 우리는 목숨을 바칠 만한 가치가 있다고 여기는 사람을 위해 대신 죽는 것은 이해할 수 있습니다. 또 선하고 고귀한 사람을 보면 우리 안에 그를 위해 기꺼이 희생하고자 하는 마음이 일어난다는 사실도 알고 있습니다. 그러나 하나님은 우리가 그분께 아무 쓸모가 없을 때에 당신의 아들을 희생적 죽음에 내어주심으로, 그렇게 우리를 위해 당신의 사랑을 아낌없이 내놓으셨습니다. 이 희생적 죽음, 이 완성된 희생 제사를 통해 우리는 하나님 앞에 바로 세워졌습니다. 그러므로 이제는 더 이상 하나님과 사이가 멀어질 일은 없습니다. 생각해 보십시오. 우리가 최악이었을 때에도 그분 아들의 희생적 죽음을 통해 우리와 하나님 사이가 친밀하게 되었습니다. 그렇다면 우리가 최선인 지금, 그분의 부활 생명이 우리 삶을 얼마나 드넓고 깊게 하겠습니까!(롬 5:6-10)

이 모든 것 배후에 있는 것은 무엇이며, 또 이 모든 것은 결국 어디를 향해 가는가?

하나님은 처음부터 자신이 하실 일을 분명히 아셨습니다. 처음부터 하나님은 그분을 사랑하는 사람들의 삶을 그분 아들의 삶을 본떠 빚으시려고 결정해 두셨습니다. 그분의 아들은 그분께서 회복시키신 인류의 맨 앞줄에 서 계십니다. 그분을 바라볼 때 우리는, 우리 삶이 본래 어떤 모습이었어야 하는지 깨닫게 됩니다. 하나님은 이처럼 그분의 자녀들이 어떤 모습이어야 하는지를 결정하신 뒤에, 그들의 이름을 불러 주셨습니다. 이름을 부르신 뒤에는, 그들을 그분 앞에 굳게 세워 주셨습니다. 또한 그들을 그렇게 굳게 세워 주신 뒤에는 그들과 끝까지 함께하시며, 그분이 시작하신 일을 영광스럽게 완성시켜 주셨습니다(롬 8:29-30).

이런 것들이 바로 바울의 생각을 이끌었던 질문들이다. 바울은 유연하고 폭넓은 사고를 가진 지성인이었다. 그가 논리와 논증, 시와 상상력, 성경과 기도, 창조와 역사와 경험을 짜 넣어 써내려 간 이 편지는, 기독교 신학의 으뜸작으로 꼽히는 저술이 되었다.

he set them on a solid basis with himself. And then, after getting them established, he stayed with them to the end, gloriously completing what he had begun(Romans 8:29-30).

These are the questions that drive Paul's thinking. Paul's mind is supple and capacious. He takes logic and argument, poetry and imagination, Scripture and prayer, creation and history and experience, and weaves them into this letter that has become the premier document of Christian theology.

로마서

ROMANS

1 ¹ 나 바울은, 사명을 받아 예수 그리스도께 몸 바쳐 일하는 그분의 종이자, 하나님의 말씀과 하신 일을 선포할 권한을 부여받은 사도입니다. 나는 로마에 있는 모든 믿는 이들, 곧 하나님의 친구인 여러분에게 이 편지를 씁니다.

²⁻⁷ 성경에는 하나님의 아들에 대해 예언자들이 앞서 전한 보고들이 담겨 있습니다. 역사적으로 보면, 그분은 다윗의 후손이십니다. 또한 고유한 정체성으로 보면, 그분은 하나님의 아들이신데, 예수께서 죽은 자들 가운데서 부활하심으로 메시아 곧 우리 주님으로 세워지셨을 때, 성령께서 이를 우리에게 보여주셨습니다. 그분을 통해 우리는 그분의 생명을 풍성한 선물로 받았고, 또 이 생명을 사람들에게 전하는 긴급한 사명도 받았습니다. 예수를 향한 순종과 신뢰 속으로 뛰어들 때 사람들은 이 생명을 선사받습니다. 여러분이 지금의 여러분인 것은, 바로 예수 그리스도께서 주시는 이 선물과 부르심 때문입니다! 나는 하나님 우리 아버지와 메시아이신 우리 주 예수의 풍성하심으로 여러분에게 문안합니다.

⁸⁻¹² 나는 여러분 한 사람 한 사람으로 인해 예수를 통해 하나님께 감사드립니다. 이것이 내가 가장 먼저 하고 싶은 말입니다. 어디를 가든지 사람들은 내게 여러분의 믿음의 삶에 대해 이야기를 들려줍니다. 그런 이야기를 들

1 ¹ I, Paul, am a devoted slave of Jesus Christ on assignment, authorized as an apostle to proclaim God's words and acts. I write this letter to all the believers in Rome, God's friends.

²⁻⁷ The sacred writings contain preliminary reports by the prophets on God's Son. His descent from David roots him in history; his unique identity as Son of God was shown by the Spirit when Jesus was raised from the dead, setting him apart as the Messiah, our Master. Through him we received both the generous gift of his life and the urgent task of passing it on to others who receive it by entering into obedient trust in Jesus. You are who you are through this gift and call of Jesus Christ! And I greet you now with all the generosity of God our Father and our Master Jesus, the Messiah.

⁸⁻¹² I thank God through Jesus for every one of you. That's first. People everywhere keep telling me about your lives of faith, and every time I hear them, I thank him. And God, whom I so love to worship and serve by spreading the

을 때마다 나는 그분께 감사드립니다. 그리고 그분의 아들에 관한 복된 소식 곧 메시지를 전할 때에, 내가 사랑하여 예배하고 섬기기 원하는 하나님은 아십니다. 내가 기도중에 여러분을 생각할 때마다―사실은 늘―여러분을 보러 갈 수 있도록 길을 열어 달라고 그분께 기도한다는 것을 말입니다. 기다림이 길어질수록 간절함도 더 깊어집니다. 여러분이 있는 그곳에 가서 하나님의 선물을 직접 전해 주고, 여러분이 더욱 강건해져 가는 모습을 내 눈으로 직접 볼 수 있기를 내가 얼마나 원하는지요! 하지만 이 과정에서 내가 여러분에게 주려고만 한다고 생각하지 마십시오! 내가 여러분에게 줄 것 못지않게 여러분도 내게 줄 것이 많습니다.

13-15 친구 여러분, 내가 여러분을 방문하지 못한 것을 두고 부디 오해가 없기를 바랍니다. 내가 로마에 가려는 계획을 얼마나 자주 세웠는지 아마 여러분은 상상도 못할 것입니다. 나는 그동안 다른 많은 이방 성읍과 공동체에서 그랬던 것처럼, 여러분들 가운데서도 하나님께서 일하시는 모습을 직접 확인하는 즐거움을 누리고 싶었습니다. 그러나 늘 사정이 생겨 그러지 못했습니다. 누구를 만나든―문명인이든 미개인이든, 학식이 많은 사람이든 배우지 못한 사람이든, 그것은 중요하지 않습니다―나는 우리가 얼마나 서로에게 의존하는 존재이며, 서로에게 책임이 있는 존재인지를 깊이 느끼게 됩니다. 이것이 내가 로마에 있는 여러분에게 어서 가서 하나님의 놀랍도록 복된 소식을 전하려는 이유입니다.

16-17 내가 참으로 자랑스럽게 선포하는 이 소식은, 그분의 능력 가득한 계획에 관한 것입니다. 하나님께서 그분을 신뢰하는 사람이면 누구나, 유대인으로부터 시작해서 모든 사람에 이르기까지 다 구원하신다는 엄청난 메시지입니다. 사람들을 바로 세워 주시는 하나님의 길은 믿음의 행위 안에서 드러납니다. 이는 성경이 늘 말해 온 것과도 일치합니다. "하나님을

신뢰함으로 하나님 앞에 바로 세워진 사람은
참으로 살 것이다.”

하나님을 무시하는 자들의 끝없는 추락

18-23 그러나 하나님의 노가 화염처럼 터져 나
옵니다. 사람들의 불신과 범죄와 거짓의 행위
가 쌓여 가고, 사람들이 애써 진리를 덮으려 하
기 때문입니다. 그러나 하나님이 실재하신다
는 것은 너무도 분명한 근본 사실입니다. 그저
눈을 떠 보기만 해도 보이지 않습니까! 하나님
이 창조하신 것을 찬찬히 그리고 유심히 바라
보았던 사람들은 언제나, 그 눈으로는 볼 수 없
는 것―이를테면, 그분의 영원한 능력이나 신
성의 신비―을 볼 수 있었습니다. 따라서 누구
도 변명할 수 없습니다. 사실을 말하면 이렇습
니다. 사람들은 하나님을 너무도 잘 알고 있었
지만 그분을 하나님으로 대하지 않았고, 그분
을 경배하기를 거부했습니다. 그럼으로써 그들
은 스스로 어리석고 혼란에 빠진 하찮은 존재
가 되었고, 결국 삶의 의미도 방향도 잃고 말았
습니다. 그들은 다 아는 것처럼 행세하나, 사실
은 삶에 대해 아무것도 모릅니다. 심지어 그들
은 온 세상을 손에 붙들고 계신 하나님의 영광
을, 어느 길거리에서나 살 수 있는 싸구려 조각
상들과 바꾸어 버렸을 정도입니다.

24-25 그래서 하나님께서 이런 뜻의 말씀을 하
셨습니다. “너희가 원하는 것이 그것이라면,
그것을 주겠다.” 결국 그들은 머지않아, 안팎
으로 온통 오물범벅인 돼지우리의 삶을 살게
되었습니다. 이것은 다 그들이 참 하나님을 거
짓 신과 바꾸었기 때문입니다. 그들을 만드신
하나님―우리가 찬양 드리는 하나님! 우리에
게 복 주시는 하나님!―대신에 자기들이 만든
신을 예배했기 때문입니다.

26-27 상황은 더 나빠져, 그들은 하나님 알기를
거부하면서 곧 사람이 어떠해야 하는지도 잊
고 말았습니다. 여자는 여자가 어떠해야 하는
지 잊었고, 남자는 남자가 어떠해야 하는지 잊

Ignoring God Leads to a Downward Spiral

18-23 But God's angry displeasure
erupts as acts of human mistrust and
wrongdoing and lying accumulate, as
people try to put a shroud over truth.
But the basic reality of God is plain
enough. Open your eyes and there it
is! By taking a long and thoughtful
look at what God has created, people
have always been able to see what
their eyes as such can't see: eternal
power, for instance, and the mystery
of his divine being. So nobody has
a good excuse. What happened was
this: People knew God perfectly well,
but when they didn't treat him like
God, refusing to worship him, they
trivialized themselves into silliness and
confusion so that there was neither
sense nor direction left in their lives.
They pretended to know it all, but were
illiterate regarding life. They traded
the glory of God who holds the whole
world in his hands for cheap figurines
you can buy at any roadside stand.

24-25 So God said, in effect, "If that's
what you want, that's what you get."
It wasn't long before they were living
in a pigpen, smeared with filth, filthy
inside and out. And all this because they
traded the true God for a fake god, and
worshiped the god they made instead of
the God who made them—the God we
bless, the God who blesses *us*. Oh, yes!

26-27 Worse followed. Refusing to know
God, they soon didn't know how to be
human either—women didn't know
how to be women, men didn't know

어버렸습니다. 성적 혼란에 빠져, 그들은 여자가 여자끼리 남자가 남자끼리 서로 학대하고 더럽혔습니다. 사랑 없이 욕정만 가득해서 말입니다. 그리고 그 대가를 치렀습니다. 아, 그 대가가 무엇인지 보십시오. 그들은 하나님과 사랑이 빠져 버린, 불경하고 무정한, 비참한 존재가 되고 말았습니다.

28-32 그들이 하나님 인정하기를 귀찮아하자, 하나님도 그들에게 간섭하기를 그만두시고 제멋대로 살도록 내버려 두셨습니다. 그러자, 그야말로 지옥 판이 벌어졌습니다. 악이 들끓고, 욕망의 아수라장이 벌어지고, 악독한 중상모략이 판을 쳤습니다. 시기와 무자비한 살인과 언쟁과 속임수로, 그들은 이 땅의 삶을 지옥으로 만들어 버렸습니다. 그들을 보십시오. 비열한 정신에, 독기에, 일구이언하며, 하나님을 맹렬히 욕하는 자들입니다. 깡패요, 건달이요, 참을 수 없는 떠버리들입니다! 그들은 삶을 파멸로 이끄는 새로운 길을 끊임없이 만들어 냅니다. 그들은 자기 인생에 방해가 될 때는 부모조차도 저버립니다. 우둔하고, 비열하고, 잔인하고, 냉혹한 자들입니다. 그들이 뭘 몰라서 그러는 것이 아닙니다. 그들은 자기들이 하나님의 얼굴에 침을 뱉고 있다는 사실을 너무도 잘 알고 있습니다. 하지만 그들은 개의치 않습니다. 오히려 가장 나쁜 짓을 가장 잘하는 이들에게 상까지 주고 있습니다!

하나님을 만만히 여기지 말라

2 1-2 그들은 그렇게 어둠 속으로 끝없이 추락하고 있습니다. 그러나 여러분이 그들에게 손가락질할 만한 고상한 위치에 있다고 생각한다면, 생각을 바꾸십시오. 누군가를 비난할 때마다, 여러분은 자신을 정죄하는 것입니다. 여러분도 다르지 않기 때문입니다. 남을 판단하고 비난하는 것은 자신의 죄와 잘못이 발각되는 것을 모면해 보려는 흔한 술책입니다. 그러나 하나님은 그렇게 호락호락하신 분이 아닙

how to be men. Sexually confused, they abused and defiled one another, women with women, men with men—all lust, no love. And then they paid for it, oh, how they paid for it—emptied of God and love, godless and loveless wretches.

28-32 Since they didn't bother to acknowledge God, God quit bothering them and let them run loose. And then all hell broke loose: rampant evil, grabbing and grasping, vicious backstabbing. They made life hell on earth with their envy, wanton killing, bickering, and cheating. Look at them: mean-spirited, venomous, fork-tongued God-bashers. Bullies, swaggerers, insufferable windbags! They keep inventing new ways of wrecking lives. They ditch their parents when they get in the way. Stupid, slimy, cruel, cold-blooded. And it's not as if they don't know better. They know perfectly well they're spitting in God's face. And they don't care—worse, they hand out prizes to those who do the worst things best!

God Is Kind, but Not Soft

2 1-2 Those people are on a dark spiral downward. But if you think that leaves you on the high ground where you can point your finger at others, think again. Every time you criticize someone, you condemn yourself. It takes one to know one. Judgmental criticism of others is a well-known way of escaping detection

니다. 그분은 그 모든 술책을 꿰뚫어 보시며 '그러면 너는 어떤지 보자'고 하십니다.

³⁻⁴ 혹시 다른 사람을 손가락질하면 여러분이 저지른 모든 잘못에 대해 하나님의 주의를 돌릴 수 있다고 생각했습니까? 하나님의 책망을 면할 수 있다고 생각했습니까? 하나님은 너무나 좋은 분이므로 여러분의 죄를 그냥 눈감아 주실 것이라고 생각했습니까? 그렇다면 처음부터 생각을 완전히 달리 하는 것이 좋습니다. 예, 하나님은 좋은 분이십니다. 그러나 결코 만만한 분은 아니십니다. 하나님이 좋은 분이라는 말은, 우리 손을 꼭 붙잡고서 우리를 근본적인 삶의 변화 속으로 이끌어 주신다는 말입니다.

⁵⁻⁸ 얼렁뚱땅 넘어갈 생각은 마십시오. 하나님을 거부하고 회피하는 일은 다 무엇이든 불을 키우는 일입니다. 그 불이 마침내 뜨겁게 활활 타오를 날, 하나님의 의롭고 불같은 심판의 날이 다가오고 있습니다. 착각하지 마십시오. 여러분은 결국 여러분이 자초한 결과에 직면하게 될 것입니다. 하나님 편에서 일하는 이들에게는 참 생명이, 자기 마음대로 살기를 고집하며 쉽게만 살려는 이들에게는 불이 찾아올 것입니다!

⁹⁻¹¹ 하나님의 길을 거부한다면 데일 수밖에 없습니다. 여러분이 어디에서 살았고, 어떤 부모 밑에서 자랐고, 어떤 학교를 다녔는지는 아무 상관이 없습니다. 다만 여러분이 하나님이 행하시는 길을 받아들이고 따르면, 어마어마한 유익이 있을 것입니다. 이 또한 여러분의 출신이나 성장 배경과는 아무 상관이 없습니다. 유대인이라고 해서 하나님께 자동적으로 인정받는 법은 없습니다. 하나님은 여러분에 대한 다른 사람들의 말(혹은 여러분 스스로의 생각)에 전혀 상관치 않으십니다. 그분은 스스로 판단하십니다.

¹²⁻¹³ 죄인 줄 모르고 죄를 짓는 경우라면, 하나님은 정상을 참작해 주십니다. 그러나 죄

in your own crimes and misdemeanors. But God isn't so easily diverted. He sees right through all such smoke screens and holds you to what *you've* done.

³⁻⁴ You didn't think, did you, that just by pointing your finger at others you would distract God from seeing all your misdoings and from coming down on you hard? Or did you think that because he's such a nice God, he'd let you off the hook? Better think this one through from the beginning. God is kind, but he's not soft. In kindness he takes us firmly by the hand and leads us into a radical life-change.

⁵⁻⁸ You're not getting by with anything. Every refusal and avoidance of God adds fuel to the fire. The day is coming when it's going to blaze hot and high, God's fiery and righteous judgment. Make no mistake: In the end you get what's coming to you—*Real Life* for those who work on God's side, but to those who insist on getting their own way and take the path of least resistance, *Fire!*

⁹⁻¹¹ If you go against the grain, you get splinters, regardless of which neighborhood you're from, what your parents taught you, what schools you attended. But if you embrace the way God does things, there are wonderful payoffs, again without regard to where you are from or how you were brought up. Being a Jew won't give you an automatic stamp of approval. God pays no attention to what others say (or what you think) about you. He makes up his own mind.

¹²⁻¹³ If you sin without knowing what you're doing, God takes that into account.

인 줄 잘 알면서도 죄를 짓는다면, 그것은 완전히 다른 이야기입니다. 하나님의 법을 듣기만 하고 그 명령을 행하지 않는다면, 그것은 시간 낭비일 뿐입니다. 하나님이 중요하게 여기시는 것은, 듣는 것이 아니라 행하는 것이기 때문입니다.

14-16 하나님의 법을 전혀 들어 본 적 없는 사람들도 직관을 따라 하나님의 법을 따르는 경우가 있습니다. 그런 그들의 순종은 하나님의 법이 진리임을 확증해 줍니다. 그들은 하나님의 법이 밖에서부터 우리에게 부과된 낯선 것이 아니라, 우리가 창조될 때 우리 안에 새겨진 것임을 보여줍니다. 그들의 내면 깊은 곳에는 하나님이 말씀하시는 '그렇다'와 '아니다'에, 그분의 '옳다'와 '그르다'에 공명하는 무언가가 있습니다. 하나님의 '그렇다'와 '아니다'에 대해 그들이 어떻게 응답했는지는, 하나님께서 모든 남녀들에 대해 최종 심판을 내리시는 그날, 온 천하에 다 공개될 것입니다. 이는 내가 예수 그리스도를 통해 선포하는 하나님의 **메시지**에 다 들어 있는 이야기입니다.

종교가 우리를 구원하지 못한다

17-24 유대인으로 성장한 이들에게 말합니다. 여러분의 종교가 여러분이 기댈 수 있는 안전한 품이라도 되는 줄 착각하지 마십시오. 하나님의 계시에 정통하다고, 하나님에 관해서라면 최신 교리까지 다 꿰고 있는 최고 전문가라고 목에 힘주고 다니지 마십시오! 특히 스스로 다 갖추었다고 확신하는 여러분, 하나님의 계시된 말씀을 속속들이 다 알기 때문에 어두운 밤길을 헤매면서 하나님에 대해 혼란스러워하는 이들에게 길 안내자가 되어 줄 수 있다고 자처하는 여러분에게 경고해 줄 말이 있습니다. 여러분이 다른 사람들을 인도한다고 하지만, 정작 여러분은 어떻습니까? 나는 지금 정색하고 말합니다. "도

But if you sin knowing full well what you're doing, that's a different story entirely. Merely hearing God's law is a waste of your time if you don't do what he commands. Doing, not hearing, is what makes the difference with God.

14-16 When outsiders who have never heard of God's law follow it more or less by instinct, they confirm its truth by their obedience. They show that God's law is not something alien, imposed on us from without, but woven into the very fabric of our creation. There is something deep within them that echoes God's yes and no, right and wrong. Their response to God's yes and no will become public knowledge on the day God makes his final decision about every man and woman. The Message from God that I proclaim through Jesus Christ takes into account all these differences.

Religion Can't Save You

17-24 If you're brought up Jewish, don't assume that you can lean back in the arms of your religion and take it easy, feeling smug because you're an insider to God's revelation, a connoisseur of the best things of God, informed on the latest doctrines! I have a special word of caution for you who are sure that you have it all together yourselves and, because you know God's revealed Word inside and out, feel qualified to guide others through their blind alleys and dark nights and confused emotions to God. While you are guiding others, who is going to guide you? I'm quite serious.

둑질하지 말라!"고 설교하는 여러분이 어찌하여 도둑질을 합니까? 얼마나 감쪽같은지요! 간음도 마찬가지입니다. 우상숭배도 마찬가지입니다. 그러면서도 여러분은 하나님과 그분의 법에 대해 온갖 유창한 언변을 늘어놓으며 용케도 잘 빠져나갑니다. 이것은 어제 오늘의 일도 아닙니다. "너희 유대인들 때문에 이방인들에게서 하나님이 욕을 먹는다"는 성경 구절도 있듯이 말입니다.

25-29 할례는 어떻습니까? 여러분이 유대인임을 표시해 주는 그 수술 의식은 좋은 것입니다. 여러분이 하나님의 율법에 맞게 산다면 그렇습니다. 그러나 여러분이 하나님의 율법을 따라 살지 않는다면, 차라리 할례를 받지 않는 것이 낫습니다. 그 반대도 마찬가지입니다. 할례 받지 않고도 하나님의 길을 따라 사는 이들은 할례 받은 이들 못지않습니다. 사실, 더 낫습니다. 할례는 받지 않았어도 하나님의 율법을 지키는 것이, 할례를 받고도 율법을 지키지 않는 것보다 낫습니다. 칼로 뭔가를 잘라 낸다고 유대인이 되는 것은 아닙니다. 유대인인지 아닌지는, 여러분이 어떤 사람인지에 달린 일입니다. 여러분을 유대인으로 만들어 주는 것은 여러분 마음에 새겨진 하나님의 표시이지, 여러분 피부에 새겨진 칼자국이 아닙니다. 그리고 중요한 것은 하나님께 인정받는 것이지, 율법 전문가들한테 인정받는 것이 아닙니다.

❧

3 1-2 그렇다면 유대인인 것과 아닌 것, 다시 말해 하나님의 길에 대해 훈련받은 것과 그렇지 못한 것은 무슨 차이가 있을까요? 사실, 큰 차이가 있습니다. 그러나 사람들이 흔히 생각하는 그런 차이는 아닙니다.

2-6 우선, 유대인들에게는 하나님의 계시, 곧 성경을 기록하고 보존할 책임이 맡겨졌습니다. 그 과정에서, 유대인들 중 일부가 자신의 임무를 저버렸던 것은 사실이지만, 하나님은 그들

While preaching "Don't steal!" are you going to rob people blind? Who would suspect you? The same with adultery. The same with idolatry. You can get by with almost anything if you front it with eloquent talk about God and his law. The line from Scripture, "It's because of you Jews that the outsiders are down on God," shows it's an old problem that isn't going to go away.

25-29 Circumcision, the surgical ritual that marks you as a Jew, is great if you live in accord with God's law. But if you don't, it's worse than not being circumcised. The reverse is also true: The uncircumcised who keep God's ways are as good as the circumcised—in fact, better. Better to keep God's law uncircumcised than break it circumcised. Don't you see: It's not the cut of a knife that makes a Jew. You become a Jew by who you are. It's the mark of God on your heart, not of a knife on your skin, that makes a Jew. And recognition comes from God, not legalistic critics.

❧

3 1-2 So what difference does it make who's a Jew and who isn't, who has been trained in God's ways and who hasn't? As it turns out, it makes a lot of difference—but not the difference so many have assumed.

2-6 First, there's the matter of being put in charge of writing down and caring for God's revelation, these Holy Scriptures. So, what if, in the

을 저버리지 않으셨습니다. 여러분은 그들이 신실하지 못했다고 해서 하나님도 신실하기를 포기하실 수 있다고 생각합니까? 결코 그럴 수 없습니다! 세상이 다 거짓말을 일삼을 때에도 하나님은 끝까지 당신이 하신 약속을 지키시는 분입니다. 이 말은 틀림없습니다. 성경도 그렇게 말합니다.

주님의 말씀은 변함이 없고 참되십니다.
거부를 당해도 주님은 흔들리시지 않습니다.

그런데 이런 질문이 나올 수 있습니다. '우리의 악한 행위가 오히려 하나님의 의로운 행위를 분명히 드러내고 확증한다면, 그 일로 우리는 오히려 칭찬받아야 하는 것 아닌가?' '우리의 악한 말이 그분의 선한 말씀에 흠집 하나 내지 못한다면, 하나님께서 우리를 다그쳐 우리 말에 책임을 묻는 것은 잘못된 것 아닌가?' 그 질문에 대한 대답은 '아니다'입니다. 결코 그렇지 않습니다! 생각해 보십시오. 하나님께서 바르지 않은 일을 하신다면, 어떻게 그분께서 세상을 바로 세우실 수 있겠습니까?

7-8 그저 심사가 뒤틀려서 이렇게 말할 수도 있습니다. "나의 거짓됨이 하나님의 참되심을 더욱 영광스럽게 드러내 준다면, 왜 내가 비난을 받아야 하는가? 하나님한테 좋은 일을 하는 것인데." 실제로 어떤 이들은 우리가 그렇게 말한다고 말을 퍼뜨리기도 합니다. 그들은 우리가 "악을 더 많이 행할수록 하나님은 선을 더 많이 행하시니, 악을 더 많이 행하자!"고 말하며 다닌다고 주장합니다. 이는 순전히 중상모략인 것을 여러분도 잘 아시리라 믿습니다.

모두가 침몰하는 배에 타고 있다

9-20 그렇다면, 우리의 처지는 어떻습니까? 우리 유대인들이 다른 이들보다 더 운이 좋은 것일까요? 사실, 그렇지 않습니다. 기본적으로 우리는 유대인이든 이방인이든 모두 똑같은 조

course of doing that, some of those Jews abandoned their post? God didn't abandon them. Do you think their faithlessness cancels out his faithfulness? Not on your life! Depend on it: God keeps his word even when the whole world is lying through its teeth. Scripture says the same:

Your words stand fast and true;
Rejection doesn't faze you.

But if our wrongdoing only underlines and confirms God's rightdoing, shouldn't we be commended for helping out? Since our bad words don't even make a dent in his good words, isn't it wrong of God to back us to the wall and hold us to our word? These questions come up. The answer to such questions is *no*, a most emphatic *No!* How else would things ever get straightened out if *God* didn't do the straightening?

7-8 It's simply perverse to say, "If my lies serve to show off God's truth all the more gloriously, why blame me? I'm doing God a favor." Some people are actually trying to put such words in our mouths, claiming that we go around saying, "The more evil we do, the more good God does, so let's just do it!" That's pure slander, as I'm sure you'll agree.

We're All in the Same Sinking Boat

9-20 So where does that put us? Do we Jews get a better break than the others? Not really. Basically, all of us,

건에서 출발합니다. 다시 말해, 우리는 다 죄인으로 출발합니다. 이 점에 대해 성경은 더할 나위 없이 분명합니다.

바르게 사는 자 아무도 없다. 단 한 사람도 없다.
사리분별하는 자 아무도 없고, 하나님께 깨어 있는 자 아무도 없다.
다들 잘못된 길로 접어들어,
다들 막다른 길에서 헤매고 있다.
바르게 사는 자 아무도 없다.
그런 사람 단 한 사람도 나는 찾을 수 없다.
그들의 목구멍은 쩍 벌어진 무덤이요,
그 혀는 기름칠한 듯 매끄럽다.
하는 말마다 독이 서렸고
입을 열면 공기를 오염시킨다.
'올해의 죄인'이 되려고 각축전을 벌이며
세상을 온통 비통과 파멸로 어지럽힌다.
사람들과 더불어 사는 법이라고는 기본조차 모르는 그들,
하나님은 안중에도 없다.

그렇다면 분명하지 않습니까? 성경에 기록된 모든 말씀은 다른 사람에 대한 말씀이 아니라 바로 우리에게 하시는 말씀입니다! 성경은 처음부터 우리를 향한 말씀이었습니다. 또한 명백하지 않습니까? 우리는 하나같이 다 죄인이며, 다 함께 한 배를 타고서 가라앉을 수밖에 없는 사람들입니다! 하나님의 계시와 관련 있는 민족이라고 해서 우리가 자동적으로 하나님 앞에 바로 서게 되는 것은 아닙니다. 우리는 다만, 모든 사람의 죄에 우리 역시 연루되어 있다는 사실을 직시하게 될 뿐입니다.

whether insiders or outsiders, start out in identical conditions, which is to say that we all start out as sinners. Scripture leaves no doubt about it:

There's nobody living right, not even one,
    nobody who knows the score, nobody
    alert for God.
They've all taken the wrong turn;
    they've all wandered down blind alleys.
No one's living right;
    I can't find a single one.
Their throats are gaping graves,
    their tongues slick as mudslides.
Every word they speak is tinged with poison.
    They open their mouths and pollute
    the air.
They race for the honor of sinner-of-the-year,
    litter the land with heartbreak and ruin,
Don't know the first thing about living with others.
    They never give God the time of day.

This makes it clear, doesn't it, that whatever is written in these Scriptures is not what God says *about others* but *to us* to whom these Scriptures were addressed in the first place! And it's clear enough, isn't it, that we're sinners, every one of us, in the same sinking boat with everybody else? Our involvement with God's revelation doesn't put us right with God. What it does is force us to face our complicity in everyone else's sin.

하나님께서 바로 세우십니다

21-24 그런데 우리 시대에 와서 새로운 것이 더해졌습니다. 모세와 예언자들이 그들 시대에 증언했던 일이 실제로 일어난 것입니다. 그들이 증언한 '하나님이 바로 세워 주시는 일'이 이제 우리에게는 '예수께서 바로 세워 주시는 일'로 나타났습니다. 이는 우리만을 위한 것이 아니라, 그분을 믿는 모든 사람을 위한 것입니다. 이 점에서 우리와 그들 사이에 아무런 차이가 없습니다. (우리나 그들이나) 다 죄인으로 오랫동안 비참한 전과를 쌓아 왔고, 하나님께서 뜻하시는 그 영광스런 삶을 살아 낼 능력이 전혀 없다는 것도 입증되었습니다. 그래서 하나님께서 친히 우리를 위해 일해 주셨습니다. 순전히 은혜로, 그분은 우리를 그분 앞에 바로 세워 주셨습니다. 이는 전적으로 그분의 선물입니다. 그분은 우리를 진창에서 건져 주셨고, 우리가 있기를 늘 원하셨던 자리로 우리를 되돌려 주셨습니다. 바로 예수 그리스도를 통해 그 일을 하셨습니다.

25-26 하나님은 세상의 제단 위에 예수님을 희생제물로 삼으셔서 세상으로 하여금 죄를 면하게 해주셨습니다. 그분께 믿음을 둘 때 우리는 죄를 면하게 됩니다. 하나님은 이 일, 곧 예수의 희생을 통해 세상으로 하여금 그분 앞에서 죄를 면하게 해주신 이 일을 만천하에 드러내셨습니다. 하나님은 그동안 오래 참으신 죄들을 마침내 이렇게 처리해 주신 것입니다. 이는 분명히 드러난 일일 뿐 아니라, 또한 지금 일어나고 있는 일입니다. 이것은 현재 진행중인 역사입니다! 하나님은 모든 것을 바로 세워 주고 계십니다. 또한 우리로 하여금 바로 세워 주시는 그분의 의로우심 안에서 살 수 있게 해주십니다.

27-28 그렇다면, 우리 교만한 유대인들의 옥신각신하는 주장들은 어떻게 되는 것입니까? 무효가 되는 것입니까? 그렇습니다. 무효가 되었습니다. 우리가 알게 된 것은 이것입니다. 우리가 행하는 일에 하나님이 응답하시는 것이 아니라는 것입니다. 사실은, 하나님이 행하시는 일에 우

God Has Set Things Right

21-24 But in our time something new has been added. What Moses and the prophets witnessed to all those years has happened. The God-setting-things-right that we read about has become Jesus-setting-things-right for us. And not only for us, but for everyone who believes in him. For there is no difference between us and them in this. Since we've compiled this long and sorry record as sinners (both us and them) and proved that we are utterly incapable of living the glorious lives God wills for us, God did it for us. Out of sheer generosity he put us in right standing with himself. A pure gift. He got us out of the mess we're in and restored us to where he always wanted us to be. And he did it by means of Jesus Christ.

25-26 God sacrificed Jesus on the altar of the world to clear that world of sin. Having faith in him sets us in the clear. God decided on this course of action in full view of the public—to set the world in the clear with himself through the sacrifice of Jesus, finally taking care of the sins he had so patiently endured. This is not only clear, but it's *now*—this is current history! God sets things right. He also makes it possible for us to live in his rightness.

27-28 So where does that leave our proud Jewish insider claims and counterclaims? Canceled? Yes, canceled. What we've learned is this: God does not respond to what we do;

리가 응답하는 것입니다. 마침내 우리는 이 사실을 깨닫습니다. 우리의 삶이 하나님과, 또 다른 모든 사람들과 발맞추어 나가려면, 우리가 그분의 발걸음을 따라가야지, 거만하고 초조한 마음으로 우리가 행진을 이끌려고 해서는 안됩니다.

29-30 그렇다면 하나님에 대해 독점권을 가졌다고 하는 우리 유대인들의 교만한 주장은 또 어떻게 되는 것입니까? 이 또한 무효가 되었습니다. 하나님은 유대인들의 하나님일 뿐 아니라 또한 이방인들의 하나님이기도 합니다. 하나님은 오직 한분이신데, 어찌 그렇지 않을 수 있겠습니까? 하나님은 당신이 하시는 일을 기꺼이 받아들이고 그 속으로 뛰어드는 사람이면 누구나, 다 그분 앞에 바로 세워 주십니다. 우리 종교의 제도를 따르는 이들뿐 아니라, 우리 종교에 대해 들어 본 적 없는 이들도 마찬가지입니다.

31 그런데 우리가, 초점을 우리가 행하는 일에서 하나님이 행하시는 일로 옮긴다는 것은, 하나님의 규례와 법도를 신중히 따르던 삶을 취소한다는 말일까요? 전혀 그렇지 않습니다. 오히려 우리 삶 전체를 제자리에 놓음으로써, 그 삶을 더 굳게 세웁니다.

하나님을 신뢰하십시오

4 1-3 그렇다면 우리 믿음의 첫 조상 아브라함 이야기를 이 새로운 관점에서 보면 어떨까요? 만일 아브라함이 하나님을 위해 이룬 일로 하나님의 인정을 얻어 낸 것이라면, 당연히 그 공로를 인정받았을 것입니다. 그러나 우리에게 전해진 이 이야기의 주인공은 하나님이지 아브라함이 아닙니다. 성경은 우리에게 이렇게 말합니다. "아브라함은 하나님이 그를 위해 하시는 일에 뛰어들었다. 바로 그것이 전환점이 되었다. 그는 자기 힘으로 바로 서려고 애쓰는 대신에, 하나님께서 자신을 바로 세워 주실 것을 신뢰했다."

we respond to what *God* does. We've finally figured it out. Our lives get in step with God and all others by letting him set the pace, not by proudly or anxiously trying to run the parade.

29-30 And where does that leave our proud Jewish claim of having a corner on God? Also canceled. God is the God of outsider non-Jews as well as insider Jews. How could it be otherwise since there is only one God? God sets right all who welcome his action and enter into it, both those who follow our religious system and those who have never heard of our religion.

31 But by shifting our focus from what we do to what *God* does, don't we cancel out all our careful keeping of the rules and ways God commanded? Not at all. What happens, in fact, is that by putting that entire way of life in its proper place, we confirm it.

Trusting God

4 1-3 So how do we fit what we know of Abraham, our first father in the faith, into this new way of looking at things? If Abraham, by what he *did* for God, got God to approve him, he could certainly have taken credit for it. But the story we're given is a God-story, not an Abraham-story. What we read in Scripture is, "Abraham entered into what God was doing for him, and *that* was the turning point. He trusted God to set him right instead of trying to be right on his own."

4-5 만일 여러분이 열심히 해서 어떤 일을 잘 해낸다면, 여러분은 보수를 받을 자격이 생깁니다. 그때 여러분이 받는 것은 임금이지 선물이 아닙니다. 그러나 여러분이 그 일을 감당할 수 없어 오직 하나님만이 하실 수 있는 일이라고 인정하고 그분께서 해주실 것을 신뢰한다면, 바로 그 신뢰가 여러분을 하나님에 의해, 하나님 앞에 바로 세워 줍니다. 이렇게 하나님 앞에 바로 서는 일은, 여러분의 힘으로 아무리 오랫동안 수고하고 애쓴다 해도 결코 해낼 수 없는 일입니다. 이는 전적으로 그분의 선물입니다.

6-9 이 새로운 관점은 다윗에게서도 확증됩니다. 그는 자신의 공로 하나 없이, 오직 하나님께서 모든 것을 바로 세워 주실 것을 신뢰하는 사람은 복이 있다고 말합니다.

> 그 범죄가 지워지고 지은 죄 말끔히 씻겨진 사람은
> 복이 있다.
> 주님께 그 죄를 청산받은 사람은
> 복이 있다.

혹시 여러분은 이런 복이 우리 종교의 길을 따르는 할례 받은 사람들에게만 선언된다고 생각합니까? 우리가 따르는 길에 대해 들어 본 적 없는 사람들, 하나님께 훈련받아 본 적 없는 사람들도 이런 복을 받을 수 있다는 생각은 못해 봤습니까? 일단 우리 모두가 동의할 수 있는 사실부터 말해 보겠습니다. 아브라함이 하나님께 합당하다고 선언된 것은, 그가 하나님께서 그를 위해 하시는 일을 받아들였기 때문입니다.

10-11 그렇다면 생각해 보십시오. 그 선언이 내려진 것은, 그가 할례라는 언약 의식을 통해 몸에 표시를 받기 전이었습니까, 그 후였습니까? 맞습니다. 표시를 받기 전이었습니다. 그렇다면, 그가 할례를 받은 것은, 하나님께서 그를 당신 앞에 바로 세우시려고 오래전부터

4-5 If you're a hard worker and do a good job, you deserve your pay; we don't call your wages a gift. But if you see that the job is too big for you, that it's something only *God* can do, and you trust him to do it—you could never do it for yourself no matter how hard and long you worked—well, that trusting-him-to-do-it is what gets you set right with God, *by* God. Sheer gift.

6-9 David confirms this way of looking at it, saying that the one who trusts God to do the putting-everything-right without insisting on having a say in it is one fortunate man:

> Fortunate those whose crimes are carted off,
> whose sins are wiped clean from the slate.
> Fortunate the person against
> whom the Lord does not keep score.

Do you think for a minute that this blessing is only pronounced over those of us who keep our religious ways and are circumcised? Or do you think it possible that the blessing could be given to those who never even heard of our ways, who were never brought up in the disciplines of God? We all agree, don't we, that it was by embracing what God did for him that Abraham was declared fit before God?

10-11 Now *think*: Was that declaration made before or after he was marked by the covenant rite of circumcision? That's right, *before* he was marked. That means that he underwent circumcision as

그를 위해 일해 오신 것에 대한 증거이자 확증의 의미였다는 뜻입니다. 아브라함은 다만 하나님의 이 일을 자신의 온 삶으로 받아들였던 것입니다.

12 또한 이것은 아브라함이 모든 사람의 조상이라는 뜻이기도 합니다. 다시 말해, 하나님께 아직 "바깥 사람"인 이들, 하나님의 백성으로 인정받지 못하는 이른바 "할례 받지 않은" 사람들이라도, 하나님께서 자신들을 위해 하시는 일을 받아들인다면, 아브라함은 그들 모두의 조상도 된다는 것입니다. "하나님에 의해, 하나님 앞에 바로 서게 된" 사람들이란 바로 이런 사람들을 두고 하는 말입니다! 물론, 아브라함은 할례라는 종교 의식을 거친 이들의 조상이기도 합니다. 그러나 이는 그들이 행한 그 종교 의식 때문이 아니라, 하나님께서 그들을 위해 행하시는 일을 믿음으로 받아들이는 모험의 삶을 살기로 그들이 결단했기 때문입니다. 아브라함은 할례의 표시를 받기 오래전부터 바로 이런 삶을 살아온 것입니다.

13-15 하나님께서 아브라함에게 그 유명한 약속—그와 그의 후손이 땅을 차지하리라—을 주신 것은, 그가 무언가를 이루었거나 이루려고 했기 때문이 아니었습니다. 그 약속이 주어진 것은, 그를 위해 모든 것을 바로 세워 주시겠다는 하나님의 결정에 기초한 것이었습니다. 아브라함은 다만 믿음으로 거기에 뛰어들었을 뿐입니다. 만일 우리가 하나님께 무언가를 얻는 것이 자기가 해야 할 일을 다 마치고 온갖 서류를 다 구비해야만 비로소 가능한 일이라면, 인격적 신뢰가 들어설 여지는 아예 사라지고 약속은 냉혹한 계약으로 바뀌고 맙니다! 그런 것은 거룩한 약속이 아닙니다. 사업상 거래일 뿐입니다. 빈틈없는 변호사가 깨알 같은 글씨로 작성한 계약서는 우리가 얻을 것이 전혀 없을 것이라는 사실만 확인해 줄 뿐입니다. 그러나 애초에 계약이란 없고 약속만이—그것도 하나님의 약속만이—있는 것이라

evidence and confirmation of what God had done long before to bring him into this acceptable standing with himself, an act of God he had embraced with his whole life.

12 And it means further that Abraham is father of *all* people who embrace what God does for them while they are still on the "outs" with God, as yet unidentified as God's, in an "uncircumcised" condition. It is precisely these people in this condition who are called "set right by God and with God"! Abraham is also, of course, father of those who have undergone the religious rite of circumcision *not* just because of the ritual but because they were willing to live in the risky faith-embrace of God's action for them, the way Abraham lived long before he was marked by circumcision.

13-15 That famous promise God gave Abraham—that he and his children would possess the earth—was not given because of something Abraham did or would do. It was based on God's decision to put everything together for him, which Abraham then entered when he believed. If those who get what God gives them only get it by doing everything they are told to do and filling out all the right forms properly signed, that eliminates personal trust completely and turns the promise into an ironclad *contract*! That's not a holy promise; that's a business deal. A contract drawn up by a hard-nosed lawyer and with plenty of fine print only makes sure that you will never be able to collect. But if

면, 그것은 여러분이 깰 수 있는 것이 아닙니다.
16 바로 이런 이유로 하나님의 약속의 성취는, 전적으로 하나님과 그분의 길을 신뢰하는 것, 하나님과 그분이 하시는 일을 단순히 받아들이는 것에 달려 있습니다. 하나님의 약속은 순전한 선물로 우리에게 옵니다. 바로 이것이 우리 종교적 전통을 따르는 사람들뿐 아니라, 그런 것에 대해 들어 본 적 없는 사람들도 그 약속에 확실히 참여할 수 있는 유일한 길입니다. 아브라함은 우리 모두의 조상이기 때문입니다. 그는 우리 민족의 조상이 아닙니다. 그렇다고 한다면, 그것은 이야기를 거꾸로 읽는 것입니다. 그는 우리 믿음의 조상입니다.

17-18 우리가 아브라함을 "조상"이라고 부르는 것은 그가 거룩한 사람처럼 살아서 하나님의 주목을 받았기 때문이 아닙니다. 하나님께서 보잘것없던 아브라함을 불러 대단한 사람으로 만드셨기 때문입니다. 성경에서 우리가 늘 읽는 말씀, 하나님께서 아브라함에게 하신 말씀이 바로 이것 아닙니까? "내가 너를 많은 민족의 조상으로 세운다." 아브라함은 먼저 "조상"이라고 불렸고, 그런 다음에 조상이 된 것입니다. 그것은 오직 하나님만이 하실 수 있는 일을, 하나님께서 하실 것으로 그가 담대히 신뢰했기 때문입니다. 하나님께서는 죽은 사람들을 살리시고, 말씀으로 무(無)에서 유(有)를 만들어 내시는 분이십니다. 아무 희망이 없었음에도 불구하고, 아브라함은 믿었습니다. 아브라함은 자신의 눈에 보이는 불가능한 것을 근거로 살지 않고, 하나님께서 하시겠고 말씀하신 약속을 근거로 살기로 결단한 것입니다. 그러므로 그는 허다한 민족의 조상이 되었습니다. 하나님께서 친히 그에게 말씀하셨습니다. "아브라함아, 너는 장차 큰 민족을 이룰 것이다!"

19-25 아브라함은 자신의 무력함에 집중하지 않았습니다. 그는 "소망이 사라졌다. 백 살이나 먹은 이 늙은 몸으로 어떻게 아이를 볼 수

there is no contract in the first place, simply a *promise*–and God's promise at that–you can't break it.

16 This is why the fulfillment of God's promise depends entirely on trusting God and his way, and then simply embracing him and what he does. God's promise arrives as pure gift. That's the only way everyone can be sure to get in on it, those who keep the religious traditions *and* those who have never heard of them. For Abraham is father of us all. He is not our racial father–that's reading the story backward. He is our *faith* father.

17-18 We call Abraham "father" not because he got God's attention by living like a saint, but because God made something out of Abraham when he was a nobody. Isn't that what we've always read in Scripture, God saying to Abraham, "I set you up as father of many peoples"? Abraham was first named "father" and then *became* a father because he dared to trust God to do what only God could do: raise the dead to life, with a word make something out of nothing. When everything was hopeless, Abraham believed anyway, deciding to live not on the basis of what he saw he *couldn't* do but on what God said he *would* do. And so he was made father of a multitude of peoples. God himself said to him, "You're going to have a big family, Abraham!"

19-25 Abraham didn't focus on his own impotence and say, "It's hopeless. This hundred-year-old body could never father a child." Nor did he survey Sarah's

있겠는가" 하고 말하지 않았습니다. 또 사라가 아기를 낳지 못한 수십 년을 헤아리며 체념하지도 않았습니다. 그는 하나님의 약속 주위를 서성거리며 조심스레 의심 어린 질문을 던지지도 않았습니다. 그는 그 약속 안으로 성큼 뛰어들었습니다. 그러고는 굳센 자, 하나님을 위해 준비된 자, 말씀하신 바를 이루실 하나님을 확신하는 자가 되어 나왔습니다. 그래서 이런 말씀이 기록되었습니다. "아브라함은 하나님이 그를 바로 세워 주실 것을 신뢰함으로 하나님께 합당한 사람으로 선언되었다." 그러나 이것은 아브라함에게만 해당되는 이야기가 아닙니다. 이것은 우리 이야기이기도 합니다! 우리가 아무 소망 없는 상황에서도 예수를 살리신 분을 받아들이고 믿을 때, 우리 역시 동일한 말씀을 듣게 됩니다. 희생 제물이 되어 주신 예수께서 우리를 하나님께 합당한 사람으로, 하나님 앞에 바로 세워진 사람으로 만들어 주셨습니다.

인내를 기르라

5 ¹⁻² 하나님께서 우리를 위해 늘 하고자 하셨던 일, 곧 그분 앞에 우리를 바로 세워 주시고, 그분께 합당한 사람으로 만들어 주는 일에 우리는 믿음으로 뛰어들었습니다. 그러므로 지금 우리는, 우리 주인이신 예수로 말미암아 하나님 앞에서 이를 누리고 있습니다. 그뿐 아닙니다. 하나님을 향해 우리 문을 활짝 열어젖히는 순간, 우리는 그분께서 이미 우리를 향해 문을 활짝 열어 놓고 계셨음을 발견합니다. 우리가 늘 있고자 원했던 그곳에, 마침내 우리가 서 있음을 알게 됩니다. 우리는 하나님의 은혜와 영광의 그 넓고 탁 트인 공간에서, 고개 들고 서서 소리 높여 찬양하는 우리 자신을 발견하게 됩니다.

³⁻⁵ 그뿐 아닙니다. 온갖 환난에 포위되어 있을 때에도 우리는 소리 높여 찬양하기를 멈추지 않습니다. 환난이 우리 안에 열정 어린 인내를 길러 주고, 그 인내가 쇠를 연마하듯 우리 인격

decades of infertility and give up. He didn't tiptoe around God's promise asking cautiously skeptical questions. He plunged into the promise and came up strong, ready for God, sure that God would make good on what he had said. That's why it is said, "Abraham was declared fit before God by trusting God to set him right." But it's not just Abraham; it's also us! The same thing gets said about us when we embrace and believe the One who brought Jesus to life when the conditions were equally hopeless. The sacrificed Jesus made us fit for God, set us *right with God*.

Developing Patience

5 ¹⁻² By entering through faith into what God has always wanted to do for us—set us right with him, make us fit for him—we have it all together with God because of our Master Jesus. And that's not all: We throw open our doors to God and discover at the same moment that he has already thrown open his door to us. We find ourselves standing where we always hoped we might stand—out in the wide open spaces of God's grace and glory, standing tall and shouting our praise.

³⁻⁵ There's more to come: We continue to shout our praise even when we're hemmed in with troubles, because we know how troubles can develop passionate patience in us, and how that patience in turn forges the tempered steel of virtue, keeping us alert for

을 단련시켜 주며, 우리로 하여금 하나님께서 장차 행하실 모든 일에 대해 늘 깨어 있게 해준다는 것을 우리가 알기 때문입니다. 이 같은 희망 속에 늘 깨어 있을 때, 우리는 결코 실망하는 법이 없습니다. 오히려 정반대입니다. 우리가 하나님께서 성령을 통해 우리 삶 속에 아낌없이 쏟아붓고 계신 그 모든 것을 다 담아 내기에는, 아무리 많은 그릇으로도 부족합니다!

6-8 그리스도께서 더없이 알맞은 때에 오셔서 이런 일을 이루십니다. 그분은 우리가 다 준비되기까지 기다리지 않으셨고, 지금도 그러하십니다. 우리가 너무 약하고 반항적이어서 전혀 준비되어 있지 않았던 그때에, 그분은 자기 자신을 이 희생적 죽음에 내어주셨습니다. 설령 우리가 그렇게 약하지 않았다 하더라도, 우리는 여전히 갈팡질팡했을 것입니다. 우리는 목숨을 바칠 만한 가치가 있다고 여기는 사람을 위해 대신 죽는 것은 이해할 수 있습니다. 또 선하고 고귀한 사람을 보면 우리 안에 그를 위해 기꺼이 희생하고자 하는 마음이 일어난다는 사실도 알고 있습니다. 그러나 하나님은 우리가 그분께 아무 쓸모가 없을 때에 당신의 아들을 희생적 죽음에 내어주심으로, 그렇게 우리를 위해 당신의 사랑을 아낌없이 내놓으셨습니다.

9-11 이 희생적 죽음, 이 완성된 희생 제사를 통해 우리는 하나님 앞에 바로 세워졌습니다. 그러므로 이제는 더 이상 하나님과 사이가 멀어질 일은 없습니다. 생각해 보십시오. 우리가 최악이었을 때에도 그분 아들의 희생적 죽음을 통해 우리와 하나님 사이가 친밀하게 되었습니다. 그렇다면 우리가 최선인 지금, 그분의 부활 생명이 우리 삶을 얼마나 드넓고 깊게 하겠습니까! 하나님과 친구가 되는 이 엄청난 선물을 실제로 받아 누리고 있는 우리는, 이제 더 이상 단조로운 산문적 표현에 만족할 수 없습니다. 우리는 노래하고 외칩니다! 메시아 예수를 통해 하나님께 우리의 찬양을 드립니다!

whatever God will do next. In alert expectancy such as this, we're never left feeling shortchanged. Quite the contrary—we can't round up enough containers to hold everything God generously pours into our lives through the Holy Spirit!

6-8 Christ arrives right on time to make this happen. He didn't, and doesn't, wait for us to get ready. He presented himself for this sacrificial death when we were far too weak and rebellious to do anything to get ourselves ready. And even if we hadn't been so weak, we wouldn't have known what to do anyway. We can understand someone dying for a person worth dying for, and we can understand how someone good and noble could inspire us to selfless sacrifice. But God put his love on the line for us by offering his Son in sacrificial death while we were of no use whatever to him.

9-11 Now that we are set right with God by means of this sacrificial death, the consummate blood sacrifice, there is no longer a question of being at odds with God in any way. If, when we were at our worst, we were put on friendly terms with God by the sacrificial death of his Son, now that we're at our best, just think of how our lives will expand and deepen by means of his resurrection life! Now that we have actually received this amazing friendship with God, we are no longer content to simply say it in plodding prose. We sing and shout our praises to God through Jesus, the Messiah!

죽음을 부르는 죄, 생명을 주는 선물

12-14 여러분은 아담이 어떻게 우리를 죄와 죽음이라는 딜레마에 처하게 만들었는지 들어서 알고 있을 것입니다. 죄와 죽음으로부터 자유로운 사람은 아무도 없습니다. 죄는 만물과 하나님과의 관계, 또 모든 사람과 하나님과의 관계에 해(害)를 끼쳐 왔지만, 하나님께서 모세를 통해 자세히 상술해 주시기까지는 그 해가 어느 정도인지 분명치 않았습니다. 그처럼 죽음, 곧 우리와 하나님 사이를 갈라놓는 그 거대한 심연은, 아담으로부터 모세에 이르는 시간에도 위세를 떨쳤습니다. 하나님이 주신 특정 명령에 불순종했던 아담과 같은 죄를 짓지 않은 이들도 모두 이러한 생명의 끊어짐, 곧 하나님과의 분리를 경험해야만 했습니다. 그러나 우리를 이런 지경에 빠뜨린 아담은, 또한 우리를 거기서 구원해 주실 분을 앞서 가리키는 존재이기도 합니다.

15-17 그러나 우리를 구출하는 이 선물은, 죽음을 초래하는 그 죄와 비교가 되지 않습니다. 생각해 보십시오! 한 사람의 죄가 수많은 사람들을 하나님과의 분리라는 그 죽음의 심연에 밀어 넣었다고 할 때, 한 사람 예수 그리스도를 통해 쏟아 부어지는 이 하나님의 선물은 우리에게 어떤 것을 가져다줄까요? 죽음을 초래하는 그 죄와 넘치는 생명을 가져오는 이 선물은 서로 비교할 수 없습니다. 그 죄에 대한 평결로는 죽음의 선고가 내려졌지만, 뒤따른 다른 많은 죄들에 대한 평결로는 경이로운 생명 선고가 내려졌습니다. 한 사람의 잘못을 통해 죽음이 위세를 떨쳤다면, 이제 한 사람 예수 그리스도께서 마련해 주신 이 어마어마한 생명의 선물, 이 "모든 것을 바로 세우시는" 장대한 일을 두 팔 벌려 받아들이는 이들 안에서 이 생명이 이루어 낼 가슴 벅찬 회복—우리를 다스리는 생명!—이 어떤 것일지, 여러분은 상상할 수 있겠습니까?

The Death-Dealing Sin, the Life-Giving Gift

12-14 You know the story of how Adam landed us in the dilemma we're in—first sin, then death, and no one exempt from either sin or death. That sin disturbed relations with God in everything and everyone, but the extent of the disturbance was not clear until God spelled it out in detail to Moses. So death, this huge abyss separating us from God, dominated the landscape from Adam to Moses. Even those who didn't sin precisely as Adam did by disobeying a specific command of God still had to experience this termination of life, this separation from God. But Adam, who got us into this, also points ahead to the One who will get us out of it.

15-17 Yet the rescuing gift is not exactly parallel to the death-dealing sin. If one man's sin put crowds of people at the dead-end abyss of separation from God, just think what God's gift poured through one man, Jesus Christ, will do! There's no comparison between that death-dealing sin and this generous, life-giving gift. The verdict on that one sin was the death sentence; the verdict on the many sins that followed was this wonderful life sentence. If death got the upper hand through one man's wrongdoing, can you imagine the breathtaking recovery life makes, sovereign life, in those who grasp with both hands this wildly extravagant life-gift, this grand setting-everything-right, that the one man Jesus Christ provides?

18-19 한마디로 말하면 이렇습니다. 한 사람이 잘못을 범해 우리 모두가 죄와 죽음이라는 곤경에 처하게 된 것처럼, 또 다른 한 사람이 올바른 일을 함으로써 우리 모두가 거기서 벗어날 수 있게 되었습니다. 사실, 우리는 단순히 곤경에서 건져진 것 이상입니다. 그분은 우리를 생명 속으로 이끌어 들이셨습니다! 한 사람이 하나님께 "아니요"라고 말함으로써 많은 사람이 잘못되었고, 한 사람이 하나님께 "예"라고 말함으로써 많은 사람이 바르게 되었습니다.

20-21 일시적인 율법이 죄와 맞서 할 수 있었던 것이라고는 더 많은 율법 위반자들을 만들어 내는 것이 전부였습니다. 그러나 죄는 우리가 은혜라고 부르는 그 전투적 용서에는 도저히 맞수가 되지 못합니다. 죄와 은혜가 맞설 때, 이기는 쪽은 언제나 은혜입니다. 죄가 할 수 있는 일이라고는 죽음으로 우리를 위협하는 것이 전부인데, 이제 그 일도 끝났습니다. 하나님께서 메시아를 통해 모든 것을 다시 바로 세우고 계시기에, 은혜는 우리를 생명의 삶 속으로 이끌어 들입니다. 끝없는 삶, 다함없는 세상 속으로 말입니다.

그리스도와 함께 죽고 살다

6 **1-3** 그렇다면, 이제 우리는 어떻게 할까요? 혹시, 하나님이 계속해서 용서를 베풀어 주시도록 계속해서 죄를 지을까요? 그렇지 않기를 바랍니다! 죄가 다스리는 나라를 떠난 사람이 어떻게 거기 있는 옛 집에서 계속 살 수 있단 말입니까? 우리는 짐을 꾸려 영원히 그곳을 떠났다는 사실을 모르십니까? 우리가 세례 받을 때 일어난 일이 바로 이것입니다. 물 아래로 들어갔을 때 우리는 죄라는 옛 나라를 뒤에 남겨 두고 떠난 것입니다. 그 물에서 올라올 때 우리는 은혜라는 새 나라에 들어간 것입니다. 새로운 땅에서의 새로운 삶 속으로 말입니다!

18-19 Here it is in a nutshell: Just as one person did it wrong and got us in all this trouble with sin and death, another person did it right and got us out of it. But more than just getting us out of trouble, he got us into life! One man said no to God and put many people in the wrong; one man said yes to God and put many in the right.

20-21 All that passing laws against sin did was produce more lawbreakers. But sin didn't, and doesn't, have a chance in competition with the aggressive forgiveness we call *grace*. When it's sin versus grace, grace wins hands down. All sin can do is threaten us with death, and that's the end of it. Grace, because God is putting everything together again through the Messiah, invites us into life—a life that goes on and on and on, world without end.

When Death Becomes Life

6 **1-3** So what do we do? Keep on sinning so God can keep on forgiving? I should hope not! If we've left the country where sin is sovereign, how can we still live in our old house there? Or didn't you realize we packed up and left there for good? That is what happened in baptism. When we went under the water, we left the old country of sin behind; when we came up out of the water, we entered into the new country of grace—a new life in a new land!

3-5 우리가 받은 세례의 의미가 바로 이것입니다. 세례는 예수의 삶 속으로 들어가는 것입니다. 물에 들어갔을 때 우리는 예수처럼 죽어 매장된 것입니다. 물 위로 일으켜졌을 때 우리는 예수처럼 부활한 것입니다. 우리 한 사람 한 사람을 우리 아버지 하나님이 일으켜 세우셔서 빛이 가득한 세상에 들어가게 해주셨고, 그래서 지금 우리는 은혜가 다스리는 그 새 나라에서 길을 찾아 살게 되었습니다.

6-11 너무도 분명하지 않습니까? 우리 옛 삶은 그리스도와 함께 십자가에 못 박혔습니다. 죄의 삶, 그 비참한 삶에 종지부를 찍은 것입니다. 이제 우리는 더 이상 죄에 이리저리 휘둘리지 않습니다! 우리는 믿습니다. 그리스도의 죽음은 죄를 정복하는 죽음입니다. 그 죽음에 우리가 들어갔다면, 또한 우리는 그분의 부활, 곧 생명을 구원하는 그 부활 속으로도 들어갑니다. 우리가 알듯이, 예수께서 죽은 자들 가운데서 일으켜지신 것은 마지막으로서의 죽음의 끝을 알리는 것이었습니다. 이제 죽음은 끝이 아닙니다. 예수께서 죽으셨을 때 그분은 자신과 더불어 죄를 끌어내리셨고, 다시 살아나셨을 때 그분은 하나님을 우리에게 내려오시게 하셨습니다. 그러니 이제부터는 이렇게 여기십시오. 이제 죄는 여러분이 알아듣지도 못하는 사어(死語)로 말할 뿐입니다. 그러나 하나님은 여러분에게 모국어로 말씀하시며, 여러분은 그 말씀을 한 마디도 놓치지 않습니다. 여러분은 이제 죄에 대해서는 죽었고, 하나님께 대해서는 살았습니다. 예수께서 그렇게 만드셨습니다.

12-14 다시 말합니다. 이제 여러분은 삶의 길을 정할 때, 죄에게는 단 한 표의 권한도 허용하지 말아야 합니다. 죄는 거들떠보지도 마십시오. 그런 옛 방식의 삶이라면 잔심부름도 거절하십시오. 대신 여러분은, 온 마음을 다하고 온 시간을 들여 하나님의 길에 헌신하십시오. 여러분은 죽은 자들 가운데서 일으켜진 사람임을 기억하십시오! 이제 여러분은 죄가 시키는 대

3-5 That's what baptism into the life of Jesus means. When we are lowered into the water, it is like the burial of Jesus; when we are raised up out of the water, it is like the resurrection of Jesus. Each of us is raised into a light-filled world by our Father so that we can see where we're going in our new grace-sovereign country.

6-11 Could it be any clearer? Our old way of life was nailed to the cross with Christ, a decisive end to that sin-miserable life—no longer at sin's every beck and call! What we believe is this: If we get included in Christ's sin-conquering death, we also get included in his life-saving resurrection. We know that when Jesus was raised from the dead it was a signal of the end of death-as-the-end. Never again will death have the last word. When Jesus died, he took sin down with him, but alive he brings God down to us. From now on, think of it this way: Sin speaks a dead language that means nothing to you; God speaks your mother tongue, and you hang on every word. You are dead to sin and alive to God. That's what Jesus did.

12-14 That means you must not give sin a vote in the way you conduct your lives. Don't give it the time of day. Don't even run little errands that are connected with that old way of life. Throw yourselves wholeheartedly and full-time—remember, you've been raised from the dead!—into God's way of doing things. Sin can't tell you how to live.

로 살 수 없습니다. 여러분은 더 이상 그 옛 폭군의 지배 아래 있지 않기 때문입니다. 이제 여러분은 하나님의 자유 가운데 살고 있습니다.

참된 자유

15-18 그런데, 그 옛 폭군에게서 벗어났다고 해서 우리가 옛날처럼 마음대로 살아도 좋다는 뜻입니까? 하나님의 자유 가운데 자유롭게 되었다고 해서, 이제 무엇이든 내키는 대로 해도 좋다는 것입니까? 그렇지 않습니다. 여러분은 경험을 통해 알 것입니다. 자유로운 행위라지만 실은 자유를 파괴하는 행위들이 있다는 것을 말입니다. 가령, 여러분 자신을 죄에 바쳐 보십시오. 그러면 그것으로 여러분의 자유의 행위는 끝이 납니다. 그러나 여러분 자신을 하나님의 길에 바쳐 보십시오. 그러면 그 자유는 결코 그치는 법이 없습니다. 여러분은 평생을 죄가 시키는 대로 살아왔습니다. 그러나 감사하게도, 이제 여러분은 새로운 주인의 말을 듣기 시작했으며, 그분의 명령은 여러분을 그분의 자유 가운데 가슴 펴고 사는 자유인으로 만들어 줍니다!

19 내가 이처럼 "자유"를 들어 말하는 것은, 쉽게 우리 머릿속에 그림이 그려지기 때문입니다. 어렵지 않게 떠올릴 수 있지 않습니까? 과거에 자기 마음대로—다른 사람이나 하나님은 안중에 두지 않고서—살았을 때, 어떻게 여러분의 삶이 더 나빠지고 오히려 자유에서 멀어져 갔던지를 말입니다. 그러나 이제, 하나님의 자유 가운데 사는 여러분의 삶, 거룩함으로 치유받고 드넓어진 여러분의 삶은 얼마나 다릅니까!

20-21 과거에 하나님을 무시하며 제멋대로 살았을 때, 여러분은 무엇이 바른 생각인지, 무엇이 바른 행동인지는 전혀 신경 쓰지 않고 살았습니다. 그러나 과연 그런 삶을 자유로운 삶이라고 할 수 있습니까? 그런 삶에서 여러분이 얻은 것은 대체 무엇이었나요? 이제 와서 볼 때 자랑스럽게 여길 만한 것은 하나도 없지

After all, you're not living under that old tyranny any longer. You're living in the freedom of God.

What Is True Freedom?

15-18 So, since we're out from under the old tyranny, does that mean we can live any old way we want? Since we're free in the freedom of God, can we do anything that comes to mind? Hardly. You know well enough from your own experience that there are some acts of so-called freedom that destroy freedom. Offer yourselves to sin, for instance, and it's your last free act. But offer yourselves to the ways of God and the freedom never quits. All your lives you've let sin tell you what to do. But thank God you've started listening to a new master, one whose commands set you free to live openly in *his* freedom!

19 I'm using this freedom language because it's easy to picture. You can readily recall, can't you, how at one time the more you did just what you felt like doing—not caring about others, not caring about God—the worse your life became and the less freedom you had? And how much different is it now as you live in God's freedom, your lives healed and expansive in holiness?

20-21 As long as you did what you felt like doing, ignoring God, you didn't have to bother with right thinking or right living, or right *anything* for that matter. But do you call that a free life? What did you get out of it? Nothing you're proud of now. Where did it get

않습니까? 그런 삶이 여러분을 마침내 데려간 곳은 어디였나요? 막다른 길뿐이었습니다.

²²⁻²³ 그러나 더 이상 죄가 시키는 대로 살 필요가 없다는 사실을 알게 된 지금, 하나님의 말씀을 듣고 따르는 즐거움을 알게 된 지금, 여러분, 놀랍지 않습니까? 여러분은 지금 온전한 삶, 치유된 삶, 통합된 삶을 누리고 있습니다. 또한 이 삶은 갈수록 더 풍성해집니다! 죄를 위해 평생 애써 일해 보십시오. 결국 여러분이 받게 될 연금은 죽음이 전부입니다. 그러나 하나님의 선물은, 우리 주 예수께서 전해 주시는 참된 삶, 영원한 삶입니다.

두 길 사이에서 신음하는 삶

7 ¹⁻³ 친구 여러분, 여러분은 내가 하는 말을 이해하는 데 어려움이 없을 것입니다. 여러분은 율법에 대해서라면 박식한 전문가들이기 때문입니다. 여러분이 잘 알듯이, 율법의 적용과 효력은 살아 있는 사람들에게만 해당됩니다. 가령, 아내는 남편이 살아 있는 동안에는 법적으로 남편에게 묶여 있지만 남편이 죽으면 자유로워집니다. 만일 남편이 살아 있는데도 다른 남자와 산다면, 이는 명백한 간음입니다. 하지만 남편이 죽는다면 그녀는 아무 양심의 거리낌 없이 자유롭게 다른 남자와 결혼할 수 있고, 누구도 이의를 제기할 수 없습니다.

⁴⁻⁶ 친구 여러분, 여러분에게 일어난 일이 바로 이와 같습니다. 그리스도께서 죽으셨을 때, 그분은 법에 얽매이는 삶 전체를 자신과 더불어 끌어내리시고 그것을 무덤으로 가져가셨습니다. 여러분으로 하여금 부활 생명과 자유롭게 "결혼"할 수 있도록, 그래서 하나님을 향한 믿음을 "자녀"로 낳을 수 있도록 하셨습니다. 우리가 옛 방식대로—다시 말해 우리 마음대로—살았을 때는, 옛 율법 조문에 포위당한 채 죄에 거의 속수무책이었습니다. 그럴수록 우리는 더욱더 반항적이 되어 갔습니다. 그런 삶에서 우리가 내놓은 것이라고는 유산(流産)과 사산(死産)

you? A dead end.

²²⁻²³ But now that you've found you don't have to listen to sin tell you what to do, and have discovered the delight of listening to God telling you, what a surprise! A whole, healed, put-together life right now, with more and more of life on the way! Work hard for sin your whole life and your pension is death. But God's gift is *real life*, eternal life, delivered by Jesus, our Master.

Torn Between One Way and Another

7 ¹⁻³ You shouldn't have any trouble understanding this, friends, for you know all the ins and outs of the law—how it works and how its power touches only the living. For instance, a wife is legally tied to her husband while he lives, but if he dies, she's free. If she lives with another man while her husband is living, she's obviously an adulteress. But if he dies, she is quite free to marry another man in good conscience, with no one's disapproval.

⁴⁻⁶ So, my friends, this is something like what has taken place with you. When Christ died he took that entire rule-dominated way of life down with him and left it in the tomb, leaving you free to "marry" a resurrection life and bear "offspring" of faith for God. For as long as we lived that old way of life, doing whatever we felt we could get away with, sin was calling most of the shots as the old law code hemmed us in. And this made us all the more

이 전부였습니다. 그러나 더 이상 죄라는 폭압적인 배우자에게 묶여 있지 않고, 그 모든 포악한 규정들과 계약 조항들로부터 자유로워진 우리는, 하나님의 자유 가운데, 자유롭게 새로운 삶을 살 수 있게 되었습니다.

7 아마 이런 질문이 나올 수 있습니다. "율법 조문이 그렇게 나쁜 것이라면, 죄와 다를 바 없다는 것이군요." 아닙니다. 분명, 그렇지 않습니다. 율법 조문에는 나름의 정당한 기능이 있습니다. 만약 옳고 그름에 대해 안내해 주는 분명한 지침이 없었다면, 도덕적 행위는 대부분 어림짐작에 따른 일이 되고 말았을 것입니다. "탐내지 말라"는 딱 부러지는 명령이 없었다면, 아마도 나는 탐욕을 마치 덕인 양 꾸며 댔을 것이며, 그러다가 결국 내 삶을 파멸시키고 말았을 것입니다.

8-12 여러분, 기억 못하십니까? 나는 너무도 잘 기억합니다. 율법 조문은 처음 시작할 때는 대단히 멋진 것이었습니다. 그러나 그 다음 어떻게 되었던가요? 그 명령을 죄가 왜곡하여 유혹이 되게 만들었고, 그래서 결국 "금지된 열매"라는 것이 만들어졌습니다. 율법 조문이 나를 안내해 주는 것이 아니라, 도리어 나를 유혹하는 일에 사용되어 버린 것입니다. 율법 조문이라는 장신구가 붙어 있지 않았을 때는 죄가 그저 따분하고 생기 없어 보였을 뿐, 나는 그것에 별 관심을 기울이지 않았습니다. 그러나 죄가 율법 조문을 가져다가 장신구로 삼고 자신을 꾸미자, 나는 그것에 속아 넘어가고 말았습니다. 나를 생명으로 안내해야 할 그 명령이, 도리어 나를 넘어뜨리는 일, 나를 곤두박질치게 하는 일에 사용되어 버린 것입니다. 이런 식으로, 죄는 생기가 넘치게 되었으나 나는 완전히 생기를 잃고 말았습니다. 그러나 율법 조문 자체는 하나님께서 상식으로 여기시는 것으로서, 각 명령은 모두 건전하고 거룩한 권고입니다.

rebellious. In the end, all we had to show for it was miscarriages and stillbirths. But now that we're no longer shackled to that domineering mate of sin, and out from under all those oppressive regulations and fine print, we're free to live a new life in the freedom of God.

7 But I can hear you say, "If the law code was as bad as all that, it's no better than sin itself." That's certainly not true. The law code had a perfectly legitimate function. Without its clear guidelines for right and wrong, moral behavior would be mostly guesswork. Apart from the succinct, surgical command, "You shall not covet," I could have dressed covetousness up to look like a virtue and ruined my life with it.

8-12 Don't you remember how it was? I do, perfectly well. The law code started out as an excellent piece of work. What happened, though, was that sin found a way to pervert the command into a temptation, making a piece of "forbidden fruit" out of it. The law code, instead of being used to guide me, was used to seduce me. Without all the paraphernalia of the law code, sin looked pretty dull and lifeless, and I went along without paying much attention to it. But once sin got its hands on the law code and decked itself out in all that finery, I was fooled, and fell for it. The very command that was supposed to guide me into life was cleverly used to trip me up, throwing me headlong. So sin was plenty alive, and I was stone dead. But the law code itself is God's good and common sense, each command sane and holy counsel.

¹³ 나는 여러분의 다음 질문이 무엇인지도 알고 있습니다. "율법을 좋은 것이라고 하면서, 왜 우리가 그 좋은 것을 의지해서는 안된다는 것인가요? 선도 악처럼 위험하단 말입니까?" 이번에도 대답은 "그렇지 않다"입니다. 죄가 다만 자기 잘하기로 이름난 일을 했을 뿐입니다. 다시 말해, 죄가 선한 것 속에 숨어 들어가 나를 유혹하고 나로 하여금 나 자신을 파멸시키는 일을 하게 만든 것입니다. 죄는 하나님의 선한 계명 속에 숨어서, 자기 혼자 할 수 있는 것보다 훨씬 더 큰 해악을 끼칠 수 있었습니다.

¹⁴⁻¹⁶ 이런 반응도 나올 수 있을 것입니다. "하나님의 명령은 다 영적입니다. 하지만 나는 나 자신이 영적이지 못하다는 것을 압니다. 당신도 같은 경험을 하지 않나요?" 예, 그렇습니다. 나는 나 자신으로 가득합니다. 정말 나는 오랜 시간을 죄의 감옥에 갇혀 지냈습니다. 내가 내 자신에 대해 이해하지 못하는 것이 있습니다. 나는 늘 결심은 이렇게 하지만 행동은 다르게 합니다. 나 자신이 끔찍히도 경멸하는 행동들을 결국 저지르고 맙니다. 이처럼 나는, 무엇이 최선인지를 알아서 실천에 옮길 수 있는 사람이 못됩니다. 내게는 분명 하나님의 명령이 필요합니다.

¹⁷⁻²⁰ 사실, 내게는 명령 이상의 무언가가 필요합니다! 율법을 알면서도 지키지 못하고, 내 속에 있는 죄의 세력이 계속해서 나의 최선의 의도를 좌절시키고 있다면, 분명 내게는 다른 도움이 필요한 것입니다! 지금 내게는 있어야 할 것이 없습니다. 나는 뜻을 품을 수는 있으나, 그 뜻을 행동으로 옮길 수는 없습니다. 나는 선을 행하기로 결심하지만, 실제로는 선을 행하지 않습니다. 나는 악을 행하지 않기로 결심하지만, 결국에는 악을 저지르고 맙니다. 나는 결심하지만, 결심만 하지 행동으로 이어지지 않습니다. 내 내면 깊은 곳에서 무엇인가 잘못된 것입니다. 그래서 나는 매번 패배하고 맙니다.

¹³ I can already hear your next question: "Does that mean I can't even trust what is good [that is, the law]? Is good just as dangerous as evil?" No again! Sin simply did what sin is so famous for doing: using the good as a cover to tempt me to do what would finally destroy me. By hiding within God's good commandment, sin did far more mischief than it could ever have accomplished on its own.

¹⁴⁻¹⁶ I can anticipate the response that is coming: "I know that all God's commands are spiritual, but I'm not. Isn't this also your experience?" Yes. I'm full of myself—after all, I've spent a long time in sin's prison. What I don't understand about myself is that I decide one way, but then I act another, doing things I absolutely despise. So if I can't be trusted to figure out what is best for myself and then do it, it becomes obvious that God's command is necessary.

¹⁷⁻²⁰ But I need something *more*! For if I know the law but still can't keep it, and if the power of sin within me keeps sabotaging my best intentions, I obviously need help! I realize that I don't have what it takes. I can will it, but I can't *do* it. I decide to do good, but I don't *really* do it; I decide not to do bad, but then I do it anyway. My decisions, such as they are, don't result in actions. Something has gone wrong deep within me and gets the better of me every time.

21-23 이는 너무도 반복적으로 일어나는 일이어서 충분히 예측할 수 있습니다. 내가 선을 행하기로 결심하는 순간, 벌써 죄가 나를 넘어뜨리려고 와 있습니다. 내가 정말 하나님의 명령을 즐거워하지만, 내 안의 모든 것이 그 즐거움에 동참하는 것은 아니라는 사실 또한 분명합니다. 내 안의 다른 부분들이 은밀히 반란을 일으켜서, 가장 예상치 못했던 순간에 나를 장악해 버립니다.

24 내가 할 수 있는 일을 무엇이든 해보았지만, 결국 아무 소용이 없습니다. 나는 벼랑 끝에 서 있습니다. 이런 나를 위해 무엇인가 해줄 수 있는 이 누구 없습니까? 정말 던져야 할 질문은 바로 이런 것이 아닙니까?

25 감사하게도, 답이 있습니다. 바로 예수 그리스도께서 그 같은 일을 하실 수 있고, 또 하신다는 것입니다! 마음과 생각으로는 하나님을 섬기고 싶어 하지만, 죄의 세력에 끌려 전혀 엉뚱한 일을 행하는 우리의 모순 가득한 삶 속에 들어오셔서, 그분은 모든 것을 바로 세우는 일을 행하셨습니다.

성령께서 주시는 그리스도의 생명

8 1-2 메시아이신 예수께서 오심으로, 마침내 이 치명적 딜레마가 해결되었습니다. 우리를 위해 오신 그리스도의 임재 속에 들어가 사는 사람들은, 늘 먹구름이 드리운 것 같은 암울한 삶을 더 이상 살지 않아도 됩니다. 이제 새로운 힘이 움직이고 있습니다. 그리스도 안에 있는 생명의 성령이 세찬 바람처럼 불어와서 하늘의 구름을 모조리 걷어 주었습니다. 죄와 죽음이라는 잔혹한 폭군 밑에서 평생을 허덕거려야 했을 여러분을 해방시켜 주었습니다.

3-4 하나님께서 자신의 아들을 보내셔서 문제의 급소를 찌르셨습니다. 그분은 우리의 문제를 자신과 동떨어진 문제로 취급하지 않으셨습니다. 그분은 아들이신 예수 안에서 친히 인간의 처지를 떠맡으시고, 진창 속에서 씨름하고

21-23 It happens so regularly that it's predictable. The moment I decide to do good, sin is there to trip me up. I truly delight in God's commands, but it's pretty obvious that not all of me joins in that delight. Parts of me covertly rebel, and just when I least expect it, they take charge.

24 I've tried everything and nothing helps. I'm at the end of my rope. Is there no one who can do anything for me? Isn't that the real question?

25 The answer, thank God, is that Jesus Christ can and does. He acted to set things right in this life of contradictions where I want to serve God with all my heart and mind, but am pulled by the influence of sin to do something totally different.

The Solution Is Life on God's Terms

8 1-2 With the arrival of Jesus, the Messiah, that fateful dilemma is resolved. Those who enter into Christ's being-here-for-us no longer have to live under a continuous, low-lying black cloud. A new power is in operation. The Spirit of life in Christ, like a strong wind, has magnificently cleared the air, freeing you from a fated lifetime of brutal tyranny at the hands of sin and death.

3-4 God went for the jugular when he sent his own Son. He didn't deal with the problem as something remote and unimportant. In his Son, Jesus, he personally took on the human condition, entered the disordered mess of

있는 인류 안으로 들어오셔서, 문제를 영단번에 바로잡아 주신 것입니다. 그동안 율법 조문은 이런 일을 해낼 수 없었는데, 균열된 인간 본성으로 인해 그것 역시 허약해졌기 때문입니다. 율법은 언제나 근본적 치유가 아니라, 죄에 대한 미봉책이었을 뿐입니다. 그러나 마침내, 그동안 응할 수 없었던 율법 조문의 요구에 우리가 응할 수 있게 되었습니다. 이는 우리가 한층 더 노력해서가 아니라, 오직 성령께서 우리 안에서 행하고 계신 일을 우리가 받아들임으로써 그렇게 된 것입니다.

5-8 자기 힘으로 할 수 있다고 여기는 사람들은 늘 자신의 도덕적 힘을 재 보는 일에만 몰두할 뿐, 정작 실제 삶에서 그 힘을 발휘하여 일하지는 못합니다. 반면에, 자기 안에 일하고 계신 하나님의 활동을 신뢰하는 사람들은 자기 안에 하나님의 성령이—살아 숨 쉬고 계신 하나님!—계시다는 사실을 발견하게 됩니다. 자기 자아에 사로잡힌 사람들은 결국 막다른 길에 이를 뿐입니다. 그러나 하나님께 주목하는 사람들은 탁 트이고 드넓은, 자유로운 삶 속으로 이끌려 갑니다. 자기 자아에 집중하는 것과 하나님께 집중하는 것은, 극과 극입니다. 자기 자아에 몰두하는 사람들은 하나님을 무시하고, 결국 하나님보다 자기 자아에 더 많이 몰입하게 됩니다. 그런 사람들은 하나님과, 하나님이 행하시는 일을 무시합니다. 그러나 하나님은 결코 무시당하는 것을 기뻐하시는 분이 아닙니다.

9-11 하나님께서 친히 여러분의 삶 가운데 사시기로 하셨다면, 이제 여러분은 하나님보다 여러분 자신에 대해 더 많이 생각할 수 없습니다. 보이지 않지만 분명히 현존하는 하나님이신 그리스도의 영을 아직 모셔 들이지 않은 사람들은, 지금 우리가 하는 말을 이해하지 못할 것입니다. 그러나 그분을 모셔 들인 여러분, 그분이 안에 사시는 여러분은, 비록 지금도 죄로 인한 한계들을 경험하지만, 하나님의 생명으로 사는 삶을 경험하고 있습니다. 예수를 죽

struggling humanity in order to set it right once and for all. The law code, weakened as it always was by fractured human nature, could never have done that.

The law always ended up being used as a Band-Aid on sin instead of a deep healing of it. And now what the law code asked for but we couldn't deliver is accomplished as we, instead of redoubling our own efforts, simply embrace what the Spirit is doing in us.

5-8 Those who think they can do it on their own end up obsessed with measuring their own moral muscle but never get around to exercising it in real life. Those who trust God's action in them find that God's Spirit is in them— living and breathing God! Obsession with self in these matters is a dead end; attention to God leads us out into the open, into a spacious, free life. Focusing on the self is the opposite of focusing on God. Anyone completely absorbed in self ignores God, ends up thinking more about self than God. That person ignores who God is and what he is doing. And God isn't pleased at being ignored.

9-11 But if God himself has taken up residence in your life, you can hardly be thinking more of yourself than of him. Anyone, of course, who has not welcomed this invisible but clearly present God, the Spirit of Christ, won't know what we're talking about. But for you who welcome him, in whom he dwells—even though you still experience

은 자들 가운데서 일으키신 살아 계신 하나님께서 여러분의 삶 속에 들어오신 것입니다. 그렇다면, 그분이 예수 안에서 행하셨던 것과 같은 일을 여러분 안에서도 행하셔서, 여러분을 그분을 향해 살아나게 만드시리라는 것은 너무도 분명하지 않습니까? 하나님께서 여러분 안에 살아 숨 쉬고 계시다면(이것도 예수 안에서처럼 여러분 안에서도 분명한 사실입니다), 여러분은 실로 죽은 삶으로부터 건짐받은 것입니다. 여러분 안에 사시는 그분의 성령으로 말미암아, 여러분의 몸도 그리스도의 몸처럼 살아나게 될 것입니다!

12-14 우리는 자기 힘을 믿고 사는 옛 삶에게는 한 푼도 덕을 본 것이 없습니다. 그런 삶은 우리에게 유익한 것이 전혀 없습니다. 우리가 해야 할 최선은, 그 삶을 땅에 묻고 새로운 삶을 시작하는 것입니다. 하나님의 영이 우리를 손짓해 부르고 계십니다. 해야 할 일들, 가야 할 곳들이 얼마나 많은지요!

15-17 하나님께 받은 이 부활 생명의 삶은 결코 소심하거나 무거운 삶이 아닙니다. 이는 기대 넘치는 모험의 삶, 어린아이처럼 늘 하나님께 "다음은 또 뭐죠, 아빠?"라고 묻는 삶입니다. 하나님의 영이 우리의 영을 만지셔서 우리가 정말 누구인지를 확증해 주십니다. 우리는 하나님이 어떤 분이시고 우리가 누구인지를, 곧 그분은 우리의 아버지이시며 우리는 그분의 자녀라는 것을 알게 됩니다. 뿐만 아니라, 장차 우리에게 주어질 믿을 수 없을 만큼 엄청난 상속에 대해서도 알게 됩니다. 우리는 그리스도께서 경험하시는 것을 그대로 경험합니다. 그러므로 여러분, 지금 우리가 그분과 더불어 힘든 때를 보내고 있다면, 분명 우리는 그분과 더불어 좋은 때도 맞게 될 것입니다!

❧

18-21 그런 이유로, 나는 현재 우리가 겪고 있는 힘든 때와 장차 우리에게 다가올 좋은 때는

all the limitations of sin—you yourself experience life on God's terms. It stands to reason, doesn't it, that if the alive-and-present God who raised Jesus from the dead moves into your life, he'll do the same thing in you that he did in Jesus, bringing you alive to himself? When God lives and breathes in you (and he does, as surely as he did in Jesus), you are delivered from that dead life. With his Spirit living in you, your body will be as alive as Christ's!

12-14 So don't you see that we don't owe this old do-it-yourself life one red cent. There's nothing in it for us, nothing at all. The best thing to do is give it a decent burial and get on with your new life. God's Spirit beckons. There are things to do and places to go!

15-17 This resurrection life you received from God is not a timid, grave-tending life. It's adventurously expectant, greeting God with a childlike "What's next, Papa?" God's Spirit touches our spirits and confirms who we really are. We know who he is, and we know who we are: Father and children. And we know we are going to get what's coming to us—an unbelievable inheritance! We go through exactly what Christ goes through. If we go through the hard times with him, then we're certainly going to go through the good times with him!

❧

18-21 That's why I don't think there's any comparison between the present

서로 비교조차 할 수 없다고 생각합니다. 이 창조세계 전체는 장차 자신에게 다가올 그 무엇을 손꼽아 기다리고 있습니다. 창조세계 안의 모든 것이 얼마 동안 제어를 당하고 있습니다. 창조세계와 또 모든 창조물들이 다 자신들 앞에 놓인 그 영광스러운 때 안으로 동시에 해방되어 들어갈 준비가 될 때까지, 하나님께서 고삐로 그들을 제어하고 계십니다. 그러는 동안 현재는 기쁨 가득한 기대가 점점 깊어 갑니다.

22-25 우리 주변 어디를 둘러봐도 이 창조세계는, 마치 해산을 앞둔 임신부와 같습니다. 세상 전체가 겪고 있는 이 고통은, 한마디로 해산의 고통입니다. 우리 주변 세상만 그런 것이 아닙니다. 우리 내면도 마찬가지입니다! 하나님의 영이 우리 내면을 일깨우셔서, 우리 역시 산고를 느끼고 있습니다. 지금 우리는 이 불모의 몸, 불임의 몸이 완전히 구원받기를 열망하고 있습니다. 기다림이 우리를 작아지게 하지 않는 이유가 바로 여기 있습니다. 임신부의 기다림은 임신부를 작아지게 하지 않기 때문입니다. 우리는 그러한 기다림 중에서 오히려 커져 갑니다. 물론 우리는, 우리를 커지게 하는 그것을 아직 눈으로 볼 수는 없습니다. 그러나 기다림이 길어질수록 우리는 더욱 커져 가며, 우리의 기대 또한 더욱 기쁨으로 충만해집니다.

26-28 기다리다 지치는 순간에, 하나님의 영이 바로 우리 곁에서 우리를 도우십니다. 어떻게 또 무엇을 기도해야 할지 몰라도 괜찮습니다. 그분이 우리 안에서, 우리를 위해, 우리의 기도를 하십니다. 할 말을 잃어버린 우리의 탄식, 우리의 아픈 신음소리를 기도로 만들어 주시기 때문입니다. 그분은 우리 자신보다 우리를 훨씬 더 잘 아시고 임신부와 같은 우리 상태를 아셔서, 늘 우리를 하나님 앞에 머물게 하십니다. 그래서 우리는 하나님을 사랑하는 우리 삶 속에 일어나는 모든 일이, 결국에는 선한 것을 이루는 데 쓰인다는 확신을 갖고 살 수 있습니다.

hard times and the coming good times. The created world itself can hardly wait for what's coming next. Everything in creation is being more or less held back. God reins it in until both creation and all the creatures are ready and can be released at the same moment into the glorious times ahead. Meanwhile, the joyful anticipation deepens.

22-25 All around us we observe a pregnant creation. The difficult times of pain throughout the world are simply birth pangs. But it's not only around us; it's *within* us. The Spirit of God is arousing us within. We're also feeling the birth pangs. These sterile and barren bodies of ours are yearning for full deliverance. That is why waiting does not diminish us, any more than waiting diminishes a pregnant mother. We are enlarged in the waiting. We, of course, don't see what is enlarging us. But the longer we wait, the larger we become, and the more joyful our expectancy.

26-28 Meanwhile, the moment we get tired in the waiting, God's Spirit is right alongside helping us along. If we don't know how or what to pray, it doesn't matter. He does our praying in and for us, making prayer out of our wordless sighs, our aching groans. He knows us far better than we know ourselves, knows our pregnant condition, and keeps us present before God. That's why we can be so sure that every detail in our lives of love for God is worked into something good.

29-30 하나님은 처음부터 자신이 하실 일을 분명히 아셨습니다. 처음부터 하나님은 그분을 사랑하는 사람들의 삶을 그분 아들의 삶을 본떠 빚으시려고 결정해 두셨습니다. 그분의 아들은 그분께서 회복시키신 인류의 맨 앞줄에 서 계십니다. 그분을 바라볼 때 우리는, 우리 삶이 본래 어떤 모습이었어야 하는지 깨닫게 됩니다. 하나님은 이처럼 그분의 자녀들이 어떤 모습이어야 하는지를 결정하신 뒤에, 그들의 이름을 불러 주셨습니다. 이름을 부르신 뒤에는, 그들을 그분 앞에 굳게 세워 주셨습니다. 또한 그들을 그렇게 굳게 세워 주신 뒤에는 그들과 끝까지 함께하시며, 그분이 시작하신 일을 영광스럽게 완성시켜 주셨습니다.

31-39 여러분, 어떻습니까? 이처럼 하나님이 우리 편이 되어 주셨는데, 어떻게 우리가 패배할 수 있겠습니까? 아들을 보내셔서 우리 인간의 처지를 껴안으셔서 최악의 일을 감수하기까지 하신 하나님, 그 하나님께서 우리를 위해 자신의 전부를 주저 없이 내놓으셨다면, 그분이 우리를 위해 기꺼이, 아낌없이 하시지 않을 일이 무엇이 있겠습니까? 누가 감히, 하나님께서 택하신 이들을 들먹이며 그분께 시비를 걸 수 있겠습니까? 누가 감히, 그들에게 손가락질할 수 있겠습니까? 우리를 위해 죽으신 분—우리를 위해 다시 살아나신 분!—께서 지금 이 순간에도 하나님 앞에서 우리를 변호하고 계십니다. 그 무엇이, 우리와 우리를 향하신 하나님의 사랑을 갈라놓을 수 있겠습니까? 절대 있을 수 없습니다! 고생도, 난관도, 증오도, 배고픔도, 노숙도, 위험도, 협박도, 심지어 성경에 나오는 최악의 죄들도 마찬가지입니다.

당신을 증오하는 자들은 눈 하나 깜박 않고 우리를 죽입니다.
그들의 손쉬운 표적인 우리는 하나씩 하나

29-30 God knew what he was doing from the very beginning. He decided from the outset to shape the lives of those who love him along the same lines as the life of his Son. The Son stands first in the line of humanity he restored. We see the original and intended shape of our lives there in him. After God made that decision of what his children should be like, he followed it up by calling people by name. After he called them by name, he set them on a solid basis with himself. And then, after getting them established, he stayed with them to the end, gloriously completing what he had begun.

31-39 So, what do you think? With God on our side like this, how can we lose? If God didn't hesitate to put everything on the line for us, embracing our condition and exposing himself to the worst by sending his own Son, is there anything else he wouldn't gladly and freely do for us? And who would dare tangle with God by messing with one of God's chosen? Who would dare even to point a finger? The One who died for us—who was raised to life for us!—is in the presence of God at this very moment sticking up for us. Do you think anyone is going to be able to drive a wedge between us and Christ's love for us? There is no way! Not trouble, not hard times, not hatred, not hunger, not homelessness, not bullying threats, not backstabbing, not even the worst sins listed in Scripture:

They kill us in cold blood because they hate you.
We're sitting ducks; they pick us off one

씩 처치됩니다.

그 무엇도 우리를 동요시키지 못합니다. 예수께서 우리를 사랑하시기 때문입니다. 나는 절대적으로 확신합니다. 그 무엇도—산 것이든 죽은 것이든, 천사적인 것이든 악마적인 것이든, 현재 것이든 장래 것이든, 높은 것이든 낮은 것이든, 생각할 수 있는 것이든 생각할 수 없는 것이든—절대적으로 그 무엇도, 우리를 하나님의 사랑에서 떼어 놓을 수 없습니다. 우리 주 예수께서 우리를 꼭 품어 안고 계시기 때문입니다.

자기 백성을 부르시는 하나님

9 ¹⁻⁵ 내게는 늘 지고 다니는 큰 슬픔이 하나 있습니다. 여러분이 그것을 알아 주었으면 합니다. 이는 내 마음 깊은 곳에 자리하는 큰 고통이며, 나는 한 번도 거기서 벗어나 본 적이 없습니다. 이는 결코 과장이 아닙니다. 그리스도와 성령께서 나의 증인이십니다. 바로 이스라엘 백성에 관한 이야기입니다……. 내가 메시아께 저주를 받더라도 그들이 그분께 복을 받을 수 있는 길이 있다면, 나는 조금도 주저하지 않고 그렇게 하겠습니다. 그들은 내 동족입니다. 우리는 더불어 자랐습니다. 그들에게는 없는 것이 없었습니다. 동족, 영광, 언약, 계시, 예배, 약속들. 더욱이 그들은 메시아이신 그리스도께서 태어난 민족이기도 합니다. 그리스도는 모든 것을 다스리는 하나님이시며, 영원히 그러하십니다!

⁶⁻⁹ 하나님께서 뭔가 일을 제대로 못하신 것이 아니냐는 생각은 잠시라도 품지 마십시오. 문제의 발단은 많이 거슬러 올라갑니다. 혈통에 따른 이스라엘 사람이라고 해서, 처음부터 다 영에 따른 이스라엘 사람인 것은 아니었습니다. 이스라엘 사람이라는 정체성을 부여해 준 것은 아브라함의 정자(精子)가 아니라, 하나님의 약속이었습니다. 어떻게

by one.

None of this fazes us because Jesus loves us. I'm absolutely convinced that nothing—nothing living or dead, angelic or demonic, today or tomorrow, high or low, thinkable or unthinkable—absolutely *nothing* can get between us and God's love because of the way that Jesus our Master has embraced us.

God Is Calling His People

9 ¹⁻⁵ At the same time, you need to know that I carry with me at all times a huge sorrow. It's an enormous pain deep within me, and I'm never free of it. I'm not exaggerating—Christ and the Holy Spirit are my witnesses. It's the Israelites... If there were any way I could be cursed by the Messiah so they could be blessed by him, I'd do it in a minute. They're my family. I grew up with them. They had everything going for them—family, glory, covenants, revelation, worship, promises, to say nothing of being the race that produced the Messiah, the Christ, who is God over everything, always. Oh, yes!

⁶⁻⁹ Don't suppose for a moment, though, that God's Word has malfunctioned in some way or other. The problem goes back a long way. From the outset, not all Israelites of the flesh were Israelites of the spirit. It wasn't Abraham's sperm that gave identity here, but God's *promise*. Remember how it was put: "Your family will be defined by Isaac"? That means that Israelite identity was

기록되어 있는지 기억하십니까? "네 가문은 이삭을 통해서만 이어질 것이다"라고 되어 있지 않습니까? 다시 말해, 이스라엘 사람이라는 정체성은 결코 성행위를 통해 전달되고 인종적으로 결정되는 것이 아니라, 하나님의 약속에 의해서 결정된다는 뜻입니다. 무슨 약속인지 기억하십니까? "내년 이맘때쯤 내가 다시 올 때에는 사라에게 아들이 있을 것이다"라는 말씀이었습니다.

10-13 그때만 그랬던 것이 아닙니다. 리브가에게도 약속이 주어졌는데, 출생의 순서보다 우선하는 약속이었습니다. 리브가가 우리 모두의 조상인 이삭의 아이를 가졌을 때, 또 그 아이들이 아직 아무것도 모르는—선도 악도 행할 수 없는—태아였을 때, 이미 그녀는 하나님에게서 특별한 보증의 말씀을 들었습니다. 이처럼 하나님께서 하신 일들을 살펴볼 때, 우리가 분명히 알게 되는 것이 있습니다. 그분의 목적은, 우리가 무엇을 하고 안 하고에 달려 있지 않습니다. 그것은 이루어질 수도 있고 안 이루어질 수도 있는 그런 것이 아니라, 그분의 결정에 의해 결정되고 그분의 주도로 확정된 확실한 무엇입니다. 하나님은 리브가에게 "너의 쌍둥이 중에 둘째가 첫째보다 뛰어날 것이다"라고 말씀하셨습니다. 후에 이 말씀은 "나는 야곱을 사랑했고, 에서는 미워했다"는 딱딱한 경구 형태로 등장합니다.

14-18 이것을 두고 우리가 하나님은 불공평하시다고 불평할 수 있을까요? 부디, 성급하게 판단하지 마십시오. 하나님은 모세에게 이렇게 말씀하셨습니다. "자비도 내가 베푸는 것이고, 긍휼도 내가 베푸는 것이다." 다시 말하면, 긍휼은 우리의 동정 어린 심정이나 도덕적 노력에서 비롯되지 않고 하나님의 자비에서 비롯된다는 말씀입니다. 하나님께서 바로에게 하신 말씀도 같은 요지의 말씀입니다. "나는 나의 구원 능력이 펼쳐지는 이 드라마에서 너를 단역으로 쓰려고 골랐다." 이 모든 이야기를 한마디로 하면, 결정권은 처음부터 하나님께 있다는 것입니다. 하나님께서 일을 주도하셨고, 우리는 그 일에서 좋은 역할이

never racially determined by sexual transmission, but it was *God*-determined by promise. Remember that promise, "When I come back next year at this time, Sarah will have a son"?

10-13 And that's not the only time. To Rebecca, also, a promise was made that took priority over genetics. When she became pregnant by our one-of-a-kind ancestor, Isaac, and her babies were still innocent in the womb—incapable of good or bad—she received a special assurance from God. What God did in this case made it perfectly plain that his purpose is not a hit-or-miss thing dependent on what we do or don't do, but a sure thing determined by his decision, flowing steadily from his initiative. God told Rebecca, "The firstborn of your twins will take second place." Later that was turned into a stark epigram: "I loved Jacob; I hated Esau."

14-18 Is that grounds for complaining that God is unfair? Not so fast, please. God told Moses, "*I'm* in charge of mercy. *I'm* in charge of compassion." Compassion doesn't originate in our bleeding hearts or moral sweat, but in God's mercy. The same point was made when God said to Pharaoh, "I picked you as a bit player in this drama of my salvation power." All we're saying is that God has the first word, initiating the action in which we play our part for

든 나쁜 역할이든 우리 역할을 할 뿐입니다.

19 이렇게 이의를 제기하시렵니까? "모든 것을 다 하나님이 결정하시는 것이라면, 어떻게 하나님이 우리에게 책임을 물을 수 있단 말인가? 큰 결정은 이미 다 내려져 있는데, 대체 우리가 할 수 있는 것이 무엇이란 말인가?"

20-33 대체 여러분은 누구이기에 이런 식으로 하나님에 대해 이러쿵저러쿵 할 수 있다고 생각하는 것입니까? 사람이 감히 하나님을 문제 삼을 수 있다고 생각합니까? 진흙이 자기를 빚고 있는 손을 향해 "왜 당신은 나를 이런 모양으로 만들고 있습니까?" 하고 묻는 법은 없습니다. 한 진흙덩이로는 꽃을 담는 병을, 또 다른 진흙덩이로는 콩 조리용 항아리를 만들 수 있는 완전한 권리가 토기장이에게 있는 것이 분명하지 않습니까? 하나님께서 당신의 노여움을 보여줄 목적으로 한 모양의 도기를 특별히 고안하시고, 당신의 영광스런 선을 보여줄 목적으로 또 다른 모양의 도기를 정교히 제작하셨다는 것에, 대체 무슨 문제가 있을 수 있겠습니까? 전자나 후자나 또는 두 경우 모두에 유대 민족이 해당될 때가 있었고, 이는 다른 민족들의 경우도 마찬가지입니다. 호세아가 이를 잘 표현해 줍니다.

내가 이름 없는 사람들을 불러 이름 있는 사람들로 만들겠다.
내가 사랑받지 못한 사람들을 불러 사랑받는 사람들로 만들겠다.
사람들이 "이 하찮은 것들!"이라고 퍼붓던 그곳에서,
"하나님의 살아 있는 자녀들"이라고 불리게 되리라.

이사야도 이런 사실을 역설합니다.

해변의 모래알 하나하나에 다 숫자가 매겨지고
그 합한 것에 "하나님이 택하신 사람들"이라

는 라벨이 붙더라도
그것들은 여전히 숫자에 불과할 뿐, 이름이
아니다.
구원은 택하심을 통해 오는 것.
하나님은 우리를 수로 세지 않으신다. 그분
은 우리를 이름으로 부르신다.
산술은 그분의 관심이 아니다.

이사야는 앞날을 정확히 내다보며 이렇게 말
했습니다.

능하신 우리 하나님께서
우리에게 살아 있는 자녀를 유산으로 남겨
주지 않으셨더라면,
우리는 유령 마을처럼
소돔과 고모라처럼 되고 말았을 것이다.

이것을 모두 종합해 보면 무슨 말입니까? 하
나님께서 하고 계신 일에 관심 없어 보였던 사
람들이, 실제로는 하나님이 하고 계신 일, 곧
그들의 삶을 바로 세우시는 하나님의 일을 받
아들였습니다. 그러나 하나님께서 하고 계신
일에 대해 읽고 이야기하는 일에 그토록 관심
많아 보였던 이스라엘은, 결국 그것을 놓치고
말았습니다. 어떻게 그들이 그것을 놓칠 수 있
었던 것일까요? 그들이 하나님을 신뢰하는 대
신에, 자기 자신을 앞세웠기 때문입니다. 그들
은 자기들이 하고 있는 일에 푹 빠져 있었습니
다. 그들은 자신들의 '하나님 프로젝트'에 너
무도 푹 빠져 있어서, 그만 바로 눈앞에 계신
하나님을 주목하지 못했습니다. 길 한복판에
우뚝 솟은 거대한 바위 같은 그분을 말입니다.
그들은 그분과 부닥쳤고 큰 대자로 쭉 뻗어 버
리고 말았습니다. (이번에도!) 이사야가 은유를
통해 이를 잘 표현해 줍니다.

조심하여라! 내가 시온 산으로 가는 길에 큰
돌을 놓아두었다.

God,"
They'd be numbers still, not names;
    salvation comes by personal selec-
    tion.
God doesn't count us; he calls us by
name.
    Arithmetic is not his focus.

Isaiah had looked ahead and spoken the
truth:

If our powerful God
    had not provided us a legacy of living
    children,
We would have ended up like ghost
towns,
    like Sodom and Gomorrah.

How can we sum this up? All those
people who didn't seem interested in
what God was doing actually *embraced*
what God was doing as he straightened
out their lives. And Israel, who seemed
so interested in reading and talking
about what God was doing, missed it.
How could they miss it? Because instead
of trusting God, *they* took over. They
were absorbed in what they themselves
were doing. They were so absorbed in
their "God projects" that they didn't
notice God right in front of them, like
a huge rock in the middle of the road.
And so they stumbled into him and went
sprawling. Isaiah (again!) gives us the
metaphor for pulling this together:

Careful! I've put a huge stone on the
    road to Mount Zion,

너희가 피해 돌아갈 수 없는 돌을 두었다.
그런데 그 돌은 바로 나다! 그러므로 너희가
나를 찾고 있다면,
길 가다 내게 걸려 넘어지지 않아야 비로소
나를 만나게 될 것이다.

종교에 빠져 있는 이스라엘

10 ¹⁻³ 친구 여러분, 참으로 내가 원하는
것은 이스라엘이 가장 선한 것, 곧
구원을 얻는 것입니다. 나는 온 마음으로 그것
을 원하며, 늘 그것을 위해 하나님께 기도드립
니다. 나는 하나님에 대한 유대인의 열정이 참
대단하다는 사실을 기꺼이 인정합니다. 그러
나 문제는, 그들의 모든 일이 본말이 전도되어
있다는 것입니다. 모든 것을 바로 세우는 이 구
원의 일은 하나님이 하시는 사업이며, 그것도
대단히 번창하고 있는 사업이라는 사실을 그
들은 깨닫지 못하고 있습니다. 그래서 그들은
길거리 바로 맞은편에 자신들의 구원 판매점
을 차려 놓고서 요란스럽게 자신들의 물건을
팔고 있습니다. 오랜 시간 동안 하나님을 하나
님에 걸맞게 대해 드리지 않고 자기들 멋대로
다루어 온 결과, 이제 그들은 더는 내놓을 것이
없게 되었습니다.

⁴⁻¹⁰ 앞선 계시는, 다만 우리를 준비시키기 위
한 것이었습니다. 자신을 신뢰하는 사람들을
위해 모든 것을 바로 세워 주시는 메시아를 맞
이할 준비입니다. 모세가 기록했듯이, 한사코
율법 조문을 이용해 하나님 앞에 바로 서겠다
는 자들은, 곧 그렇게 사는—깨알 같은 계약서
조항들에 일일이 얽매여 사는!—것이 결코 쉽
지 않다는 사실을 알게 됩니다. 그러나 우리 안
에 바른 삶을 형성시켜 주시는 하나님을 신뢰
하는 것은 전혀 다른 이야기입니다. 여기서는,
메시아를 모셔 오겠다고 위험천만하게 하늘까
지 올라갈 일도 없고, 또 메시아를 구출하겠다
고 위험천만하게 지옥까지 내려갈 일도 없습니
다. 모세가 정확히 뭐라고 말했습니까?

a stone you can't get around.
But the stone is me! If you're looking
for me,
  you'll find me on the way, not in the
  way.

Israel Reduced to Religion

10 ¹⁻³ Believe me, friends, all I
want for Israel is what's best
for Israel: salvation, nothing less. I
want it with all my heart and pray to
God for it all the time. I readily admit
that the Jews are impressively energetic
regarding God—but they are doing
everything exactly backward. They don't
seem to realize that this comprehensive
setting-things-right that is salvation is
God's business, and a most flourishing
business it is. Right across the street
they set up their own salvation shops
and noisily hawk their wares. After all
these years of refusing to really deal
with God on his terms, insisting instead
on making their own deals, they have
nothing to show for it.

⁴⁻¹⁰ The earlier revelation was intended
simply to get us ready for the Messiah,
who then puts everything right for those
who trust him to do it. Moses wrote that
anyone who insists on using the law code
to live right before God soon discovers it's
not so easy—every detail of life regulated
by fine print! But trusting God to shape
the right living in us is a different story—
no precarious climb up to heaven to
recruit the Messiah, no dangerous
descent into hell to rescue the Messiah.
So what exactly was Moses saying?

구원하시는 말씀이 바로 여기 있다.
너의 입 속 혀처럼 가까이,
너의 가슴 속 심장처럼 가까이.

이 말씀이란, 우리를 위해 모든 것을 바로 세워 주시며 일하시는 하나님을 받아들이는 믿음의 말씀을 말합니다. 우리가 전하는 **메시지**의 핵심이 바로 이것입니다. 하나님을 받아들이며 "예수가 나의 주님이시다"라고 말하십시오. 예수를 죽은 자들 가운데서 살려 내실 때 하셨던 일을 지금 우리 안에서도 행하고 계신 하나님의 일을, 마음과 몸을 다해 받아들이십시오. 그렇습니다. 바로 그것입니다. 이는 여러분이 무엇인가 "해내는" 것이 아닙니다. 여러분은 그저 하나님을 소리내어 부를 뿐입니다. 그분께서 여러분을 위해 일하실 것을 신뢰하면서 말입니다. 이것이 바로 구원입니다. 여러분은 전 존재를 기울여, 모든 것을 바로 세워 주시는 하나님을 받아들이며 큰소리로 외칩니다. "하나님께서 그분과 나 사이 모든 것을 바로 세워 주셨다!"

11-13 성경도 우리에게 확신을 심어 줍니다. "마음과 목숨을 다해 하나님을 신뢰하는 사람들은 결코 후회하는 법이 없다." 이는 우리의 종교적 배경과는 아무 상관이 없는 일입니다. 우리 모두에게 동일하신 하나님께서, 소리쳐 도움을 청하는 모든 사람들에게 믿을 수 없을 만큼 동일하게 풍성히 베풀어 주십니다. "'하나님, 도와주세요!' 하고 외치는 사람은 누구나 도움을 얻습니다."

14-17 하지만, 누구를 신뢰해야 하는지 모른다면 어떻게 도움을 청할 수 있겠습니까? 신뢰할 수 있는 그분에 대해 들어보지 못했다면 어떻게 그분을 신뢰할 수 있겠습니까? 말해 주는 사람이 없다면 어떻게 그분에 대해 전해 들을 수 있겠습니까? 또한 보냄을 받은 사람이 없다면 누가 그분에 대해 말해 주는 일을 하겠습니까? 그러므로 성경은 이렇게 외칩니다.

The word that saves is right here,
as near as the tongue in your mouth,
as close as the heart in your chest.

It's the word of faith that welcomes God to go to work and set things right for us. This is the core of our preaching. Say the welcoming word to God—"Jesus is my Master"—embracing, body and soul, God's work of doing in us what he did in raising Jesus from the dead. That's it. You're not "doing" anything; you're simply calling out to God, trusting him to do it for you. That's salvation. With your whole being you embrace God setting things right, and then you say it, right out loud: "God has set everything right between him and me!"

11-13 Scripture reassures us, "No one who trusts God like this—heart and soul—will ever regret it." It's exactly the same no matter what a person's religious background may be: the same God for all of us, acting the same incredibly generous way to everyone who calls out for help. "Everyone who calls, 'Help, God!' gets help."

14-17 But how can people call for help if they don't know who to trust? And how can they know who to trust if they haven't heard of the One who can be trusted? And how can they hear if nobody tells them? And how is anyone going to tell them, unless someone is sent to do it? That's why Scripture exclaims,

숨 막히는 저 광경을 보라!
하나님께서 행하신 온갖 좋은 일을 들려주는
사람들의
저 장대한 행렬을!

그러나 모든 사람이 다 말씀을 받아들일 준비,
보고 듣고 행동할 준비가 되어 있는 것은 아닙
니다. 이사야도 우리 모두가 다 한 번씩은 던질
법한 질문을 던졌습니다. "하나님, 누가 관심
을 보입니까? 이 말씀에 귀 기울이고 믿는 사
람이 누가 있습니까?" 중요한 것은 이것입니
다. 신뢰할 수 있으려면 먼저 귀 기울여 들어야
합니다. 그러나 귀 기울여 들을 것이 있으려면
먼저 그리스도의 말씀이 전해져야 합니다.
18-21 그러나 이스라엘의 경우는, 지금 일어나
고 있는 일에 대해 듣고 깨달을 수 있는 기회가
충분히, 정말 충분히 있지 않았던가요?

전하는 사람들의 목소리가 온 세상에 울려
퍼졌고
그들의 메시지가 땅의 칠대양에까지 미쳤다.

그러므로 중요한 질문은 이것입니다. 왜 이스
라엘은 이 메시지에 대한 독점권이 자신에게
없다는 사실을 깨닫지 못했던 것일까요? 다음
과 같이 예언한 모세가 바로 보았습니다.

여러분은 하나님께서
여러분이 낮추어 보는 사람들—이방인들!—
에게 다가가시는 것을 보게 될 것이고,
질투심에 미칠 것입니다.
여러분은 하나님께서
여러분이 종교적으로 하등하다고 여기는 사
람들에게 다가가시는 것을 보게 될 것이고,
울화가 치밀 것입니다.

이사야는 담대하게 하나님의 말씀을 이렇게 전
합니다.

A sight to take your breath away!
Grand processions of people
   telling all the good things of God!

But not everybody is ready for this,
ready to see and hear and act. Isaiah
asked what we all ask at one time or
another: "Does anyone care, God? Is
anyone listening and believing a word
of it?" The point is: Before you trust,
you have to listen. But unless Christ's
Word is preached, there's nothing to
listen to.
18-21 But haven't there been plenty of
opportunities for Israel to listen and
understand what's going on? *Plenty*, I'd
say.

Preachers' voices have gone 'round
the world,
Their message to earth's seven seas.

So the big question is, Why didn't Israel
understand that she had no corner on
this message? Moses had it right when
he predicted,

When you see God reach out to those
   you consider your inferiors—outsid-
   ers!—
   you'll become insanely jealous.
When you see God reach out to
people
   you think are religiously stupid,
   you'll throw temper tantrums.

Isaiah dared to speak out these words
of God:

나를 찾지도 않던 사람들이
나를 만났고 받아들였다.
나 또한 나에 대해 묻지도 않았던 사람들을
만났고 받아들였다.

그러고는 분명한 고발로 마무리 짓습니다.

날이면 날마다
나는 두 팔 벌려 이스라엘을 불렀건만,
이런 수고에도 내게 돌아온 것은
냉대와 차가운 시선뿐이었다.

충성스런 소수

11 ¹⁻² 그렇다면 하나님께서, 이제 이스라엘이라면 넌더리가 나서 그들과 아예 절교하시려 한다는 말입니까? 그렇지 않습니다. 기억하십시오. 지금 이런 이야기를 쓰고 있는 나 역시 이스라엘 사람으로서, 베냐민 지파 출신이며 아브라함의 후손입니다. 이보다 더 확실한 셈족 혈통을 본 적 있습니까? 우리는 절교 이야기를 하려는 것이 아닙니다. 하나님은 쉽게 이스라엘에게서 손을 떼어 버리실 수 없습니다. 그동안 이스라엘과 너무 오랫동안 관계를 맺어 오셨고, 투자하신 것이 너무 많습니다.
²⁻⁶ 이런 이스라엘을 두고 엘리야가 몹시 괴로워하며 기도 가운데 외쳤던 것을 기억하십니까?

하나님, 그들이 주님의 예언자들을 죽였고
주님의 제단을 짓밟았습니다.
저만 홀로 남았는데, 이제 그들이 저의 뒤도 쫓고 있습니다!

하나님의 대답이 무엇이었는지 기억하십니까?

내게는, 아직 무릎 꿇지 않은 칠천 명이 있다.

People found and welcomed me
 who never so much as looked for me.
And I found and welcomed people
 who had never even asked about me.

Then he capped it with a damning indictment:

Day after day after day,
 I beckoned Israel with open arms,
And got nothing for my trouble
 but cold shoulders and icy stares.

The Loyal Minority

11 ¹⁻² Does this mean, then, that God is so fed up with Israel that he'll have nothing more to do with them? Hardly. Remember that I, the one writing these things, am an Israelite, a descendant of Abraham out of the tribe of Benjamin. You can't get much more Semitic than that! So we're not talking about repudiation. God has been too long involved with Israel, has too much invested, to simply wash his hands of them.
²⁻⁶ Do you remember that time Elijah was agonizing over this same Israel and cried out in prayer?

God, they murdered your prophets,
They trashed your altars;
I'm the only one left and now they're after me!

And do you remember God's answer?

I still have seven thousand who haven't quit,

끝까지 충성을 다하고 있는 칠천 명이 있다.

오늘날도 마찬가지입니다. 지금도 치열한 모습으로 충성을 다하는 소수가 남아 있습니다. 많지 않은 수일 것입니다. 하지만 여러분이 생각하는 것보다는 많은 수일 것입니다. 그들이 그처럼 버티고 있는 것은, 무언가 얻을 것이 있어서가 아닙니다. 그들은 다만 자신을 택해 주신 하나님의 은혜와 목적에 대해 확신하고 있기 때문입니다. 그들이 그저 눈앞의 사욕만을 생각했더라면, 이미 오래전에 포기하고 물러났을 것입니다.

7-10 결국 어떻게 되었습니까? 이스라엘이 자신의 사욕을 도모하며 자기 힘으로 하나님 앞에 서려고 했을 때, 이스라엘은 성공하지 못했습니다. 하나님께 택함받은 사람들은, 하나님께서 그들을 통해 그분의 뜻을 도모하시도록 했던 사람들이었습니다. 그들은 그분께 정당성을 인정받았습니다. 사욕을 도모한 이스라엘은 하나님을 향해 바위처럼 굳어 버렸습니다. 여기에 대해 모세와 이사야도 이렇게 평했습니다.

> 싸움질 좋아하고 자기중심적인 그들에게
> 넌더리가 나신 하나님은
> 그들을 눈멀고 귀먹게 하셨고
> 그들로 그들 자신 안에 갇히게 하셨는데,
> 그들은 지금까지도 계속 그렇게 갇혀 있다.

다윗도 그런 사람들에 대해 몹시 불편한 마음을 드러냈습니다.

> 그들이 그렇게 자기 뱃속만 채우며 먹다가
> 탈이 나 버렸으면,
> 그렇게 자기 잇속만 차리며 가다가 다리가
> 부러졌으면 좋겠습니다.
> 그들이 그렇게 자기만 쳐다보다가 눈이 멀
> 어 버리기를,

Seven thousand who are loyal to the finish.

It's the same today. There's a fiercely loyal minority still—not many, perhaps, but probably more than you think. They're holding on, not because of what they think they're going to get out of it, but because they're convinced of God's grace and purpose in choosing them. If they were only thinking of their own immediate self-interest, they would have left long ago.

7-10 And then what happened? Well, when Israel tried to be right with God on her own, pursuing her own self-interest, she didn't succeed. The chosen ones of God were those who let God pursue his interest in them, and as a result received his stamp of legitimacy. The "self-interest Israel" became thick-skinned toward God. Moses and Isaiah both commented on this:

> Fed up with their quarrelsome, self-centered ways,
>   God blurred their eyes and dulled their ears,
> Shut them in on themselves in a hall of mirrors,
>   and they're there to this day.

David was upset about the same thing:

> I hope they get sick eating self-serving meals,
>   break a leg walking their self-serving ways.

그렇게 신(神) 행세를 하다가 궤양에 걸려 버렸으면 좋겠습니다.

I hope they go blind staring in their mirrors,

get ulcers from playing at god.

이방인의 구원

11-12 이런 질문이 나올 수 있습니다. '그렇다면 이제 그들은 완전히 끝난 것인가? 영원히 나가 버린 것인가?' 답은 분명합니다. 결코 그렇지 않습니다. 아이러니하게도, 그들이 퇴장하면서 열고 나간 문으로 이방인들이 입장할 수 있게 되었습니다. 그런데 여러분도 아시는 것처럼, 지금 유대인들은 자신들이 무언가 좋은 것을 제 발로 차 버리고 나가 버린 것이 아닌가 하는 의구심을 갖기 시작했습니다. 한번 상상해 보십시오. 그들이 나가 버린 것이 온 세상에 걸쳐 이방인들이 하나님 나라로 몰려오는 일을 촉발시켰다면, 그 유대인들이 다시 돌아올 때는 그 효과가 과연 어떠하겠습니까? 그 귀향이 무엇을 가져올지 상상해 보십시오!

13-15 그러나 그들에 대한 이야기는 여기서 그만하려고 합니다. 지금 나의 관심사는 바로 여러분, 곧 이방인들이기 때문입니다. 나는 이방인이라고 하는 여러분에 대해 특별한 사명을 받은 사람입니다. 나는 이 사실을, 나의 동족인 이스라엘 사람들 가운데 있을 때 최대한 자랑하며 강조하곤 합니다. 나는 그들이 지금 스스로 놓치고 있는 것을 깨닫게 되고, 하나님께서 하고 계신 일에 동참하려는 마음을 품게 되기를 바라기 때문입니다. 그들이 떨어져 나간 일로 인해 이처럼 온 세상에 걸쳐 하나되는 일이 시작되었다면, 그들이 다시 돌아올 때는 더 큰 일이 촉발될 것입니다. 엄청난 귀향이 있을 것입니다! 이렇게 유대인들이 저지른 일이, 그들로서는 잘못한 일이었지만 여러분에게는 좋은 일이 되었다면, 그들이 그 일을 바로잡을 때는 과연 어떻게 될지 생각해 보십시오!

16-18 이 모든 일의 배후와 바탕에는 어떤 거룩한 뿌리가 자리 잡고 있습니다. 하나님께서 심으시고 기르시고 계신 뿌리입니다. 근본 뿌리가

Pruning and Grafting Branches

11-12 The next question is, "Are they down for the count? Are they out of this for good?" And the answer is a clear-cut No. Ironically when they walked out, they left the door open and the outsiders walked in. But the next thing you know, the Jews were starting to wonder if perhaps they had walked out on a good thing. Now, if their leaving triggered this worldwide coming of non-Jewish outsiders to God's kingdom, just imagine the effect of their coming back! What a homecoming!

13-15 But I don't want to go on about them. It's you, the outsiders, that I'm concerned with now. Because my personal assignment is focused on the so-called outsiders, I make as much of this as I can when I'm among my Israelite kin, the so-called *insiders*, hoping they'll realize what they're missing and want to get in on what God is doing. If their falling out initiated this worldwide coming together, their recovery is going to set off something even better: mass homecoming! If the first thing the Jews did, even though it was wrong for them, turned out for your good, just think what's going to happen when they get it right!

16-18 Behind and underneath all this there is a holy, God-planted, God-tended root. If the primary root of the tree

거룩한 나무에는 거룩한 열매가 맺힐 수밖에 없습니다. 지금 상황은 이러합니다. 그 나무의 가지 중 얼마는 가지치기를 당하고, 대신에 야생 올리브나무 가지인 여러분이 그 나무에 접붙임을 받은 것입니다. 그러나 여러분이 지금 그 비옥하고 거룩한 뿌리로부터 영양을 공급받고 있다고 해서, 여러분이 그 가지치기 당한 가지들 앞에서 우쭐댈 수는 없습니다. 기억하십시오. 여러분이 그 뿌리에 영양을 공급하고 있는 것이 아니라, 그 뿌리가 여러분에게 영양을 공급하고 있는 것입니다.

19-20 이런 말이 나올 법합니다. '다른 가지들이 가지치기를 당한 것은 나를 접붙이기 위한 것이 아닌가?' 그렇습니다. 하지만 기억하십시오. 그들이 그렇게 가지치기 당한 것은, 그들이 믿음과 헌신을 통해 계속해서 그 뿌리에 연결되어 있지 않고 말라죽어 버렸기 때문입니다. 지금 여러분이 그 나무에 붙어 있는 것은, 다만 여러분이 믿음으로 그 나무에 접붙여졌기 때문입니다. 믿음을 길러 주는 그 뿌리에 연결되어 있기 때문입니다. 그러므로 자만해져서 뽐내는 가지가 되지 마십시오. 여러분이 연하고 푸릇푸릇할 수 있는 것은, 오직 그 뿌리 덕이라는 사실을 늘 겸손 가운데 기억하십시오.

21-22 본래의 가지에 주저 없이 가위를 대신 하나님이시라면, 여러분에게는 어떠하시겠습니까? 그분은 조금도 주저하지 않으실 것입니다. 하나님은 온화하고 인자하신 분이지만, 동시에 가차 없고 엄하신 분이기도 하다는 사실을 반드시 명심하십시오. 그분은 말라죽은 가지에 대해서는 가차 없으시되, 접붙여진 가지에 대해서는 온화하십니다. 그분의 온화하심을 믿고 방자하게 굴 생각은 버리십시오. 여러분이 말라죽은 가지가 되는 순간, 여러분은 가차 없이 내쳐지게 됩니다.

23-24 그러니 여러분은 바닥에 나뒹구는 가지치기 당한 가지들을 보며 우월감에 젖지 않도록 하십시오. 계속 죽은 가지로 남기를 고집하지

is holy, there's bound to be some holy fruit. Some of the tree's branches were pruned and you wild olive shoots were grafted in. Yet the fact that you are now fed by that rich and holy root gives you no cause to crow over the pruned branches. Remember, you aren't feeding the root; the root is feeding you.

19-20 It's certainly possible to say, "Other branches were pruned so that *I* could be grafted in!" Well and good. But they were pruned because they were deadwood, no longer connected by belief and commitment to the root. The only reason you're on the tree is because your graft "took" when you believed, and because you're connected to that belief-nurturing root. So don't get cocky and strut your branch. Be humbly mindful of the root that keeps you lithe and green.

21-22 If God didn't think twice about taking pruning shears to the natural branches, why would he hesitate over you? He wouldn't give it a second thought. Make sure you stay alert to these qualities of gentle kindness and ruthless severity that exist side by side in God—ruthless with the deadwood, gentle with the grafted shoot. But don't presume on this gentleness. The moment you become deadwood, you're out of there.

23-24 And don't get to feeling superior to those pruned branches down on the ground. If they don't persist in remaining deadwood, they could very well get

않는다면, 그들도 얼마든지 다시 접붙임 받을 수 있습니다. 하나님은 그렇게 하실 수 있습니다. 그분은 기적적인 접붙임을 행하실 수 있는 분입니다. 바깥 야생 나무에서 잘려 나온 가지들인 여러분을 접붙여 내신 그분에게는, 그 나무에 본래 붙어 있던 가지들을 다시 접붙이는 일은 분명 일도 아닐 것입니다. 다만 여러분은, 지금 여러분이 그 나무에 붙어 있다는 사실을 기뻐하며 다른 사람들도 다 잘되기를 바라십시오.

완성된 이스라엘

25-29 친구 여러분, 나는 최대한 분명하게 짚고 넘어가려고 합니다. 이 문제는 결코 단순한 문제가 아닙니다. 현재 상황을 잘못 해석해서, 오만하게도 자칫 여러분은 왕족이고 저들은 내처진 천민인 것처럼 생각할 수 있습니다. 전혀 그렇지 않습니다. 이스라엘이 현재 하나님에 대해 완고해져 있는 것은 일시적인 현상입니다. 그 효과로, 모든 이방인을 향해 문이 열리게 되었고, 그래서 마침내 집이 꽉 차게 될 것입니다. 그러나 이 일이 다 이루어지기 전에, 먼저 이스라엘이 완성되는 일이 있을 것입니다. 이렇게 기록되어 있듯이 말입니다.

한 투사가 시온 산에서 성큼성큼 내려와서는 야곱의 집을 깨끗이 치울 것이다.
내가 내 백성에게 반드시 하고야 말 일이 이 것이다.
그들에게서 내가 죄를 제거할 것이다.

메시지의 복된 소식을 듣고 받아들인 여러분의 입장에서 보면, 유대인들이 마치 하나님의 원수처럼 보일 것입니다. 그러나 하나님의 전체 목적이라는 원대한 시각에서 보면, 그들은 여전히 하나님의 가장 오래된 친구입니다. 하나님의 선물과 하나님의 부르심에는 완전한 보증이 붙어 있습니다. 결코 취소되거나 무효가 될 수 없습니다.

grafted back in. God can do that. He can perform miracle grafts. Why, if he could graft *you*—branches cut from a tree out in the wild—into an orchard tree, he certainly isn't going to have any trouble grafting branches back into the tree they grew from in the first place. Just be glad you're in the tree, and hope for the best for the others.

A Complete Israel

25-29 I want to lay all this out on the table as clearly as I can, friends. This is complicated. It would be easy to misinterpret what's going on and arrogantly assume that you're royalty and they're just rabble, out on their ears for good. But that's not it at all. This hardness on the part of insider Israel toward God is temporary. Its effect is to open things up to all the outsiders so that we end up with a full house. Before it's all over, there will be a complete Israel. As it is written,

A champion will stride down from the mountain of Zion;
  he'll clean house in Jacob.
And this is my commitment to my people:
  removal of their sins.

From your point of view as you hear and embrace the good news of the Message, it looks like the Jews are God's enemies. But looked at from the long-range perspective of God's overall purpose, they remain God's oldest friends. God's gifts and God's call are

30-32 불과 얼마 전까지만 해도 여러분은 하나님께 바깥 사람이었습니다. 그러나 유대인들이 하나님께 등을 돌렸고, 여러분에게는 문이 열렸습니다. 이제 그들이 하나님께 바깥 사람이 된 것입니다. 그런데 여러분에게 문이 활짝 열린 것으로 인해, 그들에게도 다시 들어올 수 있는 길이 열렸습니다. 이렇게 혹은 저렇게, 하나님께서는 우리 모두로 하여금 한 번씩 다 바깥에 처해 보는 경험을 하게 하셨습니다. 이것은 그분께서 친히 문을 여시고, 우리를 다시 안으로 받아들이시기 위해서입니다.

33-36 이 비할 데 없는 하나님의 엄청난 관대하심과 깊고 깊은 지혜! 우리는 결코 다 이해하지 못하며, 다 헤아려 알 수도 없습니다.

하나님을 설명할 수 있는 이 누구인가?
그분께 하실 일을 아뢸 수 있을 만큼 똑똑한 이 누구인가?
하나님이 조언을 구하시는 이 누구며 그분께 도움이 된 이 누구인가?

모든 것이 그분에게서 시작하고
그분을 통해 일어나며
그분에게서 마친다.
영원토록 영광! 영원토록 찬양!
오, 참으로 그러하기를!

하나님께 바쳐진 삶

12 1-2 그러므로 나는, 이제 여러분이 이렇게 살기를 바랍니다. 하나님께서 여러분을 도우실 것입니다. 여러분의 매일의 삶, 일상의 삶—자고 먹고 일하고 노는 모든 삶—을 하나님께 헌물로 드리십시오. 하나님께서 여러분을 위해 하시는 일을 받아들이는 것이, 바로 여

under full warranty—never canceled, never rescinded.

30-32 There was a time not so long ago when you were on the outs with God. But then the Jews slammed the door on him and things opened up for you. Now *they* are on the outs. But with the door held wide open for you, they have a way back in. In one way or another, God makes sure that we all experience what it means to be outside so that he can personally open the door and welcome us back in.

33-36 Have you ever come on anything quite like this extravagant generosity of God, this deep, deep wisdom? It's way over our heads. We'll never figure it out.

Is there anyone around who can explain God?
Anyone smart enough to tell him what to do?
Anyone who has done him such a huge favor
  that God has to ask his advice?

Everything comes from him;
Everything happens through him;
Everything ends up in him.
Always glory! Always praise!
  Yes. Yes. Yes.

Place Your Life Before God

12 1-2 So here's what I want you to do, God helping you: Take your everyday, ordinary life—your sleeping, eating, going-to-work, and walking-around life—and place it before God as an offering. Embracing what God does for you is the best thing you can do for him. Don't become

러분이 그분을 위해 할 수 있는 최선의 일입니다. 문화에 너무 잘 순응하여 아무 생각 없이 동화되어 버리는 일이 없도록 하십시오. 대신에, 여러분은 하나님께 시선을 고정하십시오. 그러면 속에서부터 변화가 일어날 것입니다. 그분께서 여러분에게 바라시는 것을 흔쾌히 인정하고, 조금도 머뭇거리지 말고 거기에 응하십시오. 여러분을 둘러싸고 있는 문화는 늘 여러분을 미숙한 수준으로 끌어 낮추려 하지만, 하나님께서는 언제나 여러분에게서 최선의 것을 이끌어 내시고 여러분 안에 멋진 성숙을 길러 주십니다.

3 하나님께서 주신 것들에 대한 깊은 감사의 마음으로, 여러분에 대해 특별한 사명을 받은 사람으로서 말씀드립니다. 여러분은 순전히 은혜 가운데 살고 있습니다. 여러분이 마치 하나님께 뭔가 좋은 것을 해드리고 있는 것처럼 착각하지 마십시오. 그렇지 않습니다. 실은, 하나님께서 여러분에게 온갖 좋은 것을 가져다주고 계신 것입니다. 우리가 우리 자신을 바르게 알게 되는 것은, 오직 하나님과 또한 그분이 우리를 위해 하고 계신 일에 주목할 때이지, 우리 자신과 또한 우리가 그분을 위해 하는 일에 주목할 때가 아닙니다.

4-6 우리 각자는 사람 몸의 다양한 부분과 같습니다. 각 부분은 전체 몸에서 의미를 얻습니다. 그 반대는 아닙니다. 지금 우리가 말하는 몸은, 택함받은 사람들로 이루어진 그리스도의 몸을 말합니다. 우리 각자의 의미와 기능은, 우리가 그분 몸의 한 부분으로서 갖는 의미와 기능입니다. 잘려 나간 손가락, 잘려 나간 발가락이라면 무슨 대단한 의미와 기능이 있겠습니까? 우리는 그리스도의 몸 안에서, 빼어난 모양과 탁월한 기능을 부여받은 부분 부분들로 지음받았습니다. 그러므로 우리는 지음받은 본연의 모습대로 살아가야 합니다. 시기심이나 교만한 마음을 품고서 다른 사람들과 자신을 비교해서는 안됩니다. 자기가 아닌 다른 무엇

so well-adjusted to your culture that you fit into it without even thinking. Instead, fix your attention on God. You'll be changed from the inside out. Readily recognize what he wants from you, and quickly respond to it. Unlike the culture around you, always dragging you down to its level of immaturity, God brings the best out of you, develops well-formed maturity in you.

3 I'm speaking to you out of deep gratitude for all that God has given me, and especially as I have responsibilities in relation to you. Living then, as every one of you does, in pure grace, it's important that you not misinterpret yourselves as people who are bringing this goodness to God. No, God brings it all to you. The only accurate way to understand ourselves is by what God is and by what he does for us, not by what we are and what we do for him.

4-6 In this way we are like the various parts of a human body. Each part gets its meaning from the body as a whole, not the other way around. The body we're talking about is Christ's body of chosen people. Each of us finds our meaning and function as a part of his body. But as a chopped-off finger or cut-off toe we wouldn't amount to much, would we? So since we find ourselves fashioned into all these excellently formed and marvelously functioning parts in Christ's body, let's just go ahead and be what we were made to be, without enviously or pridefully comparing ourselves with

이 되려고 애쓰지 마십시오.

6-8 설교하는 일이라면, 하나님의 **메시지**만을 전하고 그와 상관없는 내용을 전하지 마십시오. 돕는 일이라면, 도와주기만 하지 월권하지 마십시오. 가르치는 일을 한다면, 여러분이 가르치는 바를 고수하십시오. 격려하고 안내하는 일이라면, 으스대지 않도록 조심하십시오. 책임자 위치에 있다면, 멋대로 권력을 휘두르지 마십시오. 곤란에 빠진 사람들을 원조하는 일에 부름받았다면, 늘 눈을 크게 뜨고 잘 살펴 신속하게 움직이도록 하십시오. 불우한 사람들과 더불어 일하는 사람이라면, 그들 때문에 화를 내거나 우울해지지 않도록 하십시오. 늘 얼굴에 미소를 띠고 일하십시오.

❧

9-10 중심으로부터 사랑하십시오. 사랑하는 척하지 마십시오. 악은 필사적으로 피하십시오. 선은 필사적으로 붙드십시오. 깊이 사랑하는 좋은 친구들이 되십시오. 기꺼이 서로를 위한 조연이 되어 주십시오.

11-13 지쳐 나가떨어지지 않도록 하십시오. 늘 힘과 열정이 가득한 사람이 되십시오. 언제든 기쁘게 주님을 섬길 준비를 갖춘 종이 되십시오. 힘든 시기에도 주저앉지 마십시오. 그럴수록 더욱 열심히 기도하십시오. 도움이 필요한 그리스도인들을 도우십시오. 정성껏 환대하십시오.

14-16 원수에게도 축복해 주십시오. 결코 악담을 퍼붓거나 하지 마십시오. 친구들이 행복해할 때 함께 기뻐해 주십시오. 그들이 슬퍼할 때 함께 울어 주십시오. 서로 잘 지내십시오. 혼자 잘난 척하지 마십시오. 별 볼 일 없는 이들과도 친구가 되십시오. 대단한 사람인 양 굴지 마십시오.

17-19 되받아치려고 하지 마십시오. 대신, 누구에게서나 아름다운 점을 찾으십시오. 할 수 있다면 모든 사람과 더불어 사이좋게 지내십시오. 받은 대로 갚아 주겠다고 고집하지 마십

each other, or trying to be something we aren't.

6-8 If you preach, just preach God's Message, nothing else; if you help, just help, don't take over; if you teach, stick to your teaching; if you give encouraging guidance, be careful that you don't get bossy; if you're put in charge, don't manipulate; if you're called to give aid to people in distress, keep your eyes open and be quick to respond; if you work with the disadvantaged, don't let yourself get irritated with them or depressed by them. Keep a smile on your face.

❧

9-10 Love from the center of who you are; don't fake it. Run for dear life from evil; hold on for dear life to good. Be good friends who love deeply; practice playing second fiddle.

11-13 Don't burn out; keep yourselves fueled and aflame. Be alert servants of the Master, cheerfully expectant. Don't quit in hard times; pray all the harder. Help needy Christians; be inventive in hospitality.

14-16 Bless your enemies; no cursing under your breath. Laugh with your happy friends when they're happy; share tears when they're down. Get along with each other; don't be stuck-up. Make friends with nobodies; don't be the great somebody.

17-19 Don't hit back; discover beauty in everyone. If you've got it in you, get along with everybody. Don't insist on

시오. 그것은 여러분이 할 일이 아닙니다. "내가 심판할 것이다, 내가 알아서 할 것이다"라고 하나님께서 말씀하십니다.

20-21 우리의 성경은, 원수가 굶주리고 있는 것을 보면 가서 점심을 사 주고 그가 목말라 하면 음료수를 대접하라고 말하고 있습니다. 여러분이 그런 관대함을 베풀면 원수는 소스라치게 놀랄 것입니다. 악이 여러분을 이기도록 놔두지 마십시오. 오히려 선을 행함으로써 악을 이겨 내십시오.

그리스도인과 세상 권세

13 1-3 훌륭한 시민이 되십시오. 모든 정부는 다 하나님의 주권 아래 있습니다. 평화와 질서가 있다면 거기에는 하나님의 질서가 있는 것입니다. 그러므로 책임성 있는 시민으로 사십시오. 만일 여러분이 국가에 대해 무책임하다면 여러분은 하나님과의 관계에 있어 무책임한 것이며, 하나님은 여러분에게 책임을 물으실 것입니다. 정당하게 세워진 권력 기관이라면 여러분이 정당하지 못한 일을 하고 있지 않는 한, 무서워할 이유가 없습니다. 건전한 시민이라면 아무것도 두려워할 것이 없습니다.

3-5 여러분은 정부와 좋은 관계이기를 원하십니까? 책임 있게 사는 시민이 되십시오, 그러면 아무 문제가 없을 것입니다. 정부가 하는 일은 여러분에게 득이 될 것입니다. 그러나 만일 여러분이 법을 사방팔방으로 어기고 다닌다면 조심하십시오. 경찰은 그저 멋으로 있는 것이 아닙니다. 하나님은 질서를 유지하는 일에 관심이 있으시고, 그분은 그 일에 그들을 사용하십니다. 이것이 여러분이 책임 있게 살아야 하는 이유입니다. 단순히 벌을 피하기 위해서가 아니라, 그렇게 사는 것이 바른 것이기 때문입니다.

6-7 여러분이 세금을 내는 이유도 바로 이것입니다. 질서가 유지되도록 하기 위해서입니다. 시민으로서 여러분의 의무를 다하십시오. 세금을 내고, 청구서를 지불하고, 지도자들을 존중

getting even; that's not for you to do. "I'll do the judging," says God. "I'll take care of it."

20-21 Our Scriptures tell us that if you see your enemy hungry, go buy that person lunch, or if he's thirsty, get him a drink. Your generosity will surprise him with goodness. Don't let evil get the best of you; get the best of evil by doing good.

To Be a Responsible Citizen

13 1-3 Be a good citizen. All governments are under God. Insofar as there is peace and order, it's God's order. So live responsibly as a citizen. If you're irresponsible to the state, then you're irresponsible with God, and God will hold you responsible. Duly constituted authorities are only a threat if you're trying to get by with something. Decent citizens should have nothing to fear.

3-5 Do you want to be on good terms with the government? Be a responsible citizen and you'll get on just fine, the government working to your advantage. But if you're breaking the rules right and left, watch out. The police aren't there just to be admired in their uniforms. God also has an interest in keeping order, and he uses them to do it. That's why you must live responsibly—not just to avoid punishment but also because it's the right way to live.

6-7 That's also why you pay taxes— so that an orderly way of life can be maintained. Fulfill your obligations

하십시오.

✤

8-10 여러분은 서로에 대해 지고 있는 커다란 사랑의 빚 말고는 더는 빚을 지지 마십시오. 여러분이 사람을 사랑하면, 여러분은 율법의 최종 목적을 완성하는 것입니다. 율법 조문은—다른 사람의 배우자와 동침하지 말라, 사람을 죽이지 말라, 자기 소유가 아닌 것에 대해 욕심을 품지 말라 등과 같은 "하지 말라"는—결국 모두 합치면 "다른 사람을 자기 자신처럼 사랑하라"는 것입니다. 여러분이 사랑하고 있다면, 여러분은 결코 잘못할 수 없습니다. 율법 조문에 들어 있는 모든 것을 합치면, 그 합은 바로 사랑입니다.

11-14 그날그날 해야 할 일에 너무 열중해 지친 나머지, 그만 지금이 어떤 때인지 잊고 살아서는 안됩니다. 하나님을 망각하고서 꾸벅꾸벅 졸며 살지 않도록 조심하십시오. 이제 밤이 끝나고 새벽이 밝아 오고 있습니다. 일어나서, 하나님이 하고 계신 일에 눈을 뜨십시오! 이제 하나님께서, 우리가 처음 믿었을 때 시작하신 그 구원 사역에 마무리 손질을 하고 계십니다. 우리는 일 분도 시간을 허비할 수 없습니다. 천박하고 방종한 생활을 하면서, 음탕하고 방탕하게 살면서, 말다툼이나 일삼고 눈에 보이는 것이면 무엇이든 탐내면서, 이 소중한 낮 시간을 허비할 수 없습니다. 잠자리에서 일어나 옷을 차려입으십시오! 꾸물거리지 마십시오. 그리스도를 옷 입고, 당장 일어나십시오!

서로 사이좋게 지내십시오

14 ¹ 여러분과 생각이 다른 동료 신자들을 두 팔 벌려 받아들이십시오. 여러분이 동의할 수 없는 말과 행동을

as a citizen. Pay your taxes, pay your bills, respect your leaders.

✤

8-10 Don't run up debts, except for the huge debt of love you owe each other. When you love others, you complete what the law has been after all along. The law code—don't sleep with another person's spouse, don't take someone's life, don't take what isn't yours, don't always be wanting what you don't have, and any other "don't" you can think of—finally adds up to this: Love other people as well as you do yourself. You can't go wrong when you love others. When you add up everything in the law code, the sum total is *love*.

11-14 But make sure that you don't get so absorbed and exhausted in taking care of all your day-by-day obligations that you lose track of the time and doze off, oblivious to God. The night is about over, dawn is about to break. Be up and awake to what God is doing! God is putting the finishing touches on the salvation work he began when we first believed. We can't afford to waste a minute, must not squander these precious daylight hours in frivolity and indulgence, in sleeping around and dissipation, in bickering and grabbing everything in sight. Get out of bed and get dressed! Don't loiter and linger, waiting until the very last minute. Dress yourselves in Christ, and be up and about!

Cultivating Good Relationships

14 ¹ Welcome with open arms fellow believers who don't see things the

한다고 해서 그때마다 그들을 질책하지 마십시오. 주장은 강하나 여러분 보기에 믿음이 약한 사람들의 경우도 마찬가지입니다. 그들의 살아온 길이 여러분과 다르다는 사실을 기억하십시오. 그들을 부드럽게 대해 주십시오.

2-4 어떤 사람은 뭔가 아는 바가 있어서, 신자는 식탁에 차려진 것이면 무엇이든 먹을 수 있다는 확신을 갖고 있습니다. 반면에, 또 어떤 사람은 다른 배경을 가졌던 관계로, 신자는 채식만 해야 하는 것은 아닌가 하고 생각할 수도 있습니다. 그러나 두 사람 모두 그리스도의 식탁에 초대받은 손님입니다. 만일 그들이 상대가 무엇을 먹는지, 혹은 무엇을 먹지 않는지를 두고 서로 비난에 열을 올린다면, 이는 참으로 무례하기 그지없는 일이지 않겠습니까? 하나님께서 그 두 사람 모두를 식탁에 초대하셨기 때문입니다. 손님인 여러분에게, 손님 명단에서 누구를 지워 버리거나 하나님의 환대에 간섭할 권한이 있겠습니까? 바로잡아야 할 것과 익혀야 할 예절 등이 있다면, 하나님이 알아서 하실 것입니다. 여러분의 도움 없이도 말입니다.

5 또 어떤 사람은 특정한 날을 거룩한 날로 구별해야 한다고 생각하고, 어떤 사람은 모든 날이 다 똑같다고 생각할 수 있습니다. 양쪽 모두 나름의 이유가 있습니다. 각자 자유롭게 자기 양심의 신념을 따르면 됩니다.

6-9 중요한 것은 이것입니다. 어떤 날을 거룩한 날로 지킨다면, 하나님을 위해 그렇게 하십시오. 고기를 먹는다면, 하나님의 영광을 위해 그렇게 하고 갈비를 주신 하나님께 감사드리십시오. 채식주의자라면, 하나님의 영광을 위해 채식을 하고 브로콜리를 주신 하나님께 감사드리십시오. 이런 문제에 있어서 자기 마음대로 행동해도 괜찮은 사람은 아무도 없습니다. 우리는 서로에게가 아니라, 하나님께 답변할 책임이 있습니다. 우리는 태

way you do. And don't jump all over them every time they do or say something you don't agree with—even when it seems that they are strong on opinions but weak in the faith department. Remember, they have their own history to deal with. Treat them gently.

2-4 For instance, a person who has been around for a while might well be convinced that he can eat anything on the table, while another, with a different background, might assume he should only be a vegetarian and eat accordingly. But since both are guests at Christ's table, wouldn't it be terribly rude if they fell to criticizing what the other ate or didn't eat? God, after all, invited them both to the table. Do you have any business crossing people off the guest list or interfering with God's welcome? If there are corrections to be made or manners to be learned, God can handle that without your help.

5 Or, say, one person thinks that some days should be set aside as holy and another thinks that each day is pretty much like any other. There are good reasons either way. So, each person is free to follow the convictions of conscience.

6-9 What's important in all this is that if you keep a holy day, keep it for *God's* sake; if you eat meat, eat it to the glory of God and thank God for prime rib; if you're a vegetarian, eat vegetables to the glory of God and thank God for broccoli. None of us are permitted to insist on our own way in these matters. It's *God* we are answerable to—all the way from life to

어나서 죽을 때까지 우리가 행한 모든 것에 대해, 그분이 물으시면 답변할 책임이 있습니다. 예수께서 사시고, 죽으시고, 다시 살아나신 이유가 바로 이것입니다. 삶과 죽음의 전 영역에 걸쳐 우리의 주인이 되셔서, 서로가 서로에게 행하는 소소한 폭정으로부터 우리를 자유롭게 만드시기 위함이었습니다.

10-12 그러므로, 형제를 비판하는 여러분은 지금 무엇을 하는 것입니까? 자매 앞에서 잘난 척하는 여러분은 지금 무엇을 하는 것입니까? 여러분은 스스로 어리석은 사람, 아니 그보다 못한 사람이 되고 있을 뿐입니다. 결국 우리 모두는, 다 함께 하나님을 뵐 때에 심판대에 나란히 무릎 꿇게 될 사람들입니다. 여러분이 비판적이고 잘난 척하는 태도를 취한다고 해서, 그 심판대에서 여러분의 자리가 한 치라도 더 높아지는 것은 아닙니다. 성경 말씀을 찾아 직접 읽어 보십시오.

하나님이 말씀하신다. "내가 살아 숨 쉬고 있기에
결국 모두가 내 앞에 무릎 꿇게 될 것이며,
모든 혀가 있는 그대로의 진실을 말하게 될 것이다.
내가, 오직 나만이 하나님이라는 진실을!"

그러므로 여러분은 여러분 일에 전념하십시오. 하나님 앞에서 여러분 자신의 삶만으로도 여러분은 이미 할 일이 많습니다.

13-14 남에게 이래라저래라 하던 것을 그만두십시오. 오히려 여러분이 관심 가져야 할 일은 이것입니다. 쓸데없이 다른 사람의 길에 끼어들어서, 어려운 삶을 더 어렵게 만들지는 않는지 살피는 것입니다. 내가 확신하기로—이는 예수께서 주신 확신입니다!—모든 것이 그 자체로는 거룩한 것입니다. 물론 우리가 그것을 대하는 방식, 그것에 대해 하는 말들 때문에 그것을 더럽힐 수는 있습니다.

15-16 만일 여러분이 다른 사람이 먹는 것과 먹지

death and everything in between—not each other. That's why Jesus lived and died and then lived again: so that he could be our Master across the entire range of life and death, and free us from the petty tyrannies of each other.

10-12 So where does that leave you when you criticize a brother? And where does that leave you when you condescend to a sister? I'd say it leaves you looking pretty silly—or worse. Eventually, we're all going to end up kneeling side by side in the place of judgment, facing God. Your critical and condescending ways aren't going to improve your position there one bit. Read it for yourself in Scripture:

"As I live and breathe," God says,
    "every knee will bow before me;
Every tongue will tell the honest truth
    that I and only I am God."

So tend to your knitting. You've got your hands full just taking care of your own life before God.

13-14 Forget about deciding what's right for each other. Here's what you need to be concerned about: that you don't get in the way of someone else, making life more difficult than it already is. I'm convinced—Jesus convinced me!—that everything as it is in itself is holy. We, of course, by the way we treat it or talk about it, can contaminate it.

15-16 If you confuse others by making a big issue over what they eat or don't

않는 것을 가지고 큰 화젯거리로 만들어 그들을 혼란에 빠뜨린다면, 여러분은 지금 그들과 사랑의 교제를 나누는 것이 아닙니다. 그렇지 않습니까? 기억하십시오. 그리스도께서 바로 그들을 위해 죽으셨습니다. 그런데 여러분은, 고작 먹는 문제로 그들을 지옥에 보내겠다는 말입니까? 하나님이 축복하신 음식이 영혼을 독살하는 일에 이용되도록 놔두겠다는 말입니까?

17-18 하나님 나라는, 무엇으로 배를 채우느냐 하는 문제가 결코 아닙니다. 하나님 나라는, 하나님께서 여러분의 삶으로 무엇을 하시느냐 하는 문제입니다. 그분은 여러분의 삶을 바로 세우시고, 온전케 하시며, 기쁨으로 완성시키십니다. 여러분이 할 일은 일편단심으로 그리스도를 섬기는 것입니다. 다만 그 일을 하십시오. 그러면 여러분은 일석이조의 효과를 얻을 것입니다. 여러분은 여러분 위에 계신 하나님을 기쁘시게 해드리면서, 여러분 주변 사람들에게도 여러분의 값어치를 증명해 보일 수 있게 됩니다.

19-21 그러므로 우리는, 서로 사이좋게 지내는 일에 힘을 다하고 뜻을 모아야 합니다. 격려의 말로 서로 도와주십시오. 흠을 잡아 풀이 죽게 만들지 마십시오. 분명 여러분은 저녁식탁에 무엇이 올라오고 무엇이 올라오지 않는지 하는 문제 때문에, 여러분 가운데 일하고 계신 하나님의 일이 좌초되는 것을 바라지 않을 것입니다. 그렇지 않습니까? 나는 전에도 말한 바 있고 앞으로도 계속 말할 것입니다. 모든 음식은 다 좋은 것입니다. 하지만 여러분이 그것을 나쁘게 이용한다면, 다른 사람들을 걸고 넘어뜨리고 때려눕힐 목적으로 이용한다면, 그것은 나쁜 것이 될 수 있습니다. 식사자리에 앉을 때 여러분의 주된 관심은, 여러분의 뱃속을 채우는 것이 아니라 예수의 생명을 나누는 것이어야 합니다. 그러므로 함께 식사하는 다른 사람들을 세심하게 배려하고 예의를 지키십시오. 마음껏 사랑을 나누는 일에 방해되는 것이면, 먹는 것이나 말하는 것이나 그 무엇이든 하지 마십시오.

eat, you're no longer a companion with them in love, are you? These, remember, are persons for whom Christ died. Would you risk sending them to hell over an item in their diet? Don't you dare let a piece of God-blessed food become an occasion of soul-poisoning!

17-18 God's kingdom isn't a matter of what you put in your stomach, for goodness' sake. It's what God does with your life as he sets it right, puts it together, and completes it with joy. Your task is to single-mindedly serve Christ. Do that and you'll kill two birds with one stone: pleasing the God above you and proving your worth to the people around you.

19-21 So let's agree to use all our energy in getting along with each other. Help others with encouraging words; don't drag them down by finding fault. You're certainly not going to permit an argument over what is served or not served at supper to wreck God's work among you, are you? I said it before and I'll say it again: All food is good, but it can turn bad if you use it badly, if you use it to trip others up and send them sprawling. When you sit down to a meal, your primary concern should not be to feed your own face but to share the life of Jesus. So be sensitive and courteous to the others who are eating. Don't eat or say or do things that might interfere with the free exchange of love.

22-23 각자 자신과 하나님과의 관계를 가꾸어 나가되, 여러분의 방식을 다른 사람들에게 강요하지는 마십시오. 만일 여러분의 행위와 신념이 일치한다면, 여러분은 행복한 사람입니다. 그러나 그렇지 않다면, 여러분이 행하는 바와 여러분이 믿는 바가 일치하지 않는다면—어떤 날은 사람들에게 자신의 의견을 강요하다가, 어떤 날은 그저 그들을 기쁘게 해주려고만 한다면—그때는 여러분 스스로도 앞뒤가 맞지 않는다는 것을 잘 알 것입니다. 여러분이 사는 방식과 여러분이 믿는 바가 일치하지 않는 것은 잘못입니다.

15
1-2 우리 가운데 믿음이 강건한 사람들은, 약해서 비틀거리는 사람들을 보면 다가가 손 내밀어 도와야 합니다. 그저 자기 편한 대로만 살아서는 안됩니다. 힘은 섬기라고 있는 것이지, 지위를 즐기라고 있는 것이 아닙니다. 우리는 늘 "어떻게 하면 도움을 줄 수 있을까?" 물으며, 주변 사람들의 유익을 도모할 필요가 있습니다.

3-6 예수께서 하신 일이 바로 이것입니다. 그분은 사람들의 어려움을 외면한 채 자기 편한 길을 가지 않으셨습니다. 그분은 그들의 어려움 속으로 직접 뛰어드셔서 그들을 건져 주셨습니다. 성경은 이를 "내가 어려움에 처한 사람들의 어려움을 짊어졌다"는 말로 표현하고 있습니다. 비록 오래전에 쓰여진 말씀이지만, 여러분은 그 말씀이 다름 아닌 우리를 위해 쓰여진 말씀임을 확신할 수 있습니다. 하나님은 성경이 보여주는 하나님의 성품—한결같고 변치 않는 부르심과 따뜻하고 인격적인 권면—이 또한 우리의 성품이 되기를 원하십니다. 우리가 늘 그분이 하시는 일에 깨어 있는 사람이 되기를 바라십니다. 미더우시고 한결같으시며 따뜻하고 인격적이신 하나님께서 여러분 안에 성

22-23 Cultivate your own relationship with God, but don't impose it on others. You're fortunate if your behavior and your belief are coherent. But if you're not sure, if you notice that you are acting in ways inconsistent with what you believe—some days trying to impose your opinions on others, other days just trying to please them—then you know that you're out of line. If the way you live isn't consistent with what you believe, then it's wrong.

15
1-2 Those of us who are strong and able in the faith need to step in and lend a hand to those who falter, and not just do what is most convenient for us. Strength is for service, not status. Each one of us needs to look after the good of the people around us, asking ourselves, "How can I help?"

3-6 That's exactly what Jesus did. He didn't make it easy for himself by avoiding people's troubles, but waded right in and helped out. "I took on the troubles of the troubled," is the way Scripture puts it. Even if it was written in Scripture long ago, you can be sure it's written for *us*. God wants the combination of his steady, constant calling and warm, personal counsel in Scripture to come to characterize *us*, keeping us alert for whatever he will do next. May our dependably steady and warmly personal God develop maturity in you so that you get along with each other as well as Jesus gets along with us all. Then we'll be a choir—not our voices only, but our very lives singing in harmony in a

숙을 길러 주셔서, 예수께서 우리 모두와 그러하시듯, 여러분도 서로 사이좋게 지내기를 바랍니다. 그럴 때 우리는 합창대가 될 것입니다. 우리 소리뿐 아니라 우리 삶이 다 함께 어우러져서, 우리 주 예수의 하나님이시자 아버지이신 분께 우렁찬 찬송을 부르게 될 것입니다!

7-13 그러므로 여러분은, 하나님의 영광을 위해 서로를 두 팔 벌려 받아들이십시오. 예수께서 그렇게 하셨습니다. 이제 여러분이 그렇게 할 차례입니다! 하나님의 목적에 늘 충실하셨던 예수께서, 먼저 유대인들에게 특별히 다가가셔서, 그들의 조상이 받은 옛 약속들을 실현시키셨습니다. 그 결과로, 이방인들이 자비를 경험하고, 하나님께 감사드릴 수 있게 되었습니다. 우리에게 실현될 성경의 그 모든 말씀을 한번 생각해 보십시오!

그때 나는 이방인들과 더불어 찬송 부르리라.
주님의 이름을 향해 노래하리라!

또한

이방인과 유대인 모두가 함께 즐거워하여라!

또한

모든 나라 사람들아, 하나님을 찬양하여라!
모든 피부색, 모든 인종의 사람들아, 마음껏 찬양을 올려라!

이사야도 말했습니다.

우리 조상 이새의 뿌리가
땅을 뚫고 나와 나무만큼 크게 자란다.
어디서나 누구나 보고 소망을 품을 수 있을 만큼 커다란 나무로 자란다!

아! 생생한 소망을 주신 하나님께서 여러분을

stunning anthem to the God and Father of our Master Jesus!

7-13 So reach out and welcome one another to God's glory. Jesus did it; now *you* do it! Jesus, staying true to God's purposes, reached out in a special way to the Jewish insiders so that the old ancestral promises would come true for them. As a result, the non-Jewish outsiders have been able to experience mercy and to show appreciation to God. Just think of all the Scriptures that will come true in what we do! For instance:

Then I'll join outsiders in a hymn-sing;
I'll sing to your name!

And this one:

Outsiders and insiders, rejoice together!

And again:

People of all nations, celebrate God!
All colors and races, give hearty praise!

And Isaiah's word:

There's the root of our ancestor Jesse, breaking through the earth and growing tree tall,
Tall enough for everyone everywhere to see and take hope!

Oh! May the God of green hope fill you

기쁨으로 가득 채우시기를, 평화 가득하게 하시기를, 그리하여 여러분의 믿음의 삶이 생명 주시는 성령의 힘으로 가득해져서, 소망이 차고 넘치기를!

❧

14-16 개인적으로 말하면, 나는 여러분과 여러분이 하는 일에 대해 대단히 만족하고 있습니다. 내가 보는 바로는, 여러분은 의욕도 넘치고 훈련도 잘 받았으며 서로에게 안내와 조언을 해주는 일에 있어서도 무척 유능합니다. 그러니 사랑하는 친구 여러분, 다소 거친 내 말을 비판으로 받아들이지는 말아 주십시오. 이는 비판이 아닙니다. 나는 다만, 하나님께서 내게 주신 이 특별한 과제를 수행하는 데 여러분의 도움이 얼마나 절실한지 강조하는 것일 뿐입니다. 하나님의 성령으로 온전해지고 거룩해진 이방인들로 하여금, 하나님께서 받으실 만한 제물이 되도록 그들의 영적 필요를 채우는 것이 나의 제사장적 복음 사역입니다.

17-21 지금까지 된 일과 또 지금껏 지켜본 바를 돌이켜 볼 때, 고백컨대, 내 마음은 무척 흡족합니다. 아니, 예수 안에서 실로 자긍심을 느낀다고 말할 수 있습니다. 물론 오직 예수 안에서 느끼는 자긍심이지만 말입니다. 나는 내가 겪은 사소한 모험담을 이야기하는 데는 관심이 없습니다. 다만, 내 안에 계신 그리스도께서 그 놀랍도록 힘 있고 삶을 변화시키는 말씀과 역사(役事)를 통해, 어떻게 이방인들로부터 믿음의 응답을 불러일으키셨는지를 전하고 싶을 뿐입니다. 나는 예루살렘에서부터 시작해 멀리 그리스 북서 지방에 이르기까지, 두루 다니며 예수에 대한 **메시지**를 전해 왔습니다. 이는 전적으로 개척의 일이었습니다. 나는 아직 예수를 알거나 예배해 본 적 없는 곳으로만 그 메시지를 듣고 갔습니다. 내가 따르려고 한 성경 본문은

up with joy, fill you up with peace, so that your believing lives, filled with the life-giving energy of the Holy Spirit, will brim over with hope!

❧

14-16 Personally, I've been completely satisfied with who you are and what you are doing. You seem to me to be well-motivated and well-instructed, quite capable of guiding and advising one another. So, my dear friends, don't take my rather bold and blunt language as criticism. It's not criticism. I'm simply underlining how very much I need your help in carrying out this highly focused assignment God gave me, this priestly and gospel work of serving the spiritual needs of the non-Jewish outsiders so they can be presented as an acceptable offering to God, made whole and holy by God's Holy Spirit.

17-21 Looking back over what has been accomplished and what I have observed, I must say I am most pleased—in the context of Jesus, I'd even say *proud*, but only in that context. I have no interest in giving you a chatty account of my adventures, only the wondrously powerful and transformingly present words and deeds of Christ in me that triggered a believing response among the outsiders. In such ways I have trailblazed a preaching of the Message of Jesus all the way from Jerusalem far into northwestern Greece. This has all been pioneer work, bringing the Message only into those places where Jesus was not yet known and worshiped.

이것이었습니다.

> 그분에 대해 들어 보지 못한 사람들
> 그들이 그분을 보게 될 것이다!
> 그분에 대해 들어 본 적 없는 사람들
> 그들이 그 메시지를 받을 것이다!

❧

22-24 바로 이런 이유로, 내가 마침내 여러분을 방문할 계획을 세우기까지 이렇게 오랜 시간이 걸렸던 것입니다. 그러나 이제는 그런 지역에서 해야 할 개척의 일이 더 이상 없고 또 여러 해에 걸쳐 여러분을 만나 보기를 고대해 왔으므로, 이제 나는 구체적인 방문 계획을 세우고 있습니다. 나는 스페인으로 가는 길인데, 도중에 여러분에게 들러서 즐거운 시간을 갖고, 또 여러분이 베풀어 주는 하나님의 복을 가지고 다시 길에 오르게 되기를 기대하고 있습니다.

25-29 나는 그 전에 먼저 예루살렘으로 가서, 거기서 예수를 따르는 사람들에게 구제 헌금을 전달할 것입니다. 북쪽으로는 마케도니아로부터 남쪽으로는 아가야에 이르기까지, 모든 지역의 그리스 사람들이 예루살렘의 가난한 신자들을 돕기 위해 마음을 모아 헌금했습니다. 그들은 기쁜 마음으로 이 일을 했는데, 이는 그들이 마땅히 해야 하는 일이기도 합니다. 그동안 예루살렘 공동체로부터 흘러나오는 영적 선물을 풍성히 얻어 누려 온 것을 생각할 때, 그들이 그 공동체의 가난을 덜어 주기 위해 힘을 다하는 것은 지극히 당연한 일입니다. 이 일을 마치고 나면—이 "열매 광주리"를 직접 전달하고 나면—나는 곧장 스페인으로 출발할 텐데, 그 길에 로마에 있는 여러분에게 들를 것입니다. 나의 방문이 그리스도께서 여러분에게 주시는 넘치는 복 가운데 하나가 되었으면 좋겠습니다.

My text has been,

> Those who were never told of him—
>   they'll see him!
> Those who've never heard of him—
>   they'll get the message!

❧

22-24 And that's why it has taken me so long to finally get around to coming to you. But now that there is no more pioneering work to be done in these parts, and since I have looked forward to seeing you for many years, I'm planning my visit. I'm headed for Spain, and expect to stop off on the way to enjoy a good visit with you, and eventually have you send me off with God's blessing.

25-29 First, though, I'm going to Jerusalem to deliver a relief offering to the followers of Jesus there. The Greeks—all the way from the Macedonians in the north to the Achaians in the south—decided they wanted to take up a collection for the poor among the believers in Jerusalem. They were happy to do this, but it was also their duty. Seeing that they got in on all the spiritual gifts that flowed out of the Jerusalem community so generously, it is only right that they do what they can to relieve their poverty. As soon as I have done this—personally handed over this "fruit basket"—I'm off to Spain, with a stopover with you in Rome. My hope is that my visit with you is going to be one of Christ's more extravagant blessings.

30-33 사랑하는 친구 여러분, 한 가지 간청이 있습니다. 나를 위해 기도해 주십시오. 나와 더불어 또 나를 위해, 힘을 다해—하나님 아버지께, 우리 주 예수의 능력과 성령의 사랑으로—기도해 주십시오. 유대의 믿지 않는 사람들의 사자굴에서 내가 건짐받도록 기도해 주십시오. 또한 예루살렘 신자들에게 가져가는 나의 구제 헌금이, 기쁘게 모아졌던 것처럼 또한 기쁘게 받아들여지도록 기도해 주십시오. 하나님의 뜻이라면, 나는 가볍고 기꺼운 마음으로 여러분을 찾아가 만나 볼 수 있을 것입니다. 여러분과의 사귐을 통해 새로운 힘을 얻게 되기를 고대합니다. 하나님의 평화가 여러분 모두와 함께하기를 바랍니다. 아멘!

❧

16 1-2 우리 친구 뵈뵈를 주님 안에서 맞아 주십시오. 우리 그리스도인들이 잘하기로 유명한 그 넉넉한 환대로 그녀를 맞아 주십시오. 나는 그녀와 그녀가 하는 일을 진심으로 지지합니다. 그녀는 겐그레아에 있는 교회의 핵심 대표자들 가운데 한 사람입니다. 그녀가 무엇을 요청하든지 그녀를 잘 도와주십시오. 그녀는 여러분이 해줄 수 있는 최선의 것을 받을 자격이 충분합니다. 그녀는 지금껏 나를 포함해서 여러 사람들을 도왔습니다.

3-5 예수를 섬기는 일에 나와 손잡고 일해 온 브리스길라와 아굴라에게 안부를 전해 주십시오. 그들은 전에 나를 위해서 자신의 목숨까지 내걸었던 사람들입니다. 그들에게 감사하는 사람은 나뿐만이 아닙니다. 그들의 집에서 모이는 교회는 말할 것도 없고, 모든 이방인 신자들 모임도 그들에게 큰 신세를 졌습니다. 나의 사랑하는 친구 에배네도에게 안부를 전해 주십시오. 그는 아시아에서 처음으로 예수를 따르게 된 사람입니다.

30-33 I have one request, dear friends: Pray for me. Pray strenuously with and for me—to God the Father, through the power of our Master Jesus, through the love of the Spirit—that I will be delivered from the lions' den of unbelievers in Judea. Pray also that my relief offering to the Jerusalem believers will be accepted in the spirit in which it is given. Then, God willing, I'll be on my way to you with a light and eager heart, looking forward to being refreshed by your company. God's peace be with all of you. Oh, yes!

❧

16 1-2 Be sure to welcome our friend Phoebe in the way of the Master, with all the generous hospitality we Christians are famous for. I heartily endorse both her and her work. She's a key representative of the church at Cenchrea. Help her out in whatever she asks. She deserves anything you can do for her. She's helped many a person, including me.

3-5 Say hello to Priscilla and Aquila, who have worked hand in hand with me in serving Jesus. They once put their lives on the line for me. And I'm not the only one grateful to them. All the non-Jewish gatherings of believers also owe them plenty, to say nothing of the church that meets in their house.

Hello to my dear friend Epenetus. He was the very first follower of Jesus in the province of Asia.

6 마리아에게 안부를 전해 주십시오. 그녀는 정말 대단한 일꾼입니다!

7 나의 친척인 안드로니고와 유니아에게 안부를 전해 주십시오. 우리는 전에 함께 감옥에 갇힌 적이 있습니다. 그들은 나보다 먼저 예수를 믿어 믿는 이가 된 사람들입니다. 두 사람 모두 탁월한 지도자입니다.

8 하나님 안에서 한가족이며 나의 좋은 친구인 암블리아에게 안부를 전해 주십시오.

9 그리스도의 일에 있어 나의 동료인 우르바노에게, 그리고 나의 친구 스다구에게 안부를 전해 주십시오.

10 그리스도를 따르는 일에 있어 믿음직한 역전의 용사인 아벨레에게 안부를 전해 주십시오.

아리스도불로 가족에게 안부를 전해 주십시오.

11 나의 친척 헤로디온에게 안부를 전해 주십시오.

나깃수 가족으로서 주님께 속해 있는 사람들에게 안부를 전해 주십시오.

12 드루배나와 드루보사에게 안부를 전해 주십시오. 그들은 주님을 섬기는 일에 참으로 근면한 여성들입니다.

그리스도 안에서 사랑하는 친구이자 열심 있는 일꾼인 버시에게 안부를 전해 주십시오.

13 루포와 그의 어머니에게 안부를 전해 주십시오. 그는 주님의 탁월한 일꾼입니다! 그의 어머니는 곧 내게도 어머니이십니다.

14 아순그리도와 블레곤과 허메와 바드로바와 허마에게, 또 그들의 가족 모두에게 안부를 전해 주십시오.

15 빌롤로고와 율리아와 네레오와 그의 자매와 올름바에게, 또 그들과 함께 살며 예수를 따르는 모든 사람들에게 안부를 전해 주십시오.

16 거룩한 포옹으로 서로 인사하십시오! 그리스도의 모든 교회가 따뜻한 인사를 건넵니다!

17-18 친구 여러분, 마지막으로 조언합니다. 여러분이 배운 가르침 중에서 몇몇 조각과 단편들을 취해서, 그것들을 이용해 문제를 일으키

6 Hello to Mary. What a worker she has turned out to be!

7 Hello to my cousins Andronicus and Junias. We once shared a jail cell. They were believers in Christ before I was. Both of them are outstanding leaders.

8 Hello to Ampliatus, my good friend in the family of God.

9 Hello to Urbanus, our companion in Christ's work, and my good friend Stachys.

10 Hello to Apelles, a tried-and-true veteran in following Christ.

Hello to the family of Aristobulus.

11 Hello to my cousin Herodion.

Hello to those who belong to the Lord from the family of Narcissus.

12 Hello to Tryphena and Tryphosa—such diligent women in serving the Master.

Hello to Persis, a dear friend and hard worker in Christ.

13 Hello to Rufus—a good choice by the Master!—and his mother. She has also been a dear mother to me.

14 Hello to Asyncritus, Phlegon, Hermes, Patrobas, Hermas, and also to all of their families.

15 Hello to Philologus, Julia, Nereus and his sister, and Olympas—and all the followers of Jesus who live with them.

16 Holy embraces all around! All the churches of Christ send their warmest greetings!

17-18 One final word of counsel, friends. Keep a sharp eye out for those who take bits and pieces of the teaching that you learned and then use them

는 자들을 늘 예리한 눈으로 살펴십시오. 그런 사람들과는 거리를 두십시오. 그들은 우리 주님이신 그리스도를 위해 살 뜻이 없는 자들입니다. 그들은 다만 무언가를 얻어 낼 목적으로 이 일에 들어온 것이며, 경건하고 달콤한 말로 순진한 사람들을 속여 먹는 자들입니다.

19-20 이런 문제에 여러분이 정직하다는 사실에 대해서는 의심의 여지가 없지만— 내가 얼마나 여러분을 자랑스러워하는지요!—나는 또한 여러분이 똑똑해져서, "좋은" 것이라도 그것이 정말로 좋은 것인지 분별해 낼 수 있기를 바랍니다. 달콤한 말을 들려주는 악에 대해서는 순진한 사람이 되지 마십시오. 늘 깨어 있으십시오. 그러면 어느새 평화의 하나님께서 두 발로 사탄을 땅바닥에 짓이겨 주실 것입니다! 늘 예수께서 주시는 최고의 것을 누리십시오!

21 우리 쪽에서 건네는 인사가 더 남았습니다. 나의 동역자 디모데와 나의 친척 루기오와 야손과 소시바더가 여러분에게 안부를 전합니다.

22 지금 바울의 이 편지를 받아쓰고 있는 나 더디오도 여러분에게 인사드립니다.

23 이곳에서 나와 온 교회를 접대하고 있는 가이오도 여러분에게 안부를 전합니다. 도시 재무관인 에라스도와 우리의 좋은 친구 구아도도 안부를 전합니다.

25-26 예수 그리스도 안에서 전파된 것처럼, 지금 여러분을 굳세게 세워 주고 계신 하나님께 우리의 모든 찬양을 드립니다. 이는, 오랫동안 비밀이었으나 이제 성경의 예언 말씀을 통해 마침내 밝히 드러난 비밀입니다. 이제 세상 모든 나라가 진리를 알고 순종과 믿음 속으로 인도되어 하나님의 명령을 따라 살 수 있게 되었습니다. 이 모든 것은 처음부터 끝까지 모두 하나님이 주도하신 일입니다.

to make trouble. Give these people a wide berth. They have no intention of living for our Master Christ. They're only in this for what they can get out of it, and aren't above using pious sweet talk to dupe unsuspecting innocents.

19-20 And so while there has never been any question about your honesty in these matters—I couldn't be more proud of you!— I want you also to be smart, making sure every "good" thing is the *real* thing. Don't be gullible in regard to smooth-talking evil. Stay alert like this, and before you know it the God of peace will come down on Satan with both feet, stomping him into the dirt. Enjoy the best of Jesus!

21 And here are some more greetings from our end. Timothy, my partner in this work, Lucius, and my cousins Jason and Sosipater all said to tell you hello.

22 I, Tertius, who wrote this letter at Paul's dictation, send you my personal greetings.

23 Gaius, who is host here to both me and the whole church, wants to be remembered to you.

Erastus, the city treasurer, and our good friend Quartus send their greetings.

25-26 All of our praise rises to the One who is strong enough to make *you* strong, exactly as preached in Jesus Christ, precisely as revealed in the mystery kept secret for so long but now an open book through the prophetic Scriptures. All the nations of the world can now know the truth and be brought into obedient belief, carrying out the orders of God, who got all this started, down to the very last letter.

27 비할 데 없이 지혜로우신 하나님께만 예수를 통해 우리의 모든 찬양을 올려 드립니다! 아멘!

27 All our praise is focused through Jesus on this incomparably wise God! Yes!

고린도전서 | 머리말

사람들이 그리스도인이 되는 것과 동시에 훌륭하게 되는 것은 아니다. 그것은 언제나 놀라운 일이다. 그리스도와 그분의 길로 들어섰다고 해서 그 사람이 나무랄 데 없는 예절과 적절한 도덕을 자동적으로 갖추게 되는 것은 아니다.

고대 세계에서 고린도 사람들은 제멋대로 굴고, 독주를 마시고, 성적으로 문란한 무리라는 평판을 받았다. 바울이 메시지를 가지고 고린도에 도착하자, 고린도 사람들 가운데 상당수가 예수를 믿는 신자가 되었지만, 그들은 자신들에게 들러붙은 평판까지 교회 안으로 가지고 들어왔다.

바울은 그들의 목회자 자격으로 1년 6개월을 그들과 함께 보내면서 "복음"의 메시지를 자세히 전하고, 그들이 신자들의 공동체로서 구원과 거룩함의 새 삶을 살려면 어찌해야 하는지를 가르쳤다. 그런 다음 그는 길을 떠나 다른 도시와 다른 교회로 갔다.

그리고 얼마 지나지 않아서 바울은 고린도 교회 식구들 가운데 한 사람으로부터 보고를 받는다. 말하자면, 그의 부재중에 고린도 교회의 사정이 다소 나빠졌다는 것이었다. 또한 그는 고린도 교회로부터 도움을 요청하는 한 통의 편지도 받는다. 파벌 싸움이 격해지고, 도덕이 무너졌으며, 예배가 초자연적인 것에 집착하는 이기적인 수단으로 변질되었다는 것이다. 고린도 사람들이라면 능히 그러고도 남을 일이었다!

바울이 고린도 교우들에게 보낸 첫 번째 편지는 목회적 대응의 고전이나 다름없다. 그의

When people become Christians, they don't at the same moment become nice. This always comes as something of a surprise. Conversion to Christ and his ways doesn't automatically furnish a person with impeccable manners and suitable morals.

The people of Corinth had a reputation in the ancient world as an unruly, hard-drinking, sexually promiscuous bunch of people. When Paul arrived with the Message and many of them became believers in Jesus, they brought their reputations with them right into the church.

Paul spent a year and a half with them as their pastor, going over the Message of the "good news" in detail, showing them how to live out this new life of salvation and holiness as a community of believers. Then he went on his way to other towns and churches.

Sometime later Paul received a report from one of the Corinthian families that in his absence things had more or less fallen apart. He also received a letter from Corinth asking for help. Factions had developed, morals were in disrepair, worship had degenerated into a selfish grabbing for the supernatural. It was the kind of thing that might have been expected from Corinthians!

Paul's first letter to the Corinthians is a

546

대응은 다감하고, 확고하고, 명쾌하고, 어긋남이 없다. 바울은 그들이 사태를 혼란스럽게 하기는 했지만, 그들 가운데 계신 하나님, 곧 예수 안에서 자신을 계시하시고 성령 안에 임재하시는 하나님께서 끊임없이 그들 삶의 중심 주제가 되셨다고 확신한다.

여러분은 이것이 살길이 아니라는 것을 알지 못합니까? 하나님께 마음을 두지 않은 불의한 자들은 그분의 나라에 들어가지 못할 것입니다. 서로를 이용하고 악용하는 자들, 성(性)을 이용하고 오용하는 자들, 땅을 이용해 먹으면서 땅과 거기에 있는 모든 것을 착취하고 남용하는 자들은 하나님 나라의 시민이 될 자격이 없습니다. 여러분 가운데 상당수는 내가 무엇을 두고 말하는지 경험으로 알 것입니다. 얼마 전까지만 해도 여러분이 그렇게 살았으니 말입니다. 그러나 그 이후로 여러분은 우리 주님이시며 메시아이신 예수와, 우리 안에 계신 하나님 곧 성령으로 말미암아 깨끗해졌고 새로운 출발을 하게 되었습니다. 법적으로 문제가 없다고 해서 영적으로 적합한 것은 아닙니다. 만일 내가 해도 된다고 생각한 것을 무엇이나 하면서 돌아다녔다면, 나는 변덕의 노예가 되고 말았을 것입니다(고전 6:9-12).

바울은 그들이 그리스도 안에서 형제자매임을 부인하지 않았고, 그들이 나쁜 행실을 보였다고 해서 그들을 내치지도 않았으며, 그들의 무책임한 생활방식에 대해 비난성 잔소리를 늘어놓지도 않는다. 그는 그 모든 문제를 냉철하게 처리하면서, 그들의 손을 잡아끌어 이전의 토대로 되돌린다. 그는 그들을 지도하여, 구원하시는 하나님의 거룩한 사랑을 속속들이 행하게 하고 서로 사랑하게 한다.

classic of pastoral response: affectionate, firm, clear, and unswerving in the conviction that God among them, revealed in Jesus and present in his Holy Spirit, continued to be the central issue in their lives, regardless of how much of a mess they had made of things.

Don't you realize that this is not the way to live? Unjust people who don't care about God will not be joining in his kingdom. Those who use and abuse each other, use and abuse sex, use and abuse the earth and everything in it, don't qualify as citizens in God's kingdom. A number of you know from experience what I'm talking about, for not so long ago you were on that list. Since then, you've been cleaned up and given a fresh start by Jesus, our Master, our Messiah and by our God present in us, the Spirit. Just because something is technically legal doesn't mean that it's spiritually appropriate. If I went around doing whatever I thought I could get by with, I'd be a slave to my whims(1 Corinthians 6:9-12).

Paul doesn't disown them as brother and sister Christians, doesn't throw them out because of their bad behavior, and doesn't fly into a tirade over their irresponsible ways. He takes it all more or less in stride, but also takes them by the hand and goes over all the old ground again, directing them in how to work all the glorious details of God's saving love into their love for one another.

사랑은 절대로 사라지지 않습니다. 제아무리 영감 넘치는 말도 언젠가는 사라지고, 방언으로 기도하는 것도 그칠 것입니다. 이해력도 한계에 이르게 될 것입니다. 진리의 한 부분만 아는 우리가 하나님에 대해 말하는 것은 언제나 불완전합니다. 그러나 완전하신 그분이 오시면, 우리의 불완전한 것들을 없애 주실 것입니다.……그러나 그 완전함에 이르기까지, 우리는 다음 세 가지를 행함으로 완성을 향해 나아가야 합니다. 하나님을 꾸준히 신뢰하십시오. 흔들림 없이 소망하십시오. 아낌없이 사랑하십시오. 이 세 가지 가운데 으뜸은 사랑입니다. 여러분의 생명이 사랑에 달려 있다는 듯이, 온 힘을 다해 사랑의 삶을 추구하십시오(고전 13:8-10, 13;14:1).

Love never dies. Inspired speech will be over some day; praying in tongues will end; understanding will reach its limit. We know only a portion of the truth, and what we say about God is always incomplete. But when the Complete arrives, our incompletes will be canceled...But for right now, until that completeness, we have three things to do to lead us toward that consummation: Trust steadily in God, hope unswervingly, love extravagantly. And the best of the three is love. Go after a life of love as if your life depended on it—because it does(1 Corinthians 13:8-10, 13; 14:1).

고린도전서

1 CORINTHIANS

1 ¹⁻² 나 바울은, 하나님의 계획하심에 따라 나의 벗 소스데네와 함께 메시아이신 예수의 부르심과 보내심을 받았습니다. 나는 고린도에 있는 하나님의 교회에 속한 여러분, 곧 예수께서 깨끗게 하시고 하나님으로 충만한 삶을 위해 구별된 신자들에게 이 편지를 보냅니다. 또한 나는, 어느 곳에 살든지 예수께 진심으로 부르짖는 모든 이들에게도 문안합니다. 예수께서는 우리의 주님도 되시지만 그들의 주님도 되시기 때문입니다!

³ 하나님 우리 아버지와 주 예수 그리스도께서 주시는 온갖 선물과 은혜가 여러분의 것이 되기를 바랍니다.

⁴⁻⁶ 나는 여러분을 생각할 때마다—나는 여러분을 자주 생각합니다!—예수께서 주신 삶, 곧 자원하여 즐거운 마음으로 하나님께 나아가는 여러분의 변화된 삶에 대해 하나님께 감사를 드립니다. 여러분 안에 일어난 변화는 끝이 없습니다. 그것은 말과 지식을 넘어섭니다. 내가 여러분에게 전해 준 그리스도에 관한 증거가 참되다는 것이 여러분의 삶을 통해 확실하게 증명되었습니다.

⁷⁻⁹ 생각해 보십시오. 여러분은 아무것도 필요로 하지 않습니다. 여러분은 전부를 얻었기 때문입니다. 여러분이 우리 주 예수께서 이 세상의 마지막 무대에 등장하기를 간절히 기다리며 살아가는 동안, 하나님의 온갖 선물이 바로

1 ¹⁻² I, Paul, have been called and sent by Jesus, the Messiah, according to God's plan, along with my friend Sosthenes. I send this letter to you in God's church at Corinth, believers cleaned up by Jesus and set apart for a God-filled life. I include in my greeting all who call out to Jesus, wherever they live. He's their Master as well as ours!

³ May all the gifts and benefits that come from God our Father, and the Master, Jesus Christ, be yours.

⁴⁻⁶ Every time I think of you—and I think of you often!—I thank God for your lives of free and open access to God, given by Jesus. There's no end to what has happened in you—it's beyond speech, beyond knowledge. The evidence of Christ has been clearly verified in your lives.

⁷⁻⁹ Just think—you don't need a thing, you've got it all! All God's gifts are right in front of you as you wait expectantly for our Master Jesus to arrive on the scene for the Finale. And not only that, but God himself is right alongside

여러분 앞에 있습니다. 그뿐만 아니라 예수께서 모든 일을 마무리 지으실 때까지, 하나님께서 친히 여러분 곁에 계시면서 여러분을 흔들리지 않게 해주시고 가던 길에서 벗어나지 않게 해주실 것입니다. 여러분을 이끌어 이 영적 모험을 하게 하신 하나님께서, 자기 아들이시며 우리 주님이신 예수의 생명을 우리와 함께 나누고 계십니다. 하나님께서는 여러분을 결코 포기하지 않으실 것입니다. 그 점을 절대 잊지 마십시오.

십자가, 역설적인 하나님의 지혜

10 나는 깊이 우려하고 있습니다. 이제 우리 주 예수의 권위를 빌려, 나의 벗인 여러분에게 그것을 말씀드리겠습니다. 절박한 심정으로 말씀드립니다. 서로 사이좋게 지내십시오. 서로 배려하는 법을 익히고, 공동체로 살아가기를 힘쓰십시오.

11-12 내가 이런 말씀을 드리는 것은, 글로에의 가족 가운데 몇 사람이 나의 마음을 몹시도 불안케 하는 소식을 가져왔기 때문입니다. 여러분이 서로 다투고 있다는 것입니다! 내가 들은 것을 그대로 옮기면, 여러분이 너나없이 편을 갈라서 "나는 바울 편이다", "나는 아볼로 편이다", "나는 베드로의 사람이다", "나는 메시아 그룹에 속해 있다"고 말하면서 돌아다닌다고 하더군요.

13-16 여러분에게 묻습니다. 그리스도께서 우리가 저마다 나누어 가지도록 조각조각 갈라지기라도 하셨습니까? 바울이 여러분을 위해 십자가에 달리기라도 했습니까? 여러분 가운데 한 사람이라도 바울의 이름으로 세례를 받은 이가 있습니까? 나는 그리스보와 가이오 외에는 어느 누구에게도 세례를 주지 않았습니다. 여러분의 소식을 듣고, 나는 그들 외에 아무에게도 세례를 주지 않은 것을 다행으로 여겼습니다. 내 이름으로 세례를 받았다고 떠들며 돌아다니는 사람이 하나도 없을 테니까요. (그러고 보니, 스데바나 가족에게도 세례를 준 일이 있군요. 그러나 내 기억으로는 그것이 전부입니다.)

to keep you steady and on track until things are all wrapped up by Jesus. God, who got you started in this spiritual adventure, shares with us the life of his Son and our Master Jesus. He will never give up on you. Never forget that.

The Cross: The Irony of God's Wisdom

10 I have a serious concern to bring up with you, my friends, using the authority of Jesus, our Master. I'll put it as urgently as I can: You must get along with each other. You must learn to be considerate of one another, cultivating a life in common.

11-12 I bring this up because some from Chloe's family brought a most disturbing report to my attention—that you're fighting among yourselves! I'll tell you exactly what I was told: You're all picking sides, going around saying, "I'm on Paul's side," or "I'm for Apollos," or "Peter is my man," or "I'm in the Messiah group."

13-16 I ask you, "Has the Messiah been chopped up in little pieces so we can each have a relic all our own? Was Paul crucified for you? Was a single one of you baptized in Paul's name?" I was not involved with any of your baptisms—except for Crispus and Gaius—and on getting this report, I'm sure glad I wasn't. At least no one can go around saying he was baptized in my name. (Come to think of it, I also baptized Stephanas's family, but as far as I can recall, that's it.)

¹⁷ 하나님께서는 나의 추종자들을 모으라고 나를 보내신 것이 아니라, 그분께서 친히 이루신 일에 관한 **메시지**를 전하고, 그분의 추종자를 모으라고 나를 보내셨습니다. 그분은 화려한 말솜씨로 **메시지**를 전하라고 나를 보내신 것이 아닙니다. 그랬더라면, **메시지**의 중심에 자리한 강력한 사건—십자가에 달리신 그리스도—이 미련하고 어리석은 몇 마디 말 때문에 하찮은 것이 되고 말았을 것입니다.

¹⁸⁻²¹ 십자가에 달리신 그리스도를 가리키는 **메시지**가, 멸망하기로 굳게 결심한 사람들에게는 어리석은 것처럼 보이겠지만, 구원의 길에 들어선 사람들에게는 완벽하게 이해될 것입니다. 이것이 하나님께서 일하시는 방식입니다. 그리고 그것은 가장 강력한 방식임이 입증되었습니다. 성경에 이렇게 기록되었습니다.

내가 세상의 지혜를 뒤집어엎고
전문가라는 자들이 얼마나 정신 나간 사람들인지 폭로하겠다.

이 시대에 지혜로운 자나 교양 있는 자, 참으로 지성을 갖춘 자가 어디 있습니까? 하나님께서 그 모든 것이 얼마나 터무니없는 허세인지 드러내시지 않았습니까? 이 세상은 그 화려한 지혜를 가지고도 하나님을 조금도 알지 못했습니다. 그래서 지혜로우신 하나님께서는 믿는 사람들을 구원의 길로 이끄시기 위해, 이 세상이 어리석다고 여긴 것—무엇보다도, 복음 선포!—을 즐겨 사용하셨습니다.

²²⁻²⁵ 유대인들은 기적의 증거를 극성스레 요구하고, 그리스 사람들은 철학적 지혜를 구하지만, 우리는 십자가에 달리신 그리스도만을 전합니다. 유대인들은 그리스도께서 십자가에 달리신 것을 기적에 역행하는 것으로 여기고, 그리스 사람들은 그것을 어리석은 일로 무시해 버립니다. 그러나 하나님께서 친히 한 사람씩 부르신 우리—유대인이든 그리스 사

¹⁷ God didn't send me out to collect a following for myself, but to preach the Message of what he has done, collecting a following for him. And he didn't send me to do it with a lot of fancy rhetoric of my own, lest the powerful action at the center—Christ on the Cross—be trivialized into mere words.

¹⁸⁻²¹ The Message that points to Christ on the Cross seems like sheer silliness to those hellbent on destruction, but for those on the way of salvation it makes perfect sense. This is the way God works, and most powerfully as it turns out. It's written,

I'll turn conventional wisdom on its head,
I'll expose so-called experts as crackpots.

So where can you find someone truly wise, truly educated, truly intelligent in this day and age? Hasn't God exposed it all as pretentious nonsense? Since the world in all its fancy wisdom never had a clue when it came to knowing God, God in his wisdom took delight in using what the world considered dumb—*preaching*, of all things!—to bring those who trust him into the way of salvation.

²²⁻²⁵ While Jews clamor for miraculous demonstrations and Greeks go in for philosophical wisdom, we go right on proclaiming Christ, the Crucified. Jews treat this like an *anti*-miracle—and Greeks pass it off as absurd. But to us who are personally called by God

람이든—에게는, 그리스도가 하나님의 궁극적 기적이요 지혜의 결정체입니다. 겉으로 어리석게 보이는 하나님의 지혜와 비교하면, 인간의 지혜는 너무나 보잘것없고 너무나 무력합니다. 인간의 수준에서 강한 것은 하나님의 "약함"과도 견줄 수 없습니다.

26-31 친구 여러분, 여러분이 이 그리스도인의 삶으로 부름받았을 때, 여러분의 모습이 어떠했는지 잘 떠올려 보십시오. 나는 여러분 가운데서 가장 영리하고 뛰어난 사람, 상당한 영향력을 가진 사람, 상류층 집안 출신을 그다지 많이 보지 못했습니다. 하나님께서 "잘났다고 하는 사람들"의 그럴듯한 허세를 폭로하시려고, 홀대받고 착취당하며 학대받는 사람들, 곧 "아무것도 아닌 사람들"을 일부러 택하신 것이 분명하지 않습니까? 그렇다면 여러분 가운데 누구도 하나님 앞에서 스스로 자랑할 수 없다는 것은 분명한 사실입니다. 우리가 그리스도인이 되어 누리는 모든 것—바른 생각, 바른 삶, 깨끗해진 경력, 새로운 출발—은 예수 그리스도를 통해 하나님께로부터 주어진 것입니다. "자랑을 하려거든, 하나님을 자랑하라"는 말씀이 있는 것은 바로 그 때문입니다.

2 **1-2** 여러분도 기억하시겠지만, 내가 처음으로 여러분에게 가서 하나님이 행하신 놀라운 일을 전할 때, 나는 번지르르한 말이나 최신 철학으로 여러분을 감동시키려고 하지 않았습니다. 오히려 나는 쉽고 분명하게 전하려고 노력했습니다. 처음에는 예수가 누구이신지를 전했고, 그 다음에는 십자가에 달리신 예수가 어떤 일을 하셨는지를 전했습니다.

3-5 나는 그 일을 어떻게 해야 하는지 자신이 없었고, 내가 그 일에 적합하지 않다는 것을 절실히 느꼈습니다. 더 솔직히 말씀드리면,

himself—both Jews and Greeks—Christ is God's ultimate miracle and wisdom all wrapped up in one. Human wisdom is so tinny, so impotent, next to the seeming absurdity of God. Human strength can't begin to compete with God's "weakness."

26-31 Take a good look, friends, at who you were when you got called into this life. I don't see many of "the brightest and the best" among you, not many influential, not many from high-society families. Isn't it obvious that God deliberately chose men and women that the culture overlooks and exploits and abuses, chose these "nobodies" to expose the hollow pretensions of the "somebodies"? That makes it quite clear that none of you can get by with blowing your own horn before God. Everything that we have—right thinking and right living, a clean slate and a fresh start—comes from God by way of Jesus Christ. That's why we have the saying, "If you're going to blow a horn, blow a trumpet for God."

2 **1-2** You'll remember, friends, that when I first came to you to let you in on God's master stroke, I didn't try to impress you with polished speeches and the latest philosophy. I deliberately kept it plain and simple: first Jesus and who he is; then Jesus and what he did—Jesus crucified.

3-5 I was unsure of how to go about this, and felt totally inadequate—I was scared to death, if you want the truth of it—and so nothing I said could have impressed

나는 몹시도 두려웠습니다. 내가 **메시지**를 전할 때 여러분이나 다른 누구에게 감동을 주지 못한 것은 그 때문입니다. 그러나 **메시지**는 결국 전해졌습니다. 하나님의 영과 하나님의 능력이 그렇게 한 것입니다. 여러분의 믿음의 삶이, 나나 다른 누구의 지적이고 감정적인 화려한 말솜씨에서 비롯된 반응이 아니라, 하나님의 능력에서 비롯된 반응인 것이 분명해졌습니다.

6-10 물론 우리에게는 하나님의 지혜가 풍성합니다. 여러분이 확고한 영적 토대 위에 서기만 하면, 여러분에게 그 지혜를 넘겨드리겠습니다. 그런데 그 지혜는 대중적인 지혜도 아니고, 고임금의 전문가들이 선호하는 지혜도 아니고, 한두 해가 지나면 시대에 뒤처지고 마는 지혜도 아닙니다. 하나님의 지혜는 그분의 목적 깊은 곳에 비밀하게 감춰진 지혜입니다. 겉만 살피는 사람은 그 지혜를 찾을 수 없습니다. 그 지혜는 최신 소식이 아니라, 가장 오래된 소식입니다. 그 지혜는, 우리가 등장하기 훨씬 오래전에 하나님께서 그분의 가장 좋은 것을 우리 안에 드러내시려고 정하신 방식입니다. 우리 시대의 전문가들은 그 영원한 계획이 무엇인지 조금도 알지 못했습니다. 만일 알았더라면, 그들은 하나님께서 계획하신 생명의 주님을 십자가에 매달아 죽이지 않았을 것입니다. 다음의 성경 말씀이 있는 것은 그 때문입니다.

> 어느 누구도 이 같은 것을 보거나 듣지 못했고
> 이 같은 것을 상상해 본 적도 없다.
> 그것은 하나님께서 자기를 사랑하는 이들을 위해 마련해 두신 것이다.

하지만 여러분은 그것을 보고 들었습니다. 이는 하나님께서 그분의 영을 통해 그 모든 일을 여러분 앞에 다 드러내 보이셨기 때문입니다.

10-13 성령께서는 표면에서 떠도는 것에 만족하지 않으시고 하나님의 깊은 곳으로 뛰어드

you or anyone else. But the Message came through anyway. God's Spirit and God's power did it, which made it clear that your life of faith is a response to God's power, not to some fancy mental or emotional footwork by me or anyone else.

6-10 We, of course, have plenty of wisdom to pass on to you once you get your feet on firm spiritual ground, but it's not popular wisdom, the fashionable wisdom of high-priced experts that will be out-of-date in a year or so. God's wisdom is something mysterious that goes deep into the interior of his purposes. You don't find it lying around on the surface. It's not the latest message, but more like the oldest—what God determined as the way to bring out his best in us, long before we ever arrived on the scene. The experts of our day haven't a clue about what this eternal plan is. If they had, they wouldn't have killed the Master of the God-designed life on a cross. That's why we have this Scripture text:

> No one's ever seen or heard anything like this,
> Never so much as imagined anything quite like it—
> What God has arranged for those who love him.

But *you've* seen and heard it because God by his Spirit has brought it all out into the open before you.

10-13 The Spirit, not content to flit around on the surface, dives into the

셔서, 하나님이 처음부터 계획하신 것을 드러내십니다. 여러분이 생각하고 계획하고 있는 것을 여러분 자신이 아니면 누가 알겠습니까? 하나님도 마찬가지이십니다. 하나님께서는 자기가 생각하는 것을 아십니다. 또한 그것을 우리에게도 드러내 주십니다. 하나님께서는 우리에게 베푸시는 생명과 구원의 선물을 자세히 알려 주십니다. 우리는 이 세상의 추측과 견해에 의지할 필요가 없습니다. 우리가 이 사실을 아는 것은, 책을 읽거나 학교에 다녀서가 아니라, 하나님께 직접 배웠기 때문입니다. 하나님께서 예수를 통해 우리를 일대일로 가르쳐 주셨습니다. 그와 같은 방식으로, 우리도 그것을 여러분에게 직접 전합니다.

14-16 영에 속하지 않은 사람은, 본질상 하나님의 영의 선물을 받을 수 없습니다. 그에게는 그럴 가능성이 없습니다. 그의 눈에는 그 선물들이 대단히 어리석은 것처럼 보이기 때문입니다. 영을 알 수 있는 통로는 영밖에 없습니다. 하나님의 영과 우리의 영은 막힘없이 서로 통합니다. 우리는 영적으로 살아 있어서, 하나님의 영이 하고 계신 모든 일에 다가갈 수 있습니다. 우리는 영에 속하지 않은 사람들의 판단을 받지 않습니다. "하나님의 영을 아는 사람 누구인가? 하나님께서 하고 계신 일을 아는 사람 누구인가?"라는 이사야의 물음에 답이 주어졌습니다. 바로 그리스도이십니다. 그리고 우리는 그리스도의 영을 가졌습니다.

❧

3 1-4 그러나 친구 여러분, 지금 나는 여러분이 영에 속하지 않은 사람처럼 사람과 하나님께 행하는 것에 몹시 실망하고 있습니다. 여러분은 그리스도와 관련해서, 젖 먹는 것 외에는 아무것도 할 수 없는 어린아이처럼 굴고 있습니다. 여러분이 더 나은 것을 소화하지 못하는 것처럼 보이니, 이제 나

depths of God, and brings out what God planned all along. Who ever knows what you're thinking and planning except you yourself? The same with God—except that he not only knows what he's thinking, but he lets us in on it. God offers a full report on the gifts of life and salvation that he is giving us. We don't have to rely on the world's guesses and opinions. We didn't learn this by reading books or going to school; we learned it from God, who taught us person-to-person through Jesus, and we're passing it on to you in the same firsthand, personal way.

14-16 The unspiritual self, just as it is by nature, can't receive the gifts of God's Spirit. There's no capacity for them. They seem like so much silliness. Spirit can be known only by spirit—God's Spirit and our spirits in open communion. Spiritually alive, we have access to everything God's Spirit is doing, and can't be judged by unspiritual critics. Isaiah's question, "Is there anyone around who knows God's Spirit, anyone who knows what he is doing?" has been answered: Christ knows, and we have Christ's Spirit.

❧

3 1-4 But for right now, friends, I'm completely frustrated by your unspiritual dealings with each other and with God. You're acting like infants in relation to Christ, capable of nothing much more than nursing at the breast. Well, then, I'll nurse you since you don't seem capable of anything more. As long as you grab for what makes you feel good

는 어린아이를 대하듯 여러분을 양육할 작정입니다. 여러분의 기분을 좋게 하거나 여러분을 돋보이게 해주는 것에만 손을 뻗는다면, 모든 것이 자기 마음대로 될 때에만 만족하는 젖먹이와 여러분이 다를 것이 뭐가 있겠습니까? 여러분 가운데 어떤 사람은 "나는 바울 편이다" 말하고, 또 어떤 사람은 "나는 아볼로를 지지한다"고 말한다니, 여러분은 어린아이처럼 구는 것이 아닌가요?

5-9 여러분은 도대체 바울이 누구라고 생각합니까? 여러분은 아볼로가 누구라고 생각합니까? 우리 두 사람은 모두 종에 불과합니다. 여러분을 섬겨, 우리 주인이신 하나님께 여러분의 삶을 맡기는 법을 배우게 한 종일 따름입니다. 우리 두 사람은 주님께서 맡겨 주신 종의 임무를 수행했을 뿐입니다. 나는 씨를 심었고, 아볼로는 물을 주었습니다. 그러나 하나님께서 여러분을 자라게 하셨습니다. 이 과정에서 가장 중요한 이는 심는 자나 물을 주는 자가 아니라, 자라게 하시는 하나님이십니다. 심는 일과 물을 주는 일은 종들이 약간의 급료를 받고 하는 허드렛일에 불과합니다. 그 일을 가치 있게 해주시는 이는, 우리가 섬기는 하나님이십니다. 여러분은 하나님의 밭이며, 우리는 그 밭에서 일하는 일꾼입니다.

9-15 달리 말하면, 여러분은 하나님의 집입니다. 나는 하나님께서 내게 주신 훌륭한 건축가의 재능을 사용해 설계도를 작성했고, 아볼로는 벽을 쌓아 올리고 있습니다. 그러니 일을 맡은 목수가 그 기초 위에다 각자 신중하게 집을 짓게 하십시오. 기억하십시오! 이미 놓인 기초는 하나뿐입니다. 그 기초는 다름 아닌 예수 그리스도이십니다. 여러분은 각별히 신경 써서 건축 재료를 고르십시오. 그러다 보면, 마침내 준공 검사를 받을 날이 올 것입니다. 여러분이 값싸거나 부실한 재료를 쓴다면 다 드러나고 말 것입니다. 준공 검사는 철저하고 엄격하게 이루어질 것입니다. 어느 것 하나 대충 넘어

or makes you look important, are you really much different than a babe at the breast, content only when everything's going your way? When one of you says, "I'm on Paul's side," and another says, "I'm for Apollos," aren't you being totally infantile?

5-9 Who do you think Paul is, anyway? Or Apollos, for that matter? Servants, both of us—servants who waited on you as you gradually learned to entrust your lives to our mutual Master. We each carried out our servant assignment. I planted the seed, Apollos watered the plants, but *God* made you grow. It's not the one who plants or the one who waters who is at the center of this process but God, who makes things grow. Planting and watering are menial servant jobs at minimum wages. What makes them worth doing is the God we are serving. You happen to be God's field in which we are working.

9-15 Or, to put it another way, you are God's house. Using the gift God gave me as a good architect, I designed blueprints; Apollos is putting up the walls. Let each carpenter who comes on the job take care to build on the foundation! Remember, there is only one foundation, the one already laid: Jesus Christ. Take particular care in picking out your building materials. Eventually there is going to be an inspection. If you use cheap or inferior materials, you'll be found out. The inspection will be thorough and rigorous. You won't get by with a thing. If your work passes

가는 일이 없을 것입니다. 여러분이 지은 것이 검사를 통과하면 잘된 일입니다. 그러나 검사에 통과하지 못하면, 여러분이 지은 것을 뜯어내고 다시 시작해야 할 것입니다. 여러분은 뜯기지 않고 살아남겠지만, 간신히 살아남을 것입니다.

16-17 여러분이 하나님의 성전이고, 하나님께서 친히 여러분 안에 계신다는 것을 여러분은 알지 못합니까? 여러분도 알다시피, 성전을 파괴한 사람은 누구도 검사를 통과할 수 없습니다. 하나님의 성전은 거룩합니다. 여러분이 그 성전임을 잊지 마십시오.

18-20 여러분 자신을 속이지 마십시오. 시대의 최신 유행을 따르는 것으로 지혜로운 사람이 될 수 있다고 생각하지 마십시오. 하나님의 바보가 되십시오. 그것만이 참된 지혜에 이르는 길입니다. 이 세상이 영리하다고 하는 것을 하나님은 어리석다고 하십니다. 성경에 이렇게 기록되었습니다.

그분은 똑똑한 자들의 얕은 꾀를 폭로하신다.
주님은 모든 것을 안다고 하는 자들의 연막을 꿰뚫어 보신다.

21-23 나는 여러분이 자기 자신을 자랑하거나 다른 누군가를 자랑하는 것을 조금도 듣고 싶지 않습니다. 이미 모든 것이 여러분에게 선물로 주어졌습니다. 바울, 아볼로, 베드로, 세상, 생명, 죽음, 현재, 미래—이 모든 것이 여러분의 것입니다. 여러분은 하나님과 하나이신 그리스도와 하나가 되는 특권을 받았습니다.

❦

4 1-4 여러분은 우리 지도자들을 무슨 대단한 사람이라도 되는 양 여기지 마십시오. 우리는 그리스도의 종이지, 그분의 주인이 아닙니다. 우리는 하나님의 장엄한 비밀들로 여러분을 인도하는 안내인이지, 그 비밀들을 보호하기 위해 배치된 경비원이 아닙니다.

inspection, fine; if it doesn't, your part of the building will be torn out and started over. But *you* won't be torn out; you'll survive—but just barely.

16-17 You realize, don't you, that you are the temple of God, and God himself is present in you? No one will get by with vandalizing God's temple, you can be sure of that. God's temple is sacred—and you, remember, *are* the temple.

18-20 Don't fool yourself. Don't think that you can be wise merely by being up-to-date with the times. Be God's fool—that's the path to true wisdom. What the world calls smart, God calls stupid. It's written in Scripture,

He exposes the chicanery of the chic.
The Master sees through the smoke screens
 of the know-it-alls.

21-23 I don't want to hear any of you bragging about yourself or anyone else. Everything is already yours as a gift—Paul, Apollos, Peter, the world, life, death, the present, the future—all of it is yours, and you are privileged to be in union with Christ, who is in union with God.

❦

4 1-4 Don't imagine us leaders to be something we aren't. We are servants of Christ, not his masters. We are guides into God's most sublime secrets, not security guards posted to protect them. The requirements for a

좋은 안내인이 갖추어야 할 덕목은 믿음직스러움과 정확한 지식입니다. 여러분이 나를 어떻게 생각하든, 사람들이 나를 어떻게 평가하든, 그것이 내게는 조금도 중요하지 않습니다. 나는 내 자신을 평가하지 않습니다. 그러한 일로 비교하는 것은 무의미합니다. 나는 여러분의 좋은 안내인이 되기에 어긋날 만한 일을 한 적이 없습니다. 그렇다고 내가 대단하다는 뜻은 아닙니다. 그런 판단을 내리시는 분은 주님이십니다.

5 그러니 주님을 앞지르지 말고, 모든 증거가 명백히 드러나기 전에는 섣불리 결론을 내리지 마십시오. 주님이 오시면, 그분께서 우리가 생각지 못했던 모든 것—우리 마음속의 동기와 의도, 그리고 기도—을 환히 밝히시고 증거로 제시하실 것입니다. 그때에야 우리는 저마다 "잘했다" 말씀하시는 하나님의 칭찬을 듣게 될 것입니다.

6 친구 여러분, 내가 지금까지 이 모든 말씀을 아볼로와 나에게 적용해서 설명한 것은, 여러분이 조심하는 법을 배워서, 모든 사실을 알기도 전에 성급하게 판단하는 일이 없게 하려는 것입니다. 하나님의 관점으로 사태를 보는 것이 중요합니다. 나는 여러분이 별것도 아닌 소문을 근거로, 평판을 부풀리거나 깎아내리는 모습을 보고 싶지 않습니다.

7-8 여러분을 정말로 아는 사람, 여러분의 마음을 아는 사람이 누구입니까? 설령 그런 사람이 있다고 해도, 그들이 여러분 안에서 발견해 낸 것 가운데 여러분 자신의 공로로 삼을 만한 것이 무엇입니까? 여러분이 지니고 있는 것과 여러분의 현재 모습은 모두 하나님께로부터 온 순전한 선물이 아닙니까? 그러니 비교하고 경쟁하는 것이 무슨 소용이 있겠습니까? 여러분은 이미 필요한 모든 것을 가졌습니다. 여러분이 감당할 수 있는 것보다 더 많은 것을 하나님에게서 받고 있습

good guide are reliability and accurate knowledge. It matters very little to me what you think of me, even less where I rank in popular opinion. I don't even rank myself. Comparisons in these matters are pointless. I'm not aware of anything that would disqualify me from being a good guide for you, but that doesn't mean much. The *Master* makes that judgment.

5 So don't get ahead of the Master and jump to conclusions with your judgments before all the evidence is in. When he comes, he will bring out in the open and place in evidence all kinds of things we never even dreamed of—inner motives and purposes and prayers. Only then will any one of us get to hear the "Well done!" of God.

6 All I'm doing right now, friends, is showing how these things pertain to Apollos and me so that you will learn restraint and not rush into making judgments without knowing all the facts. It's important to look at things from God's point of view. I would rather not see you inflating or deflating reputations based on mere hearsay.

7-8 For who do you know that really knows *you*, knows your heart? And even if they did, is there anything they would discover in you that you could take credit for? Isn't everything you *have* and everything you *are* sheer gifts from God? So what's the point of all this comparing and competing? You already have all you need. You already have more access to God than you can handle. Without

니다. 여러분은 아볼로나 나를 제쳐 둔 채 세상—하나님이 지으신 세상—꼭대기에 앉아 있군요. 우리도 거기에서, 여러분과 나란히 앉아 봤으면 좋겠습니다!

9-13 내가 보기에, 하나님께서는 **메시지**를 전하는 우리를 아무도 표를 사려고 하지 않는 극장의 무대에 올려놓으신 것 같습니다. 교통사고 현장을 구경하듯이, 모든 사람이 우리를 둘러서서 빤히 쳐다보는 것 같습니다. 우리는 메시아 때문에 환경에 적응하지 못한 사람들입니다. 여러분은 자신이 있을지 모르나, 우리는 약함과 불확실성 한가운데서 살아갑니다. 여러분은 남들에게 좋은 평판을 받을지 모르나, 우리는 대부분 빙 둘러싸인 채 발길질을 당합니다. 우리는 식사할 시간도 넉넉지 않고, 누더기 옷을 입고, 문전박대를 당하고, 어디에서든 허드렛일을 얻어 근근이 생계를 꾸려 갑니다. 남들이 우리를 욕해도, 우리는 그들을 축복합니다. 남들이 우리를 두고 터무니없는 말을 해도, 우리는 그들에 대해 좋게 말합니다. 우리는 부엌에 버려진 감자 껍질처럼, 이 문화로부터 쓰레기 취급을 받습니다. 앞으로도 그보다 더 나은 대접을 받지 못할 것입니다.

14-16 나는 나무라듯 하는 이웃처럼 여러분의 기분을 상하게 하려고 이 모든 글을 쓰고 있는 것이 아닙니다. 나는 자녀인 여러분에게 아버지 자격으로 이 글을 쓰고 있습니다. 나는 여러분을 사랑하고, 여러분이 버릇없이 자라지 않고 바르게 자라기를 바랍니다. 여러분 주위에는 여러분의 잘못을 서슴없이 말해 주는 사람이 많을 것입니다. 그러나 시간과 수고를 아끼지 않고 여러분이 자라도록 돕는 아버지는 많지 않을 것입니다. 예수께서 내게 하나님의 **메시지**를 여러분에게 선포할 수 있게 해주셔서, 나는 여러분의 아버지가 되었습니다. 여러분도 알다시피, 나는 내가 직접 행하지 않은 것을 여러분에게 하라고 하지 않습니다.

bringing either Apollos or me into it, you're sitting on top of the world—at least God's world—and we're right there, sitting alongside you!

9-13 It seems to me that God has put us who bear his Message on stage in a theater in which no one wants to buy a ticket. We're something everyone stands around and stares at, like an accident in the street. We're the Messiah's misfits. You might be sure of yourselves, but we live in the midst of frailties and uncertainties. You might be well-thought-of by others, but we're mostly kicked around. Much of the time we don't have enough to eat, we wear patched and threadbare clothes, we get doors slammed in our faces, and we pick up odd jobs anywhere we can to eke out a living. When they call us names, we say, "God bless you." When they spread rumors about us, we put in a good word for *them*. We're treated like garbage, potato peelings from the culture's kitchen. And it's not getting any better.

14-16 I'm not writing all this as a neighborhood scold just to make you feel rotten. I'm writing as a father to you, my children. I love you and want you to grow up well, not spoiled. There are a lot of people around who can't wait to tell you what you've done wrong, but there aren't many fathers willing to take the time and effort to help you grow up. It was as Jesus helped me proclaim God's Message to you that I became your father. I'm not, you know, asking you to do anything I'm not already doing myself.

17 그런 이유로, 나는 먼저 디모데를 여러분에게 보냈습니다. 그는 나의 사랑하는 아들이며 주님께 신실한 사람입니다. 내가 그리스도의 방식과 관련해서 모든 교회에 늘 제시하는 가르침을, 그가 여러분에게 새로이 기억나게 해 줄 것입니다.

18-20 여러분 가운데 자만해서, 내 말은 물론이고 어느 누구의 말도 듣지 않는 사람이 더러 있다는 것을 압니다. 그들은 내가 직접 찾아가 얼굴을 마주할 것이라고 생각지 않는 모양입니다. 그러나 하나님께서 원하시면, 나는 여러분이 생각하는 것보다 빨리 여러분을 찾아갈 것입니다. 그래서 우리는 그들이 허세가 가득하다는 것을 확인해 볼 것입니다. 하나님의 도(道)에서 중요한 것은, 단순한 말이 아니라 능력 입은 삶이기 때문입니다.

21 그러니 내가 어떤 준비를 하고 여러분에게 가는 것이 좋겠습니까? 여러분을 통제하는 엄한 교관의 모습이 좋겠습니까? 아니면, 여러분과 속마음을 터놓는 다정한 벗이나 상담자의 모습이 좋겠습니까? 결정은 여러분이 하십시오.

여러분의 몸으로 하나님을 영화롭게 하십시오

5 1-2 또한 나는 여러분 교회의 가족 가운데서 수치스러운 성행위가 행해지고 있다는 소식을 접했습니다. 여러분 남자들 가운데 한 사람이 자기 계모와 잠자리를 같이하고 있다는 것입니다. 그것은 교회 밖에서도 용납되지 않는 일입니다. 그런데도 여러분은 그런 일로 당혹스러워하기는커녕 태연하기만 하더군요. 그 일로 비탄에 젖어야 하지 않겠습니까? 그 일로 무릎을 꿇고 울어야 하지 않겠습니까? 그런 일을 저지른 자와 그 소행에 맞서 어떤 조치를 취해야 하지 않겠습니까?

3-5 나라면 어떻게 할지 여러분에게 알려 드리지요. 내 몸은 그곳에 있지 않지만, 내가 여러분과 함께 그곳에 있다고 여기십시오. 무슨 일이 벌어지고 있는지 내 눈에 훤히 보이기 때문

17 This is why I sent Timothy to you earlier. He is also my dear son, and true to the Master. He will refresh your memory on the instructions I regularly give all the churches on the way of Christ.

18-20 I know there are some among you who are so full of themselves they never listen to anyone, let alone me. They don't think I'll ever show up in person. But I'll be there sooner than you think, God willing, and then we'll see if they're full of anything but hot air. God's Way is not a matter of mere talk; it's an empowered life.

21 So how should I prepare to come to you? As a severe disciplinarian who makes you toe the mark? Or as a good friend and counselor who wants to share heart-to-heart with you? You decide.

The Mystery of Sex

5 1-2 I also received a report of scandalous sex within your church family, a kind that wouldn't be tolerated even outside the church: One of your men is sleeping with his stepmother. And you're so above it all that it doesn't even faze you! Shouldn't this break your hearts? Shouldn't it bring you to your knees in tears? Shouldn't this person and his conduct be confronted and dealt with?

3-5 I'll tell you what I would do. Even though I'm not there in person, consider me right there with you, because I can fully see what's going

입니다. 분명히 말하건대, 그런 행위는 잘못되었습니다. 그저 외면한 채 그런 행위가 저절로 없어지기를 바라지 마십시오. 우리 주 예수의 권위로 그 문제를 공개적으로 처리하십시오. 공동체의 교우들을 모으십시오. 나는 영으로 여러분과 함께하고, 우리 주 예수께서는 권능으로 임하실 것입니다. 그 사람의 행위를 공개적으로 조사하십시오. 그에게 자기 행위를 변호하게 하십시오! 그러나 변호하지 못하거든, 그를 쫓아내십시오! 물론 그렇게 하는 것은 그에게 충격적이고, 여러분에게는 당혹스러운 일일 것입니다. 그러나 그를 지옥에 떨어뜨리기보다, 그가 충격을 받고 여러분이 당혹스러움을 겪는 것이 더 낫습니다. 여러분은 그가 다시 일어서서 심판 날에 주님 앞에서 용서받기를 원할 것입니다.

6-8 여러분이 그런 일들을 겪으면서 보인 경망스럽고 무감각한 교만이 나를 괴롭게 합니다. 여러분은 작은 것으로 여기지만, 그 교만은 작은 것이 아닙니다. 누룩은 "작은 것"이지만, 빵 반죽 전체를 아주 빨리 부풀어 오르게 합니다. 그러니 그 "누룩"을 제거하십시오. 우리의 참된 정체성은 한결같고 순수해야지, 나쁜 성분 때문에 부풀려져서는 안됩니다. 우리의 유월절 어린양이신 메시아께서 이미 유월절 식사를 위해 희생되셨으므로, 우리는 누룩을 넣지 않은 유월절 빵이 되었습니다. 그러니 우리는 악독이라는 누룩을 넣어 부풀어 오른 빵이 아니라, 누룩을 넣지 않은 납작한 빵, 곧 단순하고 참되고 꾸밈없는 빵으로 유월절에 참여해야 합니다.

9-13 나는 전에 보낸 편지에서, 성관계가 문란한 사람들과 어울리지 말라고 했습니다. 내 말은 그 같은 짓을 하는 교회 밖의 사람들, 곧 육체노동을 하거나 사무직에 종사하면서 사기를 치는 사람이나 영적인 사기꾼들과 전혀 상종하지 말라는 뜻이 아니었습니다. 그렇게 하려면, 아예 이 세상을 떠나야 할 테니까요! 그러나 내

on. I'm telling you that this is wrong. You must not simply look the other way and hope it goes away on its own. Bring it out in the open and deal with it in the authority of Jesus our Master. Assemble the community—I'll be present in spirit with you and our Master Jesus will be present in power. Hold this man's conduct up to public scrutiny. Let him defend it if he can! But if he can't, then out with him! It will be totally devastating to him, of course, and embarrassing to you. But better devastation and embarrassment than damnation. You want him on his feet and forgiven before the Master on the Day of Judgment.

6-8 Your flip and callous arrogance in these things bothers me. You pass it off as a small thing, but it's anything but that. Yeast, too, is a "small thing," but it works its way through a whole batch of bread dough pretty fast. So get rid of this "yeast." Our true identity is flat and plain, not puffed up with the wrong kind of ingredient. The Messiah, our Passover Lamb, has already been sacrificed for the Passover meal, and we are the Unraised Bread part of the Feast. So let's live out our part in the Feast, not as raised bread swollen with the yeast of evil, but as flat bread—simple, genuine, unpretentious.

9-13 I wrote you in my earlier letter that you shouldn't make yourselves at home among the sexually promiscuous. I didn't mean that you should have nothing at all to do with outsiders of

가 지금 말하는 것은, 그리스도인을 자처하는 어떤 친구가 불륜을 저지르거나 사기를 치거나 하나님께 건방지게 굴거나 친구들에게 무례하게 굴거나 술 취하거나 탐욕스럽거나 이기적인데도, 여러분이 아무 일 없는 것처럼 행동해서는 안된다는 것입니다. 여러분은 그런 사람과 어울려서도 안되고, 그런 행위를 용납해서도 안됩니다. 나는 세상 사람들이 행하는 일에 대해서는 책임을 질 것이 없습니다. 그러나 믿는 사람들의 공동체 안에서 이루어진 일에 대해서는 책임을 져야 하지 않겠습니까? 교회 밖에 있는 사람들에게 판결을 내리는 것은 하나님의 몫입니다. 그러나 우리의 형제자매가 가던 길에서 벗어날 때, 필요하다면 그들을 내쫓아 교회를 깨끗하게 하는 것은 우리의 몫입니다.

that sort. Or with crooks, whether blue- or white-collar. Or with spiritual phonies, for that matter. You'd have to leave the world entirely to do that! But I *am* saying that you shouldn't act as if everything is just fine when a friend who claims to be a Christian is promiscuous or crooked, is flip with God or rude to friends, gets drunk or becomes greedy and predatory. You can't just go along with this, treating it as acceptable behavior. I'm not responsible for what the *outsiders* do, but don't we have some responsibility for those within our community of believers? God decides on the outsiders, but we need to decide when our brothers and sisters are out of line and, if necessary, clean house.

6

1-4 그리고 여러분이 서로를 세상 법정으로 끌고 간다고 하는데, 어떻게 그럴 수 있습니까! 여러분이 부당한 취급을 받았다고 생각하여, 그리스도인의 가족인 교회 안에서 그 문제를 해결하지 않고 하나님의 방식을 전혀 모르는 세상 법정으로 앞장서 가다니, 그것이 말이 됩니까? 이 세상이 예수를 따르는 성도들로 이루어진 법정 앞에 서게 될 날이 다가오고 있습니다. 장차 여러분이 이 세상 운명을 판결하게 되어 있다면, 이처럼 사소한 일은 직접 판결하는 것이 바람직하지 않겠습니까? 우리는 장차 천사들까지 심판하게 될 테니 말입니다! 여러분이 이 일상적인 사건들을 판결하지 못할 이유가 무엇이겠습니까? 이처럼 불화와 부당한 일이 일어날 때, 어째서 여러분은 다른 면에 있어서는 신뢰하지 않는 세상 사람들에게 그 일을 맡겨 판결을 받으려고 합니까?

6

1-4 And how dare you take each other to court! When you think you have been wronged, does it make any sense to go before a court that knows nothing of God's ways instead of a family of Christians? The day is coming when the world is going to stand before a jury made up of followers of Jesus. If someday you are going to rule on the world's fate, wouldn't it be a good idea to practice on some of these smaller cases? Why, we're even going to judge angels! So why not these everyday affairs? As these disagreements and wrongs surface, why would you ever entrust them to the judgment of people you don't trust in any other way?

5-6 내가 이토록 냉정하게 말하는 것은, 여러분이 벌이고 있는 일이 얼마나 어리석은지 일깨우려는 것입니다. 불화와 다툼이 일어날 때, 여러분 가운데 그 일을 공정하게 판결할 만큼 분별 있는 사람이 하나도 없다는 것이 가능한 일입니까? 믿을 수 없는 일입니다. 여러분이 하나님을 전혀 믿지 않는 사람들 앞으로 서로를 끌고 가다니요! 정의의 하나님을 믿지 않는 그들이 어찌 정의로운 판결을 내리겠습니까?

7-8 이런 법정 다툼은 여러분의 공동체에 흉한 오점이 되고 말 것입니다. 차라리 부당한 취급을 받더라도 그냥 받아들이고 잊어버리는 편이 더 낫지 않겠습니까? 지금 여러분이 벌이고 있는 일은, 더 많은 부당행위와 불의가 일어나도록 기름을 끼얹는 격입니다. 여러분의 영적 공동체에 속한 가족들에게 더 많은 상처를 안겨 줄 뿐입니다.

9-11 여러분은 이것이 살길이 아니라는 것을 알지 못합니까? 하나님께 마음을 두지 않은 불의한 자들은 그분의 나라에 들어가지 못할 것입니다. 서로를 이용하고 악용하는 자들, 성(性)을 이용하고 오용하는 자들, 땅을 이용해 먹으면서 땅과 거기에 있는 모든 것을 착취하고 남용하는 자들은 하나님 나라의 시민이 될 자격이 없습니다. 여러분 가운데 상당수는 내가 무엇을 두고 말하는지 경험으로 알 것입니다. 얼마 전까지만 해도 여러분이 그렇게 살았으니 말입니다. 그러나 그 이후로 여러분은 우리 주님이시며 메시아이신 예수와, 우리 안에 계신 하나님 곧 성령으로 말미암아 깨끗해졌고 새로운 출발을 하게 되었습니다.

12 법적으로 문제가 없다고 해서 영적으로 적합한 것은 아닙니다. 만일 내가 해도 된다고 생각한 것을 무엇이나 하면서 돌아다녔다면, 나는 변덕의 노예가 되고 말았을 것입니다.

13 "처음에는 살기 위해 먹지만, 나중에는 먹기 위해서 산다"는 옛 격언을 아시지요? 어

5-6 I say this as bluntly as I can to wake you up to the stupidity of what you're doing. Is it possible that there isn't one levelheaded person among you who can make fair decisions when disagreements and disputes come up? I don't believe it. And here you are taking each other to court before people who don't even believe in God! How can they render justice if they don't believe in the *God* of justice?

7-8 These court cases are an ugly blot on your community. Wouldn't it be far better to just take it, to let yourselves be wronged and forget it? All you're doing is providing fuel for more wrong, more injustice, bringing more hurt to the people of your own spiritual family.

9-11 Don't you realize that this is not the way to live? Unjust people who don't care about God will not be joining in his kingdom. Those who use and abuse each other, use and abuse sex, use and abuse the earth and everything in it, don't qualify as citizens in God's kingdom. A number of you know from experience what I'm talking about, for not so long ago you were on that list. Since then, you've been cleaned up and given a fresh start by Jesus, our Master, our Messiah, and by our God present in us, the Spirit.

12 Just because something is technically legal doesn't mean that it's spiritually appropriate. If I went around doing whatever I thought I could get by with, I'd be a slave to my whims.

13 You know the old saying, "First you eat to live, and then you live to eat"?

찌 보면, 몸은 덧없는 것이라는 말이 타당한 것처럼 들립니다. 그렇다고 해서 여러분의 몸을 음식으로 가득 채우거나, 여러분의 몸을 섹스에 내맡기는 것이 정당화되는 것은 아닙니다. 주님께서 몸으로 여러분을 영화롭게 하시니, 여러분도 자신의 몸으로 그분을 영화롭게 하십시오!

14-15 하나님께서는 주님의 몸을 무덤에서 일으켜 영화롭게 하셨습니다. 그분은 똑같은 부활의 능력으로 여러분의 몸을 대하실 것입니다. 그때까지, 여러분의 몸이 주님의 몸과 똑같이 존귀하게 지어졌음을 기억하십시오. 여러분은 주님의 몸을 매음굴로 끌고 갈 작정입니까? 나는 여러분이 그러지 않기를 바랍니다.

16-20 섹스에는 살갗과 살갗의 접촉 그 이상의 것이 있습니다. 섹스는 육체적 사실만큼이나 영적인 비밀이 있습니다. 이는 성경에 "두 사람이 한 몸이 될 것이다"라고 기록된 것과 같습니다. 영적으로 주님과 하나가 되려거든, 헌신과 친밀함이 없는 섹스, 우리를 전보다 더 외롭게 하는 섹스, 결코 "한 몸이 될" 수 없는 섹스를 추구하지 마십시오. 성적인 죄는 다른 모든 죄와는 의미가 다릅니다. 성적인 죄는 우리 몸의 거룩함을 더럽히는 죄입니다. 우리 몸은, 하나님께서 주시고 하나님께서 의도하신 사랑을 위해 다른 사람과 "한 몸이 되도록" 지어졌습니다. 여러분은 여러분의 몸이, 성령께서 거하시는 거룩한 곳임을 알지 못합니까? 여러분은 하나님께서 엄청난 대가를 치르고 사신 여러분의 몸을 함부로 굴리면서 제멋대로 살아서는 안된다는 것을 모릅니까? 여러분의 몸은 여러분의 영적인 부분에 속해 있는 소유물이 아닙니다. 그 모든 것의 주인은 하나님이십니다. 그러니 여러분의 몸 안에서, 여러분의 몸을 통해, 사람들이 하나님을 볼 수 있게 하십시오.

Well, it may be true that the body is only a temporary thing, but that's no excuse for stuffing your body with food, or indulging it with sex. Since the Master honors you with a body, honor him with your body!

14-15 God honored the Master's body by raising it from the grave. He'll treat yours with the same resurrection power. Until that time, remember that your bodies are created with the same dignity as the Master's body. You wouldn't take the Master's body off to a whorehouse, would you? I should hope not.

16-20 There's more to sex than mere skin on skin. Sex is as much spiritual mystery as physical fact. As written in Scripture, "The two become one." Since we want to become spiritually one with the Master, we must not pursue the kind of sex that avoids commitment and intimacy, leaving us more lonely than ever—the kind of sex that can never "become one." There is a sense in which sexual sins are different from all others. In sexual sin we violate the sacredness of our own bodies, these bodies that were made for God-given and God-modeled love, for "becoming one" with another. Or didn't you realize that your body is a sacred place, the place of the Holy Spirit? Don't you see that you can't live however you please, squandering what God paid such a high price for? The physical part of you is not some piece of property belonging to the spiritual part of you. God owns the whole works. So let people see God in and through your body.

결혼과 독신에 관한 지침

7 ¹ 이제, 나는 여러분이 내게 편지하면서 던진 질문에 답하려고 합니다. 첫째, '성관계를 갖는 것이 바람직한 일일까요?'

²⁻⁶ 물론입니다. 그러나 결혼이라는 확실한 관계 안에서만 그렇습니다. 남자가 아내를 얻고, 여자가 남편을 얻는 것은 좋은 일입니다. 성적인 욕구가 강하다고 하지만, 부부관계는 그 욕구를 다스릴 뿐 아니라 성적 무질서의 세상 속에서 균형 잡히고 만족스러운 성생활을 지켜줄 만큼 강합니다. 부부의 잠자리는 서로를 위한 자리가 되어야 합니다. 남편은 아내를 만족시키기 위해 힘쓰고, 아내도 남편을 만족시키기 위해 힘써야 합니다. 부부관계는 "자신의 권리를 주장하는" 자리가 아닙니다. 부부관계는 침대 안에서든 침대 밖에서든, 상대방을 섬기겠다는 결단입니다. 성관계의 절제는 부부가 기도나 금식에 전념하기 위해 서로가 동의하는 한에서만 일정 기간 허용될 수 있습니다. 그 기간에만 그렇게 해야 합니다. 정한 기간이 끝난 다음에는, 다시 함께하십시오. 여러분이 부부관계에 대한 기대를 접는 순간, 사탄이 교묘하게 유혹하기 때문입니다. 나는 그 같은 절제의 기간을 가지라고 명하는 것이 아닙니다. 다만, 여러분이 그런 기간을 갖고자 할 때에 필요한 최선의 조언을 제시하는 것뿐입니다.

⁷ 가끔씩 나는 모든 사람이 나처럼 독신이기를 바랍니다. 그것이 여러 생활방식 중에서 보다 단순한 생활방식이기 때문입니다! 그러나 결혼생활과 마찬가지로, 독신생활도 모든 사람에게 맞는 것은 아닙니다. 하나님께서 어떤 사람에게는 독신생활을 선물로 주시고, 어떤 사람에게는 결혼생활을 선물로 주십니다.

⁸⁻⁹ 하지만 결혼하지 않은 사람과 과부들에게 말합니다. 내가 그랬던 것처럼, 홀로 지내는 것이 가장 좋을 것입니다. 그러나 욕구와 감정을 다스리지 못하겠거든, 어서 결혼하는 것이 좋습니다. 결혼생활이 수고롭기는 해도, 홀로

To Be Married, to Be Single...

7 ¹ Now, getting down to the questions you asked in your letter to me. First, Is it a good thing to have sexual relations?

²⁻⁶ Certainly—but only within a certain context. It's good for a man to have a wife, and for a woman to have a husband. Sexual drives are strong, but marriage is strong enough to contain them and provide for a balanced and fulfilling sexual life in a world of sexual disorder. The marriage bed must be a place of mutuality—the husband seeking to satisfy his wife, the wife seeking to satisfy her husband. Marriage is not a place to "stand up for your rights." Marriage is a decision to serve the other, whether in bed or out. Abstaining from sex is permissible for a period of time if you both agree to it, and if it's for the purposes of prayer and fasting—but only for such times. Then come back together again. Satan has an ingenious way of tempting us when we least expect it. I'm not, understand, commanding these periods of abstinence—only providing my best counsel if you should choose them.

⁷ Sometimes I wish everyone were single like me—a simpler life in many ways! But celibacy is not for everyone any more than marriage is. God gives the gift of the single life to some, the gift of the married life to others.

⁸⁻⁹ I do, though, tell the unmarried and widows that singleness might well be the best thing for them, as it has been for me. But if they can't manage their

살면서 정욕에 시달리는 것보다는 낫습니다.

10-11 이미 결혼한 사람들은 결혼생활을 유지하십시오. 이것은 나의 명령이 아니라 주님의 명령입니다. 남편과 헤어진 여자는, 홀로 지내든가 아니면 돌아가서 남편과 화해하는 것이 좋습니다. 남편도 아내를 버릴 권리는 없습니다.

12-14 여러분 중에는 믿지 않는 사람—그리스도인이 아닌 사람—과 결혼한 이들이 있는데, 주님은 그들에게 이렇다 할 명령을 주지 않으셨습니다. 그러니 이렇게 하십시오. 믿는 남자에게 믿지 않는 아내가 있고 그 아내가 남편과 같이 살기를 원한다면, 그녀와 함께 사십시오. 믿는 여자에게 믿지 않는 남편이 있고 그 남편이 아내와 같이 살기를 원한다면, 그와 함께 사십시오. 믿지 않는 남편은 자기 아내의 거룩함을 어느 정도 나누어 갖게 되며, 믿지 않는 아내도 자기 남편의 거룩함에 어느 정도 영향을 받게 마련입니다. 그렇지 않으면, 그들의 자녀는 버림받은 상태가 되고 말 것입니다. 그 자녀들도 하나님의 영적인 목적에 포함되어 있습니다.

15-16 그러나 믿지 않는 배우자가 떠나가려고 하면, 떠나가게 내버려 두는 것이 좋습니다. 필사적으로 붙잡을 필요가 없습니다. 하나님께서 우리를 부르신 것은, 할 수 있는 한 평화롭게 살고 최선을 다해 살게 하려는 것입니다. 아내 여러분, 여러분이 이같이 함으로써 남편을 여러분과 하나님께로 돌아오게 할는지도 모릅니다. 남편 여러분, 여러분이 이렇게 함으로써 아내를 여러분과 하나님께로 돌아오게 할는지도 모릅니다.

17 그러니 여러분은 어딘가 다른 곳에 있기를 바라거나, 누군가 다른 사람과 살았으면 하고 바라서는 안됩니다. 여러분

desires and emotions, they should by all means go ahead and get married. The difficulties of marriage are preferable by far to a sexually tortured life as a single.

10-11 And if you are married, stay married. This is the Master's command, not mine. If a wife should leave her husband, she must either remain single or else come back and make things right with him. And a husband has no right to get rid of his wife.

12-14 For the rest of you who are in mixed marriages—Christian married to non-Christian—we have no explicit command from the Master. So this is what you must do. If you are a man with a wife who is not a believer but who still wants to live with you, hold on to her. If you are a woman with a husband who is not a believer but he wants to live with you, hold on to him. The unbelieving husband shares to an extent in the holiness of his wife, and the unbelieving wife is likewise touched by the holiness of her husband. Otherwise, your children would be left out; as it is, they also are included in the spiritual purposes of God.

15-16 On the other hand, if the unbelieving spouse walks out, you've got to let him or her go. You don't have to hold on desperately. God has called us to make the best of it, as peacefully as we can. You never know, wife: The way you handle this might bring your husband not only back to you but to God. You never know, husband: The way you handle this might bring your wife not only back to you but to God.

17 And don't be wishing you were someplace else or with someone else. Where you are right now is God's place

이 지금 있는 곳이야 말로, 하나님께서 여러분을 위해 마련해 주신 삶의 자리입니다. 바로 거기에서 살고 순종하고 사랑하고 믿으십시오. 여러분 삶의 가치를 결정하는 것은 하나님이시지, 결혼 여부가 아닙니다. 내가 다른 사람들보다 여러분에게 더 엄하다고 생각지 마십시오. 나는 모든 교회에 똑같이 조언하고 있습니다.

18-19 하나님께 부르심을 받을 때 여러분이 유대인이었습니까? 그렇다면 유대인이라는 증거를 없애려고 하지 마십시오. 하나님의 부르심을 받을 때 여러분이 이방인이었습니까? 그렇다면 유대인이 되려고 하지 마십시오. 유대인인지의 여부가 중요한 것이 아닙니다. 정말 중요한 것은, 하나님의 부르심에 순종하고 그분의 계명을 지키는 것입니다.

20-22 하나님께서 여러분의 이름을 부르실 때 여러분이 있던 바로 그 자리에 머무르십시오. 여러분이 종이었습니까? 종의 신분이 순종이나 믿음에 걸림돌이 되는 것은 아닙니다. 내 말은 여러분이 옴짝달싹 못하게 매여 있으니 벗어날 수 없다는 뜻이 아닙니다. 자유인이 될 기회를 얻게 되거든, 속히 그 기회를 붙잡으십시오. 나는 여러분이 새로운 주인을 모시면, 여러분이 꿈에도 생각지 못했던 놀라운 자유를 경험하게 될 것이라고 말씀드리는 것입니다. 다른 한편으로, 그리스도께서 여러분을 부르실 때 여러분이 자유인이었다면, 여러분은 꿈에도 생각지 못했던 "하나님께 종이 되는" 기쁜 경험을 하게 될 것입니다.

23-24 종이든 자유인이든 간에, 한때 여러분 모두는 죄악된 사회에 볼모로 잡혀 있었습니다. 그때 하나님께서 여러분의 몸값으로 어마어마한 금액을 치르셨습니다. 그러니 여러분은 다른 사람이 시키는 대로 행하던 옛 습관으로 돌아가지 마십시오. 친구 여러분, 여러분이 부름받았던 그 자리에 머무르십시오. 하나님께서 그 자리에 함께 계십니다. 고상한 자세를 견지하고 하나님 곁에 머무르십시오.

for you. Live and obey and love and believe right there. God, not your marital status, defines your life. Don't think I'm being harder on you than on the others. I give this same counsel in all the churches.

18-19 Were you Jewish at the time God called you? Don't try to remove the evidence. Were you non-Jewish at the time of your call? Don't become a Jew. Being Jewish isn't the point. The really important thing is obeying God's call, following his commands.

20-22 Stay where you were when God called your name. Were you a slave? Slavery is no roadblock to obeying and believing. I don't mean you're stuck and can't leave. If you have a chance at freedom, go ahead and take it. I'm simply trying to point out that under your new Master you're going to experience a marvelous freedom you would never have dreamed of. On the other hand, if you were free when Christ called you, you'll experience a delightful "enslavement to God" you would never have dreamed of.

23-24 All of you, slave and free both, were once held hostage in a sinful society. Then a huge sum was paid out for your ransom. So please don't, out of old habit, slip back into being or doing what everyone else tells you. Friends, stay where you were called to be. God is there. Hold the high ground with him at your side.

25-28 주님께서 처녀들과 관련해서는 이렇다 할 지침을 주지 않으셨습니다. 그러나 주님의 크신 자비를 경험하고 줄곧 그분께 충성한 사람으로서 드리는 나의 조언을, 여러분은 신뢰할 수 있을 것입니다. 지금 사방에서 우리에게 가해져 오는 압박이 있으니, 나는 여러분이 현재 상태로 살아가는 것이 가장 좋겠다고 생각합니다. 결혼했습니까? 그렇다면 결혼한 상태로 살아가십시오. 미혼입니까? 그렇다면 미혼인 상태로 살아가십시오. 그러나 여러분이 처녀이든 아니든, 결혼하는 것이 죄는 아닙니다. 내가 말씀드리려는 것은, 이미 우리를 압박하는 일이 많은 이 시대에, 여러분이 결혼하면 더 많은 스트레스를 받게 되리라는 것입니다. 가능하다면, 나는 여러분을 붙잡고 말리고 싶습니다.

29-31 친구 여러분, 나는 시간이 아주 중요하다는 점을 말씀드리고 싶습니다. 낭비할 시간이 없으니, 여러분의 삶을 쓸데없이 복잡하게 만들지 마십시오. 결혼생활이든, 슬픈 일이나 기쁜 일을 만나든, 무슨 일을 하든지 단순하게 사십시오. 쇼핑 같은 평범한 일을 할 때에도 그렇게 하십시오. 세상이 여러분에게 억지로 떠맡기는 일은, 가급적 삼가십시오. 여러분도 보다시피, 이 세상은 소멸해 가고 있습니다.

32-35 나는 여러분이 할 수 있는 한 복잡한 일에서 벗어나 살아가기를 바랍니다. 미혼이면 여러분은 주님을 기쁘시게 해드리는 일에 마음껏 집중할 수 있습니다. 결혼한 사람은 자잘한 집안일과 배우자를 기쁘게 하는 데 매이게 되고, 신경 써야 할 수많은 요구에 매이게 됩니다. 미혼인 사람은, 결혼한 사람이 서로를 돌보고 부양하기 위해 기울이는 시간과 에너지를 하나님의 온전하고 거룩한 도구가 되는 데 쏟을 수 있습니다. 나는 여러분에게 도움을 주어 그 일을 가급적 용이하게 하려는 것이지, 더 어렵게 하려는 것이 아닙니다. 내가 바라는 것은, 여러분이 주님과 많은 시간

25-28 The Master did not give explicit direction regarding virgins, but as one much experienced in the mercy of the Master and loyal to him all the way, you can trust my counsel. Because of the current pressures on us from all sides, I think it would probably be best to stay just as you are. Are you married? Stay married. Are you unmarried? Don't get married. But there's certainly no sin in getting married, whether you're a virgin or not. All I am saying is that when you marry, you take on additional stress in an already stressful time, and I want to spare you if possible.

29-31 I do want to point out, friends, that time is of the essence. There is no time to waste, so don't complicate your lives unnecessarily. Keep it simple—in marriage, grief, joy, whatever. Even in ordinary things—your daily routines of shopping, and so on. Deal as sparingly as possible with the things the world thrusts on you. This world as you see it is on its way out.

32-35 I want you to live as free of complications as possible. When you're unmarried, you're free to concentrate on simply pleasing the Master. Marriage involves you in all the nuts and bolts of domestic life and in wanting to please your spouse, leading to so many more demands on your attention. The time and energy that married people spend on caring for and nurturing each other, the unmarried can spend in becoming whole and holy instruments of God. I'm trying to be helpful and make it as easy

을 보내면서 크게 주의를 빼앗기지 않는 생활방식을 발전시켜 가는 것입니다.

36-38 어떤 남자가 여자친구에게 성실을 다하면서도 독신으로 하나님을 섬기겠다고 결심하여 결혼할 마음이 없다가, 마음이 변해서 그녀와 결혼하기로 결심했다면 어서 결혼하는 것이 좋습니다. 결혼이 죄가 되는 것도 아니고, 일부 사람들이 말하는 것처럼 독신생활보다 "한 단계 낮은" 것도 아닙니다. 그러나 어떤 남자가 하나님을 섬기기 위해 홀로 지내기로 결심했고, 그 결심이 다른 사람들의 강요가 아니라 자신의 확신에 따른 것이라면, 그는 홀로 지내는 것이 좋습니다. 결혼생활은 도덕적으로나 영적으로 바르며, 어느 모로 보나 독신생활보다 낮은 차원의 삶이 전혀 아닙니다. 그러나 앞에서 말씀드린 대로, 나는 우리가 살고 있는 이 시대의 특성 때문에 목회적인 이유로 독신생활을 장려하는 것입니다.

39-40 아내는 남편이 살아 있는 동안 남편과 함께 지내야 합니다. 그러나 남편이 죽으면 자기가 원하는 사람과 결혼할 자유가 있습니다. 물론 그녀는 믿는 사람과 결혼하여 주님의 축복을 받고 싶어 할 것입니다. 지금쯤 여러분은 내 생각을 아시겠지만, 나는 그녀가 독신으로 지내는 편이 더 좋을 것이라고 생각합니다. 주님도 그렇게 생각하실 것입니다.

책임이 따르는 자유

8 1-3 우상에게 바친 고기와 관련해서 여러분은 끊임없이 이런 질문을 합니다. '우상에게 바친 고기가 차려진 식탁에 앉아야 하나요, 말아야 하나요?' 종종 우리는 이런 질문에 답하기 위해 알아야 할 모든 것을 알고 있다고 생각하기 쉽습니다. 그러나 교만한 지성보다는 겸

as possible for you, not make things harder. All I want is for you to be able to develop a way of life in which you can spend plenty of time together with the Master without a lot of distractions.

36-38 If a man has a woman friend to whom he is loyal but never intended to marry, having decided to serve God as a "single," and then changes his mind, deciding he should marry her, he should go ahead and marry. It's no sin; it's not even a "step down" from celibacy, as some say. On the other hand, if a man is comfortable in his decision for a single life in service to God and it's entirely his own conviction and not imposed on him by others, he ought to stick with it. Marriage is spiritually and morally right and not inferior to singleness in any way, although as I indicated earlier, because of the times we live in, I do have pastoral reasons for encouraging singleness.

39-40 A wife must stay with her husband as long as he lives. If he dies, she is free to marry anyone she chooses. She will, of course, want to marry a believer and have the blessing of the Master. By now you know that I think she'll be better off staying single. The Master, in my opinion, thinks so, too.

Freedom with Responsibility

8 1-3 The question keeps coming up regarding meat that has been offered up to an idol: Should you attend meals where such meat is served, or not? We sometimes tend to think we know all we need to know to answer these kinds of questions—but sometimes our humble

손한 마음이 우리에게 더 많은 도움이 됩니다. 하나님 한분만이 모든 것을 아십니다. 이것을 인정할 때까지 우리는 제대로 알고 있다고 할 수 없습니다.

4-6 어떤 사람들은 우상이라는 것은 전혀 실체가 없는 것이고 아무것도 아니며, 우리 하나님 한분밖에는 다른 신이 없다고 아주 정확하게 말합니다. 또한 그들은 아무리 많은 신들의 이름이 불려지고 숭배되어도, 모두 터무니없는 이야기에 지나지 않는다고 말합니다. 아버지 하나님 한분만이 계실 뿐이며, 만물이 그분에게서 났고, 그분은 우리가 그분을 위해 살아가기를 바라신다고 아주 정확하게 말합니다. 그리고 오직 한분 주님—메시아 예수—만이 계시고, 만물이 그분을 위해 존재하며, 우리도 그분을 위해 존재한다고 말합니다. 옳은 말입니다.

7 엄밀하게 따지자면, 우상에게 바친 고기에는 아무 일도 일어나지 않습니다. 그것은 여느 고기와 똑같습니다. 이것은 나도 알고 여러분도 아는 사실입니다. 그러나 아는 것이 전부가 아닙니다. 아는 것이 전부가 되어 버리면, 몇몇 사람은 다 아는 자로 자처하며 다른 사람을 아무것도 알지 못하는 자로 여기게 될 것입니다. 참된 앎은 그렇게 무신경한 것이 아닙니다.

이와 관련해서 우리는, 모든 사람의 이해 수준이 똑같지 않다는 것을 알아야 합니다. 여러분 가운데는 평생 동안 "우상에게 바친 고기"를 먹어 왔고, 그 고기 속에 악한 것이 들어 있어서 여러분 안에서도 악한 것이 될 것이라고 생각하는 사람이 있습니다. 그런 조건 아래서 형성된 상상력과 양심이라면, 하룻밤 사이에 갑자기 바뀌지는 않을 것입니다.

8-9 그러나 다행히도, 하나님께서는 먹는 음식으로 우리의 등급을 매기지 않으십니다. 우리가 그릇을 깨끗이 비운다고 칭찬받는 것도 아니고, 다 먹지 못한다고 질책받는 것도

hearts can help us more than our proud minds. We never really know enough until we recognize that God alone knows it all.

4-6 Some people say, quite rightly, that idols have no actual existence, that there's nothing to them, that there is no God other than our one God, that no matter how many of these so-called gods are named and worshiped they still don't add up to anything but a tall story. They say—again, quite rightly—that there is only one God the Father, that everything comes from him, and that he wants us to live for him. Also, they say that there is only one Master—Jesus the Messiah—and that everything is for his sake, including us. Yes. It's true.

7 In strict logic, then, nothing happened to the meat when it was offered up to an idol. It's just like any other meat. I know that, and you know that. But knowing isn't everything. If it becomes everything, some people end up as know-it-alls who treat others as know-nothings. Real knowledge isn't that insensitive.

We need to be sensitive to the fact that we're not all at the same level of understanding in this. Some of you have spent your entire lives eating "idol meat," and are sure that there's something bad in the meat that then becomes something bad inside of you. An imagination and conscience shaped under those conditions isn't going to change overnight.

8-9 But fortunately God doesn't grade us on our diet. We're neither commended when we clean our plate nor reprimanded

아닙니다. 그러나 하나님께서는, 여러분이 자신의 자유를 부주의하게 행사한 나머지, 아직 과거의 틀과 생각에서 자유롭지 못한 동료 신자들을 길에서 벗어나게 할까 봐 마음을 쓰십니다.

10 예를 들어, 여러분이 우상숭배를 위해 차려진 잔치, 곧 우상에게 바친 고기가 주요 요리인 잔치에 참석함으로써 여러분의 자유를 과시한다고 해봅시다. 만일 그 문제로 고민하던 어떤 사람이 평소에 여러분을 지적이고 성숙한 사람으로 여겼는데, 그 잔치에 여러분이 참석하는 모습을 본다면 커다란 위험이 되지 않겠습니까? 그는 대단히 혼란스러워 할 것입니다. 어쩌면 그는 자기 양심이 하는 말이 틀렸다고 생각하며 불안해 할지도 모릅니다.

11-13 그리스도께서는 그 사람을 위해서도 자기 목숨을 내어주셨습니다. 그렇다면 여러분은 적어도 그 사람을 위해 그런 잔치에 가지 말아야 하지 않겠습니까? 여러분이 말하는 것처럼, 잔치에 가고 안 가고가 중요한 문제는 아니니까요. 그러나 여러분이 잔치에 간 것이 여러분의 동료에게 심각한 상처를 주고 그를 영원히 망하게 한다면, 그것은 큰 문제가 아닐 수 없습니다! 여러분의 동료에게 상처를 주는 것은 그리스도께 상처를 주는 것입니다. 여기저기서 거리낌 없이 행해지는 식사는, 이 약한 사람들을 희생시켜도 될 만큼 가치 있는 것은 아닙니다. 우상숭배로 더러워진 음식을 먹으러 가는 것이 여러분의 형제자매 가운데 한 사람이라도 걸려 넘어지게 할 우려가 있다면, 절대로 그 자리에 가지 마십시오.

❧

9 1-2 나에게 이런 글을 쓸 권한이 없다고 말하지 마십시오. 나에게는 분명 이렇게 할 자유가 있습니다. 그렇지 않습니까? 내가 수행할 직무를 받지 못했다는 말입니까? 내가 우리 주 예수를 대면하여 이 일을 위임받지 않았다는 말입니까? 내가 주님을 위해 행한 선

when we just can't stomach it. But God *does* care when you use your freedom carelessly in a way that leads a fellow believer still vulnerable to those old associations to be thrown off track.

10 For instance, say you flaunt your freedom by going to a banquet thrown in honor of idols, where the main course is meat sacrificed to idols. Isn't there great danger if someone still struggling over this issue, someone who looks up to you as knowledgeable and mature, sees you go into that banquet? The danger is that he will become terribly confused—maybe even to the point of getting mixed up himself in what his conscience tells him is wrong.

11-13 Christ gave up his life for that person. Wouldn't you at least be willing to give up going to dinner for him—because, as you say, it doesn't really make any difference? But it *does* make a difference if you hurt your friend terribly, risking his eternal ruin! When you hurt your friend, you hurt Christ. A free meal here and there isn't worth it at the cost of even one of these "weak ones." So, never go to these idol-tainted meals if there's any chance it will trip up one of your brothers or sisters.

❧

9 1-2 And don't tell me that I have no authority to write like this. I'm perfectly free to do this—isn't that obvious? Haven't I been given a job to do? Wasn't I commissioned to this work in a face-to-face meeting with Jesus,

한 일의 증거가 여러분이지 않습니까? 다른 사람은 내가 위임받은 권한을 인정하지 않더라도, 여러분은 그럴 수 없습니다. 여러분과 함께한 나의 일이 내 권한의 생생한 증거이기 때문입니다!

3-7 나를 비판하는 사람들에게 나는 거리낌 없이 항변합니다. 하나님을 위해 선교사로 임명받은 우리에게는, 그에 걸맞은 편의를 도모할 권리가 있습니다. 우리에게는 우리와 가족을 위해 후원 받을 권리가 있습니다. 여러분은 이 문제와 관련해서, 다른 사도들과 우리 주님의 형제들과 베드로에게는 이의를 제기하지 않는 것 같습니다. 그런데 나에게는 어째서 이의를 제기합니까? 바나바와 나만은 혼자 힘으로 생계를 유지해야 한다는 말입니까? 군인이 자기 힘으로 생계를 유지하며 군복무를 합니까? 정원사가 자기 정원에서 나온 채소를 먹어서는 안되는 것입니까? 우유 짜는 사람이 통에 담긴 우유를 마시지 말아야 한다는 말입니까?

8-12 나는 화가 나서 언성을 높이는 것이 아닙니다. 이것은 성경의 율법에도 기록되어 있습니다. 모세는 "타작 일을 하는 소의 입에 망을 씌워 낟알을 먹지 못하게 해서는 안된다"고 했습니다. 농장의 동물들을 돌보는 것이 모세의 일차적인 관심사였다고 생각합니까? 여러분은 그의 관심이 우리에게도 미치고 있다고 생각지 않습니까? 당연히 모세의 관심은 우리에게도 미칩니다. 농부가 밭을 갈고 타작하는 것은, 추수할 때에 기대하는 것이 있기 때문입니다. 여러분 가운데 영적인 씨를 뿌린 우리가 여러분에게 한두 끼 식사를 기대한다고 해서, 그것이 지나친 일이겠습니까? 다른 사람들은 여러분에게 그런 식으로 많은 것을 요구하더군요. 그렇다면 이제까지 한 번도 요구한 적 없는 우리는 그럴 권리가 더 있지 않겠습니까?

12-14 우리는 정당하게 요구할 권리를 줄곧 가지고 있었지만, 그렇다고 그 권리를 행사할 마

our Master? Aren't you yourselves proof of the good work that I've done for the Master? Even if no one else admits the authority of my commission, *you* can't deny it. Why, my work with you is living proof of my authority!

3-7 I'm not shy in standing up to my critics. We who are on missionary assignments for God have a right to decent accommodations, and we have a right to support for us and our families. You don't seem to have raised questions with the other apostles and our Master's brothers and Peter in these matters. So, why me? Is it just Barnabas and I who have to go it alone and pay our own way? Are soldiers self-employed? Are gardeners forbidden to eat vegetables from their own gardens? Don't milkmaids get to drink their fill from the pail?

8-12 I'm not just sounding off because I'm irritated. This is all written in the scriptural law. Moses wrote, "Don't muzzle an ox to keep it from eating the grain when it's threshing." Do you think Moses' primary concern was the care of farm animals? Don't you think his concern extends to us? Of course. Farmers plow and thresh expecting something when the crop comes in. So if we have planted spiritual seed among you, is it out of line to expect a meal or two from you? Others demand plenty from you in these ways. Don't we who have never demanded deserve even more?

12-14 But we're not going to start demanding now what we've always had a perfect right to. Our decision all along

음은 없습니다. 우리는 그리스도의 **메시지**에 방해가 되거나 그 가치를 떨어뜨리기보다는, 차라리 무슨 일이든지 참기로 결심했습니다. 다만 나는 여러분이 우리의 결심을 이용해 다른 사람들을 속이고, 그들의 정당한 몫을 가로채지나 않을까 염려할 따름입니다. 여러분도 알다시피, 성전에서 일하는 사람은 성전 수입으로 살고, 제단에서 제사를 드리는 사람은 제물로 바쳐진 것을 먹지 않습니까? 주님께서도 같은 취지로 말씀하셨습니다. **메시지**를 전하는 사람은 그 **메시지**를 믿는 사람들의 후원을 받아야 한다고 말입니다.

15-18 그러나 나는 내 자신을 위해 이 권리를 행사한 적이 없으며, 이렇게 편지하는 것도 무엇을 얻으려는 것이 아님을 분명히 하고자 합니다. 나는 누군가에게 나를 불신하거나 나의 동기를 의심할 만한 빌미를 주느니 차라리 죽는 편을 택하겠습니다. 내가 **메시지**를 선포하는 것은, 그것으로 나의 이익을 취하기 위해서가 아닙니다. 나는 **메시지**를 전하지 않을 수 없습니다. 만일 내가 **메시지**를 전하지 않으면, 나는 파멸하고 말 것입니다! **메시지**를 전하여 생계를 꾸리는 것이 내 생각이었다면, 나는 약간의 급여라도 기대했을 것입니다. 그러나 **메시지**를 전하는 것은 내 생각이 아니라 내게 엄숙하게 맡겨진 사명입니다. 그러니 내가 어찌 급여를 기대할 수 있겠습니까? 그렇다면 내가 **메시지**를 전하여 얻는 것이 있을까요? 사실을 말씀드리면, 얻는 것이 있습니다. 여러분에게 값없이 **메시지**를 전하는 즐거움이 그것입니다. 그러니 여러분은 나의 경비를 지불하지 않아도 됩니다.

19-23 나는 어느 누구의 요구나 기대에 매이지 않는 자유인이지만, 다양한 부류의 사람들에게 다가가려고 자발적으로 모든 사람—종교인들, 비종교인들, 매우 신중한 도덕가들, 자유분방하게 사는 부도덕한 자들, 실패한 자들, 타락한 자들—의 종이 되었습니다. 나는

has been to put up with anything rather than to get in the way or detract from the Message of Christ. All I'm concerned with right now is that you not use our decision to take advantage of others, depriving them of what is rightly theirs. You know, don't you, that it's always been taken for granted that those who work in the Temple live off the proceeds of the Temple, and that those who offer sacrifices at the altar eat their meals from what has been sacrificed? Along the same lines, the Master directed that those who spread the Message be supported by those who believe the Message.

15-18 Still, I want it made clear that I've never gotten anything out of this for myself, and that I'm not writing now to get something. I'd rather die than give anyone ammunition to discredit me or impugn my motives. If I proclaim the Message, it's not to get something out of it for myself. I'm *compelled* to do it, and doomed if I don't! If this was my own idea of just another way to make a living, I'd expect some pay. But since it's *not* my idea but something solemnly entrusted to me, why would I expect to get paid? So am I getting anything out of it? Yes, as a matter of fact: the pleasure of proclaiming the Message at no cost to you. You don't even have to pay my expenses!

19-23 Even though I am free of the demands and expectations of everyone, I have voluntarily become a servant to any and all in order to reach a wide range of

그들의 생활방식을 받아들이지는 않았습니다. 나는 그리스도 안에 내 뜻을 두었지만, 그들의 세계로 들어가서 그들의 관점으로 경험하고자 했습니다. 나는 모든 모양의 종이 되어, 만나는 사람들을 하나님께 구원받은 삶으로 인도하고자 애썼습니다. 내가 이 모든 일을 한 것은 메시지 때문이었습니다. 나는 메시지를 두고 이러쿵저러쿵 논하기보다, 다만 메시지에 참여하고 싶었을 따름입니다!

24-25 여러분은 경기장에서 육상선수들이 달리는 모습을 보았을 것입니다. 모든 선수가 달리지만, 상을 받는 선수는 한 명뿐입니다. 여러분도 상을 받을 수 있도록 달려가십시오. 훌륭한 육상선수는 너나없이 열심히 훈련합니다. 그들은 녹슬어 없어질 금메달을 따려고 훈련하지만, 여러분은 영원한 금메달을 따려고 훈련하는 것입니다.

26-27 여러분은 어떤지 모르겠으나, 나는 결승선에 닿으려고 열심히 달리고 있습니다. 나는 내가 가진 모든 것을 그 일에 쏟고 있습니다. 되는 대로 사는 것은 나에게 있을 수 없는 일입니다! 나는 정신을 바짝 차리고 최상의 상태를 유지하고 있습니다. 이는 방심하다가 허를 찔리는 일이 없게 하려는 것입니다. 다른 모든 사람에게 메시지를 전하고 나서, 정작 나 자신은 버림받는 일이 없게 하려는 것입니다.

❧

10 1-5 친구 여러분, 우리의 역사를 떠올려 경계를 삼기 바랍니다. 우리 조상들은 모두 하나님의 섭리로 구름의 인도를 받았고, 기적적으로 바다를 건넜습니다. 모세가 그들을 종의 상태에서 구원으로, 죽음에서 생명으로 이끌 때, 그들은 우리가 세례를 받듯이 물속을 지났습니다. 그들은 모두 같은 음식을 먹고 같은 음료를 마셨습니다. 그것은 하나님께서 날마다 공급해 주신 식사였습니다. 그들은 바위틈에서 솟아나는 물을

people: religious, nonreligious, meticulous moralists, loose-living immoralists, the defeated, the demoralized—whoever. I didn't take on their way of life. I kept my bearings in Christ—but I entered their world and tried to experience things from their point of view. I've become just about every sort of servant there is in my attempts to lead those I meet into a God-saved life. I did all this because of the Message. I didn't just want to talk about it; I wanted to be *in* on it!

24-25 You've all been to the stadium and seen the athletes race. Everyone runs; one wins. Run to win. All good athletes train hard. They do it for a gold medal that tarnishes and fades. You're after one that's gold eternally.

26-27 I don't know about you, but I'm running hard for the finish line. I'm giving it everything I've got. No sloppy living for me! I'm staying alert and in top condition. I'm not going to get caught napping, telling everyone else all about it and then missing out myself.

❧

10 1-5 Remember our history, friends, and be warned. All our ancestors were led by the providential Cloud and taken miraculously through the Sea. They went through the waters, in a baptism like ours, as Moses led them from enslaving death to salvation life. They all ate and drank identical food and drink, meals provided daily by God. They drank from the Rock, God's fountain for them that stayed with them wherever

마셨습니다. 하나님께서 그들을 위해 마련하신 바위에서 솟아난 물은, 그들이 있는 곳이면 어디에서나 그들과 함께 머물렀습니다. 그 바위는 다름 아닌 그리스도였습니다. 그러나 하나님의 기적과 은혜를 경험한 것이 그들에게는 큰 의미가 없었던 것 같습니다. 광야에서 어려운 시기를 보내는 동안, 그들 대다수가 유혹에 무너지고 말았으니까요. 결국 하나님께서도 그들을 기뻐하지 않으셨습니다.

6-10 똑같은 일이 우리에게도 일어날 수 있습니다. 그러니 우리는 그들처럼 자기 마음대로 하려고 하다가 허를 찔리는 일이 없도록 조심하지 않으면 안됩니다. "백성이 먼저 파티를 벌이고, 그런 다음 춤을 추었다"고 했지만, 우리는 그들처럼 우리의 신앙을 떠들썩한 쇼로 변질시켜서는 안됩니다. 성적으로 문란해서도 안됩니다. 잊지 마십시오. 그들은 성적으로 문란하게 살다가 하루에 23,000명이나 죽었습니다! 우리가 그리스도를 섬겨야지, 그리스도께서 우리를 섬기게 해서는 안됩니다. 그런데도 그들은 그렇게 했고, 결국 하나님께서는 독뱀을 풀어놓으셨습니다. 우리는 불평하지 않도록 조심해야 합니다. 그들은 불평하다가 멸망했습니다.

11-12 이 모든 것은 "위험!"을 알리는 경고 표지입니다. 이 모든 것이 우리의 역사책에 기록된 것은, 우리로 하여금 그들의 실수를 되풀이하지 않게 하려는 것입니다. 우리의 처지가 그들과 유사합니다. 그들이 처음이라면, 우리는 나중이라고 할 수 있습니다. 우리도 그들처럼 실패할 수 있습니다. 그러니 순진하게 속지도 말고 자만하지도 마십시오. 여러분도 예외가 아닙니다. 여러분도 다른 누구처럼 쉽게 넘어질 수 있습니다. 자신에 대한 신뢰는 버리십시오. 그런 것은 전혀 도움이 되지 않습니다. 오히려 하나님께 대한 신뢰를 기르십시오.

13 여러분의 앞길에 닥치는 시험과 유혹은 다른 사람들이 직면해야 했던 시험과 다르지 않습니다. 다만 여러분이 기억해야 할 것은, 하나

they were. And the Rock was Christ. But just experiencing God's wonder and grace didn't seem to mean much—most of them were defeated by temptation during the hard times in the desert, and God was not pleased.

6-10 The same thing could happen to us. We must be on guard so that we never get caught up in wanting our own way as they did. And we must not turn our religion into a circus as they did—"First the people partied, then they threw a dance." We must not be sexually promiscuous—they paid for that, remember, with 23,000 deaths in one day! We must never try to get Christ to serve us instead of us serving him; they tried it, and God launched an epidemic of poisonous snakes. We must be careful not to stir up discontent; discontent destroyed them.

11-12 These are all warning markers—DANGER!—in our history books, written down so that we don't repeat their mistakes. Our positions in the story are parallel—they at the beginning, we at the end—and we are just as capable of messing it up as they were. Don't be so naive and self-confident. You're not exempt. You could fall flat on your face as easily as anyone else. Forget about self-confidence; it's useless. Cultivate God-confidence.

13 No test or temptation that comes your way is beyond the course of what others have had to face. All you need to remember is that God will never let you down; he'll never let you be pushed past your limit; he'll always be there to help

님께서 여러분을 포기하지 않으시고, 여러분이 한계 이상으로 내밀리지 않게 하시며, 그 시험을 이기도록 언제나 곁에 계시며 도우신다는 사실입니다.

14 그러니 사랑하는 친구 여러분, 사람들이 하나님을 어떤 대상으로 전락시켜 이용하거나 통제하려는 모습이 보이거든, 할 수 있는 한 속히 그 모임에서 빠져나오십시오.

15-18 이제 나는 성숙한 신자들에게 하듯이 말하겠습니다. 여러분 스스로 결론을 내려 보십시오. 우리가 성찬 때 축복의 잔을 마시는 것은 그리스도의 피, 그리스도의 참 생명에 참여하는 것이 아닙니까? 마찬가지로, 우리가 빵을 떼어 먹는 것도 그리스도의 몸, 그리스도의 참 생명에 참여하는 것이 아닙니까? 여럿인 우리가 하나가 되는 것은 빵이 하나이기 때문입니다. 그리스도가 우리 안에서 조각조각 나는 것이 아닙니다. 오히려 우리가 그분 안에서 하나가 되는 것입니다. 우리가 그리스도를 우리의 모습으로 축소시키는 것이 아니라, 오히려 그리스도가 우리를 그분의 모습으로 끌어올리십니다. 옛 이스라엘에서도 그런 일이 일어났습니다. 하나님의 제단에 바친 제물을 먹는 사람은 하나님의 활동에 참여한 사람이 되었던 것입니다.

19-22 이제 차이점을 아시겠습니까? 우상에게 바친 제물은 아무것도 아닌 것에 바친 것입니다. 우상이 아무것도 아니기 때문입니다. 그러나 사실 우상은 아무것도 아닌 것보다 더 심각합니다. 그것은 바로 마귀입니다. 바라건대, 여러분은 스스로를 여러분보다 못한 것으로 떨어뜨리지 마십시오. 여러분은 둘 다 가질 수 없습니다. 여러분이 한 날은 주님과 잔치를 벌이고, 이튿날에는 마귀들과 잔치를 벌일 수 없습니다. 주님은 그런 것을 참으시는 분이 아닙니다. 주님은 우리의 전부를 원하십니다. 전부가 아니라면 우리는 아무것도 아닌 것이 됩니다. 그런데도 여러분은 여러분보다 못한 것과 어울리시겠습니까?

you come through it.

14 So, my very dear friends, when you see people reducing God to something they can use or control, get out of their company as fast as you can.

15-18 I assume I'm addressing believers now who are mature. Draw your own conclusions: When we drink the cup of blessing, aren't we taking into ourselves the blood, the very life, of Christ? And isn't it the same with the loaf of bread we break and eat? Don't we take into ourselves the body, the very life, of Christ? Because there is one loaf, our many-ness becomes one-ness—Christ doesn't become fragmented in us. Rather, we become unified in him. We don't reduce Christ to what we are; he raises us to what he is. That's basically what happened even in old Israel—those who ate the sacrifices offered on God's altar entered into God's action at the altar.

19-22 Do you see the difference? Sacrifices offered to idols are offered to nothing, for what's the idol but a nothing? Or worse than nothing, a minus, a demon! I don't want you to become part of something that reduces you to less than yourself. And you can't have it both ways, banqueting with the Master one day and slumming with demons the next. Besides, the Master won't put up with it. He wants *us*—all or nothing. Do you think you can get off with anything less?

23-24 여러분은 한 면만 보고 이렇게 말할지도 모르겠습니다. "뭐든지 괜찮아. 하나님은 한없이 관대하시고 은혜로우시잖아. 그러니 우리가 무슨 일을 할 때마다, 그것이 그분의 기준을 통과할지 일일이 따져 보거나 조사하지 않아도 돼"라고 말입니다. 그러나 무사히 잘 빠져나가는 것이 핵심이 아닙니다. 우리가 제대로 살아야 하겠지만, 무엇보다 우리가 노력을 기울여야 할 것은, 다른 사람들이 제대로 살도록 돕는 일입니다.

25-28 이것을 행동의 근거로 삼으면, 나머지는 상식선에서 해결됩니다. 예를 들어, 정육점에서 판매하는 것은 무엇이든 먹어도 됩니다. 정육점에서 파는 고기마다 우상에게 바친 것인지 아닌지 따질 필요가 없습니다. 결국 땅과 거기서 난 모든 것이 하나님의 것이니까요. 정육점에서 판매하는 양의 다리도 땅에서 난 모든 것에 포함됩니다. 믿지 않는 사람이 초대한 저녁 식사에 여러분이 가고 싶다면, 가서 마음껏 즐기십시오. 여러분 앞에 차려진 음식은 무엇이나 드십시오. 여러분을 초대한 사람에게, 차려진 음식마다 윤리적으로 깨끗한 것인지 일일이 추궁하듯 묻는다면, 그것은 예의에 어긋난 행위이며 바람직한 영성도 아닙니다. 그러나 여러분을 초대한 사람이 일부러 "이것과 저것은 우상에게 바친 음식입니다" 하고 말해 주거든, 그 음식은 먹지 않는 것이 좋습니다. 여러분은 그 음식이 어디에서 왔든 개의치 않겠지만, 여러분을 초대한 사람은 그렇지 않습니다. 여러분은 그 사람에게 여러분이 예배하는 분에 관해 혼란스런 메시지를 주어서는 안되기 때문입니다.

29-30 이처럼 특별한 경우가 아니라면, 나는 속 좁은 사람들이 하는 말에 마음 졸이며 신경 쓰지 않겠습니다. 나는 마음 편히 처신하겠습니다. 마음이 넓으신 주님께서 어떻게 말씀하셨는지 알기 때문입니다. 내 앞에 차려진 음식을 먹으면서 식탁에 놓인 것을 두고 하나님께 감사드린다면, 그런 내가 어떻게 남이 하는 말을 두고 마음을 졸이겠습니까? 내가 그 음식에 대

23-24 Looking at it one way, you could say, "Anything goes. Because of God's immense generosity and grace, we don't have to dissect and scrutinize every action to see if it will pass muster." But the point is not to just get by. We want to live well, but our foremost efforts should be to help *others* live well.

25-28 With that as a base to work from, common sense can take you the rest of the way. Eat anything sold at the butcher shop, for instance; you don't have to run an "idolatry test" on every item. "The earth," after all, "is God's, and everything in it." That "everything" certainly includes the leg of lamb in the butcher shop. If a nonbeliever invites you to dinner and you feel like going, go ahead and enjoy yourself; eat everything placed before you. It would be both bad manners and bad spirituality to cross-examine your host on the ethical purity of each course as it is served. On the other hand, if he goes out of his way to tell you that this or that was sacrificed to god or goddess so-and-so, you should pass. Even though you may be indifferent as to where it came from, he isn't, and you don't want to send mixed messages to him about who *you* are worshiping.

29-30 But, except for these special cases, I'm not going to walk around on eggshells worrying about what small-minded people might say; I'm going to stride free and easy, knowing what our large-minded Master has already said. If I eat what is served to

해 하나님께 감사드렸고, 하나님께서도 그 음식을 축복해 주셨는데 말입니다!

31-33 그러니 남들이 여러분을 두고 뭐라고 말하든지, 신경 쓰지 말고 마음껏 드십시오. 결국 여러분이 음식을 먹는 것은, 하나님의 영광을 위한 것이지 사람들을 기쁘게 하기 위해 먹는 것이 아니기 때문입니다. 무슨 일을 하든지 그렇게 하십시오. 마음을 다하여 자유롭게 하나님의 영광을 위해 하십시오. 그러나 여러분의 자유를 지각없이 행사하지는 마십시오. 여러분만큼 자유롭지 못한 사람들의 감정을 상하게 하지 마십시오. 나는 이 모든 문제에서 모든 사람의 기분을 헤아리려고 최선을 다하고 있습니다. 여러분도 그렇게 하기를 바랍니다.

하나님의 영광을 위해

11 **1-2** 여러분이 나를 기억하고 존중하여, 내가 여러분에게 가르쳐 준 믿음의 전통을 지키고 있다니 내 마음이 참 기쁩니다. 모든 실질적인 권위는 그리스도께로부터 옵니다.

3-9 부부관계에서 남편의 권위는 그리스도에게서 오고, 아내의 권위는 남편에게서 온 것입니다. 그리스도의 권위는 하나님의 권위입니다. 그리스도의 권위를 존중하지 않으면서 하나님과 대화하거나 하나님에 대해 말하는 사람이 있다면, 그는 그리스도의 명예를 실추시키는 자입니다. 마찬가지로, 자기 남편의 권위를 존중하지 않으면서 하나님과 대화하는 아내가 있다면, 그 아내는 자기 남편의 명예를 실추시키는 것은 물론이고 자기 명예까지 실추시키는 것입니다. 그것은 머리를 민 여자처럼 보기 흉한 모습입니다. 여자들이 예배중에 머리덮개를 쓰는 관습은 기본적으로 여기에서 유래한 것입니다. 그러나 남자는 모자를 벗습니다. 남자와 여자는 너무도 빈번하게 머리를 맞

me, grateful to God for what is on the table, how can I worry about what someone will say? I thanked God for it and he blessed it!

31-33 So eat your meals heartily, not worrying about what others say about you—you're eating to God's glory, after all, not to please them. As a matter of fact, do everything that way, heartily and freely to God's glory. At the same time, don't be callous in your exercise of freedom, thoughtlessly stepping on the toes of those who aren't as free as you are. I try my best to be considerate of everyone's feelings in all these matters; I hope you will be, too.

To Honor God

11 **1-2** It pleases me that you continue to remember and honor me by keeping up the traditions of the faith I taught you. All actual authority stems from Christ.

3-9 In a marriage relationship, there is authority from Christ to husband, and from husband to wife. The authority of Christ is the authority of God. Any man who speaks with God or about God in a way that shows a lack of respect for the authority of Christ, dishonors Christ. In the same way, a wife who speaks with God in a way that shows a lack of respect for the authority of her husband, dishonors her husband. Worse, she dishonors herself—an ugly sight, like a woman with her head shaved. This is basically the origin of these customs we have of women wearing head coverings in worship, while men take their hats off. By these symbolic acts, men and women, who far too often butt heads with each other,

대고 충돌하지만, 그 같은 상징적 행위를 통해 자신의 머리를 우리의 머리 되신 하나님께 복종시키는 것입니다.

10-12 그러나 여기서 남자와 여자의 차이를 너무 확대해서 해석하지는 마십시오. 남자나 여자나 누구든지 혼자 힘으로 살 수 없고, 누가 먼저라고 할 수도 없습니다. 남자가 하나님의 아름답고 빛나는 형상을 반영하여 먼저 지어진 것이 사실이지만, 그때 이후로 모든 남자는 여자에게서 나왔습니다! 사실, 모든 것이 하나님께로부터 온 것이니, "누가 먼저냐?"를 따지는 일은 이제 그만둡시다.

13-16 여러분은 이 상징 속에 무언가 강력한 것이 있음을 인정하지 않습니까? 여자의 아름다운 머리카락은 하나님께 경배하며 기도하는 천사를 생각나게 하고, 경건한 마음으로 모자를 벗은 남자의 머리는 순종하는 가운데 기도하는 모습을 연상시키지 않습니까? 나는 여러분이 이 문제로 논쟁을 벌이지 않기를 바랍니다. 하나님의 모든 교회는 이런 문제로 논쟁하지 않습니다. 나는 여러분만 예외인 것처럼 고집 피우지 않기를 바랍니다.

17-19 다음 문제와 관련해서는, 내 마음이 조금도 기쁘지 않습니다. 여러분이 함께 모일 때, 여러분의 가장 좋은 모습이 아니라 가장 나쁜 모습이 드러나는 것으로 알고 있습니다! 첫째, 여러분이 서로 갈라져 다투고 비난한다는 소식이 들려옵니다. 믿고 싶지 않지만, 그것이 사실이군요. 그 문제에 대해 내가 할 수 있는 최선의 답변은, 조사 과정에서 진실이 드러나고 가려지리라는 것입니다.

20-22 또한 여러분은 예배를 드리러 와서도 서로 갈라진 채 있다고 하더군요. 한자리에 모여서 주님의 만찬을 나누기는커녕, 오히려 밖에서 많은 음식을 가져와 돼지처럼 먹는다고 하더군요. 그래서 어떤 사람은 따돌림을 당해 아무것도 먹지 못한 채 집으로 돌아가

submit their "heads" to the Head: God.

10-12 Don't, by the way, read too much into the differences here between men and women. Neither man nor woman can go it alone or claim priority. Man was created first, as a beautiful shining reflection of God—that is true. But the head on a woman's body clearly outshines in beauty the head of her "head," her husband. The first woman came from man, true—but ever since then, every man comes from a woman! And since virtually everything comes from God anyway, let's quit going through these "who's first" routines.

13-16 Don't you agree there is something naturally powerful in the symbolism— a woman, her beautiful hair reminiscent of angels, praying in adoration; a man, his head bared in reverence, praying in submission? I hope you're not going to be argumentative about this. All God's churches see it this way; I don't want you standing out as an exception.

17-19 Regarding this next item, I'm not at all pleased. I am getting the picture that when you meet together it brings out your worst side instead of your best! First, I get this report on your divisiveness, competing with and criticizing each other. I'm reluctant to believe it, but there it is. The best that can be said for it is that the testing process will bring truth into the open and confirm it.

20-22 And then I find that you bring your divisions to worship—you come together, and instead of eating the Lord's Supper, you bring in a lot of food from the outside and make pigs of yourselves. Some are left

고, 어떤 사람은 걷지 못할 정도로 술에 취해서 실려 가기까지 한다더군요. 믿을 수가 없습니다! 여러분에게 먹고 마실 집이 없습니까? 여러분이 창피한 줄도 모르고 하나님의 교회를 모독하다니, 어찌 된 일입니까? 여러분이 하나님의 가난한 사람을 모욕하다니, 어찌 된 일입니까? 나는 여러분이 창피한 줄도 모른 채 그런 짓을 하리라고는 믿고 싶지 않았습니다. 이제 나는 말없이 두고 보지 않겠습니다.

23-26 주님의 만찬이 어떤 의미가 있고, 그것이 왜 그토록 중요한지를 다시 한번 정확히 말씀드리겠습니다. 이 가르침은 내가 주님께 직접 받아 여러분에게 전한 것입니다. 주 예수께서 배반당하시던 날 밤에, 빵을 들어 감사하신 후에, 떼어 주시며, 이렇게 말씀하셨습니다.

이것은 너희를 위해 찢는 내 몸이다.
이것을 행하여 나를 기억하여라.

저녁식사 후에, 잔을 들어 감사하시며, 이렇게 말씀하셨습니다.

이 잔은 나의 피, 너희와 맺는 새 언약이다.
너희는 이 잔을 마실 때마다 나를 기억하여라.

여러분은 이것을 알아야 합니다. 여러분이 이 빵을 먹고 이 잔을 마실 때마다, 여러분의 말과 행위로 주님의 죽으심을 재현하는 것입니다. 여러분은 주님이 다시 오실 때까지, 이 식사를 계속해서 되풀이해야 합니다. 익숙하다고 해서 주님의 만찬을 얕보아서는 안됩니다.

27-28 누구든지 불손한 마음으로 주님의 빵을 먹거나 주님의 잔을 마시는 사람은, 주님이 죽으실 때 그분께 야유를 보내고 침을 뱉

out, and go home hungry. Others have to be carried out, too drunk to walk. I can't believe it! Don't you have your own homes to eat and drink in? Why would you stoop to desecrating God's church? Why would you actually shame God's poor? I never would have believed you would stoop to this. And I'm not going to stand by and say nothing.

23-26 Let me go over with you again exactly what goes on in the Lord's Supper and why it is so centrally important. I received my instructions from the Master himself and passed them on to you. The Master, Jesus, on the night of his betrayal, took bread. Having given thanks, he broke it and said,

This is my body, broken for you.
Do this to remember me.

After supper, he did the same thing with the cup:

This cup is my blood, my new covenant with you.
Each time you drink this cup, remember me.

What you must solemnly realize is that every time you eat this bread and every time you drink this cup, you reenact in your words and actions the death of the Master. You will be drawn back to this meal again and again until the Master returns. You must never let familiarity breed contempt.

27-28 Anyone who eats the bread or drinks the cup of the Master irreverently is like

은 군중과 같습니다. 여러분이 주님을 "기념하려고" 하는 것이 그런 것입니까? 여러분의 동기를 살피고 여러분의 마음을 점검한 뒤에, 거룩한 두려움으로 이 식사에 참여하십시오.

29-32 여러분이 주님의 찢어진 몸을 먹고 마신다는 사실에 주의하지 않으면, 여러분은 심각한 결과를 초래하고 말 것입니다. 그래서 여러분 가운데 지금도 무력한 사람과 아픈 사람이 많고, 일찍 죽은 사람이 많은 것입니다. 지금이라도 우리가 이 일을 바로잡지 않으면, 나중에 주님께서 우리를 바로잡으실 것입니다. 지금 주님과 대면하는 것이, 나중에 불 가운데서 대면하는 것보다 낫습니다.

33-34 그러니 친구 여러분, 주님의 만찬에 모일 때는 예의를 갖춰 서로 정중히 대하십시오. 배가 너무 고파서 음식이 차려지기를 기다리지 못하겠거든, 집에 가서 요기를 하십시오. 그러나 무슨 일이 있어도 주님의 만찬을, 먹고 마시는 술판이나 집안싸움으로 변질시켜서는 안됩니다. 주님의 만찬은 영적인 식사, 곧 사랑의 향연입니다.

여러분이 질문한 다른 문제들은, 이 다음에 내가 방문해서 직접 대답하겠습니다.

성령께서 주시는 선물

12 1-3 이제 나는, 하나님의 영이 우리 삶 속에서 활동하시는 다양한 방식에 대해 이야기하려고 합니다. 이것은 복잡하고 종종 오해를 받기도 하는 문제지만, 나는 여러분이 반드시 제대로 알아 두기를 바랍니다. 하나님을 알지 못하던 때에 여러분이 어떠했는지 기억하십니까? 그때 여러분은 가짜 신에게서 또 다른 가짜 신에게로 끌려다녔습니다. 자신이 무엇을 하는지도 모른 채, 다른 사람이 하는 대로 그저 따랐을 뿐입니다. 이제부터 내가 말씀드리

part of the crowd that jeered and spit on him at his death. Is that the kind of "remembrance" you want to be part of? Examine your motives, test your heart, come to this meal in holy awe.

29-32 If you give no thought (or worse, don't care) about the broken body of the Master when you eat and drink, you're running the risk of serious consequences. That's why so many of you even now are listless and sick, and others have gone to an early grave. If we get this straight now, we won't have to be straightened out later on. Better to be confronted by the Master now than to face a fiery confrontation later.

33-34 So, my friends, when you come together to the Lord's Table, be reverent and courteous with one another. If you're so hungry that you can't wait to be served, go home and get a sandwich. But by no means risk turning this Meal into an eating and drinking binge or a family squabble. It is a spiritual meal—a love feast.

The other things you asked about, I'll respond to in person when I make my next visit.

Spiritual Gifts

12 1-3 What I want to talk about now is the various ways God's Spirit gets worked into our lives. This is complex and often misunderstood, but I want you to be informed and knowledgeable. Remember how you were when you didn't know God, led from one phony god to another, never knowing what you were doing, just doing it because everybody else did it? It's different in this life. God wants us to use our intelligence, to seek to understand as

는 삶은 다릅니다. 하나님께서는 우리가 우리의 지성을 사용해서, 할 수 있는 한 제대로 이해하려고 애쓰기를 바라십니다. 예컨대, 여러분이 조금만 생각해 보면, 하나님의 영이 누군가로 하여금 "예수는 저주를 받아라!" 하고 말하게 하지 않는다는 것을 충분히 알 수 있습니다. 또한 성령이 주시는 통찰력 없이는 아무도 "예수는 주님이시다!" 하고 말할 수 없습니다.

4-11 하나님의 다양한 선물은 어디서나 받을 수 있지만, 그 선물은 모두 하나님의 영에서 비롯됩니다. 하나님이 맡겨 주신 다양한 사역도 어디서나 수행할 수 있지만, 그 사역 역시 하나님의 영에서 비롯됩니다. 하나님의 다양한 능력도 어디서나 펼쳐지지만, 그 모든 배후에 계신 분은 하나님이십니다. 누구나 할 일을 얻어, 하나님이 어떤 분이신지 알릴 수 있습니다. 누구나 그 일에 참여할 수 있고, 누구나 유익을 얻을 수 있습니다. 성령께서는 온갖 선물을 온갖 부류의 사람들에게 나눠 주십니다! 그 다양성이 놀랍습니다.

    지혜로운 권면
    명료한 이해력
    단순한 신뢰
    병자를 고치는 능력
    기적
    선포
    영을 분별하는 능력
    방언
    방언 통역

이 모든 선물의 근원은 같습니다. 한분이신 하나님의 영이 하나씩 나눠 주시는 것들입니다. 누가 언제 무엇을 받게 될지는 그분께서 정하십니다.

12-13 다른 데서 더 찾을 것도 없이, 여러분 자신의 몸을 보면 이런 성령의 선물들이 어떻게 역사하는지 쉽게 알 수 있을 것입니다. 여러분

well as we can. For instance, by using your heads, you know perfectly well that the Spirit of God would never prompt anyone to say "Jesus be damned!" Nor would anyone be inclined to say "Jesus is Master!" without the insight of the Holy Spirit.

4-11 God's various gifts are handed out everywhere; but they all originate in God's Spirit. God's various ministries are carried out everywhere; but they all originate in God's Spirit. God's various expressions of power are in action everywhere; but God himself is behind it all. Each person is given something to do that shows who God is: Everyone gets in on it, everyone benefits. All kinds of things are handed out by the Spirit, and to all kinds of people! The variety is wonderful:

    wise counsel
    clear understanding
    simple trust
    healing the sick
    miraculous acts
    proclamation
    distinguishing between spirits
    tongues
    interpretation of tongues.

All these gifts have a common origin, but are handed out one by one by the one Spirit of God. He decides who gets what, and when.

12-13 You can easily enough see how this kind of thing works by looking no further than your own body. Your body

의 몸은 여러 지체—팔과 다리, 여러 기관, 수많은 세포—로 이루어져 있습니다. 일일이 열거할 수 없을 만큼 많은 지체가 있지만, 여러분의 몸은 여전히 하나입니다. 그리스도께서도 그러하십니다. 한분이신 그분의 영으로 말미암아 우리 모두는 불완전하고 조각난 우리 삶에 작별을 고했습니다. 저마다 독립적으로 자기 삶을 책임지던 우리가, 이제는 그리스도께서 모든 일의 최종 결정권을 쥐고 계신 크고 온전한 삶에 참여하게 되었습니다. (이것은 우리가 세례 받을 때 말과 행위로 선언한 내용입니다.) 이제 우리 각 사람은 부활하신 그분 몸의 지체가 되어, 하나의 같은 샘—그분의 영—을 마시고 새 힘을 얻어 살아갑니다. 전에 우리가 신원을 확인하기 위해 사용하던 낡은 꼬리표들—유대인이나 그리스 사람, 종이나 자유인 같은 꼬리표들—이 더 이상 쓸모없게 되었습니다. 우리에게는 보다 크고 보다 포괄적인 것이 필요합니다.

14-18 이 모든 것이 여러분을 하찮은 존재가 아니라, 얼마나 중요한 존재로 만드는지 생각해 보시기 바랍니다. 한 지체가 부풀어 올라 거대한 덩어리가 된다고 해서 몸이 되는 것은 아닙니다. 다르면서도 비슷한 지체들이 가지런히 정돈되어 함께 기능하는 것이 몸입니다. 발이 "나는 반지로 치장한 손처럼 아름답지 못하니 이 몸에 속하지 않은 것 같아" 하고 말한다면, 그것이 말이 되겠습니까? 귀가 "나는 맑고 그윽한 눈처럼 아름답지 않으니 머리의 한 자리를 차지할 자격이 없어" 하고 말한다면, 여러분은 그것을 몸에서 떼어 내버리겠습니까? 온몸이 다 눈이라면, 어떻게 듣겠습니까? 온몸이 다 귀라면, 어떻게 냄새를 맡겠습니까? 그러나 하나님께서, 그분이 원하시는 곳에 각각의 지체를 세심하게 두셨다는 것을 우리는 압니다.

19-24 그러니 여러분이 아무리 중요한 인물이라고 해도, 여러분은 스스로 잘난 체해서

has many parts—limbs, organs, cells—but no matter how many parts you can name, you're still one body. It's exactly the same with Christ. By means of his one Spirit, we all said good-bye to our partial and piecemeal lives. We each used to independently call our own shots, but then we entered into a large and integrated life in which *he* has the final say in everything. (This is what we proclaimed in word and action when we were baptized.) Each of us is now a part of his resurrection body, refreshed and sustained at one fountain—his Spirit—where we all come to drink. The old labels we once used to identify ourselves—labels like Jew or Greek, slave or free—are no longer useful. We need something larger, more comprehensive.

14-18 I want you to think about how all this makes you more significant, not less. A body isn't just a single part blown up into something huge. It's all the different-but-similar parts arranged and functioning together. If Foot said, "I'm not elegant like Hand, embellished with rings; I guess I don't belong to this body," would that make it so? If Ear said, "I'm not beautiful like Eye, limpid and expressive; I don't deserve a place on the head," would you want to remove it from the body? If the body was all eye, how could it hear? If all ear, how could it smell? As it is, we see that God has carefully placed each part of the body right where he wanted it.

19-24 But I also want you to think about how this keeps your significance from

는 안됩니다. 나는 여러분이 그 이유도 생각해 보았으면 합니다. 여러분이 그처럼 중요한 것은, 여러분이 몸의 한 지체이기 때문입니다. 눈만 엄청나게 크거나 손만 거인처럼 크다면, 그것은 몸이 아니라 괴물일 것입니다. 우리 몸은 여러 지체로 이루어진 한 몸입니다. 우리 몸의 각 지체는 알맞은 크기로 알맞은 자리에 있습니다. 어떤 지체도 자기 혼자서는 중요하지 않습니다. 눈이 손에게 "꺼져 버려. 나는 네가 필요치 않아" 하고 말하거나, 머리가 발에게 "너는 해고야. 네가 할 일은 없어" 하고 말하는 것을 상상할 수 있겠습니까? 사실, 우리 몸은 정반대의 방식으로 움직입니다. 약한 지체일수록 더 필수적이고 요긴합니다. 예를 들어, 우리는 한쪽 눈이 없어도 살 수 있지만 위가 없으면 살 수 없습니다. 여러분과 관계된 여러분 몸의 지체라면, 눈에 보이거나 가려져 있거나, 강하거나 약하거나 하는 것이 중요하지 않습니다. 여러분은 각각의 지체를 비교하지 않고, 오히려 있는 그대로 존귀하고 소중하게 여길 것입니다. 굳이 편을 든다면, 강한 지체보다는 약한 지체에 더 관심을 기울일 것입니다. 윤기 나는 머리카락과 튼튼한 위장 중에서 하나를 택하라면, 여러분은 튼튼한 위장을 택하지 않겠습니까?

25-26 하나님께서 우리 몸을 설계하신 방식이야말로, 우리가 교회를 이루어 함께 살아가는 삶을 이해하는 데 적합한 모형입니다. 우리가 언급한 지체이든 그렇지 않은 지체이든, 눈에 보이는 지체이든 그렇지 않은 지체이든 간에, 각각의 지체는 저마다 다른 지체를 의지합니다. 한 지체가 아프면, 다른 모든 지체도 그 지체의 아픔과 치료에 동참합니다. 한 지체가 잘되면, 다른 모든 지체도 그 지체의 풍성함을 누립니다.

27-31 여러분은 그리스도의 몸입니다. 그것이 여러분의 참모습입니다! 여러분은 이것을 잊어서는 안됩니다. 여러분 자신을 그 몸의 지체

getting blown up into self-importance. For no matter how significant you are, it is only because of what you are a *part* of. An enormous eye or a gigantic hand wouldn't be a body, but a monster. What we have is one body with many parts, each its proper size and in its proper place. No part is important on its own. Can you imagine Eye telling Hand, "Get lost; I don't need you"? Or, Head telling Foot, "You're fired; your job has been phased out"? As a matter of fact, in practice it works the other way–the "lower" the part, the more basic, and therefore necessary. You can live without an eye, for instance, but not without a stomach. When it's a part of your own body you are concerned with, it makes *no* difference whether the part is visible or clothed, higher or lower. You give it dignity and honor just as it is, without comparisons. If anything, you have more concern for the lower parts than the higher. If you had to choose, wouldn't you prefer good digestion to full-bodied hair?

25-26 The way God designed our bodies is a model for understanding our lives together as a church: every part dependent on every other part, the parts we mention and the parts we don't, the parts we see and the parts we don't. If one part hurts, every other part is involved in the hurt, and in the healing. If one part flourishes, every other part enters into the exuberance.

27-31 You are Christ's body–that's who you are! You must never forget this.

로 인정할 때에야 비로소 여러분이 "지체"인 것이 의미가 있습니다. 하나님께서 그분의 몸이신 교회 안에 세우신 여러 지체 가운데, 여러분이 잘 아는 지체는 다음과 같습니다.

사도
예언자
교사
기적을 행하는 사람
병을 고치는 사람
도와주는 사람
조직하는 사람
방언으로 기도하는 사람

이제 그리스도의 교회가 온전한 하나의 몸이라는 것이 분명하지 않습니까? 한 지체만 비정상적으로 커진 것은 그리스도의 교회가 아닙니다. 사도만 있는 교회, 예언자만 있는 교회, 기적을 행하는 사람만 있는 교회, 병 고치는 사람만 있는 교회, 방언으로 기도하는 사람만 있는 교회, 방언을 통역하는 사람만 있는 교회. 그런 교회는 그리스도의 교회가 아닙니다. 그런데도 여러분 가운데 몇몇 사람은 이른바 "중요한" 지체가 되겠다고 계속 경쟁하더군요. 그러나 나는 이제 여러분에게 훨씬 나은 길을 제시하려고 합니다.

사랑의 길

13 ¹ 내가 사람의 유창한 말과 천사의 황홀한 말을 해도, 사랑하지 않으면, 나는 녹슨 문에서 나는 삐걱거리는 소리에 지나지 않습니다.

² 내가 하나님의 말씀을 힘차게 전하고, 그분의 모든 비밀을 드러내고, 모든 것을 대낮처럼 환히 밝혀도, 또 내가 산에게 "뛰어올라라" 명하면 산이 그대로 뛰어오를 만큼의 믿음을 지니고 있어도, 사랑하지 않으면, 나는 아무것도 아닙니다.

Only as you accept your part of that body does your "part" mean anything. You're familiar with some of the parts that God has formed in his church, which is his "body":

apostles
prophets
teachers
miracle workers
healers
helpers
organizers
those who pray in tongues.

But it's obvious by now, isn't it, that Christ's church is a complete Body and not a gigantic, unidimensional Part? It's not all Apostle, not all Prophet, not all Miracle Worker, not all Healer, not all Prayer in Tongues, not all Interpreter of Tongues. And yet some of you keep competing for so-called "important" parts.

But now I want to lay out a far better way for you.

The Way of Love

13 ¹ If I speak with human eloquence and angelic ecstasy but don't love, I'm nothing but the creaking of a rusty gate.

² If I speak God's Word with power, revealing all his mysteries and making everything plain as day, and if I have faith that says to a mountain, "Jump," and it jumps, but I don't love, I'm nothing.

3-7 내가 가진 모든 재산을 가난한 사람들에게 나누어 주고, 순교자처럼 불살라질 각오를 하더라도, 사랑하지 않으면, 아무 소용이 없습니다. 내가 무엇을 말하고 무엇을 믿고 무슨 일을 하든지, 사랑이 없으면, 나는 파산한 사람이나 다름없습니다.

사랑은 절대로 포기하지 않습니다.
사랑은 자기보다 다른 사람에게 더 마음을 씁니다.
사랑은 자기가 갖지 못한 것을 바라지 않습니다.
사랑은 뽐내지 않으며
자만하지 않으며
다른 사람에게 자신을 강요하지 않으며
"내가 먼저야"라고 말하지 않으며
화내지 않으며
다른 사람의 죄를 꼬치꼬치 따지지 않으며
다른 사람이 비굴하게 굴 때 즐거워하지 않으며
진리가 꽃피는 것을 보고 기뻐하며
무슨 일이든지 참으며
하나님을 늘 신뢰하며
언제나 최선을 구하며
뒷걸음질하지 않으며
끝까지 견딥니다.

8-10 사랑은 절대로 사라지지 않습니다. 제아무리 영감 넘치는 말도 언젠가는 사라지고, 방언으로 기도하는 것도 그칠 것입니다. 이해력도 한계에 이르게 될 것입니다. 진리의 한 부분만 아는 우리가 하나님에 대해 말하는 것은 언제나 불완전합니다. 그러나 완전하신 그분이 오시면, 우리의 불완전한 것들을 없애 주실 것입니다.

11 내가 어머니의 품에 안긴 젖먹이였을 때에는 젖먹이처럼 옹알거렸지만, 다 자라서는 그러한 어린아이 짓을 영원히 버렸습니다.

3-7 If I give everything I own to the poor and even go to the stake to be burned as a martyr, but I don't love, I've gotten nowhere. So, no matter what I say, what I believe, and what I do, I'm bankrupt without love.

Love never gives up.
Love cares more for others than for self.
Love doesn't want what it doesn't have.
Love doesn't strut,
Doesn't have a swelled head,
Doesn't force itself on others,
Isn't always "me first,"
Doesn't fly off the handle,
Doesn't keep score of the sins of others,
Doesn't revel when others grovel,
Takes pleasure in the flowering of truth,
Puts up with anything,
Trusts God always,
Always looks for the best,
Never looks back,
But keeps going to the end.

8-10 Love never dies. Inspired speech will be over some day; praying in tongues will end; understanding will reach its limit. We know only a portion of the truth, and what we say about God is always incomplete. But when the Complete arrives, our incompletes will be canceled.

11 When I was an infant at my mother's breast, I gurgled and cooed like any infant. When I grew up, I left those infant ways for good.

¹² 우리는 아직 모든 것을 분명하게 보지 못합니다. 우리는 안개 한가운데서 눈을 가늘게 뜨고 그 속을 들여다봅니다. 그러나 머지않아 날이 맑게 개고, 태양이 환히 빛날 것입니다. 그때가 되면, 우리는 모든 것을 볼 것입니다. 하나님께서 우리를 보시는 것과 같이 모든 것을 또렷하게 보고, 하나님께서 우리를 아시는 것과 같이 그분을 직접 알게 될 것입니다!

¹³ 그러나 그 완전함에 이르기까지, 우리는 다음 세 가지를 행함으로 완성을 향해 나아가야 합니다. 하나님을 꾸준히 신뢰하십시오. 흔들림 없이 소망하십시오. 아낌없이 사랑하십시오. 이 세 가지 가운데 으뜸은 사랑입니다.

기도의 언어

14 ¹⁻³ 여러분의 생명이 사랑에 달려 있다는 듯이, 온 힘을 다해 사랑의 삶을 추구하십시오. 하나님께서 여러분에게 주시는 선물을 열심히 구하십시오. 무엇보다도 하나님의 진리를 힘써 선포하십시오. 여러분이 자기만 아는 방언으로 하나님을 찬양하면, 하나님은 알아들으시지만 다른 사람들은 알아듣지 못합니다. 여러분이 하나님과만 사귐을 갖고 있기 때문입니다. 그러나 여러분이 일상의 언어로 하나님의 진리를 선포하면, 여러분은 다른 사람들도 그 진리에 참여하도록 한 것입니다. 그러면 그들도 자라고 튼튼해져서, 여러분과 함께 그분의 임재를 경험하게 될 것입니다.

⁴⁻⁵ 자기만 아는 "기도의 언어"로 기도하는 사람은 거기서 많은 것을 얻겠지만, 하나님의 진리를 누구나 알아들을 수 있는 말로 선포하는 사람은 온 교회를 성숙시키고 튼튼하게 합니다. 나는 여러분 모두가 기도로 하나님과의 사귐을 발전시키기를 바랍니다. 하지만 거기서 멈추지는 마십시오. 다른 사람들을 찾아가서 하나님의 분명한 진리를 선포하십시오. 여러분이 말하는 것을 모든 사람의 유익을 위해 통역해 주는 사람이 없다면, 비밀 기도의 언어로

¹² We don't yet see things clearly. We're squinting in a fog, peering through a mist. But it won't be long before the weather clears and the sun shines bright! We'll see it all then, see it all as clearly as God sees us, knowing him directly just as he knows us!

¹³ But for right now, until that completeness, we have three things to do to lead us toward that consummation: Trust steadily in God, hope unswervingly, love extravagantly. And the best of the three is love.

Prayer Language

14 ¹⁻³ Go after a life of love as if your life depended on it—because it does. Give yourselves to the gifts God gives you. Most of all, try to proclaim his truth. If you praise him in the private language of tongues, God understands you but no one else does, for you are sharing intimacies just between you and him. But when you proclaim his truth in everyday speech, you're letting *others* in on the truth so that they can grow and be strong and experience his presence with you.

⁴⁻⁵ The one who prays using a private "prayer language" certainly gets a lot out of it, but proclaiming God's truth to the church in its common language brings the whole church into growth and strength. I want all of you to develop intimacies with God in prayer, but please don't stop with that. Go on and proclaim his clear truth to others. It's more important that everyone have

하나님의 임재를 경험하고 구하기보다는, 모든 사람이 알아들을 수 있는 언어로 하나님을 아는 지식과 그분의 사랑에 접근할 수 있게 하는 것이 더 중요합니다.

6-8 친구 여러분, 생각해 보십시오. 내가 여러분에게 가서 하나님만 알아들으실 수 있는 말로 그분께 비밀히 기도한다면, 여러분에게 무슨 유익이 있겠습니까? 내게 어떤 통찰이나 진리나 선포나 가르침이 있더라도 누구나 알아들을 수 있는 말로 전하지 않으면, 여러분에게 무슨 도움이 되겠습니까? 가령, 플루트나 하프 같은 악기들이 각각 독특한 음색으로 조화를 이루며 연주되지 않는다면, 우리가 어떻게 선율을 알아듣고 음악을 즐기겠습니까? 나팔소리가 다른 악기소리와 구분되지 않는다면, 어떻게 전투 개시를 알릴 수 있겠습니까?

9-12 여러분이 아무도 알아듣지 못하게 말한다면, 여러분의 입을 여는 것이 무슨 소용이 있겠습니까? 이 세상에는 수많은 언어가 있고, 그 언어들은 저마다 누군가에게 뜻을 가지고 있습니다. 그러나 내가 그 언어를 알아듣지 못하면, 그 언어는 내게 유익한 것이 아닙니다. 여러분의 경우도 다르지 않습니다. 여러분은 하나님이 하시는 일에는 열심히 참여하려고 하면서, 어찌하여 교회 안의 모든 이들에게 도움이 되는 일에는 주의를 기울이지 않는 것입니까?

13-17 자기만 아는 기도의 언어로 기도할 때는, 그 경험을 혼자서만 간직하지 마십시오. 다른 사람들을 그러한 사귐으로 이끄는 안목과 능력을 구하십시오. 내가 방언으로 기도하면, 내 영은 기도하겠지만 내 이성은 하릴없이 놀 것이고, 지성도 그만큼 약화될 것입니다. 그러면 무엇이 해결책이겠습니까? 답은 너무나 간단합니다. 둘 다 하십시오. 나라면 영적으로 자유롭고 풍성하게 기도하면서, 동시에 신중하고 주의 깊게 기도

access to the knowledge and love of God in language everyone understands than that you go off and cultivate God's presence in a mysterious prayer language—unless, of course, there is someone who can interpret what you are saying for the benefit of all.

6-8 Think, friends: If I come to you and all I do is pray privately to God in a way only he can understand, what are you going to get out of that? If I don't address you plainly with some insight or truth or proclamation or teaching, what help am I to you? If musical instruments—flutes, say, or harps—aren't played so that each note is distinct and in tune, how will anyone be able to catch the melody and enjoy the music? If the trumpet call can't be distinguished, will anyone show up for the battle?

9-12 So if you speak in a way no one can understand, what's the point of opening your mouth? There are many languages in the world and they all mean something to someone. But if *I* don't understand the language, it's not going to do me much good. It's no different with you. Since you're so eager to participate in what God is doing, why don't you concentrate on doing what helps everyone in the church?

13-17 So, when you pray in your private prayer language, don't hoard the experience for yourself. Pray for the insight and ability to bring others into that intimacy. If I pray in tongues, my spirit prays but my mind lies fallow, and all that intelligence is wasted. So what's the solution? The answer is simple enough. Do both. I should be spiritually free and expressive as I pray, but I should also be thoughtful and mindful as I pray. I

하겠습니다. 영으로도 찬양하고, 지성으로도 찬양하겠습니다. 여러분이 아무도 알아듣지 못하는 기도의 언어로 축복한다면, 교회에 갓 들어와 무슨 일인지 알지 못하는 사람은 언제 "아멘" 해야 할지 모를 것입니다. 여러분의 축복 기도는 더할 나위 없이 훌륭하겠지만, 여러분은 그 사람을 아주 무시한 것이나 다름없습니다.

18-19 나는 우리에게 방언 기도라는 선물을 주셔서 그분을 찬양하게 하신 하나님께 감사를 드립니다. 그로 인해 우리는 그분과 놀라운 사귐을 갖게 되었습니다. 나는 여러분 가운데 누구보다도 방언 기도를 많이 합니다. 그러나 나는 사람들이 예배하러 모인 교회 안에 있을 때는, 다른 사람들에게 횡설수설로 들릴 일만 마디 말을 하는 것보다, 누구나 알아듣고 배울 수 있는 다섯 마디 말을 하고 싶습니다.

20-25 아주 솔직히 말씀드리면, 나는 여러분이 어린아이처럼 생각하는 것에 화가 납니다. 얼마나 더 있어야 여러분이 자라서 어른스럽게 생각하겠습니까? 어린아이처럼 악에 대해서는 잘 몰라도 괜찮습니다. 그런 경우에는 그저 "안돼" 하고 말할 줄 알면 됩니다. 그러나 무언가에 대해 "예" 하고 말하려면, 그 이상의 것이 필요합니다. 성숙하고 잘 훈련된 지성만이 여러분이 속임수에 빠지지 않도록 지켜 줄 수 있습니다. 하나님께서 성경에 이렇게 말씀하셨습니다.

> 내가 낯선 방언과
> 낯선 사람의 입술로
> 이 백성에게 전해도
> 그들은 귀 기울여 듣지도 않고 믿지도 않을 것이다.

그러니 아무도 알아듣지 못하는 방언으로 말하는 것이 무슨 소용이 있겠습니까? 그것은 믿는 사람들에게 도움이 되지 않고, 믿지 않

should sing with my spirit, and sing with my mind. If you give a blessing using your private prayer language, which no one else understands, how can some outsider who has just shown up and has no idea what's going on know when to say "Amen"? Your blessing might be beautiful, but you have very effectively cut that person out of it.

18-19 I'm grateful to God for the gift of praying in tongues that he gives us for praising him, which leads to wonderful intimacies we enjoy with him. I enter into this as much or more than any of you. But when I'm in a church assembled for worship, I'd rather say five words that everyone can understand and learn from than say ten thousand that sound to others like gibberish.

20-25 To be perfectly frank, I'm getting exasperated with your infantile thinking. How long before you grow up and use your head—your *adult* head? It's all right to have a childlike unfamiliarity with evil; a simple *no* is all that's needed there. But there's far more to saying *yes* to something. Only mature and well-exercised intelligence can save you from falling into gullibility. It's written in Scripture that God said,

> In strange tongues
>   and from the mouths of strangers
> I will preach to this people,
>   but they'll neither listen nor believe.

So where does it get you, all this speaking in tongues no one understands? It

는 사람들에게는 구경거리를 제공하여 그저 멍하니 바라보게 할 뿐입니다. 그러나 알아듣기 쉬운 말로 진리를 말하면, 믿는 이들의 마음에 곧바로 다가갈 뿐 아니라 믿지 않는 이들에게도 거슬리지 않습니다. 여러분이 교회에 모여 있고 믿지 않는 사람들도 들어와 있는데, 때마침 여러분이 알아들을 수 없는 방언으로 기도하고 있다면, 그들이 듣다가 여러분이 미쳤다고 생각하고 서둘러 거기서 빠져나가지 않겠습니까? 그러나 믿지 않는 사람들 몇 명이 우연히 교회에 들어왔는데, 여러분이 하나님의 진리를 알아듣기 쉽게 명확히 말하고 있다면, 그들이 여러분의 말을 듣다가 진리를 접하고 자기 마음을 살피게 될 것입니다. 어느새 그들은 하나님 앞에 엎드려, 하나님께서 여러분 가운데 계심을 인정하게 될 것입니다.

26-33 나는 여러분이 이렇게 하면 좋겠습니다. 예배하러 모일 때는, 각자가 전체를 유익하게 할 만한 것을 준비하십시오. 찬송을 부르거나, 가르치거나, 이야기를 해주거나, 기도를 인도하거나, 영적으로 깨달은 것을 나누십시오. 방언으로 기도할 때는 두세 사람까지만 하되, 그것도 여러분의 말을 통역할 사람이 있을 때에만 하십시오. 통역할 사람이 없거든, 하나님과 여러분 사이에서만 하십시오. 모임에서는 두세 사람 정도만 말하고, 나머지는 귀 기울여 듣고 마음에 새기십시오. 한 사람이 독차지하지 말고 차례를 지켜 말하십시오. 그리고 말하는 사람은 각자 기회를 얻어 하나님으로부터 받은 특별한 것을 말하십시오. 그러면 여러분 모두가 서로에게서 배우게 될 것입니다. 말하기로 한 사람은 말하는 방식과 시간까지 책임지십시오. 우리가 바르게 예배하면, 하나님은 우리를 무질서에 빠뜨리지 않으십니다. 하나님은 우리를 조화로 이끄십니다. 이것은 모든 교회에 예외 없이 해당하는 사

doesn't help believers, and it only gives unbelievers something to gawk at. Plain truth-speaking, on the other hand, goes straight to the heart of believers and doesn't get in the way of unbelievers. If you come together as a congregation and some unbelieving outsiders walk in on you as you're all praying in tongues, unintelligible to each other and to them, won't they assume you've taken leave of your senses and get out of there as fast as they can? But if some unbelieving outsiders walk in on a service where people are speaking out God's truth, the plain words will bring them up against the truth and probe their hearts. Before you know it, they're going to be on their faces before God, recognizing that God is among you.

26-33 So here's what I want you to do. When you gather for worship, each one of you be prepared with something that will be useful for all: Sing a hymn, teach a lesson, tell a story, lead a prayer, provide an insight. If prayers are offered in tongues, two or three's the limit, and then only if someone is present who can interpret what you're saying. Otherwise, keep it between God and yourself. And no more than two or three speakers at a meeting, with the rest of you listening and taking it to heart. Take your turn, no one person taking over. Then each speaker gets a chance to say something special from God, and you all learn from each other. If you choose to speak, you're also responsible for how and when you speak. When we worship the right way, God doesn't stir us up into confusion; he brings us into harmony. This goes for all the

항입니다.

34-36 아내들은 귀 기울여 들어야 할 시간에 이야기하거나, 집에서 남편에게 물어봐도 될 질문을 던지면서 예배를 혼란스럽게 해서는 안됩니다. 예배 시간에 지켜야 할 예절과 관습은 하나님의 율법이 적혀 있는 성경책이 지도해 줄 것입니다. 아내들은 예배 시간을 이용해 자기가 하고 싶은 말을 하려고 해서는 안됩니다. 여러분—여자든 남자든—은 자신이 옳고 그름을 판단하는 거룩한 예언자라도 된다고 생각하는 것입니까? 모든 것이 여러분을 중심으로 움직인다고 생각하십니까?

37-38 여러분 가운데 어떤 사람이 하나님께로부터 할 말을 받았거나 할 일을 받았다고 생각한다면, 내가 쓴 이 글을 유의해서 보십시오. 이것이 주님이 바라시는 방식입니다. 여러분이 이 규칙들을 따르지 않겠다면, 미안한 말이지만, 하나님께서도 여러분을 쓰시지 않을 것입니다.

39-40 요약해서 세 가지를 말씀드립니다. 하나님의 진리를 전할 때는 진심으로 하십시오. 여러분이 알아듣지 못하는 방언으로 사람들이 기도한다고 해서, 그들에게 가타부타 말하지 마십시오. 무슨 일을 하든지 예의 바르고 사려 깊게 하십시오.

부활

15 1-2 친구 여러분, 여러분과 함께 마지막으로 **메시지**를 점검해 보겠습니다. 이 **메시지**는 내가 선포하고 여러분이 자기 것으로 삼은 것입니다. 여러분은 이 **메시지** 위에 서 있고, 이 **메시지**로 인해 여러분의 삶은 구원을 받았습니다. (나는 여러분의 믿음이 일시적인 것이 아니라 진실한 것이며, 여러분이 영원토록 이 믿음 안에 있으면서 이 믿음을 굳게 붙잡으리라고 생각합니다.)

3-9 내가 가장 먼저 한 일은, 내 앞에 아주 강력하게 제시된 다음 사실을 여러분 앞에 제시

churches—no exceptions.

34-36 Wives must not disrupt worship, talking when they should be listening, asking questions that could more appropriately be asked of their husbands at home. God's Book of the law guides our manners and customs here. Wives have no license to use the time of worship for unwarranted speaking. Do you—both women *and* men—imagine that you're a sacred oracle determining what's right and wrong? Do you think everything revolves around you?

37-38 If any one of you thinks God has something for you to say or has inspired you to do something, pay close attention to what I have written. This is the way the Master wants it. If you won't play by these rules, God can't use you. Sorry.

39-40 Three things, then, to sum this up: When you speak forth God's truth, speak your heart out. Don't tell people how they should or shouldn't pray when they're praying in tongues that you don't understand. Be courteous and considerate in everything.

Resurrection

15 1-2 Friends, let me go over the Message with you one final time—this Message that I proclaimed and that you made your own; this Message on which you took your stand and by which your life has been saved. (I'm assuming, now, that your belief was the real thing and not a passing fancy, that you're in this for good and holding fast.)

3-9 The first thing I did was place before

하는 것이었습니다. 성경에 기록된 대로, 메시아께서 우리 죄를 위해 죽으시고 무덤에 묻히시고 사흘째 되는 날에 다시 살아나셔서, 베드로에게 생생히 나타나시고, 가장 가까운 제자들에게 나타나셨습니다. 그 후에 그분께서는 한번에 오백 명이 넘는 제자들에게 나타나셨는데, 그들 가운데 몇 사람은 세상을 떠났지만, 대부분은 지금도 우리 곁에 살아 있습니다. 또한 그분께서 자기를 대변하도록 세우신 야고보와 나머지 사도들에게 나타나셨습니다. 그러고는 마지막으로, 나에게도 생생히 나타나셨습니다. 내가 맨 나중이 된 것은 합당한 일이었습니다. 여러분도 알다시피, 나는 사도들의 반열에 포함될 자격이 없는 사람입니다. 내가 하나님의 교회를 없애 버리는 일에 혈안이 되어 젊은 시절 대부분을 허비했기 때문입니다.

10-11 그러나 하나님께서는 너무나 은혜로우시고 한없이 너그러우셨습니다. 그래서 오늘의 내가 있게 된 것입니다. 나는 그분의 은혜를 헛되게 하지 않을 것입니다. 내가 다른 어느 누구보다 더 많은 일을 하려고 애쓰지 않았습니까? 그렇다고 해도 내가 한 일은 그리 대단한 것이 아니었습니다. 하나님께서 내게 할 일을 주시고 감당할 힘도 주셨기에, 내가 할 수 있었던 것입니다. 그러므로 여러분이 내게서 **메시지**를 들었든 다른 사람들에게서 들었든 간에, 그것은 같은 **메시지**입니다. 나나 그들이나 하나님의 진리를 전했고, 여러분은 여러분의 삶을 맡겼습니다.

12-15 이제 나는 여러분에게 의미심장하면서도 어려운 질문을 던지려고 합니다. 여러분은 우리가 선포한 사실—그리스도께서 죽은 자들 가운데서 다시 살아나셨다는 사실—을 믿어서 신자가 된 것인데, 사람들이 부활 같은 것은 없다고 말하도록 내버려 두다니 어찌 된 일입니까? 부활이 없다면, 그리스도께서 살아나는 일도 없었을 것입니다. 그리스도의 부

you what was placed so emphatically before me: that the Messiah died for our sins, exactly as Scripture tells it; that he was buried; that he was raised from death on the third day, again exactly as Scripture says; that he presented himself alive to Peter, then to his closest followers, and later to more than five hundred of his followers all at the same time, most of them still around (although a few have since died); that he then spent time with James and the rest of those he commissioned to represent him; and that he finally presented himself alive to *me*. It was fitting that I bring up the rear. I don't deserve to be included in that inner circle, as you well know, having spent all those early years trying my best to stamp God's church right out of existence.

10-11 But because God was so gracious, so very generous, here I am. And I'm not about to let his grace go to waste. Haven't I worked hard trying to do more than any of the others? Even then, my work didn't amount to all that much. It was God giving me the work to do, God giving me the energy to do it. So whether you heard it from me or from those others, it's all the same: We spoke God's truth and you entrusted your lives.

12-15 Now, let me ask you something profound yet troubling. If you became believers because you trusted the proclamation that Christ is alive, risen from the dead, how can you let people say that there is no such thing as a resurrection? If there's no resurrection, there's no living Christ. And face it—if there's no

활이 없다면, 우리가 여러분에게 전한 모든 것은 교묘한 속임수가 되고, 여러분이 목숨을 걸고 붙잡은 모든 것도 교묘한 속임수가 되고 말 것입니다. 뿐만 아니라, 부활이 없다면, 우리는 하나님에 대해 뻔뻔한 거짓말을 늘어놓는 죄를 범한 셈이 되고, 하나님께서 그리스도를 다시 살리셨다고 증언한 우리의 진술도 순전히 거짓말이 되고 말 것입니다.

16-20 죽은 자들이 다시 살아나는 일이 없다면, 그리스도께서 다시 살아나는 일도 없었을 것입니다. 그분은 실제로 죽으셨기 때문입니다. 그리고 그리스도께서 다시 살아나지 않으셨다면, 여러분은 지금도 예전처럼 어둠 속에서 길을 잃고 헤매고 있을 것입니다. 그것은 그리스도와 부활을 신뢰하며 죽은 이들에게 훨씬 불행한 일이 되었을 것입니다. 그들은 이미 무덤 속에 누워 있으니 말입니다. 우리가 그리스도에게서 얻는 것이 이 땅에서 잠시 사는 동안 누리는 작은 감동이 전부라면, 우리야말로 정말 가엾은 사람들일 것입니다. 그러나 진실은 이렇습니다. 그리스도께서 다시 살아나셔서, 장차 무덤을 떠날 수많은 사람들의 첫 유산이 되신 것입니다.

21-28 이것과 관련해 적절한 예를 들어 보겠습니다. 처음에 죽음이 한 사람을 통해서 왔고, 부활도 한 사람을 통해서 왔습니다. 아담 안에서 모든 사람이 죽은 것과 같이, 그리스도 안에서 모든 사람이 살아납니다. 그러나 우리는 순서를 기다려야 합니다. 그리스도가 먼저이고, 그 다음은 그리스도께서 다시 오시는 때에 그분과 함께하는 사람들입니다. 그리스도께서 다시 오시는 때는 장중한 완성의 때일 텐데, 그때가 되면 그리스도께서 반대 세력을 부서뜨리고 그의 나라를 하나님 아버지께 넘겨드릴 것입니다. 그분께서는 마지막 원수가 쓰러질 때까지 멈추지 않으실 것입니다. 그 마지막 원수는 다름 아닌 죽음입니다! 시편 기자는 "하나님께서 그들 모두를 낮추시

resurrection for Christ, everything we've told you is smoke and mirrors, and everything you've staked your life on is smoke and mirrors. Not only that, but we would be guilty of telling a string of barefaced lies about God, all these affidavits we passed on to you verifying that God raised up Christ—sheer fabrications, if there's no resurrection.

16-20 If corpses can't be raised, then Christ wasn't, because he was indeed dead. And if Christ weren't raised, then all you're doing is wandering about in the dark, as lost as ever. It's even worse for those who died hoping in Christ and resurrection, because they're already in their graves. If all we get out of Christ is a little inspiration for a few short years, we're a pretty sorry lot. But the truth is that Christ *has* been raised up, the first in a long legacy of those who are going to leave the cemeteries.

21-28 There is a nice symmetry in this: Death initially came by a man, and resurrection from death came by a man. Everybody dies in Adam; everybody comes alive in Christ. But we have to wait our turn: Christ is first, then those with him at his Coming, the grand consummation when, after crushing the opposition, he hands over his kingdom to God the Father. He won't let up until the last enemy is down—and the very last enemy is death! As the psalmist said, "He laid them low, one and all; he walked all over them." When Scripture says that "he walked all over them," it's obvious that he couldn't at the same time be walked

고, 하나님께서 그들 모두를 짓밟으셨다"고 말했습니다. "하나님께서 그들 모두를 짓밟으셨다"고 말할 때, 모든 것을 짓밟으신 분께서 동시에 짓밟힐 수 없다는 것은 자명한 이치입니다. 하나님께서 마침내 만물과 모든 이들을 다스리실 때, 그 아들도 모든 이들의 자리로 내려가 그들과 함께 서서 하나님의 통치가 미치지 않는 곳이 없음을 증명해 보이실 것입니다. 완벽한 결말이 아닐 수 없습니다!

29 사람들이 죽은 자들을 위해 세례를 받는 이유가 무엇이라고 생각합니까? 죽은 자들의 부활이 없고 하나님의 능력이 무덤 입구에서 그치고 만다면, 그분께서 무덤을 깨끗이 정리하시고 모든 이들을 끌어올려 일어서게 하실 것을 암시하는 행위를 우리가 무엇 때문에 계속한다는 말입니까?

30-33 내가 이토록 위험한 일에 목숨을 거는 이유가 무엇이겠습니까? 나는 살면서 하루도 빠짐없이 죽음과 직면합니다. 여러분은 내가 부활하신 메시아 예수께서 보증해 주신 여러분의 부활과 나의 부활에 대한 확신도 없이 이 일을 하고 있다고 생각합니까? 여러분은 내가 에베소에서 나의 최후가 되지 않기를 바라면서 사나운 짐승들과 싸울 때, 그것이 단지 영웅처럼 행동하려고 한 것에 불과하다고 생각합니까? 결코 그렇지 않습니다! 내가 행하고 말하는 것, 내가 사는 방식을 뒷받침하는 것은 부활, 부활, 언제나 부활입니다. 부활이 없다면, 우리는 "내일이면 죽을 테니 먹고 마시자"고 할 것입니다. 그리고 그것이 전부일 것입니다. 그러나 속지 마십시오. 부활을 반대하는 잡담에 물들지 마십시오. "나쁜 친구가 좋은 행실을 망칩니다."

34 똑바로 생각하십시오. 깨어나 거룩한 삶을 사십시오. 더 이상 부활의 사실에 대해 오락가락하지 마십시오. 지금 같은 시대에 하나님을 알지 못하는 것은 여러분이 부릴 사치가 아닙니다. 이러한 일을 오래도록 방치하다니, 여러

on. When everything and everyone is finally under God's rule, the Son will step down, taking his place with everyone else, showing that God's rule is absolutely comprehensive—a perfect ending!

29 Why do you think people offer themselves to be baptized for those already in the grave? If there's no chance of resurrection for a corpse, if God's power stops at the cemetery gates, why do we keep doing things that suggest he's going to clean the place out someday, pulling everyone up on their feet alive?

30-33 And why do you think I keep risking my neck in this dangerous work? I look death in the face practically every day I live. Do you think I'd do this if I wasn't convinced of your resurrection and mine as guaranteed by the resurrected Messiah Jesus? Do you think I was just trying to act heroic when I fought the wild beasts at Ephesus, hoping it wouldn't be the end of me? Not on your life! It's resurrection, resurrection, always resurrection, that undergirds what I do and say, the way I live. If there's no resurrection, "We eat, we drink, the next day we die," and that's all there is to it. But don't fool yourselves. Don't let yourselves be poisoned by this anti-resurrection loose talk. "Bad company ruins good manners."

34 Think straight. Awaken to the holiness of life. No more playing fast and loose with resurrection facts. Ignorance of God is a luxury you can't afford in times like these. Aren't you

분은 창피하지도 않습니까?

35-38 어떤 회의론자는 꼭 이런 질문을 던집니다. '부활이 어떻게 일어나는지 보여주시오. 도표로 보여주고, 그림으로 보여주시오. 도대체 부활한 몸은 어떻게 생겼습니까?' 자세히 살펴보면, 이 질문이 얼마나 어리석은 것인지 알 수 있습니다. 이런 일은 도표로 나타낼 수 없습니다. 우리는 이와 유사한 경험을 정원 일에서 찾아볼 수 있습니다. "죽은 것 같은" 씨를 심었는데, 이내 식물이 무성하게 자랍니다. 눈으로 볼 때 씨앗과 식물은 비슷한 점이 없습니다. 여러분은 토마토 씨를 보고 토마토가 어떻게 생겼을지 헤아릴 수 없습니다. 우리가 흙 속에 심은 것과 거기서 움튼 것은 똑같아 보이지 않습니다. 우리가 땅에 묻는 죽은 몸과 그 몸에서 비롯되는 부활한 몸도 전혀 다른 모습일 것입니다.

39-41 몸의 종류도 놀랄 만큼 다양하다는 것에 주목해 보십시오. 씨앗의 종류가 여러 가지이듯이, 몸의 종류도 여러 가지입니다. 사람의 몸도 있고, 동물의 몸도 있고, 새의 몸도 있고, 물고기의 몸도 있습니다. 저마다 독특한 형태의 몸을 가지고 있습니다. 땅에 있는 다양한 몸뿐만 아니라, 하늘에 있는 해와 달과 별들과 같은 다양한 천체들도 그 아름다움과 밝기가 각기 다르고 다양합니다. 그것을 보는 것만으로도 부활의 영광이 얼마나 다양한지를 어렴풋하게나마 알 수 있습니다. 우리는 부활 이전의 "씨"를 보고 있을 따름입니다. 그러니 부활이라는 "식물"이 어떤 모습일지 누가 상상할 수 있겠습니까?

42-44 죽은 것 같은 씨를 심었는데, 살아 있는 식물을 거둡니다. 이 이미지는 기껏해야 밑그림 정도에 불과하지만, 부활한 몸의 비밀에 접근하는 데 도움이 될 것입니다. 다만, 다시 살아나면 영원히 살아나 영원히 살게 된다는 것을 마음에 새겨야 합니

embarrassed that you've let this kind of thing go on as long as you have?

35-38 Some skeptic is sure to ask, "Show me how resurrection works. Give me a diagram; draw me a picture. What does this 'resurrection body' look like?" If you look at this question closely, you realize how absurd it is. There are no diagrams for this kind of thing. We do have a parallel experience in gardening. You plant a "dead" seed; soon there is a flourishing plant. There is no visual likeness between seed and plant. You could never guess what a tomato would look like by looking at a tomato seed. What we plant in the soil and what grows out of it don't look anything alike. The dead body that we bury in the ground and the resurrection body that comes from it will be dramatically different.

39-41 You will notice that the variety of bodies is stunning. Just as there are different kinds of seeds, there are different kinds of bodies—humans, animals, birds, fish—each unprecedented in its form. You get a hint at the diversity of resurrection glory by looking at the diversity of bodies not only on earth but in the skies—sun, moon, stars—all these varieties of beauty and brightness. And we're only looking at pre-resurrection "seeds"—who can imagine what the resurrection "plants" will be like!

42-44 This image of planting a dead seed and raising a live plant is a mere sketch at best, but perhaps it will help in approaching the mystery of the resurrection body—but only if you keep in mind that when we're raised, we're raised for *good*, alive forever! The corpse that's planted is no beauty, but

다! 죽어서 묻힌 몸은 아름답지 않지만, 다시 살아난 몸은 영광스럽습니다. 약한 것을 심었는데, 강한 것이 싹틉니다. 뿌린 씨는 자연의 것인데, 거기서 자란 것은 자연 너머의 것입니다. 씨도 같은 씨이고 몸도 같은 몸이지만, 그것이 육체로 죽어 묻힐 때와 영원한 영의 생명으로 다시 살아날 때, 그 차이는 실로 엄청납니다!

45-49 성경에서 이 순서를 따라가 보겠습니다. 첫 번째 아담은 생명을 얻었고, 마지막 아담은 생명을 주는 영이 되었습니다. 육체의 생명이 먼저 오고, 영적인 생명은 그 다음에 옵니다. 기초는 흙으로부터 단단히 빚어졌지만, 최종 완성은 하늘로부터 옵니다. 첫 번째 사람이 흙에서 난 이래로, 사람들은 땅에 속한 사람이 되었습니다. 두 번째 사람은 하늘에서 났고, 사람들은 이제 하늘에 속한 사람이 될 수 있습니다. 이제껏 우리는 땅에 뿌리를 두고 살아 왔지만, 이제는 하늘에 속하는 것을 목표로 삼아야 합니다.

50 친구 여러분, 내가 강조하고 싶은 것은 이것입니다. 땅에 속한 우리의 삶은 그 본성상 우리를 하나님 나라로 인도해 주지 못합니다. 그 삶의 "자연스런 본성"은 죽음입니다. 그러니 그 삶이 어떻게 마지막에 가서 "자연스럽게" 생명의 나라에 들어갈 수 있겠습니까?

51-57 그러나 나는 여러분에게 나도 다 이해하지 못하는 놀라운 비밀을 알려 드리겠습니다. 우리는 모두 죽지 않고 변화될 것입니다. 여러분이 모든 소리를 잠재울 나팔소리를 듣고 위를 쳐다보며 눈을 깜박이는 순간, 그 일은 끝날 것입니다. 나팔 신호가 하늘로부터 울리면, 죽은 자들이 무덤을 박차고 일어나서 죽음의 힘이 미치지 못하는 곳, 다시는 죽을 일이 없는 곳에 이르게 될 것입니다. 그와 동시에, 우리도 그들과 똑같은 방식으로 모두 변화될 것입니다. 부활 계획표에는 다음과 같은 일이 일어나도록 되어 있습니다. 모

when it's raised, it's glorious. Put in the ground weak, it comes up powerful. The seed sown is natural; the seed grown is supernatural—same seed, same body, but what a difference from when it goes down in physical mortality to when it is raised up in spiritual immortality!

45-49 We follow this sequence in Scripture: The First Adam received life, the Last Adam is a life-giving Spirit. Physical life comes first, then spiritual—a firm base shaped from the earth, a final completion coming out of heaven. The First Man was made out of earth, and people since then are earthy; the Second Man was made out of heaven, and people now can be heavenly. In the same way that we've worked from our earthy origins, let's embrace our heavenly ends.

50 I need to emphasize, friends, that our natural, earthy lives don't in themselves lead us by their very nature into the kingdom of God. Their very "nature" is to die, so how could they "naturally" end up in the Life kingdom?

51-57 But let me tell you something wonderful, a mystery I'll probably never fully understand. We're not all going to die—*but* we are all going to be changed. You hear a blast to end all blasts from a trumpet, and in the time that you look up and blink your eyes—it's over. On signal from that trumpet from heaven, the dead will be up and out of their graves, beyond the reach of death, never to die again. At the same moment and in the same way, we'll all be changed. In the resurrection scheme of things, this has to happen: everything perishable

든 썩을 것이 썩지 않을 것으로 바뀌고, 죽을 수밖에 없는 것이 죽지 않을 것으로 바뀔 것입니다. 그때가 되면, 다음의 말씀이 이루어질 것입니다.

생명이 죽음을 삼키고 승리를 거두었다!
오 죽음아, 누가 최종 결정권을 쥐었느냐?
오 죽음아, 이제 누가 너를 두려워하겠느냐?

죄가 죽음을 두려운 존재로 만들었고, 율법의 죄책이 죄에게 권세와 파괴력을 주었습니다. 그러나 생명이신 분의 단 한 번의 승리로, 그 세 가지—죄와 죄책과 죽음—가 모두 사라지게 되었습니다. 이 모두가 우리 주 예수 그리스도의 선물입니다. 그러니 하나님께 감사드리십시오.

58 사랑하는 친구 여러분, 우리를 위해 이루어진 이 모든 일을 기억하고, 굳게 서서 흔들리지 마십시오. 주저하지 마십시오. 여러분이 주님을 위해 하는 일이 시간 낭비나 헛수고가 아님을 확신하여, 주님의 일에 매진하십시오.

여러분을 보러 가겠습니다

16 ¹⁻⁴ 여러분이 가난한 그리스도인들을 위해 모으고 있는 구제 헌금과 관련해서, 나는 갈라디아에 있는 여러 교회에 내린 것과 똑같은 지시를 여러분에게도 내립니다. 여러분 각자 일요일마다 헌금하고, 그것을 잘 보관하십시오. 할 수 있는 한 후하게 하십시오. 그러면 내가 그리로 갈 때 여러분은 모든 준비를 마쳐서, 내가 따로 부탁하지 않아도 될 것입니다. 내가 가면, 여러분이 대표로 세운 사람들에게 편지를 써 주어 권한을 부여하고, 그들을 예루살렘으로 보내어 여러분의 선물을 전하도록 하겠습니다. 내가 함께 가는 것이 최선이라고 생각하면, 기꺼운 마음으로 그들과 함께 가겠습니다.

taken off the shelves and replaced by the imperishable, this mortal replaced by the immortal. Then the saying will come true:

Death swallowed by triumphant Life!
Who got the last word, oh, Death?
Oh, Death, who's afraid of you now?

It was sin that made death so frightening and law-code guilt that gave sin its leverage, its destructive power. But now in a single victorious stroke of Life, all three—sin, guilt, death—are gone, the gift of our Master, Jesus Christ. Thank God!
58 With all this going for us, my dear, dear friends, stand your ground. And don't hold back. Throw yourselves into the work of the Master, confident that nothing you do for him is a waste of time or effort.

Coming to See You

16 ¹⁻⁴ Regarding the relief offering for poor Christians that is being collected, you get the same instructions I gave the churches in Galatia. Every Sunday each of you make an offering and put it in safekeeping. Be as generous as you can. When I get there you'll have it ready, and I won't have to make a special appeal. Then after I arrive, I'll write letters authorizing whomever you delegate, and send them off to Jerusalem to deliver your gift. If you think it best that I go along, I'll be glad to travel with them.

5-9 나는 그리스 북부 지역을 거쳐 여러분에게 갈 작정입니다. 오래 머물 계획은 아니지만, 한동안 여러분과 함께 지내며 겨울을 나게 될지도 모르는데, 그래도 되겠습니까? 그런 다음에 여러분은 다음 행선지로 나를 보내 주면 됩니다. 나는 다른 주요 행선지로 가는 도중에 여러분에게 잠깐 들르려는 것이 아닙니다. 나는 얼마 동안 편안한 마음으로 머물고 싶습니다. 주님께서 허락하시면, 우리는 그 시간을 갖게 될 것입니다! 지금 나는 이곳 에베소에 머무르고 있습니다. 선한 일을 할 수 있는 큰 문이 이곳에 활짝 열렸으니까요. (물론 저항도 만만치 않습니다.)

10-11 디모데가 그리로 가거든, 잘 보살펴 주십시오. 그가 여러분 가운데서 마음 편히 지낼 수 있게 해주십시오. 그도 나처럼 주님을 위해 열심히 일하는 사람입니다. 그를 얕보는 사람이 없게 하십시오. 그리고 얼마 후에, 여러분의 축복과 함께 그를 내게 보내 주십시오. 내가 그를 기다리고 있다고 전해 주십시오. 그와 함께하던 벗들도 그를 기다리고 있습니다.

12 우리의 벗 아볼로에 관해서 말씀드리면, 나는 그가 여러분을 방문할 수 있게 하려고 최선을 다했습니다. 그러나 아직 그를 설득하지 못했습니다. 지금은 적절한 때가 아니라고 생각하는 것 같습니다. 그러나 적절한 때가 올 것입니다.

13-14 깨어 있으십시오. 여러분의 믿음을 굳게 붙잡으십시오. 전력을 다하십시오. 확고해지십시오. 쉬지 말고 사랑하십시오.

15-16 친구 여러분, 나의 부탁을 들어주기 바랍니다. 스데바나 가족에게 특별한 관심을 기울여 주십시오. 여러분도 알다시피, 그들은 그리스에서 얻은 첫 번째 회심자들입니다. 회심 이후로 그들은 그리스도인들을 섬기는 일에 헌신해 왔습니다. 나는 여러분이 이런 사람들을 존중하고 존경하기를 바랍니다. 그들은 바람직한 일이 무엇이며, 그 일을 어떻게 해야 하

5-9 I plan to visit you after passing through northern Greece. I won't be staying long there, but maybe I can stay awhile with you—maybe even spend the winter? Then you could give me a good send-off, wherever I may be headed next. I don't want to just drop by in between other "primary" destinations. I want a good, long, leisurely visit. If the Master agrees, we'll have it! For the present, I'm staying right here in Ephesus. A huge door of opportunity for good work has opened up here. (There is also mushrooming opposition.)

10-11 If Timothy shows up, take good care of him. Make him feel completely at home among you. He works so hard for the Master, just as I do. Don't let anyone disparage him. After a while, send him on to me with your blessing. Tell him I'm expecting him, and any friends he has with him.

12 About our friend Apollos, I've done my best to get him to pay you a visit, but haven't talked him into it yet. He doesn't think this is the right time. But there will be a "right time."

13-14 Keep your eyes open, hold tight to your convictions, give it all you've got, be resolute, and love without stopping.

15-16 Would you do me a favor, friends, and give special recognition to the family of Stephanas? You know, they were among the first converts in Greece, and they've put themselves out, serving Christians ever since then. I want you to honor and look up to people like that: companions and workers who show us how to do

는지를 보여주는 동료요 일꾼입니다.

17-18 나는 스데바나와 브드나도와 아가이고가 나와 함께 있게 되어 얼마나 기쁜지 모릅니다. 그들이 내가 여러분과 함께하지 못해 아쉬워하는 마음을 어느 정도 채워 주고 있습니다! 그들이 여러분과 나 사이에 소식을 전해 주어 내 기운을 북돋아 주었습니다. 이런 사람들이 여러분 가운데 있음을 자랑으로 여기십시오.

19 이곳 서아시아에 있는 교회들이 여러분에게 안부를 전합니다.

아굴라와 브리스길라, 그리고 그들의 집에 모이는 교회가 안부를 전합니다.

20 이곳에 있는 모든 벗들이 안부를 전합니다. 거룩한 포옹으로 주위에 안부를 전해 주십시오.

21 나 바울이 친필로 안부를 전합니다.

22 누구든지 주님을 사랑하지 않는 사람이 있으면, 그를 내쫓으십시오. 주님을 위한 자리를 마련해 두십시오.

23 우리 주 예수께서 여러분에게 두 팔을 활짝 벌리고 계십니다.

24 나는 메시아이신 예수 안에서 여러분 모두를 사랑합니다.

it, giving us something to aspire to.

17-18 I want you to know how delighted I am to have Stephanas, Fortunatus, and Achaicus here with me. They partially make up for your absence! They've refreshed me by keeping me in touch with you. Be proud that you have people like this among you.

19 The churches here in western Asia send greetings.

Aquila, Priscilla, and the church that meets in their house say hello.

20 All the friends here say hello.

Pass the greetings around with holy embraces!

21 And I, Paul—in my own handwriting!—send you my regards.

22 If anyone won't love the Master, throw him out. Make room for the Master!

23 Our Master Jesus has his arms wide open for you.

24 And I love all of you in the Messiah, in Jesus.

고린도후서 | 머리말

고린도 교회의 그리스도인들은 그 교회의 설립자인 바울에게 골치 아픈 문제를 안겨 주었다. 그 문제는 바울이 설립한 다른 모든 교회가 안겨 준 것보다 훨씬 심각한 문제였다. 바울이 고린도 교회에서 발생한 한 가지 문제를 바로잡자마자, 곧바로 세 가지 문제가 더 발생했다.

교인이 되면 가장 훌륭한 사람들과 만나서 평탄한 관계와 사귐을 가질 수 있을 것이라고 순진하게 추측하는 사람들이 있다. 그런 사람들은 바울의 고린도 서신을 읽음으로써 이미 처방된 치료법을 접하게 될 것이다. 고린도 사람들은 서로에게는 물론이고 바울에게도 엄청난 골칫거리였지만, 우리에게는 축복의 상징이기도 하다. 그들이야말로 바울의 가장 심오하고 힘찬 저작 가운데 일부를 촉발시킨 장본인들이기 때문이다.

바울이 고린도에 있는 그리스도인들에게 두 번째 편지를 보낼 수밖에 없었던 것은, 그들이 바울의 지도력을 공격했기 때문이다. 첫 번째 편지에서, 바울은 가장 자상하고 호의적으로 말하면서도 에둘러 말하지 않았다. 첫 번째 편지는 하나님의 구원이 어떻게 이루어지고, 그 결과로 어떤 공동체가 생겨나는지를 잘 아는 한 목회자가 확신에 찬 권위를 가지고 쓴 글이다. 바울이 그들에게 써 보낸 글 가운데 적어도 일부는 듣기 민망하고 받아들이기 거북한 내용이었다.

그래서 그들이 바울의 지도력에 반기를 든 것이다. 그들은 바울이 변덕스럽다고 비난하고, 그의 동기를 공격하고, 그의 자격을 의심했다. 바울이 써 보낸 글을 가지고 논쟁하는 것이

The Corinthian Christians gave their founding pastor, Paul, more trouble than all his other churches put together. No sooner did Paul get one problem straightened out in Corinth than three more appeared.

For anyone operating under the naive presumption that joining a Christian church is a good way to meet all the best people and cultivate smooth social relations, a reading of Paul's Corinthian correspondence is the prescribed cure. But however much trouble the Corinthians were to each other and to Paul, they prove to be a cornucopia of blessings to us, for they triggered some of Paul's most profound and vigorous writing.

The provocation for Paul's second letter to the Christians in Corinth was an attack on his leadership. In his first letter, though he wrote most kindly and sympathetically, he didn't mince words. He wrote with the confident authority of a pastor who understands the ways God's salvation works and the kind of community that comes into being as a result. At least some of what he wrote to them was hard to hear and hard to take.

So they bucked his authority—accused him of inconsistencies, impugned his motives, questioned his credentials. They

600

아니라, 자신들에게 이래라저래라 하는 그의 권한을 인정하지 않았던 것이다.

그래서 바울은 자신의 지도력을 변호할 수밖에 없었다.

여러분은 명백한 것을 보고 또 보지만, 나무는 보면서 숲은 보지 못하고 있습니다. 여러분은 그리스도 편에 서 있는 사람의 분명한 본보기를 구하면서, 어찌하여 그리도 성급하게 나를 제쳐 놓습니까? 나는 내가 그리스도와 함께 서 있다고 확신합니다. 그러니 나를 믿어 주십시오. 여러분은 그리스도께서 나에게 주신 권위를 내가 과장해서 말한다고 생각할지 모르겠으나, 나는 내 말을 철회할 생각이 없습니다. 내가 몸을 던져 수고한 것 하나하나는 여러분을 넘어뜨리려는 것이 아니라, 여러분을 일으켜 세우려는 것이기 때문입니다(고후 10:7-8).

그는 첫 번째 편지에서 다루지 못한 몇 가지 지엽적인 문제를 다루고 나서 도전에 맞섰다. 그러면서 믿는 이들의 공동체 안에서 지도력이 갖는 진정한 본질을 면밀히 파헤쳤다. 예컨대, 바울은 고린도 사람들과 "동역자"가 되어 그들과 "함께 힘을 모아 일하면서, 기쁜 마음으로" 그들을 바라보기를 원했다(고후 1:24). 그리고 그는 "하나님을 진심으로 기쁘시게 해드리는 것이 핵심"이라는 것을 알았다(고후 5:9).

지도력은 권한의 행사일 수밖에 없다. 그런 까닭에 지도력은 쉽게 힘을 행사하는 것이 되고 만다. 그러나 힘을 행사하는 순간, 지도력은 지도자와 지도를 받는 사람 모두에게 손해를 입히게 마련이다. 바울은 예수를 배워 가면서, 다른 사람들에게 방해가 되지 않으려 애쓰고, 그들이 자기를 통하지 않고 하나님을 직접 상대할 수 있게 하는 지도력을 익혔다. 그는 자신을 대사로 생각했다.

didn't argue with what he had written; they simply denied his right to tell them what to do.

And so Paul was forced to defend his leadership.

You stare and stare at the obvious, but you can't see the forest for the trees. If you're looking for a clear example of someone on Christ's side, why do you so quickly cut me out? Believe me, I am quite sure of my standing with Christ. You may think I overstate the authority he gave me, but I'm not backing off. Every bit of my commitment is for the purpose of building you up, after all, not tearing you down(2 Corinthians 10:7-8).

After mopping up a few details left over from the first letter, he confronted the challenge, and in the process probed the very nature of leadership in a community of believers. For example, Paul wanted to be "partners" with the Corinthians, "working alongside" them, "joyfully expectant"(2 Corinthians 1:24). And he knew "cheerfully pleasing God is the main thing"(2 Corinthians 5:9).

Because leadership is necessarily an exercise of authority, it easily shifts into an exercise of power. But the minute it does that, it begins to inflict damage on both the leader and the led. Paul, studying Jesus, had learned a kind of leadership in which he managed to stay out of the way so that the others could deal with God without having to go through him. He saw himself as an ambassador.

우리는 그리스도의 대사입니다. 하나님께서는 우리를 쓰셔서, 다툼을 버리고 서로의 관계를 바로잡으시는 하나님의 일에 참여하라고 사람들을 설득하게 하십니다. 이제 우리는 그리스도를 대신해 말씀드립니다. 하나님께서 이미 여러분과 친구가 되셨으니, 여러분도 하나님과 친구가 되십시오(고후 5:20).

부모이든 지도자이든 목사이든 공동체의 장이든 교사이든 관리자이든 어떤 입장에 있든 간에, 지도력을 행사하도록 부름받은 이들은 이 편지를 쓴 바울과 이 편지를 촉발시킨 고린도 교회 교인들에게 감사할 수밖에 없을 것이다.

We're Christ's representatives. God uses us to persuade men and women to drop their differences and enter into God's work of making things right between them. We're speaking for Christ himself now: Become friends with God; he's already a friend with you(2 Corinthians 5:20).

All who are called to exercise leadership in whatever capacity—parent or coach, pastor or president, teacher or manager—can be grateful to Paul for this letter, and to the Corinthians for provoking it.

고린도후서

2 CORINTHIANS

1

1-2 나 바울은, 하나님께서 친히 계획하신 특별한 임무를 띠고 메시아이신 예수에게서 보내심을 받았습니다. 나는 고린도에 있는 하나님의 교회와 아가야의 모든 믿는 이들에게 이 편지를 씁니다. 우리 아버지와 주 예수 그리스도께서 주시는 온갖 선물과 은혜가 여러분의 것이 되기를 바랍니다! 여러분이 알고 신뢰하는 디모데도 나와 함께 문안합니다.

우리를 건지시는 하나님

3-5 우리 주님이며 메시아이신 예수의 하나님 아버지께 모든 찬양을 드립시다! 모든 자비를 베풀어 주시는 아버지! 모든 위로의 하나님! 그분은 우리가 힘든 시기를 겪을 때 우리 곁에 오시는 분입니다. 또한 그분은 우리가 알아차리기도 전에, 힘든 시기를 겪고 있는 다른 사람 곁으로 우리를 데려가셔서, 그분께서 우리를 위로해 주셨듯이 우리도 그 사람을 위로하도록 힘 주시는 분입니다. 우리가 메시아를 따르다 보면 힘겨운 시기를 많이 겪게 마련이지만, 그분께서 주시는 치유와 위로의 복된 시기에 비하면 그 시기는 아무것도 아닙니다. 우리 역시 그러한 위로를 넘치게 받고 있습니다.

6-7 우리가 예수를 위해 고난을 겪는 것은, 여러분의 치유와 구원을 위한 것입니다. 우리가 잘 대접받고 도움의 손길과 격려의 말을 받는 것도, 여러분의 유익을 위한 것입니다. 그것은

1

1-2 I, Paul, have been sent on a special mission by the Messiah, Jesus, planned by God himself. I write this to God's congregation in Corinth, and to believers all over Achaia province. May all the gifts and benefits that come from God our Father and the Master, Jesus Christ, be yours! Timothy, someone you know and trust, joins me in this greeting.

The Rescue

3-5 All praise to the God and Father of our Master, Jesus the Messiah! Father of all mercy! God of all healing counsel! He comes alongside us when we go through hard times, and before you know it, he brings us alongside someone else who is going through hard times so that we can be there for that person just as God was there for us. We have plenty of hard times that come from following the Messiah, but no more so than the good times of his healing comfort—we get a full measure of that, too.

6-7 When we suffer for Jesus, it works out for your healing and salvation. If we

여러분을 격려하여 움츠러들지 않고 앞만 보고 나아가도록 하려는 것입니다. 여러분의 힘든 시기는 우리의 힘든 시기이기도 합니다. 여러분이 복된 시기를 누릴 때와 마찬가지로 힘겨운 시기를 견뎌 내는 모습을 보면서, 우리는 여러분이 잘 해낼 것을 조금도 의심하지 않습니다.

8-11 친구 여러분, 아시아에서 우리에게 이 모든 일이 닥쳤을 때, 얼마나 힘겨운 시기였는지 여러분이 알아주면 좋겠습니다. 그 시기는 우리가 헤쳐 나가리라고 생각지도 못할 만큼 극심했습니다. 그 시기가 계속되는 동안, 우리는 사형수가 된 것 같았고 모든 것이 끝난 줄 알았습니다. 그러나 나중에 안 일이지만, 그 일은 무엇보다도 좋은 결과를 가져다주었습니다. 왜냐하면 우리는 우리 자신의 힘이나 지식에 의지해 거기에서 벗어나려 하지 않고, 하나님을 전적으로 신뢰할 수밖에 없었기 때문입니다. 그것은 틀린 생각이 아니었습니다. 그분께서는 죽은 자들을 다시 살리시는 하나님이시니까요! 그분께서는 그렇게 해주셨습니다. 피할 수 없는 죽음에서 우리를 건져 주셨습니다. 하나님께서는 또다시 그렇게 해주실 것입니다. 우리가 구원을 필요로 할 때면 언제든지 우리를 건져 주실 것입니다. 여러분과 여러분의 기도는 그 구조 작업의 일부입니다. 나는 여러분이 그 점에 관해서도 알고 있기를 바랍니다. 나는 우리를 건져 주신 하나님께 찬양을 올려 드리는 여러분의 얼굴을 지금도 볼 수 있습니다. 여러분의 기도가 우리를 구하는 데 그토록 결정적인 역할을 한 것입니다.

12-14 최악의 상황이 지나간 지금, 우리는 양심과 신앙을 더럽히지 않고 이 상황에서 벗어나게 된 것을 전할 수 있게 되어 무척 기쁩니다. 또한 다시 세상을 대할 수 있게 되어 기쁘기 그지없습니다. 더 중요한 것은, 우리가 고개를 들고 떳떳하게 여러분을 대할 수 있게 되었다는 것입니다. 그러나 그것은 우리의 대단한 능력으로 된 것이 아닙니다. 하나님께서 우리가 무

are treated well, given a helping hand and encouraging word, that also works to your benefit, spurring you on, face forward, unflinching. Your hard times are also our hard times. When we see that you're just as willing to endure the hard times as to enjoy the good times, we know you're going to make it, no doubt about it.

8-11 We don't want you in the dark, friends, about how hard it was when all this came down on us in Asia province. It was so bad we didn't think we were going to make it. We felt like we'd been sent to death row, that it was all over for us. As it turned out, it was the best thing that could have happened. Instead of trusting in our own strength or wits to get out of it, we were forced to trust God totally—not a bad idea since he's the God who raises the dead! And he did it, rescued us from certain doom. *And* he'll do it again, rescuing us as many times as we need rescuing. You and your prayers are part of the rescue operation—I don't want you in the dark about that either. I can see your faces even now, lifted in praise for God's deliverance of us, a rescue in which your prayers played such a crucial part.

12-14 Now that the worst is over, we're pleased we can report that we've come out of this with conscience and faith intact, and can face the world—and even more importantly, face you with our heads held high. But it wasn't by

엇에도 굽히지 않고 그분께만 초점을 맞추게 해 주셨기에 가능한 일이었습니다. 이 편지에서 행간을 읽으려 하거나 숨은 의도를 찾으려고 하지 마십시오. 우리는 여러분이 이미 세세한 부분을 본 것같이 전체 그림도 알아보기를 바라면서, 이해하기 쉽고 꾸밈없는 진리를 쓰고 있습니다. 우리 주 예수 앞에 함께 서게 될 때, 여러분이 우리의 자랑거리이듯이, 우리도 여러분의 자랑거리가 되기를 바랍니다.

15-16 처음에 나는 여러분의 환대를 확신했기에, 여러분을 두 차례 방문하기로 계획했습니다. 마케도니아로 가는 도중에 여러분에게 들렀다가 돌아오는 길에 다시 들를 작정이었습니다. 그러면 나는 여러분의 환송을 받고 유대로 떠나갈 수 있었을 테니까요. 원래 계획은 그랬습니다.

17-19 그러나 일이 계획대로 되지 않았습니다. 그래서 여러분은 내가 약속을 쉽게 뒤집는다고 생각하며 비난하는 것입니까? 여러분은 내가 한 입으로 두 말을 하면서, 어떤 때는 쉽게 "예" 하고 다른 때는 쉽게 "아니요" 한다고 생각하십니까? 그렇다면, 여러분이 틀린 것입니다. 하나님께서 자신의 말씀에 신실하시듯이, 나도 나의 말에 신실하려고 애쓰는 사람입니다. 우리가 여러분에게 전한 말씀은 경솔하게 "예" 하고 말했다가 가차 없이 "아니요" 하고 취소할 수 있는 말이 아닙니다. 어찌 그럴 수 있겠습니까? 실라와 디모데와 내가 여러분에게 하나님의 아들을 선포했을 때, 여러분은 그것을 "예"도 되고 "아니요"도 되는, 일관성 없는 모호한 것으로 이해했습니까? 우리가 선포한 것은 순수하고 확고한 "예"가 아니었습니까?

20-22 무엇이든지 하나님께서 약속하신 것에는 예수의 "예"가 찍혀 있습니다. 그분 안에서 우리가 전하고 기도하는 것도 그러합니다. 우리가 전하고 기도하는 것에는 위대한 "아멘", 하나님의 "예"와 우리의 "예"가 아주 또렷하게 찍혀 있습니다. 하나님은 우리를 지지하시고, 그리스도 안에서 우리를 믿을 수 있는 사람으로 만드시며,

any fancy footwork on our part. It was *God* who kept us focused on him, uncompromised. Don't try to read between the lines or look for hidden meanings in this letter. We're writing plain, unembellished truth, hoping that you'll now see the whole picture as well as you've seen some of the details. We want you to be as proud of us as we are of you when we stand together before our Master Jesus.

15-16 Confident of your welcome, I had originally planned two great visits with you—coming by on my way to Macedonia province, and then again on my return trip. Then we could have had a bon-voyage party as you sent me off to Judea. That was the plan.

17-19 Are you now going to accuse me of being flip with my promises because it didn't work out? Do you think I talk out of both sides of my mouth—a glib *yes* one moment, a glib *no* the next? Well, you're wrong. I try to be as true to my word as God is to his. Our word to you wasn't a careless yes canceled by an indifferent no. How could it be? When Silas and Timothy and I proclaimed the Son of God among you, did you pick up on any yes-and-no, on-again, off-again waffling? Wasn't it a clean, strong Yes?

20-22 Whatever God has promised gets stamped with the Yes of Jesus. In him, this is what we preach and pray, the great Amen, God's Yes and our Yes together, gloriously evident. God

우리 안에 그분의 "예"를 새겨 넣으시는 분입니다. 그분은 자기 영으로 우리에게 영원한 언약을 찍어 주셨습니다. 그분이 완성하고자 하시는 일을 확실하게 시작하신 것입니다.

23 내가 고린도에 있는 여러분에게 찾아가지 않은 진짜 이유를 들을 준비가 되었습니까? 하나님을 나의 증인으로 모시고 말하는데, 내가 가지 않은 것은 여러분의 아픔을 덜어 주기 위해서였습니다. 여러분에게 무관심해서도 아니고, 여러분을 조종하려고 그런 것도 아니었습니다. 나는 여러분을 배려했을 따름입니다.

24 우리는 여러분이 믿음생활을 어떻게 하고 있는지 감독하는 사람, 의혹을 품고 어깨 너머로 여러분을 보며 흠을 잡는 사람이 아닙니다. 우리는 여러분과 함께 힘을 모아 일하면서, 기쁜 마음으로 여러분을 바라보는 동역자입니다. 나는 여러분이 우리의 믿음이 아니라, 여러분 자신의 믿음으로 서 있다는 것을 압니다.

2 1-2 그래서 나는, 여러분과 나에게 아픔을 줄 수 있는 또 다른 방문을 자제하기로 결심한 것입니다. 내가 그저 얼굴을 내밀기만 해도 여러분이 난처하고 괴로운 입장에 처하게 될 텐데, 여러분이 어찌 나를 위로하고 나의 기운을 북돋아 주겠습니까?

3-4 그래서 나는 가지 않고 편지를 써 보냈습니다. 나를 기쁘게 해주리라 여겼던 벗들을 낙담시키면서 괴로운 시간을 보내고 싶지 않았기 때문입니다. 그 편지는 내게 최선인 것이 여러분에게도 최선일 것이라고 확신하고 써 보낸 것입니다. 결과적으로, 그 편지를 쓰는 것은 몹시 괴로운 일이었습니다. 그 편지는 양피지에 잉크로 쓴 것이 아니라, 눈물로 쓴 것입니다. 그러나 나는 여러분에게 고통을 주려고 그 편지를 쓴 것이 아닙니다. 그 편지는 내가 여러분을 얼마나 아끼는지—오, 아끼는 것 이상입니다—내가 여러분을 얼마나 사랑하는지, 여러

affirms us, making us a sure thing in Christ, putting his Yes within us. By his Spirit he has stamped us with his eternal pledge—a sure beginning of what he is destined to complete.

23 Now, are you ready for the real reason I didn't visit you in Corinth? As God is my witness, the only reason I didn't come was to spare you pain. I was being *considerate* of you, not indifferent, not manipulative.

24 We're not in charge of how you live out the faith, looking over your shoulders, suspiciously critical. We're partners, working alongside you, joyfully expectant. I know that you stand by your own faith, not by ours.

2 1-2 That's why I decided not to make another visit that could only be painful to both of us. If by merely showing up I would put you in an embarrassingly painful position, how would you then be free to cheer and refresh me?

3-4 That was my reason for writing a letter instead of coming—so I wouldn't have to spend a miserable time disappointing the very friends I had looked forward to cheering me up. I was convinced at the time I wrote it that what was best for me was also best for you. As it turned out, there was pain enough just in writing that letter, more tears than ink on the parchment. But I didn't write it to cause pain; I wrote it so you would know how much I care—

분이 알아주기를 바라면서 쓴 것입니다!

5-8 여러분의 교회 안에 이 모든 일을 일으킨 장본인, 곧 이 모든 고통을 안겨 준 문제의 인물을 두고 말씀드립니다. 이 일로 상처를 입은 사람은 나 한 사람만 아니라, 몇몇 사람을 제외한 여러분 모두라는 사실을 알아 두기 바랍니다. 그래서 나는 심하게 책망하지 않으렵니다. 여러분 대다수가 동의하여 그 사람에게 벌을 내렸다니, 그것으로 충분합니다. 이제는 그 사람을 용서하여 스스로 일어서도록 도울 때입니다. 여러분이 그의 죄를 비난하기만 한다면, 그는 죄의식 속에서 숨이 막혀 죽을 것입니다. 그러나 나는 사랑을 쏟아부을 것을 권고합니다.

9-11 내 편지의 초점은 그 사람을 처벌하는 데 있지 않고, 여러분에게 교회를 건강하게 하는 책임을 지우려는 데 있었습니다. 그러므로 여러분이 그를 용서하면, 나도 그를 용서하겠습니다. 내가 개인적인 원한의 목록을 지니고 다닌다고 생각지 마십시오. 그리스도께서 우리와 함께하시고 우리를 인도하시듯이, 나도 용서하는 여러분과 행동을 함께하겠습니다. 어쨌든 우리는, 부지중에라도 사탄이 더 많은 해를 끼칠 틈을 주지 않을 것입니다. 우리는 사탄의 교활한 책략을 잘 알고 있습니다!

그리스도의 향기

12-14 내가 메시아의 **메시지**를 선포하려고 드로아에 이르러 보니, 이미 문이 활짝 열려 있었습니다. 하나님께서 문을 열어 두신 것입니다. 나는 그저 그 문을 통과하기만 하면 되었습니다. 그러나 여러분의 소식을 가지고 나를 기다리고 있던 디도를 만나지 못해서, 나는 마음을 놓지 못했습니다. 여러분을 걱정한 나는, 그곳을 떠나 마케도니아로 갔습니다. 디도를 만나 여러분에 관한 든든한 소식을 듣기 위해서였습니다. 그리고 감사하게도 여러분의 소식을 들었습니다!

oh, more than care—*love* you!

5-8 Now, regarding the one who started all this—the person in question who caused all this pain—I want you to know that I am not the one injured in this as much as, with a few exceptions, all of you. So I don't want to come down too hard. What the majority of you agreed to as punishment is punishment enough. Now is the time to forgive this man and help him back on his feet. If all you do is pour on the guilt, you could very well drown him in it. My counsel now is to pour on the love.

9-11 The focus of my letter wasn't on punishing the offender but on getting you to take responsibility for the health of the church. So if you forgive him, I forgive him. Don't think I'm carrying around a list of personal grudges. The fact is that I'm joining in with *your* forgiveness, as Christ is with us, guiding us. After all, we don't want to unwittingly give Satan an opening for yet more mischief—we're not oblivious to his sly ways!

An Open Door

12-14 When I arrived in Troas to proclaim the Message of the Messiah, I found the place wide open: God had opened the door; all I had to do was walk through it. But when I didn't find Titus waiting for me with news of your condition, I couldn't relax. Worried about you, I left and came on to Macedonia province looking for Titus and a reassuring word on you. And I got it, thank God!

14-16 하나님께서는 메시아, 곧 그리스도 안에서 우리를 이리저리 데리고 다니시면서, 끊임없이 계속되는 개선 행진에 참여시키고 계십니다. 그분은 우리를 통해 그리스도를 아는 지식을 제시하십니다. 우리가 가는 곳마다 사람들은 고상한 향기를 들이마십니다. 그리스도로 인해, 우리가 하나님께 달콤한 향기를 피워 올리면, 구원의 길에 들어선 사람들은 그 향기를 맡고 알아봅니다. 그 향기는 생명을 드러내는 향기입니다. 그러나 멸망의 길에 들어선 사람들은 우리를 썩은 시체에서 나는 악취처럼 대합니다.

16-17 이것은 엄청난 책임입니다. 이 책임을 떠맡을 역량이 되는 사람이 누구이겠습니까? 아무도 없을 것입니다. 그러나 적어도 우리는, 하나님의 말씀을 가져다가 거기에 물을 타서 거리로 나가 값싸게 파는 일은 하지 않습니다. 우리는 그리스도가 보시는 앞에서 말합니다. 하나님께서 우리의 얼굴을 보고 계십니다. 우리는 하나님에게서 할 말을 직접 받아서 할 수 있는 한 정직하게 전합니다.

3 1-3 우리가 자화자찬하는 것처럼 들립니까? 신임장을 받았다고 주장하면서 우리의 권한을 옹호하는 것으로 들립니까? 글쎄요, 그렇지 않습니다. 우리는 여러분에게 내보일 추천서나 여러분에게서 받을 추천서가 필요 없는 사람입니다. 여러분 자신이야말로 우리가 필요로 하는 추천서의 전부입니다. 여러분의 참된 삶이야말로 누구나 보고 읽을 수 있는 편지입니다. 그리스도께서 친히 그 편지를 쓰셨습니다. 그 편지는 잉크로 쓰신 것이 아니라, 살아 계신 하나님의 영으로 쓰신 것입니다. 그 편지는 돌에 새긴 것이 아니라, 사람의 삶에 새긴 것입니다. 그리고 우리는 그 편지를 전하는 사람입니다.

4-6 우리는 이것을 전적으로 확신합니다. 그리스도께서 하나님을 위해 친히 쓰신 여러분이

야말로 우리의 추천서입니다. 우리 같으면 이런 추천서를 쓸 생각도 하지 못했을 것입니다. 하나님만이 그러한 추천서를 쓰실 수 있습니다. 그분의 추천서가 우리에게 권한을 주어, 우리가 이렇게 새로운 행동 계획을 실행에 옮기고 있는 것입니다. 그 계획은 종이에 잉크로 쓴 것도 아니고, 페이지마다 율법에 관한 각주를 빼곡하게 달아서 여러분의 영을 죽이는 것도 아닙니다. 그 계획은 성령께서 영에 대고 쓰신 것, 그분의 생명이 우리의 삶에 대고 쓰신 것입니다!

성령에 의한 의의 통치

7-8 죽음의 통치, 돌판에 새긴 죽음의 헌법인 율법은 멋지게 시작했습니다. 모세가 율법을 새긴 그 돌판을 전달할 때, (곧 사라지기는 했지만) 그의 얼굴은 대낮같이 빛났습니다. 이스라엘 백성은 태양을 응시할 수 없는 것처럼, 그의 얼굴을 똑바로 쳐다보지 못했습니다. 그렇다면 살아 계신 영의 통치는 얼마나 더 눈부시겠습니까?

9-11 율법에 의해 이루어진 정죄의 통치가 인상적이었다면, 성령에 의해 이루어지는 의의 통치는 얼마나 더 인상적이겠습니까? 옛 통치가 눈부셨다고 하지만, 그것은 이 새 통치와 나란히 서면 완전히 희미해 보일 것입니다. 잠시 있다가 사라지고 말 제도가 깊은 인상을 주었다면, 영원토록 다스릴 이 밝게 빛나는 통치는 얼마나 더한 인상을 주겠습니까?

12-15 우리를 감격스럽게 하는 그 소망이 있기에, 그 어떤 것도 우리에게 방해가 되지 않습니다. 모세와 달리, 우리는 숨길 것이 전혀 없습니다. 모든 것이 우리와 함께 환히 드러나 있습니다. 모세는 자기 얼굴에 나타난 영광이 사라져 가는 것을 이스라엘 자손이 알아채지 못하게 하려고 수건을 썼습니다. 그래서 그들은 알아채지 못했습니다. 그들은 그때에도 알아채지 못했지만, 지금도 알아채

Christ himself for God, are our letter of recommendation. We wouldn't think of writing this kind of letter about ourselves. Only God can write such a letter. His letter authorizes us to help carry out this new plan of action. The plan wasn't written out with ink on paper, with pages and pages of legal footnotes, killing your spirit. It's written with Spirit on spirit, his life on our lives!

Lifting the Veil

7-8 The Government of Death, its constitution chiseled on stone tablets, had a dazzling inaugural. Moses' face as he delivered the tablets was so bright that day (even though it would fade soon enough) that the people of Israel could no more look right at him than stare into the sun. How much more dazzling, then, the Government of Living Spirit?

9-11 If the Government of Condemnation was impressive, how about this Government of Affirmation? Bright as that old government was, it would look downright dull alongside this new one. If that makeshift arrangement impressed us, how much more this brightly shining government installed for eternity?

12-15 With that kind of hope to excite us, nothing holds us back. Unlike Moses, we have nothing to hide. Everything is out in the open with us. He wore a veil so the children of Israel wouldn't notice that the glory was fading away—and they *didn't* notice. They didn't notice it then and they don't notice it now, don't notice that there's nothing left behind that veil. Even

지 못하고 있습니다. 그 수건 뒤에 아무것도 남아 있지 않다는 것을 전혀 알아채지 못하고 있습니다. 오늘날에도 그들은 그 낡고 힘없는 통치의 선포를 소리내어 읽고 있지만, 그것을 꿰뚫어 보지는 못합니다. 오직 그리스도만이 수건을 벗기셔서, 그 뒤에 아무것도 없다는 것을 그들로 직접 보게 하실 수 있습니다.

16-18 그러나 그들이 모세처럼 돌아서서 하나님을 마주하면, 하나님께서 그 수건을 벗겨 주십니다. 그러면 거기서 하나님과 서로 얼굴을 마주보게 됩니다! 그 순간 그들은, 하나님이 율법을 새긴 한 조각 돌판이 아니라, 살아 계셔서 인격적으로 임재하시는 분이라는 것을 깨닫게 됩니다. 살아 계신 영이신 하나님께서 임하시면, 우리를 옥죄던 저 낡은 법조문이 쓸모없다는 것을 깨닫게 됩니다. 우리는 그 법조문에서 풀려난 사람들입니다! 우리 모두가 그러합니다! 우리와 하나님 사이를 가로막는 것은 아무것도 없습니다. 우리의 얼굴은 그분의 얼굴빛으로 환히 빛나고 있습니다. 하나님께서 우리 삶에 들어오시고 우리가 그분을 닮아 갈 때, 우리는 메시아를 꼭 닮은 형상으로 변화되고 우리 삶은 점점 더 밝아져서 보다 아름다워질 것입니다.

질그릇에 담긴 귀중한 메시지

4 1-2 하나님은 너무도 은혜로우셔서, 그분이 하고 계신 일에 우리를 참여시키셨습니다. 그러니 이따금 힘겨운 시기를 만나더라도, 우리는 단념하거나 우리 일을 포기할 마음이 없습니다. 우리는 가면을 쓰고 속이는 짓을 하지 않습니다. 술수를 쓰거나 배후에서 조작하는 짓도 하지 않습니다. 우리는 하나님의 말씀을 마음대로 왜곡하지도 않습니다. 오히려 우리가 행하고 말하는 모든 것을 사람들 앞에 환히 드러내고 진리를 모두 공개하여, 원하는 사람은 누구든지 보고 하나님 앞에서 스스로 판단할 수 있게 합니다.

today when the proclamations of that old, bankrupt government are read out, they can't see through it. Only Christ can get rid of the veil so they can see for themselves that there's nothing there.

16-18 Whenever, though, they turn to face God as Moses did, God removes the veil and there they are—face-to-face! They suddenly recognize that God is a living, personal presence, not a piece of chiseled stone. And when God is personally present, a living Spirit, that old, constricting legislation is recognized as obsolete. We're free of it! All of us! Nothing between us and God, our faces shining with the brightness of his face. And so we are transfigured much like the Messiah, our lives gradually becoming brighter and more beautiful as God enters our lives and we become like him.

Trial and Torture

4 1-2 Since God has so generously let us in on what he is doing, we're not about to throw up our hands and walk off the job just because we run into occasional hard times. We refuse to wear masks and play games. We don't maneuver and manipulate behind the scenes. And we don't twist God's Word to suit ourselves. Rather, we keep everything we do and say out in the open, the whole truth on display, so that those who want to can see and judge for themselves in the presence of God.

3-4 우리의 **메시지**가 누군가의 눈에 보이지 않는다면, 그것은 우리가 감추고 있어서가 아니라, 그들이 잘못된 곳을 보거나 잘못된 길을 가면서 **메시지**에 주의를 기울이지 않기 때문입니다. 그들이 온통 관심을 갖는 것은 유행하는 어둠의 신뿐입니다. 그들은 자신들이 원하는 것을 그 신이 줄 수 있다고 생각합니다. 그들은 자신들이 보지 못하는 진리이신 분을 믿으려 하지 않습니다. 그들은 눈이 아주 멀어서, 그리스도와 더불어 빛나는 **메시지**의 밝은 서광을 보지 못합니다. 그리스도께서는 우리가 장차 얻게 될 하나님의 형상을 가장 분명하게 보여주시는 분입니다.

5-6 기억하십시오. 우리가 전하는 **메시지**는 우리 자신에 관한 것이 아닙니다. 우리는 예수 그리스도를 주님으로 선포하고 있습니다. 현재의 우리는 모두 심부름꾼, 예수께서 보내셔서 여러분에게 달려가는 심부름꾼입니다. 이 일은 하나님께서 "어둠을 밝혀라!" 하고 말씀하신 때부터 시작된 일입니다. 우리가 온통 밝고 아름다우신 그리스도의 얼굴에서 하나님을 보고 깨달은 순간, 우리 삶은 빛으로 차올랐습니다.

7-12 여러분이 우리만 본다면, 여러분은 그 밝은 빛을 놓치고 말 것입니다. 우리는 이 귀중한 **메시지**를 우리 일상의 삶이라는 수수한 질그릇에 담아 가지고 다니기 때문입니다. 그것은 어느 누구도 비할 데 없는 하나님의 능력을 우리의 능력으로 혼동하지 않게 하려는 것입니다. 사실, 그럴 가능성이 많지 않을 것입니다. 여러분도 알다시피, 우리는 볼품없는 사람들이니까요. 우리가 고난에 둘러싸여 난타를 당했지만, 사기를 잃지 않았습니다. 우리가 어찌할 바를 몰라도, 우리가 알기로, 하나님은 어찌해야 하는지 알고 계십니다. 우리가 영적으로 위협을 받았지만, 하나님은 우리 곁을 떠나지 않으셨습니다. 우리가 넘어뜨림을 당했지만, 꺾이지 않았습니다. 사람들은 예수께 한 일—재판과 고문, 조롱과 살해—을 우리에게

3-4 If our Message is obscure to anyone, it's not because we're holding back in any way. No, it's because these other people are looking or going the wrong way and refuse to give it serious attention. All they have eyes for is the fashionable god of darkness. They think he can give them what they want, and that they won't have to bother believing a Truth they can't see. They're stone-blind to the dayspring brightness of the Message that shines with Christ, who gives us the best picture of God we'll ever get.

5-6 Remember, our Message is not about ourselves; we're proclaiming Jesus Christ, the Master. All we are is messengers, errand runners from Jesus for you. It started when God said, "Light up the darkness!" and our lives filled up with light as we saw and understood God in the face of Christ, all bright and beautiful.

7-12 If you only look at *us*, you might well miss the brightness. We carry this precious Message around in the unadorned clay pots of our ordinary lives. That's to prevent anyone from confusing God's incomparable power with us. As it is, there's not much chance of that. You know for yourselves that we're not much to look at. We've been surrounded and battered by troubles, but we're not demoralized; we're not sure what to do, but we know that God knows what to do; we've been spiritually terrorized, but God hasn't left our side; we've been thrown down, but we haven't broken. What they did to Jesus, they do

도 그대로 하고 있습니다. 그러나 예수께서는 그들 가운데서 행하신 일을 우리 안에서도 행하고 계십니다. 그분은 살아 계십니다! 우리의 삶은 예수를 위해 끊임없이 위험을 무릅쓰고 있습니다. 그것은 예수의 생명이 우리 안에서 보다 분명히 드러나게 하려는 것입니다. 우리는 가장 나쁜 일을 겪고 있지만, 여러분은 가장 좋은 상황을 맞고 있습니다!

13-15 우리는 이것을 비밀로 할 수 없습니다. 절대 그럴 수 없습니다. "나는 믿었다. 그래서 말했다"라고 말한 시편 기자처럼, 우리도 우리가 믿는 바를 말합니다. 우리가 믿는 바는, 주 예수를 다시 살리신 분께서 우리를 여러분과 함께 다시 살리시리라는 확신입니다. 이 모든 일은 여러분의 유익과 하나님의 영광을 위한 것입니다. 더욱 많은 은혜가 더욱 많은 사람들에게 퍼져서, 더욱 많은 찬양이 있게 하려는 것입니다!

16-18 그러므로 우리는 포기하지 않습니다. 어찌 포기할 수 있겠습니까! 겉으로는 우리의 일이 실패로 끝나는 것처럼 보이지만, 안에서는 하나님께서 단 하루도 빠짐없이 은혜를 펼치시며 새로운 생명을 창조하고 계십니다. 현재의 힘겨운 시기는 장차 다가올 복된 시기, 우리를 위해 마련된 성대한 잔치에 비하면 하찮은 것에 불과합니다. 눈에 보이는 것이 전부가 아닙니다. 지금 우리 눈에 보이는 것은 오늘 이 자리에 있다가 내일이면 사라지고 말지만, 보이지 않는 것은 영원히 지속될 것입니다.

5 1-5 예컨대, 우리의 몸이 장막처럼 무너져 내리면, 하늘에 있는 부활의 몸—사람의 손으로 지은 몸이 아니라 하나님께서 지으신 몸—이 대신하리라는 것을 우리는 압니다. 그때가 되면, 우리는 우리의 장막을 다시 이전하지 않아도 될 것입니다. 이따금 우리는 장막을 이전하고 싶어 견딜 수 없을 때가

to us—trial and torture, mockery and murder; what Jesus did among them, he does in us—he lives! Our lives are at constant risk for Jesus' sake, which makes Jesus' life all the more evident in us. While we're going through the worst, you're getting in on the best!

13-15 We're not keeping this quiet, not on your life. Just like the psalmist who wrote, "I believed it, so I said it," we say what we believe. And what we believe is that the One who raised up the Master Jesus will just as certainly raise us up with you, alive. Every detail works to your advantage and to God's glory: more and more grace, more and more people, more and more praise!

16-18 So we're not giving up. How could we! Even though on the outside it often looks like things are falling apart on us, on the inside, where God is making new life, not a day goes by without his unfolding grace. These hard times are small potatoes compared to the coming good times, the lavish celebration prepared for us. There's far more here than meets the eye. The things we see now are here today, gone tomorrow. But the things we can't see now will last forever.

5 1-5 For instance, we know that when these bodies of ours are taken down like tents and folded away, they will be replaced by resurrection bodies in heaven—God-made, not handmade—and we'll never have to relocate our "tents" again. Sometimes we

있습니다. 그럴 때면 우리는 좌절하여 울부짖기도 합니다. 장차 다가올 삶에 비하면, 현재 삶의 조건은 가구 하나 비치되어 있지 않는 오두막에 잠시 체류하는 것처럼 보입니다. 우리는 그런 삶에 지쳤습니다! 그 이유는 우리가 참된 것, 우리의 참된 집, 우리의 부활한 몸을 어렴풋하게나마 보았기 때문입니다! 하나님의 영은 우리의 식욕을 돋우셔서, 장차 다가올 것을 맛보게 하십니다. 그분은 우리 마음속에 천국을 조금 넣어 두셔서, 우리가 천국보다 못한 것에 만족하는 일이 없게 하십니다.

6-8 우리는 그 천국을 기대함으로 아주 힘차게 살아갑니다. 여러분은 우리가 고개를 떨어뜨리거나 꾸물거리는 모습을 볼 수 없을 것입니다. 현재의 답답한 상황도 우리를 넘어뜨릴 수 없습니다. 그것은 장차 다가올 풍성한 삶의 조건을 상기시킬 뿐입니다. 우리가 믿지만 아직 눈에 보이지 않는 것, 바로 그것이 우리를 전진하게 합니다. 여러분은 길에 패인 홈이나 길바닥에 널린 돌멩이들이 우리를 방해할 것이라고 생각합니까? 때가 되면, 우리는 나그네 삶을 끝내고 본향으로 돌아갈 채비를 갖추게 될 것입니다.

9-10 그러나 나그네 삶이나 본향으로 돌아가는 것이 핵심은 아닙니다. 하나님을 진심으로 기쁘시게 해드리는 것이 핵심입니다. 어떤 처지에 있더라도, 우리가 하려고 하는 일은 그것입니다. 조만간 우리는 우리의 처지와 관계없이 하나님을 대면하여 뵙게 될 것입니다. 우리는 그리스도 앞에 나아가, 선한 행위이든 악한 행위이든, 우리가 행한 일의 마땅한 결과를 받게 될 것입니다.

11-14 그 사실이 우리를 깨어 있게 하는 것임을, 여러분은 확신해도 좋습니다. 우리 모두가 장차 그 심판의 자리에 서게 될 것입니다. 그것을 아는 것은 결코 가볍게 여길 일이 아닙니다. 그런 이유로, 우리는 만나는 모든 사람을 위해 긴박하게 일하면서, 그들이 하나님을 대

can hardly wait to move—and so we cry out in frustration. Compared to what's coming, living conditions around here seem like a stopover in an unfurnished shack, and we're tired of it! We've been given a glimpse of the real thing, our true home, our resurrection bodies! The Spirit of God whets our appetite by giving us a taste of what's ahead. He puts a little of heaven in our hearts so that we'll never settle for less.

6-8 That's why we live with such good cheer. You won't see us drooping our heads or dragging our feet! Cramped conditions here don't get us down. They only remind us of the spacious living conditions ahead. It's what we trust in but don't yet see that keeps us going. Do you suppose a few ruts in the road or rocks in the path are going to stop us? When the time comes, we'll be plenty ready to exchange exile for homecoming.

9-10 But neither exile nor homecoming is the main thing. Cheerfully pleasing God is the main thing, and that's what we aim to do, regardless of our conditions. Sooner or later we'll all have to face God, regardless of our conditions. We will appear before Christ and take what's coming to us as a result of our actions, either good or bad.

11-14 *That* keeps us vigilant, you can be sure. It's no light thing to know that we'll all one day stand in that place of Judgment. That's why we work urgently with everyone we meet to get them ready to face God. God alone

면할 수 있도록 준비시키고 있습니다. 우리가 이 일을 얼마나 잘하는지는 하나님만이 아시겠지만, 우리가 얼마나 깊고 얼마나 많이 마음을 쓰는지는 여러분이 알아주었으면 합니다. 우리가 이렇게 말하는 것은, 여러분에게 우리를 내세우려는 것이 아닙니다. 다만, 많은 사람들처럼 여러분 앞에서만 친절하게 대하는 것이 아니라, 여러분과 한편이 되는 것이 여러분의 기분을 좋게 하고, 나아가 여러분을 자랑스럽게 해줄 것이라고 생각했던 것입니다. 내가 미친 사람처럼 행동했다면 하나님을 위해서 그렇게 한 것이고, 내가 지나칠 정도로 신중하게 처신했다면 여러분을 위해서 그렇게 한 것입니다. 그리스도의 사랑이 나를 그 같은 극단으로 치우치게 했습니다. 우리가 하는 모든 일의 처음과 끝을 결정하는 것은, 다름 아닌 그분의 사랑입니다.

그리스도의 대사

14-15 우리 사역의 변치 않는 결심이자 중심은, 한 사람 곧 예수 그리스도께서 우리 모두를 위해 죽으셨다는 것입니다. 그 사실이 모든 사람으로 하여금 한 배를 타게 합니다. 그분은 모든 사람으로 하여금 그분의 죽음에 들어가게 하셔서, 그들로 그분의 생명과, 부활의 삶과, 자기 마음대로 살았던 삶보다 훨씬 나은 삶에 들어가게 하셨습니다.

16-20 우리가 사람을 소유나 외모로 평가하지 않는 것은 그 같은 결심 때문입니다. 여러분도 알다시피, 우리는 일찍이 메시아를 그런 식으로 잘못 바라보았습니다. 우리는 더 이상 그분을 그런 식으로 바라보지 않습니다. 이제 우리는 중심을 봅니다. 우리가 보는 것은, 누구든지 메시아와 연합하면 새로운 출발을 할 수 있고, 새롭게 창조될 수 있다는 것입니다. 옛 삶이 지나가고, 새로운 삶이 싹트는 것입니다! 보십시오! 이 모든 것은 우리와 가족 관계를 맺으시고, 우리 각자를 부르셔서 서로 가족 관계를 맺게 하신 하나님께로부터 옵니다. 하나님께서는

knows how well we do this, but I hope you realize how much and deeply we care. We're not saying this to make ourselves look good to you. We just thought it would make you feel good, proud even, that we're on your side and not just nice to your face as so many people are. If I acted crazy, I did it for God; if I acted overly serious, I did it for you. Christ's love has moved me to such extremes. His love has the first and last word in everything we do.

A New Life

14-15 Our firm decision is to work from this focused center: One man died for everyone. That puts everyone in the same boat. He included everyone in his death so that everyone could also be included in his life, a resurrection life, a far better life than people ever lived on their own.

16-20 Because of this decision we don't evaluate people by what they have or how they look. We looked at the Messiah that way once and got it all wrong, as you know. We certainly don't look at him that way anymore. Now we look inside, and what we see is that anyone united with the Messiah gets a fresh start, is created new. The old life is gone; a new life burgeons! Look at it! All this comes from the God who settled the relationship between us and him, and then called us to settle our relationships with each other. God put the world square with himself through

메시아를 통해 이 세상을 그분과 화해시키셨고, 죄를 용서하심으로 이 세상이 새로운 출발을 하게 하셨습니다. 하나님께서는 그분이 지금 하고 계신 일을 모든 사람에게 알리는 임무를 우리에게 맡기셨습니다. 우리는 그리스도의 대사입니다. 하나님께서는 우리를 쓰셔서, 다툼을 버리고 서로의 관계를 바로잡으시는 하나님의 일에 참여하라고 사람들을 설득하게 하십니다. 이제 우리는 그리스도를 대신해 말씀드립니다. 하나님께서 이미 여러분과 친구가 되셨으니, 여러분도 하나님과 친구가 되십시오.

²¹ 어떻게 하면 되느냐고, 여러분은 물을 것입니다. 그리스도 안에 머물기만 하면 됩니다. 하나님께서는 잘못한 일이 없는 그리스도께 죄를 씌우셔서, 우리로 하여금 하나님과 바른 관계를 맺게 하셨습니다.

하나님이 거하시는 성전

6 ¹⁻¹⁰ 우리는 이 일에 여러분과 함께하는 동료로서 부탁드립니다. 하나님께서 우리에게 주신 이 놀라운 삶을 조금도 낭비하지 마십시오. 하나님께서 우리에게 이렇게 말씀하셨습니다.

가장 알맞은 때에, 내가 너의 외치는 소리를 들었다.
네가 나를 필요로 하던 그날에, 내가 너를 도우려고 거기 있었다.

지금이야말로 하나님께서 들으시는 때요, 그분께로부터 도움을 받을 날입니다. 그러니 미루지 마십시오. 여러분은 우리가 하는 모든 일에 의문을 던지다가, 때를 놓쳐 하나님의 일을 그르치는 일이 없게 하십시오. 우리가 하나님의 종이 되어 하는 일은, 세세한 부분에 이르기까지 정당함을 인정받습니다. 우리가 힘겨운 시기와 역경과 곤경 속에서도, 정신을 바짝 차리고 흔들림 없이 우리의 자리를 지키고 있는지, 사람들이 지켜보

the Messiah, giving the world a fresh start by offering forgiveness of sins. God has given us the task of telling everyone what he is doing. We're Christ's representatives. God uses us to persuade men and women to drop their differences and enter into God's work of making things right between them. We're speaking for Christ himself now: Become friends with God; he's already a friend with you.

²¹ How? you ask. In Christ. God put the wrong on him who never did anything wrong, so we could be put right with God.

Staying at Our Post

6 ¹⁻¹⁰ Companions as we are in this work with you, we beg you, please don't squander one bit of this marvelous life God has given us. God reminds us,

I heard your call in the nick of time;
The day you needed me, I was there to help.

Well, now is the right time to listen, the day to be helped. Don't put it off; don't frustrate God's work by showing up late, throwing a question mark over everything we're doing. Our work as God's servants gets validated—or not—in the details. People are watching us as we stay at our post, alertly, unswervingly... in hard times, tough times, bad times;

고 있습니다. 우리는 매를 맞고 투옥되고 습격을 받으면서도, 열심히 일하고 늦게까지 일하고 식사도 거른 채 일합니다. 깨끗한 마음과 맑은 정신과 착실한 손으로 일합니다. 우리는 온유함과 거룩함과 정직한 사랑으로 일합니다. 우리가 진리를 말할 때에도, 하나님께서 자신의 능력을 보이실 때에도 그리합니다. 우리는 최선을 다해 사태를 바로잡을 때도, 칭찬을 받거나 비난을 받거나 비방을 받거나 존경을 받을 때도 그리합니다. 우리는 의심을 받을 때도 있지만, 우리의 말에 정직합니다. 세상이 우리를 무시하지만, 하나님께서는 우리를 인정해 주십니다. 죽었다는 소문이 돌기도 했지만, 우리는 멋지게 살아 있습니다. 우리는 거의 죽을 정도로 맞았지만, 죽지 않았습니다. 우리는 슬픔에 잠겼으나, 항상 커다란 기쁨으로 가득 찼습니다. 우리는 후원에 의지해 살면서도, 많은 사람을 부요하게 합니다. 우리는 가진 것이 없지만, 모든 것을 가진 사람입니다.

11-13 사랑하는 고린도 교우 여러분, 나는 여러분이 이토록 활짝 열려 있는 풍성한 삶에 참여하기를 간절히 바라고 있습니다. 우리가 여러분을 작게 만든 것이 아닙니다. 여러분이 작다고 느끼는 것은 여러분 자신에게서 비롯된 것입니다. 여러분의 삶이 작지 않은데도, 여러분은 작게 살고 있습니다. 나는 할 수 있는 한 알기 쉽게, 애정을 듬뿍 담아서 말씀드립니다. 여러분의 삶을 넓히십시오. 탁 트인 마음으로 대범하게 사십시오!

❧

14-18 하나님을 무시하는 사람들과 연합하지 마십시오. 옳은 것과 그른 것이 어떻게 연합할 수 있겠습니까? 그 둘은 서로 싸울 뿐이지, 절대 연합할 수 없습니다. 빛이 어둠의 절친한 벗이라는 말입니까? 그리스도께서 마귀와 손잡고 거니신다는 말입니까? 믿음과 불신이 손을 잡는다는 말입니까? 어느 누가 이교도의 우상을

when we're beaten up, jailed, and mobbed; working hard, working late, working without eating; with pure heart, clear head, steady hand; in gentleness, holiness, and honest love; when we're telling the truth, and when God's showing his power; when we're doing our best setting things right; when we're praised, and when we're blamed; slandered, and honored; true to our word, though distrusted; ignored by the world, but recognized by God; terrifically alive, though rumored to be dead; beaten within an inch of our lives, but refusing to die; immersed in tears, yet always filled with deep joy; living on handouts, yet enriching many; having nothing, having it all.

11-13 Dear, dear Corinthians, I can't tell you how much I long for you to enter this wide-open, spacious life. We didn't fence you in. The smallness you feel comes from within you. Your lives aren't small, but you're living them in a small way. I'm speaking as plainly as I can and with great affection. Open up your lives. Live openly and expansively!

❧

14-18 Don't become partners with those who reject God. How can you make a partnership out of right and wrong? That's not partnership; that's war. Is light best friends with dark? Does Christ go strolling with the Devil? Do trust and mistrust hold hands? Who would think of setting up pagan idols

하나님의 성전에 갖다 놓을 생각을 하겠습니까? 그러나 우리의 현재 모습이 그러합니다. 우리 각 사람은 하나님이 거하시는 성전입니다. 하나님께서 그것을 이렇게 말씀하셨습니다.

> "내가 그들 안으로 들어가 그들 가운데서 살겠다.
> 나는 그들의 하나님이 되고, 그들은 내 백성이 될 것이다.
> 그러니 타락과 타협의 행위를 그만두어라. 영원히 그만두어라.
> 너희를 타락시키는 자들과 어울리지 마라.
> 나는 너희가 나하고만 있기를 원한다.
> 나는 너희에게 아버지가 되고
> 너희는 나에게 아들딸이 될 것이다."
> 주 하나님의 말씀이다.

7

¹ 사랑하는 친구 여러분, 이와 같이 우리를 이끌어 주는 약속을 받았으니, 안에 있든 밖에 있든, 우리를 더럽히거나 우리의 주의를 흐트리는 것과 관계를 깨끗이 끊어 버립시다. 우리 삶 전체를 하나님을 예배하기에 합당한 성전으로 만듭시다.

하나님께로 이끄는 근심

²⁻⁴ 우리를 믿어 주십시오. 우리는 한 사람도 해친 적이 없고, 누군가를 이용하거나 속인 적도 없습니다. 내가 여러분의 흠을 잡는다고 생각하지 마십시오. 전에도 말씀드렸지만, 나는 어떤 경우에도 여러분과 줄곧 함께할 것입니다. 사실, 나는 여러분을 크게 신뢰하고 있습니다. 내가 여러분을 얼마나 자랑스러워하는지 여러분이 알았으면 좋겠습니다! 우리의 온갖 수고에도 불구하고, 나는 기쁨이 넘쳐납니다.

in God's holy Temple? But that is exactly what we are, each of us a temple in whom God lives. God himself put it this way:

> "I'll live in them, move into them;
>   I'll be their God and they'll be my people.
> So leave the corruption and compromise;
>   leave it for good," says God.
> "Don't link up with those who will pollute you.
>   I want you all for myself.
> I'll be a Father to you;
>   you'll be sons and daughters to me."
> The Word of the Master, God.

7

¹ With promises like this to pull us on, dear friends, let's make a clean break with everything that defiles or distracts us, both within and without. Let's make our entire lives fit and holy temples for the worship of God.

More Passionate, More Responsible

²⁻⁴ Trust us. We've never hurt a soul, never exploited or taken advantage of anyone. Don't think I'm finding fault with you. I told you earlier that I'm with you all the way, no matter what. I have, in fact, the greatest confidence in you. If only you knew how proud I am of you! I am overwhelmed with joy despite all our troubles.

5-7 마케도니아에 이르렀을 때, 우리는 편히 쉴 수 없었습니다. 교회 안의 다툼과 우리 마음속의 두려움으로 인해 우리는 계속 초조하고 불안했습니다. 우리는 사태가 어떻게 마무리될지 알 수 없어서 긴장을 늦추지 못했습니다. 그때 풀이 죽은 사람들의 기운을 돋우어 주시는 하나님이 디도를 도착하게 하셔서, 우리의 기운과 마음을 북돋아 주셨습니다. 우리는 그를 보는 것만으로도 기뻤지만, 그에게서 여러분의 소식을 듣고 나서는 정말로 안심이 되었습니다. 여러분이 나에게 얼마나 마음을 쓰는지, 여러분이 나 때문에 얼마나 슬퍼하는지, 여러분이 나를 두고 얼마나 걱정하는지, 그가 소식을 들려주더군요. 나의 걱정이 금세 평안으로 바뀌었답니다!

8-9 나는 내 편지가 여러분을 근심하게 했다는 것을 압니다. 그 당시 나는 마음이 편치 않았지만, 지금은 사태가 어떻게 마무리되었는지 알기에 전혀 후회하지 않습니다. 그 편지가 여러분을 근심하게 했지만, 잠시만 그랬을 것입니다. 지금 내가 기뻐하는 것은, 여러분이 근심했기 때문이 아니라, 여러분이 아픔을 겪으면서도 상황을 호전시켰기 때문입니다. 여러분은 근심하며 하나님에게서 멀어지기는커녕, 도리어 하나님께로 나아갔습니다. 그 결과는 모든 것이 유익이었지, 손해가 아니었습니다.

10 우리를 하나님께로 이끄는 근심은 그런 일을 합니다. 우리의 방향을 바꾸게 하고, 우리를 구원의 길로 되돌아가게 합니다. 그런 아픔에는 결코 후회하는 일이 없습니다. 그러나 근심으로 인해 하나님으로부터 멀어지는 사람은 후회만 하다가, 결국 죽음에 이르게 됩니다.

11-13 하지만 그 아픔이 여러분을 자극하여 하나님께 가까이 가게 했으니 놀랍지 않습니까? 여러분은 더 생생하고, 더 사려 깊고, 더 섬세하고, 더 공손하고, 더 인간답고, 더 열정적이고, 더 책임감 있는 사람이 되었습니다. 어느 모로 보나, 여러분은 이 일로 깨끗한 마음을 갖

5-7 When we arrived in Macedonia province, we couldn't settle down. The fights in the church and the fears in our hearts kept us on pins and needles. We couldn't relax because we didn't know how it would turn out. Then the God who lifts up the downcast lifted our heads and our hearts with the arrival of Titus. We were glad just to see him, but the true reassurance came in what he told us about you: how much you cared, how much you grieved, how concerned you were for me. I went from worry to tranquility in no time!

8-9 I know I distressed you greatly with my letter. Although I felt awful at the time, I don't feel at all bad now that I see how it turned out. The letter upset you, but only for a while. Now I'm glad—not that you were upset, but that you were jarred into turning things around. You let the distress bring you to God, not drive you from him. The result was all gain, no loss.

10 Distress that drives us to God does that. It turns us around. It gets us back in the way of salvation. We never regret that kind of pain. But those who let distress drive them away from God are full of regrets, end up on a deathbed of regrets.

11-13 And now, isn't it wonderful all the ways in which this distress has goaded you closer to God? You're more alive, more concerned, more sensitive, more reverent, more human, more passionate, more responsible. Looked

게 되었습니다. 그것이야말로 내가 편지를 쓸 때 가장 먼저 기대한 사항입니다. 나의 일차적 관심은 해를 끼친 사람이나 해를 입은 사람이 아니라 여러분을 위한 것이었습니다. 여러분이 하나님 앞에서 우리와 맺은 깊고 깊은 관계를 깨닫고 그에 합당한 행동을 하려는 것이었습니다. 결국 그렇게 되었고, 우리는 너무나 기뻤습니다.

13-16 또한 디도가 여러분의 반응을 접하고 느낀 충만한 기쁨을 알게 되었을 때, 우리의 기쁨은 배가 되었습니다. 여러분이 해준 모든 일로 디도가 어떻게 다시 살아나고 새로워졌는지를 보는 것은 놀라운 일이었습니다. 나는 디도에게 여러분을 무척이나 칭찬하면서 혹시라도 나의 말이 거짓이 되면 어쩌나 하고 염려했는데, 여러분은 그 염려를 말끔히 해소해 주었습니다. 내가 조금도 과장하지 않았음이 드러난 것입니다. 디도는 내가 여러분을 두고 한 말이 모두 진실임을 직접 목격했습니다. 그가 여러분의 즉각적인 순종과 점잖고 섬세한 환대를, 두고 두고 이야기하고 있으니 말입니다. 그가 그 모든 일에 확실히 감동받은 것이 분명합니다! 나는 더할 나위 없이 기쁩니다. 여러분이 무척 든든하고 자랑스럽습니다.

구제 헌금

8 1-4 친구 여러분, 이제 나는 하나님께서 마케도니아의 여러 교회 가운데서 행하고 계신 놀랍고 은혜로운 방식들에 대해 알려 드리고자 합니다. 극심한 시련이 그 교회 교우들에게 닥쳐서, 그들을 극한 상황으로까지 내몰았습니다. 결국 시련이 그들의 참 모습을 여실히 보여주었습니다. 그들은 지독한 가난에 시달리면서도 믿을 수 없을 만큼 즐거워했습니다. 그들의 곤경이 오히려 뜻밖의 결과를 낳았는데, 곧 순수하고 풍성한 선물들을 흘려보내도록

at from any angle, you've come out of this with purity of heart. And that is what I was hoping for in the first place when I wrote the letter. My primary concern was not for the one who did the wrong or even the one wronged, but for you—that you would realize and act upon the deep, deep ties between us before God. That's what happened—and we felt just great.

13-16 And then, when we saw how Titus felt—his exuberance over your response—our joy doubled. It was wonderful to see how revived and refreshed he was by everything you did. If I went out on a limb in telling Titus how great I thought you were, you didn't cut off that limb. As it turned out, I hadn't exaggerated one bit. Titus saw for himself that everything I had said about you was true. He can't quit talking about it, going over again and again the story of your prompt obedience, and the dignity and sensitivity of your hospitality. He was quite overwhelmed by it all! And I couldn't be more pleased—I'm so confident and proud of you.

The Offering

8 1-4 Now, friends, I want to report on the surprising and generous ways in which God is working in the churches in Macedonia province. Fierce troubles came down on the people of those churches, pushing them to the very limit. The trial exposed their true colors: They were incredibly happy, though desperately poor. The pressure triggered something totally unexpected: an outpouring of pure and generous gifts. I was there and saw

만들었습니다. 내가 거기 있으면서 직접 그 모습을 보았습니다. 그들은 가난한 그리스도인들을 구제하는 활동에 참여할 특권을 달라고 간청하면서, 자신들이 베풀 수 있는 것이면 무엇이나 베풀고, 자신들이 베풀 수 있는 것 그 이상을 베풀었습니다!

5-7 그것은 순전히 자발적인 활동이었고, 그들 스스로 생각해 낸 아이디어였으며, 우리가 전혀 예상하지 못한 일이었습니다. 설명하면 이렇습니다. 그들은 먼저 자신을 송두리째 하나님께 드리고 우리에게도 맡겼습니다. 구제 헌금은 그들의 삶 속에서 활동하시는 하나님의 뜻으로부터 흘러나온 것이었습니다. 우리는 그 일에 자극받아, 디도에게 청하여 구제 헌금에 여러분의 주의를 환기시키도록 했습니다. 훌륭하게 시작한 일이니 잘 마무리할 수 있게 하라고 말입니다. 여러분은 잘하는 일이 참 많습니다. 하나님을 신뢰하는 일도 잘하고, 말도 똑바르게 하며, 통찰력 있고, 열성적이고, 우리를 사랑하는 일도 잘합니다. 그러니 이제 이 일에도 최선을 다하시기 바랍니다.

8-9 나는 여러분의 의지를 거슬러 명령하려는 것이 아닙니다. 다만 마케도니아 사람들의 열성으로 여러분의 사랑을 자극하여, 여러분에게서 최선을 이끌어 내려는 것입니다. 여러분은 우리 주 예수 그리스도의 관대하심을 잘 알고 있습니다. 그분은 부요하셔서, 그 모든 것을 우리에게 내어주셨습니다. 그분은 단숨에 가난하게 되시고, 우리는 부요하게 되었습니다.

10-20 내 생각은 이렇습니다. 여러분이 지금 당장 할 수 있는 최선의 일은, 여러분이 지난해 시작한 구제 헌금 모으는 일을 마저 끝내서, 여러분의 선한 의도가 퇴색하지 않게 하는 것입니다. 여러분의 마음은 줄곧 바른 자리에 있었습니다. 여러분은 그 일을 마무리 짓는 데 필요한 것을 가지고 있으니, 어서 마무리 지으십시오. 하고자 하는 의사가 분명한 만큼, 여러분이 할 수 있는 일은 하고 할 수 없는 일은 하지 마십시

it for myself. They gave offerings of whatever they could—far more than they could afford!—pleading for the privilege of helping out in the relief of poor Christians.

5-7 This was totally spontaneous, entirely their own idea, and caught us completely off guard. What explains it was that they had first given themselves unreservedly to God and to us. The other giving simply flowed out of the purposes of God working in their lives. That's what prompted us to ask Titus to bring the relief offering to your attention, so that what was so well begun could be finished up. You do so well in so many things—you trust God, you're articulate, you're insightful, you're passionate, you love us—now, do your best in this, too.

8-9 I'm not trying to order you around against your will. But by bringing in the Macedonians' enthusiasm as a stimulus to your love, I am hoping to bring the best out of you. You are familiar with the generosity of our Master, Jesus Christ. Rich as he was, he gave it all away for us—in one stroke he became poor and we became rich.

10-20 So here's what I think: The best thing you can do right now is to finish what you started last year and not let those good intentions grow stale. Your heart's been in the right place all along. You've got what it takes to finish it up, so go to it. Once the commitment is clear, you do

오, 마음 가는 곳에 손이 따르게 마련입니다. 이 일이, 다른 사람들에게는 쉽고 여러분에게는 어려운 일이 아닙니다. 여러분은 항상 그들과 서로 어깨를 같이하고 있습니다. 여러분의 남은 것이 그들의 부족분을 채워 주고, 그들의 남은 것이 여러분의 부족분을 채워 줍니다. 결국, 모두가 균등하게 되는 것입니다. 이는 성경에 기록된 그대로입니다.

가장 많이 거둔 사람도 남은 것이 없었고
가장 적게 거둔 사람도 모자라는 것이 없었다.

내가 여러분을 위해 품은 뜨거운 관심을 디도에게도 똑같이 허락하신 하나님께 감사를 드립니다. 디도는 우리의 생각을 가장 잘 헤아리는 사람입니다. 하지만 여러분에게 가서 이 구제 헌금 거두는 일을 기꺼이 돕기로 한 것은, 순전히 그의 생각입니다. 우리는 그와 함께 동료 한 사람을 보냅니다. 그는 **메시지를** 선포하는 일로 교회 안에서 대단히 평판이 좋은 사람입니다. 그러나 그에게는 평판 이상의 것이 있습니다. 그는 바위처럼 견고하고 믿음직스럽습니다. 여러 교회가 직접 그를 뽑아 우리와 함께 여행하며 하나님의 선물을 나누는 이 일을 하게 했습니다. 그것은 하나님께 영광을 돌리고, 불미스러운 사건이나 소문이 나지 않도록 모든 주의를 기울이게 하기 위해서입니다.

20-22 우리는 누구에게서도 이 헌금 가운데 단 한 푼이라도 착복한다는 의심을 사고 싶지 않습니다. 우리는 하나님께서 우리에게 내리시는 평판은 물론이고 사람들이 우리에게 내리는 평판도 두려워하면서 조심합니다. 그런 이유로, 우리는 믿을 만한 벗 한 사람을 더 딸려 보냅니다. 그는 자신이 신뢰할 수 있는 사람임을 여러 차례 입증해 보였으며, 처음 사역을 시작한 때는 물론이고 지금도 열정적으로

what you can, not what you can't. The heart regulates the hands. This isn't so others can take it easy while you sweat it out. No, you're shoulder to shoulder with them all the way, your surplus matching their deficit, their surplus matching your deficit. In the end you come out even. As it is written,

Nothing left over to the one with the most,
Nothing lacking to the one with the least.

I thank God for giving Titus the same devoted concern for you that I have. He was most considerate of how we felt, but his eagerness to go to you and help out with this relief offering is his own idea. We're sending a companion along with him, someone very popular in the churches for his preaching of the Message. But there's far more to him than popularity. He's rock-solid trustworthy. The churches handpicked him to go with us as we travel about doing this work of sharing God's gifts to honor God as well as we can, taking every precaution against scandal.

20-22 We don't want anyone suspecting us of taking one penny of this money for ourselves. We're being as careful in our reputation with the public as in our reputation with God. That's why we're sending another trusted friend along. He's proved his dependability many times over, and carries on as energetically as the day he started. He's heard

일하고 있습니다. 그는 여러분에 관한 소식을 많이 들었고, 그 들은 소식으로 인해 기뻐했습니다. 그 정도로 그는 여러분에게 가기를 고대한 사람입니다.

²³⁻²⁴ 디도에 관해서는 두말할 필요가 없습니다. 그와 나는 여러분을 섬기는 이 일에 오랫동안 절친한 동료로 지내 왔습니다. 그와 함께 여행하는 형제들은 여러 교회에서 파견한 대표들이며, 그리스도의 참 자랑거리입니다. 그러니 여러분은 그들에게 여러분의 진면목, 곧 내가 여러 교회에서 큰소리로 자랑해 보인 여러분의 사랑을 보여주십시오. 그들의 눈으로 직접 보게 해주십시오!

9

¹⁻² 가난한 그리스도인들을 위한 구제 헌금과 관련해 편지를 더 쓴다면, 똑같은 말을 되풀이하는 것밖에 되지 않을 것입니다. 나는 여러분이 이 일에 충분히 준비되어 있다는 것을 알고 있습니다. 나는 마케도니아 어디에서나 여러분을 자랑하며 "아가야에서는 지난해부터 이 일에 준비가 되어 있다"고 말해 왔습니다. 지금은 여러분의 열정에 관한 소문이 그들 대다수에게 퍼진 상태입니다.

³⁻⁵ 이제 내가 형제들을 보내는 것은, 앞서 말한 대로 여러분이 준비되었음을 확인하고, 내가 자랑한 것이 과장된 이야기로 끝나지 않게 하려는 것입니다. 내가 몇몇 마케도니아 사람과 함께 여러분을 불시에 방문하여 여러분이 준비되지 않은 것을 보게 된다면, 우리가 그토록 자신하며 행동한 것 때문에 여러분과 우리 모두가 부끄러워 얼굴을 붉히게 될 것입니다. 내가 이 형제들을 선발대로 뽑은 것은, 그들을 여러분에게 보내어 그곳 상황을 빠짐없이 확인하고, 여러분이 약속한 헌금을 내가 이르기 전에 모두 준비하게 하려는 것입니다. 나는 여러분이 필요한 만큼의 충분한 시간을 두고 여러분 나름대로 헌금을 마련했으면 합니다. 나는 여러분이 억지로 하거나 막

much about you, and liked what he's heard—so much so that he can't wait to get there.

²³⁻²⁴ I don't need to say anything further about Titus. We've been close associates in this work of serving you for a long time. The brothers who travel with him are delegates from churches, a real credit to Christ. Show them what you're made of, the love I've been talking up in the churches. Let them see it for themselves!

9

¹⁻² If I wrote any more on this relief offering for the poor Christians, I'd be repeating myself. I know you're on board and ready to go. I've been bragging about you all through Macedonia province, telling them, "Achaia province has been ready to go on this since last year." Your enthusiasm by now has spread to most of them.

³⁻⁵ Now I'm sending the brothers to make sure you're ready, as I said you would be, so my bragging won't turn out to be just so much hot air. If some Macedonians and I happened to drop in on you and found you weren't prepared, we'd all be pretty red-faced—you and us—for acting so sure of ourselves. So to make sure there will be no slipup, I've recruited these brothers as an advance team to get you and your promised offering all ready before I get there. I want

판에 허둥대는 것을 바라지 않습니다.

6-7 인색하게 심는 사람은 적은 곡식을 거두고, 아낌없이 심는 사람은 풍성한 곡식을 거둔다는 것을 기억하십시오. 나는 여러분 각자가 충분한 시간을 두고 생각한 다음, 얼마를 낼 것인지 작정하기를 바랍니다. 그렇게 하면 구차한 변명을 늘어놓거나, 마지못해 하는 일이 없게 될 것입니다. 하나님께서는 즐거운 마음으로 베푸는 사람을 기뻐하십니다.

8-11 하나님께서는 온갖 복을 놀라운 방식으로 부어 주실 수 있습니다. 이는 여러분이 꼭 해야 할 일을 하도록 준비시키는 것에 그치지 않고, 무슨 일이든지 넉넉히 할 수 있도록 준비시키려는 것입니다. 이는 시편 기자가 말한 그대로입니다.

> 그는 가난한 사람들에게
> 거침없이, 아낌없이 베푼다.
> 그가 사는 방식, 그가 베푸는 방식은 참되어서
> 결코 끝나거나 닳아 없어지지 않는다.

농부에게 먹을거리가 될 씨앗을 주시는 지극히 풍성하신 하나님께서, 여러분에게도 아낌없이 베푸십니다. 하나님께서는 여러분이 베풀 수 있도록 무언가를 주셔서, 그것이 하나님 안에서 튼튼하고, 모든 면에서 풍성하고 충만한 삶으로 자라게 하십니다. 이는 여러분이 모든 면에서 후히 베푸는 사람이 되어, 우리와 더불어 하나님을 찬양하게 하려는 것입니다.

12-15 이 구제 활동을 실행에 옮기는 것은, 가난한 그리스도인들의 부족한 필요를 채워 주는 데 도움이 되는 것은 물론이고, 그 이상의 의미가 있습니다. 그것은 하나님께 드릴 풍성하고 넉넉한 감사를 낳게 합니다. 이 구제 헌금은 여러분을 최선의 상태로 살

you to have all the time you need to make this offering in your own way. I don't want anything forced or hurried at the last minute.

6-7 Remember: A stingy planter gets a stingy crop; a lavish planter gets a lavish crop. I want each of you to take plenty of time to think it over, and make up your own mind what you will give. That will protect you against sob stories and arm-twisting. God loves it when the giver delights in the giving.

8-11 God can pour on the blessings in astonishing ways so that you're ready for anything and everything, more than just ready to do what needs to be done. As one psalmist puts it,

> He throws caution to the winds,
>   giving to the needy in reckless abandon.
> His right-living, right-giving ways
>   never run out, never wear out.

This most generous God who gives seed to the farmer that becomes bread for your meals is more than extravagant with you. He gives you something you can then give away, which grows into full-formed lives, robust in God, wealthy in every way, so that you can be generous in every way, producing with us great praise to God.

12-15 Carrying out this social relief work involves far more than helping meet the bare needs of poor Christians. It also produces abundant and bountiful thanksgivings to God. This relief offering is a prod to live at your very best, showing

게 하는 자극제, 여러분이 그리스도의 **메시지**가 지닌 분명한 뜻에 공개적으로 순종하면서, 하나님께 대한 여러분의 감사를 드러내 보이게 하는 자극제입니다. 여러분은 후한 헌금을 통해 여러분의 궁핍한 형제자매에게는 물론이고, 모든 사람에게도 여러분의 감사를 보여주게 될 것입니다. 그들은 여러분의 삶에 아낌없이 베풀어 주시는 하나님의 은혜에 감동하여, 여러분이 필요로 하는 것이면 무엇이든지 들어주시기를 구하는 간절한 중보기도로 응답할 것입니다. 이 선물을 주시는 하나님께 감사드립니다. 이것을 어찌 말로 다 찬양할 수 있겠습니까!

자신의 사도직을 변호하는 바울

10 ¹⁻² 이제부터 말씀드리는 것은 사적이기는 하지만 대단히 절박한 문제입니다. 나는 그리스도의 온유하심과 확고한 영에 힘입어 말합니다. 내가 여러분과 함께 있을 때에는 움츠리고 연약하지만, 여러분과 적당히 떨어져 편지를 쓸 때에는 모질고 요구가 지나치다는 말이 들리는군요. 바라건대, 내가 여러분과 함께 있을 때에도 강경한 입장을 취하지 않게 해주십시오. 나를 가리켜 원칙 없는 기회주의자라고 말하는 자들에게 맞서는 일에, 내가 단 일 분이라도 주저할 것이라고 생각지 마십시오. 그들은 자신들이 한 말을 취소해야 할 것입니다.

³⁻⁶ 세상은 원칙이 없습니다. 인정사정없는 냉혹한 곳입니다! 세상은 정정당당하게 싸우지 않습니다. 그러나 우리는 그런 식으로 살거나 싸우지 않습니다. 이제까지도 그랬고, 앞으로도 그럴 것입니다. 우리 일에 사용하는 도구는 마케팅이나 시세를 조작하는 데 쓰이는 것이 아닙니다. 우리의 도구는 타락한 문화 전체를 뒤엎는 데 쓰입니다. 우리는 하나님의 강력한 도구를 사용하여 뒤틀린 철학을 분쇄하고, 하나님의 진리를 가로막기 위해 세워진 장벽들을 허물고, 모든 흐트러진 생각과 감정과 충동을 그리스도께서 조성하신 삶의 구조에 맞게 변화

your gratitude to God by being openly obedient to the plain meaning of the Message of Christ. You show your gratitude through your generous offerings to your needy brothers and sisters, and really toward everyone. Meanwhile, moved by the extravagance of God in your lives, they'll respond by praying for you in passionate intercession for whatever you need. Thank God for this gift, his gift. No language can praise it enough!

Tearing Down Barriers

10 ¹⁻² And now a personal but most urgent matter; I write in the gentle but firm spirit of Christ. I hear that I'm being painted as cringing and wishy-washy when I'm with you, but harsh and demanding when at a safe distance writing letters. Please don't force me to take a hard line when I'm present with you. Don't think that I'll hesitate a single minute to stand up to those who say I'm an unprincipled opportunist. Then they'll have to eat their words.

³⁻⁶ The world is unprincipled. It's dog-eat-dog out there! The world doesn't fight fair. But we don't live or fight our battles that way—never have and never will. The tools of our trade aren't for marketing or manipulation, but they are for demolishing that entire massively corrupt culture. We use our powerful God-tools for smashing warped philosophies, tearing down barriers erected against the truth of

시킵니다. 우리의 도구는 모든 방해의 원인을 제거하고, 성숙에 이르는 순종의 삶을 세우는 데 즉시 쓸 수 있도록 준비된 도구입니다.

7-8 여러분은 명백한 것을 보고 또 보지만, 나무는 보면서 숲은 보지 못하고 있습니다. 여러분은 그리스도 편에 서 있는 사람의 분명한 본보기를 구하면서, 어찌하여 그리도 성급하게 나를 제쳐 놓습니까? 나는 내가 그리스도와 함께 서 있다고 확신합니다. 그러니 나를 믿어 주십시오. 여러분은 그리스도께서 나에게 주신 권위를 내가 과장해서 말한다고 생각할지 모르겠으나, 나는 내 말을 철회할 생각이 없습니다. 내가 몸을 던져 수고한 것 하나하나는 여러분을 넘어뜨리려는 것이 아니라, 여러분을 일으켜 세우려는 것이기 때문입니다.

9-11 내가 편지로 여러분을 위협한다는 이 소문은 어찌 된 것입니까? "그의 편지는 강하고 설득력이 있지만, 그 사람 자신은 나약하고 말도 잘 못한다." 그러한 소문은 면밀히 조사해 보면, 전혀 근거 없다는 것이 밝혀질 것입니다. 우리는 여러분을 떠나서 편지로 쓴 것을, 여러분 곁에 있으면서도 그대로 행하는 사람입니다. 여러분을 떠나 있든 여러분과 함께 있든, 편지로 쓰든 직접 말로 하든 간에, 우리는 동일한 사람입니다.

12 우리는 우리보다 낫다고 자처하는 사람들 편에 우리를 끼워 넣으려는 것이 아닙니다. 우리는 그럴 생각이 없습니다. 그러나 비교하고 등급을 매기고 경쟁하는 자들은, 사실상 핵심을 놓친 것입니다.

13-14 우리는 이 자리에서 터무니없는 주장을 하고 있는 것이 아닙니다. 우리는 하나님께서 우리에게 정해 주신 한계에서 벗어나지 않았습니다. 그 한계가 여러분에게까지 미쳐, 여러분도 그 안에 포함된다는 사실에는 의문의 여지가 없습니다. 우리는 다른 누군가의 영역을 침범하려는 것이 아닙니다. 우리가 이미 여러분과 함께 있지 않았습니까? 우리는 그리스도의

God, fitting every loose thought and emotion and impulse into the structure of life shaped by Christ. Our tools are ready at hand for clearing the ground of every obstruction and building lives of obedience into maturity.

7-8 You stare and stare at the obvious, but you can't see the forest for the trees. If you're looking for a clear example of someone on Christ's side, why do you so quickly cut me out? Believe me, I am quite sure of my standing with Christ. You may think I overstate the authority he gave me, but I'm not backing off. Every bit of my commitment is for the purpose of building you up, after all, not tearing you down.

9-11 And what's this talk about me bullying you with my letters? "His letters are brawny and potent, but in person he's a weakling and mumbles when he talks." Such talk won't survive scrutiny. What we write when away, we do when present. We're the exact same people, absent or present, in letter or in person.

12 We're not, understand, putting ourselves in a league with those who boast that they're our superiors. We wouldn't dare do that. But in all this comparing and grading and competing, they quite miss the point.

13-14 We aren't making outrageous claims here. We're sticking to the limits of what God has set for us. But there can be no question that those limits reach to and include you. We're not moving into someone else's "territory."

메시지를 가지고 여러분을 방문한 첫 번째 사람들이지 않습니까? 그런데도 여러분은, 우리가 편지를 보내거나 직접 방문하는 것이 우리의 한계를 넘어선 것이 아닌가 의문을 품으니 어찌된 일입니까?

15-18 우리는 다른 이들의 적법한 일에 쓸데없이 참견하거나, 그들의 직무에 간섭하거나, 그들과 똑같은 혜택을 요구하려는 것이 아닙니다. 다만 우리는, 여러분의 삶이 믿음 안에서 자라 가면서, 우리가 확장시키고 있는 일에 여러분이 나름대로 참여하기를 바랄 따름입니다. 우리는 고린도 너머에 있는 지역에 메시지를 전할 때에도 하나님께서 정하신 한계를 넘지 않을 것입니다. 우리는 다른 이들이 이루어 놓은 일을 침범하여 그것을 우리 공로로 삼을 마음이 전혀 없습니다. "공로를 주장하려거든, 하나님을 위해 주장하십시오." 여러분이 스스로를 내세우는 것은 하나님의 일에 아무 의미가 없습니다. 하나님께서 여러분을 내세워 주시는 것이 중요합니다.

거짓 종들

11

1-3 여러분은 내가 좀 어리석은 말을 하더라도 참아 주시겠습니까? 부디, 잠시만 참아 주십시오. 내가 여러분을 몹시 걱정하고 있다는 사실이 나를 당황스럽게 합니다. 이것은 내 안에서 타오르는 하나님의 열정이나 다름없습니다! 나는 여러분을 그리스도와 결혼시키려 했고, 여러분을 순결한 처녀로 신랑 되시는 그리스도께 소개했습니다. 이제 내가 걱정하는 것은, 하와가 뱀의 번지르르한 재잘거림에 속아 넘어간 것처럼, 여러분도 유혹을 받아 그리스도를 향한 수수하고 순결한 사랑에서 멀어지고 있다는 점입니다.

4-6 어떤 사람이 나타나서 우리가 전한 것과 상당히 다른 예수—다른 영, 다른 메시지—를 전하는데도, 여러분은 그를 잘도 용납하는 것 같습니다. 이렇게 대단하다는 사도들은 용납

We were already there with you, weren't we? We were the first ones to get there with the Message of Christ, right? So how can there be any question of overstepping our bounds by writing or visiting you?

15-18 We're not barging in on the rightful work of others, interfering with their ministries, demanding a place in the sun with them. What we're hoping for is that as your lives grow in faith, you'll play a part within our expanding work. And we'll all still be within the limits God sets as we proclaim the Message in countries beyond Corinth. But we have no intention of moving in on what others have done and taking credit for it. "If you want to claim credit, claim it for God." What you say about yourself means nothing in God's work. It's what God says about you that makes the difference.

Pseudo-Servants of God

11

1-3 Will you put up with a little foolish aside from me? Please, just for a moment. The thing that has me so upset is that I care about you so much—this is the passion of God burning inside me! I promised your hand in marriage to Christ, presented you as a pure virgin to her husband. And now I'm afraid that exactly as the Snake seduced Eve with his smooth patter, you are being lured away from the simple purity of your love for Christ.

4-6 It seems that if someone shows up preaching quite another Jesus than we preached—different spirit, different message—you put up with him quite

하면서, 나처럼 평범한 사람은 용납하지 못하다니 어찌 된 일입니까? 나도 그들보다 못할 것이 없는 사람입니다. 내가 그들처럼 말을 잘하지 못하고, 여러분을 그토록 감동시키는 매끄러운 웅변도 익히지 못한 것은 사실입니다. 그러나 적어도 나는, 입을 열 때마다 내가 무엇을 이야기하고 있는지는 압니다. 우리는 아무것도 감추지 않았습니다. 우리는 여러분에게 모든 것을 털어놓았습니다.

7-12 나는 하나님의 **메시지**를 여러분에게 전하면서 답례로 아무것도 요구하지 않았고, 여러분에게 폐를 끼치지 않으려고 아무 사례 없이 여러분을 섬겼습니다. 그렇게 하면서 내가 큰 실수라도 범했습니까? 여러분에게 경제적인 부담을 주지 않으려고 다른 교회들이 나의 비용을 대 주었습니다. 내가 여러분과 함께 지내는 동안, 누군가 나를 돕겠다고 거든 적이 한 번도 없습니다. 내게 필요한 것은 늘 마케도니아의 신자들이 공급해 주었습니다. 나는 여러분에게 짐이 되지 않으려고 조심했고, 앞으로도 짐이 되지 않을 테니 여러분은 믿어도 좋습니다. 그리스도를 나의 증인으로 모시고 말하는데, 이것은 내 명예와 관련된 일입니다. 나는 이웃의 판단으로부터 여러분을 보호하기 위해서라도 이 일을 비밀로 해둘 마음이 없습니다. 내가 여러분을 사랑하지 않아서 그런 것이 아닙니다. 내가 여러분을 사랑하는 것은 하나님께서 아십니다. 다만 나는 우리 사이의 일을 공개하여, 숨기는 것이 없게 하려는 것뿐입니다.

12-15 이와 관련해서 나는 내 입장을 바꾸지 않을 작정입니다. 여러분의 돈을 받느니 차라리 죽는 편을 택하겠습니다. 나는 악착같이 돈을 모으면서도 자신들을 특별한 존재로 자처하는 설교자들과 나를 한통속으로 취급할 빌미를 누구에게도 주지 않을 것입니다. 그들은 그리스도의 대리인 행세를 하지만 속속들이 가짜인 가엾은 패거리—거짓 사도들, 거짓 설교자들, 부정직한 일꾼들—입니다. 그렇다고 놀랄 것까

nicely. But if you put up with these big-shot "apostles," why can't you put up with simple me? I'm as good as they are. It's true that I don't have their voice, haven't mastered that smooth eloquence that impresses you so much. But when I do open my mouth, I at least know what I'm talking about. We haven't kept anything back. We let you in on everything.

7-12 I wonder, did I make a bad mistake in proclaiming God's Message to you without asking for something in return, serving you free of charge so that you wouldn't be inconvenienced by me? It turns out that the other churches paid my way so that you could have a free ride. Not once during the time I lived among you did anyone have to lift a finger to help me out. My needs were always supplied by the believers from Macedonia province. I was careful never to be a burden to you, and I never will be, you can count on it. With Christ as my witness, it's a point of honor with me, and I'm not going to keep it quiet just to protect you from what the neighbors will think. It's not that I don't love you; God knows I do. I'm just trying to keep things open and honest between us.

12-15 And I'm not changing my position on this. I'd die before taking your money. I'm giving nobody grounds for lumping me in with those money-grubbing "preachers," vaunting themselves as something special. They're a sorry bunch—pseudo-apostles, lying preachers, crooked workers—posing as Christ's

지는 없습니다! 사탄은 늘 그런 식으로 활동하고, 빼어난 빛의 천사로 가장하기 때문입니다. 그러므로 사탄의 졸개들이 하나님의 종으로 가장한다고 해서 놀랄 것이 없습니다. 그러나 그들은 그 무엇으로도 성공하지 못할 것이며, 결국에는 그 대가를 치르게 될 것입니다.

여러 번 기나긴 밤을 홀로 지새우고

16-21 출발점으로 다시 돌아가서 말씀드리겠습니다. 내가 다소 어리석은 말을 계속하더라도 나를 비난하지는 말아 주십시오. 비난하려거든, 차라리 나를 어리석은 사람으로 받아들여서, 내가 큰소리 좀 치게 해주십시오. 이러한 말투는 그리스도에게서 배운 것이 아닙니다. 오, 절대로 아닙니다. 그것은 내가 요즘 인기 있는 현란한 설교자들에게서 찾아낸 못된 버릇입니다. 여러분은 재판석에 앉아 이 모든 사기극을 관찰하기 때문에, 예상치 않게 이따금 찾아오는 어리석은 자들의 비위까지 맞춰 줄 여유가 있는 모양입니다. 사기꾼들이 여러분의 자유를 빼앗고, 여러분을 이용해 먹고, 여러분에게 터무니없는 돈을 청구하고, 여러분을 윽박지르고, 여러분의 뺨까지 때리는데도, 여러분은 그들을 감탄스러울 정도로 참아 줍니다. 나라면 여러분에게 그렇게 할 수 없었을 것입니다. 우리는 그런 짓을 참을 만큼 비위가 강하지 않기 때문입니다.

21-23 여러분이 설교단에서 자기자랑을 늘어놓는 자들에게 감탄을 금치 못하니, 나도 자랑해 보렵니다. (이것은 어리석은 사람, 곧 여러분의 옛 친구가 하는 말이라는 것을 잊지 마십시오.) 그들이 스스로를 일컬어 히브리 사람, 이스라엘 사람, 아브라함의 순수 혈통이라고 자랑합니까? 나도 그들과 동등한 사람입니다. 그들이 그리스도의 종입니까? 나는 더욱 그렇습니다. (내가 이런 말을 하고 있다는 것이 믿기지 않습니다. 이런 식으로 말하는 것은 정신 나간 짓입니다! 그러나 시작했으니, 끝을 보겠습니다.)

agents but sham to the core. And no wonder! Satan does it all the time, dressing up as a beautiful angel of light. So it shouldn't surprise us when his servants masquerade as servants of God. But they're not getting by with anything. They'll pay for it in the end.

Many a Long and Lonely Night

16-21 Let me come back to where I started—and don't hold it against me if I continue to sound a little foolish. Or if you'd rather, just accept that I am a fool and let me rant on a little. I didn't learn this kind of talk from Christ. Oh, no, it's a bad habit I picked up from the three-ring preachers that are so popular these days. Since you sit there in the judgment seat observing all these shenanigans, you can afford to humor an occasional fool who happens along. You have such admirable tolerance for impostors who rob your freedom, rip you off, steal you blind, put you down—even slap your face! I shouldn't admit it to you, but our stomachs aren't strong enough to tolerate that kind of stuff.

21-23 Since you admire the egomaniacs of the pulpit so much (remember, this is your old friend, the fool, talking), let me try my hand at it. Do they brag of being Hebrews, Israelites, the pure race of Abraham? I'm their match. Are they servants of Christ? I can go them one better. (I can't believe I'm saying these things. It's crazy to talk this way! But I started, and I'm going to finish.)

23-27 나는 그들보다 더 열심히 일했고, 그들보다 더 자주 투옥되었고, 매도 셀 수 없을 만큼 많이 맞았고, 죽음의 고비도 여러 차례 넘겼습니다. 유대인들에게 매 서른아홉 대를 맞은 것이 다섯 차례, 로마 사람들에게 매질을 당한 것이 세 차례, 돌로 맞은 것이 한 차례입니다. 세 차례나 배가 난파되었고, 망망한 바다에 빠져 꼬박 하루를 보내기도 했습니다. 해마다 고된 여행을 하면서 여러 개의 강을 건너고, 강도들을 피해 다니고, 벗들과도 다투고, 적들과도 싸워야 했습니다. 도시에서도 위험에 처하고, 시골에서도 위험에 처했으며, 태양이 작열하는 사막의 위험과 폭풍이 이는 바다의 위험도 겪었고, 형제로 여겼던 사람들에게 배신도 당했습니다. 단조롭고 고된 일과 중노동을 겪고, 길고 외로운 밤을 여러 차례 지새우고, 식사도 자주 거르고, 추위에 상하고, 헐벗은 채 비바람을 맞기도 했습니다.

28-29 하지만 이 모든 것과 비교조차 할 수 없는 것은 모든 교회로 인해 겪는 곤경과 걱정입니다. 누군가 더 이상 물러설 수 없는 형편에 처하면, 나는 뼛속 깊이 절망을 느낍니다. 누가 속아 넘어가 죄를 지으면, 내 속에서 화가 불같이 타오릅니다.

30-33 굳이 나 자신을 자랑해야 한다면, 나는 내가 당한 굴욕을 자랑하겠습니다. 그 굴욕이 나를 예수처럼 되게 해주기 때문입니다. 영원히 찬양받으실 하나님, 곧 우리 주 예수의 아버지께서 내가 하는 말이 거짓이 아님을 아십니다. 내가 다마스쿠스에 있을 때, 아레다 왕의 총독이 나를 체포하려고 성문에 초병을 배치한 적이 있는데, 내가 성벽에 난 창문으로 기어 나오자, 사람들이 나를 바구니에 담아서 내려 주었고, 나는 필사적으로 도망쳤습니다.

23-27 I've worked much harder, been jailed more often, beaten up more times than I can count, and at death's door time after time. I've been flogged five times with the Jews' thirty-nine lashes, beaten by Roman rods three times, pummeled with rocks once. I've been shipwrecked three times, and immersed in the open sea for a night and a day. In hard traveling year in and year out, I've had to ford rivers, fend off robbers, struggle with friends, struggle with foes. I've been at risk in the city, at risk in the country, endangered by desert sun and sea storm, and betrayed by those I thought were my brothers. I've known drudgery and hard labor, many a long and lonely night without sleep, many a missed meal, blasted by the cold, naked to the weather.

28-29 And that's not the half of it, when you throw in the daily pressures and anxieties of all the churches. When someone gets to the end of his rope, I feel the desperation in my bones. When someone is duped into sin, an angry fire burns in my gut.

30-33 If I have to "brag" about myself, I'll brag about the humiliations that make me like Jesus. The eternal and blessed God and Father of our Master Jesus knows I'm not lying. Remember the time I was in Damascus and the governor of King Aretas posted guards at the city gates to arrest me? I crawled through a window in the wall, was let down in a basket, and had to run for my life.

약함에서 오는 강함

12 ¹⁻⁵ 여러분 때문에 나는 이런 식으로 말할 수밖에 없습니다. 나는 본의 아니게 이렇게 말하는 것입니다. 이참에, 하나님께서 내게 주신 환상과 계시의 문제도 꺼내는 것이 좋겠습니다. 예를 들어, 나는 십사 년 전에 그리스도께 붙잡혀 황홀경 속에서 지극히 높은 하늘로 끌려 올라간 사람을 알고 있습니다. 사실, 나는 이 일이 몸을 입은 채 일어났는지, 몸을 떠나서 일어났는지 알지 못합니다. 그것은 하나님만이 아십니다. 내가 알기로, 이 사람은 낙원으로 이끌려 갔는데, 몸을 입고 그렇게 된 것인지, 몸을 떠나서 그렇게 된 것인지, 나로서는 알 길이 없습니다. 하지만 하나님은 아십니다. 그는 거기서 말로 표현할 수 없는 놀라운 말을 들었지만, 그 들은 것을 발설해서는 안되었습니다. 이 사람이 내가 말하려는 그 사람입니다. 그러나 나 자신에 관해서는, 내가 당한 굴욕 외에 아무 말도 하지 않겠습니다.

⁶ 내가 조금이라도 자랑할 마음이 있다면 우스운 꼴을 보이지 않으면서 그렇게 할 수 있고, 그러면서도 알기 쉽게 진리를 내내 말할 수 있을 것입니다. 그러나 나는 여러분을 아끼는 마음으로 그만두겠습니다. 여러분이 길에서 나를 보거나 내가 하는 말을 듣게 되거든, 나를 우연히 마주친 어리석은 사람 그 이상의 존재로 여기는 사람이 아무도 없기를 바랍니다.

⁷⁻¹⁰ 받은 계시들이 엄청나고 또 내가 우쭐거리려서는 안되겠기에, 주님께서는 나에게 장애를 선물로 주셔서, 늘 나의 한계들을 절감하도록 하셨습니다. 사탄의 하수인이 나를 넘어뜨리려고 전력을 다했고, 실제로 내 무릎을 꿇게 했습니다. 그래서 내가 교만하게 다닐 위험이 없게 한 것입니다! 처음에 나는 장애를 선물로 여기지 못하고, 그것을 없애 달라고 하나님께 간구했습니다. 세 번이나 그렇게 했는데, 그분께서 이렇게 말씀하셨습니다.

Strength from Weakness

12 ¹⁻⁵ You've forced me to talk this way, and I do it against my better judgment. But now that we're at it, I may as well bring up the matter of visions and revelations that God gave me. For instance, I know a man who, fourteen years ago, was seized by Christ and swept in ecstasy to the heights of heaven. I really don't know if this took place in the body or out of it; only God knows. I also know that this man was hijacked into paradise—again, whether in or out of the body, I don't know; God knows. There he heard the unspeakable spoken, but was forbidden to tell what he heard. This is the man I want to talk about. But about myself, I'm not saying another word apart from the humiliations.

⁶ If I had a mind to brag a little, I could probably do it without looking ridiculous, and I'd still be speaking plain truth all the way. But I'll spare you. I don't want anyone imagining me as anything other than the fool you'd encounter if you saw me on the street or heard me talk.

⁷⁻¹⁰ Because of the extravagance of those revelations, and so I wouldn't get a big head, I was given the gift of a handicap to keep me in constant touch with my limitations. Satan's angel did his best to get me down; what he in fact did was push me to my knees. No danger then of walking around high and mighty! At first I didn't think of it as a gift, and begged God to remove it. Three times I did that, and then he told me,

내 은혜가 네게 족하다. 네게 필요한 것은 그것이 전부다.

내 능력은 네 약함 속에서 진가를 드러낸다.

나는 그 말씀을 듣자마자, 이렇게 된 것을 기쁘게 받아들였습니다. 나는 장애에 집착하는 것을 그만두고, 그것을 선물로 여기며 감사하기 시작했습니다. 그것은 그리스도의 능력이 나의 약함 속으로 쇄도해 들어오는 하나의 사건이었습니다. 이제 나는 약점들을 기꺼이 받아들입니다. 나를 낮추어 주는 이 약점들—모욕, 재난, 적대 행위, 불운—을 기쁘게 받아들입니다. 나는 그저 그리스도께 넘겨드릴 따름입니다! 그리하여 나는 약하면 약할수록 점점 더 강하게 됩니다.

☘

11-13 내가 실수를 저질렀습니다! 나는 이와 같이 말하면서 완전히 어리석은 사람이 되고 말았습니다. 그러나 그것은 내 탓만은 아닙니다. 여러분이 나를 부추긴 것입니다. 여러분은 내가 어리석은 말을 하도록 놔두기보다는 나를 지지하고 칭찬해 주었어야 했습니다. 내가 보잘것없고 하찮은 사람이기는 하지만, 여러분을 그토록 매료시킨 저 대단한 "사도들"과 견주어 내가 그들만 못한 사람이 아니라는 것을 여러분도 직접 겪어 보아서 알 것입니다. 내가 여러분과 함께 있으면서 복된 시기와 힘겨운 시기를 보내는 동안, 참 사도를 구별하는 온갖 표적들, 곧 놀라운 일과 이적과 능력의 표적들이 분명하게 나타났습니다. 여러분이 나나 하나님께로부터 다른 교회들에 비해 덜 받은 것이 있습니까? 여러분이 덜 받은 것이 한 가지 있기는 합니다. 바로 내 생활비를 책임지지 않은 것 말입니다. 참 미안하게 되었습니다. 여러분에게서 그 책임을 빼앗은 것을 용서해 주시기 바랍니다.

My grace is enough; it's all you need. My strength comes into its own in your weakness.

Once I heard that, I was glad to let it happen. I quit focusing on the handicap and began appreciating the gift. It was a case of Christ's strength moving in on my weakness. Now I take limitations in stride, and with good cheer, these limitations that cut me down to size—abuse, accidents, opposition, bad breaks. I just let Christ take over! And so the weaker I get, the stronger I become.

☘

11-13 Well, now I've done it! I've made a complete fool of myself by going on like this. But it's not all my fault; you put me up to it. You should have been doing this for me, sticking up for me and commending me instead of making me do it for myself. You know from personal experience that even if I'm a nobody, a nothing, I wasn't second-rate compared to those big-shot apostles you're so taken with. All the signs that mark a true apostle were in evidence while I was with you through both good times and bad: signs of portent, signs of wonder, signs of power. Did you get less of me or of God than any of the other churches? The only thing you got less of was less responsibility for my upkeep. Well, I'm sorry. Forgive me for depriving you.

14-15 지금 나는 여러분을 세 번째로 방문하기 위해 모든 준비를 마친 상태입니다. 그러나 걱정하지 마십시오. 여러분은 특별히 애쓰지 않아도 됩니다. 지난 두 차례의 방문 때와 마찬가지로, 이번에도 여러분을 성가시게 하는 일은 없을 것입니다. 나는 여러분의 소유에는 관심이 없습니다. 여러분 자신에게만 관심이 있을 따름입니다. 자녀가 부모를 돌보는 것이 아니라, 부모가 자녀를 돌보는 것입니다. 여러분을 위해서라면 나는 기꺼이 내 지갑을 비우고, 내 목숨까지도 저당잡히겠습니다. 그러니 내가 여러분을 사랑할수록 여러분의 사랑을 덜 받게 되다니, 어찌 된 일입니까?

16-18 내가 앞에서는 자급하는 척하고 뒤에서는 교묘하게 속여 빼앗았다는 혐담이 끊임없이 들리니, 어찌 된 일입니까? 그 증거가 어디에 있습니까? 내가 누군가를 보내서 여러분을 속이거나 여러분의 것을 빼앗은 일이 있습니까? 나는 디도에게 여러분을 방문하라고 권했고, 그와 함께 형제 몇 사람을 보냈습니다. 그들이 여러분을 속여 무언가를 빼앗은 일이 있습니까? 우리가 솔직하지 않거나 정직하지 않았던 적이 있습니까?

19 우리가 여러분을 배심원으로 여겨 줄곧 변명하고 있다고 생각하지 마시기 바랍니다. 여러분은 배심원이 아닙니다. 하나님—그리스도 안에서 계시된 하나님—이 배심원이십니다. 우리는 그분 앞에서 진술하고 있는 것입니다. 우리는 여러분의 성장을 방해하지 않으려고 자비량으로 온갖 수고를 감당했습니다.

20-21 내게는 이런 두려움이 있습니다. 내가 여러분을 방문할 때 여러분이 나를 실망시키지 않을까, 내가 여러분을 실망시키지 않을까, 서로 실망한 나머지 모든 것이 산산조각 나서, 싸움과 시기와 격분과 편가르기와 격한 말과 악한 소문과 자만과 큰 소란이 일

14-15 Everything is in readiness now for this, my third visit to you. But don't worry about it; you won't have to put yourselves out. I'll be no more of a bother to you this time than on the other visits. I have no interest in what you have—only in you. Children shouldn't have to look out for their parents; parents look out for the children. I'd be most happy to empty my pockets, even mortgage my life, for your good. So how does it happen that the more I love you, the less I'm loved?

16-18 And why is it that I keep coming across these whiffs of gossip about how my self-support was a front behind which I worked an elaborate scam? Where's the evidence? Did I cheat or trick you through anyone I sent? I asked Titus to visit, and sent some brothers along. Did they swindle you out of anything? And haven't we always been just as aboveboard, just as honest?

19 I hope you don't think that all along we've been making our defense before you, the jury. You're not the jury; God is the jury—God revealed in Christ—and we make our case before him. And we've gone to all the trouble of supporting ourselves so that we won't be in the way or get in the way of your growing up.

20-21 I do admit that I have fears that when I come you'll disappoint me and I'll disappoint you, and in frustration with each other everything will fall to pieces—quarrels, jealousy, flaring tempers, taking sides, angry words, vicious rumors, swelled heads, and general bedlam. I

어나지 않을까 하는 것입니다. 나는 다시 여러분에게 둘러싸여서 하나님께 창피를 당하고 싶지 않습니다. 또한 나는, 예전과 똑같이 죄짓기를 되풀이하는 저 무리—악과 불륜과 추잡한 행위의 진창 속에서 뒹굴며 헤어 나오려고 하지 않는 무리—때문에 뜨거운 눈물을 흘리고 싶지도 않습니다.

그리스도께서 살아 계십니다!

13 1-4 이제 나의 세 번째 방문이 얼마 남지 않았습니다. "사건은 두세 증인이 증거를 제시하고 나서야 명백해진다"고 한 성경 말씀을 기억하십니까? 두 번째 방문에서 나는, 예전과 똑같이 죄짓기를 되풀이하는 자들에게, 내가 다시 가면 그냥 넘어가지 않겠다고 경고한 적이 있습니다. 이제 나는 세 번째 방문을 준비하면서, 멀리 있지만 거듭 경고합니다. 내가 그곳에 갈 때까지 옛 습관을 바꾸지 않는다면, 조심해야 할 것입니다. 그리스도께서 나를 통해 말씀하신다는 증거를 요구해 온 여러분은, 생각보다 많은 증거를 얻게 될 것입니다. 여러분은 그리스도의 충만한 능력을 얻게 될 것입니다. 얻지 못할 것이라고 생각지 마십시오. 그리스도께서 십자가에 달려 돌아가실 때, 그분은 더없이 약하고 굴욕적이었지만, 지금은 강력하신 하나님의 능력으로 살아 계십니다! 우리도 볼품없어서 여러분 가운데서 굴욕을 당했지만, 이번에 여러분을 대할 때에는 하나님의 능력으로 그리스도 안에서 살아 있을 것입니다.

5-9 여러분 자신을 스스로 점검해 보십시오. 여러분은 자신이 믿음 안에서 흔들림이 없는지 스스로 확인해 보고, 모든 것을 당연한 것으로 여기며 적당히 지내는 일이 없게 하십시오. 여러분 자신을 주기적으로 점검하십시오. 여러분에게 필요한 것은, 예수 그리스도께서 여러분 안에 계신다는 전

He's Alive Now!

don't look forward to a second humiliation by God among you, compounded by hot tears over that crowd that keeps sinning over and over in the same old ways, who refuse to turn away from the pigsty of evil, sexual disorder, and indecency in which they wallow.

13 1-4 Well, this is my third visit coming up. Remember the Scripture that says, "A matter becomes clear after two or three witnesses give evidence"? On my second visit I warned that bunch that keeps sinning over and over in the same old ways that when I came back I wouldn't go easy on them. Now, preparing for the third, I'm saying it again from a distance. If you haven't changed your ways by the time I get there, look out. You who have been demanding proof that Christ speaks through me will get more than you bargained for. You'll get the full force of Christ, don't think you won't. He was sheer weakness and humiliation when he was killed on the cross, but oh, he's alive now—in the mighty power of God! We weren't much to look at, either, when we were humiliated among you, but when we deal with you this next time, we'll be alive in Christ, strengthened by God.

5-9 Test yourselves to make sure you are solid in the faith. Don't drift along taking everything for granted. Give yourselves regular checkups. You need firsthand evidence, not mere hearsay, that Jesus Christ is in you. Test it out. If you fail the test, do something about it. I hope the test

해 들은 이야기가 아니라, 직접적인 증거입니다. 그 증거가 있는지 시험해 보십시오. 만일 그 시험에 실격했다면, 방법을 강구하십시오. 나는 그 시험에서 우리가 실격자로 드러나지 않기를 바랍니다. 그러나 설령 그렇게 되더라도, 여러분이 아니라 우리가 실격자로 드러나기를 바랍니다. 우리는 여러분 안에서 이 진리가 완성되기를 응원합니다. 이것 외에 우리가 할 수 있는 일은 없습니다.

우리는 우리가 가진 한계를 그저 참고만 있는 것이 아닙니다. 우리는 그 한계를 환영하고, 나아가 그 한계를 넘어설 수 있도록 하나님이 주시는 모든 능력을 환영하며, 결국에는 여러분 안에서 그 한계를 넘어 이루어지는 진리의 승리를 경축할 것입니다. 우리는 여러분의 삶 속에서 모든 것이 온전해지기를 열심히 기도하고 있습니다.

10 여러분에게 이 편지를 써 보내는 것은, 내가 여러분에게 갈 때 이 문제에 대해 다른 말을 하지 않으려는 것입니다. 주님께서 내게 주신 권위는 사람들로 하여금 힘을 내게 하라고 주신 것이지, 그들을 무너뜨리라고 주신 것이 아닙니다. 나는 그 일을 잘 진척시키고 싶을 뿐, 책망이나 징계에 시간을 낭비할 마음이 없습니다.

❧

11-13 친구 여러분, 이것으로 마치겠습니다. 기뻐하십시오. 모든 일이 잘 회복되도록 노력하십시오! 여러분의 영이 생명으로 넘쳐나게 하십시오. 서로 조화롭게 생각하십시오. 상냥하게 대하십시오. 모든 일을 그렇게 하십시오. 그러면 사랑과 평화의 하나님께서 틀림없이 여러분과 함께하실 것입니다. 거룩한 포옹으로 서로 인사하십시오. 이곳에 있는 모든 형제자매가 안부를 전합니다.

14 주 예수 그리스도의 놀라운 은혜와, 하나님의 아낌없는 사랑과, 성령의 친밀한 사귐이, 여러분 모두와 함께하기를 바랍니다.

won't show that we have failed. But if it comes to that, we'd rather the test showed our failure than yours. We're rooting for the truth to win out in you. We couldn't possibly do otherwise.

We don't just put up with our limitations; we celebrate them, and then go on to celebrate every strength, every triumph of the truth in you. We pray hard that it will all come together in your lives.

10 I'm writing this to you now so that when I come I won't have to say another word on the subject. The authority the Master gave me is for putting people together, not taking them apart. I want to get on with it, and not have to spend time on reprimands.

❧

11-13 And that's about it, friends. Be cheerful. Keep things in good repair. Keep your spirits up. Think in harmony. Be agreeable. Do all that, and the God of love and peace will be with you for sure. Greet one another with a holy embrace. All the brothers and sisters here say hello.

14 The amazing grace of the Master, Jesus Christ, the extravagant love of God, the intimate friendship of the Holy Spirit, be with all of you.

갈라디아서 | 머리말

종교인들이 곧잘 취하는 태도 가운데 하나는, 종교를 다른 사람들을 통제하는 수단으로 변질시켜 그들을 옴짝달싹하지 못하게 하는 것이다. 그러한 종교적 조작과 통제의 역사는 지루할 정도로 오래되었다. 종교를 그런 식으로만 이해하던 사람들이 종교로부터 벗어나는 것을 자유로 여기는 것은 당연한 노릇이다. 그러나 문제는 그 자유의 수명이 짧다는 것이다.

다소의 바울은 예수를 만난 뒤 근본적으로 전혀 다른 존재, 곧 하나님 안에서 자유의 삶을 사는 존재로 변화되어, 저 따분한 역사에 전혀 다른 장(章)을 더하려고 최선을 다하고 있었다. 예수를 만난 바울은 하나님이 사람들을 특정한 방식으로 행동하게 하는 비인격적인 힘이 아니라, 우리를 해방시켜 자유로운 삶을 살게 하는 인격적인 구원자라는 것을 알게 되었다. 하나님은 밖에서 우리를 억누르는 분이 아니라, 안에서 우리를 해방하는 분이셨다.

그것은 영광스러운 경험이었다. 바울은 자기가 만나는 사람들 누구에게나 이 자유로운 삶을 소개하고, 그 삶으로 사람들을 초대하기 시작했다. 초기에 바울은 로마 제국의 갈라디아 지역을 몇 차례 여행하면서 여러 교회를 세웠다. 그리고 몇 년 후에, 바울은 예전에 자신이 속해 있던 종파의 종교 지도자들이 그 교회들을 찾아다니면서 바울의 견해와 권위에 이의를 제기하고, 옛 방식을 다시 소개하고, 자유를 사랑하는 그리스도인들을 종교 규칙과 규정이라는 울타리

When men and women get their hands on religion, one of the first things they often do is turn it into an instrument for controlling others, either putting or keeping them "in their place." The history of such religious manipulation and coercion is long and tedious. It is little wonder that people who have only known religion on such terms experience release or escape from it as freedom. The problem is that the freedom turns out to be short-lived.

Paul of Tarsus was doing his diligent best to add yet another chapter to this dreary history when he was converted by Jesus to something radically and entirely different—a free life in God. Through Jesus, Paul learned that God was not an impersonal force to be used to make people behave in certain prescribed ways, but a personal Savior who set us free to live a free life. God did not coerce us from without, but set us free from within.

It was a glorious experience, and Paul set off telling others, introducing and inviting everyone he met into this free life. In his early travels he founded a series of churches in the Roman province of Galatia. A few years later Paul learned that religious leaders of the old school had come into those churches, called his views and authority into question, and were reintroducing the old ways, herding all these freedom-loving Christians back into the

636

에 가두고 있다는 소식을 들었다.

바울이 노발대발한 것은 당연한 일이었다. 그는 옛날 방식의 옹호자들이 강압적인 종교 수단을 소개하고, 그리스도인들을 위협하여 예수 안에 있는 자유로운 삶을 포기하게 한 것에 분노했다. 또한 그는 그러한 위협에 넘어간 그리스도인들에게도 분노했다. 그는 자신의 생각을 말하는 것에 조금의 거리낌도 없었다.

여러분은 이 어리석은 짓을 계속하렵니까? 정신 나간 사람만이 하나님께서 시작하신 일을 자신의 힘으로 성취할 수 있다고 생각합니다. 여러분은 그 일을 시작할 만큼 슬기롭거나 강하지도 못하면서, 어찌 그 일을 성취할 수 있다고 생각합니까? 여러분이 그토록 고통스러운 학습 과정을 거친 것이 다 허사였다는 말입니까? 아직 완전히 허사가 되어 버린 것은 아닙니다만, 계속 이런 식이라면 분명 허사가 되고 말 것입니다!(갈3:2-4)

바울은 갈라디아에 있는 여러 교회에 편지를 보내어 그 교회들이—그리고 우리가—처음 가졌던 자유를 회복하도록 돕는다.

자유롭게 살되, 하나님의 영이 이끌고 북돋아 주시는 대로 사십시오. 그러면 여러분은 이기심이라는 욕망에 휘둘리지 않게 될 것입니다.……성령이 이끄시는 삶을 선택하여, 율법이 지배하는 변덕스런 욕망의 삶에서 빠져나오십시오(갈5:16-18).

또한 그의 편지는, 하나님께서 선물로 주시는 자유의 본질이 무엇인지 우리에게 가르친다. 그것은 정말로 필요한 지침이라고 하지 않을 수 없다. 자유는 미묘하고 민감한 선물이라서 자칫 오해되거나 악용될 수 있기 때문이다.

corral of religious rules and regulations.

Paul was, of course, furious. He was furious with the old guard for coming in with their strong-arm religious tactics and intimidating the Christians into giving up their free life in Jesus. But he was also furious with the Christians for caving in to the intimidation, and he had no qualms about speaking his mind.

Are you going to continue this craziness? For only crazy people would think they could complete by their own efforts what was begun by God. If you weren't smart enough or strong enough to begin it, how do you suppose you could perfect it? Did you go through this whole painful learning process for nothing? It is not yet a total loss, but it certainly will be if you keep this up!(Galatians 3:2-4)

His letter to the Galatian churches helps them, and us, recover the original freedom.

Live freely, animated and motivated by God's Spirit. Then you won't feed the compulsions of selfishness...Why don't you choose to be led by the Spirit and so escape the erratic compulsions of a law-dominated existence?(Galatians 5:16-18)

It also gives direction in the nature of God's gift of freedom—most necessary guidance, for freedom is a delicate and subtle gift, easily perverted and often squandered.

갈라디아서

1

¹⁻⁵ 나 바울과 이곳에 있는 믿음의 동료들은, 갈라디아에 있는 여러 교회에 문안합니다. 내가 이렇게 편지를 보낼 수 있는 권한은, 사람들의 합의나 윗사람들의 임명에서 온 것이 아닙니다. 그것은 메시아 예수와 그분을 죽은 자들 가운데서 살리신 아버지 하나님께 직접 받은 것입니다. 나는 하나님께로부터 임명받은 사람입니다. 그러므로 나는 다음과 같은 말로 여러분에게 문안합니다. 은혜와 평화가 여러분에게 있기를 바랍니다! 우리는 이 말이 무엇을 의미하는지 잘 압니다. 예수 그리스도께서 우리 죄를 대속하기 위해 자기 몸을 제물로 바치시고, 우리가 사는 이 악한 세상에서 우리를 건져 주셨기 때문입니다. 우리 모두가 이 구원을 경험하는 것, 그것이 바로 하나님의 계획입니다. 하나님께 영광이 영원무궁토록 있기를 바랍니다! 참으로 그렇게 되기를!

다른 메시지는 없습니다

⁶⁻⁹ 나는 여러분의 변덕이 믿기지 않습니다. 그리스도의 은혜로 여러분을 불러 주신 그분을 그렇게도 쉽게 배반하고 다른 메시지를 받아들이다니요! 여러분도 알다시피, 그것은 사소한 차이 정도가 아닙니다. 그것은 완전히 다른 메시지, 이질적인 메시지, 메시지라고 할 수도 없는 것, 하나님에 관한 거짓말이기 때문

GALATIANS

1

¹⁻⁵ I, Paul, and my companions in faith here, send greetings to the Galatian churches. My authority for writing to you does not come from any popular vote of the people, nor does it come through the appointment of some human higher-up. It comes directly from Jesus the Messiah and God the Father, who raised him from the dead. I'm God-commissioned. So I greet you with the great words, grace and peace! We know the meaning of those words because Jesus Christ rescued us from this evil world we're in by offering himself as a sacrifice for our sins. God's plan is that we all experience that rescue. Glory to God forever! Oh, yes!

The Message

⁶⁻⁹ I can't believe your fickleness—how easily you have turned traitor to him who called you by the grace of Christ by embracing a variant message! It is not a minor variation, you know; it is completely other, an alien message, a no-message, a lie about God. Those who are provoking this agitation among you

입니다. 이처럼 여러분 사이에서 동요를 일으키는 자들이 그리스도의 **메시지**를 왜곡하고 있습니다. 단도직입적으로 말하겠습니다. 우리 가운데 어떤 사람이, 심지어 하늘에서 온 천사일지라도, 우리가 처음 전한 **메시지**와 다른 것을 전한다면, 그는 저주를 받아 마땅합니다. 전에 말씀드렸고 이제 다시 말씀드리지만, 아무리 유명하고 자격이 대단한 사람이라도 여러분이 처음 받은 **메시지**와 다른 것을 전하는 사람이 있다면, 그는 저주를 받아 마땅합니다.

10-12 내가 이처럼 강경하게 말하는 것이 사람들을 조종하려는 것이겠습니까? 혹은 하나님의 환심을 사려는 것이겠습니까? 아니면 대중의 박수를 얻으려는 것이겠습니까? 대중의 인기를 얻는 것이 나의 목표라면, 나는 그리스도의 종이 되려고 애쓰지 않을 것입니다. 이것을 알아야 합니다. 친구 여러분, 아주 단호하게 말씀드립니다. 내가 여러분에게 전한 이 위대한 **메시지**는 그저 인간의 낙관론이 아닙니다. 그것은 내가 전통으로 물려받은 것도 아니고, 어떤 학파로부터 배운 것도 아닙니다. 나는 그것을 하나님께로부터 직접 받았습니다. 나는 그 **메시지**를 예수 그리스도께로부터 직접 받았습니다.

13-16 여러분은 내가 전에 유대인의 방식대로 살 때 어떻게 행동했었는지 이야기를 들었을 것입니다. 그 당시 나는 하나님의 교회를 박해하는 일에 전력을 다했습니다. 나는 하나님의 교회를 철저히 파괴하려고 했습니다. 내 조상의 전통을 지키는 일에 어찌나 열성을 다했던지, 그 면에서 나는 내 동료들보다 훨씬 앞서 있었습니다. 그러나 그때에도 하나님은 나를 향한 계획을 가지고 계셨습니다. 내가 아직 모태에 있을 때, 그분은 너그럽게도 나를 택하시고 불러 주셨습니다! 그분은 내게 개입하시고 자기 아들을 나타내 보이셔서, 나로 하여금 기쁜 마음으로 그 아들을 이방인들에게 알리게 하셨습니다.

are turning the Message of Christ on its head. Let me be blunt: If one of us—even if an angel from heaven!—were to preach something other than what we preached originally, let him be cursed. I said it once; I'll say it again: If anyone, regardless of reputation or credentials, preaches something other than what you received originally, let him be cursed.

10-12 Do you think I speak this strongly in order to manipulate crowds? Or curry favor with God? Or get popular applause? If my goal was popularity, I wouldn't bother being Christ's slave. Know this—I am most emphatic here, friends—this great Message I delivered to you is not mere human optimism. I didn't receive it through the traditions, and I wasn't taught it in some school. I got it straight from God, received the Message directly from Jesus Christ.

13-16 I'm sure that you've heard the story of my earlier life when I lived in the Jewish way. In those days I went all out in persecuting God's church. I was systematically destroying it. I was so enthusiastic about the traditions of my ancestors that I advanced head and shoulders above my peers in my career. Even then God had designs on me. Why, when I was still in my mother's womb he chose and called me out of sheer generosity! Now he has intervened and revealed his Son to me so that I might joyfully tell non-Jews about him.

16-20 나는 부르심을 받자마자—내 주위의 누구와도 상의하지 않고, 나보다 먼저 사도가 된 사람들과 의논하러 예루살렘으로 올라가지도 않고—곧장 아라비아로 갔습니다. 그리고 얼마 후 다마스쿠스로 되돌아갔고, 삼 년 후에 베드로와 함께 내가 전하는 이야기를 서로 비교해 보려고 예루살렘으로 올라갔습니다. 내가 예루살렘에 머문 기간은 고작 보름 정도였으나, 거기서 지낸 시간은 정말 대단했습니다. 나는 우리 주님의 동생 야고보만 만났을 뿐 다른 사도들은 구경도 못했습니다. (내가 여러분에게 하는 이 말은 절대로 거짓말이 아닙니다.)

21-24 그 후에 나는 시리아와 길리기아에서 사역을 시작했습니다. 그렇게 시간을 보내며 활동한 뒤에도, 나는 유대에 있는 그리스도의 교회들에 얼굴이 알려지지 않았습니다. 그저 "전에 우리를 박해하던 사람이 이제는 자기가 없애 버리려던 그 메시지를 전하고 있다"는 소문만 떠돌 뿐이었습니다. 그들이 나에 대해 보인 반응은, 나로 인해 하나님을 알아보고 그분을 경배한 것이었습니다!

내 중심은 더 이상 내가 아닙니다

2 1-5 첫 번째 방문이 있고 십사 년이 지나서, 바나바와 나는 디도를 데리고 예루살렘으로 올라갔습니다. 내가 예루살렘으로 간 것은, 내가 계시받은 것을 그들에게 분명히 설명하기 위해서였습니다. 그때 나는 이방인들에게 무엇을 전했는지 그들에게 정확하게 설명했고, 교회에서 존경받는 지도자들에게도 따로 설명했습니다. 그것은 우리의 일이, 유대인과 이방인 사이의 관계 문제로 인해 오명을 얻게 되거나, 공공연한 쟁점이 되는 것을 막기 위해서였습니다. 그러지 않으면, 자칫 여러 해에 걸쳐 이루어진 나의 활동이 훼손되고, 현재 진행되고 있는 나의 사역이 위험에 처할 수도 있었기 때문입니다.

16-20 Immediately after my calling—without consulting anyone around me and without going up to Jerusalem to confer with those who were apostles long before I was—I got away to Arabia. Later I returned to Damascus, but it was three years before I went up to Jerusalem to compare stories with Peter. I was there only fifteen days—but what days they were! Except for our Master's brother James, I saw no other apostles. (I'm telling you the absolute truth in this.)

21-24 Then I began my ministry in the regions of Syria and Cilicia. After all that time and activity I was still unknown by face among the Christian churches in Judea. There was only this report: "That man who once persecuted us is now preaching the very message he used to try to destroy." Their response was to recognize and worship *God* because of *me*!

What Is Central?

2 1-5 Fourteen years after that first visit, Barnabas and I went up to Jerusalem and took Titus with us. I went to clarify with them what had been revealed to me. At that time I placed before them exactly what I was preaching to the non-Jews. I did this in private with the leaders, those held in esteem by the church, so that our concern would not become a controversial public issue, marred by ethnic tensions, exposing my years of work to denigration and endangering my present ministry. Significantly, Titus, non-Jewish though he was, was not required to be circumcised. While we

유대인이 아닌 디도가 할례를 강요받지 않았다는 사실에 유념하십시오. 우리가 협의하고 있는 중에 그리스도인인 척하는 첩자들이 침투한 일이 있었습니다. 그들은 참된 그리스도인들이 어떤 자유를 누리는지 엿보려고 슬그머니 끼어든 자들이었습니다. 그들의 저의는 우리를 꾀어 자신들의 종으로 삼으려는 것이었습니다. 그러나 우리는 그들을 거들떠보지도 않았습니다. 여러분을 위해 **메시지**의 진리를 지키기로 결심했기 때문이었습니다.

6-10 교회 안에서 중요 인사로 여겨지는 사람들이 어떤 평판을 받든, 나는 아무 관심이 없습니다. 하나님은 사람의 겉모습에 감동하지 않으시며, 나 또한 그러합니다. 그 지도자들은 내가 줄곧 전한 메시지에 어떤 것도 덧붙이지 못했습니다. 하나님께서 베드로가 유대인들에게 전한 것과 똑같은 메시지를 내게 맡겨 주셔서 이방인들에게 전하게 하셨다는 사실이 조만간 드러났습니다. 교회의 기둥인 야고보와 베드로와 요한은 하나님께서 나를 부르셨음을 알고서, 나와 바나바에게 손을 내밀어 악수하고, 우리에게는 이방인들을 상대로 하는 사역을 맡기고, 자신들은 계속해서 유대인들에게 나아가기로 했습니다. 그들이 우리에게 한 가지 당부한 것은, 가난한 사람들을 기억해 달라는 것이었습니다. 그것은 내가 이미 열심히 하고 있던 일이었습니다.

11-13 그 후에 베드로가 안디옥에 왔을 때, 나는 그와 정면으로 맞선 적이 있습니다. 그가 분명하게 잘못한 일이 있었기 때문입니다. 이야기는 이렇습니다. 베드로는 야고보가 보낸 몇몇 사람들이 오기 전만 해도, 식사 때마다 이방인들과 함께 식사를 했습니다. 그러나 예루살렘에서 보수적인 사람들이 오자, 그는 슬그머니 뒤로 물러나, 할 수 있는 한 이방인 동료들과 거리를 두었습니다. 그는 할례라는 옛 방식을 강요해 온 유대 보수파를 두려워했던 것입니다. 안타깝게도, 안디옥 교회에 있던 나머지 유대

were in conference we were infiltrated by spies pretending to be Christians, who slipped in to find out just how free true Christians are. Their ulterior motive was to reduce us to their brand of servitude. We didn't give them the time of day. We were determined to preserve the truth of the Message for you.

6-10 As for those who were considered important in the church, their reputation doesn't concern me. God isn't impressed with mere appearances, and neither am I. And of course these leaders were able to add nothing to the message I had been preaching. It was soon evident that God had entrusted me with the same message to the non-Jews as Peter had been preaching to the Jews. Recognizing that my calling had been given by God, James, Peter, and John—the pillars of the church—shook hands with me and Barnabas, assigning us to a ministry to the non-Jews, while they continued to be responsible for reaching out to the Jews. The only additional thing they asked was that we remember the poor, and I was already eager to do that.

11-13 Later, when Peter came to Antioch, I had a face-to-face confrontation with him because he was clearly out of line. Here's the situation. Earlier, before certain persons had come from James, Peter regularly ate with the non-Jews. But when that conservative group came from Jerusalem, he cautiously pulled back and put as much distance as he could manage between himself and his non-Jewish

인들도 그런 위선에 동조했고, 바나바까지
도 그런 수작에 휩쓸리고 말았습니다.

¹⁴ 나는 그들이 **메시지**를 따라 한결같이 바
른 길을 걷지 않는 것을 보고, 그들 모두가
보는 앞에서 베드로에게 이렇게 말했습니
다. "당신은 예루살렘에서 파견된 감시인
들이 보지 않을 때는 유대인이면서도 이방
인처럼 살더니, 이제는 예루살렘에서 온 당
신의 옛 동료들에게 좋은 인상을 주려고 이
방인에게 유대인의 관습을 강요하는군요.
도대체 무슨 권한으로 그렇게 하는 것입니
까?"

¹⁵⁻¹⁶ 우리가 유대인이기는 하지만 "죄인
인 이방인"보다 태생적으로 우월한 것은 아
니라는 것을 우리는 압니다. 우리는 율법을
지킴으로써 하나님과 올바른 관계가 되는
것이 아니라, 오직 예수 그리스도를 직접
믿음으로써 하나님과 올바른 관계가 되는
것임을 잘 알고 있습니다. 어떻게 압니까?
우리가 그것을 시험해 보았기 때문입니다.
우리는 이 세상에서 가장 훌륭한 율법 체계
를 가지고 있습니다! 그러나 우리는 누구도
자기 개선을 통해서는 하나님을 기쁘시게
해드릴 수 없음을 깨닫고, 예수를 메시아로
믿었습니다. 자기 힘으로 선한 사람이 되려
고 애쓰기보다는, 메시아를 믿음으로 하나
님과 올바른 관계에 들어가게 되었습니다.

¹⁷⁻¹⁸ 혹시 우리가 아직 완전한 사람이 아
니라는 것을 눈치챘습니까? (그리 놀랄 일도
아닙니다.) 나처럼 그리스도를 통해 하나님
과 바른 관계를 맺으려는 사람들이 덕을 완
전히 갖추지 못했다는 이유로, 그리스도는
죄의 방조자임에 틀림없다고 비난하시렵니
까? 그런 비난은 섣부른 것입니다. 내가
"자기 힘으로 선한 사람이 되려고" 한다면,
그것은 전에 헐어 버린 낡은 헛간을 다시 세
우는 셈이 되고, 사기꾼처럼 행동하는 꼴이
되고 말 것입니다.

friends. That's how fearful he was of the conservative Jewish clique that's been pushing the old system of circumcision. Unfortunately, the rest of the Jews in the Antioch church joined in that hypocrisy so that even Barnabas was swept along in the charade.

¹⁴ But when I saw that they were not maintaining a steady, straight course according to the Message, I spoke up to Peter in front of them all: "If you, a Jew, live like a non-Jew when you're not being observed by the watchdogs from Jerusalem, what right do you have to require non-Jews to conform to Jewish customs just to make a favorable impression on your old Jerusalem cronies?"

¹⁵⁻¹⁶ We Jews know that we have no advantage of birth over "non-Jewish sinners." We know very well that we are not set right with God by rule-keeping but only through personal faith in Jesus Christ. How do we know? We tried it—and we had the best system of rules the world has ever seen! Convinced that no human being can please God by self-improvement, we believed in Jesus as the Messiah so that we might be set right before God by trusting in the Messiah, not by trying to be good.

¹⁷⁻¹⁸ Have some of you noticed that we are not yet perfect? (No great surprise, right?) And are you ready to make the accusation that since people like me, who go through Christ in order to get things right with God, aren't perfectly virtuous, Christ must therefore be an accessory to sin? The accusation is frivolous. If I was "trying to be good," I would be rebuilding the same old barn that I tore down. I would be acting as a charlatan.

19-21 실제로 일어난 일을 말하자면 이렇습니다. 나는 율법을 지키려고 애쓰고 하나님을 기쁘시게 해드리려고 고심했지만, 뜻대로 되지 않았습니다. 그래서 나는 "율법의 사람"이 되기를 포기했습니다. 그것은 "하나님의 사람"이 되기 위해서였습니다. 그리스도의 삶이 내게 방법을 일러 주었고, 그렇게 살도록 해주었습니다. 나는 그리스도와 나를 완전히 동일시했습니다. 정말로 나는 그리스도와 함께 십자가에 못 박혔습니다. 이제 내 자아는 더 이상 내 중심이 아닙니다. 나는 더 이상 여러분에게 의롭게 보이거나 여러분에게서 좋은 평판을 얻고 싶은 마음이 없습니다. 나는 더 이상 하나님께 좋은 평가를 얻어야 한다는 강박관념이 없습니다. 그리스도께서 내 안에서 살고 계십니다. 여러분이 보는 내 삶은 "나의 것"이 아니라, 나를 사랑하시고 나를 위해 자기 목숨을 내어주신 하나님의 아들을 믿는 믿음으로 살아가는 삶입니다. 나는 이 삶을 저버리지 않을 것입니다.

21 내가 율법을 준수하거나 사람을 기쁘게 하는 종교로 되돌아간다면, 그것은 하나님과의 관계에서 인격적으로 누리는 자유를 송두리째 포기하는 일이 되지 않겠습니까? 나는 그렇게 하지 않을 것입니다. 나는 하나님의 은혜를 거부하지 않을 것입니다. 하나님과의 생생한 관계가 율법을 지킴으로 이루어지는 것이라면, 그리스도는 헛되이 죽으신 것이 됩니다.

율법이 아닌 그리스도를 믿는 믿음

3 ¹ 정신 나간 갈라디아 사람들이여! 누가 여러분을 홀렸습니까? 여러분은 분별력을 잃었습니까? 십자가에 달리신 예수를 삶의 중심에 놓지 않고 있음이 분명하니, 여러분은 제정신이 아닌 것이 틀림없습니다. 십자가에 달리신 그분의 모습이 여러분의 눈에 선할 텐데, 어찌 그럴 수 있습니까?

2-4 여러분에게 한 가지 묻겠습니다. 여러분의 새 삶이 어떻게 시작되었습니까? 하나님을 기

19-21 What actually took place is this: I tried keeping rules and working my head off to please God, and it didn't work. So I quit being a "law man" so that I could be *God's* man. Christ's life showed me how, and enabled me to do it. I identified myself completely with him. Indeed, I have been crucified with Christ. My ego is no longer central. It is no longer important that I appear righteous before you or have your good opinion, and I am no longer driven to impress God. Christ lives in me. The life you see me living is not "mine," but it is lived by faith in the Son of God, who loved me and gave himself for me. I am not going to go back on that.

21 Is it not clear to you that to go back to that old rule-keeping, peer-pleasing religion would be an abandonment of everything personal and free in my relationship with God? I refuse to do that, to repudiate God's grace. If a living relationship with God could come by rule-keeping, then Christ died unnecessarily.

Trust in Christ, Not the Law

3 ¹ You crazy Galatians! Did someone put a hex on you? Have you taken leave of your senses? Something crazy has happened, for it's obvious that you no longer have the crucified Jesus in clear focus in your lives. His sacrifice on the cross was certainly set before you clearly enough.

2-4 Let me put this question to you:

쓰시게 해드리기 위해 죽도록 노력함으로써 시작되었습니까? 아니면 여러분이 받은 하나님의 **메시지**에 응답함으로써 시작되었습니까? 여러분은 이 어리석은 짓을 계속하렵니까? 정신 나간 사람만이 하나님께서 시작하신 일을 자신의 힘으로 성취할 수 있다고 생각합니다. 여러분은 그 일을 시작할 만큼 슬기롭거나 강하지도 못하면서, 어찌 그 일을 성취할 수 있다고 생각합니까? 여러분이 그토록 고통스러운 학습 과정을 거친 것이 다 허사였다는 말입니까? 아직 완전히 허사가 되어 버린 것은 아닙니다만, 계속 이런 식이라면 분명 허사가 되고 말 것입니다!

5-6 대답해 보십시오. 하나님께서 여러분에게 자신의 임재, 곧 성령을 아낌없이 주셔서 여러분 스스로는 결코 할 수 없는 일을 하게 하신 것이, 여러분의 부단한 도덕적 열심 때문입니까, 아니면 여러분 안에서 그 모든 일을 행하시는 그분을 믿어서입니까? 이 모든 일이 여러분에게서 일어난 것은 아브라함의 경우와 같지 않습니까? 그는 하나님을 믿었고, 그 믿음의 행위가 하나님과 올바른 관계를 유지하는 삶으로 변화된 것입니다.

7-8 (율법을 신뢰하는 사람들이 아니라!) 그리스도를 신뢰하는 사람들이야말로 아브라함처럼 믿음의 자녀인 것이 분명하지 않습니까? 또한 성경에는, 하나님께서 이방인과도 믿음에 근거하여 올바른 관계를 맺으실 것이라는 사실이 이미 기록되어 있습니다. 성경은 아브라함에게 "모든 민족이 네 안에서 복을 받을 것이다"라고 약속하면서, 그 사실을 미리 내다보았습니다.

9-10 그러므로 이제 믿음으로 사는 이들은 믿음으로 살았던 아브라함과 함께 복을 받습니다. 이것은 결코 새로운 가르침이 아닙니다! 그리고 이것은 하나님을 의지하지 않고 스스로의 힘으로 살려고 하는 사람은,

How did your new life begin? Was it by working your heads off to please God? Or was it by responding to God's Message to you? Are you going to continue this craziness? For only crazy people would think they could complete by their own efforts what was begun by God. If you weren't smart enough or strong enough to begin it, how do you suppose you could perfect it? Did you go through this whole painful learning process for nothing? It is not yet a total loss, but it certainly will be if you keep this up!

5-6 Answer this question: Does the God who lavishly provides you with his own presence, his Holy Spirit, working things in your lives you could never do for yourselves, does he do these things because of your strenuous moral striving *or* because you trust him to do them in you? Don't these things happen among you just as they happened with Abraham? He believed God, and that act of belief was turned into a life that was right with God.

7-8 Is it not obvious to you that persons who put their trust in Christ (not persons who put their trust in the law!) are like Abraham: children of faith? It was all laid out beforehand in Scripture that God would set things right with non-Jews by *faith*. Scripture anticipated this in the promise to Abraham: "All nations will be blessed in you."

9-10 So those now who live by faith are blessed along with Abraham, who lived by faith— this is no new doctrine! And that means that anyone who tries to live by his own effort, independent of God, is doomed to failure.

누구든지 실패할 수밖에 없음을 의미합니다. 성경은 이렇게 뒷받침합니다. "율법 책에 기록된 모든 조항 가운데 하나라도 행하지 않는 자는 심한 저주를 받게 된다."

11-12 그 같은 도덕적 요구조항을 온전히 지킬 수 없다는 것은 분명합니다. 그러므로 그런 식으로는 누구도 하나님과 바른 관계를 유지할 수 없습니다. 하나님과 바른 관계를 맺고 사는 사람은, 하나님께서 마련해 주시는 일을 받아들임으로써 그런 삶을 살아갑니다. 하나님을 위해 무언가를 하는 것과, 하나님이 해주시는 일 속으로 들어가는 것은 분명히 다릅니다. 예언자 하박국이 옳았습니다. "하나님을 믿는 사람은, 하나님께서 바로잡아 주신다. 그것만이 참된 삶이다." 율법 준수는 믿음으로 사는 삶으로 자연스럽게 나아가기는 커녕, 더 많은 율법 준수로 이어지게 마련입니다. 그것은 성경에 기록되어 있는 사실이기도 합니다. "이와 같은 일(율법 준수)을 하는 사람은 그 일로 살 것이다."

13-14 그리스도께서는 실패할 수밖에 없는, 저주받은 우리 삶을 온전히 자기 것으로 삼으심으로, 그 삶에서 우리를 건져 주셨습니다. 여러분은 "나무에 달린 자는 모두 저주를 받은 자다"라는 성경 말씀을 기억하실 것입니다. 예수께서 십자가에 못 박히실 때 바로 그런 일이 일어났습니다. 그분은 저주를 받은 자가 되셨고, 동시에 그 저주를 푸셨습니다. 그 일로 모든 장애물이 사라져, 이제 우리는 아브라함의 복이 지금도 계속되고 있으며, 그 복이 이방인에게도 유효하다는 사실을 알게 되었습니다. 우리는 너나 할 것 없이 믿음으로—아브라함이 받았던 것과 똑같은 방식으로—하나님의 생명, 곧 성령을 받을 수 있게 되었습니다.

Scripture backs this up: "Utterly cursed is every person who fails to carry out every detail written in the Book of the law."

11-12 The obvious impossibility of carrying out such a moral program should make it plain that no one can sustain a relationship with God that way. The person who lives in right relationship with God does it by embracing what God arranges for him. Doing things for God is the opposite of entering into what God does for you. Habakkuk had it right: "The person who believes God, is set right by God—and that's the real life." Rule-keeping does not naturally evolve into living by faith, but only perpetuates itself in more and more rule-keeping, a fact observed in Scripture: "The one who does these things [rule-keeping] continues to live by them."

13-14 Christ redeemed us from that self-defeating, cursed life by absorbing it completely into himself. Do you remember the Scripture that says, "Cursed is everyone who hangs on a tree"? That is what happened when Jesus was nailed to the cross: He became a curse, and at the same time dissolved the curse. And now, because of that, the air is cleared and we can see that Abraham's blessing is present and available for non-Jews, too. We are *all* able to receive God's life, his Spirit, in and with us by believing—just the way Abraham received it.

❧

15-18 친구 여러분, 내가 말씀드리는 자유의 삶에 대해 일상생활로부터 한 가지 예를 들어 보겠습니다. 어떤 사람이 유언장을 법 절차에 따라 작성해 놓으면, 아무도 그것을 무효로 하거나 거기에 무언가를 덧붙일 수 없습니다. 이제 약속이 아브라함과 그의 후손에게 주어졌습니다. 여러분도 알다시피, 성경은 마치 일반인 모두를 가리키는 것처럼 "후손들에게"라고 말하지 않고, 법률 문서에서 쓰는 신중한 용어로 "네 후손에게"라고 말합니다(여기서 '후손'을 뜻하는 명사는 단수로 쓰였습니다). 그 후손은 다름 아닌 그리스도를 가리킵니다. 내가 말하려는 것은 이렇습니다. 하나님께서 일찍이 적법하게 확정하신 유언을, 430년 후에 덧붙여진 부록이 그 유언의 약속을 무효로 하여 파기할 수 없습니다. 절대로 그럴 수 없습니다. 부록에 명시된 계명들과 규정들은, 유언에 약속된 유산과는 아무 관계가 없습니다.

18-20 그렇다면 율법, 곧 부록의 취지는 무엇일까요? 율법은 아브라함에게 주신 처음 약속에 덧붙여진 것으로, 사려 깊은 배려였습니다. 율법의 의의는 (후손이신) 그리스도께서 오셔서 약속을 물려받으시고, 그 약속을 우리에게 나눠 주실 때까지 죄인들을 구원의 길에 붙잡아 두는 데 있습니다. 이 율법이 하나님과의 직접적인 만남의 결과가 아니라는 점은 분명합니다. 그것은 천사들을 통해 중개자인 모세의 손을 거쳐 제정되었습니다. 그런데 시내 산에서처럼 중개자가 있다면, 사람들이 하나님과 직접 교제하는 것은 아니지 않습니까? 믿음으로 받는, 복에 관한 첫 약속은 하나님이 직접 주신 것입니다.

21-22 그렇다면 율법은 약속과 반대되는 것, 곧 우리를 향하신 하나님의 뜻과 반대되는 것일까요? 결코 그렇지 않습니다. 율법의 취지는, 우리 스스로는 하나님과 올바른 관

15-18 Friends, let me give you an example from everyday affairs of the free life I am talking about. Once a person's will has been ratified, no one else can annul it or add to it. Now, the promises were made to Abraham and to his descendant. You will observe that Scripture, in the careful language of a legal document, does not say "to descendants," referring to everybody in general, but "to your descendant" (the noun, note, is singular), referring to Christ. This is the way I interpret this: A will, earlier ratified by God, is not annulled by an addendum attached 430 years later, thereby negating the promise of the will. No, this addendum, with its instructions and regulations, has nothing to do with the promised inheritance in the will.

18-20 What is the point, then, of the law, the attached addendum? It was a thoughtful addition to the original covenant promises made to Abraham. The purpose of the law was to keep a sinful people in the way of salvation until Christ (the descendant) came, inheriting the promises and distributing them to us. Obviously this law was not a firsthand encounter with God. It was arranged by angelic messengers through a middleman, Moses. But if there is a middleman as there was at Sinai, then the people are not dealing directly with God, are they? But the original promise is the *direct* blessing of God, received by faith.

21-22 If such is the case, is the law, then, an anti-promise, a negation of God's will for us? Not at all. Its purpose was to make obvious to everyone that we are, in ourselves, out of right relationship with

계를 맺을 수 없음을 모든 사람에게 분명히 알리는 것입니다. 하나님께서 자신의 약속을 성취하실 때까지 믿음으로 기다림으로써만 얻을 수 있는 것을, 우리 스스로의 노력으로 얻겠다고 종교 체계를 고안해 내는 것이 얼마나 쓸데없는 짓인지 드러내 보이는 데 있습니다. 율법을 준수해서 우리 안에 생명을 창조할 능력이 있었다면, 우리는 벌써 생명을 얻고도 남았을 것입니다.

23-24 우리가 충분히 성숙해져서 살아 계신 하나님께 믿음으로 흔쾌히 응답하기까지, 우리는 모세의 율법에 세심하게 둘러싸여 보호받을 수밖에 없었습니다. 율법은 여러분이 잘 아는, 그리스의 가정교사와 같습니다. 아이들을 학교까지 바래다주고, 아이들이 위험에 빠지거나 산만해지지 않도록 지켜 주고, 목적지까지 안전하게 도착하도록 도와주는 가정교사 말입니다.

25-27 그러나 이제 여러분은 여러분의 목적지에 이르렀습니다. 여러분은 그리스도를 믿음으로, 하나님과 직접 사귀게 되었습니다. 여러분이 그리스도 안에서 받은 세례는 새 출발을 할 수 있도록 깨끗해지는 것에서 끝나지 않습니다. 세례는 또한 성숙한 신앙의 옷을 입는 것을 의미합니다. 그 옷은 다름 아닌 그리스도의 생명, 곧 하나님께서 처음 하신 약속의 성취입니다.

그리스도 안에는 차별이 없다

28-29 그리스도의 집안에는 유대인이나 이방인이나, 자유인이나 종이나, 남자나 여자나 차별이 없습니다. 우리 사이에서 여러분은 모두 평등합니다. 다시 말해, 우리는 다 함께 예수 그리스도와 관계를 맺고 있는 사람들입니다. 또한 여러분은 그리스도와 한가족이니, 바로 여러분이 아브라함의 "후손"이며, 언약의 약속에 따른 상속자입니다.

God, and therefore to show us the futility of devising some religious system for getting by our own efforts what we can only get by waiting in faith for God to complete his promise. For if any kind of rule-keeping had power to create life in us, we would certainly have gotten it by this time.

23-24 Until the time when we were mature enough to respond freely in faith to the living God, we were carefully surrounded and protected by the Mosaic law. The law was like those Greek tutors, with which you are familiar, who escort children to school and protect them from danger or distraction, making sure the children will really get to the place they set out for.

25-27 But now you have arrived at your destination: By faith in Christ you are in direct relationship with God. Your baptism in Christ was not just washing you up for a fresh start. It also involved dressing you in an adult faith wardrobe—Christ's life, the fulfillment of God's original promise.

In Christ's Family

28-29 In Christ's family there can be no division into Jew and non-Jew, slave and free, male and female. Among us you are all equal. That is, we are all in a common relationship with Jesus Christ. Also, since you are Christ's family, then you are Abraham's famous "descendant," heirs according to the covenant promises.

4 ¹⁻³ 이 말이 무슨 뜻인지 말씀드리겠습니다. 상속자가 미성년일 때는 종보다 나을 것이 없습니다. 그는 법적으로는 모든 유산의 주인이지만, 아버지가 정해 놓은 자유의 때까지는 가정교사나 유산 관리인의 지배를 받아야 합니다. 우리도 마찬가지입니다. 우리도 어릴 때에는 유치한 교훈(이 세상의 가정교사와 유산 관리인)에 둘러싸여 종처럼 명령을 받았습니다. 스스로 행동을 결정할 권한이 없었습니다.

⁴⁻⁷ 그러나 정하신 때가 차자, 아버지 하나님은 자기 아들을 보내서서 우리와 마찬가지로 여자에게서 태어나게 하시고 율법의 제약을 받게 하셨습니다. 그것은 율법에 사로잡힌 우리와 같은 사람들을 건지시기 위해서였습니다. 그 결과로, 우리는 자유인이 되어 정당한 상속자의 권리를 누릴 수 있게 되었습니다. 이제 여러분은, 하나님의 자녀로 완전히 입양되었다고 자신 있게 말할 수 있습니다. 하나님께서 자기 아들의 영을 우리의 삶에 보내셔서 "아빠! 아버지!"라 부르도록 하셨으니 말입니다. 하나님과 친밀한 대화를 나눌 수 있는 특권을 가졌으니, 여러분은 이제 종이 아니라 자녀입니다. 그리고 자녀이면, 유산을 완전히 물려받을 수 있는 상속자이기도 합니다.

⁸⁻¹¹ 전에 여러분이 하나님을 개인적으로 알지 못하던 때에는 신성과는 아무 상관이 없는 신들에게 종 노릇했지만, 이제는 진짜 하나님을 알게 되었습니다. 아니, 하나님께서 여러분을 알아 주셨습니다. 그러니 어찌 다시 종이호랑이들에게 굽실거릴 수 있겠습니까? 그런데도 여러분은 특정한 날과 절기와 해와 관련된, 모든 전통과 금기와 미신을 두려워하며 꼼꼼히 지키더군요. 여러분과 함께 있으면서 기울인 나의

4 ¹⁻³ Let me show you the implications of this. As long as the heir is a minor, he has no advantage over the slave. Though legally he owns the entire inheritance, he is subject to tutors and administrators until whatever date the father has set for emancipation. That is the way it is with us: When we were minors, we were just like slaves ordered around by simple instructions (the tutors and administrators of this world), with no say in the conduct of our own lives.

⁴⁻⁷ But when the time arrived that was set by God the Father, God sent his Son, born among us of a woman, born under the conditions of the law so that he might redeem those of us who have been kidnapped by the law. Thus we have been set free to experience our rightful heritage. You can tell for sure that you are now fully adopted as his own children because God sent the Spirit of his Son into our lives crying out, "Papa! Father!" Doesn't that privilege of intimate conversation with God make it plain that you are not a slave, but a child? And if you are a child, you're also an heir, with complete access to the inheritance.

⁸⁻¹¹ Earlier, before you knew God personally, you were enslaved to so-called gods that had nothing of the divine about them. But now that you know the real God—or rather since God knows you—how can you possibly subject yourselves again to those paper tigers? For that is exactly what you do when you are intimidated into scrupulously observing all the traditions, taboos, and superstitions associated with special days

34567890

모든 수고가 연기처럼 사라질까 두려울 따름입니다!

12-13 사랑하는 친구 여러분, 내가 여러분과 함께 있을 때에 여러분의 입장에 서려고 노력했던 것처럼, 여러분도 나의 입장에 서려고 노력해 주십시오. 그때 여러분은 참으로 다감하고 친절했습니다. 여러분은 개인적으로 나에게 함부로 하지 않았습니다. 여러분도 잘 알다시피, 내가 여러분에게 **메시지**를 전하게 된 것은, 내 육체가 병들었기 때문이었습니다. 육체가 병들어 여행을 계속할 수 없게 되었고, 나는 여행을 멈추고 여러분과 함께 있지 않으면 안되었습니다. 내가 여러분에게 **메시지**를 전하게 된 것은 바로 그 때문입니다.

14-16 아픈 손님을 맞이하는 것만큼 골치 아픈 일도 없을 것입니다. 그런데도 여러분은 하나님의 천사를 대하듯 나를 대했습니다. 여러분은 마치 예수께서 친히 여러분을 방문하시기라도 한 것처럼, 나를 대하면서 예수를 대하듯 했습니다. 그런데 여러분은 그런 사실을 까마득히 잊었습니까? 그 당시 여러분이 느꼈던 그 만족은 다 어떻게 된 것입니까? 그때 여러분 가운데는 할 수만 있다면 내게 자기 눈을 빼 주려고 한 이들도 있었습니다. 그 정도로 나를 생각한 여러분이었습니다! 그런데 이제는 내가 여러분에게 진리를 말했다고 해서 갑자기 여러분의 원수가 되었다는 말입니까? 도무지 믿기지 않습니다.

17 저 이단 교사들이 여러분에게 장광설을 늘어놓으면서 아첨을 떨고 있지만, 그들은 더러운 동기에서 그렇게 하는 것입니다. 그들은 하나님께서 은혜로이 열어 놓으신 자유의 세계를 보지 못하도록 여러분의 눈을 가려서, 자신들을 중요 인물로 돋보이게 하고 여러분으로 하여금 자신들에게서 승인과 지도를 구하게 하려는 것입니다.

and seasons and years. I am afraid that all my hard work among you has gone up in a puff of smoke!

12-13 My dear friends, what I would really like you to do is try to put yourselves in my shoes to the same extent that I, when I was with you, put myself in yours. You were very sensitive and kind then. You did not come down on me personally. You were well aware that the reason I ended up preaching to you was that I was physically broken, and so, prevented from continuing my journey, I was forced to stop with you. That is how I came to preach to you.

14-16 And don't you remember that even though taking in a sick guest was most troublesome for you, you chose to treat me as well as you would have treated an angel of God—as well as you would have treated Jesus himself if he had visited you? What has happened to the satisfaction you felt at that time? There were some of you then who, if possible, would have given your very eyes to me—that is how deeply you cared! And now have I suddenly become your enemy simply by telling you the truth? I can't believe it.

17 Those heretical teachers go to great lengths to flatter you, but their motives are rotten. They want to shut you out of the free world of God's grace so that you will always depend on them for approval and direction, making them feel important.

18-20 선을 열심히 행하는 것은, 내가 여러분과 함께 있을 때뿐만 아니라 언제든지 좋은 일입니다. 내가 여러분과 함께 있을 때에는 나라는 사람과 내가 전한 메시지에 관심을 기울이더니, 이제는 내가 여러분을 떠났다고 관심을 기울이지 않는 것인가요? 여러분은 내가 얼마나 절절한 심정인지 아십니까? 이 심정은 그리스도의 생명이 여러분의 삶 속에서 드러날 때까지 계속 이어질 것입니다. 나는 지금 산고를 겪는 어머니와 같은 심정입니다. 오, 여러분과 함께 있다면 좋겠습니다. 그렇다면 이렇게 좌절감에서 터져 나온 냉담한 편지 형식의 글을 보내지 않아도 되었을 테니까요.

21-31 율법에 흠뻑 빠진 여러분, 내게 말해 보십시오. 여러분은 율법을 자세히 살펴보았습니까? 기억하겠지만, 아브라함에게는 두 아들이 있었습니다. 하나는 여종의 아들이고, 다른 하나는 자유인 여인의 아들입니다. 여종의 아들은 인간적인 묵인 아래 태어났고, 자유인 여인의 아들은 하나님의 약속으로 태어났습니다. 이것은 지금 우리가 다루고 있는 주제를 잘 설명해 줍니다. 그 두 출생 방식은 하나님과 관계를 맺는 두 가지 방식을 가리킵니다. 그중 하나는 아라비아의 시내 산에서 생겨난 방식입니다. 그것은 지금도 예루살렘에서 계속되고 있는 것과 일치하는 삶, 곧 끊임없이 종을 만들어 내는 종의 삶입니다. 바로 하갈의 방식입니다. 반면에, 우리 눈에 보이지 않는 예루살렘 곧 자유로운 예루살렘이 있는데, 그 예루살렘이 바로 우리의 어머니입니다. 이는 다름 아닌 사라의 방식입니다. 이사야가 기록한 것을 기억해 보십시오.

즐거워하여라, 아이를 낳지 못하는 여인아!
환성을 올려라, 산고를 겪어 보지 못한 여인아!
아이를 낳지 못하던 여인의 자녀가

18-20 It is a good thing to be ardent in doing good, but not just when I am in your presence. Can't you continue the same concern for both my person and my message when I am away from you that you had when I was with you? Do you know how I feel right now, and will feel until Christ's life becomes visible in your lives? Like a mother in the pain of childbirth. Oh, I keep wishing that I was with you. Then I wouldn't be reduced to this blunt, letter-writing language out of sheer frustration.

21-31 Tell me now, you who have become so enamored with the law: Have you paid close attention to that law? Abraham, remember, had *two* sons: one by the slave woman and one by the free woman. The son of the slave woman was born by human connivance; the son of the free woman was born by God's promise. This illustrates the very thing we are dealing with now. The two births represent two ways of being in relationship with God. One is from Mount Sinai in Arabia. It corresponds with what is now going on in Jerusalem—a slave life, producing slaves as offspring. This is the way of Hagar. In contrast to that, there is an invisible Jerusalem, a free Jerusalem, and she is our mother—this is the way of Sarah. Remember what Isaiah wrote:

Rejoice, barren woman who bears no children,
  shout and cry out, woman who has no birth pangs,
Because the children of the barren

선택받은 여인의 자녀보다 훨씬 많기 때문이다.

친구 여러분, 여러분은 이삭과 같은 약속의 자녀라는 것이 분명하지 않습니까? 하갈과 사라의 시대에는, 부정한 묵인 아래 태어난 아이 이스마엘이, 신실한 약속으로—성령의 능력으로—태어난 아이 이삭을 괴롭혔습니다. 여러분이 지금 예루살렘 출신의 이단자들에게 괴롭힘을 받는 것은 바로 그런 일의 되풀이라는 점이 분명하지 않습니까? 우리가 어찌해야 하는지 성경은 이렇게 말하고 있습니다. "여종과 그 아들을 내쫓아라. 종의 아들은 자유인 아들과 함께 상속을 받을 수 없기 때문이다." 그렇다면 분명하지 않습니까? 우리는 여종의 자녀가 아니라, 자유인 여인의 자녀입니다.

그리스도인의 자유

5 ¹ 그리스도께서 우리를 해방시켜 자유로운 삶을 살게 해주셨습니다. 그러니 굳게 서십시오! 그 누구도 다시 여러분에게 종의 멍에를 씌우지 못하게 하십시오!

²⁻³ 나는 단호하게 말씀드립니다. 여러분 가운데 누군가가 할례를 받고 여타의 율법 체계에 굴복하는 순간, 그리스도께서 애써 쟁취하신 자유라는 선물은 사라지고 맙니다. 거듭해서 경고합니다. 할례의 방식을 받아들이는 사람은, 그리스도 안에서 이루어지는 자유로운 삶의 유익을 율법이라는 종의 삶의 의무로 바꾸는 자입니다.

⁴⁻⁶ 나는 여러분이 의도한 것이라고는 생각하지 않지만, 그런 일이 실제로 일어나고 있습니다. 여러분이 종교활동에 기대어 살려고 하는 순간, 여러분은 그리스도

woman now surpass the children of the chosen woman.

Isn't it clear, friends, that you, like Isaac, are children of promise? In the days of Hagar and Sarah, the child who came from faithless connivance (Ishmael) harassed the child who came—empowered by the Spirit—from the faithful promise (Isaac). Isn't it clear that the harassment you are now experiencing from the Jerusalem heretics follows that old pattern? There is a Scripture that tells us what to do: "Expel the slave mother with her son, for the slave son will not inherit with the free son." Isn't that conclusive? We are not children of the slave woman, but of the free woman.

The Life of Freedom

5 ¹ Christ has set us free to live a free life. So take your stand! Never again let anyone put a harness of slavery on you.

²⁻³ I am emphatic about this. The moment any one of you submits to circumcision or any other rule-keeping system, at that same moment Christ's hard-won gift of freedom is squandered. I repeat my warning: The person who accepts the ways of circumcision trades all the advantages of the free life in Christ for the obligations of the slave life of the law.

⁴⁻⁶ I suspect you would never intend this, but this is what happens. When you attempt to live by your own religious plans and projects, you are cut off from Christ, you fall out of grace. Meanwhile we expectantly wait for a satisfying relationship with the Spirit. For in

에게서 떨어져 나간 것이며, 은혜에서 떨어져
나간 것입니다. 그러나 우리는 성령과의 만족스
러운 사귐을 애타게 기다리고 있습니다. 그리스
도 안에서는 종교적 의무를 성실히 준수하거나
무시하거나 아무 차이가 없기 때문입니다. 중
요한 것은 그보다 훨씬 내적인 것입니다. 그것
은 다름 아닌 사랑으로 표현되는 믿음입니다.

7-10 여러분은 아주 잘 달리고 있었습니다! 그
런데 누가 여러분의 길에 끼어들어, 여러분을
참된 복종의 길에서 멀어지게 했습니까? 그러
한 탈선은, 애초에 여러분을 경주로 불러 주신
분께로부터 온 것이 아닙니다. 이 말을 그저 한
귀로 듣고 흘려보내지 마십시오. 여러분도 알
다시피, 약간의 누룩이 순식간에 반죽 전체를
부풀어 오르게 합니다. 주님은 내 마음 깊은 곳
에 여러분이 변절하지 않을 것이라는 확신을
주셨습니다. 그러나 누구든지 여러분을 흔드는
자는, 하나님의 심판을 받게 될 것입니다.

11-12 내가 (다마스쿠스 길에 들어서기 전에 그랬듯
이) 지금도 계속해서 할례의 방식을 전하고 있
다는 소문은 터무니없는 것입니다. 만일 그렇
다면, 왜 내가 지금도 박해를 받겠습니까? 내
가 그 낡은 메시지를 전하면서 이따금 십자가
를 언급한다면, 아무도 기분 상하지 않을 것입
니다. 그처럼 물에 물 탄 듯한 메시지는 아무도
상관하지 않습니다. 할례에 집착하여 여러분을
선동하는 자들은 아예 끝까지 가서 거세하는
편이 좋겠습니다!

13-15 하나님께서 여러분을 자유로운 삶으로 부
르셨다는 것은 틀림없는 사실입니다. 그러나
여러분은 그 자유를 방탕한 삶을 위한 구실로
삼지 마십시오. 여러분의 자유를 망치지 마십
시오. 오히려 여러분의 자유를 사랑 안에서 서
로 섬기는 일에 사용하십시오. 그것이야말로
자유가 자라는 길입니다. 우리가 하나님 말씀
에 대해 아는 모든 것을 한 문장으로 요약하면,
"네 자신을 사랑하듯이 다른 사람을 사랑하라"
는 것입니다. 이것이야말로 참된 자유의 행위

Christ, neither our most conscientious religion nor disregard of religion amounts to anything. What matters is something far more interior: faith expressed in love.

7-10 You were running superbly! Who cut in on you, deflecting you from the true course of obedience? This detour doesn't come from the One who called you into the race in the first place. And please don't toss this off as insignificant. It only takes a minute amount of yeast, you know, to permeate an entire loaf of bread. Deep down, the Master has given me confidence that you will not defect. But the one who is upsetting you, whoever he is, will bear the divine judgment.

11-12 As for the rumor that I continue to preach the ways of circumcision (as I did in those pre-Damascus Road days), that is absurd. Why would I still be persecuted, then? If I were preaching that old message, no one would be offended if I mentioned the Cross now and then—it would be so watered-down it wouldn't matter one way or the other. Why don't these agitators, obsessive as they are about circumcision, go all the way and castrate themselves!

13-15 It is absolutely clear that God has called you to a free life. Just make sure that you don't use this freedom as an excuse to do whatever you want to do and destroy your freedom. Rather, use your freedom to serve one another in love; that's how freedom grows. For everything we know about God's Word

입니다. 여러분이 서로 물어뜯고 할퀴면, 얼마 못 가서 서로가 파멸할 것이니 조심하십시오. 만일 그렇게 된다면, 여러분의 값진 자유가 설 자리가 어디에 있겠습니까?

16-18 내가 드리는 조언은 이러합니다. 자유롭게 살되, 하나님의 영이 이끌고 북돋아 주시는 대로 사십시오. 그러면 여러분은 이기심이라는 욕망에 휘둘리지 않게 될 것입니다. 우리 안에는 죄스러운 이기심이 자리하고 있는데, 그것은 자유로운 영을 거스릅니다. 자유로운 영은 이기심과 양립할 수 없습니다. 그 두 가지 생활방식은 정반대입니다. 여러분은 그날그날 기분에 따라서, 어떤 때는 이렇게 살고 어떤 때는 저렇게 살 수 없습니다. 성령이 이끄시는 삶을 선택하여, 율법이 지배하는 변덕스런 욕망의 삶에서 빠져나오십시오.

19-21 여러분이 항상 자기 마음대로 살려고 할 때 여러분의 삶이 어떻게 될지는 아주 분명합니다. 사랑 없이 되풀이되는 값싼 섹스, 악취를 풍기며 쌓이는 정신과 감정의 쓰레기, 과도하게 집착하지만 기쁨 없는 행복, 껍데기 우상들, 마술쇼 같은 종교, 편집증적 외로움, 살벌한 경쟁, 모든 것을 집어삼키지만 결코 만족할 줄 모르는 욕망, 잔인한 기질, 사랑할 줄 모르고 사랑받을 줄도 모르는 무력감, 찢겨진 가정과 찢어진 삶, 편협한 마음과 왜곡된 추구, 모든 이를 경쟁자로 여기는 악한 습관, 통제되지도 않고 통제할 수도 없는 중독, 이름뿐인 꼴사나운 공동체 등이 그것입니다. 더 열거할 수도 있지만 그만하겠습니다.

여러분도 알다시피, 내가 여러분에게 경고한 것이 이번이 처음은 아닙니다. 여러분이 자신의 자유를 그런 식으로 사용하면, 여러분은 하나님 나라를 상속받지 못할 것입니다.

is summed up in a single sentence: Love others as you love yourself. That's an act of true freedom. If you bite and ravage each other, watch out—in no time at all you will be annihilating each other, and where will your precious freedom be then?

16-18 My counsel is this: Live freely, animated and motivated by God's Spirit. Then you won't feed the compulsions of selfishness. For there is a root of sinful self-interest in us that is at odds with a free spirit, just as the free spirit is incompatible with selfishness. These two ways of life are antithetical, so that you cannot live at times one way and at times another way according to how you feel on any given day. Why don't you choose to be led by the Spirit and so escape the erratic compulsions of a law-dominated existence?

19-21 It is obvious what kind of life develops out of trying to get your own way all the time: repetitive, loveless, cheap sex; a stinking accumulation of mental and emotional garbage; frenzied and joyless grabs for happiness; trinket gods; magic-show religion; paranoid loneliness; cutthroat competition; all-consuming-yet-never-satisfied wants; a brutal temper; an impotence to love or be loved; divided homes and divided lives; small-minded and lopsided pursuits; the vicious habit of depersonalizing everyone into a rival; uncontrolled and uncontrollable addictions; ugly parodies of community. I could go on.

This isn't the first time I have warned you, you know. If you use your freedom this way,

22-23 그러나 우리가 하나님의 방법대로 살면 어떤 일이 일어날까요? 과수원에 과일이 풍성히 맺히는 것처럼, 하나님께서 우리의 삶에 여러 가지 선물—다른 사람들에 대한 호의, 풍성한 삶, 고요함 같은 것들—을 풍성히 주실 것입니다. 또한 우리는 끝까지 견디는 마음과, 긍휼히 여기는 마음과, 사물과 사람들 속에 기본적인 거룩함이 스며들어 있다는 확신을 갖게 될 것입니다. 우리는 충성스럽게 헌신하고, 우리가 살아가는 방식을 강요하지 않으며, 우리의 에너지를 슬기롭게 모으고 관리할 수 있을 것입니다.

23-24 율법주의는 이와 같은 삶을 자라게 하는 데 아무 도움이 되지 않습니다. 그저 방해만 될 뿐입니다. 그리스도께 속한 사람들에게는, 자기 마음대로 사는 삶이나 남들이 필요하다고 말하는 것에 부화뇌동하는 삶이 영원히 끝났습니다. 그들은 그런 삶을 십자가에 못 박았습니다.

25-26 이것이 우리가 선택한 삶, 곧 성령의 인도를 받는 삶이니, 그 삶을 그저 머릿속 사상이나 마음속 감정으로 여기지 말고, 그 삶에 담긴 뜻을 우리 삶 구석구석에 힘써 적용하십시오. 마치 우리 가운데 누구는 더 낫고 누구는 모자라기라도 한 것처럼 비교하지 말아야 한다는 뜻입니다. 우리에게는 살면서 해야 할 훨씬 흥미로운 일들이 많습니다. 우리는 저마다 하나님의 독특한 작품입니다.

십자가만 자랑하는 삶

6 1-3 친구 여러분, 창조적으로 사십시오! 누군가가 죄에 빠지거든 너그러운 마음으로 그를 바로잡아 주고, 여러분 자신을 위해 비판의 말을 아끼십시오. 여러분도 하루가 가기 전에 용서가 필요하게 될지 모르기 때문입니다. 눌린 사람들에게 몸을 굽혀 손을 내미십시오. 그들의 짐

you will not inherit God's kingdom.

22-23 But what happens when we live God's way? He brings gifts into our lives, much the same way that fruit appears in an orchard—things like affection for others, exuberance about life, serenity. We develop a willingness to stick with things, a sense of compassion in the heart, and a conviction that a basic holiness permeates things and people. We find ourselves involved in loyal commitments, not needing to force our way in life, able to marshal and direct our energies wisely.

23-24 Legalism is helpless in bringing this about; it only gets in the way. Among those who belong to Christ, everything connected with getting our own way and mindlessly responding to what everyone else calls necessities is killed off for good—crucified.

25-26 Since this is the kind of life we have chosen, the life of the Spirit, let us make sure that we do not just hold it as an idea in our heads or a sentiment in our hearts, but work out its implications in every detail of our lives. That means we will not compare ourselves with each other as if one of us were better and another worse. We have far more interesting things to do with our lives. Each of us is an original.

Nothing but the Cross

6 1-3 Live creatively, friends. If someone falls into sin, forgivingly restore him, saving your critical comments for yourself. You might be needing forgiveness before the day's out. Stoop down and reach out to those who are oppressed. Share their burdens, and so complete Christ's law.

을 나누어 짐으로써, 그리스도의 법을 완성하십시오. 자신이 너무 잘나서 그런 일을 할 수 없다고 생각한다면, 여러분은 대단한 착각에 빠진 것입니다.

4-5 여러분 자신이 어떤 사람이며 여러분에게 맡겨진 일이 무엇인지 조심스럽게 살핀 다음에, 그 일에 몰두하십시오. 우쭐대지 마십시오. 남과 비교하지 마십시오. 여러분은 저마다 창조적으로 최선의 삶을 살아야 할 책임이 있습니다.

6 여러분이 스스로 설 수 있을 만큼 성숙해진 것은 훈련을 받았기 때문인데, 여러분은 여러분을 훈련시킨 사람들과 넉넉한 마음으로 삶을 공유해야 합니다. 여러분이 소유한 것이든 경험한 것이든, 온갖 좋은 것을 함께 나누어야 합니다.

7-8 착각하지 마십시오. 어느 누구도 하나님을 속일 수 없습니다. 사람은 심은 대로 거두게 마련입니다. 다른 사람의 사정은 아랑곳하지 않고—하나님을 무시하고!—이기심을 심는 사람은 잡초를 거둘 것입니다. 그런 사람은 자기만을 위해 살면서 온통 잡초만 키워 낼 것입니다! 그러나 하나님께 대한 응답으로 심고, 그것을 키우는 일을 하나님의 영에게 맡기는 사람은 참된 삶, 곧 영생이라는 알곡을 거둘 것입니다.

9-10 그러니 선을 행하되 지치지 마십시오. 포기하거나 중단하지 않으면, 때가 되어 좋은 알곡을 거둘 것입니다. 그러므로 이제 기회 있을 때마다 모든 사람의 유익을 위해 힘쓰십시오. 믿음의 공동체 안에 있는 가까운 사람들에게서부터 그 일을 시작하십시오.

11-13 마지막으로, 나는 내가 여러분에게 말씀드린 것이 얼마나 중요한지 강조하기 위해 이렇게 굵은 글씨로 손수 씁니다. 할례의 방식을 여러분에게 강요하려는 자들에게는 오직 한 가지 동기밖에 없습니다. 그들은 손쉬운 방법으로 남들 앞에서 좋게 보이려고

If you think you are too good for that, you are badly deceived.

4-5 Make a careful exploration of who you are and the work you have been given, and then sink yourself into that. Don't be impressed with yourself. Don't compare yourself with others. Each of you must take responsibility for doing the creative best you can with your own life.

6 Be very sure now, you who have been trained to a self-sufficient maturity, that you enter into a generous common life with those who have trained you, sharing all the good things that you have and experience.

7-8 Don't be misled: No one makes a fool of God. What a person plants, he will harvest. The person who plants selfishness, ignoring the needs of others—ignoring God!—harvests a crop of weeds. All he'll have to show for his life is weeds! But the one who plants in response to God, letting God's Spirit do the growth work in him, harvests a crop of real life, eternal life.

9-10 So let's not allow ourselves to get fatigued doing good. At the right time we will harvest a good crop if we don't give up, or quit. Right now, therefore, every time we get the chance, let us work for the benefit of all, starting with the people closest to us in the community of faith.

11-13 Now, in these last sentences, I want to emphasize in the bold scrawls of my personal handwriting the immense importance of what I have written to you. These people who are attempting to force the ways of circumcision on you have only

할 뿐, 믿음으로 살겠다는 용기, 곧 그리스도의 고난과 죽음에 참여할 용기는 없습니다. 그들이 율법에 대해 하는 말은 모두 헛소리에 불과합니다. 정작 그들 자신은 율법을 지키지 않습니다! 그들은 율법을 준수할 때에도 지극히 자의적으로 취사선택합니다. 그들이 여러분에게 할례를 받게 하려는 것은, 여러분을 자기편으로 끌어들여 자신들의 성공을 자랑하려는 것입니다. 비열한 행동이 아닐 수 없습니다!

14-16 그러나 나는 우리 주 예수 그리스도의 십자가만을 자랑하겠습니다. 그 십자가로 말미암아 나는 이 세상에 대해 십자가에 못 박혔고, 남을 기쁘게 하거나 남이 지시하는 하찮은 방식에 나를 끼워 맞추려는 숨 막히는 분위기에서 벗어났습니다. 여러분은 이 모든 일의 핵심이 무엇인지 알겠습니까? 그것은 할례를 받거나 안 받거나 하는 일과 같이, 여러분과 내가 하는 일에 있지 않습니다. 핵심은 하나님께서 지금 하고 계신 일에 있습니다. 그분은 완전히 새로운 것, 곧 자유로운 삶을 창조하고 계십니다! 이 기준에 따라 사는 사람은 누구나 하나님의 참 이스라엘, 곧 하나님이 택하신 백성입니다. 이들에게 평화와 긍휼이 있기를 바랍니다!

17 아주 솔직히 말씀드리자면, 나는 더 이상 이런 말다툼에 시달리고 싶지 않습니다. 내게는 해야 할 훨씬 중요한 일이 있습니다. 이 믿음으로 진지하게 사는 것입니다. 내 몸에는 예수를 섬기다가 얻은 상처 자국이 있습니다.

18 친구 여러분, 우리 주 예수 그리스도께서 값없이 주시는 은혜가 여러분 각 사람 깊은 곳에 있기를 바랍니다. 아멘!

one motive: They want an easy way to look good before others, lacking the courage to live by a faith that shares Christ's suffering and death. All their talk about the law is gas. They *themselves* don't keep the law! And they are highly selective in the laws they *do* observe. They only want you to be circumcised so they can boast of their success in recruiting you to their side. That is contemptible!

14-16 For my part, I am going to boast about nothing but the Cross of our Master, Jesus Christ. Because of that Cross, I have been crucified in relation to the world, set free from the stifling atmosphere of pleasing others and fitting into the little patterns that they dictate. Can't you see the central issue in all this? It is not what you and I do—submit to circumcision, reject circumcision. It is what *God* is doing, and he is creating something totally new, a free life! All who walk by this standard are the true Israel of God—his chosen people. Peace and mercy on them!

17 Quite frankly, I don't want to be bothered anymore by these disputes. I have far more important things to do—the serious living of this faith. I bear in my body scars from my service to Jesus.

18 May what our Master Jesus Christ gives freely be deeply and personally yours, my friends. Oh, yes!

하나님을 아는 것과 하나님을 섬기는 것이 우리 삶에서 따로 놀 때가 있다. 우리는 온전한 인간으로 살아가도록 창조되었지만, 믿음과 행함의 유기적인 일치가 깨어지는 순간, 온전한 인간으로 살아갈 수 없게 된다.

에베소 교우들에게 보낸 바울의 편지는 죄로 난파된 세상에서 깨어진 모든 것을 두루 봉합한다. 바울은 먼저 그리스도인들이 하나님에 대해 믿는 내용을 의욕적으로 파고든다. 그런 다음에 복합골절을 능숙하게 맞추는 외과 의사처럼, 하나님을 믿는 믿음과 하나님 앞에서 살아가는 우리의 삶, 곧 믿음과 행위를 서로 짜맞추고 치료한다. 그러나 바울은 자신의 작업에 한계가 있음을 깨닫고는, 편지를 쓰는 동시에 하나님께 기도하며 이렇게 간구한다.

우리 주 예수 그리스도의 하나님, 영광의 하나님께서 여러분에게 이해력과 분별력을 주셔서, 하나님을 친히 알게 하시고 여러분의 눈을 맑고 또렷하게 해주시기를 구합니다. 그리하여 하나님께서 무엇을 하라고 부르시는지, 여러분이 정확히 볼 수 있기를 바랍니다. 또한 하나님께서 그분을 따르는 이들을 위해 마련해 두신 이 영광스러운 삶의 방식이 얼마나 대단한 것인지, 오, 하나님께서 그분을 믿는 우리 안에서 끊임없는 에너지와 한없는 능력으로 행하시는 역사가 얼마나 풍성한지를 이해할 수 있기를 구합니다!(엡 1:17-19)

일단 이렇게 깨어진 모습에 주목하고 나면, 우

What we know about God and what we do for God have a way of getting broken apart in our lives. The moment the organic unity of belief and behavior is damaged in any way, we are incapable of living out the full humanity for which we were created.

Paul's letter to the Ephesians joins together what has been torn apart in our sin-wrecked world. He begins with an exuberant exploration of what Christians believe about God, and then, like a surgeon skillfully setting a compound fracture, "sets" this belief in God into our behavior before God so that the bones—belief and behavior—knit together and heal. He knew, however, that his surgical skills were limited, so he not only wrote; he prayed, asking

I ask—ask the God of our Master, Jesus Christ, the God of glory—to make you intelligent and discerning in knowing him personally, your eyes focused and clear, so that you can see exactly what it is he is calling you to do, grasp the immensity of this glorious way of life he has for his followers, oh, the utter extravagance of his work in us who trust him—endless energy, boundless strength!(Ephesians 1:17-19)

Once our attention is called to it, we notice these fractures all over the place. There

658

리 도처에 만연한 균열과 분열이 보이기 시작한다. 우리 몸에서 상처 입지 않은 뼈는 하나도 없다. 마을이나 직장, 학교나 교회, 가정이나 국가에서 깨어지거나 어그러지지 않은 관계를 찾아보기 어려울 정도다. 손댈 곳, 짜 맞출 곳이 한두 군데가 아니다.

그런 이유로 바울은 일을 시작한다. 그는 하늘에서부터 땅까지 그리고 다시 하늘에 이르기까지 모든 것을 두루 아우르며, 메시아이신 예수께서 어떻게 만물과 모든 사람을 끊임없이 화해시키고 계신지를 보여준다.

그리스도께서 십자가에서 죽으심으로 우리를 화해시키셨습니다. 십자가는 우리로 하여금 서로 껴안게 했습니다. 이로써 적대 행위는 끝났습니다. 그리스도께서 오셔서, 밖에 있던 여러분에게 평화를 전하시고, 안에 있는 우리에게도 평화를 전하셨습니다. 그분께서는 우리를 동등하게 대하셨고, 우리로 하여금 동등한 사람이 되게 하셨습니다. 그분을 통해 우리 모두가 같은 성령을 받았고, 동등한 자격으로 아버지께 나아가게 되었습니다.……여러분은 모두 같은 길, 같은 방향으로 나아감으로써, 내적으로나 외적으로 하나가 되도록 부름받았습니다. 여러분은 한 주님, 한 믿음, 한 세례, 한 하나님 아버지를 모시고 있습니다. 이 하나님은 만물을 다스리시고, 만물을 통해 일하시며, 만물 안에 계십니다. 여러분의 존재와 생각과 행위에는 이러한 하나됨이 속속들이 배어 있습니다(엡 2:16-18; 4:4-6).

또한 바울은 그 일이 우리 안에서 우리를 위해 이루어졌을 뿐 아니라, 우리가 그 시급한 일에 협력해야 한다는 사실을 밝힌다.

저 바깥으로 나가, 하나님께서 여러분을 부르셔서 걷게 하신 그 길을 걸어가십시오. 아니, 달려가십시오! 나는 여러분 가운데 어느 누구

is hardly a bone in our bodies that has escaped injury, hardly a relationship in city or job, school or church, family or country, that isn't out of joint or limping in pain. There is much work to be done.

And so Paul goes to work. He ranges widely, from heaven to earth and back again, showing how Jesus, the Messiah, is eternally and tirelessly bringing everything and everyone together.

Christ brought us together through his death on the cross. The Cross got us to embrace, and that was the end of the hostility. Christ came and preached peace to you outsiders and peace to us insiders. He treated us as equals, and so made us equals. Through him we both share the same Spirit and have equal access to the Father...You were all called to travel on the same road and in the same direction, so stay together, both outwardly and inwardly. You have one Master, one faith, one baptism, one God and Father of all, who rules over all, works through all, and is present in all. Everything you are and think and do is permeated with Oneness(Ephesians 2:16-18; 4:4-6).

He also shows us that in addition to having this work done in and for us, we are participants in this most urgent work.

Get out there and walk—better yet, run!—on the road God called you to travel. I don't want any of you sitting around on your hands. I don't want

도 팔짱 끼고 가만히 앉아 있기를 바라지 않습니다. 나는 여러분이 엉뚱한 길에서 헤매는 것을 바라지 않습니다. 겸손과 절제로 이 일을 행하십시오. 기분 내킬 때나 처음에만 하지 말고, 꾸준히 행하십시오. 서로를 위한 사랑의 행위에 자신을 쏟아붓고, 서로의 다름을 깊이 이해하고, 서로 간에 벽이 있다면 서둘러 허무십시오(엡 4:1-3).

이제 우리는 사태가 어떻게 돌아가는지 안다. 또한 화해의 에너지가 우주의 중심에 자리한 발전기인 것도 잘 안다. 그러므로 우리는 우리 삶의 일거수일투족이 바울이 말한바 그리스도께서 완수하신 하나님의 계획, 곧 "광대한 하늘에 있는 모든 것과 땅에 있는 모든 것을 그리스도 안에서 화해시키시고 종합하시려는 원대한 계획"에 이바지한다는 확신을 가지고, 의욕적으로 꾸준히 이 일에 참여해야만 한다.

anyone strolling off, down some path that goes nowhere. And mark that you do this with humility and discipline—not in fits and starts, but steadily, pouring yourselves out for each other in acts of love, alert at noticing differences and quick at mending fences(Ephesians 4:1-3).

Now that we know what is going on, that the energy of reconciliation is the dynamo at the heart of the universe, it is imperative that we join in vigorously and perseveringly, convinced that every detail in our lives contributes (or not) to what Paul describes as God's plan worked out by Christ, "a long-range plan in which everything would be brought together and summed up in him, everything in deepest heaven, everything on planet earth."

에베소서

EPHESIANS

1

1-2 하나님의 계획에 따라 그리스도 예수의 특사인 사도가 된 나 바울은, 에베소에 있는 신실한 그리스도인들에게 이 편지를 씁니다. 나는 하나님 우리 아버지와 우리 주 예수 그리스도께서 우리 삶에 부어 주시는 은혜와 평화로 여러분에게 문안합니다.

영광의 하나님

3-6 하나님은 얼마나 찬송받으실 분이신지요! 하나님은 얼마나 복되신 분이신지요! 하나님은 우리 주 예수 그리스도의 아버지이시며, 그분 안에 있는 축복의 높은 자리로 우리를 데려가시는 분이십니다. 하나님께서는 땅의 기초를 놓으시기 오래전부터 우리를 마음에 두시고 사랑의 중심으로 삼으셔서, 우리가 그분의 사랑으로 온전하고 거룩하게 되도록 하셨습니다. 아주 오래전에, 하나님께서는 예수 그리스도를 통해 우리를 자녀로 맞아들이기로 작정하셨습니다. (이 계획을 세우시며 하나님은 얼마나 기뻐하셨는지 모릅니다!) 하나님께서는, 그분의 사랑하시는 아들의 손을 통해 아낌없이 베푸시는 선물을 우리가 찬양하기 원하셨습니다.

7-10 메시아의 희생, 곧 십자가의 제단에 뿌려진 그분의 피로 말미암아 우리는 자유로운 사람이 되었습니다. 우리의 모든 잘못된 행실에서 비롯된 형벌과 처벌에서 자유케 된 것입니

1

1-2 I, Paul, am under God's plan as an apostle, a special agent of Christ Jesus, writing to you faithful believers in Ephesus. I greet you with the grace and peace poured into our lives by God our Father and our Master, Jesus Christ.

The God of Glory

3-6 How blessed is God! And what a blessing he is! He's the Father of our Master, Jesus Christ, and takes us to the high places of blessing in him. Long before he laid down earth's foundations, he had us in mind, had settled on us as the focus of his love, to be made whole and holy by his love. Long, long ago he decided to adopt us into his family through Jesus Christ. (What pleasure he took in planning this!) He wanted us to enter into the celebration of his lavish gift-giving by the hand of his beloved Son.

7-10 Because of the sacrifice of the Messiah, his blood poured out on the altar of the Cross, we're a free people— free of penalties and punishments

다. 그것도 겨우 자유케 된 것이 아니라, 넘치도록 자유케 되었습니다! 하나님께서는 모든 것을 고려하셨고, 우리에게 필요한 모든 것을 공급해 주셨으며, 친히 기뻐하며 세우신 계획을 우리에게 알려 주셨습니다. 하나님께서는 그리스도 안에서 그 계획을 우리 앞에 활짝 펼쳐 보이셨습니다. 그것은 만물, 곧 광대한 하늘에 있는 모든 것과 땅에 있는 모든 것을 그리스도 안에서 화해시키시고 종합하시려는 원대한 계획이었습니다.

11-12 그리스도 안에서 우리는, 자신이 누구이며 무엇을 위해 사는지를 알게 되었습니다. 우리가 그리스도에 대해 처음 듣고 소망을 품기 훨씬 전에, 하나님께서는 우리를 눈여겨보시고 우리로 하여금 영광스러운 삶을 살도록 계획하셨습니다. 그것은 하나님께서 만물과 모든 사람 안에서 성취하고 계신 전체 목적의 일부였습니다.

13-14 그리스도 안에서 여러분은, 진리(여러분의 구원에 관한 이 **메시지**)를 듣고 믿어 구원을 확신하게 되었습니다. 그것은 성령께서 서명하고 보증하여 전해 주신 구원입니다. 하나님께 날인받은 이 인증은 앞으로 계속될 전집의 첫 권처럼, 하나님께서 우리를 위해 계획해 놓으신 모든 것—곧 하나님을 찬양하며 사는 영광스러운 삶—을 우리가 누리게 될 것임을 일깨워 줍니다.

15-19 그런 까닭에, 나는 여러분이 주 예수를 굳건히 신뢰하고 있으며 예수를 따르는 모든 이들에게 사랑을 쏟고 있다는 소식을 듣고서, 여러분을 두고 하나님께 감사드리지 않을 수 없습니다. 나는 기도할 때마다 여러분을 떠올리며 감사를 드립니다. 그러나 감사에서 멈추지 않고 간구합니다. 우리 주 예수 그리스도의 하나님, 영광의 하나님께서 여러분에게 이해력과 분별력을 주셔서, 하나님을 친히 알게 하시고 여러분의 눈을 맑고 또렷하게 해주시기를 구합니다. 그리하여 하나님께서 무엇을 하

chalked up by all our misdeeds. And not just barely free, either. *Abundantly free!* He thought of everything, provided for everything we could possibly need, letting us in on the plans he took such delight in making. He set it all out before us in Christ, a long-range plan in which everything would be brought together and summed up in him, everything in deepest heaven, everything on planet earth.

11-12 It's in Christ that we find out who we are and what we are living for. Long before we first heard of Christ and got our hopes up, he had his eye on us, had designs on us for glorious living, part of the overall purpose he is working out in everything and everyone.

13-14 It's in Christ that you, once you heard the truth and believed it (this Message of your salvation), found yourselves home free—signed, sealed, and delivered by the Holy Spirit. This signet from God is the first installment on what's coming, a reminder that we'll get everything God has planned for us, a praising and glorious life.

15-19 That's why, when I heard of the solid trust you have in the Master Jesus and your outpouring of love to all the followers of Jesus, I couldn't stop thanking God for you—every time I prayed, I'd think of you and give thanks. But I do more than thank. I ask—ask the God of our Master, Jesus Christ, the God of glory—to make you intelligent and discerning in knowing him personally, your eyes focused and clear, so that you

라고 부르시는지, 여러분이 정확히 볼 수 있기를 바랍니다. 또한 하나님께서 그분을 따르는 이들을 위해 마련해 두신 이 영광스러운 삶의 방식이 얼마나 대단한 것인지, 오, 하나님께서 그분을 믿는 우리 안에서 끊임없는 에너지와 한없는 능력으로 행하시는 역사가 얼마나 풍성한지를 이해할 수 있기를 구합니다!

20-23 이 모든 에너지는 그리스도에게서 나옵니다. 하나님은 그분을 죽음에서 살리시고 하늘의 보좌에 앉히셔서, 은하계로부터 이 땅의 통치에 이르기까지 우주의 모든 것을 다스리게 하셨습니다. 그분의 통치를 받지 않는 이름이나 권세가 하나도 없게 하셨습니다. 잠시만이 아니라 영원토록 그렇게 하셨습니다. 이 모든 일을 담당하고 계신 분, 모든 일의 최종 결정권을 가지고 계신 분은 그리스도이십니다. 이 모든 것의 중심에서, 그리스도께서 교회를 다스리고 계십니다. 여러분도 알다시피, 교회는 세상의 변두리가 아니라 세상의 중심입니다. 교회는 그리스도의 몸입니다. 그분은 교회 안에서 말씀하시고 활동하시며, 교회를 통해 만물을 자신의 임재로 가득 채우십니다.

그리스도께서 벽을 허무셨습니다

2 1-6 얼마 전까지만 해도 여러분은 죄로 인해 낡고 정체된 삶에 빠져 있었습니다. 그때 여러분은, 참된 삶에 대해서는 아무것도 모르고, 이 세상이 가르쳐 주는 대로 살았습니다. 여러분은 더러운 불신을 폐에 가득 채우고서 불순종의 기운을 내뿜었습니다. 우리는 너나없이 자기가 하고 싶은 것을 마음대로 하며 그렇게 살았습니다. 우리 모두가 같은 배를 타고 있었던 것입니다. 하나님께서 평정심을 잃고 우리 모두를 쓸어버리지 않으신 것은, 정말로 놀라운 일입니다. 오히려 하나님은, 한없는 자비와 믿을 수 없을 만큼 엄청난 사랑으로 우리를 품어 주셨습니다. 하나님은 죄로 죽은 우리 생명을 떠맡으시고 그리스도

can see exactly what it is he is calling you to do, grasp the immensity of this glorious way of life he has for his followers, oh, the utter extravagance of his work in us who trust him—endless energy, boundless strength!

20-23 All this energy issues from Christ: God raised him from death and set him on a throne in deep heaven, in charge of running the universe, everything from galaxies to governments, no name and no power exempt from his rule. And not just for the time being, but *forever*. He is in charge of it all, has the final word on everything. At the center of all this, Christ rules the church. The church, you see, is not peripheral to the world; the world is peripheral to the church. The church is Christ's body, in which he speaks and acts, by which he fills everything with his presence.

He Tore Down the Wall

2 1-6 It wasn't so long ago that you were mired in that old stagnant life of sin. You let the world, which doesn't know the first thing about living, tell you how to live. You filled your lungs with polluted unbelief, and then exhaled disobedience. We all did it, all of us doing what we felt like doing, when we felt like doing it, all of us in the same boat. It's a wonder God didn't lose his temper and do away with the whole lot of us. Instead, immense in mercy and with an incredible love, he embraced us. He took our sin-dead lives

안에서 우리를 살리셨습니다. 하나님은 그 모든 일을 우리의 도움 없이, 혼자서 이루셨습니다! 그런 다음 우리를 들어 올리셔서, 가장 높은 하늘에 메시아 예수와 함께 앉게 하셨습니다.

7-10 지금도 하나님께서는 우리를 그분이 원하시는 곳에 두시고, 이 세상에서나 저 세상에서나, 그리스도 예수 안에서 은혜와 사랑을 우리에게 쉼 없이 쏟아부어 주십니다. 구원은 전적으로 하나님이 생각해 내신 일이고, 전적으로 그분이 하신 일입니다. 우리가 할 일은, 다만 하나님께서 그 일을 행하시도록 그분을 신뢰하는 것입니다. 구원은 처음부터 끝까지 하나님의 선물입니다! 주인공 역할은 우리 몫이 아닙니다. 우리가 주인공 역할을 했다면, 우리는 모든 일을 우리가 했다고 떠벌리며 돌아다녔을 것입니다! 하지만 그렇지 않습니다. 우리는 우리 자신을 만들 수도, 구원할 수도 없습니다. 만들고 구원하는 일은 하나님이 하시는 일입니다. 하나님은 그리스도 예수를 통해 우리 각 사람을 지으셨습니다. 그렇게 하신 것은 그분께서 하시는 일, 곧 우리를 위해 마련해 놓으신 선한 일, 우리가 해야 할 그 일에 우리를 참여시키시려는 것입니다.

11-13 그러나 이 일 가운데 어떤 것도 당연한 것으로 여기지 마십시오. 불과 얼마 전까지만 해도 여러분은, 하나님의 방법에 대해서는 아무것도 알지 못하는 이방인이었습니다. 그때 여러분은 하나님이 일하시는 방식이 무엇인지도 몰랐고, 그리스도가 누구신지도 전혀 알지 못했습니다. 여러분은 하나님이 이스라엘 안에 펼치신 풍성한 언약과 약속의 역사(歷史)에 대해서도 전혀 알지 못했고, 그분께서 이 세상에서 무슨 일을 하고 계신지에 대해서도 무지했습니다. 전에는 밖에 있던 여러분이 이제는, 죽음을 맞으시고 피를 흘리신 그리스도로 말미암아 안으로 들어와, 모든 일에 참여하게 되었습니다.

14-15 메시아께서 우리 사이를 화해시키셨습니다. 이제 밖에 있던 이방인과 안에 있는 유대인 모두가 이 일에 함께하도록 하셨습니다. 그분은

and made us alive in Christ. He did all this on his own, with no help from us! Then he picked us up and set us down in highest heaven in company with Jesus, our Messiah.

7-10 Now God has us where he wants us, with all the time in this world and the next to shower grace and kindness upon us in Christ Jesus. Saving is all his idea, and all his work. All we do is trust him enough to let him do it. It's God's gift from start to finish! We don't play the major role. If we did, we'd probably go around bragging that we'd done the whole thing! No, we neither make nor save ourselves. God does both the making and saving. He creates each of us by Christ Jesus to join him in the work he does, the good work he has gotten ready for us to do, work we had better be doing.

11-13 But don't take any of this for granted. It was only yesterday that you outsiders to God's ways had no idea of any of this, didn't know the first thing about the way God works, hadn't the faintest idea of Christ. You knew nothing of that rich history of God's covenants and promises in Israel, hadn't a clue about what God was doing in the world at large. Now because of Christ—dying that death, shedding that blood—you who were once out of it altogether are in on everything.

14-15 The Messiah has made things up between us so that we're now together on this, both non-Jewish outsiders and Jewish insiders. He tore down the wall

우리가 서로 거리를 두기 위해 이용하던 벽을 허무셨습니다. 그분은 도움보다는 방해가 되었던, 깨알 같은 글자와 각주로 꽉 찬 율법 조문을 폐지하셨습니다. 그런 다음에, 전혀 새로운 출발을 하셨습니다. 그분은 오랜 세월 동안 증오와 의심에 사로잡혀 둘로 갈라져 있던 사람들을 그대로 두지 않으시고 새로운 인류를 지으셔서, 누구나 새 출발을 하게 하셨습니다.

16-18 그리스도께서 십자가에서 죽으심으로 우리를 화해시키셨습니다. 십자가는 우리로 하여금 서로 껴안게 했습니다. 이로써 적대 행위는 끝났습니다. 그리스도께서 오셔서, 밖에 있던 여러분에게 평화를 전하시고, 안에 있는 우리에게도 평화를 전하셨습니다. 그분께서는 우리를 동등하게 대하셨고, 우리로 하여금 동등한 사람이 되게 하셨습니다. 그분을 통해 우리 모두가 같은 성령을 받았고, 동등한 자격으로 아버지께 나아가게 되었습니다.

19-22 너무도 분명하지 않습니까? 여러분은 더 이상 떠돌이 유랑민이 아닙니다. 이 믿음의 나라가 이제 여러분의 본향입니다. 여러분은 더 이상 나그네나 이방인이 아닙니다. 여러분은 이 믿음의 나라에 속한 사람입니다. 여러분은 여느 사람 못지않게 그리스도인이라는 이름에 딱 어울리는 사람입니다. 하나님은 한 집을 짓고 계십니다. 하나님은 우리가 어떻게 이 믿음의 나라에 이르게 되었는지 따지지 않으시고 우리 모두를 사용하셔서, 그분이 짓고 계신 그 일에 우리를 참여시키십니다. 하나님은 사도들과 예언자들을 기초로 삼으셨습니다. 이제 벽돌을 차곡차곡 쌓듯이, 여러분을 그 기초 위에 끼워 넣으십니다. 그리스도 예수께서는 그 건물의 각 부분을 떠받치는 모퉁잇돌입니다. 우리는 날마다 그 집의 모양이 잡혀 가는 모습을 봅니다. 그 집은 하나님께서 세우시는 성전, 우리 모두가 벽돌처럼 쌓여 이루어지는 성전, 하나님이 머무시는 성전입니다.

we used to keep each other at a distance. He repealed the law code that had become so clogged with fine print and footnotes that it hindered more than it helped. Then he started over. Instead of continuing with two groups of people separated by centuries of animosity and suspicion, he created a new kind of human being, a fresh start for everybody.

16-18 Christ brought us together through his death on the cross. The Cross got us to embrace, and that was the end of the hostility. Christ came and preached peace to you outsiders and peace to us insiders. He treated us as equals, and so made us equals. Through him we both share the same Spirit and have equal access to the Father.

19-22 That's plain enough, isn't it? You're no longer wandering exiles. This kingdom of faith is now your home country. You're no longer strangers or outsiders. You *belong* here, with as much right to the name Christian as anyone. God is building a home. He's using us all—irrespective of how we got here—in what he is building. He used the apostles and prophets for the foundation. Now he's using you, fitting you in brick by brick, stone by stone, with Christ Jesus as the cornerstone that holds all the parts together. We see it taking shape day after day—a holy temple built by God, all of us built into it, a temple in which God is quite at home.

하나님의 구원의 비밀

3 ¹⁻³ 바로 이것이, 나 바울이 이방인이
라고 하는 여러분을 위해 일하며 그리
스도의 일로 감옥에 갇힌 이유입니다. 여러분
은, 모든 사람을 구원하시려는 하나님의 계획
가운데 내가 맡은 역할이 무엇인지 잘 알 것입
니다. 나는 이 계획과 관련된 비밀 이야기를
하나님께로부터 직접 들었습니다. 그것은 내
가 이미 간략하게 적은 바와 같습니다.

⁴⁻⁶ 내가 여러분에게 쓴 글을 읽어 보면, 여러
분도 그리스도의 비밀을 직접 알 수 있을 것입
니다. 우리 조상 가운데 어느 누구도 이 비밀
을 알지 못했습니다. 하나님의 영이 이 새로
운 질서를 전하는 거룩한 사도들과 예언자들
을 통해 오직 우리 시대에만 그 비밀을 분명하
게 알려 주셨습니다. 그 비밀은, 하나님에 대
해 한 번도 들어 보지 못한 사람들(밖에 있던 사
람들)과 하나님에 대해 평생 들어 온 사람들(안
에 있는 사람들)이 하나님 앞에서 같은 터에 서
있다는 것입니다. 그 둘이 그리스도 예수 안에
서 같은 제안과 같은 도움, 같은 약속을 받습
니다. **메시지**는 누구도 차별하지 않고 모두에
게 열려 있으며 모두를 맞아 줍니다.

⁷⁻⁸ 내 평생의 사명은, 사람들이 이 **메시지**를
이해하고 이 **메시지**에 응답하도록 돕는 것입니
다. 그것은 순전한 선물, 진짜 뜻밖의 선물, 하
나님께서 세세한 부분에까지 손을 대신 선물
로 내게 다가왔습니다. 나는 하나님의 방식에
대한 배경지식이 전혀 없는 사람들에게 **메시
지**를 전하는 일에서, 가장 자격을 갖추지 못한
그리스도인이었습니다. 하나님께서는 그런 나
를 준비시키셨습니다. 그러나 여러분은, 그것
이 나의 타고난 능력과는 아무 상관이 없는 일
임을 알 것입니다.

⁸⁻¹⁰ 그러므로 나는 내 생각을 훨씬 뛰어넘는
일들, 곧 그리스도의 다함없는 부요와 관대하
심을 말과 글로 전합니다. 나의 임무는, 이 모
든 것을 처음 창조하신 하나님께서 줄곧 은밀

The Secret Plan of God

3 ¹⁻³ This is why I, Paul, am in
jail for Christ, having taken up
the cause of you outsiders, so-called. I
take it that you're familiar with the part
I was given in God's plan for including
everybody. I got the inside story on this
from God himself, as I just wrote you
in brief.

⁴⁻⁶ As you read over what I have
written to you, you'll be able to see for
yourselves into the mystery of Christ.
None of our ancestors understood
this. Only in our time has it been made
clear by God's Spirit through his holy
apostles and prophets of this new
order. The mystery is that people who
have never heard of God and those who
have heard of him all their lives (what
I've been calling outsiders and insiders)
stand on the same ground before God.
They get the same offer, same help,
same promises in Christ Jesus. The
Message is accessible and welcoming to
everyone, across the board.

⁷⁻⁸ This is my life work: helping people
understand and respond to this Message.
It came as a sheer gift to me, a real
surprise, God handling all the details.
When it came to presenting the Message
to people who had no background in
God's way, I was the least qualified of
any of the available Christians. God saw
to it that I was equipped, but you can be
sure that it had nothing to do with my
natural abilities.

⁸⁻¹⁰ And so here I am, preaching and
writing about things that are way over

히 해오신 일을 알리고 밝히는 것입니다. 하나님의 이 탁월하신 계획은, 교회에 모인 여러분처럼 예수를 따르는 이들을 통해 천사들에게까지 알려져 이야기되고 있습니다!

11-13 이 모든 일은, 하나님께서 줄곧 계획하시고 그리스도 예수 안에서 실행된 방침을 따라 진행되고 있습니다. 그리스도를 신뢰하면서, 우리는 말해야 할 것은 무엇이나 자유롭게 말할 수 있고, 가야 할 곳은 어디나 담대하게 갈 수 있습니다. 그러니 여러분은 지금 내가 여러분을 위해 겪는 고난을 보고서 낙심하지 않기를 바랍니다. 오히려 영광으로 여기십시오!

14-19 나는 하늘과 땅에 있는 만물에 제 이름을 주시는, 위대하신 아버지 앞에 무릎을 꿇음으로 그분의 은혜에 응답합니다. 나는 아버지께서 그분의 영—육체의 힘이 아닌 영광스러운 내적 힘—으로 여러분을 강하게 해주셔서, 여러분이 마음의 문을 열고 그리스도를 모셔들임으로써 그분이 여러분 안에 살게 해주시기를 간구합니다. 또한 나는 여러분이 사랑 위에 두 발로 굳게 서서, 그리스도께서 아낌없이 베푸시는 사랑의 크기를, 예수를 따르는 모든 이들과 함께 이해할 수 있게 해주시기를 간구합니다. 손을 뻗어 그 사랑의 넓이를 경험해 보십시오! 그 사랑의 길이를 재어 보십시오! 그 사랑의 깊이를 측량해 보십시오! 그 사랑의 높이까지 올라가 보십시오! 하나님의 충만하심 안에서 충만해져, 충만한 삶을 사십시오.

20-21 여러분도 알다시피, 하나님은 무엇이든지 하실 수 있는 분입니다. 하나님은 여러분이 꿈에서나 상상하고 짐작하고 구할 수 있는 것보다 훨씬 많은 것을 주실 수 있는 분입니다! 하나님은 밖에서 우리를 강요하심으로써가 아니라 우리 안에서 활동하심으로, 곧 우

my head, the inexhaustible riches and generosity of Christ. My task is to bring out in the open and make plain what God, who created all this in the first place, has been doing in secret and behind the scenes all along. Through followers of Jesus like yourselves gathered in churches, this extraordinary plan of God is becoming known and talked about even among the angels!

11-13 All this is proceeding along lines planned all along by God and then executed in Christ Jesus. When we trust in him, we're free to say whatever needs to be said, bold to go wherever we need to go. So don't let my present trouble on your behalf get you down. Be proud!

14-19 My response is to get down on my knees before the Father, this magnificent Father who parcels out all heaven and earth. I ask him to strengthen you by his Spirit—not a brute strength but a glorious inner strength—that Christ will live in you as you open the door and invite him in. And I ask him that with both feet planted firmly on love, you'll be able to take in with all followers of Jesus the extravagant dimensions of Christ's love. Reach out and experience the breadth! Test its length! Plumb the depths! Rise to the heights! Live full lives, full in the fullness of God.

20-21 God can do anything, you know—far more than you could ever imagine or guess or request in your wildest dreams! He does it not by pushing us around but

리 안에서 깊고 온유하게 활동하시는 그분의 영을 통해 그 일을 하십니다.

교회 안에 계신 하나님께 영광!
메시아 예수 안에 계신 하나님께 영광!
영광이 모든 세대에 이르기를!
영광이 영원무궁하기를! 참으로 그러하기를!

한 주님, 한 믿음, 한 세례, 한 하나님

4 1-3 이 모든 것을 생각하면서, 내가 여러분에게 바라는 것은 다음과 같습니다. 나는 주님을 위해 죄수가 되어 이곳에 갇혀 있지만, 여러분은 저 바깥으로 나가, 하나님께서 여러분을 부르셔서 걷게 하신 그 길을 걸어가십시오. 아니, 달려가십시오! 나는 여러분 가운데 어느 누구도 팔짱 끼고 가만히 앉아 있기를 바라지 않습니다. 나는 여러분이 엉뚱한 길에서 헤매는 것을 바라지 않습니다. 겸손과 절제로 이 일을 행하십시오. 기분 내킬 때나 처음에만 하지 말고, 꾸준히 행하십시오. 서로를 위한 사랑의 행위에 자신을 쏟아붓고, 서로의 다름을 깊이 이해하고, 서로 간에 벽이 있다면 서둘러 허무십시오.

4-6 여러분은 모두 같은 길, 같은 방향으로 나아감으로써, 내적으로나 외적으로 하나가 되도록 부름받았습니다. 여러분은 한 주님, 한 믿음, 한 세례, 한 하나님 아버지를 모시고 있습니다. 이 하나님은 만물을 다스리시고, 만물을 통해 일하시며, 만물 안에 계십니다. 여러분의 존재와 생각과 행위에는 이러한 하나됨이 속속들이 배어 있습니다.

7-13 그렇다고 해서 여러분이 다 똑같은 것을 보고 말하고 행해야 한다는 의미는 아닙니다. 우리는 저마다 그리스도의 은혜에 따라 각자에게 알맞은 선물을 받았습니다. 다음은 그것을 두고 말한 본문입니다.

by working within us, his Spirit deeply and gently within us.

Glory to God in the church!
Glory to God in the Messiah, in Jesus!
Glory down all the generations!
Glory through all millennia! Oh, yes!

To Be Mature

4 1-3 In light of all this, here's what I want you to do. While I'm locked up here, a prisoner for the Master, I want you to get out there and walk—better yet, run!—on the road God called you to travel. I don't want any of you sitting around on your hands. I don't want anyone strolling off, down some path that goes nowhere. And mark that you do this with humility and discipline—not in fits and starts, but steadily, pouring yourselves out for each other in acts of love, alert at noticing differences and quick at mending fences.

4-6 You were all called to travel on the same road and in the same direction, so stay together, both outwardly and inwardly. You have one Master, one faith, one baptism, one God and Father of all, who rules over all, works through all, and is present in all. Everything you are and think and do is permeated with Oneness.

7-13 But that doesn't mean you should all look and speak and act the same. Out of the generosity of Christ, each of us is given his own gift. The text for this is,

그분께서 높은 산으로 올라가셔서
원수를 사로잡아 전리품을 취하시고,
그 모든 것을 사람들에게 선물로 나눠 주
셨다.

높은 데로 올라가신 분께서, 또한 땅의 골짜
기로 내려오셨다는 것은 사실이지 않습니까?
낮은 데로 내려오신 분은, 다시 가장 높은 하
늘로 올라가신 그분이십니다. 그분은 위에서
나 아래서나 선물을 나눠 주시고, 하늘을 자
신의 선물로 가득 채우시며, 땅도 자신의 선
물로 가득 채우셨습니다. 그분은 사도, 예언
자, 복음 전도자, 목사-교사의 은사를 선물
로 나눠 주셨습니다. 그것은 그리스도를 따
르는 사람들을 숙련된 봉사의 일을 하도록
훈련시켜, 그리스도의 몸인 교회 안에서 일
하게 하시려는 것입니다. 그리하여 우리 모
두가 춤추듯 서로 손발이 척척 맞아, 하나님
의 아들께 능숙하고 우아하게 응답하고, 충
분히 성숙한 어른이 되고, 안팎으로 충분히
계발되어, 그리스도처럼 충만히 살게 하시려
는 것입니다.

14-16 부디, 우리 가운데는 더 이상 어린아이
로 남아 있는 사람이 없어야 합니다. 세상 물
정 모르는 순진한 사람이 되거나, 아이처럼
사기꾼의 손쉬운 표적이 되어서는 안됩니다.
하나님은 우리가 충분히 자라서, 모든 면에
서 그리스도처럼 온전한 진리를 알고, 사랑
으로 그 진리를 말하기를 바라십니다. 우리
는 그리스도를 따라갑니다. 그분은 우리가
하는 모든 일의 근원이십니다. 그분은 우리
가 서로 발맞춰 나아가게 하십니다. 그분의
숨과 피가 우리에게 흘러 영양을 공급하면,
우리는 하나님 안에서 건강하게 자라고 사랑
안에서 강해질 것입니다.

He climbed the high mountain,
He captured the enemy and seized the
booty,
He handed it all out in gifts to the
people.

Is it not true that the One who climbed
up also climbed down, down to the
valley of earth? And the One who
climbed down is the One who climbed
back up, up to highest heaven. He
handed out gifts above and below, filled
heaven with his gifts, filled earth with
his gifts. He handed out gifts of apostle,
prophet, evangelist, and pastor-teacher
to train Christ's followers in skilled
servant work, working within Christ's
body, the church, until we're all moving
rhythmically and easily with each other,
efficient and graceful in response to
God's Son, fully mature adults, fully
developed within and without, fully alive
like Christ.

14-16 No prolonged infancies among us,
please. We'll not tolerate babes in the
woods, small children who are an easy
mark for impostors. God wants us to
grow up, to know the whole truth and
tell it in love—like Christ in everything.
We take our lead from Christ, who is the
source of everything we do. He keeps us
in step with each other. His very breath
and blood flow through us, nourishing
us so that we will grow up healthy in
God, robust in love.

낡은 생활방식을 버리십시오

The Old Way Has to Go

17-19 그러므로 나는 힘주어 말합니다─하나님께서도 내 말을 지지하십니다. 아무 생각이나 분별없이 사는 대중들을 따라가지 마십시오. 그들은 너무나 오랫동안 하나님과 관계 맺기를 거부한 나머지, 하나님은 물론이고 현실에 대해서도 감각을 잃어버린 자들입니다. 그들은 똑바로 생각할 줄 모릅니다. 감각을 잃어버린 그들은, 성에 집착하고 온갖 종류의 변태 행위에 중독되어 있습니다.

20-24 그런 삶은 여러분에게 어울리지 않습니다. 여러분은 그리스도를 배웠습니다! 우리가 예수 안에서 배운 것처럼, 여러분도 그분께 세심한 주의를 기울였고 진리 안에서 제대로 교육받았습니다. 따라서 우리에게는 못 배워서 그랬다는 핑계가 통하지 않으니, 저 낡은 생활방식과 관련된 모든 것─말 그대로 모든 것─을 버리십시오. 그것은 속속들이 썩었으니, 내다 버리십시오! 그 대신, 전혀 새로운 생활방식을 입으십시오. 하나님께서 그분의 성품을 여러분 안에 정확하게 재현해 내시는 것같이, 하나님께서 만들어 주신 생활, 안에서부터 새로워진 생활을 몸에 익히고, 그 생활이 여러분의 행위에 배어들게 하십시오.

25 덧붙여 말씀드립니다. 더 이상 거짓과 가식이 있어서는 안됩니다. 이웃에게 진실을 말하십시오. 우리는 너나없이 그리스도의 몸 안에서 서로 연결되어 있기 때문입니다. 다른 사람에게 거짓말하는 것은 결국 자신에게 거짓말하는 것입니다.

26-27 화가 나면 화를 내십시오. 화내는 것 자체는 괜찮습니다. 그러나 화를 연료로 삼아 복수심을 불태워서는 안될 일입니다. 화난 채로 오래 있지 마십시오. 화난 채로 잠자리에 들지 마십시오. 마귀에게 거점을 내주어서는 안됩니다.

28 도둑질로 생계를 꾸렸습니까? 더 이상 그렇게 살지 마십시오! 정당한 일로 돈을 벌

17-19 And so I insist—and God backs me up on this—that there be no going along with the crowd, the empty-headed, mindless crowd. They've refused for so long to deal with God that they've lost touch not only with God but with reality itself. They can't think straight anymore. Feeling no pain, they let themselves go in sexual obsession, addicted to every sort of perversion.

20-24 But that's no life for you. You learned Christ! My assumption is that you have paid careful attention to him, been well instructed in the truth precisely as we have it in Jesus. Since, then, we do not have the excuse of ignorance, everything—and I do mean everything—connected with that old way of life has to go. It's rotten through and through. Get rid of it! And then take on an entirely new way of life—a God-fashioned life, a life renewed from the inside and working itself into your conduct as God accurately reproduces his character in you.

25 What this adds up to, then, is this: no more lies, no more pretense. Tell your neighbor the truth. In Christ's body we're all connected to each other, after all. When you lie to others, you end up lying to yourself.

26-27 Go ahead and be angry. You do well to be angry—but don't use your anger as fuel for revenge. And don't stay angry. Don't go to bed angry. Don't give the Devil that kind of foothold in your life.

28 Did you use to make ends meet by stealing? Well, no more! Get an honest

어서, 일할 수 없는 다른 사람들을 도우십시오.

29 여러분의 말하는 습관을 살피십시오. 여러분의 입에서 불쾌하고 더러운 말이 나오지 않게 하십시오. 도움이 되는 말만 하고, 여러분의 말 한 마디 한 마디가 선물이 되게 하십시오.

30 하나님을 슬프게 하지 마십시오. 그분의 마음을 아프게 하지 마십시오. 여러분 안에서 숨 쉬고 움직이시는 하나님의 거룩한 영은 여러분 삶의 가장 깊은 곳에 자리하십니다. 성령께서 여러분을 하나님께 합당한 사람으로 만들어 주십니다. 그러한 선물을 당연한 것으로 여기지 마십시오.

31-32 가시 돋친 말, 헐뜯는 말, 불경스러운 말은 입에 담지도 마십시오. 서로 친절하게 대하고, 서로 마음을 쓰십시오. 하나님께서 그리스도 안에서 여러분을 용서하신 것같이, 여러분도 서로 신속하고 완전하게 용서하십시오.

잠에서 깨어나라

5 1-2 자녀가 부모에게서 바른 행동을 배우고 익히듯이, 여러분은 하나님께서 하시는 일을 살펴서 그대로 행하십시오. 하나님께서 하시는 일 대부분은 여러분을 사랑하시는 것입니다. 그분과의 사귐을 지속하고, 사랑의 삶을 익히십시오. 그리스도께서 우리를 어떻게 사랑하셨는지 잘 살펴보십시오. 그분의 사랑은 인색한 사랑이 아니라 아낌없는 사랑이었습니다. 그분은 우리에게서 무언가를 얻으려고 사랑하신 것이 아니라 자신의 전부를 우리에게 주시기 위해 사랑하셨습니다. 여러분도 그렇게 사랑하십시오.

3-4 사랑을 육체의 욕망으로 변질시키지 마십시오. 난잡한 성행위, 추잡한 행실, 거만한 탐욕에 빠져드는 일이 없게 하십시오. 몇몇 사람들이 남의 뒷말하기를 즐기더라도, 예수를 따르는 사람들은 그보다 나은 언어 습관을 가져야 합니다. 더러운 말이나 어리석은 말은 입에 담지 마십시오. 그런 말은 우리의 생활방식에 어울리지

job so that you can help others who can't work.

29 Watch the way you talk. Let nothing foul or dirty come out of your mouth. Say only what helps, each word a gift.

30 Don't grieve God. Don't break his heart. His Holy Spirit, moving and breathing in you, is the most intimate part of your life, making you fit for himself. Don't take such a gift for granted.

31-32 Make a clean break with all cutting, backbiting, profane talk. Be gentle with one another, sensitive. Forgive one another as quickly and thoroughly as God in Christ forgave you.

Wake Up from Your Sleep

5 1-2 Watch what God does, and then you do it, like children who learn proper behavior from their parents. Mostly what God does is love you. Keep company with him and learn a life of love. Observe how Christ loved us. His love was not cautious but extravagant. He didn't love in order to get something from us but to give everything of himself to us. Love like that.

3-4 Don't allow love to turn into lust, setting off a downhill slide into sexual promiscuity, filthy practices, or bullying greed. Though some tongues just love the taste of gossip, those who follow Jesus have better uses for language than that. Don't talk dirty or silly. That kind of talk doesn't fit our

않습니다. 우리가 늘 사용해야 할 언어는 감사입니다.

5 사람이나 종교나 어떤 것을 이용해 이득을 보려고 한다면—이는 우상숭배의 흔한 변종입니다—그 사람은 분명 아무것도 얻지 못할 것입니다. 그는 그리스도의 나라, 하나님 나라 근처에도 가지 못할 것입니다.

6-7 종교적으로 번지르르한 말에 속아 넘어가지 마십시오. 종교적 장삿속으로 온갖 말을 하면서도 정작 하나님과는 아무 관계도 맺지 않으려는 자들에게, 하나님은 격한 노를 발하십니다. 그런 사람들 곁에는 얼씬도 하지 마십시오.

8-10 여러분은 전에 그러한 어둠 속에서 길을 찾아 헤맸으나, 이제는 그렇지 않습니다. 여러분은 지금 환한 곳으로 나와 있습니다. 그리스도의 밝은 빛이 여러분의 길을 똑똑히 보여줍니다. 그러니 더 이상 비틀거리지 마십시오. 그리스도의 밝은 빛을 가까이 하십시오! 선함, 옳음, 참됨. 이 세 가지는 밝은 대낮에 어울리는 행위입니다. 그리스도를 기쁘시게 해드릴 일이 무엇인지 생각하고, 그것을 행하십시오.

11-16 헛된 일, 분주하기만 할 뿐 성과가 없는 일, 어둠을 좇는 무익한 일로 여러분의 시간을 허비하지 마십시오. 오히려 그러한 일들이 속임수임을 드러내 보이십시오. 아무도 보는 이 없는 어둠 속에서나 할 법한 일에 삶을 낭비하는 것은 수치스러운 일입니다. 그런 사기꾼들의 정체를 폭로하고, 그리스도의 빛 가운데 밝혀진 그들의 정체가 과연 매력적인지 한번 생각해 보십시오.

　　잠에서 깨어나라.
　　관을 열어젖히고 나오너라.
　　그리스도께서 네게 빛을 보여주실 것이다!

그러니 여러분의 발걸음을 살피십시오. 머리를 쓰십시오. 기회를 얻을 때마다 그 기회를 선용하십시오. 지금은 긴박한 때입니다!

style. Thanksgiving is our dialect.

5 You can be sure that using people or religion or things just for what you can get out of them—the usual variations on idolatry—will get you nowhere, and certainly nowhere near the kingdom of Christ, the kingdom of God.

6-7 Don't let yourselves get taken in by religious smooth talk. God gets furious with people who are full of religious sales talk but want nothing to do with him. Don't even hang around people like that.

8-10 You groped your way through that murk once, but no longer. You're out in the open now. The bright light of Christ makes your way plain. So no more stumbling around. Get on with it! The good, the right, the true—these are the actions appropriate for daylight hours. Figure out what will please Christ, and then do it.

11-16 Don't waste your time on useless work, mere busywork, the barren pursuits of darkness. Expose these things for the sham they are. It's a scandal when people waste their lives on things they must do in the darkness where no one will see. Rip the cover off those frauds and see how attractive they look in the light of Christ.

　　Wake up from your sleep,
　　Climb out of your coffins;
　　Christ will show you the light!

So watch your step. Use your head. Make the most of every chance you get. These are desperate times!

17 생각 없이 경솔하게 살지 마십시오. 주님이 바라시는 것이 무엇인지를 깨달으십시오.

18-20 과음하지 마십시오. 과음은 여러분의 삶을 저속하게 만듭니다. 하나님의 영을 들이마시십시오. 벌컥벌컥 들이키십시오. 축배의 노래 대신 찬송을 부르십시오! 마음에서 우러난 노래를 그리스도께 불러 드리십시오. 모든 일에 노래할 이유를 주신 하나님 아버지께, 우리 주 예수 그리스도의 이름으로 찬양을 드리십시오.

그리스도 안에 있는 여러 관계들

21 그리스도를 경외하는 마음으로, 서로 예의 바르고 공손하게 대하십시오.

22-24 아내 여러분, 그리스도를 지지하는 것처럼 남편을 이해하고 지지해 주십시오. 남편은 그리스도께서 교회에 하시는 것처럼 아내에게 지도력을 보이되, 아내를 좌우우지하지 말고 소중히 여기십시오. 남편이 그러한 지도력을 발휘하면, 아내도 교회가 그리스도께 순종하듯 남편에게 순종해야 합니다.

25-28 남편 여러분, 그리스도께서 교회를 사랑하신 것과 같이, 아내를 사랑하는 일에 전력을 다하십시오. 그런 사랑의 특징은 받는 것이 아니라 주는 것입니다. 그리스도의 사랑은 교회를 온전하게 합니다. 그리스도의 말씀은 교회의 아름다움을 일깨웁니다. 그분의 모든 행동과 말씀은 교회를 가장 아름답게 만들며, 눈이 부실 만큼 흰 비단으로 교회를 둘러서, 거룩함으로 빛나게 하려는 것입니다. 남편은 아내를 그런 식으로 사랑해야 합니다. 그런 남편은 자기 자신에게 특별한 사랑을 베푸는 것이나 다름없습니다. 두 사람은 결혼하여 이미 "하나"이기 때문입니다.

29-33 자기 몸을 학대하는 사람이 있을까요? 없습니다. 누구나 자기 몸을 돌보고, 자기 몸의 필요를 채웁니다. 그리스도께서 우리, 곧 교회를 다루시는 방식도 그와 같습니다. 우

17 Don't live carelessly, unthinkingly. Make sure you understand what the Master wants.

18-20 Don't drink too much wine. That cheapens your life. Drink the Spirit of God, huge draughts of him. Sing hymns instead of drinking songs! Sing songs from your heart to Christ. Sing praises over everything, any excuse for a song to God the Father in the name of our Master, Jesus Christ.

Relationships

21 Out of respect for Christ, be courteously reverent to one another.

22-24 Wives, understand and support your husbands in ways that show your support for Christ. The husband provides leadership to his wife the way Christ does to his church, not by domineering but by cherishing. So just as the church submits to Christ as he exercises such leadership, wives should likewise submit to their husbands.

25-28 Husbands, go all out in your love for your wives, exactly as Christ did for the church—a love marked by giving, not getting. Christ's love makes the church whole. His words evoke her beauty. Everything he does and says is designed to bring the best out of her, dressing her in dazzling white silk, radiant with holiness. And that is how husbands ought to love their wives. They're really doing themselves a favor—since they're already "one" in marriage.

29-33 No one abuses his own body, does he? No, he feeds and pampers it. That's

리는 그분 몸의 지체이기 때문입니다. 이런 이유로, 남자는 부모를 떠나 아내를 소중히 여겨야 합니다. 그들은 더 이상 둘이 아닙니다. 그들은 "한 몸"이 됩니다. 이것은 참으로 큰 신비가 아닐 수 없습니다. 나는 그 신비를 다 이해한다고 감히 말하지 않습니다. 내가 가장 분명하게 아는 것은, 그리스도께서 교회를 대하시는 방식입니다. 이것은 남편이 아내를 어떻게 대해야 하는지를 보여주는 생생한 그림입니다. 남편은 아내를 사랑함으로 자기를 사랑하는 것입니다. 또한 이것은 아내가 남편을 어떻게 존중해야 하는지를 보여주는 생생한 그림이기도 합니다.

6 ¹⁻³ 자녀 여러분, 여러분의 부모가 여러분에게 이르는 대로 하십시오. 이것은 아주 옳은 일입니다. "네 아버지와 어머니를 공경하라"는 계명은 약속이 따르는 첫 계명입니다. 그 약속은 "그러면 네가 잘 살고 장수할 것이다"입니다.

⁴ 아버지 여러분, 자녀를 호되게 꾸짖어 노엽게 만들지 마십시오. 주님의 방법으로 그들을 돌보고 이끄십시오.

⁵⁻⁸ 종으로 있는 여러분, 이 세상에 있는 여러분의 주인에게 존경하는 마음으로 복종하되, 참 주인이신 그리스도께 복종하는 일에 언제나 주의를 기울이십시오. 해야 할 일을 눈가림으로 하지 말고 진심으로 하십시오. 하나님께서 바라시는 일을 하는 그리스도의 종처럼 진심으로 하십시오. 누구에게 지시를 받든지, 실제로 여러분은 하나님을 위해 일하는 것임을 늘 명심하고 기쁘게 일하십시오. 선한 일을 하는 사람은 종이든 자유인이든 상관없이, 충분한 상을 주님으로부터 받을 것입니다.

⁹ 주인 된 여러분, 여러분도 똑같이 하십시오. 부탁이니, 종을 학대하거나 위협하지 마십시오. 여러분과 여러분의 종이 섬기는 주님은 하

how Christ treats us, the church, since we are part of his body. And this is why a man leaves father and mother and cherishes his wife. No longer two, they become "one flesh." This is a huge mystery, and I don't pretend to understand it all. What is clearest to me is the way Christ treats the church. And this provides a good picture of how each husband is to treat his wife, loving himself in loving her, and how each wife is to honor her husband.

6 ¹⁻³ Children, do what your parents tell you. This is only right. "Honor your father and mother" is the first commandment that has a promise attached to it, namely, "so you will live well and have a long life."

⁴ Fathers, don't exasperate your children by coming down hard on them. Take them by the hand and lead them in the way of the Master.

⁵⁻⁸ Servants, respectfully obey your earthly masters but always with an eye to obeying the *real* master, Christ. Don't just do what you have to do to get by, but work heartily, as Christ's servants doing what God wants you to do. And work with a smile on your face, always keeping in mind that no matter who happens to be giving the orders, you're really serving God. Good work will get you good pay from the Master, regardless of whether you are slave or free.

⁹ Masters, it's the same with you. No abuse, please, and no threats. You and

늘에 계신 같은 주님이십니다. 그분은 여러분과 여러분의 종을 차별하지 않으십니다.

마귀와 끝까지 싸우십시오

10-12 이제 마무리하겠습니다. 하나님은 강하신 분입니다. 하나님은 여러분도 그분 안에서 강하기를 바라십니다. 그러니 주님께서 여러분을 위해 마련해 주신 모든 것, 곧 가장 좋은 재료로 정교하게 만들어진 무기를 취하십시오. 그 무기를 활용해서, 마귀가 여러분의 길에 던져 놓은 모든 장애물에 용감히 맞서십시오. 이 싸움은 잠깐 출전해서 쉽게 이기고 금세 잊고 마는 한나절의 운동 경기가 아닙니다. 이 싸움은 지구전, 곧 마귀와 그 수하들을 상대로 끝까지 싸우는, 사느냐 죽느냐의 싸움입니다.

13-18 단단히 준비하십시오. 여러분은 지금 혼자 힘으로 다루기에는 벅찬 상대를 마주하고 있습니다. 도움이 될 만한 것은 무엇이든 취하고, 하나님께서 주신 온갖 무기로 무장하십시오. 그러면 싸움이 끝나도, 여러분은 승리의 함성을 지르며 여전히 두 발로 서 있을 것입니다. 진리와 의와 평화와 믿음과 구원은, 단순한 말 이상의 것입니다. 그 무기들의 사용법을 익히십시오. 살아가는 동안 그 무기들이 필요합니다. 하나님의 말씀이야말로 없어서는 안 될 무기입니다. 마찬가지로, 계속되는 이 전쟁에서 기도는 필수입니다. 열심히, 오래 기도하십시오. 형제자매를 위해 기도하십시오. 끊임없이 주의를 기울이십시오. 서로 기운을 북돋아 주어, 아무도 뒤처지거나 낙오하는 사람이 없게 하십시오.

19-20 그리고 나를 위해 기도하는 것도 잊지 마십시오. 내가 무엇을 말해야 할지 알고, 할 말을 제때에 용기 있게 말하며, 그 비밀을 누구에게나 전할 수 있게 해달라고 기도해 주십시오. 나는 비록 감옥에 갇힌 전도자이지만, 이 메시지를 알릴 책임이 있습니다.

your servants are both under the same Master in heaven. He makes no distinction between you and them.

A Fight to the Finish

10-12 And that about wraps it up. God is strong, and he wants you strong. So take everything the Master has set out for you, well-made weapons of the best materials. And put them to use so you will be able to stand up to everything the Devil throws your way. This is no afternoon athletic contest that we'll walk away from and forget about in a couple of hours. This is for keeps, a life-or-death fight to the finish against the Devil and all his angels.

13-18 Be prepared. You're up against far more than you can handle on your own. Take all the help you can get, every weapon God has issued, so that when it's all over but the shouting you'll still be on your feet. Truth, righteousness, peace, faith, and salvation are more than words. Learn how to apply them. You'll need them throughout your life. God's Word is an *indispensable* weapon. In the same way, prayer is essential in this ongoing warfare. Pray hard and long. Pray for your brothers and sisters. Keep your eyes open. Keep each other's spirits up so that no one falls behind or drops out.

19-20 And don't forget to pray for me. Pray that I'll know what to say and have the courage to say it at the right time, telling the mystery to one and all, the Message that I, jailbird preacher that I am, am responsible for getting out.

21-22 이곳에 있는 나의 좋은 벗 두기고가 내가 어떻게 지내는지, 나의 신변에 어떤 일이 있는지를 여러분에게 알릴 것입니다. 그는 참으로 듬직한 주님의 일꾼입니다! 나는 우리의 사정을 여러분에게 알리고, 여러분의 믿음을 북돋우려고 그를 보냈습니다.

23-24 친구 여러분, 잘 지내십시오. 하나님 아버지와 주 예수 그리스도께서 주시는 사랑과 믿음이 여러분의 것이 되기를, 오직 순전한 은혜가 우리 주 예수 그리스도를 사랑하는 모든 이들에게 함께하기를 바랍니다.

21-22 Tychicus, my good friend here, will tell you what I'm doing and how things are going with me. He is certainly a dependable servant of the Master! I've sent him not only to tell you about us but to cheer you on in your faith.

23-24 Good-bye, friends. Love mixed with faith be yours from God the Father and from the Master, Jesus Christ. Pure grace and nothing but grace be with all who love our Master, Jesus Christ.

빌립보서는 바울이 행복에 가득 차서 보낸 편지다. 그 행복은 전염성이 강하다. 몇 절만 읽어도 금세 그 기쁨이 전해지기 시작한다. 춤을 추는 듯한 단어와 기쁨의 탄성은 곧장 우리 마음속에 와닿는다.

그러나 행복은 우리가 사전을 뒤적거려 알 수 있는 그런 단어가 아니다. 사실, 그리스도인의 삶의 특성 가운데 책을 보고 익힐 수 있는 것은 하나도 없다. 그 삶의 특성을 익히려면 도제 제도 같은 것이 필요하다. 수년간 충실한 훈련을 통해 몸에 익힌 것을 자신의 모든 행실로 보여주는 사람에게 직접 배워야 한다. 물론 설명을 듣기도 하겠지만, 제자는 주로 "스승"과 날마다 친밀하게 지내면서, 기능을 배우고 타이밍과 리듬과 "터치" 같은 미묘하지만 절대적으로 필요한 기법을 익힌다.

바울이 빌립보라는 도시의 그리스도인들에게 보낸 편지를 읽다 보면, 위에서 말한 스승을 대하는 것 같은 느낌이 든다. 바울은 우리에게 행복해질 수 있다고 말하거나, 행복해지는 법을 말해 주지 않는다. 다만 분명히 알 수 있는 것은, 그가 행복하다는 사실이다. 그 기쁨은 그가 처한 상황과는 무관한 것이었다. 그는 감옥에서 편지를 썼고, 그의 활동은 경쟁자들의 공격을 받고 있었다. 그는 예수를 섬기며 스무 해가 넘도록 혹독한 여행을 한 끝에 지쳐 있었고, 어느 정도 위안도 필요했을 것이다.

그러나 바울이 내면으로 경험한 메시아 예수의 생명에 견줄 때, 상황은 그다지 중요

This is Paul's happiest letter. And the happiness is infectious. Before we've read a dozen lines, we begin to feel the joy ourselves—the dance of words and the exclamations of delight have a way of getting inside us.

But happiness is not a word we can understand by looking it up in the dictionary. In fact, none of the qualities of the Christian life can be learned out of a book. Something more like apprenticeship is required, being around someone who out of years of devoted discipline shows us, by his or her entire behavior, what it is. Moments of verbal instruction will certainly occur, but mostly an apprentice acquires skill by daily and intimate association with a "master," picking up subtle but absolutely essential things, such as timing and rhythm and "touch."

When we read what Paul wrote to the Christian believers in the city of Philippi, we find ourselves in the company of just such a master. Paul doesn't tell us that we can be happy, or how to be happy. He simply and unmistakably *is* happy. None of his circumstances contribute to his joy: He wrote from a jail cell, his work was under attack by competitors, and after twenty years or so of hard traveling in the service of Jesus, he was tired and would have welcomed some relief.

But circumstances are incidental compared to the life of Jesus, the Messiah, that Paul

하지 않았다. 왜냐하면 그 생명은 역사의 특정 시점에 한 번 나타난 것으로 그친 것이 아니라 이후에도 끊임없이 나타나서, 그분을 영접하는 사람들의 삶으로 흘러들고, 계속해서 사방으로 넘쳐흐르기 때문이다. 바울은 그의 편지를 읽는 이들이 그리스도의 생명으로 넘쳐흐르는 모습을 다음과 같이 그려 본다.

> 무슨 일을 하든지 기꺼운 마음으로 흔쾌히 하십시오. 말다툼하거나 따지지 마십시오! 흠 없이 세상 속으로 들어가, 이 더럽고 타락한 사회에 맑은 공기를 불어넣으십시오. 사람들에게 선한 생활과 살아 계신 하나님을 볼 수 있게 하십시오. 환하게 빛을 비춰 주는 메시지를 어둠 속에 전하십시오(빌 2:14-15).

무엇보다도 그리스도는, 어느 누구도 하나님을 제한하거나 독점할 수 없다는 사실을 보여 주는 계시다.

> 적절하게 사랑하는 법을 익히십시오. 여러분의 사랑이 감정의 분출이 아니라 진실하고 지각 있는 사랑이 되려면 지혜로워야 하고 자신의 감정을 살필 줄 알아야 합니다. 사랑하는 삶을 살되 신중하고도 모범적인 삶, 예수께서 자랑스러워하실 삶을 사십시오. 그것은 영혼의 열매를 풍성히 맺고, 예수 그리스도를 매력적인 분으로 만들며, 모든 이들로 하여금 하나님께 영광과 찬송을 돌려드리도록 하는 삶입니다(빌 1:9-11).

그리스도인의 행복을 설명해 주는 것은, 바로 이처럼 "넘쳐흐르는" 그리스도의 생명이다. 기쁨은 충만한 생명이며, 어느 한 사람 안에 가두어 둘 수 없는, 넘쳐흐르는 것이기 때문이다.

experiences from the inside. For it is a life that not only happened at a certain point in history, but continues to happen, spilling out into the lives of those who receive him, and then continues to spill out all over the place. Here's how Paul envisioned his readers spilling out the life of Christ:

> Do everything readily and cheerfully—no bickering, no second-guessing allowed! Go out into the world uncorrupted, a breath of fresh air in this squalid and polluted society. Provide people with a glimpse of good living and of the living God. Carry the light-giving Message into the night(Philippians 2:14-15).

Christ is, among much else, the revelation that God cannot be contained or hoarded.

> Learn to love appropriately. You need to use your head and test your feelings so that your love is sincere and intelligent, not sentimental gush. Live a lover's life, circumspect and exemplary, a life Jesus will be proud of: bountiful in fruits from the soul, making Jesus Christ attractive to all, getting everyone involved in the glory and praise of God(Philippians 1:9-11).

It is this "spilling out" quality of Christ's life that accounts for the happiness of Christians, for joy is life in excess, the overflow of what cannot be contained within any one person.

빌립보서

1 1-2 그리스도 예수의 헌신된 종인 바울과 디모데는, 예수를 따르는 빌립보의 모든 이들과 목회자와 사역자들에게 이 편지를 씁니다. 우리는 하나님 우리 아버지와 우리 주 예수 그리스도께서 주시는 은혜와 평화로 여러분에게 문안합니다.

예수께서 자랑스러워하실 삶

3-6 나는 여러분을 떠올릴 때마다 하나님께 감사의 탄성을 지릅니다. 그 탄성은 기도로 이어져, 어느새 나는 기쁜 마음으로 여러분을 위해 기도하게 됩니다. 나는 여러분이 하나님의 **메시지**를 들은 날부터 지금까지, **메시지**를 믿고 전하는 일에 우리와 함께해 주어서 얼마나 기쁜지 모릅니다. 여러분 안에 이 위대한 일을 시작하신 하나님께서 그 일을 지속하셔서, 그리스도 예수께서 오시는 그날에 멋지게 완성하실 것을 나는 조금도 의심치 않습니다.

7-8 내가 여러분을 이렇게 생각하는 것은 결코 비현실적인 공상이 아닙니다. 내가 기도하고 바라는 것은 분명한 현실에 근거한 것입니다. 내가 감옥에 갇혀 있을 때나, 재판을 받을 때나, 잠시 감옥에서 풀려났을 때에도 여러분은 한결같이 나와 함께해 주었습니다. 그 과정에서 여러분과

PHILIPPIANS

1 1-2 Paul and Timothy, both of us committed servants of Christ Jesus, write this letter to all the followers of Jesus in Philippi, pastors and ministers included. We greet you with the grace and peace that comes from God our Father and our Master, Jesus Christ.

A Love That Will Grow

3-6 Every time you cross my mind, I break out in exclamations of thanks to God. Each exclamation is a trigger to prayer. I find myself praying for you with a glad heart. I am so pleased that you have continued on in this with us, believing and proclaiming God's Message, from the day you heard it right up to the present. There has never been the slightest doubt in my mind that the God who started this great work in you would keep at it and bring it to a flourishing finish on the very day Christ Jesus appears.

7-8 It's not at all fanciful for me to think this way about you. My prayers and hopes have deep roots in reality. You have, after all, stuck with me all the way from the time I was thrown in jail, put on trial, and came out of it in one piece. All along you have

나는 하나님께서 넉넉히 도와주시는 것을 경험
했습니다. 지금도 내가 여러분을 얼마나 사랑
하고 그리워하는지, 하나님은 아십니다. 이따
금 나는 그리스도께서 생각하시는 것만큼이나
절절히 여러분을 생각합니다!

9-11 그래서 나는, 여러분의 사랑이 풍성해지
고, 여러분이 많이 사랑할 뿐 아니라 바르게 사
랑하게 해주시기를 기도합니다. 적절하게 사
랑하는 법을 익히십시오. 여러분의 사랑이 감
정의 분출이 아니라 진실하고 지각 있는 사랑
이 되려면 지혜로워야 하고 자신의 감정을 살
필 줄 알아야 합니다. 사랑하는 삶을 살되 신중
하고도 모범적인 삶, 예수께서 자랑스러워하실
삶을 사십시오. 그것은 영혼의 열매를 풍성히
맺고, 예수 그리스도를 매력적인 분으로 만들
며, 모든 이들로 하여금 하나님께 영광과 찬송
을 돌려드리도록 하는 삶입니다.

아무도 가둘 수 없는 메시지

12-14 친구 여러분, 내가 이곳에 갇힌 것이 본래
의 의도와는 정반대의 결과를 낳았음을 여러분
에게 알리고자 합니다. **메시지**가 깃눌리기는커
녕, 오히려 더 번성했습니다. 내가 메시아 때문
에 감옥에 갇혔다는 사실을 이곳의 모든 병사
와 그 밖의 모든 사람이 알게 되었습니다. 그 사
실이 저들의 호기심을 자극해, 이제는 저들도
그분을 많이 알게 되었습니다. 그뿐 아니라, 이
곳에 있는 그리스도인 대다수가 자신들의 믿음
을 전보다 더 확신하게 되었고, 하나님과 메시
아에 대해 두려움 없이 말하게 되었습니다.

15-17 물론, 이 지역에 있는 어떤 이들은 내가
없는 틈을 이용해 사람들의 주목을 한번 끌어
보려고 그리스도를 전하는 것이 사실입니다.
그러나 다른 사람들은 이 세상에서 가장 선한
마음으로 그리스도를 전합니다. 그들은 내가
이곳에서 **메시지**를 변호하고 있음을 알고는, 순
수한 사랑의 마음에서 나를 도우려 합니다. 그
러나 어떤 사람들은 내가 사라지자, 이 일에서

experienced with me the most gener-
ous help from God. He knows how
much I love and miss you these days.
Sometimes I think I feel as strongly
about you as Christ does!

9-11 So this is my prayer: that your
love will flourish and that you will not
only love much but well. Learn to love
appropriately. You need to use your
head and test your feelings so that your
love is sincere and intelligent, not senti-
mental gush. Live a lover's life, circum-
spect and exemplary, a life Jesus will
be proud of: bountiful in fruits from
the soul, making Jesus Christ attractive
to all, getting everyone involved in the
glory and praise of God.

They Can't Imprison the Message

12-14 I want to report to you, friends,
that my imprisonment here has had the
opposite of its intended effect. Instead
of being squelched, the Message has
actually prospered. All the soldiers
here, and everyone else, too, found out
that I'm in jail because of this Messiah.
That piqued their curiosity, and now
they've learned all about him. Not
only that, but most of the followers of
Jesus here have become far more sure
of themselves in the faith than ever,
speaking out fearlessly about God,
about the Messiah.

15-17 It's true that some here preach
Christ because with me out of the way,
they think they'll step right into the
spotlight. But the others do it with the
best heart in the world. One group is

뭔가를 얻으려는 탐욕스런 마음으로 이 일을 합니다. 그들은 악한 동기로 행하는 것입니다. 그들은 나를 경쟁자로 여기고, 나의 상황이 악화될수록 자신들의 상황은 더욱 나아진다고 생각합니다.

18-21 그러면 내가 어떻게 반응해야겠습니까? 나는 그들의 동기가 순수하지 않든 악하든 분명치 않든 간에, 신경 쓰지 않기로 했습니다. 그들 가운데 누구라도 입을 열 때마다 그리스도가 전파되니, 그저 박수를 보낼 뿐입니다!

나는 일이 어찌 될지 알기에 계속해서 그들을 응원할 것입니다. 믿음으로 드리는 여러분의 기도와 넉넉하게 응답하시는 예수 그리스도의 영으로 말미암아, 그리스도께서 내 안에서 그리고 나를 통해 하시려는 모든 일이 이루어질 것입니다. 나는 내가 하던 일을 계속할 것입니다. 나는 부끄러울 것이 하나도 없습니다. 살든지 죽든지, 감옥에 갇혀 있는 나에게 일어나는 모든 일이 그리스도를 더욱 정확하게 알리는 데 도움이 됩니다. 저들은 내 입을 다물게 하기는커녕, 오히려 내게 설교단을 마련해 준 셈입니다. 나는 살아서는 그리스도의 심부름꾼이고, 죽어서는 그리스도의 선물입니다. 지금의 삶과 훨씬 더 나은 삶! 어느 쪽이든 내게는 유익입니다.

22-26 이 육신을 입고 사는 동안, 내가 해야 할 선한 일이 있습니다. 지금 당장 선택해야 한다면, 나는 어느 쪽을 선택해야 할지 모르겠습니다. 어려운 선택이 아닐 수 없습니다! 이 세상에서 그만 육신의 장막을 걷고 그리스도와 함께 있고픈 마음이 간절합니다. 어떤 날은 정말 그러고 싶은 마음뿐이지만, 여러분이 겪고 있는 일이 있으니 내가 이 세상에서 끝까지 견디는 것이 더 낫겠다는 확신이 듭니다. 그러므로 나는 하나님을 신뢰하는 이 삶에서

motivated by pure love, knowing that I am here defending the Message, wanting to help. The others, now that I'm out of the picture, are merely greedy, hoping to get something out of it for themselves. Their motives are bad. They see me as their competition, and so the worse it goes for me, the better—they think—for them.

18-21 So how am I to respond? I've decided that I really don't care about their motives, whether mixed, bad, or indifferent. Every time one of them opens his mouth, Christ is proclaimed, so I just cheer them on!

And I'm going to keep that celebration going because I know how it's going to turn out. Through your faithful prayers and the generous response of the Spirit of Jesus Christ, everything he wants to do in and through me will be done. I can hardly wait to continue on my course. I don't expect to be embarrassed in the least. On the contrary, everything happening to me in this jail only serves to make Christ more accurately known, regardless of whether I live or die. They didn't shut me up; they gave me a pulpit! Alive, I'm Christ's messenger; dead, I'm his bounty. Life versus even more life! I can't lose.

22-26 As long as I'm alive in this body, there is good work for me to do. If I had to choose right now, I hardly know which I'd choose. Hard choice! The desire to break camp here and be with Christ is powerful. Some days I can think of nothing better. But most days, because of what you are going through, I am sure that it's better for me to stick it out here. So I plan to be around awhile, companion to you as your growth and joy in this life of trusting God continues. You can start looking

여러분의 성장과 기쁨이 지속되도록, 여러분의 동료로 여러분 곁에 좀 더 머물러 있으려고 합니다. 내가 여러분을 다시 방문하는 날, 멋진 재회를 기대해도 좋습니다. 그날에 우리는 그리스도를 찬양하며 서로 기뻐할 것입니다.

27-30 그때까지 그리스도의 **메시지**에 어울리는 명예로운 삶을 사십시오. 여러분의 행동이 내가 가고 안 가고에 따라 달라져서는 안됩니다. 내가 여러분에게 가서 직접 보든 멀리서 소식만 전해 듣든 간에, 여러분의 행동은 한결같아야 합니다. 한 비전을 품고 한마음으로 굳게 서서, 사람들이 **메시지**, 곧 복된 소식을 신뢰하도록 분투하십시오. 대적하는 자들 앞에서 조금도 위축되거나 몸을 **빼는** 일이 없게 하십시오. 여러분의 용기와 하나됨은 적들에게 분명 위협이 될 것입니다. 그들이 직면한 것은 패배요, 여러분이 직면한 것은 승리입니다. 이 둘은 모두 하나님에게서 오는 것입니다. 이 삶에는 그리스도를 신뢰하며 사는 것만 있는 것이 아니라, 그리스도를 위해 받는 고난도 있습니다. 고난은 신뢰만큼이나 값진 선물입니다. 여러분은 내가 어떤 싸움을 싸워 왔는지 보았고, 지금도 이 편지를 통해서 계속 소식을 듣고 있습니다. 여러분도 똑같은 싸움을 지금 하고 있습니다.

종의 지위를 취하신 그리스도

2 1-4 그러므로 여러분이 그리스도를 따름으로 무엇을 얻었거나, 그분의 사랑으로 여러분의 삶에 얼마간의 변화가 일어났거나, 성령의 공동체 안에 있는 것이 여러분에게 어떤 의미가 있거나, 여러분에게 따뜻한 마음이나 배려하는 마음이 있거든, 내 부탁을 들어주시기 바랍니다. 서로 뜻을 같이하고, 서로 사랑하고, 서로 속 깊은 벗이 되십시오. 자신의 방식을 앞세우지 말고, 그럴듯한 말로 자신의 방식을 내세우지 마십시오. 자기를 제쳐두고 다른 사람이 잘 되도록 도우십시오. 자기

forward to a great reunion when I come visit you again. We'll be praising Christ, enjoying each other.

27-30 Meanwhile, live in such a way that you are a credit to the Message of Christ. Let nothing in your conduct hang on whether I come or not. Your conduct must be the same whether I show up to see things for myself or hear of it from a distance. Stand united, singular in vision, contending for people's trust in the Message, the good news, not flinching or dodging in the slightest before the opposition. Your courage and unity will show them what they're up against: defeat for them, victory for you—and both because of God. There's far more to this life than trusting in Christ. There's also suffering for him. And the suffering is as much a gift as the trusting. You're involved in the same kind of struggle you saw me go through, on which you are now getting an updated report in this letter.

He Took on the Status of a Slave

2 1-4 If you've gotten anything at all out of following Christ, if his love has made any difference in your life, if being in a community of the Spirit means anything to you, if you have a heart, if you *care*—then do me a favor: Agree with each other, love each other, be deep-spirited friends. Don't push your way to the front; don't sweet-talk your way to the top. Put yourself aside, and help others get ahead. Don't be obsessed with getting your

이익을 꾀하는 일에 사로잡히지 마십시오. 자신을 잊을 정도로 도움의 손길을 내미십시오.

5-8 그리스도 예수께서 자기 자신을 생각하셨던 방식으로 여러분도 자기 자신을 생각하십시오. 그분은 하나님과 동등한 지위셨으나 스스로를 높이지 않으셨고, 그 지위의 이익을 고집하지도 않으셨습니다. 조금도 고집하지 않으셨습니다! 때가 되자, 그분은 하나님과 동등한 특권을 버리고 종의 지위를 취하셔서, 사람이 되셨습니다! 그분은 사람이 되셔서, 사람으로 사셨습니다. 그것은 믿을 수 없을 만큼 자신을 낮추는 과정이었습니다. 그분은 특권을 주장하지 않으셨습니다. 오히려 사심 없이 순종하며 사셨고, 사심 없이 순종하며 죽으셨습니다. 그것도 가장 참혹하게 십자가에서 죽으셨습니다.

9-11 그 순종으로 말미암아 하나님께서는 그분을 높이 들어 올리시고, 어떤 사람이나 사물도 받아 본 적 없는 영광을 그분에게 주셨습니다. 그리하여, 하늘과 땅에 있는 모든 피조물이—오래전에 죽어 땅에 묻힌 사람들까지도—예수 그리스도 앞에 절하고 경배하게 하시고 그분이 만물의 주이심을 찬양하게 하셔서, 하나님 아버지께 큰 영광을 돌리게 하셨습니다.

함께 기뻐하십시오

12-13 친구 여러분, 내가 바라는 것은, 여러분이 처음부터 해온 일을 계속해 달라는 것입니다. 내가 여러분 가운데 살 때에, 여러분은 순종으로 응답하는 삶을 살았습니다. 지금은 내가 여러분과 떨어져 있지만, 계속해서 그렇게 사십시오. 아니, 한층 더 애쓰십시오. 구원받은 자의 삶을 힘차게 살고, 하나님 앞에서 경건하고 민감하게 반응하십시오. 그 힘이야말로 하나님이 주시는 힘이고, 여러분 안에 깊이 자리한 힘입니다. 하나님은 자기

5-8 Think of yourselves the way Christ Jesus thought of himself. He had equal status with God but didn't think so much of himself that he had to cling to the advantages of that status no matter what. Not at all. When the time came, he set aside the privileges of deity and took on the status of a slave, became *human*! Having become human, he stayed human. It was an incredibly humbling process. He didn't claim special privileges. Instead, he lived a selfless, obedient life and then died a selfless, obedient death—and the worst kind of death at that—a crucifixion.

9-11 Because of that obedience, God lifted him high and honored him far beyond anyone or anything, ever, so that all created beings in heaven and on earth—even those long ago dead and buried—will bow in worship before this Jesus Christ, and call out in praise that he is the Master of all, to the glorious honor of God the Father.

Rejoicing Together

12-13 What I'm getting at, friends, is that you should simply keep on doing what you've done from the beginning. When I was living among you, you lived in responsive obedience. Now that I'm separated from you, keep it up. Better yet, redouble your efforts. Be energetic in your life of salvation, reverent and sensitive before God. That energy is *God's* energy, an energy deep within you,

를 가장 기쁘시게 할 만한 일을 바라시고 행하시는 분입니다.

14-16 무슨 일을 하든지 기꺼운 마음으로 흔쾌히 하십시오. 말다툼하거나 따지지 마십시오! 흠 없이 세상 속으로 들어가, 이 더럽고 타락한 사회에 맑은 공기를 불어넣으십시오. 사람들에게 선한 생활과 살아 계신 하나님을 볼 수 있게 하십시오. 환하게 빛을 비춰 주는 **메시지**를 어둠 속에 전하십시오. 그러면 그리스도께서 오시는 날에 나는 여러분에 대해 자랑할 것이 있을 것입니다. 여러분은 내가 한 이 모든 일이 헛수고가 아니었음을 보여주는 산 증거가 될 것입니다.

17-18 내가 지금 여기서 처형당한다 해도, 내가 여러분이 그리스도의 제단에 믿음으로 바치는 제물의 일부가 되고 여러분 기쁨의 일부가 된다면, 나는 그것으로 기뻐할 것입니다. 그러니, 여러분도 나의 기쁨의 일부가 되어 나와 함께 기뻐해야 합니다. 무슨 일을 하든지, 내게 미안한 마음을 품지 마십시오.

19-24 나는 (예수의 계획을 따라) 조만간 디모데를 여러분에게 보내어, 할 수 있는 한 여러분의 소식을 모아서 돌아오게 하려고 합니다. 아, 그러면 내 마음은 실로 큰 기쁨을 얻을 것입니다! 내게는 디모데만한 사람이 없습니다. 그는 충직하고, 여러분을 진심으로 걱정하는 사람입니다. 이곳에 있는 대다수 사람들이 예수의 일에는 관심이 없고 자기 일에만 관심이 있습니다. 그러나 여러분도 알다시피, 디모데는 진국입니다. 우리가 **메시지**를 전하는 동안 그는 내게 충실한 아들이었습니다. 앞으로 이곳에서 내게 있을 일을 알게 되는 대로, 그를 보내려고 합니다. 나도 곧 그의 뒤를 따라가게 되기를 바라고 기도합니다.

25-27 그러나 지금 당장은 나의 좋은 벗이며 동역자인 에바브로디도를 급히 보내려고 합니다. 전에 여러분이 그를 보내어 나를 돕게 했으니, 이제는 내가 그를 보내어 여러분을

God himself willing and working at what will give him the most pleasure.

14-16 Do everything readily and cheerfully—no bickering, no second-guessing allowed! Go out into the world uncorrupted, a breath of fresh air in this squalid and polluted society. Provide people with a glimpse of good living and of the living God. Carry the light-giving Message into the night so I'll have good cause to be proud of you on the day that Christ returns. You'll be living proof that I didn't go to all this work for nothing.

17-18 Even if I am executed here and now, I'll rejoice in being an element in the offering of your faith that you make on Christ's altar, a part of your rejoicing. But turnabout's fair play—you must join me in *my* rejoicing. Whatever you do, don't feel sorry for me.

19-24 I plan (according to Jesus' plan) to send Timothy to you very soon so he can bring back all the news of you he can gather. Oh, how that will do my heart good! I have no one quite like Timothy. He is loyal, and genuinely concerned for you. Most people around here are looking out for themselves, with little concern for the things of Jesus. But you know yourselves that Timothy's the real thing. He's been a devoted son to me as together we've delivered the Message. As soon as I see how things are going to fall out for me here, I plan to send him off. And then I'm hoping and praying to be right on his heels.

25-27 But for right now, I'm dispatching Epaphroditus, my good friend and

돕게 하겠습니다. 그는 여러분에게 돌아가기를 몹시도 사모했습니다. 여러분도 들었겠지만, 그는 병이 나은 뒤로 더욱 여러분에게 돌아가기를 원했습니다. 자기 병이 다 나았으니 여러분을 안심시키고 싶어 했습니다. 여러분도 알다시피, 그는 죽을 뻔했으나 하나님께서 자비를 베풀어 주셨습니다. 그리고 하나님은 내게도 자비를 베풀어 주셨습니다. 하마터면 그의 죽음이 그 무엇보다도 큰 슬픔이 될 뻔했습니다.

28-30 그러니 그를 여러분에게 보내는 것이 내게 큰 기쁨인 이유를 여러분은 아실 것입니다. 그의 강건하고 기운찬 모습을 다시 볼 때, 여러분은 얼마나 기뻐할 것이며 나는 또 얼마나 안심하겠습니까! 기쁨이 넘치는 포옹으로 그를 성대히 맞아 주십시오! 그와 같은 사람은 여러분으로부터 가장 좋은 것을 받을 자격이 있습니다. 여러분이 나를 위해 시작했으나 마무리 짓지 못한 사역이 생각나는지요? 그는 그 일을 마무리하느라 목숨까지 걸었고, 그 일을 하다가 하마터면 죽을 뻔했습니다.

그리스도를 주님으로 아는 특권

3 ¹ 우리 소식은 이쯤 하겠습니다. 친구 여러분, 하나님 안에서 기뻐하십시오!

전에 편지로 한 말을 되풀이하는 것이 나는 번거롭지 않습니다. 여러분도 그 내용을 다시 들으면서 귀찮아하지 않았으면 합니다. 나중에 후회하는 것보다 안전한 길을 택하는 편이 낫지 않겠습니까? 그래서 다시 적습니다.

2-6 짖는 개들, 곧 참견하기 좋아하는 종교인들, 시끄럽기만 하고 실속은 없는 자들을 피하십시오. 그들이 관심 갖는 것은 온통 겉모습뿐입니다. 나는 그들을, 수술하기 좋아하는 할례주의자라고 부릅니다. 진

companion in my work. You sent him to help me out; now I'm sending him to help you out. He has been wanting in the worst way to get back with you. Especially since recovering from the illness you heard about, he's been wanting to get back and reassure you that he is just fine. He nearly died, as you know, but God had mercy on him. And not only on him—he had mercy on me, too. His death would have been one huge grief piled on top of all the others.

28-30 So you can see why I'm so delighted to send him on to you. When you see him again, hale and hearty, how you'll rejoice and how relieved I'll be. Give him a grand welcome, a joyful embrace! People like him deserve the best you can give. Remember the ministry to me that you started but weren't able to complete? Well, in the process of finishing up that work, he put his life on the line and nearly died doing it.

To Know Him Personally

3 ¹ And that's about it, friends. Be glad in God! I don't mind repeating what I have written in earlier letters, and I hope you don't mind hearing it again. Better safe than sorry—so here goes.
2-6 Steer clear of the barking dogs, those religious busybodies, all bark and no bite. All they're interested in is appearances—knife-happy circumcisers, I call them. The *real* believers are the ones the Spirit of God leads to work away at this ministry, filling the air with Christ's praise as we do it. We couldn't carry this off by our own efforts, and we know it—even though we can list

짜 믿는 사람은, 하나님의 영이 인도하시는 대로 이 사역을 부지런히 하고, 우리가 늘 하는 것처럼 그리스도를 찬양하는 소리를 공중에 가득 채우는 사람입니다. 우리 스스로의 노력으로는 이 일을 할 수 없습니다. 많은 사람들이 아무리 대단한 자격 조건들을 내세운다 해도, 우리 스스로의 노력으로는 이 일을 할 수 없음을 우리는 잘 알고 있습니다. 여러분은 나의 배경을 잘 알고 있습니다. 나는 합법적으로 태어나 여드레 만에 할례를 받았고, 엘리트 지파인 베냐민 출신의 이스라엘 사람이며, 하나님의 율법을 엄격하고 독실하게 준수했고, 내 종교의 순수성을 열렬히 수호하면서, 심지어 교회를 박해하기까지 했으며, 하나님의 율법책에 기록된 것을 낱낱이 지켰습니다.

7-9 나는 저들이 자랑스럽게 내세우는 조건들을, 내가 명예로이 여겼던 다른 모든 것과 함께 갈기갈기 찢어 쓰레기통에 내던졌습니다. 왜 그랬을까요? 그리스도 때문입니다. 그렇습니다. 내가 전에 그토록 중요하게 여겼던 모든 것이 내 삶에서 사라져 버렸습니다. 그리스도 예수를 내 주님으로 직접 아는 고귀한 특권에 비하면, 내가 전에 보탬이 된다고 여겼던 모든 것은 하찮은 것, 곧 개똥이나 다름없습니다. 나는 그 모든 것을 쓰레기통에 버렸습니다. 그것은 내가 그리스도를 품고, 또한 그분 품에 안기려는 것이었습니다. 그리스도를 신뢰하는 데서 오는 강력한 힘, 곧 하나님의 의를 얻고 나서부터는, 나 열된 규칙이나 지키는 하찮고 시시한 의는 조금도 바라지 않게 되었습니다.

10-11 그리스도를 직접 알고, 그분의 부활의 능력을 경험하고, 그분의 고난에 동참하면서 죽기까지 그분과 함께하기 위해, 나는 그 모든 하찮은 것을 버렸습니다. 죽은 자들 가운데서 살아나는 부활에 이르는 길이 있다면, 나는 그 길을 걷고 싶었습니다.

what many might think are impressive credentials. You know my pedigree: a legitimate birth, circumcised on the eighth day; an Israelite from the elite tribe of Benjamin; a strict and devout adherent to God's law; a fiery defender of the purity of my religion, even to the point of persecuting the church; a meticulous observer of everything set down in God's law Book.

7-9 The very credentials these people are waving around as something special, I'm tearing up and throwing out with the trash—along with everything else I used to take credit for. And why? Because of Christ. Yes, all the things I once thought were so important are gone from my life. Compared to the high privilege of knowing Christ Jesus as my Master, firsthand, everything I once thought I had going for me is insignificant—dog dung. I've dumped it all in the trash so that I could embrace Christ and be embraced by him. I didn't want some petty, inferior brand of righteousness that comes from keeping a list of rules when I could get the robust kind that comes from trusting Christ—*God's* righteousness.

10-11 I gave up all that inferior stuff so I could know Christ personally, experience his resurrection power, be a partner in his suffering, and go all the way with him to death itself. If there was any way to get in on the resurrection from the dead, I wanted to do it.

목표를 향한 달음질

12-14 내가 이 모든 것을 다 얻었다거나 다 이루었다고 말하는 것이 아닙니다. 나는 다만, 놀랍게도 나를 붙드신 그리스도를 붙잡으려고 내 길을 갈 뿐입니다. 친구 여러분, 내 말을 오해하지 마십시오. 나는 결코 나 자신을 이 모든 일의 전문가라고 생각지 않습니다. 나는 하나님께서 우리를 손짓하여 부르시는 그 목표, 곧 예수만을 바라볼 뿐입니다. 나는 달려갈 뿐, 되돌아가지 않겠습니다.

15-16 그러므로 하나님께서 우리를 위해 마련하신 것을 모두 얻으려는 사람들은, 그 목표에 초점을 맞추어야 합니다. 여러분이 전적인 헌신에 못 미치는 것을 마음에 품더라도, 하나님께서 여러분의 흐려진 시야를 깨끗하게 하심으로, 결국 여러분은 보게 될 것입니다! 이제 우리가 올바른 방향에 들어섰으니, 그 방향을 유지해야겠습니다.

17-19 친구 여러분, 내 뒤를 잘 따라오십시오. 같은 목표를 향해 우리와 같은 길을 달려가는 사람들을 놓치지 마십시오. 저기 바깥에는 우리와 다른 길을 걷고 다른 목표를 택하면서, 여러분을 그 길로 끌어들이려는 자들이 많습니다. 그들을 조심하라고 여러 차례 경고했지만, 유감스럽게도 다시 경고할 수밖에 없습니다. 그들은 편한 길만 바랍니다. 그들은 그리스도의 십자가를 싫어합니다. 그러나 편한 길은 막다른 길일 뿐입니다. 편한 길을 걷는 자들은 자신의 배를 신(神)으로 삼습니다. 트림이 그들의 찬양입니다. 그들의 머릿속에는 온통 먹는 생각뿐입니다.

20-21 그러나 우리에게는 더 나은 삶이 있습니다. 우리는 하늘의 시민입니다! 우리는 구원자이시며 주님이신 예수 그리스도가 오시기를 기다립니다. 그리스도께서 오셔서, 우리의 썩어질 몸을 그분의 몸과 같은 영광스러운 몸으로 바꾸어 주실 것입니다. 그분은 능하신 솜씨로 만물을 마땅히 있어야 할 자

Focused on the Goal

12-14 I'm not saying that I have this all together, that I have it made. But I am well on my way, reaching out for Christ, who has so wondrously reached out for me. Friends, don't get me wrong: By no means do I count myself an expert in all of this, but I've got my eye on the goal, where God is beckoning us onward—to Jesus. I'm off and running, and I'm not turning back.

15-16 So let's keep focused on that goal, those of us who want everything God has for us. If any of you have something else in mind, something less than total commitment, God will clear your blurred vision—you'll see it yet! Now that we're on the right track, let's stay on it.

17-19 Stick with me, friends. Keep track of those you see running this same course, headed for this same goal. There are many out there taking other paths, choosing other goals, and trying to get you to go along with them. I've warned you of them many times; sadly, I'm having to do it again. All they want is easy street. They hate Christ's Cross. But easy street is a dead-end street. Those who live there make their bellies their gods; belches are their praise; all they can think of is their appetites.

20-21 But there's far more to life for us. We're citizens of high heaven! We're waiting the arrival of the Savior, the Master, Jesus Christ, who will transform our earthy bodies into glorious bodies like his own. He'll make us beautiful and whole with the same

리, 곧 그분 아래와 주위에 머물게 하시는데, 바로 그 능하신 솜씨로 우리를 아름답고 온전하게 해주실 것입니다.

4

¹ 사랑하는 친구 여러분, 내가 너무나 사랑하는 여러분, 나는 여러분이 가장 좋은 것을 누리기 원합니다. 여러분은 나의 크나큰 기쁨이며 큰 자랑입니다. 그러니 흔들리지 마십시오. 길에서 벗어나지 말고, 하나님 안에서 꾸준하십시오.

염려 대신 기도하십시오

² 유오디아와 순두게에게 권면합니다. 견해차를 해소하고 화해하십시오. 하나님께서는 자기 자녀들이 서로 미워하는 것을 원치 않으십니다. ³ 그리고 나와 멍에를 같이한 동역자에게 부탁합니다. 그대가 그들과 함께 있으니, 그들이 문제를 잘 해결하도록 최선을 다해 도와주십시오. 이 여인들은 글레멘드와 나, 그리고 다른 노련한 사람들과 협력하여 메시지를 전하려고 힘쓴 이들입니다. 그들은 우리만큼 열심히 일했습니다. 그들의 이름 또한 생명책에 기록되어 있다는 것을 잊지 마십시오. ⁴⁻⁵ 날마다, 온종일 하나님을 찬양하십시오. 하나님께 푹 빠지십시오! 만나는 모든 사람에게, 여러분이 그들 편이며 그들과 함께 일하며 그들을 거스르지 않는다는 것을, 할 수 있는 한 분명하게 보여주십시오. 주님이 곧 도착하신다는 것을 그들에게 알리십시오. 그분은 지금 당장이라도 나타나실 수 있습니다! ⁶⁻⁷ 마음을 졸이거나 염려하지 마십시오. 염려 대신 기도하십시오. 간구와 찬양으로 여러분의 염려를 기도로 바꾸어, 하나님께 여러분의 필요를 알리십시오. 그러면 여러분도 모르는 사이에, 하나님의 온전하심에 대한 감각, 곧 모든 것이 협력하여 선을 이루게 된다는 믿음이 생겨나서 여러분의 마음을 안정시켜 줄 것입니다

powerful skill by which he is putting everything as it should be, under and around him.

4

¹ My dear, dear friends! I love you so much. I do want the very best for you. You make me feel such joy, fill me with such pride. Don't waver. Stay on track, steady in God.

Pray About Everything

² I urge Euodia and Syntyche to iron out their differences and make up. God doesn't want his children holding grudges.

³ And, oh, yes, Syzygus, since you're right there to help them work things out, do your best with them. These women worked for the Message hand in hand with Clement and me, and with the other veterans—worked as hard as any of us. Remember, their names are also in the Book of Life.

⁴⁻⁵ Celebrate God all day, every day. I mean, *revel* in him! Make it as clear as you can to all you meet that you're on their side, working with them and not against them. Help them see that the Master is about to arrive. He could show up any minute!

⁶⁻⁷ Don't fret or worry. Instead of worrying, pray. Let petitions and praises shape your worries into prayers, letting God know your concerns. Before you know it, a sense of God's wholeness, everything coming together for good, will come and settle you down.

다. 그리스도께서 여러분 삶의 중심에서 염려를 쫓아내실 때 일어나는 일은 실로 놀랍기 그지없습니다.

8-9 결론으로 말씀드립니다. 친구 여러분, 참된 것과 고귀한 것과 존경할 만한 것과 믿을 만한 것과 바람직한 것과 품위 있는 것을 마음에 품고 묵상하십시오. 최악이 아니라 최선을, 추한 것이 아니라 아름다운 것을, 저주할 만한 일이 아니라 칭찬할 만한 일을 생각하십시오. 내게서 배운 것과, 여러분이 듣고 보고 깨달은 것을 실천하십시오. 그러면 모든 것을 협력하게 하시는 하나님께서, 그분의 가장 탁월한 조화 속으로 여러분을 끌어들이실 것입니다.

빌립보 교우들의 향기로운 선물

10-14 나는 하나님 안에서 기쁩니다. 여러분이 짐작하는 것보다 훨씬 더 행복합니다. 내가 행복한 것은, 여러분이 다시 나에게 큰 관심을 보여주기 때문입니다. 여러분이 지금까지 나를 위해 기도하지 않았다거나 나를 생각지 않았다는 것이 아닙니다. 여러분에게는 그것을 보여 줄 기회가 없었을 뿐입니다. 사실, 나는 개인적으로 무언가를 바라는 마음이 없습니다. 이제 나는 나의 형편이 어떠하든지 간에, 정말로 만족하는 법을 배웠습니다. 나는 적은 것을 가지고도 많은 것을 가진 것처럼 행복하고, 많은 것을 가지고도 적은 것을 가진 것처럼 행복합니다. 나는 배부르거나 굶주리거나, 많이 가졌거나 빈손이거나 행복하게 살 수 있는 비결을 찾았습니다. 내가 가진 것이 무엇이든지, 내가 어디에 있든지, 나를 지금의 나로 만들어 주시는 분 안에서 나는 모든 것을 해낼 수 있습니다. 내 말은 여러분이 나를 많이 도와주지 않았다는 뜻이 아닙니다. 여러분은 나를 많이 도와주었습니다. 내가 고난당할 때 여러분이 나와 함께 해 준 것은 아름다운 일이었습니다.

15-17 빌립보의 교우 여러분, 여러분도 잘 알고 나도 잊지 않겠지만, 내가 처음 마케도니아

It's wonderful what happens when Christ displaces worry at the center of your life.

8-9 Summing it all up, friends, I'd say you'll do best by filling your minds and meditating on things true, noble, reputable, authentic, compelling, gracious—the best, not the worst; the beautiful, not the ugly; things to praise, not things to curse. Put into practice what you learned from me, what you heard and saw and realized. Do that, and God, who makes everything work together, will work you into his most excellent harmonies.

Content Whatever the Circumstances

10-14 I'm glad in God, far happier than you would ever guess—happy that you're again showing such strong concern for me. Not that you ever quit praying and thinking about me. You just had no chance to show it. Actually, I don't have a sense of needing anything personally. I've learned by now to be quite content whatever my circumstances. I'm just as happy with little as with much, with much as with little. I've found the recipe for being happy whether full or hungry, hands full or hands empty. Whatever I have, wherever I am, I can make it through anything in the One who makes me who I am. I don't mean that your help didn't mean a lot to me—it did. It was a beautiful thing that you came alongside me in my troubles.

15-17 You Philippians well know, and

를 떠나 담대히 **메시지**를 전하러 나아갈 때에, 이 일에 협력하여 도움을 준 교회는 여러분밖에 없었습니다. 내가 데살로니가에 있을 때에도, 여러분은 한 번만 아니라 두 번이나 내게 도움을 주었습니다. 나는 헌금을 바라지 않습니다. 다만 여러분이 관대한 행위에서 오는 복을 경험하기 원하는 마음뿐입니다.

18-20 지금 나는 모든 것을 가지고 있고, 더 많이 얻고 있습니다! 여러분이 에바브로디도 편에 보내준 선물은 차고 넘쳤습니다. 그것은 제단에서 타올라 주위를 향기로 가득 채우고, 하나님의 마음을 끝없이 흡족하게 해드리는 향기로운 제물과 같습니다. 하나님께서 여러분의 모든 필요를 해결해 주시며, 그분의 관대하심이 예수께로부터 흘러나오는 영광 중에 여러분의 관대함을 훨씬 능가한다는 것을 확신하십시오. 우리 하나님 아버지는 영광이 충만하셔서, 영원토록 영광이 넘쳐나는 분이십니다. 정말 그렇습니다.

21-22 만나는 모든 그리스도인들에게 안부를 전해 주십시오. 이곳에 있는 우리의 벗들도 여러분에게 문안합니다. 이곳에 있는 모든 그리스도인들, 특히 황제의 궁궐에서 일하는 믿는 이들이 여러분에게 안부를 전합니다.

23 주 예수 그리스도의 놀라우신 은혜를, 여러분 안에 깊이깊이 받아들이고 생생히 경험하십시오.

you can be sure I'll never forget it, that when I first left Macedonia province, venturing out with the Message, not one church helped out in the give-and-take of this work except you. You were the only one. Even while I was in Thessalonica, you helped out—and not only once, but twice. Not that I'm looking for handouts, but I do want you to experience the blessing that issues from generosity.

18-20 And now I have it all—and keep getting more! The gifts you sent with Epaphroditus were more than enough, like a sweet-smelling sacrifice roasting on the altar, filling the air with fragrance, pleasing God no end. You can be sure that God will take care of everything you need, his generosity exceeding even yours in the glory that pours from Jesus. Our God and Father abounds in glory that just pours out into eternity. Yes.

21-22 Give our regards to every follower of Jesus you meet. Our friends here say hello. All the Christians here, especially the believers who work in the palace of Caesar, want to be remembered to you.

23 Receive and experience the amazing grace of the Master, Jesus Christ, deep, deep within yourselves.

골로새서 | 머리말

예수에 관한 이야기를 전부 듣고 그분의 삶과 가르침, 십자가의 죽으심과 부활의 참된 사실을 알게 된 사람이, 그분을 무심하게 지나쳐 버리거나 대수롭지 않게 여기는 경우는 거의 없다. 물론 그분의 이야기를 모르거나 잘못 전해 들은 사람은 그분을 거부할 것이다. 그러나 예외적인 경우를 뺀 대부분의 사람들은, 자신이 지금 대단히 뛰어나고 위대한 분을 대하고 있음을 본능적으로 알아차린다.

그러나 예수를 진심으로 중요하게 여기는 사람들조차도, 흔히 그분을 그분만큼이나 중요해 보이는 다른 사람들—부처, 모세, 소크라테스, 마호메트처럼 역사의 신기원을 연 인물이나 개인적으로 선호하는 그 밖의 인물들—과 같은 위치에 둔다. 이 사람들에게 예수는 중요한 인물이지만, 그들의 중심은 아니다. 예수의 명성은 무시 못하지만, 다른 인물에 비해 크게 탁월한 것은 아니다.

골로새라는 도시에 있는 그리스도인들 가운데 적어도 몇몇 사람들은 그렇게 생각했던 것 같다. 그들은 이러저러한 영적 존재와 예수를 동급으로 여겼던 것이다. 바울은 그들에게 편지를 보내어, 메시아이신 예수를 다시 그들 삶의 중심에 돌려놓으려고 했다.

거창한 말과 지적인 체하는 모호한 말로 여러분을 현혹하려는 사람들이 있으니 조심하십시오. 그들은 아무 성과도 없는 끝없는 논쟁에 여러분을 끌어들이려고

Hardly anyone who hears the full story of Jesus and learns the true facts of his life and teaching, crucifixion and resurrection, walks away with a shrug of the shoulders, dismissing him as unimportant. People ignorant of the story or misinformed about it, of course, regularly dismiss him. But with few exceptions, the others know instinctively that they are dealing with a most remarkable greatness.

But it is quite common for those who consider him truly important to include others who seem to be equally important in his company—Buddha, Moses, Socrates, and Muhammad for a historical start, along with some personal favorites. For these people, Jesus is important, but not central; his prestige is considerable, but he is not preeminent.

The Christians in the town of Colosse, or at least some of them, seem to have been taking this line. For them, cosmic forces of one sort or another were getting equal billing with Jesus. Paul writes to them in an attempt to restore Jesus, the Messiah, to the center of their lives.

Watch out for people who try to dazzle you with big words and intellectual double-talk. They want to drag you off into endless arguments that never amount to anything.

합니다. 그들은 인간의 헛된 전통과 영적 존재에 대한 허망한 미신을 유포함으로써 자신들의 사상을 퍼뜨리는 자들입니다. 그러나 그것은 그리스도의 길이 아닙니다. 그리스도 안에는 하나님의 모든 것이 표현되어 있어서, 여러분은 분명하게 그분을 볼 수 있고 그분의 말씀을 들을 수 있습니다. 그리스도의 충만하심을 알고, 또 그분 없이는 우주가 공허하다는 사실을 알기 위해서, 망원경이나 현미경이나 점성술 같은 것이 필요한 것은 아닙니다. 그분께 다가가기만 하면, 여러분에게도 그분의 충만하심이 나타날 것입니다. 그분의 능력은 모든 것에 두루 미칩니다(골 2:8-10).

They spread their ideas through the empty traditions of human beings and the empty superstitions of spirit beings. But that's not the way of Christ. Everything of God gets expressed in him, so you can see and hear him clearly. You don't need a telescope, a microscope, or a horoscope to realize the fullness of Christ, and the emptiness of the universe without him. When you come to him, that fullness comes together for you, too. His power extends over everything(Colossians 2:8-10).

바울이 논증하는 방식은 그가 논증하는 내용만큼이나 의미 있다. 많은 사람들이 예수의 유일성을 주장하지만, 그러한 주장은 종종 예수와 전혀 어울리지 않는 거만한 태도로 개진된다. 때로는 난폭하게 강요되기까지 한다.

그러나 바울은 그리스도께서 창조와 구원의 중심에 계시며, 그분과 견줄 자가 없음을 굳게 확신하면서도 오만한 태도를 보이지 않는다. 난폭하게 강요하지도 않는다. 그는 몸에 밴 겸손한 자세로 논증한다. 그의 편지에는 가장 사려 깊은 사랑의 에너지가 담겨 있다. 명석하고 타협할 줄 모르는 지성과, 따뜻하고 놀라울 정도로 친절한 마음의 결합을 우리는 그에게서 다시 한번 보게 된다. 우리 그리스도인들은 바울이 보여준 그 같은 모습에 고마워하지 않을 수 없다.

하나님께서 새로운 사랑의 삶을 살라고 여러분을 택하셨으니, 하나님께서 여러분을 위해 골라 주신 옷, 곧 긍휼과 친절과 겸손과 온화한 힘과 자제심의 옷을 입으십시오. 평온한 마음을 유지하고, 높은 자리가 아니어도 만족하며, 기분 상하는 일이 있어도 재빨

The way he makes his argument is as significant as the argument he makes. Claims for the uniqueness of Jesus are common enough. But such claims about Jesus are frequently made with an arrogance that is completely incompatible with Jesus himself. Sometimes the claims are enforced with violence.

But Paul, although unswervingly confident in the conviction that Christ occupies the center of creation and salvation without peers, is not arrogant. And he is certainly not violent. He argues from a position of rooted humility. He writes with the energies of most considerate love. He exhibits again what Christians have come to appreciate so much in Paul—the wedding of a brilliant and uncompromising intellect with a heart that is warmly and wonderfully kind.

So, chosen be God for this new life of love, dress in the wardrobe God picked out for you: compassion, kindness, humility, quiet strength, discipline. Be even-

리 용서하십시오. 주님께서 여러분을 용서하신 것같이, 여러분도 신속하고 완전하게 용서하십시오. 그 밖에 다른 무엇을 입든지 사랑을 입으십시오. 사랑이야말로 여러분이 어떤 경우에든 기본적으로 갖춰 입어야 할 옷입니다. 사랑 없이 행하는 일이 절대로 없게 하십시오(골 3:12-14).

tempered, content with second place, quick to forgive an offense. Forgive as quickly and completely as the Master forgave you. And regardless of what else you put on, wear love. It's your basic, all-purpose garment. Never be without it(Colossians 3:12-14).

골로새서

COLOSSIANS

1 [1-2] 나 바울은, 하나님께서 세우신 큰 계획의 일부로서, 그리스도께 특별한 임무를 부여받았습니다. 나와 나의 벗 디모데는, 골로새에 있는 그리스도인들과 그리스도를 충직하게 따르는 모든 이들에게 문안합니다. 하나님 우리 아버지께서 주시는 온갖 좋은 것이 여러분에게 있기를 바랍니다!

감사가 넘치는 기도

[3-5] 여러분을 위해 기도할 때마다 우리는 항상 감사가 넘쳐납니다. 우리는 여러분으로 인해 우리 아버지 하나님과 메시아이신 예수께 끊임없이 감사를 드립니다. 우리는 여러분이 한결같은 마음으로 우리 예수 그리스도를 잘 믿고 있으며, 모든 그리스도인에게 끊임없이 사랑을 베풀고 있다는 소식을 전해 듣고 있습니다. 여러분의 삶에 놓인 목표는 동아줄 같아서, 결코 느슨해지지 않을 것입니다. 그것은 하늘에 있는 여러분의 미래와 단단히 연결되어 있고, 희망으로 든든히 묶여 있기 때문입니다.

[5-8] 메시지는 여러분이 처음 들었을 때와 마찬가지로 지금도 여러분 가운데서 참되며, 세월이 지나도 위축되거나 약해지지 않으며, 이 세상 어디에서나 한결같습니다. 메시지는 여러분 안에서 그랬던 것처럼, 열매를 맺으며 점점 더 커지고 점점 더 튼실해지고 있습니다. 하나님께서 어떤 일을 하고 계신지를 여

1 [1-2] I, Paul, have been sent on special assignment by Christ as part of God's master plan. Together with my friend Timothy, I greet the Christians and stalwart followers of Christ who live in Colosse. May everything good from God our Father be yours!

Working in His Orchard

[3-5] Our prayers for you are always spilling over into thanksgivings. We can't quit thanking God our Father and Jesus our Messiah for you! We keep getting reports on your steady faith in Christ, our Jesus, and the love you continuously extend to all Christians. The lines of purpose in your lives never grow slack, tightly tied as they are to your future in heaven, kept taut by hope.

[5-8] The Message is as true among you today as when you first heard it. It doesn't diminish or weaken over time. It's the same all over the world. The Message bears fruit and gets larger and stronger, just as it has in you. From the very first day you heard and recognized the truth of what God is doing, you've

러분이 듣고 깨달은 첫날부터, 여러분은 **메시지**를 더욱 사모했습니다. 메시지는 여러분이 우리의 벗이자 절친한 동료인 에바브라에게서 들었을 때와 마찬가지로, 지금도 여러분 안에서 왕성하게 움직이고 있습니다. 에바브라는 그리스도의 듬직한 일꾼이며, 내가 늘 의지하는 사람입니다! 그는 성령께서 여러분의 삶을 얼마나 속속들이 사랑으로 물들게 하셨는지 우리에게 알려 준 사람입니다.

9-12 여러분의 소식을 들은 날부터 우리는 여러분을 위해 쉬지 않고 기도하면서, 하나님께서 여러분에게 그분의 뜻에 맞는 지혜로운 마음과 영을 주시기를 구했습니다. 또한 우리는 하나님께서 일하시는 방법을 여러분이 완전히 이해할 수 있게 해달라고 간구했습니다. 우리는 여러분이 주님의 과수원에서 주님께서 자랑스러워하실 정도로 열심히 일하고, 주님을 위해 더할 나위 없이 훌륭하게 살기를 기도합니다. 하나님께서 일하시는 방식을 알면 알수록, 여러분은 여러분의 일을 어떻게 해야 할지 더욱 알게 될 것입니다. 우리는 여러분이 여러분의 일을 끝까지 해낼 수 있는 힘—이를 바득바득 갈면서 마지못해 하는 힘이 아니라 하나님이 주시는 그 영광스러운 힘—을 받게 되기를 바랍니다. 그것은 견딜 수 없는 것을 견디는 힘, 기쁨이 넘쳐나는 힘, 우리를 강하게 하셔서 우리를 위해 마련해 두신 온갖 밝고 아름다운 일에 참여하게 하시는 아버지께 감사드리는 힘입니다.

13-14 하나님께서는 우리를 막다른 길과 어두운 소굴에서 구출하셔서, 그분이 몹시 아끼시는 아들의 나라로 옮겨 주셨습니다. 그 아들은 수렁에서 우리를 건지시고, 반복해서 지을 수밖에 없던 죄에서 우리를 벗어나게 해주셨습니다.

모든 것을 연결하시는 그리스도

15-18 우리는 이 아들을 보면서, 보이지 않는 하나님을 봅니다. 우리는 이 아들을 보면서, 모든

been hungry for more. It's as vigorous in you now as when you learned it from our friend and close associate Epaphras. He is one reliable worker for Christ! I could always depend on him. He's the one who told us how thoroughly love had been worked into your lives by the Spirit.

9-12 Be assured that from the first day we heard of you, we haven't stopped praying for you, asking God to give you wise minds and spirits attuned to his will, and so acquire a thorough understanding of the ways in which God works. We pray that you'll live well for the Master, making him proud of you as you work hard in his orchard. As you learn more and more how God works, you will learn how to do *your* work. We pray that you'll have the strength to stick it out over the long haul—not the grim strength of gritting your teeth but the glory-strength God gives. It is strength that endures the unendurable and spills over into joy, thanking the Father who makes us strong enough to take part in everything bright and beautiful that he has for us.

13-14 God rescued us from dead-end alleys and dark dungeons. He's set us up in the kingdom of the Son he loves so much, the Son who got us out of the pit we were in, got rid of the sins we were doomed to keep repeating.

Christ Holds It All Together

15-18 We look at this Son and see the God who cannot be seen. We look at

피조물에 깃들어 있는 하나님의 원래 목적을 봅니다. 모든 것이—위에 있는 것과 아래에 있는 것, 보이는 것과 보이지 않는 것, 천사 위의 천사 위의 천사들까지—참으로 모든 것이 그분 안에서 시작되고, 그분 안에서 자신의 목적을 찾기 때문입니다. 그분은 만물이 존재하기 전부터 계셨고, 지금 이 순간에도 만물을 유지하고 계십니다. 또한 그분은, 머리와 몸의 관계처럼 교회를 하나의 유기체로 조직하시고 유지시켜 주시는 분입니다.

18-20 그분은 처음에도 으뜸이 되셨고—부활 행진을 이끄시며—마지막에도 으뜸이 되십니다. 그분은 처음부터 끝까지 계시며, 만물과 모든 사람보다 단연 뛰어나신 분입니다. 그분은 어찌나 광대하고 광활하신지, 만물이 그분 안에서 저마다 알맞은 자리를 차지해도 전혀 비좁지 않습니다. 그뿐만이 아닙니다. 사람과 사물, 동물과 원자 할 것 없이 깨지고 조각난 우주의 모든 파편이, 그분의 죽으심과 그분이 십자가에서 쏟으신 피로 말미암아 제자리를 얻고, 서로 어우러져 힘찬 조화를 이룹니다.

21-23 바로 여러분은 하나님께서 어떤 일을 하고 계신지를 보여주는 사례입니다. 한때 여러분 모두는 하나님을 등지고, 하나님께 반역하는 마음을 품으며, 기회 있을 때마다 하나님을 괴롭게 해드렸습니다. 그러나 그리스도께서는 십자가에서 자기를 완전히 내어주시고, 실제로 여러분을 위해 죽으셨습니다. 그리스도께서 여러분을 하나님께 데려가셔서, 여러분의 삶을 회복시켜 하나님 앞에 온전하고 거룩하게 하셨습니다. 그 같은 선물을 버리고 떠나가서는 안됩니다! 여러분은 신실한 결속에 터를 잡고 든든히 서서, 끊임없이 **메시지**에 주파수를 맞추고, 마음이 흐트러지거나 주의를 **빼앗기는** 일이 없도록 조심하십시오. 다른 **메시지**는 없

this Son and see God's original purpose in everything created. For everything, absolutely everything, above and below, visible and invisible, rank after rank after rank of angels—*everything* got started in him and finds its purpose in him. He was there before any of it came into existence and holds it all together right up to this moment. And when it comes to the church, he organizes and holds it together, like a head does a body.

18-20 He was supreme in the beginning and—leading the resurrection parade—he is supreme in the end. From beginning to end he's there, towering far above everything, everyone. So spacious is he, so roomy, that everything of God finds its proper place in him without crowding. Not only that, but all the broken and dislocated pieces of the universe—people and things, animals and atoms—get properly fixed and fit together in vibrant harmonies, all because of his death, his blood that poured down from the cross.

21-23 You yourselves are a case study of what he does. At one time you all had your backs turned to God, thinking rebellious thoughts of him, giving him trouble every chance you got. But now, by giving himself completely at the Cross, actually *dying* for you, Christ brought you over to God's side and put your lives together, whole and holy in his presence. You don't walk away from a gift like that! You stay grounded and steady in that bond of trust, constantly tuned in to the Message, careful not to be distracted or diverted. There is no other Message—just this one. Every creature under heaven gets

습니다. 이 **메시지**뿐입니다. 하늘 아래 있는 모든 피조물이 이 **메시지**를 받고 있습니다. 나 바울은 이 **메시지**를 전하는 심부름꾼입니다.

❧

24-25 이 감옥에 여러분이 아니라 내가 갇혀 있는 것이 얼마나 감사한지 모릅니다. 이 세상에는 우리가 받아야 할 고난이 많습니다. 그것은 그리스도께서 겪으신 것과 같은 고난입니다. 나는 교회가 겪는 이 고난에 참여할 기회를 기꺼이 환영합니다. 나는 이 교회의 일꾼이 되어 이 고난을 순전한 선물로 받았습니다. 그것은 나로 하여금 여러분을 섬기고, 온전한 진리를 전하게 하시려는 하나님의 방법이었습니다.

26-29 이 비밀은 오랫동안 감추어져 있었지만, 지금은 환히 드러났습니다. 하나님께서는 유대인뿐 아니라 모든 사람이, 자신의 배경과 종교적 입장에 상관없이, 이 충만하고 영광스러운 비밀을 속속들이 알기를 원하셨습니다. 이 비밀을 간단히 말씀드리면, 그리스도께서 여러분 안에 계시며, 그분으로 인해 여러분이 하나님의 영광에 참여할 수 있게 되었다는 것입니다. 간단하지만, 이것이 **메시지**의 핵심입니다. 우리는 **메시지**에 무언가를 보태지 않도록 사람들에게 주의를 주면서 그리스도를 전합니다. 우리는 각 사람을 성숙시키기 위해 깊이 있는 분별력을 가지고 가르칩니다. 성숙해진다는 것은 기본으로 돌아간다는 것입니다. 바로 그리스도께로 말입니다! 그 이상도 그 이하도 아닙니다. 내가 날마다 해마다 힘쓰는 일, 너무나 풍성히 베풀어 주시는 하나님의 힘으로 최선을 다해 하는 일이, 바로 그것입니다.

2 ¹ 여러분과 라오디게아에 있는 그리스도인들을 위해 내가 얼마나 열심히

this same Message. I, Paul, am a messenger of this Message.

❧

24-25 I want you to know how glad I am that it's me sitting here in this jail and not you. There's a lot of suffering to be entered into in this world—the kind of suffering Christ takes on. I welcome the chance to take my share in the church's part of that suffering. When I became a servant in this church, I experienced this suffering as a sheer gift, God's way of helping me serve you, laying out the whole truth.

26-29 This mystery has been kept in the dark for a long time, but now it's out in the open. God wanted everyone, not just Jews, to know this rich and glorious secret inside and out, regardless of their background, regardless of their religious standing. The mystery in a nutshell is just this: Christ is in you, so therefore you can look forward to sharing in God's glory. It's that simple. That is the substance of our Message. We preach *Christ*, warning people not to add to the Message. We teach in a spirit of profound common sense so that we can bring each person to maturity. To be mature is to be basic. Christ! No more, no less. That's what I'm working so hard at day after day, year after year, doing my best with the energy God so generously gives me.

2 ¹ I want you to realize that I continue to work as hard as

일하고 있는지, 여러분이 알기 원합니다. 여러분 가운데 나를 직접 만나 본 사람이 많지 않지만, 그것은 중요하지 않습니다. 내가 여러분을 지지하고, 여러분과 함께한다는 사실을 알고 계십시오. 여러분은 혼자가 아닙니다.

2-4 나는 여러분이 다채로운 색실로 엮인 비단처럼 사랑으로 함께 연결되어, 하나님을 아는 모든 일에 닿아 있기를 바랍니다. 그러면 여러분의 마음은 하나님의 위대한 비밀이신 그리스도께 초점이 맞춰지고, 확신과 평안을 얻을 것입니다. 온갖 지혜와 지식의 보화가 그 비밀 안에 풍성하게 들어 있습니다. 이는 다른 어디에서도 찾을 수 없습니다. 이제 그 비밀이 우리에게 환히 드러났습니다! 내가 이 말을 하는 것은, 누군가가 여러분을 꾀어 이상한 것을 추구하게 하거나, 다른 비밀이나 "비법"을 추구하지 못하게 하려는 것입니다.

5 내가 멀리 떨어져 있고 여러분도 나를 볼 수 없지만, 나는 여러분 편이며 여러분 바로 곁에 있는 것이나 다름없습니다. 나는 여러분이 조심스럽고도 질서 있게 일한다는 소식을 듣고 기뻐하며, 그리스도를 믿는 여러분의 믿음이 굳건하고 튼실한 것에 감동하고 있습니다.

실체이신 그리스도

6-7 단순하고 직설적으로 권면합니다. 여러분이 이미 받은 것을 가지고 전진하십시오. 여러분은 그리스도 예수, 곧 주님을 받아들였습니다. 그러니 이제 그분의 삶을 사십시오. 여러분은 그분 안에 깊이 뿌리를 내렸습니다. 그분 위에 굳건히 세우심을 받았습니다. 여러분은 그분을 믿는 것이 무엇인지 잘 알고 있습니다. 그러니 이제 가르침 받은 대로 행하십시오. 수업은 끝났습니다. 배우는 일은 그만두고, 배운 대로 사십시오! 여러분의 삶을 감사로 넘치게 하십시오.

I know how for you, and also for the Christians over at Laodicea. Not many of you have met me face-to-face, but that doesn't make any difference. Know that I'm on your side, right alongside you. You're not in this alone.

2-4 I want you woven into a tapestry of love, in touch with everything there is to know of God. Then you will have minds confident and at rest, focused on Christ, God's great mystery. All the richest treasures of wisdom and knowledge are embedded in that mystery and nowhere else. And we've been shown the mystery! I'm telling you this because I don't want anyone leading you off on some wild-goose chase, after other so-called mysteries, or "the Secret."

5 I'm a long way off, true, and you may never lay eyes on me, but believe me, I'm on your side, right beside you. I am delighted to hear of the careful and orderly ways you conduct your affairs, and impressed with the solid substance of your faith in Christ.

From the Shadows to the Substance

6-7 My counsel for you is simple and straightforward: Just go ahead with what you've been given. You received Christ Jesus, the Master; now *live* him. You're deeply rooted in him. You're well constructed upon him. You know your way around the faith. Now do what you've been taught. School's out; quit studying the subject and start *living* it! And let your living spill over into thanksgiving.

8-10 거창한 말과 지적인 체하는 모호한 말로 여러분을 현혹하려는 사람들이 있으니 조심하십시오. 그들은 아무 성과도 없는 끝없는 논쟁에 여러분을 끌어들이려고 합니다. 그들은 인간의 헛된 전통과 영적 존재에 대한 허망한 미신을 유포함으로써 자신들의 사상을 퍼뜨리는 자들입니다. 그러나 그것은 그리스도의 길이 아닙니다. 그리스도 안에는 하나님의 모든 것이 표현되어 있어서, 여러분은 분명하게 그분을 볼 수 있고 그분의 말씀을 들을 수 있습니다. 그리스도의 충만하심을 알고, 또 그분 없이는 우주가 공허하다는 사실을 알기 위해서, 망원경이나 현미경이나 점성술 같은 것이 필요한 것은 아닙니다. 그분께 다가가기만 하면, 여러분에게도 그분의 충만하심이 나타날 것입니다. 그분의 능력은 모든 것에 두루 미칩니다.

11-15 여러분이 무언가를 깨닫거나 성취해야 그분의 충만하심에 들어가는 것은 아닙니다. 할례를 받거나 장황한 율법 조문을 준수한다고 되는 것도 아닙니다. 여러분은 이미 그분의 충만하심을 경험한 사람들입니다. 그것은 비밀스러운 입회 의식을 통해 이루어진 것이 아니라, 그리스도께서 여러분을 위해 이미 행하신 일, 곧 죄의 권세를 멸하신 일을 통해 이루어진 것입니다. 여러분이 추구하는 것이 입회 의식이라면, 여러분은 이미 세례를 받음으로써 그 의식을 치렀습니다. 물 속으로 들어간 것은 여러분의 옛 삶을 장사 지낸 것이고, 물에서 나온 것은 새로운 삶으로 부활한 것입니다. 하나님께서는, 그리스도께 하셨던 것처럼 여러분을 죽은 자들 가운데서 일으키셨습니다. 여러분이 죄로 죽을 수밖에 없는 옛 생활을 고수하던 때에는 하나님께 반응할 수 없었습니다. 그러나 하나님은 여러분을 그리스도와 함께 살리셨습니다! 그 사실을 생각하십시오! 여러분의 모든 죄가 용서받았고, 여러분의 이력이 깨끗해졌으며, 여러분을 체포하기 위해 발부되었던 구속 영장이 취소되어 그리스도의 십자가에 못 박혔

8-10 Watch out for people who try to dazzle you with big words and intellectual double-talk. They want to drag you off into endless arguments that never amount to anything. They spread their ideas through the empty traditions of human beings and the empty superstitions of spirit beings. But that's not the way of Christ. Everything of God gets expressed in him, so you can see and hear him clearly. You don't need a telescope, a microscope, or a horoscope to realize the fullness of Christ, and the emptiness of the universe without him. When you come to him, that fullness comes together for you, too. His power extends over everything.

11-15 Entering into this fullness is not something you figure out or achieve. It's not a matter of being circumcised or keeping a long list of laws. No, you're already *in*—insiders—not through some secretive initiation rite but rather through what Christ has already gone through for you, destroying the power of sin. If it's an initiation ritual you're after, you've already been through it by submitting to baptism. Going under the water was a burial of your old life; coming up out of it was a resurrection, God raising you from the dead as he did Christ. When you were stuck in your old sin-dead life, you were incapable of responding to God. God brought you alive—right along with Christ! Think of it! All sins forgiven, the slate wiped clean, that old arrest warrant canceled and nailed to Christ's cross. He stripped

습니다. 하나님께서는 이 세상의 모든 영적 압제자들의 거짓 권위를 십자가에서 폭로하시고, 그들을 벌거벗겨 거리를 행진하게 하셨습니다.

16-17 그러므로 음식, 예식, 축제일과 관련된 세부 조항들로 여러분을 압박하는 사람들을 그냥 내버려 두지 마십시오. 그 모든 것은 장차 올 것 앞에 드리워진 그림자일 뿐입니다. 실체는 그리스도이십니다.

18-19 여러분을 굽실거리게 하고, 천사에 빠져 있는 자신들과 한패가 되게 하며, 환상에 매달리게 하여 여러분의 삶을 조종하려는 사람들을 용납하지 마십시오. 그들은 허풍으로 가득 찬 자들입니다. 그것이 그들의 전부입니다. 그들은 생명의 원천이신 분, 곧 우리를 하나되게 하시는 그리스도와 아무 관계가 없습니다. 그러나 우리에게는 그리스도의 참된 숨이 드나들고 그분의 피가 흐르고 있습니다. 그분은 머리이시고, 우리는 몸입니다. 그분께서 영양을 공급하실 때만 우리는 하나님 안에서 건강하게 자랄 수 있습니다.

20-23 여러분은 그리스도와 함께 저 거짓되고 유치한 종교를 떠났습니다. 그런데도 여러분 스스로 그 종교에 휘둘리고 있으니 어찌 된 노릇입니까? [그 종교는 이렇게 말합니다.] "이것은 만지지 마라! 저것은 맛보지 마라! 이것은 하지 마라!" 여러분은 오늘 여기 있다가 내일이면 없어지고 말 것들에 주목할 가치가 있다고 생각하십니까? 한껏 폼을 잡고 이야기하면, 그런 것들이 인상적으로 들리기는 합니다. 심지어 경건하거나 겸손해 보이며 금욕하는 것 같은 착각을 주기도 합니다. 그러나 그것들은 자신을 과시하고 드러내 보이는 또 다른 방편에 불과합니다.

참된 생명이신 그리스도

3 1-2 여러분이 진심으로 그리스도와 더불어 이 새로운 부활의 삶을 살고자 한

all the spiritual tyrants in the universe of their sham authority at the Cross and marched them naked through the streets.

16-17 So don't put up with anyone pressuring you in details of diet, worship services, or holy days. All those things are mere shadows cast before what was to come; the substance is Christ.

18-19 Don't tolerate people who try to run your life, ordering you to bow and scrape, insisting that you join their obsession with angels and that you seek out visions. They're a lot of hot air, that's all they are. They're completely out of touch with the source of life, Christ, who puts us together in one piece, whose very breath and blood flow through us. He is the Head and we are the body. We can grow up healthy in God only as he nourishes us.

20-23 So, then, if with Christ you've put all that pretentious and infantile religion behind you, why do you let yourselves be bullied by it? "Don't touch this! Don't taste that! Don't go near this!" Do you think things that are here today and gone tomorrow are worth that kind of attention? Such things sound impressive if said in a deep enough voice. They even give the illusion of being pious and humble and ascetic. But they're just another way of showing off, making yourselves look important.

He Is Your Life

3 1-2 So if you're serious about living this new resurrection

다면, 그렇게 행하십시오. 그리스도께서 주관하시는 것들을 추구하십시오. 발을 질질 끌며 땅만 쳐다보고 다니거나, 바로 눈앞에 있는 것들에 관심을 빼앗기지 마십시오. 위를 바라보고, 그리스도 주위에 무슨 일이 일어나고 있는지에 주목하십시오. 정말 중요한 일이 벌어지고 있는 곳은 바로 그곳입니다! 그분의 시각에서 사물을 보십시오.

3-4 여러분의 옛 삶은 죽었습니다. 여러분의 새 삶, 참된 삶은—구경꾼들에게는 잘 보이지 않겠지만—하나님 안에서 그리스도와 함께하는 삶입니다. 그분이야말로 여러분의 생명입니다. 기억하십시오. 여러분의 참된 생명이신 그리스도께서 이 세상에 다시 나타나실 때에, 여러분의 참 모습, 여러분의 영광스러운 모습도 드러날 것입니다. 그때까지는 그리스도께서 그러셨던 것처럼, 세상에 알려지지 않더라도 만족하십시오.

5-8 이는 죽음의 길과 관련된 모든 것—불륜, 더러운 행위, 정욕, 무엇이든 하고 싶을 때 자기 마음대로 하려는 마음, 마음에 드는 것이면 무엇이든 움켜쥐려는 마음—을 죽이는 것입니다. 그런 삶은 하나님이 만드신 것이 아니라 물질과 감정이 만들어 낸 것입니다. 하나님께서는 그러한 삶에 진노를 발하십니다. 얼마 전까지만 해도 여러분은 더 나은 삶을 알지 못한 채 그 모든 행위를 일삼았습니다. 그러나 이제 더 나은 삶을 알고 있으니, 그 모든 것을 영원히 확실하게 버리십시오. 분노와 급한 성미와 비열한 행위와 불경한 짓과 무례한 말을 버리십시오.

9-11 서로 거짓말하지 마십시오. 여러분은 옛 삶을 청산했습니다. 그것은 맞지 않는 더러운 옷과 같아서, 여러분은 이미 그 옷을 벗어서 불 속에 던져 넣었습니다. 이제 여러분은 새 옷을 입었습니다. 여러분의 새로운 생활방식은 창조주께서 하나하나 맞춤제작하셔서 손수 꼬리표를 달아 놓으신 것입니다. 이제 낡은 생

life with Christ, *act* like it. Pursue the things over which Christ presides. Don't shuffle along, eyes to the ground, absorbed with the things right in front of you. Look up, and be alert to what is going on around Christ—that's where the action is. See things from *his* perspective.

3-4 Your old life is dead. Your new life, which is your *real* life—even though invisible to spectators—is with Christ in God. *He* is your life. When Christ (your real life, remember) shows up again on this earth, you'll show up, too—the real you, the glorious you. Meanwhile, be content with obscurity, like Christ.

5-8 And that means killing off everything connected with that way of death: sexual promiscuity, impurity, lust, doing whatever you feel like whenever you feel like it, and grabbing whatever attracts your fancy. That's a life shaped by things and feelings instead of by God. It's because of this kind of thing that God is about to explode in anger. It wasn't long ago that you were doing all that stuff and not knowing any better. But you know better now, so make sure it's all gone for good: bad temper, irritability, meanness, profanity, dirty talk.

9-11 Don't lie to one another. You're done with that old life. It's like a filthy set of ill-fitting clothes you've stripped off and put in the fire. Now you're dressed in a new wardrobe. Every item of your new way of life is custom-made by the Creator, with his label on it. All

활방식은 모두 쓸모없게 되었습니다. 유대인과 이방인, 종교인과 비종교인, 안에 있는 사람과 밖에 있는 사람, 야만인과 천박한 사람, 종과 자유인 같은 단어들은 의미가 없습니다. 이제부터 모든 사람은 그리스도로 말미암아 규정되며, 그리스도 안에 들어와 있습니다.

12-14 하나님께서 새로운 사랑의 삶을 살라고 여러분을 택하셨으니, 하나님께서 여러분을 위해 골라 주신 옷, 곧 긍휼과 친절과 겸손과 온화한 힘과 자제심의 옷을 입으십시오. 평온한 마음을 유지하고, 높은 자리가 아니어도 만족하며, 기분 상하는 일이 있어도 재빨리 용서하십시오. 주님께서 여러분을 용서하신 것같이, 여러분도 신속하고 완전하게 용서하십시오. 그 밖에 다른 무엇을 입든지 사랑을 입으십시오. 사랑이야말로 여러분이 어떤 경우에든 기본적으로 갖춰 입어야 할 옷입니다. 사랑 없이 행하는 일이 절대로 없게 하십시오.

15-17 그리스도의 평화가 여러분을 서로 조화롭게 하고 보조를 맞추게 하십시오. 이것을 상실한 채 자신의 일에만 몰두하는 일이 없도록 하십시오. 그리고 감사하는 마음을 기르십시오. 그리스도의 말씀, 곧 **메시지**가 여러분의 삶을 마음껏 드나들게 하십시오. **메시지**가 여러분 삶에 속속들이 스며들도록 충분한 자리를 만드십시오. 분별 있게 서로 가르치고 지도하십시오. 마음을 다해 하나님을 노래하고 찬양하십시오! 살아가면서 말이나 행위나 그 무엇이든지 주 예수의 이름으로 하고, 걸음을 뗄 때마다 하나님 아버지께 감사하십시오.

18 아내 여러분, 남편에게 순종함으로 남편을 이해하고 지지해 주십시오. 그것이 주님을 영화롭게 하는 일입니다.

19 남편 여러분, 전심으로 아내를 사랑하십시

the old fashions are now obsolete. Words like Jewish and non-Jewish, religious and irreligious, insider and outsider, uncivilized and uncouth, slave and free, mean nothing. From now on everyone is defined by Christ, everyone is included in Christ.

12-14 So, chosen by God for this new life of love, dress in the wardrobe God picked out for you: compassion, kindness, humility, quiet strength, discipline. Be even-tempered, content with second place, quick to forgive an offense. Forgive as quickly and completely as the Master forgave you. And regardless of what else you put on, wear love. It's your basic, all-purpose garment. Never be without it.

15-17 Let the peace of Christ keep you in tune with each other, in step with each other. None of this going off and doing your own thing. And cultivate thankfulness. Let the Word of Christ—the Message—have the run of the house. Give it plenty of room in your lives. Instruct and direct one another using good common sense. And sing, sing your hearts out to God! Let every detail in your lives—words, actions, whatever—be done in the name of the Master, Jesus, thanking God the Father every step of the way.

18 Wives, understand and support your husbands by submitting to them in ways that honor the Master.

19 Husbands, go all out in love for your

오. 아내를 속이지 마십시오.

20 자녀 여러분, 부모가 여러분에게 하는 말을 따르십시오. 그것은 주님을 한없이 기쁘게 해드리는 일입니다.

21 부모 여러분, 여러분의 자녀를 너무 호되게 꾸짖지 마십시오. 그들의 기를 꺾지 않도록 하십시오.

22-25 종으로 있는 여러분, 이 세상 주인이 시키는 대로 따르십시오. 어물쩍 넘기지 마십시오. 최선을 다하십시오. 여러분의 진짜 주인이신 하나님께 하듯 마음을 다해 일하고, 유산을 상속받을 때 충분히 보상을 받게 되리라고 확신하십시오. 여러분이 섬기는 궁극적인 주인은 그리스도이심을 늘 명심하십시오. 눈가림으로 일하는 굼뜬 종은 그 책임을 지게 될 것입니다. 예수를 따르는 사람이라고 해서 일을 잘못해도 묵과되는 것은 아닙니다.

4 ¹ 그리고 주인 된 여러분, 종을 사려 깊게 대하십시오. 그들을 공정하게 대우하십시오. 여러분도 주인을, 곧 하늘에 계신 하나님을 섬기고 있음을 한시도 잊지 마십시오.

메시지의 비밀을 전하도록 기도해 주십시오

2-4 부지런히 기도하십시오. 감사하는 마음으로 눈을 크게 뜨고 깨어 있으십시오. 내가 이렇게 감옥에 갇혀 있는 동안에도, 하나님께서 문을 활짝 열어 주셔서 그리스도의 비밀을 전할 수 있도록, 우리를 위해 기도하기를 잊지 마십시오. 내가 입을 열 때마다 사람들에게 그리스도를 대낮처럼 분명하게 나타낼 수 있도록 기도해 주십시오.

5-6 교회 밖의 사람들 가운데서 일하며 살아갈 때는 지혜롭게 행하십시오. 좋은 기회를 놓치지 마십시오. 모든 기회를 선용하십시오. 말할 때에는 은혜가 넘치게 하십시오. 대화할 때는 다른 사람을 깎아내리거나 제치는 것이 아니

wives. Don't take advantage of them.

20 Children, do what your parents tell you. This delights the Master no end.

21 Parents, don't come down too hard on your children or you'll crush their spirits.

22-25 Servants, do what you're told by your earthly masters. And don't just do the minimum that will get you by. Do your best. Work from the heart for your real Master, for God, confident that you'll get paid in full when you come into your inheritance. Keep in mind always that the ultimate Master you're serving is Christ. The sullen servant who does shoddy work will be held responsible. Being a follower of Jesus doesn't cover up bad work.

4 ¹ And masters, treat your servants considerately. Be fair with them. Don't forget for a minute that you, too, serve a Master—God in heaven.

Pray for Open Doors

2-4 Pray diligently. Stay alert, with your eyes wide open in gratitude. Don't forget to pray for us, that God will open doors for telling the mystery of Christ, even while I'm locked up in this jail. Pray that every time I open my mouth I'll be able to make Christ plain as day to them.

5-6 Use your heads as you live and work among outsiders. Don't miss a trick. Make the most of every opportunity. Be gracious in your speech. The goal is to bring out the best in others in a conver-

라, 그들에게서 가장 좋은 점을 이끌어 내는 것을 목표로 삼으십시오.

7-9 나의 착한 벗 두기고가 나의 사정을 여러분에게 전부 알려 줄 것입니다. 그는 주님을 섬기는 일에 믿음직한 사역자이자 동료입니다. 내가 그를 보낸 것은 여러분에게 우리의 사정을 알리고, 여러분의 믿음을 격려하게 하려는 것입니다. 그와 함께 오네시모도 보냈습니다. 오네시모는 여러분과 동향 사람인데, 믿음직하고 신실한 형제가 되었습니다! 그들이 이곳에서 지금까지 진행된 모든 일을 여러분에게 전해 줄 것입니다.

10-11 나와 함께 이곳 감옥에 갇혀 있는 아리스다고가 안부를 전합니다. 바나바의 사촌 마가도 문안합니다(여러분은 전에 그에 대한 편지를 받았으니, 그가 여러분에게 가거든 잘 맞아 주십시오). 사람들이 유스도라고 부르는 예수도 문안합니다. 이전에 함께하던 무리 가운데 나를 떠나지 않고 남아서 하나님 나라를 위해 일한 사람은 이들뿐입니다. 이들이 얼마나 큰 도움이 되었는지 모릅니다!

12-13 여러분과 동향 사람인 에바브라가 문안합니다. 그는 참으로 훌륭한 용사입니다! 그는 여러분을 위해 꾸준히 기도해 온 사람입니다. 그는 여러분이 굳게 서서, 하나님께서 바라시는 모든 일을 성숙하게, 확신을 가지고 행하기를 기도하고 있습니다. 그를 면밀히 살펴본 나는, 그가 여러분을 위해 그리고 라오디게아와 히에라볼리에 있는 사람들을 위해 얼마나 열심히 일했는지 말할 수 있습니다.

14 좋은 벗이자 의사인 누가와 데마도 인사합니다.

15 라오디게아에 있는 우리 교우들에게 안부를 전해 주십시오. 눔바와 그 집에서 모임을 갖는 교회에도 안부를 전해 주십시오.

16 이 편지를 읽은 다음에 라오디게아 교회도 읽게 하십시오. 그리고 여러분도 내가 라오디게아 교회로 보낸 편지를 받아서 읽어 보시기

sation, not put them down, not cut them out.

7-9 My good friend Tychicus will tell you all about me. He's a trusted minister and companion in the service of the Master. I've sent him to you so that you would know how things are with us, and so he could encourage you in your faith. And I've sent Onesimus with him. Onesimus is one of you, and has become such a trusted and dear brother! Together they'll bring you up-to-date on everything that has been going on here.

10-11 Aristarchus, who is in jail here with me, sends greetings; also Mark, cousin of Barnabas (you received a letter regarding him; if he shows up, welcome him); and also Jesus, the one they call Justus. These are the only ones left from the old crowd who have stuck with me in working for God's kingdom. Don't think they haven't been a big help!

12-13 Epaphras, who is one of you, says hello. What a trooper he has been! He's been tireless in his prayers for you, praying that you'll stand firm, mature and confident in everything God wants you to do. I've watched him closely, and can report on how hard he has worked for you and for those in Laodicea and Hierapolis.

14 Luke, good friend and physician, and Demas both send greetings.

15 Say hello to our friends in Laodicea; also to Nympha and the church that meets in her house.

16 After this letter has been read to you, make sure it gets read also in Laodicea.

바랍니다.

17 그리고 아킵보에게 "주님에게서 받은 일에 최선을 다하라. 진실로 최선을 다하라"고 일러 주십시오.

18 나 바울이 친필로 "바울"이라고 서명합니다. 감옥에 갇힌 나를 위해 잊지 말고 기도해 주십시오. 은혜가 여러분과 함께하기를 바랍니다.

And get the letter that went to Laodicea and have it read to you.

17 And, oh, yes, tell Archippus, "Do your best in the job you received from the Master. Do your very best."

18 I'm signing off in my own handwriting— Paul. Remember to pray for me in this jail. Grace be with you.

데살로니가전후서 | 머리말

우리가 미래를 어떤 식으로 그리느냐에 따라 현재의 모습이 달라지고, 그날그날 이루어지는 행위의 윤곽과 사고의 품격이 결정된다. 미래관이 분명하지 않은 사람은 무력하게 살게 마련이다. 수많은 정서적·정신적 질환과 대부분의 자살이 "미래가 없다"고 느끼는 사람들에게서 일어난다.

기독교 신앙의 특징은 언제나 강력하고 분명한 미래관이었다. 그 미래관의 가장 구체적인 특징은, 그리스도께서 다시 오신다는 믿음이다. 예수를 따르는 사람들은 그분께서 승천하신 날부터 그분의 오심을 기다리며 살았다. 예수께서는 자신을 따르는 이들에게 다시 오시겠다고 말씀하셨다. 그리고 그들은 다시 오시겠다는 그분의 약속을 믿었다. 바울은 자신의 편지에서 "아무 의심 없이" 다음과 같이 말한다.

우리에게는 이에 관한 주님의 말씀이 있습니다. 주님께서 우리를 데려가시기 위해 다시 오실 때, 우리 가운데 죽지 않고 살아 있는 사람들이라도 죽은 사람들을 앞서지 못할 것입니다. 실제로, 죽은 사람들이 우리보다 먼저일 것입니다. 주님께서 친히 호령하실 것입니다. 천사장의 천둥 같은 소리가 들릴 것입니다! 하나님의 나팔소리가 울릴 것입니다! 주님께서 하늘로부터 내려오시고 그리스도 안에서 죽은 사람들이 일어날 것입니다. 그들이 먼저 갈 것입니다. 그런 다음에, 우리 가운데 그때까지 죽지 않고 살아 있는 사람들이 그들과 함께 구름 속으로

The way we conceive the future sculpts the present, gives contour and tone to nearly every action and thought through the day. If our sense of future is weak, we live listlessly. Much emotional and mental illness and most suicides occur among men and women who feel that they "have no future."

The Christian faith has always been characterized by a strong and focused sense of future, with belief in the Second Coming of Jesus as the most distinctive detail. From the day Jesus ascended into heaven, his followers lived in expectancy of his return. He told them he was coming back. They believed he was coming back. Paul wrote "with complete confidence,"

We have the Master's word on it—that when the Master comes again to get us, those of us who are still alive will not get a jump on the dead and leave them behind. In actual fact, they'll be ahead of us. The Master himself will give the command. Archangel thunder! God's trumpet blast! He'll come down from heaven and the dead in Christ will rise—they'll go first. Then the rest of us who are still alive at the time will be caught up with them into the clouds to meet the Master. Oh, we'll be walking on

이끌려 올라가서 주님을 만나 뵐 것입니다. 오, 우리는 기뻐 뛸 것입니다! 그 후에, 주님과 함께하는 성대한 가족모임이 있을 것입니다(살전 4:15-17).

그분을 따르는 사람들은 지금도 그 믿음을 붙들며 산다. 그리스도인에게는 미래를 알고 믿는 것이 가장 중요하기 때문이다.

이러한 믿음 때문에 우리는 현재의 매순간을 희망으로 마주할 수 있다. 미래가 예수의 다시 오심으로 인해 결정되는 것이라면, 불안에 떨거나 환상에 잠길 이유가 없기 때문이다. 예수께서 다시 오신다는 믿음은 우리 삶에서 혼란을 제거한다. 그리고 우리는 훨씬 더 자유롭게 하나님의 자유에 응답할 수 있게 된다.

그럼에도 불구하고 이 믿음은 오해를 받기도 한다. 어떤 사람에게는 꼼짝 못하게 하는 두려움으로 다가오기도 하고, 어떤 사람에게는 끝없는 게으름을 조장하는 수단이 되기도 한다. 바울은 데살로니가 그리스도인들에게 보낸 두 통의 편지에서, 무엇보다도 사람을 무력하게 만드는 잘못된 생각을 바로잡는다. 그리고 하나님께서 장차 예수 안에서 이루실 일을 확신하면서, 팽팽한 긴장감과 즐거운 마음으로 계속해서 살아가도록 격려한다.

그러므로 친구 여러분, 땅에 발을 딛고 굳게 서서 머리를 치켜드십시오. 우리의 말과 편지로 배운 가르침을 굳게 붙잡으십시오. 사랑으로 다가오셔서 끊임없는 도움과 확신을 선물로 주시며 여러분을 놀라게 하신 예수와 하나님 우리 아버지께서, 친히 여러분 안에 새로운 마음을 주시고, 여러분의 일을 격려하시며, 여러분의 말에 생기를 더해 주시기를 바랍니다(살후 2:15-17).

air! And then there will be one huge family reunion with the Master(1 Thessalonians 4:15-17).

They continue to believe it. For Christians, it is the most important thing to know and believe about the future.

The practical effect of this belief is to charge each moment of the present with hope. For if the future is dominated by the coming again of Jesus, there is little room left on the screen for projecting our anxieties and fantasies. It takes the clutter out of our lives. We're far more free to respond spontaneously to the freedom of God.

All the same, the belief can be misconceived so that it results in paralyzing fear for some, shiftless indolence in others. Paul's two letters to the Christians in Thessalonica, among much else, correct such debilitating misconceptions, prodding us to continue to live forward in taut and joyful expectancy for what God will do next in Jesus.

So, friends, take a firm stand, feet on the ground and head high. Keep a tight grip on what you were taught, whether in personal conversation or by our letter. May Jesus himself and God our Father, who reached out in love and surprised you with gifts of unending help and confidence, put a fresh heart in you, invigorate your work, enliven your speech(2 Thessalonians 2:15-17).

데살로니가전서

1 THESSALONIANS

1

¹ 나 바울과 실루아노와 디모데는 데살로니가 교회, 곧 하나님 아버지와 주 예수 그리스도께서 모아 주신 그리스도인들에게 문안합니다. 놀라우신 하나님의 은혜가 여러분과 함께하기를, 하나님의 든든한 평화가 여러분과 함께하기를 바랍니다!

강철 같은 확신

2-5 우리는 여러분을 생각할 때마다 여러분을 두고 하나님께 감사를 드립니다. 우리는 하나님 우리 아버지 앞에서, 여러분의 믿음의 행위와 사랑의 수고와 우리 주 예수 그리스도를 따르면서 보여준 소망의 인내를 떠올리며 밤낮으로 기도합니다. 친구 여러분, 우리는 하나님께서 여러분을 몹시 사랑하실 뿐만 아니라 여러분에게 안수하셔서 특별한 일을 맡기신 것을 잘 알고 있습니다. 우리가 여러분에게 전한 메시지는 그저 말에 그치지 않았습니다. 여러분 안에 무엇인가 중요한 일이 일어났습니다. 성령께서 여러분의 확신을 강철 같게 해주셨습니다.

5-6 여러분은 우리가 여러분 가운데서 어떻게 살았는지 주의 깊게 보았고, 여러분 자신도 우리처럼 살기로 작정했습니다. 여러분은 우리를 본받음으로써 주님을 본받는 사람이 되었습니다. 비록 말씀에 많은 어려움이 뒤따라왔지만, 여러분은 성령으로부터

1

¹ I, Paul, together here with Silas and Timothy, send greetings to the church at Thessalonica, Christians assembled by God the Father and by the Master, Jesus Christ. God's amazing grace be with you! God's robust peace!

Convictions of Steel

2-5 Every time we think of you, we thank God for you. Day and night you're in our prayers as we call to mind your work of faith, your labor of love, and your patience of hope in following our Master, Jesus Christ, before God our Father. It is clear to us, friends, that God not only loves you very much but also has put his hand on you for something special. When the Message we preached came to you, it wasn't just words. Something happened in you. The Holy Spirit put steel in your convictions.

5-6 You paid careful attention to the way we lived among you, and determined to live that way yourselves. In imitating us, you imitated the Master. Although great trouble accompanied the Word, you were able to take great joy from the Holy

큰 기쁨을 얻을 수 있었습니다! 여러분은 기쁜 일에 따르는 고난도, 고난에 따르는 기쁨도 받아들였습니다.

7-10 마케도니아와 아가야에 있는 모든 믿는 이들이 여러분을 존경하고 있다는 것을 아시는지요? 여러분의 소문이 주위에 두루 퍼졌습니다. 여러분의 삶으로 인해 주님의 말씀이 그 지역뿐 아니라 모든 곳에서 울려 퍼지고 있습니다. 하나님을 믿는 여러분의 믿음의 소문이 널리 퍼졌습니다. 우리가 더 말할 필요가 없을 정도입니다. 여러분이 곧 메시지이니까요! 사람들이 우리에게 다가와서 이야기해 주더군요. 여러분이 두 팔 벌려 우리를 맞아 준 것과, 여러분이 지난날 섬기던 죽은 우상들을 버리고 참 하나님을 받아들여 섬기게 된 이야기를 말입니다. 하나님께서 죽은 자들 가운데서 살리신 그분의 아들—장차 닥쳐올 멸망에서 우리를 건져 주신 예수—이 오시기를 간절히 기다리는 여러분의 모습을 보고 그들은 놀라워했습니다.

2 ¹⁻² 친구 여러분, 우리가 여러분을 방문한 것이 시간 낭비가 아니었음이 분명합니다. 여러분도 알다시피, 우리는 빌립보에서 험한 대접을 받았지만, 그것이 우리를 지체시키지는 못했습니다. 우리는 하나님 안에서 확신을 가지고 곧장 앞으로 나아가, 우리의 할 말을 했습니다. 반대에 굴하지 않고, 여러분에게 하나님의 **메시지**를 전한 것입니다.

오직 하나님의 인정만 구했습니다

3-5 하나님은 우리를 철저히 시험하셔서, 우리가 이 **메시지**를 맡을 자격이 있는지 확인하셨습니다. 분명히 말씀드리지만, 여러분에게 말할 때 우리는 다수의 인정을 구하지 않고 오직 하나님의 인정을 구할 뿐입니다. 우리가 그 같은 시험을 거쳤으니, 우리는 물론이고 우리가

Spirit!—taking the trouble with the joy, the joy with the trouble.

7-10 Do you know that all over the provinces of both Macedonia and Achaia believers look up to you? The word has gotten around. Your lives are echoing the Master's Word, not only in the provinces but all over the place. The news of your faith in God is out. We don't even have to say anything anymore—*you're* the message! People come up and tell us how you received us with open arms, how you deserted the dead idols of your old life so you could embrace and serve God, the true God. They marvel at how expectantly you await the arrival of his Son, whom he raised from the dead—Jesus, who rescued us from certain doom.

2 ¹⁻² So, friends, it's obvious that our visit to you was no waste of time. We had just been given rough treatment in Philippi, as you know, but that didn't slow us down. We were sure of ourselves in God, and went right ahead and said our piece, presenting God's Message to you, defiant of the opposition.

No Hidden Agendas

3-5 God tested us thoroughly to make sure we were qualified to be trusted with this Message. Be assured that when we speak to you we're not after crowd approval—only God approval. Since we've been put through that battery

전한 **메시지**에 오류나 불순한 동기나 감춰진 의도가 없다는 것을 여러분은 확신해도 됩니다. 우리가 여러분에게 아첨하는 말을 한 적이 없다는 것을, 다른 누구보다 여러분이 잘 알고 있습니다. 그리고 우리가 말로 연막을 쳐서 여러분을 이용한 적이 없다는 것을, 하나님께서 잘 알고 계십니다.

⁶⁻⁸ 우리가 그리스도의 사도라는 지위에 있지만 그 지위를 남용한 적이 없고, 여러분이나 다른 누구에게 중요 인물이라는 인상을 주려고 한 적도 없습니다. 우리는 여러분에게 무관심하지도 않았습니다. 우리는 여러분을 있는 모습 그대로 받아들였습니다. 생색을 내거나 으스댄 적이 없습니다. 그저 어머니가 자기 자녀를 돌보듯이, 여러분에게 마음을 썼을 뿐입니다. 우리는 여러분을 끔찍이 사랑했습니다. 여러분에게 **메시지**를 전하는 것에 만족하지 않고, 우리의 마음을 주려고 했습니다. 그리고 실제로 그렇게 했습니다.

⁹⁻¹² 친구 여러분, 여러분은 그 시절에 우리가 몸을 아끼지 않고 일하며 밤늦도록 수고한 것을 기억하실 것입니다. 그것은 우리가 하나님의 **메시지**를 전하는 동안, 여러분에게 우리를 후원하는 짐을 지우지 않으려는 것이었습니다. 우리가 여러분 가운데서 얼마나 신중하고 경우 있게 처신했는지, 또한 여러분을 믿음의 동료로 얼마나 세심하게 대했는지, 여러분은 두 눈으로 똑똑히 보았습니다. 하나님께서도 우리가 거저 얻어먹지 않았다는 것을 아십니다! 여러분은 그 모든 것을 직접 경험해서 알고 있습니다. 우리는 아버지가 자기 자녀에게 하듯이, 여러분 한 사람 한 사람을 대했습니다. 여러분의 손을 붙잡고 격려의 말을 속삭였고, 그분의 나라, 곧 이 기쁨 넘치는 삶으로 우리를 불러 주신 하나님 앞에서 바르게 사는 법을 차근차근 보여주었습니다.

¹³ 이제 우리는 그 모든 것을 돌아보며, 하나님께 샘물처럼 솟구치는 감사를 드립니다! 여

of tests, you're guaranteed that both we and the Message are free of error, mixed motives, or hidden agendas. We never used words to butter you up. No one knows that better than you. And God knows we never used words as a smoke screen to take advantage of you.

⁶⁻⁸ Even though we had some standing as Christ's apostles, we never threw our weight around or tried to come across as important, with you or anyone else. We weren't aloof with you. We took you just as you were. We were never patronizing, never condescending, but we cared for you the way a mother cares for her children. We loved you dearly. Not content to just pass on the Message, we wanted to give you our hearts. And we *did.*

⁹⁻¹² You remember us in those days, friends, working our fingers to the bone, up half the night, moonlighting so you wouldn't have the burden of supporting us while we proclaimed God's Message to you. You saw with your own eyes how discreet and courteous we were among you, with keen sensitivity to you as fellow believers. And God knows we weren't freeloaders! You experienced it all firsthand. With each of you we were like a father with his child, holding your hand, whispering encouragement, showing you step-by-step how to live well before God, who called us into his own kingdom, into this delightful life.

¹³ And now we look back on all this and thank God, an artesian well of thanks! When you got the Message of God we

러분은 우리가 전한 하나님의 **메시지**를 받을 때 사람의 견해로 흘려버리지 않고, 하나님께서 여러분에게 주시는 참된 말씀으로 받아들여 마음에 새겼습니다. 하나님께서 믿는 여러분 안에서 친히 역사하고 계십니다!

14-16 친구 여러분, 여러분이 유대에 있는 하나님의 교회들이 걸어간 발걸음을 그대로 따랐다는 것을 알고 있는지요? 그들은 예수 그리스도께서 걸어가신 발걸음을 가장 먼저 따라간 이들입니다. 그들이 동족에게서 부당한 대우를 받은 것처럼, 여러분도 여러분의 동족에게서 그 같은 대우를 받았습니다. 유대인들은 (예언자는 물론이고) 주 예수까지 죽이고, 그 여세를 몰아 우리를 도시에서 내쫓기까지 했습니다. 그들은 하나님과 모든 사람을 대적하고 있습니다. 그들은 하나님에 대해 들어 본 적 없는 사람들에게 어떻게 구원받는지를 전하는 우리를 방해하려고 안간힘을 쓰고 있습니다. 그들은 하나님 대적하기를 일삼는 자들로, 그 일에 아주 능합니다. 그러나 하나님께서는 더 이상 참지 않으시고, 그들의 일을 끝내시기로 하셨습니다.

❧

17-20 사랑하는 친구 여러분, 우리가 여러분을 얼마나 그리워하는지 아십니까? 여러분과 떨어진 지 그리 오래되지 않았고 마음이 아니라 몸으로만 떨어져 있을 뿐인데도, 우리는 여러분을 다시 만나기 위해 최선을 다했습니다. 우리가 여러분을 얼마나 그리워하는지, 여러분은 상상도 못할 것입니다! 나 바울은 몇 번이고 여러분에게 돌아가려고 했지만, 그때마다 사탄이 우리를 방해했습니다. 우리 주 예수께서 오실 때 우리의 자랑이 누구이겠습니까? 여러분이 아니겠습니까? 여러분이야말로 우리의 자랑이요 기쁨입니다!

preached, you didn't pass it off as just one more human opinion, but you took it to heart as God's true word to you, which it is, God himself at work in you believers!

14-16 Friends, do you realize that you followed in the exact footsteps of the churches of God in Judea, those who were the first to follow in the footsteps of Jesus Christ? You got the same bad treatment from your countrymen as they did from theirs, the Jews who killed the Master Jesus (to say nothing of the prophets) and followed it up by running us out of town. They make themselves offensive to God and everyone else by trying to keep us from telling people who've never heard of our God how to be saved. They've made a career of opposing God, and have gotten mighty good at it. But God is fed up, ready to put an end to it.

❧

17-20 Do you have any idea how very homesick we became for you, dear friends? Even though it hadn't been that long and it was only our bodies that were separated from you, not our hearts, we tried our very best to get back to see you. You can't imagine how much we missed you! I, Paul, tried over and over to get back, but Satan stymied us each time. Who do you think we're going to be proud of when our Master Jesus appears if it's not you? You're our pride and joy!

3

¹⁻² 그러므로, 더는 여러분과 떨어져 있을 수도 없고 마땅히 여러분을 찾아갈 방법도 찾을 수 없었던 우리는, 아테네에 남아 있기로 하고 디모데를 여러분에게 보냈습니다. 그것은 여러분을 일으켜 세우고, 여러분이 이 고난으로 인해 낙심하지 않도록 위로하게 하려는 것이었습니다. 그는 믿음 안에서 형제이자 동료이며, **메시지**를 전파하고 그리스도를 전하는 하나님의 사람입니다.

³⁻⁵ 여러분에게 고난이 다가오는 것이 놀라운 일은 아닙니다. 여러분도 알다시피, 우리는 이런 일을 겪게 되어 있습니다. 고난은 우리가 감당해야 할 소명의 일부입니다. 여러분과 함께 있을 때 우리는, 장차 고난이 닥쳐올 것을 분명히 말씀드렸습니다. 그리고 이제 그대로 되어서, 여러분도 고난을 직접 겪게 되었습니다. 그래서 나는 걱정을 멈출 수 없었습니다. 그 고난 가운데서 여러분이 어떻게 믿음으로 살고 있는지 직접 확인하고 싶었습니다. 나는 유혹자가 여러분에게 접근해서, 우리가 함께 세운 모든 것을 허물어뜨리지 못하게 하고 싶었습니다.

⁶⁻⁸ 그런데 이제 디모데가 돌아와서 여러분의 믿음과 사랑에 대해 멋진 소식을 전해 주니, 우리의 기분이 한결 나아졌습니다. 여러분이 계속해서 우리를 좋게 여기고, 우리만큼이나 여러분도 우리를 보고 싶어 한다는 소식을 들으니, 감사하는 마음이 더욱 각별합니다! 우리가 여기서 고난과 역경 가운데 있지만 여러분이 어떻게 지내는지 알게 되었으니, 우리가 더 견딜 수 있겠습니다. 여러분의 믿음이 살아 있다는 것을 알게 되었으니, 우리가 살겠습니다.

⁹⁻¹⁰ 우리가 여러분으로 말미암아 하나님 앞에서 누리는 이 기쁨을 두고, 어떻게 하면 하나님께 제대로 감사드릴 수 있을까요? 우리는 우리가 할 수 있는 일을 합니다. 곧 밤낮으로 기도하며, 여러분의 얼굴을 다시 보게 되

3

¹⁻² So when we couldn't stand being separated from you any longer and could find no way to visit you ourselves, we stayed in Athens and sent Timothy to get you up and about, cheering you on so you wouldn't be discouraged by these hard times. He's a brother and companion in the faith, God's man in spreading the Message, preaching Christ.

³⁻⁵ Not that the troubles should come as any surprise to you. You've always known that we're in for this kind of thing. It's part of our calling. When we were with you, we made it quite clear that there was trouble ahead. And now that it's happened, you know what it's like. That's why I couldn't quit worrying; I had to know for myself how you were doing in the faith. I didn't want the Tempter getting to you and tearing down everything we had built up together.

⁶⁻⁸ But now that Timothy is back, bringing this terrific report on your faith and love, we feel a lot better. It's especially gratifying to know that you continue to think well of us, and that you want to see us as much as we want to see you! In the middle of our trouble and hard times here, just knowing how you're doing keeps us going. Knowing that your faith is alive keeps us alive.

⁹⁻¹⁰ What would be an adequate thanksgiving to offer God for all the joy we experience before him because of you? We do what we can, praying away, night and day, asking for the bonus of seeing

는 기쁨을 선물로 주시기를, 여러분의 믿음이 흔들릴 때 우리가 도울 수 있게 해주시기를 구합니다.

11-13 하나님 우리 아버지와 우리 주 예수께서 여러분에게로 가는 길을 우리 앞에 열어 주시기를 바랍니다! 또한 주님께서 여러분에게 사랑을 부어 주셔서 그 사랑이 여러분의 삶을 가득 채우기를, 그 사랑이 우리에게서 여러분에게 전해진 것같이 또한 여러분에게서 주위 모든 사람에게까지 넘쳐나기를 바랍니다. 여러분에게 힘과 순결한 마음을 채워 주셔서, 우리 주 예수께서 그분을 따르는 모든 이들과 함께 오실 때, 하나님 우리 아버지 앞에서 여러분이 확신에 찬 모습으로 서게 되기를 바랍니다.

하나님을 기쁘시게 해드리십시오

4 1-3 친구 여러분, 마지막으로 한 말씀 더 드립니다. 여러분에게 부탁합니다. 아니, 강권합니다. 우리가 일러 준 대로 계속 행하여 하나님을 기쁘시게 해드리십시오. 억지스러운 종교적 노력으로 하지 말고, 생기 넘치고 즐거운 춤을 추듯 그분을 기쁘시게 해드리십시오. 우리가 주 예수께 받아 여러분에게 제시해 드린 지침을 여러분은 알고 있습니다. 하나님께서는 여러분이 순결하게 살기를 바라십니다.

난잡한 성생활을 멀리하십시오.

4-5 하나님을 알지 못하는 사람들이 흔히 하는 것처럼 여러분의 몸을 함부로 다루지 말고, 오히려 몸을 아끼고 존중하는 법을 익히십시오.

6-7 형제자매의 관심사를 함부로 무시하지 마십시오. 그들의 관심사는 하나님의 관심사이니, 하나님께서 그들을 돌봐 주실 것입니다. 우리는 전에 이 일로 여러분에게 경고한 바 있습니다. 하나님께서는 무질서하고 난잡한 삶이 아니라, 거룩하고 아름다운 삶으로, 안과 밖이 모두 아름다운 삶으로 우리를 초대하셨습니다.

your faces again and doing what we can to help when your faith falters.

11-13 May God our Father himself and our Master Jesus clear the road to you! And may the Master pour on the love so it fills your lives and splashes over on everyone around you, just as it does from us to you. May you be infused with strength and purity, filled with confidence in the presence of God our Father when our Master Jesus arrives with all his followers.

You're God-Taught

4 1-3 One final word, friends. We ask you—*urge* is more like it— that you keep on doing what we told you to do to please God, not in a dogged religious plod, but in a living, spirited dance. You know the guidelines we laid out for you from the Master Jesus. God wants you to live a pure life.

Keep yourselves from sexual promiscuity.

4-5 Learn to appreciate and give dignity to your body, not abusing it, as is so common among those who know nothing of God.

6-7 Don't run roughshod over the concerns of your brothers and sisters. Their concerns are God's concerns, and *he* will take care of them. We've warned you about this before. God hasn't invited us into a disorderly, unkempt life but into something holy and beautiful—as beautiful on the inside as the outside.

8 이 권고를 무시하는 사람은 자기 이웃의 기분을 상하게 하는 것이 아니라, 여러분에게 성령을 선물로 주시는 하나님을 저버리는 것입니다.

9-10 함께 살아가는 생활과 서로 사이좋게 지내는 일에 대해서는, 내가 여러분에게 지시할 필요가 없을 것 같습니다. 여러분은 이 점에 대해 직접 하나님의 가르침을 받았습니다. 그저 서로 사랑하십시오! 이미 여러분은 잘하고 있습니다. 마케도니아 전역에 있는 여러분의 벗들이 그 증거입니다. 멈추지 말고 더욱더 그렇게 하십시오.

11-12 조용히 지내고, 자기 일에 전념하며, 자기 손으로 일하십시오. 여러분은 이 모든 것을 전에도 들은 바 있지만, 다시 듣는다고 해서 해가 될 것은 없습니다. 우리는 여러분이 세상 사람들의 존경을 받을 정도로 제대로 살기를 바라고, 빈둥거리며 친구들에게 빌붙어 사는 일이 없기를 바랍니다.

주님의 재림과 죽은 사람의 부활

13-14 친구 여러분, 우리는 여러분이 '이미 죽어서 땅에 묻힌 사람들에게 어떤 일이 일어나는가'라는 물음에 대해 아무것도 모르고 지내기를 원치 않습니다. 우선, 여러분은 무덤이 끝이라는 생각에, 모든 기대를 포기한 사람들처럼 분별없이 처신해서는 안됩니다. 예수께서 죽으셨다가 무덤에서 벗어나셨으니, 하나님께서 예수 안에서 죽은 사람들도 분명히 다시 살리실 것입니다.

15-18 다음으로, 우리는 온전한 확신으로 여러분에게 말씀드릴 수 있습니다. 우리에게는 이에 관한 주님의 말씀이 있습니다. 주님께서 우리를 데려가시기 위해 다시 오실 때, 우리 가운데 죽지 않고 살아 있는 사람들이라도 죽은 사람들을 앞서지 못할 것입니다. 실제로, 죽은 사람들이 우리보다 먼저일 것입니다. 주님께서 친히 호령하실 것입니다. 천

8 If you disregard this advice, you're not offending your neighbors; you're rejecting God, who is making you a gift of his Holy Spirit.

9-10 Regarding life together and getting along with each other, you don't need me to tell you what to do. You're *God*-taught in these matters. Just love one another! You're already good at it; your friends all over the province of Macedonia are the evidence. Keep it up; get better and better at it.

11-12 Stay calm; mind your own business; do your own job. You've heard all this from us before, but a reminder never hurts. We want you living in a way that will command the respect of outsiders, not lying around sponging off your friends.

The Master's Coming

13-14 And regarding the question, friends, that has come up about what happens to those already dead and buried, we don't want you in the dark any longer. First off, you must not carry on over them like people who have nothing to look forward to, as if the grave were the last word. Since Jesus died and broke loose from the grave, God will most certainly bring back to life those who died in Jesus.

15-18 And then this: We can tell you with complete confidence—we have the Master's word on it—that when the Master comes again to get us, those of us who are still alive will not get a jump on the dead and leave them behind. In actual fact, they'll be ahead of us. The

사장의 천둥 같은 소리가 들릴 것입니다! 하나님의 나팔소리가 울릴 것입니다! 주님께서 하늘로부터 내려오시고 그리스도 안에서 죽은 사람들이 일어날 것입니다. 그들이 먼저 갈 것입니다. 그런 다음에, 우리 가운데 그때까지 죽지 않고 살아 있는 사람들이 그들과 함께 구름 속으로 이끌려 올라가서 주님을 만나 뵐 것입니다. 오, 우리는 기뻐 뛸 것입니다! 그 후에, 주님과 함께하는 성대한 가족모임이 있을 것입니다. 그러니 그러한 말로 서로 격려하십시오.

5 ¹⁻³ 친구 여러분, 나는 '이 모든 일이 언제 일어날 것인가'라는 물음은 다룰 필요가 없다고 생각합니다. 주님께서 오실 날을 달력에 표시할 수 없다는 것은, 나도 알고 여러분도 아는 사실입니다. 그분은 미리 연락하거나 약속 일자를 정하지 않고 도둑처럼 오실 것입니다. 모든 사람들이 "우리는 확실히 성공했어! 이제 편히 살아도 돼!"라고 말하며 서로 축하하고 만족하며 느긋해 할 때, 갑자기 모든 것이 산산조각 날 것입니다. 그날은 아기를 밴 여인에게 진통이 오는 것처럼, 누구도 피할 수 없게 느닷없이 올 것입니다.

⁴⁻⁸ 그러나 친구 여러분, 여러분은 어둠 속에 있지 않으니, 그런 일로 당황할 일은 없을 것입니다. 여러분은 빛의 아들이며 낮의 딸입니다. 탁 트인 하늘 아래서 살아가는 우리는, 우리가 서 있는 곳이 어디인지 잘 압니다. 그러니 다른 사람들처럼 몽롱한 채로 다니지 맙시다. 눈을 크게 뜨고, 빈틈없이 살아가야 합니다. 밤이 되면 사람들은 잠을 자거나 술에 취합니다. 그러나 우리는 그렇지 않습니다! 우리는 낮의 자녀이니, 낮의 자녀답게 행동해야 합니다. 대낮에 맑은 정신으로 다니고, 믿음과 사랑과 구원의 소망을 입도록 하십시오.

Master himself will give the command. Archangel thunder! God's trumpet blast! He'll come down from heaven and the dead in Christ will rise—they'll go first. Then the rest of us who are still alive at the time will be caught up with them into the clouds to meet the Master. Oh, we'll be walking on air! And then there will be one huge family reunion with the Master. So reassure one another with these words.

5 ¹⁻³ I don't think, friends, that I need to deal with the question of when all this is going to happen. You know as well as I that the day of the Master's coming can't be posted on our calendars. He won't call ahead and make an appointment any more than a burglar would. About the time everybody's walking around complacently, congratulating each other—"We've sure got it made! Now we can take it easy!"—suddenly everything will fall apart. It's going to come as suddenly and inescapably as birth pangs to a pregnant woman.

⁴⁻⁸ But friends, you're not in the dark, so how could you be taken off guard by any of this? You're sons of Light, daughters of Day. We live under wide open skies and know where we stand. So let's not sleep-walk through life like those others. Let's keep our eyes open and be smart. People sleep at night and get drunk at night. But not us! Since we're creatures of Day, let's act like it. Walk out into the daylight sober, dressed up in faith, love, and the hope of salvation.

9-11 하나님께서는 우리를 진노의 심판에 이르게 하신 것이 아니라, 우리 주 예수 그리스도로 말미암아 구원에 이르게 하셨습니다. 그분이 우리를 위해 죽으셨습니다. 그리고 그분의 죽음이 생명을 일으켰습니다. 산 자와 함께 깨어 있든지 죽은 자와 함께 잠들어 있든지, 우리는 그분과 함께 살아 있습니다! 그러니 서로 격려의 말을 하십시오. 소망을 든든히 세우십시오. 그러면 여러분은 한 사람도 빠지거나 뒤처지는 일 없이, 모두가 그 소망 안에 있게 될 것입니다. 나는 여러분이 이미 그렇게 하고 있다는 것을 압니다. 그러니 계속해서 그리하십시오.

하나님이 바라시는 생활방식

12-13 친구 여러분, 부탁드립니다. 여러분을 위해 열심히 수고하는 지도자들, 여러분의 순종에 따라 여러분을 권면하고 이끄는 책임 맡은 이들을 존중하십시오. 감사와 사랑으로 그들을 감동시키십시오!

13-15 서로 사이좋게 지내고, 각자 자기 몫의 일을 하십시오. 우리의 조언은 이것입니다. 거저 얻어먹기만 하는 사람들에게 힘써 일하라고 주의를 주십시오. 뒤처진 사람들을 온유하게 격려하고, 지친 사람들에게 손을 내밀어 그들을 일으켜 세우십시오. 서로 참고, 각 사람의 필요에 주의를 기울이십시오. 서로 신경을 건드려 화를 돋우지 않도록 조심하십시오. 서로에게서 최선의 모습을 찾아보고, 언제나 그것을 이끌어 내기 위해 최선을 다하십시오.

16-18 무슨 일에든지 기뻐하십시오. 항상 기도하십시오. 무슨 일에든지 하나님께 감사하십시오. 이것이야말로 하나님께서 그리스도 예수 안에 있는 여러분에게 바라시는 생활방식입니다.

19-22 성령을 억누르지 마십시오. 주님께 말씀을 받은 사람들을 막지 마십시오. 그러나 쉽게 속지는 마십시오. 모든 것을 꼼꼼히 따져 보고, 선한 것만을 간직하십시오. 악에 물든 것은 무

9-11 God didn't set us up for an angry rejection but for salvation by our Master, Jesus Christ. He died for us, a death that triggered life. Whether we're awake with the living or asleep with the dead, we're *alive* with him! So speak encouraging words to one another. Build up hope so you'll all be together in this, no one left out, no one left behind. I know you're already doing this; just keep on doing it.

The Way He Wants You to Live

12-13 And now, friends, we ask you to honor those leaders who work so hard for you, who have been given the responsibility of urging and guiding you along in your obedience. Overwhelm them with appreciation and love!

13-15 Get along among yourselves, each of you doing your part. Our counsel is that you warn the freeloaders to get a move on. Gently encourage the stragglers, and reach out for the exhausted, pulling them to their feet. Be patient with each person, attentive to individual needs. And be careful that when you get on each other's nerves you don't snap at each other. Look for the best in each other, and always do your best to bring it out.

16-18 Be cheerful no matter what; pray all the time; thank God no matter what happens. This is the way God wants you who belong to Christ Jesus to live.

19-22 Don't suppress the Spirit, and don't stifle those who have a word from the Master. On the other hand, don't be

엇이든 내다 버리십시오.

23-24 모든 것을 거룩하고 온전하게 하시는 하나님께서 여러분을 거룩하고 온전하게 하시고 여러분의 영과 혼과 몸을 온전하게 하셔서, 우리 주 예수 그리스도께서 오실 때 그에 합당한 사람이 되게 해주시기를 바랍니다. 여러분을 불러 주신 분은 완전히 의지할 만한 분이십니다. 그분께서 말씀하셨으니, 그분께서 이루실 것입니다!

25-27 친구 여러분, 우리를 위해 계속 기도해 주십시오. 그곳에 있는 예수를 따르는 모든 이들과 거룩한 포옹으로 인사하십시오. 이 편지를 모든 형제자매에게 반드시 읽게 하십시오. 한 사람도 **빼놓지** 말고 읽게 하십시오.

28 예수 그리스도의 놀라운 은혜가 여러분과 함께하기를 바랍니다!

gullible. Check out everything, and keep only what's good. Throw out anything tainted with evil.

23-24 May God himself, the God who makes everything holy and whole, make you holy and whole, put you together—spirit, soul, and body—and keep you fit for the coming of our Master, Jesus Christ. The One who called you is completely dependable. If he said it, he'll do it!

25-27 Friends, keep up your prayers for us. Greet all the followers of Jesus there with a holy embrace. And make sure this letter gets read to all the brothers and sisters. Don't leave anyone out.

28 The amazing grace of Jesus Christ be with you!

데살로니가후서

2 THESSALONIANS

1 ¹⁻² 나 바울은, 실루아노와 디모데와 더불어 하나님 우리 아버지와 우리 주 예수 그리스도의 이름으로 데살로니가 그리스도인들의 교회에 문안합니다. 우리 하나님께서는 여러분에게 필요한 모든 것을 주시고, 여러분이 되어야 할 모습으로 여러분을 만들어 주시는 분이십니다.

주님께서 다시 오시는 날

³⁻⁴ 친구 여러분, 이 점을 알아 두십시오. 우리가 여러분을 두고 거듭해서 하나님께 감사를 드리는 것은, 즐거운 일이자 마땅한 의무이기도 합니다. 우리는 감사할 수밖에 없습니다. 여러분의 믿음이 눈에 띄게 자라고, 서로에게 베푸는 여러분의 사랑이 놀랍도록 발전하고 있습니다. 그러니 우리가 감사드리는 것은 당연합니다. 우리는 여러분이 대단히 자랑스럽습니다. 여러분에게 온갖 고난이 닥쳤지만, 여러분의 믿음이 흔들리지 않고 굳건하기 때문입니다. 우리는 교회에서 만나는 사람 누구에게나 여러분의 모든 것을 자랑합니다.

⁵⁻¹⁰ 이 모든 고난은, 하나님께서 여러분을 그 나라에 합당한 사람이 되게 하시겠다고 작정하신 분명한 표입니다. 여러분이 지금 고난을 겪고 있지만, 정의 또한 다가오고 있습니다. 주 예수께서 강력한 천사들과 함께 하늘로부터 활활 타는 불꽃 가운데 나타나실 때,

1 ¹⁻² I, Paul, together with Silas and Timothy, greet the church of the Thessalonian Christians in the name of God our Father and our Master, Jesus Christ. Our God gives you everything you need, makes you everything you're to be.

Justice Is on the Way

³⁻⁴ You need to know, friends, that thanking God over and over for you is not only a pleasure; it's a must. We *have* to do it. Your faith is growing phenomenally; your love for each other is developing wonderfully. Why, it's only right that we give thanks. We're so proud of you; you're so steady and determined in your faith despite all the hard times that have come down on you. We tell everyone we meet in the churches all about you.

⁵⁻¹⁰ All this trouble is a clear sign that God has decided to make you fit for the kingdom. You're suffering now, but justice is on the way. When the Master Jesus appears out of heaven in a blaze of fire with his strong angels, he'll even up the score by settling accounts with those who gave you such a bad time. His

그분은 여러분에게 고난을 안겨 준 자들에게 원한을 갚아 주시는 것으로 셈을 치르실 것입니다. 그분의 오심은 우리가 고대하던 전환점이 될 것입니다. 하나님을 알려고 하지 않는 자들, **메시지**에 순종하려고 하지 않는 자들은 자신들이 한 일의 대가를 치르게 될 것입니다. 그들은 주님과 주님의 찬란한 권능 앞에서 영원히 추방되는 벌을 받을 것입니다. 그러나 주님께서 오시는 날, 그분을 따르고 그분을 믿는 모든 사람들은, 그분을 높이고 찬양할 것입니다. 그것은 여러분이 우리가 전한 소식을 믿었기 때문입니다.

11-12 우리는 이 뜻밖의 날이 조만간 닥쳐오리라는 것을 알기에, 늘 여러분을 위해 기도합니다. 우리 하나님께서 여러분을 그분의 부르심에 합당하게 하시고 여러분의 선한 생각과 믿음의 행위에 그분의 능력을 가득 채워 주셔서, 그것이 온전해지기를 기도합니다. 여러분의 삶이 예수의 이름을 드높이면, 그분도 여러분을 높여 주실 것입니다. 이 모든 일의 배후에는 은혜가 자리하고 있습니다. 자신을 값없이 내어주시는 우리 하나님, 자신을 값없이 내어주시는 주 예수 그리스도가 계십니다.

무법자의 등장

2 1-3 친구 여러분, 이어지는 글을 주의 깊게 읽어 보시기 바랍니다. 침착하십시오. 우리 주 예수 그리스도께서 다시 오실 그날, 우리가 그분을 맞이할 그날에 대해 성급하게 결론짓지 마십시오. 누가 거창한 소문이나 내게서 받았다고 하는 편지를 가지고서, 주님이 오실 날이 벌써 왔다고 하거나 이미 지나갔다고 하여, 여러분을 동요시키거나 흥분시키는 일이 없게 하십시오. 그와 같은 말에 속아 넘어가지 마십시오.

3-5 그날이 오기 전에 몇 가지 일이 일어날 것입니다. 먼저, 배교하는 일이 있을 것입니다. 그런 다음, 무법자 곧 사탄의 개가 등장할 것

coming will be the break we've been waiting for. Those who refuse to know God and refuse to obey the Message will pay for what they've done. Eternal exile from the presence of the Master and his splendid power is their sentence. But on that very same day when he comes, he will be exalted by his followers and celebrated by all who believe—and all because you believed what we told you.

11-12 Because we know that this extraordinary day is just ahead, we pray for you all the time—pray that our God will make you fit for what he's called you to be, pray that he'll fill your good ideas and acts of faith with his own energy so that it all amounts to something. If your life honors the name of Jesus, he will honor you. Grace is behind and through all of this, our God giving himself freely, the Master, Jesus Christ, giving himself freely.

The Anarchist

2 1-3 Now, friends, read these next words carefully. Slow down and don't go jumping to conclusions regarding the day when our Master, Jesus Christ, will come back and we assemble to welcome him. Don't let anyone shake you up or get you excited over some breathless report or rumored letter from me that the day of the Master's arrival has come and gone. Don't fall for any line like that.

3-5 Before that day comes, a couple of things have to happen. First, the

입니다. 그는 신이라고 불리는 모든 것이나 제단에 대항하고, 그 모든 것을 접수할 것입니다. 그는 반대자를 쓸어버린 뒤에, 하나님의 성전에서 "전능한 하나님"을 자처할 것입니다. 여러분은 내가 여러분과 함께 있을 때에 이 모든 일을 낱낱이 짚어 준 것을 기억하지 못합니까? 여러분의 기억력이 그리도 짧습니까?

6-8 또한 여러분은, 무법자가 정해진 때까지는 억제당할 것이라고 한 내 말을 기억할 것입니다. 그렇다고 해서, 무법의 영이 지금 활동하고 있지 않다는 뜻은 아닙니다. 그 영은 지하에서 은밀히 활동하고 있습니다. 언젠가는 무법자가 더 이상 억제당하지 않고 풀려날 때가 올 것입니다. 그러나 걱정하지 마십시오. 주 예수께서 바로 뒤쫓아 가셔서 그를 날려 버리실 것입니다. 주님께서 나타나셔서 한번 훅 부시면, 무법자는 흔적도 없이 사라지고 말 것입니다.

9-12 무법자가 오는 것은 모두 사탄의 역사입니다. 그의 능력과 표적과 기적은 모두 가짜이며, 자신을 구원해 줄 진리를 미워하는 자들에게 영합하려는 교활한 술수에 불과합니다. 하나님께서는 악에 사로잡혀 있는 그들로 하여금 자기 술수에 당하게 하십니다. 그들이 원하는 것을 그들에게 주시는 것입니다. 그들이 스스로 선택한 거짓과 눈속임의 세계로 쫓겨나는 것은, 진리를 믿지 않기 때문입니다.

13-14 하나님께 사랑을 입은 우리의 선한 친구 여러분, 우리는 여러분으로 인해 하나님께 끊임없이 감사할 수밖에 없습니다! 하나님께서는 처음부터 여러분을 자기 사람으로 선택해 주셨습니다. 잊지 마십시오. 여러분은 하나님이 세우신 처음 구원 계획에 들어 있고, 살아 있는 진리 안에서 믿음의 끈으로 묶여 있습니다. 이것이 하나님께서 우리가 전한 **메시지**를 통해 여러분에게 권하시는 성

Apostasy. Second, the debut of the Anarchist, a real dog of Satan. He'll defy and then take over every so-called god or altar. Having cleared away the opposition, he'll then set himself up in God's Temple as "God Almighty." Don't you remember me going over all this in detail when I was with you? Are your memories that short?

6-8 You'll also remember that I told you the Anarchist is being held back until just the right time. That doesn't mean that the spirit of anarchy is not now at work. It is, secretly and underground. But the time will come when the Anarchist will no longer be held back, but will be let loose. But don't worry. The Master Jesus will be right on his heels and blow him away. The Master appears and—puff!— the Anarchist is out of there.

9-12 The Anarchist's coming is all Satan's work. All his power and signs and miracles are fake, evil sleight of hand that plays to the gallery of those who hate the truth that could save them. And since they're so obsessed with evil, God rubs their noses in it—gives them what they want. Since they refuse to trust truth, they're banished to their chosen world of lies and illusions.

13-14 Meanwhile, we've got our hands full continually thanking God for you, our good friends—so loved by God! God picked you out as his from the very start. Think of it: included in God's original plan of salvation by the bond of faith in the living truth. This is the life of the Spirit he invited you to through

령의 삶입니다. 여러분이 그렇게 살면, 우리 주 예수 그리스도의 영광에 참여하게 될 것입니다.

15-17 그러므로 친구 여러분, 땅에 발을 딛고 굳게 서서 머리를 치켜드십시오. 우리의 말과 편지로 배운 가르침을 굳게 붙잡으십시오. 사랑으로 다가오셔서 끊임없는 도움과 확신을 선물로 주시며 여러분을 놀라게 하신 예수와 하나님 우리 아버지께서, 친히 여러분 안에 새로운 마음을 주시고, 여러분의 일을 격려하시며, 여러분의 말에 생기를 더해 주시기를 바랍니다.

게으른 자들에 대한 경고

3 **1-3** 친구 여러분, 한 가지 더 부탁드립니다. 우리를 위해 기도해 주십시오. 주님의 말씀이 여러분 가운데서 퍼져 나간 것처럼 전 지역으로 퍼져 나가서, 큰 물결 같은 반응을 얻도록 기도해 주십시오. 또한 우리를 파멸시키려는 악당들로부터 우리를 구해 달라고 기도해 주십시오. 요즘 내가 느끼는 것은, 믿는 사람이라고 해서 다 믿는 사람이 아니라는 것입니다. 그러나 주님께서는 절대로 우리를 저버리지 않으십니다. 그분은 신실하셔서, 여러분을 악에서 지켜 주실 것입니다.

4-5 주님으로 인해 우리는 여러분을 크게 신뢰하고 있습니다. 우리가 말한 모든 것을 여러분이 행하고 있고, 앞으로도 행하리라는 것을 우리는 압니다. 주님께서 여러분의 손을 붙잡고, 하나님의 사랑과 그리스도의 인내의 길로 인도해 주시기를 바랍니다.

6-9 우리는 주 예수의 지지를 받아 여러분에게 명령합니다. 여러분 가운데 게으른 사람들, 곧 우리가 여러분에게 가르친 대로 일하지 않는 사람들과 관계하지 마십시오. 그들이 하는 일 없이 거저먹는 일이 없게 하십시오. 우리는 여러분과 함께 있으면서, 여러분

the Message we delivered, in which you get in on the glory of our Master, Jesus Christ.

15-17 So, friends, take a firm stand, feet on the ground and head high. Keep a tight grip on what you were taught, whether in personal conversation or by our letter. May Jesus himself and God our Father, who reached out in love and surprised you with gifts of unending help and confidence, put a fresh heart in you, invigorate your work, enliven your speech.

Those Who Are Lazy

3 **1-3** One more thing, friends: Pray for us. Pray that the Master's Word will simply take off and race through the country to a ground-swell of response, just as it did among you. And pray that we'll be rescued from these scoundrels who are trying to do us in. I'm finding that not all "believers" are believers. But the Master never lets us down. He'll stick by you and protect you from evil.

4-5 Because of the *Master*, we have great confidence in *you*. We know you're doing everything we told you and will continue doing it. May the Master take you by the hand and lead you along the path of God's love and Christ's endurance.

6-9 Our orders—backed up by the Master, Jesus—are to refuse to have anything to do with those among you who are lazy and refuse to work the way we taught you. Don't permit them to freeload on the rest. We showed you how to pull your weight when we were with you, so get on with

이 어떻게 자기 역할을 다 해야 하는지 본을 보여주었습니다. 그러니 그대로 행하십시오. 우리는 남들이 보살펴 주겠지 생각하면서 팔짱을 끼고 빈둥거리지 않았습니다. 오히려 몸을 아끼지 않고 밤늦도록 일했습니다. 그것은 우리를 보살피는 짐을 여러분에게 지우지 않으려는 것이었습니다. 우리에게 여러분의 후원을 받을 권리가 없어서가 아니었습니다. 우리에게는 그럴 권리가 있습니다. 다만, 우리는 부지런한 본을 보여서, 그것이 여러분에게 전염되기를 바랐던 것입니다.

10-13 우리가 여러분과 함께 생활할 때 제시한 규정을 기억하지 못합니까? "일하지 않는 자는 먹지도 말라"는 규정 말입니다. 그런데 우리가 듣는 소식에 의하면, 게으르기만 할 뿐 전혀 쓸모없는 무리가 여러분을 이용해 먹고 있다고 하더군요. 그런 짓을 용납해서는 안됩니다. 그런 사람들에게 명령합니다. 당장 일을 시작하십시오. 변명하거나 이의를 달지 말고 손수 생활비를 버십시오. 친구 여러분, 일손을 놓지 말고 자기 본분을 다하십시오.

14-15 이 편지에 담긴 우리의 명확한 지시를 따르지 않는 사람이 있거든, 내버려두지 마십시오. 그런 사람을 지적하고, 그의 무위도식을 눈감아 주지 마십시오. 그러면 그는 다시 생각하게 될 것입니다. 그러나 그를 원수처럼 대하지는 마십시오. 그를 앉혀 놓고, 걱정하는 심정으로 그 문제를 꺼내 상의하십시오.

16 평화의 주님께서 언제나 서로 화목하게 지내는 선물을 여러분에게 주시기를 바랍니다. 참으로 주님께서 여러분 가운데 계시기를 바랍니다!

17 나 바울이 친필로 여러분에게 작별인사를 합니다. 내가 보내는 모든 편지에는 이런 식으로 서명이 되어 있으니, 내 서명을 보고 편지의 진위 여부를 가리십시오.

18 우리 주 예수 그리스도의 놀라운 은혜가 여러분 모두와 함께하기를 바랍니다!

it. We didn't sit around on our hands expecting others to take care of us. In fact, we worked our fingers to the bone, up half the night moonlighting so you wouldn't be burdened with taking care of us. And it wasn't because we didn't have a right to your support; we did. We simply wanted to provide an example of diligence, hoping it would prove contagious.

10-13 Don't you remember the rule we had when we lived with you? "If you don't work, you don't eat." And now we're getting reports that a bunch of lazy good-for-nothings are taking advantage of you. This must not be tolerated. We command them to get to work immediately—no excuses, no arguments—and earn their own keep. Friends, don't slack off in doing your duty.

14-15 If anyone refuses to obey our clear command written in this letter, don't let him get by with it. Point out such a person and refuse to subsidize his freeloading. Maybe then he'll think twice. But don't treat him as an enemy. Sit him down and talk about the problem as someone who cares.

16 May the Master of Peace himself give you the gift of getting along with each other at all times, in all ways. May the Master be truly among you!

17 I, Paul, bid you good-bye in my own handwriting. I do this in all my letters, so examine my signature as proof that the letter is genuine.

18 The incredible grace of our Master, Jesus Christ, be with all of you!

그리스도인들은 예배나 일로 모일 때, 하나님이 그 자리에 함께 계셔서 모든 것을 다스리신다고 진심으로 믿는다. 하나님은 창조하시고, 인도하시고, 구원하시고, 치료하시고, 바로잡으시고, 복 주시고, 부르시고, 심판하신다. 하나님으로부터 오는 이 폭넓고 인격적인 지도력과 견줄 때, 인간의 지도력이 있어야 할 자리는 어디인가?

분명, 인간의 지도력은 두 번째여야 한다. 인간의 지도력이 하나님의 지도력을 밀어내서도 안되고, 하나님의 지도력을 대신하려고 해서도 안된다. 자기중심적이고 자기과시적인 지도력은 주님을 등질 수밖에 없다. 메시아 예수의 이름으로 세워진 영적 공동체에서 최선의 지도력은, 자신을 드러내지 않고 사람들의 이목을 끌지 않으면서도 믿음과 확신의 길에 있는 그 무엇도 희생시키지 않는 것이다.

바울이 젊은 두 동료, 에베소의 디모데와 크레타의 디도에게 보낸 편지에서, 우리는 그러한 지도력을 계발하도록 격려하고 지도하는 바울의 모습을 보게 된다.

그대의 삶으로 가르치십시오. 그대의 말과 행실과 사랑과 믿음과 성실함으로 믿는 이들을 가르치십시오. 그대에게 맡겨진, 성경을 읽는 일과 권면하는 일과 가르치는 일을 계속하십시오.……그대의 성품과 그대의 가르침을 잘 살피십시오. 한눈팔지 마십시오. 끝까지 힘을 내십시오(딤전 4:11-13, 15-16).

Christians are quite serious in believing that when they gather together for worship and work, God is present and sovereign, really present and absolutely sovereign. God creates and guides, God saves and heals, God corrects and blesses, God calls and judges. With such comprehensive and personal leadership from God, what is the place of *human* leadership?

Quite obviously, it has to be second place. It must not elbow its way to the front, it must not bossily take over. Ego-centered, ego-prominent leadership betrays the Master. The best leadership in spiritual communities formed in the name of Jesus, the Messiah, is inconspicuous, not calling attention to itself but not sacrificing anything in the way of conviction and firmness either.

In his letters to two young associates—Timothy in Ephesus and Titus in Crete—we see Paul encouraging and guiding the development of just such leadership:

Teach believers with your life: by word, by demeanor, by love, by faith, by integrity. Stay at your post reading Scripture, giving counsel, teaching…Cultivate these things. Immerse yourself in them. The people will all see you mature right before their eyes! keep a firm grasp on both your character and your teaching. Don't be diverted. Just keep at it(1 Timothy 4:11-13, 15-16).

726

바울은 자신이 직접 익힌 것을 전할 뿐 아니라, 지역 교회에서 그 같은 지도력을 계발하려면 어떻게 해야 하는지를 잘 보여준다. 바울은 디도에게 "그대의 임무는 견고한 교훈에 어울리는 말을 하는 것입니다"라고 말한다.

> 나이 많은 남자들을 인도하여, 절제와 위엄과 지혜와 건강한 믿음과 사랑과 인내의 삶을 살게 하십시오. 나이 많은 여자들을 공경의 삶으로 인도하여, 험담이나 술주정을 그치고 선한 일의 본보기가 되게 하십시오. 그러면 젊은 여자들이 그들을 보고, 남편과 자녀를 어떻게 사랑해야 하는지, 고결하고 순결한 삶을 살려면 어떻게 해야 하는지, 집안살림을 잘하려면 어떻게 해야 하는지, 좋은 아내가 되려면 어떻게 해야 하는지를 알게 될 것입니다. 우리는 그들의 행실 때문에 하나님의 메시지를 멸시하는 사람이 하나도 없기를 바랍니다. 또한 그대는 젊은 남자들을 지도하여, 잘 훈련된 삶을 살게 하십시오. 그대는 몸소 실천하여 이 모든 것을 보여주고, 가르치는 일을 순수하게, 말은 믿음직하고 건전하게 하십시오(딛 2:1-7).

잘못된 방향으로 형성된 영적 지도력은 사람들의 영혼에 큰 해악을 끼치게 마련이다. 그래서 우리는 이 편지들을 읽어야 한다. 바울은 어떻게 해야 바른 지도력을 펼칠 수 있는지, 자신의 삶과 편지를 통해 우리에게 제시해 준다.

What he had learned so thoroughly himself, he was now passing on, and showing them, in turn, how to develop a similar leadership in local congregations. "Your job," he told Titus, "is to speak out on the things that make for solid doctrine."

> Guide older men into lives of temperance, dignity, and wisdom, into healthy faith, love, and endurance. Guide older women into lives of reverence so they end up as neither gossips nor drunks, but models of goodness. By looking at them, the younger women will know how to love their husbands and children, be virtuous and pure, keep a good house, be good wives. We don't want anyone looking down on God's Message because of their behavior. Also, guide the young men to live disciplined lives. But mostly, show them all this by doing it yourself, incorruptible in your teaching, your words solid and sane(Titus 2:1-7).

This is essential reading because ill-directed and badly formed spiritual leadership causes much damage in souls. Paul in both his life and his letters shows us how to do it right.

디모데전서

1 TIMOTHY

1 ¹⁻² 나 바울은, 우리의 산 소망이신 그리스도를 위해 특별한 임무를 맡은 사도입니다. 나는 우리 구주이신 하나님의 명령에 따라, 믿음 안에서 나의 아들 된 디모데에게 이 편지를 씁니다. 우리 하나님과 그리스도께서 주시는 온갖 좋은 선물이 그대의 것이 되기를 바랍니다!

거짓 교훈들에 대한 경고

³⁻⁴ 내가 마케도니아로 가는 길에, 그대에게 에베소에 머물 것을 권했습니다. 나의 생각은 지금도 변함이 없습니다. 그대는 그곳에 머물면서, 가르침이 계속 이어지게 하십시오. 몇몇 사람들이 기이한 이야기와 허망한 족보를 소개하고 있는 것이 분명합니다. 그런 것은 사람들을 중심으로 되돌려 그들의 믿음과 순종이 깊어지도록 해주기보다는, 오히려 어리석음에 빠지게 할 뿐입니다.

⁵⁻⁷ 우리가 이렇게 강권하는 목적은 오직 사랑입니다. 이기심과 거짓 믿음에 물들지 않은 사랑, 곧 하나님을 향해 열려 있는 삶을 위해서입니다. 이 목적에서 벗어난 자들은 조만간 길을 잃고 쓸데없는 말에 빠져들고 말 것입니다. 그들은 종교적인 문제의 전문가인 양 우쭐대면서 온갖 화려한 말로 열변을 토하지만, 정작 자신들이 무슨 말을 하고 있는지 전혀 알지 못합니다.

1 ¹⁻² I, Paul, am an apostle on special assignment for Christ, our living hope. Under God our Savior's command, I'm writing this to you, Timothy, my son in the faith. All the best from our God and Christ be yours!

Self-Appointed Experts on Life

³⁻⁴ On my way to the province of Macedonia, I advised you to stay in Ephesus. Well, I haven't changed my mind. Stay right there on top of things so that the teaching stays on track. Apparently some people have been introducing fantasy stories and fanciful family trees that digress into silliness instead of pulling the people back into the center, deepening faith and obedience.

⁵⁻⁷ The whole point of what we're urging is simply *love*—love uncontaminated by self-interest and counterfeit faith, a life open to God. Those who fail to keep to this point soon wander off into cul-de-sacs of gossip. They set themselves up as experts on religious issues, but haven't the remotest idea of what they're holding forth with such imposing eloquence.

8-11 도덕적 지침과 조언이 필요하기는 하지만, 그 내용만큼이나 필요한 사람에게 제대로 전해 주는 것이 중요합니다. 율법은 책임을 다하며 사는 사람들 때문이 아니라 무책임한 사람들, 곧 모든 권위에 도전하면서 하나님이든 생명이든 성윤리든 진리든 무엇이든지 함부로 취급하는 자들 때문에 있는 것이 분명하지 않습니까! 그들은 크신 하나님께서 내게 맡겨 주신 이 위대한 **메시지**를 멸시하는 자들입니다.

12-14 나를 이 일의 적임자로 삼아 주신 그리스도 예수께 큰 감사를 드립니다. 그대도 알다시피, 그분은 위험을 무릅쓰고 내게 이 사역을 맡기셨습니다. 이 사역을 위해 내가 가진 자격이라고는, 비난하는 말과 무자비한 박해와 교만함이 전부였습니다. 그런데도 그분은 나를 자비롭게 대해 주셨습니다. 그것은 내가 하는 일이 무엇인지, 그리고 내가 거역하는 분이 누구신지 알지 못하고 한 일이었기 때문입니다! 은혜가 믿음과 사랑과 하나가 되어, 내게 그리고 내 안에 부어졌습니다. 이 모두가 예수의 은혜로 되어진 것입니다.

15-19 그대가 마음에 새기고 의지할 말씀이 있습니다. 예수 그리스도께서 죄인들을 구원하시려고 이 세상에 오셨다는 말씀입니다. 내가 그 증거입니다. 나는 '공공의 죄인 1호'로서, 순전한 자비가 아니었다면 구원받지 못했을 사람입니다. 예수께서는 영원히 그분을 신뢰하려는 사람들에게, 당신의 한없는 인내의 증거로 나를 제시하고 계십니다.

모든 시대의 왕,
보이지 않고 소멸치 않으시는 한분 하나님께
깊은 경외와 찬란한 영광이
이제부터 영원까지 있기를!

8-11 It's true that moral guidance and counsel need to be given, but the way you say it and to whom you say it are as important as what you say. It's obvious, isn't it, that the law code isn't primarily for people who live responsibly, but for the irresponsible, who defy all authority, riding roughshod over God, life, sex, truth, whatever! They are contemptuous of this great Message I've been put in charge of by this great God.

12-14 I'm so grateful to Christ Jesus for making me adequate to do this work. He went out on a limb, you know, in trusting me with this ministry. The only credentials I brought to it were invective and witch hunts and arrogance. But I was treated mercifully because I didn't know what I was doing—didn't know Who I was doing it against! Grace mixed with faith and love poured over me and into me. And all because of Jesus.

15-19 Here's a word you can take to heart and depend on: Jesus Christ came into the world to save sinners. I'm proof—Public Sinner Number One—of someone who could never have made it apart from sheer mercy. And now he shows me off—evidence of his endless patience—to those who are right on the edge of trusting him forever.

Deep honor and bright glory
to the King of All Time—
One God, Immortal, Invisible,
ever and always. Oh, yes!

나의 아들 디모데여, 나는 그대에게 이 일을 맡
깁니다. 그대에게 주어진 예언의 말씀을 따라
우리는 이 일을 준비했습니다. 그대가 이 일을
잘 수행하고, 용감히 싸우고, 그대의 믿음과 그
대 자신을 굳게 지키게 해달라고 모두가 하나
되어 기도하고 있습니다. 결국 이것은 우리가
싸울 싸움입니다.

19-20 그대도 아는 것처럼, 무슨 일이든 해도 괜
찮다고 마음을 놓고 있다가 믿음을 망쳐 버린
자들이 몇 있습니다. 그 가운데 두 사람이 후메
내오와 알렉산더입니다. 나는 그들이 사탄에게
넘어가도록 두었습니다. 그것은 그들이 하나님
을 모독하지 못하도록 한두 가지 교훈을 배우게
하려는 것입니다.

모든 일에 바탕이 되는 기도

2 1-3 나는 그대가 무엇보다 먼저 기도하
기를 바랍니다. 그대가 아는 모든 방법
을 동원해서, 그대가 아는 모든 사람을 위해 기
도하십시오. 특히, 통치자들과 정부가 바르게
다스릴 수 있게 해달라고 기도하십시오. 그래
야 우리가 겸손히 묵상하면서 단순하게 사는
일에 조용히 마음을 쏟을 수 있을 것입니다. 그
것은 우리 구주 하나님께서 우리에게 바라시는
생활방식입니다.

4-7 그대도 알다시피, 하나님은 우리뿐만 아니
라 모든 사람이 구원받기를 바라십니다. 또한
우리가 배운 진리를 그들도 알기를 원하십니
다. 하나님은 오직 한분이십니다. 하나님과 우
리 사이를 중재하는 제사장도 한분이시니, 그
분은 다름 아닌 예수이십니다. 예수께서는 죄
에 사로잡힌 모든 사람을 대신해 자기를 내어
주시고, 그들을 자유롭게 해주셨습니다. 이 소
식이 결국은 널리 퍼져 나갈 것입니다. 바로 이
소식을 널리 전하는 것이 내게 맡겨진 일입니
다. 하나님에 대해 들어 본 적 없는 사람들에게
이 소식을 전하고, 단순한 믿음과 명백한 진리
가 어떻게 역사하는지 설명해 주는 이 일을 위

I'm passing this work on to you, my son Timothy. The prophetic word that was directed to you prepared us for this. All those prayers are coming together now so you will do this well, fearless in your struggle, keeping a firm grip on your faith and on yourself. After all, this is a fight we're in.

19-20 There are some, you know, who by relaxing their grip and thinking anything goes have made a thorough mess of their faith. Hymenaeus and Alexander are two of them. I let them wander off to Satan to be taught a lesson or two about not blaspheming.

Simple Faith and Plain Truth

2 1-3 The first thing I want you to do is pray. Pray every way you know how, for everyone you know. Pray especially for rulers and their governments to rule well so we can be quietly about our business of living simply, in humble contemplation. This is the way our Savior God wants us to live.

4-7 He wants not only us but *everyone* saved, you know, everyone to get to know the truth *we've* learned: that there's one God and only one, and one Priest-Mediator between God and us— Jesus, who offered himself in exchange for everyone held captive by sin, to set them all free. Eventually the news is going to get out. This and this only has been my appointed work: getting this news to those who have never heard of God, and explaining how it works by

해 내가 임명받았습니다.

8-10 기도는 이 모든 일의 바탕이 됩니다. 나는 무엇보다도 남자들이 기도하기를 바랍니다. 원수를 향해 분노에 찬 주먹을 흔들 것이 아니라, 하나님을 향해 거룩한 손을 들고 기도하십시오. 나는 여자들도 남자들과 함께 하나님 앞에서 겸손하기를 바랍니다. 거울 앞에서 최신 유행을 좇아 자신을 아름답게 꾸밀 것이 아니라, 하나님께 아름다운 일을 행함으로 진정 아름다운 사람이 되십시오.

11-15 나는 여자가 나서서 남자에게 이래라저래라 하지 않기를 바랍니다. 여자들은 다른 모든 사람들과 더불어 조용히 지내면서 순종하는 법을 배우십시오. 아담이 먼저 지음받았고, 그 다음에 하와가 지음받았습니다. 여자가 먼저 속아 넘어갔고—죄의 개척자가 되었고!—아담이 그 뒤를 따랐습니다. 반면에, 여자가 아이를 낳음으로 구원을 가져오게 되었고, 그 삶이 바뀌었습니다. 그러나 이 구원은 믿음과 사랑과 거룩함을 지키는 사람들, 이 모든 것을 바탕으로 성숙에 이르는 사람들에게만 옵니다. 그대는 이 말을 믿으십시오.

교회 지도자의 자격

3 1-7 어떤 사람이 교회의 지도자가 되고자 한다면, 그것은 좋은 일입니다! 그러나 그 전에 갖춰야 할 조건이 있습니다. 지도자는 평판이 좋으며, 아내에게 헌신하며, 침착하며, 붙임성 있고, 남을 따뜻하게 맞아 주는 사람이어야 합니다. 그는 잘 가르쳐야 하며, 술을 지나치게 좋아하지 않으며, 난폭하지 않고 너그러우며, 쉽게 화를 내지 않으며, 돈을 사랑하지 않는 사람이어야 합니다. 또한 자기 일을 잘 처리하며, 자녀들을 세심히 돌보며, 자녀들의 존경을 받는 사람이어야 합니다. 자기 일조차 제대로 처리하지 못하는 사람이 어떻게 하나님의 교회를 돌볼 수 있겠습니까? 신앙을 가진 지 얼마 되지 않은 사람이 교회의 지도자가

simple faith and plain truth.

8-10 Since prayer is at the bottom of all this, what I want mostly is for men to pray—not shaking angry fists at enemies but raising holy hands to God. And I want women to get in there with the men in humility before God, not primping before a mirror or chasing the latest fashions but doing something beautiful for God and becoming beautiful doing it.

11-15 I don't let women take over and tell the men what to do. They should study to be quiet and obedient along with everyone else. Adam was made first, then Eve; woman was deceived first—our pioneer in sin!—with Adam right on her heels. On the other hand, her childbearing brought about salvation, reversing Eve. But this salvation only comes to those who continue in faith, love, and holiness, gathering it all into maturity. You can depend on this.

Leadership in the Church

3 1-7 If anyone wants to provide leadership in the church, good! But there are preconditions: A leader must be well-thought-of, committed to his wife, cool and collected, accessible, and hospitable. He must know what he's talking about, not be overfond of wine, not pushy but gentle, not thin-skinned, not money-hungry. He must handle his own affairs well, attentive to his own children and having their respect. For if someone is unable to handle his own affairs, how can he take care of God's church? He must

되어서는 안됩니다. 그가 그 직분으로 말미암아 자만해져서 마귀의 발에 걸려 넘어질 수 있기 때문입니다. 또한 교회의 지도자가 되려는 사람은 세상 사람들로부터도 좋은 평판을 받아야 합니다. 그래야 마귀의 함정에 빠지지 않을 것입니다.

8-13 교회에서 섬기는 사람이 되려는 이들에게도 똑같은 기준이 적용됩니다. 섬기는 이들은 신중하며, 남을 속이지 않으며, 술을 흥청망청 마시지 않으며, 그저 얻는 것에만 관심을 갖는 사람이 아니어야 합니다. 또한 믿음의 비밀 앞에 경건하며, 자신의 직분을 이용해 이익을 도모하지 않는 사람이어야 합니다. 먼저, 그들 스스로 자신을 증명해 보이게 하십시오. 그것이 입증될 때, 그들에게 일을 맡기십시오. 여자라고 해서 예외가 아니며, 똑같은 자격 요건을 갖춰야 합니다. 신중하며, 신뢰할 만하며, 입이 험하지 않으며, 술을 지나치게 좋아하지 않는 사람이어야 합니다. 교회에서 섬기는 이들은 배우자에게 헌신하며, 자녀들을 세심히 돌보며, 부지런히 자기 일을 살피는 사람이어야 합니다. 이 섬김의 일을 하는 사람들은 큰 존경을 받으며, 예수를 믿는 믿음의 참 자랑거리가 될 것입니다.

14-16 나는 곧 그대에게 가기를 바라지만, 지체될 경우를 대비해 이렇게 편지를 써 보냅니다. 그 이유는, 그대가 살아 계신 하나님의 교회이자 진리의 요새인 하나님의 가족 가운데서 일을 어떻게 처리해야 하는지 알려 주려는 것입니다. 그리스도인의 삶은, 우리의 이해를 훨씬 넘어서는 위대한 비밀이 아닐 수 없습니다. 다음 몇 가지 사실은 너무도 분명합니다.

그분은 사람의 몸으로 나타나시고
보이지 않는 성령에 의해 의롭다고 인정받으셨으며
천사들에게 보이셨습니다.
모든 사람 가운데 선포되므로

not be a new believer, lest the position go to his head and the Devil trip him up. Outsiders must think well of him, or else the Devil will figure out a way to lure him into his trap.

8-13 The same goes for those who want to be servants in the church: serious, not deceitful, not too free with the bottle, not in it for what they can get out of it. They must be reverent before the mystery of the faith, not using their position to try to run things. Let them prove themselves first. If they show they can do it, take them on. No exceptions are to be made for women—same qualifications: serious, dependable, not sharp-tongued, not overfond of wine. Servants in the church are to be committed to their spouses, attentive to their own children, and diligent in looking after their own affairs. Those who do this servant work will come to be highly respected, a real credit to this Jesus-faith.

14-16 I hope to visit you soon, but just in case I'm delayed, I'm writing this letter so you'll know how things ought to go in God's household, this God-alive church, bastion of truth. This Christian life is a great mystery, far exceeding our understanding, but some things are clear enough:

He appeared in a human body,
    was proved right by the invisible Spirit,
        was seen by angels.
He was proclaimed among all kinds of peoples,

온 세상이 그분을 믿었고,
그분은 하늘 영광 속으로 들려 올라가셨습
니다.

그대의 삶으로 가르치십시오

4 1-5 성령께서 분명히 말씀하시는 것처
럼, 시간이 지나면서 몇몇 사람들이 믿
음을 저버리고, 거짓을 일삼는 자들이 퍼뜨리
는 마귀의 망상을 따를 것입니다. 이 거짓말쟁
이들은 너무도 오랫동안 능숙하게 거짓을 말해
온 까닭에, 이제는 진리를 말할 능력조차 잃어
버린 자들입니다. 그들은 결혼하지 말라고 할
것입니다. 또한 이러저러한 음식을 먹지 말라
고 할 것입니다. 사실, 그 음식은 하나님께서 분
별 있는 신자들에게 감사함으로 마음껏 먹으라
고 주신 더없이 좋은 음식인데도 말입니다! 하
나님이 지으신 모든 것이 선하니, 감사한 마음
으로 받아야 할 것입니다. 멸시하며 내버릴 것
이 하나도 없습니다. 지어진 모든 것이 하나님
의 말씀과 우리의 기도로 거룩해집니다.

6-10 지금까지 그대는 믿음의 **메시지**로 양육받
았고 건전한 가르침을 따랐습니다. 이제 그대
는, 그곳에서 예수를 따르는 이들에게도 이 가
르침을 전해 주십시오. 그러면 그대는 예수의
귀한 종이 될 것입니다. 신앙을 가장한 어리석
은 이야기를 멀리하십시오. 하나님 안에서 날
마다 훈련하십시오. 영적 무기력은 절대 금물
입니다! 체육관에서 몸을 단련하는 것도 유익
하지만, 하나님 안에서 훈련받는 삶은 훨씬 유
익합니다. 그런 삶은 현재는 물론이고 영원토
록 그대를 건강하게 해줄 것입니다. 이 말을 믿
고 마음 깊이 새기십시오. 우리가 이 모험에 우
리 자신의 전부를 내던진 것은 그 때문입니다.
우리는 모든 사람, 특히 모든 믿는 이들의 구주
이신 살아 계신 하나님을 의지하고 있는 것입
니다.

11-14 입을 열어 말하십시오. 이 모든 것을 가르
치십시오. 아무도 그대가 젊다는 이유로 그대

believed in all over the world,
taken up into heavenly glory.

Teach with Your Life

4 1-5 The Spirit makes it clear that
as time goes on, some are going
to give up on the faith and chase after
demonic illusions put forth by profes-
sional liars. These liars have lied so well
and for so long that they've lost their
capacity for truth. They will tell you
not to get married. They'll tell you not
to eat this or that food—perfectly good
food God created to be eaten heartily
and with thanksgiving by believers who
know better! Everything God created is
good, and to be received with thanks.
Nothing is to be sneered at and thrown
out. God's Word and our prayers make
every item in creation holy.

6-10 You've been raised on the Message
of the faith and have followed sound
teaching. Now pass on this counsel to
the followers of Jesus there, and you'll
be a good servant of Jesus. Stay clear
of silly stories that get dressed up as
religion. Exercise daily in God—no
spiritual flabbiness, please! Workouts
in the gymnasium are useful, but a
disciplined life in God is far more so,
making you fit both today and forever.
You can count on this. Take it to heart.
This is why we've thrown ourselves into
this venture so totally. We're banking
on the living God, Savior of all men and
women, especially believers.

11-14 Get the word out. Teach all these
things. And don't let anyone put you

를 얕잡아 보지 못하게 하십시오. 그대의 삶으로 가르치십시오. 그대의 말과 행실과 사랑과 믿음과 성실함으로 믿는 이들을 가르치십시오. 그대에게 맡겨진, 성경을 읽는 일과 권면하는 일과 가르치는 일을 계속하십시오. 교회 지도자들이 그대에게 안수하고 기도하며 맡긴 사역, 그 특별한 은사에 먼지가 쌓이지 않도록 부지런히 사용하십시오.

15-16 이 일에 전념하고 집중하십시오. 그러면 성숙해 가는 그대의 모습이 사람들 눈에 분명히 드러날 것입니다! 그대의 성품과 그대의 가르침을 잘 살피십시오. 한눈팔지 마십시오. 끝까지 힘을 내십시오. 그러면 그대는 물론이고, 그대의 말을 듣는 사람들도 구원을 경험하게 될 것입니다.

성도를 대하는 자세

5 1-2 나이 많은 남자를 나무라거나 꾸짖지 마십시오. 그에게는 아버지를 대하듯 말하고, 젊은 남자에게는 형제를 대하듯 말하십시오. 나이 많은 여자에게는 어머니를 대하듯 존중하고, 젊은 여자에게는 누이를 대하듯 존중하십시오.

3-8 가난한 과부들을 보살피십시오. 어떤 과부에게 가족이 있어서 그녀를 돌볼 경우, 그들을 가르쳐서 그 가정에 신앙심이 싹트고, 받은 사랑에 감사로 보답하게 하십시오. 이것은 하나님이 크게 기뻐하시는 일입니다. 그대는 의지할 데 없는 참 과부에게 말하여, 모든 소망을 하나님께 두고 자신의 쓸 것과 다른 사람의 쓸 것을 위해 하나님께 끊임없이 구하게 하십시오. 그러나 사람들의 마음과 지갑을 털어 가는 과부가 있다면, 그런 사람과는 관계하지 마십시오. 사람들에게 이런 것을 말해서, 그들이 확대가족 안에서 바르게 처신하게 하십시오. 누구든지 곤경에 처한 가족을 돌보지 않는 사람은 믿음을 저버린 자입니다. 그것은 애초

down because you're young. Teach believers with your life: by word, by demeanor, by love, by faith, by integrity. Stay at your post reading Scripture, giving counsel, teaching. And that special gift of ministry you were given when the leaders of the church laid hands on you and prayed—keep that dusted off and in use.

15-16 Cultivate these things. Immerse yourself in them. The people will all see you mature right before their eyes! Keep a firm grasp on both your character and your teaching. Don't be diverted. Just keep at it. Both you and those who hear you will experience salvation.

The Family of Faith

5 1-2 Don't be harsh or impatient with an older man. Talk to him as you would your own father, and to the younger men as your brothers. Reverently honor an older woman as you would your mother, and the younger women as sisters.

3-8 Take care of widows who are destitute. If a widow has family members to take care of her, let them learn that religion begins at their own doorstep and that they should pay back with gratitude some of what they have received. This pleases God immensely. You can tell a legitimate widow by the way she has put all her hope in God, praying to him constantly for the needs of others as well as her own. But a widow who exploits people's emotions and pocketbooks—well, there's nothing to her. Tell these things to the people so that they will do the right thing in their extended family. Anyone who neglects to care for family members in need

에 믿기를 거부하는 것보다 더 악한 행위입니다.

9-10 과부 몇 사람을 명단에 올려서, 구제하는 특별한 사역을 맡기십시오. 그리고 교회는 그들의 생활비를 지원해 주십시오. 과부로 명단에 올릴 이는 예순 살이 넘어야 하고, 단 한 번 결혼한 사람이어야 합니다. 또한 자녀와 나그네와 지친 그리스도인과 상처 입고 어려움에 처한 사람들을 도운 일로 평판을 얻은 사람이어야 합니다.

11-15 젊은 과부는 명단에 올리지 마십시오. 그들은 구제하는 일로 그리스도를 섬기기보다는 남편을 얻으려는 마음이 강해서, 명단에 이름이 오르자마자 곧바로 이름을 빼려고 할 것입니다. 그들은 자신들의 약속을 저버리고 점점 더 악화되어, 수다와 험담과 잡담으로 시간을 낭비하기 쉽습니다. 나는 젊은 과부들이 재혼을 해서 아기를 낳고 가정을 돌봄으로써, 헐뜯는 자들에게 흠잡힐 빌미를 주지 않기를 바랍니다. 그들 가운데 몇 사람이 이미 곁길로 빠져 사탄을 좇아갔습니다.

16 어떤 여자 그리스도인 집안에 과부들이 있거든, 그 교우가 그들을 책임져야 할 것입니다. 그들이 교회에 짐이 되어서는 안됩니다. 교회는 도움이 필요한 과부들을 보살피느라 이미 손이 모자라는 상태입니다.

❧

17-18 일을 잘하는 지도자들, 특히 설교하고 가르치는 일에 힘쓰는 지도자들에게는 보수를 지급하십시오. 성경에 이르기를, "일하는 소의 입에 망을 씌우지 말라"고 했고, "일꾼이 보수를 받는 것이 마땅하다"고 했습니다.

19 지도자에 대한 고발은, 두세 사람의 신뢰할 만한 증인에 의해 입증된 것이 아니면 귀담아듣지 마십시오.

repudiates the faith. That's worse than refusing to believe in the first place.

9-10 Sign some widows up for the special ministry of offering assistance. They will in turn receive support from the church. They must be over sixty, married only once, and have a reputation for helping out with children, strangers, tired Christians, the hurt and troubled.

11-15 Don't put young widows on this list. No sooner will they get on than they'll want to get off, obsessed with wanting to get a husband rather than serving Christ in this way. By breaking their word, they're liable to go from bad to worse, frittering away their days on empty talk, gossip, and trivialities. No, I'd rather the young widows go ahead and get married in the first place, have children, manage their homes, and not give critics any foothold for finding fault. Some of them have already left and gone after Satan.

16 Any Christian woman who has widows in her family is responsible for them. They shouldn't be dumped on the church. The church has its hands full already with widows who need help.

❧

17-18 Give a bonus to leaders who do a good job, especially the ones who work hard at preaching and teaching. Scripture tells us, "Don't muzzle a working ox" and "A worker deserves his pay."

19 Don't listen to a complaint against a leader that isn't backed up by two or three responsible witnesses.

20 어떤 사람이 죄에 빠지거든, 그 사람을 불러서 꾸짖으십시오. 그러면 그 사람처럼 하려고 하던 이들도 그렇게 해서는 안된다는 것을 곧바로 깨닫게 될 것입니다.

21-23 나는 하나님과 예수와 천사들의 지지를 받아 이런 지시들을 내립니다. 그대는 이것들을 실행에 옮기되, 치우치거나 편드는 일이 없게 하십시오. 사람들을 너무 성급하게 교회 지도자의 자리에 앉히지 마십시오. 어떤 사람이 심각한 죄에 연루되어 있거든, 부지중에라도 공범자가 되지 않도록 하십시오. 어떤 경우에도, 그대 자신을 꼼꼼히 살피십시오. 헐뜯는 자들이 뭐라고 하든 지나치게 걱정하지 마십시오. 포도주를 조금씩 사용하십시오. 포도주는 그대의 소화기능에도 효과가 있고, 그대를 괴롭히는 병에도 좋은 약입니다.

24-25 어떤 사람의 죄는 금세 드러나서, 곧장 법정으로 가야만 합니다. 어떤 사람의 죄는 한참이 지나서야 드러납니다. 선행도 마찬가지입니다. 어떤 선행은 즉각 드러나고, 어떤 선행은 당장은 아니더라도 언젠가는 드러나게 마련입니다.

6 1-2 누구든지 종으로 살아가는 사람은 묵묵히 참고 주인을 존경해야 합니다. 그렇게 해야, 세상 사람들이 그의 행실을 보고 하나님과, 우리의 가르침을 비난하지 않을 것입니다. 그리스도인을 주인으로 둔 종들은 더욱더 그러해야 합니다. 그들의 주인은 실제로 그들의 사랑하는 형제이니 말입니다!

돈에 대한 욕심

2-5 나는 그대가 이런 것들을 가르치고 설교하기 바랍니다. 다른 교훈을 가르치거나 우리 주 예수의 확실한 말씀과 경건한 교훈을

20 If anyone falls into sin, call that person on the carpet. Those who are inclined that way will know right off they can't get by with it.

21-23 God and Jesus and angels all back me up in these instructions. Carry them out without favoritism, without taking sides. Don't appoint people to church leadership positions too hastily. If a person is involved in some serious sins, you don't want to become an unwitting accomplice. In any event, keep a close check on yourself. And don't worry too much about what the critics will say. Go ahead and drink a little wine, for instance; it's good for your digestion, good medicine for what ails you.

24-25 The sins of some people are blatant and march them right into court. The sins of others don't show up until much later. The same with good deeds. Some you see right off, but none are hidden forever.

6 1-2 Whoever is a slave must make the best of it, giving respect to his master so that outsiders don't blame God and our teaching for his behavior. Slaves with Christian masters all the more so—their masters are really their beloved brothers!

The Lust for Money

2-5 These are the things I want you to teach and preach. If you have leaders there who teach otherwise, who refuse the solid words of our Master Jesus and

받아들이지 않는 지도자들이 있거든, 그들의 정체를 드러내 보이십시오. 그들은 무지한 허풍쟁이어서, 시기와 말다툼과 비방과 미심쩍은 소문으로 공기를 더럽히는 자들입니다. 결국에는 모함하는 말이 전염병처럼 퍼져서, 진리는 아득히 먼 기억이 되고 말 것입니다. 그들은 종교를 재빨리 한밑천 잡는 수단으로 생각합니다.

6-8 경건한 삶은 큰 유익을 가져다줍니다. 그것은 하나님 앞에서 그대 자신이 됨으로써, 단순한 삶 가운데서 누리는 넉넉함입니다. 우리는 이 세상에 빈손으로 왔으니 빈손으로 떠날 것입니다. 그러니 식탁에 음식이 있고 발에 신을 신발이 있으면, 그것으로 족합니다.

9-10 그러나 지도자들이 사랑하는 것이 돈뿐이라면, 그들은 얼마 못 가서 자멸하고 말 것입니다. 돈에 대한 욕심은 괴로움만 안겨 줄 뿐입니다. 그 길로 내려가다가 믿음에서 완전히 벗어나서, 몹시 후회하며 사는 사람들이 더러 있습니다.

믿음 안에서 힘을 다해 달려가십시오

11-12 그러나 그대, 하나님의 사람 디모데여, 그대는 이 모든 것에서 벗어나십시오. 의로운 삶, 곧 경이롭고 믿음직스럽고 사랑스럽고 꾸준하고 친절한 삶을 추구하십시오. 믿음 안에서 힘을 다해 열심히 달려가십시오. 영원한 생명, 곧 부름받은 그대가 수많은 증인들 앞에서 뜨겁게 껴안은, 그 생명을 붙잡으십시오.

13-16 나는 생명을 주시는 하나님 앞과, 본디오 빌라도 앞에서 조금도 물러서지 않으신 그리스도 앞에서, 그대에게 명령합니다. 이 계명을 글자 그대로 지키고, 느슨해지는 일이 없게 하십시오. 우리 주 예수 그리스도께서 가까이 오고 계십니다. 그분은 정한 때에 나타나실 것입니다. 복되시고 의심할 여지 없는 통치자이시며 지극히 높으신 왕, 지극히 높으신 하나님께서 그분의 오심을 보증해 주셨습

this godly instruction, tag them for what they are: ignorant windbags who infect the air with germs of envy, controversy, bad-mouthing, suspicious rumors. Eventually there's an epidemic of backstabbing, and truth is but a distant memory. They think religion is a way to make a fast buck.

6-8 A devout life does bring wealth, but it's the rich simplicity of being yourself before God. Since we entered the world penniless and will leave it penniless, if we have bread on the table and shoes on our feet, that's enough.

9-10 But if it's only money these leaders are after, they'll self-destruct in no time. Lust for money brings trouble and nothing but trouble. Going down that path, some lose their footing in the faith completely and live to regret it bitterly ever after.

Running Hard

11-12 But you, Timothy, man of God: Run for your life from all this. Pursue a righteous life—a life of wonder, faith, love, steadiness, courtesy. Run hard and fast in the faith. Seize the eternal life, the life you were called to, the life you so fervently embraced in the presence of so many witnesses.

13-16 I'm charging you before the life-giving God and before Christ, who took his stand before Pontius Pilate and didn't give an inch: Keep this command to the letter, and don't slack off. Our Master, Jesus Christ, is on his way. He'll show up right on time, his arrival guaranteed by

니다. 그분은 죽음이 건드릴 수 없는 유일하신 분이며, 누구도 가까이 할 수 없는 밝은 빛이십니다. 그분은 사람의 눈으로 본 적도 없고, 볼 수도 없는 분이십니다! 그분께 영광과 영원한 주권이 있기를! 오, 그렇습니다.

17-19 이 세상에서 부유하게 사는 사람들에게 명하여, 교만하지 말고, 오늘 있다가 내일이면 없어질 돈에 사로잡히지 말라고 하십시오. 그들에게 명하여, 우리에게 모든 것을 풍성히 주셔서 관리하게 하시는 하나님을 따르라고 말하십시오. 선을 행하고, 남을 돕는 일에 부유해지고, 아낌없이 베푸는 사람이 되라고 말하십시오. 그들이 그렇게 하면, 그들은 영원토록 무너지지 않을 보물창고를 짓고, 참된 생명을 얻게 될 것입니다.

20-21 오 나의 사랑하는 디모데여, 그대가 맡은 보화를 잘 지키십시오! 목숨을 걸고 지키십시오. 자칭 전문가라고 하는 자들이 종교를 두고 잡담하면서 일으키는 혼란을 피하십시오. 그러한 잡담에 사로잡힌 사람들은 믿음을 통째로 잃어버릴 수밖에 없습니다.

차고 넘치는 은혜가 그대를 지켜 주기를 바랍니다!

the Blessed and Undisputed Ruler, High King, High God. He's the only one death can't touch, his light so bright no one can get close. He's never been seen by human eyes—human eyes can't take him in! Honor to him, and eternal rule! Oh, yes.

17-19 Tell those rich in this world's wealth to quit being so full of themselves and so obsessed with money, which is here today and gone tomorrow. Tell them to go after God, who piles on all the riches we could ever manage—to do good, to be rich in helping others, to be extravagantly generous. If they do that, they'll build a treasury that will last, gaining life that is truly life.

20-21 And oh, my dear Timothy, guard the treasure you were given! Guard it with your life. Avoid the talk-show religion and the practiced confusion of the so-called experts. People caught up in a lot of talk can miss the whole point of faith. Overwhelming grace keep you!

디모데후서

1

1-2 나 바울은, 그리스도를 위해 특별한 임무를 맡아서, 예수의 생명의 **메시지**에 담긴 하나님의 계획을 실행에 옮기고 있습니다. 내가 몹시 사랑하는 아들, 그대 디모데에게 이 편지를 씁니다. 우리 하나님과 그리스도께서 주시는 온갖 좋은 선물이 그대의 것이 되기를 바랍니다!

메시지를 위한 고난에 참여하십시오

3-4 나는 기도하면서 그대의 이름을 떠올릴 때마다—실제로, 늘 그렇게 하고 있습니다만—그대로 인해 하나님께, 곧 내 조상의 전통을 따라 내가 목숨을 다해 섬기는 하나님께 감사를 드립니다. 특히 지난번에 있었던 눈물 어린 이별을 돌아보면서, 나는 그대가 몹시 그립습니다. 나는 기쁘게 그대를 다시 만나게 될 날을 손꼽아 기다립니다.

5-7 그 소중한 기억을 떠올리자니, 그대의 진실한 믿음이 떠오르는군요. 그대의 믿음은 참으로 값진 믿음입니다. 그 믿음은 그대의 할머니 로이스에게서 어머니 유니게에게로 이어졌다가, 이제는 그대에게로 이어졌습니다! 그리고 내가 그대에게 안수하고 기도할 때, 그대가 받은 특별한 사역의 은사도 떠오르는군요. 그 은사를 계속 타오르게 하십시오! 하나님께서는 우리가 그분의 은사에 소심한 태도를 보이는 것을 바라지 않으십니다. 오히려 담대하게 받아들이고,

2 TIMOTHY

1

1-2 I, Paul, am on special assignment for Christ, carrying out God's plan laid out in the Message of Life by Jesus. I write this to you, Timothy, the son I love so much. All the best from our God and Christ be yours!

To Be Bold with God's Gifts

3-4 Every time I say your name in prayer–which is practically all the time–I thank God for you, the God I worship with my whole life in the tradition of my ancestors. I miss you a lot, especially when I remember that last tearful good-bye, and I look forward to a joy-packed reunion.

5-7 That precious memory triggers another: your honest faith–and what a rich faith it is, handed down from your grandmother Lois to your mother Eunice, and now to you! And the special gift of ministry you received when I laid hands on you and prayed–keep that ablaze! God doesn't want us to be shy with his gifts, but bold and loving and sensible.

사랑으로 대하고, 민감하게 반응하기를 바라십니다.

8-10 그러니 부끄러워하지 말고, 우리 주님과 그분 때문에 감옥에 갇힌 나를 위해 변호하십시오. 우리와 함께 **메시지**를 위한 고난에 참여하십시오. 결국 우리는 하나님의 능력을 힘입어 앞으로 나아갈 뿐입니다. 하나님께서 먼저 우리를 구원하시고, 그 후에 이 거룩한 일로 우리를 불러 주셨습니다. 전에 우리는 이 거룩한 일과는 전혀 상관없는 사람들이었습니다. 이 일은 전적으로 그분께서 생각하신 것입니다. 우리가 아무것도 알지 못하던 오래전에, 하나님이 예수 안에서 우리를 위해 예비하신 선물입니다. 그러나 이제 우리는 압니다. 우리 구주께서 나타나신 이래로, 이보다 더 분명한 것은 없습니다. 그것은 죽음이 패하고, 생명이 끊임없이 타오르는 빛 가운데 굳건해졌다는 사실입니다. 이 모든 것이 예수의 사역을 통해 이루어졌습니다.

11-12 이것이 내가 설교자와 특사와 교사로 세움 받아 전하는 **메시지**입니다. 이것은 내가 겪고 있는 모든 고난의 원인이기도 합니다. 그러나 나는 후회하지 않습니다. 나는 나의 근원이신 분, 곧 내가 믿는 하나님께서 내게 맡기신 일을 끝까지 완수하도록 보살펴 주실 것을 확신합니다.

13-14 그러니 그대는 내게 들은 대로, 그대의 일—그리스도 안에 뿌리내린 믿음과 사랑—을 포기하지 마십시오. 그 일은, 그대가 처음 내게서 들었던 때와 마찬가지로 지금도 옳은 일입니다. 우리 안에서 일하시는 성령께서 그대에게 맡겨 주신 것이니, 이 귀한 것을 잘 지키십시오.

15-18 그대는 아시아에 있는 모든 사람들은 물론이고, 부겔로와 허모게네마저 나를 버렸다는 것을 알고 있으리라 생각합니다. 그러나 하나님께서 오네시보로와 그의 가정에 복을 내리시기를 바랍니다! 나는 그의 집에서 기운을 얻은 적이 한두 번이 아니었습니다. 그는 내가 감옥에 갇힌 것을 조금도 부끄럽게 여기지 않았습

8-10 So don't be embarrassed to speak up for our Master or for me, his prisoner. Take your share of suffering for the Message along with the rest of us. We can only keep on going, after all, by the power of God, who first saved us and then called us to this holy work. We had nothing to do with it. It was all *his* idea, a gift prepared for us in Jesus long before we knew anything about it. But we know it now. Since the appearance of our Savior, nothing could be plainer: death defeated, life vindicated in a steady blaze of light, all through the work of Jesus.

11-12 This is the Message I've been set apart to proclaim as preacher, emissary, and teacher. It's also the cause of all this trouble I'm in. But I have no regrets. I couldn't be more sure of my ground—the One I've trusted in can take care of what he's trusted me to do right to the end.

13-14 So keep at your work, this faith and love rooted in Christ, exactly as I set it out for you. It's as sound as the day you first heard it from me. Guard this precious thing placed in your custody by the Holy Spirit who works in us.

15-18 I'm sure you know by now that everyone in the province of Asia deserted me, even Phygelus and Hermogenes. But God bless Onesiphorus and his family! Many's the time I've been refreshed in that house. And he wasn't embarrassed a bit that I was in jail. The first thing he did when he got to

니다. 그가 로마로 와서 처음 한 일은 나를 면회하는 것이었습니다. 그가 나를 대접한 것처럼, 마지막 날에 하나님께서 그를 선대해 주시기를 바랍니다. 그대가 나보다 더 잘 알고 있겠지만, 그는 에베소에서도 온갖 도움을 베풀었습니다.

하나님이 쓰실 그릇

2 ¹⁻⁷ 그러므로 나의 아들이여, 그리스도를 위한 이 일에 그대 자신을 드리십시오. 온 회중이 "아멘!" 하고 말하는 가운데 그대가 내게서 들은 것을, 다른 사람을 가르칠 역량 있고 믿음직한 지도자들에게 전하십시오. 그대의 가는 길이 험할지라도, 예수께서 하셨던 것처럼 용감하게 참고 견디십시오. 복무중인 군인은 시장에서 사고파는 일에 마음을 빼앗기지 않습니다. 그는 명령을 수행하는 데만 정신을 쏟습니다. 규칙대로 경기하지 않는 선수는 절대로 승리하지 못합니다. 부지런한 농부가 농작물을 수확합니다. 내가 하는 말을 곰곰이 생각해 보십시오. 그러면 하나님께서 알기 쉽게 풀어 주실 것입니다.

⁸⁻¹³ 예수 그리스도를 마음속에 굳건히 모시십시오. 그분은 다윗의 자손으로 나서서, 죽은 자들 가운데 다시 살아나신 분입니다. 그대가 내게서 줄곧 들은 말씀이 그것입니다. 바로 그 말씀을 전하는 것 때문에 내가 지금 감옥에 갇혀 있습니다. 그러나 하나님의 말씀은 감옥에 갇히지 않습니다! 내가 이곳에서 참고 견디는 것도 그 때문입니다. 그것은 하나님의 부르심을 받은 모든 이들이, 그리스도의 구원을 그 모든 영광과 함께 얻게 하려는 것입니다. 다음 말씀은 확실합니다.

우리가 그분과 함께 죽으면 그분과 함께 살 것이고

우리가 그분과 함께 참고 견디면 그분과 함께 다스릴 것이고

Rome was look me up. May God on the Last Day treat him as well as he treated me. And then there was all the help he provided in Ephesus—but you know that better than I.

Doing Your Best for God

2 ¹⁻⁷ So, my son, throw yourself into this work for Christ. Pass on what you heard from me—the whole congregation saying Amen!—to reliable leaders who are competent to teach others. When the going gets rough, take it on the chin with the rest of us, the way Jesus did. A soldier on duty doesn't get caught up in making deals at the marketplace. He concentrates on carrying out orders. An athlete who refuses to play by the rules will never get anywhere. It's the diligent farmer who gets the produce. Think it over. God will make it all plain.

⁸⁻¹³ Fix this picture firmly in your mind: Jesus, descended from the line of David, raised from the dead. It's what you've heard from me all along. It's what I'm sitting in jail for right now—but God's Word isn't in jail! That's why I stick it out here—so that everyone God calls will get in on the salvation of Christ in all its glory. This is a sure thing:

If we die with him, we'll live with him;
If we stick it out with him, we'll rule with him;
If we turn our backs on him, he'll turn his back on us;
If we give up on him, he does not give

우리가 그분을 부인하면 그분도 우리를 부인하실 것입니다.

우리는 그분을 버려도 그분께서 우리를 버리지 않으시리니,

그분은 자신에게 불성실하실 수 없기 때문입니다.

14-18 이것은 필수 사항이니, 하나님의 사람들에게 되풀이해서 말해 주십시오. 하나님 앞에서 사람들에게 경고하여, 신앙을 빙자한 트집 잡기를 못하게 하십시오. 그것은 믿음을 조금씩 갉아먹어, 모든 이들을 지치게 할 뿐입니다. 그대는 하나님을 위해 최선을 다하고, 그대가 부끄러워하지 않을 일, 곧 진리를 쉽게 풀어 분명하게 전하는 일에 집중하십시오. 신앙을 내세운 잡담도 잡담일 뿐이니 멀리하십시오. 그대도 아는 것처럼, 말은 그저 말로 그치는 것이 아닙니다. 경건한 삶이 뒷받침되지 않는 말은 독약처럼 영혼에 쌓이게 마련입니다. 후메내오와 빌레도가 그 본보기입니다. 진리에서 멀리 떠난 그들은, 부활이 이미 지나갔다고 말하며 신자들을 흔들리게 하고 있습니다.

19 그러나 하나님의 군건한 기초는 예나 지금이나 흔들림이 없고, 거기에는 이런 문장이 새겨져 있습니다.

하나님께서는 자기에게 속한 사람을 아신다.
하나님을 하나님이라 부르는 너희 모든 사람들아, 악을 물리쳐라.

20-21 주방기구가 잘 갖춰진 부엌에는 고급 유리잔과 은접시만 있는 것이 아니라 쓰레기통과 음식물 찌꺼기를 담는 통도 있어서, 어떤 그릇은 멋진 음식을 담는 데 쓰이고 어떤 것은 쓰레기를 처리하는 데 쓰입니다. 그대는 하나님께서 쓰실 수 있는 그릇이 되십시오. 그러면 하나님께서 자기 손님들에게 온갖 종류의 복된 선물을 베푸시는 데 그 그릇을 사용하실 것입니다.

up—

for there's no way he can be false to himself.

14-18 Repeat these basic essentials over and over to God's people. Warn them before God against pious nitpicking, which chips away at the faith. It just wears everyone out. Concentrate on doing your best for God, work you won't be ashamed of, laying out the truth plain and simple. Stay clear of pious talk that is only talk. Words are not mere words, you know. If they're not backed by a godly life, they accumulate as poison in the soul. Hymenaeus and Philetus are examples, throwing believers off stride and missing the truth by a mile by saying the resurrection is over and done with.

19 Meanwhile, God's firm foundation is as firm as ever, these sentences engraved on the stones:

GOD KNOWS WHO BELONGS TO HIM.
SPURN EVIL, ALL YOU WHO NAME GOD AS GOD.

20-21 In a well-furnished kitchen there are not only crystal goblets and silver platters, but waste cans and compost buckets—some containers used to serve fine meals, others to take out the garbage. Become the kind of container God can use to present any and every kind of gift to his guests for their blessing.

22-26 젊음의 방종을 피하십시오. 하나님 앞에서 솔직하고 진실하게 기도하는 사람들과 함께 성숙한 의—믿음, 사랑, 평화—를 추구하십시오. 공허한 논쟁에 말려들지 마십시오. 그런 논쟁은 언제나 다툼으로 끝나기 때문입니다. 하나님의 종은 논쟁을 좋아하기보다는, 오히려 귀 기울여 듣는 사람과 침착한 교사가 되어야 합니다. 그래서 순종하지 않는 자들을 단호하면서도 참을성 있게 바로잡아 주어야 합니다. 하나님께서 언제 어떻게 그들의 마음을 일깨워 진리로 돌아서게 하실지, 마귀에게 사로잡혀 마귀의 심부름을 할 수밖에 없던 그들을 언제 어떻게 마귀의 덫에서 벗어나게 하실지, 그대는 알 수 없기 때문입니다.

마지막 때

3 1-5 순진하게 속아 넘어가지 마십시오. 힘든 시기가 다가오고 있습니다. 마지막 때가 다가오면, 사람들이 자기만 알고, 돈을 사랑하고, 으스대고 거만하며, 하나님을 모독하고, 부모를 무시하고, 버릇없이 굴고, 상스럽게 행동하고, 죽기살기로 경쟁하고, 고집을 부리고, 남을 헐뜯고, 난폭하고, 잔혹하고, 남을 비꼬고, 배반하고, 무자비하고, 허풍을 떨고, 정욕에 빠지고, 하나님을 몹시 싫어할 것입니다. 겉으로는 경건한 척하지만, 그들 속에는 짐승이 들어앉아 있습니다. 그대는 그러한 자들을 멀리하십시오.

6-9 저들은 생활이 불안정하고 가난한 여자들 집으로 들어가서, 그럴듯한 말로 꾀어서 그들을 이용합니다. 그러면 그 여자들은 죄에 짓눌린 나머지, "진리"를 자처하는 모든 일시적인 종교적 유행을 받아들입니다. 그 여자들은 매번 이용당하기만 할 뿐, 실제로는 배우는 것이 하나도 없습니다. 저들은 옛적에 모세에게 대항하던 이집트 사

22-26 Run away from infantile indulgence. Run after mature righteousness—faith, love, peace—joining those who are in honest and serious prayer before God. Refuse to get involved in inane discussions; they always end up in fights. God's servant must not be argumentative, but a gentle listener and a teacher who keeps cool, working firmly but patiently with those who refuse to obey. You never know how or when God might sober them up with a change of heart and a turning to the truth, enabling them to escape the Devil's trap, where they are caught and held captive, forced to run his errands.

Difficult Times Ahead

3 1-5 Don't be naive. There are difficult times ahead. As the end approaches, people are going to be self-absorbed, money-hungry, self-promoting, stuck-up, profane, contemptuous of parents, crude, coarse, dog-eat-dog, unbending, slanderers, impulsively wild, savage, cynical, treacherous, ruthless, bloated windbags, addicted to lust, and allergic to God. They'll make a show of religion, but behind the scenes they're animals. Stay clear of these people.

6-9 These are the kind of people who smooth-talk themselves into the homes of unstable and needy women and take advantage of them; women who, depressed by their sinfulness, take up with every new religious fad that calls itself "truth." They get exploited every time and never really learn. These men are like those old Egyptian frauds Jannes and Jambres, who challenged

기꾼 얀네와 얌브레와 같은 자들입니다. 저들은 믿음에서 낙오한 자들이며, 그릇된 생각을 하고 진리를 무시하는 자들입니다. 최근에 등장한 저 사기꾼들에게서는 아무것도 얻을 것이 없습니다. 사람들이 이집트 사기꾼들을 꿰뚫어 보았듯이, 모든 사람이 저들도 꿰뚫어 볼 것입니다.

메시지를 살아 있게 하십시오

10-13 그대는 나의 훌륭한 제자였습니다. 나의 가르침, 생활방식, 행동지침, 믿음, 끈기, 사랑, 인내, 수고, 고난을 함께했습니다. 그대는 내가 안디옥과 이고니온과 루스드라에서 온갖 불행 가운데 겪어야 했던 고난에도 함께했습니다. 또한 그대는 하나님께서 나를 건져 주셨다는 것을 잘 알고 있습니다! 누구든지 그리스도를 위해 살려고 하는 사람은 많은 고난을 겪게 마련입니다. 그 고난을 피할 수 없습니다. 파렴치한 사기꾼들은 계속해서 믿음을 이기적으로 이용해 먹을 것입니다. 저들은 자신들 때문에 길을 잃은 사람들과 같이, 그 자신들도 속아 넘어갈 것입니다. 저들이 활보하는 한, 사태는 점점 더 악화될 뿐입니다.

14-17 그러나 저들의 일로 당황하지 말고, 그대가 배워서 믿은 것을 굳게 붙잡으십시오. 그대는 그대를 가르친 스승들의 고상한 성품을 잘 알고 있습니다. 왜 아니겠습니까! 그대는 어머니의 품에서 젖을 먹을 때부터 거룩한 성경을 받아들였으니 말입니다! 그리스도 예수를 믿는 믿음으로 말미암아 구원에 이르는 길을 보여주는 것은, 오직 기록된 하나님의 말씀 외에는 없습니다. 성경의 모든 부분에는 하나님의 숨결이 깃들어 있어 모든 면에서 유익합니다. 우리에게 진리를 보여주고, 우리의 반역을 드러내며, 우리의 실수를 바로잡아 주고, 우리를 훈련시켜 하나님의 방식대로 살게 합니다. 우리는 말씀을 통해 온전해지며, 하나님께서 우리를 위해 마련하신 일을 이루어 가게 됩니다.

Moses. They were rejects from the faith, twisted in their thinking, defying truth itself. But nothing will come of these latest impostors. Everyone will see through them, just as people saw through that Egyptian hoax.

Keep the Message Alive

10-13 You've been a good apprentice to me, a part of my teaching, my manner of life, direction, faith, steadiness, love, patience, troubles, sufferings—suffering along with me in all the grief I had to put up with in Antioch, Iconium, and Lystra. And you also well know that God rescued me! Anyone who wants to live all out for Christ is in for a lot of trouble; there's no getting around it. Unscrupulous con men will continue to exploit the faith. They're as deceived as the people they lead astray. As long as they are out there, things can only get worse.

14-17 But don't let it faze you. Stick with what you learned and believed, sure of the integrity of your teachers—why, you took in the sacred Scriptures with your mother's milk! There's nothing like the written Word of God for showing you the way to salvation through faith in Christ Jesus. Every part of Scripture is God-breathed and useful one way or another—showing us truth, exposing our rebellion, correcting our mistakes, training us to live God's way. Through the Word we are put together and shaped up for the tasks God has for us.

4

¹⁻² 그대에게 이 점을 아무리 강조해도 지나치지 않을 것 같군요. 하나님께서 그대를 지켜보고 계십니다. 그리스도야말로 모든 산 자와 죽은 자에게 최종 판결을 내리시는 재판장이십니다. 그분께서 그의 통치를 펼치려고 하시니, 그대는 **메시지**를 힘차게 선포하십시오. 마음을 놓지 마십시오. 그대의 사람들을 자극하고 훈계하고 설득하십시오. 절대로 멈추지 마십시오. 그 일을 단순하게 지속하십시오.

³⁻⁵ 그대는 사람들이 건전한 가르침을 싫어하고, 영적 불량식품—자신들의 기호에 맞는 변덕스러운 의견—으로 배를 채우려고 할 때가 온다는 것을 알게 될 것입니다. 저들은 진리를 등지고 헛된 망상을 좇을 것입니다. 그러나 그대는 하고 있는 일에 시선을 고정하여, 좋은 시기든 힘든 시기든 **메시지**를 살아 있게 하며, 하나님의 일꾼으로 그대의 일을 빈틈없이 하십시오.

⁶⁻⁸ 그대가 이어받으십시오. 나의 죽을 날이 가까웠고, 나의 생명은 하나님의 제단에 제물로 드려졌습니다. 이것은 참으로 달려 볼 가치가 있는 유일한 경주입니다. 나는 열심히 달려서 이제 막 결승점에 이르렀고, 그 길에서 믿음을 지켰습니다. 이제 남은 것은 환호소리, 곧 하나님의 박수갈채뿐입니다! 그것을 믿으십시오. 하나님은 공정한 재판장이십니다. 그분께서 나뿐 아니라, 그분의 오심을 간절히 기다리는 모든 이들에게도 공정하게 대해 주실 것입니다.

❧

⁹⁻¹³ 그대는 할 수 있는 한 속히 내게로 오십시오. 데마는 덧없는 유행을 좇다가, 나를 이곳에 버려두고 데살로니가로 갔습니다. 그레스게는 갈라디아에 있고, 디도는 달마디아에 있습니다. 누가만 나와 함께 이곳에 있습니다. 그대는 올 때 마가를 데려오십시오. 내가 두기고를 에베소로 보내고 나면, 마가가 나의 오른

4

¹⁻² I can't impress this on you too strongly. God is looking over your shoulder. Christ himself is the Judge, with the final say on everyone, living and dead. He is about to break into the open with his rule, so proclaim the Message with intensity; keep on your watch. Challenge, warn, and urge your people. Don't ever quit. Just keep it simple.

³⁻⁵ You're going to find that there will be times when people will have no stomach for solid teaching, but will fill up on spiritual junk food—catchy opinions that tickle their fancy. They'll turn their backs on truth and chase mirages. But *you*—keep your eye on what you're doing; accept the hard times along with the good; keep the Message alive; do a thorough job as God's servant.

⁶⁻⁸ You take over. I'm about to die, my life an offering on God's altar. This is the only race worth running. I've run hard right to the finish, believed all the way. All that's left now is the shouting—God's applause! Depend on it, he's an honest judge. He'll do right not only by me, but by everyone eager for his coming.

❧

⁹⁻¹³ Get here as fast as you can. Demas, chasing fads, went off to Thessalonica and left me here. Crescens is in Galatia province, Titus in Dalmatia. Luke is the only one here with me. Bring Mark with you; he'll be my right-hand man since I'm sending Tychicus to Ephesus.

팔이 될 것입니다. 내가 드로아에 있는 가보의 집에 두고 온 겨울 외투를 가져오고, 책과 양피지 수첩들도 가져오십시오.

14-15 구리 세공업자 알렉산더를 조심하십시오. 그는 우리가 전한 메시지를 심히 반대하며, 끝없이 문제를 일으킨 자입니다. 하나님께서 그가 행한 대로 갚아 주실 것입니다.

16-18 내가 예심을 받으러 첫 번째 법정에 섰을 때, 내 곁에는 아무도 없었습니다. 다들 겁먹은 토끼처럼 달아났습니다. 그러나 그것은 아무 문제가 되지 않았습니다. 주께서 내 곁에 계시면서, 나로 하여금 메시지를 알지 못한 사람들에게 크고 분명한 목소리로 메시지를 전하게 하셨기 때문입니다. 내가 사자의 입에서 건짐을 받았던 것입니다! 하나님께서 하늘나라에 들어가도록 나를 보살피시고 안전하게 지켜 주고 계십니다. 그분께 온갖 찬양을, 영원토록 찬양을! 오, 그렇습니다!

19-20 브리스길라와 아굴라에게 안부를 전해 주십시오. 오네시보로의 가족에게도 안부를 전해 주십시오. 에라스도는 고린도에 남아 있습니다. 드로비모는 아파서 밀레도에 남겨 두었습니다.

21 그대는 겨울이 오기 전에 이곳에 올 수 있도록 힘쓰십시오.

으불로와 부데와 리노와 글라우디아와 그대의 모든 벗들이 이곳에서 문안합니다.

22 하나님께서 그대와 함께하시기를, 은혜가 그대와 함께하기를 바랍니다.

Bring the winter coat I left in Troas with Carpus; also the books and parchment notebooks.

14-15 Watch out for Alexander the coppersmith. Fiercely opposed to our Message, he caused no end of trouble. God will give him what he's got coming.

16-18 At my preliminary hearing no one stood by me. They all ran like scared rabbits. But it doesn't matter—the Master stood by me and helped me spread the Message loud and clear to those who had never heard it. I was snatched from the jaws of the lion! God's looking after me, keeping me safe in the kingdom of heaven. All praise to him, praise forever! Oh, yes!

19-20 Say hello to Priscilla and Aquila; also, the family of Onesiphorus. Erastus stayed behind in Corinth. I had to leave Trophimus sick in Miletus.

21 Try hard to get here before winter. Eubulus, Pudens, Linus, Claudia, and all your friends here send greetings.

22 God be with you. Grace be with you.

디도서

TITUS

1 ¹⁻⁴ 나 바울은, 하나님이 택하신 사람들 가운데 믿음을 일깨우고, 하나님의 말씀을 정확히 전달하며, 그 말씀에 바르게 응답하도록 하기 위해 임명된 하나님의 종이자 그리스도의 대리인입니다. 나의 목표는 영원한 생명에 이르는 길을 제시하여 소망을 일으키는 것입니다. 이 생명은 하나님께서 오래전에 약속해 주신 것입니다. 하나님은 약속을 어기시는 분이 아닙니다! 때가 무르익자, 그분께서는 자신의 진리를 공표하셨습니다. 나는 우리 구주 하나님의 명령으로 이 메시지를 선포하는 일을 맡았습니다. 믿음 안에서 합법적으로 아들이 된 사랑하는 디도에게 말합니다. 하나님 우리 아버지와 우리 구주 예수께서 그대에게 주시는 모든 것을 받아들이십시오!

크레타에서의 디도의 사역

⁵⁻⁹ 내가 그대를 크레타에 남겨 둔 것은, 내가 마무리하지 못한 일을 그대가 마무리하게 하려는 것입니다. 내가 지시한 대로 각 성읍의 지도자를 임명하십시오. 그들을 뽑을 때는, 다른 사람들에게 "이 사람은 평판이 좋습니까? 아내에게 헌신합니까? 자녀들도 신자입니까? 자녀들은 그를 존경하고 말썽을 피우지는 않습니까?" 하고 물어보십시오. 하나님의 집안일을 책임지는 교회 지도자는 존경받

1 ¹⁻⁴ I, Paul, am God's slave and Christ's agent for promoting the faith among God's chosen people, getting out the accurate word on God and how to respond rightly to it. My aim is to raise hopes by pointing the way to life without end. This is the life God promised long ago—and he doesn't break promises! And then when the time was ripe, he went public with his truth. I've been entrusted to proclaim this Message by order of our Savior, God himself. Dear Titus, legitimate son in the faith: Receive everything God our Father and Jesus our Savior give you!

A Good Grip on the Message

⁵⁻⁹ I left you in charge in Crete so you could complete what I left half-done. Appoint leaders in every town according to my instructions. As you select them, ask, "Is this man well-thought-of? Is he committed to his wife? Are his children believers? Do they respect him and stay out of trouble?" It's important that a church leader, responsible for the affairs in God's house, be looked up to—not

는 사람이어야 합니다. 그는 고집을 부리지 않고, 쉽게 화를 내지 않으며, 술을 지나치게 좋아하거나, 폭력을 행사하거나, 돈을 사랑하는 자가 아니어야 합니다. 그는 사람들을 환대하고, 도움을 베풀며, 지혜롭고, 공정하고, 공손하고, 자신을 잘 알고, **메시지**를 잘 이해하고, 사람들이 진리를 알도록 격려할 줄 알고, 진리에 반대하는 자들을 제지할 줄 알아야 합니다.

10-16 교회 밖에는 반항적인 사람들, 곧 느슨하고 난잡하며 속이는 자들이 많습니다. 종교적으로 자라서 남보다 더 많이 안다고 하는 자들이 최악입니다. 그들의 입을 다물게 해야 합니다. 그들은 자신들의 가르침으로 가정들을 송두리째 붕괴시킵니다. 모두 재빨리 한밑천 잡으려고 합니다. 그들의 예언자들 가운데 한 사람이 그것을 가장 잘 표현했습니다.

> 크레타 사람들은 태어날 때부터 거짓말쟁이, 짖어 대는 개, 게으른 먹보들이다.

이 예언자는 사실을 정확히 표현한 것입니다. 그들을 당장 꾸짖으십시오. 유대인인 척하는 자들의 지어낸 몹쓸 이야기나 그들이 만들어 낸 규정들을 막아서, 그들이 확고한 믿음을 회복하게 하십시오. 마음이 깨끗한 사람들에게는 모든 것이 깨끗하지만, 마음이 더럽고 믿지 않는 자들에게는 깨끗한 것이 하나도 없습니다. 그들의 모든 생각과 행위에는 그들의 더러운 지문이 찍혀 있습니다. 그들은 하나님을 안다고 말하지만, 오히려 말보다 행위가 더 역겹습니다. 그들은 참으로 가증스러운, 완고하고 변치 못한 자들입니다.

하나님으로 충만한 삶

2 1-6 그대의 임무는 견고한 교훈에 어울리는 말을 하는 것입니다. 나이 많은 남자들을 인도하여, 절제와 위엄과 지혜와 건강한 믿음과 사랑과 인내의 삶을 살게 하십시오.

pushy, not short-tempered, not a drunk, not a bully, not money-hungry. He must welcome people, be helpful, wise, fair, reverent, have a good grip on himself, and have a good grip on the Message, knowing how to use the truth to either spur people on in knowledge or stop them in their tracks if they oppose it.

10-16 For there are a lot of rebels out there, full of loose, confusing, and deceiving talk. Those who were brought up religious and ought to know better are the worst. They've got to be shut up. They're disrupting entire families with their teaching, and all for the sake of a fast buck. One of their own prophets said it best:

> The Cretans are liars from the womb, barking dogs, lazy bellies.

He certainly spoke the truth. Get on them right away. Stop that diseased talk of Jewish make-believe and made-up rules so they can recover a robust faith. Everything is clean to the clean-minded; nothing is clean to dirty-minded unbelievers. They leave their dirty fingerprints on every thought and act. They say they know God, but their actions speak louder than their words. They're real creeps, disobedient good-for-nothings.

A God-Filled Life

2 1-6 Your job is to speak out on the things that make for solid doctrine. Guide older men into lives

나이 많은 여자들을 공경의 삶으로 인도하여, 험담이나 술주정을 그치고 선한 일의 본보기가 되게 하십시오. 그러면 젊은 여자들이 그들을 보고, 남편과 자녀를 어떻게 사랑해야 하는지, 고결하고 순결한 삶을 살려면 어떻게 해야 하는지, 집안 살림을 잘하려면 어떻게 해야 하는지, 좋은 아내가 되려면 어떻게 해야 하는지를 알게 될 것입니다. 우리는 그들의 행실 때문에 하나님의 메시지를 멸시하는 사람이 하나도 없기를 바랍니다. 또한 그대는 젊은 남자들을 지도하여, 잘 훈련된 삶을 살게 하십시오.

7-8 그대는 몸소 실천하여 이 모든 것을 보여주고, 가르치는 일을 순수하게, 말은 믿음직하고 건전하게 하십시오. 그러면 우리에게 정면으로 대적하던 자들도 수상한 점이나 잘못된 점을 찾지 못하고, 결국 마음을 고쳐먹게 될 것입니다.

9-10 종들을 지도하여 성실한 일꾼이 되게 하고, 그들의 주인들에게 기쁨이 되게 하십시오. 말대꾸나 자그마한 도둑질도 못하게 하십시오. 그러면 그들의 성품이 좋게 바뀌어 행실로 밝히 드러나고, 우리 구주 하나님의 가르침을 더욱 빛나게 할 것입니다.

11-14 기꺼이 베푸시고 용서하시는 하나님의 은혜가 이제 밝히 드러났습니다. 구원의 길이 누구에게나 열렸습니다! 우리는 하나님을 모르는 방탕한 삶에서 돌아서서, 하나님으로 충만한 삶, 그분께 영광을 돌려드리는 삶을 살려면 어떻게 해야 하는지를 목격하고 있습니다. 이제 이 새로운 삶이 시작되어, 우리로 하여금 위대하신 하나님과 구주 예수 그리스도께서 나타나실 영광스러운 날을 소망하게 합니다. 예수 그리스도께서 자기 자신을 희생 제물로 내어주신 것은, 우리를 반역의 어두운 삶에서 해방시켜 선하고 순결한 삶으로 이끄시고, 우리로 그분의 자랑스러운 백성, 곧 선한 일에 열심을 내는 백성이 되게 하시려는 것입니다.

of temperance, dignity, and wisdom, into healthy faith, love, and endurance. Guide older women into lives of reverence so they end up as neither gossips nor drunks, but models of goodness. By looking at them, the younger women will know how to love their husbands and children, be virtuous and pure, keep a good house, be good wives. We don't want anyone looking down on God's Message because of their behavior. Also, guide the young men to live disciplined lives.

7-8 But mostly, show them all this by doing it yourself, incorruptible in your teaching, your words solid and sane. Then anyone who is dead set against us, when he finds nothing weird or misguided; might eventually come around.

9-10 Guide slaves into being loyal workers, a bonus to their masters—no back talk, no petty thievery. Then their good character will shine through their actions, adding luster to the teaching of our Savior God.

11-14 God's readiness to give and forgive is now public. Salvation's available for everyone! We're being shown how to turn our backs on a godless, indulgent life, and how to take on a God-filled, God-honoring life. This new life is starting right now, and is whetting our appetites for the glorious day when our great God and Savior, Jesus Christ, appears. He offered himself as a sacrifice to free us from a dark, rebellious life into this good, pure life, making us a people he can be proud of, energetic in goodness.

15 그대는 이 모든 것을 사람들에게 말하십시오. 그들의 사기를 높여 주되, 그들이 가던 길에서 벗어나거든 징계하십시오. 그대가 바로 책임자입니다. 아무도 그대를 업신여기지 못하게 하십시오.

우리 삶을 조화롭게 하신 구주 하나님

3 1-2 그대는 사람들에게 일러서 정부를 존중하고, 법을 준수하고, 언제나 도움의 손길을 베풀 준비를 갖추게 하십시오. 무례한 짓을 하지 못하게 하고, 다투지 않게 하십시오. 하나님의 백성은 마음이 넓고 품위가 있어야 합니다.

3-8 얼마 전까지만 해도 우리 역시 어리석고, 완고하고, 죄에 쉽게 넘어가며, 온갖 욕망의 지배를 받고, 원한을 품은 채 돌아다니며, 서로 미워하면서 살았습니다. 그러나 우리의 인자하시고 사랑이 많으신 구주 하나님이 개입하셔서, 그 모든 것으로부터 우리를 구해 주셨습니다. 이 일은 전적으로 그분께서 하신 일이었습니다. 우리가 한 일은 아무것도 없었습니다. 그분께서 우리를 깨끗게 씻어 주셨고, 우리는 그 일로 말미암아 새 사람이 되었습니다. 성령께서 우리를 속속들이 씻어 주신 것입니다. 우리 구주 예수께서 새 생명을 아낌없이 부어 주셨습니다. 하나님의 선물이 그분과 우리의 관계를 회복시켜 주었고, 우리의 삶도 회복시켜 주었습니다. 그리고 장차 더 나은 삶이 다가올 텐데, 그것은 다름 아닌 영원한 생명입니다! 그대는 이 말을 믿어도 좋습니다.

8-11 나는 그대가 단호하게 행동하기를 바랍니다. 이런 문제들을 분명하게 처리하여, 하나님을 믿는 사람들이 누구에게나 유익한 본질적인 일에 전념하게 하십시오. 족보와 율법의 세부 조항을 따지는 어리석고 부적절한 말다툼을 피하십시오. 그런 일은 아무 유익이 없습니다. 다툼을 일삼는 사람이 있거든, 한두 번 타이른 뒤에 손을 떼십시오. 그런 사람은 제멋대로 굴다

15 Tell them all this. Build up their courage, and discipline them if they get out of line. You're in charge. Don't let anyone put you down.

He Put Our Lives Together

3 1-2 Remind the people to respect the government and be law-abiding, always ready to lend a helping hand. No insults, no fights. God's people should be bighearted and courteous.

3-8 It wasn't so long ago that we ourselves were stupid and stubborn, dupes of sin, ordered every which way by our glands, going around with a chip on our shoulder, hated and hating back. But when God, our kind and loving Savior God, stepped in, he saved us from all that. It was all his doing; we had nothing to do with it. He gave us a good bath, and we came out of it new people, washed inside and out by the Holy Spirit. Our Savior Jesus poured out new life so generously. God's gift has restored our relationship with him and given us back our lives. And there's more life to come—an eternity of life! You can count on this.

8-11 I want you to put your foot down. Take a firm stand on these matters so that those who have put their trust in God will concentrate on the essentials that are good for everyone. Stay away from mindless, pointless quarreling over genealogies and fine print in the law code. That gets you nowhere. Warn a quarrelsome person once or twice,

가 하나님께 반역할 것이 분명합니다. 그런 사람은 계속해서 불화를 일으키다가 스스로 고립될 뿐입니다.

12-13 내가 조만간 아데마나 두기고를 그대에게 보내거든, 그대는 곧 니고볼리로 와서 나를 만나십시오. 나는 거기에서 겨울을 나기로 정했습니다. 율법 교사인 세나와 아볼로를 따뜻하게 배웅해 주십시오. 그들을 잘 돌봐 주십시오.

14 우리 교우들도 필요한 것을 (특히 가난한 사람들 사이에) 마련해 줄 수 있도록 부지런히 일하는 것을 배워야 합니다. 그렇게 해야, 사는 동안 아무 열매 없이 생을 마감하는 일이 없게 될 것입니다.

15 이곳에 있는 모든 사람들이 안부를 전합니다. 믿음 안에서 우리의 벗들에게 안부를 전해 주십시오. 은혜가 여러분 모두에게 있기를 바랍니다.

but then be done with him. It's obvious that such a person is out of line, rebellious against God. By persisting in divisiveness he cuts himself off.

12-13 As soon as I send either Artemas or Tychicus to you, come immediately and meet me in Nicopolis. I've decided to spend the winter there. Give Zenas the lawyer and Apollos a hearty send-off. Take good care of them.

14 Our people have to learn to be diligent in their work so that all necessities are met (especially among the needy) and they don't end up with nothing to show for their lives.

15 All here want to be remembered to you. Say hello to our friends in the faith. Grace to all of you.

빌레몬서

하나님께 반응하는 우리의 모든 행동은 가정과 이웃과 친구와 공동체에 영향을 미친다. 하나님을 믿는 믿음은 우리의 언어를 변화시킨다. 하나님을 사랑하면 일상의 관계도 영향을 받는다. 하나님께 소망을 두면 우리의 일에도 소망이 찾아든다. 하지만 이것과 상반되는 가치들, 이를테면, 불신과 냉담, 절망도 마찬가지로 우리 삶에 영향을 미친다. 이러한 움직임과 반응, 믿음과 기도, 태도와 추구 가운데 그 어느 것도 영혼에만 머무르는 것은 하나도 없다. 그것들은 현실에서 역사를 만들기도 하고 뒤엎기도 한다. 만일 그렇지 않다면, 기껏해야 환상이거나 최악의 경우 위선이라는 혐의를 벗지 못할 것이다.

그리스도인들은 언제나 예수의 역사성을 주장해 왔다. 그분이 실제로 이 땅에서 태어나셨고, 그분이 죽으신 날짜를 추정할 수 있으며, 그분의 부활을 증거하는 증인들이 있고, 그분이 다니셨던 마을도 지도에서 찾을 수 있다. 예수를 따르는 이들에게도 유사한 역사성이 나타난다. 그들이 예수께서 말씀하시고 행하신 모든 것, 곧 일정한 시간과 공간 속에서 일어난 하나님의 인격적 계시를 받아들일 때, 그 모든 것이 각 나라의 역사는 물론이고 세계사 속으로 침투해 들어가 역사(役事)한다.

바울은 그의 편지에서 오네시모의 주인이자 동료 그리스도인인 빌레몬에게, 도망쳤던 종 오네시모를 돌려받는 것에 그치지 말고 맞아 주라고 부탁한다.

그대에게 이 편지를 직접 전하는 오네시모가 바로 그 아들입니다! 그가 전에는 그대에게 무

Every movement we make in response to God has a ripple effect, touching family, neighbors, friends, community. Belief in God alters our language. Love of God affects daily relationships. Hope in God enters into our work. Also their opposites—unbelief, indifference, and despair. None of these movements and responses, beliefs and prayers, gestures and searches, can be confined to the soul. They spill out and make history. If they don't, they are under suspicion of being fantasies at best, hypocrisies at worst.

Christians have always insisted on the historicity of Jesus—an actual birth, a datable death, a witnessed resurrection, locatable towns. There is a parallel historicity in the followers of Jesus. As they take in everything Jesus said and did—all of it a personal revelation of God in time and place—it all gets worked into local history, eventually into world history.

In his letter, Paul made a simple request of Philemon, a slave owner and fellow Christian: Take back—no, *welcome* back—your runaway slave Onesimus.

Here he is, hand-carrying this letter—Onesimus! He was useless to you before;

754

익한 사람이었으나, 이제는 그대와 나에게 유익한 사람이 되었습니다. 나는 그를 그대에게 돌려보내려고 합니다. 그렇게 하려니, 마치 내 오른팔을 잘라 내는 것만 같습니다.……그러므로 그대가 여전히 나를 믿음의 동지로 여긴다면, 나를 맞이하듯이 그를 맞아 주십시오(몬 10-12절, 17절).

빌레몬과 오네시모는 예수를 믿는 믿음이 자신들을 급진적인 사회 변혁으로 이끈다고는 전혀 생각지 못했다. 그러나 두 사람이 이 편지를 통해 맺어지면서, 그 일이 이루어졌다. 그리고 그러한 일은 지금도 계속되고 있다.

now he's useful to both of us. I'm sending him back to you, but it feels like I'm cutting off my right arm in doing so…So if you still consider me a comrade-in-arms, welcome him back as you would me(Philemon 10-12, 17).

Philemon and Onesimus had no idea that believing in Jesus would involve them in radical social change. But as the two of them were brought together by this letter, it did. And it still does.

빌레몬서

PHILEMON

1-3 그리스도를 위해 감옥에 갇힌 나 바울은, 나의 형제 디모데와 함께 이곳에 있습니다. 나는 나의 좋은 벗이자 동료인 그대 빌레몬과 우리의 자매인 압비아와 참된 용사인 아킵보, 그리고 그대의 집에서 모이는 교회에 이 편지를 씁니다. 하나님께서 주시는 가장 좋은 것이 여러분에게 있기를, 그리스도께서 주시는 복이 여러분에게 있기를 바랍니다!

4-7 나는 기도할 때마다 그대의 이름을 떠올리며 "오 하나님, 감사합니다!" 하고 고백합니다. 주 예수를 향한 그대의 사랑과 믿음이 다른 믿는 이들에게까지 넘쳐흐르고 있다는 소식이 계속해서 들려옵니다. 나는 우리가 함께 붙든 이 믿음이, 우리가 행하는 모든 선한 일 속에서 끊임없이 드러나기를 기도합니다. 그리하여 사람들이 그 가운데 계신 그리스도를 알아보기를 계속해서 기도합니다. 친구여, 그대의 사랑으로 인해 내가 얼마나 행복한지 그대는 모를 것입니다. 믿는 동료들을 환대하는 그대의 모습을 볼 때면, 나의 기쁨은 두 배가 된답니다.

종이 친구가 되었습니다

8-9 그런 그대에게 나는 한 가지 부탁을 하려고 합니다. 그리스도의 대사이며 그분을 위해 감옥에 갇힌 나는, 필요하다면 주저 없이 명령할 수도 있지만, 그보다는 그대에게 개인적

1-3 I, Paul, am a prisoner for the sake of Christ, here with my brother Timothy. I write this letter to you, Philemon, my good friend and companion in this work–also to our sister Apphia, to Archippus, a real trooper, and to the church that meets in your house. God's best to you! Christ's blessings on you!

4-7 Every time your name comes up in my prayers, I say, "Oh, thank you, God!" I keep hearing of the love and faith you have for the Master Jesus, which brims over to other believers. And I keep praying that this faith we hold in common keeps showing up in the good things we do, and that people recognize Christ in all of it. Friend, you have no idea how good your love makes me feel, doubly so when I see your hospitality to fellow believers.

To Call the Slave Your Friend

8-9 In line with all this I have a favor to ask of you. As Christ's ambassador and now a prisoner for him, I wouldn't hesitate to command this if I thought it necessary, but I'd rather make it a

인 부탁을 하려고 합니다.

10-14 이곳 감옥에 있으면서, 나는 아들을 하나 얻었습니다. 그대에게 이 편지를 직접 전하는 오네시모가 바로 그 아들입니다! 그가 전에는 그대에게 무익한 사람이었으나, 이제는 그대와 나에게 유익한 사람이 되었습니다. 나는 그를 그대에게 돌려보내려고 합니다. 그렇게 하려니, 마치 내 오른팔을 잘라 내는 것만 같습니다. 메시지를 위해 감옥에 갇혀 있는 동안, 나는 최악의 경우 그를 이곳에 남게 하여, 그대를 대신해서 나를 돕게 하고 싶었습니다. 그러나 나는 그대에게 비밀로 한 채 아무것도 하고 싶지 않았고, 아무리 선한 일이라도 그대가 기꺼이 승낙하지 않으면 그대에게 억지로 시키고 싶지 않았습니다.

15-16 그대가 잠시 그를 잃어버린 것은 참 잘된 일이었던 것 같습니다. 이제 그를 영원히 돌려받게 되었으니 말입니다. 게다가 이제 그는 종이 아니라, 참된 그리스도인 형제입니다! 그가 내게 참된 그리스도인 형제였으니, 그대에게는 더욱더 그러할 것입니다.

17-20 그러므로 그대가 여전히 나를 믿음의 동지로 여긴다면, 나를 맞이하듯이 그를 맞아 주십시오. 그가 그대에게 손해를 입혔거나 빚을 진 것이 있거든, 내 앞으로 달아 두십시오. 나 바울이 이렇게 친필로 서명합니다. 내가 그것을 갚겠습니다. (그대가 내게 생명을 빚지고 있음을 굳이 일깨우지 않아도 되겠지요?) 친구여, 나의 이 큰 부탁을 들어주기 바랍니다. 그대가 그를 맞아 준다면, 그것은 그리스도를 위하는 일이며, 내 마음에도 큰 기쁨이 될 것입니다.

21-22 나는 그대를 잘 아니, 그대는 내 부탁을 들어줄 것입니다. 그대는 내가 이 편지에 쓴 것 이상으로 해줄 것입니다. 그리고 나를 위해 방을 하나 마련해 주십시오. 여러분의 기도로, 내가 다시 여러분의 손님이 될 수 있기를 간절히 바랍니다.

23-25 그리스도를 위해 나와 함께 갇힌 에바브

personal request.

10-14 While here in jail, I've fathered a child, so to speak. And here he is, hand-carrying this letter—Onesimus! He was useless to you before; now he's useful to both of us. I'm sending him back to you, but it feels like I'm cutting off my right arm in doing so. I wanted in the worst way to keep him here as your stand-in to help out while I'm in jail for the Message. But I didn't want to do anything behind your back, make you do a good deed that you hadn't willingly agreed to.

15-16 Maybe it's all for the best that you lost him for a while. You're getting him back now for good—and no mere slave this time, but a true Christian brother! That's what he was to me—he'll be even more than that to you.

17-20 So if you still consider me a comrade-in-arms, welcome him back as you would me. If he damaged anything or owes you anything, chalk it up to my account. This is my personal signature—Paul—and I stand behind it. (I don't need to remind you, do I, that you owe your very life to me?) Do me this big favor, friend. You'll be doing it for Christ, but it will also do my heart good.

21-22 I know you well enough to know you will. You'll probably go far beyond what I've written. And by the way, get a room ready for me. Because of your prayers, I fully expect to be your guest again.

23-25 Epaphras, my cellmate in the

라가 안부를 전합니다. 나의 동역자인 마가와 아리스다고와 데마와 누가도 안부를 전합니다. 주 예수 그리스도께서 주시는 온갖 좋은 것이 여러분에게 있기를 바랍니다!

cause of Christ, says hello. Also my coworkers Mark, Aristarchus, Demas, and Luke. All the best to you from the Master, Jesus Christ!

히브리서 | 머리말

이상한 말 같지만, 지나친 종교 행위는 좋지 않다. 하나님, 믿음과 순종, 사랑과 예배는 아무리 많이 찾고 추구해도 지나치지 않다. 그러나 우리가 하나님을 "이롭게 해드리려는 마음"으로 행하는 노력들, 이른바 종교 행위들은 아무리 선의에서 나온 것이라 해도 하나님께서 우리를 위해 행하시는 일을 가로막을 수 있다. 언제 어디서나 핵심은 하나님께서 이미 행하신 일, 그분이 지금 행하고 계신 일, 그리고 장차 그분이 행하실 일이다. 예수께서는 하나님의 그 일을 드러내신 분이시다. 실제로 히브리서의 저자는 예수가 "우리 믿음의 중심"이라고 말한다(히 3:3). 우리의 핵심 임무는, 예수께서 드러내신 하나님의 일에 응답하고 순종하며 사는 것이다. 하나님의 일에서 우리의 역할은 믿음을 실천하는 것이다.

그러나 그 과정에서 우리는 종종 조급하게 자신을 드러내 보이려 하고, 보잘것없는 생각으로 뭔가 좀 더 낫게 만들어 보려고 한다. 우리는 덧붙이고, 보완하고, 미화한다. 그러나 이런 행동은 예수의 순수함과 단순함을 선명하게 드러내기보다는 오히려 더 흐리게 할 뿐이다. 우리는 종교적으로 까다로운 사람이 되거나 안달복달하는 사람이 되고 만다. 우리는 길을 가로막는 장애물이 된다.

지금은 히브리 사람들에게 쓴 이 편지를 다시 읽고 기도하며 우리의 길을 점검할 때다. 이 편지는 "지나치게 종교적인" 그리스도인들, 곧 "예수에다 이러저러한 것을 덧붙이는" 그리스도인들을 위해 쓴 편지다. 이 편지에 묘사된 그들은 예수와 천사를 연결하고, 예수와 모세를 연결하고, 예수와 제사장을 연결한다. 오늘날로 말하면, 예수

It seems odd to have to say so, but too much religion is a bad thing. We can't get too much of God, can't get too much faith and obedience, can't get too much love and worship. But *religion*—the well-intentioned efforts we make to "get it all together" for God—can very well get in the way of what God is doing for us. The main and central action is everywhere and always *what God has done, is doing, and will do for us*. Jesus is the revelation of that action. In fact, the writer of Hebrews says jesus is "the centerpiece of everything we believe"(Hebrews 3:3). Our main and central task is to live in responsive obedience to God's action revealed in Jesus. Our part in the action is the act of faith.

But more often than not we become impatiently self-important along the way and decide to improve matters with our two cents' worth. We add on, we supplement, we embellish. But instead of improving on the purity and simplicity of Jesus, we dilute the purity, clutter the simplicity. We become fussily religious, or anxiously religious. We get in the way.

That's when it's time to read and pray our way through the letter to the Hebrews again, written for "too religious" Christians, for "Jesusand"

와 정치를 연결하고, 예수와 교육을 연결하고, 예수와 부처를 연결하는 사람들일 것이다. 이 편지는 그렇게 덧붙여진 것들을 전부 제거해 버린다. 저자는 우리에게 "그분에 관한 최신 이론에 이끌려 그분을 떠나는 일이 없게 하십시오. 그리스도의 은혜만이 우리의 삶을 떠받치는 유일하고 충분한 기초입니다. 그리스도의 이름을 붙인 온갖 상품은 별 도움이 되지 않습니다"라고 말한다(히 13:9). 그러면서 "오직 예수만 바라보십시오. 그분은 우리가 참여한 이 경주를 시작하고 완주하신 분이십니다"라고 권면한다(히 12:2). 그 결과, 예수 안에서 하나님이 행하신 일이 다시 명료하고 또렷하게 드러난다. 그때 우리는 다시 한번 믿음을 실천할 자유를 얻는다. 믿음을 실천할 때에야 비로소, 우리는 그 길을 가로막는 자가 아니라 그 길을 걷는 자가 된다.

Christians. In the letter, it is Jesus-and-angels, or Jesus-and-Moses, or Jesus-and-priesthood. In our time it is more likely to be Jesus-and-politics, or Jesus-and-education, or even Jesus-and-Buddha. This letter deletes the hyphens, the add-ons. The writer urges us: "Don't be lured away from him by the latest speculations about him. The grace of Christ is the only good ground for life. Products named after Christ don't seem to do much for those who buy them"(Hebrews 13:9). Rather, "Keep your eyes on *Jesus*, who both began and finished this race we're in"(Hebrew 12:2). When we do that, the focus becomes clear and sharp again: God's action in Jesus. And we are free once more for the act of faith, the one human action in which we don't get *in* the way but *on* the Way.

히브리서

HEBREWS

1

1-3 하나님께서는 지난 수백 년 동안 수많은 예언자들을 통해, 여러 가지 방법으로 우리 조상들에게 말씀하셨습니다. 그러나 최근에는 아들을 통해 우리에게 직접 말씀하셨습니다. 태초에 하나님께서 이 아들을 통해 세상을 창조하셨고, 이 세상은 마지막 날에 아들의 소유가 될 것입니다. 이 아들은 거울처럼 완벽하게 하나님을 비추시는 분이며, 그분께는 하나님의 본성이 도장처럼 찍혀 있습니다. 아들은 자신의 말, 곧 능력 있는 말씀으로 만물을 조화롭게 유지하시는 분입니다!

천사보다 높으신 분

3-6 그 아들은 죄를 해결하기 위한 희생 제사를 마치신 뒤에, 하늘 높이 계신 하나님 오른편 영광의 자리에 앉으셔서, 그 어떤 천사보다도 높은 서열과 통치권을 받으셨습니다. 하나님께서 어느 천사에게 "너는 내 아들이다. 오늘 내가 너를 축복한다"고 하시거나, "나는 그의 아버지이며, 그는 내 아들이다"라고 말씀하신 적이 있습니까? 하나님은 영광스러운 자기 아들을 세상에 주시면서 "모든 천사는 그에게 경배하여라" 하고 말씀하셨습니다.

7 천사들에 대해서는 성경에 이렇게 말했습니다.

> 그 심부름꾼들은 바람,
> 그 시종들은 타오르는 불꽃이다.

1

1-3 Going through a long line of prophets, God has been addressing our ancestors in different ways for centuries. Recently he spoke to us directly through his Son. By his Son, God created the world in the beginning, and it will all belong to the Son at the end. This Son perfectly mirrors God, and is stamped with God's nature. He holds everything together by what he says—powerful words!

The Son Is Higher than Angels

3-6 After he finished the sacrifice for sins, the Son took his honored place high in the heavens right alongside God, far higher than any angel in rank and rule. Did God ever say to an angel, "You're my Son; today I celebrate you" or "I'm his Father, he's my Son"? When he presents his honored Son to the world, he says, "All angels must worship him."

7 Regarding angels he says,

> The messengers are winds,
> the servants are tongues of fire.

8-9 그러나 아들에 대해서는 성경에 이렇게 말했습니다.

당신은 하나님, 영원토록 보좌에 앉아 계신 분.
당신의 통치는 모든 것을 바로잡습니다.
당신은 만물이 바른 자리에 있는 것을 기뻐하시고,
그릇된 자리에 있는 것을 싫어하십니다.
바로 그런 이유로 하나님, 곧 당신의 하나님께서
당신의 머리에 향기로운 기름을 부으시고
당신을 왕으로 삼으셔서,
당신의 귀한 동료들보다 훨씬 뛰어나게 하셨습니다.

10-12 또한 아들에 대해 이런 말씀도 있습니다.

이 모든 일을 시작하신 주님, 당신께서 땅의 기초를 놓으시고
하늘의 별들을 지으셨습니다.
땅과 하늘은 닳아 없어져도, 당신은 그대로이십니다.
오래된 옷처럼 닳아서 헤어져 버릴 그것들을,
당신은 낡은 옷을 치우듯
폐기처분하실 것입니다.
그러나 당신은 세월이 흘러도 한결같으시니
빛이 바래거나 닳아 없어지지 않을 것입니다.

13 하나님께서 천사 가운데 어느 누구에게 이렇게 말씀하신 적이 있습니까?

내가 네 원수들을 네 발판으로 삼을 때까지
너는 여기 내 보좌 옆에 앉아 있어라.

14 모든 천사는, 구원을 받기 위해 예비된 사람들을 도우라고 보냄받은 존재들이라는 사실이 분명하지 않습니까?

8-9 But he says to the Son,

You're God, and on the throne for good;
  your rule makes everything right.
You love it when things are right;
  you hate it when things are wrong.
That is why God, your God,
  poured fragrant oil on your head,
Marking you out as king,
  far above your dear companions.

10-12 And again to the Son,

You, Master, started it all, laid earth's foundations,
  then crafted the stars in the sky.
Earth and sky will wear out, but not you;
  they become threadbare like an old coat;
You'll fold them up like a worn-out cloak,
  and lay them away on the shelf.
But you'll stay the same, year after year;
  you'll never fade, you'll never wear out.

13 And did he ever say anything like this to an angel?

Sit alongside me here on my throne
Until I make your enemies a stool for your feet.

14 Isn't it obvious that all angels are sent to help out with those lined up to receive salvation?

2 ¹⁻⁴ 우리는 이미 들은 메시지를 굳게 붙잡아, 떠내려가는 일이 없어야 하겠습니다. 지난날에 천사들을 통해 전한 메시지가 유효해서 아무도 그것을 피해 갈 수 없었는데, 하물며 최근에 우리가 받은 이토록 장엄한 구원의 메시지를 어떻게 소홀히 할 수 있겠습니까? 이 구원의 메시지는 가장 먼저 주님이 직접 전해 주셨고, 그 다음은 주님께 들은 이들이 우리에게 정확히 전해 주었습니다. 하나님께서도 성령을 통해 여러 은사, 곧 모든 표적과 기적을 자기 뜻에 따라 주심으로 이 구원의 메시지를 확증해 주셨습니다.

구원의 개척자이신 예수

⁵⁻⁹ 하나님께서는 지금 우리가 감당하고 있는 이 구원의 일을 천사들의 손에 맡기지 않으셨습니다. 성경에 이렇게 기록되었습니다.

> 사람이 무엇이기에 그들을 걱정하시며
> 그들의 길을 거듭 살펴십니까?
> 그들을 천사보다 조금 못하게 지으시고
> 에덴의 새벽빛으로 빛나게 하셨습니다.
> 당신께서 손수 지으신 온 세상을
> 그들에게 맡기셨습니다.

하나님께서는 모든 것을 하나도 빠짐없이 사람들의 손에 맡기셨습니다. 그러나 우리가 보기에는, 아직도 만물이 사람의 관할 아래 있지 않습니다. 우리가 보는 것은, "천사보다 조금 못하게 지어져서" 죽음을 경험하시고, 천사보다 더 높은 곳에 앉으셔서 "에덴의 새벽빛으로 빛나는" 영광의 관을 쓰신 예수입니다. 이 죽음을 통해 그분은, 하나님의 은혜로 모든 사람을 대신하는 죽음을 온전히 겪으셨습니다.

2 ¹⁻⁴ It's crucial that we keep a firm grip on what we've heard so that we don't drift off. If the old message delivered by the angels was valid and nobody got away with anything, do you think we can risk neglecting this latest message, this magnificent salvation? First of all, it was delivered in person by the Master, then accurately passed on to us by those who heard it from him. All the while God was validating it with gifts through the Holy Spirit, all sorts of signs and miracles, as he saw fit.

The Salvation Pioneer

⁵⁻⁹ God didn't put angels in charge of this business of salvation that we're dealing with here. It says in Scripture,

> What is man and woman that you bother with them;
>   why take a second look their way?
> You made them not quite as high as angels,
>   bright with Eden's dawn light;
> Then you put them in charge
>   of your entire handcrafted world.

When God put them in charge of everything, nothing was excluded. But we don't see it yet, don't see everything under human jurisdiction. What we do see is Jesus, made "not quite as high as angels," and then, through the experience of death, crowned so much higher than any angel, with a glory "bright with Eden's dawn light." In that death, by God's grace, he fully experienced death in every person's place.

10-13 만물을 처음 움직이게 하셨고 지금도 그 만물을 붙들고 계신 하나님께서, 구원의 개척자이신 예수를 고난을 통해 완전케 하시고, 그로써 자신의 일을 완성하시며 모든 사람을 영광으로 이끄시는 것은 너무도 그분다운 일입니다. 구원하는 분과 구원받는 이들이 같은 근원에서 나왔으므로, 이제 예수께서는 조금도 주저함 없이 그들을 가족으로 대하시며, 이렇게 말씀하십니다.

당신에 대해 알고 있는 모든 것을 나의 소중한 친구인 형제자매들에게 알리고,
함께 당신을 경배하고 찬양하겠습니다.

다음 말씀도 자신을 그들과 한가족으로 여기신다는 뜻입니다.

나도 하나님을 신뢰함으로 살아갑니다.

또한 이렇게 말씀하셨습니다.

하나님께서 내게 주신 자녀들과 함께 내가 여기 있습니다.

14-15 자녀들이 살과 피로 된 존재이니, 그들을 구하기 위해 구주께서 살과 피를 입고 죽으신 것입니다. 그분은 죽음을 껴안고 자기 안에 받아들이셔서, 죽음을 지배하는 마귀를 멸하시고, 죽도록 죽음을 무서워하며 평생을 위축되어 살아가는 모든 사람을 풀어 주셨습니다.

16-18 그분께서 이 모든 고난을 겪으신 것은, 천사들을 위한 것이 아니라 우리 같은 사람들, 곧 아브라함의 자손을 위한 것이 분명합니다. 그렇기 때문에, 그분은 모든 면에서 인간의 삶에 들어오셔야만 했습니다. 그분은 사람들의 죄를 없애는 대제사장으로 하나님 앞에 서실 때, 이미 모든 고난과 시험을 몸소

10-13 It makes good sense that the God who got everything started and keeps everything going now completes the work by making the Salvation Pioneer perfect through suffering as he leads all these people to glory. Since the One who saves and those who are saved have a common origin, Jesus doesn't hesitate to treat them as family, saying,

I'll tell my good friends, my brothers and sisters, all I know about you;
I'll join them in worship and praise to you.

Again, he puts himself in the same family circle when he says,

Even *I* live by placing my trust in God.

And yet again,

I'm here with the children God gave me.

14-15 Since the children are made of flesh and blood, it's logical that the Savior took on flesh and blood in order to rescue them by his death. By embracing death, taking it into himself, he destroyed the Devil's hold on death and freed all who cower through life, scared to death of death.

16-18 It's obvious, of course, that he didn't go to all this trouble for angels. It was for people like us, children of Abraham. That's why he had to enter into every detail of human life. Then, when he came before God as high priest to get rid of the people's sins, he would have already experienced it all himself—all the pain,

겪으셨습니다. 그러므로 그분은 도움이 필요한 곳에 도움을 베푸실 수 있습니다.

우리 믿음의 중심이신 분

3 1-6 그러므로, 사랑하는 그리스도인 친구 여러분, 높은 곳을 향한 부르심을 따라 사는 동료 여러분, 예수를 진지하고 주의 깊게 바라보십시오. 그분은 우리 믿음의 중심이시며, 하나님이 맡기신 모든 일에 성실하신 분이십니다. 모세도 성실했지만, 예수는 더 큰 영광을 받아 마땅한 분이십니다. 언제나 건축자가 건물보다 귀합니다. 어느 집이든지 그 집을 지은 이가 있습니다. 그러나 그 모든 것의 배후에 계신 건축자는 하나님이십니다. 모세는 하나님의 집에서 성실하게 일했습니다. 하지만 그 일은 장차 이루어질 일을 준비하는 종의 신분으로 한 일입니다. 그리스도는 아들로서 그 집을 맡고 계십니다.
6-11 이제 우리가 이 담대한 확신을 굳게 붙들면, 우리가 바로 그 집입니다! 그러므로 성령께서 이렇게 말씀하셨습니다.

오늘 너희는 귀 기울여 들어라.
광야에서 시험받던 때,
"쓰디쓴 반역"의 때처럼 못 들은 체하지
마라!
너희 조상들은 내가 하는 일을 사십 년 동
안 지켜보고도
나의 방식을 거절하고
나의 인내심을 거듭거듭 시험했다.
나는 진노했다. 더 이상 참을 수 없어서 말
했다!
"그들은 한시도 하나님을 마음에 두지도
않고
나의 길을 따라 걷지도 않는다."
나는 노하여 맹세하며 말했다.
"그들은 가고자 하는 곳에 이르지 못하며
결코 안식하지 못할 것이다."

all the testing—and would be able to help where help was needed.

The Centerpiece of All We Believe

3 1-6 So, my dear Christian friends, companions in following this call to the heights, take a good hard look at Jesus. He's the centerpiece of everything we believe, faithful in everything God gave him to do. Moses was also faithful, but Jesus gets far more honor. A builder is more valuable than a building any day. Every house has a builder, but the Builder behind them all is God. Moses did a good job in God's house, but it was all servant work, getting things ready for what was to come. Christ as Son is in charge of the house.
6-11 Now, if we can only keep a firm grip on this bold confidence, we're the house! That's why the Holy Spirit says,

Today, please listen;
    don't turn a deaf ear as in "the bitter
    uprising,"
    that time of wilderness testing!
Even though they watched me at work
for forty years,
    your ancestors refused to let me do it
    my way;
    over and over they tried my patience.
And I was provoked, oh, so provoked!
    I said, "They'll never keep their minds
    on God;
    they refuse to walk down my road."
Exasperated, I vowed,
    "They'll never get where they're going,
    never be able to sit down and rest."

12-14 그러니 친구 여러분, 조심하십시오. 믿지 않는 악한 마음으로 빈둥거리지 마십시오. 그런 일은 여러분을 넘어뜨리고 곁길로 빠뜨려서, 살아 계신 하나님으로부터 멀어지게 합니다. 하나님께서 주신 오늘이라는 시간 동안 서로 주의하여, 죄로 인해 여러분의 대응 능력이 떨어지지 않도록 하십시오. 처음 시작할 때 붙든 확신을 마지막까지 굳게 붙들면, 마침내 우리는 그리스도와 함께하는 사람들이 될 것입니다.

다음과 같은 말씀이 우리 귀에 쟁쟁히 들려옵니다.

오늘 너희는 귀 기울여 들어라.
"쓰디쓴 반역"의 때처럼 못 들은 체하지 마라.

15-19 귀를 막은 자들이 누구였습니까? 모세가 이집트에서 이끌어 낸 자들이 아니었습니까? 하나님께서 사십 년 동안 누구에게 노하셨습니까? 귀를 막고 듣지 않다가 광야의 시체로 생을 마감한 자들이 아니었습니까? 하나님께서 그들이 가고자 하는 곳에 이르지 못하게 하겠다고 맹세하신 것은, 그렇게 귀를 막고 듣지 않은 자들을 두고 하신 말씀이 아니었습니까? 그들이 가고자 하는 곳에 이르지 못한 것은, 그들이 전혀 듣지도 않고 믿지도 않았기 때문입니다.

믿음으로 약속을 받아들일 때

4 1-3 그러므로 하나님 안에서 안식을 주겠다고 하신 그 약속이 우리를 이끌어서 그분이 세우신 목표로 데려가는 동안, 우리 중에 자격을 잃는 사람이 없도록 조심하십시오. 우리가 받은 약속과 광야에 있던 그들이 받은 약속은 똑같은 것입니다. 그러나 그 약속이 그들에게 조금도 유익이 되지 못한 것은, 그들이 그 약속을 믿음으로 받아들이지 않았기 때문입니다. 하지만 그 약속을 믿는 우리는 안식을 경험할 것입니다. 이것은 믿음 없이는 되지

12-14 So watch your step, friends. Make sure there's no evil unbelief lying around that will trip you up and throw you off course, diverting you from the living God. For as long as it's still God's Today, keep each other on your toes so sin doesn't slow down your reflexes. If we can only keep our grip on the sure thing we started out with, we're in this with Christ for the long haul.

These words keep ringing in our ears:

Today, please listen;
    don't turn a deaf ear as in the bitter uprising.

15-19 For who were the people who turned a deaf ear? Weren't they the very ones Moses led out of Egypt? And who was God provoked with for forty years? Wasn't it those who turned a deaf ear and ended up corpses in the wilderness? And when he swore that they'd never get where they were going, wasn't he talking to the ones who turned a deaf ear? They never got there because they never listened, never believed.

When the Promises Are Mixed with Faith

4 1-3 For as long, then, as that promise of resting in him pulls us on to God's goal for us, we need to be careful that we're not disqualified. We received the same promises as those people in the wilderness, but the promises didn't do them a bit of good because they didn't receive the promises with faith. If we believe, though, we'll

않습니다. 하나님께서 하신 말씀을 기억하십시오.

나는 노하여 맹세하며 말했다.
"그들은 가고자 하는 곳에 이르지 못하며
결코 안식하지 못할 것이다."

3-7 하나님께서는 창세전에 이미 하실 일을 다 마치셨음에도, 이런 맹세를 하신 것입니다. 성경에 "하나님께서 자기 일을 다 마치시고 일곱째 날에 쉬셨다"고 했으나, 다른 구절에는 "그들은 결코 안식하지 못할 것이다"라고 했습니다. 이 약속은 아직 성취된 것이 아닙니다. 먼저 들은 자들이 안식처에 들어가지 못한 것은 순종하지 않았기 때문입니다. 하나님은 "오늘"로 날짜를 조정하시며 끊임없이 약속을 갱신해 주십니다. 이것은 처음 초대장을 보내시고 나서 수백 년이 지난 후에, 다윗의 시편을 통해 하신 말씀과 같습니다.

오늘 너희는 귀 기울여 들어라.
……귀를 막지 마라.

8-11 그러므로 이 약속은 아직 살아 있습니다. 이 약속은 여호수아 시대에도 파기되지 않았습니다. 만일 파기되었다면, 하나님께서 약속 일자를 "오늘"로 갱신하지 않으실 것입니다. 하나님의 백성에게는 "도착"과 "안식"의 약속이 아직 남아 있습니다. 하나님께서 지금 안식하고 계십니다. 이 여정을 마치는 날, 우리도 하나님과 더불어 틀림없이 안식할 것입니다. 그러니 계속 힘을 내서 마침내 안식처에 도착하도록 하십시오. 순종하지 않다가 떨어져 나가는 일이 없어야 합니다.

12-13 하나님께서는 말씀하신 것을 반드시 지키시는 분입니다. 그분의 말씀은 이루어집니다. 그분의 능력 있는 말씀은 수술용 메스처럼 날카로워서, 의심이든 변명이든 무엇이나

experience that state of resting. But not if we don't have faith. Remember that God said,

Exasperated, I vowed,
"They'll never get where they're going,
never be able to sit down and rest."

3-7 God made that vow, even though he'd finished *his* part before the foundation of the world. Somewhere it's written, "God rested the seventh day, having completed his work," but in this other text he says, "They'll never be able to sit down and rest." So this promise has not yet been fulfilled. Those earlier ones never did get to the place of rest because they were disobedient. God keeps renewing the promise and setting the date as *today*, just as he did in David's psalm, centuries later than the original invitation:

Today, please listen,
don't turn a deaf ear...

8-11 And so this is still a live promise. It wasn't canceled at the time of Joshua; otherwise, God wouldn't keep renewing the appointment for "today." The promise of "arrival" and "rest" is still there for God's people. God himself is at rest. And at the end of the journey we'll surely rest with God. So let's keep at it and eventually arrive at the place of rest, not drop out through some sort of disobedience.

12-13 God means what he says. What he says goes. His powerful Word is sharp as a surgeon's scalpel, cutting through every-

갈라내고, 우리 마음을 열어서 귀 기울여 듣고 순종하게 합니다. 하나님의 말씀이 꿰뚫지 못할 것은 아무것도 없습니다. 아무리 발버둥 쳐도 우리는 하나님의 말씀에서 달아날 수 없습니다.

고통 가운데 부르짖으신 대제사장

14-16 이제 우리에게는, 하나님께 자유롭게 나아갈 수 있는 위대한 대제사장 예수가 계십니다. 그러니 그분을 놓치는 일이 없어야 하겠습니다. 그분은 우리의 현실에 무관심한 제사장이 아니십니다. 그분은 연약함과 시험, 온갖 고난을 다 겪으셨지만, 죄는 짓지 않으셨습니다. 그러니 곧장 그분께로 나아가, 그분이 기꺼이 주시려는 것을 받으십시오. 자비를 입고 도움을 받으십시오.

5 1-3 하나님 앞에서 사람들을 대표하고, 그들의 죄를 위해 희생 제사를 드리도록 선택된 대제사장이라면, 분명 사람들의 약점을 너그러이 대할 수 있을 것입니다. 그 약점이 어떤 것인지 바로 자기 경험을 통해 알기 때문입니다. 그러나 이것은, 그가 사람들의 죄뿐 아니라 자기 죄를 위해서도 제사를 드려야 한다는 것을 의미합니다.

4-6 이 영광의 자리는 사람이 스스로를 세워서 얻을 수 있는 것이 아닙니다. 아론과 같이 하나님의 부르심을 받아서 얻는 것입니다. 그리스도께서도 스스로를 세워 대제사장이 되신 것이 아니라, "너는 내 아들이다. 오늘 내가 너를 기뻐한다!"고 말씀하신 하나님께서 따로 세워 주셔서 되신 것입니다. 다른 곳에서도 하나님께서는 "너는 멜기세덱의 반열에 따른 영원한 제사장이다"라고 선포하셨습니다.

7-10 예수께서 이 땅에 계실 때 자신이 죽을 것을 미리 아시고, 고통 가운데 부르짖으시고, 슬픔의 눈물을 흘리시며, 하나님께 제사

thing, whether doubt or defense, laying us open to listen and obey. Nothing and no one is impervious to God's Word. We can't get away from it—no matter what.

The High Priest Who Cried Out in Pain

14-16 Now that we know what we have—Jesus, this great High Priest with ready access to God—let's not let it slip through our fingers. We don't have a priest who is out of touch with our reality. He's been through weakness and testing, experienced it all—all but the sin. So let's walk right up to him and get what he is so ready to give. Take the mercy, accept the help.

5 1-3 Every high priest selected to represent men and women before God and offer sacrifices for their sins should be able to deal gently with their failings, since he knows what it's like from his own experience. But that also means that he has to offer sacrifices for his own sins as well as the peoples'.

4-6 No one elects himself to this honored position. He's called to it by God, as Aaron was. Neither did Christ presume to set himself up as high priest, but was set apart by the One who said to him, "You're my Son; today I celebrate you!" In another place God declares, "You're a priest forever in the royal order of Melchizedek."

7-10 While he lived on earth, anticipating death, Jesus cried out in pain and wept in sorrow as he offered up priestly prayers

장의 기도를 드리셨습니다. 그분이 하나님을 높이시는 것을 보시고, 하나님도 그분께 응답하셨습니다. 그분은 하나님의 아들이셨지만, 우리와 마찬가지로 고난을 받으심으로 신뢰와 순종을 배우셨습니다. 이처럼 완전한 성숙의 상태에 이르시고, 또한 하나님께 멜기세덱의 반열에 따른 대제사장으로 임명되심으로, 그분은 믿음으로 순종하는 모든 이들에게 영원한 구원의 근원이 되셨습니다.

그리스도 안에서 자라 가십시오

11-14 멜기세덱에 관해서는 할 말이 많지만, 여러분의 귀 기울여 듣지 않는 나쁜 습관 때문에 여러분을 이해시키기가 어렵습니다. 지금쯤 여러분은 선생이 되어 있어야 마땅한데도, 내가 보기에 여러분은 하나님에 관해 기본부터 다시 가르쳐 줄 사람이 필요한 것 같습니다. 오래전에 단단한 음식을 먹었어야 했건만, 여러분은 아직도 아기처럼 젖을 빨아야 할 형편입니다! 젖은 하나님의 방식에 미숙한 초보자들이 먹는 것입니다. 성숙한 사람들은 단단한 음식을 먹습니다. 그들은 경험으로 옳고 그른 것을 분별할 줄 아는 사람들입니다.

6 ¹⁻³ 그러므로 유치원생 수준으로 그리스도를 그리는 데서 벗어나, 멋진 작품을 만드십시오. 그리스도 안에서 무럭무럭 자라 가십시오. 그 기초가 되는 진리는, 자기 힘으로 구원받으려는 노력을 버리고 하나님께 돌아서서 그분을 신뢰하는 것과, 세례에 관한 가르침과, 안수와, 죽은 자의 부활과, 영원한 심판입니다. 하나님께서 도와주시면, 우리는 이 모든 진리를 충실하게 붙들 수 있을 것입니다. 그러나 그 이상의 것이 있습니다. 그러니 계속 나아가십시오!

to God. Because he honored God, God answered him. Though he was God's Son, he learned trusting-obedience by what he suffered, just as we do. Then, having arrived at the full stature of his maturity and having been announced by God as high priest in the order of Melchizedek, he became the source of eternal salvation to all who believingly obey him.

Re-Crucifying Jesus

11-14 I have a lot more to say about this, but it is hard to get it across to you since you've picked up this bad habit of not listening. By this time you ought to be teachers yourselves, yet here I find you need someone to sit down with you and go over the basics on God again, starting from square one—baby's milk, when you should have been on solid food long ago! Milk is for beginners, inexperienced in God's ways; solid food is for the mature, who have some practice in telling right from wrong.

6 ¹⁻³ So come on, let's leave the preschool fingerpainting exercises on Christ and get on with the grand work of art. Grow up in Christ. The basic foundational truths are in place: turning your back on "salvation by self-help" and turning in trust toward God; baptismal instructions; laying on of hands; resurrection of the dead; eternal judgment. God helping us, we'll stay true to all that. But there's so much more. Let's get on with it!

4-8 한때 빛을 보고 하늘을 맛보고 성령의 역사에 참여하고 하나님의 선하신 말씀과 우리 안으로 돌파해 들어오는 능력을 경험한 자들이, 등을 돌려 그 모든 것과 관계를 끊어 버렸다면, 그들은 아무 일 없었다는 듯이 처음부터 다시 시작할 수는 없습니다. 그것은 불가능한 일입니다. 그들이 예수를 다시 십자가에 못 박고, 공개적으로 부인한 것이기 때문입니다! 바싹 마른 땅이라도 비를 흠뻑 빨아들여서 농사짓는 사람에게 풍성한 곡식을 내면, 하나님께 "잘했다!" 는 칭찬을 듣습니다. 그러나 잡초와 엉겅퀴를 내는 땅은 저주를 받습니다. 그 땅은 불에 타서 수확할 것이 없습니다.

9-12 친구 여러분, 나는 그런 일이 여러분에게 일어나지 않으리라고 확신합니다. 나는 여러분이 구원의 여정에서 이룬 더 나은 것이 있다는 것을 생각하게 됩니다! 하나님께서는 어느 것 하나 잊으시는 법이 없습니다. 하나님께서는 여러분이 가난한 그리스도인들을 도우면서 보여준 사랑을 너무도 잘 알고 계시며, 여러분이 그 일을 계속하고 있다는 것도 잘 알고 계십니다. 이제 내가 바라는 것은, 여러분 각자가 튼실한 소망을 향해 동일한 열정을 펼쳐서, 마지막까지 그 소망을 유지하는 것입니다. 꾸물거리지 마십시오. 헌신적인 믿음으로 끝까지 달려가서, 마침내 약속받은 것을 전부 얻는 사람이 되십시오.

변치 않는 하나님의 약속

13-18 하나님께서는 아브라함에게 약속하실 때, 자신의 명예를 걸고 분명하게 약속하셨습니다. 하나님께서는 "내가 약속한다. 내가 가진 모든 것으로 너에게 복을 주겠다. 복을 주고, 복을 주고, 또 복을 주겠다!"고 말씀하셨습니다. 아브라함은 참고 견딘 끝에 약속받은 것을 전부 받았습니다.

4-8 Once people have seen the light, gotten a taste of heaven and been part of the work of the Holy Spirit, once they've personally experienced the sheer goodness of God's Word and the powers breaking in on us—if then they turn their backs on it, washing their hands of the whole thing, well, they can't start over as if nothing happened. That's impossible. Why, they've re-crucified Jesus! They've repudiated him in public! Parched ground that soaks up the rain and then produces an abundance of carrots and corn for its gardener gets God's "Well done!" But if it produces weeds and thistles, it's more likely to get cussed out. Fields like that are burned, not harvested.

9-12 I'm sure that won't happen to you, friends. I have better things in mind for you—salvation things! God doesn't miss anything. He knows perfectly well all the love you've shown him by helping needy Christians, and that you keep at it. And now I want each of you to extend that same intensity toward a full-bodied hope, and keep at it till the finish. Don't drag your feet. Be like those who stay the course with committed faith and then get everything promised to them.

God Gave His Word

13-18 When God made his promise to Abraham, he backed it to the hilt, putting his own reputation on the line. He said, "I promise that I'll bless you with everything I have—bless and bless and bless!" Abraham stuck it out and got everything that had been promised to him. When

사람들은 약속할 때 자기보다 위에 있는 권위에 호소하여 약속을 보증합니다. 약속을 이행하기로 한 당사자들 사이에 문제가 생길 때, 그 권위로 약속을 뒷받침하려는 것입니다. 하나님께서도 자신의 약속을 보증하기 원하셨고, 결국 바위처럼 단단하여 깨지지 않는 자신의 말씀으로 보증해 주셨습니다. 하나님께서는 자신의 말씀을 어기실 수 없기 때문입니다. 그분의 말씀은 변치 않으며, 그분의 약속도 변치 않습니다.

18-20 하나님께 인생을 건 우리는, 약속받은 소망을 두 손으로 붙잡고 놓지 말아야 할 이유가 충분합니다. 그 소망은 끊어지지 않는 영적 생명줄 같아서, 모든 상황을 뛰어넘어 곧바로 하나님 앞에까지 이릅니다. 그곳에는 우리보다 앞서 달려가신 예수께서, 멜기세덱의 반열에 따라 우리를 위한 영원한 대제사장직을 맡고 계십니다.

하나님의 제사장 멜기세덱

7 1-3 멜기세덱은 살렘의 왕이며 지극히 높으신 하나님의 제사장이었습니다. 그는 여러 왕을 무찌르고 돌아오는 아브라함을 만나서 축복했습니다. 아브라함은 답례로 전리품의 십분의 일을 그에게 바쳤습니다. 멜기세덱은 '의의 왕'을 뜻합니다. 살렘은 '평화'를 뜻합니다. 그러므로 그는 평화의 왕이기도 합니다. 멜기세덱은 먼 과거로부터 우뚝 솟은 존재로서, 족보도 없고 시작도 없고 끝도 없습니다. 이처럼 그는 하나님의 아들과 같아서, 언제나 다스리는 위대한 제사장으로 있습니다.

4-7 조상 아브라함이 전리품의 십분의 일을 멜기세덱에게 바친 것을 보면, 그가 얼마나 위대한지 여러분도 알 수 있을 것입니다. 레위 자손 가운데 제사장들은 백성으로부터 십일조를 거두도록 율법에 규정되어 있습니다. 제사장과 백성 모두가 아브라함을

people make promises, they guarantee them by appeal to some authority above them so that if there is any question that they'll make good on the promise, the authority will back them up. When God wanted to guarantee his promises, he gave his word, a rock-solid guarantee—God *can't* break his word. And because his word cannot change, the promise is likewise unchangeable.

18-20 We who have run for our very lives to God have every reason to grab the promised hope with both hands and never let go. It's an unbreakable spiritual lifeline, reaching past all appearances right to the very presence of God where Jesus, running on ahead of us, has taken up his permanent post as high priest for us, in the order of Melchizedek.

Melchizedek, Priest of God

7 1-3 Melchizedek was king of Salem and priest of the Highest God. He met Abraham, who was returning from "the royal massacre," and gave him his blessing. Abraham in turn gave him a tenth of the spoils. "Melchizedek" means "King of Righteousness." "Salem" means "Peace." So, he is also "King of Peace." Melchizedek towers out of the past—without record of family ties, no account of beginning or end. In this way he is like the Son of God, one huge priestly presence dominating the landscape always.

4-7 You realize just how great Melchizedek is when you see that Father Abraham gave him a tenth of the captured treasure. Priests descended from Levi are commanded by law to collect tithes from the people, even

한 조상으로 둔 동족인데도 그렇습니다. 그러나 멜기세덱은 완전히 외부인인데도 아브라함에게서 십분의 일을 받았고, 약속을 받은 사람인 아브라함을 축복했습니다. 축복은 아랫사람이 윗사람에게 받는 법입니다.

8-10 이렇게 볼 수도 있습니다. 우리는 죽을 수밖에 없는 제사장들에게 십분의 일을 바치지만, 아브라함은 성경에 "살아 있다"고 기록된 제사장에게 십분의 일을 바친 것입니다. 궁극적으로는 이렇게 말할 수 있습니다. 레위는 멜기세덱에게 십분의 일을 바친 아브라함의 자손입니다. 그러니 우리가 레위 지파의 제사장에게 십분의 일을 바치는 것은, 결국 멜기세덱에게 바치는 것이나 마찬가지입니다.

영원한 제사장이신 예수

11-14 율법을 받을 때 바탕이 되었던 레위와 아론의 제사장직이 백성을 완전하게 할 수 있었다면, 멜기세덱의 제사장직과 같은 제사장직이 생겨날 필요가 없었을 것입니다. 그러나 레위와 아론의 제사장직이 직무를 제대로 마무리하지 못했기 때문에 제사장직에 변화가 일어났고, 그로 인해 근본적으로 새로운 법이 생기게 되었습니다. 옛 레위의 제사장직으로는 이 사실을 이해할 길이 없습니다. 예수의 족보에 그분과 레위의 제사장직을 연결할 만한 근거가 없는 것은 그 때문입니다.

15-19 그러나 멜기세덱 이야기에서 다음과 같이 완벽한 설명을 얻을 수 있습니다. 멜기세덱과 같은 제사장 예수께서는 혈통의 계보를 따라서가 아니라, 순전히 부활 생명의 힘으로—그분은 살아 계십니다!—"멜기세덱의 반열에 따른 영원한 제사장"이 되셨습니다. 이전의 방식, 곧 율법 제도는 기대했던 것만큼 효력을 내지 못해 폐기되고 말았습니다. 율법은 아무것도 성숙에 이르게 하지

though they are all more or less equals, priests and people, having a common father in Abraham. But this man, a complete outsider, collected tithes from Abraham and blessed him, the one to whom the promises had been given. In acts of blessing, the lesser is blessed by the greater.

8-10 Or look at it this way: We pay our tithes to priests who die, but Abraham paid tithes to a priest who, the Scripture says, "lives." Ultimately you could even say that since Levi descended from Abraham, who paid tithes to Melchizedek, when we pay tithes to the priestly tribe of Levi they end up with Melchizedek.

A Permanent Priesthood

11-14 If the priesthood of Levi and Aaron, which provided the framework for the giving of the law, could really make people perfect, there wouldn't have been need for a new priesthood like that of Melchizedek. But since it didn't get the job done, there was a change of priesthood, which brought with it a radical new kind of law. There is no way of understanding this in terms of the old Levitical priesthood, which is why there is nothing in Jesus' family tree connecting him with that priestly line.

15-19 But the Melchizedek story provides a perfect analogy: Jesus, a priest like Melchizedek, not by genealogical descent but by the sheer force of resurrection life—he lives!—"priest forever in the royal order of Melchizedek." The former way of doing things, a system of commandments

못했습니다. 그러나 이제 효력이 분명한, 우리를 하나님의 임재 속으로 곧바로 데려다 주는 또 다른 길이 그 자리를 대신했습니다. 그 길은 다름 아닌 예수이십니다!

20-22 옛 아론의 제사장직은, 하나님의 명시적인 확증 없이도 자동적으로 아버지에게서 아들로 계승되었습니다. 그러나 하나님이 개입하셔서, 새롭고 영원한 제사장직을 제정하시고 다음과 같은 약속을 덧붙이셨습니다.

하나님께서 약속하셨으니
   그 약속을 철회하지 않으실 것이다.
"너는 영원한 제사장이다."

이처럼 예수께서는 우리와 하나님 사이에 더 나은 방식, 실제로 효력 있는 방식을 보증하는 분이 되셨습니다! 이것이 다름 아닌 새 언약입니다.

23-25 전에 제사장이 많았던 것은, 한 사람이 죽으면 다른 이가 대신해야 했기 때문입니다. 그러나 예수의 제사장직은 영원합니다. 그분은 지금부터 영원까지 제사장으로 계시면서, 자기를 통해 하나님께 나아오는 모든 사람을 구원하시고 언제나 그들 편에서 말씀해 주십니다.

26-28 이제 우리에게는 우리의 필요에 완벽하게 들어맞는 한분 대제사장이 계십니다. 그분은 온전히 거룩하시고 죄가 전혀 없으시며, 그 권세가 하늘 높이 하나님 계신 곳까지 이릅니다. 그분은 다른 대제사장들과 같지 않으셔서, 우리와 우리 죄를 위한 희생 제물을 드리기 전에 매일같이 자기 죄를 위해 희생 제물을 드릴 필요가 없으십니다. 그분께서 자기 몸을 희생 제물로 드리심으로, 영단번에 그 일을 완성하셨기 때문입니다. 율법은 일을 제대로 해내지 못하는 사람들을 어쩔 수 없이 대제사장으로 세웁니다. 그러나 하나님이 개입하셔서 율법 다음으로 주신 명

that never worked out the way it was supposed to, was set aside; the law brought nothing to maturity. Another way—Jesus!— a way that *does* work, that brings us right into the presence of God, is put in its place.

20-22 The old priesthood of Aaron perpetuated itself automatically, father to son, without explicit confirmation by God. But then God intervened and called this new, permanent priesthood into being with an added promise:

God gave his word;
   he won't take it back:
"You're the permanent priest."

This makes Jesus the guarantee of a far better way between us and God—one that really works! A new covenant.

23-25 Earlier there were a lot of priests, for they died and had to be replaced. But Jesus' priesthood is permanent. He's there from now to eternity to save everyone who comes to God through him, always on the job to speak up for them.

26-28 So now we have a high priest who perfectly fits our needs: completely holy, uncompromised by sin, with authority extending as high as God's presence in heaven itself. Unlike the other high priests, he doesn't have to offer sacrifices for his own sins every day before he can get around to us and our sins. He's done it, once and for all: offered up *himself* as the sacrifice. The law appoints as high priests men who are never able to get the job done right. But this intervening command of God, which came later, appoints the Son,

령은, 영원토록 완전하신 아들을 대제사장으로 세웁니다.

새 언약

8 ¹⁻² 요점을 말하면 이렇습니다. 우리에게는 이와 같은 대제사장이 계십니다. 그분은 하나님 오른편에 권위 있게 앉으셔서, 하나님께서 세우신 단 하나의 참 성소에서 예배를 주관하십니다.

³⁻⁵ 대제사장에게 맡겨진 임무는 예물과 제물을 바치는 일입니다. 그것은 예수의 제사장직도 마찬가지입니다. 만일 그분께서 땅에 매여 계신 분이라면 제사장조차 되지 못하실 것입니다. 율법에 명시된 예물을 바치는 제사장이라면 이미 많이 있어서 그분을 필요로 하지 않을 것입니다. 이 땅의 제사장들은, 하늘에 있는 참 성소에서 무슨 일이 일어나는지를 보여주는 단서에 지나지 않습니다. 모세가 하늘에 있는 참 성소를 언뜻 보고 장막을 지으려고 할 때, 하나님께서 이렇게 말씀하셨습니다. "너는 산에서 본 모습 그대로 주의해서 짓도록 하여라."

⁶⁻¹³ 그러나 예수께서 맡으신 제사장 직무는 다른 제사장들이 맡은 직무보다 훨씬 뛰어납니다. 그것은 그분께서 더 나은 계획에 따라 일하시기 때문입니다. 만일 첫 번째 계획인 옛 언약이 효력이 있었다면, 두 번째 계획은 필요하지 않았을 것입니다. 그러나 우리가 아는 것처럼, 첫 번째 계획에 결함이 있었으므로 하나님께서 이렇게 말씀하셨습니다.

> 조심하여라! 그날이 오고 있다.
> 그날에 내가 이스라엘과 유다를 위한
> 새 계획을 세울 것이다.
> 내가 그 조상들의 손을 잡고
> 이집트에서 인도해 나올 때
> 그들과 세웠던 옛 계획은 내버릴 것이다.
> 그들이 계약을 지키지 않아

who is absolutely, eternally perfect.

A New Plan with Israel

8 ¹⁻² In essence, we have just such a high priest: authoritative right alongside God, conducting worship in the one true sanctuary built by God.

³⁻⁵ The assigned task of a high priest is to offer both gifts and sacrifices, and it's no different with the priesthood of Jesus. If he were limited to earth, he wouldn't even be a priest. We wouldn't need him since there are plenty of priests who offer the gifts designated in the law. These priests provide only a hint of what goes on in the true sanctuary of heaven, which Moses caught a glimpse of as he was about to set up the tent-shrine. It was then that God said, "Be careful to do it exactly as you saw it on the Mountain."

⁶⁻¹³ But Jesus' priestly work far surpasses what these other priests do, since he's working from a far better plan. If the first plan—the old covenant—had worked out, a second wouldn't have been needed. But we know the first was found wanting, because God said,

> Heads up! The days are coming
>   when I'll set up a new plan
>   for dealing with Israel and Judah.
> I'll throw out the old plan
>   I set up with their ancestors
>   when I led them by the hand out of Egypt.
> They didn't keep their part of the bargain,
>   so I looked away and let it go.

내가 그들에게서 고개를 돌려 버렸다.
내가 이스라엘과 세우려는 새 계획은
종이에 쓸 수도 없고
돌에 새길 수도 없는 것이다.
이번에는 내가 그 계획을 그들 속에 써
주고
그들 마음에 새겨 줄 것이다.
나는 그들의 하나님이 되고
그들은 내 백성이 될 것이다.
나를 알기 위해 학교에 다니거나
'하나님에 관한 다섯 가지 쉬운 가르침'
같은 책을 사 보지 않을 것이다.
작은 자나 큰 자나, 낮은 자나 높은 자나
모두가 나를 직접 알게 될 것이다.
그들의 죄가 영원토록 깨끗이 씻겨지고,
너그럽게 용서받음으로 나를 알게 될 것
이다.

하나님께서는 자기와 자기 백성 사이에 새 계획, 새 언약을 세우심으로 옛 계획을 폐기처분하셨습니다. 이제 옛 계획에는 먼지만 쌓이고 있습니다.

가시적 비유인 성소

9 1-5 첫 번째 계획에는 예배를 위한 지침과 특별히 고안된 예배 장소가 있었습니다. 바깥을 두르는 큰 장막을 세우고, 그 안에 등잔대와 상과 하나님께 드리는 빵을 두었는데, 이곳을 성소라고 했습니다. 그런 다음 휘장을 치고 그 뒤에 작은 내부 장막을 세웠는데, 이곳을 지성소라고 했습니다. 거기에는 금으로 만든 분향 제단과 금을 입힌 언약궤가 놓여 있었고, 언약궤 안에는 만나를 담은 금항아리와 아론의 싹 난 지팡이와 언약의 두 돌판이 있었고, 천사가 날개로 덮는 모양의 속죄소가 언약궤를 덮고 있었습니다. 하지만 지금은 이것들에 대해 이야기할 시간이 없

This new plan I'm making with Israel
    isn't going to be written on paper,
    isn't going to be chiseled in stone;
This time I'm writing out the plan *in*
them,
    carving it on the lining of their hearts.
I'll be their God,
    they'll be my people.
They won't go to school to learn about me,
    or buy a book called *God in Five Easy
    Lessons.*
They'll all get to know me firsthand,
    the little and the big, the small and the
    great.
They'll get to know me by being kindly
forgiven,
    with the slate of their sins forever wiped
    clean.

By coming up with a new plan, a new covenant between God and his people, God put the old plan on the shelf. And there it stays, gathering dust.

A Visible Parable

9 1-5 That first plan contained directions for worship, and a specially designed place of worship. A large outer tent was set up. The lampstand, the table, and "the bread of presence" were placed in it. This was called "the Holy Place." Then a curtain was stretched, and behind it a smaller, inside tent set up. This was called "the Holy of Holies." In it were placed the gold incense altar and the gold-covered ark of the covenant containing the gold urn of manna, Aaron's rod that budded, the covenant tablets, and the angel-wing-

습니다.

6-10 이런 것이 갖춰진 뒤에, 제사장들이 큰 장막에 들어가 직무를 수행했습니다. 작은 내부 장막에는 대제사장만이 일 년에 한 번 들어가서, 자기 죄와 백성의 누적된 죄를 위해 피를 제물로 드렸습니다. 이것은 큰 장막이 서 있는 동안에는, 백성이 하나님께로 걸어 들어갈 수 없음을 성령께서 시각적 비유로 보여주신 것입니다. 이 제도 아래서 드려진 예물과 제물은 예식과 행위의 문제에 해당할 뿐 문제의 핵심에는 다가가지 못합니다. 백성의 양심을 만족시켜 주지 못합니다. 본질적으로 이 제도는 철저히 재정비될 때까지 한시적으로 차용된 제도일 뿐입니다.

하늘의 실체를 가리키는 단서

11-15 그러나 메시아께서 뛰어난 새 언약의 대제사장으로 오셔서, 이 창조세계에 있는 옛 장막과 그 부속물을 지나시고, 하늘에 있는 "장막"인 참 성소로 영단번에 들어가셨습니다. 또한 그분은 염소와 송아지의 피로 드리는 제물 대신에 자신의 피로 값을 치르심으로, 영단번에 우리를 자유케 하셨습니다. 동물의 피와 정결예식도 우리의 신앙과 행위를 실제로 깨끗하게 해준다면, 하물며 그리스도의 피는 우리의 삶 전체를 안팎으로 얼마나 더 깨끗하게 해줄지 생각해 보십시오. 그리스도께서 성령을 힘입어 자기 몸을 흠 없는 제물로 드리심으로, 스스로 훌륭해지려는 부질없는 수고에서 우리를 자유케 하셨습니다. 그리하여 우리는 전력을 다해 하나님을 위해 살 수 있게 되었습니다.

16-17 유언은 사람이 죽어야 그 효력이 발생합니다. 새 언약도 예수께서 죽으심

shadowed mercy seat. But we don't have time to comment on these now.

6-10 After this was set up, the priests went about their duties in the large tent. Only the high priest entered the smaller, inside tent, and then only once a year, offering a blood sacrifice for his own sins and the people's accumulated sins. This was the Holy Spirit's way of showing with a visible parable that as long as the large tent stands, people can't just walk in on God. Under this system, the gifts and sacrifices can't really get to the heart of the matter, can't assuage the conscience of the people, but are limited to matters of ritual and behavior. It's essentially a temporary arrangement until a complete overhaul could be made.

Pointing to the Realities of Heaven

11-15 But when the Messiah arrived, high priest of the superior things of this new covenant, he bypassed the old tent and its trappings in this created world and went straight into heaven's "tent"—the true Holy Place—once and for all. He also bypassed the sacrifices consisting of goat and calf blood, instead using his own blood as the price to set us free once and for all. If that animal blood and the other rituals of purification were effective in cleaning up certain matters of our religion and behavior, think how much more the blood of Christ cleans up our whole lives, inside and out. Through the Spirit, Christ offered himself as an unblemished sacrifice, freeing us from all those dead-end efforts to make ourselves respectable, so that we can live all out for God.

16-17 Like a will that takes effect when someone dies, the new covenant was put into action at Jesus' death. His death marked the

으로 효력이 발생했습니다. 그분의 죽으심은 옛 계획에서 새 계획으로 바뀌었음을 나타내는 표지입니다. 이 죽음으로 인해 옛 의무 조항과 그에 따르는 죄가 폐지되었고, 상속인들은 자신들에게 약속된 영원한 유산을 받으라는 부름을 받았으며, 그분께서 이 새로운 방식으로 하나님과 그분의 백성을 화해시키셨습니다.

18-22 첫 번째 계획을 실행에 옮기는 데도 죽음이 필요했습니다. 모세는 율법 계획—하나님의 "유언"—의 조항들을 전부 낭독한 뒤에, 엄숙한 예식을 진행하며 제물로 바쳐진 동물의 피를 취해 언약 문서에 뿌리고, 그 언약의 수혜자인 백성에게도 뿌렸습니다. 그런 다음 "이것은 하나님께서 명하신 언약의 피입니다"라는 말로 그 효력을 확증했습니다. 그는 예배 장소와 그 안에 있는 모든 비품에도 똑같이 했습니다. 모세는 백성에게 "이것은 하나님께서 여러분과 세우신 언약의 피입니다"라고 말했습니다. 사실, 유언에 담긴 모든 내용의 효력은 죽음에 달려 있습니다. 죽음의 증거인 피가 우리의 전통 속에서, 특히 죄 용서와 관련해 그토록 자주 사용된 것은 이 때문입니다.

23-26 이것으로 하늘에 있는 실체를 가리키는 그 모든 부차적 의식에서, 피와 죽음이 왜 그토록 중요한 역할을 했는지 설명됩니다. 또한 지금, 더 이상 동물 제물이 쓸모없고 필요 없게 된 것도 설명됩니다. 그리스도께서는 이 땅에 있는 성소로 들어가신 것이 아닙니다. 그분은 참 성소로 들어가서서, 우리 죄를 위한 희생 제물로 자기 몸을 하나님께 드리셨습니다. 옛 계획 아래 있는 대제사장들은 해마다 동물의 피를 가지고 성소에 들어갔지만, 그리스도께서는 그러실 필요가 없습니다. 만일 해마다 성소에 들어가셔야 했다면, 그분은 역사가 진행되는 내내 되풀이해서 자기 몸을 드리셔야 했을 것입니다. 그러나 그분은 영단

transition from the old plan to the new one, canceling the old obligations and accompanying sins, and summoning the heirs to receive the eternal inheritance that was promised them. He brought together God and his people in this new way.

18-22 Even the first plan required a death to set it in motion. After Moses had read out all the terms of the plan of the law—God's "will"—he took the blood of sacrificed animals and, in a solemn ritual, sprinkled the document and the people who were its beneficiaries. And then he attested its validity with the words, "This is the blood of the covenant commanded by God." He did the same thing with the place of worship and its furniture. Moses said to the people, "This is the blood of the covenant God has established with you." Practically everything in a will hinges on a death. That's why blood, the evidence of death, is used so much in our tradition, especially regarding forgiveness of sins.

23-26 That accounts for the prominence of blood and death in all these secondary practices that point to the realities of heaven. It also accounts for why, when the real thing takes place, these animal sacrifices aren't needed anymore, having served their purpose. For Christ didn't enter the earthly version of the Holy Place; he entered the Place Itself, and offered himself to God as the sacrifice for our sins. He doesn't do this every year as the high priests did under the old plan with blood that was not their own; if that

번에 자기 몸을 희생 제물로 드리셨습니다. 다른 모든 희생 제물을 대신해서 자기 몸을 드리심으로, 죄에 대한 최종 해결책을 내놓으신 것입니다.

27-28 누구나 한 번은 죽으며, 그 후에는 자기 삶의 결과와 마주해야 합니다. 그리스도의 죽으심도 단 한 번 일어난 사건이지만, 죄를 영원히 제거하는 희생 제물로 죽으신 것이었습니다. 그러므로 그분께서 다시 나타나실 때, 그분을 뵙기 원하는 이들이 맞게 될 결과는 다름 아닌 구원입니다.

예수의 희생

10 1-10 옛 계획은 새 계획 속에 담겨 있는 좋은 것들을 암시할 뿐입니다. 옛 "율법 계획"은 완전하지 못해서, 그것을 따르는 이들 또한 온전하게 해주지 못했습니다. 해마다 수많은 희생 제물이 드려졌지만, 그것은 완전한 해결책이 되지 못했습니다. 만일 그 제물이 해결책이 되었다면 예배자들은 기쁜 마음으로 자기 길을 갔을 것이고, 더 이상 죄에 끌려 다니지 않았을 것입니다. 그러나 죄의식이 없어지기는커녕, 동물 제물을 거듭해서 바칠수록 죄의식과 죄책감은 오히려 고조되었습니다. 황소와 염소의 피가 죄를 없앨 수 없다는 것이 너무도 분명합니다. 그리스도께서 선포하신 예언의 말씀은 이 점을 염두에 두고 하신 것입니다.

당신께서는 해마다 드리는 제물과 예물을 원치 않으십니다.
그래서 나를 위해 몸을 마련해 주셔서 희생 제물로 삼으셨습니다.
이제 당신이 기뻐하시는 것은
제단에서 피어오르는 향기와 연기가 아닙니다.

had been the case, he would have to sacrifice himself repeatedly throughout the course of history. But instead he sacrificed himself once and for all, summing up all the other sacrifices in this sacrifice of himself, the final solution of sin.

27-28 Everyone has to die once, then face the consequences. Christ's death was also a one-time event, but it was a sacrifice that took care of sins forever. And so, when he next appears, the outcome for those eager to greet him is, precisely, *salvation*.

The Sacrifice of Jesus

10 1-10 The old plan was only a hint of the good things in the new plan. Since that old "law plan" wasn't complete in itself, it couldn't complete those who followed it. No matter how many sacrifices were offered year after year, they never added up to a complete solution. If they had, the worshipers would have gone merrily on their way, no longer dragged down by their sins. But instead of removing awareness of sin, when those animal sacrifices were repeated over and over they actually heightened awareness and guilt. The plain fact is that bull and goat blood can't get rid of sin. That is what is meant by this prophecy, put in the mouth of Christ:

You don't want sacrifices and offerings year after year;
   you've prepared a body for me for a sacrifice.
It's not fragrance and smoke from the altar
   that whet your appetite.
So I said, "I'm here to do it your way, O God,

그래서 내가 말했습니다. "오 하나님, 당신의
책에 기록된 대로,
당신의 방법대로 행하기 위해 내가 왔습니다."

"당신께서는 제물과 예물을 원치 않으십니다"
라고 말씀하실 때, 그리스도께서는 옛 계획에
따른 의식을 언급하신 것입니다. 또한 "당신
의 방법대로 행하기 위해 내가 왔습니다"라고
말씀하실 때, 그분은 첫 번째 계획을 폐하시고
새 계획—하나님의 방법—을 세우신 것입니다.
예수께서 자기 몸을 영단번에 제물로 드리심
으로, 우리는 하나님께 합당한 사람이 되었습
니다.

11-18 각 제사장들이 날마다 제단에 나아가 일
하고 해마다 똑같은 제물을 드리지만, 그런 것
이 결코 죄 문제를 해결하지는 못합니다. 그러
나 그리스도께서 제사장으로 죄를 위해 단 한
번 제물을 드리셨고, 그것으로 모든 것이 끝났
습니다! 그런 후에 그분은 하나님 오른편에 앉
으셔서, 원수들이 항복하기를 기다리셨습니다.
그것은 완전하신 분이 불완전한 사람들을 온전
케 하기 위해 드리신 완전한 제물이었습니다.
단 한 번 제물을 드리심으로, 그분은 정결 과정
에 참여하는 모든 이들에게 필요한 모든 일을
완수하신 것입니다. 성령께서도 이같이 증언해
주셨습니다.

내가 이스라엘과 세우려는 새 계획은
종이에 쓸 수도 없고
돌에 새길 수도 없는 것이다.
이번에는 "내가 그 계획을 그들 속에 써 주고
그들 마음에 새겨 줄 것이다."

그러고는 이렇게 결론지으셨습니다.

내가 그들의 죄를 영원토록 깨끗이 씻어 줄
것이다.

the way it's described in your Book."

When he said, "You don't want sacri-
fices and offerings," he was referring
to practices according to the old plan.
When he added, "I'm here to do it your
way," he set aside the first in order to
enact the new plan—*God's* way—by
which we are made fit for God by the
once-for-all sacrifice of Jesus.

11-18 Every priest goes to work at the
altar each day, offers the same old sacri-
fices year in, year out, and never makes
a dent in the sin problem. As a priest,
Christ made a single sacrifice for sins,
and that was it! Then he sat down right
beside God and waited for his enemies
to cave in. It was a perfect sacrifice by
a perfect person to perfect some very
imperfect people. By that single offer-
ing, he did everything that needed to
be done for everyone who takes part in
the purifying process. The Holy Spirit
confirms this:

This new plan I'm making with Israel
  isn't going to be written on paper,
  isn't going to be chiseled in stone;
This time "I'm writing out the plan *in*
them,
  carving it on the lining of their
  hearts."

He concludes,

I'll forever wipe the slate clean of their
sins.

이제 죄가 영원토록 제거되었으니, 더 이상 죄 때문에 제물을 드릴 필요가 없습니다.

확신을 가지고 나아가십시오

19-21 그러므로 친구 여러분, 이제 우리는 주저함 없이 곧바로 하나님께로, 성소 안으로 나아갈 수 있습니다. 예수께서 자기를 희생해 흘리신 피로 그 길을 열어 주셨고, 하나님 앞에서 우리의 제사장이 되어 주셨습니다. 하나님 앞으로 나아가는 통로인 휘장은 다름 아닌 그분의 몸입니다.

22-25 그러니 확고한 믿음과, 우리가 하나님 앞에 온전히 드려질 만한 존재가 되었다는 확신을 가지고 하나님 앞에 나아가야 합니다. 우리를 앞으로 이끌어 주는 약속을 굳게 붙잡으십시오. 그분은 언제나 자기 말을 지키시는 분이십니다. 창의적으로 사랑을 권하고 도움의 손길을 펼치십시오. 어떤 이들처럼 함께 모여 예배하기를 피할 것이 아니라, 서로 격려하여 더욱 힘써 모이십시오. 중요한 그날이 다가오는 것을 볼수록 더욱 그리하십시오.

26-31 우리가 배우고 받았으며 이제 알고 있는 모든 진리를 버리거나 외면한다면, 그것은 그리스도의 희생을 거부하는 것이며, 우리는 혼자 힘으로 심판을 마주해야 할 것입니다. 그 심판은 맹렬할 것입니다! 모세의 율법을 어긴 자가 받은 벌은 육체의 죽음이었습니다. 하물며 하나님의 아들을 적대하고, 자기를 온전하게 해준 희생에 침을 뱉고, 가장 은혜로우신 성령을 모욕하는 자에게는 어떤 일이 있겠습니까? 이것은 결코 가볍게 여길 문제가 아닙니다. 하나님께서는 우리에게 책임을 묻고 그 값을 치르게 하겠다고 경고하셨습니다. 그분은 아주 분명히 밝히셨습니다. "복수는 나의 것이다. 나는 어느 것 하나 그냥 넘어가지 않겠다"고 하셨고, "하나님께서 자기 백성을 심판하실 것이다"라고 하셨습니다. 아무도 그냥 통과할 수 없는 것이 분명합니다.

Once sins are taken care of for good, there's no longer any need to offer sacrifices for them.

Don't Throw It All Away

19-21 So, friends, we can now—without hesitation—walk right up to God, into "the Holy Place." Jesus has cleared the way by the blood of his sacrifice, acting as our priest before God. The "curtain" into God's presence is his body.

22-25 So let's *do* it—full of belief, confident that we're presentable inside and out. Let's keep a firm grip on the promises that keep us going. He always keeps his word. Let's see how inventive we can be in encouraging love and helping out, not avoiding worshiping together as some do but spurring each other on, especially as we see the big Day approaching.

26-31 If we give up and turn our backs on all we've learned, all we've been given, all the truth we now know, we repudiate Christ's sacrifice and are left on our own to face the Judgment—and a mighty fierce judgment it will be! If the penalty for breaking the law of Moses is physical death, what do you think will happen if you turn on God's Son, spit on the sacrifice that made you whole, and insult this most gracious Spirit? This is no light matter. God has warned us that he'll hold us to account and make us pay. He was quite explicit: "Vengeance is mine, and I won't overlook a thing" and "God will judge his people." Nobody's getting by with

32-39 여러분이 처음 그 복음의 빛을 보고 난 뒤에 어떻게 살았는지 기억하십니까? 그 시절은 고난의 시기였습니다! 여러분은 사람들 앞에서 박해와 모욕의 표적이었습니다. 어떤 때는 여러분이 표적이 되고, 어떤 때는 여러분의 벗들이 표적이 되었습니다. 여러분의 벗 가운데 몇이 감옥에 갇힐 때에도, 여러분은 끝까지 그들 곁을 지켰습니다. 박해하는 자들이 난입해 여러분의 소유를 빼앗을 때도, 여러분은 편한 얼굴로 그들이 하는 대로 내버려 두었습니다. 그들이 여러분의 진짜 보물을 어찌할 수 없다는 것을 알고 있었기 때문입니다. 그들의 어떤 행위도 여러분을 괴롭게 하거나 좌절시키지 못했습니다. 그러니 이제 와서 포기하지 마십시오. 그때 여러분은 확신에 차 있었습니다. 그 확신은 지금도 유효합니다! 하지만 약속을 이루려면 하나님의 계획을 붙잡고 끝까지 견뎌야 합니다.

이제 머지않아 그분이 오신다.
언제라도 모습을 드러내실 것이다.
하지만 나와 바른 관계에 있는 사람은, 그
변치 않는 신뢰로 인해 살 것이다.
도망치는 자는 내가 기뻐하지 않을 것이다.

우리는 중도에 포기하여 실패할 사람들이 아닙니다. 결코 아닙니다! 우리는 언제나 신뢰함으로 계속 살아남을 사람들입니다.

보이지 않는 것을 믿는 믿음

11 1-2 삶의 근본 사실은 이것입니다. 하나님을 신뢰하는 이 믿음이야말로, 삶을 가치 있게 하는 든든한 기초입니다. 믿음은 볼 수 없는 것을 볼 수 있게 하는 단서입니다. 우리 조상을 다른 사람들과 구별해 준 것이, 바로 이 믿음의 행위였습니다.
3 믿음으로 우리는, 세상이 하나님의 말씀으로 존재하게 되었고, 보이는 것이 보이지 않

anything, believe me.
32-39 Remember those early days after you first saw the light? Those were the hard times! Kicked around in public, targets of every kind of abuse—some days it was you, other days your friends. If some friends went to prison, you stuck by them. If some enemies broke in and seized your goods, you let them go with a smile, knowing they couldn't touch your real treasure. Nothing they did bothered you, nothing set you back. So don't throw it all away now. You were sure of yourselves then. It's *still* a sure thing! But you need to stick it out, staying with God's plan so you'll be there for the promised completion.

It won't be long now, he's on the way;
  he'll show up most any minute.
But anyone who is right with me thrives on loyal trust;
  if he cuts and runs, I won't be very happy.

But we're not quitters who lose out. Oh, no! We'll stay with it and survive, trusting all the way.

Faith in What We Don't See

11 1-2 The fundamental fact of existence is that this trust in God, this faith, is the firm foundation under everything that makes life worth living. It's our handle on what we can't see. The act of faith is what distinguished our ancestors, set them above the crowd.
3 By faith, we see the world called into

는 것에 의해 창조되었음을 압니다.

⁴ 믿음의 행위로 아벨은, 가인보다 나은 제물을 하나님께 드렸습니다. 중요한 것은, 그가 드린 제물이 아니라 그의 믿음이었습니다. 하나님이 주목하시고 의롭다 인정해 주신 것은 다름 아닌 믿음이었습니다. 수많은 세월이 흘렀으나, 그 믿음은 여전히 우리의 눈을 사로잡습니다.

⁵⁻⁶ 믿음의 행위로 에녹은, 죽음을 완전히 건너뛰었습니다. "하나님이 그를 데려가셨기 때문에, 사람들이 아무리 눈을 씻고 찾아보아도 그를 찾을 수 없었습니다." 우리는 하나님께서 그를 데려가시기 전에 "그가 하나님을 기쁘시게 해드렸다"는 것을, 믿을 만한 증언으로 알고 있습니다. 믿음을 떠나서는 하나님을 기쁘시게 해드릴 수 없습니다. 왜 그렇습니까? 하나님께 나아가려는 사람은 하나님이 계시다는 것과, 하나님께서 자기를 찾는 이들에게 기꺼이 응답하신다는 것을 믿어야 하기 때문입니다.

⁷ 믿음으로 노아는, 메마른 땅 한복판에 배를 지었습니다. 그는 하나님께서 보이지 않는 일에 대해 경고하셨을 때, 지시받은 대로 행동했습니다. 그 결과가 어떠했습니까? 그의 집안이 구원을 받았습니다. 그의 믿음의 행위가, 믿지 않는 악한 세계와 믿는 올바른 세계를 예리하게 구분 지었습니다. 그 결과로, 노아는 하나님과 친밀한 사이가 되었습니다.

⁸⁻¹⁰ 믿음의 행위로 아브라함은, 장차 그의 본향이 될 미지의 땅으로 떠나라는 하나님의 부르심에 "예" 하고 응답했습니다. 떠나면서도 그는 자기가 어디로 가는지 몰랐습니다. 믿음의 행위로 그는, 자신에게 약속된 땅에서 살되 나그네처럼 장막을 치고 살았습니다. 이삭과 야곱도 같은 약속 아래서 살았습니다. 아브라함은 눈에 보이지 않지만, 실재하는 영원한 기초 위에 세워진 도

existence by God's word, what we see created by what we don't see.

⁴ By an act of faith, Abel brought a better sacrifice to God than Cain. It was what he *believed*, not what he *brought*, that made the difference. That's what God noticed and approved as righteous. After all these centuries, that belief continues to catch our notice.

⁵⁻⁶ By an act of faith, Enoch skipped death completely. "They looked all over and couldn't find him because God had taken him." We know on the basis of reliable testimony that before he was taken "he pleased God." It's impossible to please God apart from faith. And why? Because anyone who wants to approach God must believe both that he exists *and* that he cares enough to respond to those who seek him.

⁷ By faith, Noah built a ship in the middle of dry land. He was warned about something he couldn't see, and acted on what he was told. The result? His family was saved. His act of faith drew a sharp line between the evil of the unbelieving world and the rightness of the believing world. As a result, Noah became intimate with God.

⁸⁻¹⁰ By an act of faith, Abraham said yes to God's call to travel to an unknown place that would become his home. When he left he had no idea where he was going. By an act of faith he lived in the country promised him, lived as a stranger camping in tents. Isaac and Jacob did the same, living under the same promise. Abraham did it by keeping his eye on an unseen city with real, eternal foundations—the City designed and built by God.

성, 곧 하나님이 설계하시고 세우신 도성에 눈을 고정했던 것입니다.

11-12 믿음으로 사라는, 나이 들어 임신하지 못하는 몸이었음에도 아이를 가질 수 있었습니다. 약속하신 분께서 말씀대로 행하실 것을 믿었기 때문입니다. 그리하여 약해져서 죽은 것이나 다름없던 한 사람의 몸에서 셀 수 없을 만큼 많은 사람들이 난 것입니다.

⚜

13-16 이 믿음의 사람들은, 약속된 것을 아직 손에 넣지 못했지만 믿음으로 살다가 죽었습니다. 어떻게 그럴 수 있었습니까? 그들은 약속된 것을 멀리서 바라보며 반겼고, 자신들이 이 세상에 잠시 머물다 가는 나그네임을 인정했습니다. 그들은 그렇게 살아감으로써, 자신들이 참된 본향을 찾고 있음을 분명히 밝힌 것입니다. 만일 그들이 전에 살던 나라를 그리워했다면, 언제라도 돌아갈 수 있었을 것입니다. 그러나 그들은 그보다 더 나은 나라, 곧 하늘나라를 갈망했습니다. 이제 여러분은 하나님께서 왜 그들을 자랑스러워하시며, 왜 그들을 위해 한 도성을 마련해 두셨는지를 이해할 수 있을 것입니다.

17-19 믿음으로 아브라함은, 시험을 받을 때 이삭을 하나님께 다시 올려 드렸습니다. 그는 약속으로 받은 자신의 외아들을, 얻을 때와 마찬가지로 믿음으로 돌려드렸습니다. 이 일은 그가 하나님으로부터 "네 후손들이 이삭에게서 나올 것이다"라고 하신 말씀을 들은 뒤에 한 일이었습니다. 아브라함은, 하나님이 원하시면 죽은 사람도 일으키실 수 있다고 생각했습니다. 어떤 의미에서 보면, 그 일은 아브라함이 이삭을 제단에서 산 채로 돌려받을 때 일어난 것입니다.

20 믿음의 행위로 이삭은, 미래를 내다보며 야곱과 에서를 축복했습니다.

21 믿음의 행위로 야곱은, 죽기 직전에 요셉

11-12 By faith, barren Sarah was able to become pregnant, old woman as she was at the time, because she believed the One who made a promise would do what he said. That's how it happened that from one man's dead and shriveled loins there are now people numbering into the millions.

⚜

13-16 Each one of these people of faith died not yet having in hand what was promised, but still believing. How did they do it? They saw it way off in the distance, waved their greeting, and accepted the fact that they were transients in this world. People who live this way make it plain that they are looking for their true home. If they were homesick for the old country, they could have gone back any time they wanted. But they were after a far better country than that—*heaven* country. You can see why God is so proud of them, and has a City waiting for them.

17-19 By faith, Abraham, at the time of testing, offered Isaac back to God. Acting in faith, he was as ready to return the promised son, his only son, as he had been to receive him—and this after he had already been told, "Your descendants shall come from Isaac." Abraham figured that if God wanted to, he could raise the dead. In a sense, that's what happened when he received Isaac back, alive from off the altar.

20 By an act of faith, Isaac reached into the future as he blessed Jacob and Esau.

21 By an act of faith, Jacob on his death-

의 아들들을 차례대로 축복하면서, 자신의 복이 아니라 하나님의 복으로 축복하고, 지팡이에 의지해 서서 하나님을 경배했습니다.

²² 믿음의 행위로 요셉은, 죽어가면서 이스라엘 백성의 탈출을 예언하고 자기의 장례를 준비시켰습니다.

²³ 믿음의 행위로 모세의 부모는, 모세가 태어난 후 석 달 동안 아이를 숨겼습니다. 그들은 아이가 준수한 것을 보고, 왕의 법령에 용감히 맞섰습니다.

²⁴⁻²⁸ 믿음으로 모세는, 어른이 되어 이집트 왕실의 특권층이 되기를 거절했습니다. 그는 압제자들과 더불어 기회주의적이고 안락한 죄악된 삶을 누리기보다, 하나님의 백성과 더불어 고된 삶을 선택했습니다. 그는 메시아 진영에서 겪는 고난을 이집트에서 누리는 부귀보다 훨씬 값지게 여겼습니다. 그것은 그가 앞을 내다보며 장차 받을 상을 기대했기 때문입니다. 믿음의 행위로 그는, 왕의 맹목적인 분노에도 아랑곳하지 않고 이집트를 떠났습니다. 그는 보이지 않는 분께 눈을 고정하고 계속해서 나아갔습니다. 믿음의 행위로 그는, 유월절을 지키고 집집마다 유월절 피를 뿌려, 맏아들을 멸하는 이의 손이 그들에게 닿지 않게 했습니다.

²⁹ 믿음의 행위로 이스라엘은, 바짝 마른 땅을 걸어서 홍해를 건넜습니다. 이집트 사람들도 그렇게 하려다가 물에 빠져 죽었습니다.

³⁰ 믿음으로 이스라엘 사람들이 칠 일 동안 여리고 성벽을 돌자, 성벽이 무너져 내렸습니다.

³¹ 믿음의 행위로 여리고의 창녀 라합은, 정탐꾼들을 맞아들여, 하나님을 신뢰하지 않는 자들에게 닥칠 파멸을 면했습니다.

bed blessed each of Joseph's sons in turn, blessing them with God's blessing, not his own—as he bowed worshipfully upon his staff.

²² By an act of faith, Joseph, while dying, prophesied the exodus of Israel, and made arrangements for his own burial.

²³ By an act of faith, Moses' parents hid him away for three months after his birth. They saw the child's beauty, and they braved the king's decree.

²⁴⁻²⁸ By faith, Moses, when grown, refused the privileges of the Egyptian royal house. He chose a hard life with God's people rather than an opportunistic soft life of sin with the oppressors. He valued suffering in the Messiah's camp far greater than Egyptian wealth because he was looking ahead, anticipating the payoff. By an act of faith, he turned his heel on Egypt, indifferent to the king's blind rage. He had his eye on the One no eye can see, and kept right on going. By an act of faith, he kept the Passover Feast and sprinkled Passover blood on each house so that the destroyer of the firstborn wouldn't touch them.

²⁹ By an act of faith, Israel walked through the Red Sea on dry ground. The Egyptians tried it and drowned.

³⁰ By faith, the Israelites marched around the walls of Jericho for seven days, and the walls fell flat.

³¹ By an act of faith, Rahab, the Jericho harlot, welcomed the spies and escaped the destruction that came on those who refused to trust God.

32-38 계속해서 더 열거하려면, 시간이 모자
랄 것입니다. 훨씬 더 많은 이들이 있기 때문
입니다. 기드온, 바락, 삼손, 입다, 다윗, 사무
엘, 예언자들……. 믿음의 행위로 그들은 나
라를 무너뜨리고, 정의를 실천하고, 약속된
것을 받았습니다. 그들은 사자와 불과 칼의
공격을 막아 냈고, 약점을 강점으로 바꾸었
으며, 전쟁에서 이겨 외국 군대를 물리쳤습
니다. 여자들은 죽었다가 다시 살아난 사랑
하는 이들을 맞아들이기도 했습니다. 고문을
당하면서도 더 나은 부활을 사모한 나머지,
굴복하고 풀려 나가는 것을 거부한 이들도
있습니다. 어떤 이들은 학대와 채찍질을 기
꺼이 받았고, 쇠사슬에 묶여 지하굴에 갇히
기도 했습니다. 돌에 맞고, 톱으로 켜져 두 동
강이 나고, 살해되어 싸늘한 시체가 된 이들
의 이야기도 있습니다. 짐승 가죽을 두르고
집도 친구도 권력도 없이 세상을 떠돈 이들
의 이야기도 있습니다. 세상은 그들을 받아
들일 만한 곳이 되지 못했습니다! 그들은 이
혹독한 세상의 가장자리로 다니면서도, 최선
을 다해 자기 길을 갔습니다.

39-40 그들이 믿음으로 사는 삶의 본보기가
되기는 했지만, 그들 가운데 약속받은 것을
손에 잡은 사람은 한 사람도 없었습니다. 하
나님께서는 우리를 위해 더 좋은 계획을 가지
고 계셨습니다. 바로 그들의 믿음과 우리의
믿음이, 완전하고 온전한 하나의 믿음이 되게
하는 것입니다. 우리의 믿음 없이는, 믿음으
로 산 그들의 삶도 온전해질 수 없습니다.

절대로 포기하지 마십시오

12 **1-3** 길을 개척한 이 모든 사람들,
이 모든 노련한 믿음의 대가들이
우리를 응원하고 있다는 말이 무슨 뜻인지
알겠습니까? 그들이 열어 놓은 길을 따라 우
리가 앞으로 나아가야 한다는 뜻입니다. 달
려가십시오. 절대로 멈추지 마십시오! 영적

32-38 I could go on and on, but I've run
out of time. There are so many more—
Gideon, Barak, Samson, Jephthah,
David, Samuel, the prophets... Through
acts of faith, they toppled kingdoms,
made justice work, took the promises for
themselves. They were protected from
lions, fires, and sword thrusts, turned
disadvantage to advantage, won battles,
routed alien armies. Women received
their loved ones back from the dead.
There were those who, under torture,
refused to give in and go free, preferring
something better: resurrection. Others
braved abuse and whips, and, yes,
chains and dungeons. We have stories
of those who were stoned, sawed in
two, murdered in cold blood; stories of
vagrants wandering the earth in animal
skins, homeless, friendless, powerless—
the world didn't deserve them!—making
their way as best they could on the cruel
edges of the world.

39-40 Not one of these people, even though
their lives of faith were exemplary, got
their hands on what was promised. God
had a better plan for us: that their faith
and our faith would come together to
make one completed whole, their lives of
faith not complete apart from ours.

Discipline in a Long-Distance Race

12 **1-3** Do you see what this means—
all these pioneers who blazed the
way, all these veterans cheering us on?
It means we'd better get on with it. Strip
down, start running—and never quit! No
extra spiritual fat, no parasitic sins. Keep

으로 군살이 붙어도 안되고, 몸에 기생하는 죄가 있어서도 안됩니다. 오직 예수만 바라보십시오. 그분은 우리가 참여한 이 경주를 시작하고 완주하신 분이십니다. 그분이 어떻게 하셨는지 배우십시오. 그분은 앞에 있는 것, 곧 하나님 안에서 그리고 하나님과 함께 결승점을 지나는 기쁨에서 눈을 떼지 않으셨기에, 달려가는 길에서 무엇을 만나든, 심지어 십자가와 수치까지도 참으실 수 있었습니다. 이제 그분은 하나님의 오른편 영광의 자리에 앉아 계십니다. 여러분의 믿음이 시들해지거든, 그분 이야기를 하나하나 되새기고, 그분이 참아 내신 적대 행위의 긴 목록을 살펴보십시오. 그러면 여러분의 영혼에 새로운 힘이 힘차게 솟구칠 것입니다!

4-11 죄와 맞서 싸우는 이 전면전에서, 여러분보다 훨씬 심한 고난을 겪은 이들이 있습니다. 예수께서 피 흘리시기까지 겪으신 그 모든 고난은 말할 것도 없습니다! 그러니 낙심하지 마십시오. 여러분은 훌륭한 부모가 자녀를 어떻게 대하는지 잊었습니까? 하나님께서 여러분을 자녀로 여기신다는 것을 잊었습니까?

나의 사랑하는 자녀야,
하나님의 훈련을 가볍게 여기지 말고
그분의 훈련을 받을 때 낙심하지 마라.
그분은 사랑하는 자녀를 훈련하시고,
품에 안으신 자녀를 징계하신다.

하나님께서 여러분을 훈련하고 계십니다. 그러니 절대로 도중에 포기하지 마십시오. 하나님은 여러분을 사랑하는 자녀로 대하십니다. 여러분이 겪는 이 고난은 벌이 아니라, 자녀라면 당연히 겪게 마련인 훈련입니다. 무책임한 부모만이 자녀를 제멋대로 살게 내버려 둡니다. 하나님이 무책임한 분이시면 좋겠습니까? 우리가 부모를 존경하는 것은, 그들이 우리를 버릇없게 놔두지 않고 훈련하기 때문입니다. 그러니 우리가 참으로 살고자 한다면 하나님의

your eyes on *Jesus*, who both began and finished this race we're in. Study how he did it. Because he never lost sight of where he was headed—that exhilarating finish in and with God—he could put up with anything along the way: Cross, shame, whatever. And now he's *there*, in the place of honor, right alongside God. When you find yourselves flagging in your faith, go over that story again, item by item, that long litany of hostility he plowed through. *That* will shoot adrenaline into your souls!

4-11 In this all-out match against sin, others have suffered far worse than you, to say nothing of what Jesus went through—all that bloodshed! So don't feel sorry for yourselves. Or have you forgotten how good parents treat children, and that God regards you as *his* children?

My dear child, don't shrug off God's discipline,
  but don't be crushed by it either.
It's the child he loves that he disciplines;
  the child he embraces, he also corrects.

God is educating you; that's why you must never drop out. He's treating you as dear children. This trouble you're in isn't punishment; it's *training*, the normal experience of children. Only irresponsible parents leave children to fend for themselves. Would you prefer an irresponsible God? We respect our

훈련을 받아들여야 하지 않겠습니까? 우리가 아이였을 때, 우리의 부모는 자기 생각에 최선으로 여기는 일을 우리에게 했습니다. 하나님께서는 진정으로 우리에게 최선이 되는 일을 하고 계시며, 우리를 훈련시켜 하나님의 거룩하심을 따라 최선을 다해 살아가도록 하십니다. 당장은 훈련이 즐겁지 않으며, 본성을 거스른다고 느껴집니다. 그러나 나중에는 틀림없이 좋은 상으로 보답을 받습니다. 잘 훈련받은 사람만이 하나님과의 관계에서 성숙한 열매를 얻기 때문입니다.

12-13 그러니 수수방관하며 빈둥거리지 마십시오! 꾸물거리지도 마십시오. 먼 길을 달려갈 수 있게 길을 정비하십시오. 그래야 발을 헛디뎌 넘어지거나 구덩이에 빠져 발목을 삐는 사람이 없을 것입니다. 서로 도우십시오! 그리고 힘을 다해 달려가십시오!

14-17 서로 화목하게 지내고 하나님과 화평하게 지내도록 힘쓰십시오. 그러지 않고서는 하나님을 결코 뵙지 못할 것입니다. 아무도 하나님의 자비하신 은혜에서 떨어져 나가는 일이 없게 하십시오. 쓰디쓴 불평이 잡초처럼 자라고 있지는 않은지 예리하게 살피십시오. 엉겅퀴 한두 포기가 뿌리를 내리면, 순식간에 정원 전체를 망칠 수도 있습니다. 에서 증후군을 조심하십시오. 잠깐 동안의 욕구 충족을 위해, 평생 지속되는 하나님의 선물을 팔아넘기는 일은 없어야 합니다. 여러분도 아는 것처럼, 에서는 나중에 자신의 충동적인 행동을 뼈저리게 후회하고 하나님의 복을 간절히 원했습니다. 하지만 때는 이미 너무 늦어서, 아무리 울고불고해도 소용이 없었습니다.

은혜의 말씀에 귀를 막은 자들에게 주는 경고

18-21 여러분은 조상들처럼, 화염이 솟구치고 지축이 흔들리는 시내 산에 나아가서 하나님의 말씀을 들은 것이 아닙니다. 여러분의 조상들은 천지를 울리고 영혼을 뒤흔드는 말씀을

own parents for training and not spoiling us, so why not embrace God's training so we can truly *live*? While we were children, our parents did what *seemed* best to them. But God is doing what *is* best for us, training us to live God's holy best. At the time, discipline isn't much fun. It always feels like it's going against the grain. Later, of course, it pays off handsomely, for it's the well-trained who find themselves mature in their relationship with God.

12-13 So don't sit around on your hands! No more dragging your feet! Clear the path for long-distance runners so no one will trip and fall, so no one will step in a hole and sprain an ankle. Help each other out. And run for it!

14-17 Work at getting along with each other and with God. Otherwise you'll never get so much as a glimpse of God. Make sure no one gets left out of God's generosity. Keep a sharp eye out for weeds of bitter discontent. A thistle or two gone to seed can ruin a whole garden in no time. Watch out for the Esau syndrome: trading away God's lifelong gift in order to satisfy a short-term appetite. You well know how Esau later regretted that impulsive act and wanted God's blessing—but by then it was too late, tears or no tears.

An Unshakable Kingdom

18-21 Unlike your ancestors, you didn't come to Mount Sinai—all that volcanic blaze and earthshaking rumble—to hear God speak. The earsplitting words and

듣고서, 벌벌 떨며 하나님께 멈추어 달라고 빌었습니다. 그들은 "짐승이라도 그 산에 닿으면 죽을 것이다"라고 하신 말씀을 듣고서, 어찌나 무서웠던지 꼼짝도 못했습니다. 모세도 두려워 떨었습니다.

22-24 그러나 여러분의 경험은 전혀 다릅니다. 여러분이 이른 곳은 시온 산, 곧 살아 계신 하나님이 머무르시는 도성입니다. 그 보이지 않는 예루살렘은 축제를 벌이는 수많은 천사들과 그리스도인 시민들로 북적대는 곳입니다. 그곳에서 하나님께서는 우리를 심판하시고, 그 심판은 우리를 의롭게 합니다. 여러분은 새 언약—새로 작성된 헌장—을 하나님께로부터 받아 우리에게 전해 주시는 예수께로 나아왔습니다. 그분은 이 언약의 중재자이십니다. 아벨이 당한 죽음은 복수를 호소하는 살인이지만, 예수가 당한 죽음은 은혜의 선포입니다.

25-27 그러니 이 은혜의 말씀에 귀를 막지 마십시오. 땅에서의 경고를 무시한 자들이 벌을 피할 수 없었는데, 하물며 우리가 하늘의 경고를 거역한다면 어떤 일이 일어나겠습니까? 그때에는 그분의 음성이 땅의 뿌리까지 흔들었지만, 이번에는 하늘까지 흔드시겠다고 분명히 말씀하셨습니다. "마지막으로 한 번 더 하늘 끝에서부터 땅 끝까지 철저하게 흔들겠다." "마지막으로 한 번 더"라는 표현은 철저하게 정리하시겠다는 의미입니다. 역사와 종교의 온갖 쓰레기를 치우시겠다는 것입니다. 그것은 흔들리지 않는 본질적인 것들을 말끔히 정돈된 모습으로 서 있게 하시려는 것입니다.

28-29 우리가 무엇을 받았는지 아시겠습니까? 흔들리지 않는 나라입니다! 우리가 얼마나 감사해야 하는지 아시겠습니까? 감사드릴 뿐 아니라, 하나님 앞에서 깊은 경외감이 넘치는 예배를 드려야 합니다. 하나님께서는 냉담한 방관자가 아니십니다. 그분은 적

soul-shaking message terrified them and they begged him to stop. When they heard the words—"If an animal touches the Mountain, it's as good as dead"—they were afraid to move. Even Moses was terrified.

22-24 No, that's not *your* experience at all. You've come to Mount Zion, the city where the living God resides. The invisible Jerusalem is populated by throngs of festive angels and Christian citizens. It is the city where God is Judge, with judgments that make us just. You've come to Jesus, who presents us with a new covenant, a fresh charter from God. He is the Mediator of this covenant. The murder of Jesus, unlike Abel's—a homicide that cried out for vengeance—became a proclamation of grace.

25-27 So don't turn a deaf ear to these gracious words. If those who ignored earthly warnings didn't get away with it, what will happen to us if we turn our backs on heavenly warnings? His voice that time shook the earth to its foundations; this time—he's told us this quite plainly—he'll also rock the heavens: "One last shaking, from top to bottom, stem to stern." The phrase "one last shaking" means a thorough housecleaning, getting rid of all the historical and religious junk so that the unshakable essentials stand clear and uncluttered.

28-29 Do you see what we've got? An unshakable kingdom! And do you see how thankful we must be? Not only thankful, but brimming with worship, deeply reverent before God. For God

극적으로 정리하시고, 태워 버려야 할 것은 전부 불사르십니다. 모든 것이 깨끗해질 때까지, 그분은 결코 멈추지 않으실 것입니다. 하나님, 그분은 불이십니다!

하나님이 기뻐하시는 제사

13 ¹⁻⁴ 서로 변함없이 사이좋게 지내고 사랑으로 화합하십시오. 식사나 잠자리를 구하는 이가 있으면, 기꺼운 마음으로 제공해 주십시오. 자기도 모르는 사이에 천사들을 환대한 이들이 있었습니다! 감옥에 갇힌 이들을 대할 때는, 여러분이 그들과 함께 감옥에 갇히기라도 한 것처럼 대하십시오. 학대를 당한 이들을 보거든, 그들에게 일어난 일이 여러분에게도 일어난 것처럼 대하십시오. 결혼을 소중히 여기고, 아내와 남편 사이에 이루어지는 성적 친밀감을 거룩하게 지키십시오. 하나님은 일회성 섹스와 부정한 섹스를 금하십니다.

⁵⁻⁶ 물질적인 것을 더 많이 얻으려는 데 사로잡히지 마십시오. 지금 가지고 있는 것으로 만족하십시오. 하나님께서는 "내가 너를 저버리지 않겠다. 너를 떠나지도 않고 버리지도 않겠다"고 하시며 우리에게 확신을 주셨습니다. 그러므로 우리는 담대한 마음으로 이렇게 말할 수 있습니다.

> 하나님께서 기꺼이 도우시니
> 내게 무슨 일이 닥쳐와도 두렵지 않다.
> 그 누가, 그 무엇이 나를 괴롭힐 수 있으랴?

⁷⁻⁸ 여러분에게 하나님의 말씀을 전해 준 목회자들을 인정해 주십시오. 그들의 사는 모습을 눈여겨보고, 그들의 신실함과 진실함을 본받으십시오. 우리 모두는 언제나 한결같아야 합니다. 예수께서 변치 않는 분이시기 때문입니다. 어제나 오늘이나 내일이나, 그분은 한결같으십니다.

is not an indifferent bystander. He's actively cleaning house, torching all that needs to burn, and he won't quit until it's all cleansed. God himself is Fire!

Jesus Doesn't Change

13 ¹⁻⁴ Stay on good terms with each other, held together by love. Be ready with a meal or a bed when it's needed. Why, some have extended hospitality to angels without ever knowing it! Regard prisoners as if you were in prison with them. Look on victims of abuse as if what happened to them had happened to you. Honor marriage, and guard the sacredness of sexual intimacy between wife and husband. God draws a firm line against casual and illicit sex.

⁵⁻⁶ Don't be obsessed with getting more material things. Be relaxed with what you have. Since God assured us, "I'll never let you down, never walk off and leave you," we can boldly quote,

> God is there, ready to help;
> I'm fearless no matter what.
> Who or what can get to me?

⁷⁻⁸ Appreciate your pastoral leaders who gave you the Word of God. Take a good look at the way they live, and let their faithfulness instruct you, as well as their truthfulness. There should be a consistency that runs through us all. For Jesus doesn't change—yesterday, today, tomorrow, he's always totally himself.

⁹ 그분에 관한 최신 이론에 이끌려 그분을 떠나는 일이 없게 하십시오. 그리스도의 은혜만이 우리의 삶을 떠받치는 유일하고 충분한 기초입니다. 그리스도의 이름을 붙인 온갖 상품은 별 도움이 되지 않습니다.

¹⁰⁻¹² 하나님께서 자기 자신을 선물로 내어주시는 제단이, 안에서 횡령과 부정 이득을 일삼는 자들에 의해 오용되어서는 안됩니다. 옛 제도 아래서는, 짐승을 죽여 진 밖에서 그 몸을 처리합니다. 그 후에 그 피를 안으로 가져와서, 죄를 위한 제물로 제단에 바칩니다. 예수께서도 똑같은 일을 당하셨습니다. 그분은 성문 밖에서 십자가에 못 박히셨습니다. 그분은 거기서 희생의 피를 쏟으셨고, 그 흘리신 피가 하나님의 제단에 드려져 백성을 깨끗하게 했습니다.

¹³⁻¹⁵ 그러니 우리도 밖으로 나갑시다. 예수께서 계시는 그곳, 중요한 일이 벌어지는 그곳으로 나갑시다. 특권을 누리며 안에서 안주하는 사람이 되려고 하지 말고, 예수께서 받으신 치욕을 우리도 짊어져야겠습니다. "안에서 안주하는 사람의 세상"은 우리가 있을 곳이 아닙니다. 우리는 장차 다가올 도성을 간절히 찾고 있습니다. 우리는 예수와 함께 밖에 있어야 합니다. 더 이상 짐승 피로 제사를 드릴 것이 아니라, 예수의 이름으로, 우리 입술에서 나오는 찬양의 제사를 하나님께 드립시다.

¹⁶ 아무것도 당연하게 여기지 말고, 공동의 유익을 위해 일할 때 게으르지 말며, 여러분이 가진 것을 다른 이들과 나누십시오. 하나님께서는 이런 예배 행위를 특별히 기뻐하십니다. 그것은 부엌과 일터와 길거리에서 이루어지는 다른 종류의 "제사"입니다.

¹⁷ 여러분 교회의 지도자들에게 민감히 반응하십시오. 그들의 권고에 귀를 기울이십시오.

⁹ Don't be lured away from him by the latest speculations about him. The grace of Christ is the only good ground for life. Products named after Christ don't seem to do much for those who buy them.

¹⁰⁻¹² The altar from which God gives us the gift of himself is not for exploitation by insiders who grab and loot. In the old system, the animals are killed and the bodies disposed of outside the camp. The blood is then brought inside to the altar as a sacrifice for sin. It's the same with Jesus. He was crucified outside the city gates—*that* is where he poured out the sacrificial blood that was brought to God's altar to cleanse his people.

¹³⁻¹⁵ So let's go outside, where Jesus is, where the action is—not trying to be privileged insiders, but taking our share in the abuse of Jesus. This "insider world" is not our home. We have our eyes peeled for the City about to come. Let's take our place outside with Jesus, no longer pouring out the sacrificial blood of animals but pouring out sacrificial praises from our lips to God in Jesus' name.

ⁱ⁶ Make sure you don't take things for granted and go slack in working for the common good; share what you have with others. God takes particular pleasure in acts of worship—a different kind of "sacrifice"—that take place in kitchen and workplace and on the streets.

¹⁷ Be responsive to your pastoral leaders. Listen to their counsel. They are alert

그들은 여러분이 처해 있는 삶의 조건을 부지런히 살피며, 하나님의 엄격한 감독 아래서 일하는 사람들입니다. 그들이 고단한 심정이 아니라 기쁜 마음으로 지도력을 펼치도록 도와주십시오. 그들을 힘들게 할 이유가 무엇이겠습니까?

18-21 우리를 위해 기도해 주십시오. 우리가 하는 일이나 그 일을 하는 이유에 대해서는 의심할 바 없지만, 상황이 어려우니 여러분의 기도가 필요합니다. 하나님 앞에서 바르게 사는 것, 우리가 온통 마음 쓰는 것은 이것뿐입니다. 여러분을 조만간 만날 수 있도록 기도해 주십시오.

> 만물을 화해시키시고
> 온전하게 하시는 하나님,
> 예수의 희생, 곧 영원한 언약을 보증하는 피의 제사를 통해
> 영원한 업적을 이루신 하나님,
> 우리의 위대한 목자이신 예수를
> 죽은 자들 가운데서 일으켜 살리신 하나님께서,
> 여러분을 화해시키고 필요한 모든 것을 공급해 주셔서
> 그분의 기쁨이 되게 해주시기를,
> 메시아 예수의 희생을 통해
> 그분께 가장 큰 기쁨을 드리는 존재로 우리를 만들어 주시기를.
> 모든 영광이 예수께 영원하기를!
> 오, 참으로 그러하기를.

22-23 친구 여러분, 부디 내가 최대한 고심하며 쓴 이 편지를 받아들이시기 바랍니다. 나는 가급적 간결하게 쓰려고 했습니다. 다른 많은 이야기는 적지 않았습니다. 디모데가 감옥에서 풀려난 것을 알게 되었으니, 여러분도 기쁘겠지요. 곧 그가 오면, 그와 함께 여러분을 직접 찾아뵙겠습니다.

to the condition of your lives and work under the strict supervision of God. Contribute to the joy of their leadership, not its drudgery. Why would you want to make things harder for them?

18-21 Pray for us. We have no doubts about what we're doing or why, but it's hard going and we need your prayers. All we care about is living well before God. Pray that we may be together soon.

> May God, who puts all things together,
>   makes all things whole,
> Who made a lasting mark through the sacrifice of Jesus,
>   the sacrifice of blood that sealed the eternal covenant,
> Who led Jesus, our Great Shepherd,
>   up and alive from the dead,
> Now put you together, provide you
>   with everything you need to please him,
> Make us into what gives him most pleasure,
>   by means of the sacrifice of Jesus, the Messiah.
> All glory to Jesus forever and always!
>   Oh, yes, yes, yes.

22-23 Friends, please take what I've written most seriously. I've kept this as brief as possible; I haven't piled on a lot of extras. You'll be glad to know that Timothy has been let out of prison. If he leaves soon, I'll come with him and get to see you myself.

24 여러분 교회의 지도자들과 모든 회중에게 안부를 전해 주십시오. 이곳 이탈리아에 있는 모든 이들이 여러분에게 안부를 전합니다.

25 여러분 모두에게 은혜가 함께하기를 바랍니다.

24 Say hello to your pastoral leaders and all the congregations. Everyone here in Italy wants to be remembered to you.

25 Grace be with you, every one.

그리스도인들이 교회에 모이면, 머지않아 볼미스러운 일이 일어나게 마련이다. 밖에서 그 모습을 지켜보는 사람들은 이런 결론을 내린다. "종교 사업에는 사업 빼고는 아무것도 없군. 게다가 부정직하기까지 하다니." 그러나 안에 있는 사람들의 시각은 다르다. 병원이 환자들을 한 지붕 아래 모아서 이러저러한 환자로 분류하듯이, 교회도 죄인들을 불러 모은다. 병원 밖에 있는 사람들 또한 병원 안에 있는 사람들만큼 아프기는 매한가지다. 다만, 그들의 질환이 아직 진단되지 않았거나 감추어져 있을 뿐이다. 교회 밖에 있는 죄인들의 사정도 마찬가지다.

일반적으로 교회는 선한 행실로 넘쳐나는 이상적인 공동체가 아니다. 오히려 교회는 인간의 나쁜 행실을 공개적으로 드러내 놓고, 직면해서 처리하는 곳이다.

야고보서에는 초대교회 목회자 가운데 한 사람이 등장한다. 그는 자기가 맡고 있는 공동체 안에 그릇된 믿음과 잘못된 행실이 모습을 드러내자, 그것들을 마주해 진단하고 능숙하게 조치를 취한다. 깊이 있고 살아 있는 지혜, 흔히 볼 수 없는 본질적인 지혜가 여기서 드러난다. 지혜에는 진리를 아는 것이 포함되지만, 그것이 전부는 아니다. 지혜는 삶의 기술이기도 하다. 우리가 진리를 안다고 해도, 그 진리대로 살아갈 줄 모른다면 무슨 소용이 있겠는가? 우리가 아무리 좋은 의도를 가지고 있다 해도, 그 좋은 의도를 지속적으로 붙들지 않는다면 무슨 소용이 있겠는가?

When Christian believers gather in churches, everything that can go wrong sooner or later does. Outsiders, on observing this, conclude that there is nothing to the religion business except, perhaps, business—and dishonest business at that. Insiders see it differently. Just as a hospital collects the sick under one roof and labels them as such, the church collects sinners. Many of the people outside the hospital are every bit as sick as the ones inside, but their illnesses are either undiagnosed or disguised. It's similar with sinners outside the church.

So Christian churches are not, as a rule, model communities of good behavior. They are, rather, places where human misbehavior is brought out in the open, faced, and dealt with.

The letter of James shows one of the church's early pastors skillfully going about his work of confronting, diagnosing, and dealing with areas of misbelief and misbehavior that had turned up in congregations committed to his care. Deep and living wisdom is on display here, wisdom both rare and essential. Wisdom is not primarily knowing the truth, although it certainly includes that; it is skill in living. For, what good is a truth if we don't know how to live it? What good is an intention if we can't sustain it?

참된 지혜, 하나님의 지혜는 거룩한 삶에서 시작됩니다. 참된 지혜의 특징은 다른 사람들과 평화롭게 지내는 것입니다. 참된 지혜는 온유하고, 이치에 맞으며, 자비와 축복이 넘칩니다. 하루는 뜨겁고 다음 날은 차갑고 하지 않습니다. 겉과 속이 다르지 않습니다. 여러분이 서로 평화롭게 지내고 품위와 예의를 갖춰 서로를 대하려고 노력한다면, 여러분은 하나님과 바른 관계를 맺고 사는 건강하고 튼튼한 공동체를 세우고, 그 열매 또한 맛보게 될 것입니다(약 3:17-18).

교회 전승에 따르면, 야고보는 여러 해 동안 작정하고 기도한 나머지 무릎에 굳은살이 두텁게 박여서 "늙은 낙타 무릎"이라는 뜻의 별명을 얻었다고 한다. 기도는 지혜의 기초다. 야고보는 그가 편지에 쓴 대로 살았다. "여러분이 무엇을 어떻게 해야 할지 모르겠거든, 아버지께 기도하십시오. 그분은 기꺼이 도와주시는 분이십니다. 여러분은 그분의 도우심을 받게 될 것이며, 그분의 도우심을 구할 때 부끄러움을 당하지 않을 것입니다. 망설이지 말고, 믿음을 가지고 담대히 구하십시오"(약 1:5-6). 기도는 언제나 지혜의 근원이다.

Real wisdom, God's wisdom, begins with a holy life and is characterized by getting along with others. It is gentle and reasonable, overflowing with mercy and blessings, not hot one day and cold the next, not two-faced. You can develop a healthy, robust community that lives right with God and enjoy its results *only* if you do the hard work of getting along with each other, treating each other with dignity and honor (James 3:17-18).

According to church traditions, James carried the nickname "Old Camel Knees" because of thick calluses built up on his knees from many years of determined prayer. James lived what he wrote: "If you don't know what you're doing, pray to the Father. He loves to help. You'll get his help, and won't be condescended to when you ask for it. Ask boldly, believingly, without a second thought" (James 1:5-6). The prayer is foundational to the wisdom. Prayer is *always* foundational to wisdom. The prayer is foundational to the wisdom. Prayer is *always* foundational to wisdom.

야고보서

JAMES

1 ¹ 하나님과 주 예수의 종인 나 야고보는, 다가올 그 나라를 바라보며 이 땅에서 뿔뿔이 흩어져 살아가는 열두 지파에게 편지합니다. 평안하신지요!

1 ¹ I, James, am a slave of God and the Master Jesus, writing to the twelve tribes scattered to Kingdom Come: Hello!

시련을 견디는 믿음

²⁻⁴ 친구 여러분, 시험과 도전이 사방에서 여러분에게 닥쳐올 때, 그것을 더할 나위 없는 선물로 여기십시오. 여러분도 알다시피, 시련을 겪을수록 여러분의 믿음생활은 훤히 그 실체가 드러날 것입니다. 그러니 성급하게 시련에서 벗어나려고 하지 마십시오. 시련을 충분히 참고 견디십시오. 그러면 여러분은 성숙하고 잘 다듬어진 사람, 어느 모로 보나 부족함이 없는 사람이 될 것입니다.

⁵⁻⁸ 여러분이 무엇을 어떻게 해야 할지 모르겠거든, 아버지께 기도하십시오. 그분은 기꺼이 도와주시는 분이십니다. 여러분은 그분의 도우심을 받게 될 것이며, 그분의 도우심을 구할 때 부끄러움을 당하지 않을 것입니다. 망설이지 말고, 믿음을 가지고 담대히 구하십시오. "기도해 놓고 염려하는" 사람은 바람에 밀려 출렁이는 물결과 같습니다. 그런 식으로 태도를 정하지 않은 채 바다에 표류하는 사람은, 주님께 무언가 받을 생각을 하지 마십시오.

⁹⁻¹¹ 망했던 사람이 다시 일어설 기회를 얻거든 박수를 보내십시오! 거들먹거리던 부자가

Faith Under Pressure

²⁻⁴ Consider it a sheer gift, friends, when tests and challenges come at you from all sides. You know that under pressure, your faith-life is forced into the open and shows its true colors. So don't try to get out of anything prematurely. Let it do its work so you become mature and well-developed, not deficient in any way.

⁵⁻⁸ If you don't know what you're doing, pray to the Father. He loves to help. You'll get his help, and won't be condescended to when you ask for it. Ask boldly, believingly, without a second thought. People who "worry their prayers" are like wind-whipped waves. Don't think you're going to get anything from the Master that way, adrift at sea, keeping all your options open.

⁹⁻¹¹ When down-and-outers get a break, cheer! And when the arrogant rich are brought down to size, cheer! Prosperity

곤두박질쳐도 박수를 보내십시오! 부귀영화는 들꽃처럼 덧없는 것이니, 거기에 기대지 마십시오. 여러분은 해가 떠서 뜨거운 열을 뿜으면 꽃이 시든다는 것을 잘 알고 있습니다. 꽃잎은 시들고, 그 아름답던 모습도 어느새 바싹 마른 꽃대로 변하고 맙니다. "부유한 삶"의 모습이 그러합니다. 부유한 삶은, 모든 사람이 바라보면서 감탄하는 순간에, 온데간데없이 사라지고 맙니다.

¹² 시련을 정면으로 맞서서 견뎌 내는 사람은 대단히 복된 사람입니다. 그렇게 성실하게 하나님을 사랑하는 사람은, 생명의 상급을 받을 것입니다.

¹³⁻¹⁵ 악에 빠질 위험에 처한 사람을 보거든 "하나님이 나를 넘어뜨리려 한다"고 함부로 말하지 못하게 하십시오. 하나님께서는 악에 영향받는 분도 아니시며, 누군가의 앞길에 악을 들이미는 분도 아니십니다. 유혹을 받아 악에 굴복하는 것은 전적으로 우리 자신입니다. 우리는 누구도 탓해서는 안됩니다. 탓하려면, 자꾸 곁눈질하고 유혹에 이끌리는 우리 자신의 타오르는 욕심을 탓할 것밖에 없습니다. 욕심이 잉태하면 죄를 낳습니다. 그리고 죄가 자라서 어른이 되면 진짜 살인자가 됩니다.

¹⁶⁻¹⁸ 그러니 사랑하는 친구 여러분, 가던 길에서 벗어나지 마십시오. 모든 바람직하고 유익한 선물은 하늘로부터 옵니다. 빛의 아버지로부터 폭포처럼 하염없이 내려옵니다. 하나님께는 속임수나, 겉과 속이 다르거나, 변덕스러운 것이 전혀 없습니다. 그분께서는 참된 말씀으로 우리를 소생시키시고, 우리를 모든 피조물의 머리로 삼아 돈보이게 하셨습니다.

들은 그대로 행하십시오

¹⁹⁻²¹ 사랑하는 친구 여러분, 사람들이 모이는 곳마다 이렇게 알리십시오. 귀를 앞세우고, 혀가 뒤따르게 하고, 분노는 한참 뒤처지게 하라고 말입니다. 사람이 화내는 것으로는 하나님

is as short-lived as a wildflower, so don't ever count on it. You know that as soon as the sun rises, pouring down its scorching heat, the flower withers. Its petals wilt and, before you know it, that beautiful face is a barren stem. Well, that's a picture of the "prosperous life." At the very moment everyone is looking on in admiration, it fades away to nothing.

¹² Anyone who meets a testing challenge head-on and manages to stick it out is mighty fortunate. For such persons loyally in love with God, the reward is life and more life.

¹³⁻¹⁵ Don't let anyone under pressure to give in to evil say, "God is trying to trip me up." God is impervious to evil, and puts evil in no one's way. The temptation to give in to evil comes from us and only us. We have no one to blame but the leering, seducing flare-up of our own lust. Lust gets pregnant, and has a baby: sin! Sin grows up to adulthood, and becomes a real killer.

¹⁶⁻¹⁸ So, my very dear friends, don't get thrown off course. Every desirable and beneficial gift comes out of heaven. The gifts are rivers of light cascading down from the Father of Light. There is nothing deceitful in God, nothing two-faced, nothing fickle. He brought us to life using the true Word, showing us off as the crown of all his creatures.

Act on What You Hear

¹⁹⁻²¹ Post this at all the intersections, dear friends: Lead with your ears, follow

의 의를 자라게 할 수 없습니다. 모든 악덕과 암과 같은 악을 쓰레기통에 던져 버리십시오. 그저 마음을 겸손하게 하여, 우리의 정원사이신 하나님께서 여러분을 말씀으로 조경하셔서, 여러분의 삶을 구원의 정원으로 만드시게 하십시오.

22-24 말씀을 한 귀로 듣고 다른 귀로 흘려보내면서도, 자신은 말씀을 듣는 사람이라고 스스로 속이는 일이 없게 하십시오. 들은 그대로 행하십시오! 듣고도 행하지 않는 사람은, 거울을 흘끗 들여다보고 떠나가서는, 금세 자기가 누구이며 어떻게 생겼는지 전혀 알지 못하는 사람과 같습니다.

25 그러나 계시된 하나님의 권고—자유를 주는 삶!—를 흘끗이라도 살피고 거기서 떠나지 않는 사람은, 마음과 머리가 산만하지 않으며 행동으로 옮기는 사람입니다. 그런 사람은 그 행함으로 기쁨과 확신을 얻게 될 것입니다.

26-27 그럴듯한 말로 경건한 척하는 사람은 자기를 속이는 자입니다. 그러한 경건은 자기자랑이자 허풍일 뿐입니다. 하나님 아버지 앞에서 인정받는 참된 경건은, 어려움을 겪는 집 없는 사람과 사랑받지 못하는 사람들을 보살피고, 하나님을 모르는 세상에 오염되지 않도록 조심하는 것입니다.

사랑이라는 고귀한 법

2 1-4 사랑하는 친구 여러분, 그리스도께로부터 시작된 우리의 영광스러운 믿음생활에 세상 사람들의 생각이 영향을 미치지 못하게 하십시오. 어떤 사람이 값비싼 정장 차림을 하고 여러분의 교회에 들어오고, 뒤이어 누더기 옷차림의 노숙자가 들어왔다고 가정해 봅시다. 여러분이 정장을 차려입은 사람에

up with your tongue, and let anger straggle along in the rear. God's righteousness doesn't grow from human anger. So throw all spoiled virtue and cancerous evil in the garbage. In simple humility, let our gardener, God, landscape you with the Word, making a salvation-garden of your life.

22-24 Don't fool yourself into thinking that you are a listener when you are anything but, letting the Word go in one ear and out the other. *Act* on what you hear! Those who hear and don't act are like those who glance in the mirror, walk away, and two minutes later have no idea who they are, what they look like.

25 But whoever catches a glimpse of the revealed counsel of God—the free life!—even out of the corner of his eye, and sticks with it, is no distracted scatterbrain but a man or woman of action. That person will find delight and affirmation in the action.

26-27 Anyone who sets himself up as "religious" by talking a good game is self-deceived. This kind of religion is hot air and only hot air. Real religion, the kind that passes muster before God the Father, is this: Reach out to the homeless and loveless in their plight, and guard against corruption from the godless world.

The Royal Rule of Love

2 1-4 My dear friends, don't let public opinion influence how you live out our glorious, Christ-originated faith. If a man enters your church wearing an expensive suit, and a street person wearing rags comes in right after him, and you say to the man in the suit, "Sit here, sir; this is the best seat in the house!" and either ignore the street person or

게는 "선생님, 여기 앉으십시오. 이 자리가 가장 좋은 자리입니다"라고 말하면서, 누더기를 걸친 노숙자는 아예 무시하거나 혹은 "여기 뒷자리에 앉는 게 좋겠습니다"라고 말한다면, 여러분은 하나님의 자녀들을 차별하고 남을 판단하는, 신뢰할 수 없는 사람이 아니겠습니까?

5-7 사랑하는 친구 여러분, 귀 기울여 들으십시오. 하나님께서는 전혀 다르게 일하신다는 것이 이미 분명하게 드러나지 않았습니까? 그분께서는 세상의 가난한 사람들을 택하셔서 그 나라의 권리와 특권을 지닌 일등 시민이 되게 하셨습니다. 그 나라는 하나님을 사랑하는 사람 누구에게나 약속된 나라입니다. 그런데도 여러분은 여러분과 같은 시민들을 업신여겨 욕보이고 있습니다! 여러분을 착취하는 사람들은 지위가 높고 힘 있는 자들이 아닙니까? 법정을 이용해 여러분에게 터무니없는 돈을 청구하는 사람들도 그들이 아닙니까? 여러분이 세례 때 받은 "그리스도인"이라는 새 이름을 경멸하는 사람들도 바로 그들이 아닙니까?

8-11 여러분이 "네 자신을 사랑하듯이 다른 사람들을 사랑하라"는 성경의 고귀한 법을 이행하면, 그것은 잘하는 일입니다. 그러나 여러분이 이른바 유력 인사라고 하는 자들을 우대한다면, 그것은 성경의 법을 어기는 것이고, 여러분은 그 일로 말미암아 범법자가 됩니다. 여러분은 하나님의 율법 가운데 이러저러한 조항만 선택할 수 없고, 특별히 한두 가지는 지키고 다른 것들을 무시할 수는 없습니다. "간음하지 말라"고 하신 하나님께서 또한 "살인하지 말라"고 하셨습니다. 여러분이 간음하지는 않았으나 살인을 저질렀다고 가정해 봅시다. 그러면 여러분은 "나는 간음하지 않았으니, 그것으로 나의 살인죄가 상쇄될 거야"라고 생각하겠습니까? 그럴 수 없습니다. 여러분은 결국 살인범입니다.

12-13 여러분은 우리에게 자유를 주는 그 법에 따라 심판을 기다리는 사람처럼 말하고 행동하십시오. 여러분이 친절하게 행동하지 않으면, 친절한 대우 받기를 기대할 수 없을 것입니다. 친절한 자

say, "Better sit here in the back row," haven't you segregated God's children and proved that you are judges who can't be trusted?

5-7 Listen, dear friends. Isn't it clear by now that God operates quite differently? He chose the world's down-and-out as the kingdom's first citizens, with full rights and privileges. This kingdom is promised to anyone who loves God. And here you are abusing these same citizens! Isn't it the high and mighty who exploit you, who use the courts to rob you blind? Aren't they the ones who scorn the new name—"Christian"—used in your baptisms?

8-11 You do well when you complete the Royal Rule of the Scriptures: "Love others as you love yourself." But if you play up to these so-called important people, you go against the Rule and stand convicted by it. You can't pick and choose in these things, specializing in keeping one or two things in God's law and ignoring others. The same God who said, "Don't commit adultery," also said, "Don't murder." If you don't commit adultery but go ahead and murder, do you think your non-adultery will cancel out your murder? No, you're a murderer, period.

12-13 Talk and act like a person expecting to be judged by the Rule that sets us free. For if you refuse to act kindly, you can hardly expect to be treated kindly. Kind mercy wins over

비는 언제나 무자비한 심판을 이깁니다.

행함이 있는 믿음

14-17 사랑하는 친구 여러분, 여러분은 온갖 옳은 말씀을 배우기만 하고 아무것도 행하지 않으면서 잘되기를 바랍니까? 어떤 사람이 믿음을 논하기만 하고 전혀 실천하지 않는다면, 그 사람에게 믿음이 실제로 있는 것이겠습니까? 예를 들어, 여러분의 옛 친구가 누더기를 걸친 채 굶주리고 있는데, 그에게 다가가서 "여보게 친구! 그리스도를 입으시게! 성령 충만하시게!"라고 말하면서, 외투 한 벌이나 밥 한 그릇 주지 않고 떠나간다면, 무슨 소용이 있겠습니까? 하나님의 말만 앞세우고 하나님의 행함이 없다면, 그것은 터무니없는 짓임이 분명하지 않습니까?

18 벌써 여러분 가운데 누군가가 "좋습니다. 당신이 믿음을 맡으면, 나는 행함을 맡겠습니다"라고 말하는 소리가 들립니다. 성급하게 판단하지 마십시오. 내가 행함이 없는 믿음을 보여줄 수 없듯이, 여러분도 믿음 없는 행함을 보여줄 수 없습니다. 믿음과 행함, 행함과 믿음은 떼려야 뗄 수 없는 관계입니다.

19-20 여러분은 한분이신 하나님을 믿는다고 공언하면서, 마치 그것으로 대단한 일을 했다는 듯이 뒷짐을 진 채 만족해 하더군요. 참 대단하십니다. 마귀들도 그렇게 합니다만, 그것이 무슨 소용이 있겠습니까? 생각을 좀 해보십시오! 여러분은 믿음과 행함을 갈라놓고도 그것을 계속 죽지 않게 할 수 있다고 생각하는 것입니까?

21-24 우리 조상 아브라함이 자기 아들 이삭을 번제단에 바칠 때 "행함으로 하나님과 바른 관계를 맺은" 것이 아닙니까? 믿음과 행함은 함께 멍에를 맨 동반자임이 분명하지 않습니까? 믿음은 행함으로 나타

harsh judgment every time.

Faith in Action

14-17 Dear friends, do you think you'll get anywhere in this if you learn all the right words but never do anything? Does merely talking about faith indicate that a person really has it? For instance, you come upon an old friend dressed in rags and half-starved and say, "Good morning, friend! Be clothed in Christ! Be filled with the Holy Spirit!" and walk off without providing so much as a coat or a cup of soup—where does that get you? Isn't it obvious that God-talk without God-acts is outrageous nonsense?

18 I can already hear one of you agreeing by saying, "Sounds good. You take care of the faith department, I'll handle the works department."

Not so fast. You can no more show me your works apart from your faith than I can show you my faith apart from my works. Faith and works, works and faith, fit together hand in glove.

19-20 Do I hear you professing to believe in the one and only God, but then observe you complacently sitting back as if you had done something wonderful? That's just great. Demons do that, but what good does it do them? Use your heads! Do you suppose for a minute that you can cut faith and works in two and not end up with a corpse on your hands?

21-24 Wasn't our ancestor Abraham "made right with God by works" when he placed his son Isaac on the sacrificial altar? Isn't it obvious that faith and works are yoked

나는 것이 아닙니까? 행함이 "믿음의 행위"라는 것은 다 아는 사실이 아닙니까? 성경은 "아브라함이 하나님을 믿어 하나님과 바른 관계를 맺었다"고 했는데, 여기서 "믿는다"는 말의 온전한 의미는 그의 행위까지 담고 있습니다. 아브라함이 "하나님의 벗"이라는 이름을 얻게 된 것은, 그가 믿음과 행위를 하나로 조화시켰기 때문이 아닙니까? 사람이 하나님과 바른 관계를 맺는 것은, 열매 맺지 못하는 믿음으로 되는 것이 아니라, 행함으로 열매를 맺는 믿음으로 되는 것이 분명하지 않습니까?

25-26 여리고의 창녀 라합의 경우가 그러했습니다. 하나님이 그녀를 귀하게 여기신 것은, 하나님의 정탐꾼들을 숨겨 주고 그들의 탈출을 도운 행위, 곧 믿음과 행함의 빈틈없는 일치 때문이 아니었습니까? 여러분이 육체와 영을 분리시키는 바로 그 순간에, 여러분은 싸늘한 시체가 되고 맙니다. 믿음과 행함을 분리시켜 보십시오. 여러분이 얻을 것은 시체뿐입니다.

말의 힘

3 1-2 친구 여러분, 성급하게 선생이 되려고 하지 마십시오. 가르침에는 막중한 책임이 따릅니다. 선생은 가장 엄격한 기준을 적용받습니다. 우리 가운데 완전한 자격을 갖춘 사람은 하나도 없습니다. 우리는 입을 열 때마다 거의 매번 실수를 저지릅니다. 온전히 참된 말을 하는 사람을 만난다면, 여러분은 삶을 완벽하게 제어하는 완전한 사람을 보고 있는 것입니다.

3-5 말의 입에 물린 재갈이 말의 온몸을 통제합니다. 큰 배라도 능숙한 선장의 손에 작은 키가 잡혀 있으면, 그 배는 아무리 거센 풍랑을 만나도 항로를 벗어나지 않습니다. 여러분의 입에서 나오는 말이 하찮아 보이지만, 그 말은 무슨 일이든 성취하거나 파괴할 수 있습니다!

partners, that faith expresses itself in works? That the works are "works of faith"? The full meaning of "believe" in the Scripture sentence, "Abraham believed God and was set right with God," includes his action. It's that mesh of believing and acting that got Abraham named "God's friend." Is it not evident that a person is made right with God not by a barren faith but by faith fruitful in works?

25-26 The same with Rahab, the Jericho harlot. Wasn't her action in hiding God's spies and helping them escape—that seamless unity of *believing* and *doing*—what counted with God? The very moment you separate body and spirit, you end up with a corpse. Separate faith and works and you get the same thing: a corpse.

When You Open Your Mouth

3 1-2 Don't be in any rush to become a teacher, my friends. Teaching is highly responsible work. Teachers are held to the strictest standards. And none of us is perfectly qualified. We get it wrong nearly every time we open our mouths. If you could find someone whose speech was perfectly true, you'd have a perfect person, in perfect control of life.

3-5 A bit in the mouth of a horse controls the whole horse. A small rudder on a huge ship in the hands of a skilled captain sets a course in the face of the strongest winds. A word out of your mouth may seem of no account, but it can accomplish nearly anything—or destroy it!

5-6 잊지 마십시오. 아주 작은 불꽃이라도 큰 산불을 낼 수 있습니다. 여러분의 입에서 나오는 부주의한 말이나 부적절한 말이 그 같은 일을 합니다. 우리는 말로 세상을 파괴할 수도 있고, 조화를 무질서로 바꿀 수도 있고, 명성에 먹칠을 할 수도 있고, 지옥 구덩이에서 올라오는 연기처럼 온 세상을 허망하게 사라지게 할 수도 있습니다.

7-10 두려운 일이 아닐 수 없습니다. 여러분이 호랑이는 길들일 수 있지만, 혀는 길들일 수 없습니다. 이제껏 혀를 길들인 사람은 아무도 없었습니다. 혀는 사납게 날뛰는, 무자비한 살인자입니다. 우리는 혀로 하나님 우리 아버지를 찬양하기도 하고, 바로 그 혀로 하나님이 자기 형상대로 지으신 사람들을 저주하기도 합니다. 한 입에서 저주도 나오고 찬양도 나옵니다!

10-12 친구 여러분, 그런 일이 계속 일어나서는 안됩니다. 샘이 하루는 단물을 내고, 다음날은 쓴물을 낼 수 있겠습니까? 사과나무가 딸기를 낼 수 있습니까? 딸기 덩굴이 사과를 낼 수 있습니까? 더러운 진흙 구덩이에서 맑고 시원한 물 한 잔을 얻을 수 있겠습니까?

참된 지혜

13-16 지혜롭다는 평가를 듣고 싶습니까? 지혜롭다는 평판을 쌓고 싶습니까? 여기 여러분이 할 일이 있습니다. 제대로 살고, 지혜롭게 살고, 겸손하게 사십시오. 중요한 것은, 여러분의 말하는 방식이 아니라 사는 방식입니다. 야비한 야심은 지혜가 아닙니다. 스스로 지혜롭다고 뽐내는 것도 지혜가 아닙니다. 지혜롭게 보이려고 진실을 왜곡해 말하는 것도 지혜가 아닙니다. 그것은 지혜와는 한참 거리가 멉니다. 그것은 짐승같이 약삭빠르고, 악마같이 교활한 속임수일 뿐입니다. 여러분이 다른 사람보다 더

5-6 It only takes a spark, remember, to set off a forest fire. A careless or wrongly placed word out of your mouth can do that. By our speech we can ruin the world, turn harmony to chaos, throw mud on a reputation, send the whole world up in smoke and go up in smoke with it, smoke right from the pit of hell.

7-10 This is scary: You can tame a tiger, but you can't tame a tongue—it's never been done. The tongue runs wild, a wanton killer. With our tongues we bless God our Father; with the same tongues we curse the very men and women he made in his image. Curses and blessings out of the same mouth!

10-12 My friends, this can't go on. A spring doesn't gush fresh water one day and brackish the next, does it? Apple trees don't bear strawberries, do they? Raspberry bushes don't bear apples, do they? You're not going to dip into a polluted mud hole and get a cup of clear, cool water, are you?

Live Well, Live Wisely

13-16 Do you want to be counted wise, to build a reputation for wisdom? Here's what you do: Live well, live wisely, live humbly. It's the way you live, not the way you talk, that counts. Mean-spirited ambition isn't wisdom. Boasting that you are wise isn't wisdom. Twisting the truth to make yourselves sound wise isn't wisdom. It's the furthest thing from wisdom—it's animal cunning, devilish conniving. Whenever you're trying to look better than others or get the better of others, things

낮게 보이려고 하거나 다른 사람을 이기려고 할 때마다, 일은 엉망이 되고 서로 멱살을 잡는 것으로 끝나고 말 것입니다.

¹⁷⁻¹⁸ 참된 지혜, 하나님의 지혜는 거룩한 삶에서 시작됩니다. 참된 지혜의 특징은 다른 사람들과 평화롭게 지내는 것입니다. 참된 지혜는 온유하고, 이치에 맞으며, 자비와 축복이 넘칩니다. 하루는 뜨겁고 다음날은 차갑고 하지 않습니다. 겉과 속이 다르지 않습니다. 여러분이 서로 평화롭게 지내고 품위와 예의를 갖춰 서로를 대하려고 노력한다면, 여러분은 하나님과 바른 관계를 맺고 사는 건강하고 튼튼한 공동체를 세우고, 그 열매 또한 맛보게 될 것입니다.

하나님 뜻대로 사는 삶

4 ¹⁻² 여러분은 이 모든 형편없는 싸움과 다툼이 어디에서 비롯된다고 생각합니까? 그냥 일어나는 일이라고 생각합니까? 곰곰이 생각해 보십시오. 그런 일이 일어나는 것은, 여러분이 자기 마음대로 하려 하고, 싸워서라도 그렇게 하려는 마음이 여러분 깊은 곳에 있기 때문입니다. 여러분은 자신이 갖지 못한 것을 탐하고, 살인까지 해서라도 그것을 얻으려고 합니다. 여러분의 것이 아닌 것을 가지려다가 폭력까지 휘두르고 맙니다. ²⁻³ 여러분은 그런 것을 달라고 하나님께 구하지는 않겠지요? 그 이유가 무엇입니까? 여러분이 가질 권리가 없는 것을 구하고 있음을 잘 알기 때문입니다. 여러분은 매번 자기 마음대로 하려고 하니, 버릇없는 아이와 같습니다. ⁴⁻⁶ 여러분은 하나님을 속이고 있습니다. 온통 자기 마음대로 살거나 기회 있을 때마다 세상과 놀아나는 것이 여러분이 원하는 바라면, 여러분은 결국 하나님의 원수가 되어 하나님과 그분의 길을 거스르고 말 것입니다. 여러분은 하나님께서 관심이 없으신다고 생각합니까? 잠언은 "하나님은 맹렬히 질투

fall apart and everyone ends up at the others' throats.

¹⁷⁻¹⁸ Real wisdom, God's wisdom, begins with a holy life and is characterized by getting along with others. It is gentle and reasonable, overflowing with mercy and blessings, not hot one day and cold the next, not two-faced. You can develop a healthy, robust community that lives right with God and enjoy its results *only* if you do the hard work of getting along with each other, treating each other with dignity and honor.

Get Serious

4 ¹⁻² Where do you think all these appalling wars and quarrels come from? Do you think they just happen? Think again. They come about because you want your own way, and fight for it deep inside yourselves. You lust for what you don't have and are willing to kill to get it. You want what isn't yours and will risk violence to get your hands on it. ²⁻³ You wouldn't think of just asking God for it, would you? And why not? Because you know you'd be asking for what you have no right to. You're spoiled children, each wanting your own way. ⁴⁻⁶ You're cheating on God. If all you want is your own way, flirting with the world every chance you get, you end up enemies of God and his way. And do you suppose God doesn't care? The proverb has it that "he's a fiercely jealous lover." And what he gives in love is far better than anything else you'll find. It's common knowledge that "God goes against the willful proud;

하는 연인이시다"라고 말합니다. 그분께서 사랑으로 주시는 것은, 여러분이 얻고자 하는 다른 어떤 것보다 훨씬 나은 것입니다. "하나님은 자기 마음대로 하려는 교만한 자들을 대적하시고, 기꺼이 자기를 낮추는 사람들에게는 은혜를 베푸신다"는 말씀은 누구나 아는 사실입니다.

7-10 그러니, 하나님이 여러분 안에서 그분 뜻대로 일하시게 해드리십시오. 마귀에게는 큰소리로 "안돼!" 하고 외치고, 마귀가 날뛰지 않는지 주시하십시오. 하나님께는 조용히 "예!" 하고 말씀드리십시오. 그러면 하나님께서 즉시 여러분 곁에 계실 것입니다. 죄에서 손을 떼십시오. 내면의 삶을 깨끗게 하십시오. 여기저기 기웃거리지 마십시오. 땅을 치며 하염없이 우십시오. 놀고 즐기는 일은 끝났습니다. 신중하게, 참으로 신중하게 처신하십시오. 주님 앞에 무릎을 꿇으십시오. 여러분이 일어설 수 있는 길은 그 길뿐입니다.

11-12 친구 여러분, 서로 헐뜯지 마십시오. 그런 식의 험담은 하나님의 말씀, 그분의 메시지, 그분의 고귀한 법을 짓밟는 행위입니다. 여러분은 메시지를 존중해야지, 거기에 낙서를 해서는 안됩니다. 사람의 운명은 하나님이 정하십니다. 도대체 여러분이 누구이기에 다른 사람의 운명에 간섭할 수 있단 말입니까?

한 줌 안개와 같은 인생

13-15 "오늘이나 내일 이러저러한 도시에 가서 일 년 정도 머물면서, 사업을 시작해 큰돈을 벌어야겠다"고 건방진 소리를 하는 여러분에게 한마디 하겠습니다. 여러분은 내일에 대해 아무것도 알지 못합니다. 여러분은 햇빛이 조금만 비쳐도 금세 사라지고 마는 한 줌 안개에 지나지 않습니다. 오히려 "주님이 원하셔서 우리가 살게 된다면, 이러저러한 일을 하겠다"고 말하는 습관을 들이십시오.

16-17 사실, 여러분은 우쭐거리는 자아로 가득 차 있습니다. 그런 자만은 다 악한 것입니다. 여러분이 옳은 일을 할 줄 알면서도 하지 않는 것, 그것이 바로 여러분의 죄악입니다.

God gives grace to the willing humble."

7-10 So let God work his will in you. Yell a loud *no* to the Devil and watch him scamper. Say a quiet *yes* to God and he'll be there in no time. Quit dabbling in sin. Purify your inner life. Quit playing the field. Hit bottom, and cry your eyes out. The fun and games are over. Get serious, really serious. Get down on your knees before the Master; it's the only way you'll get on your feet.

11-12 Don't bad-mouth each other, friends. It's God's Word, his Message, his Royal Rule, that takes a beating in that kind of talk. You're supposed to be honoring the Message, not writing graffiti all over it. God is in charge of deciding human destiny. Who do you think you are to meddle in the destiny of others?

Nothing but a Wisp of Fog

13-15 And now I have a word for you who brashly announce, "Today—at the latest, tomorrow—we're off to such and such a city for the year. We're going to start a business and make a lot of money." You don't know the first thing about tomorrow. You're nothing but a wisp of fog, catching a brief bit of sun before disappearing. Instead, make it a habit to say, "If the Master wills it and we're still alive, we'll do this or that."

16-17 As it is, you are full of your grandiose selves. All such vaunting self-importance is evil. In fact, if you know the right thing to do and don't do it, that, for you, *is* evil.

부자들에게 주는 경고

5 ¹⁻³ 마지막으로, 거만하게 구는 부자들에게 말합니다. 슬퍼하며 몇 가지 가르침을 받으십시오. 그대들은 재난이 닥칠 때 눈물을 담을 양동이가 필요할 것입니다. 그대들의 돈은 썩었고, 그대들의 좋은 옷은 역겹기 그지없습니다. 그대들의 탐욕스런 사치품은 내장에 생긴 암과 같아서, 안에서부터 그대들의 생명을 파괴하고 있습니다. 그대들은 스스로 재물을 쌓아 올렸다고 생각하겠지만, 그대들이 쌓아 올린 것은 다름 아닌 심판입니다.

⁴⁻⁶ 그대들에게 착취당하고 갈취당한 일꾼들이 심판을 요구하며 부르짖고 있습니다. 그대들에게 이용당하고 혹사당한 일꾼들의 신음 소리가, 원수를 갚아 주시는 주님의 귀에 쟁쟁히 울리고 있습니다. 그대들은 땅을 착취해 배를 불렸으면서도, 그 땅에 돌려줄 것은 유난히도 뚱뚱한 그대들의 시신밖에 없습니다. 사실 그대들이 한 일은, 묵묵히 당하기만 하는 더할 나위 없이 선한 사람들을 정죄하고 죽인 것이 전부입니다.

❧

⁷⁻⁸ 친구 여러분, 주님이 오실 때까지 참고 기다리십시오. 여러분도 알다시피, 농부들은 늘 이렇게 합니다. 농부들은 귀한 곡식이 자라기를 기다립니다. 더디지만, 비가 내려 분명한 결과를 낼 것을 인내심을 가지고 기다립니다. 여러분도 그렇게 참고 기다리십시오. 마음을 한결같이 강하게 하십시오. 주님은 언제라도 오실 수 있습니다.

⁹ 친구 여러분, 서로 원망하지 마십시오. 여러분도 알다시피, 훨씬 큰 원망이 여러분을 기다리고 있을지 모릅니다. 심판하실 분께서 가까이 와 계십니다.

¹⁰⁻¹¹ 옛 예언자들을 여러분의 멘토로 삼으십시오. 그들은 모든 것을 참았고, 온갖 고난을 겪으면서도 멈추지 않고 언제나 하나님을 경

Destroying Your Life from Within

5 ¹⁻³ And a final word to you arrogant rich: Take some lessons in lament. You'll need buckets for the tears when the crash comes upon you. Your money is corrupt and your fine clothes stink. Your greedy luxuries are a cancer in your gut, destroying your life from within. You thought you were piling up wealth. What you've piled up is judgment.

⁴⁻⁶ All the workers you've exploited and cheated cry out for judgment. The groans of the workers you used and abused are a roar in the ears of the Master Avenger. You've looted the earth and lived it up. But all you'll have to show for it is a fatter than usual corpse. In fact, what you've done is condemn and murder perfectly good persons, who stand there and take it.

❧

⁷⁻⁸ Meanwhile, friends, wait patiently for the Master's Arrival. You see farmers do this all the time, waiting for their valuable crops to mature, patiently letting the rain do its slow but sure work. Be patient like that. Stay steady and strong. The Master could arrive at any time.

⁹ Friends, don't complain about each other. A far greater complaint could be lodged against you, you know. The Judge is standing just around the corner.

¹⁰⁻¹¹ Take the old prophets as your mentors. They put up with anything,

외했습니다. 끝까지 경주를 마친 사람들에게는 하나님께서 생명을 선물로 주실 것입니다! 물론, 여러분은 욥의 인내에 대해 들었을 것입니다. 하나님께서 마지막에 어떻게 그에게 모든 것을 회복해 주셨는지도 알 것입니다. 하나님께서 그렇게 하신 것은, 그분은 돌보시는 분, 사소한 일까지 세세하게 보살펴 주시는 분이기 때문입니다.

12 하나님은 돌보시는 분임을 알았으니, 이제 여러분의 말로 그 사실을 알리십시오. 여러분의 말에 "맹세하건대" 같은 표현을 덧붙이지 마십시오. 하나님을 재촉하려고 맹세를 덧붙이는 조급함을 보이지 마십시오. 그저 "예"라고 하거나, "아니요"라고만 하십시오. 참된 것만 말하십시오. 그래야 여러분의 말이 여러분을 거스르는 데 사용되지 않을 것입니다.

하나님이 헤아리시는 기도

13-15 고통을 겪고 있습니까? 기도하십시오. 기분이 몹시 좋습니까? 찬양하십시오. 아픈 데가 있습니까? 교회의 지도자들을 불러 주님의 이름으로 함께 기도하고, 기름을 발라 달라고 하십시오. 믿음으로 드리는 기도는 여러분을 낫게 해줄 것입니다. 예수께서 여러분을 일으켜 주실 것입니다. 또한 죄를 지은 것이 있으면 용서받을 것입니다. 안팎이 모두 치유될 것입니다.

16-18 여러분 모두가 함께 실천할 것이 있습니다. 서로 죄를 고백하고, 서로를 위해 기도하십시오. 그러면 여러분의 병이 낫고 온전해져서 더불어 살 수 있을 것입니다. 하나님과 바른 관계를 맺고 사는 사람의 기도는, 하나님께서 헤아리실 만큼 강력한 힘을 발휘합니다. 예컨대, 엘리야는 우리와 똑같은 사람이었으나, 비가 오지 않게 해달라고 간절히 기도하자 비가 내리지 않았습니다. 삼 년 육 개월 동안 한 방울도 내리지 않았습니다. 그 후에 비를 내려 달라고 기도하자 비가 내렸습니다. 소나기가

went through everything, and never once quit, all the time honoring God. What a gift life is to those who stay the course! You've heard, of course, of Job's staying power, and you know how God brought it all together for him at the end. That's because God cares, cares right down to the last detail.

12 And since you know that he cares, let your language show it. Don't add words like "I swear to God" to your own words. Don't show your impatience by concocting oaths to hurry up God. Just say yes or no. Just say what is true. That way, your language can't be used against you.

Prayer to Be Reckoned With

13-15 Are you hurting? Pray. Do you feel great? Sing. Are you sick? Call the church leaders together to pray and anoint you with oil in the name of the Master. Believing-prayer will heal you, and Jesus will put you on your feet. And if you've sinned, you'll be forgiven—healed inside and out.

16-18 Make this your common practice: Confess your sins to each other and pray for each other so that you can live together whole and healed. The prayer of a person living right with God is something powerful to be reckoned with. Elijah, for instance, human just like us, prayed hard that it wouldn't rain, and it didn't—not a drop for three and a half years. Then he prayed that it would rain, and it did. The showers came and everything started growing

내려 모든 것이 다시 자라기 시작했습니다.

19-20 사랑하는 친구 여러분, 하나님의 진리에서 떠난 사람들을 알고 있거든, 그들을 포기하지 마십시오. 그들을 찾아가십시오. 그들을 돌아서게 하십시오. 이는 귀한 생명들을 파멸에서 건져 내는 일이며, 하나님을 등지는 일이 전염병처럼 퍼지는 것을 막는 일입니다.

again.

19-20 My dear friends, if you know people who have wandered off from God's truth, don't write them off. Go after them. Get them back and you will have rescued precious lives from destruction and prevented an epidemic of wandering away from God.

베드로전후서 | 머리말

"당신은 그리스도, 곧 메시아이십니다." 베드로의 이 간결한 고백은, 우리 가운데 하나님으로 계시면서 친히 영원한 구원 사역을 행하시는 예수께 믿음의 초점을 맞춘 것이다. 베드로는 순수한 인격의 힘으로 동료들의 존경을 불러일으키는 타고난 지도자였던 것 같다. 예수의 제자 명단에는, 베드로의 이름이 언제나 첫 번째 자리를 차지한다.

초대교회에서 그의 영향력은 대단했으며, 모든 이들의 인정을 받았다. 이러한 위치 때문에, 그는 기독교 공동체 안에서 가장 영향력 있는 인물이 되었다. 또한 그는 힘찬 설교와 뜨거운 기도, 담대한 치유 사역과 지혜로운 지도력을 통해서도 자신에게 주어진 신뢰가 정당하다는 것을 증명해 보였다.

베드로가 영향력 있는 자리에 있으면서 처신한 방식은, 그의 영향력보다 훨씬 인상적이다. 그는 중심에서 벗어나 있었고, 권력을 "휘두르지" 않았으며, 예수께 한결같이 순종했다. 카리스마 넘치는 성품으로 보나 으뜸으로 인정받은 위치로 보나, 그는 쉽게 권력을 넘겨받을 수도 있었고 예수와의 각별한 관계를 내세워 스스로를 높일 수도 있었다. 그러나 오늘날의 영적 지도자들이 자주 범하는 것과 달리, 그는 그렇게 하지 않았다. 그것은 참으로 인상 깊고 감동적이다. 실제로 그는 편지를 읽는 이들에게 "여러분은 자신의 모습에 만족하고, 거들먹거리지 마십시오. 하나님의 강한 손이 여러분 위에 있으니, 때가 되면 그분께서 여러분을 높이실 것입니다"라고 말한다(벧전 5:6). 베드로는 한 줄기 신선한 산들바람과 같은 사

Peter's concise confession—"You are the Messiah, the Christ"—focused the faith of the disciples on Jesus as God among us, in person, carrying out the eternal work of salvation. Peter seems to have been a natural leader, commanding the respect of his peers by sheer force of personality. In every listing of Jesus' disciples, Peter's name is invariably first.

In the early church, his influence was enormous and acknowledged by all. By virtue of his position, he was easily the most powerful figure in the Christian community. And his energetic preaching, ardent prayer, bold healing, and wise direction confirmed the trust placed in him.

The way Peter handled himself in that position of power is even more impressive than the power itself. He stayed out of the center, didn't "wield" power, maintained a scrupulous subordination to Jesus. Given his charismatic personality and well-deserved position at the head, he could easily have taken over, using the prominence of his association with Jesus to promote himself. That he didn't do it, given the frequency with which spiritual leaders do exactly that, is impressive. In fact, he told his readers to "be content with who you are, and don't put on airs. God's strong hand is on you; he'll promote you at the right time"(1

람이었다.

베드로가 쓴 두 통의 편지는, 성령께서 베드로 안에 빚으신 예수의 성품을 드러내 보여준다. 특권보다는 고난을 기꺼이 껴안으려는 마음, 책보다는 경험에서 우러난 지혜, 활력과 상상력을 잃지 않은 겸손이 그것들이다. 베드로의 초기 이야기에서 알 수 있듯이, 그는 골목대장 기질이 다분한 사람이었다. 그러나 그는 그런 사람이 되지 않았다(종교적 골목대장만큼 최악인 경우도 없다). 오히려 그는, 담대한 확신을 갖고 있으면서도 자신을 내세우지 않는, 예수 그리스도의 종이 되었다. 우리는 이 두 편지에서 그런 그의 모습을 볼 수 있다. 이것이야말로 그가 말한 "전혀 새로운 생명, 가장 중요한 삶의 목적"에 대한 강력한 증언인 것이다.

Peter 5:6). Peter is a breath of fresh air.

The two letters Peter wrote exhibit the qualities of Jesus that the Holy Spirit shaped in him: a readiness to embrace suffering rather than prestige, a wisdom developed from experience and not imposed from a book, a humility that lacked nothing in vigor or imagination. From what we know of the early stories of Peter, he had in him all the makings of a bully. That he didn't become a bully (and religious bullies are the worst kind) but rather the boldly confident and humbly self-effacing servant of Jesus Christ that we discern in these letters, is a compelling witness to what he himself describes as "a brand-new life, with everything to live for."

베드로전서

1 PETER

1

¹⁻² 메시아 예수께 사도로 임명받은 나 베드로는, 사방에 흩어져 나그네 삶을 살아가는 이들에게 이 편지를 씁니다. 나는 여러분 가운데 한 사람도 그리워하지 않은 적이 없고, 한 사람도 잊은 적이 없습니다. 하나님 아버지께서 여러분 각자를 눈여겨보시고, 성령의 역사로 말미암아 예수의 희생을 통해 여러분을 순종하는 사람이 되게 하기로 작정하셨습니다. 하나님께서 주시는 온갖 좋은 것이 여러분의 것이 되기를 바랍니다!

새 생명

³⁻⁵ 우리 안에 계시는 하나님은 얼마나 놀라운 분이신지요! 우리 주 예수의 아버지 하나님을 모신 우리는 얼마나 복된 사람들인지요! 예수께서 죽은 자들 가운데서 다시 살아나심으로 우리는 전혀 새로운 생명을 받았고, 가장 중요한 삶의 목적을 얻게 되었습니다. 또한 하늘에 간직된 미래까지 보장받았습니다. 그 미래가 이제 시작되고 있습니다! 하나님께서는 우리와 그 미래를 꼼꼼히 살피고 계십니다. 여러분이 온전하게 치유된 생명을 얻게 될 그날이 다가오고 있습니다.

⁶⁻⁷ 나는 이것으로 말미암아 여러분이 얼마나 기뻐할지 알고 있습니다. 얼마 동안은 여러분이 온갖 힘든 일을 참고 견뎌야 하겠지만 말입니다. 순금은 불 속을 통과해야 순금인 것이

1

¹⁻² I, Peter, am an apostle on assignment by Jesus, the Messiah, writing to exiles scattered to the four winds. Not one is missing, not one forgotten. God the Father has his eye on each of you, and has determined by the work of the Spirit to keep you obedient through the sacrifice of Jesus. May everything good from God be yours!

A New Life

³⁻⁵ What a God we have! And how fortunate we are to have him, this Father of our Master Jesus! Because Jesus was raised from the dead, we've been given a brand-new life and have everything to live for, including a future in heaven—and the future starts now! God is keeping careful watch over us and the future. The Day is coming when you'll have it all—life healed and whole.

⁶⁻⁷ I know how great this makes you feel, even though you have to put up with every kind of aggravation in the meantime. Pure gold put in the fire comes out of it *proved* pure; genuine faith put through this suffering comes

입증됩니다. 참된 믿음도 시련을 겪고 나와야 참된 믿음인 것이 입증됩니다. 예수께서 모든 일을 완성하실 때에 하나님께서 승리의 증거로 내보이실 것은, 여러분의 믿음이지 여러분의 금덩이가 아닙니다.

8-9 여러분은 예수를 본 적이 없지만 그분을 사랑합니다. 지금도 그분을 볼 수 없지만, 그분을 신뢰하며 기뻐 찬송합니다. 믿음을 잘 지켜 왔으니, 이제 여러분은 손꼽아 기다리던 완전한 구원을 얻게 될 것입니다.

10-12 이 구원이 다가오고 있음을 우리에게 일러 준 예언자들은, 하나님이 예비하고 계신 생명의 선물에 대해 많은 질문을 던졌습니다. 메시아의 영이 그들에게 그 선물에 대해 알려 주셨습니다. 그 선물은 메시아께서 고난을 받으시고, 그 후에 영광을 받으시리라는 것이었습니다. 예언자들은 그런 일이 누구에게, 또 언제 일어날지 알고 싶어 그분께 부르짖었습니다. 예언자들이 들은 것은 모두 여러분을 섬기기 위한 것이었습니다. 여러분은 하늘의 지시에 따라—성령을 통해—저 예언자들의 **메시지**가 성취되었다는 말을 직접 들은 사람들입니다. 여러분이 얼마나 복된 사람인지 아시겠습니까? 천사들도 이런 복을 누릴 기회를 조금이라도 얻고 싶어 했을 것입니다!

하나님의 생명으로 빚어진 생활방식

13-16 그러니 마음을 단단히 먹고 정신을 바짝 차려서, 예수께서 오실 때에 여러분의 선물을 받을 수 있도록 철저히 준비하십시오. 전에 하고 싶은 대로만 하던 악한 습관에 다시 **빠져들**지 않게 하십시오. 그때는 여러분이 더 나은 것을 알지 못했으나, 이제는 알고 있습니다. 순종하는 자녀가 되었으니, 여러분은 하나님의 생명으로 빚어진 생활방식을 따라 거룩함으로 빛나는 힘찬 삶을 살아가십시오. 하나님께서 "내가 거룩하니, 너희도 거룩하여라" 하고 말씀하셨습니다.

out *proved* genuine. When Jesus wraps this all up, it's your faith, not your gold, that God will have on display as evidence of his victory.

8-9 You never saw him, yet you love him. You still don't see him, yet you trust him—with laughter and singing. Because you kept on believing, you'll get what you're looking forward to: total salvation.

10-12 The prophets who told us this was coming asked a lot of questions about this gift of life God was preparing. The Messiah's Spirit let them in on some of it—that the Messiah would experience suffering, followed by glory. They clamored to know who and when. All they were told was that they were serving you, you who by orders from heaven have now heard for yourselves—through the Holy Spirit—the Message of those prophecies fulfilled. Do you realize how fortunate you are? Angels would have given anything to be in on this!

A Future in God

13-16 So roll up your sleeves, put your mind in gear, be totally ready to receive the gift that's coming when Jesus arrives. Don't lazily slip back into those old grooves of evil, doing just what you feel like doing. You didn't know any better then; you do now. As obedient children, let yourselves be pulled into a way of life shaped by God's life, a life energetic and blazing with holiness. God said, "I am holy; you be holy."

17 여러분이 하나님께 도움을 구하면, 그분께서 도와주십니다. 하나님은 그토록 자애로우신 아버지이십니다. 그러나 잊지 마십시오. 그분은 책임을 다하는 아버지도 되시기에, 여러분이 단정치 못한 삶을 살도록 내버려 두지 않으십니다.

18-21 여러분의 삶은 하나님을 깊이 의식하면서 나아가야 하는 여정입니다. 하나님께서는 여러분이 전에 몸담고 살았던 막다른 삶, 아무 생각 없이 살아온 그 삶에서 여러분을 건져 내기 위해 큰 값을 치르셨습니다. 여러분도 알다시피, 하나님께서는 그리스도의 거룩한 피를 지불하셨습니다. 그리스도께서 흠 없는 희생양처럼 죽으셨습니다. 이것은 느닷없이 일어난 일이 아니었습니다. 최근에—마지막 때에—이르러 공공연한 지식이 되었지만, 하나님은 그리스도께서 여러분을 위해 이 일을 하실 것을 전부터 미리 알고 계셨습니다. 여러분이 하나님을 믿게 된 것, 하나님 안에 미래가 있음을 알게 된 것은 메시아의 희생으로 말미암은 것입니다. 하나님께서는 메시아를 죽은 자들 가운데서 살리시고 영광스럽게 하셨습니다.

22-25 이제 여러분이 진리를 따름으로 여러분의 삶을 깨끗하게 했으니, 서로 사랑하십시오. 여러분의 삶이 거기에 달려 있다는 듯이 사랑하십시오. 여러분의 새 삶은 옛 삶과 다릅니다. 전에 여러분은 썩어 없어질 씨에서 태어났지만, 이제는 살아 계신 하나님의 말씀에서 새로 태어났습니다. 생각해 보십시오. 여러분은 하나님께서 직접 잉태하신 생명입니다! 그래서 예언자가 이렇게 말한 것입니다.

　옛 생명은 풀의 목숨과 같고
　　그 아름다움은 들꽃처럼 오래가지 못한다.
　풀은 마르고 꽃은 시들지만,
　　하나님의 말씀은 영원히 계속된다.

이 말씀이 여러분 안에 새 생명을 잉태했습니다.

17 You call out to God for help and he helps—he's a good Father that way. But don't forget, he's also a responsible Father, and won't let you get by with sloppy living.

18-21 Your life is a journey you must travel with a deep consciousness of God. It cost God plenty to get you out of that dead-end, empty-headed life you grew up in. He paid with Christ's sacred blood, you know. He died like an unblemished, sacrificial lamb. And this was no afterthought. Even though it has only lately—at the end of the ages—become public knowledge, God always knew he was going to do this for you. It's because of this sacrificed Messiah, whom God then raised from the dead and glorified, that you trust God, that you know you have a future in God.

22-25 Now that you've cleaned up your lives by following the truth, love one another as if your lives depended on it. Your new life is not like your old life. Your old birth came from mortal sperm; your new birth comes from God's living Word. Just think: a life conceived by God himself! That's why the prophet said,

　The old life is a grass life,
　　its beauty as short-lived as wildflowers;
　Grass dries up, flowers droop,
　　God's Word goes on and on forever.

This is the Word that conceived the new life in you.

2

1-3 그러니 여러분을 깨끗이 정리하십시오! 악의와 위선, 시기와 악담을 말끔히 치워 버리십시오. 하나님을 맛보았으니, 이제 여러분은 젖먹이 아이처럼, 하나님의 순수한 보살핌을 깊이 들이키십시오. 그러면 하나님 안에서 무럭무럭 자라서, 성숙하고 온전하게 될 것입니다.

살아 있는 돌

4-8 살아 있는 돌, 곧 생명의 근원을 맞이하십시오. 일꾼들은 그 돌을 얼핏 보고 내다 버렸지만, 하나님께서는 그 돌을 영광의 자리에 두셨습니다. 여러분은 건축용 벽돌과 같으니, 생명이 약동하는 성소를 짓는 데 쓰일 수 있도록 자신을 하나님께 드리십시오. 거룩한 제사장이 되어, 그리스도께서 인정하시는 삶을 하나님께 드리십시오. 성경에는 이러한 선례가 있습니다.

> 보라! 내가 돌 하나를 시온에 둔다.
> 모퉁잇돌 하나를 영광의 자리에 두겠다.
> 누구든지 이 돌을 신뢰하고 기초로 삼는 사람은
> 후회할 일이 결코 없을 것이다.

그분을 신뢰하는 여러분에게는 그분이 자랑할 만한 돌이지만, 신뢰하지 않는 자들에게는

> 일꾼들이 내버린 돌이
> 머릿돌이 되었습니다.

또한

> 걸려 넘어지게 하는 돌,
> 길을 가로막는 큰 바위입니다.

믿지 않는 자들이 걸려 넘어지는 것은, 그렇게 되도록 정해져 있는 것과 같이, 그들이 순종하지 않기 때문입니다.

2

1-3 So clean house! Make a clean sweep of malice and pretense, envy and hurtful talk. You've had a taste of God. Now, like infants at the breast, drink deep of God's pure kindness. Then you'll grow up mature and whole in God.

The Stone

4-8 Welcome to the living Stone, the source of life. The workmen took one look and threw it out; God set it in the place of honor. Present yourselves as building stones for the construction of a sanctuary vibrant with life, in which you'll serve as holy priests offering Christ-approved lives up to God. The Scriptures provide precedent:

> Look! I'm setting a stone in Zion,
>   a cornerstone in the place of honor.
> Whoever trusts in this stone as a foundation
>   will never have cause to regret it.

To you who trust him, he's a Stone to be proud of, but to those who refuse to trust him,

> The stone the workmen threw out
>   is now the chief foundation stone.

For the untrusting it's

> ...a stone to trip over,
>   a boulder blocking the way.

They trip and fall because they refuse to obey, just as predicted.

9-10 그러나 여러분은 하나님께서 택하신 사람들입니다. 여러분은 제사장의 일이라는 고귀한 사명을 감당하도록 선택받았고, 거룩한 백성이 되도록 선택받았으며, 하나님의 일을 하고 하나님을 위해 말하는 그분의 도구로 선택받았습니다. 그것은 하나님께서 여러분을 위해 밤낮으로 행하신 특별한 일—아무것도 아닌 자에서 중요한 자로, 거절당한 자에서 받아들여진 자로 바꾸신 일—을 다른 사람들에게 전하게 하시려는 것입니다.

❧

11-12 친구 여러분, 이 세상은 여러분의 본향이 아닙니다. 그러니 이 세상에서 여러분의 안락함을 구하지 마십시오. 자기 욕망을 채우려다가 영혼을 희생하는 일이 없게 하십시오. 여러분은 이 세상을 본향으로 삼은 사람들 가운데 본이 될 만한 삶을 살아서, 여러분의 행실로 그들의 편견을 없애십시오. 그러면 그들도 하나님 편에 서서, 그분께서 오시는 날에 그분을 찬송하는 자리에 참여하게 될 것입니다.

13-17 훌륭한 시민이 되어 주님을 자랑스럽게 해드리십시오. 권력자들의 수준이 어떠하든지 그들을 존중하십시오. 그들은 질서 유지를 위해 하나님께서 보내신 밀사들입니다. 하나님의 뜻은 여러분이 지속적으로 선을 행하여, 여러분을 사회의 위험 요소로 여기는 어리석은 자들의 생각을 고쳐 주는 것입니다. 여러분의 자유를 행사하되 질서를 파괴하는 일이 아니라, 하나님을 섬기는 일에 그것을 사용하십시오. 누구를 만나든지 품위 있게 대하십시오. 영적으로 가족이 된 이들을 사랑하십시오. 하나님을 경외하십시오. 정부를 존중하십시오.

그리스도께서 친히 사셨던 삶

18-20 종으로 있는 여러분, 여러분의 주인에게 착한 종이 되십시오. 좋은 주인뿐만 아니라 못된 주인에게도 그렇게 하십시오. 합당한 이유 없이 나쁜 대우를 받더라도 하나님을 위해 참는 것이 중

9-10 But you are the ones chosen by God, chosen for the high calling of priestly work, chosen to be a holy people, God's instruments to do his work and speak out for him, to tell others of the night-and-day difference he made for you—from nothing to something, from rejected to accepted.

❧

11-12 Friends, this world is not your home, so don't make yourselves cozy in it. Don't indulge your ego at the expense of your soul. Live an exemplary life among the natives so that your actions will refute their prejudices. Then they'll be won over to God's side and be there to join in the celebration when he arrives.

13-17 Make the Master proud of you by being good citizens. Respect the authorities, whatever their level; they are God's emissaries for keeping order. It is God's will that by doing good, you might cure the ignorance of the fools who think you're a danger to society. Exercise your freedom by serving God, not by breaking the rules. Treat everyone you meet with dignity. Love your spiritual family. Revere God. Respect the government.

The Kind of Life He Lived

18-20 You who are servants, be good servants to your masters—not just to good masters, but also to bad ones. What counts is that you put up with it for God's sake when you're treated

요합니다. 마땅히 받아야 할 벌을 받는 것이 무슨 특별한 일이겠습니까? 그러나 여러분이 선을 행하는데도 부당한 대우를 받으면서 여전히 착한 종으로 산다면, 그것은 하나님 보시기에 귀한 일입니다.

21-25 여러분은 그러한 삶을 살도록, 그리스도께서 친히 사셨던 삶을 살도록 초청받았습니다. 그분은 자기에게 닥친 온갖 고난을 겪으심으로, 여러분도 그분처럼 살 수 있음을 알려 주셨고, 그 방법도 하나씩 알려 주셨습니다.

그분은 잘못된 일을 하나도 행하지 않으셨고
어긋난 말을 한 번도 입에 담지 않으셨다.

사람들이 그분께 온갖 욕을 퍼부었지만, 그분은 전혀 대꾸하지 않으셨습니다. 그분은 말없이 고난을 당하시고, 하나님께서 바로잡아 주시도록 맡기셨습니다. 그분은 종의 몸으로 우리의 죄를 지시고 십자가에 달리셨습니다. 그것은 우리로 하여금 죄에서 벗어나 옳은 길을 따라 살게 하시려는 것이었습니다. 그분께서 상처를 입으심으로 여러분이 나았습니다. 전에 여러분은 자신이 누구이며 어디로 가고 있는지 알지 못하는 길 잃은 양이었습니다. 그러나 이제는 여러분의 영혼을 영원토록 지키는 목자께서 그 이름을 불러 주시고 보살펴 주시는 양이 되었습니다.

내면의 아름다움을 계발하십시오

3 1-4 아내 여러분에게 권합니다. 남편에게 착한 아내가 되어, 남편의 필요를 들어주십시오. 그러면 하나님 이야기에 무관심하던 남편도 여러분의 거룩하고 아름다운 삶에 감화를 받을 것입니다. 중요한 것은 외모—머리 모양, 몸에 걸친 보석, 옷차림—가 아니라, 여러분의 내적인 마음가짐입니다.

badly for no good reason. There's no particular virtue in accepting punishment that you well deserve. But if you're treated badly for good behavior and continue in spite of it to be a good servant, that is what counts with God.

21-25 This is the kind of life you've been invited into, the kind of life Christ lived. He suffered everything that came his way so you would know that it could be done, and also know how to do it, step-by-step.

He never did one thing wrong,
Not once said anything amiss.

They called him every name in the book and he said nothing back. He suffered in silence, content to let God set things right. He used his servant body to carry our sins to the Cross so we could be rid of sin, free to live the right way. His wounds became your healing. You were lost sheep with no idea who you were or where you were going. Now you're named and kept for good by the Shepherd of your souls.

Cultivate Inner Beauty

3 1-4 The same goes for you wives: Be good wives to your husbands, responsive to their needs. There are husbands who, indifferent as they are to any words about God, will be captivated by your life of holy beauty. What matters is not your outer appearance—the styling of your hair, the jewelry you wear, the cut of your clothes—but your inner disposition.

4-6 내면의 아름다움을 계발하십시오. 내면을 온화하고 우아하게 가꾸십시오. 그것이야말로 하나님께서 기뻐하시는 일입니다. 전에 거룩하게 살았던 여인들은 하나님 앞에서 그와 같이 아름다웠고, 남편에게도 착하고 성실한 아내였습니다. 예컨대, 사라는 아브라함을 보살피면서 그를 "나의 사랑하는 남편"이라고 불렀습니다. 여러분도 걱정과 두려움 없이 그렇게 하면 사라의 참된 딸이 될 것입니다.

7 남편 여러분에게도 똑같이 권합니다. 아내에게 좋은 남편이 되십시오. 아내를 존중하고 기뻐하십시오. 여러분의 아내는 여자이기에 여러분보다 연약합니다. 하지만 하나님의 은혜로 사는 새로운 삶 안에서는 여러분과 동등한 사람입니다. 여러분의 아내를 동등한 사람으로 존중하십시오. 그래야 여러분의 기도가 막히지 않을 것입니다.

선을 행하다가 고난받을 때

8-12 요약해서 말합니다. 친절하고, 인정 많고, 사랑하고, 자비로우며, 겸손한 사람이 되십시오. 이것은 여러분 모두에게 해당하는 사항이니, 한 사람도 빠짐없이 그렇게 하십시오. 앙갚음하거나 냉소적으로 비꼬는 말을 하지 마십시오. 오히려 축복해 주십시오. 축복이야말로 여러분이 할 일입니다. 그러면 여러분은 복덩어리가 되어 여러분도 복을 받게 될 것입니다.

생명을 받아들이고
좋은 날 보기를 바라는 이여,
그대가 할 일은 이것이니,
곧 악담과 험담을 삼가고
악을 물리치고 선을 장려하며
힘을 다해 평화를 추구하여라.
하나님께서 이 모든 일을 지켜보시고 인정해 주신다.
하나님께서 그의 간구에 귀 기울이시고 응답해 주신다.

4-6 Cultivate inner beauty, the gentle, gracious kind that God delights in. The holy women of old were beautiful before God that way, and were good, loyal wives to their husbands. Sarah, for instance, taking care of Abraham, would address him as "my dear husband." You'll be true daughters of Sarah if you do the same, unanxious and unintimidated.

7 The same goes for you husbands: Be good husbands to your wives. Honor them, delight in them. As women they lack some of your advantages. But in the new life of God's grace, you're equals. Treat your wives, then, as equals so your prayers don't run aground.

Suffering for Doing Good

8-12 Summing up: Be agreeable, be sympathetic, be loving, be compassionate, be humble. That goes for all of you, no exceptions. No retaliation. No sharp-tongued sarcasm. Instead, bless—that's your job, to bless. You'll be a blessing and also get a blessing.

Whoever wants to embrace life
  and see the day fill up with good,
Here's what you do:
  Say nothing evil or hurtful;
Snub evil and cultivate good;
  run after peace for all you're worth.
God looks on all this with approval,
  listening and responding well to
  what he's asked;
But he turns his back
  on those who do evil things.

그러나 악을 행하는 자에게는
등을 돌리신다.

13-18 여러분이 마음과 영혼을 다해 선을 행하면, 누가 여러분을 방해하겠습니까? 선을 행하다가 고난을 당하더라도, 여러분은 훨씬 더 복된 사람입니다. 고난을 너무 마음에 두지 마십시오. 온갖 어려움 속에서도 여러분의 마음을 다잡고, 여러분의 주님이신 그리스도께 경배하십시오. 여러분의 삶의 방식에 대해 묻는 사람에게 할 말을 준비하되, 최대한 예의를 갖춰 답변하십시오. 하나님 앞에서 양심을 깨끗게 하여, 사람들이 퍼붓는 욕설이 여러분을 괴롭히지 못하도록 하십시오. 오히려 그들이야말로 깨끗함을 받아야 할 사람이라는 것을 깨닫게 될 것입니다. 하나님이 바라시는 것이면, 선을 행하다가 고난받는 것이, 악을 행하다가 벌 받는 것보다 낫습니다. 그리스도께서 분명히 그렇게 하셨습니다. 그분께서는 다른 사람들의 죄 때문에 고난을 받으셨습니다. 의로우신 분께서 불의한 자들을 위해 고난을 받으신 것입니다. 그리스도께서는 우리를 하나님께 인도하기 위해, 그 모든 고난을 겪으시고 죽임을 당하시고 다시 살아나셨습니다.

19-22 그분께서는, 전에 말씀을 귀 기울여 듣지 않아 심판을 받고 감옥에 갇힌 세대들을 찾아가셔서, 하나님의 구원을 선포하셨습니다. 여러분도 알다시피, 노아가 배를 건조하던 기간 내내 참고 기다리셨습니다. 그러나 물에 의해 물로부터 구원받은 사람은 고작 몇 명, 정확하게는 여덟 명뿐이었습니다. 세례 받을 때의 물이 여러분에게 그와 같은 일을 합니다. 그 물은 여러분의 살갗에 묻은 더러움을 씻어 주는 것이 아니라, 예수의 부활을 힘입어 깨끗해진 양심을 갖게 된 여러분을 하나님 앞에 세우는 물입니다. 예수께서는 천사에서 권세에 이르기까지, 만물과 모든 이들에 대한 최종 결정권을 쥐고 계신 분입니다. 그분은 하나님 오른편에 계시면서, 그분이 말씀하신 것을 이루십니다.

13-18 If with heart and soul you're doing good, do you think you can be stopped? Even if you suffer for it, you're still better off. Don't give the opposition a second thought. Through thick and thin, keep your hearts at attention, in adoration before Christ, your Master. Be ready to speak up and tell anyone who asks why you're living the way you are, and always with the utmost courtesy. Keep a clear conscience before God so that when people throw mud at you, none of it will stick. They'll end up realizing that *they're* the ones who need a bath. It's better to suffer for doing good, if that's what God wants, than to be punished for doing bad. That's what Christ did definitively: suffered because of others' sins, the Righteous One for the unrighteous ones. He went through it all—was put to death and then made alive—to bring us to God.

19-22 He went and proclaimed God's salvation to earlier generations who ended up in the prison of judgment because they wouldn't listen. You know, even though God waited patiently all the days that Noah built his ship, only a few were saved then, eight to be exact—saved *from* the water *by* the water. The waters of baptism do that for you, not by washing away dirt from your skin but by presenting you through Jesus' resurrection before God with a clear conscience. Jesus has the last word on everything and everyone, from angels to armies. He's standing right alongside God, and what he says goes.

예수처럼 생각하십시오

4 **1-2** 예수께서는 여러분이 지금 겪고 있는 모든 고난과 그보다 더한 고난을 겪으셨으니, 여러분도 그분처럼 생각하는 법을 익히십시오. 여러분의 고난을, 전에 늘 자기 마음대로 살려고 하던 죄악된 옛 습관을 끊는 기회로 삼으십시오. 그렇게 할 때 여러분은 자기 욕망의 압제 아래 살기보다, 하나님께서 원하시는 삶을 추구하면서 자유롭게 살아가게 될 것입니다.

3-5 전에 여러분은 하나님을 모르는 생활방식에 푹 빠져, 밤마다 파티를 벌이고 술에 취해 방탕한 삶을 살았습니다. 이제 그런 삶을 영원히 청산할 때가 되었습니다. 물론 여러분의 옛 친구들은, 여러분이 그들과 함께 어울리지 않는 이유를 이해하지 못할 것입니다. 그렇다고 해서 그들에게 일일이 설명할 필요는 없습니다. 그들은 장차 하나님 앞에서 책망받을 자들이니 말입니다.

6 메시지에 귀를 기울이십시오. 메시지는 죽은 신자들에게도 선포되었습니다. (모든 사람들이 그러하듯이) 비록 그들이 죽었지만, 하나님이 예수 안에서 주신 생명을 얻게 될 것입니다.

7-11 이 세상 만물의 마지막이 다가오고 있습니다. 그러니 아무것도 당연한 것으로 여기지 마십시오. 정신을 바짝 차리고 기도하십시오. 무엇보다도 서로 사랑하십시오. 여러분의 삶이 거기에 달려 있다는 듯이 사랑하십시오. 사랑은 실제적으로 무언가를 만들어 냅니다. 굶주린 사람을 보거든 서둘러 식사를 제공하고, 집 없는 사람을 보거든 기꺼이 잠자리를 제공하십시오. 여러분 각자가 하나님께 받은 은사를 관대한 마음으로 서로 나누어, 모두가 그 덕을 보게 하십시오. 여러분이 받은 것이 말이면 여러분의 말이 하나님의 말씀이 되게 하고, 여러분이 받은 것이 남을 돕는 것이면 여러분의 도움이 하나님의 진심어린 도움이 되게 하십시오. 그렇게 하면, 모든 일에서 하나님의

Learn to Think Like Him

4 **1-2** Since Jesus went through everything you're going through and more, learn to think like him. Think of your sufferings as a weaning from that old sinful habit of always expecting to get your own way. Then you'll be able to live out your days free to pursue what God wants instead of being tyrannized by what you want.

3-5 You've already put in your time in that God-ignorant way of life, partying night after night, a drunken and profligate life. Now it's time to be done with it for good. Of course, your old friends don't understand why you don't join in with the old gang anymore. But you don't have to give an account to them. They're the ones who will be called on the carpet—and before God himself.

6 Listen to the Message. It was preached to those believers who are now dead, and yet even though they died (just as all people must), they will still get in on the *life* that God has given in Jesus.

7-11 Everything in the world is about to be wrapped up, so take nothing for granted. Stay wide-awake in prayer. Most of all, love each other as if your life depended on it. Love makes up for practically anything. Be quick to give a meal to the hungry, a bed to the homeless—cheerfully. Be generous with the different things God gave you, passing them around so all get in on it: if words, let it be God's words; if help, let it be God's hearty help. That way, God's bright presence will be evident in everything through Jesus, and

찬란한 임재가 예수를 통해 환히 드러날 것입니다. 또한 하나님께서는 모든 일을 하실 수 있는 능력 있는 분으로 영광을 받으실 것입니다. 마지막 날까지 영원무궁토록. 예, 그렇습니다!

고난을 기쁘게 여김

12-13 친구 여러분, 사는 것이 참으로 힘들더라도, 하나님께서 일하시지 않는다고 속단하지 마십시오. 오히려 그리스도가 겪으신 고난의 한가운데에 여러분이 있게 된 것을 기쁘게 여기십시오. 이 고난은 영광이 임박했을 때 여러분이 통과해야 하는 영적 제련의 과정입니다.

14-16 여러분이 그리스도 때문에 모욕을 받으면, 스스로 복되다고 여기십시오. 여러분 안에 계신 하나님의 영과 그분의 영광이, 여러분을 사람들의 눈에 띄게 하신 것입니다. 법을 어기거나 평화를 어지럽혀서 사람들이 여러분을 욕하는 것이라면, 그것은 전혀 다른 문제입니다. 그러나 여러분이 그리스도인이기에 받는 모욕이라면, 기꺼이 받아들이십시오. 그리스도인이라는 이름에 반영되어 있는 여러분의 구별된 신분을 자랑으로 여기십시오.

17-19 하나님의 집에 심판이 시작되었습니다. 우리가 맨 먼저입니다. 우리가 먼저 심판을 받는데, 하나님의 메시지를 거절하는 자들은 어떻게 되겠습니까?

> 선한 사람도 간신히 관문을 통과한다면
> 악한 사람에게는 무엇이 기다리고 있겠습니까?

하나님의 말씀대로 산다는 이유로 여러분의 삶이 힘겨워지거든, 당연한 일로 받아들이십시오. 하나님을 신뢰하십시오. 하나님께서는 자신의 일을 잘 알고 계시니, 계속해서 그 일을 이루실 것입니다.

---

he'll get all the credit as the One mighty in everything—encores to the end of time. Oh, yes!

Glory Just Around the Corner

12-13 Friends, when life gets really difficult, don't jump to the conclusion that God isn't on the job. Instead, be glad that you are in the very thick of what Christ experienced. This is a spiritual refining process, with glory just around the corner.

14-16 If you're abused because of Christ, count yourself fortunate. It's the Spirit of God and his glory in you that brought you to the notice of others. If they're on you because you broke the law or disturbed the peace, that's a different matter. But if it's because you're a Christian, don't give it a second thought. Be proud of the distinguished status reflected in that name!

17-19 It's judgment time for God's own family. We're first in line. If it starts with us, think what it's going to be like for those who refuse God's Message!

> If good people barely make it,
> What's in store for the bad?

So if you find life difficult because you're doing what God said, take it in stride. Trust him. He knows what he's doing, and he'll keep on doing it.

하나님의 양 떼를 돌보는 지도자

5 1-3 교회의 지도자 여러분께 특별히 말씀드립니다. 나는 지도자가 된다는 것이 어떤 것인지 알고 있습니다. 지도자는 그리스도의 고난에 참여함으로써 다가오는 영광을 누리는 사람입니다. 내가 드릴 말씀은 이것입니다. 여러분은 목자의 근면함으로 하나님의 양 떼를 보살피십시오. 억지로 하는 것이 아니라, 하나님을 기쁘게 해드리려는 마음으로 하십시오. 얼마나 이익을 얻게 될지 따져 보고 하는 것이 아니라, 자발적으로 하십시오. 위세를 부리듯 사람들에게 무엇을 시키는 것이 아니라, 부드러운 자세로 모범을 보이십시오.

4-5 모든 목자 가운데 으뜸이신 하나님께서 오셔서 다스리실 때, 그분은 여러분이 일을 제대로 한 것을 보시고 여러분을 아낌없이 칭찬하실 것입니다. 젊은 사람들은 지도자를 따라야 합니다. 그러나 지도자와 따르는 사람 모두가 서로에게 겸손해야 합니다.

> 하나님께서 교만한 사람은 물리치시지만 겸손한 사람은 기뻐하십니다.

6-7 그러므로 여러분은 자신의 모습에 만족하고, 거들먹거리지 마십시오. 하나님의 강한 손이 여러분 위에 있으니, 때가 되면 그분께서 여러분을 높이실 것입니다. 하나님께서 여러분을 세심하게 돌보고 계시니, 아무것도 근심하지 말고 하나님 앞에서 사십시오.

깨어 있으십시오

8-11 냉정을 유지하십시오. 깨어 있으십시오. 마귀가 덤벼들 태세를 하고 있습니다. 여러분의 방심을 틈타는 것보다 마귀가 좋아하는 것도 없습니다. 바짝 경계하십시오. 여러분만 고난에 처한 것이 아닙니다. 세계 도처에 있는 그리스도인들이 같은 고난을 겪고 있습니다. 그러니 믿음을 굳게 붙드십시오. 고난이 영원히 지속되

He'll Promote You at the Right Time

5 1-3 I have a special concern for you church leaders. I know what it's like to be a leader, in on Christ's sufferings as well as the coming glory. Here's my concern: that you care for God's flock with all the diligence of a shepherd. Not because you have to, but because you want to please God. Not calculating what you can get out of it, but acting spontaneously. Not bossily telling others what to do, but tenderly showing them the way.

4-5 When God, who is the best shepherd of all, comes out in the open with his rule, he'll see that you've done it right and commend you lavishly. And you who are younger must follow your leaders. But all of you, leaders and followers alike, are to be down to earth with each other, for—

> God has had it with the proud,
> But takes delight in just plain people.

6-7 So be content with who you are, and don't put on airs. God's strong hand is on you; he'll promote you at the right time. Live carefree before God; he is most careful with you.

He Gets the Last Word

8-11 Keep a cool head. Stay alert. The Devil is poised to pounce, and would like nothing better than to catch you napping. Keep your guard up. You're not the only ones plunged into these hard times. It's the same with Chris-

지는 않을 것입니다. 그리스도 안에서 우리를 위한 큰 계획—영원하고 영광스러운 계획!—을 세우신 은혜의 하나님께서, 여러분을 온전하게 하시고 여러분을 영원토록 세워 주실 날이 멀지 않았습니다. 그분께서 최종 결정권을 쥐고 계십니다. 예, 그렇습니다.

12 나는 가장 믿을 만한 형제인 실루아노에게 부탁해 이 짧은 편지를 여러분에게 보냅니다. 그는 내가 대단히 존경하는 사람입니다.

나는 내가 아는 바를 절박한 심정으로 정확하게 썼습니다. 이것은 은혜로우신 하나님의 진리이니, 여러분의 두 팔로 끌어안으십시오!

13-14 이곳에서 나와 함께 나그네 삶을 살고 있지만, 하나님께 잠시도 잊혀진 적 없는 교회가 여러분에게 문안합니다. 나에게 아들이나 다름없는 마가도 안부를 전합니다. 거룩한 포옹으로 서로 인사하십시오! 그리스도의 길을 걷는 여러분 모두에게 평화가 있기를 바랍니다.

tians all over the world. So keep a firm grip on the faith. The suffering won't last forever. It won't be long before this generous God who has great plans for us in Christ—eternal and glorious plans they are!—will have you put together and on your feet for good. He gets the last word; yes, he does.

12 I'm sending this brief letter to you by Silas, a most dependable brother. I have the highest regard for him.

I've written as urgently and accurately as I know how. This is God's generous truth; embrace it with both arms!

13-14 The church in exile here with me—but not for a moment forgotten by God—wants to be remembered to you. Mark, who is like a son to me, says hello. Give holy embraces all around! Peace to you—to all who walk in Christ's ways.

베드로후서

2 PETER

1

1-2 나 시몬 베드로는, 예수 그리스도의 종이며 사도입니다. 나는 우리 하나님의 직접적인 돌보심과 우리 하나님과 구주이신 예수 그리스도의 간섭하심에 힘입어, 우리처럼 하나님을 경험하여 삶이 변화되고 있는 여러분에게 이 편지를 씁니다. 하나님과 우리 주 예수를 더욱 깊이 경험함으로, 은혜와 평화가 여러분에게 임하기를 바랍니다.

하나님께 받은 초청과 약속

3-4 우리는 하나님을 기쁘시게 해드리는 삶에 어울리는 모든 것을 기적적으로 받았습니다. 그것은 우리를 하나님께로 초청해 주신 분을 우리가 직접 친밀하게 알았기 때문입니다. 그분의 초청은, 이제껏 우리가 받은 초청 가운데 최고의 초청입니다! 또한 우리는 여러분에게 전해 줄 멋진 약속도 받았습니다. 그 약속은, 여러분이 욕망으로 얼룩진 세상에 등을 돌리고 하나님의 생명에 참여할 수 있는 입장권입니다.

5-9 그러니 한 순간도 놓치지 말고, 여러분이 받은 것을 의지하십시오. 여러분의 믿음의 기초 위에 선한 성품, 영적 이해력, 빈틈없는 절제, 힘찬 인내, 놀라운 경건, 따뜻한 형제애, 너그러운 사랑을 더하십시오. 이것들 하나하나는 서로 조화를 이루고, 다른 것들을 발전시키니 말입니다. 이러한 자질들이 여러분의

1

1-2 I, Simon Peter, am a servant and apostle of Jesus Christ. I write this to you whose experience with God is as life-changing as ours, all due to our God's straight dealing and the intervention of our God and Savior, Jesus Christ. Grace and peace to you many times over as you deepen in your experience with God and Jesus, our Master.

Don't Put It Off

3-4 Everything that goes into a life of pleasing God has been miraculously given to us by getting to know, personally and intimately, the One who invited us to God. The best invitation we ever received! We were also given absolutely terrific promises to pass on to you—your tickets to participation in the life of God after you turned your back on a world corrupted by lust.

5-9 So don't lose a minute in building on what you've been given, complementing your basic faith with good character, spiritual understanding, alert discipline, passionate patience, reverent wonder, warm friendliness, and generous love,

---

삶 속에서 활발하게 자라나면, 여러분은 우리 주 예수를 경험하면서 성숙해 가는 일에 기회를 놓치거나 단 하루도 헛되이 흘려보내지 않을 것입니다. 이러한 자질들을 갖추지 못하면, 여러분은 자기 바로 앞에 놓인 장애물을 보지 못하고, 자신의 죄악된 옛 삶이 깨끗해졌음을 잊어버린 사람이 되고 말 것입니다.

10-11 그러니 친구 여러분, 하나님께서 여러분을 초청하고 선택하신 것이 옳았음을 입증해 보이십시오. 미루지 말고, 지금 당장 그렇게 하십시오. 그러면 여러분은 확고한 토대, 곧 우리 주님이시며 구주이신 예수 그리스도의 영원한 나라를 향해 활짝 열려 있는 포장된 길에서 생명을 얻게 될 것입니다.

어두운 시절에 만난 한줄기 빛

12-15 여러분이 이제껏 이 모든 진리를 알고 안팎으로 실천해 왔지만, 때가 위태로우니 나는 잠시도 멈추지 않고 여러분의 주의를 환기시키려고 합니다. 여러분을 자주 일깨워 방심하지 않게 하는 것, 이것이 내게 주어진 임무입니다. 나는 살아 있는 동안 이 일에 충실할 것입니다. 주님께서 분명하게 일러 주신 대로, 나는 조만간 내가 죽게 되리라는 것을 압니다. 내가 특별히 바라는 것은, 여러분이 이 모든 것을 문서화했으면 하는 것입니다. 내가 이 세상을 떠난 뒤에도, 여러분이 언제든지 찾아볼 수 있게 말입니다.

16-18 여러분도 알다시피, 우리가 우리 주 예수 그리스도의 강력한 재림과 관련된 사실을 여러분에게 제시할 때, 별에게 빌고 한 것이 아니었습니다. 우리는 이미 그 일을 미리 보았습니다! 하나님 아버지께로부터 빛을 받아 찬란하게 빛나는 예수를 우리 두 눈으로 똑똑히 보았습니다. 그때, 장엄하고 영광스러운 분께서 이렇게 말씀하셨습니다. "이는 내가 사랑으로 구별한 내 아들, 내 모든 기쁨의 근원이다." 우리는 거룩한 산에서 그분과 함께

each dimension fitting into and developing the others. With these qualities active and growing in your lives, no grass will grow under your feet, no day will pass without its reward as you mature in your experience of our Master Jesus. Without these qualities you can't see what's right before you, oblivious that your old sinful life has been wiped off the books.

10-11 So, friends, confirm God's invitation to you, his choice of you. Don't put it off; do it now. Do this, and you'll have your life on a firm footing, the streets paved and the way wide open into the eternal kingdom of our Master and Savior, Jesus Christ.

The One Light in a Dark Time

12-15 Because the stakes are so high, even though you're up-to-date on all this truth and practice it inside and out, I'm not going to let up for a minute in calling you to attention before it. This is the post to which I've been assigned—keeping you alert with frequent reminders—and I'm sticking to it as long as I live. I know that I'm to die soon; the Master has made that quite clear to me. And so I am especially eager that you have all this down in black and white so that after I die, you'll have it for ready reference.

16-18 We weren't, you know, just wishing on a star when we laid the facts out before you regarding the powerful return of our Master, Jesus Christ. We were there for the preview! We saw it with our own eyes: Jesus resplendent with light from God the Father as the voice of Majestic Glory spoke: "This is my Son, marked by my

있었습니다. 하늘로부터 들려오는 음성을 우리의 두 귀로 똑똑히 들었습니다.

19-21 우리는 우리가 보고 들은 것을 확신합니다. 그것은 하나님의 영광, 하나님의 음성이었습니다. 예언의 말씀이 우리에게 확증되었습니다. 여러분도 그 말씀에 주의를 집중해야 합니다. 그것은 여러분의 어두운 시절, 곧 여러분의 마음속에 새벽이 와서 새벽별이 떠오르기를 기다리던 시절에, 여러분이 만난 한줄기 빛입니다. 여기서 꼭 명심해야 할 것이 있습니다. 성경의 예언은 사적인 의견을 제시한 것이 아닙니다. 왜 그렇습니까? 예언은 사람의 마음에서 꾸며 낸 것이 아니기 때문입니다. 예언은 성령께서 사람들을 격려하여 하나님의 말씀을 전하게 할 때 생겨난 것입니다.

거짓 종교 지도자들

2 1-2 그러나 전에 백성 가운데 거짓 예언자들이 있었던 것처럼, 여러분 가운데에도 거짓 종교 지도자들이 나타날 것입니다. 그들은 은근슬쩍 파괴적인 분열을 일으켜서, 여러분을 서로 다투게 하고 생명을 되찾을 기회를 주신 분의 손을 물어뜯게 할 것입니다! 그들은 파멸로 이어진 가파른 비탈길에 서 있습니다. 그러나 그들은 파멸하기 전까지, 옳고 그름을 구별하지 못하는 추종자들을 많이 모을 것입니다.

2-3 그들 때문에 진리의 길이 욕을 먹습니다. 그들은 자기만 아는 자들입니다. 그들은 무엇이든 그럴싸한 말로 여러분을 이용해 먹을 것입니다. 물론, 그들은 무사하지 못하고 불행한 최후를 맞을 것입니다. 그런 일이 계속되도록 하나님께서 두고 보고만 계시지 않기 때문입니다.

4-5 하나님께서는 반역한 천사들을 가볍

love, focus of all my delight." We were there on the holy mountain with him. We heard the voice out of heaven with our very own ears.

19-21 We couldn't be more sure of what we saw and heard—*God's* glory, *God's* voice. The prophetic Word was confirmed to us. You'll do well to keep focusing on it. It's the one light you have in a dark time as you wait for daybreak and the rising of the Morning Star in your hearts. The main thing to keep in mind here is that no prophecy of Scripture is a matter of private opinion. And why? Because it's not something concocted in the human heart. Prophecy resulted when the Holy Spirit prompted men and women to speak God's Word.

Lying Religious Leaders

2 1-2 But there were also *lying* prophets among the people then, just as there will be lying religious teachers among you. They'll smuggle in destructive divisions, pitting you against each other—biting the hand of the One who gave them a chance to have their lives back! They've put themselves on a fast downhill slide to destruction, but not before they recruit a crowd of mixed-up followers who can't tell right from wrong.

2-3 They give the way of truth a bad name. They're only out for themselves. They'll say anything, *anything*, that sounds good to exploit you. They won't, of course, get by with it. They'll come to a bad end, for God has never just stood by and let that kind of thing go on.

4-5 God didn't let the rebel angels off the hook, but jailed them in hell till Judgment Day. Neither did he let the ancient ungodly

게 넘기지 않으셨습니다. 그들을 지옥에 가두
셔서, 최후 심판의 날까지 갇혀 있게 하셨습
니다. 또한 그분은 경건치 못한 옛 세상도 가
볍게 넘기지 않으셨습니다. 홍수로 쓸어버리
시고, 오직 여덟 명만 살려 주셨습니다. 혼자
서 의를 부르짖던 노아가 그중 한 사람이었습
니다.

6-8 하나님께서 소돔과 고모라 두 도성을 멸
망시키기로 작정하시자, 남은 것은 잿더미뿐
이었습니다. 그것은 경건치 못한 삶에 빠져
있는 사람 누구에게나 보내는 끔찍한 경고였
습니다. 그러나 성적으로 더럽고 사악한 자들
때문에 몹시 괴로워하던 선한 사람 롯은 구원
을 받았습니다. 저 의로운 사람은 날마다 도
덕적인 부패에 둘러싸여 끊임없이 괴로움을
겪고 있었던 것입니다.

9 이처럼 하나님께서는 경건한 사람들을 악
한 시련에서 건져 내시는 분입니다. 또한 그
분은, 사악한 자들의 발을 최후 심판의 날까
지 불 속에 붙들어 두시는 분입니다.

먹이를 찾아 어슬렁거리는 약탈자들

10-11 하나님께서는 특히 더러운 생활방식에
빠져서 정욕을 따라 살아가는 거짓 교사들에
게 진노하십니다. 그들은 참된 권위를 멸시하
고, 간섭받기를 싫어합니다. 그들은 거만하고
자기만 아는 자들이어서, 피조물 가운데 가장
빛나는 이들마저 서슴없이 헐뜯습니다. 모든
면에서 그들보다 뛰어난 천사들조차도 그런
식으로 거만하게 굴거나, 하나님 앞에서 다른
이들을 헐뜯을 생각을 하지 않습니다.

12-14 이들은 광야에서 태어난 사나운 짐승이
며, 먹이를 찾아 어슬렁거리는 약탈자에 불과
합니다. 그들은 무식한 독설로 남을 파멸시키
지만, 바로 그 행위로 자신들도 파멸당하고
결국에는 패배자가 되고 말 것입니다. 그들의
악행이 부메랑이 되어 그들에게 돌아갈 것입
니다. 그들은 난잡한 파티를 즐기고, 환한 대

world off. He wiped it out with a flood,
rescuing only eight people—Noah, the sole
voice of righteousness, was one of them.

6-8 God decreed destruction for the cities
of Sodom and Gomorrah. A mound of
ashes was all that was left—grim warning
to anyone bent on an ungodly life. But
that good man Lot, driven nearly out of
his mind by the sexual filth and perver-
sity, was rescued. Surrounded by moral
rot day after day after day, that righteous
man was in constant torment.

9 So God knows how to rescue the godly
from evil trials. And he knows how to
hold the feet of the wicked to the fire until
Judgment Day.

Predators on the Prowl

10-11 God is especially incensed against
these "teachers" who live by lust, addicted
to a filthy existence. They despise inter-
ference from true authority, preferring to
indulge in self-rule. Insolent egotists, they
don't hesitate to speak evil against the
most splendid of creatures. Even angels,
their superiors in every way, wouldn't
think of throwing their weight around like
that, trying to slander others before God.

12-14 These people are nothing but brute
beasts, born in the wild, predators on the
prowl. In the very act of bringing down
others with their ignorant blasphemies,
they themselves will be brought down,
losers in the end. Their evil will boomer-
ang on them. They're so despicable and
addicted to pleasure that they indulge in
wild parties, carousing in broad daylight.
They're obsessed with adultery, compulsive

낮에도 흥청망청 쾌락에 빠진 비루한 자들입니다. 그들은 간음을 일삼고, 죄짓기를 밥 먹듯 하며, 연약한 영혼을 만날 때마다 유혹합니다. 탐욕이 그들의 전공입니다. 그들은 그 방면의 전문가들입니다. 죽은 영혼들입니다!

15-16 그들은 큰길에서 벗어나 방향을 잃었고, 브올의 아들 발람의 길을 따랐습니다. 발람은 예언자이면서도 불의한 이득을 취하여 악의 전문가가 되고 말았습니다. 그는 제멋대로 길을 가다가 제지당했습니다. 말 못하는 짐승이 인간의 목소리로 말해서, 그 예언자의 미친 행동을 막은 것입니다.

17-19 그들에게는 아무것도 없습니다. 그들은 바싹 마른 샘이며, 폭풍에 흩어지는 구름입니다. 그들은 지옥의 블랙홀을 향해 나아갑니다. 그들은 허풍이 잔뜩 들어 잘난 체하며 큰소리치지만, 아주 위험한 자들입니다. 그릇된 생활에서 막 벗어난 사람들이 그들의 상표인 유혹에 가장 쉽게 넘어갑니다. 그들은 이 새내기들에게 자유를 약속하지만, 정작 자신들은 부패의 종입니다. 그들이 부패에 빠져 있다면—실제로 그러합니다—부패의 종 노릇을 하게 되기 때문입니다

20-22 그들이 우리 주님이시며 구주이신 예수 그리스도를 경험함으로써 죄의 구렁에서 벗어났다가 다시 예전 삶으로 되돌아가면, 그 사람의 상태는 전보다 더 나빠질 것입니다. 떠났다가 되돌아가서 자기가 경험했던 것과 거룩한 계명을 거부하느니, 차라리 하나님께로 난 곧은길에 들어서지 않는 편이 더 나았을 것입니다. "개는 자기가 토해 놓은 곳으로 되돌아간다"는 속담과 "돼지가 말끔히 씻고 나서 다시 진창으로 향한다"는 속담을, 그들이 증명하고 있습니다.

마지막 때

3 1-2 사랑하는 친구 여러분, 이 편지는 내가 여러분에게 두 번째로 쓰는 편

in sin, seducing every vulnerable soul they come upon. Their specialty is greed, and they're experts at it. Dead souls!

15-16 They've left the main road and are directionless, having taken the way of Balaam, son of Beor, the prophet who turned profiteer, a connoisseur of evil. But Balaam was stopped in his wayward tracks: A dumb animal spoke in a human voice and prevented the prophet's craziness.

17-19 There's nothing to these people—they're dried-up fountains, storm-scattered clouds, headed for a black hole in hell. They are loudmouths, full of hot air, but still they're dangerous. Men and women who have recently escaped from a deviant life are most susceptible to their brand of seduction. They promise these newcomers freedom, but they themselves are slaves of corruption, for if they're addicted to corruption—and they are—they're *enslaved*.

20-22 If they've escaped from the slum of sin by experiencing our Master and Savior, Jesus Christ, and then slid back into that same old life again, they're worse than if they had never left. Better not to have started out on the straight road to God than to start out and then turn back, repudiating the experience and the holy command. They prove the point of the proverbs, "A dog goes back to its own vomit" and "A scrubbed-up pig heads for the mud."

In the Last Days

3 1-2 My dear friends, this is now the second time I've written to

지입니다. 나는 이 두 편지를 통해 여러분이 마음을 빼앗기지 않도록 여러분을 일깨우고자 합니다. 거룩한 예언자들의 말과 여러분의 사도들이 전해 준 우리 주님이신 구주의 계명을 명심하십시오.

3-4 무엇보다 이것을 알아 두십시오. 마지막 때에 조롱하는 자들이 나타나서 전성기를 누릴 것입니다. 그들은 모든 것을 자기들의 보잘것없는 감정 수준으로 끌어내려, "그분께서 다시 오겠다고 약속했는데, 어찌 된 거요? 우리 조상들이 죽어서 땅에 묻혀 있고, 모든 것이 창조 첫날 이래로 그대로이지 않소? 변한 것이 하나도 없잖소?" 하고 조롱할 것입니다.

5-7 그러나 그들이 쉽게 잊어버리는 사실이 있습니다. 모든 천체와 이 지구가 오래전 하나님의 말씀을 통해 물로 덮인 혼돈에서 생겨났다는 것입니다. 그런 다음, 하나님의 말씀이 다시 홍수로 혼돈을 일으켜 세상을 파멸시켰습니다. 지금 있는 천체와 지구는 마지막 불 심판 때 쓰일 연료입니다. 하나님께서 다시 말씀하실 준비를 하고 계십니다. 하나님을 모독하는 회의론자들을 심판하고 멸망시키겠다는 신호를 보내고 계신 것입니다.

하나님의 심판 날

8-9 친구 여러분, 이 분명한 사실을 그냥 지나치지 마십시오. 하나님께는 하루가 천 년 같고, 천 년이 하루 같습니다. 어떤 이들이 생각하는 것처럼, 하나님께서는 자신의 약속을 더디 이루시는 분이 아닙니다. 그분은 여러분을 위해 참고 계십니다. 그분께서 종말을 유보하고 계신 것은, 한 사람도 잃고 싶지 않으시기 때문입니다. 하나님께서는 모든 이들에게 삶을 고칠 수 있는 시간과 공간을 베풀고 계십니다.

10 그러나 하나님의 심판 날이 닥칠 때에는, 아무 예고 없이 도둑처럼 닥칠 것입니다. 하

you, both letters reminders to hold your minds in a state of undistracted attention. Keep in mind what the holy prophets said, and the command of our Master and Savior that was passed on by your apostles.

3-4 First off, you need to know that in the last days, mockers are going to have a heyday. Reducing everything to the level of their puny feelings, they'll mock, "So what's happened to the promise of his Coming? Our ancestors are dead and buried, and everything's going on just as it has from the first day of creation. Nothing's changed."

5-7 They conveniently forget that long ago all the galaxies and this very planet were brought into existence out of watery chaos by God's word. Then God's word brought the chaos back in a flood that destroyed the world. The current galaxies and earth are fuel for the final fire. God is poised, ready to speak his word again, ready to give the signal for the judgment and destruction of the desecrating skeptics.

The Day the Sky Will Collapse

8-9 Don't overlook the obvious here, friends. With God, one day is as good as a thousand years, a thousand years as a day. God isn't late with his promise as some measure lateness. He is restraining himself on account of you, holding back the End because he doesn't want anyone lost. He's giving everyone space and time to change.

10 But when the Day of God's Judgment does come, it will be unannounced, like

늘이 천둥 같은 소리를 내면서 무너지고, 모든 것이 큰 화염에 휩싸여 분해되며, 땅과 그 안에서 이루어진 모든 것이 낱낱이 드러나 심판을 받을 것입니다.

11-13 오늘 이 세상에 있는 모든 것은 내일이면 없어지고 말 것들입니다. 그러니 거룩하게 사는 것이 얼마나 중요한지 아시겠습니까? 날마다 하나님의 날을 기다리고, 그날이 오기를 간절한 마음으로 바라십시오. 그날이 오면 천체가 불타 없어지고, 원소들이 녹아내릴 것입니다. 그러나 우리는 거의 알아채지 못할 것입니다. 우리는 다른 길을 바라보면서, 하나님께서 약속하신 새 하늘과 새 땅, 의로 뒤덮인 새 하늘과 새 땅을 맞이할 것입니다.

❧

14-16 사랑하는 친구 여러분, 여러분이 손꼽아 기다려야 할 것은 이런 것입니다. 그러니 순결하고 평화롭게 살아가는 최상의 모습으로 그분을 뵐 수 있도록, 최선을 다하십시오. 우리 주님께서 오래 참고 계신 것은 구원 때문이라고 생각하십시오. 이 문제와 관련해 많은 지혜를 받은 이가 우리의 귀한 형제 바울입니다. 그는 자신의 모든 편지에서 이 문제를 언급하고 있으며, 여러분에게도 본질적으로 같은 내용을 써 보냈습니다. 바울이 편지에서 다루고 있는 것 가운데 몇 가지는 이해하기가 쉽지 않습니다. 자신들이 무슨 말을 하는지도 모르면서 무책임하게 떠드는 사람들이 그 편지들을 함부로 왜곡하기도 합니다. 그들은 성경의 다른 구절에 대해서도 그렇게 하다가 스스로를 파멸시키고 있습니다.

17-18 그러나 친구 여러분, 여러분은 이미 훈계를 잘 받았습니다. 자기 마음대로 떠드는 불의한 교사들로 인해 발을 헛디뎌 넘어지는 일이 없도록, 정신을 바짝 차리십시오. 우리 주님이시며 구주이신 예수 그리스도의 은혜와, 그분을 아는 지식 안에서 자라 가십시오.

a thief. The sky will collapse with a thunderous bang, everything disintegrating in a huge conflagration, earth and all its works exposed to the scrutiny of Judgment.

11-13 Since everything here today might well be gone tomorrow, do you see how essential it is to live a holy life? Daily expect the Day of God, eager for its arrival. The galaxies will burn up and the elements melt down that day—but *we'll* hardly notice. We'll be looking the other way, ready for the promised new heavens and the promised new earth, all landscaped with righteousness.

❧

14-16 So, my dear friends, since this is what you have to look forward to, do your very best to be found living at your best, in purity and peace. Interpret our Master's patient restraint for what it is: salvation. Our good brother Paul, who was given much wisdom in these matters, refers to this in all his letters, and has written you essentially the same thing. Some things Paul writes are difficult to understand. Irresponsible people who don't know what they are talking about twist them every which way. They do it to the rest of the Scriptures, too, destroying themselves as they do it.

17-18 But you, friends, are well-warned. Be on guard lest you lose your footing and get swept off your feet by these lawless and loose-talking teachers. Grow in grace and understanding of our Master and Savior, Jesus Christ.

영광이 이제부터 영원토록, 주님께 있기를 바랍니다! 아멘!

Glory to the Master, now and forever! Yes!

요한일이삼서 |

살면서 가장 정리하기 어려운 두 가지 문제는, 사랑과 하나님이다. 대개 사람들이 삶을 망치는 이유는, 그 두 가지 문제 가운데 한쪽 또는 양쪽에서 실패하거나, 그 문제와 관련해서 어리석게 처신하거나 속 좁게 행동하기 때문이다.

기독교의 기본적이면서도 성경적인 확신은, 두 주제가 서로 밀접하게 연결되어 있다는 것이다. 하나님을 바르게 섬기려면, 제대로 사랑하는 법을 익혀야 한다. 제대로 사랑하려면, 하나님을 바르게 섬겨야 한다. 하나님과 사랑은 서로 떼어 놓고 생각할 수 없다. "사랑은 그분의 계명을 따라 사는 것입니다. 그분의 계명을 하나로 줄여 말하면 이렇습니다. '사랑 안에서 삶을 경영하라'"(요이 5-6절).

요한이 보낸 세 통의 편지는 그 일을 제대로 하는 데 필요한 지침을 놀라우리만치 명백하게 제공한다. 그 초점은 메시아 예수이시다. 예수께서는 하나님에 대한 풍성하고도 참된 이해를 제공하신다. 그분은 우리에게 사랑으로 이루어진 성숙을 보여주신다. 하나님과 사랑은 예수 안에서 빈틈없이 연결되고 얽혀 있어서, 서로 뗄 수 없는 관계다. "예수가 하나님의 아들이심을 시인하면, 누구나 하나님과의 친밀한 사귐에 끊임없이 참여하게 됩니다"(요일 4:15).

그러나 예수께서 계시하신 하나님, 예수께서 계시하신 사랑에 구속받기를 싫어하는 사람들이 있게 마련이다. 그들은 자기 방식으로 하나님을 생각하고, 자기 방식으로 사랑하려고 한다. 요한은 그러한 사람들 때문에 혼란을

The two most difficult things to get straight in life are love and God. More often than not, the mess people make of their lives can be traced to failure or stupidity or meanness in one or both of these areas.

The basic and biblical Christian conviction is that the two subjects are intricately related. If we want to deal with God the right way, we have to learn to love the right way. If we want to love the right way, we have to deal with God the right way. God and love can't be separated: "Love means following his commandments, and his unifying commandment is that you conduct your lives in love"(2 John 5-6).

John's three letters provide wonderfully explicit direction in how this works. Jesus, the Messiah, is the focus: Jesus provides the full and true understanding of God; Jesus shows us the mature working-out of love. In Jesus, God and love are linked accurately, intricately, and indissolubly: "Everyone who confesses that Jesus is God's Son participates continuously in an intimate relationship with God"(1 John 4:15).

But there are always people around who don't want to be pinned down to the God Jesus reveals, to the love Jesus reveals. They want to make up their own

겪고 있는 교회의 목회자였다. 우리는 그의 편지들을 읽으면서, 그가 하나님과 사랑의 긴밀한 일치를 다시 회복하고 있음을 보게 된다. 이제 하나님과 사랑이 하나인 것이 예수 그리스도 안에서 분명하게 드러나고, 우리는 그것을 경험하게 된다.

idea of God, make up their own style of love. John was pastor to a church (or churches) disrupted by some of these people. In his letters we see him reestablishing the original and organic unity of God and love that comes to focus and becomes available to us in Jesus Christ.

요한일서

1 JOHN

1

1-2 우리는 첫날부터 거기 있으면서, 그 모든 것을 받아들였습니다. 우리는 그 모든 것을 두 귀로 듣고, 두 눈으로 보고, 두 손으로 확인했습니다. **생명의 말씀**이 우리 눈앞에 나타나셨습니다. 우리는 그것을 똑똑히 보았습니다! 이제 우리가 목격한 것을 여러분에게 과장 없이 있는 그대로 말씀드리겠습니다. 너무나 놀랍게도, 하나님 자신의 무한하신 생명이 우리 앞에 모습을 드러냈습니다.

3-4 우리가 그것을 보고 듣고서 이제 여러분에게 전하는 것은, 우리와 더불어 여러분도 아버지와 그분의 아들이신 예수 그리스도와의 사귐을 경험하게 하려는 것입니다. 우리가 이 편지를 쓰는 목적은, 여러분도 이 사귐을 누리게 하려는 것입니다. 그러면 여러분의 기쁨으로 인해 우리의 기쁨이 두 배가 될 테니까요!

빛 가운데로 걸어가십시오

5 우리가 그리스도에게서 듣고 여러분에게 전하는 메시지의 핵심은 이것입니다. 하나님은 빛, 순전한 빛이십니다. 그분 안에는 어둠의 흔적조차 없습니다.

6-7 우리가 하나님과 함께하는 삶을 경험한다고 주장하면서 어둠 속에서 넘어지기를 반복한다면, 우리는 뻔뻔스러운 거짓말을 하는 것이 분명하며 자신의 말대로 살지 않은 것입

1

1-2 From the very first day, we were there, taking it all in—we heard it with our own ears, saw it with our own eyes, verified it with our own hands. The Word of Life appeared right before our eyes; we saw it happen! And now we're telling you in most sober prose that what we witnessed was, incredibly, this: The infinite Life of God himself took shape before us.

3-4 We saw it, we heard it, and now we're telling you so you can experience it along with us, this experience of communion with the Father and his Son, Jesus Christ. Our motive for writing is simply this: We want you to enjoy this, too. Your joy will double our joy!

Walk in the Light

5 This, in essence, is the message we heard from Christ and are passing on to you: God is light, pure light; there's not a trace of darkness in him.

6-7 If we claim that we experience a shared life with him and continue to stumble around in the dark, we're obviously lying through our teeth—we're

니다. 그러나 하나님은 빛이시니, 우리가 그 빛 가운데로 걸어가면 우리는 서로 함께하는 삶을 경험하게 되고, 하나님의 아들이신 예수께서 흘리신 희생의 피가 우리의 모든 죄를 깨끗하게 해줄 것입니다.

8-10 우리가 죄 없다고 주장하면, 우리는 스스로를 속이는 것입니다. 그 같은 주장은 터무니없이 잘못된 생각입니다. 그러나 우리가 우리 죄를 인정하고 남김없이 고백하면, 그분은 진실하신 분이시니 우리를 저버리지 않으실 것입니다. 그분께서 우리 죄를 용서해 주시고, 우리의 모든 잘못을 깨끗하게 해주실 것입니다. 우리가 죄지은 적이 한 번도 없다고 주장하면, 우리는 하나님을 철저하게 부인하고 그분을 거짓말쟁이로 만드는 것입니다. 그 같은 주장은, 우리가 하나님을 알지 못한다는 것을 드러낼 뿐입니다.

2 1-2 사랑하는 자녀 여러분, 내가 이 편지를 쓰는 것은 여러분을 죄에서 이끌어 내기 위해서입니다. 그러나 누가 죄를 짓더라도 우리에게는 아버지 앞에서 제사장이며 친구이신 분이 계시니, 그분은 의로우신 예수 그리스도이십니다. 그분께서 우리 죄를 위해 희생 제물이 되심으로 죄 문제를—우리의 죄뿐 아니라 온 세상의 죄까지—영원토록 해결하셨습니다.

새 계명

2-3 그분의 계명을 지키십시오. 우리가 하나님을 제대로 안다고 확신할 수 있는 방법은 그것뿐입니다.

4-6 어떤 사람이 "나는 하나님을 잘 알아!" 하면서도 그분의 계명을 지키지 않는다면, 그는 분명 거짓말쟁이입니다. 그의 삶과 말이 일치하지 않는 것입니다. 그러나 하나님의 말씀을 지키는 사람에게는 하나님의 성숙한 사랑이 보이게 마련입니다. 그것이야말로 우리가 하나님

not *living* what we claim. But if we walk in the light, God himself being the light, we also experience a shared life with one another, as the sacrificed blood of Jesus, God's Son, purges all our sin.

8-10 If we claim that we're free of sin, we're only fooling ourselves. A claim like that is errant nonsense. On the other hand, if we admit our sins—make a clean breast of them—he won't let us down; he'll be true to himself. He'll forgive our sins and purge us of all wrongdoing. If we claim that we've never sinned, we out-and-out contradict God—make a liar out of him. A claim like that only shows off our ignorance of God.

2 1-2 I write this, dear children, to guide you out of sin. But if anyone does sin, we have a Priest-Friend in the presence of the Father: Jesus Christ, righteous Jesus. When he served as a sacrifice for our sins, he solved the sin problem for good—not only ours, but the whole world's.

The Only Way to Know We're in Him

2-3 Here's how we can be sure that we know God in the right way: Keep his commandments.

4-6 If someone claims, "I know him well!" but doesn't keep his commandments, he's obviously a liar. His life doesn't match his words. But the one who keeps God's word is the person in whom we see God's mature love. This is the only way to be sure we're in God.

안에 있음을 확신할 수 있는 유일한 길입니다. 자신이 하나님과 친밀하다고 말하는 사람은, 예수께서 사신 것과 같은 삶을 살아야 합니다.

7-8 사랑하는 친구 여러분, 내가 이 편지에 새로운 내용을 쓰는 것이 아닙니다. 이것은 성경에 기록된 가장 오래된 계명이며, 여러분이 처음부터 알고 있던 계명입니다. 이 계명은 여러분이 들은 메시지에도 항상 담겨 있습니다. 그러나 이 계명은, 어쩌면 그리스도와 여러분 안에서 새롭게 만들어진 계명인지도 모르겠습니다. 어둠이 물러가고 이미 참 빛이 반짝이고 있으니 말입니다!

9-11 하나님의 빛 가운데 산다고 하면서 형제나 자매를 미워하는 사람은 여전히 어둠 가운데 있는 사람입니다. 형제자매를 사랑하는 사람은 하나님의 빛 가운데 머물러 있으며, 그 빛이 다른 사람들에게 비치는 것을 가로막지 않습니다. 그러나 형제자매를 미워하는 사람은 여전히 어둠 속에 있고, 어둠 속에서 넘어지며, 자기가 어디로 가는지 알지 못합니다. 어둠이 그의 눈을 가렸기 때문입니다.

세상을 사랑하지 마십시오

12-13 사랑하는 자녀 여러분, 여러분에게 이것을 일깨워 드립니다. 여러분의 죄가 예수의 이름으로 용서받았습니다. 믿음의 선배 여러분, 가장 먼저 첫발을 내디딘 여러분은 이 모든 일을 시작하신 분을 알고 있습니다. 믿음의 후배 여러분, 여러분은 악한 자와 싸워 큰 승리를 거두었습니다.

13-14 사랑하는 자녀 여러분, 여러분에게 두 번째로 일깨워 드릴 것은 이것입니다. 여러분은 개인적인 경험을 통해 아버지를 알고 있습니다. 믿음의 선배 여러분, 여러분은 이 모든 일을 시작하신 분을 알고 있습니다. 믿음의 후배 여러분, 여러분은 참으로 활기차고 힘이 넘치는군요! 하나님의 말씀이 여러분 안에 확고하게 자리 잡고 있습니다. 여러분은 하나님과의 사귐에

Anyone who claims to be intimate with God ought to live the same kind of life Jesus lived.

7-8 My dear friends, I'm not writing anything new here. This is the oldest commandment in the book, and you've known it from day one. It's always been implicit in the Message you've heard. On the other hand, perhaps it is new, freshly minted as it is in both Christ and you—the darkness on its way out and the True Light already blazing!

9-11 Anyone who claims to live in God's light and hates a brother or sister is still in the dark. It's the person who loves brother and sister who dwells in God's light and doesn't block the light from others. But whoever hates is still in the dark, stumbles around in the dark, doesn't know which end is up, blinded by the darkness.

Loving the World

12-13 I remind you, my dear children: Your sins are forgiven in Jesus' name. You veterans were in on the ground floor, and know the One who started all this; you newcomers have won a big victory over the Evil One.

13-14 And a second reminder, dear children: You know the Father from personal experience. You veterans know the One who started it all; and you newcomers—such vitality and strength! God's word is so steady in you. Your fellowship with God enables you to gain a victory over the Evil One.

15-17 Don't love the world's ways.

서 힘을 얻어 악한 자와 싸워 승리를 거둘 것입
니다.

15-17 세상의 방식을 사랑하지 마십시오. 세상
의 것을 사랑하지 마십시오. 세상을 사랑하는
마음이 아버지를 사랑하는 마음을 밀어냅니다.
세상에서 통용되는 모든 것―자기 마음대로 살
려 하고, 모든 것을 자기 뜻대로 하려 하고, 잘
난 체하는 욕망―은, 아버지와 아무 상관이 없
습니다. 그런 것은 여러분을 그분께로부터 고립
시킬 뿐입니다. 세상과 세상의 멈출 줄 모르는
욕망도 다 사라지지만, 하나님이 바라시는 일을
행하는 사람은 영원히 남습니다.

적그리스도의 출현

18 자녀 여러분, 때가 거의 되었습니다. 여러분
은 적그리스도가 출현할 것이라는 말을 들었습
니다. 이제 여러분의 눈 닿는 곳 어디에나 적그
리스도들이 있습니다. 이것을 보고 우리는, 마
지막 때가 가까웠다는 것을 압니다.

19 그들이 우리에게서 떠나갔지만, 실제로 우리
와 함께한 적은 없었습니다. 그들이 정말로 우
리와 함께했다면, 끝까지 우리와 함께 남아 충
실했을 것입니다. 우리를 떠나감으로써, 그들은
자신의 본색을 드러냈고, 우리에게 속하지 않았
음을 보여준 것입니다.

20-21 그러나 여러분은 우리에게 속했습니다.
거룩하신 분께서 여러분에게 기름을 부으셨고,
여러분 모두가 그것을 알고 있습니다. 내가 이
편지를 쓰는 것은, 여러분이 알지 못하는 무언
가를 알려 주려는 것이 아니라, 여러분이 알고
있는 진리를 확인시키고, 그 진리가 거짓을 낳
지 않음을 일깨우려는 것입니다.

22-23 누가 거짓말을 하는 자입니까? 예수가 하
나님의 그리스도이심을 부인하는 자입니다. 아
버지를 부인하고 아들을 부인하는 자, 그가 바
로 적그리스도입니다. 아들을 부인하는 자는 아
버지와 전혀 관계없는 사람이며, 아들을 시인하
는 자는 아버지까지도 받아들인 사람입니다.

Don't love the world's goods. Love of
the world squeezes out love for the
Father. Practically everything that goes
on in the world—wanting your own
way, wanting everything for yourself,
wanting to appear important—has
nothing to do with the Father. It just
isolates you from him. The world and
all its wanting, wanting, wanting is on
the way out—but whoever does what
God wants is set for eternity.

Antichrists Everywhere You Look

18 Children, time is just about up. You
heard that Antichrist is coming. Well,
they're all over the place, antichrists
everywhere you look. That's how we
know that we're close to the end.

19 They left us, but they were never
really with us. If they had been, they
would have stuck it out with us, loyal to
the end. In leaving, they showed their
true colors, showed they never did
belong.

20-21 But you belong. The Holy One
anointed you, and you all know it. I
haven't been writing this to tell you
something you don't know, but to
confirm the truth you do know, and to
remind you that the truth doesn't breed
lies.

22-23 So who is lying here? It's the
person who denies that Jesus is the
Divine Christ, that's who. This is what
makes an antichrist: denying the
Father, denying the Son. No one who
denies the Son has any part with the
Father, but affirming the Son is an

24-25 여러분이 처음부터 들은 메시지를 간직하십시오. 그것이 여러분의 삶에 스며들게 하십시오. 처음부터 들은 그 메시지가 여러분 안에 생생히 살아 있으면, 여러분은 아들과 아버지 안에서 충만한 삶을 살게 될 것입니다. 바로 이것이 그리스도께서 약속하신 영원한 생명, 참된 생명입니다!

26-27 나는 여러분을 속이려는 사람들이 있다는 것을 경고하기 위해 이렇게 썼습니다. 그러나 그들은 여러분 안에 깊이 새겨진 그리스도의 기름부으심에 전혀 상대가 되지 못합니다. 여러분에게는 저들의 가르침이 필요하지 않습니다. 그리스도의 기름부으심이, 여러분 자신과 그분에 대해 알아야 할 모든 진리, 곧 거짓에 조금도 물들지 않은 진리를 가르쳐 줍니다. 그러니 여러분이 받은 가르침 안에 깊이 머물러 사십시오.

하나님의 참된 자녀

28 자녀 여러분, 그리스도와 함께 머물러 있으십시오. 그리스도 안에 깊이 머물러 사십시오. 그러면 그분이 나타나실 때 그분을 만날 준비, 두 팔 벌려 그분을 맞을 준비가 되어 있는 것입니다. 그분이 오실 때, 죄 때문에 부끄러워 낯을 붉히거나 서툰 변명을 늘어놓지 않아도 될 것입니다.

29 그분께서 옳고 의로우신 분이심을 확신한다면, 여러분은 의를 행하는 사람마다 하나님의 참된 자녀임을 깨닫게 될 것입니다.

3
1 아버지께서 우리에게 펼쳐 보이신 사랑은 실로 놀라운 사랑이 아닐 수 없습니다! 그 사랑을 바라보십시오. 우리가 하나님의 자녀라 불리게 되었습니다! 참으로 우리는 하나님의 자녀입니다. 세상이 우리를 알아주지 않고 우리를 진지하게 대하지 않는 것은, 하나님이 누구시며

embrace of the Father as well.

24-25 Stay with what you heard from the beginning, the original message. Let it sink into your life. If what you heard from the beginning lives deeply in you, you will live deeply in both Son and Father. This is exactly what Christ promised: eternal life, real life!

26-27 I've written to warn you about those who are trying to deceive you. But they're no match for what is embedded deeply within you—Christ's anointing, no less! You don't need any of their so-called teaching. Christ's anointing teaches you the truth on everything you need to know about yourself and him, uncontaminated by a single lie. Live deeply in what you were taught.

Live Deeply in Christ

28 And now, children, stay with Christ. Live deeply in Christ. Then we'll be ready for him when he appears, ready to receive him with open arms, with no cause for red-faced guilt or lame excuses when he arrives.

29 Once you're convinced that he is right and righteous, you'll recognize that all who practice righteousness are God's true children.

3
1 What marvelous love the Father has extended to us! Just look at it— we're called children of God! That's who we really are. But that's also why the world doesn't recognize us or take us seriously, because it has no idea who he is or what

그분이 무슨 일을 하시는지 세상이 알지 못하기 때문입니다.

2-3 그러나 친구 여러분, 우리는 분명 하나님의 자녀입니다. 그것은 단지 시작일 뿐입니다. 우리의 끝이 어떻게 될지는 아무도 모릅니다! 다만 우리가 아는 것은, 그리스도께서 밝히 나타나실 때 우리가 그분을 뵐 것이며, 그분을 뵐 때 우리도 그분과 같이 되리라는 것입니다. 그분의 오심을 손꼽아 기다리는 우리는, 순결하게 빛나는 예수의 삶을 모범으로 삼아 우리의 삶을 준비합니다.

4-6 죄악된 삶에 빠진 사람은 누구나 위험한 무법자입니다. 하나님의 질서를 어지럽히는 것은 죄입니다. 그리스도께서 죄를 없애기 위해 오셨다는 것을 여러분은 잘 알고 있습니다. 그분 안에는 죄가 없습니다. 죄는 그분께서 세우신 계획의 일부가 아닙니다. 그리스도 안에 깊이 머물며 사는 사람 가운데 습관처럼 죄를 짓는 사람은 하나도 없습니다. 습관처럼 죄를 짓는 사람은 그리스도를 제대로 보지 못했고, 그분을 전혀 알지 못하는 자입니다.

7-8 그러므로 사랑하는 자녀 여러분, 누군가의 유혹을 받아서 진리에서 벗어나는 일이 없게 하십시오. 우리가 의로우신 메시아의 삶에서 본 것처럼, 의를 행하는 사람이 의로운 사람입니다. 습관처럼 죄를 짓는 사람은 죄짓는 일의 개척자인 마귀에게서 난 사람입니다. 하나님의 아들이 오신 것은 마귀의 길을 멸하시기 위해서입니다.

9-10 하나님에게서 나서 생명에 들어간 사람들은 습관처럼 죄를 짓지 않습니다. 어째서 그렇습니까? 하나님의 씨가 그들 깊은 곳에 자리하여, 그들을 지금의 모습으로 만들어 가기 때문입니다. 죄를 짓거나 자랑하는 것은 하나님에게서 난 사람들의 본성이 아닙니다. 하나님의 자녀와 마귀의 자녀를 구별하는 방법이 있습니다. 의로운 삶을 살지 않는 자는 하나님에게서 난 사람이 아닙니다. 형제나 자매를 사랑

he's up to.

2-3 But friends, that's exactly who we are: children of God. And that's only the beginning. Who knows how we'll end up! What we know is that when Christ is openly revealed, we'll see him—and in seeing him, become like him. All of us who look forward to his Coming stay ready, with the glistening purity of Jesus' life as a model for our own.

4-6 All who indulge in a sinful life are dangerously lawless, for sin is a major disruption of God's order. Surely you know that Christ showed up in order to get rid of sin. There is no sin in him, and sin is not part of his program. No one who lives deeply in Christ makes a practice of sin. None of those who do practice sin have taken a good look at Christ. They've got him all backward.

7-8 So, my dear children, don't let anyone divert you from the truth. It's the person who *acts* right who *is* right, just as we see it lived out in our righteous Messiah. Those who make a practice of sin are straight from the Devil, the pioneer in the practice of sin. The Son of God entered the scene to abolish the Devil's ways.

9-10 People conceived and brought into life by God don't make a practice of sin. How could they? God's seed is deep within them, making them who they are. It's not in the nature of the God-begotten to practice and parade sin. Here's how you tell the difference between God's children and the Devil's children: The one who won't practice righteous

하지 않는 자도 그러합니다. 간단한 기준이 아닙니까?

❧

11 서로 사랑하십시오. 이것이 우리가 처음부터 들은 메시지입니다.

12-13 우리는 악한 자와 손잡고 자기 동생을 죽인 가인처럼 되어서는 안됩니다. 그가 왜 동생을 죽였습니까? 그는 악한 일에 깊이 빠져 있었고, 그의 동생이 한 행위는 의로웠기 때문입니다. 그러니 친구 여러분, 세상이 여러분을 미워해도 놀라지 마십시오. 그런 일은 오래전부터 계속 있어 온 일입니다.

14-15 형제자매를 사랑하면, 그것으로 우리가 죽음에서 생명으로 옮겨졌다는 것을 알 수 있습니다. 사랑하지 않는 사람은 죽은 사람과 같습니다. 형제나 자매를 미워하는 사람은 살인하는 자입니다. 영원한 생명과 살인이 서로 어울리지 않는다는 것을, 여러분은 잘 알고 있습니다.

16-17 그리스도께서 우리를 위해 자기 목숨을 희생하신 것을 보고, 우리는 사랑을 이해하고 경험하게 되었습니다. 그러므로 우리도 자기 자신만 위하는 것이 아니라, 믿는 동료들을 위해 희생하며 살아야 합니다. 곤경에 처한 형제나 자매를 보고서, 도울 방법이 있는 여러분이 그들을 냉대하고 아무것도 도와주지 않는다면, 하나님의 사랑은 어찌 되겠습니까? 사라지고 말 것입니다. 여러분이 하나님의 사랑을 사라지게 한 것입니다.

참된 사랑의 실천

18-20 사랑하는 자녀 여러분, 사랑에 대해 말만 하지 말고 참된 사랑을 실천하십시오. 그것만이 우리가 참되게 살고 있으며, 실제로 하나님 안에 살고 있음을 알 수 있는 유일한 길입니다. 또한 그것은 스스로를 비판할 일이 생기더라도, 그 힘겨운 자기비판을 멈추

ways isn't from God, nor is the one who won't love brother or sister. A simple test.

❧

11 For this is the original message we heard: We should love each other.

12-13 We must not be like Cain, who joined the Evil One and then killed his brother. And why did he kill him? Because he was deep in the practice of evil, while the acts of his brother were righteous. So don't be surprised, friends, when the world hates you. This has been going on a long time.

14-15 The way we know we've been transferred from death to life is that we love our brothers and sisters. Anyone who doesn't love is as good as dead. Anyone who hates a brother or sister is a murderer, and you know very well that eternal life and murder don't go together.

16-17 This is how we've come to understand and experience love: Christ sacrificed his life for us. This is why we ought to live sacrificially for our fellow believers, and not just be out for ourselves. If you see some brother or sister in need and have the means to do something about it but turn a cold shoulder and do nothing, what happens to God's love? It disappears. And you made it disappear.

When We Practice Real Love

18-20 My dear children, let's not just talk about love; let's practice real love. This is the only way we'll know we're living truly, living in God's reality. It's also the way to shut down debilitating self-criticism,

게 하는 길이기도 합니다. 하나님은 우리의 근심하는 마음보다 크시며, 우리 자신보다 우리를 더 잘 아시기 때문입니다.

21-24 친구 여러분, 그렇게 마음을 살핀 뒤에 더 이상 우리가 자책하거나 스스로를 정죄하지 않으면, 우리는 하나님 앞에서 담대하고 자유롭게 됩니다. 손을 내밀어, 우리가 구한 것을 받을 수 있습니다. 그것은 우리가 하나님의 말씀을 행하고 그분을 기쁘시게 해드리는 일을 하기 때문입니다. 다시 말씀드리지만, 하나님의 계명은 이것입니다. 곧 하나님께서 친히 이름 지어 주신 아들 예수 그리스도를 믿는 것입니다. 그리스도께서 우리에게 말씀하신 것은, 처음 받은 계명대로 서로 사랑하라는 것입니다. 우리가 그리스도의 계명을 지키면, 우리는 그분 안에서 충만히 살고, 그분도 우리 안에 사십니다. 이렇게 우리는 그분이 주신 성령을 힘입어, 그리스도께서 우리 안에 깊이 머무르고 계심을 경험합니다.

적그리스도의 영

4 ¹ 사랑하는 친구 여러분, 들려오는 말을 다 믿지 마십시오. 사람들이 여러분에게 하는 말을 신중히 생각하고 따져 보십시오. 하나님에 대해 이야기한다고 해서 모두가 하나님에게서 난 사람은 아닙니다. 수많은 거짓 설교자들이 이 세상을 활보하고 있습니다.

2-3 참 하나님의 영을 가려내는 기준이 있습니다. 예수 그리스도, 곧 하나님의 아들이 살과 피를 지닌 진짜 사람으로 오신 것을 믿는다고 공개적으로 시인하는 사람은, 누구나 하나님에게서 나서 하나님께 속한 사람입니다. 그러나 예수를 믿는다고 시인하지 않는 사람은, 누구든지 하나님과 아무 관계가 없습니다. 이것이 바로 적그리스도의 영입니다. 여러분은 적그리스도가 오리라는 말을 들었습니다. 그런데 그 영이 우리가 생각한 것보다 빨리 왔습니다!

even when there is something to it. For God is greater than our worried hearts and knows more about us than we do ourselves.

21-24 And friends, once that's taken care of and we're no longer accusing or condemning ourselves, we're bold and free before God! We're able to stretch our hands out and receive what we asked for because we're doing what he said, doing what pleases him. Again, this is God's command: to believe in his personally named Son, Jesus Christ. He told us to love each other, in line with the original command. As we keep his commands, we live deeply and surely in him, and he lives in us. And this is how we experience his deep and abiding presence in us: by the Spirit he gave us.

Don't Believe Everything You Hear

4 ¹ My dear friends, don't believe everything you hear. Carefully weigh and examine what people tell you. Not everyone who talks about God comes from God. There are a lot of lying preachers loose in the world.

2-3 Here's how you test for the genuine Spirit of God. Everyone who confesses openly his faith in Jesus Christ—the Son of God, who came as an actual flesh-and-blood person—comes from God and belongs to God. And everyone who refuses to confess faith in Jesus has nothing in common with God. This is the spirit of antichrist that you heard was coming. Well, here it is, sooner than we thought!

4-6 사랑하는 자녀 여러분, 여러분은 하나님에게서 나서 하나님께 속해 있습니다. 여러분은 이미 저 거짓 교사들과 싸워 큰 승리를 거두었습니다. 여러분 안에 계신 성령께서 이 세상 그 어떤 것보다 더 강하시기 때문입니다. 저 거짓 교사들은 그리스도를 부인하는 세상에 속해 있습니다. 그들은 세상의 언어를 말하고, 세상은 그들의 언어를 먹고 자랍니다. 그러나 우리는 하나님에게서 나서 하나님께 속해 있습니다. 하나님을 아는 사람은 누구나 우리의 말을 이해하고 듣습니다. 물론 하나님과 아무 관계가 없는 자는 우리의 말을 듣지 않습니다. 이것이 진리의 영과 속이는 영을 구별하는 또 하나의 기준입니다.

하나님은 사랑이십니다

7-10 사랑하는 친구 여러분, 사랑은 하나님에게서 오는 것이니, 사랑하기를 멈추지 마십시오. 사랑하는 사람은 모두 하나님에게서 나서 하나님과의 사귐을 경험합니다. 사랑하지 않는 사람은 하나님에 대해 아무것도 알지 못하는 자입니다. 하나님은 사랑이시기 때문입니다. 그러니 여러분도 사랑하지 않으면 그분을 알 수 없습니다. 하나님께서 우리를 향하신 그분의 사랑을 이렇게 보이셨습니다. 하나님께서 하나뿐인 자기 아들을 세상에 보내셔서, 우리로 그 아들을 통해 살게 하신 것입니다. 우리가 말하려는 사랑은 이런 사랑입니다. 우리는 한 번도 하나님을 사랑해 본 적이 없습니다. 그럼에도 우리를 사랑하신 하나님께서 자기 아들을 희생 제물로 보내 주심으로, 우리 죄뿐 아니라 그 죄가 하나님과 우리의 관계에 입힌 상처까지 깨끗이 없애 주신 것입니다.

11-12 내가 사랑하고 사랑하는 친구 여러분, 하나님께서 이처럼 우리를 사랑하셨으니, 우리도 서로 사랑하는 것이 마땅합니다. 지금까지 하나님을 본 사람은 아무도 없습니다. 그러나 우리가 서로 사랑하면 하나님께서 우리 안에

4-6 My dear children, you come from God and belong to God. You have already won a big victory over those false teachers, for the Spirit in you is far stronger than anything in the world. These people belong to the Christ-denying world. They talk the world's language and the world eats it up. But we come from God and belong to God. Anyone who knows God understands us and listens. The person who has nothing to do with God will, of course, not listen to us. This is another test for telling the Spirit of Truth from the spirit of deception.

God Is Love

7-10 My beloved friends, let us continue to love each other since love comes from God. Everyone who loves is born of God and experiences a relationship with God. The person who refuses to love doesn't know the first thing about God, because God *is* love—so you can't know him if you don't love. This is how God showed his love for us: God sent his only Son into the world so we might live through him. This is the kind of love we are talking about—not that we once upon a time loved God, but that he loved us and sent his Son as a sacrifice to clear away our sins and the damage they've done to our relationship with God.

11-12 My dear, dear friends, if God loved us like this, we certainly ought to love each other. No one has seen God, ever. But if we love one another, God dwells

깊이 머무르시고, 그분의 사랑이 우리 안에 완성되어 완전한 사랑이 됩니다!

13-16 하나님께서 우리에게 자신의 생명, 자신의 영에서 난 생명을 주셨습니다. 이것으로 우리는, 우리가 그분 안에서 변함없이 충만하게 살고 있는 것과, 그분이 우리 안에 살고 계신 것을 압니다. 또한 우리는 아버지께서 자기 아들을 세상의 구주로 보내신 것을 직접 보았고, 그것을 공개적으로 증언합니다. 예수가 하나님의 아들이심을 시인하면, 누구나 하나님과의 친밀한 사귐에 끊임없이 참여하게 됩니다. 우리는 이것을 너무도 잘 압니다. 우리는 하나님에게서 오는 이 사랑을, 마음과 영혼을 다해 껴안았습니다.

사랑하고 사랑받으십시오

17-18 하나님은 사랑이십니다. 우리가 사랑의 삶 속에 영원히 살기로 작정하면, 우리는 하나님 안에 살고 하나님도 우리 안에 사십니다. 이처럼 사랑이 우리 안에 자유롭게 드나들고 익숙해지고 성숙해지면, 심판 날에 우리는 염려할 일이 없을 것입니다. 그리스도께서 사신 대로 우리도 그렇게 살기 때문입니다. 사랑 안에는 두려움이 들어설 자리가 없습니다. 온전한 사랑은 두려움을 내어 쫓습니다. 두려움은 삶을 무력하게 만듭니다. 두려워하는 삶, 곧 죽음을 두려워하고 심판을 두려워하는 삶은 사랑 안에서 온전해지지 못한 삶입니다.

19 그럼에도, 우리는 사랑합니다. 사랑하고 사랑받습니다. 우리가 먼저 사랑받았으니, 이제 우리가 사랑합니다. 하나님께서 먼저 우리를 사랑해 주셨습니다.

20-21 "나는 하나님을 사랑한다!"고 떠벌리고는, 곧바로 형제나 자매를 미워하고 아무렇지도 않게 생각하는 사람이 있다면, 그는 거짓말쟁이입니다. 보이는 사람을 사랑하지 않으면서 어찌 보이지 않는 하나님을 사랑할 수 있겠습니까? 우리가 그리스도에게서 받은 계명은 단순명료합니다. 하나님에 대한 사랑은 사람에

deeply within us, and his love becomes complete in us—perfect love!

13-16 This is how we know we're living steadily and deeply in him, and he in us: He's given us life from his life, from his very own Spirit. Also, we've seen for ourselves and continue to state openly that the Father sent his Son as Savior of the world. Everyone who confesses that Jesus is God's Son participates continuously in an intimate relationship with God. We know it so well, we've embraced it heart and soul, this love that comes from God.

To Love, to Be Loved

17-18 God is love. When we take up permanent residence in a life of love, we live in God and God lives in us. This way, love has the run of the house, becomes at home and mature in us, so that we're free of worry on Judgment Day—our standing in the world is identical with Christ's. There is no room in love for fear. Well-formed love banishes fear. Since fear is crippling, a fearful life—fear of death, fear of judgment—is one not yet fully formed in love.

19 We, though, are going to love—love and be loved. First we were loved, now we love. He loved us first.

20-21 If anyone boasts, "I love God," and goes right on hating his brother or sister, thinking nothing of it, he is a liar. If he won't love the person he can see, how can he love the God he can't see? The command we have from

대한 사랑을 포함한다는 것입니다. 여러분은 하나님과 사람 모두를 사랑해야 합니다.

5

1-3 예수께서 메시아이심을 믿는 사람은 누구나 하나님에게서 난 사람입니다. 낳으신 분을 사랑한다면, 우리는 분명 그분에게서 난 자녀까지도 사랑할 것입니다. 하나님을 사랑합니까? 그분의 계명을 지킵니까? 이것이 우리가 하나님의 자녀를 사랑하는지 사랑하지 않는지를 구별해 주는 참된 기준입니다. 우리가 하나님을 사랑하는 증거는, 우리가 그분의 계명을 지킬 때 나타납니다. 그분의 계명은 결코 힘든 것이 아닙니다.

세상을 무릎 꿇게 하는 힘
4-5 하나님에게서 난 사람은 누구나 세상의 방식을 이깁니다. 세상을 무릎 꿇게 하는 승리의 힘은, 다름 아닌 우리의 믿음입니다. 예수께서 하나님의 아들이심을 믿는 사람, 그가 곧 세상의 방식을 이기는 사람입니다.

6-8 예수, 하나님의 그리스도! 그분께서는 생명을 주는 탄생을 경험하시고, 죽음을 이기는 죽음도 경험하셨습니다. 그분께서는 자궁을 통한 탄생뿐 아니라, 세례를 통한 탄생도 경험하셨습니다. 그분께서는 그 세례를 통해 자기의 사역을 시작하시고, 희생적인 죽음을 맞이하셨습니다. 성령은 언제나 진리를 증언해 주십니다. 예수께서 세례 받으시고 십자가에 달리실 때 하나님이 함께 계셨음을 증언하시는 성령께서, 그 모든 사건을 우리 눈앞에 생생하게 제시해 주십니다. 증언은 삼중으로 이루어집니다. 성령과 세례와 십자가에 달리심이 그것입니다. 이 세 증언은 완전하게 일치합니다.

9-10 우리가 사람의 증언도 그대로 받아들이는데, 하물며 하나님께서 마치 이 자리에 계신 것처럼 자기 아들에 관해 증언하실 때에는 더욱 확실하지 않겠습니까? 하나님의 아들을 믿

Christ is blunt: Loving God includes loving people. You've got to love both.

5

1-3 Every person who believes that Jesus is, in fact, the Messiah, is God-begotten. If we love the One who conceives the child, we'll surely love the child who was conceived. The reality test on whether or not we love God's children is this: Do we love God? Do we keep his commands? The proof that we love God comes when we keep his commandments and they are not at all troublesome.

The Power That Brings the World to Its Knees
4-5 Every God-begotten person conquers the world's ways. The conquering power that brings the world to its knees is our faith. The person who wins out over the world's ways is simply the one who believes Jesus is the Son of God.

6-8 Jesus—the Divine Christ! He experienced a life-giving birth and a death-killing death. Not only birth from the womb, but baptismal birth of his ministry and sacrificial death. And all the while the Spirit is confirming the truth, the reality of God's presence at Jesus' baptism and crucifixion, bringing those occasions alive for us. A triple testimony: the Spirit, the Baptism, the Crucifixion. And the three in perfect agreement.

9-10 If we take human testimony at face value, how much more should we be

는 사람은 누구나 하나님의 증언을 자기 속에 확인한 사람입니다. 믿지 않는 사람은 하나님을 거짓말쟁이로 만드는 자입니다. 하나님께서 자기 아들을 두고 친히 하신 증언을 믿지 않기 때문입니다.

11-12 증언의 핵심은, 하나님께서 우리에게 영원한 생명을 주셨고, 그 생명이 아들 안에 있다는 것입니다. 그러므로 그 아들을 모신 사람은 생명을 가졌고, 그 아들을 부인하는 사람은 생명을 부인하는 자입니다.

허상이 아닌 실체

13-15 내가 이 편지를 쓰는 목적은 이것입니다. 하나님의 아들을 믿는 여러분이 의심의 그림자를 헤치고 나와, 영원한 생명, 허상이 아닌 실체를 소유하고 있음을 알게 하려는 것입니다. 우리는 하나님 앞에서 담대하고 자유롭게 되었습니다. 그분의 뜻에 따라 마음껏 구하고, 또 그분께서 들어주심을 확신하게 되었습니다. 하나님께서 들어주신다고 확신하고 구하면, 우리가 구한 것은 우리 것이나 다름없음을 우리는 압니다.

16-17 예컨대, (영원한 죽음으로 이끄는 "죽을" 죄를 짓는 자들을 두고 하는 말은 아니지만) 어떤 그리스도인이 죄짓는 것을 보거든, 하나님께 도움을 구하십시오. 그러면 하나님께서 기꺼이 도우시고, 죽을죄를 짓지 않은 그 죄인에게 생명을 베푸실 것입니다. 죽을 죄라고 할 수 있는 죄가 있는데, 나는 그것을 두고 간구하라는 말이 아닙니다. 우리가 잘못 행하는 것은 다 죄입니다. 그러나 죄라고 해서 다 죽을 죄는 아닙니다.

18-21 우리가 알기로, 하나님에게서 난 사람은 아무도 죄, 곧 죽을죄를 짓지 않습니다. 하나님에게서 난 사람은 하나님의 보호를 받습니다. 마귀도 그를 건드리지 못합니다. 우리는 하나님께서 우리를 굳게 붙잡아 주신다는 것을 압니다. 오직 세상 사람들만

reassured when God gives testimony as he does here, testifying concerning his Son. Whoever believes in the Son of God inwardly confirms God's testimony. Whoever refuses to believe in effect calls God a liar, refusing to believe God's own testimony regarding his Son.

11-12 This is the testimony in essence: God gave us eternal life; the life is in his Son. So, whoever has the Son, has life; whoever rejects the Son, rejects life.

The Reality, Not the Illusion

13-15 My purpose in writing is simply this: that you who believe in God's Son will know beyond the shadow of a doubt that you have eternal life, the reality and not the illusion. And how bold and free we then become in his presence, freely asking according to his will, sure that he's listening. And if we're confident that he's listening, we know that what we've asked for is as good as ours.

16-17 For instance, if we see a Christian believer sinning (clearly I'm not talking about those who make a practice of sin in a way that is "fatal," leading to eternal death), we ask for God's help and he gladly gives it, gives life to the sinner whose sin is not fatal. There is such a thing as a fatal sin, and I'm not urging you to pray about that. Everything we do wrong is sin, but not all sin is fatal.

18-21 We know that none of the God-begotten makes a practice of sin—fatal sin. The God-begotten are also the God-protected. The Evil One can't lay a hand on them. We know that we are held firm by God; it's only the people of the world who continue in the

마귀의 손에 붙잡혀 있습니다. 우리가 알다 시피, 하나님의 아들이 오셔서, 우리로 하여금 하나님의 진리를 깨닫게 해주셨습니다. 실로 멋진 선물이 아닐 수 없습니다! 우리는 진리 자체이신 하나님의 아들 예수 그리스도 안에 살고 있습니다. 이 예수야말로 참 하나님이시며 참 생명이십니다. 사랑하는 자녀 여러분, 모든 가짜는 영리하기 그지없으니, 그들을 조심하십시오.

grip of the Evil One. And we know that the Son of God came so we could recognize and understand the truth of God—what a gift!—and we are living in the Truth itself, in God's Son, Jesus Christ. This Jesus is both True God and Real Life. Dear children, be on guard against all clever facsimiles.

요한이서

2 JOHN

¹⁻² 사랑하는 회중 여러분, 여러분의 목회자인 나는 진리 안에서 여러분을 사랑합니다. 나만 그런 것이 아니라, 영원토록 우리 안에 머물러 계시는 진리를 아는 모든 사람들이 여러분을 사랑합니다.

³ 하나님 아버지와 아버지의 아들 예수 그리스도께서 주시는 은혜와 자비와 평화가, 진리와 사랑 안에서 우리와 함께하기를 바랍니다!

⁴⁻⁶ 여러분의 회중 가운데 많은 사람들이 아버지께서 명하신 대로 진리를 따라 열심히 살아가고 있다는 소식을 듣고, 내가 얼마나 행복했는지 이루 말할 수 없습니다. 그러나 친구 여러분, 내가 여러분의 기억을 다시 일깨워 드리니, 서로 사랑하십시오. 이것은 새로운 계명이 아니라, 우리가 처음부터 가지고 있던 기본 헌장을 되풀이한 것입니다. 사랑은 그분의 계명을 따라 사는 것입니다. 그분의 계명을 하나로 줄여 말하면 이렇습니다. "사랑 안에서 삶을 경영하라." 이것은 여러분이 처음부터 들은 것입니다. 변한 것은 하나도 없습니다.

속이는 자! 적그리스도!

⁷ 세상에는 그럴듯한 말로 속이는 사람들이 많이 활개 치고 있습니다. 그들은 예수 그리스도께서 살과 피를 가진 진짜 사람이었다고 믿지 않습니다. 그들에게 그들의 진짜 이름을 붙여 주십시오. "속이는 자! 적그리스도!"라고

¹⁻² My dear congregation, I, your pastor, love you in very truth. And I'm not alone—everyone who knows the Truth that has taken up permanent residence in us loves you.

³ Let grace, mercy, and peace be with us in truth and love from God the Father and from Jesus Christ, Son of the Father!

⁴⁻⁶ I can't tell you how happy I am to learn that many members of your congregation are diligent in living out the Truth, exactly as commanded by the Father. But permit me a reminder, friends, and this is not a new commandment but simply a repetition of our original and basic charter: that we love each other. Love means following his commandments, and his unifying commandment is that you conduct your lives in love. This is the first thing you heard, and nothing has changed.

Don't Walk Out on God

⁷ There are a lot of smooth-talking charlatans loose in the world who refuse to believe that Jesus Christ was truly human, a flesh-and-blood human

말입니다.

8-9 그들을 조심하십시오. 우리가 함께 애써서 맺은 열매를 잃어버리는 일이 없게 하십시오. 나는 여러분이 받을 모든 상급을 여러분이 다 받게 되기를 바랍니다. 누구든지 함부로 그리스도의 가르침을 버리겠다고 생각하는 사람이 있다면, 그는 하나님을 버리는 자입니다. 그러나 그리스도의 가르침 안에 머무르는 사람은, 아버지에게도 신실하고 아들에게도 신실한 사람입니다.

10-11 이 가르침을 붙들지 않는 사람이 눈에 띄거든, 그를 초청해 들이거나 그에게 자리를 내주는 일이 없게 하십시오. 만일 초청하거나 자리를 내주면, 그에게 악행을 계속할 빌미를 마련해 주는 셈이며, 결국 여러분도 그와 한패가 될 수 있습니다.

12-13 나는 여러분에게 할 말이 많이 있지만, 종이와 잉크로 쓰고 싶지 않습니다. 조만간 여러분에게 직접 가서 마음을 터놓고 이야기를 나눌 수 있기를 바랍니다. 그것이 여러분과 내게 훨씬 만족스러운 일이 될 것입니다. 이곳에 있는 여러분의 자매 교회의 회중 모두가 안부를 전합니다.

being. Give them their true title: Deceiver! Antichrist!

8-9 And be very careful around them so you don't lose out on what we've worked so diligently in together; I want you to get every reward you have coming to you. Anyone who gets so progressive in his thinking that he walks out on the teaching of Christ, walks out on God. But whoever stays with the teaching, stays faithful to both the Father and the Son.

10-11 If anyone shows up who doesn't hold to this teaching, don't invite him in and give him the run of the place. That would just give him a platform to perpetuate his evil ways, making you his partner.

12-13 I have a lot more things to tell you, but I'd rather not use paper and ink. I hope to be there soon in person and have a heart-to-heart talk. That will be far more satisfying to both you and me. Everyone here in your sister congregation sends greetings.

요한삼서

3 JOHN

¹⁻⁴ 목회자인 나는, 사랑하는 벗 가이오에게 편지합니다. 나는 그대를 진정으로 사랑합니다! 그대와 나는 가장 절친한 친구 사이이니, 나는 그대가 하는 모든 일이 잘되고, 그대가 건강하기를 기도합니다. 또한 그대의 영혼이 잘됨 같이, 그대의 일상의 일도 잘되기를 간구합니다! 몇몇 친구들이 와서, 그대가 끊임없이 진리의 길을 따라 살고 있다는 소식을 전해 주었을 때 나는 몹시 기뻤습니다. 나의 자녀들이 진리의 길을 꾸준히 걷고 있다는 소식을 듣는 것만큼 나를 행복하게 해주는 일도 없을 것입니다!

선한 것을 본받으십시오

⁵⁻⁸ 사랑하는 친구여, 그대가 그리스도인 형제자매는 물론이고 낯선 사람들까지 환대하고 있으니, 그대의 믿음이 더욱 돋보이는군요. 그들이 이곳 교회로 돌아와서, 그대의 사랑이 어떠했는지를 전부 말해 주었습니다. 그대가 이 여행자들을 도와 여행을 계속하게 한 것은 잘한 일입니다. 그것은 하나님께서 펼치시는 환대의 손길과 같은 것입니다! 그들은 그분의 이름을 깃발에 내걸고 길을 나서서, 믿지 않는 사람들에게서는 아무 도움도 받지 않습니다. 그러므로 그들은 우리가 제공하는 도움을 받을 자격이 있습니다. 우리는 식사와 잠자리를 제공함으로써, 진리를 전파하는 그

¹⁻⁴ The Pastor, to my good friend Gaius: How truly I love you! We're the best of friends, and I pray for good fortune in everything you do, and for your good health—that your everyday affairs prosper, as well as your soul! I was most happy when some friends arrived and brought the news that you persist in following the way of Truth. Nothing could make me happier than getting reports that my children continue diligently in the way of Truth!

Model the Good

⁵⁻⁸ Dear friend, when you extend hospitality to Christian brothers and sisters, even when they are strangers, you make the faith visible. They've made a full report back to the church here, a message about your love. It's good work you're doing, helping these travelers on their way, hospitality worthy of God himself! They set out under the banner of the Name, and get no help from unbelievers. So they deserve any support we can give them. In providing meals and a bed, we become their companions in spreading

들의 동료가 되는 것입니다.

9-10 전에 나는 이와 관련해서, 그곳에 있는 교회에 편지를 써 보냈습니다. 그러나 지도자 되기를 좋아하는 디오드레베가 나의 권고를 깎아내렸습니다. 내가 가면, 우리에 관해 악의적인 소문을 퍼뜨린 이유를 그에게 반드시 따져 묻겠습니다.

그것으로도 모자랐는지, 그는 여행중인 그리스도인들을 환대하지 않고 다른 사람들이 그들을 환대하는 것까지 막으려고 합니다. 더욱이 그들을 맞아들이기는커녕 오히려 내쫓기까지 합니다.

11 친구여, 악한 것과 짝하지 마십시오. 선한 것을 본받으십시오. 선한 일을 하는 사람은 하나님의 일을 하는 사람입니다. 악한 일을 하는 사람은 하나님을 저버리고, 하나님에 대해 기초적인 것조차 모르는 자입니다.

12 모든 사람이 데메드리오를 칭찬하고, 진리 자체가 그를 지지합니다! 우리가 보증합니다. 그대는 우리가 함부로 보증하지 않는다는 것을 알 것입니다.

13-14 그대에게 할 말이 많지만, 나는 펜과 잉크로 쓰고 싶지 않군요. 내가 조만간 그곳으로 직접 가서 마음을 터놓고 이야기할 수 있기를 바랍니다.

그대에게 평화가 있기를 바랍니다. 이곳에 있는 벗들이 안부를 전합니다. 그곳에 있는, 이름으로만 아는 우리의 벗들에게 안부를 전해 주십시오.

the Truth.

9-10 Earlier I wrote something along this line to the church, but Diotrephes, who loves being in charge, denigrates my counsel. If I come, you can be sure I'll hold him to account for spreading vicious rumors about us.

As if that weren't bad enough, he not only refuses hospitality to traveling Christians but tries to stop others from welcoming them. Worse yet, instead of inviting them in he throws them out.

11 Friend, don't go along with evil. Model the good. The person who does good does God's work. The person who does evil falsifies God, doesn't know the first thing about God.

12 Everyone has a good word for Demetrius—the Truth itself stands up for Demetrius! We concur, and you know we don't hand out endorsements lightly.

13-14 I have a lot more things to tell you, but I'd rather not use pen and ink. I hope to be there soon in person and have a heart-to-heart talk.

Peace to you. The friends here say hello. Greet our friends there by name.

유다서 | 머리말

우리의 영적 공동체는 우리의 육체만큼이나 병에 걸리기 쉽다. 그러나 우리의 예배와 증언에서 잘못된 것을 찾아내기란 우리의 위장과 폐에 생긴 병을 찾아내는 것보다 훨씬 어렵다. 육체가 병들거나 상처를 입으면, 고통이 우리의 주의를 끈다. 그리고 우리는 신속하게 조치를 취한다. 그러나 우리의 영적 공동체 안에 침투한 위험하고 치명적인 바이러스는 오랫동안 발견되지 않은 채 잠복해 있을 수 있다. 육체를 치료하는 의사가 필요한 만큼, 영을 진단하고 치료하는 사람은 더욱 필요하다.

유다가 초기 그리스도인 공동체에 보낸 편지는 바로 그러한 진단이라고 할 수 있다. 그는 편지에서 이렇게 말한다. "그러던 차에 간곡한 권고가 담긴 편지를 쓸 필요가 생겼습니다. 그것은 우리에게 선물로 맡겨진 이 믿음을 지키고 소중히 여기기 위해, 여러분이 가진 모든 것을 동원해 싸워야 한다는 것입니다"(유 3절). 신자들이 무언가 잘못되었다는 것을 알지 못하거나, 적어도 유다가 지적하는 것만큼 잘못되지 않았다고 생각하는 상황에서 유다의 진단은 더욱 필요한 것이었다.

물론 그리스도인 공동체 안에서의 삶은 단순히 공격이나 파괴로부터 신앙을 보호하는 일에 그치지 않는다. 이 일에 과대망상적인 태도를 보인다면 그것은 정신적으로뿐만 아니라 영적으로도 해롭다. 그리스도인이 가장 먼저 갖추어야 할 자세는, 유다가 말한 대로 "두 팔을 활짝 벌려 우리 주 예수 그리스도의 자비를 기다리는 것"이다. 이와 함께 강력한 경계 태세도 필요하다. 유다는 편지를 읽는 이들에

Our spiritual communities are as susceptible to disease as our physical bodies. But it is easier to detect whatever is wrong in our stomachs and lungs than in our worship and witness. When our physical bodies are sick or damaged, the pain calls our attention to it, and we do something quick. But a dangerous, even deadly, virus in our spiritual communities can go undetected for a long time. As much as we need physicians for our bodies, we have even greater need for diagnosticians and healers of the spirit.

Jude's letter to an early community of Christians is just such diagnosis. He writes "I have to write insisting—begging!—that you fight with everything you have in you for this faith entrusted to us as a gift to guard and cherish"(Jude 3). It is all the more necessary in that those believers apparently didn't know anything was wrong, or at least not as desperately wrong as Jude points out.

There is far more, of course, to living in Christian community than protecting the faith against assault or subversion. Paranoia is as unhealthy spiritually as it is mentally. The primary Christian posture is, in Jude's words, "keeping your arms open and outstretched, ready for the mercy of our Master, Jesus Christ." All the same, energetic watchfulness is required. Jude encourages his readers to "carefully build

게 다음과 같이 격려한다. "여러분은 가장 거룩한 이 믿음 안에 여러분 자신을 세우십시오. 성령 안에서 기도하고, 하나님의 사랑 한가운데 머무르고"(유 20절). 유다의 호루라기 소리가 수많은 불행을 막았다.

yourselves up in this most holy faith by praying in the Holy Spirit, staying right at the center of God's love"(Jude 20). Jude's whistle-blowing has prevented many a disaster.

유다서

1-2 예수 그리스도의 종이며 야고보의 형제인 나 유다는, 하나님 아버지께서 사랑하시고 예수 그리스도께서 부르시고 지켜 주시는 이들에게 편지합니다. 모든 일이 바르게 될 것이니, 긴장을 푸십시오. 모든 것이 화합할 것이니, 안심하십시오. 사랑이 시작되고 있으니, 여러분의 마음을 활짝 여십시오!

모든 것을 동원해 싸우십시오

3-4 사랑하는 친구 여러분, 나는 우리가 함께 누리고 있는 이 구원의 삶에 관해서 여러분에게 편지하려고 여러모로 애썼습니다. 그러던 차에 간곡한 권고가 담긴 편지를 쓸 필요가 생겼습니다. 그것은 우리에게 선물로 맡겨진 이 믿음을 지키고 소중히 여기기 위해, 여러분이 가진 모든 것을 동원해 싸워야 한다는 것입니다. (이런 일이 일어나리라고 성경이 우리에게 경고한 대로) 어떤 사람들이 우리 모임에 잠입하는 일이 일어났습니다. 그들은 겉으로만 경건한 척하는 뻔뻔한 불한당입니다. 그들의 속셈은 우리 하나님의 순전한 은혜를 방종거리로 바꾸는 것입니다. 그것은 오직 한분이신 우리 주 예수 그리스도를 제거하는 일이나 다름없습니다.

우주에서 길을 잃은 별들

5-7 여러분이 이미 잘 알고 있는 내용이어서 새

JUDE

1-2 I, Jude, am a slave to Jesus Christ and brother to James, writing to those loved by God the Father, called and kept safe by Jesus Christ. Relax, everything's going to be all right; rest, everything's coming together; open your hearts, love is on the way!

Fight with All You Have in You

3-4 Dear friends, I've dropped everything to write you about this life of salvation that we have in common. I have to write insisting—begging!—that you fight with everything you have in you for this faith entrusted to us as a gift to guard and cherish. What has happened is that some people have infiltrated our ranks (our Scriptures warned us this would happen), who beneath their pious skin are shameless scoundrels. Their design is to replace the sheer grace of our God with sheer license—which means doing away with Jesus Christ, our one and only Master.

Lost Stars in Outer Space

5-7 I'm laying this out as clearly as I can,

삼스럽게 여러분의 기억을 되살릴 필요가 없을 테지만, 내가 할 수 있는 한 분명하게 제시하려는 것은 이것입니다. 간략하게 말씀드리겠습니다. 주님께서 그분의 백성을 이집트 땅에서 구원해 내셨지만, 나중에 변절자들을 모두 멸하셨습니다. 또한 여러분은, 사악한 짓을 일삼기 위해 자기 자리를 지키지 않고 내팽개친 천사들의 이야기를 알고 있습니다. 그들은 지금 쇠사슬에 매여 캄캄한 곳에 갇혀 최후 심판의 날을 기다리고 있습니다. 그들과 똑같이 행하다가 성적인 황폐함에 빠진 소돔과 고모라와 그 주위 도성들은 또 다른 본보기입니다. 그 도성들은 불타고 불타도 완전히 타서 없어지지 않는 형벌을 받음으로써, 지금도 여전히 경고의 표지 역할을 하고 있습니다.

8 최근에 잠입해 들어온 이 침입자들의 프로그램도 똑같습니다. 그들은 불륜을 일삼고, 법과 통치자를 거부하며, 영광을 진창으로 끌어넣습니다.

9-11 미가엘 천사는 천사장이면서도, 모세의 시체를 놓고 마귀와 격렬한 논쟁을 벌일 때 함부로 모독적인 저주를 퍼붓지 않고, "그렇게 해서는 안된다. 하나님께서 그대를 처리하실 것이다!" 하고 말했을 뿐입니다. 그러나 저 침입자들은 자기들이 이해하지 못하는 것은 무엇이든지 깔보고 조롱합니다. 그들은 자기들이 하고 싶어 하는 것만 하고 짐승처럼 본능에 의지해 살다가, 스스로를 파멸시키고 맙니다. 나는 그들을 생각만 해도 진저리가 납니다! 그들은 가인의 길을 따라 걸었고, 탐욕 때문에 발람의 오류에 빠져들었으며, 고라처럼 반역하다가 멸망당하고 말았습니다.

12-13 그들은, 여러분이 함께 예배하고 식사할 때 나누는 여러분의 애찬을 망치는 자들입니다. 그들은 여러분의 평판을 떨어뜨립니다. 부끄러운 줄도 모른 채 흥청거리고, 아무것에도 얽매이려 하지 않습니다. 그들은 이

even though you once knew all this well enough and shouldn't need reminding. Here it is in brief: The Master saved a people out of the land of Egypt. Later he destroyed those who defected. And you know the story of the angels who didn't stick to their post, abandoning it for other, darker missions. But they are now chained and jailed in a black hole until the great Judgment Day. Sodom and Gomorrah, which went to sexual rack and ruin along with the surrounding cities that acted just like them, are another example. Burning and burning and never burning up, they serve still as a stock warning.

8 This is exactly the same program of these latest infiltrators: dirty sex, rule and rulers thrown out, glory dragged in the mud.

9-11 The Archangel Michael, who went to the mat with the Devil as they fought over the body of Moses, wouldn't have dared level him with a blasphemous curse, but said simply, "No you don't. *God* will take care of you!" But these people sneer at anything they can't understand, and by doing whatever they feel like doing—living by animal instinct only—they participate in their own destruction. I'm fed up with them! They've gone down Cain's road; they've been sucked into Balaam's error by greed; they're canceled out in Korah's rebellion.

12-13 These people are warts on your love feasts as you worship and eat together. They're giving you a black eye—carousing shamelessly, grabbing anything that isn't

와 같습니다.

> 바람에 떠밀려 사라지는 연기,
> 잎새와 열매도 없이 죽고 또 죽어서
> 뿌리째 뽑힌 늦가을 나무,
> 수치의 거품 외에는 아무것도 남기지 못
> 하는
> 바닷가 거친 파도,
> 우주에서 길을 잃고
> 짙은 어둠을 향해 가는 별들.

14-16 아담의 칠대손 에녹은 그들을 두고 이렇게 예언했습니다. "보아라! 주님께서 수천의 거룩한 천사들과 함께 오셔서, 그들 모두를 심판하실 것이다. 저마다 뻔뻔스럽게 저지른 모든 모독 행위와, 경건한 척하면서 불경스럽게 내뱉은 모든 더러운 말에 따라, 각 사람에게 유죄 판결을 내리실 것이다." 이들은 불평과 불만을 늘어놓는 자들로서, 가장 큰 빵조각을 움켜잡으려 하고, 허풍을 떨고, 자기들을 출세시켜 줄 말이라면 무엇이든 지껄입니다.

17-19 그러나 사랑하는 친구 여러분, 우리 주 예수 그리스도의 사도들이 이런 일이 일어날 것이라고 일러 준 것을 기억하십시오. "마지막 때에는 이 같은 일을 더 이상 진지하게 받아들이지 않는 자들이 나타날 것입니다. 그들은 이 일들을 농담처럼 받아들이고, 경건을 자기들의 변덕과 욕망으로 변질시킬 것입니다." 그들은 교회를 분열시키고, 자기들만 생각하는 자들입니다. 그들에게는 아무것도 없으며, 성령의 표지도 전혀 없습니다!

❧

20-21 그러나 사랑하는 친구 여러분, 여러분은 가장 거룩한 이 믿음 안에 여러분 자신을 세우십시오. 성령 안에서 기도하고,

nailed down. They're—

> Puffs of smoke pushed by gusts of wind;
>   late autumn trees stripped clean of leaf
>   and fruit,
> Doubly dead, pulled up by the roots;
>   wild ocean waves leaving nothing on the
>   beach
>   but the foam of their shame;
> Lost stars in outer space
>   on their way to the black hole.

14-16 Enoch, the seventh after Adam, prophesied of them: "Look! The Master comes with thousands of holy angels to bring judgment against them all, convicting each person of every defiling act of shameless sacrilege, of every dirty word they have spewed of their pious filth." These are the "grumpers," the bellyachers, grabbing for the biggest piece of the pie, talking big, saying anything they think will get them ahead.

17-19 But remember, dear friends, that the apostles of our Master, Jesus Christ, told us this would happen: "In the last days there will be people who don't take these things seriously anymore. They'll treat them like a joke, and make a religion of their own whims and lusts." These are the ones who split churches, thinking only of themselves. There's nothing to them, no sign of the Spirit!

❧

20-21 But you, dear friends, carefully build yourselves up in this most holy faith by praying in the Holy Spirit, staying right at

하나님의 사랑 한가운데 머무르고, 두 팔을 활짝 벌려 우리 주 예수 그리스도의 자비를 기다리십시오. 그것이야말로 영원한 생명, 참된 생명입니다!

22-23 믿음 안에서 머뭇거리는 사람들을 너그러이 대하십시오. 잘못된 길을 걷는 사람들을 찾아가십시오. 죄지은 사람들에게 마음을 쓰되, 죄는 너그럽게 대하지 마십시오. 죄 자체는 아주 나쁜 것이기 때문입니다.

24-25 여러분을 일으켜 주시고 자기 앞에 우뚝 세우셔서, 여러분의 마음을 새롭고 기쁘게 해주시는 분, 오직 한분이신 우리 하나님, 오직 한분이신 우리 구주께, 우리 주 예수 그리스도를 통해 영광과 위엄과 권능과 주권이 영원 전부터, 또한 이제와 영원까지 있기를 바랍니다. 아멘.

the center of God's love, keeping your arms open and outstretched, ready for the mercy of our Master, Jesus Christ. This is the unending life, the *real* life!

22-23 Go easy on those who hesitate in the faith. Go after those who take the wrong way. Be tender with sinners, but not soft on sin. The sin itself stinks to high heaven.

24-25 And now to him who can keep you on your feet, standing tall in his bright presence, fresh and celebrating—to our one God, our only Savior, through Jesus Christ, our Master, be glory, majesty, strength, and rule before all time, and now, and to the end of all time. Yes.

요한계시록 | 머리말

성경의 마지막은 화려하다. 환상과 노래, 재앙과 구출, 공포와 승리로 가득하다. 쇄도하는 색과 소리, 이미지와 에너지에 현기증이 날 정도다. 비록 처음에는 당혹스럽더라도 계속해서 읽어 나가다 보면, 우리는 점차 그 리듬을 파악하고, 연결점들을 깨달으며, 기독교 예배의 다차원적 행위에 참여하고 있는 우리 자신을 발견하게 된다.

예배는 네 동물들이 밤낮으로 쉬지 않고 찬송을 부르는 가운데 시작된다.

거룩하시다, 거룩하시다, 거룩하시다.
우리 주님, 주권자이신 하나님,
전에도 계셨고, 지금도 계시며, 장차 오실 분.

오, 합당하신 주님! 그렇습니다, 우리 하나님!
영광을! 존귀를! 권능을 받으소서!
주님께서 만물을 창조하셨습니다.
주님께서 원하셨기에 만물이 창조되었습니다.
(계 4:8, 11)

그리고 스물네 장로들이 함께 찬송을 부른다. 이 책의 중간쯤에서는, "구원받은 이들"이 함께 서서 모세의 노래를 부르고 어린양의 노래를 부른다.

오, 주권자이신 하나님,
주님께서 하신 일이 크고 놀랍습니다!
모든 민족의 왕이시여,
주님의 길은 의롭고 참되십니다!

The Bible ends with a flourish: vision and song, doom and deliverance, terror and triumph. The rush of color and sound, image and energy, leaves us reeling. But if we persist through the initial confusion and read on, we begin to pick up the rhythms, realize the connections, and find ourselves enlisted as participants in a multidimensional act of Christian worship.

It begins as the Four Animals chant night and day, never taking a break:

Holy, holy, holy
Is God our Master, sovereign-Strong,
THE WAS, THE IS, THE COMING...

Worthy, O Master! Yes, our God!
Take the glory! the honor! the power!
You created it all;
It was created because you wanted it.
(Revelation 4:8, 11)

The the Twenty-four Elders join in, chanting their song. By the middle of this book, the "saved ones" stand together, singing the Song of Moses and the Song of the Lamb:

Mighty your acts and marvelous,
O God, the Sovereign-Strong!
Righteous your ways and true,

하나님, 누가 주님을 두려워하지 않을 수 있
습니까?
누가 주님의 이름에 영광을 돌리지 않을 수
있습니까?
주님, 오직 주님만 홀로 거룩하시니
모든 민족이 와서 주님께 경배합니다.
그들이 주님의 심판이 옳음을 알기 때문입
니다.
(계 15:3-4)

1세기 후반 목회자였던 밧모 섬의 요한은 예
배에 마음을 둔 사람으로, 그의 최고 관심은 예
배였다. 요한계시록에 기록된 그의 환상은, 그
가 밧모라는 지중해의 한 섬에서 어느 일요일
예배를 드리는 중에 찾아왔다. 그는 육지에 있
는 일곱 교회를 순회하며 돌보는 목회자로서,
그의 주된 임무는 예배를 인도하는 것이었다.
살아 계신 하나님께 대한 응답인 예배는 사람
들을 공동체로 모아 준다. 따라서 예배를 소홀
히 하거나 왜곡하면, 공동체는 혼란에 빠지거
나 몇몇 사람들의 횡포에 시달리게 된다.

지금 우리가 사는 이 시대는 예배하기에 좋
은 시대가 아니다. 아니, 그런 시대는 애초부
터 없었다. 세상은 예배를 적대시한다. 마귀
는 예배를 증오한다. 요한계시록이 분명히 보
여주듯이, 예배는 더없이 부적합한 조건 아래
서 수행할 수밖에 없는 임무다. 어떤 그리스도
인들은 예배한다는 이유로 죽임을 당하기도
한다.

요한계시록은 수월하게 읽히는 책은 아니
다. 목사일 뿐 아니라 시인이기도 한 요한은,
은유와 상징, 이미지와 암시 등을 즐겨 사용했
다. 그것은 우리로 하여금 믿고 순종하는 가운
데 예수의 임재 안으로 들어가게 해주려는 열
망 때문이었다. 그가 우리의 지성과 상상력에
요구하는 것들은 또한 우리에게 큰 보상도 안
겨 준다. 요한과 벗이 되어 함께 예배드릴 때,
우리의 예배는 분명 전보다 더 긴박하고 기쁨

King of the nations!
Who can fail to fear you, God,
give glory to your Name?
Because you and you only are holy,
all nations will come and worship you,
because they see your judgments are
right.
(Revelation 15:3-4)

John of Patmos, a pastor of the late first
century, has worship on his mind, is
preeminently concerned with worship.
The vision, which is The Revelation,
comes to him while he is at worship on
a certain Sunday on the Mediterranean
island of Patmos. He is responsible for a
circuit of churches on the mainland whose
primary task is worship. Worship shapes
the human community in response to
the living God. If worship is neglected
or perverted, our communities fall into
chaos or under tyranny.

Our times are not propitious for
worship. The times never are. The world
is hostile to worship. The Devil hates
worship. As The Revelation makes clear,
worship must be carried out under
conditions decidedly uncongenial to it.
Some Christians even get killed because
they worship.

John's Revelation is not easy reading.
Besides being a pastor, John is a poet,
fond of metaphor and symbol, image and
allusion, passionate in his desire to bring
us into the presence of Jesus believing and
adoring. But the demands he makes on
our intelligence and imagination are well
rewarded, for in keeping company with

가득한 예배가 될 것이기 때문이다.

우리 하나님을 찬양하여라, 그분의 모든 종들아!
그분을 두려워하는, 너희 크고 작은 모든 사람들아!(계 19:5)

John, our worship of God will almost certainly deepen in urgency and joy.

Praise our God, all you his servants,
All you who fear him, small and great!
(Revelation 19:5)

요한계시록

REVELATION

1 **1-2** 이 책은 메시아 예수의 계시입니다. 하나님께서는 앞으로 일어날 일을 그분의 종들에게 분명히 보여주시려고 이 계시를 주셨습니다. 그분은 천사를 통해 이를 공포하셨고, 자신의 종 요한에게 전해 주셨습니다. 그리고 요한은 자신이 본 모든 것을 말했습니다. 하나님의 말씀, 곧 예수 그리스도의 증언을!

3 이것을 읽는 독자는 얼마나 복된 사람인지요! 이 예언의 말씀, 이 책에 기록된 모든 말씀을 듣고 지키는 이들은 얼마나 복된 사람인지요!

때가 바로 눈앞에 다가왔기 때문입니다.

지금도 계시고, 전에도 계셨고, 장차 오실 하나님

4-7 나 요한은, 아시아에 있는 일곱 교회에 이 편지를 적어 보냅니다. **지금도 계시고, 전에도 계셨고, 장차 오실 하나님**께서, 또 그분의 보좌 앞에 있는 일곱 영이, 또 충성스런 증인이자 죽은 자들 가운데서 처음 살아나신 장자이자 지상의 모든 왕을 다스리고 계신 예수 그리스도께서 여러분에게 온갖 좋은 것을 내려 주시기를 바랍니다.

우리를 사랑하셔서, 우리 삶에서 우리 죄를 피로 씻으시고
우리를 한 나라로, 그분의 아버지를 위한

1 **1-2** A revealing of Jesus, the Messiah. God gave it to make plain to his servants what is about to happen. He published and delivered it by Angel to his servant John. And John told everything he saw: God's Word—the witness of Jesus Christ!

3 How blessed the reader! How blessed the hearers and keepers of these oracle words, all the words written in this book! Time is just about up.

His Eyes Pouring Fire-Blaze

4-7 I, John, am writing this to the seven churches in Asia province: All the best to you from THE GOD WHO IS, THE GOD WHO WAS, AND THE GOD ABOUT TO ARRIVE, and from the Seven Spirits assembled before his throne, and from Jesus Christ—Loyal Witness, Firstborn from the dead, Ruler of all earthly kings.

Glory and strength to Christ, who loves us,
who blood-washed our sins from our lives,
Who made us a Kingdom, Priests for

제사장으로 삼으신 그리스도께
영광과 능력이 영원하기를!
아멘. 그분이 지금 오고 계신다!
구름 타고 오시는 분, 모든 눈이 보게 되리라.
그분을 조롱하고 죽인 자들도 보게 되리라.
모든 나라, 모든 시대의 사람들이 보고
비통해 하며 자기 옷을 찢으리라.
오, 그렇게 되기를!

8 주님께서 밝히 말씀하십니다. "나는 처음이요 마지막이다. 나는 지금도 있고, 전에도 있었고, 장차 올 하나님이다. 나는 주권자다."

9-17 예수 안에서 여러분과 함께 시련과 그 나라와 열정 어린 인내에 참여해 온 나 요한은, 하나님의 말씀, 곧 예수의 증언 때문에 밧모라 하는 섬에 있게 되었습니다. 그날은 일요일이었고, 나는 성령 안에서 기도하고 있었습니다. 그때 뒤에서 나팔소리처럼 우렁차고 쩡쩡한 큰 음성이 들려왔습니다. "네가 보는 것을 책으로 기록하여라. 그리고 그 기록한 것을 에베소, 서머나, 버가모, 두아디라, 사데, 빌라델비아, 라오디게아 일곱 교회에 보내라." 나는 그 음성을 알아보려고 돌아섰습니다.

내가 보니
일곱 가지 달린 금촛대가 있고
그 한가운데 인자가 계셨습니다.
긴 옷과 금가슴막이를 입으시고
머리는 새하얀 눈보라 치는 듯
눈은 화염을 쏟아내는 듯했고,
두 발은 화로에 달궈진 청동 같았습니다.
음성은 큰 폭포소리 같고
오른손은 일곱 별을 붙들고 계셨으며,
입은 예리한 날 선 칼,
얼굴은 바싹 다가온 태양 같았습니다.

이를 본 나는 죽은 듯 그분 발 앞에 쓰러졌습니다. 그분의 오른손이 나를 잡아 일으켜 세우셨

his Father,
    forever—and yes, he's on his way!
Riding the clouds, he'll be seen by
every eye,
    those who mocked and killed him
    will see him,
People from all nations and all times
    will tear their clothes in lament.
    Oh, Yes.

8 The Master declares, "I'm A to Z. I'm THE GOD WHO IS, THE GOD WHO WAS, AND THE GOD ABOUT TO ARRIVE. I'm the Sovereign-Strong."

9-17 I, John, with you all the way in the trial and the Kingdom and the passion of patience in Jesus, was on the island called Patmos because of God's Word, the witness of Jesus. It was Sunday and I was in the Spirit, praying. I heard a loud voice behind me, trumpet-clear and piercing: "Write what you see into a book. Send it to the seven churches: to Ephesus, Smyrna, Pergamum, Thyatira, Sardis, Philadelphia, Laodicea." I turned and saw the voice.

I saw a gold menorah
    with seven branches,
And in the center, the Son of Man,
    in a robe and gold breastplate,
    hair a blizzard of white,
Eyes pouring fire-blaze,
    both feet furnace-fired bronze,
His voice a cataract,
    right hand holding the Seven Stars,
His mouth a sharp-biting sword,
    his face a perigee sun.

고, 그분의 음성이 나를 안심시키셨습니다.
17-20 "두려워 마라. 나는 처음이요 마지막이다. 나는 살아 있다. 나는 죽었으나 살아났고, 이제 나의 생명은 영원하다. 내 손에 있는 이 열쇠들이 보이느냐? 이것은 죽음의 문들을 열고 잠그며, 지옥의 문들을 열고 잠그는 열쇠들이다. 이제 네가 보는 것을 모두 기록하여라. 지금 일어나는 일들과 곧 일어날 일들을 기록하여라. 네가 내 오른편에서 본 그 일곱 별과, 그 일곱 가지 달린 금촛대, 너는 그 이면에 담긴 의미가 무엇인지 알기 원하느냐? 일곱 별은 바로 일곱 교회의 천사들이며, 촛대의 일곱 가지는 바로 그 일곱 교회다."

에베소 교회에 보내는 말씀

2 ¹ 에베소 교회의 천사에게 이렇게 적어 보내라. 오른손에 일곱 별을 쥐고 계신 분, 일곱 금촛대의 빛 가운데를 활보하시는 분이 말씀하신다.
2-3 "나는 네가 한 일을 잘 알고 있다. 너는 수고를 아끼지 않았고, 가다가 그만두는 법이 없었다. 나는 네가 악을 그냥 두고 보지 못하는 것과, 사도 행세를 하는 자들을 뿌리째 뽑아낸 것도 알고 있다. 나는 너의 끈기와 내 일을 위해 보여준 네 용기를 알며, 네가 결코 나가떨어지는 법이 없다는 것도 알고 있다.
4-5 그러나 너는 처음 사랑에서 떠나 버렸다. 어찌 된 일이냐? 대체 무슨 일이냐? 너는 네가 얼마나 떨어져 나갔는지 알고 있느냐? 너는 루시퍼처럼 떨어져 나갔다!
다시 돌아오너라! 너의 소중한 처음 사랑을 회복하여라! 우물쭈물할 시간이 없다. 이제 내가 그 금촛대에서 네 빛을 없애 버릴 것이기 때문이다.
6 네가 잘한 일은 이것이다. 너는 니골라 당이 벌이는 일을 미워한다. 나 역시 그것을 미워한다.

I saw this and fainted dead at his feet. His right hand pulled me upright, his voice reassured me:
17-20 "Don't fear: I am First, I am Last, I'm Alive. I died, but I came to life, and my life is now forever. See these keys in my hand? They open and lock Death's doors, they open and lock Hell's gates. Now write down everything you see: things that are, things about to be. The Seven Stars you saw in my right hand and the seven-branched gold menorah—do you want to know what's behind them? The Seven Stars are the Angels of the seven churches; the menorah's seven branches are the seven churches."

To Ephesus

2 ¹ Write this to Ephesus, to the Angel of the church. The One with Seven Stars in his right-fist grip, striding through the golden seven-lights' circle, speaks:
2-3 "I see what you've done, your hard, hard work, your refusal to quit. I know you can't stomach evil, that you weed out apostolic pretenders. I know your persistence, your courage in my cause, that you never wear out.
4-5 "But you walked away from your first love—why? What's going on with you, anyway? Do you have any idea how far you've fallen? A Lucifer fall!
"Turn back! Recover your dear early love. No time to waste, for I'm well on my way to removing your light from the golden circle.
6 "You do have this to your credit: You hate the Nicolaitan business. I hate it, too.

7 너의 귀는 지금 깨어 있느냐? 귀 기울여 들어라. 바람 불어오는 그 말씀에, 교회들 가운데 불어오는 그 성령에 귀를 기울여라. 승리한 사람은 내가 곧 만찬으로 부를 것이다. 내가 하나님의 과수원에서 따온 생명나무 열매로 차린 잔치로 부를 것이다."

서머나 교회에 보내는 말씀

8 서머나 교회의 천사에게 이렇게 적어 보내라. 시작이요 끝이신 분, 최초이자 최종이신 분, 죽었다가 다시 살아나신 분이 말씀하신다.
9 "나는 너의 고통과 가난을, 네가 겪고 있는 그 끝없는 고통과 비참한 가난을 잘 알고, 또한 너의 부요함도 잘 알고 있다. 나는 훌륭한 유대인인 척하는 자들, 그러나 실은 사탄의 무리에 속하는 자들의 주장에 담긴 그 거짓을 잘 알고 있다.
10 네가 곧 겪게 될 일들을 조금도 두려워하지 마라. 다만 경계를 갖추고 있어라! 아무것도 두려워 마라! 마귀가 곧 너를 감옥에 던져 넣을 것이나, 이 시험의 때는 열흘뿐이다. 곧 끝난다.
목숨을 잃는 한이 있어도 결코 포기하지 마라. 믿음으로 끝까지 견뎌 내라. 내가 너를 위해 준비해 둔 생명의 면류관이 있다.
11 너의 귀는 지금 깨어 있느냐? 귀 기울여 들어라. 바람 불어오는 그 말씀에, 교회들 가운데 불어오는 그 성령에 귀를 기울여라. 그리스도께 속한 승리한 사람은 마귀와 죽음으로부터 안전하다."

버가모 교회에 보내는 말씀

12 버가모 교회의 천사에게 이렇게 적어 보내라. 날 선 칼을 가지신 분께서 칼을 꺼내 드신다. 칼집과 같은 입에서 칼과 같은 말씀이 나온다.
13 "나는 네가 어디 사는지 잘 안다. 너는 사탄의 보좌 바로 밑에 살고 있다. 그럼에도 너는

7 "Are your ears awake? Listen. Listen to the Wind Words, the Spirit blowing through the churches. I'm about to call each conqueror to dinner. I'm spreading a banquet of Tree-of-Life fruit, a supper plucked from God's orchard."

To Smyrna

8 Write this to Smyrna, to the Angel of the church. The Beginning and Ending, the First and Final One, the Once Dead and Then Come Alive, speaks:
9 "I can see your pain and poverty—constant pain, dire poverty—but I also see your wealth. And I hear the lie in the claims of those who pretend to be good Jews, who in fact belong to Satan's crowd.
10 "Fear nothing in the things you're about to suffer—but stay on guard! Fear nothing! The Devil is about to throw you in jail for a time of testing—ten days. It won't last forever.
"Don't quit, even if it costs you your life. Stay there believing. I have a Life-Crown sized and ready for you.
11 "Are your ears awake? Listen. Listen to the Wind Words, the Spirit blowing through the churches. Christ-conquerors are safe from Devil-death."

To Pergamum

12 Write this to Pergamum, to the Angel of the church. The One with the sharp-biting sword draws from the sheath of his mouth—out come the sword words:
13 "I see where you live, right under the shadow of Satan's throne. But you

담대히 내 이름 안에 머물렀다. 최악의 압박 가운데서도, 사탄의 관할 구역에서 내게 끝까지 신실했던 나의 증인 안디바가 순교할 때도, 너는 한 번도 내 이름을 부인하지 않았다.

14-15 그런데 왜 너는 그 발람의 무리를 받아 주느냐? 발람이 맞서야 할 원수였다는 것을, 그가 발락을 부추겨 사악한 잔치를 열고 이스라엘의 거룩한 순례길을 방해했던 자인 것을 기억하지 못하느냐? 왜 똑같은 짓을 하고 있는 니골라 당을 참아 주느냐?

16 이제 그만! 더 이상 그들을 용납하지 마라. 내가 곧 네게 갈 것이다. 나는 그들이 너무도 싫다. 내 말씀의 날 선 칼로 그들을 갈기갈기 찢을 것이다.

17 너의 귀는 지금 깨어 있느냐? 귀 기울여 들어라. 바람 불어오는 그 말씀에, 교회들 가운데 불어오는 그 성령에 귀를 기울여라. 나는 승리한 사람에게 거룩한 만나를 줄 것이다. 또한 나는 너의 새 이름, 너의 비밀한 새 이름이 새겨진 깨끗하고 부드러운 돌을 줄 것이다."

두아디라 교회에 보내는 말씀

18 두아디라 교회의 천사에게 이렇게 적어 보내라. 눈은 화염을 쏟아내는 듯하고, 발은 화로에 달궈진 청동 같으신 하나님의 아들이 이렇게 말씀하신다.

19 "나는 네가 나를 위해 하고 있는 일을 잘 안다. 그 사랑과 믿음, 봉사와 끈기는 참으로 인상적이다! 그렇다. 대단히 인상적이다! 게다가 날이 갈수록 너는 더욱 열심이다.

20-23 그러나 어찌하여 너는 자칭 예언자라 하는 이세벨이, 나의 아끼는 종들을 십자가를 부인하는 종교로, 자아에 탐닉하는 종교로 꾀는 것을 보고만 있느냐? 나는 그녀에게 돌아설 기회를 주었으나, 그녀는 자신의 신(神) 장사를 그만둘 뜻이 없다. 나는 '섹스

continue boldly in my Name; you never once denied my Name, even when the pressure was worst, when they martyred Antipas, my witness who stayed faithful to me on Satan's turf.

14-15 "But why do you indulge that Balaam crowd? Don't you remember that Balaam was an enemy agent, seducing Balak and sabotaging Israel's holy pilgrimage by throwing unholy parties? And why do you put up with the Nicolaitans, who do the same thing?

16 "Enough! Don't give in to them; I'll be with you soon. I'm fed up and about to cut them to pieces with my sword-sharp words.

17 "Are your ears awake? Listen. Listen to the Wind Words, the Spirit blowing through the churches. I'll give the sacred manna to every conqueror; I'll also give a clear, smooth stone inscribed with your new name, your secret new name."

To Thyatira

18 Write this to Thyatira, to the Angel of the church. God's Son, eyes pouring fire-blaze, standing on feet of furnace-fired bronze, says this:

19 "I see everything you're doing for me. Impressive! The love and the faith, the service and persistence. Yes, very impressive! You get better at it every day.

20-23 "But why do you let that Jezebel who calls herself a prophet mislead my dear servants into Cross-denying, self-indulging religion? I gave her a chance to change her ways, but she has no intention of giving up a career in the god-business. I'm about to lay her low, along with her partners, as they

종교' 게임을 벌이는 그녀와 그 동업자들을 곧 병들게 할 것이다. 그 우상숭배의 매춘 행위에서 태어나는 사생아들을 내가 죽일 것이다. 그러면 내가 겉모습에 감동받지 않는다는 것을 온 교회가 알게 될 것이다. 나는 마음속을 꿰뚫어 보며, 네가 자초한 일을 네가 반드시 당하도록 만든다.

²⁴⁻²⁵ 너희 나머지 두아디라 사람들, 이런 불법과 무관하며, 심오한 것인 양 선전하는 이런 마귀와의 장난질을 경멸하는 너희들은 안심해도 좋다. 나는 너희 삶을 지금보다 더 어렵게 만들지 않을 것이다. 내가 갈 때까지 너희가 가진 그 진리를 굳게 지켜라.

²⁶⁻²⁸ 승리하는 모든 사람, 끝까지 포기하기를 거부하는 모든 사람에게 내가 줄 보상은 이것이다. 너는 민족들을 다스리게 될 것이며, 목자이자 왕으로서 너의 통치는 쇠지팡이처럼 굳건할 것이다. 그 민족들의 저항은 질그릇처럼 쉽게 깨어질 것이다. 이는 내 아버지께서 내게 주신 선물인데, 나는 그것을 네게 전해 준다. 또 그것과 더불어, 새벽별을 주겠다!

²⁹ 너의 귀는 지금 깨어 있느냐? 귀 기울여 들어라. 바람 불어오는 그 말씀에, 교회들 가운데 불어오는 그 성령에 귀를 기울여라."

사데 교회에 보내는 말씀

3 ¹ 사데 교회의 천사에게 이렇게 적어 보내라. 한 손으로는 하나님의 일곱 영을 붙들고 계시고, 다른 손으로는 일곱 별을 쥐고 계신 분이 말씀하신다.

"나는 네 일을 정확히 꿰뚫고 있다. 너는 원기 왕성한 것으로 유명하다만, 그러나 실은 죽은 자다. 돌처럼 죽어 있다.

²⁻³ 일어서라! 숨을 깊게 내쉬어라! 어쩌면 네 안에 아직 생명이 남아 있을지 모른다. 그러나 네가 벌이는 그 분주한 일들로 봐서는 과연 그런지 나는 모르겠다. 네 일에서, 하

play their sex-and-religion games. The bastard offspring of their idol-whoring I'll kill. Then every church will know that appearances don't impress me. I x-ray every motive and make sure you get what's coming to you.

²⁴⁻²⁵ "The rest of you Thyatirans, who have nothing to do with this outrage, who scorn this playing around with the Devil that gets paraded as profundity, be assured I'll not make life any harder for you than it already is. Hold on to the truth you have until I get there.

²⁶⁻²⁸ "Here's the reward I have for every conqueror, everyone who keeps at it, refusing to give up: You'll rule the nations, your Shepherd-King rule as firm as an iron staff, their resistance fragile as clay pots. This was the gift my Father gave me; I pass it along to you–and with it, the Morning Star!

²⁹ "Are your ears awake? Listen. Listen to the Wind Words, the Spirit blowing through the churches."

To Sardis

3 ¹ Write this to Sardis, to the Angel of the church. The One holding the Seven Spirits of God in one hand, a firm grip on the Seven Stars with the other, speaks:

"I see right through your work. You have a reputation for vigor and zest, but you're dead, stone-dead.

²⁻³ "Up on your feet! Take a deep breath! Maybe there's life in you yet. But I wouldn't know it by looking at your busywork; nothing of *God's* work

나님의 일은 이뤄진 것이 아무것도 없다. 지금 네 상태는 절망적이다. 네가 전에 두 손에 받았던 그 선물을, 네가 귀로 들었던 그 **메시지를** 생각하여라. 다시 그것을 붙잡고, 하나님께 돌아가라.

그러지 않고서 하나님은 안중에도 없이 이불을 머리 위까지 뒤집어쓰고 계속 잠을 잔다면, 나는 네가 전혀 생각지 못한 때에 돌아와서 네 삶에 한밤의 도둑처럼 들이닥칠 것이다.

4 사데에는 여전히 예수를 따르는 이들 몇이 있다. 그들은 세상의 길을 따라 쓰레기 더미에서 뒹굴지 않은 사람들이다. 그들은 나와 더불어 행진하게 될 것이다! 그들은 그럴 자격이 있음을 증명해 보였다!

5 승리하는 사람들은 그 개선 행진에 참여하게 된다. 그들의 이름은 생명책에서 지워지지 않을 것이다. 나는 그들을 위로 데리고 올라가서, 내 아버지와 그분의 천사들에게 이름 불러 소개할 것이다.

6 너의 귀는 지금 깨어 있느냐? 귀 기울여 들어라. 바람 불어오는 그 말씀에, 교회들 가운데 불어오는 그 성령에 귀를 기울여라."

빌라델비아 교회에 보내는 말씀

7 빌라델비아 교회의 천사에게 이렇게 적어 보내라. 거룩하신 분, 참되신 분, 다윗의 열쇠를 손에 가지신 분, 문을 여시면 아무도 잠글 수 없고, 문을 잠그시면 아무도 열 수 없는 분께서 말씀하신다.

8 "나는 네가 한 일을 잘 안다. 이제 내가 한 일이 무엇인지 보아라. 나는 네 앞에 문을 하나 열어 두었다. 그것은 아무도 닫을 수 없는 문이다. 네가 힘이 미약하다는 것을 나도 알고 있다. 그럼에도 너는 내 말을 지키기 위해 네 있는 힘을 다했다. 너는 힘든 시절에도 나를 부인하지 않았다.

9 자칭 참된 그리스도인이라고 하나 실은 전혀 그렇지 않은 이들, 실제로는 사탄 클럽에 속해

has been completed. Your condition is desperate. Think of the gift you once had in your hands, the Message you heard with your ears—grasp it again and turn back to God.

"If you pull the covers back over your head and sleep on, oblivious to God, I'll return when you least expect it, break into your life like a thief in the night.

4 "You still have a few followers of Jesus in Sardis who haven't ruined themselves wallowing in the muck of the world's ways. They'll walk with me on parade! They've proved their worth!

5 "Conquerors will march in the victory parade, their names indelible in the Book of Life. I'll lead them up and present them by name to my Father and his Angels.

6 "Are your ears awake? Listen. Listen to the Wind Words, the Spirit blowing through the churches."

To Philadelphia

7 Write this to Philadelphia, to the Angel of the church. The Holy, the True—David's key in his hand, opening doors no one can lock, locking doors no one can open—speaks:

8 "I see what you've done. Now see what *I've* done. I've opened a door before you that no one can slam shut. You don't have much strength, I know that; you used what you had to keep my Word. You didn't deny me when times were rough.

9 "And watch as I take those who call themselves true believers but are

있는 그 위장꾼들을 내가 어떻게 하는지 지켜보아라. 나는 그들의 가식을 드러낼 것이고, 그렇게 되면 그들은 내가 사랑하는 사람이 바로 너라는 사실을 인정하게 될 것이다.

10 네가 열정 어린 인내로 내 말을 지켰으니, 나는 이제 곧 찾아올 시련의 때에 너를 안전하게 지켜 줄 것이다. 그때는 온 땅의 모든 남자와 여자와 아이들이 시험을 받는 때다.

11 내가 가고 있다. 곧 갈 것이다. 네가 가지고 있는 것을 꼭 붙들고 지켜서, 아무도 너를 미혹하여 네 면류관을 훔쳐 가지 못하게 하여라.

12 나는 승리한 사람마다 내 하나님의 성소 기둥으로, 영원한 존귀의 자리로 삼을 것이다. 그러고는 나는 네 위에, 그 기둥들 위에 내 하나님의 이름과 하나님의 도성, 곧 하늘로부터 내려오는 새 예루살렘의 이름, 그리고 나의 새 이름을 적을 것이다.

13 너의 귀는 지금 깨어 있느냐? 귀 기울여 들어라. 바람 불어오는 그 말씀에, 교회들 가운데 불어오는 그 성령에 귀를 기울여라."

라오디게아 교회에 보내는 말씀

14 라오디게아 교회의 천사에게 이렇게 적어 보내라. 하나님의 '예'이신 분, 신실하고 확실한 증인이신 분, 하나님 창조의 으뜸이신 분이 말씀하신다.

15-17 "나는 너를 속속들이 아는데, 네게서는 내가 좋아할 만한 구석을 거의 찾을 수 없다. 너는 차갑지도 않고 뜨겁지도 않다. 차갑거나, 아니면 뜨거웠으면 훨씬 더 낫겠다! 너는 진부하다. 너는 정체되었다. 너는 나를 토하고 싶도록 만든다. 너는 '나는 부자다, 나는 성공했다, 나는 부족한 것이 없다'고 자랑한다. 자신이 실제로는 가련하고, 눈멀고, 누더기 옷에, 집 없는 거지라는 사실을 알지 못하고서 말이다.

nothing of the kind, pretenders whose true membership is in the club of Satan—watch as I strip off their pretensions and they're forced to acknowledge it's you that I've loved.

10 "Because you kept my Word in passionate patience, I'll keep you safe in the time of testing that will be here soon, and all over the earth, every man, woman, and child put to the test.

11 "I'm on my way; I'll be there soon. Keep a tight grip on what you have so no one distracts you and steals your crown.

12 "I'll make each conqueror a pillar in the sanctuary of my God, a permanent position of honor. Then I'll write names on you, the pillars: the Name of my God, the Name of God's City—the new Jerusalem coming down out of Heaven—and my new Name.

13 "Are your ears awake? Listen. Listen to the Wind Words, the Spirit blowing through the churches."

To Laodicea

14 Write to Laodicea, to the Angel of the church. God's Yes, the Faithful and Accurate Witness, the First of God's creation, says:

15-17 "I know you inside and out, and find little to my liking. You're not cold, you're not hot—far better to be either cold or hot! You're stale. You're stagnant. You make me want to vomit. You brag, 'I'm rich, I've got it made, I need nothing from anyone,' oblivious that in fact you're a pitiful, blind beggar, threadbare and homeless.

¹⁸ 나는 네가 이렇게 하기를 바란다. 나에게서 네 금을 사라. 불로 정련된 금이다. 그러면 너는 부자가 될 것이다. 나에게서 네 옷을 사라. 하늘에서 디자인된 옷이다. 너는 너무 오랫동안 거의 벌거벗은 채로 돌아다녔다. 내게서 네 눈에 바를 약을 사라. 볼 수 있도록, 정말로 볼 수 있도록 말이다.

¹⁹ 나는 내가 사랑하는 이들을 책망한다. 자극하고 고치고 인도해서, 그들이 최선의 삶을 살 수 있도록 해준다. 일어나라! 뒤로 돌아서라! 하나님을 향해 뛰어가라!

²⁰⁻²¹ 나를 보아라. 지금 내가 문 앞에 서 있다. 내가 노크하고 있다. 만일 내가 부르는 소리를 네가 듣고 문을 열면, 나는 곧장 들어가 너와 더불어 앉아 만찬을 나눌 것이다. 승리한 사람들은 상석에, 내 옆 자리에 앉게 될 것이다. 내가 승리했으므로, 내 아버지 옆의 존귀한 자리에 앉게 된 것과 같다. 이것이 승리한 사람들에게 주는 내 선물이다!

²² 너의 귀는 지금 깨어 있느냐? 귀 기울여 들어라. 바람 불어오는 그 말씀에, 교회들 가운데 불어오는 그 성령에 귀 기울여라."

하늘의 예배

4 ¹ 그 후에 보니, 아! 하늘에 문이 하나 열려 있었습니다. 나팔소리 같은 음성, 앞선 환상에서 들었던 그 음성이 소리쳐 나를 불렀습니다. "이리로 올라오너라. 들어오너라. 내가 네게 다음 일을 보여주겠다."

²⁻⁶ 곧 나는 깊은 예배 가운데 빠져들었고, 그러고 보니 아! 하늘에 보좌 하나가 놓인 것과 그 보좌에 앉아 계신 분이 보였습니다. 거기에는 온통 호박(琥珀) 옥빛이 가득하고 에메랄드빛이 이글대고 있었습니다. 보좌 주위를 스물네 개의 보좌가 둘러싸고 있었는데, 흰 옷을 입고 머리에는 금면류관을 쓴 스물네 명의 장로가 거기 앉아 있었습니다. 번쩍이는 섬광과 천둥소리가 보좌로부터 고동치

A Door into Heaven

4 ¹ Then I looked, and, oh!—a door open into Heaven. The trumpet-voice, the first voice in my vision, called out, "Ascend and enter. I'll show you what happens next."

²⁻⁶ I was caught up at once in deep worship and, oh!—a Throne set in Heaven with One Seated on the Throne, suffused in gem hues of amber and flame with a nimbus of emerald. Twenty-four thrones circled the Throne, with Twenty-four Elders seated, white-robed, gold-crowned. Lightning flash and thunder crash pulsed from the Throne. Seven fire-blazing

듯 들려왔습니다. 보좌 앞에는 일곱 횃불이 타오르며 서 있었습니다(이들은 하나님의 일곱 겹의 영입니다). 그 보좌 앞은 수정처럼 맑은 바다가 펼쳐져 있는 듯했습니다.

6-8 보좌 주위를 돌아다니는 네 동물이 있었는데, 온통 눈으로 가득했습니다. 앞을 보는 눈, 뒤를 보는 눈. 첫 번째 동물은 사자 같았고, 두 번째 동물은 황소 같았고, 세 번째 동물은 사람의 얼굴을 가졌으며, 네 번째 동물은 날고 있는 독수리 같았습니다. 네 동물 모두 날개를 가졌는데, 각각 여섯 날개가 달려 있었습니다. 그 날개는 온통 눈으로 가득했고, 그 눈들은 주위와 안쪽을 보고 있었습니다. 그들은 밤낮으로 쉬지 않고 찬송을 불렀습니다.

거룩하시다, 거룩하시다, 거룩하시다.
우리 주님, 주권자이신 하나님,
전에도 계셨고, 지금도 계시며, 장차 오실 분.

9-11 그 동물들이 보좌에 앉아 계신 분께—영원무궁토록 살아 계신 분께—영광과 존귀와 감사를 드릴 때마다, 스물네 장로는 얼굴을 바닥에 대고 보좌에 앉으신 분 앞에 엎드렸습니다. 그들은 영원무궁토록 살아 계신 분께 예배했습니다. 그들은 보좌 앞에 자기들의 면류관을 벗어 놓고서 찬송을 불렀습니다.

오, 합당하신 주님! 그렇습니다, 우리 하나님!
영광을! 존귀를! 권능을 받으소서!
주님께서 만물을 창조하셨습니다.
주님께서 원하셨기에 만물이 창조되었습니다.

보좌에 앉아 계신 어린양

5 1-2 나는 보좌에 앉아 계신 분의 오른손에 두루마리가 있는 것을 보았습니다. 그것은 안팎으로 글이 적혀 있었고, 일곱 개의 인으로 봉해져 있었습니다. 나는 또 힘센 천사가 천둥과 같은 음성으로 이렇게 외치는 것을 보았

torches fronted the Throne (these are the Sevenfold Spirit of God). Before the Throne it was like a clear crystal sea.

6-8 Prowling around the Throne were Four Animals, all eyes. Eyes to look ahead, eyes to look behind. The first Animal like a lion, the second like an ox, the third with a human face, the fourth like an eagle in flight. The Four Animals were winged, each with six wings. They were all eyes, seeing around and within. And they chanted night and day, never taking a break:

Holy, holy, holy
Is God our Master, Sovereign-Strong,
THE WAS, THE IS, THE COMING.

9-11 Every time the Animals gave glory and honor and thanks to the One Seated on the Throne—the age-after-age Living One—the Twenty-four Elders would fall prostrate before the One Seated on the Throne. They worshiped the age-after-age Living One. They threw their crowns at the foot of the Throne, chanting,

Worthy, O Master! Yes, our God!
Take the glory! the honor! the power!
You created it all;
It was created because you wanted it.

The Lion Is a Lamb

5 1-2 I saw a scroll in the right hand of the One Seated on the Throne. It was written on both sides, fastened with seven seals. I also saw a powerful Angel, calling out in a voice like thunder, "Is there anyone who can open the scroll, who can

습니다. "저 두루마리를 펼 수 있는 자, 저 봉인을 뜯을 수 있는 자 누구 없는가?"

3 아무도 없었습니다. 하늘에도, 땅에도, 땅 밑에도, 그 두루마리를 펴서 읽을 수 있는 자가 아무도 없었습니다.

4-5 그 두루마리를 펴서 읽을 수 있는 자가 아무도 없는 것을 보고서, 나는 울고 울고 또 울었습니다. 장로들 가운데 하나가 말했습니다. "울지 마라. 보아라. 유다 지파에서 나신 사자이신 분, 다윗 나무의 뿌리이신 분께서 승리를 거두셨다. 그분은 저 두루마리를 펴실 수 있고, 일곱 봉인을 떼실 수 있다."

6-10 그래서 내가 보니, 한 어린양이 보좌와 동물과 장로들로 둘러싸여 계셨습니다. 그분은 전에 도살되었으나 이제 우뚝 서 계신 어린양이었습니다. 그분은 일곱 뿔을 가졌고 또 일곱 눈을 가졌는데, 그 눈은 모든 땅에 보내진 하나님의 일곱 영이었습니다. 그분이 보좌에 앉아 계신 분께 가서, 그분의 오른손에서 두루마리를 받아 드셨습니다. 그분이 두루마리를 받아 드는 순간, 네 동물과 스물네 장로가 바닥에 엎드려 어린양께 경배했습니다. 각각 하프와 향이 가득한 금대접을 들고 있었는데, 그 향은 하나님의 거룩한 백성의 기도였습니다. 그리고 그들은 새 노래를 불렀습니다.

합당하십니다! 두루마리를 받으시고 그 봉인을 떼소서.
죽임당하신 분! 주님은 피로 값을 치르시고 사람들을 사셨습니다.
그들을 온 땅으로부터 다시 데려오셨습니다.
그들을 하나님께로 다시 데려오셨습니다.
주님께서 그들을 한 나라와, 우리 하나님을 섬기는 제사장과
온 땅을 다스리는 제사장–왕이 되게 하셨습니다.

break its seals?"

3 There was no one—no one in Heaven, no one on earth, no one from the underworld—able to break open the scroll and read it.

4-5 I wept and wept and wept that no one was found able to open the scroll, able to read it. One of the Elders said, "Don't weep. Look—the Lion from Tribe Judah, the Root of David's Tree, has conquered. He can open the scroll, can rip through the seven seals."

6-10 So I looked, and there, surrounded by Throne, Animals, and Elders, was a Lamb, slaughtered but standing tall. Seven horns he had, and seven eyes, the Seven Spirits of God sent into all the earth. He came to the One Seated on the Throne and took the scroll from his right hand. The moment he took the scroll, the Four Animals and Twenty-four Elders fell down and worshiped the Lamb. Each had a harp and each had a bowl, a gold bowl filled with incense, the prayers of God's holy people. And they sang a new song:

Worthy! Take the scroll, open its seals.
Slain! Paying in blood, you bought men and women,
Bought them back from all over the earth,
Bought them back for God.
Then you made them a Kingdom, Priests for our God,
Priest-kings to rule over the earth.

11-14 나는 또 보았습니다. 보좌와 동물과 장로들 주위에서 수천 수백만 천사들이 큰소리로 함께 노래 부르는 소리를 들었습니다.

> 죽임당하신 어린양은 합당하시다!
> 권능과 부와 지혜와 능력을 받으소서!
> 존귀와 영광과 찬양을 받으소서!

그리고 나는 하늘과 땅, 땅 밑과 바다의 모든 창조물이, 모든 곳의 모든 목소리가, 다 함께 한목소리로 노래하는 소리를 들었습니다.

> 보좌에 앉아 계신 분께! 그 어린양께!
> 찬양과 존귀와 영광과 권능이,
> 영원무궁토록!

네 동물은 "오, 그렇습니다!" 하고 소리쳤고, 장로들은 무릎 꿇어 경배했습니다.

두루마리의 봉인을 떼다

6 1-2 나는 어린양이 일곱 봉인 중 첫째 봉인을 떼시는 것을 지켜보았습니다. 나는 그 동물 가운데 하나가 포효하는 소리를 들었습니다. "나오너라!" 내가 보니, 흰 말이 보였습니다. 그 위에 탄 이는 활을 들고 있었고 승리의 면류관을 받아 썼습니다. 그는 좌우로 승리를 거두며, 의기양양하게 나아갔습니다.
3-4 어린양이 두 번째 봉인을 떼시자, 두 번째 동물이 외치는 소리가 들려왔습니다. "나오너라!" 또 말이 나타났는데, 이번에는 붉은 말이었습니다. 그 위에 탄 이는 땅에서 평화를 없애는 일을 맡았습니다. 그는 사람들이 서로 목 조르고 죽이도록 했습니다. 그에게는 거대한 칼이 주어졌습니다.

11-14 I looked again. I heard a company of Angels around the Throne, the Animals, and the Elders—ten thousand times ten thousand their number, thousand after thousand after thousand in full song:

> The slain Lamb is worthy!
> Take the power, the wealth, the wisdom, the strength!
> Take the honor, the glory, the blessing!

Then I heard every creature in Heaven and earth, in underworld and sea, join in, all voices in all places, singing:

> To the One on the Throne! To the Lamb!
> The blessing, the honor, the glory, the strength,
> For age after age after age.

The Four Animals called out, "Oh, Yes!" The Elders fell to their knees and worshiped.

Unsealing the Scroll

6 1-2 I watched while the Lamb ripped off the first of the seven seals. I heard one of the Animals roar, "Come out!" I looked—I saw a white horse. Its rider carried a bow and was given a victory garland. He rode off victorious, conquering right and left.
3-4 When the Lamb ripped off the second seal, I heard the second Animal cry, "Come out!" Another horse appeared, this one red. Its rider was off to take peace from the earth, setting people at each other's throats, killing one another. He was given a huge sword.

5-6 어린양이 세 번째 봉인을 떼시자, 세 번째 동물이 외치는 소리가 들려왔습니다. "나오너라!" 내가 보니, 이번에는 검은 말이었습니다. 그 위에 탄 이는 손에 저울을 들고 있었습니다. 한 메시지가 들려왔습니다(이는 네 동물에게서 나오는 것 같았습니다). "하루 품삯으로 고작 밀 한 되, 혹은 보리 석 되를 살 수 있을 뿐이다. 기름과 포도주는 꿈도 못 꾼다."

7-8 어린양이 네 번째 봉인을 떼시자, 네 번째 동물이 외치는 소리가 들려왔습니다. "나오너라!" 내가 보니, 핏기 없는 창백한 말이었습니다. 그 위에 탄 이는 죽음이었고, 그 뒤를 지옥이 바싹 따르고 있었습니다. 그들에게는 전쟁과 기근과 질병과 들짐승들로 땅의 사분의 일을 멸할 수 있는 힘이 주어졌습니다.

9-11 어린양이 다섯 번째 봉인을 떼시자, 흔들리지 않고 하나님의 말씀을 증언하느라 죽임당한 이들의 영혼이 보였습니다. 그들은 제단 아래 모여서 큰소리로 기도하며 외쳤습니다. "얼마나 더 기다려야 합니까? 거룩하고 참되신, 능력의 하나님! 얼마나 더 기다려야 주님이 나서서 우리를 죽인 자들에게 앙갚음해 주시겠습니까?" 그러자 순교자 각 사람에게 흰 옷이 주어졌고, 그들은 믿음 안에서 동료된 종들과 친구들 중에서 그들처럼 순교자가 될 이들의 수가 다 채워질 때까지 더 앉아서 기다리라는 말씀을 들었습니다.

12-17 나는 어린양이 여섯 번째 봉인을 떼시는 것을 지켜보았습니다. 그러자 지축을 흔드는 거대한 지진이 일어나고, 태양이 칠흑처럼 검게 변하고, 달이 온통 핏빛이 되었으며, 별들이 강풍에 흔들리는 무화과나무 열매처럼 하늘에서 떨어지고, 하늘이 책처럼 턱 하고 덮히고, 섬과 산들이 이쪽저쪽으로 미끄러져 다녔습니다. 아수라장이 벌어졌습니다. 왕과 통치자와 장군과 부자와 권력자들 할 것 없이, 노예든 자유인이든 할 것 없이, 모든 사람이 너나없이 다 숨을 곳을 찾아 뛰어다녔습니다. 그들은 모두 산속 동굴과

5-6 When he ripped off the third seal, I heard the third Animal cry, "Come out!" I looked. A black horse this time. Its rider carried a set of scales in his hand. I heard a message (it seemed to issue from the Four Animals): "A quart of wheat for a day's wages, or three quarts of barley, but all the oil and wine you want."

7-8 When he ripped off the fourth seal, I heard the fourth Animal cry, "Come out!" I looked. A colorless horse, sickly pale. Its rider was Death, and Hell was close on its heels. They were given power to destroy a fourth of the earth by war, famine, disease, and wild beasts.

9-11 When he ripped off the fifth seal, I saw the souls of those killed because they had held firm in their witness to the Word of God. They were gathered under the Altar, and cried out in loud prayers, "How long, Strong God, Holy and True? How long before you step in and avenge our murders?" Then each martyr was given a white robe and told to sit back and wait until the full number of martyrs was filled from among their servant companions and friends in the faith.

12-17 I watched while he ripped off the sixth seal: a bone-jarring earthquake, sun turned black as ink, moon all bloody, stars falling out of the sky like figs shaken from a tree in a high wind, sky snapped shut like a book, islands and mountains sliding this way and that. And then pandemonium, everyone and his dog running for cover—kings, princes, generals, rich and strong, along with every commoner, slave or free.

바위굴에 숨어서 산과 바위를 향해 소리쳤습니다. "우리를 숨겨 다오! 저기 보좌에 앉아 계신 분께로부터, 그 어린양의 진노로부터 우리를 숨겨 다오! 그들이 진노하시는 큰 날이 이르렀으니, 누가 버틸 수 있겠느냐?"

도장을 받은 하나님의 종들

7 ¹ 그 후에 나는 천사 넷이 땅의 네 모퉁이에 서 있는 것을 보았습니다. 그들은 땅이나 바다에 바람이 불지 못하도록, 나뭇가지를 살랑거리게 하는 바람조차 없도록, 사방의 바람들을 꼭 붙들고 서 있었습니다.

²⁻³ 또한 나는 다른 천사가 살아 계신 하나님의 도장을 들고서 해 돋는 쪽에서 올라오는 것을 보았습니다. 그는 땅과 바다를 해하는 임무를 부여받은 네 천사에게 천둥소리처럼 외쳤습니다. "땅을 해하지 마라! 바다를 해하지 마라! 내가 우리 하나님의 종들의 이마에 도장을 다 찍기 전까지는 나무 하나도 해하지 마라!"

⁴⁻⁸ 나는 도장을 받은 이들의 수가 얼마인지를 들었습니다. 144,000명! 도장을 받은 이들은 이스라엘 각 지파에서 나온 사람들이었습니다. 도장을 받은 이들은 유다 지파에서 12,000명, 르우벤 지파에서 12,000명, 갓 지파에서 12,000명, 아셀 지파에서 12,000명, 납달리 지파에서 12,000명, 므낫세 지파에서 12,000명, 시므온 지파에서 12,000명, 레위 지파에서 12,000명, 잇사갈 지파에서 12,000명, 스불론 지파에서 12,000명, 요셉 지파에서 12,000명, 베냐민 지파에서 12,000명이었습니다.

❧

⁹⁻¹² 나는 또 보았습니다. 거대한 무리의 사람들, 헤아릴 수 없이 많은 수의 사람들이 보였습니다. 모두가 그곳에 있었습니다. 모든 나라, 모든 지파, 모든 종족, 모든 언어가 그곳에 있었습니다. 그들은 서 있었습니다. 그들은 흰

They hid in mountain caves and rocky dens, calling out to mountains and rocks, "Refuge! Hide us from the One Seated on the Throne and the wrath of the Lamb! The great Day of their wrath has come—who can stand it?"

The Servants of God

7 ¹ Immediately I saw Four Angels standing at the four corners of earth, standing steady with a firm grip on the four winds so no wind would blow on earth or sea, not even rustle a tree.

²⁻³ Then I saw another Angel rising from where the sun rose, carrying the seal of the Living God. He thundered to the Four Angels assigned the task of hurting earth and sea, "Don't hurt the earth! Don't hurt the sea! Don't so much as hurt a tree until I've sealed the servants of our God on their foreheads!"

⁴⁻⁸ I heard the count of those who were sealed: 144,000! They were sealed out of every Tribe of Israel: 12,000 sealed from Judah, 12,000 from Reuben, 12,000 from Gad, 12,000 from Asher, 12,000 from Naphtali, 12,000 from Manasseh, 12,000 from Simeon, 12,000 from Levi, 12,000 from Issachar, 12,000 from Zebulun, 12,000 from Joseph, 12,000 sealed from Benjamin.

❧

⁹⁻¹² I looked again. I saw a huge crowd, too huge to count. Everyone was there—all nations and tribes, all races and languages. And they were standing, dressed in white robes and waving palm

옷을 입고 종려나무 가지를 흔들며, 보좌와 어린양 앞에 서서 전심으로 노래를 불렀습니다.

구원은 보좌에 앉아 계신 우리 하나님께!
구원은 어린양께 있도다!

보좌 주위에 서 있는 모든 이들—천사들, 장로들, 동물들—이 보좌 앞 바닥에 얼굴을 대고 엎드려서, 하나님께 경배하며 노래했습니다.

참으로 그렇다!
찬양과 영광과 지혜와 감사,
존귀와 힘과 능력이,
우리 하나님께 영원히, 영원무궁히 있도다!
참으로 그렇다!

13-14 바로 그때 장로들 중 하나가 나를 불렀습니다. "저기 흰 옷을 입은 이들은 누구인가? 그들은 어디서 온 이들인가?" 흠칫 놀란 나는 말했습니다. "장로님, 저는 도무지 모르겠습니다. 하지만 분명 장로님은 아실 것입니다."

14-17 그러자 그가 내게 말했습니다. "저들은 큰 환난을 겪은 이들인데, 그들은 어린양의 피로 자기들의 옷을 빨아 희게 만들었다. 그래서 그들이 하나님의 보좌 앞에 서 있는 것이다. 그들은 그분의 성전에서 밤낮으로 그분을 섬기고 있다. 그 보좌에 앉아 계신 분께서 그곳에 그들을 위해 그분의 장막을 쳐 주실 것이다. 더 이상 굶주림이나, 목마름이나, 불볕이 없을 것이다. 그 보좌에 앉아 계신 어린양이 그들의 목자가 되셔서, 생명수 솟아나는 샘으로 그들을 인도하실 것이다. 하나님께서 그들의 눈에서 눈물을 말끔히 씻어 주실 것이다."

branches, standing before the Throne and the Lamb and heartily singing:

Salvation to our God on his Throne!
Salvation to the Lamb!

All who were standing around the Throne—Angels, Elders, Animals—fell on their faces before the Throne and worshiped God, singing:

Oh, Yes!
The blessing and glory and wisdom and thanksgiving,
The honor and power and strength,
To our God forever and ever and ever!
Oh, Yes!

13-14 Just then one of the Elders addressed me: "Who are these dressed in white robes, and where did they come from?" Taken aback, I said, "O Sir, I have no idea—but you must know."
14-17 Then he told me, "These are those who come from the great tribulation, and they've washed their robes, scrubbed them clean in the blood of the Lamb. That's why they're standing before God's Throne. They serve him day and night in his Temple. The One on the Throne will pitch his tent there for them: no more hunger, no more thirst, no more scorching heat. The Lamb on the Throne will shepherd them, will lead them to spring waters of Life. And God will wipe every last tear from their eyes."

8

¹ 어린양이 일곱 번째 봉인을 떼시자, 하늘이 갑자기 고요해졌습니다. 이 완전한 정적은 약 반 시간 동안 지속되었습니다.

나팔이 울리다

²⁻⁴ 나는 하나님 앞에 늘 대기하고 있는 일곱 천사를 보았는데, 그들의 손에 일곱 나팔이 들려 있었습니다. 또 다른 천사가 금향로를 들고 와서 제단 앞에 섰습니다. 그는 엄청난 양의 향을 받았는데, 이는 보좌 앞 금제단에 하나님의 모든 거룩한 백성의 기도를 바쳐 올리기 위한 것이었습니다. 향으로 묶인, 거룩한 이들의 기도가 천사의 손으로부터 하나님 앞으로 연기처럼 굽이쳐 올라갔습니다.

⁵ 그 후에 그 천사는 향로를 제단에서 나오는 불로 가득 채워 땅으로 내던졌습니다. 그러자 천둥과 음성과 번개와 지진이 일어났습니다.

⁶⁻⁷ 나팔을 든 일곱 천사가 나팔을 불 준비를 갖추었습니다. 첫 번째 나팔을 불자, 피가 섞인 우박과 불이 땅으로 쏟아져 내렸습니다. 땅의 삼분의 일이 불탔고, 나무들의 삼분의 일과 모든 푸른 풀잎이 바싹 타 버렸습니다.

⁸⁻⁹ 두 번째 천사가 나팔을 불었습니다. 불타오르는 거대한 산 같은 것이 바다 속으로 던져졌습니다. 바다의 삼분의 일이 피가 되었고, 바다 생물의 삼분의 일이 죽었고, 배들의 삼분의 일이 가라앉아 버렸습니다.

¹⁰⁻¹¹ 세 번째 천사가 나팔을 불었습니다. 햇불처럼 타오르는 거대한 별이 하늘에서 떨어져, 강들의 삼분의 일과 샘들의 삼분의 일을 없애 버렸습니다. 그 별들의 이름은 쑥입니다. 물의 삼분의 일이 쓴 물이 되었고, 많은 사람들이 그 독물을 마시고 죽었습니다.

8

¹ When the Lamb ripped off the seventh seal, Heaven fell quiet—complete silence for about half an hour.

Blowing the Trumpets

²⁻⁴ I saw the Seven Angels who are always in readiness before God handed seven trumpets. Then another Angel, carrying a gold censer, came and stood at the Altar. He was given a great quantity of incense so that he could offer up the prayers of all the holy people of God on the Golden Altar before the Throne. Smoke billowed up from the incense-laced prayers of the holy ones, rose before God from the hand of the Angel.

⁵ Then the Angel filled the censer with fire from the Altar and heaved it to earth. It set off thunders, voices, lightnings, and an earthquake.

⁶⁻⁷ The Seven Angels with the trumpets got ready to blow them. At the first trumpet blast, hail and fire mixed with blood were dumped on earth. A third of the earth was scorched, a third of the trees, and every blade of green grass—burned to a crisp.

⁸⁻⁹ The second Angel trumpeted. Something like a huge mountain blazing with fire was flung into the sea. A third of the sea turned to blood, a third of the living sea creatures died, and a third of the ships sank.

¹⁰⁻¹¹ The third Angel trumpeted. A huge Star, blazing like a torch, fell from Heaven, wiping out a third of the rivers and a third of the springs. The Star's name was Wormwood. A third of the water turned bitter, and many people died from the poisoned water.

¹² 네 번째 천사가 나팔을 불었습니다. 해의 삼분의 일, 달의 삼분의 일 그리고 별들의 삼분의 일이 타격을 받아 삼분의 일만큼 어두워졌고, 낮도 밤도 삼분의 일만큼 어두워졌습니다.

¹³ 내가 유심히 보는 동안, 독수리 한 마리가 중간하늘을 날면서 불길한 소리를 외치는 것을 들었습니다. "화가 있다! 화가 있다! 땅에 남아 있는 모든 이들에게 화가 있다! 나팔을 불 천사가 아직 셋이 더 남았다. 화가 닥칠 것이다!"

❀

9 ¹⁻² 다섯 번째 천사가 나팔을 불었습니다. 나는 별 하나가 하늘에서 땅으로 수직으로 떨어져 내리는 것을 보았습니다. 그 별은 바닥 없는 구덩이를 여는 열쇠를 건네받았습니다. 그는 바닥 없는 구덩이를 열었습니다. 그러자 그 구덩이에서 연기가 쏟아져 나왔고, 쉴 새 없이 쏟아져 나오는 그 연기로 해와 공중이 어두워졌습니다.

³⁻⁶ 그 후에 연기 속에서 전갈의 독을 품은 메뚜기들이 기어 나왔습니다. 그들에게 명령이 떨어졌습니다. "풀은 해치지 마라. 푸른 것은 무엇이든 해치지 말고, 나무 하나도 해치지 마라. 다만 사람들만 해치되, 이마에 하나님의 도장이 찍히지 않은 자들만 해쳐라." 그들은 괴롭히기만 할 뿐 죽이지는 말라는 명령을 받았습니다. 그들은 다섯 달 동안 괴롭혔는데, 그들이 주는 고통은 전갈에게 쏘이는 것 같은 고통이었습니다. 이런 일이 일어나면, 사람들은 고통받으니 차라리 죽으려고 스스로 목숨을 끊을 방도를 찾습니다. 그러나 그들은 찾지 못할 것입니다. 죽음이 그들을 피해 다닐 것이기 때문입니다.

⁷⁻¹¹ 그 메뚜기들은 전투채비를 갖춘 말처럼 보였습니다. 그들은 금면류관과 사람의 얼굴과 여자의 머리카락과 사자의 이빨과 철가슴

¹² The fourth Angel trumpeted. A third of the sun, a third of the moon, and a third of the stars were hit, blacked out by a third, both day and night in one-third blackout.

¹³ I looked hard; I heard a lone eagle, flying through Middle-Heaven, crying out ominously, "Doom! Doom! Doom to everyone left on earth! There are three more Angels about to blow their trumpets. Doom is on its way!"

❀

9 ¹⁻² The fifth Angel trumpeted. I saw a Star plummet from Heaven to earth. The Star was handed a key to the Well of the Abyss. He unlocked the Well of the Abyss—smoke poured out of the Well, billows and billows of smoke, sun and air in blackout from smoke pouring out of the Well.

³⁻⁶ Then out of the smoke crawled locusts with the venom of scorpions. They were given their orders: "Don't hurt the grass, don't hurt anything green, don't hurt a single tree—only men and women, and then only those who lack the seal of God on their foreheads." They were ordered to torture but not kill, torture them for five months, the pain like a scorpion sting. When this happens, people are going to prefer death to torture, look for ways to kill themselves. But they won't find a way—death will have gone into hiding.

⁷⁻¹¹ The locusts looked like horses ready for war. They had gold crowns, human faces, women's hair, the teeth of lions, and iron breastplates. The sound of

막이를 하고 있었습니다. 그들의 날갯소리는 말들이 끄는 전차가 싸움터로 질주하는 소리 같았습니다. 그들의 꼬리는 전갈의 꼬리처럼 독침을 가졌습니다. 그들은 그 꼬리로 다섯 달 동안 인류를 괴롭히라는 명령을 받았습니다. 그들에게는 왕이 있었는데, 바닥 없는 구덩이의 천사가 바로 그입니다. 그의 이름은 히브리 말로는 아바돈, 그리스 말로는 아볼루온, 곧 파괴자입니다.

12 첫 번째 화가 지나갔습니다. 그러나 아직도 두 가지 화가 더 남았습니다.

13-14 여섯 번째 천사가 나팔을 불었습니다. 나는 하나님 앞에 있는 금제단의 뿔들로부터 울리는 한 음성이 여섯 번째 천사에게 말하는 소리를 들었습니다. "네 천사들, 큰 강 유프라테스에 감금되어 있는 그 천사들을 풀어 놓아주어라."

15-19 그 네 천사가 풀려났습니다. 네 천사는 정해진 년, 월, 일, 그리고 시까지 맞춰 인류의 삼분의 일을 죽일 준비를 하고 있던 이들입니다. 기마대의 수는 2억이었습니다. 나는 환상 중에 그 수를 들었고, 말들과 그 위에 탄 이들을 보았습니다. 말 탄 이들은 화염 같은 가슴막이를 했고, 말들은 머리가 사자 머리 같았으며, 불과 연기와 유황을 내뿜고 있었습니다. 그들은 이 세 가지 무기, 곧 불과 연기와 유황으로 인류의 삼분의 일을 죽였습니다. 그 말들은 입과 꼬리로 사람들을 죽였습니다. 뱀 같은 그 꼬리에도 머리가 달렸는데, 그것으로도 큰 해를 끼쳤습니다.

20-21 이런 무기에 죽임을 당하지 않고 살아남은 자들은 계속 전처럼 멋대로 살아갔습니다. 삶의 길을 바꾸지 않았습니다. 귀신들에게 예배하던 것을 멈추지 않았고, 보거나 듣거나 움직이지 못하는 금, 은, 놋쇠 덩어리, 돌, 나무 조각들을 삶의 중심으로 삼던 것을 그만두지 않았습니다. 마음의 변

their wings was the sound of horse-drawn chariots charging into battle. Their tails were equipped with stings, like scorpion tails. With those tails they were ordered to torture the human race for five months. They had a king over them, the Angel of the Abyss. His name in Hebrew is *Abaddon*, in Greek, *Apollyon*—"Destroyer."

12 The first doom is past. Two dooms yet to come.

13-14 The sixth Angel trumpeted. I heard a voice speaking to the sixth Angel from the horns of the Golden Altar before God: "Let the Four Angels loose, the Angels confined at the great River Euphrates."

15-19 The Four Angels were untied and let loose, Four Angels all prepared for the exact year, month, day, and even hour when they were to kill a third of the human race. The number of the army of horsemen was twice ten thousand times ten thousand. I heard the count and saw both horses and riders in my vision: fiery breastplates on the riders, lion heads on the horses breathing out fire and smoke and brimstone. With these three weapons—fire and smoke and brimstone—they killed a third of the human race. The horses killed with their mouths and tails; their serpentlike tails also had heads that wreaked havoc.

20-21 The remaining men and women who weren't killed by these weapons went on their merry way—didn't change their way of life, didn't quit worshiping demons, didn't quit centering their lives around lumps of gold and silver and brass, hunks of stone and wood that couldn't see or hear or move. There wasn't a sign of a change of heart.

화를 보여주는 어떤 기미도 없었습니다. 여전히 살인, 점치는 일, 음행, 도둑질에 빠져 지냈습니다.

10

1-4 또한 나는 힘센 다른 천사가 구름에 싸여서 하늘에서 내려오는 것을 보았습니다. 그의 머리 위에는 무지개가 둘려 있었고, 얼굴은 해처럼 빛났으며, 다리는 불기둥 같았습니다. 그의 손에는 작은 책 한 권이 펼쳐져 있었습니다. 그는 오른발로 바다를, 왼발로 육지를 디디고 서서, 사자가 포효하듯 큰소리로 외쳤습니다. 그가 소리치자, 일곱 천둥이 되받아 소리쳤습니다. 그 일곱 천둥이 말을 할 때 나는 그 말을 다 받아 적으려 했으나, 하늘에서 한 음성이 들려와 나를 멈추게 했습니다. "그 일곱 천둥을 침묵으로 봉인하여라. 단 한 마디도 적지 마라."

5-7 그 후에 내가 본 그 바다와 땅을 딛고 서 있는 천사가 오른손을 하늘을 향해 들더니, 하늘과 그 안의 모든 것을 창조하신, 바다와 그 안의 모든 것을 창조하신, 영원무궁히 살아 계신 그분을 두고 맹세하며 말했습니다. 이제 때가 되어 곧 일곱 번째 천사가 나팔을 불면, 하나님의 신비가, 그분이 그동안 그분의 종들과 예언자들에게 계시하셨던 모든 계획이 다 완성될 것이라고 말했습니다.

8-11 하늘에서 들려오는 그 음성이 다시 내게 말했습니다. "가서, 바다와 땅을 딛고 서 있는 그 천사의 손에 펼쳐져 있는 책을 받아라." 나는 그 천사에게 올라가서 말했습니다. "내게 그 작은 책을 주십시오." 그가 말했습니다. "이것을 받아서 먹어라. 이것은 꿀처럼 달겠으나, 너의 배에서는 쓸 것이다." 나는 그 작은 책을 천사의 손에서 받았는데, 그것은 입에서는 꿀처럼 달았지만, 삼키자 배가 쓰라렸습니다. 그때 "너는 가서, 많은

They plunged right on in their murderous, occult, promiscuous, and thieving ways.

10

1-4 I saw another powerful Angel coming down out of Heaven wrapped in a cloud. There was a rainbow over his head, his face was sun-radiant, his legs pillars of fire. He had a small book open in his hand. He placed his right foot on the sea and his left foot on land, then called out thunderously, a lion roar. When he called out, the Seven Thunders called back. When the Seven Thunders spoke, I started to write it all down, but a voice out of Heaven stopped me, saying, "Seal with silence the Seven Thunders; don't write a word."

5-7 Then the Angel I saw astride sea and land lifted his right hand to Heaven and swore by the One Living Forever and Ever, who created Heaven and everything in it, earth and everything in it, sea and everything in it, that time was up—that when the seventh Angel blew his trumpet, which he was about to do, the Mystery of God, all the plans he had revealed to his servants, the prophets, would be completed.

8-11 The voice out of Heaven spoke to me again: "Go, take the book held open in the hand of the Angel astride sea and earth." I went up to the Angel and said, "Give me the little book." He said, "Take it, then eat it. It will taste sweet like honey, but turn sour in your stomach." I took the little book from the Angel's hand and it was sweet honey in my mouth, but when I swallowed, my stomach curdled. Then I

백성과 나라와 언어와 왕들을 향해 다시 예언해야만 한다"는 음성이 내게 들려왔습니다.

두 증인

11

1-2 나는 측량자로 쓸 수 있는 막대기를 하나 받았는데, 그때 이런 말씀이 들려왔습니다. "일어나서, 하나님의 성전과 제단 또 거기서 예배하는 모든 사람을 측량하여라. 바깥 뜰은 측량하지 말고 내버려 두어라. 그것은 이방인들에게 넘겨졌다. 그들이 마흔두 달 동안 그 거룩한 도성을 더럽힐 것이다.

3-6 그동안 나는 내 두 증인을 준비시킬 것이다. 그들은 굵은 베옷을 입고 1,260일 동안 예언할 것이다. 이들은 땅에서 하나님 앞에 서 있는 두 올리브나무이며, 두 촛대다. 만일 누구라도 그들을 해치려고 시도하면, 그들의 입에서 불이 터져 나와 그를 태워 재가 되게 할 것이다. 그렇게 바싹 태워 버릴 것이다. 그들은 하늘을 봉인할 힘을 가져서, 자기들이 예언하는 동안 비가 오지 않게 할 수 있으며, 또한 강물과 샘물을 피가 되게 하는 힘과 원하는 만큼 무슨 재앙이든 땅에 임하게 할 수 있는 힘을 가질 것이다.

7-10 그들이 증언을 다 마치면, 바다 없는 구덩이에서 짐승이 올라와 그들과 싸워서 이기고 그들을 죽일 것이다. 그들의 시체는 영적으로는 소돔과 이집트라는 큰 도성, 그들의 주님이 십자가에 못 박혔던 바로 그 도성의 거리에 내버려질 것이다. 그들은 사흘 반 동안을 그렇게 있을 것이다. 무덤에 안장되지 못하고 길거리에 버려진 채, 온 세상 사람들의 구경거리가 될 것이다. 사람들은 그 광경을 보며 환호성을 지를 것이다. '속이 시원하다!'고 외치며 축하연을 열 것이다. 그것은 그 두 예언자가 그동안 땅

The Two Witnesses

was told, "You must go back and prophesy again over many peoples and nations and languages and kings."

11

1-2 I was given a stick for a measuring rod and told, "Get up and measure God's Temple and Altar and everyone worshiping in it. Exclude the outside court; don't measure it. It's been handed over to non-Jewish outsiders. They'll desecrate the Holy City for forty-two months.

3-6 "Meanwhile, I'll provide my two Witnesses. Dressed in sackcloth, they'll prophesy for 1,260. These are the two Olive Trees, the two Lampstands, standing at attention before God on earth. If anyone tries to hurt them, a blast of fire from their mouths will incinerate them—burn them to a crisp just like that. They'll have power to seal the sky so that it doesn't rain for the time of their prophesying, power to turn rivers and springs to blood, power to hit earth with any and every disaster as often as they want.

7-10 "When they've completed their witness, the Beast from the Abyss will emerge and fight them, conquer and kill them, leaving their corpses exposed on the street of the Great City spiritually called Sodom and Egypt, the same City where their Master was crucified. For three and a half days they'll be there—exposed, prevented from getting a decent burial, stared at by the curious from all over the world. Those people will cheer at the spectacle, shouting 'Good riddance!' and calling for a celebration, for these two

의 모든 사람의 양심을 찔러 괴롭혀서, 그들이 죄를 마음껏 즐기지 못하도록 했기 때문이다.

11 그 후 사흘 반이 지나면, 하나님의 생명의 성령께서 그들 속으로 들어갈 것이며—그들은 두 발로 벌떡 일어설 것이다!—그러면 고소해 하며 바라보던 구경꾼들이 모두 놀라서 까무러칠 것이다."

12-13 나는 하늘에서 들려오는 큰 음성을 들었습니다. "여기로 올라오너라!" 그러자 두 예언자는 그들의 적들이 지켜보는 가운데 구름에 싸여 하늘로 올라갔습니다. 그 순간 거대한 지진이 일어났습니다. 도성의 십분의 일이 무너졌고, 7,000명의 사람들이 그 지진에 죽었으며, 나머지는 혼비백산하여 하늘의 하나님께 영광을 돌렸습니다.

14 두 번째 화가 지나갔고, 이제 세 번째 화가 뒤따릅니다.

마지막 나팔이 울리다

15-18 일곱 번째 천사가 나팔을 불었습니다. 점점 커지는 음성으로 하늘에서 노랫소리가 터져 나왔습니다.

이제 세상 나라는
우리 하나님과 그분의 메시아 나라!
그분이 영원무궁토록 다스릴 것이다!

하나님 앞에서 자기 보좌에 앉아 있던 스물네 장로가 바닥에 엎드려, 경배하며 노래 불렀습니다.

오, 지금도 계시고 전에도 계셨던
주권자이신 주님께 감사드립니다.
주님께서 주님의 큰 권능을 들어서
이제 행사하셨습니다!
분노한 민족들이
주님의 진노를 맛봅니다.

prophets pricked the conscience of all the people on earth, made it impossible for them to enjoy their sins.

11 "Then, after three and a half days, the Living Spirit of God will enter them—they're on their feet!—and all those gloating spectators will be scared to death."

12-13 I heard a strong voice out of Heaven calling, "Come up here!" and up they went to Heaven, wrapped in a cloud, their enemies watching it all. At that moment there was a gigantic earthquake—a tenth of the city fell to ruin, seven thousand perished in the earthquake, the rest frightened to the core of their being, frightened into giving honor to the God-of-Heaven.

14 The second doom is past, the third doom coming right on its heels.

The Last Trumpet Sounds

15-18 The seventh Angel trumpeted. A crescendo of voices in Heaven sang out,

The kingdom of the world is now
    the Kingdom of our God and his Messiah!
He will rule forever and ever!

The Twenty-four Elders seated before God on their thrones fell to their knees, worshiped, and sang,

We thank you, O God, Sovereign-Strong,
WHO IS AND WHO WAS
You took your great power
    and took over—reigned!
The angry nations now
    get a taste of *your* anger.

죽은 사람들을 심판하시고
주님의 종들, 모든 예언자와 성도와
주님의 이름을 두려워하는 크고 작은
이들에게 상을 주시고,
땅을 망하게 하던 이들을 멸망시키실
때가 왔습니다.

¹⁹ 하늘의 하나님의 성전 문들이 활짝 열
리고 그분의 언약궤가 분명히 보였는데,
그것은 번개와 큰 함성과 천둥소리와 지
진과 거센 우박폭풍에 둘러싸여 있었습
니다.

여자와 아들과 용

12 ¹⁻² 하늘에 커다란 표징이 나타
났습니다. 한 여자가 온통 햇빛
으로 옷 입고 달을 밟고 서서, 열두 별의
면류관을 쓰고 있었습니다. 그 여자가 아
이를 해산하고 있는데, 해산의 고통으로
크게 소리지르고 있었습니다.

³⁻⁴ 그 후에 앞선 것과 나란히 또 다른 표
징이 나타났는데, 화염 같은 거대한 용이
었습니다! 그 용은 일곱 머리와 열 개의
뿔을 가졌는데, 일곱 머리에는 각각 하나
씩 왕관이 씌워져 있었습니다. 그 용이 꼬
리를 한 번 흔들더니 하늘에서 별 삼분의
일을 쳐서 땅으로 떨어뜨렸습니다. 그 용
은 아이가 나오면 잡아먹을 태세로, 해산
중인 그 여자 앞에 웅크리고 있었습니다.

⁵⁻⁶ 여자가 아들을 낳았는데, 그는 쇠지팡
이로 모든 나라의 목자가 되어 주실 분이
었습니다. 그 여자의 아들은 하나님 앞으
로 붙들려 올라가 하나님의 보좌에 안전
하게 놓여졌습니다. 그 여자는 하나님이
마련해 주신 안전한 처소가 있는 사막으
로 피신해 갔고, 거기서 1,260일 동안 모
든 것을 제공받으며 편안히 지냈습니다.

⁷⁻¹² 하늘에서 전쟁이 벌어졌습니다. 미가

The time has come to judge the dead,
　to reward your servants, all prophets
　and saints,
Reward small and great who fear your
Name,
　and destroy the destroyers of earth.

¹⁹ The doors of God's Temple in Heaven
flew open, and the Ark of his Covenant
was clearly seen surrounded by flashes of
lightning, loud shouts, peals of thunder, an
earthquake, and a fierce hailstorm.

The Woman, Her Son, and the Dragon

12 ¹⁻² A great Sign appeared in
Heaven: a Woman dressed all
in sunlight, standing on the moon, and
crowned with Twelve Stars. She was giving
birth to a Child and cried out in the pain of
childbirth.

³⁻⁴ And then another Sign alongside the
first: a huge and fiery Dragon! It had seven
heads and ten horns, a crown on each of
the seven heads. With one flick of its tail it
knocked a third of the Stars from the sky
and dumped them on earth. The Dragon
crouched before the Woman in childbirth,
poised to eat up the Child when it came.

⁵⁻⁶ The Woman gave birth to a Son who will
shepherd all nations with an iron rod. Her
Son was seized and placed safely before God
on his Throne. The Woman herself escaped
to the desert to a place of safety prepared
by God, all comforts provided her for 1,260
days.

⁷⁻¹² War broke out in Heaven. Michael and
his Angels fought the Dragon. The Dragon
and his Angels fought back, but were no

엘과 그의 천사들이 그 용과 싸움을 벌였습니다. 용과 그 부하들이 반격했으나, 미가엘의 적수가 되지 못했습니다. 그들은 흔적도 없이 하늘에서 완전히 축출되었습니다. 그 큰 용—옛 뱀, 마귀와 사탄이라고도 불리는 자, 온 땅을 미혹시켜 온 자—이 내쫓기면서, 그 부하들도 모두 그 용과 함께 아래로, 땅으로 쫓겨났습니다. 그때 나는 하늘에서 들려오는 큰 음성을 들었습니다.

이제 구원과 권능이,
우리의 하나님의 나라가, 그분의 메시아의
권위가 굳게 섰다!
우리 형제자매를 고발하던 자,
하나님 앞에서 그들을 밤낮으로 고발하던
자가 쫓겨났다.
우리의 형제자매는 어린양의 피와
그들의 담대한 증언을 힘입어 그를 이겼다.
그들은 자기 자신을 사랑한 것이 아니라,
그리스도를 위해 기꺼이 죽고자 했다.
그러므로 기뻐하여라, 오 하늘아, 거기에
사는 모든 이들아.
그러나 땅과 바다에는 화가 있으리라.
마귀가 단단히 작심하고서 너희에게 내려
갔다.
그가 크게 추락해 떨어졌다.
그가 화가 나서 미친 듯이 날뛰고 있다.
이제 시간이 많지 않다는 것을 그도 알기
때문이다.

13-17 그 용은 자기가 땅으로 내쫓긴 것을 알고서, 남자 아이를 낳은 여자를 쫓아갔습니다. 그 여자는 커다란 독수리 날개를 받아서 사막의 한 장소로 날아가, 거기서 한 때와 두 때와 반 때 동안, 그 뱀을 피해 안전하게 보호받으며 편안히 지냈습니다. 뱀은 그녀를 물에 잠기게 하여 익사시키려고 강물 같은 물을 토해 냈지만, 땅이 그녀를 도와서 용이

match for Michael. They were cleared out of Heaven, not a sign of them left. The great Dragon—ancient Serpent, the one called Devil and Satan, the one who led the whole earth astray—thrown out, and all his Angels thrown out with him, thrown down to earth. Then I heard a strong voice out of Heaven saying,

Salvation and power are established!
    Kingdom of our God, authority of his
    Messiah!
The Accuser of our brothers and sisters
thrown out,
    who accused them day and night before
    God.
They defeated him through the blood of
the Lamb
    and the bold word of their witness.
They weren't in love with themselves;
    they were willing to die for Christ.
So rejoice, O Heavens, and all who live
there,
    but doom to earth and sea,
For the Devil's come down on you with
both feet;
    he's had a great fall;
He's wild and raging with anger;
    he hasn't much time and he knows it.

13-17 When the Dragon saw he'd been thrown to earth, he went after the Woman who had given birth to the Man-Child. The Woman was given wings of a great eagle to fly to a place in the desert to be kept in safety and comfort for a time and times and half a time, safe and sound from the Serpent. The Serpent vomited a river of water to

입에서 토해 낸 물을 삼켜 버렸습니다. 분을 이기지 못한 용은 그 여자에게 격노하여, 그녀의 남은 자녀들, 곧 하나님의 계명을 지키며 예수의 증언을 굳게 지키는 자녀들과 전쟁을 하러 나갔습니다.

바다에서 올라온 짐승

13 ¹⁻² 그리고 그 용은 바닷가에 섰습니다. 나는 짐승 하나가 바다에서 올라오는 것을 보았습니다. 그 짐승은 열 개의 뿔과 일곱 개의 머리를 가졌는데, 각 뿔에는 왕관이 씌워져 있었고, 각 머리에는 하나님을 모독하는 이름이 새겨져 있었습니다. 내가 본 그 짐승은 곰의 발과 사자의 입을 가진 표범 같은 모양이었습니다. 용은 자기의 권능과 보좌와 큰 권세를 그 짐승에게 넘겨주었습니다.

³⁻⁴ 그 짐승의 머리 가운데 하나는, 전에 치명상을 입었다가 나은 적이 있는 듯 보였습니다. 온 땅이 넋을 잃고 그 짐승을 바라보며 법석을 떨었습니다. 그들은 그 짐승에게 권세를 준 용에게 경배했고, 그들은 그 짐승에게 경배하며 "이 짐승에 필적할 자 아무도 없다! 감히 이 짐승과 맞붙을 수 있는 자 아무도 없다!"고 소리쳐 댔습니다.

⁵⁻⁸ 그 짐승은 크게 떠들고 자화자찬하며, 하나님을 모독하는 말을 입으로 쏟아냈습니다. 그 짐승은 마흔두 달 동안 그가 원하는 일은 무엇이든 할 수 있었습니다. 그 짐승은 하나님을 향해 모독하는 말을 내뱉었고, 그분의 이름을 모독했으며, 그분의 교회, 특히 이미 하늘에서 하나님과 더불어 거하고 있는 이들을 모독했습니다. 그 짐승은 하나님의 거룩한 백성을 공격하여 그들을 정복하도록 허락받았습니다. 그 짐승은 모든 지파와 백성과 방언과 종족에 대해 절대적인 지배력을 행사했습니다. 땅 위에 사는 사람 중에, 도살당한 어린양의 생명책에 창세로부

swamp and drown her, but earth came to her help, swallowing the water the Dragon spewed from its mouth. Helpless with rage, the Dragon raged at the Woman, then went off to make war with the rest of her children, the children who keep God's commands and hold firm to the witness of Jesus.

The Beast from the Sea

13 ¹⁻² And the Dragon stood on the shore of the sea. I saw a Beast rising from the sea. It had ten horns and seven heads—on each horn a crown, and each head inscribed with a blasphemous name. The Beast I saw looked like a leopard with bear paws and a lion's mouth. The Dragon turned over its power to it, its throne and great authority.

³⁻⁴ One of the Beast's heads looked as if it had been struck a deathblow, and then healed. The whole earth was agog, gaping at the Beast. They worshiped the Dragon who gave the Beast authority, and they worshiped the Beast, exclaiming, "There's never been anything like the Beast! No one would dare go to war with the Beast!"

⁵⁻⁸ The Beast had a loud mouth, boastful and blasphemous. It could do anything it wanted for forty-two months. It yelled blasphemies against God, blasphemed his Name, blasphemed his Church, especially those already dwelling with God in Heaven. It was permitted to make war on God's holy people and conquer them. It held absolute sway over all tribes and peoples, tongues and races. Everyone on earth whose name was not written from the world's foundation in the slaughtered Lamb's Book of Life will

터 그 이름이 기록되어 있지 않은 자들은 모두 그 짐승에게 경배하게 될 것입니다.

9-10 여러분, 듣고 있습니까? 뿌린 대로 거두는 것입니다. 마땅히 감옥에 갈 사람은 감옥에 갈 것이며, 칼을 뽑아 드는 사람은 그 칼에 자기가 쓰러질 것입니다. 그러나 하나님의 거룩한 백성은 여전히 열정적이고 신실하게 그들의 길을 갑니다.

땅 밑에서 올라온 짐승

11-12 나는 또 다른 짐승이 땅 밑에서 올라오는 것을 보았습니다. 그 짐승은 어린양처럼 두 뿔을 가졌으나, 말할 때는 용 같은 소리를 냈습니다. 그 짐승은 첫 번째 짐승의 꼭두각시였고, 땅과 그 위에 사는 모든 이들로 하여금 그 첫 번째 짐승, 곧 치명적 상처에서 회복된 그 짐승에게 경배하게 했습니다.

13-17 이 두 번째 짐승은 마법의 표징들을 일으켰는데, 하늘에서 불이 내려오게 하여 사람들을 현혹시키기도 했습니다. 그리고 첫 번째 짐승에게서 받은 마법을 이용해서 땅 위에 사는 사람들을 기만하고, 그들로 하여금 치명상을 입었다가 살아난 그 짐승의 형상을 만들게 했습니다. 두 번째 짐승은 첫 번째 짐승의 형상에 생기를 불어넣어서 그 짐승의 형상이 말할 수 있게 하고, 그 짐승에게 예배하지 않는 사람은 모조리 죽임을 당하게 했습니다. 또한 작은 자나 큰 자나, 부자나 가난한 자나, 자유인이나 노예나, 모든 이들에게 강제로 오른손이나 이마에 표를 받도록 했습니다. 그 짐승의 이름의 표나 그 이름의 숫자 없이는, 어떤 것도 사거나 파는 것이 불가능했습니다.

18 수수께끼를 한번 풀어 보십시오. 서로 머리를 맞대고 그 짐승의 숫자의 의미를 알아맞혀 보십시오. 그것은 인간의 숫자로서 666입니다.

worship the Beast.

9-10 Are you listening to this? They've made their bed; now they must lie in it. Anyone marked for prison goes straight to prison; anyone pulling a sword goes down by the sword. Meanwhile, God's holy people passionately and faithfully stand their ground.

The Beast from Under the Ground

11-12 I saw another Beast rising out of the ground. It had two horns like a lamb but sounded like a dragon when it spoke. It was a puppet of the first Beast, made earth and everyone in it worship the first Beast, which had been healed of its deathblow.

13-17 This second Beast worked magical signs, dazzling people by making fire come down from Heaven. It used the magic it got from the Beast to dupe earth dwellers, getting them to make an image of the Beast that received the deathblow and lived. It was able to animate the image of the Beast so that it talked, and then arrange that anyone not worshiping the Beast would be killed. It forced all people, small and great, rich and poor, free and slave, to have a mark on the right hand or forehead. Without the mark of the name of the Beast or the number of its name, it was impossible to buy or sell anything.

18 Solve a riddle: Put your heads together and figure out the meaning of the number of the Beast. It's a human number: 666.

십사만사천 명의 노래

14 ¹⁻² 나는 보았습니다. 숨이 멎는 광경! 어린양이 시온 산에 서 있었습니다. 그 어린양과 함께 144,000명이 서 있었는데, 그들의 이마에는 그분의 이름과 그분의 아버지 이름이 새겨져 있었습니다. 그리고 나는 하늘로부터 들려오는 음성, 폭포소리 같고 천둥소리 같은 음성을 들었습니다.

²⁻⁵ 또한 나는 하프 타는 소리를 들었는데, 하프 타는 이들이 그 보좌와 네 동물과 장로들 앞에서 새 노래를 부르고 있었습니다. 그 노래는 오직 144,000명만이 배울 수 있는 노래였습니다. 그들은 땅에서 구원받은 이들로서, 조금도 타협하지 않고 하나님 앞에서 처녀처럼 순결하게 산 이들입니다. 그들은 어린양이 가는 곳이면 어디든지 따라갔습니다. 그들은 하나님과 어린양을 위한 첫 추수 열매로서, 인류 가운데서 구원받은 사람들입니다. 그들은 그 입에서 한 마디도 거짓된 말을 찾을 수 없는, 완전한 봉헌물이었습니다.

하늘로부터 들려온 음성

⁶⁻⁷ 나는 또 다른 천사가 중간하늘에서 높이 치솟아 날고 있는 것을 보았습니다. 그는 아직 땅에 있는 모든 사람, 모든 민족과 족속, 모든 언어와 백성에게 전할 영원한 **메시지**를 가졌습니다. 그는 큰 목소리로 전파했습니다. "하나님을 두려워하고 그분께 영광을 돌려라! 그분께서 심판하실 때가 왔다! 하늘과 땅, 바닷물과 민물을 만드신 분께 경배하여라!"

⁸ 두 번째 천사가 뒤따라와서 소리쳤습니다. "무너졌다, 무너졌다, 큰 바빌론이 무너졌다! 그녀는 음행의 포도주로 모든 나라를 취하게 만들던 자다!"

⁹⁻¹¹ 세 번째 천사가 뒤따라와서 소리치며 경고했습니다. "누구든지 그 짐승과 그 형상에게 경배하고 이마나 손에 그 표를 받는 자는, 하나님의 진노의 잔에 담긴, 아무것도 섞이지

A Perfect Offering

14 ¹⁻² I saw—it took my breath away!—the Lamb standing on Mount Zion, 144,000 standing there with him, his Name and the Name of his Father inscribed on their foreheads. And I heard a voice out of Heaven, the sound like a cataract, like the crash of thunder.

²⁻⁵ And then I heard music, harp music and the harpists singing a new song before the Throne and the Four Animals and the Elders. Only the 144,000 could learn to sing the song. They were bought from earth, lived without compromise, virgin-fresh before God. Wherever the Lamb went, they followed. They were bought from humankind, firstfruits of the harvest for God and the Lamb. Not a false word in their mouths. A perfect offering.

Voices from Heaven

⁶⁻⁷ I saw another Angel soaring in Middle-Heaven. He had an Eternal Message to preach to all who were still on earth, every nation and tribe, every tongue and people. He preached in a loud voice, "Fear God and give him glory! His hour of judgment has come! Worship the Maker of Heaven and earth, salt sea and fresh water!"

⁸ A second Angel followed, calling out, "Ruined, ruined, Great Babylon ruined! She made all the nations drunk on the wine of her whoring!"

⁹⁻¹¹ A third Angel followed, shouting, warning, "If anyone worships the Beast and its image and takes the mark on

않은 진노의 포도주를 마시게 될 것이며, 거룩한 천사들 앞과 어린양 앞에서 불과 유황으로 고통을 받게 될 것이다. 그들의 고통에서 나오는 연기는 영원무궁토록 올라올 것이다. 그 짐승과 그 형상에게 예배하는 자들, 그 이름의 표를 받는 자들에게는 잠시의 쉼도 주어지지 않을 것이다."

12 그러나 성도는 하나님의 계명을 지키고, 예수께 끝까지 신실하며, 열정 어린 인내 가운데 살아갑니다.

13 나는 하늘에서 들려오는 한 음성을 들었습니다. "이렇게 기록하여라. 이제부터 주님 안에서 죽는 사람들은 복되다. 그렇게 죽는 것이 얼마나 복된 일인지!"

"그렇다." 성령이 말씀하십니다. "그들은 그토록 힘겨웠던 일을 끝내고 복된 쉼을 얻는다. 그들이 행한 일은 그 어떤 것도 헛되지 않다. 하나님께서 마침내 그 모든 것으로 인해 그들에게 복을 주신다."

추수 때

14-16 나는 위를 쳐다보았는데, 숨이 멎는 듯했습니다! 흰 구름이 보였고, 그 위에 인자 같은 분이 앉아 계셨습니다. 그분은 금 면류관을 쓰고 날 선 낫을 들고 계셨습니다. 또 다른 천사가 그 성전에서 나와서 구름을 보좌 삼으신 분께 소리쳤습니다. "낫을 대어 추수하십시오. 추수할 때가 되었습니다. 땅에 추수할 것들이 다 무르익었습니다." 구름을 보좌 삼으신 분께서 그의 낫을 힘 있게 휘두르시면서, 그렇게 단번에 땅을 추수하기 시작하셨습니다.

17-18 그러자 또 다른 천사가 하늘에 있는 성전에서 나왔습니다. 그도 날 선 낫을 들고 있었습니다. 또 다른 천사, 곧 불을 돌보는 일을 맡은 천사가 제단으로부터 왔습니다. 그는 날 선 낫을 든 천사에게 천둥소리로 외쳤습니다. "너의 날 선 낫을 휘둘러라.

forehead or hand, that person will drink the wine of God's wrath, prepared unmixed in his chalice of anger, and suffer torment from fire and brimstone in the presence of Holy Angels, in the presence of the Lamb. Smoke from their torment will rise age after age. No respite for those who worship the Beast and its image, who take the mark of its name."

12 Meanwhile, the saints stand passionately patient, keeping God's commands, staying faithful to Jesus.

13 I heard a voice out of Heaven, "Write this: Blessed are those who die in the Master from now on; how blessed to die that way!"

"Yes," says the Spirit, "and blessed rest from their hard, hard work. None of what they've done is wasted; God blesses them for it all in the end."

Harvest Time

14-16 I looked up, I caught my breath!—a white cloud and one like the Son of Man sitting on it. He wore a gold crown and held a sharp sickle. Another Angel came out of the Temple, shouting to the Cloud-Enthroned, "Swing your sickle and reap. It's harvest time. Earth's harvest is ripe for reaping." The Cloud-Enthroned gave a mighty sweep of his sickle, began harvesting earth in a stroke.

17-18 Then another Angel came out of the Temple in Heaven. He also had a sharp sickle. Yet another Angel, the one in charge of tending the fire, came from the Altar. He thundered to the Angel who held the sharp sickle, "Swing your sharp sickle. Harvest

땅의 포도밭을 추수하여라. 포도들이 다 익어 터지려 하고 있다."

19-20 그 천사가 그의 낫을 휘둘러 땅의 포도를 추수해서, 포도주를 만드는 거대한 술틀, 하나님의 진노의 술틀에다가 던져 넣었습니다. 그 술틀은 그 도성 바깥에 있었습니다. 포도가 짓밟힐 때 그 술틀에서 피가 말 굴레 높이만큼 쏟아져 나왔고, 약 300킬로미터까지 피의 강을 이루었습니다.

모세의 노래, 어린양의 노래

15 ¹ 나는 하늘에서 거대하고 숨이 멎을 듯한 또 다른 표징을 보았습니다. 일곱 천사가 일곱 재앙을 들고 있었습니다. 그 재앙은 마지막 재앙으로서, 하나님의 진노의 결말입니다.

2-4 나는 유리 바다 같은 것을 보았습니다. 그 유리는 불빛으로 빛났습니다. 그 짐승과 그 형상과 그 이름의 숫자를 이겨 낸 구원받은 사람들이, 그 유리 바다 위에 하나님의 하프를 들고 서 있었습니다. 그들은 하나님의 종 모세의 노래를 불렀습니다. 그들은 어린양의 노래를 불렀습니다.

오, 주권자이신 하나님,
주님께서 하신 일이 크고 놀랍습니다!
모든 민족의 왕이시여,
주님의 길은 의롭고 참되십니다!
하나님, 누가 주님을 두려워하지 않을 수 있습니까?
누가 주님의 이름에 영광을 돌리지 않을 수 있습니까?
주님, 오직 주님만 홀로 거룩하시니
모든 민족이 와서 주님께 경배합니다.
그들이 주님의 심판이 옳음을 알기 때문입니다.

5-8 그 후에 나는 하늘에 있는 성전, 그 중

earth's vineyard. The grapes are bursting with ripeness."

19-20 The Angel swung his sickle, harvested earth's vintage, and heaved it into the winepress, the giant winepress of God's wrath. The winepress was outside the City. As the vintage was trodden, blood poured from the winepress as high as a horse's bridle, a river of blood for two hundred miles.

The Song of Moses, the Song of the Lamb

15 ¹ I saw another Sign in Heaven, huge and breathtaking: seven Angels with seven disasters. These are the final disasters, the wrap-up of God's wrath.

2-4 I saw something like a sea made of glass, the glass all shot through with fire. Carrying harps of God, triumphant over the Beast, its image, and the number of its name, the saved ones stood on the sea of glass. They sang the Song of Moses, servant of God; they sang the Song of the Lamb:

Mighty your acts and marvelous,
  O God, the Sovereign-Strong!
Righteous your ways and true,
  King of the nations!
Who can fail to fear you, God,
  give glory to your Name?
Because you and you only are holy,
  all nations will come and worship you,
  because they see your judgments are right.

5-8 Then I saw the doors of the Temple, the Tent of Witness in Heaven, open wide.

거의 장막 문들이 활짝 열린 것을 보았습니다. 일곱 천사가 일곱 재앙을 들고 그 성전에서 나왔습니다. 그들은 깨끗하고 빛나는 모시옷과 금조끼를 입고 있었습니다. 네 동물 중 하나가 일곱 천사에게, 영원무궁히 살아 계신 하나님의 진노로 가득 찬 일곱 금대접을 건네주었습니다. 하나님의 영광과 권능에서 나오는 연기가 그 성전 바깥으로 쏟아져 나왔습니다. 그 일곱 천사의 일곱 재앙이 다 끝나기 전까지는, 아무도 그 성전에 들어갈 수 없었습니다.

일곱 재앙을 쏟아붓다

16 ¹ 나는 일곱 천사를 향해 성전에서 외치는 큰 명령소리를 들었습니다. "시작하여라! 땅에 하나님의 진노의 일곱 대접을 쏟아부어라!"

² 첫 번째 천사가 나와서 땅에 그 대접을 부었습니다. 그러자 그 짐승의 표를 받고 그 형상에게 예배한 모든 자들에게 끔찍하고 독한 종기가 생겨났습니다.

³ 두 번째 천사가 바다에 그 대접을 부었습니다. 그러자 바다가 응고되어 피가 되었고, 그 안에 있는 것이 다 죽었습니다.

⁴⁻⁷ 세 번째 천사가 강과 샘물에 그 대접을 부었습니다. 그러자 물이 피로 변했습니다. 나는 물의 천사가 말하는 소리를 들었습니다.

지금도 계시고, 전에도 계셨던, 거룩하신 분,
주님은 의로우시고, 주님의 심판도 의로우십니다.
그들이 성도와 예언자들의 피를 흘리게 하였으므로,
주님께서 그들에게 피를 주어 마시게 하셨습니다.
그들은 마땅히 받아야 할 것을 받았습니다.

바로 그때 나는 제단이 찬성하는 소리를 들

The Seven Angels carrying the seven disasters came out of the Temple. They were dressed in clean, bright linen and wore gold vests. One of the Four Animals handed the Seven Angels seven gold bowls, brimming with the wrath of God, who lives forever and ever. Smoke from God's glory and power poured out of the Temple. No one was permitted to enter the Temple until the seven disasters of the Seven Angels were finished.

Pouring Out the Seven Disasters

16 ¹ I heard a shout of command from the Temple to the Seven Angels: "Begin! Pour out the seven bowls of God's wrath on earth!"

² The first Angel stepped up and poured his bowl out on earth: Loathsome, stinking sores erupted on all who had taken the mark of the Beast and worshiped its image.

³ The second Angel poured his bowl on the sea: The sea coagulated into blood, and everything in it died.

⁴⁻⁷ The third Angel poured his bowl on rivers and springs: The waters turned to blood. I heard the Angel of Waters say,

Righteous you are, and your judgments are righteous,
  THE IS, THE WAS, THE HOLY
They poured out the blood of saints and prophets
  so you've given them blood to drink—
  they've gotten what they deserve!

Just then I heard the Altar chime in,

었습니다.

그렇습니다, 오 주권자이신 하나님!
주님의 심판은 참되고 정의로우십니다!

8-9 네 번째 천사가 태양에 그 대접을 부었습니다. 그러자 태양에서 불이 뿜어져 나와 사람들을 그슬렸습니다. 불에 살갗이 그슬린 그들은 이 재앙 뒤에 계신 하나님의 이름을 저주했습니다. 그들은 회개하기를 거부했고, 하나님 높이기를 거부했습니다.

10-11 다섯 번째 천사가 그 짐승의 보좌에 그 대접을 부었습니다. 그러자 순식간에 짐승의 나라 전체가 암흑천지가 되었습니다. 고통 때문에 실성한 자들은 자기 혀를 깨물었고, 자기들의 고통과 종기를 두고서 하늘의 하나님을 저주했으며, 회개하고 자기 삶을 바꾸기를 거부했습니다.

12-14 여섯 번째 천사가 큰 강 유프라테스에 그 대접을 부었습니다. 그러자 강물이 바닥까지 말라 버렸습니다. 그 마른 강바닥은 동방에서 오는 왕들을 위한 좋은 도로가 되었습니다. 나는 용과 짐승과 거짓 예언자의 입에서 더러운 악령 셋이 구물구물 기어 나오는 것을 보았습니다. 그 생김새가 개구리 같았습니다. 그것들은 표징을 행하는 귀신의 영으로서, 온 세계 왕들을 찾아가, 주권자 하나님의 큰 날에 있을 전쟁을 위해 그들을 불러 모았습니다.

15 "조심하여라! 나는 예고 없이, 도둑처럼 온다. 깨어 옷을 갖춰 입고 나를 맞을 준비가 된 사람은 복되다. 그러나 그렇지 못한 사람은, 벌거벗은 채로 거리를 이리저리 뛰어다니며 큰 수치를 당할 것이다."

16 그 개구리 귀신들은 히브리 말로 아마겟돈이라는 곳에 왕들을 다 불러 모았습니다.

17-21 일곱 번째 천사가 공중에 그 대접을 부었습니다. 그러자 성전 안의 보좌로부터

Yes, O God, the Sovereign-Strong!
Your judgments are true and just!

8-9 The fourth Angel poured his bowl on the sun: Fire blazed from the sun and scorched men and women. Burned and blistered, they cursed God's Name, the God behind these disasters. They refused to repent, refused to honor God.

10-11 The fifth Angel poured his bowl on the throne of the Beast: Its kingdom fell into sudden eclipse. Mad with pain, men and women bit and chewed their tongues, cursed the God-of-Heaven for their torment and sores, and refused to repent and change their ways.

12-14 The sixth Angel poured his bowl on the great Euphrates River: It dried up to nothing. The dry riverbed became a fine roadbed for the kings from the East. From the mouths of the Dragon, the Beast, and the False Prophet I saw three foul demons crawl out—they looked like frogs. These are demon spirits performing signs. They're after the kings of the whole world to get them gathered for battle on the Great Day of God, the Sovereign-Strong.

15 "Keep watch! I come unannounced, like a thief. You're blessed if, awake and dressed, you're ready for me. Too bad if you're found running through the streets, naked and ashamed."

16 The frog-demons gathered the kings together at the place called in Hebrew *Armageddon*.

17-21 The seventh Angel poured his bowl into the air: From the Throne in the Temple came a shout, "Done!" followed by lightning

"다 되었다!"는 외침이 들려왔고, 번갯불과 함성과 천둥소리와 어마어마한 지진이 뒤따랐습니다. 그 지진은 시간이 시작된 이래 한 번도 없었던, 실로 엄청난 지진이었습니다. 그 큰 도성은 세 조각이 났고, 민족들의 도성들도 무너져 내렸습니다. 큰 바빌론은 하나님의 맹렬한 진노의 포도주를 마셔야만 했습니다. 그 잔을 주시기로 했던 것을 하나님이 기억하신 것입니다! 섬들이 다 도망가 버렸고, 산들도 하나도 남지 않게 되었습니다. 1톤이나 되는 우박이 떨어져 사람들을 내리쳤고, 사람들은 그 초대형 우박 재앙을 두고서 하나님을 저주했습니다.

음녀들의 어미, 큰 바빌론

17 1-2 일곱 대접을 들고 있던 일곱 천사 중 하나가 와서, 나를 초대하며 말했습니다. "오너라. 많은 물 위에 보좌를 두고 앉았던 그 큰 음녀, 땅의 왕들이 더불어 음행을 행한 그 음녀가 받을 심판을 네게 보여주겠다. 그녀의 음란한 욕정을 마시고 취한, 땅에 사는 사람들에게 내릴 심판을 보여주겠다."

3-6 그 천사는 성령 안에서 나를 광야로 데리고 갔습니다. 나는 붉은 짐승을 타고 있는 한 여자를 보았습니다. 하나님을 모독하는 말로 가득 찬 그 짐승에는 일곱 개의 머리와 열 개의 뿔이 있었습니다. 그 여자는 자주색과 붉은색 옷을 입고 있었고, 금과 보석과 진주로 치장하고 있었습니다. 그 여자는 손에 금잔을 들고 있었는데, 그 잔은 온갖 역겨운 것들, 그녀의 더러운 음행들로 가득했습니다. 그녀의 이마에는 수수께끼 같은 이름이 찍혀 있었습니다. '땅의 음녀들과 혐오스런 것들의 어미, 큰 바빌론.' 내가 보니 그 여자는 술에 취해 있었는데, 하나님의 거룩한 백성의 피를 마시고, 예수의 순교자들의 피를 마시고 그렇게 취해 있었습니다.

flashes and shouts, thunder crashes and a colossal earthquake–a huge and devastating earthquake, never an earthquake like it since time began. The Great City split three ways, the cities of the nations toppled to ruin. Great Babylon had to drink the wine of God's raging anger–God remembered to give her the cup! Every island fled and not a mountain was to be found. Hailstones weighing a ton plummeted, crushing and smashing men and women as they cursed God for the hail, the epic disaster of hail.

Great Babylon, Mother of Whores

17 1-2 One of the Seven Angels who carried the seven bowls came and invited me, "Come, I'll show you the judgment of the great Whore who sits enthroned over many waters, the Whore with whom the kings of the earth have gone whoring, show you the judgment on earth dwellers drunk on her whorish lust."

3-6 In the Spirit he carried me out in the desert. I saw a woman mounted on a Scarlet Beast. Stuffed with blasphemies, the Beast had seven heads and ten horns. The woman was dressed in purple and scarlet, festooned with gold and gems and pearls. She held a gold chalice in her hand, brimming with defiling obscenities, her foul fornications. A riddle-name was branded on her forehead: GREAT BABYLON, MOTHER OF WHORES AND ABOMINATIONS OF THE EARTH. I could see that the woman was drunk, drunk on the blood of God's holy people, drunk on the blood of the martyrs of Jesus.

6-8 소스라치게 놀란 나는 내 눈을 비볐습니다. 나는 놀라서 고개를 설레설레 저었습니다. 천사가 말했습니다. "놀랐느냐? 내가 그 여자와 그 여자가 타고 있는 짐승, 일곱 머리와 열 뿔을 가진 그 짐승의 수수께끼를 네게 말해 주마. 네가 본 그 짐승은 전에 있었으나 지금은 없으며, 장차 바닥 없는 구덩이에서 올라와 결국 지옥으로 직행할 짐승이다. 땅에 사는 사람들 중에 그 이름이 창세로부터 생명책에 기록되어 있지 않은 이들은, 전에 있었으나 지금은 없으며 앞으로 올 그 짐승을 보고서 현혹될 것이다.

9-11 그러나 경계를 늦추지 마라. 머리를 써라. 일곱 머리는 일곱 언덕으로서, 그 여자가 앉아 있는 곳들이다. 또한 일곱 머리는 일곱 왕이다. 그중 다섯은 이미 죽었고, 하나는 지금 살아 있으며, 다른 하나는 아직 나타나지 않았다. 나타나더라도 그의 때는 잠깐일 것이다. 전에 있었으나 지금은 없는 그 짐승은 여덟 번째이기도 하고 일곱 중 하나이기도 한데, 장차 지옥으로 들어갈 것이다.

12-14 네가 본 그 열 뿔은 열 왕이지만, 그들은 아직 권력을 잡지 못했다. 그들은 장차 그 붉은 짐승과 함께 권력을 잡을 것이지만, 오래 가지는 못할 것이다. 아주 잠깐만 위세를 부릴 것이다. 이 왕들은 한마음으로 그들의 권능과 권세를 그 짐승에게 넘겨줄 것이다. 그들은 어린양에 맞서 전쟁을 일으키겠으나, 어린양이 그들을 이길 것이다. 이는 그 어린양이야말로 모든 주의 주님이시며 모든 왕의 왕이시라는 증거가 될 것이며, 부름받아 뽑힌 신실한 사람들이 그분과 함께할 것이다."

15-18 이어서 그 천사가 말했습니다. "네가 본 음녀가 보좌를 두고 앉아 있는 그 물은, 백성과 무리와 나라와 언어들이다. 그리고 네가 본 그 열 뿔은, 그 짐승과 더불어 그 음녀에게 등을 돌릴 것이다. 그들은 그녀를 증오하고, 폭행하고, 벌거벗겨, 이빨로 갈기갈기 찢어서

6-8 Astonished, I rubbed my eyes. I shook my head in wonder. The Angel said, "Does this surprise you? Let me tell you the riddle of the woman and the Beast she rides, the Beast with seven heads and ten horns. The Beast you saw once was, is no longer, and is about to ascend from the Abyss and head straight for Hell. Earth dwellers whose names weren't written in the Book of Life from the foundation of the world will be dazzled when they see the Beast that once was, is no longer, and is to come.

9-11 "But don't drop your guard. Use your head. The seven heads are seven hills; they are where the woman sits. They are also seven kings: five dead, one living, the other not yet here—and when he does come his time will be brief. The Beast that once was and is no longer is both an eighth and one of the seven—and headed for Hell.

12-14 "The ten horns you saw are ten kings, but they're not yet in power. They will come to power with the Scarlet Beast, but won't last long—a *very* brief reign. These kings will agree to turn over their power and authority to the Beast. They will go to war against the Lamb but the Lamb will defeat them, proof that he is Lord over all lords, King over all kings, and those with him will be the called, chosen, and faithful."

15-18 The Angel continued, "The waters you saw on which the Whore was enthroned are peoples and crowds, nations and languages. And the ten horns you saw, together with the Beast, will turn on the Whore—they'll hate her, violate her, strip her naked, rip her apart with their

는, 불에 태워 버릴 것이다. 하나님의 말씀이 이루어질 때까지 그들의 통치권을 그 짐승에게 넘길 생각을 하게 만드신 이는 하나님이셨다. 네가 본 그 여자는, 땅의 왕들을 압제하는 그 큰 도성이다."

바빌론의 패망

18 ¹⁻⁸ 그 후에 내가 보니, 또 다른 천사가 하늘에서 내려왔습니다. 그는 엄청난 권세를 가졌고, 그의 영광은 땅을 빛으로 가득하게 만들었으며, 그의 음성은 천둥 치는 듯했습니다.

무너졌다, 무너졌다, 큰 바빌론이 무너졌다!
귀신들만 남은 유령 마을이 되었다!
불결한 영들의 주둔지,
역겹고 불결한 새들의 주둔지가 되었다.
모든 나라들이 그녀가 벌이는 음행의 난폭한 포도주를 마셨다.
땅의 왕들이 그녀와 음행을 벌였다.
사업가들이 그녀를 이용해 막대한 돈을 벌어들였다.

그때 나는 하늘에서 들려오는 또 다른 큰 음성을 들었습니다.

내 백성아, 어서 빨리 거기서 나오너라.
그녀의 죄와 뒤섞이지 않도록,
그녀의 멸망에 휘말리지 않도록.
그녀의 죄는 악취가 하늘까지 사무친다.
하나님은 그녀가 저지른 모든 악을 기억해 두셨다.
그녀가 준 것을 그녀에게 되돌려 주어라.
그녀가 갑절로 만든 것을 갑절로 돌려주어라.
그녀가 섞어 준 그 잔에 든 것을 갑절로 돌려주어라.

teeth, then set fire to her. It was God who put the idea in their heads to turn over their rule to the Beast until the words of God are completed. The woman you saw is the great city, tyrannizing the kings of the earth."

Doom to the City of Darkness

18 ¹⁻⁸ Following this I saw another Angel descend from Heaven. His authority was immense, his glory flooded earth with brightness, his voice thunderous:

Ruined, ruined, Great Babylon, ruined!
A ghost town for demons is all that's left!
A garrison of carrion spirits,
garrison of loathsome, carrion birds.
All nations drank the wild wine of her whoring;
kings of the earth went whoring with her;
entrepreneurs made millions exploiting her.

Just then I heard another shout out of Heaven:

Get out, my people, as fast as you can,
so you don't get mixed up in her sins,
so you don't get caught in her doom.
Her sins stink to high Heaven;
God has remembered every evil she's done.
Give her back what she's given,
double what she's doubled in her works,
double the recipe in the cup she mixed;

으스대고 방탕하던 그녀에게
고통의 눈물을 안겨 주어라.
"나는 모두를 지배하는 여왕이요
과부가 아니니, 눈물 흘릴 일이 없다"고
자만했으므로,
어느 날, 죽음과 비통과 기근의 재난이
그녀를 압사시킬 것이다.
결국 그녀는 불태워질 것이다.
그녀를 심판하시는 강하신 하나님께서
더는 두고 보시지 않기 때문이다.

9-10 "밤마다 그녀와 음행을 벌인 땅의 왕들은, 그녀가 불태워지는 연기를 보고 울고불고 난리일 것이다. 그들은 자기들도 불태워질까 봐 두려워, 멀찍이 서서 슬피 울 것이다.

화를 입었다, 화를 입었다, 그 큰 도성이
화를 입었다!
바빌론아, 강력하던 도성이여!
단 한 시간 만에 끝장나 버렸구나. 네게
심판이 닥쳤다!

11-17 상인들도 울고불고 난리일 것이다. 사업 기반이 완전히 무너져 내렸고, 자기들의 상품을 내다 팔 시장이 사라졌기 때문이다. 그 상품은 금과 은과 값진 보석과 진주, 또 고운 모시와 자주 옷감과 비단과 붉은 옷감, 향나무와 상아와 값진 나무와 구리와 철과 대리석으로 만든 그릇, 계피와 향료와 향과 몰약과 유향, 또 포도주와 올리브기름과 밀가루와 밀, 소와 양과 말과 전차, 그리고 노예다. 그들은 사람의 목숨을 사고파는 끔찍한 장사도 한다.

너희가 바라며 살았던 모든 것, 다 사라져 버렸다!
그 모든 세련되고 맛좋은 사치품, 다

Bring her flaunting and wild ways
    to torment and tears.
Because she gloated, "I'm queen over all,
    and no widow, never a tear on my face,"
In one day, disasters will crush her—
    death, heartbreak, and famine—
Then she'll be burned by fire, because God,
    the Strong God who judges her,
    has had enough.

9-10 "The kings of the earth will see the smoke of her burning, and they'll cry and carry on, the kings who went night after night to her brothel. They'll keep their distance for fear they'll get burned, and they'll cry their lament:

Doom, doom, the great city doomed!
    City of Babylon, strong city!
In one hour it's over, your judgment come!

11-17 "The traders will cry and carry on because the bottom dropped out of business, no more market for their goods: gold, silver, precious gems, pearls; fabrics of fine linen, purple, silk, scarlet; perfumed wood and vessels of ivory, precious woods, bronze, iron, and marble; cinnamon and spice, incense, myrrh, and frankincense; wine and oil, flour and wheat; cattle, sheep, horses, and chariots. And slaves—their terrible traffic in human lives.

Everything you've lived for, gone!
    All delicate and delectable luxury, lost!
    Not a scrap, not a thread to be found!

없어져 버렸다!
천 한 조각, 실 한 오라기 남기지 않고!

그 여자 때문에 막대한 돈을 벌어들인 상인들은
자기들도 불태워질까 봐 두려워, 멀찍이 서서
울고불고 난리였다.

　화를 입었다, 화를 입었다, 그 큰 도성이 화를
　입었다!
　최신 유행하는 의상을 걸치고
　최고가의 보석들로 치장하고 다니더니,
　단 한 시간 만에 그 부가 모조리 날아갔구나!

17-19 모든 선장과 선객, 선원과 바다에서 일하
는 사람들도 모두 멀찍이 서서 그 도성이 불타
는 연기를 보며 비탄에 빠져 울었다. '아, 얼마
나 대단한 도성이었던가! 저런 도성이 또 언제
있었던가!' 그들은 머리에 재를 끼얹고 마치 세
상이 끝난 것처럼 울었다.

　화를 입었다, 화를 입었다, 그 큰 도성이 화를
　입었다!
　배를 가진 사람들, 바다에서 장사하는 사람들
　모두
　그녀가 사고 소비하는 덕에 부를 얻었건만,
　이제 다 끝났다. 한 시간 만에 모조리 다 날아
　갔다!

20 오 하늘이여, 기뻐하라! 성도와 사도와 예언
자들도 함께 즐거워하라! 하나님께서 그 여자를
심판하셨다. 그 여자가 너희에게 행한 모든 악
행을 다 심판하셨다."
21-24 한 힘센 천사가, 맷돌처럼 거대한 옥석을 손
을 뻗어 잡고서는, 바다에 내던지며 말했습니다.

　큰 도성 바빌론이 내던져져 가라앉았다.
　바다에 가라앉아, 흔적조차 찾아볼 수 없게
　되었다.

"The traders who made millions off her
kept their distance for fear of getting
burned, and cried and carried on all the
more:

　Doom, doom, the great city doomed!
　　Dressed in the latest fashions,
　　adorned with the finest jewels,
　　in one hour such wealth wiped out!

17-19 "All the ship captains and travelers
by sea, sailors and toilers of the sea,
stood off at a distance and cried their
lament when they saw the smoke from
her burning: 'Oh, what a city! There
was never a city like her!' They threw
dust on their heads and cried as if the
world had come to an end:

　Doom, doom, the great city doomed!
　　All who owned ships or did business
　　by sea
　Got rich on her getting and spending.
　　And now it's over—wiped out in one
　　hour!

20 "O Heaven, celebrate! And join in,
saints, apostles, and prophets! God has
judged her; every wrong you suffered
from her has been judged."
21-24 A strong Angel reached for a
boulder—huge, like a millstone—and
heaved it into the sea, saying,

　Heaved and sunk, the great city
　Babylon,
　　sunk in the sea, not a sign of her
　　ever again.

하프 타고 노래하는 자들의 음악소리 더
이상 들리지 않고,
피리소리, 나팔소리도 다시 들리지 않으
리라.
장인(匠人)들도 다 사라졌다.
그런 사람들을 다시는 보지 못하리라.
맷돌소리도 잠잠해졌다.
그 소리도 다시는 듣지 못하리라.
램프의 불빛도 다시 보지 못할 것이며,
신랑신부의 웃음소리도 다시 듣지 못하
리라.
그녀의 상인들이 온 땅을 속여 먹고,
검은 마술로 모든 민족을 기만해 왔다.
이제 바빌론에게 남은 것이란 피가 전부다.
성도들과 예언자들의 피
살해당한 사람들, 순교한 사람들의 피.

할렐루야!

19 ¹⁻³ 나는 하늘에서 큰 합창단이 부르는 노래 같은 소리를 들었습니다.

할렐루야!
구원과 영광과 권능은 하나님의 것,
그분의 심판은 참되고, 그분의 심판은
정의로우시다.
그분이 큰 음녀,
음행으로 땅을 타락시킨 그 여자를 심판
하셨다.
그분의 종들이 흘린 피를 그분이 갚아 주
셨다.

다시 노래가 들려왔습니다.

할렐루야!
그 여자를 불태우며 나는 연기가 하늘 높
이 굽이쳐 올라간다.
영원무궁히.

Silent the music of harpists and singers—
you'll never hear flutes and trumpets
again.
Artisans of every kind—gone;
you'll never see their likes again.
The voice of a millstone grinding falls
dumb;
you'll never hear that sound again.
The light from lamps, never again;
never again laughter of bride and groom.
Her traders robbed the whole earth blind,
and by black-magic arts deceived the
nations.
The only thing left of Babylon is blood—
the blood of saints and prophets,
the murdered and the martyred.

The Sound of Hallelujahs

19 ¹⁻³ I heard a sound like massed choirs in Heaven singing,

Hallelujah!
The salvation and glory and power are
God's—
his judgments true, his judgments just.
He judged the great Whore
who corrupted the earth with her lust.
He avenged on her the blood of his
servants.

Then, more singing:

Hallelujah!
The smoke from her burning billows up
to high Heaven forever and ever and
ever.

⁴ 스물네 장로와 네 동물이 무릎을 꿇고 엎드려, 보좌에 앉아 계신 하나님께 경배하며 찬양했습니다.

아멘! 그렇습니다! 할렐루야!

⁵ 그 보좌로부터 큰소리의 명령이 들려왔습니다.

우리 하나님을 찬양하여라, 그분의 모든 종들아!
그분을 두려워하는, 너희 크고 작은 모든 사람들아!

⁶⁻⁸ 또 나는 거대한 폭포소리, 우렁찬 천둥소리 같은 합창단의 소리를 들었습니다.

할렐루야!
주님께서,
주권자이신 우리 하나님께서 다스리신다!
함께 기뻐하자, 함께 즐거워하자.
함께 그분께 영광을 돌리자!
어린양의 혼인날이 임했다.
그분의 신부가 단장을 마쳤다.
밝게 빛나는 모시로 만든
신부옷이 그녀에게 주어졌다.
그 모시옷은 바로 성도들의 의다.

⁹ 천사가 내게 말했습니다. "'어린양의 혼인 축하연에 초대받은 사람들은 복되다'고 적어라." 천사가 덧붙여 말했습니다. "이 말씀은 하나님의 참된 말씀이다."
¹⁰ 내가 천사의 발 앞에 엎드려 경배하려는데, 천사가 말렸습니다. "이러지 마라." 그가 말했습니다. "나도 너처럼, 예수를 증언하는 너의 형제자매들과 같은 종일 뿐이다. 예수의 증언은 곧 예언의 영이다."

⁴ The Twenty-four Elders and the Four Animals fell to their knees and worshiped God on his Throne, praising,

Amen! Yes! Hallelujah!

⁵ From the Throne came a shout, a command:

Praise our God, all you his servants,
All you who fear him, small and great!

⁶⁻⁸ Then I heard the sound of massed choirs, the sound of a mighty cataract, the sound of strong thunder:

Hallelujah!
The Master reigns,
  our God, the Sovereign-Strong!
Let us celebrate, let us rejoice,
  let us give him the glory!
The Marriage of the Lamb has come;
  his Wife has made herself ready.
She was given a bridal gown
  of bright and shining linen.
The linen is the righteousness of the saints.

⁹ The Angel said to me, "Write this: 'Blessed are those invited to the Wedding Supper of the Lamb.'" He added, "These are the true words of God!"
¹⁰ I fell at his feet to worship him, but he wouldn't let me. "Don't do that," he said. "I'm a servant just like you, and like your brothers and sisters who hold to the witness of Jesus. The witness of Jesus is the spirit of prophecy."

흰 말과 그 말을 타신 분

11-16 그 후에 내가 보니 하늘이 활짝 열렸는데, 아, 흰 말과 그 말을 타신 분이 보였습니다. 그 말을 타신 분은 신실함과 참됨이라는 이름을 가진 분인데, 순전한 의로 심판하시고 싸우시는 분입니다. 그분의 눈은 불꽃이며, 그분의 머리에는 많은 관이 씌워져 있습니다. 그분에게는 오직 그분만이 알고 계신 한 이름이 새겨져 있습니다. 그분은 피로 물든 옷을 입으셨고, **하나님의 말씀**이라고 불립니다. 하늘의 군대가 흰 말을 타고 눈부시게 흰 모시옷을 입고 그분의 뒤를 따릅니다. 그분의 입에서 한 날 선 칼이 나오는데, 그분은 그것으로 모든 민족을 정복하시고, 쇠지팡이로 모든 민족을 다스리십니다. 그분은 주권자 하나님의 맹렬한 진노의 포도주 틀을 발로 밟으십니다. 그의 옷과 허벅지에는 **만왕의 왕, 만주의 주**라고 적혀 있습니다.

17-18 나는 한 천사가 태양 안에 서서, 중간하늘을 날고 있는 모든 새들에게 소리치는 것을 보았습니다. "하나님이 베푸신 큰 잔치에 오너라! 와서 왕과 장군과 전사와 말과 그 말 탄 사람들의 살을 배불리 먹어라. 자유인이나 노예나, 작은 자나 큰 자나 할 것 없이, 그들 모두를 너희 배가 찰 때까지 먹어라."

19-21 나는 그 짐승과 그와 함께 모인 땅의 왕들과 그들의 군대들이, 그 말 타신 분과 그분의 군대에 맞서 전쟁을 벌이려고 하는 것을 보았습니다. 그러나 그 짐승은 붙잡혔고, 그와 함께 그의 꼭두각시인 거짓 예언자, 곧 표징을 일으키고 짐승의 표를 받고 그 형상에게 예배한 이들을 현혹시키고 속였던 자도 붙잡혔습니다. 그 둘은 산 채로 유황이 타오르는 불못에 던져졌습니다. 그리고 남은 자들도 그 말 탄 분의 칼에, 그분의 입에서 나오는 그 칼에 죽임을 당했습니다. 모든 새들이 그들의 살을 배불리 먹었습니다.

A White Horse and Its Rider

11-16 Then I saw Heaven open wide—and oh! a white horse and its Rider. The Rider, named Faithful and True, judges and makes war in pure righteousness. His eyes are a blaze of fire, on his head many crowns. He has a Name inscribed that's known only to himself. He is dressed in a robe soaked with blood, and he is addressed as "Word of God." The armies of Heaven, mounted on white horses and dressed in dazzling white linen, follow him. A sharp sword comes out of his mouth so he can subdue the nations, then rule them with a rod of iron. He treads the winepress of the raging wrath of God, the Sovereign-Strong. On his robe and thigh is written, KING OF KINGS, LORD OF LORDS.

17-18 I saw an Angel standing in the sun, shouting to all flying birds in Middle-Heaven, "Come to the Great Supper of God! Feast on the flesh of kings and captains and champions, horses and their riders. Eat your fill of them all—free and slave, small and great!"

19-21 I saw the Beast and, assembled with him, earth's kings and their armies, ready to make war against the One on the horse and his army. The Beast was taken, and with him, his puppet, the False Prophet, who used signs to dazzle and deceive those who had taken the mark of the Beast and worshiped his image. They were thrown alive, those two, into Lake Fire and Brimstone. The rest were killed by the sword of the One on the horse, the sword that comes from his mouth. All the birds held a feast on their flesh.

천년왕국

20 1-3 나는 한 천사가 하늘에서 내려오는 것을 보았습니다. 그는 바다 없는 구덩이를 여는 열쇠와 쇠사슬을 들고 있었습니다. 거대한 쇠사슬이었습니다. 그는 용, 곧 옛 뱀—바로 마귀, 사탄!—을 잡아 쇠사슬로 묶어서, 바다 없는 구덩이 속으로 던져 넣고 굳게 닫은 뒤에, 천 년 동안 단단히 봉했습니다. 천 년이 다 될 때까지 그는 민족들을 기만하거나 말썽을 일으킬 수 없었습니다. 그 후에 그는 잠시 풀려나야 합니다.

4-6 나는 보좌들을 보았습니다. 그 보좌들 위에는 심판하는 일을 맡은 사람들이 앉아 있었습니다. 또 나는 예수에 대한 증언과 하나님의 말씀 때문에 목이 베인 사람들의 영혼을 보았습니다. 그들은 짐승이나 그 형상에게 경배하기를 거부하고, 이마나 손에 표 받기를 거부한 사람들입니다. 그들은 살아나서 천 년 동안 그리스도와 함께 다스렸습니다! 나머지 죽은 사람들은 그 천 년이 다 될 때까지 살아나지 못했습니다. 이것이 첫째 부활입니다. 여기에 포함된 사람들은 참으로 복되고, 참으로 거룩한 사람들입니다. 그들에게는 둘째 죽음이 없습니다! 그들은 하나님과 그리스도의 제사장들입니다. 그들은 천 년 동안 그분과 함께 다스릴 것입니다.

7-10 그 천 년이 다 되면, 사탄이 갇혔던 곳에서 풀려나, 다시 민족들을 기만하러 땅의 구석구석을—심지어 곡과 마곡까지!—다닐 것입니다. 그는 그들을 꼬드겨 전쟁을 일으킬 것이며, 거대한 군대를, 무수한 병력의 강력한 군대를 모을 것입니다. 그들은 땅을 가로질러 행진해 나아가서는, 하나님의 거룩한 백성의 진(陣), 하나님께서 사랑하시는 도성을 둘러싸 포위할 것입니다. 그러나 그들은 그곳에 도착하자마자 하늘에서 쏟아져 내리는 불로 모조리 불태워질 것입니다. 그들을 기만했던 마귀는 불과 유황의 못에 던져져,

A Thousand Years

20 1-3 I saw an Angel descending out of Heaven. He carried the key to the Abyss and a chain—a huge chain. He grabbed the Dragon, that old Snake—the very Devil, Satan himself!—chained him up for a thousand years, dumped him into the Abyss, slammed it shut and sealed it tight. No more trouble out of him, deceiving the nations—until the thousand years are up. After that he has to be let loose briefly.

4-6 I saw thrones. Those put in charge of judgment sat on the thrones. I also saw the souls of those beheaded because of their witness to Jesus and the Word of God, who refused to worship either the Beast or his image, refused to take his mark on forehead or hand—they lived and reigned with Christ for a thousand years! The rest of the dead did not live until the thousand years were up. This is the first resurrection—and those involved most blessed, most holy. No second death for them! They're priests of God and Christ; they'll reign with him a thousand years.

7-10 When the thousand years are up, Satan will be let loose from his cell, and will launch again his old work of deceiving the nations, searching out victims in every nook and cranny of earth, even Gog and Magog! He'll talk them into going to war and will gather a huge army, millions strong. They'll stream across the earth, surround and lay siege to the camp of God's holy people, the Beloved City. They'll no sooner get there than fire will pour out of Heaven and burn them up. The Devil who deceived them will be hurled into

거기서 그 짐승과 거짓 예언자와 함께 영원히 쉼 없이 고통을 당할 것입니다.

보좌 앞 심판

11-15 나는 크고 흰 보좌와 그 위에 앉아 계신 분을 보았습니다. 그 임재 앞에 서거나, 그 임재와 맞설 수 있는 것은 아무것도 없었습니다. 하늘에도 없고 땅에도 없었습니다. 또 나는 모든 죽은 사람들이, 큰 자나 작은 자 할 것 없이 거기—그 보좌 앞에!—서 있는 것을 보았습니다. 그리고 책들이 펼쳐져 있었습니다. 그런데 또 다른 책이 펼쳐져 있었습니다. 바로 생명책이었습니다. 죽은 사람들은 그 책에 기록된 대로, 그들이 살아온 대로 심판을 받았습니다. 바다가 죽은 사람들을 내놓았고, 죽음과 지옥도 죽은 사람들을 내놓았습니다. 각 사람은 자신이 살아온 대로 심판을 받았습니다. 그러고는 죽음과 지옥이 불못에 던져졌습니다. 이것이 바로 둘째 죽음, 곧 불못입니다. 그 생명책에 자기 이름이 적혀 있지 않은 사람은 다 불못에 던져졌습니다.

새로 창조된 하늘과 땅

21 ¹ 나는 새로 창조된 하늘과 땅을 보았습니다. 처음 하늘은 사라졌고, 처음 땅도 사라졌고, 바다도 사라졌습니다.

² 나는 새로 창조된 거룩한 예루살렘이, 남편을 위해 단장한 신부처럼 하나님을 위해 단장한 빛나는 모습으로 하늘에서 내려오는 것을 보았습니다.

3-5 나는 그 보좌에서 들려오는 천둥소리 같은 음성을 들었습니다. "보아라! 보아라! 이제 하나님께서 사람들이 사는 곳에 오셔서 사람들과 더불어 사신다! 그들은 그분의 백성이며, 그분은 그들의 하나님이시다. 하나님께서는 그들의 눈에서 눈물을 말끔

Lake Fire and Brimstone, joining the Beast and False Prophet, the three in torment around the clock for ages without end.

Judgment

11-15 I saw a Great White Throne and the One Enthroned. Nothing could stand before or against the Presence, nothing in Heaven, nothing on earth. And then I saw all the dead, great and small, standing there—before the Throne! And books were opened. Then another book was opened: the Book of Life. The dead were judged by what was written in the books, by the way they had lived. Sea released its dead, Death and Hell turned in their dead. Each man and woman was judged by the way he or she had lived. Then Death and Hell were hurled into Lake Fire. This is the second death—Lake Fire. Anyone whose name was not found inscribed in the Book of Life was hurled into Lake Fire.

Everything New

21 ¹ I saw Heaven and earth new-created. Gone the first Heaven, gone the first earth, gone the sea.

² I saw Holy Jerusalem, new-created, descending resplendent out of Heaven, as ready for God as a bride for her husband.

3-5 I heard a voice thunder from the Throne: "Look! Look! God has moved into the neighborhood, making his home with men and women! They're his people, he's their God. He'll wipe every tear from their eyes. Death is gone for good—tears gone, crying gone, pain gone—all the first order of things gone." The Enthroned continued, "Look!

히 씻어 주실 것이다. 죽음은 영원히 사라졌다. 눈물도 사라지고, 통곡도 사라지고, 고통도 사라졌다. 만물의 처음 질서는 다 사라졌다." 보좌에 앉으신 분이 계속해서 말씀하셨습니다. "보아라! 내가 모든 것을 새롭게 한다. 이 모두를 받아 적어라. 한 마디 한 마디가 다 믿을 수 있는 확실한 말씀이다."

6-8 또 그분이 말씀하셨습니다. "이제 이루어졌다. 나는 처음이요 마지막이다. 나는 시작이며 끝이다. 나는 목마른 이들에게 생명수 샘물을 거저 준다. 승리한 사람들은 이 모두를 상속받는다. 나는 그들에게 하나님이 될 것이요, 그들은 내게 아들과 딸이 될 것이다. 그러나 나머지 사람들—줏대 없고 신의 없는 자와, 타락한 자와 살인자와, 성매매꾼과 마술사와, 우상숭배자와 모든 거짓말쟁이들—이 받을 몫은 불과 유황이 타는 못, 곧 둘째 죽음이다!"

새 예루살렘

9-12 일곱 가지 최종 재앙이 가득 담긴 대접들을 들고 있던 일곱 천사 가운데 하나가 내게 말했습니다. "이리로 오너라. 내가 어린양의 아내인 신부를 네게 보여주겠다." 그는 성령 안에서 나를 거대하고 높은 산으로 데려가서, 하나님의 빛나는 영광에 싸여 하나님께로부터 하늘에서 내려오는 거룩한 예루살렘을 보여주었습니다.

12-14 그 도성은 귀한 보석처럼 반짝거렸고, 빛이 가득 넘실거렸습니다. 그 도성은 웅장하고 높은 성벽을 가졌고, 열두 대문이 있었습니다. 각 대문에는 천사가 하나씩 서 있었고, 이스라엘 자손 열두 지파의 이름이 새겨져 있었습니다. 그 대문은 동쪽으로 세 개, 북쪽으로 세 개, 남쪽으로 세 개, 서쪽으로 세 개가 나 있었습니다. 그 벽은 열두 개의 주춧돌 위에 서 있었는데, 주춧돌에는 어린양의 열두 사도 이름이 새겨져 있었습니다.

15-21 내게 말하던 천사가 금 측량자를 가지고, 그 도성과 문과 성벽을 재었습니다. 그 도성은

I'm making everything new. Write it all down—each word dependable and accurate."

6-8 Then he said, "It's happened. I'm A to Z. I'm the Beginning, I'm the Conclusion. From Water-of-Life Well I give freely to the thirsty. Conquerors inherit all this. I'll be God to them, they'll be sons and daughters to me. But for the rest—the feckless and faithless, degenerates and murderers, sex peddlers and sorcerers, idolaters and all liars—for them it's Lake Fire and Brimstone. Second death!"

The City of Light

9-12 One of the Seven Angels who had carried the bowls filled with the seven final disasters spoke to me: "Come here. I'll show you the Bride, the Wife of the Lamb." He took me away in the Spirit to an enormous, high mountain and showed me Holy Jerusalem descending out of Heaven from God, resplendent in the bright glory of God.

12-14 The City shimmered like a precious gem, light-filled, pulsing light. She had a wall majestic and high with twelve gates. At each gate stood an Angel, and on the gates were inscribed the names of the Twelve Tribes of the sons of Israel: three gates on the east, three gates on the north, three gates on the south, three gates on the west. The wall was set on twelve foundations, the names of the Twelve Apostles of the Lamb inscribed on them.

15-21 The Angel speaking with me had a

완벽한 정사각형이었습니다. 천사는 측량자로 도성을 재었는데, 길이와 폭과 높이가 똑같이 12,000스타디온이었습니다. 또 표준 치수로 성벽의 두께를 재어 보니 144규빗이었습니다. 성벽은 벽옥으로 영광의 색을 발했고, 도성은 유리처럼 투명한 순금이었습니다. 도성의 주춧돌은 온갖 귀한 보석들로 장식되어 있습니다. 첫째 주춧돌은 벽옥, 둘째 것은 사파이어, 셋째 것은 마노, 넷째 것은 에메랄드, 다섯째 것은 얼룩마노, 여섯째 것은 홍옥수, 일곱째 것은 귀감람석, 여덟째 것은 녹주석, 아홉째 것은 황옥, 열째 것은 녹옥수, 열한째 것은 청옥, 열두째 것은 자수정이었습니다. 그 열두 대문은 열두 진주로 되어 있었는데, 각 대문이 한 개의 진주로 되어 있었습니다.

21-27 도시의 중심가는 유리처럼 투명한 순금이었습니다. 그러나 성전은 도무지 찾아볼 수 없었는데, 주권자이신 주 하나님과 어린양이 바로 성전이시기 때문입니다. 그 도시에는 빛을 비추어 줄 해나 달이 필요 없습니다. 거기서는 하나님의 영광이 빛이며, 어린양이 등불이시기 때문입니다! 민족들이 그 빛 가운데로 다니고, 땅의 왕들이 자기 영광을 가지고 들어올 것입니다. 낮에는 결코 대문이 닫히는 법이 없으며, 다시는 밤이 없을 것입니다. 사람들은 민족들의 영광과 영예를 그 도성 안으로 가지고 들어올 것입니다. 더럽거나 더럽혀진 것은 무엇이든 그 안으로 들어오지 못할 것입니다. 더럽히거나 속이는 자들도 들어오지 못할 것입니다. 오직 어린양의 생명책에 이름이 적혀 있는 사람들만 들어올 것입니다.

❧

22

1-5 그 천사는 또 내게 수정같이 빛나는 생명수 강을 보여주었습니다. 그 강은 하나님과 어린양의 보좌로부

gold measuring stick to measure the City, its gates, and its wall. The City was laid out in a perfect square. He measured the City with the measuring stick: twelve thousand stadia, its length, width, and height all equal. Using the standard measure, the Angel measured the thickness of its wall: 144 cubits. The wall was jasper, the color of Glory, and the City was pure gold, translucent as glass. The foundations of the City walls were garnished with every precious gem imaginable: the first foundation jasper, the second sapphire, the third agate, the fourth emerald, the fifth onyx, the sixth carnelian, the seventh chrysolite, the eighth beryl, the ninth topaz, the tenth chrysoprase, the eleventh jacinth, the twelfth amethyst. The twelve gates were twelve pearls, each gate a single pearl.

21-27 The main street of the City was pure gold, translucent as glass. But there was no sign of a Temple, for the Lord God—the Sovereign-Strong—and the Lamb are the Temple. The City doesn't need sun or moon for light. God's Glory is its light, the Lamb its lamp! The nations will walk in its light and earth's kings bring in their splendor. Its gates will never be shut by day, and there won't be any night. They'll bring the glory and honor of the nations into the City. Nothing dirty or defiled will get into the City, and no one who defiles or deceives. Only those whose names are written in the Lamb's Book of Life will get in.

❧

22

1-5 Then the Angel showed me Water-of-Life River, crystal bright. It flowed from the Throne of God and the

터 흘러 나와, 거리 한가운데로 흐르고 있었습니다. 그 강의 양쪽에는 열두 종류의 열매를 맺는 생명나무가 심겨 있어서, 달마다 열매를 내었습니다. 그 나무의 잎사귀는 민족들을 치유하는 데 쓰였습니다. 결코 다시는 저주가 없을 것입니다. 하나님과 어린 양의 보좌가 중앙에 있습니다. 그분의 종들이 하나님을 섬길 것입니다. 그들은 하나님께 예배하며 그분의 얼굴을 뵐 것입니다. 그들의 이마는 하나님의 빛을 받아 빛날 것입니다. 다시는 밤이 없을 것입니다. 누구에게도 등불이나 햇빛이 필요 없을 것입니다. 주 하나님의 빛나는 빛이 모두를 비춰 줄 것입니다. 그들은 영원무궁토록 그분과 함께 다스릴 것입니다.

이 책의 말씀을 지키는 사람은 복되다

6-7 천사가 내게 말했습니다. "이는 한 마디 한 마디가 다 믿을 수 있는 확실한 말씀이다. 예언자의 영들의 하나님이시며 주님이신 분께서, 그분의 천사를 보내 그분의 종들에게 곧 일어날 일을 보여주셨다. 그리고 그들에게 말하여라. '그렇다. 내가 가고 있다!' 이 책의 예언의 말씀을 지키는 사람은 복되다."

8-9 나 요한은, 이 모든 것을 눈으로 직접 보고, 귀로 직접 들었습니다. 나는 보고 들은 그 순간에, 내 앞에 이 모든 것을 펼쳐 보여준 그 천사의 발 앞에 엎드려 경배하려고 했습니다. 그러자 천사가 말렸습니다. "이러지 마라! 나도 너와 너의 동료와 예언자와, 이 책의 말씀을 지키는 모든 사람처럼 다만 종일 뿐이다. 하나님께 경배하여라!"

10-11 천사가 이어서 말했습니다. "이 책의 예언의 말씀을 봉인하지 마라. 책꽂이에 처박아 두지 마라. 때가 가까이 왔다. 악행을 일삼는 자들은 계속해서 악하게 살도록 내버려 두고, 마음이 더러운 자들은 계속해서

Lamb, right down the middle of the street. The Tree of Life was planted on each side of the River, producing twelve kinds of fruit, a ripe fruit each month. The leaves of the Tree are for healing the nations. Never again will anything be cursed. The Throne of God and of the Lamb is at the center. His servants will offer God service—worshiping, they'll look on his face, their foreheads mirroring God. Never again will there be any night. No one will need lamplight or sunlight. The shining of God, the Master, is all the light anyone needs. And they will rule with him age after age after age.

Don't Put It Away on the Shelf

6-7 The Angel said to me, "These are dependable and accurate words, every one. The God and Master of the spirits of the prophets sent his Angel to show his servants what must take place, and soon. And tell them, 'Yes, I'm on my way!' Blessed be the one who keeps the words of the prophecy of this book."

8-9 I, John, saw all these things with my own eyes, heard them with my ears. Immediately when I heard and saw, I fell on my face to worship at the feet of the Angel who laid it all out before me. He objected, "No you don't! I'm a servant just like you and your companions, the prophets, and all who keep the words of this book. Worship God!"

10-11 The Angel continued, "Don't seal the words of the prophecy of this book; don't put it away on the shelf. Time is just about up. Let evildoers do their worst and the dirty-minded go all out in pollution, but let the righteous maintain a straight course and

더럽게 살도록 내버려 두어라. 의로운 사람들은
계속해서 올곧게 살게 하고, 거룩한 사람들은
계속해서 거룩하게 살게 하여라."

✤

12-13 "그렇다. 내가 가고 있다! 내가 곧 갈 것이
다! 내가 갈 때 내 임금 대장을 가지고 갈 것이
다. 나는 사람들이 살면서 행한 대로 그들에게
임금을 지불해 줄 것이다. 나는 처음이며 마지
막, 최초이며 최종, 시작이며 끝이다.
14-15 자기 옷을 깨끗이 하는 사람은 얼마나 복
된지! 생명나무가 영원히 그들의 것이 될 것이
며, 그들은 대문을 통해 그 도성에 들어갈 것이
다. 그러나 더러운 똥개들, 곧 마술사, 간음한
자, 살인자, 우상숭배자, 거짓을 사랑하고 일삼
는 모든 사람들은 영원히 바깥으로 내쳐질 것이
다.
16 나 예수는, 내 천사를 보내 교회들에게 이 모
든 것을 증언하게 했다. 나는 다윗의 뿌리요 가
지며, 빛나는 새벽별이다."

17 "오십시오!" 성령과 신부가 말씀하십니다.
듣는 이들도 "오십시오!" 하고 화답하십
시오.
목마른 사람 있습니까? 오십시오!
원하는 사람은 누구나, 와서 마시십시오.
생명수를 거저 마시십시오!

18-19 나는 이 책의 예언의 말씀을 듣는 모든 이
들에게 분명히 말해 둡니다. 만일 여러분이 이
예언의 말씀에 무엇을 덧붙이면, 하나님께서 여
러분의 삶에 이 책에 기록된 그 재앙들을 덧붙
이실 것입니다. 만일 여러분이 이 예언의 책의
말씀에서 무엇을 떼어 버리면, 하나님께서 이
책에 기록된 생명나무와 그 거룩한 도성에서 여
러분이 받을 몫을 떼어 버리실 것입니다.
20 이 모든 것을 증언하는 분이 다시 말씀하십
니다. "내가 가고 있다! 내가 곧 갈 것이다!"

the holy continue on in holiness."

✤

12-13 "Yes, I'm on my way! I'll be there
soon! I'm bringing my payroll with
me. I'll pay all people in full for their
life's work. I'm A to Z, the First and the
Final, Beginning and Conclusion.
14-15 "How blessed are those who wash
their robes! The Tree of Life is theirs
for good, and they'll walk through the
gates to the City. But outside for good
are the filthy curs: sorcerers, fornica-
tors, murderers, idolaters—all who love
and live lies.
16 "I, Jesus, sent my Angel to testify to
these things for the churches. I'm the
Root and Branch of David, the Bright
Morning Star."

17 "Come!" say the Spirit and the Bride.
Whoever hears, echo, "Come!"
Is anyone thirsty? Come!
All who will, come and drink,
Drink freely of the Water of Life!

18-19 I give fair warning to all who
hear the words of the prophecy of this
book: If you add to the words of this
prophecy, God will add to your life the
disasters written in this book; if you
subtract from the words of the book of
this prophecy, God will subtract your
part from the Tree of Life and the Holy
City that are written in this book.
20 He who testifies to all these things
says it again: "I'm on my way! I'll be
there soon!"

.

예! 오십시오, 주 예수님!

²¹ 주 예수의 은혜가 여러분 모두와 함께 있기를 바랍니다. 아멘!

Yes! Come, Master Jesus!

21 The grace of the Master Jesus be with all of you. Oh, Yes!

성경 이야기의 다섯 막

성경의 요체는 이야기다. 특정 백성에 대한 이야기, 하나님께서 어떻게 그들을 부르셨고 그들을 모든 인류를 위한 복의 통로로 삼고자 하시는지에 대한 이야기다. 사실, 이야기는 우리 삶을 가장 잘 묘사해 주는 단어이기도 하다. 우리는 법을 잘 준수하는 사람일 수도, 사실을 깊이 연구하는 사람일 수도, 지혜를 추구하는 사람일 수도 있지만, 이런 행위들이 우리에게 우리 삶의 의미를 밝혀 주는 것은 아니다. 우리 삶에 맥락을 제공하고 의미를 부여해 주는 것은 다름 아닌 이야기다.

성경은 모든 부분들이 모여 결국 하나의 이야기를 이룬다. 그렇기에

성경을 이해하자면, 우리는 그 등장인물을 파악하고
배경을 이해하고 줄거리를 따라가야 한다.

성경의 클라이맥스와 대미를 이해하자면, 우리는 거기까지 전개되어 온 이야기를 알고 있어야 한다. 고조되는 긴장과 깊어지는 갈등을 함께 느낄 줄 알아야 한다. 좋은 소설을 읽을 때처럼 우리는 이야기 속에 푹 빠져들어야 한다.

다음은 성경을 다섯 막으로 이루어진 드라마로 보고 그 이야기를 축약해 본 것이다.

제1막 │ 창조

성경 드라마는 막이 오를 때 이미 하나님이 무대 위에 올라와 계신다. 세상을 창조하고 계신다. 하나님은 사람 곧 아담을 만드시고는, 그를 에덴 동산에 두어 그곳을 돌보고 가꾸는 일을 하게 하신다. 하나님의 뜻은 인간이 당신과 친밀한 관계 가운데 살며 주변의 모든 창조물과 조화를 이루며 사는 것이다. 성경의 처음 장들은 하나님을 처음 인간들인 아담과 하와와 더불어 에덴 동산에 거주하시는 분으로 그린다. 창세기 첫째 장은 스스로 하신 일에 대해 자평하시는 하나님의 말씀으로 마친다.

하나님께서 손수 만드신 모든 것을 보시니
참으로 좋고 좋았다!(창 1:31)

이렇게 성경 이야기의 1막은 하나님께서 사람에게 바라시는 것이 무엇인지를 계시해 주며, 이후 일어날 일들의 배경이 된다.

제2막 | 타락

이야기에 긴장이 도입된다. 아담과 하와가 하나님의 길을 저버리고 자기 꾀를 내어 살기로 선택한 것이다. 그들은 하나님의 원수인 사탄의 혹하는 소리에 귀를 기울이고 하나님의 미쁘심을 의심한다. 그들은 하나님께 반역한다. 그 결과,

> 하나님은 그들을 에덴 동산에서 내쫓으시고, 그들이 흙으로 지어졌으므로 흙을 일구게 하셨다. 하나님께서 그들을 쫓아내신 다음, 동산 동쪽에 그룹 천사들과 회전하는 불칼을 두셔서, 생명나무에 이르는 길을 지키게 하셨다(창 3:23-24).

1막이 세상을 창조하신 하나님의 뜻이 무엇인지를 계시해 주었다면, 여기 2막은 창조물 가운데 일부가 하나님의 계획을 따르기를 거부했음을 보여준다. 하나님은 과연 인간과의 관계를 회복하고 창조세계에서 저주를 제거하실 수 있을 것인가? 아니면, 하나님의 원수에 의해 결국 그분의 계획이 무산되고 이야기가 역전되고 말 것인가?

1막과 2막은 페이지 수로 따지면 성경에서 얼마 안되지만, 뒤따라 전개되는 이야기 전체를 지배하는 중심 갈등이 도입되는 부분이다.

제3막 | 이스라엘

> 하나님께서 아브람에게 말씀하셨다. "네 고향과 네 가족과 네 아버지 집을 떠나, 내가 네게 보여줄 땅으로 가거라.
>
> 내가 너를 큰 민족이 되게 하고
> 네게 복을 주겠다.
> 내가 네 이름을 떨치게 할 것이니
> 너는 복의 근원이 될 것이다.
> 너를 축복하는 사람에게는 내가 복을 내리고
> 너를 저주하는 사람에게는 내가 저주를 내리겠다.
> 세상 모든 민족이
> 너로 인하여 복을 받을 것이다"(창 12:1-3).

하나님은 아브람(후에 하나님은 그에게 아브라함이라는 새 이름을 지어 주신다)을 부르셔서는 그를 큰 민족의 조상으로 삼아 주시겠다는 약속을 하신다. 그러고는 하나님은 초점을 좁혀 한동안은 한 무리의 사람들에게 집중하신다. 하지만 하나님의 궁극적 목적은 동일하다. 지상의 모든 민족들에게 복을 내리고, 창조세계에서 저주를 없애며, 에덴 동산에 존재했던 그 본래적 관계를 회복시키는 것 말이다.

이후 아브라함의 자손들이 이집트에서 노예로 살아가는 상황이 벌어지자, 성경 이야기의 중심 패턴 하나가 모습을 드러낸다. 즉 하나님께서 당신의 백성을 다시 찾아오시고, 그들을 해방시켜 주시며, 그들에게 약속의 땅을 되찾아 주신다. 하나님은 이 새 민족 이스라엘과 시내 산에서 언약을 맺으신다. 이집트로부터 탈출하여 출애굽(Exodus)하는 그들을 위해 모세를 지도자로 세워 주신다. 언약을 맺으실 때 하나님은, 만일 당신의 백성이 당신께 충실하고 신실히 당신의 길을 따른다면 그 새 땅에서 그들에게 복을 내리고 그곳을 에덴 동산 같은 곳으로 만들어 주겠노라고 분명히 약속해 주신다.

그러나 하나님은 또 경고하시기를, 만일 이스라엘이 언약을 충실히 이행하지 않는다면, 당신께서는 그들을 아담과 하와에게 하셨던 것처럼 그 땅에서 쫓아내실 것이라고 하신다. 비극적이게도, 또 하나님의 거듭된 경고와 호소에도 불구하고, 이스라엘은 결국 하나님의 길을 저버리고 만다. 그들은 하나님과의 언약을 깨뜨리고, 주변 민족들이 섬기는 거짓 신들을 따르며, 그렇게 하나님의 심판을 자초한다.

이렇게 아브라함의 자손들은 아담의 실패를 만회하라고 선택된 이들이었음에도 결국 실패하고 만다. 그러나 이런 와중에서도 하나님은 다른 씨들을 심고 계셨다. 이스라엘의 왕들 가운데 하나였던 다윗은 "하나님의 마음에 합한 사람"이었다. 하나님은 이스라엘에게 장차 다윗 같은 왕을 보내 주시겠다고 약속하셨다. 다윗의 후손인 그 왕은 이스라엘을 지혜롭게 인도할 것이며, 백성의 마음을 다시 하나님께로 돌이킬 것이며, 세계의 모든 민족들에게 복을 가져올 것이라고 하셨다.

이렇게 3막은 하나님의 부재와 더불어, 그러나 또한 한 약속, 희망과 더불어 막을 내린다.

제4막 | 예수

시간이 흘러 사백 년 후, 이스라엘 백성은 로마의 압제 아래서 신음하며 하나님이 다시 찾아와 주시기를 대망하고 있다. 이때 하나님의 천사가 마리아라는 한 젊은 여인을 찾아와서는 소식을 전한다.

"네가 임신하여 아들을 낳을 것이니, 그 이름을 예수라고 하여라.

그는 크게 되어

'지극히 높으신 분의 아들'이라 불릴 것이다.

주 하나님께서 그에게

그의 조상 다윗의 왕위를 주실 것이다.

그는 영원히 야곱의 집을 다스리고

그의 나라는 영원무궁할 것이다"(눅 1:31-33).

예수께서 오시는 것은 하나님의 약속의 성취였다.

예수께서는 미션에 돌입하신다. 백성 가운데 아프고 병든 이들을 고쳐 주신다. 영적 세계에 도사리고 있는 하나님의 원수들 곧 마귀들과 대결하시고, 그들더러 사람을 괴롭히지 말고 떠나라고 명령하신다. 가난한 심령으로 나아오는 이들에게 죄 용서를 선언하신다. 예수께서는 복음, 곧 희소식을 선포하신다.

"때가 다 되었다! 하나님 나라가 여기 있다.

너희 삶을 고치고 **메시지를** 믿어라"(막 1:15).

예수께서 전한 메시지의 핵심은 바로 이 희소식, 하나님께서 통치하시는 나라가 다가오고 있다는 소식이다. 마침내 하나님께서 당신의 백성에게 돌아오실 것이고 다시 그들 가운데 거하실 것이다. 예수께서 임마누엘, 곧 "하나님이 우리와 함께하신다"고 불리시는 까닭이 여기에 있다.

그러나 예수의 메시지는 상반된 반응을 불러일으킨다. 믿고 받아들이는 이들도 있으나, 대부분은 그저 어리둥절해하며 그분을 신기해할 뿐이다. 제도권 종교 지도자들은 곧 그분을 적대한다. 갈등은 고조되다가 마침내 파국에 이르고, 마침내 종교 지도자들은 공모해 예수를 체포해서는 십자가에 못 박아 죽인다.

그러나 일견 하나님의 패배로 보이는 이 일은 실상 하나님의 최고 승리 사건이다. 예수의 죽음은 대역전의 사건, 하나님께서 당신의 원수를 거꾸러뜨리고 세상을 뒤엎으신 사건이다. 스스로 자기 목숨을 제물로 바침으로써 예수께서는 우리의 죄에 대한 하나님의 심판을 친히 담당해 주신다. 이스라엘의 참 제사장으로서 그분은 자기 목숨을 당신의 백성을 위해 제물로 바치신다. 그분께서는 당신 백성을 새로이 출애굽시키신다. 죽음에서 생명으로 옮기신다. 이 모든 일이 보여주는 바, 예수께서는 인류를 하나님과 화해시켜 주려 오시기로 약속된 바로 그 아브라함의 자손이다. 이스라엘은 예수를 통해 비로소 자신의 역할을 완수하게 된다. 하나님께서 아브라함을 부르신 목적을 마침내 이루게 된다.

이와 같은 예수 이야기가 바로 성경 전체 이야기의 핵심 포인트다. 하나님의 원수와의 대결,

지은이 옥한흠

제자훈련에 인생을 건 광인(狂人) 옥한흠. 그는 선교 단체의 전유물이던 제자훈련을 개혁주의 교회론에 입각하여 창의적으로 재해석하고 지역 교회에 적용한 교회 중심 제자훈련의 선구자다.

1978년 사랑의교회를 개척한 후, 줄곧 '한 사람' 목회철학으로 예수 그리스도를 닮은 평신도 지도자를 양성하는 데 사력을 다했다. 사랑의교회는 지역 교회에 제자훈련을 접목해 풍성한 열매를 거둔 첫 사례가 되었으며, 국내외 수많은 교회가 본받는 모델 교회로 자리매김했다. 1986년에 시작한 〈평신도를 깨운다 제자훈련 지도자 세미나〉(Called to Awaken the Laity, CAL세미나)는 제자훈련을 목회의 본질로 끌어안고 씨름하는 수많은 목회자에게 이론과 현장을 동시에 제공하는 탁월한 세미나로 인정받고 있다.

철저한 자기 절제가 빚어낸 그의 설교는 듣는 이의 영혼에 강한 울림을 주는 육화된 하나님의 말씀으로 나타났다. 50대 초반에 발병하여 72세의 일기로 생을 마감할 때까지 그를 괴롭힌 육체의 질병은 그로 하여금 더욱더 하나님 말씀에 천착하도록 이끌었다. 삶의 현장을 파고드는 다양한 이슈의 주제 설교와 더불어 성경 말씀을 심도 있게 다룬 강해 설교 시리즈를 통해 성도들에게 하나님 말씀을 이해하는 지평을 넓혀준 그는, 실로 우리 시대의 탁월한 성경 해석자요 강해 설교가였다.

설교 강단에서뿐만 아니라 삶의 자리에서도 신실하고자 애썼던 그는 한목협(한국기독교목회자협의회)과 교갱협(교회갱신을위한목회자협의회)을 통해 한국교회의 일치와 갱신에도 앞장섰다. 그리하여 보수 복음주의 진영은 물론 진보 진영으로부터도 존경받는, 보기 드문 목회자였다.

1938년 경남 거제에서 태어났으며 성균관대학교와 총신대학원을 졸업했다. 미국의 캘빈신학교(Th. M.)와 웨스트민스터신학교에서 공부했으며, 동(同) 신학교에서 평신도 지도자 훈련에 관한 논문으로 학위(D. Min.)를 취득했다. 제자훈련 사역으로 한국교회에 끼친 공로를 인정받아 웨스트민스터신학교에서 수여하는 명예신학박사 학위(D. D.)를 받았다. 2010년 9월 2일, 주님과 동행한 72년간의 은혜의 발걸음을 뒤로하고 하나님의 너른 품에 안겼다.

교회 중심의 제자훈련 교과서인 《평신도를 깨운다》를 비롯해 《길》, 《안아주심》, 《고통에는 뜻이 있다》, 성경 강해 시리즈인 《로마서 1, 2, 3》, 《요한이 전한 복음 1, 2, 3》 등 수많은 스테디셀러를 남겼으며, 그의 인생을 다룬 책으로는 《열정 40년》, 《광인》 등이 있다.